中国铁建年鉴

CHINA RAILWAY CONSTRUCTION CORPORATION LIMITED YEARBOOK

2020

《中国铁建年鉴》编委会 编

中国经济出版社
CHINA ECONOMIC PUBLISHING HOUSE

图书在版编目（CIP）数据

中国铁建年鉴. 2020 /《中国铁建年鉴》编委会编.

—北京：中国经济出版社，2021.1

ISBN 978-7-5136-6450-9

Ⅰ. ①中… Ⅱ. ①中… Ⅲ. ①铁路工程-中国-2020-年鉴 Ⅳ. ① F532.3-54

中国版本图书馆CIP数据核字（2021）第060440号

中国铁建年鉴（2020）

责任编辑：李祥柱　李玄璇

责任印制：马小宾

出版发行：中国经济出版社

承　　印：北京富泰印刷有限责任公司

经　　销：各地新华书店

开　　本：787mm×1092 mm　1/16

印　　张：51

插页印张：3.5

字　　数：1800千字

版　　次：2021年1月第1版

印　　次：2021年1月第1次印刷

定　　价：300.00元

广告经营许可证：京西工商广字第8179号

中国经济出版社　**网址** www.economyph.com　**社址** 北京市东城区安定门外大街58号　**邮编** 100011

本版图书如存在印装质量问题，请与本社发行中心联系调换（联系电话：010-57512564）

编辑说明

一、《中国铁建年鉴》是一部概览中国铁建系统各方面情况的综合性、资料性工具书，1993年创刊，本期年鉴为第28卷。全书全面、系统地反映2019年度中国铁建的基本概貌、改革发展、施工生产、经营管理、科技创新、党群工作等方面取得的新成果、新经验以及重要活动信息。

二、本年鉴记载时间跨度为2019年1月1日至12月31日，内容采用文章、条目、图片、表格等表现形式。年鉴体例采用分类编辑法，全书由类目、分目、条目3个层次组成，个别类目如"工程施工""党的工作"，为表述清楚设次分目。本期年鉴共计17个类目，类目下设分目90个、次分目38个、条目1640条、表格60份、文章9篇。

三、本年鉴注重图片资料收录，以彩页和压题、补白的形式编录，力求全书图文并茂地反映企业的发展历程。

四、本年鉴稿件由中国铁建总部各部门及所属各单位提供，并经其主管领导审核把关。年鉴文章、条目、图表中涉及的一些数据，是不同口径、不同渠道提供的，如有矛盾之处，应以经营计划和财务资金部门提供的数据为准。

五、本年鉴根据行文实际需要，单位名称全称和简称并用。

六、本年鉴卷首有详细的目录，卷末有按汉语拼音顺序排列的主题分析索引，文中所有信息均可由目录、索引、书眉检索。

七、本年鉴坚持"质量第一、读者第一、服务第一"的宗旨，篇幅适当、内容丰满、信息密集、数据翔实，且数据信息图表化，注重实用功能和数据对比分析，为读者了解、认识、研究中国铁建提供真实、可靠、可鉴、可用的翔实资料。从年鉴内容到格式均按中国制定发布的与编辑、校对有关的法律、法规、标准和规范的有关规定进行规范。为进一步提高编纂质量，诚盼读者提出宝贵意见。

八、《中国铁建年鉴》的编辑出版，得到中国版协年鉴工作委员会、中国经济出版社和兄弟单位的指导、帮助，得到中国铁建系统各级领导、部门的关心、支持，得到各单位史志工作者的密切配合，我们在此一并致谢。

2019年4月2日，中国铁建所属中国铁建国际投资集团有限公司在香港挂牌成立。图为中国铁建总裁、党委副书记庄尚标（右二），党委常委、总会计师兼总法律顾问、首席合规官王秀明（右一）共同为中铁建国投集团揭牌。

（赵九如 提供）

2019年7月15日，中国铁建党委书记、董事长陈奋健到联系点中铁二十三局集团六公司北京地铁19号线一期工程土建施工07合同段项目开展“不忘初心、牢记使命”主题教育专题调研。图为陈奋健（右一）在草桥站站厅听取施工情况介绍。

（张　铮 摄）

2019年5月6日，中国铁建总裁、党委副书记庄尚标（前中）到联系点中铁十五局集团四公司调研。

（路翼西 提供）

2019年7月11日，中国铁建党委副书记、执行董事陈大洋到联系点中铁十四局集团有限公司丰台站改建工程站区站前工程2标段项目开展“不忘初心、牢记使命”主题教育专题调研。图为陈大洋（前排右二）在智能化钢筋加工场观看自动焊接弯圆机焊出的焊缝。（冯冬秋 提供）

2019年12月4日，中国铁建党委常委、执行董事刘汝臣（前排右二）到中国铁建投资集团有限公司珠海铁建大厦项目和大横琴隧道项目调研。（王 璐 提供）

2019年3月19日，中国铁建党委常委、总会计师兼总法律顾问、首席合规官王秀明（中）到联系点中铁二十局集团一公司调研指导。（钱 磊 提供）

2019年10月22日，中国铁建党委常委、纪委书记李春德（前排右二）到中铁二十四局集团有限公司南沿江城际铁路项目部调研。

（陈小光 提供）

2019年6月5日，中国铁建党委常委、副总裁李宁（前排中）到中国铁建投资集团有限公司广西片区项目调研。（王　璐 提供）

2019年10月13—17日，中国铁建党委常委、副总裁汪文忠调研科特迪瓦市场。图为汪文忠（右三）视察中国土木工程集团有限公司科特迪瓦圣佩德罗体育场项目现场。

（何乃李 提供）

2019年11月26日，中国铁建副总裁刘成军（右二）到中国铁建定点扶贫县河北省尚义县实地调研扶贫工作。（李美华 摄）

2019年5月7日，中国铁建副总裁王立新（右一）到中铁十九局集团有限公司京雄城际铁路项目检查指导。（孙 东 提供）

2019年7月5日，中国铁建副总裁倪真（左二）到华北区域总部所属大兴国际机场北线项目开展“不忘初心、牢记使命”主题教育专题调研。（杜晓燕 提供）

中国铁建港航局集团有限公司参加研发的“海上大型绞吸疏浚装备的自主研发与产业化”技术获2019年度国家科学技术进步特等奖。图为应用该成果的“铁建绞01”绞吸式挖泥船。

（盛振良 提供）

中铁十二局集团有限公司参加研发的“高速铁路高性能混凝土成套技术与工程应用”技术获2019年度国家科学技术进步二等奖。图为应用该成果的张大高速铁路智家堡御河特大桥。

（丁明明 摄）

中铁第一勘察设计院集团有限公司主持，中铁十一局集团有限公司、中铁十二局集团有限公司参加研发的“长大深埋挤压性围岩铁路隧道设计施工关键技术及应用”技术获2019年度国家科学技术进步二等奖。图为应用该成果的兰武二线乌鞘岭特长隧道。

（任碧江 提供）

中铁第四勘察设计院集团有限公司参加研发的“强风作用下高速铁路桥上行车安全保障关键技术及应用”技术获2019年度国家科学技术进步二等奖。图为应用该成果的武广高速铁路天兴洲长江大桥。 （邓云文 提供）

2019年4月15日，中铁十二局集团电气化公司研发的“BIM在地铁机电安装中的关键技术研究”成果获天津市科学进步三等奖。图为运用BIM技术施工的合肥地铁装配式冷水机房。

（张 杰 摄）

中国铁建港航局集团有限公司完成的重庆长寿长江二桥施工项目BIM技术应用成果获2019年度首届中国公路学会“交通BIM工程创新奖”三等奖。 （甘 丁 提供）

2019年5月21日，中国铁建与济南市人民政府在中国铁建大厦签署战略合作框架协议。（许　良摄）

2019年11月5日，中国铁建所属中土集团与印度尼西亚萨杜城市开发有限公司签署印度尼西亚绒果尔新城保障性住房和市政工程设计与施工总承包合同。（赵向国　摄）

2019年8月7日，中国铁建与中国节能环保集团在中国节能大厦签署战略合作框架协议。（许　良摄）

2019年1月4日，中铁十九局集团有限公司与辽宁省交通建设投资集团、河南省交通规划设计研究院签署混改增资扩股协议。

（张振宇 摄）

2019年3月28日，中铁二十五局集团有限公司与天津市津南区人民政府签署战略合作协议。（常春燕 提供）

2019年4月24日，中国铁建投资集团有限公司与中国工商银行新疆维吾尔自治区分行签署全面金融服务战略合作协议。

（王登学 提供）

中国铁建国际集团有限公司承揽，中铁建设集团有限公司承建的马来西亚四季酒店项目获2019年度中国建设工程鲁班奖（国家优质工程）。（韩晓宇 提供）

中铁十二局集团有限公司承建，中铁十二局集团二公司参建的新建长沙至昆明铁路客运专线湖南段雪峰山一号隧道工程获2019年度中国建设工程鲁班奖（国家优质工程）。（张 鼎 提供）

中铁城建集团一公司承建，中铁十一局集团建安公司、汉江重工公司，中铁城建集团有限公司参建的高端地下装备制造项目（一期）获2019年度中国建设工程鲁班奖（国家优质工程）。（石亚强 提供）

中国土木工程集团有限公司施工总承包，中铁二十四局集团有限公司、中国铁建电气化局集团有限公司联合建设的尼日利亚阿布贾城铁项目一期工程获2019年度中国建设工程鲁班奖（国家优质工程）。　（柳一鸣　提供）

中国土木工程集团有限公司作为联合体成员实施的吉布提多哈雷多功能港口工程（一期）获2019年度中国建设工程鲁班奖（国家优质工程）。　（牛增祥　提供）

中国铁建大桥工程局集团有限公司承建的快速路系统二期项目——外环线东北部调线工程第1标段津汉互通立交桥工程获2019年度中国建设工程鲁班奖（国家优质工程）。

（郭志峰　提供）

中铁十八局集团有限公司参建的沙特麦加至麦地那高速铁路专线（一期工程）获2019年度中国建设工程鲁班奖（国家优质工程）。

（徐名峰 摄）

中铁二十一局集团有限公司承建，中铁二十一局集团三公司、中铁二十四局集团有限公司、中国铁建电气化局集团有限公司参建的贵阳龙洞堡机场综合交通枢纽工程获2019年度中国建设工程鲁班奖（国家优质工程）。

（郝正荣 摄）

中铁十八局集团有限公司承建，中铁十八局集团三公司、五公司，中国铁建电气化局集团有限公司参建的兰渝铁路西秦岭隧道工程获2019年度中国建设工程鲁班奖（国家优质工程）。

（王会堂 提供）

中铁十一局集团有限公司承建的500米口径球面射电望远镜（FAST）项目主体工程获2019年度中国建设工程鲁班奖（国家优质工程）。 （陶春海鸣 摄）

中铁建设集团有限公司承建，中铁建设集团设备安装公司、北京工程公司参建的1号办公、商业楼（长城金融工程项目）获2019年度中国建设工程鲁班奖（国家优质工程）。 （张丽平 提供）

中国铁建大桥工程局集团有限公司、中铁十四局集团有限公司、中铁十八局集团有限公司、中铁十九局集团有限公司参建的四川雅砻江锦屏一级、二级水电站工程获2019年度国家优质工程金质奖。 （殷 民 提供）

中铁十八局集团有限公司、中铁二十局集团一公司参建的南京长江第四大桥工程获2019年度国家优质工程金质奖。

（王会堂 提供）

中铁十二局集团有限公司施工总承包，中铁十二局集团建安公司、中铁十八局集团有限公司参建的重庆西站（重庆至贵阳铁路扩能改造工程重庆西站站房及相关工程）获2019年度国家优质工程金质奖。（赵 争 提供）

中铁十一局集团有限公司、中铁二十局集团有限公司等单位参建的广东省潮州至惠州高速公路项目获2019年度国家优质工程金质奖。（黄梦凡 提供）

中铁十七局集团有限公司施工总承包，中铁第四勘察设计院集团有限公司勘察设计，中铁十一局集团有限公司、中铁十二局集团有限公司、中国铁建大桥工程局集团有限公司、中铁二十四局集团有限公司等单位参建的苏州市轨道交通2号线及延伸线工程获2019年度国家优质工程奖。（马琛琛 提供）

中铁十九局集团有限公司施工总承包，中国铁建大桥工程局集团有限公司、中铁十四局集团五公司、中铁十九局集团二公司、中铁二十三局集团有限公司、中铁建设集团有限公司等单位参建的滨绥铁路牡丹江至绥芬河段扩能改造工程双丰隧道工程获2019年度国家优质工程奖。（曹建强 摄）

中铁二十局集团有限公司施工总承包，中铁二十局集团一公司参建的菏泽市丹阳路上跨铁路立交桥工程获2019年度国家优质工程奖。（黄梦凡 提供）

中国铁建大桥工程局集团三公司参建的达州至万州高速公路（四川境）项目获2019年度国家优质工程奖。（耿 爽 提供）

中铁十八局集团有限公司施工总承包，中铁十八局集团二公司参建的南宁市良庆大桥工程获2019年度国家优质工程奖。

（王会堂 提供）

中铁十六局集团一公司参建的广西百色至靖西高速公路工程获2019年度国家优质工程奖。（冯 爽 提供）

中铁建设集团有限公司施工总承包，中铁建设集团华东公司参建的张家港保税区滨江大厦工程获2019年度国家优质工程奖。

（秦小倩 提供）

中铁二十局集团有限公司施工总承包，中国铁建投资集团有限公司投资建设，中铁十一局集团五公司、中铁十二局集团电气化公司、中国铁建大桥工程局集团有限公司，中铁十四局、中铁十五局、中铁十六局、中铁十七局、中铁十八局、中铁十九局集团有限公司，中国铁建港航局集团有限公司等单位参建的成都经济区环线高速公路简阳至蒲江段项目获2019年度国家优质工程奖。图为简阳收费站。

（张紫琼 提供）

中铁第四勘察设计院集团有限公司勘察设计，北京铁城建设监理有限责任公司监理，中铁二十四局集团有限公司、中铁建设集团有限公司、中国铁建电气化局集团有限公司等单位参建的新建九江至南昌城际铁路工程南昌站改造工程获2019年度国家优质工程奖。

（刘 涌 提供）

中铁建设集团有限公司施工总承包，中铁建设集团湖北建设公司、北京中铁大都工程公司参建的武汉1818中心二期工程获2019年度国家优质工程奖。

（殷　文 提供）

中铁上海设计院集团有限公司勘察设计的上海铁路局太平桥货场部分地块单位租赁房项目A地块工程获2019年度国家优质工程奖。（赵艳军 提供）

中铁第四勘察设计院集团有限公司勘察设计，铁四院(湖北)工程监理咨询有限公司监理的武汉市轨道交通11号线东段(光谷火车站至左岭站)工程BT投融资建设项目获2019年度国家优质工程奖。（邓云文 提供）

中铁建设集团有限公司施工总承包，中铁建设集团西安公司参建的世和・天玺国际中心工程获2019年度国家优质工程奖。（李　戈 提供）

中铁十一局集团有限公司施工总承包，中铁第四勘察设计院集团有限公司勘察设计，北京铁城建设监理有限责任公司监理，中铁十一局集团电务公司、中铁十二局集团电气化公司参建的新建南京至安庆铁路四电集成及相关工程获2019年度国家优质工程奖。

（张紫琼 提供）

中铁二十一局集团有限公司施工总承包，中铁第一勘察设计院集团有限公司勘察设计，中铁二十一局集团四公司参建的新建拉萨至日喀则铁路雅江3号特大桥工程获2019年度国家优质工程奖。（张孟桥 提供）

中铁十八局集团有限公司施工总承包，中铁十八局集团一公司、四公司、五公司参建的新建石家庄至济南铁路客运专线平禹特大桥工程获2019年度国家优质工程奖。（李长生 提供）

中铁第四勘察设计院集团有限公司勘察设计的郑州市107辅道快速化工程PPP项目1—5标段桥梁工程获2019年度国家优质工程奖。（邓云文 提供）

中铁十五局集团城建公司施工总承包的富田·九鼎世家二期工程获2019年度国家优质工程奖。（梁　锋　提供）

中铁一院集团南方工程咨询监理有限公司监理的南宁东站综合交通枢纽一期工程（地下空间）——公共服务工程01标段工程获2019年度国家优质工程奖。（吴　泽　提供）

中铁上海设计院集团有限公司勘察设计，中国土木工程集团有限公司、中铁十二局集团电气化公司、中国铁建大桥工程局集团有限公司，中铁十四局、中铁十九局集团有限公司参建的南京至高淳城际轨道禄口机场至溧水段工程获2019年度国家优质工程奖。（向莉莉　提供）

铁四院（湖北）工程监理咨询有限公司监理的宁安铁路安庆长江大桥工程获2019年度国家优质工程奖。（邓云文 提供）

北京铁研建设监理有限责任公司监理的新建沪昆铁路客运专线长沙至昆明段（贵州）北盘江特大桥工程获2019年度国家优质工程奖。（魏 昕 提供）

中铁十一局集团有限公司施工总承包，北京铁研建设监理有限责任公司监理，中铁十一局集团五公司参建的新建重庆至万州铁路分水镇隧道工程获2019年度国家优质工程奖。（徐 锋 提供）

中铁十一局集团有限公司施工总承包，中铁十一局集团二公司、三公司、桥梁公司，中铁十八局集团有限公司及其二公司参建的新建大冶北至阳新铁路大冶湖特大桥工程获2019年度国家优质工程奖。（赵 军 摄）

中铁二十五局集团有限公司施工总承包，中国土木工程集团有限公司、中国铁建港航局集团有限公司参建的中白商贸物流园首发区ZBSG-1标段项目获2019年度国家优质工程奖。

（黄望龙 提供）

中铁十八局集团有限公司施工总承包，中铁十一局集团有限公司，中铁十八局集团五公司、隧道公司参建的重庆至贵阳铁路扩能改造工程新凉风垭隧道工程获2019年度国家优质工程奖。

（王 强 摄）

中国铁建电气化局集团有限公司施工总承包，中铁第一勘察设计院集团有限公司勘察设计，中铁二十局集团电气化公司，中国铁建电气化局集团二公司、四公司、北方公司参建的新建铁路大同至西安客运专线原平西至西安北段四电系统集成及相关工程（SDJC）标段工程获2019年度国家优质工程奖。

（曹丽莎 提供）

中铁第四勘察设计院集团有限公司勘察设计的刚果（布）国家1号公路二期工程获2019年度国家优质工程奖。（邓云文 提供）

中铁一院集团南方工程咨询监理有限公司监理的南宁市青山大桥工程获2019年度国家优质工程奖。（吴 泽 提供）

中铁二十二局集团有限公司施工总承包，中铁第五勘察设计院集团有限公司勘察设计，中铁二十二局集团哈尔滨铁路建设集团公司参建的滨北线松花江公铁两用桥改建工程获2019年度国家优质工程奖。（王智海 提供）

中铁十一局集团有限公司施工总承包，中铁第一勘察设计院集团有限公司勘察设计，中铁十一局集团一公司、中铁十九局集团有限公司、中国铁建电气化局集团有限公司参建的西成铁路客运专线跨西宝铁路客运专线特大桥工程获2019年度国家优质工程奖。　　（刘　斌　提供）

中铁城建集团有限公司施工总承包，北京铁研建设监理有限责任公司监理，中铁城建集团三公司参建的四平至齐齐哈尔铁路郑家屯至榆树屯站（哈局管内）电气化改造工程ZHSG标段（齐齐哈尔车辆段改造工程）获2019年度国家优质工程奖。　　（王汉强　提供）

中铁第四勘察设计院集团有限公司勘察设计的重庆市中渡长江大桥工程获2019年度国家优质工程奖。　　（雷佳民　摄）

中铁十二局集团有限公司施工总承包，中铁第一勘察设计院集团有限公司勘察设计，铁四院(湖北)工程监理咨询有限公司监理，中铁十二局集团三公司参建的新建宝鸡至兰州铁路客运专线渭河隧道工程获2019年度国家优质工程奖。

（冯学亮 摄）

铁四院（湖北）工程监理咨询有限公司监理的重庆轨道交通5号线一期北段工程（园博中心站至大石坝站）获2019年度国家优质工程奖。

（邓云文 提供）

中铁第一勘察设计院集团有限公司勘察设计的新建宝鸡至兰州铁路客运专线三阳川渭河2号特大桥工程获2019年度国家优质工程奖。

（张孟桥 摄）

中铁十四局集团三公司、中铁二十三局集团一公司参建的国家高速公路网长春至深圳线青州至临沭（鲁苏界）公路工程获2018—2019年度李春奖（公路交通优质工程奖）。

（王建坤 提供）

铁四院（湖北）工程监理咨询有限公司监理，中铁十一局集团有限公司及其二公司参建的麻竹高速公路宜城至保康段综合工程获2018—2019年度李春奖（公路交通优质工程奖）。

（罗岳楠 摄）

中铁十四局、中铁十九局集团有限公司参建的河南省三门峡至淅川高速公路卢氏至西坪段工程获2018—2019年度李春奖（公路交通优质工程奖）。

（丁习文 提供）

中铁十一局集团有限公司参建的德商公路聊城至范县（鲁豫界）段工程获2018—2019年度李春奖（公路交通优质工程奖）。

（徐　锋　提供）

中铁十一局、中铁十六局集团有限公司参建的京港澳高速公路驻马店至信阳（豫鄂省界）段改扩建工程获2018—2019年度李春奖（公路交通优质工程奖）。（冯　爽　提供）

中铁十四局集团有限公司参建的荣成至文登公路工程获2018—2019年度李春奖（公路交通优质工程奖）。（张　霞　提供）

2019年9月28日，中铁第四勘察设计院集团有限公司勘察设计，中铁十一至二十二局集团有限公司、中铁二十四局集团有限公司、中国铁建电气化局集团有限公司等单位参建的世界上一次性建成并开通运营里程最长的重载铁路——浩勒报吉至吉安铁路开通运营。

（马宏远 提供）

2019年9月26日，中铁第五勘察设计院集团有限公司设计，中铁十二局、中铁二十一局集团有限公司，中国铁建电气化局集团有限公司等单位参建的中国智能高速铁路标志性工程——京雄城际北京西至大兴机场段正式开通运营。图为北京大兴站。（刘 皓 提供）

2019年12月1日，中铁第四勘察设计院集团有限公司设计，中铁十五局、中铁十六局、中铁十七局、中铁十八局、中铁二十局集团有限公司，中国铁建电气化局集团有限公司等单位参建的郑渝高速铁路郑州至襄阳段正式通车运营。（陈卫国 提供）

2019年12月30日，中铁十四局、中铁十八局集团有限公司，中铁建设集团有限公司、中铁第四勘察设计院集团有限公司等单位参建的世界上第一条设计时速达350千米的智能化高速铁路——京张高速铁路正式通车运营。

（林　凤 提供）

2019年12月26日，中铁第一勘察设计院集团有限公司设计，中铁十一局、中铁十四局集团有限公司，中铁建设集团有限公司、中铁城建集团有限公司等单位参建的黔（江）张（家界）常（德）铁路全线开通运营。图为中铁十七局集团二公司承建的蔡家坝曲江河特大桥。

（田玉良 摄）

2019年12月26日，中铁第四勘察设计院集团有限公司勘察设计，中铁第五勘察设计院集团有限公司监理，中铁十一局、中铁十六局、中铁十七局、中铁二十一局、中铁二十四局集团有限公司，中铁建设集团有限公司等单位参建的（南）昌赣（州）高速铁路全线开通运营。

（杨开继 提供）

2019年12月15日，中铁第四勘察设计院集团有限公司设计，中铁十二局、中铁十四局、中铁十六局集团有限公司，中铁城建集团有限公司参建的穗深城际铁路开通运营。图为列车驶入新塘南站。（欧 巍 摄）

2019年11月26日，中国铁建大桥工程局集团有限公司，中铁十四局、中铁十九局、中铁二十一局集团有限公司，中国铁建电气化局集团有限公司等单位参建的日兰高速铁路日照至曲阜段建成通车。图为蒙山车站。（周 洋 摄）

2019年12月16日，中铁第四勘察设计院集团有限公司、中铁第五勘察设计院集团有限公司参与监理，中铁十一局、中铁十二局、中铁十五局、中铁十六局、中铁十七局、中铁十九局、中铁二十局集团有限公司，中国铁建电气化局集团公司等单位参建的成贵高速铁路开通运营。图为中铁十八局集团二公司承建的西溪河大桥。（丁 迪 摄）

2019年12月18日，中铁第一勘察设计院集团有限公司勘察设计，中铁十一局、中铁十二局、中铁十七局、中铁十九局、中铁二十一局、中铁二十二局集团有限公司参建的敦（煌）格（尔木）铁路全线通车运营。图为列车通过当金山隧道。（张 雷 摄）

2019年11月29日，中铁第四勘察设计院集团有限公司勘察设计，中铁十一局、中铁十二局集团有限公司，中国铁建大桥工程局集团有限公司，中铁十五局、中铁十七局、中铁二十局集团有限公司，中铁建设集团有限公司、中国铁建电气化局集团有限公司等单位参建的“湖北最美高速铁路”——（武）汉十（堰）高速铁路开通运营。（刘连强 摄）

2019年12月29日，中铁第一勘察设计院集团有限公司勘察设计，中国铁建大桥工程局集团有限公司，中铁十六局、中铁十八局、中铁十九局、中铁二十局、中铁二十一局集团有限公司，中国铁建电气化局集团公司参建的宁夏首条高速铁路——银川至中卫高速铁路开通运营。（陈长青 提供）

2019年10月11日，中铁第四勘察设计院集团有限公司勘察设计，中铁十九局集团有限公司、中铁建设集团有限公司等单位承建的梅（州）（潮）汕高速铁路正式开通运营。（丁习文 提供）

2019年12月29日，中铁建重庆投资集团有限公司投资，中铁第四勘察设计院集团有限公司设计，中铁十五局、中铁二十二局集团有限公司，中国铁建港航局集团有限公司等单位参建的潼荣（潼南至荣昌）高速公路正式通车。

（李宏伟 提供）

2019年10月25日，中铁二十一局集团有限公司承建的兰州市“东大门”东西向交通要冲——东岗立交桥建成通车。

（杨 晨 摄）

2019年9月28日，中国铁建大桥工程局集团一公司参建的世界第七大斜拉桥——湖北石首长江公路大桥建成通车。

（谷绍元 摄）

2019年11月29日，青海省首条双向八车道高速公路——扎（麻隆）倒（淌河）高速公路正式通车。图为中铁十四局集团有限公司承建的扎倒高速公路日月山垭口大桥。

（张明奎 摄）

2019年12月2日，中铁十一局集团一公司承建的当雄县城至纳木湖乡段、纳木湖乡段至班戈县城公路改建工程（简称纳木错环湖公路）全线通车。图为蜿蜒的纳木错环湖公路。

（晏 林 摄）

2019年12月28日，中国铁建大桥工程局集团有限公司、中铁二十五局集团有限公司参建的万（宁）洋（浦）高速公路正式通车，标志着海南省“田字型”高速公路网全面建成。

（张中良 摄）

2019年12月31日，中铁十一局、中铁十二局、中铁十四局、中铁二十三局集团有限公司，中国铁建港航局集团有限公司等单位参建的广东省清（远）云（浮）高速公路通车。

（王大中 提供）

中铁十七局集团五公司承建的湖南省永州市首座大型斜拉桥——九嶷大桥正式通车。图为通车后的九嶷大桥。（欧阳丰 摄）

2019年9月21日，中铁十二局集团有限公司、中国铁建大桥工程局集团有限公司，中铁十五局、中铁十六局集团有限公司，中铁第四勘察设计院集团有限公司、中国铁建昆仑投资集团有限公司等单位参建施工的海南省文昌至琼海高速公路正式通车。（路翼西 提供）

2019年4月25日，中铁十二局集团有限公司承建的国家重点工程、世界海拔最高的高等级公路——拉萨到林芝公路米拉山隧道（全长5720米）实现双向通车。图为米拉山隧道进口。

（武　羽 摄）

2019年8月2日，中铁十四局、中铁二十三局集团有限公司等单位参建的丝绸之路经济带交通建设重点工程连霍高速公路改扩建工程小草湖至乌鲁木齐段上行线正式通车。图为通车后的连霍高速公路小乌段。（史家民 摄）

2019年8月30日，中国铁建港航局集团一分公司参建的梅平高速正式建成通车。

（章祥森 提供）

2019年9月5日，中国土木工程集团尼日利亚公司与中铁二十四局集团南昌公司共同建设的尼日利亚哈尔科特航站楼一期登机廊桥正式启用。图为哈尔科特新航站楼。（杨鸿杰 摄）

2019年4月8日，中铁第五勘察设计院集团有限公司勘察设计的斯里兰卡南部铁路一期工程正式通车运营。（刘 皓 提供）

2019年7月30日，历经4300千米、16天的长途旅行后，“非洲之傲”列车缓缓停靠在中铁二十局集团有限公司承建的安哥拉本格拉铁路洛比托车站。“非洲之傲”此次通行也是坦赞铁路和本格拉铁路的一次“世纪握手”，意味着中国铁建承建的两大世纪工程首次实现互联互通。（黄梦凡 提供）

2019年10月19日，中铁二十局集团有限公司承建的安哥拉奎托供水工程竣工。

（黄梦凡 提供）

2019年8月1日，中铁二十五局集团有限公司承建的孟加拉国国家数据中心项目进入竣工验收阶段。图为孟加拉国国家数据中心工程。

（雍 滨 摄）

中国铁建港航局集团有限公司驻尼日利亚水工事业部承建的西非最大的尼日利亚海军军港码头重建工程顺利竣工。图为海军码头项目全景。

（李廷就 提供）

中铁建设集团有限公司承建的荣华国际商务中心1号办公楼、商业裙房及地下车库B区工程获2019年陕西省建设工程长安杯奖（省优质工程）。（李 超 提供）

中铁十一局集团建安公司承建的温州保障房项目。（梁义才 提供）

中铁十二局集团建安公司承建的太原市社会福利精神康宁医院迁建项目获评2019年山西省优质结构工程奖。（温 雯 提供）

中铁二十二局集团三公司承建的厦门同安祥平保障房地铁社区一期工程。（高　莲　提供）

2019年9月26日，中铁二十一局集团五公司承建的中国铁建·永川人才基地住房一期工程交付使用。（方　菲　摄）

2019年6月25日，中铁二十五局集团四公司承建的天津宝坻还迁房梦泽家园住宅小区正式交房投入使用。图为天津宝坻还迁房梦泽家园小区全景。（钟咏峰　摄）

2019年9月28日，中国铁建大桥工程局集团电气化公司、中铁十六局集团轨道公司参建的徐州地铁1号线正式开通运营。（曹 慧 提供）

2019年9月26日，中铁二十三局集团有限公司承建的大兴国际机场线草桥站正式投入运营。（邓东林 提供）

2019年6月28日，中铁第一勘察设计院集团有限公司总包设计，中铁第五勘察设计院集团有限公司参与设计，中铁十一局、中铁十四局、中铁十五局、中铁十六局、中铁十九局、中铁二十局集团有限公司，中国铁建大桥工程局集团有限公司、中国铁建重工集团股份有限公司等单位参与建设的乌鲁木齐轨道交通1号线全线开通试运营。图为地铁从百园路车辆段始发。（范成涛 摄）

2019年9月28日，中铁第四勘察设计院集团有限公司设计，中铁十一局集团电务公司、中铁十六局集团轨道公司参建的温州轨道交通S1线正式开通运营。（王红宇 提供）

2019年2月19日，中铁第四勘察设计院集团有限公司设计，中铁十一局、中铁十四局、中铁十九局集团有限公司等单位承建的武汉地铁2号线南延线全线通车运营。（王红宇 提供）

2019年12月25日，中铁第四勘察设计院集团有限公司总体设计，中铁十一局、中铁十二局集团有限公司，中国铁建大桥工程局集团有限公司，中铁十四局、中铁十六局、中铁十七局、中铁十八局、中铁二十二局集团有限公司，中铁建设集团有限公司参建的厦门地铁2号线通车运营。图为厦门地铁2号线体育中心站。（周思诗 提供）

2019年12月27日，成都市同步建成开通地铁5号线一二期、10号线二期及有轨电车蓉2号线非首开段共101千米轨道交通线路，创造了国内城市轨道交通一次性开通运营新纪录。中铁十二局集团有限公司、中国铁建大桥工程局集团有限公司，中铁十六局、中铁十五局、中铁十八局、中铁二十局、中铁二十二局、中铁二十三局集团有限公司，中铁建设集团有限公司、中国铁建电气化局集团有限公司等单位参建有关工程。

（张　亮　提供）

2019年12月25日，中国铁建大桥工程局集团有限公司参建的苏州地铁3号线正式开通运营。

（孙　铁　提供）

2019年4月1日，中铁十四局集团有限公司等单位参建的济南首条地铁——济南地铁1号线正式开通运营。　（范成涛　摄）

2019年12月10日，中国土木工程集团有限公司、中铁十五局集团有限公司参与建设的澳门首个轨道交通项目——澳门轻轨氹仔线正式投入运营。图为中铁十五局集团有限公司施工的澳门轻轨C370标段科大站。（王晓彬 摄）

2019年12月20日，中铁第一勘察设计院集团有限公司参与设计，中国铁建大桥工程局集团有限公司、中铁二十二局集团有限公司参建的广州地铁21号线开通运营。（李明辉 提供）

2019年6月6日，中铁第一勘察设计院集团有限公司承担总体咨询，中铁十一局、中铁十二局集团有限公司，中国铁建大桥工程局集团有限公司、中铁十九局集团有限公司、中铁城建集团有限公司等单位参建的南宁轨道交通3号线开通试运营。（杨 璐 摄）

2019年2月1日，中国首台出口斯里兰卡的自主品牌盾构机在中国铁建重工集团股份有限公司通过验收后运往斯里兰卡科伦坡，参与斯里兰卡新姆图瓦和托林顿排水工程建设。

（陈海燕 摄）

2019年3月19日，中铁十四局集团有限公司联合济南城市建设集团打造的济南黄河隧道工程第二台盾构机“泰山号”在广州市成功下线，标志着该工程两台超大直径泥水平衡盾构机工厂制造、组装全部完成。

（林 凤 提供）

2019年4月9日，中国铁建港航局集团有限公司“铁建潜01”结束一个月的航行，顺利返回福建莆田湄洲岛粮食物流码头，圆满完成两艘挖泥船的江海联运任务。

（荣明耀 提供）

2019年12月16日，中国铁建港航局集团有限公司投资打造的国内首艘1300吨自升自航式风电安装船“铁建风电01”在江苏启东交付使用。图为航行中的“铁建风电01”。

（陈耀金 提供）

2019年10月18日，中国铁建重工集团股份有限公司自主研制的国产首台永磁驱动矩形顶管机在湖南长沙成功下线。图为矩形顶管机下线验收现场。（陈海燕 摄）

2019年12月18日，中国铁建重工集团股份有限公司自主研制的中国首台出口南美洲敞开式岩石隧道掘进机在湖南长沙第二产业园成功下线，设备用于秘鲁圣加旺水电站隧洞工程施工。

（张升平 提供）

中铁第一勘察设计院集团有限公司设计建成的西（安）成（都）高速铁路获2019年度 FIDIC（菲迪克）全球杰出工程奖。（张孟桥 摄）

中铁第四勘察设计院集团有限公司设计建成的武汉地铁徐家棚站综合交通枢纽获2019年度FIDIC（菲迪克）工程项目特别优秀奖。（邓云文 提供）

2019年12月29日，中铁第一勘察设计院集团有限公司设计总承包，中铁第五勘察设计院集团有限公司参建的内蒙古自治区首条地铁——呼和浩特地铁1号线一期工程开通试运营。图为即将发出的首趟地铁列车。（张孟桥 摄）

2019年12月30日，中铁第五勘察设计院集团有限公司负责勘察设计，利用既有陇海线“连云港至连云段”开行的市域列车正式运营。图为运行中的市域列车。

（刘　皓 提供）

2019年1月5日，中铁上海设计院集团有限公司勘察设计，中铁十五局集团有限公司等单位承建的宁启铁路南通至启东段建成通车。

（冯　浩 提供）

2019年12月5日，中铁第四勘察设计院集团有限公司设计的四川省宜宾市智轨T1线开通运营。

（张启山 摄）

中国铁建房地产集团西南有限公司开发的重庆中国铁建·西派宸樾项目。（吕金洋 提供）

中铁建设集团大连创富房地产开发有限公司开发的中国铁建·国滨苑项目。（赵文崧 摄）

中国铁建房地产集团北方有限公司开发的中国铁建·唐颂国际项目。（谷 菲 提供）

中铁十四局集团房地产公司开发建设的中国铁建·海南龙沐湾一号项目。图为蓝天绿树映衬下的一期建筑群。（付　磊　摄）

中国铁建房地产集团华东有限公司开发的常州中国铁建·花语江南项目。（陈　琳　提供）

中国铁建投资集团有限公司投资开发的珠海中国铁建大厦项目。（贺正天　摄）

2019年1月1日，中国铁建投资集团有限投资建设，中铁十二局集团有限公司、中国铁建大桥工程局集团有限公司，中铁十四局、中铁十六局、中铁十八局、中铁十九局、中铁二十局、中铁二十二局集团有限公司，中铁城建集团有限公司建设的高速公路PPP项目京礼（北京至崇礼）高速公路兴延段（原兴延高速）建成通车。（王观生 提供）

中国铁建港航局集团有限公司投资建设的PPP项目泰兴码头项目。（吴尚雪松 提供）

2019年12月28日，中国铁建投资集团有限公司以BT模式投资建设的重庆轨道交通环线西南半环（海峡路至二郎段）正式开通试运营。图为鹅公岩轨道专用桥和老公路桥呈现的“姊妹桥”景观。（赵冠乔 摄）

2019年9月7日，中铁建设集团有限公司第153期道德讲堂在天津市津南区葛沽镇体育馆举行。（李　伟 提供）

2019年9月23日，为庆祝中华人民共和国成立70周年，中铁十一局集团三公司拉林项目部开展“我与国旗合个影”系列活动。

（丁庆滨 摄）

2019年7月1日，中铁二十三局集团有限公司示范党支部建设推进会暨“七一”表彰大会在广西壮族自治区百色乐百项目部召开。图为参会人员参观百色起义纪念馆。（严世宝 摄）

2019年4月8日，中铁建设集团建筑科技公司爱心助学走进六安金寨桥店小学。

（宋　进 提供）

2019年12月27日，中铁第一勘察设计院集团有限公司设计，中铁十一局集团有限公司等单位参建的陕南铁路大动脉阳（平关）安（康）铁路二线顺利开通。该线路建成通车后，对缓解西南地区运输能力紧张、促进陕南地区经济发展、加速沿线地区城镇化进程具有重要意义，有效助力当地脱贫攻坚工作。

（徐　锋 提供）

2019年6月17日22时55分，四川省宜宾市长宁县发生6.0级地震。灾情发生后，中铁十一局集团有限公司仁沐新公路项目部积极参与抗震救援。

（连兴明 摄）

目录

特载

大事记

2019 年中国铁建大事记

概况

2019 年中国铁建发展概况

董事会工作

工程施工

工程管理

铁路工程

成本管理与经济合同

安全监督

海外业务

海外经营

海外工程

经营管理

企业管理

经营计划

投资管理

财务管理

审计监事

综合管理

总部政务　行政事务

·史志鉴工作·

·扶贫工作·

·总部房地产管理·

信息化管理

党的工作

综合工作

组织　人力

所属单位

中铁十一局集团有限公司

中铁十二局集团有限公司

中国铁建大桥工程局集团有限公司

中铁十四局集团有限公司

中国铁建财务有限公司

诚合保险经纪有限公司

人 物

新闻人物

科技人物

模范人物

统计资料

文献辑要

附 录

索　引

2019 年 1 月 17 日，中国铁建二届四次职工代表大会暨 2019 年工作会议在中国铁建大厦开幕。

（范成涛 摄）

特　载

坚持党建引领　持续强根铸魂
凝聚起实现“品质铁建”战略的磅礴力量

——党委书记、董事长陈奋健在中国铁建党委一届四次全体委员（扩大）会议上的工作报告

（摘 要）

（2020 年 1 月 16 日）

一、2019 年党委工作回顾

2019 年，中国铁建党委以习近平新时代中国特色社会主义思想为指导，认真贯彻党的十九大和十九届二中、三中、四中全会精神，围绕“品质铁建”和“海外优先”战略，充分发挥各级党委“把方向、管大局、保落实”的领导作用，市场经营再创新高，施工生产有序可控，改革创新蹄疾步稳，转型升级成效显著。

（一）思想政治建设引领有方

1. 坚持把加强党的政治建设作为首要任务。中国铁建党委坚持把习近平新时代中国特色社会主义思想纳入党员干部教育培训计划，推动各级党组织和全体党员牢固树立“四个意识”，坚定“四个自信”，坚决做到“两个维护”。扎实开展“不忘初心、牢记使命”主题教育，各级党组织以主题教育为抓手，坚持问题导向、责任导向、发展导向，谋实事、出实招、做实功、求实效，全系统查找问题 1.2 万条，提出整改措施 1.8 万条，1.4 万条整改措施已整改完成，主题教育工作取得阶段性成效，得到中央第十一巡回督导组、国务院国资委指导组充分肯定，相关做法在中央《党建要报》、国务院国资委主题教育简报上刊登。加强对各级党组织党内政治生活状况的检查指导，全年派出督导组 10 个，开展对 52 家单位领导班子民主生活会现场督导。

2. 始终把完善体制机制作为主要抓手。进一步明确国有企业党组织在公司法人治理结构中的法定地位，建立健全重大经营管理事项党组织研究讨论前置与董事会战略决策、经营层经营管理相融合的工作机制。全年召开常委会 20 次，审议议题 125 项，涉及学习习近平总书记各类讲话精神、传达党中央各项决策部署、干部任免等议题 73 项，涉及经营管理、企业改革、发展战略等议题 52 项。组织全系统“三重一大”系统信息化建设，推动各级党委理顺决策流程、理清决策事项，全系统 500 多家单位完成“三重一大”系统建设工作，达到国资委党委的全覆盖要求。

3. 全力把提升发展质量作为重要目标。中国铁建党委坚决贯彻落实习近平新时代中国特色社会主义思想，结合企业发展需要做出打造“品质铁建”的战略部署，各项工作突飞猛进，“品质铁建”成效初显。响应中国“一带一路”倡议，提出“海外优先”战略，全年海外生产经营指标大幅攀升。落实国家供给侧结构性改革部署，大力推进“瘦身健体”“处僵治困”工作。贯彻新发展理念，积极推进企业转型升级，一大批科技应用成果问世。大力发展战略性新兴产业，布局逐步完善，开局走势良好。

（二）人才队伍建设坚强有力

1. 选人用人渠道不断拓宽。进一步落实党管干部、党管人才原则，合并党委组织部和人力资源部，强化对干部人才的统一管理。选人用人视野不断拓宽，党管干部人才与市场化选人用人机制相结合，由主要从内部产生向内外部相结合的方式转变。总部海外业务部、审计监事部西安中心、长沙中心和区域总部 8 个领导岗位、26 个关键岗位，面向系统内外进行公开招聘。统一组织重点院校校园招聘，充分发挥集团化优势和影响力，集中招纳优质生源，取得良好效果。

2. 干部队伍结构不断优化。抓好领导人员选拔使用，聚焦具有基层工作经历，特别是在艰苦地区和复杂环境中担任过领导职务的优秀年轻干部，持续优化调

整领导人员队伍。2019年,党委书记碰头会专题研究二级单位班子建设和领导人员配备事项6次,党委常委会审议干部任免议题6次。先后调整总部和所属单位领导人员195人次,交流38人次,干部队伍的年轻化、知识化、专业化得到提升。

3. 政治生态环境不断净化。加强制度建设,强化人员激励约束,印发《总部机关员工2019年度综合考核测评及末位淘汰实施方案》,打通总部人员“下”的通道。修订《领导人员管理规定》,完善干部监督管理的制度要求。贯彻落实《中国共产党重大事项请示报告条例》,强化各级党组织对组织工作中重大事项的请示报告。开展2019年领导干部个人事项集中填报工作,组织全系统605名领导人员报告个人事项。开展对17批次97人次领导干部个人事项报告进行重点抽查,批评教育46人,诫勉4人。抓好领导干部培训工作,3名公司领导参加国资委调训,105名中层干部参加领导干部培训,提升领导干部综合素质。

(三)基层组织建设夯实有效

1. 党建工作基础持续夯实。结合企业组织机构的变化,动态调整组织设置,印发《关于成立中国铁建股份有限公司区域总部党委和纪委的通知》,指导区域总部及时成立党的组织。组织以党建责任制考核、区域总部党建、境外企业党建、党建与生产经营相融合为主题的座谈会。结合主题教育,集中整顿软弱涣散基层党组织,提升基层党组织建设质量。

2. “三支队伍”建设成效显著。着力培养综合素质过硬的基层党组织书记队伍,举办3期基层党支部书记培训示范班,526名党支部书记参加培训。着力打造忠诚干净担当的高素质党务干部队伍,举办2期组工干部培训班,167名党务干部参加。严把发展党员入口关,分2期举办中国铁建2019年北京片区党员发展对象培训班,21家单位254名党员发展对象参加培训。同时,通过“三会一课”、主题党日等日常方式加强党员日常教育管理。

3. 党建责任体系不断完善。年内召开二级单位党委书记抓基层党建述职评议会议,11家二级单位党委书记进行现场述职,完成国资委党委关于基层党组织书记现场述职三年全覆盖要求。组织签订2019年度党建工作责任书;开展对所属40家二级单位党组织现场考评和督查。出台《党内表彰办法》等制度文件,持续完善党建工作制度体系。

(四)宣传思想建设凝神聚魂

1. 深化思想建设。围绕“品质铁建”战略,组织开展42场宣讲活动,超过5万人收听。推出系列文章,掀起学习贯彻“品质铁建”热潮。组织中国铁建与共和国共成长做贡献系列报道,开展系列庆祝活动,凝聚发展信心。组织开展第三届“永远的铁道兵杯”十大楷模、第六届“十佳道德模范”评选表彰活动。杨连第获“最美奋斗者”称号,1人获“央企楷模”称号;中国铁建获第五届中央企业精神文明建设“五个一工程”优秀组织奖。

2. 加强宣传报道。《中国铁道建筑报》组织12版的特刊,集中展示辉煌成就。全系统全年在中央主流媒体刊发稿件3929篇。其中,中央电视台刊播新闻709篇。官方新媒体实现微信、微博、抖音、快手等社交平台的全面布局,并在中央企业中首批开通“学习强国号”。编印《图说·中国铁建70年》,受到国务院国资委肯定并推荐给所有中央企业。《企业文化融合国别手册》受到广泛欢迎,埃塞跨文化融合项目受到国资委肯定。全年各类舆情事件得到有效管控。

3. 丰富文化内涵。丰富完善“以国为荣、以法为循、以德为先、以企为家、以人为本”的新时代中国铁建文化,把“首创、包容、协同、合规、廉政、实干”等文化理念融入其中,丰富文化内涵。组织开展新时代中国铁建文化大学习、大研讨,明晰文化实现路径,中国铁建品牌故事3次登上国资委展演舞台。评选出10个企业历史文化教育基地,铁道兵纪念馆获“全国爱国主义教育示范基地”称号。

(五)党风廉政建设扎实有为

1. 压实管党治党责任。中国铁建党委强化领导,主动扛起纪检监察体制改革的主体责任,常委会先后3次审议研究公司总部及二级单位纪检监察体制改革议案,印发《股份公司　股份公司党委关于调整总部机关机构编制及职能的通知》,把总部纪检监察改革与机构调整一体推进,同步完成;印发《深入推进二级单位纪检监察体制改革的指导意见》,推动二级单位纪检监察体制改革稳步开展,进一步强化各级党委的主体责任和纪委的监督责任,为全面从严治党向纵深推进打牢基础。

2. 深化作风建设。中国铁建党委班子带头执行中央八项规定及其实施细则精神,紧盯形式主义、官僚主义新动向新表现,重大节日期间组织系统内各级纪检部门进行抽查,成立检查组1159个,派出检查人员3000人次,检查单位7700个,营造风清气正的良好氛围。开展反腐倡廉宣传教育月活动,启动总部廉洁风险防控工作,清理整治个别领导干部利用名贵特产类特殊资源牟取私利问题,专项整治领导人员亲属和其他特定关系人所办企业与本企业业务往来。境外廉洁风险防控工作广受好评,《“一带一路”沿线国家国别研究报告》受到中纪委领导高度评价。

3. 严格监督执纪。构建巡视巡察上下联动监督网,建立报备、考核评价等制度,并对履行巡察工作主体责任情况开展专项检查，压实责任链条，形成监督合力。年内开展常规巡视7家二级单位党委，专项巡视8家二级单位领导人员及其亲属违规经商办企业情况。在中央企业巡视巡察工作推进交流会上，国资委党委巡视办对公司党委巡视工作给予充分肯定。保持惩治腐败高压态势，紧盯“关键少数”，常委会5次听取审议纪委查办案件情况，给予党政纪处分1451人，移送司法机关23人，挽回经济损失20.37亿元。

（六）党群连心建设掷地有声

1. 强化引领带动。推进“中国铁建职工e家”微信公众号建设，大力传播正能量。围绕“品质铁建”广泛开展学习教育活动，引导广大职工青年积极投身企业改革发展。发挥典型引路作用，培育选树先进模范，4个集体获“全国工人先锋号”，4人获“全国五一劳动奖章”，12个青年集体和3名青年受到团中央表彰，16个青年集体和17名青年受到中央企业团工委表彰。

2. 强化维权保障。推进集体合同修订，包括涉及职工切身利益的工资薪酬、休息休假、社保缴纳、女职工特殊权益保障等条目，职工权益得到进一步保障。加大建家建线投入，针对偏远艰苦项目的建家建线工作进行重点帮扶。精心组织助困帮扶，全年各级工会筹集送温暖资金7200余万元，慰问困难职工家庭12000余户，慰问劳模先进、一线职工以及农民工等78000余人。

3. 强化服务大局。在重点工程项目开展形式多样的劳动竞赛，激发劳动热情。组织开展合理化建议、技术革新等职工创新活动，举办第九届“十大杰出青年”“十佳青年技术能手”表彰大会、“海外优先、青年先行”知识竞赛和“青创杯”BIM技术成果邀请赛，调动青年职工投身“品质铁建”建设、服务高质量发展的积极性与主动性。

2019年，中国铁建党委认真落实党中央脱贫攻坚决策部署，积极履行央企担当，河北省万全区正式脱贫摘帽，河北省尚义县、青海省甘德县顺利通过省级脱贫验收，在中央企业定点扶贫工作考核中获评“较好”成绩。全面落实中央企业主要负责人履行法治建设第一责任人职责，法治铁建全面推进，合规管理实现重大进展。积极履行国家安全主体责任，各类隐患得到有效排除。保密工作常抓不懈，全年无失密泄密事件发生。统战工作体制机制不断完善，工作基础进一步夯实。做好老干部服务保障工作，老干部的经验优势得到充分发挥。扎实开展信访维稳工作，各类矛盾得到合理处置。

二、党建形势与任务

（一）看清大势知方向

2020年是国有企业改革涉“深水区”、啃“硬骨头”的攻坚之年，是诸多国企在改革潮流中千帆竞发、抢夺先发优势的奋进之年，更是中国铁建加快改革创新、实现高质量发展、打造“品质铁建”的关键之年。

（二）剖析问题知短板

一是坚持党的领导与公司法人治理融合不够深入，二是党建基础不够扎实，三是作风建设不够牢固。

（三）明确目标知责任

2020年党建工作要以“中央企业党建巩固深化年”专项行动为抓手，加快推动党建工作提质、增效、升级，着力做好“三个坚持”——坚持加强党的领导与完善公司治理有机统一，坚持党管干部、党管人才原则与市场化选人用人机制相结合，坚持企业党建工作与生产经营相结合；“六个巩固深化”——巩固深化党的政治建设、“三基建设”、干部队伍建设、宣传思想工作、党风廉政建设和反腐败工作以及群团工作。

三、2020年党建主要工作

2020年中国铁建党委工作思路及重点工作：以习近平新时代中国特色社会主义思想为指导，全面贯彻党的十九大和十九届三中、四中全会精神，紧紧围绕新时代党的建设总要求，始终把坚持党的领导、加强党的建设贯穿企业改革发展全过程，统筹抓好“强根铸魂、组织提升、育才造士、反腐免疫、文化塑形、凝心聚力”六大工程，以一流党建引领和保障中国铁建高质量发展。

（一）巩固深化党的政治建设，抓好强根铸魂工程

1. 强化政治意识管大局。一是把强化政治意识放在首位。要始终把讲政治作为第一位的要求，牢固树立党对企业领导的政治自觉和政治意识，严格执行《中国共产党重大事项请示报告条例》《中共中央关于加强党的政治建设的意见》以及国务院国资委加强政治工作通知等关于加强政治建设的制度文件，认真落实中央企业负责人会议精神，树牢“四个意识”、坚定“四个自信”，坚决做到“两个维护”。二是把“两个大局”扛在肩上。要把企业发展规划同国家重大战略紧密衔接起来，充分发挥中国铁建资本、技术、管理、人才等优势，在全面建成小康社会、坚决打好三大攻坚战上走在前、作表率。三是把政治优势转化到行动上。要牢记政治责任，站稳政治立场，把准政治方向，自觉在思想上、政治上、行动上同以习近平同志为核心的党中央保持高度一致，把政治优势转化为治理效能。要修订完善“三重一大”决策和党委前置研究讨论事项清单，促进全系统“三重一大”决策清单化、程序化、透明化，提升“三重一大”决策水平。要促进党的领导和公司治理深度融合，确保把方向、管大局、保落实的领导作用得到充分发挥。

2. 强化履职尽责担大任。一是在履职尽责中坚决做到“两个维护”。要紧紧扭住新发展理念，站在党和国家事业全局谋划改革发展和党的建设各项工作，全力以赴提高企业发展质量和效益，切实履行好经济、政治和社会责任。二是在履职尽责中发挥“压舱石”“稳定器”的作用。要坚决贯彻落实党中央和上级党委的决策部署，充分发挥各级党组织的领导作用，加强对企业改革发展的统筹谋划，加快推进强党建与谋发展相结合的体制机制建设，加快对接国家战略，在国家经济体系建设中发挥“压舱石”“稳定器”的作用。三是在履职尽责中做好党建与中心工作有机融合。各级党组织和党员领导干部要自觉把企业工作放到党和国家工作大局中去审视、去部署、去推动，用实际行动坚决贯彻落实习近平总书记重要指示批示和党中央决策部署。要把推动实现企业高质量发展摆在全国的大局中谋划，把强党建作为打造“品质铁建”的核心要务，深入落实“四者”定位，推动实现“三转”，把党的建设与企业生产经营有机融合。

3. 强化理论武装成大器。一是把学习贯彻习近平新时代中国特色社会主义思想作为首要政治任务。要持续强化政治建设，自觉用新思想新理论武装头脑、指导实践，做到边工作边学习，边学习边提升，更新知识结构，提高理论素养。二是把“不忘初心、牢记使命”主题教育作为加强党的建设的永恒课题。要巩固和用好主题教育成果，建立长效机制，把学习贯彻习近平总书记最新重要讲话和重要指示批示精神作为党委会“第一议题”，深入研究阐释习近平总书记关于国资国企改革发展和党的建设的重要论述，切实把学习成果转化为推动企业高质量发展的实效。要把主题教育作为中心组学习、“三会一课”等的重要内容，统筹推进集体学习与个人自学，融入日常，抓在经常。要把主题教育和企业党的建设、生产经营工作深度融合，切实用主题教育成果指导实践、推动工作。

（二）巩固深化“三基建设”，打牢组织提升工程

1. 夯实基本组织。要持续抓好基层党组织全覆盖，落实好加强混合所有制企业党建指导意见，加强组织体系建设，因地制宜创新党建工作。要加强对基层党建的领导指导，突出政治功能，不断提升基层组织覆盖力。要按照国资委党委要求，及时选树第二批示范党支部，全面推动基层党支部标准化规范化建设。

2. 建强基本队伍。要加强基层书记队伍建设，抓好基层党组织书记培训全覆盖。要加强党务干部队伍建设，多层次、宽领域培养复合型政工干部。要建立科学合理的职业发展通道，严格落实两个“百分之一”制度要求。要加强党员队伍建设，落实好“三会一课”、谈心谈话、民主评议党员等制度，抓好党员日常教育管理。

3. 完善基本制度。健全“述评考用”有效贯通的工作机制，优化党建责任制考核，强化考核结果运用，激发强党建促业务的内生动力，形成一级抓一级、层层抓落实的党建工作格局。抓好主题教育检视问题整改和专项整治，固化形成一批主题教育实践成果、制度成果，形成长效机制。持续推进领导干部分片包干、基层党建联系点等制度，用好党员突击队、责任区等载体，做好示范引领，以企业改革发展成果检验党组织工作的战斗力。

（三）巩固深化干部队伍建设，做实育才造士工程

1. 大力选拔担当作为的优秀干部。坚持国有企业领导人员“20 字”标准，健全党管干部、选贤任能制度，更加突出讲担当、重实干的选人用人导向，对在关键时刻善于化解重大风险、能够驾驭复杂局面、做出重大创新创造贡献的优秀年轻干部，要不拘一格大胆任用。坚持五湖四海使用人才，坚决杜绝任人唯亲。

2. 切实增强担当作为的能力素质。要在知识更新、能力培训、实践锻炼上下更大功夫，着力培养领导干部在困难挑战面前知重负重、坚韧不拔的硬朗作风，增强能干会干、善作善成的专业化本领。要让领导干部在实践历练中增长经验智慧、胆识才干，提高专业水平，增强斗争本领，提高防范化解生产经营、企业管理等方面重大风险的能力。要做好公司“十四五”人力资源规划的制定工作，加强专家和人才队伍建设。

3. 加快完善担当作为的激励机制。要修订完善二级单位工资总额管理办法，健全工资总额分类调控体系。加强薪酬管理，避免不合理收入差距和分配关系失衡。加快推进中长期激励机制建设，积极开展科技型子企业股权和分红激励。积极落实深化三项制度改革 2019—2020 年重点工作方案，力争在重点领域和关键环节取得有效突破。要落实好“三个区分开来”要求，切实保护好干部职工干事创业积极性，真心关爱干部，为担当者担当。

（四）巩固深化党风廉政建设和反腐败工作，强化反腐免疫工程

1. 锲而不舍强化党内监督。要加强对贯彻落实习近平总书记重要指示批示精神和党中央决策部署情况的监督检查，各级党委要正确把握主体责任的科学内涵，加强对重点工作推进情况的监督检查，把强化党内监督与业务监督有机结合起来。要完善权力配置和运行制约机制，盯紧权力运行各个环节，完善发现问题、纠正偏差机制，压减权力设租寻租空间。要全面落实主体责任和监督责任，完善领导班子内部监督制度，破解对主要负责同志监督和同级监督难题。各级纪检干部要树立“宁为循吏、不做清流”的思想，敢于亮剑，为企业高质量发展护航。

2. 扎实有序推进巡视巡察。各级党委要加强对巡视巡察工作的领导，强化政治监督，坚持围绕中心、服务大局，紧扣党委职能责任，深入查找政治偏差，强化整改落实，深化标本兼治。要强化指导督导，加强领导体制、工作机制、机构设置和队伍建设，促进巡视巡察上下联动，发挥“利剑”作用。要支持纪委加强基层纪检干部队伍建设，重点加强对二级、三级单位纪委书记、副书记的培训，提升自身巡视巡察工作水平。

3. 一体推进“三不腐”体制机制。各级纪委要紧盯重大工程、重点领域、关键岗位，严肃查处靠企吃企、关联交易、内外勾结侵吞国有资产问题，坚决破除利益输送、权钱交易的关系网，坚决清除党的十八大后仍然不知敬畏、胆大妄为的腐败分子。要探索构建“大监督”格局，进一步整合监督资源，快速准确追责问责。要进一步强化职能部门监管，切实担负起各自业务领域“管”和“治”的责任。持续开展“反腐倡廉宣传教育月”活动，定期召开警示教育大会，督促广大党员干部深刻吸取教训、警钟长鸣。

4. 持之以恒涵养清风正气。各级党员领导干部必须“三观”要正，不管面对何种境地，要始终坚守正方向，永葆正能量。要教育引导广大干部职工有明辨是非的能力，不信谣、不传谣，不妄议国家大政方针，不发表不负责任的言论，不说有悖于身份的话，不做有违于本分的事。

（五）巩固深化宣传思想工作，开展文化塑形工程

1. 思想武装要占据新高地。要以学习贯彻习近平新时代中国特色社会主义思想和党的十九大、十九届四中全会精神为重点，抓好本级中心组学习，并加强对所属单位中心组学习的督查和通报，不断提升学习效果。报社、网站等传统媒体和微信、微博等新媒体要围绕企业改革发展中心任务，开展主题教育、形势任务教育和思想政治工作，为建设“品质铁建”凝聚思想共识。要认真落实意识形态工作责任制，把握舆论主动权，积极营造奋发向上的舆论氛围。

2. 新闻工作要打好主动仗。要强化正面新闻宣传，增强发展自信，聚焦“铁建故事”，拓宽宣传渠道，提升知名度，助力生产经营。要围绕加强党的建设、企业改革发展、经营管理创效等重点任务，唱响主旋律，打好主动仗。要拓展对外宣传渠道，深化企媒联动，在海内外讲好“铁建故事”，塑造良好形象。

3. 企业文化要激发新活力。要传承弘扬好铁道兵精神，把“五以五为”作为新时代铁建文化的重要内容，继续丰富完善“首创、包容、协同、合规、廉政、实干”的文化理念，大力倡导践行实干文化。要深入研究探索铁建文化体系，开展企业文化理念提升和品牌体系建设工作。要持续推进企业文化建设示范基地的选树工作，适时举办国企开放日活动。要做好跨文化融合工作，努力构建具有全球竞争力的世界一流企业文化软实力。

（六）巩固深化党群连心工作，实施凝心聚力工程

1. 加强指导引领，突出主体地位。各级党组织要加强对群团工作的领导，定期听取群团工作汇报，及时研究解决面临的问题，为自主开展工作创造条件、提供支持。要加强整体策划和统筹协调，在重大工作、重点任务中注重发挥群团组织作用。

2. 服务中心任务，激发群团活力。各级党组织要支持群团组织紧扣企业稳增长、高质量发展要求，着力推进劳动竞赛、班组安全建设、“号手岗队”等工作，强化广大职工主体作用。要加强先进典型选树，广泛宣传先进事迹，营造尊重劳动、崇尚技能、鼓励创新的企业风尚。着力提升劳模创新工作室的创建水平，围绕生产经营开展技术攻关、“五小成果”等活动，加强导师带徒，充分发挥劳模和工匠人才的“传、帮、带”作用。

3. 坚持以人为本，凝聚职工群众。各级党组织要坚持以人为本、善待员工，不断改善职工生产生活条件，完善收入正常增长机制，保障职工合法权益。要牢固树立以职工为中心理念，提高职代会召开质量，深化集体协商，完善集体合同，切实为职工群众办实事、解难事。要完善员工激励关怀帮扶机制，加大送温暖、团组织关爱行动的工作力度，更好地为广大职工提供服务，不断提升职工幸福指数。

2020年是脱贫攻坚的决胜之年，各单位要继续做好扶贫工作，协助政府打赢脱贫攻坚战。要扎实做好保密和国家安全工作，全面推进企业法治建设，充分发挥统战工作的作用，为推动企业改革发展提供最广泛的力量支持。要关心尊重离退休老干部，妥善推进社会化移交工作。要统筹抓好各项工作，切实把握工作主动权，确保收好官、布好局、起好步。要坚决避免拖欠职工、农民工工资，安排好困难职工生活。要强化落实安全生产责任，严守安全生产底线，确保企业安全发展。

放飞梦想　勇于创新　立足实干
为中国铁建实现品质发展而砥砺前行

——董事长、党委书记陈奋健在中国铁建二届五次职工代表大会暨2020年工作会议上的讲话

（摘　要）

（2020年1月15日）

这次会议的主要任务是：以习近平新时代中国特色社会主义思想为指导，全面贯彻党的十九届四中全会、中央经济工作会议和中央企业负责人会议精神，总结2019年工作，分析当前形势，部署2020年工作。

一、2019年工作总结

2019年，中国铁建坚持"三转四做"的经营理念，主要经济指标均实现超快增长，安全生产和质量水平总体平稳，品质发展成效得到资本市场高度认可。

2019年，中国铁建构建"四最四者"的组织架构，经营管理布局基本完成。总部一级部门由31个调整为21个，编制定员由411人调整为349人。12个区域经营机构调整为9个区域总部，成立军民融合指挥部、中铁建发展集团有限公司、中铁建国际投资有限公司，划转或收购京承等6家公司股权，批复设立各类机构223户，开展"总部机关化"问题专项整改工作。

2019年，中国铁建推进"放管结合"的改革举措，资源配置效率有所提升。混合所有制改革迈开步伐，分拆上市、增资扩股、兼并收购多措并举，中国铁建重工集团股份有限公司分拆上市取得突破性进展。"瘦身健体"扎实推进，压减法人单位16户，累计压减269户。三级法人、四级管理的管理架构形成。"处僵治困"基本完成，"双百行动"已有成效，"三供一业"完成剥离。

2019年，中国铁建实践"海外优先"的突破路径，海外发展战略落地见效。构建"3+5+N"的海外经营发展体系，国际业务覆盖全球129个国家和地区。海外优先战略形成共识，在全系统快速推进。海外协同力度持续加强，境外项目管控平稳有序，投资引领作用快速显现，风险管控能力不断提升。

2019年，中国铁建突出"事业至上"的选用导向，大力发掘选拔优秀干部。全年调整补充43个（次）领导班子，提拔调整领导人员195人（次），交流领导干部38人（次）。调整36个二级单位的主要领导。输送2名年轻干部进入其他中央企业领导班子。忠诚干净、干事创业、奋发有为的政治生态和工作环境蔚然成形。

2019年，中国铁建全面贯彻新时代党的建设总要求，为改革发展提供坚强保证。深入开展"不忘初心、牢记使命"主题教育，全面加强企业党组织建设，认真履行管党治党主体责任，党的领导和公司治理深度融合，"三重一大"集体决策依法合规，宣传思想文化工作出新出彩，扶贫攻坚取得关键阶段成效，广大员工的获得感日渐增强，党风廉政建设和反腐败工作成效明显。4个集体获"全国工人先锋号"，4人获"全国五一劳动奖章"，8人获省部级"劳动模范"称号。

二、面临的形势和任务

看宏观，时与势仍然总体有利。一是世界经济仍然处于国际金融危机后的深度调整期，国际经济可能呈现低增长、低通胀、低利率、高负债、高风险"三低两高"特征。二是为提振和刺激本国经济实现恢复增长，多国政府推出基础设施建设发展规划，国际建筑市场呈现温和增长的向好趋势。三是中国积极推进全球治理体系变革，国际事务话语权和影响力迅速提升，国内企业参与更加广泛的国际合作成为可能。四是中央经济工作会议给2020年的核心基调是"三大六稳"，即大延续、大基建、大城市，稳就业、稳金融、稳外资、稳外贸、稳投资、稳预期。给建筑业增添政策红利。五是随着国家供给侧结构性改革深入推进，基础设施投资

发挥经济稳定增长的托底作用,国内建筑市场将迎来持续发展的战略机遇期。

看行业,竞争加剧胜者为王。建筑行业进入全面竞争时代,特别是建筑中央企业,全方位、全业态、全领域的竞争态势凸显无疑。在市场布局方面,通过成立组织机构、签订战略协议等方式迅速布局,抢占市场高地,夺取市场份额。在产品结构方面,实行横向多元、纵向一体发展战略,紧跟市场形势,进军新兴业务,积极延伸产业链条,拓展企业发展空间。在企业管理方面,利用国资国企改革契机,在混合所有制、“三项制度”改革、收并购、公司治理等方面积极探索,强化企业管控能力,优化组织运行效率,提升企业管理效益。在技术升级方面,积极推进科技创新,一方面通过积极参与国家重大工程,研发相关建造和装备技术;另一方面积极成立各种研究机构,专注前沿科技研发,助力企业转型发展。

看自身,品质发展任重道远。中国铁建在70多年的艰辛发展中,积累了良好的口碑、厚重的文化、优良的队伍、丰富的经验、辉煌的业绩。如今,站在中华民族伟大复兴的历史关口,站在百年未有之历史大变局面前,唯有不忘初心、牢记使命,坚定信念,重整行装再出发。要对标世界一流高标准,贯彻发展新理念,用好深化改革金钥匙,坚持创新驱动新动能,抓住战略新兴产业机遇,抓住区域发展机遇,抓住现代服务机遇,抓住高端制造机遇。

2020年总的工作要求是:以习近平新时代中国特色社会主义思想为指导,认真贯彻党的十九届四中全会精神,全面落实中央经济工作会议和中央企业负责人会议部署,坚持党对企业的全面领导,坚持稳中求进的工作总基调,坚持打造“品质铁建”工作总方针,坚持以提高发展质量和效益为中心,坚持以改革创新和转型升级为重点,坚持以建成世界一流企业为目标,放飞梦想、勇于创新、苦干实干、成就未来,为全面建成小康社会和“十三五”圆满收官、“十四五”的顺利启程作出贡献。

三、2020年工作部署

(一)铁建的梦想

建成世界一流企业,实现品质铁建发展,是中国铁建坚定不移的共同梦想。

1. 保持平稳增长是实现梦想的前提。合同额、营业收入、利润确保两位数的增长,“十四五”期间增长率不低于国家GDP、中央企业平均和建筑中央企业平均水平,财务指标逐年好转,在建筑中央企业评比中排名不断攀升,业绩考核位列A类。

2. 改革创新是保持平稳增长的动力。体制、机制、科技更加符合现代企业制度,更加适应市场变化,更加解放生产力,更加具有竞争能力,要实现股权更加多元、权责更加明确、层次更加清晰、活力更加充足,“十四五”期间的改革不落后、有特色、见效果。

3. 转型升级是平稳增长的手段。增加新产品、新模式、新市场的占比,争取在传统市场保持竞争优势,新型业务蓬勃发展,初见成效。“十四五”期间新兴业务占比增幅有较大增长。在建筑中央企业中率先成功转型。

4. 海外拓展是保持平稳增长的重要途径。紧跟国家“走出去”战略,增强国际化经营指数,提高全球配置资源能力,保证2020年和“十四五”期间海外合同额、营业收入、利润占比每年有较大增长。所有指标位居中央企业第一方阵。

5. 管理提升是保持平稳增长的基础。持续优化公司各级管理架构,要把亏损面、亏损额降低至限定范围,“十四五”期间要处理完所有亏损项目,争取所有新开工项目不亏损,公司管理能力位居中央企业前列,各项治理结构在国资委相应考核中位居先进行列。

6. 企业党建是平稳增长的“压舱石”。坚持党对企业的统一领导,加强“三基建设”,把企业的改革发展作为党建工作的出发点和立足点,以高质量党建引领国有企业高质量发展,在每年的中央企业党建责任制考核中始终保持优秀。

(二)铁建如何创新

中国铁建正处于爬坡过坎的关键时期,要在理念上、管理上、产品上、技术上、营销上有目的地进行创新。

1. 理念创新。理念创新是企业各项创新的前提。一是要在创新主体上创新。二是要在增长动能上创新。三是要在增长方式上创新。四是要在竞争手段上创新。五是要在经营模式上创新。六是要在创新方式上创新。理念创新无止境,特别是在日新月异、竞争激烈的建筑市场,有新的理念,才有新的发展。

2. 管理创新。管理创新是企业各项创新的基础。一是加大总部、各级机关的建设。二是加大人才队伍建设。三是加大资本资金的科学运作。四是要紧盯管理的难点弱点。

3. 营销创新。营销创新是适应市场变化的手段。一要建立精干的营销机构。二要筑基树旗。三要坚持以客户为中心。四要实行商业模式创新。

4. 技术创新。技术创新是社会发展的“硬件”,是企业各项创新的核心,企业竞争能力的体现。各设计院、科技部门是创新的主力军。一要形成支持创新的氛围。二要构建技术创新平台。三要建立更加完善的创新人才工作体制和机制。四要把握重点。

5. 产品创新。产品创新是企业各项创新的关键。

中国铁建的产品是工程,客户绝大部分是政府。一方面,对建筑工程这种特征显著的传统产品,产品创新可通过内部研发和外部获取两种途径。另一方面,对差异型建筑产品,要在细分的目标市场全面满足客户要求。建筑产品的创新要在项目质量、造价、外形、使用功能和服务态度上发力。

(三)铁建怎样实干

1. 坚持实干精神,强化企业党建。一是加强党的政治建设。把学懂弄通做实习近平新时代中国特色社会主义思想作为首要政治任务,进一步增强“四个意识”,坚定“四个自信”,做到“两个维护”,结合开展“不忘初心、牢记使命”主题教育,确保党的路线方针政策和决策部署在中国铁建不折不扣地贯彻执行。二是驰而不息抓好作风建设。领导干部必须以身作则,率先垂范,严以用权,各位党员必须把人民利益放在最高位置,实事求是,讲真话、办实事、开短会、讲短话、讲效率,跟理不跟人,从道不从上,党员干部必须躬下身子,察民情,解民意,与民同甘苦,解决民众的切身问题。三是持续夯实基层基础。加强“三基”建设,在体制机制上确保基层党组织的应有地位,确保从严治党延伸到所有组织,覆盖到全部领域。要打造过硬的基层组织,确保党建工作落实见效。提升党员素质,敢于亮身份、做表率。在发展新党员质量上下功夫,确保中华民族的先进分子入党。在党员的先锋意识上,在增强亲和力、说明力、带动力上做努力,确保党员起到先锋模范带头作用。四是确保党建与公司治理深度融合。坚持把党建思想政治工作与转型升级、改革创新相融合,同布置、同考核、同推进。五是深入推进党风廉政建设和反腐败斗争。进一步加强和规范党内政治生活,进一步强化党内监督,进一步执行巡视巡查、责任审计、重大事项请示报告制度,进一步把建章立制和解决问题结合起来,把制定制度和执行制度统一起来,推进不敢腐、不能腐、不想腐体制机制建设,完善制度体系,巩固反腐败斗争压倒性胜利。

2. 激发实干动能,深化改革创新。一是完善企业和产业布局,充实一线力量。合理分配铁建资源,统筹规范铁建内部产业和公司分布。整改总部机关化现象,压减机构部门人员,补充一线力量,持续压缩法人单位和管理层级,使信息沟通快速反应,监管和支持尽量靠前。二是加快混合所有制改革。坚持“三因三宜三不”原则,分层分类推进混合所有制改革,鼓励有条件的子公司,采用引入战投、分拆上市、管理层持股、员工持股、风险跟投等形式参与股改。三是加速收并购和惰性资产出清。大胆地采用收并购手段,扩大产业范围和经营区域,补齐发展短板;扎实开展“处僵治困”工作,剥离企业办社会职能和解决历史遗留问题,盘点低效、无效资产,大胆变现。四是加快发展集团和金控集团的改革进度。中铁建发展集团有限公司作为新产业发展平台,要培育、发展、形成主业以外新的经济增长点,以国内一流、国际领先、行业数一数二为追求目标。中铁建资本控股集团有限公司要解决好铁建“资产—资本—流动—对接资本市场”问题,要解决好现有资金的高效利用、加快流动问题;要引入低成本外部资金,支持主业发展;要放大资产、资金功能,保证资产资金安全。

3. 弘扬实干作风,加强基础管理。一要加强项目管理。要抑制投标冲动,把不投亏损标作为红线;要精心做好项目前期策划,确保按施工计划轨道不更改;要坚决推行项目全周期的制度化、标准化、流程化、信息化管理;要注重发挥项目经理、项目团队的主观能动性,解决项目经理权力越来越小,责任越来越大的问题。二要加强工程公司管理。工程公司要走专业化、差异化、区域化道路,采取更灵活的体制机制,调动工程公司的积极性。各工程公司除模范充当好“最佳胃口”角色,优秀实施各类项目外,必须聚集主责主业,必须开拓经营,必须追求效率效益,必须“瘦身健体”、压缩各类成本、减少各种开支,昂首挺立于残酷的建筑市场。三要加强物资装备管理。杜绝融资性贸易、空转、走单业务。要重点保障物资装备采购资金,用直接划转解决内部三角债问题。要尽快建立物资采购信息网,定期公布物资采购指导价和实际采购情况,实采价格必须控制在指导价范围内。要继续对以往融资性贸易的资金损失进行追索,减少损失,助推物资装备管理持续健康发展。四要加强风险管理。要提高全员的风险意识,提高依法合规意识。

4. 聚焦实干要务,解决发展难题。一是敢于担当、挺起责任,完全彻底地解决项目亏损大、历史包袱重的问题。对既有项目亏损问题,主要领导要亲自挂帅,花大力气,尽快画上句号,要对亏损原因和经验警示引起深思和警醒。对新开项目,不得以任何借口作为亏损的理由。二是精准扶贫、对症下药,全面消除二三级公司发展的不平衡、收入不均匀。要对困难企业制定脱困计划,落实帮扶对象,制定扶贫措施,保证困难企业一线员工的基本收入。要把扶贫与扶志、扶智、扶技结合起来,实现全体困难企业脱困。三是坚决果断、勇往直前,以强大的决心和勇气向项目机构庞大、冗员众多这一问题宣战。要有壮士断腕的勇气和决心,向机构臃肿、人浮于事开刀,切实把各级总部机关改革和减员增效做实做透。四是多种手段、多种方式有效应对有息负债大、财务成本高的难题。困难企业除自身发奋努力外,上级机构要以多种支持方式分批帮扶、逐年解决。

5. 践行实干行动，实现海外飞跃。一是坚定不移“走出去”，深耕细作“走进去”，满怀信心“走上去”。属地化、本土化是“走进去”的基本途径，要与当地社会、政府、人民深度融合，建立永久性公司，扎下根来，长久经营。要观大势、树大志、谋大局、大发展。要在使馆的领导下，利用中国铁建的金字招牌，积极与当地政府高端对接，参与主流社会、金融机构、知名公司的对接交流，获取抱团发展、合作共赢的机会。要利用中国铁建全产业链的优势，提升项目起点，大胆进入综合类、大型投融资领域，使产业链“走上去”。二是平台搭台，工程局(院)唱戏。各海外机构要以宽广的胸怀搭好台、布好景，欢迎工程局来唱戏。各工程局要充分发挥技术、人才、项目实施的优势，与平台公司优势互补、协同发展。三是扎实落实海外优先战略。要以思想优先为魂、资源优先为矛、政策优先为本、保障优先为基。最优的资源上海外、最强的保障到海外、最优的政策对海外。要加大对海外的宣传力度，做好后勤保障，优先提拔任用海外干部，增强海外员工的成就感、获得感、认同感、幸福感。四是要把握好重要项目的落实落地。要提高海外合同转化率。关于一些重要重点项目，主要领导必须亲自抓，动用一切力量、想尽一切办法、协调一切关系、利用一切资源，借助高访等有利时机，落实落地。五是大胆进行海外收并购和海外投资。要充分利用已有的网络和机构，利用系统内外的信息来源，利用资金和全产业链优势，专注主责主业，团结协作，实现突破。

6. 锻造实干队伍，注入蓬勃力量。一要抓好班子建设。坚持“实”字当头、“干”字为要。要引导领导干部在严峻复杂的斗争一线，急难险重任务中真枪真刀磨砺，积累斗争经验、提高斗争本领。二要抓好领导选用。把事业需要、岗位要求与促进干部成长有机结合起来，切实把实干能干的优秀干部选出来。要落实激励干部新时代新担当新作为的政策举措，按照“三个区分开来”的要求落实容错纠错机制，为敢担当想干事但出现失误或犯了错误的干部担当负责、撑腰鼓劲，让担当作为者有底气、有干劲。三要抓好年轻干部培养。要建立健全培养锻炼、适时使用、定期调整、有进有退的管理机制。要打破条条框框、隐性台阶，不拘一格选人才，压担子、经磨砺，推动形成数量充足、质量优良的优秀年轻干部梯队。四要关注人才队伍存在的突出问题。要通过建立灵活的人才引进机制，建立多样化的职业发展通道。要建立全方位科学的激励机制，加强新员工的培训。

7. 营造实干文化，铸就品质灵魂。一要弘扬铁道兵精神。对内要加强传统教育，对外要高举“铁道兵”金字招牌，让国内外业主、合作伙伴、利益相关方了解到中国铁建是“一支能干的队伍”，是一支讲实话、做实事的队伍。二要推进文化创新。要开展企业文化提升工程，对企业文化进行大调研、大讨论、大提升，总结梳理优秀文化基因，查找现存的问题，明确未来的方向，形成适应新时代要求、引领企业发展、广大员工认同、个性独特鲜明的新时代中国铁建文化体系。三要践行新时代中国铁建文化。要推动新时代中国铁建文化在全体员工中落地生根，为企业改革发展凝聚澎湃的内生动力。一方面要发挥各级领导的带头作用，带头重视、带头宣讲、带头遵守、带头推广。另一方面要加强正面激励与反面震慑作用。要大力宣传践行新时代中国铁建文化的先进典型，学习宣传讲实话、办实事、重实干、求实效的经验做法。

守正 革新 提质 做实
奋力夺取品质铁建“十三五”收官之战全面胜利
——总裁庄尚标在中国铁建二届五次职工代表大会暨2020年工作会议上的报告
(摘 要)
(2020年1月15日)

一、2019年工作回顾

2019年是中华人民共和国成立70周年,也是中国铁建高质量发展的关键之年。一年来,面对严峻形势和艰巨任务,中国铁建坚持以习近平新时代中国特色社会主义思想为指导,紧紧围绕“品质铁建”中心工作和“稳增长、高质量”工作主题,开拓创新,锐意进取,各项工作取得新成效。

一是主要指标大幅增长。2019年新签合同总额突破2万亿元大关;营业收入7812.5亿元,增长7%;利润总额276.6亿元、净利润222.1亿元,分别增长10.2%、12%;产值9271.6亿元,增长10.7%;资产总额突破1万亿元,达到10628.1亿元,增加1451.4亿元;净资产2625.1亿元,增加551.8亿元。

二是改革创新取得较大突破。年内完成总部机构改革,职能部门由31个压减到21个,“9个区域总部+1个专业总部”架构日趋完善。获国家科技进步特等奖1项、二等奖3项,新增国家级科研项目2个,获得“十三五”期间城市地下大空间国家级课题主要代表项目。成为“交通强国建设试点单位”。

三是新兴产业、新兴业务迅猛发展。全年新兴产业、新兴业务新签2530.5亿元,增长43.2%,占比12.6%,提升1.4个百分点。军民融合承揽额456.9亿元,是2018年的25倍,居中央企业第一。

四是基础基层工作得到重点加强。围绕筑牢发展根基,接连召开工程公司建设工作会和工程项目管理现场会,出台一系列务实举措,工程公司“五化”建设和“1234+”工程项目管理思路更加明确,目标更加清晰,抓基层、打基础导向更加鲜明。

五是重难点工程取得重大进展。川藏铁路、京张高速铁路、京雄城际、北京大兴国际机场及配套交通等重大工程项目进展顺利,取得显著成效;莫斯科地铁、卡塔尔世界杯体育场等项目平稳推进;一系列重难点、标志性项目的优质高效建成受到社会各界的高度赞誉。

一年来,中国铁建坚持党的领导,加强党的建设,认真落实全面从严治党要求,扎实开展“不忘初心、牢记使命”主题教育,充分发挥党委“把方向、管大局、保落实”作用,深入推进党风廉政建设和反腐败工作,引导全体干部职工增强“四个意识”、坚定“四个自信”、做到“两个维护”,筑牢企业发展的“根”与“魂”。在高质量党建引领下,中国铁建稳中求进、变中提质,干在实处、走在前列,圆满完成全年目标任务。

(一)发展质量稳中向好

一是“两高三低”基本实现。二是扭亏治亏实现预期。19户“僵尸特困”企业治理处置完成率100%。三是实物资产有效盘活。四是资金集中力度加大。五是物资设备集采稳步推进。

(二)市场经营稳中提速

统筹境内境外两个市场,不断强化区域经营、城市经营、高端经营、协同经营、属地经营和滚动经营。全年新获特级资质3项、军工涉密资质28项,总数分别达到78项、32项,位居建筑中央企业前列。

(三)施工生产稳中有进

牢牢把握技术和经济“两条主线”,坚决守住“六条底线”,大力加强安全监督制度和体系建设,全面开展安全生产大检查,深入推进铁路红线管理和标准化建设,施工生产平稳有序,安全生产形势总体稳定。全年完成施工产值7530.3亿元、非施工产值1741.3亿元,分别增长10.8%、10.4%。一大批重难点项目相继取得重大进展。全年获中国建设工程鲁班奖11项,国家优质工程奖40项，其中金奖4项。

（四）改革创新稳中有为

一是稳步推进混改，加快3家“双百行动”试点单位改革进程，完成中国铁建重工集团股份有限公司股份制改造。二是持续“瘦身健体”，全年压减法人单位16户，累计压减269户。三是深化“放管服”改革，强力开展“总部机关化”专项整改，为基层减负，提高总部效率。四是统筹推进大集体改革、培训与医疗机构改革、“三供一业”分离移交等。五是加大科技创新力度，新增劳模和工匠创新工作室8个；获中国土木工程詹天佑奖11项；获菲迪克奖2项；新增专利2773件，获中国专利奖9项。

（五）转型升级稳中趋优

一是工程承包板块业务结构持续优化，路外工程占比稳步提升；五大传统市场齐头并进。二是非工程承包板块营业收入占比提升。三是投资结构更加合理。四是运营业务持续做大。新增高速公路运营项目13个、里程1669千米，持有运营高速公路累计67条、总里程7030千米；新增城市轨道交通、综合管廊、地方铁路、停车场等运营项目11个；物业累计服务面积2000万平方米、服务客户50余万人；麦加轻轨运营圆满完成；阿卡铁路、阿布贾城轨一期运营顺利实现目标。五是海外业务增长势头显现。

（六）基础基层稳中趋实

一是加强人才队伍建设。在健全完善首席专家、特级技师等管理机制的基础上，出台特级项目经理、一级项目经理管理办法，“五支人才队伍”成长通道全部打通；专家培养、人才引进和教育培训力度不断加大。二是加强法律合规建设。积极做好合规整改，制定出台“1+9”合规制度。严格落实“一没四不”和“四项审核”要求。三是加强审计工作。年内完成审计项目3194项，促进各单位建立完善制度279项，为企业增收节支和挽回经济损失24.9亿元。四是加强信息化建设。稳步推进人力资源管理、财务共享、经济管理、投资管理、银行账户管理、“三重一大”等系统建设。五是加强企业文化建设。铁道兵纪念馆获“全国爱国主义教育示范基地”称号；《中国铁道建筑报》、门户网站和官方微信、微博等社交平台发挥较好作用；开展庆祝新中国成立70周年系列宣传活动，评选表彰“十大楷模”“十佳道德模范”“创效功臣”等。六是加强群团工作。加大建家建线力度，全年投入资金7000余万元，筹集发放各类慰问金、慰问品3.2亿元。全系统获全国工人先锋号4个、中央企业先进集体12个、火车头奖杯11个、全国五一劳动奖章4人、中央企业劳动模范20人、火车头奖章35人。召开团代会并举办纪念“五四”运动100周年等活动。七是加强民生福祉建设。“五险一金”、带薪休假制度、工资“治欠保支”得到有效落实，职工群众获得感、幸福感不断增强。八是积极履行社会责任。全力做好援疆援藏及定点扶贫工作，全年扶贫投入资金和实物折合3760万元，消费扶贫2811万元，参与中央企业扶贫基金投入4.78亿元，定点帮扶的万全区正式脱贫摘帽，尚义县和甘德县顺利通过省级脱贫验收；积极投身抗灾抢险、应急救援等工作，彰显央企担当和铁军本色。

在充分肯定成绩的同时，要清醒认识问题和挑战。一是稳增长任务艰巨。二是安全生产形势依然严峻。三是发展质量效益不高。四是转型升级任重道远。五是改革创新步伐不够大。六是“人多不够用”问题突出。七是管理陋习依然不少。八是基础基层依然薄弱。九是内部管理关系还不太顺畅。十是工作落实亟待加强。

二、形势与任务

2020年是全面建成小康社会和“十三五”规划的收官之年，是落实“品质铁建”中心工作和“稳增长、高质量”工作主题的关键之年。要做好2020年工作，各级、各产业、各区域、各单位、各部门要立足自身实际认真研判，要让听得到炮声的人更加准确把握战斗形势。从中国铁建整体层面研判宏观大势，要把握四个关键词：平稳、变化、风险、机遇。

根据形势研判与发展需要，2020年要以“守正、革新、提质、做实”八字要求为纲，扎实做好各项工作，集中精力办好自己的事。

2020年工作总体要求是：以习近平新时代中国特色社会主义思想为指导，全面贯彻落实党的十九大和十九届二中、三中、四中全会精神及中央经济工作会议、中央企业负责人会议精神，增强“四个意识”、坚定“四个自信”、做到“两个维护”，坚持稳中求进工作总基调，坚持新发展理念，紧紧围绕“品质铁建”中心工作和“稳增长、高质量”工作主题，守正、革新、提质、做实，奋力夺取“十三五”收官之战全面胜利！

三、2020年重点工作安排

（一）守正

1. 提高政治站位，守初心，强党建。中国铁建是一支听党指挥、能打胜仗、作风优良的人民铁军，是一家被赋予“六种力量”使命的骨干央企，是一支践行“四者”定位、全面投身经济社会发展的先锋部队，这是企业的初心使命。

要始终不渝坚持党的领导，对党忠诚、听党指挥，增强“四个意识”、坚定“四个自信”、做到“两个维护”，在思想上、政治上、行动上同以习近平同志为核心的党中央保持高度一致。

要持续加强党的建设，强化政治建设、思想建设、组织建设、作风建设、纪律建设和制度建设；持续推动党建与生产经营改革发展深度融合，切实把党建活力、党建优势转化为发展活力、发展优势，以高质量党建引领企业高质量发展。

要坚决服从服务于国家大局，深度融入“一带一路”建设、乡村振兴、城镇化发展、京津冀协同发展、长三角一体化发展、粤港澳大湾区建设、雄安新区建设、长江大保护、黄河流域生态保护和高质量发展，全面推进川藏铁路等重大项目建设，坚决贯彻落实“房子是用来住的，不是用来炒的”定位和“金融要为实体经济服务”的要求，坚持新发展理念，全力投身三大攻坚战和“六稳”工作，为确保全面建成小康社会和“十三五”规划圆满收官贡献铁建力量。

2. 坚持建筑为本、相关多元，持续做强做优做大主业。要“实实在在、心无旁骛”地做强做优做大七大主营产业。工程承包板块要持续优化业务结构，进一步提升专业化施工能力与项目创誉创效水平。勘察设计咨询板块要加大对设计院主业占比的考核力度，确保设计业务稳增长；推进局属设计资源整合盘活。房地产板块要坚持“四个制胜”方针，加强对主业单位的督导帮扶，建立健全退出与增补机制。投资板块要继续向综合开发、战略业务、短板业务、新兴产业、新兴业务倾斜，特别是对城市更新改造、未来社区、产业园区等，要加大资源倾斜和内外部产业协同力度，把握住发展机遇。工业制造板块要进一步巩固铁建重工 + 局属工业企业、核心装备产品 + 特色装备产品两个“1 + N”格局；探索局属工业制造资源优化盘活路径。物资物流板块要巩固既有核心资源与市场优势，大力提升业务信息化水平，增强“保供应、保质量、降成本”能力；积极发展生产性物流服务业，拓展物资供应核心品种与支柱市场。产业金融板块要提升一体化集成服务能力，开创产业金融发展新境界。

要大力培育产业旗舰，打造产业梯队。全系统各单位都要增强对标意识与责任意识，尽锐出战，奋勇争先，形成百舸争流、千帆竞渡的奋发局面。

3. 强化市场经营龙头地位，确保市场订单稳增长。进一步巩固和完善中国国内市场“五位一体”经营体系，要切实发挥区域总部“统筹协调监管服务和高端经营”职能；更加突出和注重发挥集团公司主体经营职能；处理好区域总部、投资平台与各产业集团的关系，强化协同一体；发挥好三级公司与项目部辅助经营职能。积极实施大市场、大客户、大项目“三大战略”，进一步提升经营品质。加强资质、业绩、证照等经营要素体系建设。继续加大市场经营考核奖惩力度，提升奖惩科学性与针对性，激发经营活力。

坚定不移推进海外优先战略落实落地，进一步巩固“3 + 5 + N”海外经营体系，切实强化内部经营协同。继续深耕尼日利亚、安哥拉、阿尔及利亚、沙特四大支柱市场；以大项目为依托，打造新支柱市场。统筹抓好海外高端经营对接，加强成果落实。积极稳妥开展海外投资经营，充分发挥对海外优先的促进作用。坚持责任到人、限期落实，全力推动重点“悬空项目”落地。切实加强“两优”项目与援建项目的承揽，实现海外优先“十三五”圆满收官，为“十四五”打好基础。

4. 坚持干好项目才是王道，提升项目创誉创效水平。全面落实2019年广西项目管理现场会精神，深入贯彻“1234 + ”工程项目管理思路；加强工程项目责任成本管理，科学实施“法人管项目”，有效推行项目群管理模式，认真做好内外部信用评级管理工作。加强和改进投资项目、房地产项目、海外项目的过程管控，及时总结管理经验，确保实现预期目标。加强装备制造、物资材料加工、装配式建筑、砂石骨料生产单元、工厂车间的管理，落实各项生产管理责任。各单位要本着调动法人与项目两个积极性的原则，针对项目管理流程烦冗、奖罚不力、分包不规范、盲目高标准等问题开展一次集中整治，扫除制约项目创誉创效的障碍。

各级、各单位要坚持重点重抓，狠抓项目监管。川藏铁路与军民融合项目，要坚决讲政治、顾大局，做好相关工作。各工程局要列出不少于30项、各工程公司要列出不少于10项重难点项目，加大力度，强化责任，落实到人，确保实现预期目标。

5. 持续加强三级公司建设，筑牢发展根基。要把工程公司建设充实强化为三级公司建设，像重视工程公司建设一样重视其他三级公司建设。要继续坚持“专业化、属地化、规模化、集约化、效益化”五化要求，狠抓工程公司建设相关举措的落实。要认真梳理其他实体性三级公司情况，建立健全帮扶、支持、激励、约束机制，明确各级责任与建设目标等，推动三级公司建设迈上新台阶，筑牢“品质铁建”的根基。

6. 坚持底线思维，防风险、保安全。要严防施工生产风险，坚决守住“六条底线”，确保安全不出事、质量过得硬、效益不亏损、工期不滞后、环保不惹事、信誉不抹黑，特别是要抓好安全生产工作，推动安全生产管理系统化、制度化，狠抓制度执行与全员履责，确保实现安全生产目标。要严防经营与投资风险，坚决落实“五必须”“六不揽”“七严禁”要求，严守投资经营“四条底线”；要抑制投资冲动，做到量力而为、有所为有所不为，确保投资安全、经营安全。要严防财务与金融风险，高度重视资金链安全；严禁脱离主业盲目发展金融业务，严防脱实向虚；严禁融资性贸易和“空转”贸易；加强对资金运转、金融业务开展的风险监测，提高应急处置能力，确保守住财务与金融风险底线。要严防法律合规风险，夯实法律合规工作分管责任、具体责任、全员责任。要严防海外风险，始终把防风险作为海外发展的重中之重，特别是要防止经济问题政治化、意识形态化；要严格执行请示报告、市场准入、前期评审、授权经营、境外投资等各项规定和要求，如有违反，坚决追责。要严防和谐稳定风险，确保企业和谐稳定。

（二）革新

1. 以三项制度改革为“牛鼻子”，引领改革走向纵深。一是深化三项制度改革。把 2020 年作为中国铁建三项制度改革专项行动落地年。各单位要制定三项制度改革重点工作方案，尽快落地见效。二是常态化开展“瘦身健体”。进一步巩固驻京机构清理成效，绝不容许搞变通、打折扣；进一步压减各类子分公司、指挥部存量，全年要基本完成大集体改革、培训和医疗机构改革、“三供一业”分离移交、退休人员社会化管理等相关工作。三是深化“放管服”改革。坚决落实上级要求，继续抓好“总部机关化”专项整改，建立长效机制。稳步推进二三级单位总部机构改革，精简机构人员。深入开展制度立改废工作；合理加大授权放权力度；进一步压减会议、文件、督查检查考核数量；持续加强执行力建设，落实首问负责制和限时办结制，提高管理运营效率。

2. 以模式革新为着力点，激发发展潜能。一是强化股权多元化、混合所有制模式革新。要坚持“三因三宜三不”原则，分层分类推进混合所有制改革。3 家“双百行动”试点单位和其他有条件的三级子企业要先行先改，形成样板示范。全面梳理系统内科技型、创新型公司，加强资源整合。二是坚定轻资产发展之路。要摒弃单纯依靠大量自有资源投入支撑发展的传统观念。要进一步严格重资产项目、重资产业务论证审批。要加强内外合作，推动资源互补。要加强管理模式、管理经验输出，在着力提升自身能力和打造品牌的基础上，强化经验模式输出。三是用模式创新推动重大问题解决。针对内外部变化，要打开思路，主动顺应，多方面研究应对策略，探索建立应对全系统重大普遍性问题研究解决机制。

3. 全力以赴加强科技创新，提升核心竞争力。一是完善全系统科技创新体系。开展“科技创新管理提升专项行动”，统筹抓好科技创新体制机制、各层级创新平台、各层次创新人才队伍建设，加速完善科技创新体系。规范科技研发费用管理，真正把资金用在科技创新的“刀刃”上。加大科技创新奖励力度；健全科技成果转化激励机制，有效打通研发、生产、推广应用创新链。二是打造“地下大空间开发利用”中国第一品牌。要高质量推进 3 个国家级研发课题，做好全方位技术研究、全过程专利布局，推动工程示范应用，建立系统完善的城市地下空间包括深部空间开发的全要素探测、规划设计、安全建造、智能监测、智慧运维技术体系。三是强化重点领域科技支撑。积极承担国家重大科研项目、参与国家科技计划任务，积极参与国家重点实验室、技术创新中心、工程研究中心以及新型研发机构建设。组织落实好关键核心技术攻关任务。围绕川藏铁路等重难点工程和新兴产业、新兴业务，加大科技攻关力度，提升核心技术能力，支撑重点领域发展。四是以科技创新提升专业化建设与项目创效创誉水平。围绕三级公司专业化建设、项目管理和施工生产，坚持务实管用、适度超前的原则，突出“专业化、工厂化、机械化、信息化”四化支撑，提升技术创新对现场和市场的支撑能力。

4. 积极有效开展产业创新，培育新兴增长极。一是加大顶层扶持力度。加强对新兴产业、新兴业务重点单位的指导和扶持。充实新兴产业、新兴业务“两个清单”，发挥导向带动作用。二是做强做大重点业务。各相关单位要立足自身定位，加大城市更新改造、未来社区、新型轨道交通、智慧城市开发运营力度，打造中国铁建“城市发展卓越服务商”品牌；要积极对接政府及相关专业资源，迅速抢占康养、运营市场份额。要加快水环境治理、军民融合、装配式建筑、砂石骨料、新型绿色周转材料、特种装备制造、园林灯饰、工程医院等衍生业务发展。要大力培育拥有较强核心竞争力的“独角兽”“瞪羚”企业，打造更多专精特新“冠军级”企业。三是加快智慧建造发展。要把智慧建造作为产业创新的重中之重，结合交通强国建设试点工作，实现智慧建造产业化发展“四个一批”目标：推动一大批在建项目实现数字化、智能化管理，实施一批智慧交通、智慧市政、智慧楼宇项目，研发培育一批智慧建造技术、产品与设备，打造一批能够提供智慧建造服务的专业化公司。

（三）提质

1. 提升经济运行质量。压“两金”。一是强力清欠回款，压实各级清收清欠责任。二是破除确权清收难题，加大合同资产的确权力度，突破铁路变更补差困局。三是加快收尾并账，提前锁定成本和收益。四是全力去化库存，加强存货盘点与梳理，加快回收资金。控负债。严格落实“降杠杆、减负债”工作要求。一是严格负债预算管理。强化带息融资规模、资产负债率双重管控，着力增强负债预算的科学性和严肃性。二是优化负债结构。三是缓解存贷双高现象。强力推进内部“三角债”“多角债”清理。降成本。严控三项费用,降低运营“能耗”,实现降本增效。一是加强生产资源集中管理。二是严控三项费用支出。严格落实中央八项规定和实施细则精神;加强经营网点考核与经济审计;加快金融业务整合,提高金融服务效能。三是加强税务筹划。充分利用国家减税降费政策红利,确保企业整体税负下行。

2. 提升市场经营质量。一是确保标前算赢。贯彻经营生产一体化要求,加强投标团队与项目实施团队的融合。把项目上场责任成本测算结果纳入经营业绩考核的重要指标,实行“两不奖、两处罚、一调整”,以此引导经营考核与经营工作既注重数量,更注重质量。二是优化经营布局和订单结构。按照“三转”和“四升”要求,推动经营布局向订单质量相对较高的领域拓展。推动订单结构向“三大”集中,实现核心客户订单占比、大项目订单占比、核心区域市场订单占比“三个提升”。三是提高订单落地率。严格控制和压减订单虚量,稳步提升新签营收转化率。四是提升经营效能。进一步明晰区域总部和区域平台公司的经济关系、管理关系以及职责定位。进一步理顺内部经营关系,加强区域经营协同,建立健全属地经营、滚动经营、协同经营的激励约束机制。全面增强区域总部协助局集团开拓区域市场的能力,实现市场经营规模、质量、效能齐升。

3. 提升产品与服务质量。要提升产品供给与售后服务质量。一是加强质量管理制度和管理体系建设,强化质量标准、质量检查、质量消缺、质量创优全过程管控。二是强化质量管理专家审查,真正从源头上把好设计方案与技术方案质量评审关。三是全面增强项目现场、生产车间的一线技术力量,实现规范化、标准化、流程化作业。四是顺应行业监管形势,落实质量终身责任制,强化追责问责,压实各级质量管理责任。五是加强竣工项目的质量跟踪整改,以积极态度承担质保期责任,确保质保金按期收回。六是提升工业产品与机械设备的售后服务水平,开展装备维保技术和零部件产品研发创新。

要提升产业供给与综合服务质量。一是增强规划对接能力。进一步加强国内外重点市场需求研究,加强前端介入与高端对接力度,实现自身发展战略与当地发展规划的深度融合。二是增强产业导入能力。立足自身主营产业,广泛联系外部产业,提供集成化产业导入服务,实现自身产业发展与导入服务能力大提升。三是深化政企合作。通过精准服务与特色服务,与核心客户增进互信、深化合作,构建利益共同体、命运共同体。

(四)做实

1. 做实企业资产。一是强化产权管理与实物资产管理。要着力健全产权管理长效机制,加强资产评估与产权登记,规范公司治理与资本运作,维护资产安全,严防国有资产流失和连带责任风险。要进一步加强实物资产盘点与日常管理。二是加快资产处置与盘活。持续清理闲置资产和低效投资。加快特许经营项目资金回收速度,减少资本金占用,提高资产使用效率。加强运营资源的开发利用,实现多元创效,提高运营资产综合收益。三是加强亏损治理与“处僵治困”。要坚守效益底线,健全完善亏损项目、亏损企业治理长效机制,多措并举防亏、止亏、减亏、扭亏。研究建立内部优秀企业对口帮扶困难企业的激励约束机制,加强对困难工程公司精准帮扶,实现精准“脱贫”。四是做实企业效益与项目收益。牢固树立“现金为王”理念,全面加强各级现金流管理与考核。严格按照“三个不得”的要求做实项目收益,从源头上提升效益的含金量。

2. 抓实企业管理基础。一是抓实人才队伍建设。选人方面,坚持“公开透明”“以德为先、注重业绩”原则,倡导“数据说话、业绩服人、群众监督”的领导干部选用机制,打造政治过硬、素质过硬、作风过硬的“领头雁”队伍。用人方面,持续加强“五支人才队伍”和后备干部库、专家人才库“两个人才库”建设,大力推进干部年轻化建设,畅通专业人才晋升通道。育人方面,要增强人才培训的针对性和实效性,实现定向育人、按需育人、精准育人;加大内部培训师资选拔力度,提倡培训与实践相结合。留人方面,要加大对弱势企业、弱势区域的人才政策扶持,引导和规范人才内部合理流动。重视员工人文关怀,建立传帮带机制,提升员工队伍特别是青年队伍的归属感与战斗力。二是抓实总部“最优大脑”建设。要加强调研学习。加强对行业政策和政治经济形势学习,加大赴行业标杆企业、基层单位调研力度,增强参谋助手能力。要强化规划指引。深入研究、深度参与,尽早出台“先进、实用、有效”的“十四五”总体规划和子规划。要重视制度建设。着力优化总部制度供给,听取基层意见,增强制度的可操作性和指导性。三是抓实监督体系建设。坚持问题导向,围绕生产经营中心工作,进一步加强巡视、纪检、审计、合规、内控“五位一体”监督体系建设,畅通信访、舆情、督查、政务信息等各种渠道,建立信息共享与协同联动机制,打造立体、高效、有威慑的内部监督网络。抓实抓细抓严问题整改与责任追究。四是抓实信息化建设。主要信息系统建设与整体信息化效能全面提速提质。打造一批智慧工地建设试点,提高生产终端的信息化普及度和接受度。研究建立管理数据智能化采集和归口管理平台,增强数据的穿透性、实用性和互通性。五是抓实宣传和品牌文化建设。大力弘扬铁道兵精神、主人翁精神、工匠精神三种精神，深入践行新时代中国铁建文化，倡导首创、包容、协同、合规、廉政、实干文化理念。进一步发挥《中国铁道建筑报》、铁道兵纪念馆、官网、“两微一抖”、“强国号”等自有平台作用，加强与外部宣传平台的沟通交流合作，全面提升中国铁建品牌美誉度与影响力。六是抓实民生建设。进一步提升企业年金参与覆盖率，落实带薪休假制度；深入开展农民工工资“治欠保支”和内部职工工资发放、社保清缴专项治理；扎实抓好扶贫开发与援疆援藏工作；积极做好救灾抢险、帮扶济困、就业稳定工作，履行好社会责任；做好女职工与离退休职工工作；发挥群团组织作用，保障职工权益，共建美好生活。

3. 全力确保工作落实。一是领导干部要亲自抓落实。各级、各单位、各部门领导干部特别是主要负责人，做到“在状态、有激情、敢担当、守规矩、重落实”，坚决把工作落到实处、抓出成效。二是健全完善抓落实的监督约束机制。始终坚持问题导向和目标导向，对要解决的问题、要实现的目标、要完成的工作任务拉出清单、建立台账，明确责任人和完成时限。三是驰而不息转变工作作风。坚决杜绝生搬硬套、照搬照抄，搞上下一般粗。坚持纠正“四风”，避免以会议落实会议、以文件落实文件、以形式主义反对形式主义，营造说实话、办实事、求实效的实干氛围。

2019 年 11 月 12—13 日，中国铁建在中铁十一局集团有限公司贵南高速铁路广西段 6 标段召开项目管理现场会。
（徐云华 摄）

强监督严执纪　深化标本兼治
为打造“品质铁建”提供坚强纪律保障

——纪委书记李春德在2020年中国铁建党风廉政建设和反腐败工作会议上的报告

（摘　要）

（2020年1月17日）

会议的主要任务：以习近平新时代中国特色社会主义思想为指导，深入贯彻党的十九大和十九届二中、三中、四中全会精神，以及十九届中央纪委四次全会精神，总结回顾2019年工作，研究部署2020年重点工作，推动全面从严治党向纵深发展，为打造“品质铁建”提供坚强纪律保障。

一、聚焦职能职责，狠抓推动落实，党风廉政建设和反腐败工作取得显著成效

（一）坚守定位，政治监督具体化、常态化有效落实

着重加强对开展“不忘初心、牢记使命”主题教育的监督。公司纪委制定主题教育指导协调方案，督促党委聚焦主题教育目标任务，落实“守初心、担使命，找差距、抓落实”总要求。年内到6家境内单位、2家境外单位开展检查督导，把开展主题教育同打造“品质铁建”、落实“海外优先”战略、促进高质量发展结合起来，着力推动结合融合；把“改”字贯穿始终，推动立查立改、即知即改、有效整改，把主题教育激发的政治热情转化为推动企业发展的强大动力。

着重加强对贯彻落实习近平总书记重要指示批示精神的监督检查。公司党委、纪委把驻京办事机构专项清理作为重大政治任务和践行“两个维护”的“试金石”，把清理、整顿范围延伸到驻京、沪、穗所有非法人机构，列入巡视监督的重要内容。在业务部门开展督导、各单位自查自纠的基础上，公司纪委成立6个检查组，各二级单位纪委成立55个检查组，分别对67家二级单位、52家三级单位驻京沪穗非法人机构开展拉网式、全覆盖检查。经过专项清理和监督检查，23个驻京办全部关停，67个驻京、沪、穗非法人机构的接待功能全部整改完毕。强化对扶贫攻坚的监督，全年深入扶贫点开展监督检查92次，压实扶贫攻坚政治责任。

着重加强对严肃党内政治生活的监督。加强对思想理论武装的监督。教育引导党员干部增强“四个意识”、坚定“四个自信”、做到“两个维护”。加强对民主集中制和“三重一大”决策制度的监督。注重从政策法规、决策程序、请示报告等环节监督把关，推动决策科学化、民主化。加强对同级党委和班子成员的监督，通过日常沟通交流、谈话提醒、民主生活会批评与自我批评，督促党委和班子成员依法合规履职尽责。加强对干部选任的全程监督，公司纪委先后对58人次的干部提拔任用进行监督，严把政治关、廉洁关、形象关。各级纪委派员对下属单位领导班子年度民主生活会进行监督，严格标准、程序和要求，促进提升民主生活会质量。

（二）精准发力，日常监督制度化、规范化水平不断提升

廉洁宣传教育广泛开展。2019年5月，公司纪委开展以“强化纪律规矩意识，助力打造‘品质铁建’”为主题的宣传教育活动，组织开展党章党规党纪教育7426场次，受众30万人次。通过观看《动漫说规矩》、组织廉洁教育下基层“直通车”、党章党规党纪知识竞赛、开办廉洁讲座、撰写廉洁书信、举办书画展等活动，推动日常教育经常化、常态化。持续加大反面典型警示教育力度，组织全系统观看内部制作的《巨额亏损的背后》警示教育宣传片，两次召开警示教育大会对典型问题点名道姓通报曝光，各级纪委结合490个反面典型案例开展警示教育，以案释纪说法，以身边事教育身边人，强化警示教育效果。

监督执纪“四种形态”深化运用。全系统运用监督执纪“四种形态”处理2541人次，其中充分运用第

一种形态约谈函询、批评教育1074人次，妥善运用第二种形态纪律轻处分、组织调整1235人次，准确运用第三种形态重处分、重大职务调整212人次，果断运用第四种形态惩处严重违纪违法涉嫌犯罪20人次。全年公司纪委领导日常约谈提醒二级单位领导248人次，对4家单位的新任主管进行落实全面从严治党主体责任专项约谈，对58名新任职领导开展廉洁谈话，先后到28家单位检查督导工作，宣讲全面从严治党形势和党纪国法企规，传导压实管党治党政治责任，强化纪律规矩意识。各二级单位党委、纪委分别就落实“两个责任”约谈下属单位主管领导987人次、853人次。

日常监督工作机制不断完善。各级纪委对问题线索定期梳理、综合分析、集体研究、分类处置，规范问题线索管理。对谈话函询了结的问题线索，开展抽查核实142人次。成立党风廉政建设和反腐败工作协调小组，加强统筹协调，整合监督资源，完善工作机制，增强监督合力。公司纪委启动总部廉洁风险防控工作，各级纪委不断创新丰富廉洁风险防控举措，前移监督关口。强化职能部门监管，形成监督与再监督各司其职、同向发力的新格局。

（三）高悬利剑，巡视巡察向纵深发展

巡视巡察有序推进。公司党委高度重视巡视工作，在纪检监察体制改革中单独设立巡视办公室，开展对7家二级单位党委常规巡视，专项巡视8家二级单位领导人员及其亲属违规经商办企业，发现问题784条。公司纪委认真履行协助职责，推动巡视工作扎实有效开展。全年34家二级单位党委、227家三级单位党委巡察基层党组织941家，有力地推动全面从严治党向基层延伸。

巡视巡察整改扎实有效。公司党委常委会及时听取汇报，两次在全系统通报巡视发现的突出问题。公司纪委坚决贯彻落实习近平总书记关于“纪检监察机关和组织部门要担起巡视整改日常监督责任”的要求，会同党委组织部组成督查组，启动巡视整改落实情况专项督查，深入中铁海峡建设集团有限公司、中铁十八局集团有限公司实地检查巡视整改情况，推动整改落实落地。被巡视单位党委认真履行巡视整改主体责任，制定整改措施2920项，完成2301项，初核问题线索338条，立案59件，纪律处分111人次，组织处理215人次，经济赔偿218万元，退回各类违规发放、报销等费用1495万元，健全完善制度787项，扎实做好巡视“后半篇文章”。

（四）保持高压，正风肃纪反腐力度持续加大

作风建设成果得到巩固拓展。持之以恒贯彻落实中央八项规定精神，全年严肃查处违反中央八项规定精神问题6起、党政纪处分8人；对利用名贵特产、特殊资源牟取私利问题进行专项整治，查处违规违纪问题3起，持续释放“越往后执纪越严”的强烈信号。继续集中整治形式主义、官僚主义，出台《转变工作作风为基层减负的通知》，对照“4个方面12个共性问题”开展排查整改，组织开展信访举报处理工作中的形式主义、官僚主义整治，推动中央企业“总部机关化”问题专项整改。开展领导人员亲属和其他特定关系人所办企业与本企业业务往来专项整治，斩断以权谋私、靠企吃企的“黑手”，净化企业政治生态和发展环境。

查处违规违纪问题坚定有力。全年全系统受理来信来访1351件（扣除重复举报412件），处置问题线索1707件，初核1395件，立案815件，结案795件，给予党政纪处分1451人，刑事处理23人。公司纪委受理来信来访280件，处置问题线索86件，初核18件，立案3件，结案4件，了结67件，给予党政纪处分7人。通过严格执纪，为企业挽回经济损失9.86亿元。下大力气做好涉嫌违法重大案件移交、调查工作。紧紧围绕生产经营开展执纪审查，深入开展治亏追责、治乱追损工作。开展纪律处分执行情况“全覆盖”专项检查，坚决纠正处分执行“打折扣”“打白条”现象，强化纪律的严肃性和权威性。

（五）从严从实，体制改革和队伍建设成效明显

纪检监察体制改革稳妥推进。按照驻国资委纪检监察组要求，公司党委成立改革领导小组，周密细致制定改革方案，不折不扣推动总部改革。在此基础上，分类施策、稳步推进二级单位改革。通过上下联动改革，调整机构设置，加强队伍建设，做到机构等级不降、编制人员不减，完善体制机制，强化上级纪委对下级纪委的领导，为纪检工作高质量发展提供坚强组织保障。

队伍建设持续加强。组织纪检干部深入开展“不忘初心、牢记使命”主题教育，以学思践悟实际行动践行初心使命。修订完善二级单位纪委书记备用人选管理办法，严格推选标准和程序。继续加大教育培训力度，组织公司纪委人员集中学习“纪检监察干部培训系列课程”，开展纪检干部应知应会测试，举办纪委书记、副书记培训班。坚持以干代训，抽调干部参加上级和公司组织的巡视和执纪审查等工作，通过实战提升履职能力。召开二级单位纪委书记现场述职会，汇报工作、交流经验、互学互鉴。

一年来，各级纪委坚持纪检工作与生产经营深度融合，紧紧围绕企业中心任务，服从服务改革发展大局，认真履行协助职责、监督责任，强化正风肃纪反腐，不断增强各级各单位和广大党员干部的纪律规矩意识，持续净化企业风气和政治生态，强化全面从严治党氛围，遏制管理乱象，有效促进了管理提升，增加了企业效益。党风廉政建设和反腐败工作在推动企业改革发展中体现作为、创造价值，用实践成果验证了廉洁文化是企业的软实力、纪检工作也是生产力。同时，要清醒地认识工作中存在的问题和不足，必须保持清醒认识、增强政治定力，在工作中切实加以解决。

二、强化政治责任，深化标本兼治，推动全面从严治党向纵深发展

2020年全系统党风廉政建设和反腐败工作总体要求：坚持以习近平新时代中国特色社会主义思想为指导，深入贯彻党的十九大和十九届二中、三中、四中全会精神，全面落实十九届中央纪委四次全会部署要求，按照国资委党委、驻委纪检监察组安排部署，增强"四个意识"、坚定"四个自信"、做到"两个维护"，坚持稳中求进工作总基调，协助党委深入推进全面从严治党，健全完善监督体系，强化对权力运行的制约和监督，加大执纪问责力度，一体推进不敢腐、不能腐、不想腐，充分发挥监督保障执行、促进完善发展作用，推动全面从严治党向纵深发展，为打造"品质铁建"提供坚强纪律保障。

（一）强化监督责任，持续在做实做细日常监督和长期监督上发力增效

紧紧围绕落实"两个维护"突出政治监督。各级纪委要守住政治监督根本定位，加强对坚持中国特色社会主义制度、落实党中央重大决策部署和习近平总书记重要指示批示精神、落实全面从严治党责任情况的监督检查，贯彻落实党的十九届四中全会精神情况的监督检查。要深化集中整治形式主义、官僚主义成果，从领导干部抓起改起，深化治理贯彻党中央决策部署和上级党委部署要求只表态不落实、维护职工利益不担当不作为、困扰基层单位的形式主义、官僚主义等问题。要紧扣提升企业治理能力、打造"品质铁建"、实现高质量发展开展监督检查，推动政治监督具体化、常态化。

紧紧围绕权力运行严格日常监督。重点加强对"关键少数"的监督，督促各级领导干部依规依纪依法履责行权，发挥"头雁效应"，以抓住"关键少数"带动管住"绝大多数"。加强对同级党委及班子成员的监督，重点监督民主集中制和"三重一大"决策制度执行情况，督促形成决策科学、执行坚决、监督有力的权力运行机制。积极开展全方位监督，综合运用好信访受理、线索处置、约谈提醒、谈话函询和民主生活会等手段，提升监督实效。进一步拓宽监督渠道，改变单纯依靠信访举报开展监督的做法。深化运用监督执纪"四种形态"特别是第一种形态，抓早抓小、防微杜渐。加大谈话函询结果抽查核实力度，对不如实说明、欺瞒组织的严肃处理。持续加大对贯彻落实中央八项规定精神情况的监督检查，加大查处和通报曝光力度，完善长效机制，坚决防止老问题复燃、新问题萌发、小问题做大。

（二）坚持守正创新，一体推进不敢腐、不能腐、不想腐

强化不敢腐的震慑。要继续加大反腐力度，对党的十八大以来不收敛不收手，严重阻碍党的理论和路线方针政策贯彻执行、严重损害党的执政根基的腐败问题，必须严肃查处、严加惩治。要坚决查处各种风险背后的腐败问题，严肃查处境内、境外国有资产管理中隐藏的腐败问题。要把监督执纪问责的重心重点向基层项目延伸，重点查处项目管理粗放、无序失范、严重亏损背后隐藏的腐败问题和不正之风。针对问题易发、频发的领域，开展专项检查和整治，严肃执纪问责，遏制管理乱象。继续加大对亏损项目和违规经营投资的问责力度，形成失责必问、问责必严的鲜明导向。加强同各级纪委监委、司法机关的沟通协作，加快重大案件侦办。主动作为、深挖细查，破解部分单位"零线索""零立案""零查处"问题。

扎牢不能腐的笼子。各级党委、纪委在查办案件、巡视巡察的同时，要下更大的力气开展以案为鉴、以案促改、以案治本工作，坚持"一案两报告"制度，有针对性地提出监督检查建议，督促发案单位和部门查找制度空白、查摆责任空缺、完善规章制度，形成用制度管权管事管人的机制。加强调查研究，系统梳理总结党的十八大以来推动全面从严治党、加强党风廉政建设和反腐败工作的经验做法，深刻把握党风廉政建设规律，把创新实践固化为制度成果。要完善全覆盖的制度执行监督机制，强化日常督察和专项检查，教育督促各级各单位、广大党员干部切实增强制度意识，坚决执行制度，对做选择、搞变通、打折扣的严肃查处，坚决维护制度权威。

增强不想腐的自觉。各级党委要重点在日常教育管理监督上下功夫，把"不忘初心、牢记使命"作为加强党的建设的永恒课题、全体党员干部的终身课题，作为常修课、必修课，组织党员干部深入学习习近平新时代中国特色社会主义思想，认真学习党纪国法企规，统筹推进党性教育、纪法教育和道德教育，教育引导党员干部坚定理想信念、践行根本宗旨、自觉接受纪律约束。各级纪委要重点强化警示教育、反面典型教育，凡是查结的重大、典型案件，都要在本单位及时通报曝光，召开警示教育大会、用好案件剖析报告，召开专题民主生活会对照检查，发挥警示震慑作用。

一体推进不敢腐、不能腐、不想腐，是反腐败斗争的基本方针，也是新时代全面从严治党的重要方略。

“三不腐”是相互依存、相互促进的有机整体，必须统筹联动，增强总体效果。既要把“严”的主基调长期坚持下去，又要善于做到“三个区分开来”，激励干部担当作为，充分运用“四种形态”提供的政策策略，实现政治效果、纪法效果、社会效果有机统一。

（三）坚守政治定位，有效发挥巡视巡察利剑作用

稳步推进巡视巡察全覆盖。深入学习领会习近平总书记关于巡视工作的重要论述精神，按照“四个落实”要求深化政治巡视，从政治高度全面审视被巡视巡察党组织工作，着力发现落实党的路线方针政策和中央重大决策部署方面存在的责任问题、腐败问题、作风问题和违反党的“六大纪律”等问题。2020 年，公司党委继续对二级单位党委开展常规巡视；对生产经营关键环节和重点领域存在的问题，有针对性地开展专项巡视和机动巡视，坚持有形覆盖和有效覆盖相统一，高质量推进党委巡视巡察全覆盖。把巡视巡察与净化政治生态相结合，与整治制约企业发展的重点问题相结合，与解决日常监督发现的突出问题相结合，提升巡视巡察监督实效。

持续推动巡视巡察上下联动。各级党委要切实履行巡视巡察工作主体责任，促进巡视巡察与其他各类监督贯通融合，健全完善巡视巡察上下联动机制，在监督重点上互通，在监督对象上互补，在监督方式上互联，以巡视带动巡察、以巡察充实巡视，不断加固底板、补齐短板，推动全面从严治党向基层拓展。

加强对巡视巡察整改情况的监督检查。各级党委要从政治高度认识整改工作，各级纪委要会同组织部门把巡视巡察整改情况作为强化日常监督、突出政治监督的重要抓手，全面启动巡视巡察整改监督检查工作，在实践中不断完善工作机制，推动巡视巡察整改监督常态化、规范化。公司纪委要会同组织部门，对二级单位的巡视整改情况进行监督检查，抓住问题、盯住责任，确保巡视发现的问题条条要整改、件件有着落。

（四）以党内监督为主导，推动各类监督有机贯通、相互协调

压紧夯实各类监督主体责任。党内监督在各种监督中是最根本、第一位的。党内监督首要的是党委的全面监督。构建党统一领导、全面覆盖、权威高效的监督体系主责在党委，以党内监督为主导，推动各级各单位各部门落实监督责任，形成监督合力。各级纪委要协助党委加强对监督体系建设的组织领导、统筹协调，以党内监督带动其他监督。各级党委、纪委要通过监督检查、约谈提醒、述职述廉、强化考核、严肃问责等方式，不断压实党委主体责任、书记第一责任人责任、班子成员“一岗双责”、纪委监督责任、职能部门业务监管责任，把负责、守责、尽责体现在每个党组织、每个岗位上。

整合监督资源，推进监督“一体化”。完善党风廉政建设和反腐败工作领导小组、协调小组工作机制，定期研究分析问题、安排部署工作。继续把强化职能部门监管摆在重要位置，督促各级职能部门落实“谁的业务谁监管”，主动从业务工作查找政治偏差，针对突出问题、薄弱环节，明确监督重点，推进合规管理，健全完善廉洁风险防控体系。统筹发挥好纪律监督、巡视监督、职能监管、民主监督、舆论监督的作用，加强沟通协调，完善会商机制，及时通报日常监督检查中发现的问题，及时移交问题线索，实现资源共享、信息共享、成果共享，增强监督的严肃性、协同性和有效性。

（五）加强自身建设，锻造高素质专业化纪检干部队伍

锤炼本领不松劲。把政治建设摆在首位，教育引导纪检干部坚持用习近平新时代中国特色社会主义思想武装头脑，在增强“四个意识”、坚定“四个自信”、做到“两个维护”上当表率、做示范，坚决落实习近平总书记“十分忠诚、十分纯洁”要求。继续抓好纪检干部全员培训工作，加大分层次、分专业教育培训力度，强化纪检干部制度意识和制度思维，加强运用制度能力建设，不断提升业务能力和水平。

推进改革再出发。巩固深化总部、二级单位纪检监察体制改革，继续落实好“三为主”要求，持续深化更高水平的“三转”，确保各项改革举措、工作机制落地落细。要分类施策、区别对待，指导推动三级单位的纪检监察体制改革。各级党委要加强对纪委工作的领导，认真落实驻国资委纪检监察组关于“机构编制到位、人员配备到位”要求，严格纪检干部准入标准，把最优秀、最合适的人员充实到纪检队伍。

敢于斗争勇担当。严格执行监督执纪工作规则，强化纪法思维，严格工作规程，加强请示报告，完善自身权力运行机制和管理监督制约体系。不断加强对纪检干部的教育、管理和监督，教育引导纪检干部发扬斗争精神、增强斗争本领，守土有责、守土尽责；对执纪违纪者“零容忍”，严防“灯下黑”，始终做到忠诚干净担当。

2019 年 7 月 8 日，中国铁建在北京召开总部全体员工大会，宣布总部机构优化调整方案。　　（许　良 摄）

大事记

特载 | 大事记 | 概况 | 董事会工作 | 工程施工 | 海外业务 | 经营管理 | 综合管理 | 科技创新 | 党的工作 | 工会工作 | 区域总部 | 所属单位 | 人物 | 统计资料 | 文献辑要 | 附录

2019 年中国铁建大事记

1 月

▲1 日　中国铁建投资集团有限公司投资建设，中铁十二局集团有限公司、中国铁建大桥工程局集团有限公司，中铁十四局、十六局、十八局、十九局、二十局、二十二局集团有限公司，中铁城建集团有限公司负责施工的京礼（北京—崇礼）高速公路兴延段（原兴延高速）开通运营 。

▲2 日　中铁十一局、十二局、十七局集团有限公司等单位参建的朔（州）准（格尔）铁路全线开通运营。

▲4 日　中国铁建党委书记、董事长陈奋健在济南会见山东省委副书记、省长龚正，并到中铁十四局集团有限公司就企业全面工作进行调研。

▲6 日　中国铁建总裁庄尚标出席在塔纳岛举行的瓦努阿图公路项目一期竣工暨二期开工仪式，并开展系列商务活动。

▲6 日　中国铁建总裁庄尚标在维拉港会见瓦努阿图共和国总理夏洛特・萨尔维，就继续深化合作，拓宽合作领域等进行深入交流。会谈中，双方还围绕共同开发利用瓦努阿图共和国旅游和农产品资源等方面进行探讨。

▲7—8 日　中国铁建党委常委、总会计师、总法律顾问王秀明一行到中国铁建审计监事部长沙中心调研，并对下一步工作安排部署。

▲8 日　中国铁建港航局集团有限公司参与完成的“复合地基理论、关键技术及工程应用”获得国家科学技术进步奖一等奖，中铁第一勘察设计院集团有限公司参与完成的“严寒季冻区高速铁路毫米级变形标准下路基平稳性控制技术及应用”获得国家科技进步奖二等奖；中铁第一勘察设计院集团有限公司、中铁二十四局集团有限公司参与完成的“地下工程穿越高速铁路的精细化控制技术及应用”获得国家技术发明奖二等奖。

▲11 日　中国铁建党委书记、董事长陈奋健主持中国铁建党委理论学习中心组 2019 年第 1 次学习，并传达国务院国资委党委对开好 2018 年度党员领导干部民主生活会的专题会议精神。中国铁建总部相关部门负责人列席会议。

▲12 日　中国铁建获得第十四届中国上市公司董事会“金圆桌”论坛“最佳董事会奖”。中国铁建董事会秘书赵登善代表公司出席论坛并领奖。

▲13 日　中国铁建主办，诚合瑞正风险管理咨询有限公司承办的咨询管理创新与发展研讨会在北京举行。中国铁建党委书记、董事长陈奋健出席会议并致辞，党委常委、总会计师、总法律顾问王秀明主持会议。与会有关领导、专家围绕提升咨询管理业务创新能力，助力企业管理质量提升等作交流发言。

▲16 日　中国铁建党委一届三次全委（扩大）会议在北京召开。会议听取并审议通过中国铁建党委书记、董事长陈奋健代表党委常委会所作的题为《落实全面从严治党要求　巩固提升党建工作质量　为培育具有全球竞争力的世界一流企业提供坚强保障》工作报告。中国铁建党委副书记、总裁、执行董事庄尚标主持会议。中国铁建党委副书记、职工董事陈大洋，党委常委、总会计师兼总法律顾问王秀明，党委常委、副总裁李宁、汪文忠，副总裁刘成军，副总裁兼安全总监王立新，副总裁倪真出席会议。

▲17 日　中国铁建党委书记、董事长陈奋健在中国铁建总部主持召开 2018 年度中国铁建领导班子民主生活会征求意见座谈会，听取中国土木工程集团有限公司、中国铁建国际集团有限公司等单位及总部有关部门党员干部、职工代表的意见和建议。与会人员聚焦改革发展、生产经营、海外党建、人才队伍建设等方面提出意见和建议。

▲17 日　中国铁建党委副书记、总裁庄尚标在中国铁建总部主持召开 2018 年度中国铁建领导班子民主生活会征求意见座谈会，听取中铁十七局集团有限公司、中铁建网络信息科技有限公司等单位及总部有关部门党员干部、职工代表的意见和建议。

▲17—18 日　中国铁建二届四次职工代表大会

暨2019年工作会议在中国铁建大厦召开。中国铁建党委书记、董事长陈奋健在大会上讲话，总裁、执行董事、党委副书记庄尚标作题为《稳中求进　变中提质　干在实处　走在前列　奋力开创新时代中国铁建改革发展新局面》行政工作报告。中国铁建党委副书记、职工董事陈大洋主持上午会议，党委常委、执行董事刘汝臣主持下午会议；中国铁建党委常委、总会计师兼总法律顾问王秀明，党委常委、纪委书记李春德，党委常委、副总裁李宁、汪文忠，副总裁刘成军，副总裁兼安全总监王立新、副总裁倪真，非执行董事葛付兴，独立非执行董事王化成、承文、路小蔷，审计署企业审计八局副局级审计员廖辉，中国铁建工会主席、大会秘书长史道泉出席会议。参会代表应到277人，实到268人，符合法定人数。334人在主会场参加会议；会议设828个分会场，全系统15453人通过视频收看本次会议。

▲18日　中国铁建在北京召开2019年党风廉政建设和反腐败工作会议。中国铁建党委书记、董事长陈奋健出席会议并讲话，党委副书记、总裁、执行董事庄尚标主持会议，党委常委、纪委书记李春德作题为《坚守职责定位　深化标本兼治　奋力开创党风廉政建设和反腐败工作新局面》纪委工作报告。中国铁建党委副书记、职工董事陈大洋，党委常委、总会计师兼总法律顾问王秀明，党委常委、副总裁李宁、汪文忠，副总裁刘成军，副总裁兼安全总监王立新，副总裁倪真出席会议。会上，李宁通报2018年巡视情况，汪文忠通报2018年纪律审查情况。中国铁建区域总部、所属各二级单位向陈奋健递交《党建工作责任书》《党风廉政建设责任书》。会议以视频形式召开，中国铁建总部设主会场，全系统各二级、三级单位同步设分会场。

▲19日　中国铁建在总部召开2019年安全生产工作会议。

▲19日　中国铁建2018年度二级单位党委书记抓基层党建述职评议大会在北京召开。

▲22日　中国铁建与北京城市副中心投资建设集团有限公司（以下称北投集团）在中国铁建大厦签署基金合作框架协议。中国铁建党委书记、董事长陈奋健与北投集团党委书记、董事长李长利见证协议签署。签约前，陈奋健与李长利就加强产融合作，推动北京城市副中心建设等进行深入交流。中国铁建党委常委、总会计师、总法律顾问王秀明与北投集团党委委员、财务总监孙洪山分别代表双方在协议上签字。

▲23日　中国铁建党委书记、董事长陈奋健在中国铁建大厦会见菲律宾马卡蒂市政府秘书长兼PPP委员会主席克拉洛·赛尔特扎一行，就加强有关项目合作进行深入交流，并共同见证双方合作项目协议签署。

▲24日　中国铁建与新兴际华集团有限公司在中国铁建大厦签署战略合作框架协议。中国铁建党委书记、董事长陈奋健，新兴际华党委书记、董事长张雅林等出席签约仪式，中国铁建总裁、党委副书记庄尚标与新兴际华总经理、党委副书记杨彬分别代表双方在协议上签字。协议签署前，双方就加强互信合作等进行深入友好交流。中国铁建党委常委、纪委书记李春德，副总裁刘成军，新兴际华党委常委、副总经理鲁斌，党委常委、纪委书记王兆刚出席签约仪式。张雅林、杨彬一行到铁道兵纪念馆（中国铁建展览馆）参观。

▲25日　中国铁建党委书记、董事长陈奋健，总裁、党委副书记庄尚标在中国铁建大厦会见到访的山东省委副书记、省长龚正，就进一步深化战略合作关系，推进有关项目落地进行深入交流。庄尚标与山东省政府党组成员、副省长王书坚分别代表双方签署战略合作协议。

▲25日　中国铁建党委书记、董事长陈奋健在武汉会见湖北省委副书记、省长王晓东，就进一步深化在基础设施领域合作进行广泛交流，并达成共识。

▲28日　中国铁建总裁、党委副书记庄尚标在中国铁建大厦会见前来调研的商务部合作司司长王胜文一行，就如何推动承包工程高质量发展问题进行深入研讨交流。中国铁建党委常委、副总裁汪文忠主持调研座谈会。会前，王胜文一行到铁道兵纪念馆（中国铁建展览馆）参观。

▲30日　中国铁建与中国人寿保险（集团）公司在中国人寿中心签署战略合作协议。中国铁建党委书记、董事长陈奋健，中国人寿党委书记、董事长王滨出席签约仪式。中国铁建党委常委、总会计师兼总法律顾问王秀明与中国人寿党委委员、副总裁刘慧敏分别代表双方在协议上签字。协议签署前，双方就进一步深化战略合作关系等进行深入交流。

▲31日　中国铁建党委召开2018年度领导班子民主生活会。国务院国资委副主任、党委委员孟建民，国务院国资委党建工作局副局长徐宇栋，国务院国资委企干二局、党建工作局、驻委纪检组等有关部门人员组成的督导组到会指导。中国铁建党委书记、董事长陈奋健主持会议，领导班子成员参加会议。

2月

▲19日　中铁第四勘察设计院集团有限公司设

计,中铁十一局、十四局集团有限公司等单位参建的武汉地铁2号线南延线全线开通试运营。

▲21日　中国铁建党委书记、董事长陈奋健在北京会见沙特能源、工业和矿产资源大臣兼沙特阿美公司董事长贾里德·阿里·法利赫,就共同关心的基础设施建设领域有关事宜进行深入交流,并达成共识。

▲22日　中国铁建党委书记、董事长陈奋健在昆明会见云南省委书记陈豪,省委副书记、省长阮成发,围绕进一步提升基础设施建设等领域的合作层次,探索海外市场的合作模式等有关事宜进行深入交流,并达成共识。中国铁建副总裁倪真参加会见。

▲23日至3月1日　中国铁建党委常委、副总裁汪文忠到俄罗斯开展系列商务活动。

▲24日　中国驻俄罗斯大使李辉一行在中国铁建党委常委、副总裁汪文忠的陪同下,到中国铁建承建的莫斯科地铁项目调研。

▲26日　中国铁建党委书记、董事长陈奋健到中国铁建驻西安片区单位进行工作调研,就"品质铁建"在西北区域落地、落实"海外优先"战略和加强年轻干部培养等提出具体要求。中国铁建党委常委、副总裁李宁参加调研。

▲26日　中国铁建总裁、党委副书记庄尚标在中国铁建大厦会见到访的中国农业银行副行长湛东升,就进一步深化合作关系,推动银企合作共赢进行友好交流。中国铁建总会计师、总法律顾问王秀明参加会见。

▲26日　中国铁建总裁、党委副书记庄尚标在中国铁建大厦会见安徽省交通控股集团党委书记、董事长乔传福,就加快推进有关项目建设、深化合作关系进行深入交流。中国铁建副总裁倪真。

▲26日　中国铁建团委二届五次全委(扩大)会议在北京召开。中国铁建党委副书记陈大洋出席会议并讲话。中国铁建所属各二级单位团组织负责人等48人参加会议。

▲26日　中国铁建总会计师、总法律顾问王秀明一行到北京产权交易所参观访问,会见北京产权交易所党委书记、董事长吴汝川,并代表中国铁建接受北京产权交易所颁发的"金交易奖"。

▲27日　中国铁建总裁、党委副书记庄尚标在中国铁建大厦会见铜陵有色金属集团控股有限公司党委书记、董事长杨军一行,就加快厄瓜多尔米拉多铜矿建设和后续重点工作进行深入交流,并达成共识。中国铁建副总裁倪真参加会见。

▲27日　中国铁建党委书记、董事长陈奋健在陕西省宝鸡市眉县会见陕西省委书记胡和平,省委副书记、省长刘国中,并共同出席陕西省高速公路建设暨眉县至太白高速公路开工动员会。中国铁建党委常委、副总裁李宁出席活动。

▲27日　中国铁建总裁庄尚标在中国铁建大厦会见突尼斯共和国发展、投资与国际合作部部长齐亚德·拉扎里,就深化互信、推动有关项目合作进行友好交流。会谈结束后,庄尚标见证有关项目合作谅解备忘录的签署。

▲28日　中国铁建副总裁王立新分别到中铁建华南建设有限公司所属南沙科技产业园管理处、广州钢材集中加工配送中心及广州市轨道交通18号线和22号线工程总承包项目调研指导。当日下午,王立新出席广州市轨道交通18号线和22号线总承包项目施工生产攻坚动员会。

▲28日　中国铁建党委书记、董事长陈奋健在杭州会见浙江省委书记车俊,就进一步深化战略合作、创新合作模式等进行深入交流,并达成共识。

▲28日　中国铁建总裁、党委副书记庄尚标在中国铁建大厦接见"全国五一巾帼奖状"获得者代表、中铁十一局集团桥梁公司拉林铁路曲水分公司质检女工班班长崔欣,并号召全系统职工学习女工班甘于奉献的敬业精神。中国铁建党委副书记陈大洋,工会主席史道泉,工会副主席、女工委主任白晶参加接见。

▲28日　中国铁建副总裁刘成军到联系点中铁城建集团有限公司参加指导领导班子民主生活会。

3月

▲1日　中国铁建总裁、党委副书记庄尚标在京投大厦会见北京市基础设施投资有限公司董事长张燕友、总经理郝伟亚,就进一步加强重点领域的项目投资建设合作进行交流,并达成共识。

▲1日　中国铁建党委书记、董事长陈奋健在中国铁建大厦会见到访的重庆市荣昌区委书记曹清尧,就进一步深化基础设施建设领域合作进行深入交流,并达成共识。

▲4日　中国铁建党委书记、董事长陈奋健在中国铁建大厦会见来访的德勤中国首席执行官曾顺福,就进一步密切联系、加强合作进行深入交流。中国铁建副总裁汪文忠参加会见。

▲5日　中国铁建党委常委、总会计师、总法律顾问王秀明到联系点中铁二十五局集团二公司开展

2018年联系点工作检查评估，并参加指导领导班子民主生活会。

▲6日　中国铁建党委书记、董事长陈奋健到联系点中铁二十三局集团有限公司参加指导领导班子民主生活会。

▲7日　中国铁建党委常委、副总裁汪文忠到联系点中国土木工程集团有限公司检查评估并参加指导领导班子民主生活会。

▲8日　中铁十七局集团有限公司牵头组建的联合体成功中标贵州省金仁桐高速公路PPP项目。该项目总投资174亿元，建设期4年，运营期30年，是中铁十七局集团有限公司第一条自主运营的投资性高速公路工程。

▲8日　中国铁建党委书记、董事长陈奋健在中国铁建大厦会见徐工集团党委书记、董事长王民，就进一步深化在工程机械设备领域合作进行深入交流，并达成共识。中国铁建副总裁刘成军主持座谈会。

▲8日　中国铁建总裁、党委副书记庄尚标到联系点中铁十六局集团铁运公司开展2018年联系点工作检查评估，出席并指导领导班子民主生活会。

▲8日　中国铁建"三八"表彰暨先进事迹报告会在中国铁建大厦报告厅举行。中华全国总工会女职工部部长徐微、中华全国铁路总工会主席索河、中国铁建党委副书记陈大洋出席会议并讲话。中国铁建工会主席史道泉主持会议。会上，中国铁建工会副主席、女工委主任白晶宣读2019年受到全国、全路及中国铁建工会表彰的先进女职工集体和个人名单。

▲8日　中国铁建副总裁李宁在中国铁建大厦会见来访的香港铁路公司副总监、中国内地业务首席执行官许慕韩一行，就有关方面合作进行深入交流，并达成共识。

▲11日　中国铁建党委书记、董事长陈奋健在中国铁建大厦会见广东省梅州市委书记陈敏一行，就进一步加强合作进行深入交流。

▲11日　中国铁建党委常委、副总裁李宁到联系点北京通达京承高速公路有限公司检查评估并参加指导领导班子民主生活会。

▲11—12日　中国铁建党委常委、纪委书记李春德到联系点中铁十九局集团五公司检查评估并指导领导班子民主生活会。

▲12日　中国铁建党委副书记陈大洋到联系点中铁十四局集团有限公司进行调研并指导领导班子民主生活会。

▲12日　中国铁建副总裁倪真到联系点中国铁建港航局集团有限公司参加指导领导班子民主生活会。

▲14日　中国铁建党委书记、董事长陈奋健在青岛会见山东省委常委、青岛市委书记王清宪，就进一步深化中国铁建与青岛市战略合作进行深入交流，并达成共识。

▲15日　中国铁建工会一届十一次全委（扩大）会议在北京召开。中国铁建党委副书记陈大洋出席会议并讲话。中国铁建工会主席史道泉代表全委会作工作报告，工会副主席、女工委主任、经审会主任白晶主持会议。中国铁建工会第一届委员会委员、拟增替补委员，各单位分管（主持）工会工作领导及工会筹委会主任等85人参加会议。

▲18日　中铁二十局集团有限公司承建的中国铁建秘鲁首个基建项目秘鲁瓦努科至瓦杨柯公路扩建项目举行开工典礼。

▲19日　中国铁建在北京召开2019年经营工作座谈会。中国铁建党委书记、董事长陈奋健，总裁、党委副书记庄尚标出席会议并讲话。中国铁建党委常委、副总裁李宁主持下午会议，副总裁刘成军宣读2018年经营先进单位和先进个人表彰文件，副总裁王立新出席会议，副总裁倪真部署国内市场经营工作并主持上午会议。

▲19—20日　中国铁建党委常委、总会计师、总法律顾问王秀明到联系点中铁二十局集团一公司进行调研指导。调研期间，王秀明到一公司苏州春申湖路快速化改造项目现场调研。

▲21日　中国铁建党委书记、董事长陈奋健，总裁、党委副书记庄尚标陪同中央党校第65期省部级干部进修班的38名学员到中国铁建调研"一带一路"建设情况，并参观铁道兵纪念馆（中国铁建展览馆）。中国铁建党委常委、纪委书记李春德，党委常委、副总裁李宁、汪文忠参加调研活动。

▲21日　中国铁建党委常委、总会计师兼总法律顾问王秀明一行到中铁十四局集团大盾构公司调研。

▲21日　中国铁建在北京召开扶贫工作视频会议。中国铁建党委副书记陈大洋出席会议并讲话。中国铁建相关部门负责人、各单位分管扶贫工作相关人员、中国铁建对口扶贫挂职干部等参加会议。

▲22日　中国铁建与中国太平保险集团有限责任公司（以下简称"中国太平"）在中国铁建大厦签署战略合作协议。中国铁建党委书记、董事长陈奋健，中国太平党委书记、董事长罗熹出席签约仪式。中国铁

建党委常委、总会计师兼总法律顾问王秀明与中国太平党委委员、副总经理洪波分别代表双方在协议上签字。中国铁建党委常委、副总裁汪文忠出席签约仪式。协议签署前,双方就深化有关领域合作进行深入友好交流,并达成共识。

▲25 日　中国铁建董事长、党委书记陈奋健在中国铁建大厦会见来访的港铁公司董事局主席马时亨、常务总监金泽培一行,就进一步密切联系、加强合作进行深入交流。

▲26 日　中国铁建总裁、党委副书记庄尚标到中铁十二局集团铁路养护公司调研。

▲26 日　中国铁建党委常委、副总裁汪文忠到中国铁建国际集团有限公司启动 2019 年联系点相关工作,并就生产经营和党建工作进行指导。

▲26 日　中国铁建副总裁王立新到联系点中国铁建大桥工程局集团五公司参加指导领导班子民主生活会。

▲26 日　中铁第四勘察设计院集团有限公司牵头联合体中标全国首条采用"PPP + EPC"模式运作的铁路项目新建杭州至衢州(建衢段)铁路项目,标志着铁四院成为国内首家牵头时速 350 千米高速铁路 PPP 项目的国有企业。

▲27 日　中国铁建总裁、党委副书记庄尚标到重庆市调研中铁建生态环境有限公司,并就加快培育和发展新兴产业、带动中国铁建转型升级提出明确要求。

▲28 日　中国土木工程集团有限公司参建的非洲首个鲁班工坊揭牌。吉布提总统盖莱,中国驻吉布提大使卓瑞生,天津市委有关领导共同出席吉布提鲁班工坊揭牌仪式。当天下午,设于亚吉铁路那噶德车站的"鲁班工坊校外实训基地"举行启用仪式。

▲29 日　中国铁建总裁、党委副书记庄尚标在渝会见重庆市委副书记、市长唐良智,围绕深化各领域合作,加快推进合作项目实施交换意见,并达成系列共识。中国铁建党委常委、副总裁李宁参加会见。在渝期间,庄尚标分别与重庆市政府有关部门负责人,相关区县领导和市属有关国有企业负责人进行座谈交流,在拓展合作领域、创新合作模式等方面达成共识,并出席中国铁建重庆区域经营座谈会。

▲29 日　中国铁建党委召开巡视工作会议暨 2019 年第一轮巡视工作动员部署会。中国铁建党委书记、董事长、巡视工作领导小组组长陈奋健出席会议并讲话;党委副书记、巡视工作领导小组副组长陈大洋主持会议,并宣布 2019 年第一轮巡视组组长名单、任务分工和《关于开展领导人员亲属和其他特定关系人所办企业与本企业业务往来专项整治的工作方案》;党委常委、纪委书记、巡视工作领导小组副组长李春德传达习近平总书记重要讲话精神,全国巡视工作会议和国务院国资委党委巡视工作会议精神。经中国铁建党委研究决定,开展对中铁十五局集团有限公司、中铁十六局集团有限公司、中铁二十一局集团有限公司、中铁二十五局集团有限公司党委常规巡视,对中国铁建所属部分单位领导人员及其亲属违规经商办企业情况开展专项巡视。中国铁建党委巡视工作领导小组成员、总部有关部门负责人、巡视组全体人员,被巡视单位党委书记、纪委书记和相关人员,驻北京单位纪委书记、巡察办负责人在主会场参加会议;所属各二级单位领导班子成员、巡察工作领导小组成员、纪检监察机构及巡察机构全体人员在分会场参加会议。

▲3 月　中国铁建工程、经济、会计 3 个系列正高级职称评审委员会顺利通过人力资源和社会保障部专业技术人员管理司的备案审核,取得正高级工程师、正高级经济师、正高级会计师任职资格评审权限。从 2019 年起,中国铁建在全系统正式启动正高级工程师、正高级经济师、正高级会计师专业技术职务任职资格的评审工作。

4 月

▲1 日　中国铁建召开 2018 年年报业绩发布电话会议。中国铁建总裁、党委副书记庄尚标介绍企业 2018 年业绩情况,党委常委、总会计师兼总法律顾问王秀明主持会议,董事会秘书赵登善出席会议。业绩发布会上,中国铁建有关业务部门负责人就投资者和分析师提出的铁路市场发展、海外市场开拓、房地产开发、资本运营以及企业改革等问题进行回答。

▲1 日　中国铁建党委书记、董事长陈奋健在郑州分别会见河南省委副书记、省长陈润儿,郑州市委副书记、市长王新伟,就深化政企合作、发挥各自优势、加快河南省及郑州市发展进行深入交流,并达成共识。中国铁建副总裁倪真,工会主席、中原区域总部总经理史道泉参加会见。

▲1 日　中铁十四局集团有限公司等单位参建的济南首条地铁——济南地铁 1 号线正式开通运营。

▲2 日　中国铁建 2018 年度业绩现场发布会在香港成功举行。中国铁建总裁、执行董事、党委副书记庄尚标,党委常委、总会计师兼总法律顾问王秀明出席活动。中国铁建董事会秘书赵登善,联席公司秘书罗振

飚,来自境内外的投资者、分析师等 74 人参加业绩发布会。

▲2 日　中铁建国际投资集团有限公司在香港举行揭牌仪式。

▲3 日　中国首台中低速磁浮智能巡检车在中国铁建重工集团股份有限公司长沙第二产业园下线。

▲8 日　中国铁建党委书记、董事长陈奋健在中国铁建大厦会见泰国 BTS 集团主席黄创山一行,就双方共同关心的泰国基础设施建设有关事宜进行深入交流,并达成共识。

▲8 日　中铁第五勘察设计院集团有限公司勘察设计的斯里兰卡南部铁路一期工程正式通车运营。

▲8 日　中国铁建在北京召开安全生产和铁路工程红线管理工作视频会议。

▲8—12 日　中国铁建法律合规部主办的中国铁建 2019 年中层管理人员(项目经理)法律合规培训班在中国铁建股份有限公司北京培训中心(中国铁建股份有限公司党校)举办。

▲11 日　“交行央企全方位合作　助力云南高质量发展——交通银行与央企、云南省市重点企业交流活动”在昆明举行。中国铁建党委常委、副总裁李宁受邀出席活动。活动期间,中国铁建昆仑投资集团有限公司与交通银行云南省分行签署合作协议。

▲12 日　中国土木工程詹天佑奖二十周年庆典暨第十六届颁奖典礼在北京举行。中国铁建党委常委、副总裁李宁参加活动。中国铁建承建的 9 项工程获奖,分别是中铁第四勘察设计院集团有限公司设计的长沙西北上行联络线特大桥;中铁第一勘察设计院集团有限公司设计,中铁十一局、十二局、二十一局集团有限公司,中国铁建电气化局集团有限公司承建的新建铁路大同至西安客运专线工程(太原南—西安北);中铁第四勘察设计院集团有限公司设计,中铁十一局、十九局集团有限公司,中国铁建大桥工程局集团有限公司承建的合肥至福州铁路;中铁十一局、十九局集团有限公司参建的伊春至绥化高速公路;中铁十七局、二十一局集团有限公司,中铁建设集团有限公司参建的海南环岛高铁;中铁十八局集团有限公司、中国铁建大桥工程局集团有限公司参建的四川雅砻江锦屏二级水电站;中铁第四勘察设计院集团有限公司设计,中国铁建承建的长沙磁浮快线工程;中铁第四勘察设计院集团有限公司设计,中铁十五局、十六局集团有限公司承建的深圳福田站综合交通枢纽;中铁十二局集团有限公司参建的中国文昌航天发射场工程。

▲15 日　中国铁建资本运营与房地产工作会议在北京召开。

▲15 日　中国铁建 2019 年海外工作会议在北京召开。

▲16 日　中国铁建党委常委、副总裁李宁在中国铁建大厦会见来访的重庆高速公路集团党委书记、董事长滕英明一行,围绕在渝高速公路建设运营等领域的合作进行深入交流,并达成共识。

▲17 日　中国铁建党委常委、副总裁汪文忠在中国铁建大厦会见到访的俄罗斯主流媒体代表团,并就媒体代表团关心的话题进行交流。会前,媒体代表团一行到中国铁建展览馆(铁道兵纪念馆)参观,了解中国铁建的发展历史。

▲17 日　中国铁建党委书记、董事长陈奋健在中国铁建大厦会见来访的长沙理工大学党委副书记、校长曹一家一行,就进一步加强校企合作、推动人才培养、科研攻关等有关事宜进行深入交流,并达成共识。中国铁建党委副书记陈大洋主持会见活动。

▲17 日　中国铁建与中国农业银行在成都联合主办西部投融资对接会,中国铁建党委常委、总会计师兼总法律顾问王秀明,中国农业银行副行长湛东升出席会议,并见证中国铁建昆仑投资集团有限公司、中铁二十三局集团有限公司分别与中国农业银行四川分行签署《战略合作协议》。

▲17—18 日　中国铁建和中国铁道学会共同主办,中铁第一勘察设计院集团有限公司和中国铁道学会轨道交通工程分会承办的“川藏铁路工程建造技术研讨会”在陕西西安举行。中国铁建副总裁、川藏铁路工程指挥部指挥长王立新出席会议并致辞,副总工程师王清明主持会议。

▲18 日　中国铁建总裁、党委副书记庄尚标在南宁会见广西壮族自治区党委副书记、自治区政府主席陈武,就进一步加强合作、探讨新的合作模式、推进地方经济高质量发展进行深入交流。

▲19 日　中铁十一局集团四公司施工的第七届世界军人运动会重要通道——湖北省重点建设项目武汉光谷综合体珞喻路市政通道通车。

▲22 日　中国铁建副总裁汪文忠在中国铁建大厦会见到访的莫斯科市考察团,与莫斯科工程设计院九局总经理以撒耶夫·阿列克谢·维克多洛维奇等就相关项目合作进行深入交流。

▲23 日　中国铁建副总裁汪文忠在中国铁建大厦会见来北京参加第二届“一带一路”国际合作高峰

论坛的智利经济部外国投资促进局局长罗德里格斯·克里斯蒂安·迟飞雷，就加强沟通交流，推进有关项目合作进行会谈。

▲23 日　中国铁建副总裁汪文忠在中国铁建大厦会见突尼斯中突商会主席塔哈尔·巴亚赫。

▲23 日　中国铁建二级单位纪委书记 2018 年度履职专项考核现场述职会在湖北武汉召开。中国铁建党委常委、纪委书记李春德出席会议并讲话，纪委副书记钱桂林主持会议。

▲23 日　2019 年庆祝“五一”国际劳动节暨全国五一劳动奖和全国工人先锋号表彰大会在北京人民大会堂举行。中国铁建系统魏成波作为全路唯一农民工身份的全国“五一劳动奖章”获得者，受邀参加表彰大会。其中，中铁十一局集团桥梁公司拉林铁路项目部、中国铁建大桥工程局集团三公司快速路系统二期项目天津外环线东北部调线工程第 1 标段项目经理部、中铁十八局集团五公司博鳌通道项目经理部、中铁二十三局集团轨道公司嘉定区云翔拓展基地 19A－05A 共有产权房项目经理部 4 个先进集体获得“全国工人先锋号”称号；中铁十二局集团有限公司邵高波、中铁第四勘察设计院集团有限公司陈泽建、中国铁建昆仑投资集团有限公司金跃良、中铁十九局集团有限公司魏成波 4 名先进职工获得全国“五一劳动奖章”。

▲24 日　中国铁建党委书记、董事长陈奋健在北京会见出席第二届“一带一路”国际合作高峰论坛的埃塞俄比亚总理阿比，就进一步加强基础设施建设领域合作进行深入交流。

▲24 日　中国铁建党委书记、董事长陈奋健在北京会见出席第二届“一带一路”国际合作高峰论坛的印度尼西亚海洋事务统筹部部长卢胡特，就进一步推进有关合作项目进行深入交流。

▲24 日　中国铁建总裁庄尚标在中国铁建大厦与到访的安哥拉安人运总书记阿尔瓦罗·内图一行举行会谈。

▲24 日　中国铁建总裁庄尚标在中国铁建大厦会见到访的汤加副首相兼基础设施和旅游部部长塞密西·西卡，就进一步加强合作进行深入交流。

▲24 日　中国铁建总裁庄尚标在中国铁建大厦会见到访的非洲开发银行高级副行长查尔斯·欧乌苏·博阿玛一行，就在“一带一路”倡议下加强金融合作交换意见。

▲24 日　中国铁建副总裁汪文忠在中国铁建大厦会见马来西亚对华事务特使、马中商务理事会主席陈国伟及其夫人，就共同推进有关项目合作进行交流。

▲24 日　中华全国总工会首场“与共和国同行”全国职工主题阅读活动在中铁十六局集团有限公司北京城市副中心管廊第 6 标段项目部举行。中华全国总工会党组成员、经费审查委员会主任、全国工会职工书屋建设领导小组组长李晓钟一行走进工地与一线员工共同阅读经典，沐浴书香。中国铁建党委副书记陈大洋代表中国铁建党委致辞，工会主席史道泉参加活动。

▲25 日　首届“一带一路”企业家大会在国家会议中心举行。中国铁建党委书记、董事长陈奋健，以及来自中国、美国、新加坡、中国香港等多个国家和地区的政府和企业家代表 800 余人出席全体会议，共话“一带一路”建设中的经贸合作新机遇。

▲25 日　中国铁建党委书记、董事长陈奋健在北京会见出席第二届“一带一路”国际合作高峰论坛的越南总理阮春福，就进一步加强在基础设施投资建设领域合作进行深入交流。

▲25 日　中国铁建党委书记、董事长陈奋健在中国铁建大厦会见到访的沙特交通部部长纳比尔·阿尔阿穆迪，就进一步加强基础设施建设领域合作进行深入交流，并达成共识。

▲25 日　中国铁建总裁庄尚标在北京会见出席第二届“一带一路”国际合作高峰论坛的吉布提总统盖莱，就进一步加强吉布提基础设施建设等方面的合作进行深入交流。

▲25 日　第二届“一带一路”国际合作高峰论坛“数字丝绸之路”分论坛在北京举行。中国铁建总裁庄尚标应邀出席，同时在“智慧城市、数字技术，让人民生活更美好”专题环节上分享中国铁建在实践建设智慧城市、发展数字技术方面的经验。

▲25 日　中国铁建党委副书记陈大洋出席第二届“一带一路”国际合作高峰论坛民心相通分论坛。

▲25 日　中国铁建副总裁汪文忠在中国铁建大厦与到访的格鲁吉亚副总理兼地区发展和基础设施部长玛雅·茨基季什维利一行进行会谈，就推进有关项目合作进行交流。

▲25 日　中国铁建副总裁汪文忠在北京会见出席第二届“一带一路”国际合作高峰论坛的柬埔寨国务兼公共工程与运输部大臣孙占托，就加快推进有关项目实施进行交流。

▲25 日　中国铁建副总裁刘成军出席第二届“一带一路”国际合作高峰论坛境外经贸合作区分论坛。

▲25 日　中国铁建副总裁倪真出席第二届“一带

一路”国际合作高峰论坛“智库交流”分论坛。

▲25 日　中国铁建副总裁王立新出席第二届“一带一路”国际合作高峰论坛绿色之路分论坛。

▲25 日　中铁十二局集团有限公司承建的国家重点工程、世界海拔最高的高等级公路拉萨至林芝公路米拉山隧道(全长 5720 延长米)实现双向通车。

▲25 日　中国铁建副总裁汪文忠在中国铁建大厦会见特立尼达和多巴哥共和国外交和加勒比共同体事务部长丹尼斯·摩西,就加强基础设施建设领域合作进行交流。

▲26 日　第二届“一带一路”国际合作高峰论坛开幕式在国家会议中心举行。中国国家主席习近平出席开幕式并发表题为《齐心开创共建“一带一路”美好未来》主旨演讲。中国铁建党委书记、董事长陈奋健参加开幕式。

▲26 日　中国铁建党委书记、董事长陈奋健在钓鱼台国宾馆会见出席第二届“一带一路”国际合作高峰论坛的吉尔吉斯斯坦总统热恩别科夫,就加强基础设施建设领域合作进行深入交流。

▲26 日　中国铁建总裁庄尚标在北京会见菲律宾总统杜特尔特,就进一步加强合作进行交流。会谈中,双方围绕加快菲律宾铁路建设等事宜进行探讨。

▲26 日　中国铁建总裁庄尚标在中国铁建大厦会见出席第二届“一带一路”国际合作高峰论坛的土耳其交通部长图尔罕,就进一步加强土耳其基础设施建设领域合作进行沟通交流。

▲26 日　中国铁建副总裁汪文忠在北京会见出席第二届“一带一路”国际合作高峰论坛的肯尼亚总统肯雅塔,就推进肯尼亚基础设施投资建设领域合作进行深入交流,并达成共识。

▲26 日　中国铁建副总裁汪文忠在中国铁建大厦会见出席第二届“一带一路”国际合作高峰论坛的亚美尼亚交通部专家凯伦·杰兰扬一行,就加强基础设施建设领域合作进行深入交流,并达成合作共识。

▲26 日　中国铁建副总裁汪文忠在北京会见越南交通运输部部长阮文体,就基础设施领域的合作项目进行深入交流,并达成共识。

▲26 日　中国铁建党委在北京召开 2019 年总部第一次党风廉政建设和反腐败工作联席会暨职能监管工作推进会。中国铁建党委常委、纪委书记李春德出席会议并讲话,纪委副书记钱桂林主持会议。

▲27 日　中国铁建总裁庄尚标在北京会见参加第二届“一带一路”国际合作高峰论坛的孟加拉国工业部部长那努尔·马吉德·马哈茂德·胡马云一行,就加强基础设施和工业领域的合作进行深入交流。

▲27 日　中国铁建党委书记、董事长陈奋健在中国铁建大厦会见到访的老挝人民革命党中央政治局委员、万象市委书记兼市长库派吞,并共同见证有关合作协议签署。

▲27 日　中国铁建副总裁汪文忠在北京会见肯尼亚交通及基础设施发展部部长詹姆斯·马查里亚、工贸部部长皮特·蒙亚,就共同关心的有关项目合作进行深入交流。

▲28 日　中国铁建党委书记、董事长陈奋健在北京会见出席第二届“一带一路”国际合作高峰论坛的柬埔寨首相洪森,就进一步加强基础设施建设领域合作进行深入交流。

▲28 日　中国铁建党委书记、董事长陈奋健在北京会见出席第二届“一带一路”国际合作高峰论坛的尼泊尔总统班达里。

▲28 日　中国铁建总裁庄尚标在中国铁建大厦会见到访的加纳铁路发展部部长乔·加尔泰,就进一步加快轨道交通领域的合作进行深入交流。

▲29 日　中国铁建总裁庄尚标在中国铁建大厦会见参加第二届“一带一路”国际合作高峰论坛的马来西亚国会议员、交通部部长陆兆福,就深化交通基础设施领域合作交换意见。会谈前,陆兆福一行到铁道兵纪念馆(中国铁建展览馆)参观。

▲29 日　中国铁建党委书记、董事长陈奋健在天津迎宾馆会见中共中央政治局委员、天津市委书记李鸿忠,天津市委副书记、市长张国清,就深化政企合作、发挥各自优势、加快天津市发展进行深入交流,并达成共识。中国铁建党委常委、副总裁李宁参加会见。

▲29 日　中国铁建纪念五四运动 100 周年暨第九届“十大杰出青年”“十佳青年技术能手”表彰大会在中国铁建大厦三层报告厅举行。

▲30 日　中国铁建 2019 年一季报业绩发布会在北京召开。

▲30 日　中国铁建党委书记、董事长陈奋健到中国铁建天津片区单位进行工作调研。中国铁建党委常委、副总裁李宁出席并主持调研座谈会。

5 月

▲3 日　中国土木工程集团有限公司实施的中国

援突尼斯外交培训学院项目开工仪式在突尼斯首都突尼斯市举行。突尼斯总统埃塞卜西率多位政府部长、省长、市长等出席仪式。

▲6 日　中国铁建总裁、党委副书记庄尚标到联系点中铁十五局集团四公司调研，督促指导各项工作开展。

▲6—7 日　中国铁建党委书记、董事长陈奋健赴贝宁共和国调研市场及相关项目情况，并会见贝宁投资与促进出口贸易署署长洛朗·冈贝，共同见证中铁建国际投资集团有限公司、中铁十四局集团有限公司、贝宁投资与促进出口贸易署签署贝宁赛美波吉工业园区项目合作谅解备忘录。

▲8—9 日　中国铁建党委副书记、总裁庄尚标一行到中国铁建定点扶贫对口区县河北省张家口市万全区、尚义县实地调研对口帮扶工作成效，协调工作中出现的新情况，解决帮扶新问题。中国铁建党委副书记陈大洋参加扶贫调研。对口扶贫座谈会上，中国铁建党委向万全区、尚义县分别捐赠 50 万元。

▲8—12 日　中国铁建党委书记、董事长陈奋健赴尼日利亚调研市场并开展系列商务活动。在尼期间，陈奋健调研中国土木工程集团有限公司总承包、系统内多家单位参与设计和建设的拉伊铁路项目，调研中国土木建成运营的阿卡铁路、阿布贾轻轨、阿布贾新航站楼等项目，参观中国土木尼日利亚公司企业文化展室并翻阅党建工作台账，与相关单位负责人共同植下代表中国铁建各单位同心协力、在尼共谋发展的“同心树”；同时还到中铁十八局集团尼日利亚公司营地进行调研。

▲8—17 日　中国铁建副总裁汪文忠先后赴柬埔寨、越南、老挝三国进行市场调研，深入考察基础设施投资建设情况，加强与政府、合作伙伴的交流与合作，深度开拓东南亚市场，进一步推动“海外优先”战略加快落地。

▲13 日　中国铁建总裁、党委副书记庄尚标在南昌会见江西省委常委、南昌市委书记殷美根，就进一步深化合作、扩大投资合作领域、促进共同发展进行深入交流。中国铁建副总裁倪真参加会见。

▲13 日　中国土木工程集团有限公司承建的坦赞铁路纪念园项目开工典礼在赞比亚首都卢萨卡举行。赞比亚开国总统肯尼思·卡翁达、中国退役军人事务部部长孙绍骋、中国驻赞比亚大使李杰等出席开工典礼。开工仪式最后，肯尼思·卡翁达、孙绍骋、李杰共同为项目奠基。

▲14 日　中国铁建党委常委、副总裁李宁到联系点中铁建西北投资建设有限公司调研，督促指导各项工作开展。

▲16 日　中国铁建党委书记、董事长陈奋健在重庆会见重庆市相关领导，就深化政企合作、发挥各自优势、加快区域经济建设达成共识。中国铁建党委常委、副总裁李宁参加相关活动。

▲16 日　中国铁建与青岛市在北京签署战略合作协议，中国铁建总裁、党委副书记庄尚标出席签约仪式。中国铁建副总裁倪真、青岛市副市长刘建军代表双方在协议上签字。中国铁建工会主席，中原区域总部党委书记、总经理史道泉主持会议。

▲16—19 日　第二届中国西部国际投资贸易洽谈会（以下简称“西洽会”）在重庆举行。中国铁建党委书记、董事长陈奋健等世界 500 强企业、国内外知名企业负责人出席会议。中国铁建党委常委、副总裁李宁参加西洽会系列活动。西洽会期间，中国铁建分别与重庆市政府、重庆高速集团签订战略合作、高速公路项目合作框架协议，中铁建重庆投资集团有限公司与北碚区，中铁二十三局集团有限公司与綦江区分别签订合作协议。

▲20 日　中铁第四勘察设计院集团有限公司总体设计的郑州地铁 5 号线开通运营。

▲21 日　中国铁建党委书记、董事长陈奋健，总裁、党委副书记庄尚标在中国铁建大厦会见到访的山东省委常委、济南市委书记王忠林，就进一步深化战略合作关系、推进有关项目落地进行深入交流，并达成共识。中国铁建党委常委、副总裁李宁，济南市副市长（挂职）李自军分别代表双方签署战略合作框架协议。

▲21 日　中国铁建党委书记、董事长陈奋健在北京主持召开中国铁建违规经营投资责任追究工作管理委员会第 1 次会议。

▲23 日　中国铁建总裁、党委副书记庄尚标出席山东济南与中央企业合作对接会并代表发言。中国铁建工会主席兼中原区域总部党委书记、总经理史道泉参加对接会并代表中国铁建签约。

▲23 日　中国铁建在上海国家会计学院举办二级单位总会计师现场述职考评会。中国铁建党委常委、总会计师兼总法律顾问王秀明出席会议并讲话。

▲24 日　中国铁建党委常委、总会计师兼总法律顾问王秀明在苏州会见江苏省委常委、苏州市委书记周乃翔，就进一步深化政企合作、扩大投资领域和促进共同发展等进行深入交流。

▲28 日　中国铁建总裁庄尚标在中国铁建大厦会见瓦努阿图总理夏洛特·萨尔维，就进一步加强瓦努阿图基础设施建设等方面的合作进行深入交流，并签署项目合作谅解备忘录。

▲29 日　中国铁建海外协同发展交流会在中土大厦召开。中国铁建党委常委、副总裁汪文忠出席会议并致辞。

▲30—31 日　中国铁建党委常委、副总裁汪文忠出席在澳门举行的第十届国际基础设施投资与建设高峰论坛。在论坛成立十周年招待晚宴上，汪文忠与参会嘉宾共同见证《国际基础设施投资与建设高峰论坛发展报告(2010—2019)》的发布，随后还参加主题为《加强产业链合作，服务基础设施高质量发展》的平行论坛。会上，论坛组委会向包括中国铁建在内的40余家单位颁发国际基建论坛“突出贡献单位”纪念奖牌。论坛期间，汪文忠现场调研中铁十五局集团有限公司承建的澳门轻轨C370项目、中国土木工程集团有限公司与中铁建设集团有限公司联合承建的澳门名胜世界酒店(金银岛)项目。

▲31 日　中国铁建纪委邀请清华大学廉政与治理研究中心副主任宋伟作《清醒认识形势，强化纪律规矩》专题讲座。中国铁建党委常委、纪委书记李春德主持讲座，中国铁建在北京领导班子成员参加讲座。

▲5 月　中国铁建在港股100强研究中心主办，财华社及人民网(香港)联合承办的第七届港股100强评选活动上获得“综合实力100强”“港股通50强”“营业额10强”3项奖励。中国铁建董事会秘书赵登善代表公司出席典礼并领奖。

▲5 月　中国铁建在“新格局　新路径　新愿景”——证券时报2019首届中国上市公司高质量发展论坛暨“天马奖”第十届中国上市公司投资者关系评选颁奖典礼上获得“天马奖·中国上市公司投资者关系最佳董事会”称号。中国铁建董事会秘书赵登善代表公司出席典礼并领奖。

6 月

▲3 日　中国铁建总裁、党委副书记庄尚标在中国铁建大厦会见舟山市委书记俞东来，就进一步深化战略合作关系、推进有关项目落地进行深入交流。中国铁建党委常委、副总裁李宁参加会见。会见前，俞东来一行到铁道兵纪念馆(中国铁建展览馆)参观。

▲3 日　中国铁建党委书记、董事长陈奋健一行抵达莫斯科，就俄罗斯市场前景和中国铁建在俄业务开展情况进行调研。中国铁建党委常委、副总裁汪文忠参加调研。

▲5 日　中国铁建俄罗斯公司与莫斯科工程设计院、AFI公司共同签署莫斯科米丘林地铁站上盖开发项目投资合作框架协议。中国铁建党委书记、董事长陈奋健，党委常委、副总裁汪文忠，莫斯科市副市长胡斯努林等出席签约仪式。签约仪式后，陈奋健会见莫斯科市市长索比亚宁，就双方共同关心的项目进行深入交流，并就如何推进下一步工作达成共识。

▲5—7 日　中国国家主席习近平和俄罗斯总统普京在莫斯科大剧院共同出席中俄建交70周年纪念大会并观看文艺演出。7 日，第二十三届圣彼得堡国际经济论坛全会在圣彼得堡举行，中国国家主席习近平、俄罗斯总统普京、保加利亚总统拉德夫、亚美尼亚总理帕希尼扬、斯洛伐克总理佩列格里尼、联合国秘书长古特雷斯等出席。中国铁建党委书记、董事长陈奋健，党委常委、副总裁汪文忠应邀出席上述重要活动。活动期间，陈奋健、汪文忠出席圣彼得堡国际经济论坛“国家发展项目的成功之道”分论坛活动，陈奋健在分论坛作交流发言。

▲8—10 日　中国铁建党委书记、董事长陈奋健在罗马尼亚开展系列商务活动，先后会见罗马尼亚交通部部长阿列克桑德鲁、中国驻罗马尼亚大使姜瑜，并到中国土木工程集团有限公司在建的布加勒斯特中国文化中心项目检查指导工作、慰问员工。中国铁建党委常委、副总裁汪文忠参加活动。

▲10—11 日　中国铁建总裁、党委副书记庄尚标到苏州片区就进一步加强工程公司建设进行调研，实地了解中铁二十局集团一公司苏州春申湖快速路改造项目进展情况，并进行安全生产检查。

▲10—12 日　中国铁建党委书记、董事长陈奋健赴波兰开展系列商务活动，并检查指导企业经营工作。中国铁建党委常委、副总裁汪文忠参加活动。陈奋健一行考察中国土木工程集团有限公司在波兰投资开发的“花园小区”房地产项目。

▲11 日　中国铁建总裁、党委副书记庄尚标在苏州会见江苏省委常委、苏州市委书记周乃翔。

▲11—13 日　中国铁建2019年北京片区第一期党员发展对象培训班在北京五棵松饭店举办。

▲11—15 日　中国铁建“一带一路”建筑施工企业纳税与规划实务培训班在国家税务总局税务干部学院举办。中国铁建党委常委、总会计师兼总法律顾问

王秀明出席开班仪式并讲话。

▲12 日　中国铁建总裁、党委副书记庄尚标在银川市分别会见宁夏回族自治区党委副书记、自治区人民政府主席咸辉，宁夏回族自治区党委副书记、银川市委书记姜志刚，并出席银川市中北部城区综合改造项目开工现场会。中国铁建党委常委、副总裁李宁出席活动。

▲13 日　中国铁建投资集团有限公司投资建设的湖南省韶山市旅游主干道及两厢提质改造工程建成通车。

▲13 日　中国铁建党委"不忘初心、牢记使命"主题教育工作会议在北京召开。中国铁建党委书记、董事长陈奋健作动员部署讲话，党委副书记、总裁庄尚标传达习近平总书记在"不忘初心、牢记使命"主题教育工作会议上的重要讲话精神和国务院国资委党委书记、主任郝鹏在委管中央企业主题教育工作会议上的讲话精神，党委副书记陈大洋主持会议。中央企业主题教育第五巡回指导组组长陈永录讲话，副组长杨高斐等指导组全体成员到会指导。

▲14 日　中国铁建党委在京燕大厦召开"不忘初心、牢记使命"主题教育巡回指导组业务培训会，开展对巡回指导组成员思想动员和业务培训。

▲14 日　中国铁建总裁、党委副书记庄尚标等出席以"智能绿色引领未来交通"为主题的 2019 世界交通运输大会。中国铁建党委常委、副总裁汪文忠以及来自 60 多个国家和地区的交通领域政要和专家、驻华使馆、国际组织、高校、科研机构、企事业单位代表出席大会。庄尚标作为 3 家著名企业家代表之一在大会开幕式上发言，并参加交通科技博览会启动仪式。在 2019 世界交通运输大会的重要组成板块——交通科技博览会上，中国铁建展示海外发展的业绩，并对独立研发、自主生产、拥有完全自主知识产权的土压、泥水双模式盾构机进行推介。大会开幕之前，庄尚标向到中国铁建展台参观的有关领导介绍中国铁建海外业务发展、科技创新等有关情况。

▲14 日　2019 世界交通运输大会期间，以"可持续的非洲交通基础设施合作与发展"为主题的第三届中非交通基础设施合作论坛在北京国家会议中心举行。中国铁建党委常委、副总裁汪文忠在论坛上作题为《秉承可持续发展理念，推动中非交通基础设施合作迈上新台阶》的主旨发言。第三届中非交通基础设施合作论坛由中国公路学会、中国铁建共同主办。

▲15 日　中国铁建总裁、党委副书记庄尚标在中国铁建大厦会见到访的长沙市委副书记、市长、湖南湘江新区党工委书记胡忠雄，就加强深度合作进行务实交流，并达成共识。中国铁建副总裁倪真参加会见。

▲15 日　"一带一路"背景下企业廉洁与合规管理研讨会在清华大学举行。中国铁建党委常委、纪委书记李春德应邀出席会议并作主旨演讲。

▲15 日　中国铁建投资集团有限公司参与投资、建设、运营的北京轨道交通新机场线一期工程顺利通车试运行。

▲15 日　中铁二十局集团有限公司等单位参与施工的成贵铁路四川段开通运营。

▲17 日　中国铁建直属机关党委召开"不忘初心、牢记使命"主题教育动员部署会，正式启动总部"不忘初心、牢记使命"主题教育。

▲17 日　22 时 55 分，四川省宜宾市长宁县发生 6.0 级地震。得知情况后，中国铁建西南区域总部、中铁二十局集团有限公司成贵项目部等系统内 11 家集团所属项目部成立救援小分队集结灾区现场参与救援。

▲18 日　中国铁建 2018 年年度股东大会在中国铁建大厦召开。中国铁建董事长、党委书记陈奋健主持会议，党委常委、执行董事刘汝臣，非执行董事葛付兴，独立非执行董事王化成、辛定华、承文，党委常委、副总裁李宁、汪文忠，副总裁王立新、倪真，董事会秘书赵登善，联席秘书罗振飚，监事会主席曹锡锐，以及部分股东和股东代表出席会议。会议选举陈大洋为中国铁建执行董事。中国铁建监事刘正昶、职工监事康福祥出席会议；总部有关部门负责人，公司境内外法律顾问和审计师等有关中介机构代表列席会议。

▲18—20 日　中国铁建在北京举办新闻发言人暨外宣工作培训班。中国铁建党委副书记陈大洋出席开班仪式并讲话。

▲19 日　中国铁建党委书记、董事长陈奋健在长春会见吉林省委书记、省人大常委会主任巴音朝鲁，省委副书记、省长景俊海，就进一步深化战略合作、推进重大基础设施建设项目实施、助力东北全面振兴等交换意见，并达成共识。活动期间，陈奋健主持召开中国铁建东北区域生产经营座谈会。

▲21 日　中国铁建党委在北京召开"不忘初心、牢记使命"主题教育集中学习研讨暨党委理论学习中心组第 5 次（扩大）会。中国铁建党委书记、董事长陈奋健主持学习研讨并讲话。中央企业主题教育第五巡回指导组副组长杨高斐等指导组成员到会指导。在逐

字逐句学原文、联系工作实际的基础上,班子成员进行研讨和交流。

▲21 日　中国铁建总裁、党委副书记庄尚标在中国铁建大厦会见到访的江门市委书记、市人大常委会主任林应武,双方就进一步深化战略合作、扩大投资领域、积极推进有关项目等交换意见。中国铁建党委常委、副总裁李宁参加会见。

▲22 日　中国铁建在广州召开的第十届中国上市公司与城市商会投资交流会上获得"中国上市公司最具投资价值领军企业""中国上市公司最具核心竞争力 100 强"双奖;董事长陈奋健获得"中国上市公司实干兴业功勋企业家"称号。

▲23 日　中国铁建投资集团有限公司,中铁第一勘察设计院集团有限公司,中铁十一局集团有限公司、中国铁建大桥工程局集团有限公司,中铁十四局、十六局、十七局、十八局、二十局、二十一局集团有限公司,中国铁建电气化局集团有限公司等单位以投融资、勘察设计、工程施工、装备制造全产业链优势支持建设的兰州轨道交通 1 号线一期工程通车试运营。

▲24 日　中国铁建总裁、党委副书记庄尚标在福州会见福建省委副书记、福州市委书记王宁,双方就进一步发挥各自优势、在多领域开展更加深入广泛的合作进行交流,并达成共识。中国铁建副总裁倪真参加会见。

▲24—25 日　中国铁建党委书记、董事长陈奋健在太原分别会见山西省委副书记、省长楼阳生,省委常委、太原市委书记罗清宇,就进一步深化战略合作、推进重大基础设施建设项目实施等进行深入交流,并达成共识。

▲25 日　中国铁建党委书记、董事长陈奋健到中国铁建太原片区单位开展"不忘初心、牢记使命"主题教育专题调研,并组织召开座谈会。中国铁建党委常委、副总裁李宁出席会议。

▲25 日　国务院国资委党委召开庆祝中国共产党成立 98 周年暨中央企业"两优一先"表彰大会。中国铁建刘峰、孙向东、蔡俊福、张龙 4 人获得"中央企业优秀共产党员"称号;康福祥、何义斌、黄继娟、姜德明 4 人获得"中央企业优秀党务工作者"称号;中国土木工程集团某公司党总支、中铁十四局集团大盾构公司党委、中铁第一勘察设计院集团线路运输设计处线二所党支部 3 个基层党组织获得"中央企业先进基层党组织"称号。

▲25—27 日　中国铁建党委常委、纪委书记李春德先后到联系点中铁二十四局集团安徽公司、南昌公司开展"不忘初心、牢记使命"主题教育专题调研。

▲26 日　中铁建华北投资发展有限公司投资建设,中铁十六局、十七局、十八局、十九局、二十五局集团有限公司和中国铁建电气化局集团有限公司等单位参建的石家庄地铁 1 号线二期工程开通试运营。

▲26 日　中国铁建总裁庄尚标在北京钓鱼台国宾馆会见来华参加第一届中国—非洲经贸博览会的乌干达总统约韦里・卡古塔・穆塞韦尼,就进一步加强基础设施领域合作以及推进相关项目进行沟通交流。

▲26 日　中宣部、全国总工会、共青团中央、全国妇联联合主办的"我和我的祖国"百姓宣讲活动首场全国演讲会在北京大学英杰交流中心举办。中铁十九局集团有限公司员工、团中央青年讲师团成员夏荔参加活动,并以《做新时代的"愚公"》为题,讲述中国铁建人拼搏兰渝线、建设新时代的铁建故事。

▲27 日　首届中国—非洲经贸博览会在湖南省长沙市开幕。中共中央政治局委员、国务院副总理胡春华出席开幕式、宣读习近平主席贺信并致辞、参观展览,国务院国资委党委书记、主任郝鹏出席开幕式等系列活动并参观展览。中国铁建党委书记、董事长陈奋健,党委常委、副总裁汪文忠出席博览会开幕式、中非基础设施与融资合作对话会等系列活动。胡春华专程到中国铁建展位,陈奋健就中国铁建参与"一带一路"建设情况、在非洲践行"真实亲诚"合作理念等情况进行汇报。郝鹏重点了解中国铁建工程装备有关生产、销售、出口情况。

▲27 日　2019 湖南与央企对接合作大会在湖南长沙召开。中国铁建党委书记、董事长陈奋健,党委常委、副总裁汪文忠应邀出席大会。在签约仪式上,中国铁建与湖南省人民政府签订总额 187 亿元的投资意向协议,分别在长沙、株洲、湘潭三地投资建设工程项目。

▲27 日　中国铁建党委书记、董事长陈奋健在长沙会见商务部副部长钱克明,就进一步参与中非经贸合作、推进重大基础设施建设项目实施等进行深入交流。

▲27 日　中国铁建党委常委、副总裁汪文忠应邀在首届中非经贸博览会"中非基础设施与融资合作对话会"上发言,并参加多场配套活动。

▲27 日　中国铁建党委副书记陈大洋到联系点中铁十四局集团房桥公司开展"不忘初心、牢记使命"主题教育专题调研。

▲28 日　中国铁建党委开展"不忘初心、牢记使命"主题教育"不忘初心"专题集中学习研讨暨党委理

论学习中心组 2019 年第 6 次学习。中国铁建党委书记、董事长陈奋健主持学习研讨并讲话。

▲28 日　中铁第一勘察设计院集团有限公司总包设计,中铁十一局、十四局、十五局、十六局、十九局、二十局集团有限公司,中国铁建大桥工程局集团有限公司、中铁第五勘察设计院集团有限公司、中国铁建重工集团股份有限公司等单位参与建设的乌鲁木齐轨道交通 1 号线全线开通试运营。

▲29 日　2019 年中国铁建房地产集团有限公司华东战略品牌发布会在浙江杭州举办。

▲30 日　中铁十一局、十四局、十六局集团有限公司参建的宁波轨道交通 3 号线一期工程通车试运营。

▲6 月　中国铁建承建的吕梁新城桥梁工程纬三十三路桥钢结构工程,高端地下装备制造项目钢结构工程,重庆至贵阳铁路扩能改造工程重庆西站站房及相关钢结构工程,银川绿地中心南塔楼钢结构工程,银川绿地中心北塔楼钢结构工程,盐城先锋国际广场三期酒店写字楼土建及一般安装工程,柳州站站房扩建工程,兴延高速公路上跨京包铁路立交桥转体及营城子互通立交主线桥、A2 匝道桥、B2 匝道桥、B3 匝道桥钢混叠合梁等 8 项工程获得第十三届"中国钢结构金奖"。

7 月

▲1 日　中国铁建党委在北京召开庆祝中国共产党成立 98 周年暨"两优一先"表彰大会。此次会议也是"不忘初心、牢记使命"主题教育报告会。中国铁建党委书记、董事长陈奋健讲话,党委副书记、总裁庄尚标宣读中国铁建党委表彰决定,党委副书记陈大洋主持会议。中央企业主题教育第五巡回指导组组长陈永录、中国铁建领导班子成员出席会议。会上,29 个先进基层党委、41 个"五好"党支部、120 名"六好"共产党员及 86 名优秀党务工作者受到表彰,大会向受表彰的先进集体和优秀个人代表颁发奖牌和证书。会前,部分"两优一先"代表参观铁道兵纪念馆(中国铁建展览馆)。中国铁建部分"两优一先"代表,所属各二级单位党委书记、部分在北京单位党委组织部长,总部部门副职级以上人员和党员在主会场参会;所属各二级单位、三级单位领导班子成员及全体党员在视频分会场参会。

▲1 日　中铁建华北投资发展有限公司投资建设,中国铁建大桥工程局集团有限公司、中铁十六局集团有限公司施工的北京大兴国际机场北线高速公路中段开通运营。

▲2 日　中国铁建党委特邀中央党史和文献研究院院长曲青山作《中国共产党的初心和使命》专题辅导报告,这是中国铁建"不忘初心、牢记使命"主题教育第 1 次专题辅导。中国铁建党委书记、董事长陈奋健主持专题辅导报告会。中央企业主题教育第五巡回指导组组长陈永录、副组长杨高斐等指导组成员,以及中国铁建领导班子成员参加学习。会前,中国铁建党委组织主题教育第 4 次集中学习,领导班子成员集体学习《中国共产党章程》。中国铁建总部全体党员、在北京单位部分党员参加专题辅导报告会。

▲2—3 日　中国铁建党委副书记、总裁庄尚标到中国铁建江苏、安徽片区单位开展"不忘初心、牢记使命"主题教育专题调研。中国铁建副总裁倪真参加有关调研。调研期间,庄尚标围绕如何加强工程公司建设、解决具体实际问题,分别在南京、芜湖、无为召开座谈会。

▲4—5 日　中国铁建党委常委、总会计师兼总法律顾问王秀明到联系点中铁二十局集团一公司开展"不忘初心、牢记使命"主题教育专题调研。

▲5 日　中国铁建党委书记、董事长陈奋健在北京会见中国核工业集团有限公司党组书记、董事长余剑锋。双方围绕进一步拓宽合作领域、加强深层次合作等有关事宜进行深入交流,并达成共识。

▲5 日　中国铁建副总裁倪真到华北区域总部所属大兴国际机场北线项目开展"不忘初心、牢记使命"主题教育专题调研。

▲6 日　中国铁建党委书记、董事长陈奋健在中国铁建大厦会见泰国正大集团总裁谢镕仁,就双方共同关心的泰国基础设施建设项目进行深入沟通。会谈期间,双方有关人员还就具体合作项目进行广泛深入的磋商。

▲8 日　中国铁建在北京召开总部全体员工大会,宣布总部机构优化调整方案,31 个职能部门压缩至 21 个。中国铁建党委书记、董事长陈奋健出席会议并讲话;党委副书记、总裁庄尚标宣布机构设置方案和中层以上干部任免决定;党委副书记陈大洋主持会议并讲话;党委常委、纪委书记李春德,党委常委、副总裁李宁,副总裁王立新出席会议。中国铁建总部全体员工参加会议。

▲9—10 日　中国铁建党委开展"不忘初心、牢记

使命”主题教育第5次集中学习研讨。中国铁建党委书记、董事长陈奋健主持学习研讨并讲话。中央企业主题教育第五巡回指导组组长陈永录、副组长杨高斐等指导组成员到会指导。中国铁建党委副书记、总裁庄尚标，党委副书记陈大洋，党委常委、总会计师兼总法律顾问王秀明，党委常委、纪委书记李春德，副总裁刘成军、倪真参加学习研讨并发言，庄尚标、王秀明、倪真作重点发言。中国铁建党委部门负责人列席会议。

▲9—10日　中国铁建投资业务专题培训班在陕西省宝鸡市举办。中国铁建党委常委、副总裁李宁在培训班结业式上讲话，工会主席兼中原区域总部党委书记、总经理史道泉出席开班式和结业式。

▲10日　中国铁建党委书记、董事长陈奋健在中国铁建大厦会见到访的广州市白云区委书记赵军明一行。双方就进一步加强各领域合作、推动白云区经济社会发展进行深入交流。中国铁建副总裁倪真参加会见。

▲11日　中国铁建党委副书记陈大洋到联系点中铁十四局集团有限公司丰台站改建工程站区站前工程2标段项目开展“不忘初心、牢记使命”主题教育专题调研。

▲11—12日　中国铁建党委常委、副总裁李宁到联系点中国铁建西北区域总部及所属眉太项目开展“不忘初心、牢记使命”主题教育专题调研。

▲12日　中国铁建党委组织开展“不忘初心、牢记使命”主题教育体验式学习。中国铁建党委书记、董事长陈奋健，党委副书记、总裁庄尚标，党委副书记陈大洋，党委常委、纪委书记李春德，副总裁刘成军、倪真，以及总部党员干部到卢沟桥事变发生地丰台区宛平城中国人民抗日战争纪念馆参观学习。中国铁建总部部门副职级以上党员领导干部和党员代表70余人参加活动。

▲15日　中国铁建党委书记、董事长陈奋健到联系点中铁二十三局集团六公司北京地铁19号线一期工程土建施工07合同段项目开展“不忘初心、牢记使命”主题教育专题调研。调研期间，陈奋健一行实地察看该项目承建的草桥站站台和站厅，详细了解项目施工重难点以及工程进展情况。

▲15日　中国铁建党委副书记、总裁庄尚标在中国铁建大厦讲授题为《不忘初心、牢记使命，坚持以习近平新时代中国特色社会主义思想引领中国铁建做强做优做大》的主题教育专题党课。中国铁建领导班子成员参加学习，委管中央企业第五巡回指导组成员到会指导。中国铁建党委副书记陈大洋主持党课。中国铁建总部全体党员，在北京所属部分单位领导班子和党员代表参加党课学习。

▲15—22日　中国铁建非执行董事葛付兴，独立非执行董事王化成、承文、路小蔷赴新疆维吾尔自治区，按照“不忘初心、牢记使命”主题教育的总体要求，围绕贯彻落实“实现高质量发展，打造品质铁建”，就区域总部“最灵四肢”作用发挥、集团公司“最强躯体”定位等方面工作，开展对西北区域经营情况及重点项目实施情况调研。中国铁建董事会秘书赵登善参加调研。

▲16—17日　中国铁建党委书记、董事长陈奋健分别在海口市、三亚市会见海南省委副书记、省长沈晓明，副省长刘平治等有关人员，就进一步深化战略合作关系、推动有关项目落地进行深入交流，并达成共识。中国铁建副总裁刘成军与刘平治分别代表双方签署战略合作协议。

▲18日　中国铁建投资集团有限公司和铜陵有色共同投资建设的厄瓜多尔米拉多铜矿项目正式投产，标志着该项目顺利进入运营期。中国铁建党委常委、副总裁李宁出席投产仪式并致辞。出席投产仪式前，李宁对厄瓜多尔市场进行调研，考察相关项目，并开展系列商务活动。

▲18日　中国铁建副总裁刘成军到中铁第一勘察设计院集团有限公司和联系点单位中铁城建集团有限公司西安明月府邸DK4项目开展“不忘初心、牢记使命”主题教育专题调研。

▲18日　中国铁建副总裁王立新到联系点单位中国铁建大桥工程局集团五公司开展“不忘初心、牢记使命”主题教育专题调研。

▲23日　中国铁建党委书记、董事长陈奋健在中国铁建大厦讲授题为《打造新时代中国铁建文化　助推中国铁建高质量发展》的主题教育专题党课。中国铁建领导班子成员参加学习，中央企业主题教育第五巡回指导组组长陈永录、副组长杨高斐等指导组成员到会指导。中国铁建党委副书记陈大洋主持党课。中国铁建总部全体党员、在北京所属部分单位领导班子成员和党员代表参加党课学习。

▲23日　中国铁建党委特邀国防大学战略教研部教授、博士生导师金一南少将，作题为《新时代中美战略博弈及关系走向》专题辅导报告。这是中国铁建“不忘初心、牢记使命”主题教育第2次专题辅导。中国铁建党委书记、董事长陈奋健，党委副书记、总裁庄

尚标等领导班子成员，委管中央企业主题教育第五巡回指导组成员参加学习。中国铁建党委副书记陈大洋主持专题辅导报告会。中国铁建总部全体党员、在北京单位部分党员参加专题辅导报告会。

▲24 日　国务院国资委正式对外发布中央企业负责人 2018 年度和 2016—2018 年任期经营业绩考核结果，中国铁建获得年度和任期双 A 及任期业绩优秀企业奖。

▲25 日　中国铁建党委召开"不忘初心、牢记使命"主题教育领导小组会议，研究审议中国铁建党委领导班子检视问题清单和专项整治清单。中国铁建党委书记、董事长、主题教育领导小组组长陈奋健主持会议并讲话；党委副书记、总裁、主题教育领导小组组长庄尚标，党委副书记、主题教育领导小组副组长陈大洋，党委常委、纪委书记李春德，党委常委、副总裁李宁、汪文忠，副总裁刘成军、王立新等主题教育领导小组成员参加会议。会前，领导班子成员进行主题教育第 6 次集中学习。

▲25—26 日　中国铁建在陕西西安召开财务共享座谈会。中国铁建党委常委、总会计师兼总法律顾问王秀明出席座谈会并讲话。

▲26 日　中国铁建总裁、党委副书记庄尚标在中国铁建大厦会见到访的徐州市委副书记、市长庄兆林一行。双方就进一步推动多领域合作进行深入交流，并达成共识。中国铁建副总裁倪真参加会见。

▲26 日　中国铁建党委书记、董事长陈奋健在中国铁建大厦会见到访的时任外交部副部长张汉晖，双方就进一步推进俄罗斯市场开发建设进行深入交流。中国铁建党委常委、副总裁汪文忠参加会见。

▲30 日　中国铁建第一家位于欧洲的合资公司中国土木工程集团有限公司与中铁十四局集团罗马尼亚合资公司挂牌仪式在中国土木举行。中国铁建党委常委、副总裁汪文忠出席揭牌仪式并讲话。

▲31 日　中国铁建 2019 年年中工作会议在北京召开。中国铁建党委书记、董事长陈奋健，总裁、党委副书记庄尚标出席会议并讲话。中国铁建党委副书记陈大洋主持会议，党委常委、总会计师兼总法律顾问王秀明，党委常委、纪委书记李春德，党委常委、副总裁李宁、汪文忠，副总裁刘成军、倪真，非执行董事葛付兴，委管中央企业主题教育第五巡回指导组副组长杨高斐，审计署企业审计八局副局级审计员廖辉出席会议。会上，王秀明通报 2019 年上半年财务情况及子公司负责人 2018 年度绩效考核情况，倪真通报 2019 年上半年市场经营情况。委管中央企业主题教育第五巡回指导组、审计署企业审计八局有关人员出席会议。中国铁建总部部门副职以上人员，各二级单位主管领导、纪委书记、总会计师等 274 人在主会场参加会议；所属各二级单位有关部门负责人等 21515 人在分会场参加视频会议。

▲31 日　中国铁建 2019 年全面从严治党"两个责任"促进会暨警示教育大会在北京召开。中国铁建党委书记、董事长陈奋健，党委副书记、总裁庄尚标，党委副书记陈大洋，党委常委、总会计师兼总法律顾问王秀明，党委常委、纪委书记李春德，党委常委、副总裁李宁、汪文忠，副总裁刘成军、倪真出席会议。陈奋健在会上作题为《坚守初心使命　认真履职尽责　以自我革命精神推动全面从严治党》讲话，庄尚标主持会议。会上，陈大洋通报 2019 年第一轮巡视工作情况；李春德通报 2019 年上半年纪律审查情况。中国铁建总部部门副职（二级咨询）及以上领导人员，所属二级单位党政主管、纪委书记、总会计师、各审计中心负责人在主会场参加会议；各二级、三级单位部门副职及以上人员在分会场参加视频会议。

▲7 月　中铁十二局集团电气化公司党委书记、董事长、老铁道兵李保国获得"全国模范退役军人"称号。

8 月

▲1 日　中国铁建党委举行"不忘初心、牢记使命"主题教育第 7 次集中学习研讨暨领导班子调研成果交流会。中国铁建党委书记、董事长陈奋健主持会议并发言。中国铁建党委副书记、总裁庄尚标，党委副书记陈大洋，党委常委、总会计师兼总法律顾问王秀明，党委常委、纪委书记李春德，党委常委、副总裁李宁、汪文忠，副总裁刘成军、倪真参加会议。委管中央企业主题教育第五巡回指导组副组长杨高斐到会指导。中国铁建相关部门负责人列席会议。

▲2 日　中铁十四局、二十三局集团有限公司等单位参建的丝绸之路经济带交通建设重点工程——连霍高速公路改扩建工程小草湖至乌鲁木齐段上行线通车。

▲2—3 日　中国铁建党委书记、董事长陈奋健出席"央企助力青海脱贫攻坚推进会"并到青海省甘德县调研扶贫工作。在会前举行的"央企援青成就展"上，国务院国资委党委书记、主任郝鹏等领导听取中国

铁建助力青海省果洛藏族自治州甘德县打赢脱贫攻坚战的成果汇报。活动期间，陈奋健一行深入中国铁建定点扶贫县青海省果洛藏族自治州甘德县实地调研扶贫工作。中国铁建副总裁刘成军参加调研，果洛州委书记武玉嶂参加对口扶贫座谈交流。在中国铁建扶贫款捐赠仪式上，陈奋健、刘成军代表中国铁建党委为甘德县带去直接帮扶资金710万元。

▲5日　中国铁建党委书记、董事长陈奋健在中国铁建大厦会见到访的巴西圣保罗州州长若昂·多利亚，双方就基础设施建设领域有关项目合作进行深入交流。

▲5—6日　中国企业联合会、中国企业家协会主办的全国企业文化年会（2019）在北京举行，会上对2018—2019年度全国企业文化优秀成果进行表彰。其中，中国铁建国际集团有限公司获得2018—2019年度全国企业文化优秀成果一等奖，中铁二十局集团有限公司、中铁二十四局集团有限公司分别获得二等奖。

▲7日　中国铁建党委书记、董事长陈奋健在中国铁建大厦会见到访的北京市石景山区委书记常卫一行，双方就进一步探索政企合作新模式、深化各领域合作进行座谈交流，并达成共识。中国铁建党委常委、总会计师兼总法律顾问王秀明主持座谈会。

▲7日　中国铁建与中国节能环保集团在中国节能大厦签署战略合作框架协议。中国铁建总裁、党委副书记庄尚标，中国节能总经理、党委副书记余红辉出席签约仪式。中国铁建党委常委、副总裁李宁与中国节能副总经理刘大军分别代表双方在协议上签字。协议签署前，双方就进一步深化战略合作关系等进行深入交流。

▲9日　中国铁建总裁、党委副书记庄尚标在北京国际投资大厦会见国家开发投资集团有限公司总裁、党组副书记施洪祥，双方就进一步深化合作进行深入交流，并达成共识。中国铁建副总裁倪真参加会见。

▲10—12日　2019年最强台风“利奇马”在浙江省温岭市沿海登陆，11日在山东半岛南部沿海再次登陆。随着“利奇马”过境，浙江东部沿海及内陆部分地区普降大到暴雨，造成不同程度影响。中铁二十二局集团有限公司绍兴308省道智慧快速路EPC总承包项目、中铁十六局集团有限公司温州市域铁路S2线项目部等各单位全力迎战超强台风“利奇马”，并积极协助所在地抢险救援，在灾情过后迅速组织，恢复生产。

▲12日　中国铁建党委召开“不忘初心、牢记使命”主题教育对照党章党规找差距专题会议。中国铁建党委书记、董事长陈奋健主持会议并带头对照检查。中央企业主题教育第五巡回指导组组长陈永录到会指导。中国铁建党委副书记、总裁庄尚标，党委副书记陈大洋，党委常委、总会计师兼总法律顾问王秀明，党委常委、纪委书记李春德，党委常委、副总裁李宁、汪文忠，副总裁刘成军、王立新、倪真逐一发言。中国铁建党委相关部门负责人列席会议。

▲13日　中国铁建与中国银行在中国银行总行大厦签署战略合作协议，进一步深化银企合作，共同践行新发展理念。中国铁建党委书记、董事长陈奋健，中国银行党委书记、董事长刘连舸出席签约仪式。中国铁建党委常委、总会计师兼总法律顾问王秀明与中国银行副行长林景臻分别代表双方在协议上签字。协议签署前，双方就进一步深化战略合作进行深入交流。

▲13—16日　中国铁建党委常委、纪委书记李春德先后到中铁十九局集团有限公司拉林铁路项目部和中铁第一勘察设计院集团有限公司川藏铁路指挥部调研，对基层党的建设、党风廉政建设和反腐败工作进行现场指导，并看望慰问坚守高原、拼搏奉献在一线的基层干部员工。

▲17—18日　中央企业主题教育第五巡回指导组组长陈永录一行到中国铁建华东片区开展“不忘初心、牢记使命”主题教育调研指导。

▲19日　中国铁建总裁庄尚标在中国铁建大厦会见到访的俄罗斯控股公司董事长亚历山大·梁赞诺夫，就有关项目合作进行深入交流。

▲20日　中国铁建重工集团股份有限公司研制的岩石隧道掘进机“草原吉祥号”在湖南长沙成功下线，该设备用于内蒙古自治区1号水利工程引绰济辽工程。

▲21日　中国铁建党委召开“不忘初心、牢记使命”专题民主生活会。中央企业主题教育第五巡回指导组组长陈永录到会指导。中国铁建党委书记、董事长陈奋健主持会议，领导班子成员参加会议。国务院国资委企干二局、委管中央企业第五巡回指导组有关人员，中国铁建党委有关部门负责人列席会议。

▲22日　中央企业名企走进“四大建设”·携手共建未来社区专题对接会在浙江杭州召开，包括中国铁建、阿里巴巴、华为等在内的30家央企、民企与浙江省政府共商务实合作，并签订53项合作协议。浙江省委副书记、省长袁家军出席会议并讲话。中国铁建党委书记、董事长陈奋健在会上讲话，并与浙江省委常委、常务副省长冯飞分别代表双方签署战略合作框架

协议。中国铁建副总裁王立新等出席会议。会上,中国铁建签订宁波奉化东部新城、嘉兴南湖角里未来社区等项目合作协议。

▲23 日　中国铁建党委书记、董事长陈奋健分别在浙江宁波、杭州会见浙江省委副书记、宁波市委书记郑栅洁和浙江省委常委、杭州市委书记周江勇,就进一步深化合作进行深入探讨并达成共识。

▲23 日　中国铁建在北京召开 2019 年海外工作座谈会。

▲25 日　中国铁建党委书记、董事长陈奋健在南京会见江苏省委书记、省人大常委会主任娄勤俭,就进一步深化战略合作、助力江苏省高质量发展等交换意见并达成共识。中国铁建副总裁倪真参加会见。

▲26 日　中国铁建总裁、党委副书记庄尚标出席 2019 中国国际智能产业博览会并会见重庆市有关领导。

▲26 日　中国铁建与岚桥集团在中国铁建大厦签署全面战略合作框架协议。中国铁建党委常委、副总裁李宁,岚桥集团董事长、总裁叶成分别代表双方在协议上签字。协议签署前,双方就进一步深化各领域合作进行深入交流。

▲27 日　中国铁建党委书记、董事长陈奋健在中国铁建大厦会见到访的孟加拉国铁道部部长努如尔·伊斯拉姆·苏简一行。

▲27 日　中国铁建总裁、党委副书记庄尚标在安徽芜湖会见芜湖市委副书记、市长贺懋燮,就进一步发挥各自优势、拓展合作领域进行交流,并达成共识。中国铁建副总裁倪真参加会见。

▲27 日　中国铁建总裁、党委副书记庄尚标出席中铁二十三局集团有限公司在成都举行的成(都)绵(阳)苍(溪)巴(中)高速公路项目动员大会并讲话。会上,各参建工程公司递交请战书,相关代表作发言。成绵苍巴高速公路是四川省乃至全国单笔投资额最大的 BOT 项目,由成都至绵阳段(扩能)、绵阳至苍溪段、苍溪至巴中段三部分组成。

▲28 日　中国铁建在安徽芜湖召开新兴产业、新兴业务发展座谈会。

▲28 日　中国勘察设计企业 2019 年排序名单正式公布,中铁第一勘察设计院集团有限公司和中铁第四勘察设计院集团有限公司分别位列境外工程项目管理营业额和工程项目管理营业额全国排名第 1 位。

▲28 日至 9 月 4 日　中国铁建党委常委、副总裁李宁率考察团在俄罗斯开展系列商务活动。

▲30 日　中铁建北部湾建设投资有限公司、中国铁建大桥工程局集团有限公司,中铁十四局、十八局、二十一局集团有限公司,中铁第一勘察设计院集团有限公司联合运作的南宁市首个 BOT 项目六景至宾阳高速公路项目开工建设。

▲31 日　中国铁建副总裁倪真到中铁二十二局集团有限公司开展"两金"压控及专项清理督导工作并召开座谈会。

9 月

▲1—3 日　中国铁建党委书记、董事长陈奋健赴印度尼西亚进行市场调研并开展系列商务活动。陈奋健先后会见中国驻印度尼西亚大使肖千、经商处公参王立平,印度尼西亚海洋统筹部部长卢胡特等,并实地考察和推动有关重点项目。

▲2 日　中国铁建 2019 年上半年业绩发布电话会议在北京召开。

▲3 日　中国工程机械工业协会、美国设备制造商协会、韩国建筑机械工业协会联合主办的 2019 全球工程机械产业大会在北京召开,会上发布 2019 年全球工程机械制造商 50 强榜单。中国铁建重工集团股份有限公司连续 3 年上榜,排名第 32 位,在上榜的中国企业中排名第 5 位,也是中国企业前 5 强中唯一的专业型工程机械制造商。

▲3—10 日　中国铁建党委常委、纪委书记李春德率队先后到以色列、塞尔维亚的所属单位和工程项目,开展境外机构党建和纪检工作调研和检查指导。

▲5 日　中国铁建总裁、党委副书记庄尚标出席国务院国资委与上海市深化合作签约仪式并会见上海市委常委、常务副市长陈寅。在上海期间,庄尚标分别走访会见中国铁路上海局集团、上海申通地铁集团等单位和领导,就推进相关项目合作、扩大双方合作领域等进行深入沟通和交流,并达成系列共识。

▲5 日　第四届中国—阿拉伯国家博览会在宁夏回族自治区银川市开幕。中国铁建党委常委、副总裁汪文忠应邀出席大会。当天下午,汪文忠出席以"创新双向投资方式　推进国际产能合作"为主题的投资和产能合作大会,并发表主旨演讲。

▲5—6 日　中国铁建总裁、党委副书记庄尚标到中铁十五局集团有限公司就"两金"压控及绩效考核等工作进行专项督导,并到中国铁建上海片区调研。

▲6 日　中国铁建在成都举办"助力品质铁建、彰

显审计价值”演讲比赛决赛。中国铁建党委常委、总会计师兼总法律顾问王秀明出席活动并讲话。

▲6 日　中国铁建党委常委、总会计师兼总法律顾问王秀明到中铁二十三局集团有限公司开展“两金”压控及绩效考核落实情况督导工作并召开座谈会。

▲6 日　中国铁建副总裁王立新到中铁十九局集团有限公司调研“两金”压控及专项清理督导工作，并主持召开安全质量工作座谈会。

▲9—11 日　中国铁建组织所属二级单位在北京举办“三重一大”决策和运行监管系统培训会议。中国铁建党委副书记、“三重一大”系统建设领导小组组长陈大洋出席会议并讲话。

▲10 日　菲迪克 2019 年工程项目奖颁奖仪式在墨西哥举行。中铁第一勘察设计院集团有限公司设计建成的西(安)成(都)高速铁路获得“全球杰出工程奖”;中铁第四勘察设计院集团有限公司设计建成的武汉地铁徐家棚站综合交通枢纽获得“工程项目特别优秀奖”。

▲11 日　中国铁建党委常委、副总裁汪文忠到中铁十九局集团矿业公司开展海外经营工作专题调研。

▲11 日　中国铁建在中铁建设大厦召开在北京单位国庆安保工作动员部署会，确保以良好的内部环境迎接新中国成立 70 周年。中国铁建副总裁刘成军出席会议并讲话。

▲12 日　中国铁建党委在北京召开“不忘初心、牢记使命”主题教育第一批总结暨第二批部署会议。中央企业第二批主题教育第二巡回督导组副组长杨高斐出席会议并讲话。中国铁建党委书记、董事长陈奋健作主题教育第一批总结，并对第二批进行动员部署，党委副书记、总裁庄尚标传达党中央和国务院国资委党委主题教育第一批总结暨第二批部署会议精神，党委副书记陈大洋主持会议。第二巡回督导组成员、中国铁建领导班子成员出席会议。中国铁建近 3 年退出领导班子的老干部、总部全体党员、主题教育第一批巡回指导组成员、第二批督导组成员、部分职工代表在现场参会;所属二级、三级单位领导班子成员及全体党员、部分职工代表分别在全国 812 个视频分会场参会。

▲12 日　中国铁建党委常委、副总裁李宁到中国铁建投资集团有限公司就“两金”压控及专项清理工作进行督导，并召开督导会。

▲16 日　中国铁建副总裁汪文忠在中国铁建大厦会见到访的阿联酋伊提哈德铁路公司代表团，就有关项目实施进行深入交流。

▲16 日　在新中国成立 70 周年之际，中宣部新命名 39 个全国爱国主义教育示范基地。其中，铁道兵纪念馆获评“全国爱国主义教育示范基地”。

▲16 日　中铁二十局集团有限公司承建的蒙古国最大互通立交桥交通警察局附近上跨立交桥主桥建成通车。

▲17 日　中国铁建总裁、党委副书记庄尚标在中国铁建大厦会见来访的河北省张家口市委书记回建一行，就继续巩固和扩大精准扶贫成果、进一步深化基础设施建设领域合作、实现地区社会经济可持续发展进行深入交流，并达成共识。

▲17 日　2019 海南(北京)部分中央企业座谈会在北京召开。海南省委书记刘赐贵出席会议并讲话，中国铁建总裁、党委副书记庄尚标等 13 家中央企业负责人应邀出席会议并发言。

▲17 日　中国铁建党委常委、总会计师兼总法律顾问王秀明到中铁建设集团有限公司开展“两金”压控及绩效考核落实情况督导工作并召开座谈会。

▲18 日　中国铁建党委常委、副总裁李宁到中国铁建昆仑投资集团有限公司调研督导“两金”压控及专项清理工作，并召开专题督导会。

▲19 日　中央企业助力安徽省实施长江三角洲区域一体化发展战略座谈会在合肥举行。中国铁建总裁、党委副书记庄尚标出席座谈会并会见安徽省副省长周喜安。会上，中国铁建所属相关单位与安徽省有关地市签署项目合作协议。

▲20 日　中国铁建党委书记、董事长陈奋健到中铁二十三局集团有限公司承建的北京地铁大兴国际机场线草桥站项目检查指导。中国铁建副总裁王立新参加活动。

▲21 日　中央企业先进集体和劳动模范表彰大会在北京人民大会堂举行。国务委员王勇出席大会并会见先进集体和劳动模范代表，国务院国资委党委书记、主任郝鹏出席大会并讲话。中国铁建党委书记、董事长陈奋健等中央企业党委(党组)主要负责人出席会议。会上表彰先进集体 499 个和劳动模范 799 人。其中，中国铁建党委推荐的中国土木工程集团(赞比亚)公司等 12 个集体、中铁十一局集团二公司柞山公路项目经理安伟等 20 名个人分别获得“中央企业先进集体”和“劳动模范”称号。

▲21 日　以“共建‘一带一路’，共绘合作愿景”为主题的第 16 届中国—东盟博览会、中国—东盟商务与

投资峰会在广西壮族自治区南宁市开幕。中国铁建党委常委、副总裁李宁出席开幕大会。在之后举行的中国—东盟博览会重大项目签约仪式上，广西壮族自治区党委常委，自治区人民政府副主席秦如培和李宁共同见证广西交通投资集团与中国铁建签署广西建设投资基金合作协议。

▲21 日　中铁十二局、十五局、十六局集团有限公司，中铁第四勘察设计院集团有限公司、中国铁建大桥工程局集团有限公司、中国铁建昆仑投资集团有限公司等单位参建的海南省文昌至琼海高速公路通车。

▲22 日　中国铁建党委书记、董事长陈奋健在中国铁建大厦会见到访的伊拉克副总理兼财政部部长福阿德·侯赛因一行。

▲22—23 日　中国铁建总裁庄尚标赴白俄罗斯进行市场调研并开展系列商务活动。调研期间，庄尚标实地考察和推动有关重点项目，组织召开中国铁建白俄罗斯市场座谈会，听取中国土木工程集团有限公司、中铁二十五局集团有限公司的工作汇报。在白期间，庄尚标会见招商局集团和中白工业园开发股份有限公司有关领导，就推进相关项目合作、扩大双方合作领域等进行深入沟通和交流。

▲23—24 日　中国铁建党委巡视组分别进驻中铁第五勘察设计院集团有限公司、中国铁建港航局集团有限公司、中国铁建房地产集团有限公司开展常规巡视。

▲24 日　中国铁建党委书记、董事长陈奋健到中铁第五勘察设计院集团有限公司、中国铁建股份有限公司北京培训中心(中国铁建股份有限公司党校)、中铁十九局集团有限公司 3 家驻北京单位调研，并组织召开调研座谈会。中国铁建副总裁王立新参加调研并主持座谈会。

▲24 日　中国铁建党委常委、总会计师兼总法律顾问王秀明出席中国铁建在山东济南召开的减税降费环境下企业税务管理座谈会并讲话。中国铁建总部及所属 15 家集团公司总会计师、分管税务工作财务人员等参加会议。

▲24—27 日　中国铁建总裁、党委副书记庄尚标率团在俄罗斯开展系列商务活动。

▲25 日　中国铁建党委书记、董事长陈奋健到中国铁建房地产集团有限公司、中铁建设集团有限公司、中国铁建电气化局集团有限公司 3 家驻北京单位调研，并组织召开调研座谈会。中国铁建副总裁王立新参加调研并主持座谈会。

▲25 日　“最美奋斗者”表彰大会在人民大会堂举行，铁道兵英模人物——“登高英雄”杨连第获得“最美奋斗者”称号。

▲25 日　正在俄罗斯进行正式友好访问的全国人大常委会委员长栗战书在莫斯科市市长索比亚宁的陪同下，到中国铁建承建的莫斯科地铁项目视察。中国铁建总裁、党委副书记庄尚标陪同视察。

▲26 日　中国铁建副总裁王立新率队到中铁建设集团有限公司通州环球影城主题公园项目、中铁二十二局集团有限公司北京地铁 17 号线 06 标段项目开展安全生产“四不两直”(不发通知、不打招呼、不听汇报、不用陪同接待、直奔基层、直插现场)检查，切实保障国庆节期间的安全生产形势稳定。

▲26 日　中国铁建投资集团有限公司，中铁十二局、十四局、二十三局集团有限公司，中铁第五勘察设计院集团有限公司等单位参与投资建设的北京大兴国际机场地铁线开通运营。

▲26 日　中国智能高速铁路标志性工程——京雄城际北京西至大兴机场段开通运营。中铁第五勘察设计院集团有限公司担负京雄城际“出京第一站”北京大兴站的设计任务，中国铁建电气化局集团有限公司和中铁二十一局集团有限公司组成的联合体担负全线“四电”施工任务，中铁十二局集团有限公司承担全线铺轨任务。

▲28 日　世界上一次性建成并开通运营里程最长的重载铁路浩勒报吉至吉安铁路(即原蒙西至华中地区铁路)开通运营。中铁第四勘察设计院集团有限公司承担全线一半的勘察设计任务，中铁十一至二十二局集团有限公司、中铁二十四局集团有限公司、中国铁建电气化局集团有限公司等 15 家单位参与施工。

▲29 日　中国铁建总裁、党委副书记庄尚标在中国铁建大厦会见中国太平保险集团有限责任公司副董事长、党委副书记、总经理王思东，就进一步加强在金融领域合作和相关项目推进开展深入交流，并达成共识。中国铁建党委常委、总会计师兼总法律顾问王秀明主持会议。双方与会人员还就共同关心的具体项目推进情况进行洽谈。

▲29 日　中国铁建作为首批两家试点中央企业之一，成功入驻“学习强国”学习平台，正式上线运营“强国号”。

▲29 日　中铁第一勘察设计院集团有限公司设计，中铁十七局集团有限公司参建的陕西省第一条城际铁路高速铁路西安北站至西安咸阳国际机场城际铁

路开通运营。

▲9 月　中国铁建在第八届中国上市公司诚信高峰论坛上获得“2019 中国上市公司诚信企业百佳”“2019 最佳公司治理董事会”双奖。

10 月

▲8 日　中国铁建党委在北京召开“不忘初心、牢记使命”主题教育工作推进视频会议。

▲9 日　中国铁建第一期基层党支部书记培训示范班在中国铁建股份有限公司北京培训中心（中国铁建股份有限公司党校）开班。中国铁建党委副书记、党校校长陈大洋出席开班仪式并讲话。

▲9—17 日　中国铁建党委常委、副总裁汪文忠调研尼日利亚、科特迪瓦市场，检查阿布贾机场航站楼、拉伊铁路、皇庭佳苑房地产项目、科特迪瓦圣佩德罗运动员别墅区和体育场等项目并召开工作会。

▲10 日　中国铁建党委书记、董事长陈奋健在深圳会见广东省委副书记、深圳市委书记王伟中，双方就进一步加强全面战略合作进行深入交流，并达成共识。中国铁建副总裁倪真参加会见。

▲10 日　中国铁建党委副书记、总裁庄尚标到联系点中铁十五局集团四公司调研，并为设备公司、混凝土公司联合党支部党员讲授主题教育专题党课。在郑州期间，庄尚标出席河南省新郑市政府与中铁十五局集团有限公司战略合作签约仪式。

▲10 日　中国铁建党委常委、总会计师兼总法律顾问王秀明到中铁十七局集团有限公司调研“两金”压控暨绩效考核专项督导工作并召开座谈会。

▲10—13 日　中国铁建非执行董事葛付兴，独立非执行董事王化成、辛定华、承文、路小蔷赴俄罗斯，开展对中国铁建开拓俄罗斯市场，推进项目落地和重点工程进展情况调研。中国铁建董事会秘书赵登善参加调研。

▲11 日　中铁第四勘察设计院集团有限公司勘察设计，中铁十九局集团有限公司、中铁建设集团有限公司等单位建设的梅（州）（潮）汕高速铁路开通运营。

▲12 日　中国铁建总裁庄尚标在北京会见塔吉克斯坦第一副总理萨义德·达夫拉塔利，就进一步加强基础设施建设领域合作进行沟通交流。会谈中，双方还就项目对接、合作内容等问题进行深入交流。

▲14 日　中国铁建党委书记、董事长陈奋健到中铁十六局集团有限公司调研，并组织召开调研座谈会。中国铁建副总裁刘成军主持调研座谈会。

▲14 日　中国铁建纪委在北京召开总部廉洁风险防控工作启动会。中国铁建党委常委、纪委书记李春德出席会议并讲话。总部各部门负责人和相关人员参加会议。

▲14—15 日　中共中央政治局常委、国务院总理李克强在陕西西安、咸阳考察，其间专程前往中国铁建勘察设计、建设的银（川）西（安）高速铁路施工现场考察，视察渭河特大桥四线跨河段建设工地，在中铁第一勘察设计院集团有限公司制作的 4 幅展板前逐一驻足，并听取关于西部铁路规划、陕西省铁路规划、银西高速铁路项目等情况的汇报。

▲14—15 日　中国铁建总裁、党委副书记庄尚标在珠海会见珠海市委书记、市人大常委会主任郭永航，就进一步深化全方位战略合作、推进相关项目落地进行深入交流，并达成共识。中国铁建党委常委、副总裁李宁参加会见。

▲15 日　中国铁建总裁、党委副书记庄尚标到中国铁建港航局集团有限公司调研，并主持召开座谈会。

▲15 日　中国铁建党委书记、董事长陈奋健在中国铁建大厦会见来访的尼日利亚交通部部长阿玛埃奇一行，就进一步推进在尼有关项目实施进行深入交流。

▲16 日　中铁第四勘察设计院集团有限公司勘察设计，中铁十四局集团大盾构公司施工的千里沅江第一条跨江隧道——湖南常德沅江隧道通车。这是中国铁建首个集勘察设计、装备制造、施工建造、运营管理于一体的重大民生工程。

▲16—17 日　中国铁建总裁、党委副书记庄尚标赴澳门参加 2019 央企支持澳门中葡平台建设高峰会，先后会见澳门中联办副主任姚坚及有关合作伙伴。全国政协副主席何厚铧，国务院国资委党委书记、主任郝鹏，中央政府驻澳门联络办公室主任傅自应等出席开幕式，并共同见证中国土木工程集团有限公司与澳门当地企业签署科技产业项目合作框架协议。

▲17—18 日　中国铁建二级公司董事会工作机构座谈会在山东济南召开。

▲18 日　中国铁建工程公司建设工作会议在北京召开。

▲18—19 日　中铁二十局集团有限公司承建的安哥拉奎托机场、奎托供水工程均通过验收并举行竣工典礼。奎托机场、奎托供水工程位于安哥拉比耶省奎托市，两个项目均属于中国融资贷款项目，采用中国标准设计，中铁二十局以设计—采购—施工总承包模

式实施。

▲19 日　中铁十六局集团有限公司老年体协和中铁十六局集团四公司承办的中国铁建老年体协理事会二届十一次会议在北京怀柔召开。中国铁建党委书记、董事长陈奋健，总裁、党委副书记庄尚标致贺信；副总裁刘成军出席会议并讲话。

▲21 日　中国铁建党委书记、董事长陈奋健在银川分别会见时任宁夏回族自治区党委书记、自治区人大常委会主任石泰峰，自治区党委副书记、银川市委书记姜志刚，就进一步加强基础设施建设领域合作进行深入交流，并达成共识。中国铁建党委常委、副总裁李宁参加会见。

▲22 日　中国铁建副总裁汪文忠在中国铁建大厦会见来访的巴西圣保罗州副州长罗德里格·加西亚，就基础设施建设领域有关项目合作进行深入交流。

▲22—23 日　中国铁建第二期信息工作培训班在北京京燕饭店举行。中国铁建副总裁刘成军出席开班仪式并讲话。

▲23 日　中国铁建总裁、党委副书记庄尚标在长沙会见湖南省委常委、长沙市委书记胡衡华。会见结束后，庄尚标一行到中铁城建集团有限公司调研，查看该集团投资开发的中国铁建·洋湖壹品和中国铁建·京师璟台房地产项目，并参观企业展厅。

▲23 日　中国铁建党委书记、董事长陈奋健在中国铁建大厦会见到访的北京市海淀区委书记于军一行。中国铁建副总裁刘成军主持会议。会谈结束后，于军代表海淀区向中国铁建赠送量身定制的“综合服务包”，并表示将创新服务模式，提供更加优质的服务，实现政企合作共赢、共同发展。

▲24 日　中国铁建总裁庄尚标在北京会见巴西总统雅伊尔·梅西亚斯·博索纳罗，双方就进一步加强基础设施建设领域合作进行沟通交流。

▲24 日　中国铁建与潍坊市战略合作签约仪式在山东潍坊举行。中国铁建党委常委、副总裁李宁出席签约仪式。协议签署前，双方就深化合作进行探讨交流。

▲24 日　泰国东部经济走廊（EEC）连接三机场高速铁路项目在泰国总理府和平友谊楼举行协议签约仪式。该项目是中国企业首个海外高速铁路投资类项目，也是泰国首个高速铁路投资类项目和泰国东部经济走廊特区的首个投建营一体化项目，总投资额2245.44 亿泰铢（约合人民币 524.16 亿元）。中国铁建承担项目 EPC 总承包任务。EEC 是指在泰国东部沿海的北柳、春武里和罗勇三府设立经济区。通过大力发展基础设施及实行一系列投资优惠政策吸引新产业，把泰国东部打造成为集海陆空三维交通系统于一体的国际交通要塞。

▲25 日　中铁二十一局集团有限公司承建的兰州市第一座公路铁路立交桥东岗立交桥建成通车。

▲28—31 日　中国铁建党委分别在北京、广州、太原、沈阳召开第二批主题教育片区推进会。

▲31 日　中国铁建总裁、党委副书记庄尚标在沈阳会见辽宁省委常委、沈阳市委书记张雷，就进一步深化战略合作、推进相关项目落地进行深入交流，并达成共识。中国铁建副总裁王立新参加会见。

▲31 日　中国铁建召开 2019 年三季报业绩发布电话会议。

11 月

▲4 日　中国施工企业管理协会公布 2018—2019 年度国家优质工程奖名单，中国铁建 82 项工程获评国家优质工程奖。其中，长沙磁浮、重庆西站等 8 项工程获得国家优质工程金质奖。

▲4—11 日　中国铁建党委常委、副总裁汪文忠分别调研巴基斯坦和阿联酋市场，参加中巴经济走廊联合合作委员会第 9 次会议，到阿联酋联邦铁路二期B、C 标段项目，卡普特公寓项目实地考察并组织召开相关市场工作会。

▲5 日　第二届中国国际进口博览会在上海开幕。中国国家主席习近平出席开幕式并发表主旨演讲。在国务院国资委党委书记、主任郝鹏，中央企业交易团团长、国务院国资委副主任、党委委员任洪斌的带领下，中国铁建党委书记、董事长陈奋健等 97 家中央企业交易分团主要负责人参加开幕式。中国铁建副总裁王立新一同参加开幕式，并参加当日下午举行的“开放、规制与营商环境：政府角色与跨国公司视角”分论坛活动。

▲5 日　在印度尼西亚海洋与投资统筹部部长卢胡特和中国铁建党委书记、董事长陈奋健的见证下，中国土木工程集团有限公司与印尼萨杜城市开发有限公司签署印尼绒果尔新城保障性住房和市政工程设计与施工总承包合同，合同金额 16.04 亿美元。

▲7 日　中国铁建党委书记、董事长陈奋健在中国铁建大厦会见浙商银行执行董事、行长、党委副书记徐仁艳一行，就进一步深化银企合作、创新合作模式、

提升合作层次等进行深入交流。

▲7 日　贵州省 2019 年四季度重大工程项目暨基础设施“六网会战”项目集中开工仪式在中国铁建贵阳市轨道交通 S1 线一期工程贵安新区施工现场举行。贵州省委副书记、省长谌贻琴，中国铁建副总裁王立新出席仪式。活动期间，王立新调研中国铁建昆仑投资集团贵州公司，并就着眼当前和未来两大市场、树立“铁建一盘棋”思想等提出相关要求。

▲7—9 日　2019 年中国技能大赛——中国铁道建筑集团有限公司职业技能竞赛在湖南湘潭举行。中国铁建副总裁、大赛组委会主任刘成军出席开幕式。此次竞赛为国家级二类竞赛，由中国铁建和中国就业培训技术指导中心联合主办，中铁十二局集团有限公司承办。

▲8 日　中国铁建党委书记、董事长陈奋健，总裁、党委副书记庄尚标在中国铁建大厦会见来访的俄罗斯莫斯科市副市长胡斯努林一行，就进一步深化合作、加快推动有关项目实施进行深入交流，并达成共识。会谈结束后，在陈奋健、庄尚标、胡斯努林的共同见证下，双方签署战略合作框架协议和米丘林大街交通换乘枢纽项目有关合同。中国铁建党委常委、副总裁李宁出席活动。

▲8 日　中国铁建 2018—2019 年度审计工作会议在北京召开。

▲9 日　中国铁建“智能京张，品质铁建——大路画展 40 年京张高铁行”系列活动在中铁十八局集团有限公司京张高速铁路工地举行。中国铁建党委副书记陈大洋出席开幕式并讲话。

▲11 日　中国铁建党委理论学习中心组举行 2019 年第 14 次集中学习。中国铁建党委书记、董事长陈奋健主持学习会，中国铁建在北京领导班子成员参加集中学习。

▲11 日　中国铁建召开第三届“永远的铁道兵杯”十大楷模暨第六届“十佳道德模范”表彰大会。国务院国资委新闻中心副主任杨景百、宣传局有关领导出席表彰会，中国铁建党委书记、董事长陈奋健发表讲话。中国铁建总裁、党委副书记庄尚标，党委副书记陈大洋，党委常委、总会计师兼总法律顾问王秀明，党委常委、纪委书记李春德，副总裁刘成军、王立新、倪真出席会议并为受表彰单位、团队和个人颁奖。

▲11 日　中国铁建党委书记、董事长陈奋健在中国铁建大厦会见到访的陕西省副省长、宝鸡市委书记徐启方一行，就进一步深化战略合作关系、加强基础设施建设领域合作深入交换意见。中国铁建副总裁刘成军参加会见。

▲11 日　中国铁建总裁、党委副书记庄尚标在北京会见中国建设银行副董事长、行长刘桂平，就进一步加强银企战略合作开展深入交流，并达成共识。中国铁建党委常委、总会计师兼总法律顾问王秀明参加会见。

▲12 日　中国铁建党委书记、董事长陈奋健在西安会见陕西省委常委、西安市委书记王浩，就进一步加强基础设施建设领域合作进行深入交流，并达成共识。

▲12 日　中国铁建副总裁倪真到中铁二十一局集团有限公司调研“两金”压控工作情况，并召开专项督导现场会。

▲12—13 日　中国铁建在广西壮族自治区都安瑶族自治县中铁十一局集团有限公司贵南高速铁路广西段 6 标段召开项目管理现场会。中国铁建总裁、党委副书记庄尚标出席会议并讲话，党委常委、总会计师兼总法律顾问王秀明出席并主持会议，副总裁王立新出席会议并作报告；王立新，总经济师兼华东区域总部党委书记、总经理赵晋华分别主持经验交流会；安全总监官山月宣读《关于表彰 2019 年中国铁建“创效功臣”的通报》和《关于表彰中国铁建 2018 年度优秀项目经理的通报》表彰文件。会议期间，与会人员现场观摩贵南高速铁路广西段 6 标段施工现场。中国铁建系统 230 余人参加会议。

▲14 日　中国铁建党委书记、董事长陈奋健在泰国开展系列商务活动。陈奋健先后会见中国驻泰国大使吕健、正大集团资深董事长谢国民等，并召开 EEC 高速铁路项目专题工作会议。

▲14 日　中国铁建总裁、党委副书记庄尚标在南宁会见广西壮族自治区副主席费志荣，就进一步深化交通基础设施建设领域合作进行深入交流，并达成系列共识。

▲14—15 日　中国铁建工会女职工委员会一届六次会议在浙江湖州召开。中国铁建工会主席史道泉出席会议并讲话，工会副主席、女工委主任白晶作工作报告。

▲14—18 日　中国铁建副总裁王立新在老挝开展系列商务活动。

▲14—22 日　中国铁建党委常委、副总裁汪文忠一行先后调研尼泊尔、卡塔尔和缅甸市场，并陪同商务部副部长钱克明参加中卡第二次经贸论坛联委会，会见有关政要，实地考察中铁十四局集团有限公司援尼

泊尔国家武警学院项目、中铁十八局集团有限公司卡塔尔绿洲酒店项目和中国土木工程集团有限公司缅甸达拉大桥项目并组织召开市场座谈会。

▲15 日　中国铁建在北京召开合规制度发布暨合规培训会议，发布《合规管理工作总则》《合规行为准则》等 10 项合规制度，形成“1 + 9”合规制度体系，并对全系统进行集中培训。中国铁建总裁、党委副书记庄尚标出席会议并讲话；党委副书记陈大洋主持会议，党委常委、总会计师、总法律顾问兼首席合规官王秀明出席会议并讲话；党委常委、纪委书记李春德，副总裁刘成军、倪真出席会议。中国铁建总部各部门全体人员在主会场参加会议，各区域总部、集团公司、三级公司、基层项目部设 6892 个视频分会场，所属各单位班子成员、部室干部、职工 114272 人同步参加视频会议。

▲15 日　国务院国资委党委在北京发布 2019 年第二批“央企楷模”。中国铁建重工集团股份有限公司党委书记、董事长刘飞香获得“央企楷模”称号。

▲18 日　中国铁建《区域总部经营业务指南》宣贯视频会在北京召开。中国铁建副总裁倪真出席会议并讲话。

▲18—19 日　中国铁建总裁庄尚标率团在巴西开展系列商务活动，并实地考察和推动中国铁建在巴西有关项目开展。

▲19—20 日　中国铁建党委书记、董事长陈奋健在哈尔滨分别会见黑龙江省委副书记、省长王文涛，黑龙江省委常委、哈尔滨市委书记王兆力，就进一步深化在基础设施及自贸区建设等领域合作进行深入交流，并达成共识。中国铁建副总裁王立新参加会见。在哈期间，陈奋健一行专程瞻仰位于市内的铁道兵发源地——中国人民解放军铁道纵队旧址，并敬献花篮。

▲20 日　中国铁建投资集团有限公司投资建设，中铁十二局集团有限公司、中国铁建大桥工程局集团有限公司和中铁十七局集团有限公司等单位施工，总投资 76.67 亿元的临猗黄河大桥及引线工程、运三高速三门峡公铁黄河大桥连接线工程在山西运城开工建设。

▲20—22 日　中国铁建总裁庄尚标一行考察秘鲁市场，以及中铁第一勘察设计院集团有限公司提供监理咨询服务的利马地铁 2 号线项目与当地有关市场情况，并召开中国铁建秘鲁市场座谈会。

▲21 日　中国铁建党委书记、董事长陈奋健在中国铁建大厦会见来访的尼日利亚拉各斯州州长桑乌鲁一行，就推动有关项目合作进行深入交流，并达成共识。会谈前，桑乌鲁一行到铁道兵纪念馆（中国铁建展览馆）参观。

▲21 日　中国铁建 2019 年宣传思想文化工作会议在中国铁建股份有限公司北京培训中心（中国铁建股份有限公司党校）召开。中国铁建党委副书记、执行董事陈大洋出席会议并讲话。244 人参加会议。

▲24—26 日　中国铁建总裁庄尚标一行赴特立尼达和多巴哥共和国，调研加勒比区域市场，并考察中国铁建国际集团有限公司承建的阿利玛医院、库勒珀立交桥、斯卡博罗总医院等在建及已完工项目。

▲25 日　中国铁建党委常委、副总裁李宁在深圳会见恒大集团董事局副主席、总裁夏海钧，围绕加强互利合作、加快重点项目推进等事宜进行深入交流，并达成共识。

▲25 日　“2019 国际工程杰出人物”颁奖暨事迹宣讲会在中国铁建大厦三层报告厅举行。中国对外承包工程商会会长房秋晨致辞祝贺，中国铁建党委常委、副总裁汪文忠出席会议。经国务院国资委职业经理研究中心初评、评审委员会审定，中国铁建海外业务部总经理曹保刚，中国土木工程集团有限公司党委书记、董事长赵佃龙和其他 8 位来自企业的代表性人物获得“2019 国际工程杰出人物”称号。

▲26 日　共青团中国铁道建筑集团有限公司第一次（中国铁建股份有限公司第三次）代表大会在中国铁建大厦召开。国务院国资委党建工作局局长、中央企业团工委书记、中央企业青联主席姚焕，中国铁建党委书记、董事长陈奋健出席会议并讲话。中国铁建党委副书记、执行董事陈大洋主持会议并讲话；党委常委、总会计师兼总法律顾问王秀明，党委常委、纪委书记李春德，党委常委、副总裁汪文忠，副总裁王立新出席会议；工会主席史道泉代表工会向大会致贺词。会议审议通过上一届委员会工作报告，选举产生新一届委员会委员。中国铁建有关部门负责人，部分区域总部，所属二三级单位团委负责人及基层团组织代表近 200 人参加会议。

▲26 日　中国铁建副总裁汪文忠在中国铁建大厦会见来访的孟加拉国国民议会副议长法兹勒·米亚一行，就“一带一路”框架下中孟基础设施建设与投资合作进行深入交流。

▲26 日　中国铁建大桥工程局集团有限公司，中铁十四局、十九局、二十一局集团有限公司，中国铁建电气化局集团有限公司等单位参建的日兰高速铁路日

照至曲阜段建成通车。

▲26—27 日　中国铁建副总裁刘成军一行到中国铁建定点扶贫区县河北省张家口市万全区、尚义县实地调研扶贫工作。

▲26 日至 12 月 5 日　中国铁建非执行董事葛付兴,独立非执行董事王化成、辛定华、承文、路小蔷赴柬埔寨、泰国和马来西亚考察调研中国土木工程集团有限公司、中国铁建国际集团有限公司等单位在建、投资项目及重点跟踪项目,慰问海外员工。中国铁建董事会秘书赵登善参加调研。

▲27 日　中国铁建党委书记、董事长陈奋健在郑州会见河南省委常委、郑州市委书记徐立毅,就进一步加强基础设施投资建设领域合作进行深入交流。中国铁建党委常委、副总裁李宁,工会主席兼中原区域总部党委书记、总经理史道泉参加会见。

▲28 日　中国铁建党委书记、董事长陈奋健在中国铁建大厦会见到访的三亚市委副书记、市长阿东一行,围绕有关项目合作进行深入交流,并达成共识。中国铁建副总裁刘成军参加会见。

▲29 日　中国铁建首届境外投融资项目培训班在中国铁建股份有限公司北京培训中心(中国铁建股份有限公司党校)开班。中国铁建党委常委、副总裁汪文忠出席培训班开班仪式并讲话。

▲29 日　中铁十一局、十二局集团有限公司,中国铁建大桥工程局集团有限公司,中铁十五局、十七局集团有限公司,中铁建设集团有限公司、中国铁建电气化局集团有限公司等单位参与建设的汉十高速铁路开通运营。

▲30 日　中国铁建总裁、党委副书记庄尚标赴北京通州区调研中铁十四局集团有限公司北京三大建筑土护降工程,实地了解项目进展和施工现场管理情况。中国铁建副总裁倪真陪同调研。

▲11 月　中国施工企业管理协会主办的庆祝中华人民共和国成立 70 周年工程建设行业总结大会在北京召开。会议对新中国成立 70 年以来的 100 家工程建设行业功勋企业、100 项经典工程和 100 名优秀工匠进行表彰。中国铁建本级及所属中铁十四局集团有限公司、中铁十八局集团有限公司、中铁建设集团有限公司等单位获得“中华人民共和国成立 70 周年工程建设行业功勋企业”称号。

12 月

▲1 日　中铁第四勘察设计院集团有限公司、中铁十一局集团有限公司等单位参建的京港高速铁路商丘至合肥段;中铁十五局、十六局集团有限公司等单位参建的郑渝高速铁路郑州至襄阳段;中铁十一局集团有限公司、中国铁建电气化局集团有限公司等单位参建的郑阜高速铁路同时开通运营,3 条高速铁路设计时速均为 350 千米。

▲3 日　交通运输部部长李小鹏一行到中国铁建,就企业改革发展、推进交通强国建设等方面工作进行调研。调研座谈会上,中国铁建党委书记、董事长陈奋健,总裁、党委副书记庄尚标重点汇报 2019 年以来企业改革创新方面的新思路、新举措及取得的成绩。中国铁建党委副书记陈大洋,党委常委、总会计师兼总法律顾问王秀明,党委常委、纪委书记李春德,党委常委、副总裁李宁、汪文忠,副总裁刘成军、王立新参加座谈。陈奋健和庄尚标陪同李小鹏参观铁道兵纪念馆暨中国铁建展览馆。

▲3 日　中共中央宣传部、国务院国资委共同指导,中国外文局主办的“2019 · 中国企业海外形象高峰论坛”在北京举行。论坛揭晓 2019 年中国企业海外形象建设优秀案例,中国铁建选送,中国土木工程集团有限公司主申报的《用立体交通为尼日利亚打开世界之窗》获评“十大优秀案例”和“海外传播创新类优秀案例”,中铁二十局集团有限公司主申报的《安哥拉铁路建设中的文化认同》获评“跨文化融合类优秀案例”。

▲4 日　中国公路建设行业协会公布 2018—2019 年度李春奖(公路交通优质工程奖)评选结果,中国铁建参建的 11 项工程、15 家单位获奖,分别为中铁十四局集团三公司、中铁二十三局集团一公司参建的国家高速公路网长春至深圳线青州至临沭(鲁苏界)公路工程;中铁十六局集团有限公司参建的北沿江高速公路马鞍山至巢湖段工程;中铁十二局集团二公司参建的 G42S 岳西至武汉高速公路安徽段工程;中铁十一局集团有限公司参建的德商公路聊城至范县(鲁豫界)段工程;铁四院(湖北)工程监理咨询有限公司、中铁十一局集团有限公司及其二公司参建的麻竹高速公路宜城至保康段综合工程;中铁十七局集团四公司、中铁二十局集团一公司和二公司参建的国家高速公路网十堰至天水联络线(G7011)陕西境汉中至略阳(陕甘界)公路工程;中铁十一局集团一公司、中铁十七局集团二公司参建的黄陵至铜川高速公路工程;中铁十四局集团有限公司参建的荣成至文登公路工程;中铁十一局、十六局集团有限公司参建的京港澳高速公路驻

马店至信阳(豫鄂省界)段改扩建工程;中铁十四局、十九局集团有限公司参建的河南省三门峡至淅川高速公路卢氏至西坪段工程;中铁十八局集团有限公司参建的武陟至西峡高速公路桃花峪黄河大桥工程。

▲5 日　中国铁建总裁、党委副书记庄尚标到中铁建设集团有限公司和中国铁建北京片区部分三级单位调研。

▲5 日　中铁第四勘察设计院集团有限公司设计的四川省宜宾市智轨 T1 线开通运营。

▲6 日　南京地标产业(北京)推介会在北京举行。江苏省委常委、南京市委书记张敬华,中国铁建总裁、党委副书记庄尚标参加会议,并见证中国铁建与南京市战略合作协议签约。

▲9 日　国务院国资委副主任赵爱明、国务院国资委产权局局长贾立克、国务院国资委国际合作局局长王选文等一行 6 人,赴中国铁建国际集团有限公司参建的摩洛哥穆罕默德六世塔项目调研。中国铁建党委常委、副总裁汪文忠陪同调研并汇报工作情况。

▲9 日　中国铁建 2019 年项目经理培训班在中国铁建股份有限公司北京培训中心(中国铁建股份有限公司党校)开班。中国铁建副总裁王立新出席培训班开班仪式并讲话。

▲9 日　中国铁建重工集团股份有限公司“ZYS113 全智能三臂凿岩台车”和“六行智能采棉机”两个项目在厦门召开的 2019 中国创新设计大会暨好设计颁奖仪式上获得 2019 中国好设计金奖。

▲10 日　建筑业科技创新暨 2018—2019 年度中国建设工程鲁班奖(国家优质工程)表彰大会在北京召开。中国铁建所属 9 家单位承建、28 家单位参建的 21 项工程获奖。中国铁建总裁、党委副书记庄尚标出席表彰大会并为受表彰单位代表颁奖。21 项获奖工程分别为 500 米口径球面射电望远镜(FAST)项目主体工程、重庆西站、广深港客运专线深圳福田站、昆明南站、中国通号轨道交通研发中心、神华神东补连塔煤矿 2 号辅运平硐工程、安徽省六安至岳西至潜山高速公路、南京长江第四大桥、卢旺达远景城综合社区开发项目一期工程、亚的斯亚贝巴至吉布提铁路工程、新加坡轨道交通大士西延长线工程、快速路系统二期项目——外环线东北部调线工程第 1 标段津汉互通立交桥工程、贵阳龙洞堡机场综合交通枢纽、兰渝铁路西秦岭隧道工程、新建长沙至昆明铁路客运专线湖南段雪峰山一号隧道、长城金融工程项目、高端地下装备制造项目(一期)、马来西亚四季酒店项目、尼日利亚阿布贾城铁项目一期工程、吉布提多哈雷多功能港口工程(一期)、沙特麦加至麦地那高速铁路专线(一期工程)。

▲12 日　以“携手助力发展,共享宁波机遇”为主题的宁波与央企名企专题对接会在北京举行。中国铁建党委书记、董事长陈奋健应邀出席会议并见证有关合作项目签约。

▲14 日　中国铁建党委书记、董事长陈奋健在中国铁建大厦会见到访的密克罗尼西亚联邦总统戴维·帕努埃洛,就深化基础设施建设领域合作进行友好交流。中国铁建副总裁汪文忠参加会见。

▲15 日　中铁第四勘察设计院集团有限公司设计,中铁十二局、十四局、十六局集团有限公司,中铁城建集团有限公司参建的穗深城际铁路开通运营。

▲16 日　中铁第四勘察设计院集团有限公司、中铁第五勘察设计院集团有限公司参与监理,中铁十一局、十二局、十五局、十六局、十七局、十八局、十九局、二十局集团有限公司,中国铁建电气化局集团有限公司等单位参建的成贵高速铁路;中铁第五勘察设计院集团有限公司、中铁上海设计院集团有限公司设计,中铁十一局、十二局、十五局集团有限公司等单位参建的徐盐高速铁路;中铁第五勘察设计院集团有限公司设计,中铁十六局、十七局、十九局集团有限公司,中铁建设集团有限公司等单位参建的连镇高速铁路连云港至淮安段同日开通运营。

▲16 日　中国铁建港航局集团有限公司投资打造的国内首艘 1300 吨自升自航式风电安装船“铁建风电 01”在江苏启东交付使用。中国铁建副总裁王立新出席交付仪式并致辞。

▲17 日　中国铁建副总裁汪文忠在中国铁建大厦会见由马来西亚土著团结党最高理事会成员、国家高等教育基金局主席旺·赛夫率领的土著团结党代表团,就有关合作事宜进行交流。

▲18 日　中国铁建党委特邀学习贯彻党的十九届四中全会精神中央宣讲团成员、中央政策研究室原副主任施芝鸿,为全系统党员作全会精神解读式宣讲。中国铁建党委书记、董事长陈奋健主持专题报告(视频)会。中国铁建在北京领导班子成员参加学习。

▲18 日　中铁第一勘察设计院集团有限公司勘察设计,中铁十一局、十二局、十七局、十九局、二十一局、二十二局集团有限公司参建的敦格铁路全线通车运营。

▲18 日　中国首台出口南美洲敞开式岩石隧道

掘进机在中国铁建重工集团股份有限公司长沙第二产业园通过验收下线。

▲18日　中国行业报协会2019年度工作会议在北京举行。会议对成绩突出的单位和个人进行表彰。《中国铁道建筑报》被评为2019年度行业媒体践行“四力”(脚力、眼力、脑力、笔力)先进单位和2019年度突出贡献单位。

▲19日　中国国际文化交流中心第六届理事会在人民大会堂举行。全国政协副主席、交通运输部党组书记杨传堂当选中国国际文化交流中心第六届理事会理事长。中国铁建党委书记、董事长陈奋健等11人当选中国国际文化交流中心第六届理事会副理事长。

▲19日　以“新动力、新机遇、新典范”为主题的北京大兴国际机场廊坊临空经济区·中国(河北)自由贸易试验区大兴机场片区廊坊区域全球(北京)招商发布会在钓鱼台国宾馆举行。中国铁建副总裁王立新应邀参会并致辞。

▲19—20日　中国铁建总裁、党委副书记庄尚标在重庆会见重庆市副市长陆克华,出席缙云山生态保护和高质量发展研讨会,并开展系列商务活动。中国铁建党委常委、副总裁李宁参加相关活动。

▲21日　中铁十六局集团有限公司承建的济宁泗河综合开发道路工程竣工通车。

▲25日　中铁第四勘察设计院集团有限公司总体设计,中铁十一局、十二局集团有限公司,中国铁建大桥工程局集团有限公司,中铁十四局、十六局、十七局、十八局、二十二局集团有限公司和中铁建设集团有限公司参建的国内首条穿海地铁——厦门地铁2号线通车运营。

▲26日　中铁十一局、十六局、十七局、二十一局、二十四局集团有限公司和中铁建设集团有限公司等单位参建,中铁第五勘察设计院集团有限公司参与监理的(南)昌赣(州)高速铁路开通运营,井冈山革命老区、赣南等原中央苏区迈入高速铁路时代。

▲26日　中铁第一勘察设计院集团有限公司设计,中铁十一局、十四局、十六局、十七局、十八局、二十一局集团有限公司,中铁建设集团有限公司等单位参建的黔(江)张(家界)常(德)铁路开通运营。黔张常铁路通车,填补渝、鄂、湘三省市交界地区铁路网的空白,助推精准扶贫和武陵山区经济发展。

▲26日　中国铁建党委特邀中央宣讲团成员,司法部党组书记、副部长袁曙宏,为党员干部作党的十九届四中全会精神第二次专题辅导。中国铁建党委书记、董事长陈奋健主持专题报告会。中国铁建在北京领导班子成员参加学习。会前,中国铁建党委以理论学习中心组形式传达学习中央经济工作会、中央企业负责人会议精神。中国铁建总部全体党员、在北京单位部分党员参加专题报告会。

▲26—27日　根据中国铁建党委统一部署,中国铁建党委巡视组分别向中铁第五勘察设计院集团有限公司、中国铁建港航局集团有限公司、中国铁建房地产集团有限公司3家单位党委反馈2019年第二轮巡视工作情况。中国铁建党委常委、纪委书记李春德出席反馈会议。

▲27日　成都市城市轨道交通300千米开通运营仪式暨决胜500千米加速成网动员大会在成都召开。中国铁建党委书记、董事长陈奋健,四川省委常委、成都市委书记范锐平,成都市委副书记、市长罗强出席,共同发布成都城市轨道交通300千米开通运营令。陈奋健代表投资建设方致辞。在成都期间,陈奋健还组织召开西南区域总部座谈会。

▲27日　交通运输部召开全国交通运输工作会议,会上,中国铁建等21个企业、院校、地区成为第二批交通强国建设试点单位。中国铁建总裁、党委副书记庄尚标出席会议并接受交通强国建设试点单位授牌。

▲27日　中铁第一勘察设计院集团有限公司设计,中铁十一局、十二局、十四局、二十局、二十五局集团有限公司,中国铁建电气化局集团有限公司等单位参建的陕南铁路大动脉阳(平关)安(康)铁路二线顺利开通。

▲28日　中铁十二局、十四局、十六局集团有限公司等单位承建的济南地铁3号线开通运营,成为山东省首条5G信号全线覆盖的地铁线路。

▲28日　中铁二十五局集团有限公司参建的万(宁)洋(浦)高速公路通车,标志着海南省“田字型”高速公路网全面建成。

▲29日　中铁第一勘察设计院集团有限公司勘察设计,中国铁建大桥工程局集团有限公司,中铁十六局、十八局、十九局、二十局、二十一局集团有限公司,中国铁建电气化局集团有限公司等单位参建的宁夏首条高速铁路——银川至中卫高速铁路开通运营。

▲29日　中铁建重庆投资集团有限公司投资,中铁第四勘察设计院集团有限公司设计,中铁十五局、二十二局集团有限公司等单位建设的重庆市潼南至荣昌高速公路开通运营。

▲30 日　吉林省委书记巴音朝鲁，省委副书记、省长景俊海带领吉林省有关部门、延边州和敦化市主要负责人，看望慰问中铁二十四局集团有限公司敦白客运专线 3 标段项目员工。

▲30 日　中国铁建投资集团有限公司投资，中国铁建大桥工程局集团有限公司，中铁十五局、十六局、十八局、二十三局、二十四局集团有限公司，中国铁建电气化局集团有限公司等单位承建施工的重庆轨道交通环线西南半环（海峡路—二郎段）开通试运营，其中世界最大跨度自锚式悬索桥鹅公岩轨道专用桥同步投入使用。

▲30 日　中铁十四局、十八局集团有限公司，中铁建设集团有限公司、中铁第四勘察设计院集团有限公司等单位参建的世界上第一条设计时速 350 千米的智能化高速铁路京张高速铁路通车运营。

▲30 日　中铁十一局、十二局、十七局、十九局集团有限公司等单位参建的内蒙古自治区首条高速铁路张家口至呼和浩特高速铁路全线开通运营。

▲31 日　中铁十一局、十二局、十四局、二十三局集团有限公司，中国铁建港航局集团有限公司等单位参建的广东清（远）云（浮）高速公路建成通车。

▲12 月　中国铁建在江苏南京举行的第十五届中国上市公司董事会“金圆桌”论坛上获得最佳董事会奖。

▲12 月　中国铁建在上海召开的第十九届中国上市公司百强高峰论坛上获得中国百强企业奖、中国明星企业奖、中国道德企业奖；董事长陈奋健获得中国百强杰出企业家奖，董事会秘书赵登善获得中国百强优秀董秘奖。

▲12 月　中国铁建在香港会展中心举行的第九届中国证券金紫荆奖颁奖典礼上获得“新中国成立七十周年卓越贡献企业”称号。

2019 年 6 月 13 日，中国铁建党委“不忘初心、牢记使命”主题教育工作会议在北京召开。（许月霞 摄）

概　况

2019年中国铁建发展概况

【中国铁建简况】 中国铁建股份有限公司(中文简称“中国铁建”,英文简称CRCC)的前身是组建于1948年7月的中国人民解放军铁道兵,由中国铁道建筑集团有限公司独家发起设立,于2007年11月5日在北京成立,为国务院国有资产监督管理委员会管理的特大型建筑企业。2008年3月10日和3月13日,分别在上海证券交易所(A股,代码601186)和香港联合证券交易所(H股,代码1186)上市。

截至2019年底,中国铁建下辖41家二级子公司和单位;三级法人企业539家,其中工程公司165家;四级法人企业245家。在职员工293884人。其中,管理人才73956人,占25.16%;专业技术人才139435人,占47.45%;技能人才80493人,占27.39%。拥有中国工程院院士1人、国家勘察设计大师11人、“百千万人才工程”国家级人选12人、“万人计划”中国青年科技创新领军人才1人、享受国务院特殊津贴的专家251人。

资产总额10812.39亿元。机械动力设备134159台(套),总功率1325.80万千瓦,技术装备率11.04万元/人,动力装备率50.85千瓦/人。公司业务涵盖工程承包、勘察设计咨询、工业制造、房地产开发、物流与物资贸易等,具有科研、规划、勘察、设计、施工、监理、维护、运营和投融资等完善的行业产业链。在高原铁路、高速铁路、高速公路、桥梁、隧道和城市轨道交通工程设计及建设领域,确立行业领导地位。自20世纪80年代以来,中国铁建在工程承包、勘察设计咨询等领域获得国家级奖项872项。其中,国家科学技术奖81项;国家级勘察设计咨询奖154项;中国土木工程詹天佑奖101项;中国建设工程鲁班奖142项;国家优质工程奖394项。累计拥有有效专利14023件、获省部级以上工法3270项。

中国铁建经营业务遍及包括台湾在内的全国32个省(自治区、直辖市)和香港特别行政区、澳门特别行政区,以及世界129个国家和地区,是中国乃至全球最具实力、最具规模的特大型综合建设集团之一。连续15年入选《财富》杂志“世界500强”,2019年排名第59位;连续24年入选美国《工程新闻记录》(ENR)杂志“全球250家最大承包商”,2019年排名第3位;连续18年入选“中国企业500强”,2019年排名第14位。

(杨启燕)

【主要财务指标完成情况】 2019年,中国铁建实现营业收入8304.52亿元,同比增长13.74%;实现利润280.27亿元,同比增长11.64%;上缴税金249.17亿元,实现利税541.76亿元,同比增长6.86%;实现净利润226.24亿元,同比增长14.04%;基本每股收益1.40元。截至2019年底,资产总额10812.39亿元,负债总额8192.18亿元,资产负债率75.77%。所有者权益总额2620.22亿元,其中归属于上市公司股东权益2099.60亿元,归属于上市公司股东的每股净资产15.46元。

2018—2019年中国铁建主要财务指标完成情况

项　目	2018年	2019年	同比增长(%)
资产总额(亿元)	9176.71	10812.39	17.82
所有者权益(亿元)	2073.35	2620.22	26.38
营业收入(亿元)	7301.23	8304.52	13.74
利润总额(亿元)	251.05	280.27	11.64
净利润(亿元)	198.38	226.24	14.04
归属于母公司所有者的净利润(亿元)	179.35	201.97	12.61
技术开发投入(亿元)	128.96	167.52	29.90
利税总额(亿元)	506.98	541.76	6.86
应缴税金总额(亿元)	243.26	243.32	0.03
加权平均净资产收益率(%)	12.00	12.03	增加0.03个百分点
总资产报酬率(%)	3.65	3.46	减少0.19个百分点
集团公司国有资本保值增值率(%)	108.10	110.44	增加2.34个百分点

(制表:丁亚杰)

【市场经营】 2019年,中国铁建新签合同额20068.54亿元,同比增长26.66%。其中,国内业务新签合同额17376.12亿元,占新签合同总额的86.58%,同比增长19.48%;海外业务新签合同额2692.43亿元,占新签合同总额的13.42%,同比增长106.76%。工程承包板块新签合同额17306.53亿元,占新签合同总额的86.24%,同比增长27.97%。其中,铁路工程新签合同额2613.22亿元,占工程承包板块新签合同额的15.10%,同比增长23.24%;公路工程新签合同额3248.19亿元,占工程承包板块新签合同额的18.77%,同比增长11.43%;城市轨道工程新签合同额1787.05亿元,占工程承包板块新签合同额的10.33%,同比增长71.43%;房建工程新签合同额5423.21亿元,占工程承包板块新签合同额的31.34%,同比增长48.50%;市政工程新签合同额3085.71亿元,占工程承包板块新签合同额的17.83%,同比增长14.61%;水利电力工程新签合同额280.77亿元,占工程承包板块新签合同额的1.62%,同比减少42.57%;机场码头及航道工程新签合同额376.42亿元,占工程承包板块新签合同额的2.18%,同比增长242.82%。非工程承包板块新签合同额2762.01亿元,占新签合同总额的13.76%,同比增长18.99%。其中,勘察设计咨询新签合同额149.28亿元,同比减少15.71%;工业制造新签合同额257.97亿元,同比增长5.78%;物流与物资贸易新签合同额956.68亿元,同比增长10.90%;房地产新签合同额1254.18亿元,同比增长34.20%。 （杨启燕）

【施工生产】 2019年,中国铁建系统完成施工产值7530.30亿元,5000万元以上的在建项目3395项,其中铁路工程459项、公路工程737项、市政工程506项、城市轨道交通工程555项、水利水电工程113项、房屋建筑工程938项、其他工程87项。国内在建重点工程30项。其中,铁路工程13项:京张铁路及崇礼铁路、京雄高速铁路、浩吉铁路(原蒙华铁路通道)、玉溪至磨憨铁路、大瑞铁路、拉林铁路、郑万铁路客运专线、成贵铁路客运专线、成兰铁路、成昆铁路复线、黔张常铁路、福厦高速铁路、贵南高速铁路;公路工程3项:北京新机场高速公路、延崇高速公路、渝黔高速公路扩能工程;市政工程2项:明珠湾大桥、南京市江北新区综合管廊二期工程;城市轨道交通工程9项:北京地铁8号线、广州地铁18线和22号线、深圳轨道交通16号线、杭州地铁8号线、成都地铁6号线、清远磁浮旅游专线、南京地铁7号线、厦门地铁2号线、青岛地铁4号线;水利、电力工程2项:新疆引额供水二期工程、云南滇中引水工程;房屋建筑工程1项:乌鲁木齐宝能城。

2019年,京张(家口)高速铁路、崇礼铁路、大(同)张(家口)高速铁路、京雄高速铁路(北京段)、汉(口)十(堰)高速铁路、京港高速铁路商丘至合肥段、郑州至重庆高速铁路郑州至襄阳段、郑州至阜阳高速铁路、鲁南高速铁路、成(都)贵(阳)铁路云(南)贵(阳)段、穗莞深城际铁路深圳段、浩吉铁路(原蒙华铁路)、黔张常铁路、敦格铁路开通运营,北京新机场线北线高速公路、北京延崇高速公路、兴延高速公路、济南至青岛高速公路扩建工程建成通车。北京地铁6号线西延,北京轨道交通新机场线,成都地铁5号线、10号线二期,成都有轨电车蓉2号线,武汉地铁2号线南延线,石家庄地铁1号线二期工程,长春地铁2号线开通运营;青岛地铁11号线,苏州有轨电车3号线(1号线延伸线),南京宁溧城际地铁通车试运营;济南首条地铁全线贯通、常州地铁1号线贯通。北京大兴国际机场南航基地运行控制中心和机组出勤用房项目建成运营、2022年北京冬奥会综合管廊工程全线贯通。首个全国绿色公路建设典型示范工程潼南至荣昌高速公路涪江特大桥合龙,国内首条海底盾构地铁隧道厦门地铁2号线穿海隧道主体工程完工,国内采用硬岩顶管技术建设的最长引水隧洞重庆观景口水利枢纽关键控制性工程3号引水隧洞顺利贯通,西南地区首座装配式下穿隧道成都一环路磨子桥下穿隧道顺利通车,国内时速350千米高速铁路首片40米大跨度移动模架现浇梁新建福厦高速铁路湄洲湾跨海大桥首片移动模架现浇梁成功浇筑,湖南省最大的水下盾构隧道常德沅江隧道顺利贯通,拥有163米亚洲第二高墩的甜(水堡)永(和)高速公路天宁沟特大桥首跨顺利合龙,全国首个物联网示范小镇江西鹰潭高新区智联小镇展览馆主体结构顺利封顶,国内跨度及荷载最大的管道悬索桥南川水江至涪陵白涛天然气管道乌江悬索桥工程完工,世界最大跨度连续钢桁梁柔性拱铁路桥南沙港铁路洪奇沥特大桥主桥钢桁梁精准合龙,高原铁路隧道岩爆最强埋深最大、独头掘进最长三项世界第一的川藏铁路拉萨到林芝段重点控制性工程巴玉隧道成功贯通,中国第一条纵贯新疆、青海两省区的铁路大干线格尔木至库尔勒铁路全线贯通。 （杨启燕）

【公司治理】 (1)持续加强公司治理规范运作。中国铁建股份有限公司股东大会(以下简称“股东大会”)严格按照《中国铁建股份有限公司章程》(以下简称《公司章程》)《股东大会议事规则》的规定召开,依法行使股东权利,维护股东利益。董事会及专门委员会严格按照《公司章程》《董事会议事规则》、专门委员会工作细则等制度合规运作,审慎决策。监事会严格按照《公司章程》《监事会议事规则》的规定,监督公司财务、内控体系建设、董事及高级管理人员履职行为。总裁等高级管理人员严格按照《公司章程》《总裁工作细则》等制度的规定开展生产经营和管理工作,组织实施董事会决议,接受监事会的监督。2019年获得天马奖·中国上市公司投资者关系最佳董事会、中国上市公司最具投资价值领军企业、2019最佳公司治理董事会、新中国成立70周年卓越贡献企业等称号。(2)持续完善法人治理制度建设。中国铁建按照监管机构的有关规定,结合企业实际,修订《中国铁建股份有限公司章程》《中国铁建股份有限公司董事、监事薪酬管理办法》《中国铁建股份有限公司高级管理人员薪酬管理办法》等制度,把设立合规委员会、聘任首席合规官等内容写入公司章程。(3)不断加强信息披露管理。中国铁建严格按照股票上市地上市规则的规定和要求,真实、准确、完整、及时、公平地披露信息,不断提升信息披露水平。继续坚持法定信息披露与主动信息披露相结合,不断增强定期报告内容的针对性和有效性,高质量编制披露2019年年度报告、半年度报告和季度报告,全年披露中英文文件503份。其中,在上海证券交易所披露中文文件182份,在香港联合交易所披露中文文件195份、英文文件126份。(4)扎实有效开展投资者关系管理。全年安排投资者和分析师见面会及电话会88场,接待来访392人。积极参加国内外投资机构举办的现场交流活动,参加投资者和分析师会议47次,接待投资者128场716人次;参加反向路演活动召开会议6场,接待18人次。配合定期报告的披露,召开业绩发布会5次,召开"一对一"及"一对多"会议38场,接待机构投资者112人次。通过多种渠道和方式,保持和财经媒体良好沟通,投资者关系管理工作获得资本市场高度认可,企业形象和社会影响力不断提升。

(杨启燕)

【改革发展】 2019年,中国铁建继续深化改革,强力开展"总部机关化"专项整改,总部一级部门由31个调整为21个,编制定员由411人调整为349人;全面梳理总部权责和授权放权"两个清单",压减会议、文件和对下督查检查考核数量,为基层减负,提高总部效率。完成国内经营机构调整,12个区域经营机构调整为9个区域总部,成立军民融合指挥部、中铁建发展集团有限公司、中铁建国际投资有限公司,划转或收购北京通达京承高速公路有限公司等6家公司股权,批复设立各类机构223户。稳步推进混改,加快推进所属中铁二十三局集团有限公司、中铁第四勘察设计院集团有限公司、中铁第五勘察设计院集团有限公司3家"双百行动"试点单位的改革进程,完成所属全资子公司中国铁建重工集团有限公司股份制改造。持续"瘦身健体",驻(北)京办事机构专项清理全部完成;全年压减法人单位16户,累计压减269户。统筹推进大集体改革、培训与医疗机构改革、"三供一业"分离移交等。

(杨启燕)

【发展质量】 2019年,是中华人民共和国成立70周年,也是中国铁建高质量发展的关键之年。面对复杂多变的形势和艰巨任务,中国铁建紧紧围绕"品质铁建"中心工作和"稳增长、高质量"工作主题,贯彻新理念、适应新常态,深化区域经营改革,落实"海外优先"战略,坚持"四者"定位,大力推进"转产""转场""转商",抢抓机遇、开拓进取。全年实现营业收入8304.52亿元,同比增长13.74%;实现利润280.27亿元,同比增长11.64%,实现净利润226.24亿元,同比增长14.04%;经营性现金净流量400.06亿元,较2018年提高345.58亿元;管理费用同比增长5.31%,低于营业收入增幅8.43个百分点;销售费用同比增长22.60%,低于新签合同额增幅4.06个百分点;基本每股收益1.40元;资产总额10812.39亿元,同比增加1635.69亿元;资产负债率75.77%,同比下降1.64个百分点。

(杨启燕)

【安全生产】 2019年,中国铁建坚持以习近平新时代中国特色社会主义思想为指导,坚决贯彻落实习近平总书记关于安全生产的重要指示批示精神,牢固树立安全发展理念和安全生产红线意识,始终把安全生产作为企业发展的头等大事,严格落实各级安全生产责任,大力加强安全监督制度和机构建设,全面开展安全生产大检查,狠抓各项安全生产措施落实,全年安全生产形势总体保持稳定。一是安全生产使命担当精神更加强烈。狠抓事故预防,坚决遏制重特大事故的发生,着力夯实安全生产责任。按照"党政同责、一岗双责、齐抓共管、失职追责"的总要求,所属各单位不断完善安全生产责任体系,持续深化横向到边、纵向到底、全面覆盖、不留死角的安全生产责任制,安全生产主体责任得到有效落实。二是落实上级要求行动更加迅速。认真贯彻落实国务院安委会及有关部委和地方政府监管部门的工作要求,开展安全生产大检查和安全生产集中整治,取得成效。三是安全生产体系建设稳步推进。加强顶层设计,完善制度,落实责任,不断强化安全生产体系建设。先后修订《安全生产监督管理办法》《安全生产责任制规定》,制定《安全总监岗位设置和人员配备办法》与《安全生产监督管理机构设置和人员配备办法》,切实强化制度保障。四是安全监管能力不断增强。公司总部独立设置安全生产监管部门,促进安全监督与应急救援职能的有效行使。所属各单位及时跟进调整,配置安全总监、独立设置安监部门,通过制定相关制度,设立分区安全主管、安全管理员、安全许可专员等岗位,配备专职安全管理人员等方式,增强安全监管力量,配备专职安全管理人员。五是安全风险管理与隐患排查治理持续深化。所属各单位坚持以安全风险分级管控和隐患排查治理为抓手,持续推进双预控工作深入开展,确保风险辨识到位、评估准确、传递及时、管控有效,保持安全生产的持续稳定。六是应急救援能力不断提升。在国家应急专项资金支持下，高效完成所属中铁十七局集团有限公司承担的国家隧道应急救援队、中铁二十局集团有限公司承担的应急救援培训演练基地建设；在厦门组建地铁工程应急抢险救援队，并与建设单位应急救援保障中心资源共享、信息互通、业务联动；针对项目工程难点和各类风险点，组织各单位积极开展多次应急演练，认真总结并加以改进，增强全员安全意识，提高应急响应及应急处置能力。（杨启燕）

【质量控制】　中国铁建高度重视质量发展，认真落实国家质量发展纲要精神，严格执行有关质量标准，推行项目终端质量责任制，开展铁路红线管理自查自改和高速铁路质量隐患排查整改专项工作，推进工程质量创优活动和安全质量标准化工地建设，确保质量管理形势平稳推进和发展，2019 年全系统未发生重大工程质量问题。一是加强质量管理。组织开展全员质量管理活动，对职工进行质量法律法规、质量管理知识等质量素质教育，加大宣传力度，充分动员职工参加质量活动，增强全员质量意识。组织职工开展岗位职业培训，提高各级人员的专业素质，切实履行法定质量义务。二是积极开展工程创优活动。按照《中国铁建股份有限公司创建优质工程管理规定》，持续推进过程精细化质量管理理念落实，推动质量管理水平全面提升，按规划控制创优活动，开展全面质量管理小组活动，搞好创优策划，落实过程创优，实现创优目标。三是开展高速铁路质量隐患排查整改专项工作。组织开展高速铁路质量隐患排查整改专项工作，对全系统承建的全部已开通运营高速铁路项目进行全面质量回访，并对即将开通的线路进行全面检查和检测，进行质量隐患排查整治。四是加强铁路工程质量安全红线管理。按照中国国家铁路集团有限公司《铁路建设项目质量安全红线管理规定》，部署开展铁路工程红线管理工作，切实强化铁路项目质量安全意识和关键环节控制，确保项目质量安全方面全面受控，提升铁路建设项目质量安全水平。（杨启燕）

【科技创新】　2019 年，中国铁建加大科技创新力度，坚持创新驱动发展新理念，以提升科技创新能力为核心，狠抓科技重大专项、创新团队建设、技术标准、专利布局、学会和勘察设计板块管理等方面工作，扎实推进科技创新工作，科技创新能力不断增强。首批认定中国铁建工程实验室（研发中心）12 家，新增劳模和工匠创新工作室 8 个，新增国家级科研项目 2 个，摘得“十三五”期间城市地下大空间国家级课题主要代表项目，并成为“交通强国建设试点单位”中两家建筑中央企业之一。全年获国家科学技术进步奖 4 项、省部级科学技术奖 82 项，新增省部级工法 455 项，获中国土木工程詹天佑奖 9 项，获菲迪克奖 2 项并摘得“全球杰出工程奖”桂冠，获第 21 届中国专利奖 9 项，其中银奖 1 项；年度授权专利 3349 件；主持和参与 2 项国际标准、9 项国家标准、7 项行业标准、17 项地方标准、7 项团体标准的制定工作。（杨启燕）

【工程创优】　2019 年，中国铁建获中国建设工程鲁班奖 11 项，国家优质工程奖 41 项。其中，参建的快速路系统二期项目——外环线东北部调线工程第 1 标段津汉互通立交桥工程，贵阳龙洞堡机场综合交通枢纽工程，兰渝铁路西秦岭隧道工程，新建长沙至昆明铁路客运专线湖南段雪峰山一号隧道工程，1 号办公、商业楼（长城金融工程项目），高端地下装备制造项目（一期），500 米口径球面射电望远镜（FAST）项目主体工程，马来西亚四季酒店项目，尼日利亚阿布贾城铁项目一期工程，吉布提多哈雷多功能港口工程（一期），沙特麦加至麦地那高速铁路专线（一期工程）获 2019 年度中国建设工程鲁班奖（国家优质工程）；参建的四川雅砻江锦屏一级、二级水电站工程，南京长江第四大桥工程，广东省潮州至惠州高速公路项目，重庆西站（重庆至贵阳铁路扩能改造工程重庆西站站房及相关工程）获国家优质工程金质奖；新建南京至安庆铁路四电集成及相关工程，南京至高淳城际轨道禄口机场至溧水段工程，苏州市轨道交通 2 号线及延伸线工程，滨北线松花江公铁两用桥改建工程，四平至齐齐哈尔铁路郑家屯至榆树屯站（哈局管内）电气化改造工程 ZH-SG 标段（齐齐哈尔车辆段改造工程），滨绥铁路牡丹江至绥芬河段扩能改造工程双丰隧道工程，武汉市轨道交通 11 号线东段（光谷火车站至左岭站）工程 BT 投融资建设项目，新建大冶北至阳新铁路大冶湖特大桥工程，新建石家庄至济南铁路客运专线平禹特大桥工程，新建铁路大同至西安客运专线原平西至西安北段四电系统集成及相关工程（SDJC）标段工程，西成客运专线跨西宝客运专线特大桥工程，新建宝鸡至兰州铁路客运专线三阳川渭河 2 号特大桥工程，新建宝鸡至兰州铁路客运专线渭河隧道工程，新建拉萨至日喀则铁路雅江 3 号特大桥工程，新建重庆至万州铁路分水镇隧道工程，重庆轨道交通 5 号线一期北段工程（园博中心站至大石坝站），重庆至贵阳铁路扩能改造工程新凉风垭隧道工程，新建沪昆铁路客运专线长沙至昆明段（贵州）北盘江特大桥工程，菏泽市丹阳路上跨铁路立交桥工程，南宁市青山大桥工程，南宁市良庆大桥工程，广西百色至靖西高速公路工程，郑州市 107 辅道快速化工程 PPP 项目 1—5 标段桥梁工程，成都经济区环线高速公路简阳至蒲江段项目，达州至万州高速公路（四川境）项目，上海铁路局太平桥货场部分地块单位租赁房项目 A 地块工程，张家港保税区滨江大厦工程，新建九江至南昌城际铁路工程南昌站改造工程，武汉 1818 中心二期工程，世和·天玺国际中心工程，刚果（布）国家1号公路二期工程，中白商贸物流园首发区ZBSG－1标段项目，富田·九鼎世家二期工程，重庆市中渡长江大桥工程，宁安铁路安庆长江大桥工程，1510－1一期工程，南宁东站综合交通枢纽一期工程（地下空间）公共服务工程01标段工程获2019年度国家优质工程奖。（杨启燕）

【海外优先】 2019年，中国铁建深入落实“一带一路”倡议，大力推进“海外优先”战略，构建以中国土木工程集团有限公司、中国铁建国际集团有限公司、中铁建国际投资有限公司3家外经单位，中铁十四局、十六局、十七局、十八局、二十局集团有限公司5家独立经营单位，若干工程公司为一体开展海外业务的“3＋5＋N”海外发展体系，推动各业务板块和工程承包全产业链协同“走出去”。公司国际业务覆盖全球129个国家和地区，同时全面融入所在国经济社会发展，成为构建人类命运共同体的重要实践者。年内备受瞩目的莫斯科地铁、卡塔尔世界杯体育场等项目平稳推进；第七次顺利完成麦加轻轨朝觐运营任务，赢得伊斯兰世界的广泛赞誉。中国土木工程集团有限公司承建的吉布提鲁班工坊在吉布提工商学校揭牌启动运营；中铁建设集团有限公司、中国铁建国际集团有限公司等单位承建的马来西亚四季酒店等7项海外工程获中国建设工程鲁班奖，尼日利亚阿卡铁路等两项工程获国家优质工程金质奖。重大海外工程：沙特内政部安全总部发展项目，尼日利亚铁路现代化项目拉各斯至伊巴丹段工程，阿尔及利亚55千米铁路项目，尼日利亚阿布贾城市铁路工程，马来西亚金马士—新山双线电气化铁路设计、施工、供应、安装、竣工、测试、试运行及维护工程，鲁雷纳瓦克至里韦拉尔塔公路项目。全年海外新签合同额387.20亿美元，海外完成营业额74.64亿美元。（杨启燕）

【党建工作】 2019年，中国铁建党委以习近平新时代中国特色社会主义思想为指导，认真贯彻党的十九大和十九届二中、三中、四中全会精神，围绕“品质铁建”和“海外优先”战略，充分发挥各级党委“把方向、管大局、保落实”的领导作用。（1）思想政治建设引领有方。一是坚持把加强党的政治建设作为首要任务。推动各级党组织和全体党员牢固树立“四个意识”，坚定“四个自信”，坚决做到“两个维护”。建立贯彻落实习近平总书记重要讲话、指示批示的长效机制，加强对学习贯彻落实情况的督查督办。扎实开展“不忘初心、牢记使命”主题教育。加强对各级党组织党内政治生活状况的检查指导。二是始终把完善体制机制作为主要抓手。建立健全重大经营管理事项党组织研究讨论前置与董事会战略决策、经营层经营管理相融合的工作机制。组织全系统“三重一大”系统信息化建设。三是全力把提升发展质量作为重要目标。结合企业发展和国家发展战略提出打造“品质铁建”“海外优先”战略部署。落实国家供给侧结构性改革部署，大力推进“瘦身健体”“处僵治困”工作。（2）人才队伍建设坚强有力。一是选人用人渠道不断拓宽。合并党委组织部和人力资源部，强化对干部人才的统一管理。推动党管干部人才与市场化选人用人机制相结合。二是干部队伍结构不断优化。抓好领导人员选拔任用，持续优化调整领导人员队伍。干部队伍的年轻化、知识化、专业化得到提升。三是政治生态环境不断净化。印发《总部机关员工2019年度综合考核测评及末位淘汰实施方案》，修订《领导人员管理规定》，贯彻落实《中国共产党重大事项请示报告条例》，强化各级党组织对组织工作中重大事项的请示报告。开展2019年领导干部个人事项集中填报；抓好领导干部培训工作。（3）基层组织建设夯实有效。一是党建工作基础持续夯实。结合企业组织机构变化，动态调整组织设置。结合主题教育，集中整顿软弱涣散基层党组织。二是“三支队伍”建设成效显著。着力培养综合素质过硬的基层党组织书记队伍，举办3期基层党支部书记培训示范班。着力打造忠诚干净担当的高素质党务干部队伍，举办组工干部培训班两期。严把发展党员入口关，分两期举办中国铁建2019年北京片区党员发展对象培训班。加强党员日常教育管理。三是党建责任体系不断完善。召开二级单位党委书记抓基层党建述职评议大会，完成国资委党委关于基层党组织书记现场述职三年全覆盖要求。组织签订2019年度党建工作责任书，组织开展党建责任制考核。印发《党内表彰办法》等制度文件，持续完善党建工作制度体系。（4）宣传思想建设凝神聚魂。一是深化思想建设。围绕“品质铁建”战略，组织开展系列宣讲活动，推出系列文章。组织中国铁建与共和国共成长作贡献系列报道，开展系列庆祝活动。组织开展第三届“永远的铁道兵杯”十大楷模、第六届“十佳道德模范”评选表彰活动。二是加强宣传报道。《中国铁道建筑报》组织12版的特刊，集中展示辉煌成就。官方新媒体实现全面布局，在中央企业中首批开通“学习强国号”。编印《图说·中国铁建70年》，受到国务院国资委肯定并推荐给所有中央企业。全年各类舆情事件得到有效管控。三是丰富文化内涵。丰富完善“以国为荣、以法为循、以德为先、以企为家、以人为本”的新时代中国铁建文化，把“首创、包容、协同、合规、廉政、实干”等文化理念融入其中。评选出10个企业历史文化教育基地，铁道兵纪念馆获“全国爱国主义教育示范基地”称号。（5）党风廉政建设扎实有为。一是压实管党治党责任。印发《关于调整总部机关机构编制及职能的通知》，总部纪检监察改革与机构调整一体推进，同步完成。印发《深入推进二级单位纪检监察体制改革的指导意见》，推动二级单位纪检监察体制改革稳步开展。二是深化作风建设。公司党委班子带头执行中央八项规定及其实施细则精神，重大节日期间组织系统内各级纪检部门进行抽查，营造风清气正的氛围。清理整治个别领导干部利用名贵特产类特殊资源牟取私利问题，专项整治领导人员亲属和其他特定关系人所办企业与本企业业务往来。三是严格监督执纪。构建巡视巡察上下联动监督网，深入组织常规巡视和专项巡视，保持惩治腐败高压态势，紧盯"关键少数"，营造"不敢腐"的氛围。(6)党群连心建设掷地有声。一是强化引领带动。推进"中国铁建职工 e 家"微信公众号建设，围绕"品质铁建"广泛开展学习教育活动。发挥典型引路作用，培育选树先进模范。二是强化维权保障。推进集体合同修订，加大建家建线投入。精心组织助困帮扶。三是强化服务大局。在重点工程项目开展形式多样的劳动竞赛，组织开展合理化建议、技术革新等职工创新活动。围绕生产经营，团委举办系列活动，调动广大青年职工工作积极性。全年 4 个集体获"全国工人先锋号"称号，4 人获"全国五一劳动奖章"，12 个青年集体和 3 名青年受到团中央表彰，16 个青年集体和 17 名青年受到中央企业团工委表彰。　（耿仁胜）

【环境保护】　中国铁建在生产经营过程中，严格遵守国家环境保护相关政策和法律法规，坚决贯彻落实《中华人民共和国环境保护法》和国务院颁发的《大气污染防治行动计划》《水污染防治行动计划》《土壤污染防治行动计划》等法规，始终践行"合理用能，绿色施工"的环保管理理念，依靠科技不断创新环保工作，自觉履行和承担环境保护社会责任，以努力实现"资源节约型，环境友好型"企业为奋斗目标，坚决打好"蓝天、碧水、净土"三大保卫战，为国家生态文明建设作贡献。2019 年能耗总量 532.28 万吨标准煤，企业万元营业收入综合能耗（可比价）0.0807吨标准煤，比 2018 年下降 6.59%。积极贯彻落实"绿水青山就是金山银山"的发展理念，积极应对气候变化，持续提升节能减排管理水平，加大节能减排资金投入，推动技术进步，淘汰落后产能。　（杨启燕）

【精准扶贫】　中国铁建认真贯彻落实党中央、国务院关于加强定点扶贫工作的决策部署，坚决落实习近平总书记关于"精准扶贫、精准脱贫"的指示精神，严格遵循"真心扶贫、精准扶贫、共赢扶贫、创新扶贫、干净扶贫"的工作方针，结合企业自身特点，坚持政府主导与企业辅助相结合，坚持互惠共赢与扶贫攻坚相结合，坚持整体推进与重点突破相结合的原则，全面推进精准扶贫、精准脱贫工作，坚决打赢脱贫攻坚战。2019 年新派出定点扶贫干部 10 人，投入帮扶资金 5671.6 万元，物资折款 282 万元。其中，在 3 个定点扶贫区县（河北省张家口市万全区、尚义县，青海省果洛州甘德县）直接投入帮扶资金 1828.1 万元，引进帮扶资金 216.1 万元，购买贫困地区农产品 1018 万元，购买工业品、轻工业品 1793.3 万元。年内获青海省"脱贫攻坚先进单位"称号；5 月，河北省张家口市万全区脱贫摘帽。(1)产业扶贫方面。中国铁建凝聚企业合力，号召全系统持续大力支持定点扶贫区县的伦比服饰公司、粤北矿泉水厂、三江源生态畜牧业公司等企业发展，帮扶贫困地区村集体企业、农业合作社、养殖专业合作社，通过做强产业，加大产品销售，拉动当地百姓就业。(2)就业扶贫方面。中国铁建作为全球最大工程总承包商之一，着力开展劳务输出促进就业，实现"一人就业、全家脱贫"。全年招收青海、河北省张家口市等地贫困大学生 384 人，一线作业人员上千人。其中尚义籍贫困大学生 3 人，一线员工 60 余人；万全贫困大学生 1 人，一线员工 5 人。(3)基建扶贫方面。中国铁建发挥基建优势，参与尚义县"空心村"治理大青沟安置区惠泽园东区项目建设；与尚义县水利局合作，为尚义县南朝碾村实施连村道路 1.1 千米，硬化街道 7000 平方米，安装路灯 30 盏，解决 2 个自然村群众多年出行不便的难题。(4)"两不愁三保障"方面。中国铁建从贫困群众最关心、最急需的教育、医疗、住房、饮水等问题入手，出资 100 万元用于新建万全"铁建阳光"幼儿园；投资 40 万元帮助万全区设计第四小学迁址新建规划；资助尚义三中和下马圈小学 32 名家庭困难学生每人 1500 元。援助 452 万元为尚义县新建 27 所标准化村级卫生室，购置流动医疗服务车 7 辆；援助 30 万元全面改造修缮尚义县下马圈乡卫生院。中国铁建积极参与尚义县"空心村"治理，新建住房 2392 套；帮助四川省凉山州甘洛县特克村完成剩余 20 户易地搬迁、78 户 D 级危房改造工作，90 余户贫困人口全部住进安全住房。中国铁建与尚义县水利局联合投入 14 万元为南朝碾村内完成村内蓄水工程，用于饮水与农耕用地的灌溉；投入 44 万元在万全区孙里庄修建 3 口机井及滴灌设备，用于饮水与农耕用地的灌溉；对甘肃省会宁县刘沟村投入 62.2 万元铺设输水管道，解决 394 户群众自来水入户难问题。　（杨启燕）

【履行社会责任】　2019 年，中国铁建坚持依法治企，规范治理，诚信经营，主动履行社会责任，展现良好的企业形象和社会形象。(1)夯实发展基础。积极响应国家战略，坚持战略引领，完善公司治理，加强企业管理，为打造"品质铁建"夯实发展基础。年内获得"2019 中国上市公司诚信企业百佳""中国百强企业奖""最具社会责任公益先锋"等称号及中国明星企业奖、中国道德企业奖。(2)匠心建造未来。坚持创新驱动，强化安全责任管理，建造精品工程，提升优质服务水平，为打造"品质铁建"提供坚强保证。年内获中国建设工程鲁班奖11项，国家优质工程奖41项，其中国家优质工程金奖4项。坚持创新驱动，大力实施“科技兴企、科技强企”战略，获国家科学技术进步奖4项、省部级科学技术奖82项、菲迪克工程项目奖2项、中国土木工程詹天佑奖9项、中国专利奖9项；水下隧道工程技术创新团队入选中央企业优秀科技创新团队。(3)携手一路前行。坚持与员工、供应商、合作伙伴等利益相关方建立和谐、互信关系，关心关注员工成长，持续建设责任供应链，广泛开展合作交流，携手共建“品质铁建”，实现合作共赢、共享发展。全年投入资金4500万元，重点帮扶1320个偏远艰苦项目改善工作环境；筹集送温暖资金7604万元，慰问困难员工家庭7788户，慰问劳模先进、生产一线员工、离退休人员以及农民工56208人。(4)同筑美好家园。积极履行企业公民责任，充分发挥自身优势，助力精准扶贫，发展社区公益事业，践行海外责任，保护生态环境，筑造美好家园。全年对外捐赠4232.84万元。投入帮扶资金5671.60万元，物资折款282万元，帮助建档立卡贫困人口脱贫4058人；定点帮扶的河北省万全区正式脱贫摘帽，河北省尚义县、青海省甘德县顺利通过省级脱贫验收。积极参与社会公益活动，推进志愿服务规范化、常态化建设，全年参与社会公益活动1350次，参加志愿服务者3.8万人次。　（何燕军）

【企业资质】　截至2019年底，中国铁建系统施工资质1842项，其中总承包资质791项、专业承包资质1039项。全年新取得特级资质3项，全系统特级资质78项。　（董　凌）

【管辖单位】　截至2019年底，中国铁建股份有限公司下辖中国土木工程集团有限公司，中铁十一、十二局集团有限公司，中国铁建大桥工程局集团有限公司、中铁十四至二十五局集团有限公司、中铁建设集团有限公司、中国铁建电气化局集团有限公司、中国铁建港航局集团有限公司、中国铁建房地产集团有限公司，中铁第一、第四、第五勘察设计院集团有限公司，中铁上海设计院集团有限公司、中铁物资集团有限公司、中国铁建重工集团股份有限公司、中国铁建国际集团有限公司、中铁城建集团有限公司、中国铁建投资集团有限公司、中国铁建财务有限公司、诚合保险经纪有限公司、中铁建商务管理有限公司、中铁建金融租赁有限公司、中铁磁浮交通投资建设有限公司、中铁建资产管理有限公司、中铁建华南建设有限公司、中铁建网络信息科技有限公司、中铁建国际投资有限公司、中铁建发展集团有限公司、北京培训中心(党校)41家二级子公司和单位；三级法人企业539家，其中工程公司165家；四级法人企业245家。　（陈向阳）

【境内并购】　2019年5月，中铁第五勘察设计院集团有限公司为扩大浙江乃至华东地区路外市场，完善区域市场布局，增强企业综合竞争能力，以不超过2112.0936万元的价格，通过协议转让方式收购衢州市交通设计有限公司51%的股权。

2019年11月，中国铁建电气化局集团有限公司为满足业务发展需要，增强市场竞争能力，以不高于2100万元的价格，通过公开挂牌交易方式，收购所属中铁建电气化局集团轨道交通器材有限公司合资方股东30%的股权，使中铁建电气化局集团轨道交通器材有限公司成为其全资子公司。

2019年11月，中原区域总部为积极参与建设，获取市场份额，以中铁建黄河投资建设有限公司为投资主体，采取协议方式，以不高于48411万元的价格对济南市赢昊置业有限公司增资扩股，持有济南市赢昊置业有限公司60%的股权。　（何燕军）

【内部重组】　2019年7月，为落实中国铁建“海外优先”战略，加快推进海外投资业务开展，实现海外业务跨越式发展目标，在广东省广州市南沙区成立中铁建国际投资有限公司。公司注册资本30亿元，定位为投资型公司；股权比例为中国铁建股份有限公司、中国土木工程集团有限公司、中国铁建国际集团有限公司分别持股50%、30%、20%。

8月，中国铁建重工集团股份有限公司为解决与中国铁建系统内公司同业竞争问题，确保顺利上市，把持有的兰州隧道装备有限公司100%的股权，以2019年6月30日账面净资产为基础，采取协议转让形式，转让给中国铁建大桥工程局集团有限公司。

8月，中国铁建为加强对总部集团存续资产管理，理顺管理关系，把所持有的北京通达京承高速公路有限公司70%的股权，以2019年6月30日为截止时点，以审计报告确认的净资产为依据，委托中铁建锦鲤资产管理有限公司负责管理，北京通达京承高速公路有限公司不再纳入总部集团二级单位序列。

8月，中国铁建为加强对新产业、新业态、新模式的探索与研究，增强对市场前沿发展态势的感知度、敏锐度，进一步加快培育和发展新兴产业，推动企业产业结构调整和转型升级，在北京市成立中铁建发展集团有限公司。公司注册资本20亿元，定位为中国铁建新产业、新业态、新模式的研究平台、投资平台与孵化基地，由中国铁建股份有限公司独立出资。

12月，中国铁建为优化整合内部金融资源，促进金融业务协同发展，提升金融产业专业化水平和整体实力，抓抓国家金融监管政策机遇，在北京市成立中铁建资本控股集团有限公司。公司注册资本90亿元，定位为中国铁建的金融控股平台，由中国铁建股份有限公司独立出资。　（何燕军）

【总部机构、编制定员调整】 1月28日,为落实股份公司"海外优先"战略,加强对海外业务的统筹管理,进一步做强做大海外业务,海外部内设机构由7个处调整为9个处。其中,原合同报价处更名为合规管理处,新增项目监管处、境外投融资处。调整后,内设综合处、外事处、对外联络处、合规管理处、项目监管处、境外投融资处、非洲市场处、亚大市场处、欧美市场处。

7月9日,为进一步理顺职能关系,提升总部管控能力,形成管控有力、运转协调、职能清晰、精干高效的组织架构,总部机构编制及职能做出调整:(1)产业专项规划、"处僵治困"、贯标工作调整至发展规划部。政策研究处更名为改革处。(2)整合人力资源部、党委组织部(党委干部部),成立党委组织部(人力资源部)。根据职责,对处室进行整合,内设组织处、党员处、干部处、干部监督处、人才处、激励与薪酬处、社会职能处、培训处(技能鉴定中心)。(3)科技设计部(技术中心办公室)更名为科技部(技术中心办公室)。撤销设计咨询管理处。(4)经营计划部更名为经营部(军民融合办公室)。撤销造价合同处,定额管理职责调整至运营部(总部集团战备局)成本管理处;成立投标管理处,负责产业统筹协调及以股份公司名义投标项目的标前管理、服务职能。(5)整合工程管理部(总部集团战备局)、设备物资部、经济管理部、安全质量监督部[安全生产应急救援(指挥)中心]质量监督处,成立运营部(总部集团战备局)。整合工程管理处、调度处,成立项目监管处;整合设备处、物资处,成立设备物资处;撤销工业处;撤销经济管理与考评处,处僵治困职责调整至发展规划部,提质增效、项目亏损监控职责调整至成本管理处;经济合同管理处更名为经济合同处。(6)安全质量监督部[安全生产应急救援(指挥)中心]更名为安全监督部。质量管理职责调整至运营部(总部集团战备局),贯标职责调整至发展规划部。成立应急救援处负责应急救援工作;撤销贯标办。(7)整合房地产开发部、资本运营部,成立投资部。整合开发处、监管处,成立房地产处,负责房地产项目的投资管理;成立设计审查处,负责重大投资项目的设计审查;咨询评估处更名为投资评估处;整合财务部产权处、原资本运营部资产管理处及原经营计划部固定资产新增管理职能,成立产权资产处;撤销矿产资源处。(8)财务部资金管理中心更名为资金管理处;外派机构财务管理处更名为税务管理处。(9)审计监事局审计一处、审计二处分别更名为审计监管一处、审计监管二处。(10)整合党委办公室、党委统战部、团委、机关党委、机关纪委,成立党委办公室(党委统战部、团委)。党委秘书处更名为秘书处;调研处更名为党务处;成立青年处负责共青团工作。(11)根据上级有关要求,成立党委巡视办公室负责巡视工作及党委履行全面从严治党主体责任日常工作。内设巡视处、督导处。(12)根据上级有关要求,纪委办公室、纪委党风政风监督室(党委巡视办公室)、纪委纪检监察室调整为纪委办公室、纪委信访审理室、纪委执纪审查室。各部门不再设置处室,撤销综合处、信访审理处、监督一处、监督二处、监察一处、监察二处。纪委办公室、纪委执纪审查室分别设纪检专员(正处职)岗位。(13)整合工会生产综合部、工会组织权益和女工部、机关工会,成立工会工作部。(14)机关房地产管理中心作为办公厅(保卫部)直属机构。(15)机关离退休职工管理部作为党委组织部(人力资源部)直属机构,并更名为离退休职工管理中心。事务管理处更名为事务处;撤销组织宣传处,其职责调整至事务处。(16)中国铁道建筑报社作为党委宣传部(企业文化部)直属机构。撤销广告部,其职能调整至报社办公室。其中,直属机构由分管领导直接领导并单独成立党支部。此次调整后,总部一级部门21个(含1个准事业部),直属机构3个;总部处室83个,编制349人。

11月11日,为贯彻落实国务院国资委关于开展"总部机关化"问题专项整改工作有关要求,建立市场化职级名称体系,进一步规范总部机构名称和职务称谓,总部机构名称和职务称谓做出调整:董事会秘书局更名为董事会办公室,办公厅(保卫部)更名为行政办公室(保卫部),科技部(技术中心办公室)更名为科技创新部(技术中心办公室),经营部(军民融合办公室)更名为经营计划部(军民融合办公室),运营部(总部集团战备局)更名为运营管理部(总部集团战备部),投资部更名为投资开发部,财务部更名为财务资金部,审计监事局更名为审计监事部,海外部(总部集团外事办公室)更名为海外业务部(总部集团外事办公室),党委巡视办公室更名为党委巡视办,纪委信访审理室更名为信访审理室,纪委执纪审查室更名为执纪审查室。

12月11日,为进一步规范总部机构名称,总部有关机构名称做出调整:财务资金部内设的机关财务处更名为总部财务处,机关房地产管理中心更名为总部房地产管理中心。 (陈向阳)

【机构设立审批】 1月16日,中国铁建股份有限公司(以下简称中国铁建)成立中铁建北方投资建设有限公司、中铁建黄河投资建设有限公司、中铁建东方投资建设有限公司,3家机构均为中国铁建全资子公司。

同日,合资成立西安铁沣环境治理有限公司,公司注册资本21532.37万元。其中,中铁建重庆投资集团有限公司出资15072.66万元,占70%的股权;中铁十四局集团有限公司出资3875.83万元,占18%的股权;中铁建生态环境有限公司出资2153.23万元,占10%的股权;西安沣东实业发展有限公司(政府方出资代表)出资430.65万元,占2%的股权。

同日,合资成立莱西市海昌建设管理有限公司,公司注册资本10000万元。其中,中铁建重庆投资集团有限公司出资7000万元,占70%的股权;中铁十四局集团有限公司出资2000万元,占20%的股权;青岛昌阳投资开发有限公司出资1000万元,占10%的股权。

同日,合资成立达州启航建设有限公司,公司注册资本1000万元。其中,中铁建重庆投资集团有限公司出资540万元,占54%的股权;中铁二十三局集团有限公司出资360万元,占36%的股权;达州神剑建设发展有限责任公司出资100万元,占10%的股权。

1月24日,中国铁建大桥工程局集团有限公司成立孟加拉分公司。

同日,中铁二十局集团房地产开发有限公司成立西安凯盛达置业有限公司。

同日,中铁二十三局集团有限公司成立工程设计分公司。

同日,中铁建设集团有限公司成立登封分公司。

同日,中国铁建房地产集团华南有限公司成立广州市番禺区顺诚房地产有限公司。

同日,中国铁建房地产集团中铁建物业管理有限公司成立中铁建物业管理有限公司海淀第一分公司。

同日,中国铁建房地产集团华南有限公司成立广州市增城区顺轩房地产有限公司。

同日,中铁城建集团有限公司成立河北雄安分公司。

同日,合资成立中铁建河南兰原高速公路有限公司,公司注册资本1000万元。其中,河南省收费还贷高速公路管理有限公司出资100万元,占10%的股权;中国铁建出资30万元,占3%的股权;中国铁建投资集团有限公司出资860万元,占86%的股权;中铁十九局集团有限公司和中铁二十三局集团有限公司各出资5万元,各占0.5%的股权。

同日,合资成立重庆大内高速公路有限公司,公司注册资本6.66亿元。其中,中国铁建出资1.998亿元,占30%的股权;中铁建投资基金管理有限公司出资1.998亿元,占30%的股权;重庆大足国有资产经营管理集团有限公司出资1.665亿元,占25%的股权;重庆高速公路集团有限公司出资0.999亿元,占15%的股权。

2月1日,中国铁建电气化局集团有限公司成立塞尔维亚分公司。

同日,中国铁建国际集团有限公司成立美洲区域总部。

同日,中国铁建国际集团有限公司成立突尼斯代表处。

2月20日,合资成立杭州艮山东路过江隧道管理有限责任公司,公司注册资本70000万元。其中,中铁十四局出资23800万元,占34%的股权;嘉兴城溪投资合伙企业(有限合伙)出资35700万元,占51%的股权;杭州市钱江新城建设开发有限公司出资10500万元,占15%的股权。

同日,中铁十四局集团有限公司成立菏泽分公司。

同日,中铁十四局集团有限公司成立平阴分公司。

同日,合资成立中铁建北水(莆田)水务有限公司,公司注册资本10000万元。其中,莆田市荔城区水务投资有限公司(政府方出资代表)出资1000万元,占10%的股权;北控水务(中国)投资有限公司出资1000万元,占10%的股权;中铁二十四局集团有限公司出资3000万元,占30%的股权;中铁建投资基金管理有限公司出资5000万元,占50%的股权。

同日,合资成立莆田市涵江福铁基础设施建设管理有限公司,公司注册资本3000万元。其中,莆田市涵江区新创建设有限公司(政府方出资代表)出资300万元,占10%的股权;中铁二十四局出资1350万元,占45%的股权;中铁建投资基金管理有限公司出资1350万元,占45%的股权。

同日,合资成立泉州市福铁建设投资有限公司,公司注册资本10000万元。其中,中铁二十四局出资4000万元,占40%的股权;中铁建投资基金管理有限公司出资6000万元,占60%的股权。

同日,中铁二十五局集团有限公司成立邯郸分公司。

同日,中铁建设集团有限公司成立宁津分公司。

同日,中国铁建房地产集团中铁建南沙投资发展有限公司成立广州南沙京沙置业有限公司。

同日,中国铁建房地产集团华东有限公司成立绍兴京越房地产开发有限公司。

同日,中国铁建房地产集团有限公司成立太原中铁嘉晟房地产开发有限公司。

同日,中国铁建房地产集团有限公司成立武汉京铁房地产开发有限公司。

同日,中国铁建房地产集团创新产业投资有限公司成立中铁房地产集团张家口建设开发有限公司。

同日,合资成立中铁一院莲湖三馆(西安)建设运营有限公司,公司注册资本4531.7万元。其中,中铁第一勘察设计院集团有限公司出资4078.53万元,占90%的股权;西安莲湖基础设施建设投资有限公司出资453.17万元,占10%的股权。

同日,中铁城建集团房地产开发有限公司成立长沙中铁城建洋湖房地产开发有限公司。

同日,合资成立温州铁建城置业有限公司,公司注册资本5000万元。其中,铁建投资出资2500万元,占50%的股权;中铁建设集团房地产有限公司出资2500万元,占50%的股权。

同日,合资成立信阳铁建城市投资有限公司,公司注册资本1亿元。其中,铁建投资出资9000万元,占90%的股权;信阳高新区巨业建设投资有限公司出资1000万元,占10%的股权。

同日,合资成立张家口铁建城房地产开发有限公司,公司注册资本1000万元。其中,铁建投资出资600万元,占60%的股权;中铁十八局集团有限公司出资400万元,占40%的股权。

同日,中国铁建投资集团有限公司成立珠海西部铁建城市开发有限公司。

2月23日,中铁二十局集团有限公司成立河南憬大建设有限公司。

2月27日,中国土木工程集团有限公司成立几内亚分公司。

同日,中铁二十局集团有限公司成立秘鲁分公司。

3月12日,合资成立南昌市新铁城建设有限公司,公司注册资本2000万元。其中,中铁十一局集团有限公司出资1900万元,占95%的股权;南昌市新建区城市建设投资发展有限公司出资100万元,占5%的股权。

同日,中铁十二局集团有限公司成立龙岩分公司。

同日,中铁十四局集团有限公司成立章丘分公司。

同日,中铁二十三局集团有限公司成立格鲁吉亚分公司。

同日,中铁建设集团有限公司成立六盘水分公司。

同日,合资成立苏州中铁融城地产开发有限公司,公司注册资本2000万元。其中,中铁第五勘察设计院集团有限公司出资1020万元,占51%的股权;中铁十八局出资980万元,占49%的股权。

同日,合资成立西安铁川环境治理有限公司,公司注册资本35696.81万元。其中,中铁建重庆投资集团有限公司出资14564.298万元,占40.8%的股权;中铁十四局出资7139.362万元,占20%的股权;中铁建生态环境有限公司出资6853.788万元,占19.2%的股权;西安市阎良区基础设施建设投资管理公司出资7139.362万元,占20%的股权。

3月20日,中铁十九局集团有限公司成立中铁十九局蒙古有限责任公司。

4月10日,中铁二十局集团有限公司成立中铁二十局集团巴伊亚建筑有限公司。

4月12日,中铁十八局集团有限公司成立第二工程有限公司石狮分公司。

4月16日,合资成立中铁建大桥工程局集团建筑装配科技有限公司,公司注册资本1亿元。其中,中国铁建大桥工程局集团有限公司出资9000万元,占90%的股权;天津静泓投资发展集团有限公司出资1000万元,占10%的股权。

同日,中铁十四局集团有限公司成立长清分公司。

同日,中铁十六局集团有限公司成立国际分公司。

同日,中铁十六局集团有限公司成立第二工程有限公司安庆分公司。

同日,中铁二十五局集团有限公司成立勘察设计院。

同日,中铁建设集团有限公司成立北京工程有限公司房山分公司。

同日,中国铁建房地产集团有限公司成立中铁建物业管理有限公司北京海淀分公司、北京朝阳第一分公司、北京平谷分公司、唐山分公司和太原分公司。

同日,合资成立杭州京江房地产开发有限公司,公司注册资本1亿元。其中,中国铁建房地产集团华东有限公司出资5000万元,占50%的股权;杭州滨熹投资管理有限公司出资5000万元,占50%的股权。

同日,合资成立杭州京宏房地产开发有限公司,公司注册资本5000万元。其中,中国铁建房地产集团华东有限公司出资3000万元,占60%的股权;浙江省交投地产集团有限公司出资2000万元,占40%的股权。

同日,中铁第五勘察设计院集团有限公司成立沈阳分公司。

同日,合资成立北京中铁互联智慧城市投资有限公司,公司注册资本2000万元。其中,铁五院出资900万元,占45%的股权;铁建投资出资800万元,占40%的股权;中铁十一局、中铁磁浮交通投资建设有限公司和中铁建设集团房地产有限公司各出资100万元,各占5%的股权。

同日,中国铁建投资集团有限公司成立建设管理分公司。

4月30日，中国铁建资产管理（香港）有限公司成立铁建诚安有限公司。

5月11日，中国铁建股份有限公司成立北京分公司。

5月31日，中铁二十三局集团有限公司成立第六工程有限公司资阳分公司。

同日，合资成立西安铁建景尚房地产开发有限公司，公司注册资本2000万元。其中，中国铁建房地产集团西南有限公司出资620万元，占31%的股权；陕西逸博置业有限公司出资400万元，占20%的股权；西安曲江大明宫置业有限公司出资980万元，占49%的股权。

同日，合资成立重庆铁诚房地产开发有限公司，公司注册资本800万元。其中，成都铁诚房地产开发有限公司出资720万元，占90%的股权；成都铁路地产置业有限公司出资80万元，占10%的股权。

同日，中国铁建房地产集团有限公司成立中铁建物业管理有限公司珠海分公司。

同日，合资成立杭衢铁路有限公司，公司注册资本300000万元。其中，中铁第四勘察设计院集团有限公司出资114000万元，占38%的股权；中铁四院集团投资有限公司出资9000万元，占3%的股权；中铁十一局出资15000万元，占5%的股权；中建铁路投资建设集团有限公司出资15000万元，占5%的股权；浙江省交通投资集团有限公司出资71340万元，占23.78%的股权；衢州市基础设施投资基金有限公司出资47580万元，占15.86%的股权；建德市交通发展投资有限公司出资28080万元，占9.36%的股权。

同日，合资成立四川遂德高速公路有限公司，公司注册资本10000万元。其中，中国铁建昆仑投资集团有限公司出资3000万元，占30%的股权；中铁建投资基金管理有限公司出资7000万元，占70%的股权。

同日，合资成立中铁建眉太高速公路有限公司，公司注册资本40000万元。其中，中国铁建出资400万元，占1%的股权；中铁建西北投资建设有限公司出资15200万元，占38%的股权；中铁建投资基金管理有限公司出资20400万元，占51%的股权；中铁十一局出资2000万元，占5%的股权；中铁十二局集团有限公司出资400万元，占1%的股权；中铁二十局集团有限公司出资1200万元，占3%的股权；中铁二十一局集团有限公司出资400万元，占1%的股权。

6月21日，中铁十四局集团有限公司成立长清平安分公司。

同日，中铁十八局集团有限公司成立塔吉克斯坦分公司。

同日，中铁十九局集团有限公司成立江达分公司。

同日，中铁二十局集团有限公司成立淄博分公司。

同日，中铁二十一局集团有限公司成立新疆分公司、重庆分公司、印度尼西亚代表处。

7月3日，合资成立中铁建国际投资有限公司，公司注册资本30亿元。其中，中国铁建出资15亿元，占50%的股权；中国土木工程集团有限公司出资9亿元，占30%的股权；中国铁建国际集团有限公司出资6亿元，占20%的股权。

同日，中国铁建房地产集团北方有限公司成立中铁房地产集团济南置业有限公司。

7月5日，中铁十二局集团有限公司成立市政工程有限公司陕西分公司。

同日，合资成立中铁建大桥工程局集团（天津）置业有限公司，公司注册资本3000万元。其中，中国铁建大桥局出资1530万元，占51%的股权；中铁十一局集团房地产开发有限公司出资1470万元，占49%的股权。

同日，中铁十四局集团有限公司成立城阳分公司。

同日，中铁十六局集团有限公司成立第一工程有限公司山东分公司。

同日，中铁二十一局集团德盛和置业有限公司成立济南德盛和置业有限公司。

同日，中铁建设集团有限公司成立中铁建设集团建筑发展有限公司。

同日，中国铁建房地产集团有限公司成立中铁房地产集团文旅发展有限公司。

同日，合资成立广州庆盛产业园开发管理有限公司，公司注册资本1亿元。其中，广州南沙产业投资有限公司出资3500万元，占35%的股权；中国铁建出资1000万元，占10%的股权；中铁建南沙投资发展有限公司出资5000万元，占50%的股权；铁四院、中铁二十五局集团有限公司、中铁建设集团南方工程有限公司、中铁十二局集团市政工程有限公司、中铁城建集团第二工程有限公司各出资100万元，各占1%的股权。

同日，合资成立兰州逸博新城房地产开发有限公司，公司注册资本980万元。其中，铁一院所属陕西逸博置业有限公司出资499.8万元，占51%的股权；兰州市城关区城市发展投资有限公司出资480.2万元，占49%的股权。

同日，合资成立贵州剑黎高速公路有限公司，公司注册资本2亿元。其中，中国铁建昆仑投资集团有限公司出资7000万元，占35%的股权；中铁建投资基金管理有限公司出资6820万元，占34.1%的股权；中国铁建大桥局、中铁十五局集团有限公司、中铁十六局集团有限公司、中铁十七局集团有限公司、中铁十八局、中铁十九局、中铁二十二局集团有限公司、中铁二十四局、铁四院各出资20万元，各占0.1%的股权；贵州高速公路集团有限公司出资6000万元，占30%的股权。

同日，合资成立丽江雪山轨道交通有限公司，公司注册资本2亿元。其中，中国铁建昆仑投资集团有限公司出资9728万元，占48.64%的股权；中铁二院工程集团有限责任公司出资4900万元，占24.5%的股权；中铁八局集团有限公司出资4900万元，占24.5%的股权；广州有轨电车有限责任公司出资400万元，占2%的股权；中铁二十五局、中国铁建电气化局集团有限公司各出资36万元，各占0.18%的股权。

同日，合资成立成都中铁建昆仑集团振蓉生态建设有限公司，公司注册资本5000万元。其中，中国铁建昆仑投资集团有限公司出资3500万元，占70%的股权；成都建工集团有限公司出资1500万元，占30%的股权。

同日，合资成立重庆轨道18号线建设运营有限公司，公司注册资本1亿元。其中，重庆城市交通开发投资（集团）有限公司出资4000万元，占40%的股权；中国铁建出资2499万元，占24.99%的股权；南京地铁运营有限责任公司出资1万元，占0.01%的股权；中铁建投资基金管理有限公司出资3500万元，占35%的股权。

同日，合资成立中铁建（银川）城市发展有限公司，公司注册资本5亿元。其中，中铁建西北投资建设有限公司出资19500万元，占39%的股权；银川市城市建设投资控股有限公司出资10000万元，占20%的股权；铁一院出资10000万元，占20%的股权；中国铁建大桥局、中铁二十一局、中铁二十三局各出资3500万元，各占7%的股权。

7月11日，中国土木工程集团有限公司成立埃塞俄比亚分公司、南非分公司。

同日，中铁十二局集团有限公司成立天津分公司。

同日，中铁建设集团有限公司成立物业管理有限公司涿州分公司。

同日，中国铁建房地产集团有限公司成立中铁建物业管理有限公司北京西城分公司。

同日，中国铁建房地产集团有限公司成立中铁房地产集团设计咨询有限公司唐山分公司、太原分公司。

7月15日，中国土木工程集团有限公司成立中土孟加拉有限公司。

同日，中国铁建房地产集团有限公司成立中铁建公寓管理有限公司贵阳分公司、合肥分公司。

同日，中国铁建房地产集团有限公司成立中铁建物业管理有限公司绍兴分公司、张家口分公司、毕节分公司。

8月2日，中铁二十二局集团有限公司成立中铁二十二局集团匈牙利有限公司。

8月9日，中国铁建股份有限公司成立中铁建中原投资建设有限公司。

同日，合资成立铁维智行（武汉）科技有限公司，公司注册资本1000万元。其中，中铁十一局出资600万元，占60%的股权；四维虫（武汉）科技有限公司出资400万元，占40%的股权。

同日，中铁十四局集团有限公司成立海南分公司。

同日，合资成立中铁建重庆石化销售有限公司，公司注册资本4000万元。其中，中铁建重庆投资集团有限公司出资2040万元，占51%的股权；中国石化销售股份有限公司出资1960万元，占49%的股权。

8月13日，合资成立凉山州大桥水库灌区二期工程开发有限公司，公司注册资本1亿元。其中，中国铁建大桥局出资5100万元，占51%的股权；凉山州大桥水电开发总公司出资4900万元，占49%的股权。

同日，中铁十四局集团有限公司成立杭州分公司、石河子分公司。

同日，中铁十四局集团有限公司成立第四工程有限公司资阳分公司、海南分公司。

同日，中铁十六局集团置业投资有限公司成立北京雅豪物业管理有限公司曹妃甸分公司。

同日，合资成立云南国振城乡投资有限公司，公司注册资本1000万元。其中，中铁十六局集团第四工程有限公司出资580万元，占58%的股权；云南宸熙城市运营投资有限公司出资420万元，占42%的股权。

同日，中铁十七局集团有限公司成立第六工程有限公司龙岩分公司、第二工程有限公司资阳分公司。

同日，中铁二十一局集团有限公司成立乌鲁木齐甘泉堡分公司。

同日，中铁二十二局集团有限公司成立北京分公司。

同日，中铁二十五局集团有限公司成立第三工程有限公司怀化分公司。

同日，中铁建设集团房地产开发有限公司成立内蒙古景晟发展有限公司。

同日，中国铁建房地产集团有限公司成立商业地产开发管理有限公司成都分公司。

同日，中铁城建集团房地产开发有限公司成立中铁城建淮安置业有限公司。

同日，合资成立中铁建投山东小清河开发有限公司，公司注册资本35亿元。其中，齐鲁交通发展集团有限公司出资7亿元，占20%的股权；铁建投资出资10.5亿元，占30%的股权；中铁建投资基金管理有限公司出资10.5亿元，占30%的股权；山东海洋集团有限公司出资3.5亿元，占10%的股权；中国铁建港航局集团有限公司出资3.5亿元，占10%的股权。

同日，合资成立四川成绵苍巴高速公路有限责任公司，公司注册资本1亿元。其中，四川高速公路建设开发集团有限公司出资4000万元，占40%的股权；中国铁建出资3950万元，占39.5%的股权；成都交通投资集团有限公司出资1950万元，占19.5%的股权；四川交投建设工程股份有限公司出资100万元，占1%的股权。

8月15日，中铁二十局集团房地产开发有限公司成立重庆崧骏房地产开发有限公司。

同日，合资成立唐山唐丰置业有限公司，公司注册资本1亿元。其中，唐山市丰润区城乡建设有限公司出资1000万元，占10%的股权；中铁建投资基金管理有限公司出资7000万元，占70%的股权；铁建投资出资1850万元，占18.5%的股权；中铁十六局出资100万元，占1%的股权；铁五院出资50万元，占0.5%的股权。

8月22日，中国铁建房地产集团有限公司成立北京同创共享会计服务中心。

8月28日，中国铁建股份有限公司成立中铁建发展集团有限公司。

8月30日，中铁四院集团房地产开发有限公司成立武汉铁科花山置业有限公司。

同日，合资成立中铁建投天津城市开发有限公司，公司注册资本1亿元。其中，铁建投资出资2500万元，占25%的股权；天津大邱庄控股有限公司出资1000万元，占10%的股权；中铁建投资基金管理有限公司出资5000万元，占50%的股权；中国铁建大桥局、中铁十五局、中铁十六局各出资500万元，各占5%的股权。

9月4日，中铁十一局集团有限公司成立中铁十一局集团建设发展有限公司、中铁十一局集团西安建设有限公司。

9月10日，中国铁建房地产集团有限公司成立中铁房地产集团重庆有限公司大渡口区分公司。

9月17日，中国铁建股份有限公司成立迪拜分公司。

同日，中铁十一局集团有限公司成立肯尼亚分公司。

同日，中铁十二局集团有限公司成立怀远分公司。

同日，中铁十五局集团有限公司成立成都交投昆仑建设工程有限公司。

同日，中铁十七局集团有限公司成立建筑工程有限公司濮阳县分公司。

同日，中铁十七局集团有限公司成立第四工程有限公司重庆物流分公司。

同日，中铁十八局集团有限公司成立第五工程有限公司海南分公司。

同日，中铁十八局集团有限公司成立福清分公司、(卡塔尔)公司。

同日，中铁二十局集团房地产开发有限公司成立重庆秦渝物业管理有限公司渭南分公司、西安分公司、秀山分公司。

同日，中铁二十局集团有限公司成立宜良分公司。

同日，中铁二十局集团有限公司成立第四工程有限公司瓮马铁路运营分公司。

同日，中铁二十局集团有限公司成立南昌市青云谱区分公司。

同日，中铁建设集团有限公司成立温州分公司、金华分公司。

同日，合资成立成都中铁建城投综合管廊建设管理有限公司，公司注册资本5000万元。其中，中国铁建昆仑投资集团有限公司出资3950万元，占79%的股权；成都市蓉城管线投资有限公司出资1000万元，占20%的股权；成都市市政工程设计研究院、成都市勘察测绘研究院各出资5万元，各占0.1%的股权；中国铁建大桥局、中铁十六局各出资20万元，各占0.4%的股权。

9月19日，中铁十四局集团有限公司成立中铁十四局集团海外发展有限公司。

同日,中国铁建电气化局集团有限公司成立中铁建电气化局集团运营维护管理有限公司。

同日,中国土木工程集团有限公司成立缅甸有限公司、突尼斯分公司。

10月12日,合资成立浙江盛天建设开发有限公司,公司注册资本2亿元。其中,中铁十八局集团房地产开发有限公司出资1.42亿元,占71%的股权;嵊州市城南建设投资有限公司出资0.58万元,占29%的股权。

同日,合资成立天津中宝冠城置业发展有限公司,公司注册资本5000万元。其中,中铁二十二局集团房地产开发有限公司出资3350万元,占67%的股权;天津冠城投资发展有限公司出资1650万元,占33%的股权。

10月15日,中铁十四局集团有限公司成立中铁十四局集团几内亚股份有限公司。

同日,合资成立达州达居房地产开发有限公司,公司注册资本1000万元。其中,中铁二十三局出资650万元,占65%的股权;中国铁建房地产集团西南有限公司出资300万元,占30%的股权;中铁二十三局集团建筑设计研究院有限公司出资50万元,占5%的股权。

11月1日,中国铁建股份有限公司成立中铁建长江投资建设有限公司、中铁建海南建设发展有限公司。

同日,中铁建南方建设投资有限公司成立深圳市深汕特别合作区中铁建建设投资有限公司。

同日,中铁十二局集团有限公司成立广州南沙区一、二建筑工程有限公司。

同日,中铁十六局集团有限公司成立中铁十六局集团工程检测有限公司。

同日,合资成立铁投中油能源有限公司,公司注册资本1亿元。其中,铁建投资所属中铁建公路运营有限公司出资6700万元,占67%的股权;中国石油天然气股份有限公司出资3300万元,占33%的股权。

同日,合资成立中铁建竹埠港新区建设开发有限公司,公司注册资本1亿元。其中,中铁建城市建设投资有限公司出资6990万元,占69.9%的股权;湘潭发展投资有限公司出资2000万元,占20%的股权;中铁建设集团有限公司出资1000万元,占10%的股权;中铁上海设计院集团有限公司出资10万元,占0.1%的股权。

11月4日,中铁二十三局集团有限公司成立中铁二十三局集团西北有限公司。

11月6日,中国铁建大桥工程局集团有限公司成立中铁建大桥工程局集团物资贸易有限公司江苏分公司。

同日,中铁建设集团有限公司成立物业管理有限公司包头分公司。

同日,中国铁建房地产集团有限公司成立设计咨询有限公司张家口分公司、绍兴分公司。

同日,合资成立遵义中铁京筑置业有限公司,公司注册资本2000万元。其中,中铁房地产集团(贵州)有限公司出资1800万元,占90%的股权;遵义市红花岗城市建设投资经营有限公司出资200万元,占10%的股权。

同日,中铁上海设计院集团有限公司成立广州分院、工程总承包分公司。

同日,中国铁建投资集团中铁建南方投资有限公司成立中铁建投(青岛)城市开发建设有限公司。

11月7日,中铁十一局集团有限公司成立中铁十一局集团华东建设有限公司。

11月13日,合资成立中铁十六局集团密云棚改房地产开发有限公司,公司注册资本100万元。其中,中铁十六局集团置业投资有限公司出资60万元,占60%的股权;中铁十六局集团路桥工程有限公司出资40万元,占40%的股权。

同日,中铁二十四局集团有限公司成立中铁二十四局集团桥梁建设有限公司。

同日,合资成立河北兴铁房地产开发有限公司,公司注册资本2000万元。其中,中国铁建房地产集团北方有限公司出资1400万元,占70%的股权;广州新铁鑫建投资有限公司出资600万元,占30%的股权。

同日,中国铁建重工集团股份有限公司成立新加坡分公司。

11月16日,中国铁建房地产集团有限公司成立温州天瓯置业有限公司。

同日,合资成立中铁房地产集团(贵阳)有限公司,公司注册资本2000万元。其中,中国铁建房地产集团(贵州)有限公司出资800万元,占40%的股权;中国铁建房地产集团北京投资管理有限公司出资1200万元,占60%的股权。

11月20日,合资成立广元中铁建阿达停车管理有限公司,公司注册资本5000万元。其中,中铁二十局出资 1250 万元,占 25% 的股权;阿达驻车投资管理有限公司出资 1000 万元,占 20% 的股权;正元地理信息集团股份有限公司出资 2250 万元,占 45% 的股权;广元市城建投资管理有限公司出资 500 万元,占 10% 的股权。

11 月 25 日,中国土木工程集团有限公司成立蒙古分公司。

11 月 27 日,中国土木工程集团有限公司成立哥伦比亚分公司。

同日,中国铁建港航局集团有限公司成立海外分公司。

同日,合资成立中铁上海设计院集团启东发展有限公司,公司注册资本 800 万元。其中,上海院出资 408 万元,占 51% 的股权;启东交通投资集团有限公司出资 392 万元,占 49% 的股权。

同日,中铁物资集团有限公司成立中铁物资集团重庆铁建贸易有限公司。

11 月 28 日,中国铁建股份有限公司成立拉斯海马分公司、沙迦分公司、富吉拉分公司。

同日,中国土木工程集团有限公司成立印度代表处、布基纳法索分公司、多米尼加分公司。

同日,中铁十四局集团有限公司成立山东正珩新材料科技有限责任公司。

同日,中铁十六局集团有限公司成立中铁十六局集团吉林市政工程有限公司。

同日,中铁二十局集团有限公司成立胶州分公司。

同日,中铁建设集团有限公司成立中南建设有限公司北京分公司。

同日,中国铁建房地产集团有限公司成立中铁建物业管理有限公司遵义分公司。

同日,中铁物资集团有限公司成立港澳有限公司北京分公司。

同日,合资成立平度市特色小镇建设管理有限公司,公司注册资本 29120 万元。其中,中铁建重庆投资集团有限公司出资 7280 万元,占 25% 的股权;中铁建投资基金管理有限公司出资 4659.2 万元,占 16% 的股权;中铁建生态环境有限公司出资 6988.8 万元,占 24% 的股权;平度市农业投资开发有限公司出资 10192 万元,占 35% 的股权。

12 月 9 日,中铁十五局集团路桥建设有限公司成立互联铁路工程(宁波)有限公司。

同日,中国铁建房地产集团武汉京铁房地产开发有限公司成立长沙京信房地产开发有限公司。

12 月 12 日,中铁十八局集团有限公司成立中铁十八局集团吉林建设管理有限公司。

12 月 17 日,中铁十七局集团有限公司成立中铁十七局集团长春市政建设有限公司。

同日,中铁二十二局集团有限公司成立中铁二十二局集团长春市政建设有限公司。

同日,中铁二十五局集团有限公司成立中铁二十五局集团长春地铁建设有限公司。

同日,中铁建设集团有限公司成立中铁建设集团(温州)房地产开发有限公司。

同日,中铁建设集团有限公司成立中铁建设(天津)发展有限公司。

同日,合资成立贵州乌长高速公路发展有限公司,公司注册资本 20000 万元。其中,中国铁建昆仑投资集团有限公司出资 6740 万元,占 33.7% 的股权;中铁建投资基金管理有限公司出资 6200 万元,占 31% 的股权;贵阳市交通投资发展集团有限公司出资 7000 万元,占 35% 的股权;中铁十八局、中铁二十局、铁一院各出资 20 万元,各占 0.1% 的股权。

12 月 20 日,合资成立中铁建康养投资有限公司,公司注册资本 20 亿元。其中,中国铁建出资 8 亿元,占 40% 的股权;中国铁建房地产集团有限公司出资 4 亿元,占 20% 的股权;铁建投资出资 4 亿元,占 20% 的股权;中铁建发展集团有限公司出资 4 亿元,占 20% 的股权。

同日,合资成立中铁建城市开发有限公司,公司注册资本 20 亿元。其中,中国铁建出资 10.2 亿元,占 51% 的股权;中铁地产出资 9.8 亿元,占 49% 的股权。

12 月 23 日,中铁十一局集团有限公司成立城市轨道武汉重型装备有限公司。

同日,中铁十五局集团有限公司成立新疆分公司。

同日,中铁十八局集团房地产开发有限公司成立张家口融旭房地产开发有限公司。

同日,合资成立陕西沣西梧桐书苑置业有限公司,公司注册资本 5000 万元。其中,中铁二十一局集团德盛和置业有限公司出资 3000 万元,占 60% 的股权;陕西省沣西置业有限公司出资 2000 万元,占 40% 的股权。

同日,合资成立中铁建投山西高速公路有限公司,公司注册资本 10000 万元。其中,铁建投资出资 3130 万元,占 31.3% 的股权;山西交通控股集团有限公司出资3000万元,占30%的股权;中铁建投资基金管理有限公司出资3570万元,占35.7%的股权;中国铁建大桥局、中铁十二局、中铁十七局各出资100万元,各占1%的股权。

同日,中国铁建投资集团有限公司成立中铁建投悦居有限公司。

同日,合资成立中铁建投兰州置业有限公司,公司注册资本10000万元。其中,铁建投资出资1150万元,占11.5%的股权;兰州市西固区城乡发展投资有限公司出资200万元,占2%的股权;中铁建投资基金管理有限公司出资7000万元,占70%的股权;中铁十五局、中铁二十局、中铁二十一局、中铁二十二局各出资400万元,各占4%的股权;铁一院出资50万元,占0.5%的股权。

同日,中国铁建股份有限公司成立成都中铁建昆仑轨道工程建设管理有限责任公司。

12月27日,中铁十六局集团有限公司成立中铁十六局集团湖北建材实业有限公司。

同日,合资成立重庆轨道江跳线建设运营有限公司,公司注册资本10000万元。其中,中铁十六局出资6300万元,占63%的股权;中铁十六局集团电气化工程有限公司出资2700万元,占27%的股权;重庆市铁路(集团)有限公司出资1000万元,占10%的股权。

12月31日,中铁十九局集团有限公司成立勘察设计院。

同日,中国铁建房地产集团有限公司成立中铁建物业管理有限公司达州分公司。

同日,中铁上海设计院集团有限公司成立中铁上海设计院集团工程咨询有限公司。 (陈向阳)

【机构更名】 2月1日,中铁建广州花都投资发展有限公司更名为中铁二十二局集团市政工程有限公司。

3月15日,中铁建昆仑投资集团有限公司更名为中国铁建昆仑投资集团有限公司。

3月22日,中国土木工程集团有限公司贝尔格莱德分公司更名为中国土木工程集团有限公司巴尔干分公司。

同日,中铁建港航局集团岩土工程有限公司更名为中铁建港航局集团长江工程有限公司。

4月16日,中铁房地产集团海外地产发展有限公司更名为中铁建公寓管理有限公司。

5月31日,南方一八工程有限公司更名为中铁十八局集团南方工程有限公司。

7月5日,中国铁建港航局集团有限公司孟加拉代表处更名为中国铁建港航局集团有限公司孟加拉分公司。

7月30日,中铁第五勘察设计院集团有限公司机场勘察设计院更名为中国铁建机场设计研究院。

8月27日,中铁二十一局集团有限公司塞尔维亚分公司更名为中铁二十一局集团有限公司贝尔格莱德分公司。

10月12日,北京中铁大都工程有限公司更名为中铁十八局集团北京工程有限公司。

同日,中铁建设集团湖北建设有限公司更名为中铁建设集团中南建设有限公司。

10月15日,中铁建设集团市政工程有限公司更名为中铁建设集团基础设施建设有限公司。

10月23日,北京华北投新机场高速公路有限公司更名为北京大兴国际机场北线高速公路有限公司。

同日,中铁房地产集团华东有限公司更名为中铁房地产集团上海置业有限公司。

同日,中铁房地产集团浙江京城投资有限公司更名为中铁房地产集团华东有限公司。

同日,北京铁城信诺工程检测有限公司更名为北京中铁交通认证检测有限公司。 (陈向阳)

【机构注销】 1月10日,中铁二十二局集团有限公司注销中铁二十二局集团海西投资有限公司。

1月18日,中铁二十二局集团有限公司注销北京天瑞泰投资有限公司。

3月11日,中铁二十三局集团有限公司注销四川致升建设工程咨询有限公司。

3月25日,中铁十一局集团有限公司注销云南长铁建筑工程有限公司。

5月13日,中铁二十局集团有限公司注销中铁二十局集团西安工程机械有限公司。

5月24日,中铁二十一局集团有限公司注销甘肃铁建物业管理有限公司。

5月29日,中铁二十五局集团有限公司注销柳州龙泰房地产开发有限公司。

6月26日,中铁十二局集团有限公司注销中铁十二局集团(赣州)建设工程有限公司。

7月3日,中铁十六局集团有限公司注销中铁十六局集团建工机械有限公司。

7 月 31 日,中铁物资集团有限公司注销中铁物资集团华中有限公司。

8 月 29 日,中铁第五勘察设计院集团有限公司注销铁研(福州)建设监理有限责任公司。

9 月 17 日,中国铁建重工集团股份有限公司注销昆明广维通机械设备有限公司。

12 月 4 日,中铁物资集团有限公司注销上海铁城实业有限公司。

12 月 12 日,中铁建设集团有限公司注销中铁建钢结构有限公司。　(陈向阳)

【区域经营机构、直管、托管项目设立、变更】　1 月 2 日,为进一步整合经营资源,完善区域市场布局,加快融入"一带一路""京津冀协同发展"和"长江经济带"等国家战略,做强做大区域市场,中国铁建区域经营机构由 12 个调整为 9 个。调整后的区域经营机构名称及区域划分为:中国铁建股份有限公司东北区域总部,负责辽宁省、吉林省、黑龙江省、内蒙古自治区市场;中国铁建股份有限公司华北区域总部,负责北京市、天津市、河北省市场;中国铁建股份有限公司中原区域总部,负责山西省、山东省、河南省市场;中国铁建股份有限公司华中区域总部,负责江苏省、安徽省、湖北省、湖南省市场;中国铁建股份有限公司华东区域总部,负责上海市、浙江省、江西省、福建省市场;中国铁建股份有限公司华南区域总部,负责广东省、广西壮族自治区市场;中国铁建股份有限公司重庆区域总部,负责重庆市市场;中国铁建股份有限公司西南区域总部,负责四川省、云南省、贵州省、西藏自治区、海南省市场;中国铁建股份有限公司西北区域总部,负责陕西省、甘肃省、宁夏回族自治区、青海省、新疆维吾尔自治区市场。

2 月 20 日,成立中国铁建股份有限公司珠三角城际琶洲支线 PZH－2 标段项目经理部,由中国铁建股份有限公司华南区域总部管理。

3 月 5 日,成立中国铁建股份有限公司天津地铁 6 号线工程(梅林路站至咸水沽西站)指挥部,由中国铁建股份有限公司华北区域总部管理。

3 月 8 日,成立中国铁建股份有限公司西藏指挥部。

6 月 13 日,成立中国铁建股份有限公司北部方向指挥部。

7 月 1 日,为深入贯彻军民融合发展战略,积极适应军事设施建设管理改革的新形势、新任务、新要求,加快推动中国铁建参与国防军工领域建设,加强军民融合业务统筹管理,成立中国铁建股份有限公司军民融合指挥部。股份公司西藏指挥部和北部方向指挥部由军民融合指挥部管理。

7 月 5 日,成立中国铁建股份有限公司南沙新区庆盛工程总承包项目部,由中铁建南沙投资发展有限公司管理。

8 月 13 日,成立中国铁建股份有限公司昆明飞虎大道项目工程总承包指挥部,由中国铁建股份有限公司西南区域总部管理。

同日,成立中国铁建股份有限公司深圳市城市轨道交通 5 号线工程施工总承包项目经理部,由中国铁建股份有限公司华南区域总部管理。

8 月 30 日,成立中国铁建股份有限公司重庆轨道 18 号线项目总承包指挥部,由中国铁建股份有限公司重庆区域总部管理。

9 月 2 日,成立中国铁道建筑集团有限公司总部建设指挥部。

11 月 7 日,成立中国铁建股份有限公司青岛海洋大学停车场项目经理部,由中国铁建投资集团有限公司管理。

11 月 16 日,成立中国铁建股份有限公司深汕合作区科教大道(望鹏大道至南山路)工程施工总承包项目经理部,由中国铁建股份有限公司华南区域总部管理。

12 月 17 日,成立中国铁建股份有限公司西安地铁 5 号线一期站后工程施工总承包项目经理部,由中国铁建股份有限公司西北区域总部管理。

12 月 25 日,成立中国铁建股份有限公司东部方向指挥部,由中国铁建股份有限公司军民融合指挥部管理。　(陈向阳)

【主要施工设备】　截至 2019 年底,中国铁建拥有机械动力设备 134159 台(套),原值 712.24 亿元、净值 287.72 亿元。其中,盾构机、TBM 365 台,铁路客运专线用 900～1000 吨箱梁运架一体机 20 台;架桥机 230 台,运梁车 259 台,提移梁机 113 台(套);移动模架 16 套,节段拼装造桥机 24 台,1600 吨箱梁提运架设备 4 台;大型施工船舶 16 艘;常规铁路架桥机 166 台,铺轨机 134 台;电气化施工设备 908 台(套),大型机械化整道设备 135 台。机械设备成新率 40.40%。(张宏成)

中国铁道建筑集团有限公司领导

董事长、党委书记	陈奋健
总经理、党委副书记、董事	庄尚标
党委副书记、职工董事	陈大洋
党委常委	刘汝臣
	王秀明
党委常委、纪委书记	李春德
党委常委	李　宁
	汪文忠

中国铁建股份有限公司领导

董事长、党委书记	陈奋健
总裁、党委副书记、执行董事	庄尚标
党委副书记、执行董事	陈大洋
党委常委、执行董事	刘汝臣
党委常委、总会计师 、总法律顾问、首席合规官	王秀明
党委常委、纪委书记	李春德
党委常委、副总裁	李　宁
	汪文忠
副总裁	刘成军
	王立新
	倪　真

中国铁建股份有限公司部门以上领导

总经济师	赵晋华
	孙公新
工会主席	史道泉
总工程师	雷升祥
董事会秘书	赵登善
监事会主席	曹锡锐(11 月免,调离)
安全总监	官山月(3 月任)
副总工程师	辛　实
	王清明
	陈勇鹏
	覃为刚(7 月任)
副总经济师	郝趁义
	李学福
纪委副书记	钱桂林
	由　建
工会副主席、女工委主任	白　晶
副总法律顾问	王甲国
总审计师、监事	刘正昶(1 月任总审计师)
安全副总监	李春霞(7 月任)

中国铁建股份有限公司部门正副职领导

董事会办公室

主任	靖　菁(12 月任)
副主任	王　强(12 月任)
	张　捷(12 月任)
证券事务代表	谢华刚(12 月任)

行政办公室(保卫部)

主任(部长)	陈建军(12 月任)
执行主任	顾传智(12 月任)
副主任(副部长)	马总路(12 月任)
副主任	李　冰(12 月任)
一级咨询	戴开扬(12 月任)
二级咨询	曹　军(12 月任)
	邵长亮(12 月任)

发展规划部

总经理	李吉锋(7 月任)
副总经理	白云飞(7 月任)
	杜经红(7 月任)
原巡视员	董跃君(11 月免,退休)

科技创新部(技术中心办公室)

总经理(主任)	许和平(12 月任)
副总经理(副主任)	贾志武(12 月任)
	张育红(12 月任)

经营计划部(军民融合办公室)

总经理(主任)	乔志东(12 月任)
副总经理(副主任)	吴文钊(12 月任)

运营管理部(总部集团战备部)
总经理(总部集团战备部总经理)　高晓东(12月任)
执行总经理　王旭永(12月任)
　沙明元(12月任)
副总经理　刘　晖(12月任)
二级咨询(总部集团战备部副总经理)　贾国林(12月任)

安全监督部
总经理　秦正刚(7月任)
副总经理　彭　锋(7月任)
　魏向阳(7月任)
　杨生荣(7月任)
二级咨询　仇　发(12月任)

投资开发部
总经理　陈梦月(12月任)
执行总经理　楼　翱(12月任)
二级咨询　荀照杰(12月任)

财务资金部
总经理　乔国英(12月任)
副总经理　王　磊(12月任)
　高继红(12月任)
　郭双来(12月任)

审计监事部
总经理　刘正昶(兼,12月任)
副总经理　李忠心(12月任)

法律合规部
总经理　王甲国(兼,7月任)
副总经理　刘　兵(7月任)
二级咨询　文荣周(12月任)

信息化管理部
总经理　曾宗根(7月任)
一级咨询　肖新华(12月任)

海外业务部(总部集团外事办公室)
总经理　曹保刚(12月任)
执行总经理(主任)　廖　军(12月任)
副总经理(副主任)　王永强(12月任)
　朱　勇(12月任)

党委办公室(党委统战部、团委)
主任(部长)、直属机关党委书记　沈玉泉(7月任)
副主任、保密办公室主任　梁树峰(7月任)
副主任(团委书记)　史昌盛(7月任)
二级咨询　王子利(12月任)

党委组织部(人力资源部)
职工监事、部长(总经理)　康福祥(7月任)
执行部长(执行总经理)　赵玉林(7月任)
副部长(副总经理)　杨　赳(7月任)

党委宣传部(企业文化部)
部长(总经理)、新闻发言人　刘树山(7月任)
副部长(副总经理)、铁道兵纪念馆馆长　钱东锋(7月任)
党建思想政治工作研究会副秘书长　王　洋(7月任)

党委巡视办
主任　张晓明(12月任)
党委巡视组组长　陈　涛
　董海军
党委巡视组副组长　毕天尧(3月免,调离)

纪委办公室
主任　陈建宏(7月任)

信访审理室
副主任　杜　军(12月任)

执纪审查室
主任　杜庆吉(12月任)
纪检专员　王共明(12月任)

工会工作部
部长、火车头体协秘书长　李　睿(7月任)
副部长、机关工会主席　吕向东(7月任)
副部长　李智伟(7月任)

总部房地产管理中心
主任　樊祜修(12月任)
副主任　童联合(12月任)

离退休职工管理中心
主任、党总支部书记　马吉财(7月任,10月免,退休)
副主任　高尚升(7月任)
　卜锦华(7月任)
原机关离退休职工管理部副巡视员　曾初雄(6月免,退休)

中国铁道建筑报社
社长、总编辑　王　利(7月任)
副总编辑　汪元章(7月任)
二级咨询　梅梓祥(12月任)

(王　炽)

中国铁道建筑集团有限公司所属单位组织序列

（2019年）

- 中国铁道建筑集团有限公司
  - 中国铁建股份有限公司
    - 中国土木工程集团有限公司
    - 中铁十一至十二局集团有限公司
    - 中国铁建大桥工程局集团有限公司
    - 中铁十四至二十五局集团有限公司
    - 中铁建设集团有限公司
    - 中国铁建电气化局集团有限公司
    - 中国铁建港航局集团有限公司
    - 中国铁建房地产集团有限公司
    - 中铁第一、第四、第五勘察设计院集团有限公司
    - 中铁上海设计院集团有限公司
    - 中铁物资集团有限公司
    - 中国铁建重工集团股份有限公司
    - 中国铁建国际集团有限公司
    - 中铁城建集团有限公司
    - 中国铁建投资集团有限公司
    - 中国铁建财务有限公司
    - 诚合保险经纪有限公司
    - 中铁建商务管理有限公司
    - 中铁建金融租赁有限公司
    - 中铁磁浮交通投资建设有限公司
    - 中铁建资产管理有限公司
    - 中铁建华南建设有限公司
    - 中铁建网络信息科技有限公司
    - 中铁建国际投资有限公司
    - 中铁建发展集团有限公司
    - 北京培训中心（党校）
  - 中铁建锦鲤资产管理有限公司
    - 北京通达京承高速公路有限公司
    - 西安天创房地产有限公司

（制图：陈向阳）

中国铁建股份有限公司总部组织序列

（2019年）

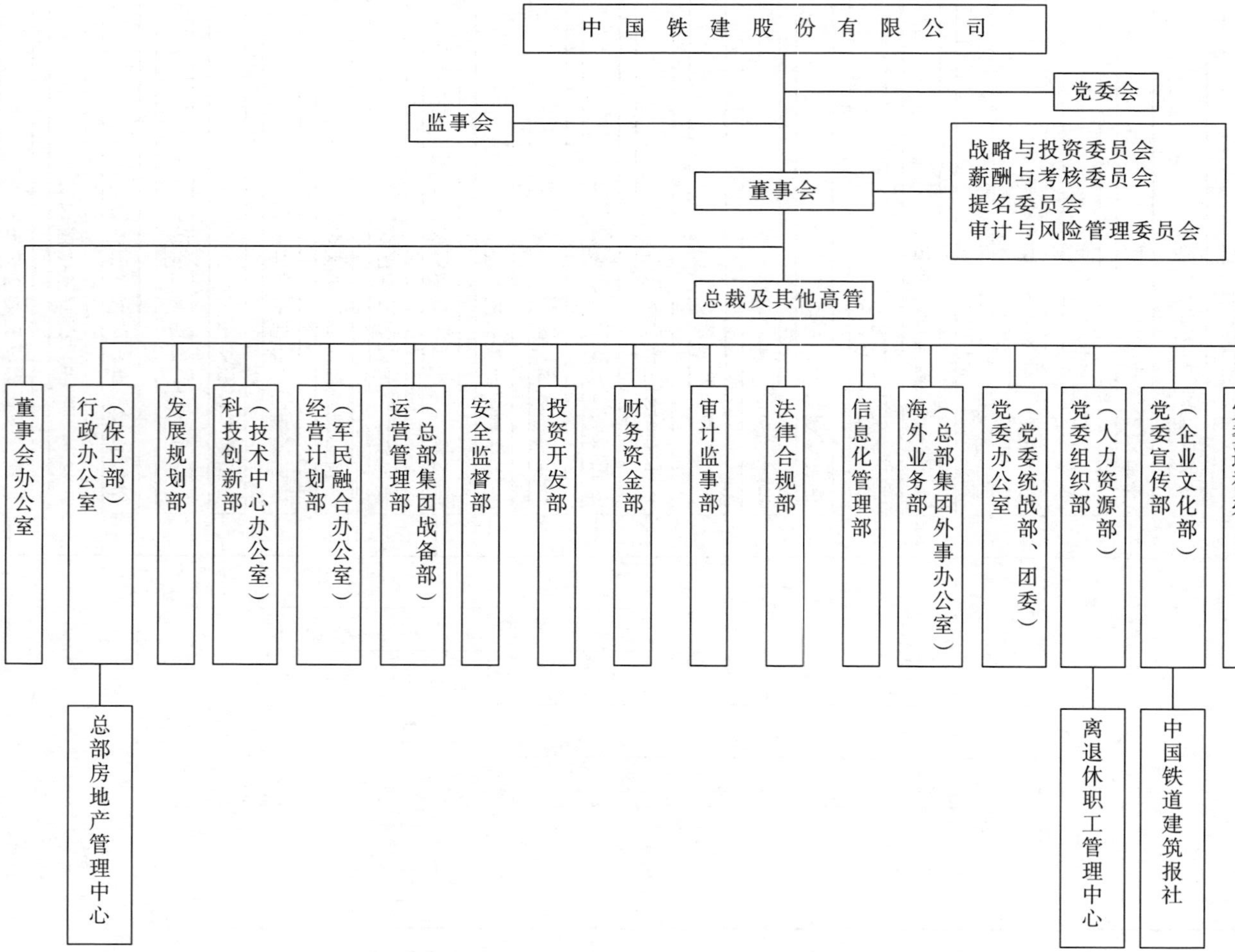

（制图：陈向阳）

中国铁建股份有限公司所属二级单位组织序列

（2019年）

- 中国铁建股份有限公司
  - 中国土木工程集团有限公司
  - 中铁十一局集团有限公司
  - 中铁十二局集团有限公司
  - 中国铁建大桥工程局集团有限公司
  - 中铁十四局集团有限公司
  - 中铁十五局集团有限公司
  - 中铁十六局集团有限公司
  - 中铁十七局集团有限公司
  - 中铁十八局集团有限公司
  - 中铁十九局集团有限公司
  - 中铁二十局集团有限公司
  - 中铁二十一局集团有限公司
  - 中铁二十二局集团有限公司
  - 中铁二十三局集团有限公司
  - 中铁二十四局集团有限公司
  - 中铁二十五局集团有限公司
  - 中铁建设集团有限公司
  - 中国铁建电气化局集团有限公司
  - 中国铁建港航局集团有限公司
  - 中国铁建房地产集团有限公司
  - 中铁第一勘察设计院集团有限公司
  - 中铁第四勘察设计院集团有限公司
  - 中铁第五勘察设计院集团有限公司
  - 中铁上海设计院集团有限公司
  - 中铁物资集团有限公司
  - 中国铁建重工集团股份有限公司
  - 中国铁建国际集团有限公司
  - 中铁城建集团有限公司
  - 中国铁建投资集团有限公司
  - 中国铁建财务有限公司
  - 诚合保险经纪有限公司
  - 中铁建商务管理有限公司
  - 中铁建金融租赁有限公司
  - 中铁磁浮交通投资建设有限公司
  - 中铁建资产管理有限公司
  - 中铁建华南建设有限公司
  - 中铁建网络信息科技有限公司
  - 中铁建国际投资有限公司
  - 中铁建发展集团有限公司
  - 北京培训中心（党校）

（制图：陈向阳）

中国铁道建筑集团有限公司党组织序列

（2019年）

- 中国铁道建筑集团有限公司党委
  - 中铁建锦鲤资产管理有限公司党委
  - 中国铁建股份有限公司党委
    - 集团公司（股份公司）直属机关党委
    - 中铁建国际投资有限公司党委
    - 中铁建网络信息科技有限公司党委
    - 股份公司党校（北京培训中心）党委
    - 中铁建华南建设有限公司党委
    - 中铁建资产管理有限公司党委
    - 中铁磁浮交通投资建设有限公司党委
    - 中铁建金融租赁有限公司党委
    - 中铁建商务管理有限公司党委
    - 诚合保险经纪有限责任公司党委
    - 中国铁建财务有限公司党委
    - 中国铁建投资集团有限公司党委
    - 中铁城建集团有限公司党委
    - 中国铁建国际集团有限公司党委
    - 中国铁建重工集团股份有限公司党委
    - 中铁物资集团有限公司党委
    - 中铁上海设计院集团有限公司党委
    - 中铁第五勘察设计院集团有限公司党委
    - 中铁第四勘察设计院集团有限公司党委
    - 中铁第一勘察设计院集团有限公司党委
    - 中国铁建房地产集团有限公司党委
    - 中国铁建港航局集团有限公司党委
    - 中国铁建电气化局集团有限公司党委
    - 中铁建设集团有限公司党委
    - 中铁二十五局集团有限公司党委
    - 中铁二十四局集团有限公司党委
    - 中铁二十三局集团有限公司党委
    - 中铁二十二局集团有限公司党委
    - 中铁二十一局集团有限公司党委
    - 中铁二十局集团有限公司党委
    - 中铁十九局集团有限公司党委
    - 中铁十八局集团有限公司党委
    - 中铁十七局集团有限公司党委
    - 中铁十六局集团有限公司党委
    - 中铁十五局集团有限公司党委
    - 中铁十四局集团有限公司党委
    - 中国铁建大桥工程局集团有限公司党委
    - 中铁十二局集团有限公司党委
    - 中铁十一局集团有限公司党委
    - 中国土木工程集团有限公司党委
    - 中国铁建股份有限公司军民融合指挥部党委
    - 中国铁建股份有限公司西北区域总部党委
    - 中国铁建股份有限公司西南区域总部党委
    - 中国铁建股份有限公司重庆区域总部党委
    - 中国铁建股份有限公司华南区域总部党委
    - 中国铁建股份有限公司华东区域总部党委
    - 中国铁建股份有限公司华中区域总部党委
    - 中国铁建股份有限公司中原区域总部党委
    - 中国铁建股份有限公司华北区域总部党委
    - 中国铁建股份有限公司东北区域总部党委

（制图：张按楠）

中国铁道建筑集团有限公司工会组织序列

（2019年）

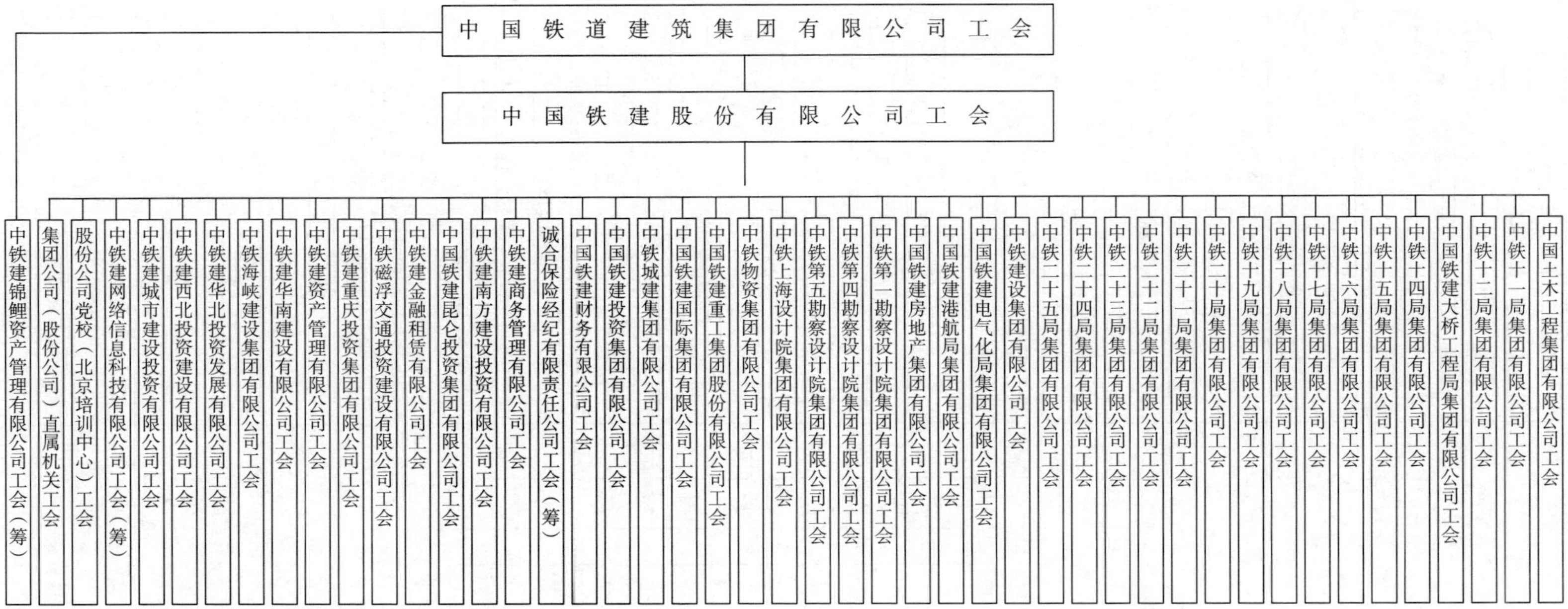

（制图：霍蓓蓓）

中国铁道建筑集团有限公司共青团组织序列

（2019年）

- 中国铁道建筑集团有限公司团委
  - 中国铁建股份有限公司团委
    - 中国土木工程集团有限公司团委
    - 中铁十一局集团有限公司团委
    - 中铁十二局集团有限公司团委
    - 中国铁建大桥工程局集团有限公司团委
    - 中铁十四局集团有限公司团委
    - 中铁十五局集团有限公司团委
    - 中铁十六局集团有限公司团委
    - 中铁十七局集团有限公司团委
    - 中铁十八局集团有限公司团委
    - 中铁十九局集团有限公司团委
    - 中铁二十局集团有限公司团委
    - 中铁二十一局集团有限公司团委
    - 中铁二十二局集团有限公司团委
    - 中铁二十三局集团有限公司团委
    - 中铁二十四局集团有限公司团委
    - 中铁二十五局集团有限公司团委
    - 中铁建设集团有限公司团委
    - 中国铁建电气化局集团有限公司团委
    - 中国铁建港航局集团有限公司团委
    - 中国铁建房地产集团有限公司团委
    - 中铁第一勘察设计院集团有限公司团委
    - 中铁第四勘察设计院集团有限公司团委
    - 中铁第五勘察设计院集团有限公司团委
    - 中铁上海设计院集团有限公司团委
    - 中铁物资集团有限公司团委
    - 中国铁建重工集团股份有限公司团委
    - 中国铁建国际集团有限公司团委
    - 中铁城建集团有限公司团委
    - 中国铁建投资集团有限公司团委
    - 中国铁建财务有限公司团委
    - 诚合保险经纪有限公司团委
    - 中铁建商务管理有限公司团委
    - 中铁磁浮交通投资建设有限公司团委
    - 中铁建华南建设有限公司团委
    - 中铁建网络信息科技有限公司团委
    - 中国铁建股份有限公司党校团工委
    - 中铁建南方建设投资有限公司团工委
    - 中国铁建昆仑投资集团有限公司团委
    - 中铁建金融租赁有限公司团委
    - 中铁建重庆投资集团有限公司团委
    - 中铁建资产管理有限公司团委
    - 中铁建城市建设投资有限公司团委

（制图：李长城）

2019 年 10 月 17—18 日，中国铁建股份有限公司二级公司董事会工作机构座谈会在山东省济南市召开。

（梁栋方　提供）

董事会工作

特载
大事记
概况
董事会工作
工程施工
海外业务
经营管理
综合管理
科技创新
党的工作
工会工作
区域总部
所属单位
人物
统计资料
文献辑要
附录

【中国铁道建筑集团有限公司董事会】 中国铁道建筑集团有限公司(以下简称总部集团)第一届董事会由陈奋健、庄尚标、陈大洋3名董事组成;董事长陈奋健,总经理、董事庄尚标,职工董事陈大洋。(赵登善)

【规范董事会工作】 总部集团董事会按照国资委关于建设规范董事会相关规定,不断完善公司法人治理,提高董事会决策的合规性、科学性。总部集团董事会积极组织董事参加国资委培训,不断提高履职能力。

(靖 菁)

【总部集团第一届董事会第12次会议】 2019年1月25日召开,会议审议通过《关于中国铁道建筑集团有限公司2019年度主要经济指标计划的议案》。

(孙 瞻)

【总部集团第一届董事会第13次会议】 2019年4月9日召开,会议审议通过《关于公司2018年度财务决算报告的议案》《关于公司2018年度国有资本收益上交的议案》《关于公司计提"三供一业"相关费用的议案》。(孙 瞻)

【总部集团第一届董事会第14次会议】 2019年5月21日召开,会议审议通过《关于公司2019年度工资总额预算方案的议案》《关于向中国铁建股份有限公司2018年年度股东大会提交临时提案的议案》。

(孙 瞻)

【总部集团第一届董事会第15次会议】 2019年5月27日召开,会议审议通过《关于公司2018年度工资总额预算执行情况的议案》《关于公司上交2018年度专项收益的议案》。(孙 瞻)

【总部集团第一届董事会第16次会议】 2019年6月26日召开,会议审议通过《关于确定公司所控股上市公司合理持股比例的议案》《关于公司金融机构综合授信的议案》《关于公司增加注册资本金的议案》。

(孙 瞻)

【总部集团第一届董事会第17次会议】 2019年8月1日召开,会议审议通过《关于将北京通达京承高速公路有限公司股权划转至中铁建锦鲤资产管理有限公司管理的议案》《关于公司增加注册资本金的议案》《关于公司投资央企扶贫基金三期的议案》。(孙 瞻)

【总部集团第一届董事会第18次会议】 2019年11月19日召开,会议审议通过《关于公司为阿联酋铁路二期项目出具履约保证的议案》。(孙 瞻)

【总部集团第一届董事会第19次会议】 2019年12月18日召开,会议审议通过《关于引入投资者对中铁十一局集团有限公司等四家子公司增资的议案》。

(孙 瞻)

【股东大会】 股东大会是股份公司的权力机构,依法行使下列职权:决定公司的经营方针和投资计划;选举和更换非由职工代表担任的董事、监事,决定有关董事、监事的报酬事项;审议批准董事会报告;审议批准监事会报告;审议批准公司的年度财务预算方案和决算方案;审议批准公司的利润分配方案和弥补亏损方案;对公司增加或者减少注册资本作出决议;对发行公司债券作出决议;对公司合并、分立、解散、清算或者变更公司形式作出决议;制定和修改公司章程,并批准《股东大会议事规则》《董事会议事规则》《监事会议事规则》;对公司聘用、解聘或者不再续聘会计师事务所作出决议;审议单独或者合计持有公司3%以上有表决权股份的股东提出的议案;审议批准公司在一年内购买、出售重大资产超过公司最近一期经审计总资产30%的事项;审议批准变更募集资金用途事项;审议批准股权激励计划;审议批准公司章程规定的对外担保事项;审议法律和公司股票上市地的证券监督规则规定的应当由股东大会审议批准的关联交易;审议依据法律、公司股票上市地的证券监督管理机构的相关规定及公司章程规定应当由股东大会决定的其他事项。

(靖 菁)

【中国铁建股份有限公司2018年度股东大会】 2019年6月18日,中国铁建股份有限公司(以下简称公司)2018年度股东大会以现场与网络相结合的方式召开,会议审议并通过《关于董事会2018年度工作报告的议案》《关于监事会2018年度工作报告的议案》《关于公司2018年度财务决算报告的议案》《关于公司

2018年度利润分配方案的议案》《关于公司2018年年报及其摘要的议案》《关于核定公司2019年全资子公司担保额度的议案》《关于支付2018年审计费用和聘请2019年度外部审计机构的议案》《关于2018年度董事、监事薪酬的议案》《关于修订〈中国铁建股份有限公司董事、监事薪酬管理办法〉的议案》《关于公司执行董事人选的议案》《关于中国铁建房地产集团有限公司为参股公司贷款提供担保的议案》《关于修订〈中国铁建股份有限公司章程〉的议案》《关于公司增加境内外债券发行额度的议案》《关于授予董事会发行股份一般性授权的议案》，听取公司独立董事2018年度履职情况报告。（王　强）

【2019年第一次临时股东大会】 2019年12月18日，公司2019年第一次临时股东大会以现场与网络相结合的方式召开，会议审议并通过《关于修订〈中国铁建股份有限公司章程〉的议案》。（孙　瞻）

【中国铁建股份有限公司董事会】 2019年6月18日，经公司2018年年度股东大会审议通过，增补陈大洋为公司执行董事。截至2019年12月31日，公司第四届董事会由9名董事组成：董事长、执行董事陈奋健，执行董事、总裁庄尚标，执行董事陈大洋、刘汝臣，非执行董事葛付兴，独立非执行董事王化成、辛定华、承文、路小蔷。

董事会对股东大会负责，按照《中国铁建股份有限公司章程》依法行使职权。董事会下设提名、战略与投资、薪酬与考核、审计与风险管理4个专门委员会。董事会制定《董事会议事规则》、各专门委员会工作细则及《独立董事工作制度》等法人治理相关工作制度。（赵登善）

【董事会提名委员会】 提名委员会负责规范公司董事、总裁及其他高级管理人员的选择标准和程序，执行及检讨董事会成员多元化政策等。2019年6月18日，经公司第四届董事会第22次会议审议通过，增补陈大洋为董事会提名委员会委员。截至2019年12月31日，公司第四届董事会提名委员会由陈奋健、陈大洋、王化成、辛定华、承文5名董事组成，陈奋健任提名委员会主席。2019年，董事会提名委员会未召开会议。

（赵登善）

【董事会战略与投资委员会】 战略与投资委员会负责对公司发展战略规划和重大投资决策进行研究并提出建议。公司第四届董事会战略与投资委员会由庄尚标、刘汝臣、葛付兴、王化成、辛定华5名董事组成，庄尚标任战略与投资委员会主席。2019年，董事会战略与投资委员会分别于1月12日、1月15日、2月26日、3月27日、4月28日、5月9日、5月30日、6月18日、7月16日、8月13日、8月29日、9月17日、10月8日、10月29日、11月20日、12月10日、12月18日和12月19日召开18次会议，审议79项议题。

（赵登善）

【董事会薪酬与考核委员会】 薪酬与考核委员会负责制定、审查公司董事及高级管理人员的薪酬政策与方案；负责研究公司董事及高级管理人员的考核标准、进行考核并提出建议。公司第四届董事会薪酬与考核委员会由承文、葛付兴、路小蔷3名董事组成，承文任薪酬与考核委员会主席。2019年，董事会薪酬与考核委员会分别于3月27日、4月28日、10月29日召开3次会议，审议6项议题。（赵登善）

【董事会审计与风险管理委员会】 审计与风险管理委员会主要负责提议公司外部审计机构的聘请、更换；公司内部审计制度的监督；公司内外部审计的沟通、监督和核查；财务信息及其披露的审阅；内控制度的审查；公司风险管理策略和解决方案的制定，重大决策、重大事件、重要业务流程的风险控制、管理、监督和评估等工作。公司第四届董事会审计与风险管理委员会由王化成、葛付兴、辛定华、承文、路小蔷5名董事组成，王化成任审计与风险管理委员会主席。2019年，董事会审计与风险管理委员会分别于1月9日、3月20日、3月27日、4月28日、8月29日、10月29日、12月17日召开7次会议，审议18项议题。（赵登善）

【董事会秘书】 公司设董事会秘书1人，由董事会聘任和解聘。董事会秘书为公司的高级管理人员，对董事会负责。其主要职责：(1)组织筹备并列席董事会会议及其专门委员会会议、监事会会议和股东大会会议。(2)确保公司董事会决策的重大事项严格按规定的程序进行。根据董事会的要求，参加组织董事会决策事项的咨询、分析，提出相应的意见和建议。受委托承办董事会及其有关委员会的日常工作。(3)作为公司与证券监管部门的联络人,负责组织准备和及时递交监管部门所要求的文件,负责接受监管部门下达的有关任务并组织完成。(4)负责协调和组织公司信息披露事宜,建立健全有关信息披露的制度,参加公司所有涉及信息披露的有关会议,及时知晓公司重大经营决策及有关信息资料。(5)负责公司股价敏感资料的保密工作,并制定行之有效的保密制度和措施。对于各种原因引起公司股价敏感资料外泄,要采取必要的补救措施,及时加以解释和澄清,并通告公司股票上市地监管机构。(6)负责公司投资者关系管理事务,完善公司投资者的沟通、接待和服务工作机制。(7)负责协调来访接待,保持与新闻媒体的联系,负责协调解答社会公众的提问,并组织向中国证监会报告有关事宜。(8)协助公司董事会制定公司资本市场发展战略,协助筹划或者实施公司资本市场再融资或者并购重组事务。(9)保证公司的股东名册妥善设立,保证有权得到公司有关记录和文件的人及时得到有关记录和文件;负责公司股权管理事务,包括保管公司股东持股资料,办理公司限售股相关事项,督促公司董事、监事、高级管理人员及其他相关人员遵守公司股份买卖相关规定及其他公司股权管理事项。(10)协助董事及总裁在行使职权时切实履行境内外法律、公司章程及其他有关规定。在知悉公司作出或可能作出违反有关规定的决议时,有义务及时提醒,并有权如实向中国证监会及其他监管机构反映情况。(11)协调向公司监事会及其他审核机构履行监督职能提供必要的信息资料,协助做好对有关公司财务负责人、公司董事和总裁履行诚信责任的调查。(12)履行董事会授予的其他职权以及公司股票上市地要求具有的其他职权。

(赵登善)

【第四届董事会第 15 次会议】 2019 年 1 月 12 日以通讯表决方式召开。会议审议通过《关于公司参与京昆高速公路绵阳至成都段扩容,绵阳至苍溪高速公路、苍溪至巴中高速公路 BOT 项目投标的议案》。

(孙　瞻)

【第四届董事会第 16 次会议】 2019 年 1 月 16 日在中国铁建大厦 14 层第 2 会议室召开。会议审议通过《关于公司 2018 年生产经营计划完成情况和 2019 年生产经营计划方案的议案》《关于公司 2018 年企业投资完成情况和 2019 年企业投资方案的议案》《关于公司 2019 年度主要经济指标计划的议案》《关于公司本部银行综合授信的议案》《关于组建海外投资平台公司的议案》《关于中国铁建重工集团有限公司改制设立中国铁建重工集团股份有限公司的议案》《关于〈公司 2019 年度全面风险管理报告〉的议案》《关于公司 2019 年度审计工作思路及审计工作计划的议案》《关于中国铁建投资集团有限公司、中国铁建港航局集团有限公司组成联合体参与小清河复航工程 PPP 项目投标的议案》《关于中国铁建昆仑投资集团有限公司等单位组成联合体参与江苏省江阴市高铁站综合交通枢纽 PPP 项目投标的议案》《关于中国铁建昆仑投资集团有限公司等单位组成联合体参与贵州省剑河至黎平高速公路 PPP 项目投标的议案》。

(孙　瞻)

【第四届董事会第 17 次会议】 2019 年 2 月 26 日以通讯表决方式召开。会议审议通过《关于中铁第四勘察设计院集团有限公司、中铁十一局集团有限公司等单位组成联合体参与新建杭衢铁路(建衢段)PPP 项目投标的议案》《关于中铁十七局集团有限公司等单位组成联合体参与贵州省金沙经仁怀至桐梓高速公路 PPP 项目投标的议案》《关于中铁建设集团有限公司、中铁十五局集团有限公司等单位认购北京城市副中心投资基金的议案》《关于〈中国铁建董事会 2019 年工作要点〉的议案》。

(孙　瞻)

【第四届董事会第 18 次会议】 2019 年 3 月 28 日在中国铁建大厦 14 层第 2 会议室召开。会议审议通过《关于公司 2018 年度财务决算报告的议案》《关于公司 2018 年度利润分配方案的议案》《关于公司计提减值准备方案的议案》《关于核定公司 2019 年全资子公司担保额度的议案》《关于公司增加境内外债券发行额度的议案》《关于公司 2018 年年报及其摘要的议案》《关于公司 2018 年度董事会工作报告的议案》《总裁 2018 年度工作报告》《关于公司 2018 年度社会责任报告的议案》《关于公司 2018 年度内部控制评价报告的议案》《关于支付 2018 年审计费用和聘请 2019 年度外部审计机构的议案》《关于 2018 年度董事、监事薪酬的议案》《关于修订〈中国铁建股份有限公司董事、监事薪酬管理办法〉的议案》《关于修订〈中国铁建股份有限公司高级管理人员薪酬管理办法〉的议案》《关于公司参与G7611线昭通(川滇界)至西昌段高速公路项目投标的议案》《关于公司参与重庆轨道交通4号线、5A线PPP项目投标的议案》《关于中铁十四局集团有限公司认购北京城市副中心投资基金的议案》《关于公司参与泰国林查班港口三期工程F码头项目投标的议案》《关于授予董事会发行股份一般性授权的议案》《关于召开公司2018年度股东大会审议相关事宜的议案》。 (孙 瞻)

【第四届董事会第19次会议】 2019年4月29日在中国铁建大厦14层第2会议室召开。会议审议通过《关于公司2019年第一季度报告的议案》《关于公司会计政策变更的议案》《关于董事会对总裁2018年度和2016—2018年任期绩效考核结果的议案》《关于董事会对总裁2019年度和2019—2021年任期绩效考核方案的议案》《关于成立中国铁建股份有限公司北京分公司的议案》《关于中国铁建股份有限公司公路资质重组平移的议案》《关于公司牵头组成联合体参与天津地铁7号线、11号线一期工程PPP项目投标的议案》《关于中铁建西北投资建设有限公司牵头组成联合体参与银川市中北部片区土地整理项目(首开区)投标的议案》。 (孙 瞻)

【第四届董事会第20次会议】 2019年5月9日以通讯表决方式召开。会议审议通过《关于中国铁建昆仑投资集团有限公司、中铁第一勘察设计院集团有限公司等单位组成联合体参与贵州省乌当(羊昌)至长顺高速公路PPP项目投标的议案》。 (孙 瞻)

【第四届董事会第21次会议】 2019年5月30日以通讯表决方式召开。会议审议通过《关于中国铁建房地产集团有限公司为参股公司贷款提供担保的议案》《关于中国铁建投资集团有限公司为参股公司贷款提供担保的议案》《关于为萨勒曼国王能源城南部和北部基础设施及管线项目出具履约保证的议案》《关于中国铁建投资集团有限公司、中铁十五局集团有限公司等单位组成联合体参与320国道桐乡凤鸣至大麻段改建工程PPP项目投标的议案》《关于中国铁建投资集团有限公司、中铁第一勘察设计院集团有限公司等单位组成联合体参与京新高速(G7)伊吾至巴里坤至木垒公路PPP项目投标的议案》《关于修订〈中国铁建股份有限公司章程〉的议案》。 (孙 瞻)

【第四届董事会第22次会议】 2019年6月18日在中国铁建大厦14层第2会议室召开。会议审议通过《关于增补董事会提名委员会组成人员的议案》《关于在广州南沙成立海外投资公司的议案》《关于成立中国铁建股份有限公司迪拜分公司等4家分公司的议案》《关于调整公司总部机构编制和职能的议案》《关于确定公司所控股上市公司合理持股比例的议案》《关于中国铁建投资集团有限公司等单位组成联合体参与天津市静海区大邱庄镇农民安置用房PPP项目投标的议案》《关于中国铁建投资集团有限公司等单位组成联合体参与唐山市丰润区棚户区改造项目投标的议案》《关于中国铁建投资集团有限公司参与调整后青岛蓝谷核心区棚户区改造项目投资的议案》。 (孙 瞻)

【第四届董事会第23次会议】 2019年7月16日以通讯表决方式召开。会议审议通过《关于中国铁建投资集团有限公司等单位组成联合体参与G3511菏宝线临猗黄河大桥及引线工程、运三高速三门峡公铁黄河大桥连接线工程PPP项目投标的议案》《关于中铁建资产管理有限公司、中铁建重庆投资集团有限公司联合重庆高速公路集团有限公司和重庆高速公路产业股权投资基金管理有限公司发起设立商业保理公司的议案》。 (孙 瞻)

【第四届董事会第24次会议】 2019年8月13日以通讯表决方式召开。会议审议通过《关于设立中铁建发展有限公司的议案》《关于向所属二级单位增加注册资本金的议案》《关于中国铁建昆仑投资集团有限公司等单位组成联合体参与贵州省贵阳经金沙至古蔺(黔川界)高速公路PPP项目投标的议案》《关于中国铁建昆仑投资集团有限公司等单位组成联合体参与贵州省桐梓至新蒲高速公路PPP项目投标的议案》。 (孙 瞻)

【第四届董事会第25次会议】 2019年8月30日在中国铁建大厦14层第2会议室召开。会议审议通过《关于公司2019年半年报及其摘要的议案》《关于中国铁建投资集团有限公司入股延安万达城置业有限公司合作开发延安市万达城项目的议案》《关于中国铁建投资集团有限公司等单位组成联合体参与肇庆市国家高新区产业园综合开发项目投标的议案》《关于中国铁建投资集团有限公司等单位组成联合体参与兰州市西固区棚户区改造项目投标的议案》。（孙　瞻）

【第四届董事会第 26 次会议】 2019 年 9 月 17 日以通讯表决方式召开。会议审议通过《关于中铁建城市建设投资有限公司等单位组成联合体参与无锡至江阴城际轨道交通工程 PPP 项目投标的议案》《关于中铁建重庆投资集团有限公司等单位组成联合体参与江津至泸州北线高速公路、渝武高速公路扩能（北碚至合川段）和铜梁至安岳高速公路（重庆段）BOT 项目投标的议案》《关于中铁十六局集团有限公司参与重庆市郊铁路（轨道交通延长线）跳蹬至江津线 B 包 PPP 项目投标的议案》。（孙　瞻）

【第四届董事会第 27 次会议】 2019 年 10 月 8 日以通讯表决方式召开。会议审议通过《关于中国铁建投资集团有限公司等单位组成联合体参与许昌市忠武路区域开发建设项目投标的议案》《关于中国铁建投资集团有限公司等单位组成联合体参与长沙高铁西站产业新城一期工程 PPP 项目投标的议案》。（孙　瞻）

【第四届董事会第 28 次会议】 2019 年 10 月 30 日在中国铁建大厦 14 层第 2 会议室召开。会议审议通过《关于公司与保险公司合作开展类永续债融资的议案》《关于公司 2019 年第三季度报告的议案》《关于公司 2018 年度和 2016—2018 年任期高级管理人员薪酬兑现方案的议案》《关于公司 2019 年度内部控制评价及考核工作实施方案的议案》《关于修订〈中国铁建股份有限公司章程〉的议案》《关于召开公司 2019 年第一次临时股东大会的议案》《关于变更中国铁建俄罗斯有限公司法定代表人的议案》《关于公司等单位组成联合体参与银川至昆明公路宁夏境太阳山开发区至彭阳（宁甘界）段 PPP 项目投标的议案》《关于中国铁建投资集团有限公司等单位组成联合体参与中国北方鞋都（高邑）特色小镇 PPP 项目投标的议案》《关于公司等单位组成联合体参与滇中引水工程项目投标的议案》《关于中国铁建昆仑投资集团有限公司参与调整后德阳中江至遂宁高速公路 BOT 项目投资的议案》《关于中国铁建投资集团有限公司与中铁十五局集团有限公司组成联合体参与乌鲁木齐国际机场北区改扩建工程 PPP 项目 B 标段投标的议案》《关于中国铁建投资集团有限公司等单位组成联合体参与黄冈临空经济起步区白潭湖片区综合开发项目投标的议案》《关于中国土木工程集团有限公司参与哥伦比亚波哥大西部有轨电车特许经营项目投标的议案》《关于中铁第四勘察设计院集团有限公司与中铁十四局集团有限公司组成联合体参与杭州市富阳区秦望通道工程项目投标的议案》《关于中国铁建投资集团有限公司等单位组成联合体参与山东省泰安至东平高速公路项目投标的议案》《关于中铁二十三局集团有限公司参与天府新区仁寿县交通基础设施 PPP 项目投标的议案》。

（孙　瞻）

【第四届董事会第 29 次会议】 2019 年 11 月 20 日以通讯表决方式召开。会议审议通过《关于成立中国铁建股份有限公司阿布扎比分公司的议案》《关于中铁二十局集团有限公司参与巴西萨尔瓦多—伊塔帕里卡岛大桥道路系统 PPP 项目投资的议案》《关于中铁建设集团有限公司、中铁十二局集团有限公司等单位认购北京大兴国际机场临空经济区发展基金的议案》。

（孙　瞻）

【第四届董事会第 30 次会议】 2019 年 12 月 10 日以通讯表决方式召开。会议审议通过《关于中国铁建投资集团有限公司等单位组成联合体参与新建铁路杭州经绍兴至台州线温岭至玉环段 PPP 项目投标的议案》《关于公司等单位组成联合体参与渝湘复线（主城至酉阳段）、武隆至道真（重庆段）高速公路 PPP 项目投标的议案》。（孙　瞻）

【第四届董事会第 31 次会议】 2019 年 12 月 18 日在中国铁建大厦 14 层第 2 会议室召开。会议审议通过《关于公司 2020 年度审计工作思路及审计工作计划的议案》《关于中铁建国际投资有限公司收购西班牙 A 公司的议案》《关于设立中铁建资本控股集团有限公司的议案》《关于设立中铁建城市开发运营有限公司的议案》《关于设立中铁建康养投资有限公司的议案》《关于续签〈服务互供框架协议〉和拟定 2020—2022

年持续关联交易上限的议案》《关于续签〈房屋租赁框架协议〉和拟定2020—2022年持续关联交易上限的议案》《关于中铁建资产管理有限公司投资部分子公司永续债权额度的议案》《关于为泰国东部经济走廊连接三个机场高速铁路项目提供股东担保函的议案》《关于引入投资者对中铁十一局集团有限公司等4家子公司增资的议案》《关于中国铁建重工集团股份有限公司首次公开发行股票并在上海证券交易所科创板上市的议案》《关于公司所属企业分拆上市符合〈上市公司分拆所属子公司境内上市试点若干规定〉的议案》《关于分拆中国铁建重工集团股份有限公司于科创板上市有利于维护股东和债权人合法权益的议案》《关于公司保持独立性及持续经营能力的议案》《关于中国铁建重工集团股份有限公司具备相应的规范运作能力的议案》《关于授权董事会及其授权人士全权办理与铁建重工在科创板上市有关事宜的议案》《关于召开公司2020年第一次临时股东大会的议案》《关于中国铁建投资集团有限公司等单位组成联合体参与廊坊临空经济区起步区棚户区改造项目投标的议案》《关于中国铁建投资集团有限公司参与昆明昆钢本部搬迁转型片区开发项目投标的议案》《关于中国铁建投资集团有限公司等单位组成联合体参与潍坊站南广场片区综合开发PPP项目投标的议案》《关于中铁建西北投资建设有限公司等单位组成联合体参与西安渭北工业区临潼现代工业组团综合开发项目投标的议案》《关于公司等单位组成联合体参与天津地铁4号、8号线一期工程PPP项目投标的议案》《关于中铁十四局集团有限公司参与临沂市河东区凤凰岭产城融合项目投标的议案》《关于中铁十八局集团有限公司参与嵊州市片区综合开发项目投标的议案》《关于中国铁建投资集团有限公司参与投资恒大深圳建设集团大院项目的议案》《关于中国铁建投资集团有限公司、中铁建华北投资发展有限公司参与国道109新线高速公路(西六环路至市界段)PPP项目投标的议案》《关于中国铁建昆仑投资集团有限公司调整曲靖三宝至昆明清水高速公路(昆明段)PPP项目投资总额及政府补贴方案的议案》。 （孙　瞻）

【第四届董事会第32次会议】 2019年12月19日以通讯表决方式召开。会议审议通过《〈关于分拆所属子公司中国铁建重工集团股份有限公司至科创板上市的预案〉和授权相关人士予以修改的议案》。

（孙　瞻）

【完善公司法人治理制度】 董事会持续加强制度建设,按照国资委、中国证监会、证券交易所等监管机构的有关规定,结合企业实际情况,进一步完善法人治理制度。2019年,修订《中国铁建股份有限公司章程》《中国铁建股份有限公司董事、监事薪酬管理办法》《中国铁建股份有限公司高级管理人员薪酬管理办法》等制度,把设立合规委员会、聘任首席合规官等内容写入公司章程。 （王　强）

【外部董事专题调研】 2019年,董事会围绕"海外优先"战略实施情况、区域总部运行情况、部分拟投资重大项目,组织外部董事调研活动3次,考察13个二级单位和22个重点项目,为科学决策创造条件。7月15—22日,股份公司非执行董事葛付兴,独立非执行董事王化成、辛定华、承文、路小蔷,到新疆调研西北区域经营情况及重点项目实施情况。10月10—13日,股份公司非执行董事葛付兴,独立非执行董事王化成、辛定华、承文、路小蔷,到俄罗斯市场进行专题调研。11月26日至12月5日,股份公司非执行董事葛付兴,独立非执行董事王化成、辛定华、承文、路小蔷,到柬埔寨、泰国和马来西亚调研市场情况、在建及跟踪重点项目。 （孙　瞻　李　静　王海强）

【组织公司董事、董秘参加培训】 按照国资委、上海证券交易所等有关监管机构要求,组织公司董事、董事会秘书参加董事会规范运作专题研讨及上市公司合规运作专题培训。2019年,组织公司董事、董事会秘书参加相关培训13人次。 （王海强）

【董事会办公室】 董事会办公室为公司董事会的常设工作机构,负责公司董事会日常工作事务,负责筹备、组织股东大会、董事会及其各专门委员会会议,负责董事会决议执行情况的监督和信息反馈;负责起草董事会重要文件及各项工作制度,负责公司章程等法人治理制度的修订;负责董事会印章管理,处理法人代表授权委托事项;负责为董事履职提供工作服务,组织外部董事调研,组织董事、监事、高级管理人员参加国资委、证券监管机构的履职培训;负责组织公司资本市场再融资和所属子公司分拆上市等相关工作；负责公司对外信息披露工作；负责组织编制年报、半年报、季度报告等定期报告；负责投资者关系管理，组织路演推介、业绩发布会、投资者见面会、投资者来电来函来访接待等活动；负责董事会与公司内外部及监管机构的联络与沟通；负责针对外部资本市场的信息监控与分析；负责二级公司董事会规范运作业务指导及考核评价；负责重大信息内部报告、内幕信息管理工作；负责参加二级公司股东大会的股东代表行使决策意见的沟通与协调；承办总部集团董事会相关工作；完成公司领导交办的其他工作。董事会办公室下设秘书处、投资者关系处和股权代表管理处；定员 14 人，其中主任 1 人、副主任 2 人，证券事务代表 1 人。

2019 年，按照《董事会 2019 年工作要点》的总体部署，围绕董事会规范运作，持续完善公司治理与制度建设，筹备召开各类决策会议，做好信息披露与投资者关系管理，进一步加强二级公司董事会建设，开展股权再融资工作，充分发挥部门的职能作用，为企业改革与发展服务。

（靖　菁）

【《中国铁道建筑集团有限公司章程》印发】 经北京市工商行政管理局核准，中国铁道建筑有限公司名称变更为中国铁道建筑集团有限公司。2018 年 12 月 6 日，《中国铁道建筑集团有限公司章程》经国务院国有资产监督管理委员会批准（国资改革〔2018〕896 号）。2019 年 1 月 23 日，正式印发《中国铁道建筑集团有限公司章程》（中铁建董〔2019〕5 号）。（李　静）

【《中国铁建股份有限公司章程》修订】 2019 年，根据公司股票上市地相关法律法规的要求和公司的实际情况，经董事会、股东大会审议通过，《中国铁建股份有限公司章程》全年进行两次修订。其中，第 1 次修订：根据中国证监会发布的《关于修改〈上市公司章程指引〉的决定》（中国证券监督管理委员会公告〔2019〕10 号）和中国共产党第十九次全国代表大会对《中国共产党章程》的有关修改，结合公司实际情况，修订《中国铁建股份有限公司章程》相关条款，并经 2019 年 6 月 18 日召开的公司 2018 年年度股东大会审议通过。6 月 21 日，正式印发《中国铁建股份有限公司章程》（中国铁建董〔2019〕87 号）。第 2 次修订：为深入推进企业法治建设和合规管理，结合公司实际情况，修订《中国铁建股份有限公司章程》相关条款，并经 2019 年 12 月 18 日召开的公司 2019 年第一次临时股东大会审议通过。12 月 26 日，正式印发《中国铁建股份有限公司章程》（中国铁建董〔2019〕189 号）。（李　静）

【加强二级公司董事会规范运作】 2019 年，按照《二级公司董事会规范运作指导意见》《二级公司董事会规范运作考核评价暂行办法》的要求，考核评价 2018 年度所属二级公司董事会规范运作情况。对考核中发现的问题，督促二级公司及时完善整改，建立定期自查机制；督促二级公司严格执行法人治理制度，重大事项必须按照制度规定履行相关决策程序，切实提高制度的执行力。10 月，召开二级公司董事会工作机构座谈会，通报 2018 年度二级公司董事会规范运作考核评价情况，开展业务培训与交流。加强与二级公司董事会工作机构的业务联系与交流，通过 QQ 工作群、电话和邮箱等多种形式，交流、解答业务问题。（徐　红）

【重大信息内部报告】 2019 年，收集各类重大信息 62 条，整理披露临时公告 33 份，确保公司内部重大信息迅速上报、归集和有效管理。（徐　红）

【资本市场获奖情况】 2019 年，中国铁建在第九届中国证券“金紫荆”奖评选中获“新中国成立 70 周年卓越贡献企业”称号；在第七届港股 100 强评选活动中获“综合实力 100 强”“港股通 50 强”“营业额 10 强”称号；在第十届中国上市公司投资者关系评选中获“天马奖 · 中国上市公司投资者关系最佳董事会”称号；在第八届中国上市公司诚信高峰论坛上获“2019 中国上市公司诚信企业百佳”“2019 最佳公司治理董事会”称号；在第三届新时代资本论坛上公司获“最具社会责任公益先锋”称号；在第十四届中国上市公司董事会“金圆桌”论坛上获最佳董事会奖；在第十届中国上市公司与城市商会投资交流会上获“中国上市公司最具投资价值领军企业”“中国上市公司最具核心竞争力 100 强”称号；在第十九届中国上市公司百强高峰论坛上获中国百强企业奖、中国明星企业奖、中国道德企业奖。

（徐　衍）

【合规披露公司信息】 2019 年，公司在上海证券交易所、香港联交所披露各类中英文文件 503 份。信息披露文件除在交易所网站披露外，分别在《中国证券报》《上海证券报》《证券日报》《证券时报》4 家指定报纸和《中国铁道建筑报》及公司网站披露。　　（赫东娜）

【公司定期报告编制】　2019 年，编制与披露公司 2018 年年度报告、2019 年第一季度报告、2019 年中期报告和 2019 年第三季度报告，并完成定期报告的翻译、校对、排版、挂网、印刷、邮寄和分发等相关工作。

（谢华刚　李　静　何　珊）

【投资者关系管理】　公司认真贯彻落实《国务院办公厅关于进一步加强资本市场中小投资者合法权益保护工作的意见》、上海证券交易所《关于进一步加强上市公司投资者关系管理工作的通知》和北京证券监督管理局《关于集中开展投资者保护宣传工作的通知》精神，按照《中国铁建股份有限公司投资者关系工作制度》的有关规定，扎实有效地开展投资者关系管理工作。公司设立投资者关系热线电话，及时回复投资者和分析师的问题。设立投资者关系专用邮箱，为投资者及分析师提供便利的沟通条件。2019 年接听热线电话 1000 余次，回复邮件 500 余封。对投资者普遍关注的热点问题，及时汇总并上报。全年召开投资者会议 93 场，接待投资者 413 人次；参加投资机构举行的投资者论坛 52 次 134 场，接待投资者 750 人次。

（何　珊）

【"上证 e 互动"平台管理】　公司重视和加强与投资者的互动和交流，充分利用上海证券交易所"上证 e 互动"网络平台，对投资者提出的问题给予及时回复，并上传机构投资者来访调研记录等资料。利用"上证 e 互动"平台召开现金分红网络说明会，回答投资者提出的问题。　　（何　珊　徐　衍）

【业绩发布和路演】　公司配合定期报告的披露，及时召开业绩发布会。2019 年召开业绩发布现场会议 1 次、电话会议 4 次，发布公司经营业绩，回答投资者和分析师普遍关注的问题。配合年报的发布，公司领导带队在香港和新加坡进行业绩路演，召开投资者会议 27 场，会见投资者和分析师 66 人次。配合半年报的发布，公司在北京、上海、深圳三地进行中期报告业绩路演，召开会议 11 场，接待投资者 46 人次。

（何　珊　徐　衍）

【市值管理】　2019 年 4 月，公司成立市值管理工作领导小组，总裁任组长，总会计师、董事会秘书任副组长，相关部门负责人为成员，加强对市值管理工作的统一领导，定期召开市值管理领导小组工作会议，讨论研究有关问题。全年组织召开市值管理工作领导小组会议 3 次，安排业绩发布工作，讨论投资者关注的问题，研究制定市值管理工作的具体措施。　　（何　珊）

【内幕信息管理】　公司按照中国证监会等监管机构的要求和《中国铁建股份有限公司内幕信息知情人管理制度》的规定，进一步加强内幕信息管理，完善内幕信息知情人登记备案制度，对重点事项进行重点管控，严格规范内幕信息知情人的行为，有效保护公司股东、公司及其他利益相关方的合法权益。2019 年，公司登记内幕信息知情人 129 人次。

（谢华刚　徐　衍）

【2018 年度分红派息】　认真做好 2018 年度分红派息工作，制定工作计划，明确工作流程、时间节点及分工建议，整体筹划分红派息工作，并与财务资金部密切配合，2019 年 8 月，完成 2018 年度分红派息工作。2018 年度利润分配每股派发现金红利 0.21 元（含税），共计派发现金红利 2851703715 元，与 2018 年度合并报表中归属于上市公司普通股股东的净利润之比 16.71%。　　（赫东娜）

【上市合规类中介机构】　2019 年，组织完成对公司所聘 4 家上市合规类中介机构的年度考核工作。组织年度考核，对各中介机构年度工作情况进行评议，并提出改进要求。经协商，决定继续聘任北京德恒律师事务所（境内律师）、贝克 · 麦坚时律师事务所（境外律师）、香港中央证券登记有限公司（境外股东登记服务机构）、香港皓天财经集团有限公司（境外财经公关公司和印刷商）为公司新一年度的上市合规类服务机构，签署年度服务协议和保密协议，并支付上一年度的服务费用。　　（何　珊　赫东娜）

【公司股东名册管理】　公司 A 股、H 股股东情况和相关数据分别由中国证券登记结算公司上海分公司和香港中央证券进行管理。A 股股东名册管理主要是定期下载公司前百名大股东名册数据和股息红利差异化计税补缴明细数据，在召开股东大会、分红派息、业绩发布等期间进行股东名册的申请、下载、汇总、对比和查询。H股股东名册管理主要是定期从香港中央证券网站下载公司全部股东名册等统计表格，及时掌握公司股份分布情况和大股东权益变动情况。截至2019年12月31日，公司股东总数283073户，其中A股股东267330户、H股股东15743户。（赫东娜 徐 衍）

2019 年 11 月 9 日，中铁十二局集团有限公司承建的拉林铁路全线重难点控制性工期工程——巴玉雅鲁藏布江三线大桥顺利合龙。（宋　征 提供）

工程施工

工 程 管 理

【运营管理部(总部集团战备部)】 2019年7月,根据中国铁建发展〔2019〕95号文件,股份公司整合原工程管理部(总部集团战备局)、原设备物资部、原经济管理部、原安全质量监督部质量监督处,成立运营部(总部集团战备局),后更名为运营管理部(总部集团战备部)。是股份公司工程项目监管与协调、信用评价、分包管理、劳务分包管理、节能减排与环境保护、质量监管、设备物资管理、成本管理、定额管理及二次经营、公司提质增效等工作及铁路战备综合管理职能部门。主要职责:负责全系统工程项目监管与协调、指导工作,及时上报下达工程管控信息;负责组织制定建设项目施工管理、竣工验收管理等各项规章制度;负责交流推广先进项目管理经验;负责组织有关部门处理和解决公司承建的重点工程中的施工组织、施工难点问题和竣工验收交接工作;负责工程重难点工程的信息工作;负责公司总承包项目和本级工程项目的施工组织管理指导工作;负责信用评价、专业分包、劳务分包管理工作;负责工程项目节能减排、环境保护等工作;负责设备物资管理工作及设备物资供应商管理工作;负责设备租赁和内部设备调剂管理工作;负责定额管理、二次经营等成本监管工作;负责公司提质增效工作;参与公司总体发展战略及中长期规划的研究制定工作;参与公司社会责任报告的编撰并提供相关资料;参与全面风险管理和内控相关工作;参与绩效考核、信息化建设工作;承办总部集团管理的国家铁路战备工作。下设综合处、项目监管处、节能环保处、质量监督处、设备物资处、成本管理处、经济合同处。 (扈士琰)

【施工生产综述】 2019年,中国铁建系统完成施工产值7530.3亿元,占年度计划的104.8%,同比多完成731.4亿元。全系统超过5000万元以上的在建项目3395项。其中,铁路工程459项;公路工程737项;市政工程506项;城市轨道交通工程555项;水利水电工程113项;房屋建筑工程938项;其他工程87项。

中国铁建国内在建重点项目30项。其中,铁路工程13项,即京张铁路及崇礼铁路、京雄高速铁路、浩吉铁路(原称蒙华铁路通道)、玉溪至磨憨铁路、大瑞铁路、拉林铁路、郑万铁路客运专线、成贵铁路客运专线、成兰铁路、成昆铁路复线、黔张常铁路、福厦高速铁路、贵南高速铁路;公路工程3项,即北京新机场高速公路、延崇高速公路、渝黔高速公路扩能工程;市政工程2项,即明珠湾大桥、南京市江北新区综合管廊二期工程;城市轨道交通工程9项,即北京地铁8号线、广州地铁18线和22号线、深圳轨道交通16号线、杭州地铁8号线、成都地铁6号线、清远磁浮旅游专线、南京地铁7号线、厦门地铁2号线、青岛地铁4号线;水利电力工程2项,即新疆引额供水二期工程、云南滇中引水工程;房屋建筑工程1项,即乌鲁木齐宝能城。

2019年,中国铁建参建的川藏铁路拉林段、平潭海峡公铁两用大桥进入铺轨施工阶段,京张(家口)高速铁路、崇礼铁路、大(同)张(家口)高速铁路、京雄高速铁路北京段、汉(口)十(堰)高速铁路、京港高速铁路商丘至合肥段、郑州至重庆高速铁路郑州至襄阳段、郑州至阜阳高速铁路、鲁南高速铁路、成(都)贵(阳)铁路云(南)贵(阳)段、穗莞深城际铁路深圳段、蒙华铁路、黔张常铁路、敦格铁路开通运营。参建的北京新机场线北线高速公路、北京延崇高速公路、兴延高速公路、济南至青岛高速公路扩建工程建成通车。参建的北京地铁6号线西延、北京轨道交通新机场线、成都地铁5号线和10号线二期、成都有轨电车蓉2号线、武汉地铁2号线南延线、石家庄地铁1号线二期工程、长春地铁2号线、青岛地铁11号线、苏州有轨电车3号线(1号线延伸线)、南京宁溧城际地铁通车(试)运营;济南首条地铁全线贯通、常州地铁1号线贯通。参建的北京大兴国际机场南航基地运行控制中心和机组出勤用房项目建成运营、2022年北京冬奥会综合管廊工程全线贯通。参建的首个全国绿色公路建设典型示范工程潼南至荣昌高速公路涪江特大桥合龙,国内首条海底盾构地铁隧道厦门地铁2号线穿海隧道主体工程完工,国内采用硬岩顶管技术建设的最长引水隧洞重庆观景口水利枢纽关键控制性工程3号引水隧洞顺利贯通,西南地区首座装配式下穿隧道成都一环路磨子桥下穿隧道顺利通车,国内时速350千米高速铁路首片40米大跨度移动模架现浇梁新建福厦高速铁路湄洲湾跨海大桥首片移动模架现浇梁成功浇筑,湖南省最大的水下盾构隧道常德沅江隧道顺利贯通,拥有163米亚洲第二高墩的甜(水堡)永(和)高速公路天宁沟特大桥首跨顺利合龙,全国首个物联网示范小镇江西鹰潭高新区智联小镇展览馆主体结构顺利封顶,国内跨度及荷载最大的管道悬索桥南川水江至涪陵白涛天然气管道乌江悬索桥工程完工,世界最大跨度连续钢桁梁柔性拱铁路桥南沙港铁路洪奇沥特大桥主桥钢桁梁精准合龙,高原铁路隧道岩爆最强、埋深最大、独头掘进最长三项世界第一的川藏铁路拉萨到林芝段重点控制性工程巴玉隧道成功贯通,中国第一条纵贯新疆、青海两省区的铁路大干线格尔木至库尔勒铁路全线贯通。 (扈士琰)

【项目管理先进单位】 2019 年,中国铁建表彰项目管理先进单位 20 家。

中铁十一局集团一公司
中铁十一局集团二公司
中铁十二局集团建安公司
中铁十二局集团七公司
中国铁建大桥工程局集团四公司
中国铁建大桥工程局集团电气化公司
中铁十四局集团大盾构公司
中铁十六局集团电气化公司
中铁十七局集团一公司
中铁十八局集团五公司
中铁十九局集团矿业公司
中铁二十局集团市政公司
中铁二十二局集团房地产公司
中铁二十三局集团轨道交通公司
中铁二十四局集团路桥分公司
中铁建设集团北京中铁装饰工程有限公司
中国铁建电气化局集团北方公司
中国铁建电气化局集团一公司
中国铁建(加勒比)有限公司
中铁城建集团一公司

(扈士琰)

【优秀项目经理部】 2019 年,中国铁建表彰优秀项目经理部 43 个。

中国土木工程集团有限公司尼日利亚铁路现代化项目阿布贾至卡杜纳段工程项目经理部

中铁十一局集团有限公司汉十铁路 HSSG－4 标段项目经理部

中铁十一局集团有限公司西成铁路客运专线项目经理部

中铁十一局集团有限公司商合杭铁路站前 12 标段项目经理部

中铁十二局集团有限公司原蒙华铁路 MHSS－2 标段项目经理部

中铁十二局集团有限公司成蒲铁路 CPZQ－3 标段项目经理部

中铁十二局集团有限公司衢宁铁路浙江段站前工程先建段项目经理部

中国铁建大桥工程局集团有限公司快速路系统二期项目——外环线东北部调线工程第 1 标段项目经理部

中国铁建大桥工程局集团一公司临沂市陶然路沂河大桥项目经理部

中铁十四局集团有限公司仁新高速公路 TJ5 合同段项目经理部

中铁十四局集团有限公司武汉天河机场三期扩建工程主进场路项目经理部

中铁十五局集团六公司乌鲁木齐集装箱中心站项目经理部

中铁十六局集团有限公司南宁轨道交通 3 号线 01 标段机电七工区项目经理部

中铁十六局集团有限公司温州市域铁路 S1 线一期工程机场段轨道区间 2 标段项目经理部

中铁十七局集团有限公司原蒙华铁路 MHTJ－4 标段项目经理部

中铁十七局集团有限公司京沈铁路客运专线辽宁段 TJ－8 标段项目经理部

中铁十八局集团有限公司天津地铁 1 号线东延至国家会展中心项目土建施工第 1 合同段项目经理部

中铁十八局集团有限公司原蒙华铁路 MHTJ－5 标段项目经理部

中铁十九局集团有限公司沪通铁路工程站前 2 标段项目经理部

中铁二十局集团有限公司防城港市江山半岛环岛东路扩建工程项目经理部

中铁二十局集团有限公司四川简蒲高速公路施工总承包指挥部

中铁二十一局集团有限公司济青高速铁路项目经理部

中铁二十一局集团有限公司芜广铁路电气化改造站后工程项目经理部

中铁二十二局集团有限公司长春地铁 2 号线 BT6 标段项目经理部

中铁二十二局集团有限公司深圳国际会展中心配套市政项目 4 标段项目经理部

中铁二十三局集团有限公司简蒲高速公路JPTJ－13 标段项目经理部

中铁二十三局集团有限公司通辽至让湖路铁路电气化改造工程(沈阳局管内)TRSG－1 标段项目经理部

中铁二十四局集团有限公司昭通市大山包一级公路第 2 标段项目经理部

中铁二十四局集团有限公司新建九景衢铁路江西段 JQJXZQ－1 标段项目经理部

中铁二十五局集团一公司深茂铁路项目经理部

中铁建设集团有限公司张家港保税区滨江大厦工程项目经理部

中铁建设集团有限公司金成时代广场二期工程项目经理部

中铁建设集团有限公司中节能(江西)总部基地

工程项目经理部

中国铁建电气化局集团有限公司滨洲铁路电气化改造工程项目经理部

中国铁建电气化局集团有限公司广大铁路站后工程项目经理部

中国铁建港航局集团有限公司鱼山 19 号地块项目经理部

中国铁建港航局集团有限公司达州基础设施投资建设工程项目经理部

中铁城建集团有限公司广大铁路站后工程项目经理部

中国铁建山东济鱼高速公路工程建设指挥部

中国铁建昆仑投资集团有限公司成都元华路神仙树节点工程项目经理部

中国铁建昆仑投资集团有限公司成都地铁 10 号线项目管理指挥部

中国铁建厦门市轨道 1 号线一期土建 2 标段项目经理部

中铁建北部湾建设投资有限公司南宁轨道交通 3 号线 01 标段工程指挥部

（扈士琰）

铁 路 工 程

·京张铁路及崇礼铁路·

【工程概况】 新建北京至张家口铁路位于北京市西北、河北省北部，线路起自北京北站，经北京市海淀区、昌平区、延庆区，跨官厅水库，河北省怀来县、下花园区、宣化区，西迄张家口南站。新建正线全长 174 千米。其中，北京市 70.5 千米；河北省 103.5 千米。设计时速最高 350 千米，设车站 10 座。该项目的建设还包括延庆支线改造工程、北京枢纽配套改建工程、河北省配套改建工程。崇礼城际铁路处于河北省张家口市境内，南起在建京张高速铁路下花园北站，途经下花园区、宣化区、赤城县，北迄崇礼区太子城奥运村，是京津冀地区城际铁路网的重要组成部分。线路全长 52 千米，设计时速 250 千米。建成后作为 2022 年冬奥会重点配套交通工程，与京张高速铁路一起形成北京市区至崇礼赛区最便捷、快速客运通道；也对崇礼区加快融入首都经济圈、实现京津冀协同发展具有重要意义。计划 2019 年底建成通车。中国铁建所属中铁十四局、中铁十八局、中铁二十局、中铁建设集团有限公司参加工程建设。

（扈士琰）

【参建标段】 中铁十四局集团有限公司京张铁路 JZSG－1 标段工程　项目部驻北京市海淀区，项目负责人赵海涛。合同投资 188116 万元，线路长 10.5 千米。主要工程量：路基土石方 26.7 万立方米，隧道 1 座5267 延长米，涵洞 548 横延米，铺轨 10.5 千米。

中铁十八局集团有限公司京张铁路 JZSG－4 标段工程　项目部驻河北省怀来县，项目负责人李维宏。合同投资 182250 万元，线路长 19.1 千米。主要工程量：路基土石方 199.9 万立方米，桥梁 3 座 14500 延长米，隧道 1 座 4970 延长米，无砟道床 9740 米，铺轨 4510 米，通信线路 66.1 千米。

中铁二十局集团有限公司京张铁路 CLSG－2 标段工程　项目部驻河北省张家口市，项目负责人崔双杰。合同投资 183174 万元，线路长 30 千米。主要工程量：路基土石方 538.1 万立方米，桥梁 27 座 18900 延长米，隧道 2 座 3594 延长米，涵洞 2 座 598 横延米，铺轨 103.4 千米。

中铁建设集团有限公司京张铁路 ZFSG－2 标段工程　项目部驻河北省怀来县，项目负责人程先坤。合同投资 33265 万元，线路长 0.8 千米。主要工程量：高速铁路站房 2 座（怀来站、东花园北站），建筑面积 1.5 万平方米。

（扈士琰）

·京雄高速铁路·

【工程概况】 新建北京至雄安新区铁路位于北京市和河北省境内，线路北起北京枢纽李营线路所（含），南至雄安站（含）。沿线涉及北京市大兴区，河北省廊坊市固安县、永清县、霸州市，雄安新区。线路全长 92.8 千米，设黄村站、新机场站、固安东站、霸州北站、雄安站 5 座车站。2016 年 12 月开工建设，李营至新机场段 2019 年 9 月开通运营，其余路段计划 2020 年建成通车。中国铁建所属中铁十二局、中铁十九局、中铁二十一局、中国铁建电气化局集团有限公司参加工程建设。

（扈士琰）

【参建标段】 中铁十二局集团有限公司京雄高速铁路 JBSG－1 标段工程　项目部驻北京市大兴区，项目负责人姚军军。合同投资 331758 万元，线路长 28 千米。主要工程量：路基土石方 13.6 万立方米，桥梁 31100 延长米，正线铺轨 15.2 千米，车站 1 座。

中铁十二局集团有限公司京雄高速铁路 HCZF－

SG 标段工程　项目部驻北京市大兴区,项目负责人呼延峰。合同投资 22736 万元。主要工程量:北京黄村车站站房及相关配套工程。

中铁十二局集团有限公司京雄高速铁路 JXZF－1 标段工程　项目部驻河北省保定市,项目负责人贾玮。合同投资 186828 万元。主要工程量:雄安车站站房及相关配套工程。

中铁十九局集团有限公司京雄高速铁路 JXSG－4 标段工程　项目部驻河北省廊坊市,项目负责人高峰。合同投资 158957 万元,线路长 13.8 千米。主要工程量:路基土石方 124 万立方米,桥梁 10500 延长米,铺设无砟轨道 13.8 千米。

中铁二十一局集团有限公司京雄高速铁路 JXSD－1A 标段工程　项目部驻河北省保定市,项目负责人王俊行。合同投资 24234 万元,线路长 53.9 千米。主要工程量:通信、信号、信息、电力、接触网等四电工程。

中国铁建电气化局集团有限公司京雄高速铁路 JXSD－1B 标段工程　项目部驻河北省保定市,项目负责人西穷。合同投资 88056 万元,线路长 92.8 千米。主要工程量:通信、信号、信息、电力、接触网等四电工程。　　（扈士琰）

·蒙华铁路(浩吉铁路)·

【工程概况】　蒙西至华中铁路煤运通道工程(2019 年 8 月线路命名为浩吉铁路)连接蒙陕甘宁能源金三角地区与湘鄂赣等华中地区,是中国“北煤南运”新的战略运输通道,是衔接多条煤炭集疏线路、点网结合、铁水联运的大能力、高效煤炭运输系统和国家综合交通运输系统的重要组成部分。线路起自内蒙古自治区鄂尔多斯市浩勒报吉,途经内蒙古自治区、陕西省、山西省、河南省、湖北省、湖南省、江西省 7 省(区),终至江西省吉安市,全长 1837 千米,设计为Ⅰ级电力牵引、客货混跑铁路,其中浩勒报吉至岳阳段为双线、岳阳至吉安段为单线并预留双线条件。正线为有砟轨道,长度 6 千米以上隧道内铺设弹性支承块式无砟轨道,新建及改建车站 74 座。设计时速 120 千米,工程投资 1700 亿元。2015 年 7 月开工建设,2019 年 10 月建成通车。中国铁建所属中铁十一局、中铁十二局、中国铁建大桥局、中铁十四局、中铁十五局、中铁十六局、中铁十七局、中铁十八局、中铁十九局、中铁二十局、中铁二十一局、中铁二十二局、中铁二十四局、中国铁建电气化局集团有限公司参加工程建设。　　（扈士琰）

【参建标段】　中铁十一局集团有限公司蒙华铁路 MHTJ－20 标段工程　项目部驻湖北省襄阳市,项目负责人李文俊。合同投资 290417 万元,线路长 69.4 千米。主要工程量:路基土石方 1070.6 万立方米,桥梁 42 座 24500 延长米,隧道 1 座 123 延长米,涵洞 159 座 4235 横延米,车站 2 座。

中铁十一局集团有限公司蒙华铁路 MHPJ－3 标段工程　项目部驻湖北省襄阳市,项目负责人廖德均。合同投资 278869 万元。主要工程量:正线铺轨 709 千米,制架梁 4146 单线孔,站线铺轨 128 千米。

中铁十二局集团有限公司蒙华铁路 MHSS－2 标段工程　项目部驻山西省万荣县,项目负责人鲍海荣。合同投资 80104 万元,线路长 8.6 千米。主要工程量:路基土石方 14.9 万立方米,隧道 1 座 7683 延长米。

中铁十二局集团有限公司蒙华铁路 MHTJ－11 标段工程　项目部驻山西省运城市,项目负责人胡建国。合同投资 305322 万元,线路长 46.4 千米。主要工程量:路基土石方 1182.1 万立方米,桥梁 18 座 15700 延长米,隧道 1 座 5089 延长米,涵洞 69 座 1474 横延米。

中国铁建大桥工程局集团有限公司蒙华铁路 MHTJ－13 标段工程　项目部驻河南省三门峡市,项目负责人李庆丰。合同投资 341977 万元,线路长 12.8 千米。主要工程量:路基土石方 589 万立方米,桥梁 14 座 10400 延长米,隧道 7 座 4371 延长米,涵洞 12 座 475 横延米,站场 1 处。

中铁十四局集团有限公司蒙华铁路 MHTJ－23 标段工程　项目部驻湖北省荆州市,项目负责人刘志波。合同投资 273187 万元,线路长 70.7 千米。主要工程量:路基土石方 970 万立方米,桥梁 27 座 21400 延长米,涵洞 182 座 6898 横延米,站场 3 处。

中铁十五局集团有限公司蒙华铁路 MHTJ－29 标段工程　项目部驻湖南省长沙市,项目负责人李红星。合同投资 233231 万元,线路长 61.4 千米。主要工程量:路基 27.8 千米,桥梁 46 座 19100 延长米,隧道 21 座 14500 延长米,涵洞 159 座 7126 横延米。

中铁十六局集团有限公司蒙华铁路 MHSS－4 标段工程　项目部驻河南省灵宝市,项目负责人邬志炯。合同投资 158667 万元,线路长 25.5 千米。主要工程量:路基土石方 2 万立方米,隧道 2 座 48700 延长米,涵洞 1 座 27 横延米,无砟道床 50.9 千米。

中铁十六局集团有限公司蒙华铁路 MHTJ－26 标段工程　项目部驻湖南省岳阳市,项目负责人刘彬。合同投资 181173 万元,线路长 36.6 千米。主要工程量:路基土石方 483 万立方米,桥梁 11 座 28200 延长米,涵洞 31 座 1691 横延米,站场 2 处。

中铁十七局集团有限公司蒙华铁路 MHTJ－4 标段工程　项目部驻陕西省靖边县，项目负责人陈自明。合同投资 228403 万元，线路长 30.9 千米。主要工程量：路基土石方 120 万立方米，桥梁 16 座 2886 延长米，隧道 10 座 23900 延长米，涵洞 16 座 575 横延米，无砟道床 52 千米、有砟道床 9.6 千米。

中铁十八局集团有限公司蒙华铁路 MHTJ－5 标段工程　项目部驻陕西省安塞区，项目负责人高双涛。合同投资 263474 万元，线路长 35.9 千米。主要工程量：路基土石方 358.2 万立方米，桥梁 24 座 3369 延长米，隧道 14 座 27400 延长米，无砟道床 55.1 千米，车站 1 座。

中铁十九局集团有限公司蒙华铁路 MHSS－7 标段工程　项目部驻江西省铜鼓县，项目负责人孙茂明。合同投资 78844 万元，线路长 15.6 千米。主要工程量：路基土石方 3.5 万立方米，隧道 1 座 15400 延长米，涵洞 1 座 25 横延米，无砟道床 30.6 千米，车站 1 座。

中铁十九局集团有限公司蒙华铁路 MHPJ－4 标段工程　项目部驻湖南省岳阳市，项目负责人孔祥仁。合同投资 265587 万元。主要工程量：正线路基 1.8 千米，联络线路基 6 条 19.9 千米，正线铺轨 742.9 千米，站线铺轨 154.9 千米。

中铁二十局集团有限公司蒙华铁路 MHSS－1 标段工程　项目部驻陕西省延安市，项目负责人钟选良。合同投资 70220 万元，线路长 11.9 千米。主要工程量：路基土石方 4.1 万立方米，桥梁 1 座 60 延长米，隧道 1 座 12000 延长米，无砟道床 23.4 千米。

中铁二十局集团有限公司蒙华铁路 MHTJ－7 标段工程　项目部驻陕西省延安市，项目负责人康玮。合同投资 261960 万元，线路长 35.7 千米。主要工程量：路基土石方 43 万立方米，桥梁 11 座 3099 延长米，隧道 13 座 31900 延长米，无砟道床 66.5 千米。

中铁二十一局集团有限公司蒙华铁路 MHTJ－8 标段工程　项目部驻陕西省宜川县，项目负责人冯建军。合同投资 171908 万元，线路长 39.2 千米。主要工程量：路基土石方 423 万立方米，桥梁 16 座 6342 延长米，隧道 3 座 1770 延长米，车站 1 座。

中铁二十二局集团有限公司蒙华铁路 MHTJ－33 标段工程　项目部驻江西省吉安市，项目负责人陈延军。合同投资 162577 万元，线路长 64.5 千米。主要工程量：路基土石方 860 万立方米，桥梁 39 座 15200 延长米，隧道 3 座 6245 延长米。

中铁二十四局集团有限公司蒙华铁路 MHTJ－32 标段工程　项目部驻江西省新余市，项目负责人王平。合同投资 184862 万元，线路长 54.2 千米。主要工程量：路基土石方 740 万立方米，桥梁 26 座 10100 延长米，隧道 14 座 15700 延长米，涵洞 126 座 4052 横延米，车站 4 座。

中国铁建电气化局集团有限公司蒙华铁路 MHQG－1 标段工程　项目部驻陕西省延安市，项目负责人李瑞青。合同投资 31755 万元。主要工程量：电力线路迁改 623 处，通信线路迁改 1090 处。

中国铁建电气化局集团有限公司蒙华铁路 SYMHQG－1 标段工程　项目部驻山西省运城市，项目负责人李瑞青。合同投资 13641 万元。主要工程量：电力线路交叉迁改 362 处，电力线路平行迁改 26.15 千米，通信线路交叉迁改 901 处，通信线路平行迁改 147.26 千米。　（扈士琰）

·玉磨铁路·

【工程概况】　玉溪至磨憨铁路（简称玉磨铁路）是指玉溪—普洱—景洪—磨憨的铁路，是泛亚铁路中线的重要组成部分，是中国及云南省通向老挝、缅甸、泰国、马来西亚、新加坡的重要国际大通道的连接线。线路长 507.4 千米，为客货共线铁路，等级Ⅰ级，采用电力牵引方式，其中玉溪至景洪为双线、景洪至磨憨为单线。旅客列车设计时速 160 千米，工程投资 507.4 亿元。建设工期 6 年，计划 2021 年建成通车。中国铁建所属中铁十一局、中铁十二局、中铁十五局、中铁十六局、中铁十七局、中铁十八局、中铁十九局、中铁二十一局、中铁二十二局、中铁二十五局集团有限公司参加工程建设。　（扈士琰）

【参建标段】　中铁十一局集团有限公司玉磨铁路 YMZQ－9 标段工程　项目部驻云南省墨江哈尼族自治县，项目负责人王力。合同投资 163910 万元，线路长 20.5 千米。主要工程量：路基土石方 13.2 万立方米，桥梁 1 座 94 延长米，隧道 2 座 20400 延长米，无砟道床 20.5 千米。

中铁十二局集团有限公司玉磨铁路 YMZQ－2 标段工程　项目部驻云南省玉溪市，项目负责人张隽。合同投资 185570 万元，线路长 32.2 千米。主要工程量：路基土石方 90.7 万立方米，桥梁 4 座 910.7 延长米，隧道 6 座 27300 延长米。

中铁十五局集团有限公司玉磨铁路 YMZQ－20 标段工程　项目部驻云南省西双版纳傣族自治州，项目负责人王青海。合同投资 164494 万元，线路长 37 千米。主要工程量：路基土石方 115.6 万立方米，桥梁 13 座 4413 延长米，隧道 7 座 30000 延长米，涵洞 8 座

188 横延米,铺轨 20.9 千米。

中铁十六局集团有限公司玉磨铁路 YMZQ－8 标段工程　项目部驻云南省普洱市,项目负责人王青海。合同投资 155441 万元,线路长 20.9 千米。主要工程量:桥梁 1 座 109 延长米,隧道 3 座 20800 延长米,无砟道床 36.9 千米。

中铁十七局集团有限公司玉磨铁路 YMZQ－4 标段工程　项目部驻云南省玉溪市,项目负责人张建峰。合同投资 184530 万元,线路长 27.4 千米。主要工程量:路基土石方 277.1 万立方米,桥梁 3 座 708 延长米,隧道 3.5 座 24500 延长米,涵洞 7 座 584 横延米,站场 1 处,无砟道床 33.5 千米。

中铁十八局集团有限公司玉磨铁路 YMZQ－12 标段工程　项目部驻云南省普洱市,项目负责人李小丰。合同投资 152987 万元,线路长 25.3 千米。主要工程量:路基土石方 3.4 万立方米,桥梁 5 座 765 延长米,隧道 6 座 24300 延长米,无砟道床 28.3 千米。

中铁十九局集团有限公司玉磨铁路 YMZQ－7 标段工程　项目部驻云南省普洱市,项目负责人张松。合同投资 157863 万元,线路长 19.9 千米。主要工程量:路基土石方 312 万立方米,桥梁 2 座 650 延长米,隧道 2 座 18400 延长米,涵洞 2 座 302 横延米,站场 1 处,无砟道床 36.6 千米。

中铁二十一局集团有限公司玉磨铁路 YMZQ－10 标段工程　项目部驻云南省普洱市,项目负责人柴颖鹏。合同投资 147500 万元,线路长 22.4 千米。主要工程量:路基土石方 31.9 万立方米,桥梁 4 座 902 延长米,隧道 3 座 20700 延长米,涵洞 3 座 124 横延米,站场 1 处,无砟道床 30.6 千米。

中铁二十二局集团有限公司玉磨铁路 YMZQ－18 标段工程　项目部驻云南省西双版纳傣族自治州,项目负责人司瑞明。合同投资 152497 万元,线路长 38.9 千米。主要工程量:路基土石方 153.6 万立方米,桥梁 7 座 5791 延长米,隧道 9 座 27800 延长米,涵洞 23 座 615 横延米,站场 3 处,无砟道床 10.6 千米。

中铁二十五局集团有限公司玉磨铁路 YMZQ－21 标段工程　项目部驻云南省勐腊县,项目负责人李连海。合同投资 105086 万元,线路长 26 千米。主要工程量:路基土石方 287 万立方米,桥梁 16 座 6001 延长米,隧道 5 座 15000 延长米,车站 2 座。　(扈士琰)

·大瑞铁路·

【工程概况】　大瑞铁路起自大理站,止于瑞丽站,沿途设有漾濞站、永平站、保山站、龙陵站、芒市站等多个县级、地级中等站。其中,保瑞段 2015 年 12 月开工建设,线路全长 196 千米,工程投资 185.6 亿元。大瑞铁路全长 330 千米,设计时速 140 千米,工程投资 257.3 亿元,计划 2022 年底建成通车。中国铁建所属中铁十二局、中铁十七局、中铁十八局、中铁二十三局集团有限公司参加工程建设。　(扈士琰)

【参建标段】　中铁十二局集团有限公司大瑞铁路 4 标段工程　项目部驻云南省保山市,项目负责人许继琪。合同投资 145933 万元,线路长 36.5 千米。主要工程量:路基土石方 165.7 万立方米,桥梁 11 座 2400 延长米,隧道 7 座 32600 延长米,涵洞 2 座 22.9 横延米。

中铁十七局集团有限公司大瑞铁路 6 标段工程　项目部驻云南省瑞丽市,项目负责人卫青元。合同投资 180235 万元,线路长 59.7 千米。主要工程量:路基土石方 871 万立方米,桥梁 39 座 14000 延长米,隧道 5 座 10100 延长米,涵洞 100 座 2802 横延米。

中铁十八局集团有限公司大瑞铁路 1 标段工程　项目部驻云南省保山市,项目负责人阎树欣。合同投资 158151 万元,线路长 6.9 千米。主要工程量:桥梁 1 座 1200 延长米,隧道 1 座 5900 延长米,无砟道床 5.4 千米。

中铁二十三局集团有限公司大瑞铁路 2 标段工程　项目部驻云南省大理白族自治州,项目负责人刘加华。合同投资 112359 万元,线路长 32 千米。主要工程量:路基土石方 156.6 万立方米,桥梁 12 座 2900 延长米,隧道 6 座 25200 延长米。　(扈士琰)

·拉林铁路·

【工程概况】　新建川藏铁路拉萨至林芝段工程位于西藏自治区东南部,线路从拉日铁路协荣站引出,向南穿过冈底斯山脉进入雅鲁藏布江河谷,在贡嘎跨过雅鲁藏布江后沿河谷而下,向东经过扎囊、山南市区、桑日、加查、朗县、米林后沿尼洋河至林芝,正线全场 400.7 千米。线路设计为Ⅰ级单线电气化快速铁路。正线桥隧总长 289.4 千米,占线路长度的 73.23%,计划 2021 年建成通车。中国铁建所属中铁十一局、中铁十二局、中铁十五局、中铁十七局、中铁十八局、中铁十九局、中铁二十一局集团有限公司参加工程建设。

(扈士琰)

【参建标段】　中铁十一局集团有限公司拉林铁路 LLZQ－1 标段工程　项目部驻西藏自治区拉萨市,项目负责人吴启新。合同投资154661万元，线路长10.2千米。主要工程量：路基土石方13万立方米，桥梁3座5100延长米，隧道4400延长米，涵洞3座38.7横延米，无砟道床4千米、有砟道床0.3千米，正线铺轨399.6千米、站线铺轨62.1千米。

中铁十二局集团有限公司拉林铁路LLZQ－6标段工程　项目部驻西藏自治区加查县，项目负责人白国峰。合同投资74586万元，线路长13.3千米。主要工程量：桥梁300延长米，隧道13100延长米。

中铁十五局集团有限公司拉林铁路LLZQ－1B标段工程　项目部驻西藏自治区贡嘎县，项目负责人张文涛。合同投资43722万元，线路长6.6千米。主要工程量：路基土石方163万立方米，桥梁300延长米，隧道2500延长米。

中铁十七局集团有限公司拉林铁路LLZQ－11标段工程　项目部驻西藏自治区米林县，项目负责人王树成。合同投资188407万元，线路长39.3千米。主要工程量：路基土石方39.5万立方米，桥梁2700延长米，隧道34300延长米。

中铁十七局集团有限公司拉林铁路迁改工程　项目部驻西藏自治区拉萨市，项目负责人刘易。合同投资21277万元。主要工程量：通信光缆迁改、迁移基站、电缆迁改，给排水管道迁改。

中铁十八局集团有限公司拉林铁路LLZQ－9标段工程　项目部驻西藏自治区朗县，项目负责人李正士。合同投资209856万元，线路长39.2千米。主要工程量：路基土石方132万立方米，桥梁1300延长米，隧道35800延长米。

中铁十九局集团有限公司拉林铁路LLZQ－12标段工程　项目部驻西藏自治区林芝市，项目负责人何旭。合同投资243417万元，线路长53.1千米。主要工程量：路基土石方602万立方米，桥梁12200延长米，隧道18700延长米。

中铁二十一局集团有限公司拉林铁路LLDJSGZQ标段工程　项目部驻西藏自治区拉萨市，项目负责人芦巍。合同投资70791万元，线路长5.5千米。主要工程量：路基土石方288万立方米，站房56874平方米，铺轨9千米。　（扈士琰）

·郑万铁路客运专线·

【工程概况】　郑州至万州铁路客运专线是郑渝（郑州至重庆）铁路重要组成部分，同时也是联系华北和华中地区及西南地区的主要高速客运通道，兼顾沿线城际及旅游客流运输。铁路起自郑州南站，通过联络线连接郑州东站，经河南省开封市、长葛市、禹州市、平顶山、南阳市、邓州市，进入湖北省襄阳市襄城区、南漳县、保康县、神农架林区、兴山县、恩施州巴东县，后进入重庆市巫山县、奉节县、云阳县至万州区连接渝万铁路。线路长818千米，设计时速350千米，工程投资1180亿元。河南段2015年10月底开工建设，设车站10座，2019年底建成通车；全线计划2022年建成通车。中国铁建所属中铁十一局、中铁十二局、中铁十五局、中铁十六局、中铁十七局、中铁十八局、中铁十九局、中铁二十局、中铁建设集团有限公司参加工程建设。　（扈士琰）

【参建标段】　中铁十一局集团有限公司郑万铁路客运专线（湖北段）5标段工程　项目部驻湖北省襄阳市，项目负责人黎建华。合同投资257574万元，线路长35.1千米。主要工程量：路基土石方61.6万立方米，桥梁26座18000延长米，隧道6座14100延长米，涵洞3座52横延米，无砟道床71.2千米，车站1座。

中铁十一局集团有限公司郑万铁路客运专线（重庆段）9标段工程　项目部驻重庆市云阳县，项目负责人于涛。合同投资251253万元，线路长27.4千米，主要工程量：路基土石方63.7万立方米，桥梁9座4474延长米，隧道6座22000延长米，无砟道床55.9千米，铺轨370千米。

中铁十二局集团有限公司郑万铁路客运专线（湖北段）7标段工程　项目部驻湖北省襄阳市，项目负责人王立军。合同投资321572万元，线路长35千米。主要工程量：桥梁5座3591延长米，隧道5座31000延长米，车站1座。

中铁十五局集团有限公司郑万铁路客运专线（河南段）站前7标段工程　项目部驻河南省南阳市，项目负责人金国海。合同投资231514万元，线路长37.6千米。主要工程量：路基土石方78万立方米，桥梁4座34000延长米，涵洞9座210横延米，站场1处，无砟道床74.9千米。

中铁十六局集团有限公司郑万铁路客运专线（重庆段）站前6标段工程　项目部驻重庆市奉节县，项目负责人陈鹰。合同投资109264万元，线路长13.5千米。主要工程量：路基土石方1.5万立方米，隧道1座13000延长米，铺轨13.5千米。

中铁十七局集团有限公司郑万铁路客运专线（河南段）8标段工程　项目部驻河南省南阳市，项目负责人范三庆。合同投资239467万元，线路长43.1千米。主要工程量：路基土石方109.7万立方米，桥梁40000延长米，涵洞12座398横延米，车站1座。

中铁十七局集团有限公司郑万铁路客运专线（重

庆段）站前8标段工程　项目驻重庆市万州区，项目负责人郭俊勇。合同投资94418万元，线路长12.3千米。主要工程量：路基土石方2.5万立方米，桥梁1座258延长米，隧道2座12000延长米，铺轨24.6千米。

中铁十八局集团有限公司郑万铁路客运专线（河南段）5标段工程　项目部驻河南省平顶山市，项目负责人杨国良。合同投资44468万元，线路长13.9千米。主要工程量：桥梁1座13000延长米。

中铁十八局集团有限公司郑万铁路客运专线（湖北段）6标段工程　项目部驻湖北省襄阳市，项目负责人张馨。合同投资290949万元，线路长35.6千米。主要工程量：路基土石方11.9万立方米，桥梁16座5900延长米，隧道11座29400延长米，铺轨71.3千米。

中铁十八局集团有限公司郑万铁路客运专线（重庆段）2标段工程　项目部驻重庆市巫山县，项目负责人刘晓树。合同投资171628万元，线路长16.6千米。主要工程量：隧道1座16000延长米，站后场坪3处，改移道路1条。

中铁十九局集团有限公司郑万铁路客运专线（湖北段）3标段工程　项目部驻湖北省襄阳市，项目负责人李锐。合同投资267724万元，线路长22千米。主要工程量：路基土石方206.8万立方米，桥梁8座29600延长米，隧道1座317延长米，站场1座，铺轨43千米。

中铁二十局集团有限公司郑万铁路客运专线（河南段）4标段工程　项目部驻河南省平顶山市，项目负责人张林。合同投资266333万元，线路长44.9千米。主要工程量：路基土石方214.9万立方米，桥梁5座25600延长米，无砟道床44.3千米。

中铁建设集团有限公司郑万铁路客运专线（河南段）站房及相关工程2标段工程　项目部驻河南省南阳市，项目负责人李双来。合同投资81168万元。主要工程量：站房3处建筑面积68666平方米。

（扈士琰）

·成贵铁路·

【工程概况】　成贵铁路西起四川省乐山市，向东经四川省犍为县、宜宾市、长宁县、兴文县，云南省威信县、镇雄县，贵州省毕节市、大方县、黔西县，东至贵阳市，跨越西南三省。线路全长519千米，设计时速250千米，工程投资780亿元。2013年开工建设，乐山至宜宾西段2019年6月建成通车；云贵段2019年12月底建成通车。中国铁建所属中铁十一局、中铁十二局、中铁十五局、中铁十六局、中铁十七局、中铁十八局、中铁十九局、中铁二十局、中国铁建电气化局集团有限公司参加工程建设。

（扈士琰）

【参建标段】　中铁十一局集团有限公司成贵铁路16标段工程　项目部驻贵州省贵阳市，项目负责人谢敬平。合同投资255727万元，线路长31.7千米。主要工程量：路基土石方253.6万立方米，桥梁25座14800延长米，隧道16座15300延长米，涵洞13座382横延米，站场1处，铺轨568千米。

中铁十二局集团有限公司成贵铁路11标段工程　项目部驻云南省昭通市，项目负责人邸建玄。合同投资205737万元，线路长26.6千米。主要工程量：路基土石方93.9万立方米，桥梁8座1160延长米，隧道8座23400延长米，涵洞9座344横延米。

中铁十五局集团有限公司成贵铁路13标段工程　项目部驻贵州省大方县，项目负责人田兴柏。合同投资188864万元，线路长33.1千米。主要工程量：路基土石方324.2万立方米，桥梁26座7896延长米，隧道8座17000延长米，涵洞16座378横延米，站场1处，无砟道床67.1千米。

中铁十六局集团有限公司成贵铁路8标段工程　项目部驻四川省兴文县，项目负责人卢永堂。合同投资238059万元，线路长34.4千米。主要工程量：路基土石方165万立方米，桥梁19座11000延长米，隧道11.5座19900延长米，涵洞11座405横延米，站场1处，无砟道床69.6千米，铺轨69.3千米。

中铁十六局集团有限公司成贵铁路1标段三电管线迁改工程　项目部驻四川省宜宾市，项目负责人赵奇峰。合同投资19084万元，线路长258.6千米。主要工程量：电力迁改10千伏线路过轨201处，低压线路过轨696处，变电站21座，通信迁改1407处，给排水管线迁改38千米，油气管线迁改54处。

中铁十七局集团有限公司成贵铁路14标段工程　项目部驻贵州省毕节市，项目负责人石满刚。合同投资55000万元，线路长7.8千米。主要工程量：路基土石方10.3万立方米，桥梁2座864.7延长米，隧道4座6326延长米，涵洞2座37.7横延米。

中铁十八局集团有限公司成贵铁路14标段工程　项目部驻贵州省大方县，项目负责人程跃胜。合同投资240454万元，线路长33.9千米。主要工程量：路基土石方183万立方米，桥梁28座12500延长米，隧道16座14000延长米，涵洞20座378横延米，无砟道床53.8千米。

中铁十九局集团有限公司成贵铁路12标段工程　项目部驻贵州省毕节市，项目负责人郝万福。合同投资254488万元,线路长29.8千米。主要工程量:路基土石方325万立方米,桥梁20座9189延长米,隧道14座16600延长米,涵洞9座406横延米,站场1处,无砟道床30千米。

中铁二十局集团有限公司成贵铁路7标段工程　项目部驻四川省长宁县,项目负责人赵崇科。合同投资166830万元,线路长41.4千米。主要工程量:路基土石方366万立方米,桥梁43座11900延长米,隧道11座18500延长米,涵洞42座987横延米,站场1处,铺轨83千米。

中国铁建电气化局集团有限公司四电系统集成1标段工程　项目部驻四川省成都市,项目负责人刘兴晨。合同投资261385万元,线路长515千米。主要工程量:通信专业干线光缆1200千米,铁塔262座;信号专业光电缆3057千米,道岔安装及配线205组,CTC设备14套;电力专业贯通电缆3671千米,10千伏配电所12座、箱变283座;牵引变电专业牵引变电所11座、分区所11座、AT所14座;接触网专业H型钢柱12571根、附加导线1016千米、承导线1351千米;房屋建筑专业区间四电房屋20282平方米;客服信息专业车站客服信息系统工程13站。　(扈士琰)

合同投资125717万元,线路长19.2千米。主要工程量:路基土石方320.2万立方米,桥梁2座480延长米,隧道2座11800延长米,涵洞34座1281横延米,铺轨101.9千米。

中铁十七局集团有限公司成兰铁路CLZQ－7标段工程　项目部驻四川省茂县,项目负责人唐波涛。合同投资108314万元,线路长7.3千米。主要工程量:路基土石方105万立方米,桥梁3座1213延长米,隧道1座6000延长米,涵洞1座21横延米,无砟轨道129.8千米。

中铁十九局集团有限公司成兰铁路CLZQ－5标段工程　项目部驻四川省安县,项目负责人周宝春。合同投资133078万元,线路长18.1千米。主要工程量:路基土石方2.6万立方米,桥梁1座235延长米,隧道2座17600延长米,站场1处。

中铁二十五局集团有限公司成兰铁路CLZQ－13标段工程　项目部驻四川省松潘县,项目负责人庞尔林。合同投资157087万元,线路长22.9千米。主要工程量:路基土石方293万立方米,路基5.3千米,桥梁14座6388延长米,隧道2座11200延长米,涵洞11座751横延米,铺轨102千米,车站2座。　(扈士琰)

·成兰铁路·

【工程概况】　成兰铁路起自四川省成都市青白江区,经广汉市、什邡市、绵竹市、安县、茂县、九寨沟县、松潘县,在甘肃省内接兰渝铁路哈达铺站,哈达铺至兰州段与兰渝铁路共线,设计为Ⅰ级电气化铁路。线路全长780千米,设计时速200千米,工程投资619万元。2011年2月26日开工建设,计划2020年建成通车。中国铁建所属中铁十二局、中铁十四局、中铁十六局、中铁十七局、中铁十九局、中铁二十五局集团有限公司参加工程建设。　(扈士琰)

【参建标段】　中铁十二局集团有限公司成兰铁路CLZQ－8标段工程　项目部驻四川省茂县,项目负责人王毅东。合同投资158755万元,线路长18.2千米。主要工程量:桥梁1座171延长米,隧道2座18000延长米。

中铁十四局集团有限公司成兰铁路CLZQ－11标段工程　项目部驻四川省松潘县,项目负责人张立丰。合同投资147335万元,线路长24.2千米。主要工程量:桥梁1座2473延长米,隧道5座42000延长米。

中铁十六局集团有限公司成兰铁路CLZQ－4标段工程　项目部驻四川省安县,项目负责人刘生龙。

·成昆铁路复线·

【工程概况】　成昆铁路复线是在既有成昆铁路基础上新建或增建二线的铁路线,北起四川省成都市,南至云南省昆明市,施工期间称成昆铁路扩能改造工程,属于快速铁路。线路全长900千米,其中四川境内632千米。工程竣工后,新铁路线主要承担客运功能,兼顾货运功能,老成昆线主要承担货运功能和短途客运功能。中国铁建所属中铁十一局、中铁十二局、中铁十四局、中铁十六局、中铁十七局、中铁十八局、中铁十九局、中铁二十一局、中铁建设集团有限公司参加工程建设。　(扈士琰)

【参建标段】　中铁十一局集团有限公司成昆铁路复线EMZQ－15标段工程　项目部驻四川省德昌县,项目负责人余斌。合同投资128562万元,线路长25.7千米。主要工程量:路基土石方86.1万立方米,桥梁2600延长米,隧道20000延长米,涵洞400横延米,站场1处,无砟道床28.5千米。

中铁十二局集团有限公司成昆铁路复线EMZQ－3标段工程　项目部驻四川省乐山市,项目负责人聂清文。合同投资180817万元,线路长29.2千米。主要工程量:路基土石方138万立方米,桥梁3100

延长米，隧道25500延长米。

中铁十二局集团有限公司成昆铁路复线CKZQ－6标段工程　项目部驻云南省禄丰县，项目负责人张隽。合同投资92618万元，线路长19.2千米。主要工程量：路基土石方46.7万立方米，桥梁800延长米，隧道13400延长米，涵洞300横延米，站场1处，无砟道床26.6千米。

中铁十二局集团有限公司成昆铁路复线MPZQ－5标段工程　项目部驻四川省攀枝花市，项目负责人李有生。合同投资155075万元，线路长23.3千米。主要工程量：路基土石方129.4万立方米，桥梁600延长米，隧道38800延长米，涵洞200横延米，站场1处，无砟道床35.8千米。

中铁十四局集团有限公司成昆铁路复线EMZQ－16标段工程　项目部驻四川省攀枝花市，项目负责人冯加勇。合同投资119179万元，线路长22.5千米。主要工程量：路基土石方145.7万立方米，桥梁5900延长米，隧道12700延长米，涵洞300横延米。

中铁十六局集团有限公司成昆铁路复线EMZQ－7标段工程　项目部驻四川省甘洛县，项目负责人齐永立。合同投资141392万元，线路长21.2千米。主要工程量：桥梁200延长米，隧道21000延长米，无砟道床39.2千米。

中铁十七局集团有限公司成昆铁路复线EMZQ－2标段工程　项目部驻四川省乐山市，项目负责人陈礼宏。合同投资124509万元，线路长21.6千米。主要工程量：路基土石方30万立方米，桥梁4700延长米，隧道14500延长米，无砟道床20.1千米，车站1座。

中铁十八局集团有限公司成昆铁路复线EMZQ 5标段工程　项目部驻四川省乐山市，项目负责人姜胜。合同投资196315万元，线路长26.6千米。主要工程量：桥梁500延长米，隧道26200延长米，无砟道床41.5千米。

中铁十九局集团有限公司成昆铁路复线CKZQ－4标段工程　项目部驻云南省牟定县，项目负责人刘百合。合同投资111021万元，线路长17.8千米。主要工程量：路基土石方22.4万立方米，桥梁300延长米，隧道17200延长米，涵洞100横延米，站场1处，无砟道床22.6千米。

中铁二十一局集团有限公司成昆铁路复线CKZQ－3标段工程　项目部驻四川省冕宁县，项目负责人窦涛。合同投资151019万元，线路长25.6千米。主要工程量：路基土石方256.9万立方米，桥梁9800延长米，隧道13100延长米，涵洞300横延米，无砟道床18千米。

中铁建设集团有限公司成昆铁路复线车站站房标段工程　项目部驻四川省攀枝花市，项目负责人孟军伟。合同投资47567万元，线路长0.3千米。主要工程量：攀枝花南站建筑面积7999平方米，米易东站建筑面积2492平方米，盐边站建筑面积1794.9平方米。

（扈士琰）

·黔张常铁路·

【工程概况】　黔张常铁路是渝长厦快速铁路的一段，起自重庆市黔江区黔江站，途经湖北省咸丰县、来凤县，湖南省龙山县、永顺县、桑植县、张家界市永定区、慈利县、桃源县，止于常德市武陵区常德站，设计为客货共线的Ⅰ级双线电气化快速铁路。线路全长340千米，设计时速200千米，工程投资384.4亿元。2014年12月开工建设，2019年建成通车。中国铁建所属中铁十一局、中铁十四局、中铁十六局、中铁十七局、中铁十八局、中铁二十一局集团有限公司参加工程建设。

（扈士琰）

【参建标段】　中铁十一局集团有限公司黔张常铁路QZCZQ－6标段工程　项目部驻湖南省张家界市，项目负责人李小红。合同投资213864万元，线路长32.6千米。主要工程量：路基土石方287万立方米，桥梁21座8253延长米，隧道14座20200延长米，站场2处，无砟道床12.9千米。

中铁十四局集团有限公司黔张常铁路QZCZQ－4标段工程　项目部驻湖北省恩施土家族苗族自治州，项目负责人林存友。合同投资188609万元，线路长28.5千米。主要工程量：路基土石方232.4万立方米，桥梁16座5850延长米，隧道14座18100延长米，涵洞15座707横延米，站场1处，有砟道床28.4千米。

中铁十六局集团有限公司黔张常铁路QZCZQ－8标段工程　项目部驻湖南省张家界市，项目负责人李志荣。合同投资194255万元，线路长27.6千米。主要工程量：路基土石方217万立方米，桥梁9座9627延长米，隧道7座15000延长米，车站1座。

中铁十七局集团有限公司黔张常铁路QZCZQ－3标段工程　项目部驻湖北省恩施土家族苗族自治州，项目负责人周建富。合同投资148518万元，线路长26.3千米。主要工程量：路基土石方347.5万立方米，桥梁21座8423延长米，隧道15座12.3延长米，站场1处。

中铁十八局集团有限公司黔张常铁路QZCZQ－1

标段工程　项目部驻湖南省张家界市,项目负责人侯守江。合同投资 139858 万元,线路长 18.9 千米。主要工程量:路基土石方 2.3 万立方米,隧道 3 座 18800 延长米,无砟道床 26.4 千米。

中铁二十一局集团有限公司黔张常铁路 QZCZQ－9 标段工程　项目部驻湖南省常德市,项目负责人张同猛。合同投资 139858 万元,线路长 18.9 千米。主要工程量:路基土石方 548.3 万立方米,桥梁 46 座 10800 延长米,隧道 7 座 14600 延长米,站场 2 处,无砟道床 21.6 千米。（扈士琰）

合同投资 36225.8 万元,线路长 108.3 千米。主要工程量:110 千伏及以上超高压线路迁改,长干光缆迁改 69.9 千米,部队光缆处理 15 处,移动基站迁改 12 座,通信机房迁改 3 座,给排水管线迁改 14.5 千米,长输油气管道迁改 4.4 千米。

中铁十七局集团有限公司福厦高速铁路 FX－XX 标段工程　项目部驻福建省漳州市,项目负责人卓文龙。合同投资 47231 万元,线路长 9.9 千米。主要工程量:桥梁 6 座 5900 延长米,隧道 4 座 2900 延长米,无砟道床 5.8 千米。（扈士琰）

·福厦高速铁路·

【工程概况】　福厦高速铁路北起福建省福州市南,接入京福铁路客运专线,南至漳州市,设计为双线高速铁路。线路全长 294 千米,设计时速 350 千米,工程投资 530.4 亿元。2017 年 1 月 15 日开工建设,计划 2022 年建成通车。中国铁建所属中铁十一局、中铁十二局、中国铁建大桥局、中铁十六局、中铁十七局集团有限公司参加工程建设。（扈士琰）

【参建标段】　中铁十一局集团有限公司福厦高速铁路 FX－4 标段工程　项目部驻福建省莆田市,项目负责人孙煜。合同投资 239253 万元,线路长 21.5 千米。主要工程量:路基土石方 257 万立方米,桥梁 3 座 18600 延长米,涵洞 5 座 338 横延米,站场 2 处,铺轨 371 千米。

中铁十二局集团有限公司福厦高速铁路 FX－2 标段工程　项目部驻福建省福州市,项目负责人李保明。合同投资 231404 万元,线路长 33.4 千米。主要工程量:桥梁 12 座 9800 延长米,隧道 7 座 21000 延长米,站场 1 处。

中国铁建大桥工程局集团有限公司福厦高速铁路 FX－7 标段工程　项目部驻福建省泉州市,项目负责人崔淑斌。合同投资 265476 万元,线路长 32.2 千米。主要工程量:路基土石方 237 万立方米,桥梁 9 座 20300 延长米,隧道 2 座 5900 延长米,涵洞 14 座 651 横延米,站场 1 处。

中铁十六局集团有限公司福厦高速铁路 FX－3 标段工程　项目部驻福建省莆田市,项目负责人王传宗。合同投资 216940 万元,线路长 35.1 千米。主要工程量:路基土石方 261.2 万立方米,桥梁 5 座 23700 延长米,隧道 32 座 55700 延长米,涵洞 14 座 651 横延米,站场 1 处。

中铁十六局集团有限公司福厦高速铁路迁改 1 标段工程　项目部驻福建省莆田市,项目负责人戴卫超。

·贵南高速铁路·

【工程概况】　贵南高速铁路由原中国铁路总公司、贵州省、广西壮族自治区共同出资建设,线路全长 512 千米,其中新建线路 482 千米,设车站 14 座。设计时速 350 千米,工程投资 757.6 亿元。2017 年 12 月开工建设,计划 2023 年 12 月建成通车。中国铁建所属中铁十一局、中铁十二局、中铁十四局、中铁十八局、中铁二十一局集团有限公司参加工程建设。（扈士琰）

【参建标段】　中铁十一局集团有限公司贵南高速铁路(贵州段)GNZQ－4 标段工程　项目部驻贵州省独山县,项目负责人陈家勇。合同投资 256165 万元,线路长 30.6 千米。主要工程量:路基土石方 167.1 万立方米,桥梁 8 座 5400 延长米,隧道 6 座 21100 延长米,涵洞 10 座 327.5 横延米,站场 1 处,铺轨 62.2 千米。

中铁十一局集团有限公司贵南高速铁路(广西段)GNZQ－6 标段工程　项目部驻广西壮族自治区河池市,项目负责人李俊。合同投资 200140.5 万元,线路长 32.8 千米。主要工程量:路基土石方 199.2 万立方米,桥梁 4 座 2100 延长米,隧道 5 座 29500 延长米,涵洞 5 座 206.3 横延米,铺轨 66.5 千米。

中铁十二局集团有限公司贵南高速铁路(贵州段)GNZQ－XQ 标段工程　项目部驻贵州省荔波县,项目负责人曹国俊。合同投资 92940 万元,线路长 12.8千米。主要工程量:隧道 1 座 12800 延长米。

中铁十二局集团有限公司贵南高速铁路(广西段)GNZQ－3 标段工程　项目部驻广西壮族自治区河池市,项目负责人宋振军。合同投资 92940 万元,线路长 12.8 千米。主要工程量:路基土石方 137.1 万立方米,桥梁 15 座 10700 延长米,隧道 4 座 14000 延长米,站场 1 处。

中铁十四局集团有限公司贵南高速铁路(广西段)GNZQ－4 标段工程　项目部驻广西壮族自治区河

池市，项目负责人刘立新。合同投资190251万元，线路长14.3千米。主要工程量：路基土石方349.1万立方米，桥梁7座3900延长米，隧道2座10500延长米，涵洞14座370.5横延米。

中铁十八局集团有限公司贵南高速铁路（贵州段）GNZQ－6标段工程　项目部驻贵州省荔波县，项目负责人李开军。合同投资190129万元，线路长23.9千米。主要工程量：路基土石方279.7万立方米，桥梁5座4700延长米，隧道2座17200延长米，涵洞9座821.4横延米，站场1处，无砟道床48.9千米。

中铁十八局集团有限公司贵南高速铁路（广西段）GNZQ－2标段工程　项目部驻广西壮族自治区河池市，项目负责人薛喜平。合同投资153863万元，线路长24.8千米。主要工程量：桥梁2座200延长米，隧道3座24500延长米，无砟道床49.6千米。

中铁二十一局集团有限公司贵南高速铁路（广西段）GNZQ－8标段工程　项目部驻广西壮族自治区南宁市，项目负责人池平平。合同投资189115万元，线路长28.7千米。主要工程量：路基土石方2.8万立方米，桥梁10座18100延长米，隧道3座6800延长米，涵洞9座232.3横延米。　（扈士琰）

公路工程

·北京新机场北线高速公路·

【工程概况】　北京新机场北线高速公路全长25.8千米，工程投资110亿元。其中，中段路线设计长度14.7千米，东延段起点京台高速、终点京冀界（廊坊），路线长2.9千米；西延段起点京开高速、终点京冀界（涿州），路线长8.3千米。2019年6月30日建成通车。中国铁建所属中国铁建大桥局、中铁十六局集团有限公司参加工程建设。　（扈士琰）

【参建标段】　中国铁建大桥工程局集团有限公司北京新机场北线高速公路2标段工程　项目部驻北京市大兴区，项目负责人刘玉清。合同投资271035万元，线路长11.6千米。主要工程量：土方挖方24万立方米、填方288万立方米，桥梁5座1100延长米，互通立交桥3座6300延长米。

中铁十六局集团有限公司北京新机场北线高速公路1标段工程　项目部驻北京市大兴区，项目负责人邱军。合同投资287000万元，线路长4.6千米。主要工程量：土方挖方17.2万立方米、填方131.3万立方米，桥梁6座4200延长米，停车区1处。　（扈士琰）

·延崇高速公路·

【工程概况】　延庆至崇礼高速公路，北京段工程线路全长32.2千米，起点为北京市延庆区大浮坨村西侧，与兴延高速公路相接，终点在市界处与延崇高速公路河北段相接。设计时速80千米，双向四车道，路基宽28.5米，工程投资152亿元。河北段由3段组成，分别是主线、延伸工程和赤城支线，线路全长110千米，其中主线78.1千米、延伸工程16.2千米、赤城支线15.3千米。2019年底建成通车。中国铁建所属中铁十四局、中铁十五局、中铁十六局、中铁二十三局集团有限公司参加工程建设。　（扈士琰）

【参建标段】　中铁十四局集团有限公司延崇高速公路7标段工程　项目部驻北京市延庆区，项目负责人秦绪彬。合同投资89359万元，线路长5.7千米。主要工程量：桥梁4座1800延长米，隧道3座3200延长米。

中铁十五局集团有限公司延崇高速公路8标段工程　项目部驻北京市延庆区，项目负责人陈黎明。合同投资53275万元，线路长2.7千米。主要工程量：土石方24.1万立方米，桥梁2座2500延长米。

中铁十六局集团有限公司延崇高速公路6标段工程　项目部驻北京市延庆区，项目负责人李建旺。合同投资92367万元，线路长4.9千米。主要工程量：土石方29.5万立方米，桥梁3座243延长米，隧道1座9300延长米。

中铁二十三局集团有限公司延崇高速公路ZT3标段工程　项目部驻河北省张家口市，项目负责人张德才。合同投资61723万元，线路长5.6千米。主要工程量：土石方105万立方米，桥梁2座524延长米，隧道2座3900延长米，涵洞5座373横延米。

（扈士琰）

·渝黔高速公路扩能工程·

【工程概况】　渝黔高速公路扩能工程起自绕城高速忠兴，经巴南区、綦江区和万盛经济开发区，止于小张坝附近省界。路线全长99.9千米，按六车道高速公路标准建设。设计时速100千米，整体式路基宽33.5

米,工程投资179亿元。2017年开工建设,计划2021年建成通车。中国铁建所属中铁十四局、中铁十八局、中铁二十一局、中铁二十三局、中铁二十四局集团有限公司参加工程建设。（扈士琰）

【参建标段】 中铁十四局集团有限公司渝黔高速公路扩能工程YQTJ1标段工程　项目部驻重庆市巴南区,项目负责人高发征。合同投资362478万元,线路长23.6千米。主要工程量:土石方挖方608.7万立方米、填方372.1万立方米,桥梁3800延长米,隧道6600延长米。

中铁十八局集团有限公司渝黔高速公路扩能工程YQTJ3标段工程　项目部驻重庆市綦江区,项目负责人王凯。合同投资38953万元,线路长10.5千米。主要工程量:路基土石方,特殊路基处理,防护及附属工程及预埋管线。

中铁十八局集团有限公司渝黔高速公路扩能工程YQTJ4标段工程　项目部驻重庆市綦江区,项目负责人马文通。合同投资47877万元,线路长8.3千米。主要工程量:土石方548.6万立方米,桥梁100延长米,隧道1700延长米。

中铁十八局集团有限公司渝黔高速公路扩能工程YQTJ5标段工程　项目部驻重庆市綦江区,项目负责人李先。合同投资99816万元,线路长18.4千米。主要工程量:土石方594.7万立方米,桥梁2800延长米,涵洞3500横延米。

中铁二十一局集团有限公司渝黔高速公路扩能工程YQTJ2标段工程　项目部驻重庆市綦江区,项目负责人张贵仓。合同投资79859万元,线路长9.3千米。主要工程量:土石方650万立方米,桥梁1500延长米,隧道2900延长米,涵洞1200横延米。

中铁二十一局集团有限公司渝黔高速公路扩能工程YQTJ2标段工程　项目部驻重庆市綦江区,项目负责人张贵仓。合同投资79859万元,线路长9.3千米。主要工程量:土石方650万立方米,桥梁1500延长米,隧道2900延长米,涵洞1200横延米。

中铁二十三局集团有限公司渝黔高速公路扩能工程YQTJ7标段工程　项目部驻重庆市綦江区,项目负责人杨建明。合同投资383850万元,线路长22.8千米。主要工程量:土石方536.6万立方米,桥梁9000延长米,隧道10500延长米,涵洞1600横延米。

中铁二十四局集团有限公司渝黔高速公路扩能工程YQTJ6标段工程　项目部驻重庆市綦江区,项目负责人戴剑冰。合同投资80000万元,线路长7.8千米。主要工程量:土石方154万立方米,桥梁1700延长米,隧道3100延长米,涵洞800横延米。（扈士琰）

城市轨道交通工程

·北京地铁8号线·

【工程概况】 北京地铁8号线是一条南北中轴线路,全长45.6千米,设车站35座、车厂2座、停车场1座。其中,一二期工程已完工,三期工程(部分未开通)2018年底建成通车。中国铁建所属中铁十一局、中铁十四局、中铁十六局、中铁十八局、中铁十九局、中铁二十二局集团有限公司参加工程建设。（扈士琰）

【参建标段】 中铁十一局集团有限公司北京地铁8号线三期9标段工程　项目负责人曾恕辉。合同投资33627万元。主要工程量:大红门站、大红门站至大红门桥站区间。

中铁十四局集团有限公司北京地铁8号线三期3标段工程　项目负责人赵光泉。合同投资56026万元。主要工程量:前门站、王府井站至前门站区间。

中铁十六局集团有限公司北京地铁8号线三期1标段工程　项目负责人王海明。合同投资48203万元。主要工程量:王府井北站、线路起点至王府井北站区间、王府井北站至王府井站区间。

中铁十八局集团有限公司北京地铁8号线三期14标段工程　项目负责人邱青春。合同投资29939万元。主要工程量:六营门站、西洼地站至六营门站区间、六营门站至五福堂站区间。

中铁十九局集团有限公司北京地铁8号线三期8标段工程　项目负责人贾常志。合同投资31521万元。主要工程量:木樨园桥南站、木樨园桥南站至大红门站区间(含联络线)。

中铁二十二局集团有限公司北京地铁8号线三期机电设备安装1标段工程　项目负责人王奎。合同投资3076万元。主要工程量:王府井北站、王府井站、前门站、珠市口站、天桥站5座地下车站以及相邻区间的二次结构及设备区装修系统、通风空调系统、给排水及消防系统、动力照明、BAS、ACS系统工程。（扈士琰）

·广州地铁18号线和22号线·

【工程概况】 广州地铁18号线呈南北走向,起自广东省广州市南沙区万顷沙枢纽,止于天河区广州东站,均为地下线。线路全长61.3千米,设车站9座、车辆段1座、停车场1座。广州地铁22号起自番禺区番禺广场,止于荔湾区白鹅潭站,均为地下线。线路全长30.8千米,设车站8座、停车场1座。2017年10月开工建设,计划2021年6月建成通车。中国铁建所属中铁十一局、中铁十二局、中国铁建大桥局、中铁十四局、中铁十八局、中铁十九局、中铁二十二局、中铁二十五局集团有限公司参加工程建设。 (扈士琰)

【参建标段】 中铁十一局集团有限公司广州地铁18号线和22号线工程5分部 项目负责人李兵。合同投资609890万元。主要工程量:番禺广场站、HP4中间风井至番禺广场站区间、番禺广场站至PQ1盾构井区间、陇枕停车场。

中铁十二局集团有限公司广州地铁18号线和22号线工程8分部 项目负责人何建斌。合同投资367476万元。主要工程量:南村万博站、冼村站、番南2号盾构井至南村万博站区间、冼村站至广州东站区间。

中国铁建大桥工程局集团有限公司广州地铁18号线和22号线工程6分部 项目负责人李铁成。合同投资271492万元。主要工程量:沙溪站、番禺广场站至PN1号盾构井区间、南村万博站至沙溪站区间、沙溪站至石榴岗站区间。

中铁十四局集团有限公司广州地铁18号线和22号线工程7分部 项目负责人严士海。合同投资387106万元。主要工程量:琶洲西区站、石榴岗站、石榴岗站至琶洲西区站、琶洲西区站至冼村站区间。

中铁十八局集团有限公司广州地铁18号线和22号线工程9分部 项目负责人杨阳春。合同投资232118万元。主要工程量:祈福站、番南2号盾构井至番南中间风井区间、番南中间风井至番南1号盾构井区间、祈福站至番祈中间风井区间、番祈中间风井至2号盾构井区间。

中铁十九局集团有限公司广州地铁18号线和22号线工程1分部 项目负责人李华伟。合同投资695184万元。主要工程量:万顷沙站、万顷沙站至万横中间风井盾构区间、祈福站至中间风井盾构区间、万顷沙车辆段。

中铁二十二局集团有限公司广州地铁18号线和22号线工程3分部 项目负责人马杰。合同投资225514万元。主要工程量:HP1中间风井(不含)至HP2盾构井区间、HP2盾构井至HP2中间风井区间、HP2中间风井至HP3盾构井区间。

中铁二十五局集团有限公司广州地铁18号线和22号线工程4分部 项目负责人石超。合同投资148477万元。主要工程量:HP3盾构井至HP3中间风井区间、HP3中间风井至HP4盾构井区间、HP4盾构井至HP4中间风井区间。 (扈士琰)

·深圳地铁16号线·

【工程概况】 深圳地铁16号线起自大运北站,终点站位于田心车辆段(坪山,深惠边界),均为地下线。线路全长29.2千米,工程投资400亿元,设车站23座、车辆段1座、停车场1处。2017年12月开工建设,计划2022年底建成通车。中国铁建所属中铁十一局、中铁十二局、中国铁建大桥局、中铁十四局、中铁十六局、中铁十九局、中铁二十二局、中铁二十四局、中铁二十五局集团有限公司参加工程建设。 (扈士琰)

【参建标段】 中铁十一局集团有限公司深圳地铁16号线工程4工区 项目负责人薛楷斌。合同投资191012万元。主要工程量:龙南站、龙东村站、同乐村站、双龙站至龙南站区间、龙南站至龙东村站区间、龙东村站至同乐村站区间、同乐村站至坪山站区间。

中铁十二局集团有限公司深圳地铁16号线工程7工区 项目负责人王毅军。合同投资197108万元。主要工程量:东纵站、新屋站、横塘站、田头站、田心站、东纵站至新屋站区间、新屋站至横塘站区间、横塘站至田头站区间、田头站至田心站区间。

中国铁建大桥工程局集团有限公司深圳地铁16号线工程3工区 项目负责人苗增润。合同投资252060万元。主要工程量:龙岗汽车站、天健花园站、龙城中路站、龙平站、双龙站、龙岗汽车站至天健花园站区间、天健花园站至龙城中路站区间、龙城中路站至龙平站区间、龙平站至双龙站区间。

中铁十四局集团有限公司深圳地铁16号线工程8工区 项目负责人王会新。合同投资231952万元。主要工程量:田心车辆段及出入线。

中铁十六局集团有限公司深圳地铁16号线工程2工区 项目负责人罗杰。合同投资141810万元。主要工程量:数码城站、回龙埔站、龙城西站至数码城站区间、数码城站至回龙埔站区间、回龙埔站至龙岗汽车站区间。

中铁十九局集团有限公司深圳地铁16号线工程5工区 项目负责人李建学。合同投资120680万元。主要工程量:坪山站、六联村站、文化中心站、坪山站至六联村站区间、六联村站至文化中心站区间、文化中心站至坪山围站区间。

中铁二十二局集团有限公司深圳地铁16号线工程6工区　项目负责人杨成宁。合同投资227650万元。主要工程量:坪山围站、坪山中学站、江岭站、坪山围站至坪山中学站区间、坪山中学站至江岭站区间、江岭站至东纵站区间。

中铁二十四局集团有限公司深圳地铁16号线工程9工区　项目负责人倪峰。合同投资88876.8万元。主要工程量:数码城站至停车场出入线区间、龙城公园停车场。

中铁二十五局集团有限公司深圳地铁16号线工程1工区　项目负责人李强。合同投资95291万元。主要工程量:大运北站、龙城西站、大运站至大运北站区间、大运北站至龙城西站区间。　（扈士琰）

·杭州地铁8号线·

【工程概况】　杭州地铁8号线一期工程起自浙江省杭州市江干区的文海南路站,终点为新湾路站,均为地下线。线路全长17.17千米,设车站9座、车辆基地1处,计划2023年7月建成通车。中国铁建所属中国铁建大桥局、中铁十六局、中铁十九局集团有限公司参加工程建设。　（扈士琰）

【参建标段】　中国铁建大桥工程局集团有限公司杭州地铁8号线一期工程3工区　项目负责人窦洪宇。合同投资83240万元。主要工程量:义蓬东路站、新湾路站、义蓬东路站至新湾路站区间。

中铁十六局集团有限公司杭州地铁8号线一期工程1工区　项目负责人何同继。合同投资139103万元。主要工程量:桥头堡站、何庄站、河景路站、盾构转换井、盾构转换井至桥头堡站区间、桥头堡站至何庄站区间、何庄站至河景路站区间。

中铁十九局集团有限公司杭州地铁8号线一期工程2工区　项目负责人王树才。合同投资123560万元。主要工程量:青六路站、青蓬路站、河景路站至青六路站区间、青六路站至青蓬路站区间、青蓬路站至义蓬东路站区间。　（扈士琰）

·成都地铁6号线·

【工程概况】成都地铁6号线一二期工程呈南北走向,北起望丛祠站,南至观东路站,主要经过四川省成都市郫都区、高新西区、金牛区、成华区、锦江区、高新区,均为地下线。线路全长47.4千米,工程投资176.3亿元,设车站38座(换乘站14座)、车辆段1座、停车场1处、主变电站3座,计划2020年底建成通车。中国铁建所属中铁十一局、中铁十二局、中国铁建大桥局、中铁十四局、中铁十五局、中铁十六局、中铁十七局、中铁十八局、中铁十九局、中铁二十局、中铁二十一局、中铁二十二局、中铁二十四局、中铁建设、中国铁建电气化局、中铁城建集团有限公司参加工程建设。　（扈士琰）

【参建标段】　中铁十一局集团有限公司成都地铁6号线土建9标段工程　项目负责人段红海。合同投资89492.5万元。主要工程量:梁家巷站、前锋路站、建设北路站、人民北路站至梁家巷站区间、梁家巷站至前锋路站区间、前锋路站至建设北路站区间。

中铁十二局集团有限公司成都地铁6号线轨道1标段工程　项目负责人杨晓辉。合同投资38000万元。主要工程量:梁家巷站、郫筒车辆段至梁家巷站区间。

中铁十二局集团有限公司成都地铁6号线土建5标段工程　项目负责人李江峰。合同投资68859万元。主要工程量:梓潼宫站、侯家桥站、侯家桥站至梓潼宫站盾构区间、兴盛站至侯家桥站区间。

中铁十二局集团有限公司成都地铁6号线机电3标段工程　项目负责人杜建。合同投资25000万元。主要工程量:犀浦站、兴业北街站、梓潼宫站、侯家桥站、兴盛站及上述车站相邻区间范围内的风、水、电及装修工程。

中铁十二局集团有限公司成都地铁6号线系统1标段工程　项目负责人张伟。合同投资36500万元。主要工程量:全线范围内的综合监控系统工程、防灾报警、环境与设备监控、门禁及乘客报警系统等。

中国铁建大桥工程局集团有限公司成都地铁6号线土建8标段工程　项目负责人孙宏卫。合同投资64000万元。主要工程量:沙湾站、人民北路站、星河站至西南交大站区间、西南交大站至沙湾站区间、沙湾站至西北桥站区间、西北桥站至人民北路站区间。

中国铁建大桥工程局集团有限公司成都地铁6号线机电4标段工程　项目负责人于士伟。合同投资23600万元。主要工程量:青杠站、西华大道站、金府站、星河站、西南交大站、沙湾站及上述车站相邻区间范围内的风、水、电及装修工程。

中铁十四局集团有限公司成都地铁6号线土建10标段工程　项目负责人王长江。合同投资75000万元。主要工程量:新鸿路站、玉双路站、牛王庙站、建设北路站至新鸿路站区间、新鸿路站至玉双路站区间、玉双路站至牛王庙站区间、牛王庙站至顺江路站区间。

中铁十四局集团有限公司成都地铁 6 号线轨道 2 标段工程　项目负责人张哲。合同投资 82000 万元。主要工程量:龙灯山停车场、梁家巷站至龙灯山停车场区间。

中铁十四局集团有限公司成都地铁 6 号线机电 6 标段工程　项目负责人闫文栋。合同投资 25200 万元。主要工程量:玉双路站、牛王庙站、顺江路站、三官堂站、东光站、琉璃场站及上述车站相邻区间范围内的风、水、电及装修工程。

中铁十五局集团有限公司成都地铁 6 号线土建 11标段工程　项目负责人王延玲。合同投资 70000 万元。主要工程量:顺江路站、三官堂站、东光站、顺江路至三官堂站盾构区间、三官堂站至东光站区间。

中铁十五局集团有限公司成都地铁 6 号线机电 5 标段工程　项目负责人刘永杰。合同投资 23800 万元。主要工程量:人民北路站、梁家巷站、前锋路站、建设北路站、新鸿路站及上述车站相邻区间范围内的风、水、电及装修工程,以及西北桥站相邻区间范围内的风、水、电及装修工程。

中铁十六局集团有限公司成都地铁 6 号线土建 2A 标段工程　项目负责人刘锐。合同投资 25000 万元。主要工程量:望丛祠站、郫筒车辆段出入线区间。

中铁十六局集团有限公司成都地铁 6 号线土建 2 标段工程　项目负责人刘成宝。合同投资 76000 万元。主要工程量:和平街站、郫筒站、蜀新大道站、望丛祠站至和平街站区间、和平街站至郫筒站区间、郫筒站至蜀新大道站区间、蜀新大道站至檬梓站区间。

中铁十六局集团有限公司成都地铁 6 号线机电 1 标段工程　项目负责人张鸣。合同投资 24600 万元。主要工程量:郫筒车辆段及出入线、望丛祠站、和平街站、郫筒站及上述车站相邻区间范围内的风、水、电及装修工程。

中铁十七局集团有限公司成都地铁 6 号线土建 6 标段工程　项目负责人张其积。合同投资 56000 万元。主要工程量:兴盛站、青杠站、西华大道站、西华大道站至青杠站区间、兴盛站至青杠站区间。

中铁十七局集团有限公司成都地铁 6 号线机电 2 标段工程　项目负责人王章。合同投资 25400 万元。主要工程量:蜀新大道站、檬梓站、尚锦路站、红高路站、天宇路站及上述车站相邻区间范围内的风、水、电及装修工程。

中铁十八局集团有限公司成都地铁 6 号线土建 4 标段工程　项目负责人万朝栋。合同投资 86000 万元。主要工程量:天宇路站、犀浦站、兴业北街站、天宇路站至犀浦站盾构区间、梓橦宫站至兴业北街站盾构区间、兴业北街站至犀浦站盾构区间。

中铁十九局集团有限公司成都地铁 6 号线土建 12 标段工程　项目负责人石旭东。合同投资 65000 万元。主要工程量:琉璃场站、琉三路站、金石路站、琉三路站至琉璃场站区间、琉三路站至金石路站区间、琉璃场站至东光站区间。

中铁二十局集团有限公司成都地铁 6 号线土建 3 标段工程　项目负责人谢贵明。合同投资 92000 万元。主要工程量:檬梓站、尚锦路站、红高路站、檬梓站至尚锦路站区间、红高路站至尚锦路站区间、红高路站至天宇路站区间。

中铁二十一局集团有限公司成都地铁 6 号线土建 7 标段工程　项目负责人苏志刚。合同投资 66000 万元。主要工程量:金府站、星河站、西南交大站、西华大道站至金府站区间、金府站至星河站区间。

中铁二十二局集团有限公司成都地铁 6 号线土建 13 标段工程　项目负责人姚义。合同投资 86000 万元。主要工程量:三色路站、中和站、三色路站至金石路站区间、三色路站至中和站区间、龙灯山停车场至张家寺站区间。

中铁二十四局集团有限公司成都地铁 6 号线土建 14 标段工程　项目负责人王健。合同投资 57000 万元。主要工程量:观东站、陆肖站、观东站至陆肖站盾构区间、陆肖站至张家寺站区间、中和站至张家寺站区间。

中铁建设集团有限公司成都地铁 6 号线土建 1 标段工程　项目负责人王俊超。合同投资 50000 万元。主要工程量:郫筒车辆段。

中铁建设集团有限公司成都地铁 6 号线装修一体化标段工程　项目负责人阎兴国。合同投资 17151 万元。主要工程量:望丛祠站、金府站、西南交大站、建设路北站、牛王庙站、三官堂站、三色路站 7 座重点艺术站的文化艺术装置实施及公共区装修,出入口及垂直电梯室外地面以上部分装修含钢结构、玻璃、雨棚、花池、踏步、坡道等,风亭和冷却塔室外地面以上部分装修含花池的地面附属建筑结构装修,广告灯箱(含轨行区)的采购及安装。

中国铁建电气化局集团有限公司成都地铁 6 号线系统 2 标段工程　项目负责人苏猛。合同投资 63800 万元。主要工程量:全线通信系统工程及设备安装。

中国铁建电气化局集团有限公司成都地铁 6 号线系统 3 标段工程　项目负责人刘成刚。合同投资 106000 万元。主要工程量:全线供电系统(含变电所、环网、接触网)工程。

中铁城建集团有限公司成都地铁 6 号线土建 15A 标段工程　项目负责人李清琨。合同投资 17914 万元。主要工程量:张家寺站。

中铁城建集团有限公司成都地铁6号线土建15标段工程　项目负责人胡迎晖。合同投资89000万元。主要工程量:龙灯山停车场。

中铁城建集团有限公司成都地铁6号线机电7标段工程　项目负责人徐振生。合同投资30400万元。主要工程量:琉三路站、金石路站、三色路站、中和站、陆肖路站、观东路站及上述车站相邻区间范围内的风、水、电及装修工程。

中铁城建集团有限公司成都地铁6号线机电8标段工程　项目负责人苏昭健。合同投资26400万元。主要工程量:张家寺站及相邻区间范围内的风、水、电及装修工程,以及龙灯山停车场与龙灯山出入线的风、水、电及装修工程。（扈士琰）

·清远磁浮旅游专线·

【工程概况】　清远磁浮旅游专线全长38.5千米,设车站12座、车辆段1座、停车场1处。工程投资104亿元,2017年12月开工建设,计划2020年建成通车。其中,一期工程银盏站至长隆主题公园段线路全长8.1千米,设车站3座、车辆段1座,工程投资24.1亿元,中国铁建股份有限公司与清远市广清城轨公司按7:3的比例出资。中国铁建所属中铁十一局、中铁十七局、中铁二十三局集团有限公司参加工程建设。

（扈士琰）

【参建标段】　中铁十一局集团有限公司清远磁浮旅游专线1标段工程　项目负责人罗德。合同投资53181万元。主要工程量:银盏温泉站、莲湖站、长岗站、长隆主题公园站、银盏温泉站至莲湖站区间、莲湖站至长岗站区间、长岗站至长隆主题公园站区间。

中铁十七局集团有限公司清远磁浮旅游专线3标段工程　项目负责人徐文斌。合同投资21080万元。主要工程量:停车场工程。

中铁二十三局集团有限公司清远磁浮旅游专线2标段工程　项目负责人谭斌。合同投资7496万元。主要工程量:高架桥梁316片轨道梁预制、运输、架设施工。（扈士琰）

·南京地铁7号线·

【工程概况】　南京地铁7号线是一条东北西南走向的线路,东起南京市新尧新城仙新路站,南至西善桥站,均为地下线。线路全长35.5千米,设车站27座,2017年9月开工建设,计划2021年6月建成通车。中国铁建所属中铁十一局、中国铁建大桥局、中铁十四局、中铁十五局、中铁十七局、中铁十八局、中铁十九局、中铁二十二局、中铁二十四局集团有限公司参加工程建设。

（扈士琰）

【参建标段】　中铁十一局集团有限公司南京地铁7号线施工总承包3标段8工区　项目负责人郝飞。合同投资87590万元。主要工程量:马家园车辆段出入线。

中国铁建大桥工程局集团有限公司南京地铁7号线施工总承包3标段7工区　项目负责人张胜龙。合同投资68396万元。主要工程量:仙新路站、尧化门站、化新村站至尧化门站区间、尧化门站至仙新路站区间。

中铁十四局集团有限公司南京地铁7号线施工总承包3标段2工区　项目负责人唐俊杰。合同投资78950万元。主要工程量:城河村站、黄方村站、城河村站至黄方村站区间、黄方村站至五塘广场站区间。

中铁十五局集团有限公司南京地铁7号线施工总承包3标段4工区　项目负责人申笑寒。合同投资51394万元。主要工程量:万寿村站。

中铁十七局集团有限公司南京地铁7号线施工总承包机电装修工区　项目负责人刘西明。合同投资30200万元。主要工程量:仙新路站、尧化门站、尧化新村站、尖山路口站、丁家庄站、万寿村站6站5区间的机电工程、装修工程、人防工程及杂散电流接地工程。

中铁十八局集团有限公司南京地铁7号线施工总承包3标段3工区　项目负责人陈家森。合同投资75100万元。主要工程量:五塘广场站、窑上村站、五塘广场站至窑上村站区间、窑上村站至晓庄站区间、晓庄站至万寿站区间。

中铁十九局集团有限公司南京地铁7号线施工总承包3标段5工区　项目负责人斯明勇。合同投资47200万元。主要工程量:丁家庄站、万寿村站至丁家庄站区间、丁家庄站至尖山路口站区间。

中铁二十二局集团有限公司南京地铁7号线施工总承包3标段6工区　项目负责人张震。合同投资37400万元。主要工程量:尖山路口站、尧化新村站、尖山路口站至尧化新村站区间。

中铁二十四局集团有限公司南京地铁7号线施工总承包3标段1工区　项目负责人张正。合同投资53600万元。主要工程量:福建路站、古平岗站至福建路站区间、福建路站至城河村站区间。（扈士琰）

·厦门地铁2号线·

【工程概况】 厦门地铁2号线一期工程分两个标段，其中1标段从海沧区芦坑站至湖里东渡路站，4站4区间，为东西骨架线，构建厦门市本岛与海沧区快速跨海连接通道。线路全长6.1千米，工程投资16.7亿元。2标段工程线路全长7.8千米，6站7区间，工程投资21.7亿元。2015年7月开工建设，2019年底建成通车。中国铁建所属中铁十一局、中国铁建大桥局、中铁十四局、中铁十六局、中铁十七局、中铁十八局、中铁二十二局集团有限公司参加工程建设。 （扈士琰）

【参建标段】 中铁十一局集团有限公司厦门地铁2号线2标段1工区 项目负责人唐生朝。合同投资39467万元，线路长2.2千米。主要工程量：建业路站、东渡路站至建业路站区间、建业路站至湖滨中路站区间。

中铁十一局集团有限公司厦门地铁2号线停车场工程 项目负责人张斌。合同投资56762万元。主要工程量：土石方开挖112万立方米、回填15.4万立方米，旋喷桩止水帷幕4247米，锚索25570米，土钉31253米，喷射砼支护3218平方米，机械成孔灌注桩81368米，声测管14400米，砼临时支撑134立方米，混凝土175343立方米，钢筋27031吨，水泥混凝土路面14009平方米，轨道5千米，道岔17组，交叉渡线1组。

中铁十一局集团有限公司厦门地铁2号线轨道标段工程 项目负责人罗旭光。合同投资27134万元，线路长42.7千米。主要工程量：普通整体道床28.7千米，双层非线性型减振扣件整体道床7.9千米，中量级钢弹簧浮置板道床0.7千米，重量级钢弹簧浮置板道床5.3千米。

中国铁建大桥工程局集团有限公司厦门地铁2号线2标段3工区 项目负责人任国青。合同投资44490万元，线路长2.1千米。主要工程量：中孚花园站、江头站、吕厝站至江头站区间、江头站至中孚花园站区间。

中铁十四局集团有限公司厦门地铁2号线1标段2工区 项目负责人王晓琼。合同投资89919万元，线路长3.2千米。主要工程量：海沧大道站、东渡路站、海沧大道站至东渡路站区间。

中铁十六局集团有限公司厦门地铁2号线1标段1工区 项目负责人王炜。合同投资37099万元，线路长3.2千米。主要工程量：芦坑站、海沧CBD站、起点至芦坑站区间、芦坑站至海沧CBD站区间、海沧CBD站至海沧大道站区间。

中铁十七局集团有限公司厦门地铁2号线2标段1工区 项目负责人华树立。合同投资20362万元，线路长1.2千米。主要工程量：湖滨中路站、湖滨中路站至体育中心站区间。

中铁十八局集团有限公司厦门地铁2号线2标段2工区 项目负责人沈启炜。合同投资48936万元，线路长2.1千米。主要工程量：育秀东路站、湖滨中路站至体育中心站区间、体育中心站至育秀东路站区间、育秀东路站至吕厝站区间。

中铁二十二局集团有限公司厦门地铁2号线2标段2工区 项目负责人杨进城。合同投资36704万元，线路长0.4千米。主要工程量：体育中心站。

（扈士琰）

·青岛地铁4号线·

【工程概况】 青岛地铁4号线是一条东西向的骨干线，连接青岛市南区、市北区、崂山区。全线设车站25座，其中换乘站11座，工程投资118.2亿元。2016年11月18日开工建设，计划2021年11月30日建成通车。中国铁建所属中铁十一局、中铁十二局、中国铁建大桥局、中铁十六局、中铁十七局、中铁十八局、中铁十九局、中铁二十局、中铁二十二局、中铁二十三局、中铁二十四局、中铁二十五局集团有限公司参加工程建设。

（扈士琰）

【参建标段】 中铁十一局集团有限公司青岛地铁4号线14标段工程 项目负责人匡艳超。合同投资130251万元，线路长1.1千米。主要工程量：车辆段及综合基地内的运用库及运转综合楼、食堂及车库、检修库、物资总库、公寓楼、污水处理站、综合维修中心。

中铁十二局集团有限公司青岛地铁4号线01标段工程 项目负责人帅建兵。合同投资69547万元，线路长1.1千米。主要工程量：人民会堂站、青医附院站、泰山路站、起点至人民会堂站区间。

中国铁建大桥工程局集团有限公司青岛地铁4号线10标段工程 项目负责人徐锡文。合同投资76519万元，线路长6.3千米。主要工程量：九水东路站、李宅路站至九水东路站区间、张村站至李宅路站区间、崂山科技城站至张村站区间、李家下庄站至崂山科技城站区间。

中铁十六局集团有限公司青岛地铁4号线02标段工程 项目负责人潘同斌。合同投资21350万元，线路长0.2千米。主要工程量：江苏路站。

中铁十七局集团有限公司青岛地铁4号线06标

段工程　项目负责人鲜胜军。合同投资 38006 万元，线路长 1 千米。主要工程量：洪山坡站、劲松三路站、劲松三路站至劲松四路站区间。

中铁十八局集团有限公司青岛地铁 4 号线 03 标段工程　项目负责人王锋。合同投资 39040 万元，线路长 0.2 千米。主要工程量：昌乐路站。

中铁十九局集团有限公司青岛地铁 4 号线 05 标段工程　项目负责人闫明东。合同投资 77545 万元，线路长 0.6 千米。主要工程量：鞍山路站、错埠岭站、福州路站。

中铁二十局集团有限公司青岛地铁 4 号线 11 标段工程　项目负责人管庆健。合同投资 51899 万元，线路长 2.7 千米。主要工程量：静港路站、沙子口站、九水东路站至静港路站区间、静港路站至沙子口站区间。

中铁二十二局集团有限公司青岛地铁 4 号线 09 标段工程　项目负责人袁越。合同投资 45048 万元，线路长 1.7 千米。主要工程量：张村站、李宅路站。

中铁二十三局集团有限公司青岛地铁 4 号线 08 标段工程　项目负责人吴行州。合同投资 30422 万元，线路长 0.3 千米。主要工程量：李家下庄站、崂山科技城站。

中铁二十四局集团有限公司青岛地铁 4 号线 12 标段工程　项目负责人徐毅。合同投资 51703 万元，线路长 2.6 千米。主要工程量：崂山六中站、沙子口站至崂山六中站区间、车辆段出入线区间。

中铁二十五局集团有限公司青岛地铁 4 号线 07 标段工程　项目负责人鲍汝苍。合同投资 91554 万元，线路长 4.3 千米。主要工程量：劲松四路站、劲松七路站、劲松四路站至劲松七路站区间、劲松七路站至辽阳东路站区间、辽阳东路站至李家下庄站区间。

中铁二十五局集团有限公司青岛地铁 4 号线 13 标段工程　项目负责人樊延祥。合同投资 35701 万元，线路长 1.5 千米。主要工程量：西登瀛站、河东站及站后折返线、西登瀛站至大河东站区间、崂山六中站至西登瀛站区间。（扈士琰）

市政工程

·明珠湾大桥项目·

【工程概况】 明珠湾大桥项目起于广州市万顷沙岛万环西路，止于南沙经济开发区虎门联络道，大桥主线全长 7.8 千米，其中大桥全长 2.6 千米，双向八车道，采用三桁六跨连续钢桁拱，主桥主跨 436 米。2018 年 3 月开工建设，计划 2021 年 8 月建成通车。中国铁建所属中国铁建大桥工程局集团有限公司以设计施工总承包模式承担施工任务。（扈士琰）

·南京市江北新区综合管廊二期工程·

【工程概况】 南京市江北新区综合管廊二期工程是江北新区核心区及其周边地区浦滨路、横江大道、七里河大街、定山大街等 18 条路段新建地下综合管廊，总长度 53 千米。其中，干线综合管廊 31.3 千米、支线综合管廊 22.1 千米。主要工程量：既有管线改迁、交通导改、土方开挖、地基处理及支护、盾构（顶管）施作、管廊本体及排水、消防、通风、电气、监控（含监控中心）、道路及绿化恢复等工程。中铁十七局集团有限公司占合同总额的 45%，中铁十八局集团有限公司和中铁二十五局集团有限公司共占合同总额的 45%，南京市共建中心（政府）占合同总额的 10%。中国铁建所属中铁十七局、中铁十八局、中铁二十五局集团有限公司参加工程建设。（扈士琰）

【参建标段】 中铁十七局集团有限公司南京市江北新区综合管廊二期工程　项目部驻江苏省南京市，项目负责人吴传模。合同投资 194355 万元，线路长 30.6 千米。主要工程量：9 条路段新建地下综合管廊 30.6 千米，其中浦滨路 9180 米、横江大道 4790 米、七里河大街 3300 米、定山大街 3840 米、浦辉路 2220 米、康华路 3640 米、广西埂大街 2000 米、兴浦路 820 米、万寿路 830 米。

中铁十八局集团有限公司南京市江北新区综合管廊二期工程　项目部驻江苏省南京市，项目负责人吴利民。合同投资 103656 万元，线路长 12.2 千米。主要工程量：6 条路段新建地下综合管廊 12.2 千米，其中浦滨路 1500 米、横江大道 1500 米、兴隆路 2860 米、沿山大道 2810 米、石佛大街 2700 米、镇南河路 840 米。

中铁二十五局集团有限公司南京市江北新区综合管廊二期工程　项目部驻江苏省南京市，项目负责人徐敦敏。合同投资 90699 万元，线路长 10.6 千米。主要工程量：6 条路段新建地下综合管廊 10.6 千米，其中浦乌路 3570 米、绿水湾路 2420 米、浦滨路 1015 米、珍珠南路 1780 米、胜利路 930 米、商务西街 880 米。（扈士琰）

水利工程

·新疆引额供水二期工程·

【工程概况】 新疆引额供水二期工程起点在新疆维吾尔自治区北屯市，终点至奇台县，建设分两步完成。第一步是调水到乌鲁木齐市，第二步是在额尔齐斯河上游再修调节水库1个，工程分西水东引、喀双隧洞、双三(双井子到三塘湖)段3部分。二期输水工程KS隧洞全长283.4千米，工程投资560亿元，计划工期7年。中国铁建所属中铁十一局、中国铁建大桥局、中铁十四局、中铁十六局、中铁十八局、中铁十九局集团有限公司参加工程建设。 (扈士琰)

【参建标段】 中铁十一局集团有限公司新疆引额供水二期工程喀双段6标段工程　项目负责人王明华。合同投资53704万元，线路长19.9千米。主要工程量：钻爆开挖支护施工隧洞2.2千米，盾构施工隧洞17.7千米，整洞混凝土铺底及衬砌施工。

中国铁建大桥工程局集团有限公司新疆引额供水二期工程西水东引2标段工程　项目负责人郭宏宇。合同投资94111万元，线路长26.8千米。主要工程量：钻爆开挖支护施工隧洞1.4千米，盾构施工隧洞23.8千米，整洞混凝土铺底及衬砌施工。

中铁十四局集团有限公司新疆引额供水二期工程双三段4标段工程　项目负责人吴遁。合同投资142960万元，线路长37.4千米。主要工程量：钻爆开挖支护施工隧洞17.9千米，盾构施工隧洞18.9千米，整洞混凝土铺底及衬砌施工。

中铁十六局集团有限公司新疆引额供水二期工程西水东引8标段工程　项目负责人郭震。合同投资133216万元，线路长34.8千米。主要工程量：钻爆开挖支护施工隧洞7.5千米，盾构开挖支护施工隧洞24千米，整洞混凝土铺底及衬砌施工。

中铁十六局集团有限公司新疆引额供水二期工程喀双段10标段工程　项目负责人牛超良。合同投资33925万元，线路长9.1千米。主要工程量：钻爆开挖支护施工隧洞9.1千米，整洞混凝土铺底及衬砌施工。

中铁十八局集团有限公司新疆引额供水二期工程西水东引3标段工程　项目负责人齐建锋。合同投资133828万元，线路长43.8千米。主要工程量：钻爆开挖支护施工隧洞5.1千米，盾构施工隧洞38.7千米，整洞混凝土铺底及衬砌施工。

中铁十八局集团有限公司新疆引额供水二期工程双三段2标段工程　项目负责人罗春灵。合同投资43597万元，线路长22.7千米。主要工程量：钻爆开挖支护施工隧洞1.6千米，盾构施工隧洞20.5千米，整洞混凝土铺底及衬砌施工。

中铁十九局集团有限公司新疆引额供水二期工程双三段2标段工程　项目负责人罗春灵。合同投资174669万元，线路长46.2千米。主要工程量：钻爆开挖支护施工隧洞7.7千米，盾构施工隧洞38.5千米，整洞混凝土铺底及衬砌施工。 (扈士琰)

·云南滇中引水工程·

【工程概况】 云南滇中引水工程由水源工程和输水工程两部分组成，水源工程位于云南省丽江市玉龙县石鼓镇，从位于石鼓镇上游1.5千米的金沙江右岸取水，由泵站提水至总干渠渠首；输水工程自丽江石鼓镇望城坡开始，途经丽江市、大理州、楚雄州、昆明市、玉溪市，终点为红河州新坡背，线路全长661.07千米。中国铁建所属中铁十二局、中铁十八局集团有限公司参加工程建设。 (扈士琰)

【参建标段】 中铁十二局集团有限公司云南滇中引水工程楚雄段2标段工程　项目负责人邓柏科。合同投资146318万元，线路长18.7千米。主要工程量：总干渠18.8千米，施工支洞2.2千米。

中铁十八局集团有限公司云南滇中引水工程大理1段3标段工程　项目负责人白庆福。合同投资5716万元，线路长1.2千米。主要工程量：隧洞1.2千米。

中铁十八局集团有限公司云南滇中引水工程大理2段3标段工程　项目负责人尹黔。合同投资123000万元，线路长21.2千米。主要工程量：隧洞21.2千米，施工支洞2.3千米。 (扈士琰)

房建工程

·乌鲁木齐宝能城项目·

【工程概况】 乌鲁木齐宝能城项目位于新疆维吾尔自治区乌鲁木齐市经济技术开发区二期延伸区，玄武湖路以东，岳麓山街以南，天柱山街以北，西邻万达广场(在建),东临高速铁路片区卫星路(在建),由1~4号4个地块组成,总建筑面积175万平方米。项目建在宝能城1号、2号地块,2个标段。1标段总建筑面积741188.5平方米,地上建筑面积548896.6平方米、地下建筑面积192291.9平方米。其中,商业建筑面积402250万平方米,主楼建筑面积340130万平方米。商业办公楼3栋,集中商业28.2米,街区商业14.85米,地下室(商业+停车及设备用房)。2标段总建筑面积330609平方米,地上建筑面积293556平方米、地下建筑面积37053平方米。其中包括2-02号楼地下3层、地上58层,高243.1米;2-03号楼地下3层、地上58层,高253.2米,集中商业28.2米、街区商业14.85米、地下室(商业+停车及设备用房)。项目投资22亿元,合同工期2016年4月至2021年1月。中国铁建所属中铁建设集团有限公司承担施工任务。 (扈士琰)

质量监督

【"全国质量月"活动】 根据市场监督管理总局等《关于开展全国"质量月"活动的通知》精神,中国铁建系统开展2019年"质量月"活动。各单位结合本单位实际,围绕"共创中国质量,建设质量强国"主题,深入开展宣传教育活动,建设质量文化,增强质量意识。深入宣传贯彻《质量发展纲要(2011—2020年)》,充分发挥企业的主体作用,提高质量竞争力,提升质量总体水平,着力在质量提升上下功夫,深入开展群众性质量活动,促进质量提升。全面开展质量整治、强化过程质量控制活动,在企业中形成质量兴企、人人有责的良好氛围。通过开展质量专项检查、QC小组活动、举办质量管理干部培训班、召开质量事故分析会、举行消除质量通病评比竞赛、开展"五小"(小建议、小革新、小攻关、小发明、小创造)活动、岗位练兵、技术比武等群众性质量活动,提高企业员工的质量意识和产品与服务质量水平。工程承包企业组织开展工程质量通病治理专项行动,消除质量通病,提高工程质量。其他业务板块企业有针对性地开展产品质量、服务质量提升活动,创建产品和服务品牌。 (刘 辉 牛 峰)

【"全国企业员工全面质量管理知识竞赛"活动】 2019年8月29日至11月30日,国务院国资委联合中国质量协会(以下简称中质协)开展"中央企业全面质量管理知识竞赛",活动在全国范围内为"全国企业员工全面质量管理知识竞赛活动",由中质协发起;自2002年以来每年举办一次,是国家定期举办的最大规模的质量竞赛活动,中央企业范围内由国资委组织开展。中国铁建发动、组织全员参与,所属各单位积极响应、踊跃答题,最终在由国资委综合局发布的2019年中央企业全面质量管理知识竞赛综合评价中,中国铁建位列综合成绩中央企业第5名,建筑中央企业第1名。中国铁建港航局集团有限公司丁涛亮获"全国企业员工全面质量管理知识竞赛活动"个人一等奖,中铁十一局集团有限公司陈洪波等6人获个人三等奖。以该次活动为契机,中国铁建对各单位职工进行质量法规、质量管理知识等质量素质教育,同时加大宣传力度,结合生产一线充分动员职工参加质量活动,增强全员质量意识,不断夯实质量基础管理。 (刘 辉 牛 峰)

2019年中国铁建优秀质量管理小组

序号	获 奖 小 组	获 奖 成 果
1	中国土木工程集团有限公司哈尔科特航站楼QC小组	提高大面积花岗岩石材铺贴质量合格率
2	中国土木工程集团有限公司线站所QC小组	拉伊铁路APAPA支线下穿APAPA ROAD公路桥方案线位优化研究
3	中国土木工程集团有限公司拉各斯轻轨项目部质量管理QC小组	提高拉各斯轻轨跨海桥钢管桩、钢护筒插打质量
4	中铁十一局集团建安公司遵义高速铁路新城商务中心项目QC小组	提高超高层扭曲缩放体单元式幕墙安装一次验收合格率
5	中铁十一局集团二公司连续梁支座施工QC小组	高寒地区连续梁支座防脱空控制
6	中铁十一局集团三公司"众志"QC小组	降低浅埋偏压小净距公路隧道初期支护预留变形量
7	中铁十一局集团桥梁公司呼和浩特分公司QC小组	降低预制盾构管片磕碰率

续表

序号	获 奖 小 组	获 奖 成 果
8	中铁十一局集团六公司李华伟 QC 小组	研制新型灌注桩内插钢管柱定位装置
9	中铁十二局集团电气化公司北京地铁项目部 QC 小组	降低地铁二次结构砌筑砌块损耗率
10	中铁十二局集团建安公司第十一项目部 QC 小组	体育场看台台阶抹灰质量控制
11	中铁十二局集团建安公司第六项目部怡和天润园 QC 小组	提高装配式建筑预制构件生产一次合格率
12	中铁十二局集团一公司成昆铁路 QC 小组	高薄壁空心墩封顶工艺研究
13	中铁十二局集团四公司“实干”QC 小组	研制桥梁护栏焊接平台装置
14	中国铁建大桥工程局集团有限公司中铁北湖国际城混凝土质量控制 QC 小组	提高铝模板混凝土一次成型质量
15	中国铁建大桥工程局集团有限公司三门峡黄河公铁两用大桥 QC 小组	提高高强度螺栓施拧检查合格率
16	中国铁建大桥工程局集团有限公司兰州地铁机电装修 IX 标段气体灭火管线安装施工 QC 小组	控制气体灭火管线安装合格率
17	中国铁建大桥工程局集团有限公司鹅公岩轨道专用桥 QC 小组	提高钢箱梁现场焊接合格率
18	中国铁建大桥工程局集团有限公司鹅公岩轨道专用桥 QC 小组	提高低回缩锚固体系张拉质量
19	中铁十四局集团二公司冬奥会管廊 QC 小组	提高综合管廊全包防水施工质量合格率
20	中铁十四局集团建筑公司黔张常铁路 QC 小组	提高铁路跨越巨型溶洞回填体注浆合格率
21	中铁十四局集团房桥公司钢结构车间 QC 小组	40 米箱梁静载试验装置的研制
22	中铁十四局集团四公司连镇铁路 LZZQ－7 标段 QC 小组	桥墩钢筋保护层厚度控制
23	中铁十四局集团大盾构公司新建京张铁路 1 标段项目部 QC 小组	提高大直径盾构隧道全预制轨下结构拼装合格率
24	中铁十四局集团五公司重庆市轨道交通 10 号线二期 QC 小组	降低城镇地铁控爆施工对周边建筑及居民的影响率
25	中铁十四局集团三公司京秦高速公路项目部 QC 小组	跨繁忙公路钢混组合梁快速施工技术创新
26	中铁十五局集团轨道交通运营公司朔黄铁路运输处 QC 小组	减少 2 万吨重载列车故障停时
27	中铁十五局集团二公司广中江项目提高预制小箱梁封端砼质量控制 QC 小组	提高预制小箱梁封端砼质量
28	中铁十五局集团路桥公司太原西南环项目 QC 小组	提高桥面系角钢支架安装施工效率
29	中铁十五局集团城市轨道交通公司深圳地铁 10 号线 1012－1 标段 QC 小组	降低盾构施工地表沉降率
30	中铁十五局集团五公司铁本 3 标段项目部第一 QC 小组	提高施工资料归档合格率
31	中铁十六局集团二公司大别山 QC 小组	提高试验资料一次验交合格率
32	中铁十六局集团一公司新机场北线高速公路项目 QC 小组	CFG 桩新型切割机研制

续表

序号	获 奖 小 组	获 奖 成 果
33	中铁十六局集团三公司水腊创新工作室 QC 小组	梁格体系杆拱中横梁施工新方法研究
34	中铁十六局集团电气化公司贵阳枢纽龙胆虎威 QC 小组	提高 110 千伏线路架线施工防风偏跳闸的一次质量合格率
35	中铁十六局集团铁运公司包神指机车 QC 小组	降低 SS4G 型电力机车空转故障率
36	中铁十七局集团四公司“苍洱之风”QC 小组	提高大跨径简支钢箱梁拖拉式顶推纵轴线控制精度
37	中铁十七局集团三公司合安铁路 HAZQ－3 标段第一 QC 小组	箱梁端部拼装式轻型养护模具研发
38	中铁十七局集团建筑公司太原市妇幼保健院迁建工程项目 QC 小组	提高 HDPE 给水管一次安装合格率
39	中铁十七局集团二公司大临铁路项目隧道防水板 QC 小组	提高隧道防水板电磁焊接质量
40	中铁十七局集团一公司检测公司 QC 小组	提高预制箱梁梁体外观质量合格率
41	中铁十八局集团一公司高黎贡山隧道 QC 小组	提高隧道纵向施工缝中埋钢边止水带一次合格率
42	中铁十八局集团北京中铁大都公司“大都在南京”QC 小组	提高装配式结构转换层灌浆套筒连接钢筋施工合格率
43	中铁十八局集团有限公司轨道交通 QC 小组	提高墩身钢筋绑扎一次成型合格率
44	中铁十八局集团三公司大港小学项目砌筑 QC 小组	提高外墙三角形异型柱一次验收合格率
45	中铁十八局集团三公司大国工匠 QC 小组	提高玻纤风管管道安装合格率
46	中铁十八局集团四公司滨海 QC 小组	提升老旧小区改造工程居民满意度
47	中铁十九局集团电务公司无锡地铁 3 号线站后综合工程机电安装 03 工区 QC 小组	承插管道连接器的研制
48	中铁十九局集团五公司赤喀铁路客运专线 CFSG－3 标段勇攀高峰 QC 小组	研发光纤光栅传感器测量隧道变形和温度新方法
49	中铁十九局集团五公司赤喀铁路客运专线 CFSG－3 标段勇攀高峰 QC 小组	研发大断面隧道二次衬砌全滑槽法浇筑混凝土体系
50	中铁十九局集团轨道交通公司上海轨道交通 14 号线 6 标段 QC 小组	通过改进声屏障降低噪声对周边环境的污染
51	中铁十九局集团一公司京沈铁路客运专线 CRTSⅢ型板式无砟轨道施工 QC 小组	CRTSⅢ型板式无砟轨道自密实混凝土灌注、观察孔 养护装置的研发
52	中铁二十局集团四公司“驰骋”QC 小组	降低 DF8B 型内燃机车柴油机非正常停机故障率
53	中铁二十局集团市政公司石黔项目 QC 小组	提高 30 米预制 T 梁外观光洁度
54	中铁二十局集团三公司瑶湖 QC 小组	减少地下室渗水漏点
55	中铁二十局集团电气化公司自动闭塞区间逻辑检查调试与开通 QC 小组	自动闭塞区间逻辑检查调试与开通
56	中铁二十局集团六公司邕宁水利枢纽项目经理部卓越质量 QC 小组	提高流道大体积混凝土内外温差合格率 92%

续表

序号	获 奖 小 组	获 奖 成 果
57	中铁二十一局集团四公司成都地铁项目部“探索者”QC小组	提高地铁车站基坑网喷平整度
58	中铁二十一局集团四公司机械化公司“菜鸟组合”QC小组	降低混凝土拌合站计量误差信息化报警率
59	中铁二十一局集团六公司黄大铁路项目QC小组	提高铁路混凝土小型预制构件外观质量一次性合格率
60	中铁二十一局集团一公司郑州市东四环工程项目经理部QC小组	提高钢筋直螺纹套筒一次连接合格率
61	中铁二十一局集团铁路运营公司北山北站QC小组	提高北山北站货运重车发送列数
62	中铁二十二局集团二公司京沈铁路客运专线项目QC小组	研发CRTSⅢ型板几何尺寸检测机器人
63	中铁二十二局集团三公司祥平保障房地铁社区一期工程QC小组	提高铝合金模板混凝土成型实体观感质量
64	中铁二十二局集团四公司提高隧道内接触网预埋槽道安装合格率QC小组	提高隧道内接触网预埋槽道安装合格率
65	中铁二十二局集团哈尔滨铁路建设有限公司哈尔滨站改造工程项目经理部QC小组	提高三轴搅拌桩止水帷幕合格率
66	中铁二十二局集团二公司哈牡铁路客运专线项目QC小组	提高客运专线现场移动闪光焊接接头一次合格率
67	中铁二十三局集团二公司职工安置区ZG1－1QC小组	提高室内抹灰一次验收合格率
68	中铁二十三局集团二公司职工安置区ZG3－1QC小组	提高管道穿楼地面孔洞封堵质量
69	中铁二十三局集团六公司北京地铁项目QC小组	降低浅埋暗挖法地铁隧道下穿重要建(构)筑物施工地表沉降值
70	中铁二十三局集团三公司乐百攻坚QC小组	提高连续梁预应力管道定位精度
71	中铁二十三局集团轨道交通公司深圳项目部QC小组	拉槽“U”型梁侧模开合模技术研究
72	中铁二十四局集团新余公司重庆铁路枢纽东环线项目部筑梦QC小组	寸滩双线特大桥空心墩钢木模组合应用新技术的研究
73	中铁二十四局集团南昌铁路公司京唐铁路项目部京唐QC小组	提高特殊砂地层深基坑超长钢板桩施工效率
74	中铁二十四局集团鹰潭设备安装公司昌赣铁路客运专线架梁分部QC小组	提高声屏障基础预埋件定位精度
75	中铁二十四局集团福建铁路公司厦门地铁3号线项目部车站QC小组	减少地铁明挖车站主体侧墙渗水点
76	中铁二十四局集团有限公司永兴QC小组	提高综合管廊支架预埋螺栓安装精确率
77	中铁二十五局集团四公司第四项目管理部正能量QC小组	提高高速铁路站场旁大跨径、无合龙段现浇箱梁转体精度
78	中铁二十五局集团三公司云桂铁路(云南段)项目部QC攻关小组	提高角砾层地质高压旋喷桩成桩合格率
79	中铁二十五局集团三公司怀柳电气化改造项目部QC小组	提高隧道渗漏水整治合格率

续表

序号	获 奖 小 组	获 奖 成 果
80	中铁二十五局集团二公司海林 QC 小组	提高隧道施工缝装置施工合格率
81	中铁二十五局集团有限公司深圳地铁盾构隧道管片错台控制 QC 小组	降低长距离小半径曲线盾构隧道管片错台超标率
82	中铁建设集团有限公司乌鲁木齐宝能城项目第二 QC 小组	提高纯钢结构超高层高强螺栓一次安装合格率
83	中铁建设集团有限公司蓉城先锋 QC 小组	研制一种定型高支模框架柱操作架施工方法
84	中铁建设集团有限公司探索 QC 小组	外墙螺杆眼防渗堵洞工艺创新
85	中铁建设集团有限公司中铁铝模 QC 小组	提高铝合金模板焊接一次合格率
86	中铁建设集团有限公司中铁务实 QC 小组	提高铝合金模板施工效率
87	中国铁建电气化局集团北京中铁建电气化设计研究院有限公司怀邵衡线电气检测 QC 小组	提高绝缘电阻测量数据的准确率
88	中国铁建电气化局集团北京中铁建电气化设计研究院有限公司"明亮眼睛"QC 小组	提高太阳村站列车安全预警正确率
89	中国铁建电气化局集团北方公司阳安二线站后工程项目部电力 QC 小组	营业线桥梁电力电缆架空敷设方法研究
90	中国铁建电气化局集团康远公司质量提升 QC 小组	提升承力索一次检验合格率
91	中国铁建电气化局集团二公司成贵铁路客运专线信号 QC 活动小组	研制钢轨钉线防护装置
92	中国铁建电气化局集团三公司钻拓者 QC 小组	提高隧道打孔施工效率
93	中国铁建电气化局集团南方公司商合杭铁路项目接触网 QC 小组	提高 H 型支柱组立效率
94	中国铁建港航局集团第三分公司潍坊森达美港工程项目经理部 QC 小组	提高橡胶止水带安装的合格率
95	中国铁建港航局集团第三分公司西海新区项目部 QC 小组	提高道路绿化施工质量苗木栽植成活率
96	中国铁建港航局集团第四分公司重庆长寿长江二桥项目主塔扩大基础施工 QC 小组	提高大跨径悬索桥主塔扩大基础施工质量
97	中国铁建港航局集团第二分公司中石化灵昆油库陆域形成项目 QC 小组	提高水上排水板打设一次验收合格率
98	中国铁建港航局集团总承包分公司双湖路跨鸡啼门特大桥工程 QC 小组	降低墩身大体积混凝土表面裂缝出现率
99	中国铁建港航局集团第一分公司综合管廊防水施工质量 QC 小组	提高综合管廊防水施工质量
100	中铁第一勘察设计院集团有限公司铁路隧道工程辅助设计系统研发 QC 小组	研发铁路隧道洞口位置智能选择软件
101	中铁第一勘察设计院集团有限公司南广铁路运营期轨道测量 QC 小组	提高高速铁路运营期轨道测量效率
102	中铁第一勘察设计院集团有限公司"地铁用双块式轨枕结构"QC 小组	地铁用双块式轨枕结构研发
103	中铁第一勘察设计院集团有限公司地铁隧道 QC 小组	创新富水砂卵石地层盾构隧道穿越铁路咽喉区道岔群技术方案

续表

序号	获 奖 小 组	获 奖 成 果
104	中铁第一勘察设计院集团有限公司 BIM 正向设计 QC 小组	创新中小型铁路旅客站房 BIM 正向设计解决方案
105	中铁第一勘察设计院集团有限公司西安地铁 9 号线(临潼线)区间设计 QC 小组	地铁隧道穿越断裂带及湿陷性地层结构研发
106	中铁第四勘察设计院集团有限公司高速铁路隧道安全运营 QC 小组	高速铁路隧道风机智能监测设备研制
107	中铁第四勘察设计院集团有限公司站场软件开发 QC 小组	缩短铁路站场防护栅栏工程数量计算时间
108	中铁第四勘察设计院集团有限公司装配式创新 QC 小组	车辆段新型装配式检修立柱研发
109	中铁第四勘察设计院集团有限公司新型轨道交通研发 QC 小组	研制磁浮承轨梁底板与路基沉降脱空监测装置
110	中铁第四勘察设计院集团有限公司精装 QC 小组	提高杨泗港大桥钢桁梁涂装外观一检合格率
111	中铁第四勘察设计院集团有限公司自拌混凝土 QC 小组	提高高速铁路自拌混凝土投资精度
112	中铁第五勘察设计院集团有限公司福路娃 QC 小组	提高路基参数化建模效率
113	中铁第五勘察设计院集团有限公司探路者 QC 小组	减小杭绍台动走线对既有铁路桥墩变形影响
114	中铁第五勘察设计院集团有限公司精细化设计 QC 小组	提高交叉口设计效率
115	中铁第五勘察设计院集团有限公司阿尔法 QC 小组	降低铁路路基褥垫层压实质量检测结果的离散性
116	中铁第五勘察设计院集团有限公司建筑信息化研究 QC 小组	提高 BIM 可视化技术在建筑设计的应用
117	中铁第五勘察设计院集团有限公司启明星 QC 小组	缩短山区铁路路基工点报告编制用时
118	中铁第五勘察设计院集团有限公司苍龙 QC 小组	减少大体积混凝土承台施工时的温度裂缝
119	中铁上海设计院集团有限公司阜阳煤基新材料产业园铁路专用线工程造价优化 QC 小组	降低阜阳煤基新材料产业园铁路专用线工程造价
120	中铁上海设计院集团有限公司优化京沪铁路改建周期 QC 小组	缩短青阳港段航道整治京沪铁路改建工程施工图设计周期
121	中铁上海设计院集团有限公司风险源设计 QC 小组	降低车辆段出入段线下穿风险源等级
122	中铁上海设计院集团有限公司钢筋保护层厚度 QC 小组	提高混凝土保护层厚度的控制精度
123	中铁上海设计院集团有限公司提高铁路客运专线项目国民经济评价指标体系精确度 QC 小组	提高铁路客运专线项目国民经济评价指标体系精确度
124	中国铁建重工集团股份有限公司战无不胜 QC 小组	提高湿喷机覆盖件互换性
125	中国铁建国际集团安哥拉分公司卡宾达供水项目 QC 小组	5550 立方米蓄水池钢筋混凝土圆形墙体结构裂缝控制
126	中国铁建国际集团马来西亚有限公司 M101 项目逆作法施工中支撑钢柱安装 QC 小组	提高逆作法施工中支撑钢柱安装效率
127	中铁城建集团有限公司银川绿地中心项目部 QC 小组	提高超高层塔冠弧型钢构件安装合格率

续表

序号	获 奖 小 组	获 奖 成 果
128	中铁城建集团有限公司追梦人 QC 小组	外脚手架连墙件的创新
129	中铁城建集团有限公司锦城绿道 QC 小组	提高水洗石面层施工质量合格率
130	中铁城建集团有限公司湖南文化广场（二期）工程项目 QC 小组	提高抗浮锚杆根部 CPS－CL 防水施工一次验收合格率
131	中铁城建集团南昌公司向阳花 QC 小组	提高工程技术人员培训满意度
132	中铁磁浮交通投资建设有限公司中铁磁浮技术研发中心桥梁 QC 小组	磁浮交通大跨度桥梁伸缩装置的技术优化
133	中铁磁浮交通投资建设有限公司中铁磁浮清远磁浮工程 QC 小组	提高磁浮工程小曲线半径承轨梁线型精度控制
134	中铁建重庆投资集团有限公司铁发建新石黔项目 QC 小组	提高桥梁墩柱钢筋保护层合格率
135	中铁建重庆投资集团有限公司铁发建新石黔项目 QC 小组	提高高速公路隧道二次衬砌外观质量

（制表：刘 辉 牛 峰）

中国铁建 1984—2019 年优质工程获奖统计

单位：个

年份	中国建设工程鲁班奖（国家优质工程）	国家优质工程	铁道部（铁路）优质工程	火车头优质工程	集团公司（股份公司）优质工程	中国铁建杯优质工程奖
1984 年		1			1	
1985 年		1	1		7	
1986 年		1	4			
1987 年		1	3			
1988 年			3			
1989 年		2	7			
1990 年	2	2	2			
1991 年	1	2			10	
1992 年			1		12	
1993 年			5		14	
1994 年					9	
1995 年			24		19	
1996 年	3		12		20	
1997 年	4		20		29	
1998 年	2		27		27	
1999 年	2	4	24		54	
2000 年	3	5	13		41	

续表

年份	中国建设工程鲁班奖(国家优质工程)	国家优质工程	铁道部(铁路)优质工程	火车头优质工程	集团公司(股份公司)优质工程	中国铁建杯优质工程奖
2001 年	5	1	21		61	
2002 年	6	5	9	12	64	
2003 年	9	5	18	28	55	
2004 年	6	10		14	48	
2005 年	4	13		29	78	
2006 年	5	11		56	90	
2007 年	5	23		61	110	
2008 年	8	18		71	99	
2009 年	6	20		63	91	
2010 年	3	17	31	47	143	
2011 年	7	15		54	124	
2012 年	5	24	52			144
2013 年	4	16				98
2014 年	4	16	27			126
2015 年	9	24				133
2016 年	10	34	30			137
2017 年	8	35				123
2018 年	10	46	21			123
2019 年	11	41				105
合　计	142	394	355	435	1206	989
总　计	536	790	2195			

(制表:刘　辉　牛　峰)

2019 年中国铁建获中国建设工程鲁班奖情况

序号	获奖工程	施工单位
1	快速路系统二期项目——外环线东北部调线工程第 1 标段津汉互通立交桥工程	中国铁建大桥工程局集团有限公司
2	贵阳龙洞堡机场综合交通枢纽工程	中铁二十一局集团有限公司及其三公司、中铁二十四局集团有限公司、中国铁建电气化局集团有限公司
3	兰渝铁路西秦岭隧道工程	中铁十八局集团有限公司及其三、五公司,中国铁建电气化局集团有限公司
4	新建长沙至昆明铁路客运专线湖南段雪峰山一号隧道工程	中铁十二局集团有限公司及其二公司

续表

序号	获奖工程	施工单位
5	1号办公、商业楼(长城金融工程项目)工程	中铁建设集团有限公司及其设备安装有限公司、北京工程有限公司
6	高端地下装备制造项目(一期)工程	中铁十一局集团建安公司、汉江重工有限公司，中铁城建集团有限公司及其一公司
7	500米口径球面射电望远镜(FAST)项目主体工程	中铁十一局集团有限公司
8	马来西亚四季酒店项目	中国铁建股份有限公司，中铁建设集团有限公司及其设备安装有限公司、北京中铁装饰工程有限公司，中国铁建国际集团有限公司
9	尼日利亚阿布贾城铁项目一期工程	中国土木工程集团有限公司、中铁二十四局集团有限公司、中国铁建电气化局集团有限公司
10	吉布提多哈雷多功能港口工程(一期)	中国土木工程集团有限公司
11	沙特麦加至麦地那高速铁路专线(一期)工程	中铁十八局集团国际公司

(制表：刘　辉　牛　峰)

2019年中国铁建获国家优质工程奖情况

序号	获奖工程	施工单位
金质奖		
1	四川雅砻江锦屏一级、二级水电站工程	中国铁建大桥工程局集团有限公司、中铁十四局集团有限公司、中铁十八局集团有限公司、中铁十九局集团二公司
2	南京长江第四大桥工程	中铁十八局集团有限公司、中铁二十局集团一公司
3	广东省潮州至惠州高速公路项目	中铁十一局集团有限公司，中铁十二局集团有限公司，中铁十四局集团有限公司及其二公司、第一工程发展有限公司，中铁二十局集团有限公司，中铁二十三局集团有限公司
4	重庆西站(重庆至贵阳铁路扩能改造工程重庆西站站房及相关工程)	中铁十二局集团有限公司及其建安公司、中铁十八局集团有限公司
国优奖		
5	新建南京至安庆铁路四电集成及相关工程	中铁第四勘察设计院集团有限公司、北京铁城建设监理有限责任公司、中铁十一局集团有限公司及其电务公司、中铁十二局集团电气化公司
6	南京至高淳城际轨道禄口机场至溧水段工程	中铁上海设计院集团有限公司、中国铁建大桥工程局集团有限公司、中铁十四局集团有限公司、中国土木工程集团有限公司、中铁十九局集团有限公司、中铁十二局集团电气化公司
7	苏州市轨道交通2号线及延伸线工程	中铁第四勘察设计院集团有限公司、中铁十七局集团有限公司及其上海轨道公司、中铁十一局集团有限公司、中铁十二局集团有限公司及其建安公司、中国铁建大桥工程局集团有限公司、中铁十四局集团有限公司、中铁十六局集团有限公司、中铁十八局集团有限公司、中铁十九局集团有限公司、中铁二十三局集团有限公司、中铁二十四局集团有限公司、中国铁建电气化局集团有限公司
8	滨北线松花江公铁两用桥改建工程	中铁第五勘察设计院集团有限公司、中铁二十二局集团有限公司及其哈尔滨铁路建设集团有限责任公司

续表

序号	获 奖 工 程	施 工 单 位
9	四平至齐齐哈尔铁路郑家屯至榆树屯站(哈局管内)电气化改造工程 ZHSG 标段(齐齐哈尔车辆段改造工程)	北京铁研建设监理有限责任公司、中铁城建集团有限公司及其三公司
10	滨绥铁路牡丹江至绥芬河段扩能改造工程双丰隧道工程	中铁十九局集团有限公司及其二公司、中国铁建大桥工程局集团有限公司、中铁十四局集团五公司、中铁建设集团有限公司、中铁二十三局集团有限公司、中国铁建电气化局集团一公司
11	武汉市轨道交通 11 号线东段(光谷火车站至左岭站)工程 BT 投融资建设项目	中铁第四勘察设计院集团有限公司、铁四院(湖北)工程监理咨询有限公司
12	新建大冶北至阳新铁路大冶湖特大桥工程	中铁十一局集团有限公司及其二、三、桥梁公司,中铁十八局集团有限公司及其二公司
13	新建石家庄至济南铁路客运专线平禹特大桥工程	中铁十八局集团有限公司及其一、四、五公司
14	新建铁路大同至西安客运专线原平西至西安北段四电系统集成及相关工程(SDJC)标段	中铁第一勘察设计院集团有限公司,中国铁建电气化局集团有限公司及其二、四、北方公司,中铁二十局集团电气化公司
15	西成铁路客运专线跨西宝铁路客运专线特大桥工程	中铁第一勘察设计院集团有限公司、中铁十一局集团有限公司及其一公司、中国铁建电气化局集团有限公司、中铁十九局集团有限公司
16	新建宝鸡至兰州铁路客运专线三阳川渭河 2 号特大桥工程	中铁第一勘察设计院集团有限公司
17	新建宝鸡至兰州铁路客运专线渭河隧道工程	中铁第一勘察设计院集团有限公司、铁四院(湖北)工程监理咨询有限公司、中铁十二局集团有限公司及其三公司
18	新建拉萨至日喀则铁路雅江 3 号特大桥工程	中铁第一勘察设计院集团有限公司、中铁二十一局集团有限公司及其四公司
19	新建重庆至万州铁路分水镇隧道工程	北京铁研建设监理有限责任公司、中铁十一局集团有限公司及其五公司
20	重庆轨道交通 5 号线一期北段工程(园博中心站至大石坝站)	铁四院(湖北)工程监理咨询有限公司
21	重庆至贵阳铁路扩能改造工程新凉风垭隧道工程	中铁十八局集团有限公司及其五公司、隧道公司,中铁十一局集团有限公司
22	新建沪昆铁路客运专线长沙至昆明段(贵州)北盘江特大桥工程	北京铁研建设监理有限责任公司
23	菏泽市丹阳路上跨铁路立交桥工程	中铁二十局集团有限公司及其一公司
24	南宁市青山大桥工程	中铁一院集团南方工程咨询监理有限公司
25	南宁市良庆大桥工程	中铁十八局集团有限公司及其二公司
26	广西百色至靖西高速公路工程	中铁十六局集团一公司
27	郑州市 107 辅道快速化工程 PPP 项目 1 ~5标段桥梁工程	中铁第四勘察设计院集团有限公司

续表

序号	获 奖 工 程	施 工 单 位
28	成都经济区环线高速公路简阳至蒲江段项目	中铁十一局集团五公司,中铁十二局集团电气化公司,中国铁建大桥工程局集团有限公司及其园林环境公司,中铁十四局集团有限公司,中铁十五局集团有限公司,中铁十六局集团有限公司,中铁十七局集团有限公司,中铁十八局集团有限公司,中铁十九局集团有限公司,中铁二十局集团有限公司及其二、三、市政公司,中铁二十一局集团三公司,中铁二十二局集团有限公司,中铁二十三局集团有限公司及其一公司,中铁二十四局集团南昌铁路公司,中铁二十五局集团有限公司,中国铁建电气化局集团一公司,中国铁建港航局集团有限公司,中国铁建投资集团有限公司
29	达州至万州高速公路(四川境)项目	中国铁建大桥工程局集团三公司
30	上海铁路局太平桥货场部分地块单位租赁房项目A地块工程	中铁上海设计院集团有限公司
31	张家港保税区滨江大厦工程	中铁建设集团有限公司及其华东公司
32	新建九江至南昌城际铁路工程南昌站改造工程	中铁第四勘察设计院集团有限公司,北京铁城建设监理有限责任公司,中铁建设集团有限公司及其设备安装、湖北建设、市政公司,中铁二十四局集团有限公司,中国铁建电气化局集团有限公司
33	武汉1818中心二期工程	中铁建设集团有限公司及其湖北建设有限公司、中铁十八局集团北京中铁大都工程有限公司
34	世和·天玺国际中心工程	中铁建设集团有限公司及其西安工程有限公司
35	刚果(布)国家1号公路二期工程	中铁第四勘察设计院集团有限公司
36	中白商贸物流园首发区ZBSG—1标段项目	中铁二十五局集团有限公司、中国土木工程集团有限公司、中国铁建港航局集团有限公司
37	富田·九鼎世家二期工程	中铁十五局集团城建公司
38	重庆市中渡长江大桥工程	中铁第四勘察设计院集团有限公司
39	宁安铁路安庆长江大桥工程	铁四院(湖北)工程监理咨询有限公司
40	1510-1一期工程	中国土木工程集团有限公司
41	南宁东站综合交通枢纽一期工程(地下空间)—公共服务工程01标段	中铁一院集团南方工程咨询监理有限公司

(制表:刘 辉 牛 峰)

2019年中国铁建杯优质工程奖获奖情况

序号	获 奖 工 程	施 工 单 位
1	尼日利亚航空部4个航站楼扩建项目——阿布贾航站楼工程	中国土木工程集团有限公司
2	赞比亚卢萨卡卡夫河供水项目	中国土木工程集团有限公司
3	北京市轨道交通16号线二期2标段土建工程	中铁十一局集团有限公司及其城轨公司
4	新建哈尔滨至牡丹江铁路客运专线房建及相关工程(HMFJZJZ)标段	中铁十一局集团有限公司及其建安公司

续表

序号	获 奖 工 程	施 工 单 位
5	昆明枢纽铁路工程官山隧道工程	中铁十一局集团有限公司及其一、五公司
6	龙怀 TJ24 标段英德北江特大桥工程	中铁十一局集团有限公司及其一公司
7	新建济南至青岛高速铁路 JQGTSG－04 标段淄博特大桥工程	中铁十一局集团有限公司及其二、六、桥梁公司
8	长株潭城际铁路四电系统集成和防灾安全监控工程 CZTSD 标段	中铁十一局集团有限公司及其电务公司
9	苏州市轨道交通 4 号线及支线工程土建施工项目(第四批)IV－TS－13 标段	中铁十一局集团有限公司及其城轨公司
10	青岛地铁 2 号线辽阳东路车辆基地工程	中铁十一局集团有限公司及其三、六公司
11	长春地铁 2 号线一期工程 BT11 标段	中铁十二局集团有限公司及其电气化公司
12	天津地铁 6 号线工程供电系统设备安装施工 1 标段、3 标段	中铁十二局集团有限公司及其电气化公司
13	新建连云港至盐城铁路通榆河特大桥	中铁十二局集团有限公司及其三公司
14	新建济南至青岛高速铁路跨海青铁路特大桥工程	中铁十二局集团有限公司及其三公司、中国铁建电气化局集团有限公司、中铁五局集团有限公司、中铁十局集团有限公司
15	复盛高速铁路站房及配套工程上盖景观工程	中铁十二局集团有限公司及其一公司
16	广东省仁化(湘粤界)至博罗公路仁化至新丰段青云山隧道工程	中铁十二局集团有限公司及其一公司、广东飞达交通工程有限公司、北京公科飞达交通工程发展有限公司、张家港港丰交通安全设施有限公司
17	改建铁路南平至龙岩铁路扩能改造工程乾山隧道工程	中铁十二局集团有限公司及其四公司
18	新建铁路西安至成都客运专线西安至江油段 XCZQ－4标段老安山隧道工程	中铁十二局集团有限公司及其二公司
19	青岛地铁 2 号线一期工程土建 2 标段 07 工区	中铁十二局集团有限公司及其二公司
20	新建怀邵衡铁路站前 1 标段沅江特大桥工程	中国铁建大桥工程局集团有限公司
21	中国铁建·花语城项目工程	中国铁建大桥工程局集团有限公司
22	成都地铁 10 号线一期工程土建施工 06 合同段工程	中国铁建大桥工程局集团有限公司
23	南昌市绕城高速公路南外环 A1 合同段工程	中国铁建大桥工程局集团有限公司
24	上海轨道交通 17 号线工程 10 标段土建施工工程	中国铁建大桥工程局集团有限公司
25	新建蒙西至华中地区铁路煤运通道土建工程 MHTJ－23 标段跨汉宜高速铁路特大桥工程	中铁十四局集团有限公司及其二公司
26	新建穗莞深城际轨道交通新塘至洪梅段站前 SZH－5标段桥梁工程	中铁十四局集团有限公司及其第一发展公司
27	新建青岛至连云港铁路青岛北至洋河口段站前工程 ZQ－5 标段跨胶州湾特大桥工程	中铁十四局集团有限公司及其三公司
28	仁化至博罗公路项目 TJ7 标段综合工程	中铁十四局集团有限公司及其第一发展公司

续表

序号	获 奖 工 程	施 工 单 位
29	成昆铁路成都至峨眉 CDSNZQ－1 标段东环线特大桥工程	中铁十四局集团有限公司及其四公司
30	苏通 GIL 综合管廊工程	中铁十四局集团有限公司及其大盾构公司
31	重庆市快速路——横线歇马至蔡家段中梁山歇马隧道工程	中铁十四局集团有限公司及其五公司
32	新建铁路潜江铁路支线 JHSG－2 标段岳口汉江特大桥工程	中铁十五局集团有限公司及其一公司
33	深圳市光明水质净化厂二期工程	中铁十五局集团有限公司及其五公司
34	杭黄铁路站前 8 标段峰高岭隧道工程	中铁十五局集团有限公司及其二、四公司
35	湖南省永顺至吉首高速公路第 3 合同段猛洞河特大桥工程	中铁十五局集团二公司
36	武汉市轨道交通 7 号线一期工程第 11 标段土建工程	中铁十五局集团城轨公司
37	北京市通州运河核心区市政配套工程北环环隧工程	中铁十六局集团有限公司、北京城建集团有限公司、北京城建中南土木工程集团有限公司、北京城建道桥建设集团有限公司
38	世行贷款昆明市轨道交通 3 号线工程石咀车辆段 ±0.00以上土建施工项目	中铁十六局集团有限公司及其北京轨道交通工程公司
39	北京曹妃甸职教城一期中瑞护理职业技术学院项目	中铁十六局集团有限公司及其五公司
40	青岛市地铁 2 号线一期工程土建 2 标段 06 工区	中铁十六局集团有限公司及其地铁公司
41	湖州市创业大道跨长湖申线大桥工程	中铁十六局集团三公司
42	新建九景衢铁路江西段 JQJXZQ－3 标段工程	中铁十七局集团有限公司及其二公司
43	贵港市青云大桥(原名为贵港市西南大桥)工程	中铁十七局集团有限公司及其四公司
44	新建北京至沈阳铁路客运专线辽宁段 JSLNZF－1 标段工程	中铁十七局集团有限公司及其建筑公司
45	广通至大理铁路扩能改造工程站前 7 标段祥和隧道工程	中铁十七局集团有限公司及其四公司
46	港珠澳大桥珠海连接线拱北隧道工程	中铁十八局集团有限公司及其一公司、中国铁建港航局集团有限公司、广东省长大公路工程有限公司、广东新粤交通投资有限公司、中海园林建设有限公司
47	乔司至东湖连接线工程 3 标段、乔司至东湖连接线工程(海宁段)工程	中铁十八局集团有限公司及其市政公司
48	新建东乌至包西铁路联络线乌兰木伦特大桥工程	中铁十八局集团有限公司及其四公司
49	新建铁路成贵线(云贵段)西溪河大桥工程	中铁十八局集团有限公司及其二公司
50	北京地铁 16 号线工程土建施工 16 合同段工程	中铁十八局集团有限公司及其市政公司
51	水城古镇改造工程	中铁十八局集团有限公司及其五公司

续表

序号	获 奖 工 程	施 工 单 位
52	厦门市轨道交通1号线一期工程	中国铁建股份有限公司、中铁十八局集团有限公司及其一公司、中国交通建设股份有限公司、中铁海峡建设集团有限公司、中铁十一局集团有限公司、中铁十二局集团有限公司、中铁十七局集团有限公司、中铁二十四局集团有限公司、中国铁建电气化局集团有限公司、中国铁建大桥工程局集团电气化公司、中交第一公路工程局有限公司、中交第三航务工程局有限公司、中交第四航务工程局有限公司、中铁一局集团有限公司、中铁二局集团有限公司、中铁电气化局集团有限公司、中铁五局集团电务工程有限责任公司、中国铁路通信信号上海工程局集团有限公司、华东送变电工程公司
53	新建铁路西安至成都客运专线西安至江油段(四川省境内)站前工程XCZQ-1标段小安隧道工程	中铁十九局集团二公司
54	新建准格尔至鄂尔多斯铁路工程ZESG-2标段敖包梁隧道工程	中铁十九局集团三公司
55	新建石家庄至济南铁路客运专线SJZ-3标段衡景特大桥工程	中铁十九局集团五公司
56	广州市轨道交通13号线首期工程(鱼珠至象颈岭段)施工10标段土建工程	中铁十九局集团轨道交通公司
57	贵阳市轨道交通1号线剩余土建结构工程第9工作段工程	中铁二十局集团有限公司及其五公司
58	新建郑州至徐州铁路客运专线民权特大桥工程	中铁二十局集团有限公司及其一、三、五公司
59	西安市地铁4号线工程	中铁二十局集团有限公司及其五公司、中铁十一局集团有限公司、中铁十二局集团有限公司、中铁十四局集团电气化公司、中铁十七局集团有限公司、中铁十八局集团三公司、中铁二十一局集团有限公司、中国铁建大桥工程局集团有限公司及其五公司
60	苏州城北路(金政街至江宇路)综合管廊工程—苏州城北路(江月路至人民路)综合管廊工程	中铁二十局集团一公司
61	重庆市轨道交通环线二期土建2标段工程	中铁二十局集团有限公司及其三公司
62	中国铁建·山水逸城A68-1地块工程	中铁二十局集团六公司
63	改建铁路干塘至武威南铁路增建二线工程GWEX-ZQ标段工程	中铁二十一局集团有限公司及其四公司
64	新建兰渝铁路兰夏段王家崖宛川桥群工程	中铁二十一局集团有限公司及其五公司
65	新建济南至青岛高速铁路跨荣潍高速公路特大桥工程	中铁二十一局集团有限公司及其五公司
66	酒泉市人防综合训练基地市(体育馆)建设项目	中铁二十一局集团二公司
67	哈尔滨至牡丹江铁路客运专线牡丹江站站房工程	中铁二十二局集团有限公司及其一公司
68	北京地铁6号线西延工程土建施工05合同段工程	中铁二十二局集团有限公司及其轨道公司
69	昆玉铁路宝峰隧道工程	中铁二十二局集团有限公司及其市政公司、二公司
70	佛山西站枢纽地下空间开发工程	中铁二十二局集团有限公司及其轨道公司

续表

序号	获 奖 工 程	施 工 单 位
71	白阿铁路白城至镇西段扩能改造工程	中铁二十三局集团二公司
72	哈尔滨至满洲里铁路电气化改造工程 ZQTJ－2 标段工程	中铁二十三局集团二公司
73	齐北线齐齐哈尔至富裕段增建第二线工程	中铁二十三局集团二公司
74	新建哈尔滨至佳木斯铁路东佳木斯站改造工程	中铁二十三局集团二公司
75	金华站货场搬迁工程	中铁二十四局集团有限公司
76	新建杭州至长沙铁路客运专线杭州北站货场工程	中铁二十四局集团有限公司
77	龙里县莲花生态湿地公园建设项目	中铁二十四局集团南昌铁路公司
78	新建九景衢铁路 JQJXZQ－2 标段工程	中铁二十五局集团有限公司及其一公司
79	湘西州溶江小区工程	中铁二十五局集团有限公司及其六公司
80	长春地铁 2 号线西湖车辆段与综合基地工程	中铁二十五局集团有限公司及其五公司
81	北京终端管制中心工程	中铁建设集团有限公司
82	中铁建设华东总部基地工程	中铁建设集团有限公司
83	吉安西站工程	中铁建设集团有限公司
84	北京新机场南航基地第 4 标段、第 5 标段工程	中铁建设集团有限公司
85	北京新机场东航基地项目航空食品及地面服务区一期工程	中铁建设集团有限公司
86	正大国际城市广场暨市民中心西地块 5 号楼工程	中铁建设集团有限公司
87	荣华国际商务中心工程	中铁建设集团有限公司
88	博鳌（山东）大厦工程	中铁建设集团有限公司
89	新建济南至青岛高速铁路四电及相关工程	中国铁建电气化局集团有限公司及其一公司
90	郑州市轨道交通 1 号线二期工程	中国铁建电气化局集团有限公司及其一公司，中铁十一局集团有限公司及其城轨公司、六公司，中铁十六局集团有限公司及其北京轨道交通公司
91	新建哈尔滨至佳木斯铁路四电系统集成及相关工程	中国铁建电气化局集团有限公司及其三公司、南方公司
92	新建怀化至邵阳至衡阳铁路四电系统集成、防灾安全监控、信息及相关工程	中国铁建电气化局集团有限公司及其二、四公司
93	昆明轨道交通 3 号线工程供电系统总承包项目（东标段）工程	中国铁建电气化局集团有限公司及其北方公司
94	广通至大理铁路扩能改造工程站后四电系统集成及相关配套工程	中国铁建电气化局集团有限公司及其北方公司、中铁二十一局集团电务电化公司
95	日照港岚山港区北作业区 6 号大宗散货泊位工程	中国铁建港航局集团有限公司
96	达州金南大桥工程	中国铁建港航局集团有限公司
97	浙江舟山液化天然气接收及加注站项目一期工程配套码头工程 1 标段工程	中国铁建港航局集团有限公司

续表

序号	获 奖 工 程	施 工 单 位
98	武汉新港唐家渡港区临港新城综合码头工程	中国铁建港航局集团有限公司
99	中国铁建·洋湖垸一期工程	中铁城建集团有限公司
100	成都市成华区圣灯街道理工片区地块二新建商品用房、绿化工程及附属设施项目	中铁城建集团有限公司及其一公司
101	北京新机场安置房项目(礼贤组团)1 标段(0107 地块)工程	中铁城建集团有限公司及其三公司
102	中国铁建国际城(诗景广场)工程	中铁城建集团有限公司及其北京工程公司
103	中国铁建·梅溪青秀(二期)3~5 号、9~10 号、2 号商业及部分地下室工程	中铁城建集团有限公司及其南昌建设公司
104	西城·西进时代中心 3 地块项目	中铁城建集团有限公司及其一公司
105	成都元华路神仙树节点项目工程	中国铁建昆仑投资集团有限公司、中铁十四局集团四公司、中铁十六局集团五公司、中铁二十四局集团上海铁建公司

(制表:刘　辉　牛　峰)

设备物资

【主要技术设备】 截至 2019 年底,中国铁建拥有技术设备 134159 台(套),固定资产原值 712.24 亿元、净值 287.72 亿元。主要施工设备:盾构机设备 365 台,铁路客运专线用 900~1000 吨箱梁运架一体机 20 台、架桥机 230 台、运梁车 259 台、提移梁机 113 台(套);移动模架 16 套,节段拼装造桥机 24 台,1600 吨箱梁提运架设备 4 台;大型施工船舶 16 艘;常规铁路架桥机 166 台、铺轨机 134 台;电气化施工设备 908 台(套);大型机械化整道设备 135 台。主要施工设备实力继续提高,尤其是大型设备保有量稳步提升,提高中国铁建的市场竞争力,在企业投标和完成施工任务中发挥重要作用。 (张宏成)

【设备管理专业人员】 2019 年,中国铁建系统设备管理专业技术人员 12320 人。其中,高级工程师 681 人、工程师 2224 人,设备技术工人 19815 人,机械司机 10194 人,汽车驾驶员 9589 人,修理工 2680 人。所属各单位全年完成专业技术培训 1099 期,培训人员 19635 人。 (张宏成)

【物资管理专业人员】 2019 年,中国铁建系统物资管理专业人员 18546 人。其中,高级职称 531 人、中级职称 2318 人、初级职称 5713 人,其他管理人员 9984 人。所属各单位全年完成业务培训 1325 期,培训人员 17164 人。 (张宏成)

【大型设备购置论证与审批】 2019 年,中国铁建在重点大型设备购置审批环节中反复论证,达到最优配置,充分满足投资、施工需求。年内组织召开中国铁建重工集团股份有限公司大直径盾构机技术评审会,开展中铁十四局集团有限公司南芜湖过江隧道项目购置盾构机、中国铁建港航局集团有限公司购置风电安装船等专项研究和论证,强化技术方案,改善购置方案,确保所属工程局设备资源配置达到最优。 (张宏成)

【2018 年设备购置统计】 中国铁建 2018 年实际购置设备固定资产 21332 台(套)、138.56 亿元,实际购置金额占计划金额的 75.61%,实际投入资金 64.78 亿元。 (张宏成)

【2019 年设备购置计划】 2019 年,中国铁建计划购置设备固定资产 35457 台(套)、170 亿元,当年计划投入资金 95.34 亿元。 (张宏成)

【设备集中采购】 2019 年,中国铁建系统集中采购设备 5117 台(套),合同额 46.4 亿元,节约资金 2.19 亿元,节资率 4.72%。 (张宏成)

【铁路运输保障任务】 2019 年,经国家铁路局批复同意,在中铁十二局集团湘潭铁路工程学校设立中国铁建铁路机车车辆驾驶人员理论考试考点,为中国铁建培养铁路机车驾驶员提供优势与便利。全年办理铁路机车驾驶员实作考试人员报名122人次,新获证人员适时填补新老司机交替的空缺,增强企业铁路机车驾驶司机实力。全年办理铁路路用车业务3334辆,保障铁路铺架施工顺利进行。（张宏成）

【参加中国国际进口博览会】 2019年11月5—10日,中国国际进口博览会(简称进博会)召开。进博会期间,中国铁建党委书记、董事长陈奋健,副总裁王立新参加进博会开幕式及分论坛活动,并与相关领导应邀参加国资委举办的中外企业国际合作论坛和中远海运集团举办的海运年会等活动。中国铁建所属中国土木工程集团有限公司举办中土集团与印尼萨杜城市开发有限公司关于印尼绒果尔新城保障性住房和市政工程设计与施工总承包合同的签约仪式,中国铁建重工集团股份有限公司举办与德国、挪威、奥地利3家供应商关于采购隧道掘进机、大型养路机械配套零部件签约仪式等系列活动。中国铁建在第二届进博会上与6家国外供应商达成签约意向,成交7955万美元,较首届中国铁建成交额3658.24万元美元增加1.17倍。（张宏成）

【物资供应】 2019年,中国铁建系统组织采购供应物资3111.18亿元,消耗物资3081.52亿元。其中,供应钢材2202万吨,水泥6571万吨,柴油120万吨,炸药12万吨,满足施工生产的物资需求,确保施工生产的顺利进行。（张宏成）

【物资集中采购】 2019年,中国铁建系统工程施工物资采购总额3076.64亿元,物资集中采购金额2863.25亿元,集采率93.06%,节约资金93.53亿元,节资率3.16%。（张宏成）

【区域物资集采工作】 2019年,中国铁建区域物资集采取得较好的成效。一是项目需求计划的管理集中度不断提高;二是区域集中采购规模不断扩大,采购显性成本显著下降;三是区域采购资源得到有效整合;四是区域集采覆盖面增大,集约化采购实现资源优化配置;五是提升股份公司物资采购管理水平;六是区域中心中枢协调作用得到彰显;七是区域物资集采的信息化建设实现突破。全年收集重点项目信息2517个,实施联合采购909次,采购金额704.48亿元,采购涉及钢材及制品1181.43万吨、水泥2451.46万吨、钢轨7.9万吨、道岔597组、柴油59.28万吨、沥青22.90万吨;预期节约资金15.19亿元,预期节资率4.86%。（张宏成）

【小件物资采购工作】 2019年,中国铁建商城整体运行平稳,网站各项运营指标正常,访问量稳步增长。截至2019年底,网站供应商入驻12000余家,其中活跃供应商3500家,月度活跃账户3160人次,活跃率29.17%。全系统15个局级单位完全进驻,近500个核算单位入驻中国铁建商城展开网采业务,累计开通采购账号5000余个,每月活跃账户1583人次。（张宏成）

【平台撮合交易运营情况】 2019年,中国铁建平台撮合交易询价单总价23亿元,供应商有效报价次数58500次,询价单2600次,撮合合同额6.58亿元,平台体现资金交易流入1.87亿元、流出1.56亿元,资金沉淀时点数3000万元。截至2019年底,平台事业部以120%超额完成年初制定的目标。（张宏成）

成本管理与经济合同

【中国铁建项目管理现场会议】 2019年11月12—13日在广西壮族自治区都安瑶族自治县召开。中国铁建总裁、党委副书记庄尚标出席会议并讲话,党委常委、总会计师兼总法律顾问王秀明出席并主持会议,副总裁王立新出席会议并作报告;王立新与总经济师赵晋华分别主持经验交流会;安全总监官山月宣读《关于表彰2019年中国铁建"创效功臣"的通报》和《关于表彰中国铁建2018年度优秀项目经理的通报》,62人获评中国铁建优秀项目经理、50人获评中国铁建创效功臣、13人获评中国铁建创效标兵。会议组织与会人员现场观摩中铁十一局集团有限公司贵南高速铁路广西段6标段施工现场。会上,中国铁建提出"1234+"工程项目管理思路;中铁十一局有限公司、中铁十四局集团三公司、广州地铁18号线和22号线总承包部、中铁十六局集团有限公司郑许市域铁路项目部、中铁二十局集团有限公司郑万铁路河南段项目部、中铁十二局集团有限公司郑万铁路湖北段项目部、中铁建设集团有限公司、中铁十一局集团一公司、中铁十二局集团建安公司、中铁二十局集团有限公司春申湖快速化改造项目部分别作施工管理和责任成本管理经验交流;中铁第一勘察设计院集团有限公司、中国铁建重工集团股份有限公司分别汇报关于川藏铁路工程难题及施工设备的建议和隧道机械化装备技术研究与应用情况。中国铁建总部相关部门负责人，各区域总部、军民融合指挥部、川藏铁路工程指挥部、所属二级单位主管领导，有关单位和业务部门负责人，中国铁建创效功臣和优秀项目经理代表等230余人参加会议。

（王旭永　城　云）

【编辑工程项目典型案例】 2019年，中国铁建在收集整理各单位总结的责任成本管理正反两方面案例基础上，经过多次研讨、修改，编制完成《工程项目责任成本管理典型案例汇编》。其中，优秀案例18篇、警示案例10篇，并在11月召开的中国铁建项目管理现场会议上印发。典型案例在全系统范围内印发，引导各单位学习推广创效经验，深刻吸取亏损教训，不断提升项目创效水平。（城　云）

【中国铁建2019年分包商名录发布】 根据所属各单位2018年分包商评价结果，编制《中国铁建2019年分包商名录》，名录含工程项目、房地产开发项目和境外工程项目3类，发布2019年合格分包商20219家。其中优秀分包商199家、警示分包商46家、不合格分包商1239家。（城　云）

【责任成本管理考评】 2019年8月，下发《关于2019年责任成本管理现场检查考评的通知》；12月，组织现场考评。通过考评总结责任成本管理好经验，发现存在的问题，并为下一步抓好责任成本管理明确方向。通过考评，集团公司评出A类单位17家，其中工程承包板块5家、非工程承包板块12家；B类单位18家，其中工程承包板块13家、非工程承包板块5家；C类单位3家，均为工程承包板块单位。工程项目评出A类单位15家、B类5家。（城　云）

【变更索赔工作】 2019年，中国铁建引领各单位有序推动施工合同管理及变更索赔工作，取得较好成效，为企业增收创效发挥重要作用。全年实现变更索赔批复额996.89亿元，完成年度计划指标900亿元的110.8%，实现变更索赔率13.12%，较2018年增加31.96亿元，增长3.31%。（刘延华　周本敏）

【解决铁路合同造价问题】 2019年，为推动解决铁路项目施工合同和造价相关问题，中国铁建组织整理分析铁路项目施工合同制约因素与造价缺口数据等，联合中国中铁向国家发展改革委、国务院国资委、国家铁路局、国铁集团等单位报送《关于请求解决铁路工程项目施工费用问题和困难的报告》，并适时跟踪铁路施工招标范本、铁路工程工程量清单规范等修订进展，取得一定的积极效果。（刘延华　周本敏）

【铁路变更结算工作】 2019年，中国铁建持续发力狠抓铁路项目概算清理工作，组织所属各单位对本年度计划清概的72个铁路项目144个施工标段进行梳理，督促各单位重点推进哈佳、哈牡、南龙、杭黄、怀邵衡、深茂、京沈客运专线等项目概算清理工作，积极协调帮扶玉磨、赣深、大西、九景衢等铁路项目施工图检算及变更批复，推动解决重点项目施工费用问题。

（刘延华　周本敏）

【施工合同管理工作】 2019年，中国铁建认真开展施工合同管理工作，积极协助办理深圳国际会展中心等18个承建施工项目施工合同补充协议，以及总部大院固定资产建设小型项目合同的评审和签署工作。年内参加汕头—汕尾等14个国内项目，泰国林查班港F码头等5个海外项目的投议标评审；参加长沙市湘江新区洋湖地块等4个房地产项目、南京市建筑产业园项目等2个投资项目的评审，以及协调解决厦深铁路等3个项目内部单位结算纠纷。

（刘延华　周本敏　郝一明）

【印发变更索赔案例和文件汇编】 2019年，中国铁建组织编制2019年版《工程项目变更索赔案例汇编》和《工程项目变更索赔工作文件汇编》，分别收集150个项目变更索赔案例和89个相关文件，印发所属各单位13030册，为各单位和项目开展变更索赔工作提供参考借鉴依据。（刘延华　周本敏　郝一明）

【中国铁建经济管理人才培训班】 2019年5月6—10日，中国铁建在北京培训中心（党校）举办2019年责任成本管理高级培训班，培训主要内容围绕施工企业工程项目降本增效、增值税税务筹划、海内外项目责任成本管理、中国建筑工程项目成本管理、解读《建设工程施工合同司法解释二》和EPC项目成本管理等，系统内310人参加培训。6月13日至8月13日，中国铁建在石家庄铁道大学举办2019年经济管理实务操作培训班，培训主要内容为经济管理基础知识、经管人员实务操作（案例式）和模拟沙盘演练（实战化）三部分等30门课程；培训历时2个月，参加培训人数157人。

（城　云）

【施工合同高级管理人员培训班】 2019年12月25—28日在北京培训中心（党校）举办。培训班旨在进一步提升施工合同管理与变更索赔创效水平，培育集团公司、工程公司及重点项目的合同与变更索赔专家治理能力，中国铁建工程承包板块21家集团公司、216人参加培训。（刘延华　周本敏　郝一明）

【创效功臣、创效标兵】 2019年，中国铁建表彰创效功臣50人、创效标兵13人。

中国铁建创效功臣

孔　涛　汪志银　夏国松　罗力军　裴树林
韦昌学　沈海瑞　曹太然　乔树勋　李顺军
初文武　刘朝阳　李　军　朱智宇　陈广亮
高　明　李熙颖　王　辉　李世争　马　骏
肖玉强　孙　鹏　钱朋亮　毛新锁　芦　巍
寇贵庭　李　勇　杜风余　唐廷辉　郭庭强
徐新明　周晓磊　鲁智安　胡　周　狄春锋
刘永进　张德君　徐　英　罗宗兵　陈　立
张　瑞　阮　兴　车晓明　黄正华　刘柏林
康新平　刘家云　颜　猛　谭振武　栗尚明

中国铁建创效标兵

刘富荣　杜怀江　林其涛　王晓飞　任兵战
陈　刚　殷怀连　于向东　杨　奎　张　龙
牛之印　孙宪武　张新柳

（何　佼）

安全监督

【中国铁建股份有限公司安全生产委员会】 2007年成立。中国铁建董事长、总裁任主任委员；分管领导及其他副职领导任副主任委员；部门以上领导及总部有关部门负责人任委员。下辖的安全生产委员会办公室设在安全监督部，安全监督部总经理兼任办公室主任，日常工作由业务部门具体承办。中国铁建股份有限公司安全生产委员会（以下简称安委会）主要职责：规划、监督、指导全系统安全生产工作；审议安全生产规章制度；评估安全生产状况，提出强化监管举措；对安全生产重大问题提出决策性意见；实施安全生产奖惩；对安全生产事故提出处理意见。

2019年1月11日，安委会传达学习1月9日全国安全生产电视电话会议精神，总结安全生产工作经验和教训，分析安全生产形势，部署安全生产工作任务，研究2018年安全包保责任书奖罚兑现，确定2019年安全生产包保责任书，并决定在1月19日召开的中国铁建安全生产工作会议上通报有关情况，就下一步安全生产工作提出具体要求。5月22日，安委会传达学习5月21日中央企业安全生产工作视频会议精神，通报全系统安全生产大检查情况，研究安全总监、安全管理机构设置及人员配备、调整生产安全事故经济处罚相关措施等建议；会议决定5月24日召开中国铁建安全生产工作视频会议，深入贯彻国资委中央企业安全生产工作视频会议精神，并对下一步安全生产工作提出具体要求。（郭　宏　高维权）

【安全监督部】 2019年7月9日，股份公司、股份公司党委调整总部机构编制及职能，安全质量监督部［安全生产应急救援（指挥）中心］更名为安全监督部。质量管理职责调整至运营管理部（总部集团战备部），贯标职责调整至发展规划部；成立应急救援处负责应急救援工作；撤销贯标办。主要职责：负责建立健全中国铁建股份有限公司（以下简称公司）安全管理体系，包括组织体系、制度体系、目标及责任体系、标准体系、教育体系、文化体系、风险控制体系、应急管理体系、监督保障体系和评价体系等；负责贯彻国家及有关部委安全生产工作法律法规，制定公司有关安全生产、应急管理规章制度；负责建立健全公司安全生产责任制，包括安全生产领导责任制、岗位责任制，落实安全生产包保和有关奖惩制度；负责组织推动全系统安全标准化建设，组织或参与制定企业安全技术标准、防护标准、操作规程等相关安全标准、规范、规程；负责组织或者参与股份公司本级安全生产教育和培训活动，监督、指导所属单位安全生产教育培训工作；负责全系统安全生产监督工作（涉及建筑施工、运营维保、特种设备等），检查、督导、考核所属单位安全生产状况，提出改进安全生产管理的工作建议；负责对股份公司本级项目、海外项目等重点项目安全生产进行监督，督促项目管理机构应用信息化等手段，开展安全风险管控、隐患排查治理双重预防机制建设，督促安全生产整改措施的落实；负责编制完善股份公司本级生产安全事故应急预案，按要求组织开展应急救援演练；负责向国家有关部门申报安全生产预防和应急专项资金，对国家级和系统各级应急救援队、救援培训基地建设进行业务指导；负责全系统生产安全事故及灾害事件的上报，参与较大事故或灾害的应急救援和调查处理相关工作。配合政府部门对股份公司本级安全生产条件的核查和安全生产许可证延期办理等相关工作；负责全系统注册安全工程师的注册管理、继续教育等相关工作；负责股份公司本级各行业安全三类人员证书管理相关工作；负责与国家应急管理部、住房和城乡建设部、交通运输部、国务院国资委等相关部门及有关协会建立沟通联系机制；负责公司安委会日常工作。下设安全监督处、应急救援处；定员10人，设总经理1人、副总经

理3人。现有人员11人,其中教授级高级工程师4人、高级工程师7人。（郭 宏 高维权）

【安全生产工作综述】 2019年,中国铁建贯彻落实习近平总书记关于安全生产的重要指示批示精神,牢固树立安全发展理念和安全生产红线意识,始终把安全生产作为企业发展的头等大事,严格落实各级安全生产责任,积极推进安全生产体系建设,大力加强安全监督制度和机构建设,强化安全风险防控与隐患排查治理,安全生产形势总体保持稳定。(1)着力夯实安全生产责任。按照“党政同责、一岗双责、齐抓共管、失职追责”的总要求,所属各单位不断完善安全生产责任体系,持续深化横向到边、纵向到底、全面覆盖、不留死角的安全生产责任制,安全生产主体责任得到有效落实。(2)加强安全生产监督检查。按照国务院安委会及有关部委和地方政府监管部门的工作要求,结合公司实际,全系统认真开展安全生产大监督检查和安全生产集中整治。特别是在安全生产集中整治中,各单位加强组织领导,制定集中整治方案,明确工作目标,细化任务分工,强化措施保障,落实整治责任,确保集中整治的全面开展。(3)稳步推进安全生产体系建设。一是加强顶层设计,推进全面加强安全生产体系建设的“1+N”计划,先后修订《安全生产监督管理办法》《安全生产责任制规定》,制定《安全总监岗位设置和人员配备办法》《安全生产监督管理机构设置和人员配备办法》,积极推进建立一套符合企业安全生产特点,并与法律法规相衔接的安全生产制度体系,切实强化制度保障。二是加强安全管理创新。引入并推行航天领域“双五归零”复盘体系。对发现的隐患、存在的问题、发生的事故事件,在技术上要求做到“定位准确、机理清楚、问题复现、措施有效、举一反三”;在管理上要求做到“过程清楚、责任明确、措施落实、严肃处理、完善规章”,实行归零管理,全面追溯事故事件全过程,细致查找管理和作业各个环节的不足,落实管理改进、工艺改进、操作改进等措施,不断提升本质安全水平。(4)不断增强安全监管能力。一是安全监管机构得到优化。7月,公司总部进行机构优化调整,独立设置安全生产监管部门,促进安全监督与应急救援职能的有效行使。所属单位及时跟进,迅速作出调整,并明确要求下属单位尽快实现安全总监配置到位、安监部门独立设置。二是监管力量得到加强。中国铁建电气化局集团有限公司制定《工程项目经理部安全总监管理办法》,对安全总监配置范围、工作职责、任职条件、业绩考核、履职待遇和任命流程等作出明确规定,对推动安全总监履职尽责,强化项目安全监管发挥积极作用;中国铁建国际集团有限公司以总承包模式承建的卡塔尔世界杯主体育场项目,安全风险高,现场管理难度大。为保证现场施工安全,该项目在总承包项目部设立安全管理部,在现场设立分区安全主管、安全管理员、安全许可专员等岗位,并增强安全监管力量,配备专职安全管理人员100余人,多措并举保证工程建设进展顺利。(5)持续深化安全风险管理与隐患排查治理。各单位坚持以安全风险分级管控和隐患排查治理为抓手,持续推进双预控工作深入开展。参与北京地铁工程建设的各个项目,严格执行《安全风险状态评价管理办法》和《安全风险技术管理体系》,通过采用先进科学的“安全风险监控系统”与“安全隐患排查治理系统”开展双预控工作,确保风险辨识到位、评估准确、传递及时、管控有效,保持着安全生产的持续稳定。中铁建设集团有限公司自主开发安全风险管理与隐患排查治理系统,在施工过程中,项目管理人员可以根据作业进度随时从风险库中提取相应风险清单,自动生成分级管控流程,提高现场作业许可、旁站监督、作业验收及作业制止等风险管控水平;中国铁建投资集团有限公司加强投资类项目建设安全监管,制定《安全生产风险分级管控实施指南》,制作18部宣传教育视频,并对8个重大风险项目、156处Ⅱ级以上安全风险点,定期进行系统分析评估,实现风险实时预警。（郭 宏）

【安全生产工作会议】 2019年1月19日,中国铁建召开安全生产会议,首次把安全生产工作纳入年度工作会进行部署,体现公司对安全生产工作的高度重视。4月8日,召开安全生产与质量红线管理视频会议,进一步贯彻落实上级安全生产工作各项要求。5月24日,召开安全生产工作会议,部署安全生产工作,夯实安全管理基础,防范安全生产事故。11月29日,召开安全生产集中整治工作视频会议,就全系统开展安全生产集中整治工作作出重点部署。

（郭 宏 高维权）

【安全工作包保责任状】 2019年初,中国铁建与所属49家单位主要负责人分类签订《2019年度安全包保责任书》,逐级落实安全生产主体责任,并依据与各单位签订的《2018年度安全包保责任书》,开展对相关单位和领导兑现奖罚。（高维权）

【全国“安全生产月”活动】 根据《国务院安委会办公室关于开展2019年全国“安全生产月”和“安全生产万里行”活动的通知》要求,中国铁建以习近平新时代中国特色社会主义思想为指导,深入宣传贯彻党的十九大和十九届二中、三中全会精神,深入学习宣传习近平总书记关于安全生产的重要论述精神，贯彻落实党中央、国务院关于安全生产的重大决策部署，牢固树立安全发展理念，以防范化解重大风险、及时消除安全隐患、有效遏制生产安全事故为目标，进一步增强全员安全生产意识，提升全员安全素质。推动所属单位和项目部严格安全管理，落实安全生产责任，突出在建工程各类隐患问题整改、典型宣传、隐患曝光以及安全知识普及等内容，深入开展各类安全宣传教育活动，取得良好的效果。（程明新）

【安全生产应急管理】 2019 年，中国铁建坚持“以应急救命为核心”，切实加强安全生产应急管理工作，不断提升应急救援能力。一是加强应急救援基地建设。在国家应急专项资金支持下，完成中铁十七局集团有限公司承担的国家隧道应急救援队、中铁二十局集团有限公司承担的应急救援培训演练基地建设，股份公司分别在 9 月和 12 月牵头组织进行验收。二是加强应急救援队伍建设。华东区域总部针对地铁工程高风险特点，联合中铁十八局集团有限公司等单位，在厦门组建地铁工程应急抢险救援队，专（兼）职应急救援人员 46 人，并与建设单位应急救援保障中心资源共享、信息互通、业务联动，多次参加路面塌陷、水管破裂、出入口积水等应急抢险，圆满完成各项救援任务。三是强化应急救援演练。在安全生产月活动中，重庆区域总部针对项目工程难点多、桥隧比例高、夏季高温持续时间长、易发滑坡泥石流等各类风险，组织各单位积极开展应急演练，累计演练 144 场次，参加演练人员 5000 余人次。四是积极参与工程抢险。股份公司从全系统遴选 55 个工程项目，进入应急管理部确定的应对洪涝、地震灾害的工程抢险央企力量，并对 55 个项目的队伍情况、装备数量、负责人及联系方式等进行核查，确保资源能够及时调遣。所属有关单位参与 6 月 17 日四川省宜宾市长宁县 6.0 级地震，7 月 29 日凉山州甘洛县洪水、泥石流、山体滑坡等灾害，8 月 10 日利奇马台风对浙江临海造成灾害后的抢险救援任务。作为应急救援专业队伍的太原队，其太原中队、福州支队、厦门支队先后 12 次参加山西省、福建省政府组织的抢险救援，履行央企社会责任，受到当地政府的高度评价。五是积极参加应急管理普法知识竞赛活动。9—11 月，组织全系统员工参与应急管理部、司法部、全国普法办开展的应急管理普法知识竞赛活动。网上答题阶段，中国铁建位列中央企业得分排名第 4 名，成为唯一获得参加总决赛资格的施工央企；总决赛阶段，中国铁建获得优秀组织奖。（杨生荣　郭　宏）

【中国铁建安全生产标准工地】 2019 年，中国铁建系统 90 个项目被评为安全质量标准工地（车间）。

中国土木工程集团有限公司赞比亚卢萨卡卡夫河供水项目

中国土木工程集团有限公司佛山领悦花园项目

中铁十一局集团有限公司武汉市轨道交通 7 号线秦园路风塔配套综合开发项目

中铁十一局集团有限公司新建武汉至十堰铁路孝感至十堰段 HSSDSG－1 标段工程

中铁十一局集团有限公司厦门市轨道 4 号线 4 标段三工区项目部

中铁十一局集团有限公司新疆 YEGS 二期输水工程

中铁十二局集团有限公司汕湛高速惠清项目 TJ18 标段工程

中铁十二局集团有限公司苏州地铁Ⅲ－TS－17 标段工程

中铁十二局集团有限公司银西铁路甘宁段站前 1 标段三工区

中铁十二局集团有限公司新建徐盐铁路徐州东站站房及相关工程 XYFJ－4 标段工程

中铁十二局集团有限公司连徐铁路 4 标段项目经理部二分部

中国铁建大桥工程局集团有限公司棋盘洲长江公路大桥 QPZ－1 标段工程

中国铁建大桥工程局集团有限公司北京新机场北线高速公路（PPP）项目

中国铁建大桥工程局集团有限公司武穴长江大桥 WX－2 标段工程

中国铁建大桥工程局集团有限公司马岭水利枢纽 PPP 工程

中铁十四局集团有限公司京沈铁路客运专线 12 标段工程

中铁十四局集团有限公司黔张常铁路站前 4 标段工程

中铁十四局集团有限公司广州市轨道交通 22 号线陈头岗停车场项目

中铁十四局集团有限公司牡佳客运专线 6 标段工程

中铁十五局集团有限公司湖北省宣恩至鹤峰高速公路 TJ－3 合同段项目

中铁十五局集团有限公司新建重庆铁路枢纽东环线 DHZQ－1 标段工程

中铁十五局集团有限公司深圳光明海绵城市建设 PPP 试点项目

中铁十五局集团有限公司北京地铁 12 号线工程西坝河站

中铁十六局集团有限公司平原示范区制梁场

中铁十六局集团有限公司成都市环城生态区生态修复综合项目(南片区)一期1-2标段工程

中铁十六局集团有限公司官渡区人民医院迁建项目

中铁十六局集团有限公司新建福厦铁路3标段木兰溪特大桥项目

中铁十六局集团有限公司重庆永川至四川泸州(重庆段)高速公路项目

中铁十七局集团有限公司南京市江北新区综合管廊二期工程

中铁十七局集团有限公司贵州省图书馆项目

中铁十七局集团有限公司渝昆新复线昭通至泸州高速公路彝良至镇雄段项目土建2标段工程

中铁十七局集团有限公司云南墨江至临沧高速公路土建13标段工程

中铁十七局集团有限公司中国供销华北农副产品交易中心建设项目

中铁十八局集团有限公司大瑞铁路怒江特大桥项目

中铁十八局集团有限公司昆明轨道交通5号线土建5标段工程

中铁十八局集团有限公司保定市乐凯大街南延工程高架跨保定南站主桥工程

中铁十八局集团有限公司2022年冬奥会延庆赛区外围配套综合管廊工程土建施工01标段

中铁十九局集团有限公司广州市轨道交通18号和22号线项目一分部

中铁十九局集团有限公司新建北京至雄安新区城际铁路JXSG-4标段工程

中铁十九局集团有限公司新建盐通铁路工程(通张段)TZZQ-2标段工程

中铁十九局集团有限公司福州地铁5号线3标段1工区

中铁十九局集团有限公司太钢袁家村铁矿项目

中铁二十局集团有限公司苏州地铁5号线14标段工程

中铁二十局集团有限公司山水逸城A71-1地块

中铁二十局集团有限公司通让铁路电气化工程

中铁二十局集团有限公司郁江河特大桥项目

中铁二十一局集团有限公司东乡县沿洮河经济带开发建设项目

中铁二十一局集团有限公司大科学装置科技创新创业园检验检测中心项目

中铁二十一局集团有限公司银吴铁路4标段银川动车所跨包兰线立交特大桥工程

中铁二十一局集团有限公司济南市轨道交通R2线一期土建工程3标段项目部

中铁二十二局集团有限公司新建牡丹江至佳木斯铁路MJZQSG-9标段二分部

中铁二十二局集团有限公司祥平保障房地铁社区一期工程

中铁二十二局集团有限公司蒲都高速公路TJ-9标段工程

中铁二十二局集团有限公司河源高新区滨江大道道路及公园建设EPC总承包工程

中铁二十三局集团有限公司渑淅高速西淅段XX-TJ-2标段钢筋加工场

中铁二十三局集团有限公司陕西合铜高速公路项目部TJ-1标段回回池村大桥

中铁二十三局集团有限公司轨道交通Z4线一期工程土建施工第5合同段制梁场

中铁二十三局集团有限公司藻渡河大桥项目

中铁二十四局集团有限公司无锡凤翔路快速化改造FXB03标段工程

中铁二十四局集团有限公司福州北站南广场综合交通枢纽工程西楼

中铁二十四局集团有限公司新建和田至若羌铁路S2标段工程

中铁二十四局集团有限公司南沿江城际铁路句容制梁场工程

中铁二十五局集团有限公司赣州市迎宾大道(含飞翔路段)及文明大道快速路2标段工程

中铁二十五局集团有限公司渝怀铁路增建二线8标段一分部

中铁二十五局集团有限公司德都高速公路DDTJ6标段工程

中铁二十五局集团有限公司峰峰矿区清·泉小区棚户改造工程

中铁建设集团有限公司东城区黄图岗危改二期西部会馆项目

中铁建设集团有限公司许昌建安文化广场工程

中铁建设集团有限公司广州市第二中学附属南沙学校建设工程

中铁建设集团有限公司新建北京至沈阳铁路客运专线星火站站房工程项目

中国铁建电气化局集团有限公司蒙华铁路MHSD-2标段工程

中国铁建电气化局集团有限公司郑阜铁路河南段项目

中国铁建电气化局集团有限公司成都地铁5号一二期工程供电系统工程1标段项目

中国铁建电气化局集团有限公司新建武汉至十堰铁路孝感至十堰段四电系统集成工程 HSSDSG－1 标段工程

中国铁建港航局集团有限公司广州新白云国际机场第二高速公路北段 SG08 标段工程

中国铁建房地产集团有限公司佛山领秀公馆（北区）项目

中铁第一勘察设计院集团有限公司改建铁路阳安线增建第二线工程

中铁第四勘察设计院集团有限公司襄阳东津站枢纽城市综合配套工程

中铁第五勘察设计院集团有限公司河北建投邢台热电联产工程（2×350 兆瓦）铁路专用线项目

中铁物资集团有限公司拉萨物资周转基地

中国铁建重工集团股份有限公司制造总厂结构分厂

中国铁建国际集团有限公司莫斯科地铁第三换乘环线西南段项目

中铁城建集团有限公司省会文化艺术中心三馆二期项目

中铁城建集团有限公司苏州高新区何山路西延 3 标段工程

中铁城建集团有限公司银川绿地中心项目

中铁城建集团有限公司柬埔寨国防部办公楼项目

中国铁建投资集团有限公司 G0511 线德阳至都江堰高速公路工程

中国铁建投资集团有限公司珠海铁建梧桐苑项目

中铁建商务管理有限公司北京铁建物业管理有限公司海淀物业服务项目

中铁建华南建设有限公司南沙科技产业园项目

（高维权）

【全国安全生产标准化工地】 2019 年，中国铁建系统 9 个项目获评全国安全生产标准化工地。

中铁十一局集团有限公司上海市轨道交通 15 号线土建 7 标段工程

中铁十二局集团建安公司南京桥林产业人才共有产权房建设工程

中铁十四局集团有限公司济南高层次人才创新创业基地（起步区）项目

中铁十六局集团有限公司吴忠至中卫城际铁路中卫南站项目

中铁十七局集团有限公司无锡地铁 3 号线一期工程 06 标段土建工程

中铁十八局集团有限公司吉林长春中国铁建·西派府 5～7 号楼、G－5、G－6 号楼工程

中铁二十五局集团有限公司淮安德淮半导体有限公司 12 英寸集成电路芯片生产线项目

中铁建设集团有限公司南昌华章天地项目

中铁城建集团有限公司广东珠海铁建大厦项目主体工程

（郭　宏）

2019 年中国铁建生产安全事故情况

事故级别	总　计（起）	死亡人数（人）	重伤人数（人）	直接经济损失（万元）	备注
一般事故	4	6			
较大事故	3	14			
重大事故					
特别重大事故					
其　他					
合　计	7	20			

（制表：郭　宏）

中国铁建兵改工以来职工因工死亡人数逐月统计

年　份	1月（人）	2月（人）	3月（人）	4月（人）	5月（人）	6月（人）	7月（人）	8月（人）	9月（人）	10月（人）	11月（人）	12月（人）	全年合计		
													职工人数（人）	死亡人数（人）	千人死亡率（‰）
1984年	1	4	1	1	3	1	3	2	3	1	4	3	150549	27	0.179
1985年		1	3	1	2	10	4	2	4	6	2	1	153134	36	0.235
1986年	4	1	1	5	3	3	7	5	6	5	3	1	151620	44	0.29
1987年			4	12	2		9	8	3	4	2	1	151428	45	0.297
1988年			4	1	5	1	2		3		2	3	146855	21	0.143
1989年	3		4	2	3		3	1	1	3			150962	20	0.132
1990年	1				1		3		1		2		153288	8	0.053
1991年			1	1	1		3		5	9	4		158588	24	0.151
1992年	1					1	1	2	1	1	2	6	160379	15	0.094
1993年	1	2	1		1	3	1	2	1	6	1		145876	19	0.13
1994年		3		2			5		1	1		2	145368	14	0.096
1995年		3		5		1		1		1	1	2	145608	14	0.096
1996年	1	1			1	1				1	1		146871	6	0.041
1997年	1	9		3	4	1	1	3	4		2		141327	28	0.198
1998年			2								2		139731	4	0.029
1999年			1	7	2	2	1	5	3	1		10	171445	32	0.187
2000年	6		4				1	5	1	1	1	1	200850	20	0.1
2001年	2				2		2	2	6		7	3	186680	24	0.129
2002年											1		186000	1	0.005
2003年			2			1	1						176000	4	0.023
2004年	1				1		2	1	1		1	4	227650	11	0.048

续表

年份	1月（人）	2月（人）	3月（人）	4月（人）	5月（人）	6月（人）	7月（人）	8月（人）	9月（人）	10月（人）	11月（人）	12月（人）	全年合计		
													职工人数（人）	死亡人数（人）	千人死亡率（‰）
2005年		7	4		1			2	7			12	230533	33	0.143
2006年	1	8		1						4		6	237232	20	0.084
2007年	4		6	4	1	4			3				242168	22	0.091
2008年			5		3			2					184868	10	0.054
2009年			5					3		6		6	209103	20	0.096
2010年		2	12	4	3		10	1	2	1	7		228004	42	0.184
2011年	3		6		7			5	1	25		2	240660	49	0.2036
2012年					3	3	1			13	4		287568	24	0.0835
2013年	3			3	3		3					3	287341	15	0.0522
2014年	3								5	3	7	5	296983	23	0.0774
2015年													298424		
2016年	1		1	2		6	1	2	2	2		6	350964	23	0.0655
2017年		3			12	3		3					364964	21	0.0575
2018年	5	4		3	2			3			1	4	362648	22	0.0607
2019年			1	7		3	1		2	2	4		338337	20	0.0591
合计	42	48	68	64	66	44	65	60	66	96	61	81		761	0.1102

（制表:郭　宏）

原铁道兵部队和中国铁建逐年事故死亡人数统计

年　份	死亡人数(人)	千人死亡率(‰)	年　份	死亡人数(人)	千人死亡率(‰)
1948年	21		1984年	27	0.179
1949年	96		1985年	36	0.235
1950年	36		1986年	44	0.29
1951年	365		1987年	45	0.297
1952年	521		1988年	21	0.143
1953年	448		1989年	20	0.132
1954年	33		1990年	8	0.053
1955年	157	1.55	1991年	24	0.151
1956年	144	1.26	1992年	15	0.094
1957年	60	0.58	1993年	19	0.13
1958年	125	1.24	1994年	14	0.096
1959年	235	1.53	1995年	14	0.096
1960年	249	1.77	1996年	6	0.041
1961年	151	1.17	1997年	28	0.198
1962年	63	0.64	1998年	4	0.029
1963年	137	0.68	1999年	32	0.187
1964年	106	0.51	2000年	20	0.1
1965年	336	1.63	2001年	24	0.129
1966年	436	1	2002年	1	0.005
1967年	351	1	2003年	4	0.023
1968年	263	0.6	2004年	11	0.048
1969年	373	0.58	2005年	33	0.143
1970年	404	0.7	2006年	20	0.084
1971年	536	1.3	2007年	22	0.091
1972年	371	0.71	2008年	10	0.054
1973年	254	0.61	2009年	20	0.096
1974年	291	0.67	2010年	42	0.184
1975年	263	0.56	2011年	49	0.2036
1976年	257	0.74	2012年	24	0.0835
1977年	216	0.64	2013年	15	0.0522
1978年	193	0.58	2014年	23	0.0774
1979年	192	0.51	2015年		
1980年	177	0.58	2016年	23	0.0655
1981年	116	0.52	2017年	21	0.0575
1982年	121	0.62	2018年	22	0.0607
1983年	76	0.47	2019年	20	0.0591
铁道兵合计	8173	0.88	中国铁建合计	761	0.1102

（制表:郭　宏）

中国铁建兵改工以来伤亡事故统计

年份	合计				职工因工伤亡事故				职工在国有公路上发生交通事故				职工非因工事故				中国铁建主要责任造成群众伤亡事故				外部劳务伤亡事故			
	起数（起）	轻伤（人）	重伤（人）	死亡（人）	起数（起）	轻伤（人）	重伤（人）	死亡（人）	起数（起）	轻伤（人）	重伤（人）	死亡（人）	起数（起）	轻伤（人）	重伤（人）	死亡（人）	起数（起）	轻伤（人）	重伤（人）	死亡（人）	起数（起）	轻伤（人）	重伤（人）	死亡（人）
1984 年	312	187	107	79	219	162	69	27					36	7	9	24	57	18	29	28				
1985 年	241	168	58	52	215	157	51	36					17	3	4	10	9	8	3	6				
1986 年	259	160	61	77	217	156	47	44					26	3	6	19	16	1	8	14				
1987 年	166	99	38	63	145	92	36	45					13	5	2	11	8	2		7				
1988 年	117	64	23	45	92	60	21	21	4		1	3	15		1	15	6	4		6				
1989 年	111	76	26	33	87	56	19	20	14	20	5	5	10		2	8								
1990 年	113	89	18	31	86	69	15	8	12	17	3	8	12	3		12	3			3				
1991 年	128	99	24	38	107	84	21	24	7	9	4		11			11	3	6		3				
1992 年	144	113	15	28	130	112	13	15	6	1	2	4	6			7	2			2				
1993 年	144	131	28	32	129	119	21	19	10	9	6	11	3	1		2	2	2	1		11			20
1994 年	107	97	8	21	99	94	6	14	3	3	2	2	5			5	1	2		4	9	10	6	33
1995 年	92	85	15	14	92	85	15	14													4	3		6
1996 年	72	62	9	8	70	62	9	6					2			2					3			9
1997 年	87	72	11	36	85	72	11	28					2			8					4	5		7
1998 年	66	59	7	6	64	59	7	4					2			2					4	2	1	9
1999 年	103	86	9	37	98	86	9	32					5			5					2			4
2000 年	66	74	13	21	65	74	13	20					1			1					3	1	1	5
2001 年	66	80	14	30	62	80	14	24					4			6					1			1
2002 年	79	70	7	2	78	70	7	1					1			1					2	1	2	4
2003 年	72	67	10	4	72	67	10	4													2	1		4

续表

年份	合计				职工因工伤亡事故				职工在国有公路上发生交通事故				职工非因工事故				中国铁建主要责任造成群众伤亡事故				外部劳务伤亡事故			
	起数（起）	轻伤（人）	重伤（人）	死亡（人）	起数（起）	轻伤（人）	重伤（人）	死亡（人）	起数（起）	轻伤（人）	重伤（人）	死亡（人）	起数（起）	轻伤（人）	重伤（人）	死亡（人）	起数（起）	轻伤（人）	重伤（人）	死亡（人）	起数（起）	轻伤（人）	重伤（人）	死亡（人）
2004年	76	79	7	12	75	79	7	11					1			1								
2005年	57	63	10	33	57	63	10	33													3			3
2006年	60	60	11	20	60	60	11	20													1	3		3
2007年	67	70	14	22	67	70	14	22													3			4
2008年	4	2	2	10	1			4													3	2	2	6
2009年	8			20	6			15													2			5
2010年	10	3		42	1	3		7													9			35
2011年	11			49																	11			49
2012年	6	22	7	24																	6	22	7	24
2013年	5			15																	5			15
2014年	5			23																	5			23
2015年																								
2016年																								23
2017年	4			21																	4			21
2018年	11			22																	11			22
2019年	7			20																	7			22
合计	2876	2237	552	990	2479	2091	456	518	56	59	23	33	172	22	24	150	107	43	41	73	115	50	19	357

（制表：郭　宏）

中国铁建兵改工以来各单位逐年职工因工死亡人数统计

单位：人

单位	一九八四年	一九八五年	一九八六年	一九八七年	一九八八年	一九八九年	一九九〇年	一九九一年	一九九二年	一九九三年	一九九四年	一九九五年	一九九六年	一九九七年	一九九八年	一九九九年	二〇〇〇年	二〇〇一年	二〇〇二年	二〇〇三年	二〇〇四年	二〇〇五年	二〇〇六年	二〇〇七年	二〇〇八年	二〇〇九年	二〇一〇年	二〇一一年	二〇一二年	二〇一三年	二〇一四年	二〇一五年	二〇一六年	二〇一七年	二〇一八年	二〇一九年	合计
中国土木工程集团有限公司																																					
中铁十一局集团有限公司	2	7	6	4	2	2	1	1	7	1	5						2	2		2		1	4				2			3			1		3	2	60
中铁十二局集团有限公司	2	1	1	2	4										2	2		14					2	9		2	10				3		1		3	1	59
中国铁建大桥工程局集团有限公司	1	2		2	4	3		1	1	1			1			4				1			1	1			7			3	7				2		42
中铁十四局集团有限公司	1	3	1	6	1	1	1	4	2				1	1		1	1					6				6		3		3			5	3	3	4	57
中铁十五局集团有限公司	3	2		2	2	4		6	2	3	4			1		8	6	1					1	3	1			5					1	12	1		68
中铁十六局集团有限公司	6	8	11	4	1	2	1	2	2	3	1	2	1	20				1			1	8		3		5	2								4		88
中铁十七局集团有限公司	1		2	3		1	1	1			3												9	4	4	1	2	2		3							37
中铁十八局集团有限公司	5	4	9	16	3		2	1		3		6	1			2	2	1						1	5	3	10	1	13		3		1		1		93
中铁十九局集团有限公司	1		4	1	1	3		3		5		1		1	1	10	8				1	12		1				24			5		1			8	91
中铁二十局集团有限公司	1	6	7	5	3	4	1	1	1							4		2			2		3					11									51
中铁二十一局集团有限公司																													7	3							10
中铁二十二局集团有限公司																						3					1		1				3	3	4	3	18
中铁二十三局集团有限公司																												1	3		5		4				13
中铁二十四局集团有限公司																					4					2	7						1		1		15
中铁二十五局集团有限公司																										1	1										2
中铁建设集团有限公司		1	1																									2					2				6
中国铁建电气化局集团有限公司																																		3		2	5
中国铁建港航局集团有限公司																																					
中国铁建房地产集团有限公司																																					
中铁第一勘察设计院集团有限公司																																					
中铁第四勘察设计院集团有限公司																					1												3				4
中铁第五勘察设计院集团有限公司																			1																		1
中铁上海设计研究院集团有限公司																																					
中铁物资集团有限公司			1										1																								2
中国铁建重工集团股份有限公司																				1																	1
中铁建商务管理有限公司																					1	3															4
中国铁建直属单位	4	2	1				1	4		3	1	5	1	5	1	1	1	3		1																	34
合　计	27	36	44	45	21	20	8	24	15	19	14	14	6	28	4	32	20	24	1	4	11	33	20	22	10	20	42	49	24	15	23		23	21	22	20	761

注：中国铁建直属单位包括原工厂局、国内工程公司、铁路运输处、铁道战备舟桥处。

（制表：郭　宏）

2019 年 5 月 13 日，中国土木工程集团有限公司承建的坦赞铁路纪念园项目开工典礼在赞比亚首都卢萨卡举行。图为出席嘉宾为纪念园开工奠基。（国　测　提供）

海外业务

海 外 经 营

【海外业务部(总部集团外事办公室)】 主要职责:负责中国铁建股份有限公司(以下简称公司)海外业务的统筹和协调;负责海外在建项目的监督与指导,协助总部职能部门履行海外项目管控职责;负责海外项目风险防控;负责海外发展战略及海外中长期规划的研究制定、阶段性评估、调整、完善以及贯彻执行;制定和完善外经、外事管理制度和办法;负责海外合规业务的具体管理,协助总部职能部门履行海外合规管理职责;负责牵头统筹与国家外交、外经主管部门,国内、国际工程承包行业有关的商协会,金融和保险机构、全球大型跨国公司,驻外使领馆、经参处、驻华使领馆的沟通联络;负责境外投融资业务的统筹管理,履行统筹、协调、监督等职责,协助总部职能部门履行境外投融资管理职责;负责海外业务年终考核工作;负责下达全系统海外业务年度生产经营计划,以及对海外生产经营数据进行统计分析;牵头负责以公司名义承揽项目的评审、审批、项目备案办理和相关证照提供,牵头负责其他以二级单位名义承揽的重大项目的评审和审批;牵头负责境外突发事件应急预案的制定及突发事件应急联络、善后处置等工作,协助总部职能部门履行海外应急管理职责;负责因公出国(境)审批及相关证照的办理、换发及管理,负责邀请外国人来华的审核报批;参与商务部、国资委、国家外汇管理局组织的境外投资联合年检和综合绩效评价工作;负责国际政治、经济形势研究,行业境外业务对标分析,以及与国内外高端智库的交流对接;负责海外专家委员会的日常工作;负责ENR参评资料准备及报送工作;负责海外工程项目中标信息、重大信息的汇总、报送;协助总部职能部门履行海外人力资源管理、舆情管控、企业文化建设、社会责任、资产监管、财务管理、党建纪检、海外利益保护等管理职责;承办总部集团外事办公室相关工作;完成公司领导交办的其他工作。部门定员45人,设总经理1人,执行总经理2人,副总经理4人;下设综合处、外事处、对外联络处、合规管理处、项目监管处、境外投融资处、非洲市场处、亚太市场处、欧美市场处。(张 静)

【全球最大250家国际承包商排名】 5月,按照中国对外承包工程商会《关于组织参加ENR2019年度全球最大250家国际承包商评选活动的通知》(承商工函〔2019〕057号)要求,完成美国《国际工程新闻记录》(ENR)组织的2019年度全球最大250家国际承包商评选活动的资料报送工作。2019年,中国铁建在ENR最大250家全球承包商排名第3位,ENR最大250家国际承包商排名第14位。(张 静)

2019年中国铁建海外新签合同额情况

序号	单 位	新签合同额(万美元)	占海外合同总额比例(%)
1	中国土木工程集团有限公司	1482330	38.28
2	中铁十一局集团有限公司	87063	2.25
3	中铁十二局集团有限公司	1445	0.04
4	中国铁建大桥工程局集团有限公司	13883	0.36
5	中铁十四局集团有限公司	127972	3.31
6	中铁十五局集团有限公司	13618	0.35
7	中铁十六局集团有限公司	144190	3.72
8	中铁十七局集团有限公司	144710	3.74
9	中铁十八局集团有限公司	96207	2.48
10	中铁十九局集团有限公司	213695	5.52
11	中铁二十局集团有限公司	96405	2.49
12	中铁二十一局集团有限公司	14451	0.37
13	中铁二十二局集团有限公司		
14	中铁二十三局集团有限公司	11957	0.31
15	中铁二十四局集团有限公司	28	0.0007
16	中铁二十五局集团有限公司	7360	0.19
17	中铁建设集团有限公司	2496	0.06
18	中国铁建电气化局集团有限公司	21154	0.55
19	中国铁建港航局集团有限公司	29195	0.75
20	中铁第一勘察设计院集团有限公司	1656	0.04

续表

序号	单　位	新签合同额(万美元)	占海外合同总额比例(%)
21	中铁第四勘察设计院集团有限公司	33972	0.88
22	中铁第五勘察设计院集团有限公司	725	0.02
23	中铁上海设计院集团有限公司	654	0.02
24	中铁物资集团有限公司	15836	0.41
25	中国铁建重工集团股份有限公司	23134	0.60
26	中国铁建国际集团有限公司	1269120	32.78
27	中铁城建集团有限公司	18510	0.48
28	诚合保险经纪有限公司	208	0.01
	总　计	3871974	100.00

(制表:张　静)

2019年中国铁建海外完成营业额情况

序号	单　位	完成营业额(万美元)	占海外营业总额比例(%)
1	中国土木工程集团有限公司	284202	38.08
2	中铁十一局集团有限公司	12529	1.68
3	中铁十二局集团有限公司	30017	4.02
4	中国铁建大桥工程局集团有限公司	4832	0.65
5	中铁十四局集团有限公司	28044	3.76
6	中铁十五局集团有限公司	8234	1.10
7	中铁十六局集团有限公司	17907	2.40
8	中铁十七局集团有限公司	28827	3.86
9	中铁十八局集团有限公司	32459	4.35
10	中铁十九局集团有限公司	20013	2.68
11	中铁二十局集团有限公司	31300	4.19
12	中铁二十一局集团有限公司	12449	1.67
13	中铁二十二局集团有限公司		
14	中铁二十三局集团有限公司	3795	0.51
15	中铁二十四局集团有限公司	8302	1.11
16	中铁二十五局集团有限公司	7126	0.95
17	中铁建设集团有限公司	4556	0.61
18	中国铁建电气化局集团有限公司	10951	1.47
19	中国铁建港航局集团有限公司	5779	0.77
20	中铁第一勘察设计院集团有限公司	2772	0.37
21	中铁第四勘察设计院集团有限公司	758	0.10
22	中铁第五勘察设计院集团有限公司	618	0.08
23	中铁上海设计院集团有限公司	223	0.03
24	中铁物资集团有限公司	13516	1.81
25	中国铁建重工集团股份有限公司	5075	0.68
26	中国铁建国际集团有限公司	150002	20.10
27	中铁城建集团有限公司	3048	0.41
28	中国铁建投资集团有限公司	18913	2.53
29	诚合保险经纪有限公司	151	0.02
	总　计	746398	100.00

(制表:张　静)

【外事工作】 2019年,在习近平新时代中国特色社会主义思想和外交思想指引下,中国铁建系统认真贯彻落实党中央和相关部委外事管理有关精神和规定,修订完善外事管理规章制度,加强统筹协调,不断提升外事管理与服务水平,妥善应对中美经贸摩擦带来的外事风险,着力支持和保障“海外优先”战略实施。一是加强党的领导,完善制度建设。根据外交部、国务院国资委等六部委对中央企业外事管理工作的若干规定,按照“党管外事”原则,结合公司实际,在充分调研和征求意见后,修订印发《中国铁道建筑集团有限公司外事工作管理办法》和《中国铁道建筑集团有限公司外事工作管理实施细则》。二是严格因公审批，强化监督检查。持续按照"因事定人、人事相符"原则严格审核审批因公出国(境)团组，对不符合外事管理规定的团组明确提出调整或取消出访，全年退回或要求调整不合格团组56个155人次，占总人次的0.9%。三是重视外事培训和信息化建设。继续每年一次举办外事业务培训并邀请外部专家授课，对外事业务人员进行政策、业务知识培训和指导。升级外事管理系统，对接外交部护照办理"只跑一次"的便利举措，提高办理效率。四是服务"海外优先"战略，业务增长明显。全年全系统审批因公出国(境)团组6905个，累计17473人次，较2018年增长9%；办理各类因公证件4296本，较2018年增长17.4%，自办签证10555人次，较2018年增长9.14%。全年办理邀请外国人来华805人次，较2018年增长30.3%。 （李　亮）

【对接交流】 2019年，中国铁建按照"借大势、造声势、谋共识、抓关键、办实事"的工作要求，深度参与多双边重大外交活动，加大与国外政府高层、国内部委、商协会、金融机构的对接，广泛借助部委、境内外媒体发声，公司的朋友圈不断扩大，品牌影响力不断增强。一是参与多双边重大活动取得实效。第二届"一带一路"国际合作高峰论坛期间，先后会见16个国家的16位元首或政府首脑。其中，格鲁吉亚、汤加、库克、老挝4国的副国级领导到访股份公司或下属单位。先后会见安哥拉、沙特阿拉伯、土耳其等36个国家的45位重要政府官员或部长，其中24位部长及数十位重要合作伙伴到访股份公司或下属单位。先后签署商务合同9项，合同额26.6亿美元，签署合作协议涉及项目金额37.2亿美元。澳门央企支持中葡平台建设高峰会期间，签署《横琴"粤澳合作产业园"投资合作框架协议》，金额50亿元。二是与部委、商协会、金融机构的对接不断加强。坚持"专人负责、分工明确、系统策划、统筹推进"的原则，建立起与有关机构的常态化对接机制，创新沟通对接方式、方法，统筹对外联络资源，加大对接联络力度，与有关机构的关系不断深化。三是对外推介力度不断加强。系统梳理参与"一带一路"建设成果，广泛参加部委、商协会的推介活动，加大与境内外媒体的沟通联络，大力宣传中国铁建参与"一带一路"建设的亮点、成效、贡献，企业品牌形象、影响力大幅提升。四是境外沟通联络不断规范。切实教育系统内单位增强政治意识、大局意识、服务意识，贯彻落实中国外事管理规定，加大与所在国大使馆、经参处的沟通汇报，依法依规开展对所在国高层的对接联络，境外沟通联络步入常态化、规范化、机制化轨道。 （杨　晨）

【海外发展战略】 中国铁建"十三五"海外业务发展定位：加快转型升级，努力培育成世界一流的建筑业跨国公司。实行建营一体化发展战略，由单一传统业务向综合性业务转型。巩固发展传统核心主业优势，实现相关企业间、企业内部子企业间优势资源战略重组，加强企业间合作；延伸产业链条，实现向科技研发、工程咨询、工程总承包、特许经营等价值链高端纵向一体化发展。在更大范围、更多领域和更高层次上参与国际市场竞争，实现规模与效益、结构与布局的合理匹配，在"一带一路"建设和中国铁路"走出去"战略中发挥主力军和先锋队作用。"十三五"海外业务发展的总体策略：以"四个全面"战略布局为指导，紧跟国家"走出去"政策方向，坚持"创新驱动、合作共赢、科学发展、员工共享"的理念，抓住"一带一路"、自由贸易区、中非"三网一化"等机遇，坚持发展是第一要务，深入推进海外区域市场建设，全球经营；大力开发政府间框架项目，着力实施两个"1+N"战略，即以海外铁路、公路为主，不断向房建、市政、港口、电力、机场等"路外"领域拓展；以承包工程为主，积极推进海外规划设计、投资、运营、物流、经贸合作区、房地产、工业、国际贸易等多元化经营。根据《中国铁建股份有限公司2016—2020年企业发展战略与规划》，结合公司海外业务发展现状，中国铁建"十三五"海外业务发展目标确定为"确保"与"力争"两个层面：(1)"十三五"海外业务"确保"发展目标。到2020年，实现海外新签合同额、营业收入、利润总额分别占公司总额的10%、10%、20%。(2)"十三五"海外业务"力争"发展目标。考虑到2019年外经单位投资并购取得实质性进展，到2020年，海外新签合同额、营业收入、利润总额分别占公司总额的20%、15%、30%。 （张　静）

【来宾访问】 1月23日，中国铁建党委书记、董事长陈奋健在中国铁建大厦会见菲律宾马卡蒂市政府秘书长兼PPP委员会主席克拉洛·赛尔特扎一行。陈奋健与克拉洛·赛尔特扎等就加强有关项目合作进行深入交流,并共同见证双方合作项目协议签署。

1月28日,中国铁建总裁、党委副书记庄尚标在中国铁建大厦会见前来调研的商务部合作司司长王胜文一行。双方就如何推动承包工程高质量发展问题进行深入研讨交流。中国铁建党委常委、副总裁汪文忠主持调研座谈会。

2月21日,中国铁建党委书记、董事长陈奋健在北京会见沙特能源、工业和矿产资源大臣兼沙特阿美公司董事长贾里德·阿里·法利赫。双方就共同关心的基础设施建设领域有关事宜进行深入交流,并达成共识。

2月27日,中国铁建总裁、党委副书记庄尚标在中国铁建大厦会见铜陵有色金属集团控股有限公司党委书记、董事长杨军一行。双方就加快厄瓜多尔米拉多铜矿建设和后续重点工作进行深入交流,并达成共识。

同日,中国铁建总裁庄尚标在中国铁建大厦会见突尼斯共和国发展、投资与国际合作部部长齐亚德·拉扎里。双方就深化互信、推动有关项目合作进行友好交流。会谈结束后,庄尚标见证有关项目合作谅解备忘录的签署。

3月27日,中国铁建副总裁汪文忠在中国铁建大厦会见到访的柬埔寨国务兼公共工程与运输部大臣孙占托一行。双方就加强基础设施建设合作进行深入交流。

4月8日,中国铁建党委书记、董事长陈奋健在中国铁建大厦会见泰国BTS集团主席黄创山一行。双方就共同关心的泰国基础设施建设有关事宜进行深入交流,并达成共识。

4月17日,中国铁建党委常委、副总裁汪文忠在中国铁建大厦会见到访的俄罗斯主流媒体代表团,并就媒体代表团关心的话题进行交流。

4月22日,中国铁建副总裁汪文忠在中国铁建大厦会见到访的莫斯科市考察团,与莫斯科工程设计院9局总经理以撒耶夫·阿列克谢·维克多洛维奇等就相关项目合作进行深入交流。

4月23日,中国铁建副总裁汪文忠在中国铁建大厦会见来北京参加第二届"一带一路"国际合作高峰论坛的智利经济部外国投资促进局局长罗德里格斯·克里斯蒂安·迟飞雷。双方就加强沟通交流、推进有关项目合作进行会谈。

同日,中国铁建副总裁汪文忠在中国铁建大厦会见突尼斯中突商会主席塔哈尔·巴亚赫。

4月24日,中国铁建副总裁汪文忠在中国铁建大厦会见马来西亚对华事务特使、马中商务理事会主席陈国伟及其夫人。双方就共同推进有关项目合作进行交流。

同日,中国铁建总裁庄尚标在中国铁建大厦会见到访的非洲开发银行高级副行长查尔斯·欧乌苏·博阿玛一行。双方就在"一带一路"倡议下加强金融合作交换意见。

同日,中国铁建总裁庄尚标在中国铁建大厦会见到访的汤加副首相兼基础设施和旅游部部长塞密西·西卡。双方就进一步加强合作展开深入交流。

同日,中国铁建总裁庄尚标在中国铁建大厦与到访的安哥拉安人运总书记阿尔瓦罗·内图一行举行会谈。

同日,中国铁建党委书记、董事长陈奋健在北京会见出席第二届"一带一路"国际合作高峰论坛的印度尼西亚海洋事务统筹部部长卢胡特。双方就进一步推进有关合作项目进行深入交流。

同日,中国铁建党委书记、董事长陈奋健在北京会见出席第二届"一带一路"国际合作高峰论坛的埃塞俄比亚总理阿比。双方就进一步加强基础部设施建设领域合作进行深入交流。

4月25日,中国铁建总裁庄尚标在北京会见来华出席第二届"一带一路"国际合作高峰论坛的吉布提总统盖莱。双方就进一步加强吉布提基础设施建设等方面的合作进行深入交流。

同日,中国铁建副总裁汪文忠在北京会见出席第二届"一带一路"国际合作高峰论坛的柬埔寨国务兼公共工程与运输部大臣孙占托。双方就加快推进有关项目实施进行交流。

同日,中国铁建副总裁汪文忠在中国铁建大厦会见特立尼达和多巴哥共和国外交和加勒比共同体事务部长丹尼斯·摩西。双方就加强基础设施建设领域合作进行交流。

同日,中国铁建副总裁汪文忠在中国铁建大厦与到访的格鲁吉亚副总理兼地区发展和基础设施部长玛雅·茨基季什维利一行举行会谈。双方就推进有关项目合作进行交流。

同日，中国铁建党委书记、董事长陈奋健在中国铁建大厦会见到访的沙特交通部部长纳比尔·阿尔阿穆迪。双方就进一步加强基础设施建设领域合作进行深入交流，并达成共识。

同日，中国铁建党委书记、董事长陈奋健在北京会见出席第二届“一带一路”国际合作高峰论坛的越南总理阮春福。双方就进一步加强在基础设施投资建设领域合作进行深入交流。

4 月 26 日，中国铁建副总裁汪文忠在中国铁建大厦会见出席第二届“一带一路”国际合作高峰论坛的亚美尼亚交通部专家凯伦·杰兰扬一行。双方就加强基础设施建设领域合作进行深入交流，并达成合作共识。

同日，中国铁建副总裁汪文忠在北京会见越南交通运输部部长阮文体。双方就基础设施领域的合作项目进行深入交流，并达成共识。

同日，中国铁建副总裁汪文忠在北京会见出席第二届“一带一路”国际合作高峰论坛的肯尼亚总统肯雅塔。双方就推进肯尼亚基础设施投资建设领域合作进行深入交流，并达成共识。

同日，中国铁建总裁庄尚标在中国铁建大厦会见出席第二届“一带一路”国际合作高峰论坛的土耳其交通部部长图尔罕。双方就进一步加强土耳其基础设施建设领域合作进行沟通交流。

同日，中国铁建总裁庄尚标在北京会见菲律宾总统杜特尔特。双方就进一步加强合作进行交流。

同日，中国铁建党委书记、董事长陈奋健在钓鱼台国宾馆会见出席第二届“一带一路”国际合作高峰论坛的吉尔吉斯斯坦总统热恩别科夫。双方就加强基础设施建设领域合作进行深入交流。

4 月 27 日，中国铁建党委书记、董事长陈奋健在中国铁建大厦会见到访的老挝人民革命党中央政治局委员、万象市委书记兼市长库派吞，并共同见证有关合作协议签署。

同日，中国铁建副总裁汪文忠在北京会见肯尼亚交通及基础设施发展部部长詹姆斯·马查里亚、工贸部部长皮特·蒙亚。双方就共同关心的有关项目合作进行深入交流。

同日，中国铁建总裁庄尚标在北京会见参加第二届“一带一路”国际合作高峰论坛的孟加拉国工业部部长那努尔·马吉德·马哈茂德·胡马云一行。双方就加强基础设施和工业领域的合作进行深入交流。

4 月 28 日，中国铁建党委书记、董事长陈奋健在北京会见出席第二届“一带一路”国际合作高峰论坛的柬埔寨首相洪森。双方就进一步加强基础设施建设领域合作进行深入交流。

同日，中国铁建党委书记、董事长陈奋健在北京会见出席第二届“一带一路”国际合作高峰论坛的尼泊尔总统班达里。双方就共同关心的问题进行深入交流。

同日，中国铁建总裁庄尚标在中国铁建大厦会见到访的加纳铁路发展部部长乔·加尔泰。双方就进一步加快轨道交通领域的合作进行深入交流。

4 月 29 日，中国铁建总裁庄尚标在中国铁建大厦会见参加第二届“一带一路”国际合作高峰论坛的马来西亚国会议员、交通部部长陆兆福。双方就深化交通基础设施领域合作交换意见。

5 月 28 日，中国铁建总裁庄尚标在中国铁建大厦会见瓦努阿图总理夏洛特·萨尔维及其夫人玛丽·贾丝廷·萨尔维。双方就进一步加强瓦努阿图基础设施建设等方面的合作进行深入交流，并签署项目合作谅解备忘录。

6 月 26 日，中国铁建总裁庄尚标在北京钓鱼台国宾馆会见参加第一届中国—非洲经贸博览会的乌干达总统约韦里·卡古塔·穆塞韦尼。双方就进一步加强基础设施领域合作进行沟通交流。

7 月 6 日，中国铁建党委书记、董事长陈奋健在中国铁建大厦会见泰国正大集团总裁谢镕仁。双方就共同关心的泰国基础设施建设项目进行深入沟通。

7 月 26 日，中国铁建党委书记、董事长陈奋健在中国铁建大厦会见到访的外交部副部长张汉晖。双方就进一步推进俄罗斯市场开发建设进行深入交流。

8 月 19 日，中国铁建总裁庄尚标在中国铁建大厦会见到访的俄罗斯控股公司董事长亚历山大·梁赞诺夫，双方就有关项目合作进行深入交流。

8 月 27 日，中国铁建党委书记、董事长陈奋健在中国铁建大厦会见到访的孟加拉国铁道部部长努如尔·伊斯拉姆·苏简一行。双方就进一步推动铁路建设领域合作进行深入交流。

9 月 16 日，中国铁建副总裁汪文忠在中国铁建大厦会见到访的阿联酋伊提哈德铁路公司代表团。双方就有关项目实施进行深入交流。

9月22日，中国铁建党委书记、董事长陈奋健在中国铁建大厦会见到访的伊拉克副总理兼财政部部长福阿德·侯赛因一行。双方就加快推动有关项目合作进行深入交流。

9月29日，中国铁建党委常委、副总裁汪文忠在北京会见中国海油执行副总裁兼海油国际董事长方志。双方就海外市场有关项目合作进行深入交流。会谈结束后，汪文忠与方志共同见证中铁建国际投资有限公司与中国海油国际有限公司签订合作备忘录。

10月12日，中国铁建总裁庄尚标在北京会见来华访问的塔吉克斯坦第一副总理萨义德·达夫拉塔利。双方就进一步加强基础设施建设领域合作进行沟通交流。

10月15日，中国铁建党委书记、董事长陈奋健在中国铁建大厦会见来访的尼日利亚交通部部长阿玛埃奇一行。双方就进一步推进在尼有关项目实施进行深入交流。

10月22日，中国铁建副总裁汪文忠在中国铁建大厦会见来访的巴西圣保罗州副州长罗德里格·加西亚。双方就基础设施建设领域有关项目合作进行深入交流。

10月23日，中国铁建副总裁汪文忠在中国铁建大厦会见土耳其卡利永集团董事局主席奥尔汗·卡麦尔一行。双方就进一步加强项目合作交换意见，并重点讨论共同关心的基础设施建设项目。

10月24日，中国铁建总裁庄尚标在北京会见巴西总统雅伊尔·梅西亚斯·博索纳罗。双方就进一步加强基础设施建设领域合作进行沟通交流。

10月25日，中国铁建总裁、党委副书记庄尚标在中国铁建大厦会见前来调研的商务部西亚非洲司司长江伟一行。双方围绕中央企业如何更稳更好“走出去”进行交流。

11月8日，中国铁建党委书记、董事长陈奋健，总裁、党委副书记庄尚标在中国铁建大厦会见来访的俄罗斯莫斯科市副市长胡斯努林一行。双方就进一步深化合作、加快推动有关项目实施进行深入交流，并达成共识。会谈结束后，在陈奋健、庄尚标、胡斯努林的共同见证下，双方签署战略合作框架协议和米丘林大街交通换乘枢纽项目有关合同。

11月21日，中国铁建党委书记、董事长陈奋健在中国铁建大厦会见来访的尼日利亚拉各斯州州长桑乌鲁一行。双方就推动有关项目合作进行深入交流，并达成共识。

11月26日，中国铁建副总裁汪文忠在中国铁建大厦会见来访的孟加拉国国民议会副议长法兹勒·米亚一行。双方就“一带一路”框架下中孟基础设施建设与投资合作进行深入交流。

12月14日，中国铁建党委书记、董事长陈奋健在中国铁建大厦会见到访的密克罗尼西亚联邦总统戴维·帕努埃洛。双方就深化基础设施建设领域合作进行友好交流。

12月17日，中国铁建副总裁汪文忠在中国铁建大厦会见由马来西亚土著团结党最高理事会成员、国家高等教育基金局主席旺·赛夫率领的土著团结党代表团。双方就有关合作事宜进行交流。（张　静）

【公司领导出访及重要活动】 1月6日，中国铁建总裁庄尚标在维拉港会见瓦努阿图总理夏洛特·萨尔维。双方就继续深化合作、拓宽合作领域等进行深入交流。活动期间，庄尚标出席在塔纳岛举行的瓦努阿图公路项目一期竣工暨二期开工仪式。

2月23日至3月1日，中国铁建党委常委、副总裁汪文忠到俄罗斯开展系列商务活动。活动期间，中国驻俄罗斯大使李辉一行在汪文忠的陪同下，到中国铁建承建的莫斯科地铁项目调研，并与中国铁建商务考察团进行座谈。汪文忠考察中国铁建在俄罗斯有关跟踪项目，并与莫斯科市副市长胡斯努林共同出席中国铁建莫斯科地铁项目第三换乘环线东段盾构施工合同签约仪式。

4月22—23日，中国铁建党委常委、副总裁李宁出席在菲律宾马尼拉举行的博鳌亚洲论坛马尼拉会议，并在中菲企业家交流座谈会上发言。

5月6—7日，中国铁建党委书记、董事长陈奋健赴贝宁调研市场及相关项目情况，并会见贝宁投资与促进出口贸易署署长洛朗·冈贝，共同见证中铁建国际投资集团有限公司、中铁十四局集团有限公司、贝宁投资与促进出口贸易署签署贝宁赛美波吉工业园区项目合作谅解备忘录。活动期间，陈奋健组织召开座谈会，听取中铁十四局集团有限公司海外工作整体情况及中西非区域市场开发情况汇报。

5月8—12日，中国铁建党委书记、董事长陈奋健赴尼日利亚调研市场并开展系列商务活动。活动期间，陈奋健调研中国土木工程集团有限公司总承包，系统内多家单位参与设计和建设的拉伊铁路等参建项目，参观中国土木工程集团尼日利亚公司企业文化展室并翻阅党建工作台账，与相关单位负责人共同植下代表中国铁建各单位同心协力、在尼共谋发展的“同心树”；并召开中国铁建尼日利亚市场工作座谈会，听取系统内10家单位的工作汇报。在尼日利亚首都阿布贾，陈奋健分别会见尼日利亚总统布哈里、副总统奥辛巴乔，就双方共同关心的话题进行深入交流。

5月8—17日，中国铁建副总裁汪文忠先后赴柬埔寨、越南、老挝进行市场调研，深入考察基础设施投资建设情况，加强与政府、合作伙伴的交流与合作，深度开拓东南亚市场，进一步推动“海外优先”战略加快落地。在柬埔寨调研期间，汪文忠实地考察中铁城建集团有限公司承建的柬埔寨国防部大楼项目和中铁建设集团有限公司承建的援柬埔寨特本克蒙省医院项目。在越南调研期间，汪文忠会见中国驻胡志明市总领事馆商务领事韦锡臣、越南铁路总公司总经理邓仕猛等相关人员，并召开越南国别市场座谈会上。在老挝调研期间，汪文忠会见中国驻老挝大使姜再冬、经参处参赞王其辉，会见老挝人民革命党中央政治局委员、万象市委书记兼市长辛拉冯·库派吞等相关人员，并召开老挝国别市场座谈会。

5月30—31日，中国铁建党委常委、副总裁汪文忠出席由中国对外承包工程商会和澳门贸易投资促进局联合主办的第十届国际基础设施投资与建设高峰论坛开幕式，并参加主题为“加强产业链合作，服务基础设施高质量发展”的平行论坛。会上，论坛组委会向包括中国铁建在内的40余家单位颁发国际基建论坛“突出贡献单位”纪念奖牌。活动期间，汪文忠现场调研中铁十五局集团有限公司承建的澳门轻轨C370项目、中国土木工程集团有限公司与中铁建设集团有限公司联合承建的澳门名胜世界酒店（金银岛）项目。

6月3—7日，中国铁建党委书记、董事长陈奋健一行抵达莫斯科，就俄罗斯市场前景和中国铁建在俄业务开展情况进行调研。中国铁建党委常委、副总裁汪文忠参加调研。活动期间，陈奋健、汪文忠与莫斯科市副市长胡斯努林举行会谈，就中国铁建参与莫斯科市基础设施建设情况进行深入交流。中国铁建俄罗斯公司与莫斯科工程设计院、AFI公司共同签署莫斯科米丘林地铁站上盖开发项目投资合作框架协议，陈奋健、汪文忠、胡斯努林等出席签约仪式。签约仪式后，陈奋健会见莫斯科市市长索比亚宁。陈奋健与中国诚通集团总裁朱碧新一行考察有关合作项目，并深入探讨具体合作事项；并在莫斯科地铁项目部组织召开中国铁建俄罗斯市场座谈会。陈奋健在圣彼得堡参加第二十三届圣彼得堡国际经济论坛期间，会见俄罗斯有关企业负责人，就项目合作事宜交换意见；在圣彼得堡国际经济论坛“国家发展项目的成功之道”分论坛活动上，陈奋健作交流发言。

6月8—10日，中国铁建党委书记、董事长陈奋健在罗马尼亚开展系列商务活动，先后会见罗马尼亚交通部部长阿列克桑德鲁、中国驻罗马尼亚大使姜瑜，并到中国土木工程集团有限公司在建的布加勒斯特中国文化中心项目检查指导工作、慰问员工。中国铁建党委常委、副总裁汪文忠参加活动。

6月10—12日，中国铁建党委书记、董事长陈奋健赴波兰开展系列商务活动，分别会见波—中议员组主席格热戈日·柴莱伊、波兰铁路公司副董事长洛斯瓦夫·安东诺维茨、中国驻波兰大使刘光源，并检查指导企业经营工作。中国铁建党委常委、副总裁汪文忠参加活动。活动期间，陈奋健一行考察中国土木工程集团有限公司在波兰投资开发的“花园小区”房地产项目。

6月14日，以“智能绿色引领未来交通”为主题的2019世界交通运输大会在北京国家会议中心举行。中国铁建总裁、党委副书记庄尚标出席会议并致辞，中国铁建党委常委、副总裁汪文忠出席大会。庄尚标作为3家著名企业家代表之一在大会开幕式上发言，并参加交通科技博览会启动仪式。在大会的重要组成板块——交通科技博览会上，中国铁建展示海外发展的业绩，并对独立研发、自主生产、拥有完全自主知识产权的土压、泥水双模式盾构机作了推介。活动期间，以“可持续的非洲交通基础设施合作与发展”为主题的第三届中非交通基础设施合作论坛在北京国家会议中心举行，汪文忠在论坛上作题为《秉承可持续发展理念，推动中非交通基础设施合作迈上新台阶》的主旨发言。

6月27日，中国铁建党委常委、副总裁汪文忠应邀在首届中非经贸博览会“中非基础设施与融资合作对话会”上发言，并参加多场配套活动。

7月18日，中国铁建党委常委、副总裁李宁出席厄瓜多尔米拉多铜矿项目投产仪式并致辞。该项目由中国铁建投资集团有限公司和铜陵有色金属集团股份有限公司共同投资建设,厄瓜多尔米拉多铜矿项目正式投产,标志着项目顺利进入运营期。

8月28日至9月4日,中国铁建党委常委、副总裁李宁率考察团在俄罗斯开展系列商务活动。活动期间,李宁先后在乌里扬诺夫斯克、圣彼得堡、莫斯科实地察看有关项目,详细评估项目开发前景。李宁组织召开中国铁建在俄单位投资经营座谈会,并访问中国驻俄使馆新任大使张汉晖,详细介绍考察情况和中国铁建在俄业务发展现状等。张汉晖对中国铁建在俄业务开展情况表示肯定,并表示中国驻俄使馆愿意继续支持中国铁建在俄发展,希望中国铁建以莫斯科地铁项目为开端,进一步深耕俄罗斯市场,树立中国企业品牌形象。

9月1—3日,中国铁建党委书记、董事长陈奋健赴印度尼西亚进行市场调研并开展系列商务活动。陈奋健先后会见中国驻印度尼西亚大使肖千、经商处公参王立平,印度尼西亚海洋统筹部部长卢胡特等,并实地考察和推动有关重点项目。

9月22—23日,中国铁建总裁庄尚标赴白俄罗斯进行市场调研并开展系列商务活动。庄尚标先后会见中国驻白俄罗斯大使崔启明、政务参赞罗占辉,白俄罗斯明斯克市第一副市长维克托罗维奇,中白工业园区管委会主任亚卢申科以及中白工业园开发股份有限公司负责人等,并实地考察和推动有关重点项目。活动期间,庄尚标组织召开中国铁建白俄罗斯市场座谈会,听取中国土木工程集团有限公司、中铁二十五局集团有限公司工作汇报。

9月24—27日,中国铁建总裁、党委副书记庄尚标率团在俄罗斯开展系列商务活动。庄尚标先后会见莫斯科市副市长胡斯努林、莫斯科新区开发署署长弗拉基米尔,以及当地合作伙伴,并实地考察和推动有关重点项目。在俄罗斯市场工作座谈会上,庄尚标听取中国铁建在俄单位情况汇报。活动期间,庄尚标一行前往位于莫斯科郊外五一镇的中共六大会址常设展览馆参观学习。

10月9—17日,中国铁建党委常委、副总裁汪文忠调研尼日利亚、科特迪瓦市场,会见中国驻尼日利亚大使周平剑、参赞李元和中国驻拉各斯总领事储茂明以及中国驻科特迪瓦大使万黎,会见两国有关政要,检查有关项目并召开工作会。在尼日利亚首都阿布贾,汪文忠与尼日利亚交通部部长阿玛埃奇共同见证有关项目合作协议签署。除开展商务活动外,汪文忠还乘坐阿布贾城铁,检查阿布贾机场航站楼、拉伊铁路、皇庭佳苑房地产项目、科特迪瓦圣佩德罗运动员别墅区和体育场等项目,调研莱基自贸区入园企业。

10月16—17日,中国铁建总裁、党委副书记庄尚标赴澳门参加2019央企支持澳门中葡平台建设高峰会,并召开中国铁建港澳市场及葡语系国家经营业务座谈会。活动期间,庄尚标实地调研在建的金银岛酒店项目;会见项目合作伙伴,就双方共同关心的问题进行深入交流,就进一步加深合作达成共识。

11月4—11日,中国铁建党委常委、副总裁汪文忠分别调研巴基斯坦和阿联酋市场,参加中巴经济走廊联合合作委员会第九次会议,深入项目实地考察并组织召开相关市场工作会,会见有关政要、合作伙伴,会见中国驻巴基斯坦大使姚敬、商务参赞王志华,中国驻阿联酋大使倪坚、商务参赞周春林,中国驻迪拜总领事李旭航和商务参赞金磊。调研期间,汪文忠一行深入实地考察阿联酋联邦铁路二期B、C标段项目,召开铁路二期项目专题会,详细了解项目履约情况,并考察卡普特公寓项目等。

11月14日,中国铁建党委书记、董事长陈奋健在泰国开展系列商务活动。陈奋健先后会见中国驻泰国大使吕健、正大集团资深董事长谢国民等,并召开EEC高速铁路项目专题工作会议。中国铁建总工程师雷升祥参加有关活动。

11月14—18日,中国铁建副总裁王立新在老挝开展系列商务活动,并实地检查中铁十五局集团有限公司、中铁十九局集团有限公司实施的中老铁路项目工地,听取各单位工作汇报,同时应邀参加老中铁路公司召开的中老铁路项目建设推进会。

11月14—22日,中国铁建党委常委、副总裁汪文忠一行先后调研尼泊尔、卡塔尔和缅甸市场。在尼泊尔调研期间,汪文忠分别会见尼泊尔共产党秘书长比什努·保德尔、尼泊尔基建部长马哈塞特、武警总监塞伦德拉·卡纳尔等。在卡塔尔调研期间,汪文忠陪同中国商务部副部长钱克明一行出席中卡第二次经贸论坛联委会,并考察卡塔尔卢赛尔体育场项目。调研期间,汪文忠分别召开3国市场座谈会,考察中铁十四局集团有限公司援尼泊尔国家武警学院项目、中铁十八局集团有限公司卡塔尔绿洲酒店项目和中国土木工程集团有限公司缅甸达拉大桥项目。

11 月 18—19 日，中国铁建总裁庄尚标率团在巴西开展系列商务活动。活动期间，庄尚标分别会见中国驻巴西大使杨万明、政务参赞瞿瑜辉、商务参赞邵英军，巴西圣保罗州州长若昂·多利亚，巴伊亚州副州长若昂·里昂等，并实地考察和推动有关项目开展。

11 月 20—22 日，中国铁建总裁庄尚标考察秘鲁市场。考察期间，庄尚标会见中国驻秘鲁大使梁宇、商务参赞郝沁梅，考察中铁第一勘察设计院集团有限公司提供监理咨询服务的利马地铁 2 号线项目及当地有关市场情况，并召开中国铁建秘鲁市场座谈会，听取中国铁建国际集团有限公司、中铁二十局集团有限公司、中铁第一勘察设计院集团有限公司、中国土木工程集团有限公司、中国铁建港航局集团有限公司工作汇报，对各单位在南美区域市场取得的成绩予以肯定。

11 月 24—26 日，中国铁建总裁庄尚标赴特立尼达和多巴哥共和国，调研加勒比区域市场，分别会见特多政府有关高层领导以及中国驻特多大使宋昱旻和经商参赞王健。考察期间，庄尚标考察中国铁建国际集团有限公司承建的阿利玛医院、库勒珀立交桥、斯卡博罗总医院等在建及已完工项目。

11 月 26 日至 12 月 5 日，中国铁建非执行董事葛付兴，独立非执行董事王化成、辛定华、承文、路小蔷赴柬埔寨、泰国和马来西亚考察调研中国土木工程集团有限公司、中国铁建国际集团有限公司等单位在建、投资项目及重点跟踪项目，慰问海外员工。中国铁建董事会秘书赵登善参加调研。

12 月 9 日，中国铁建党委常委、副总裁汪文忠陪同国务院国资委副主任赵爱明，国务院国资委产权局局长贾立克、国际合作局局长王选文等，到中国铁建国际集团有限公司参建的摩洛哥穆罕默德六世塔项目调研并汇报工作情况。（张　静）

【参加首届中国—非洲经贸博览会】 6 月 27 日，首届中国—非洲经贸博览会在湖南省长沙市开幕。中共中央政治局委员、国务院副总理胡春华出席开幕式，宣读习近平主席贺信并致辞、参观展览，国务院国资委党委书记、主任郝鹏出席开幕式等系列活动并参观展览。中国铁建党委书记、董事长陈奋健，党委常委、副总裁汪文忠出席博览会开幕式、中非基础设施与融资合作对话会等系列活动。其间，胡春华专程来到中国铁建展位，陈奋健就中国铁建参与“一带一路”建设情况、在非洲践行“真实亲诚”合作理念等情况进行汇报。胡春华对中国铁建在中非合作方面取得的成绩表示肯定，对中国铁建生产的盾构机出口到 10 余个国家和地区，特别是出口到俄罗斯、土耳其等国家表示赞赏。郝鹏重点了解中国铁建工程装备有关生产、销售、出口情况。中国铁建参加中国—非洲经贸博览会中非合作龙头企业展区展览，以展现中非合作成果、在非发展业绩和企业综合能力为主线，设置大幅 LED 屏幕，展映其深度参与非洲建设的纪录片《同行》和参与“一带一路”建设的纪录片《筑梦》，展示独立研发制造的盾构机模型和捣固机车等模型。图文内容立足在非洲耕耘的 50 余年历史，以影像和实物模型相结合、工程实例和建设故事相呼应的生动形式，展现中国铁建作为中非合作“真实亲诚”理念的践行者、中国企业参与“一带一路”建设的主力军、全球基础设施建设的综合服务商的立体形象，受到中外观众热情关注。（张　静）

【栗战书视察莫斯科地铁项目】 9 月 25 日，在俄罗斯进行正式友好访问的全国人大常委会委员长栗战书在莫斯科市市长索比亚宁的陪同下，到中国铁建承建的莫斯科地铁项目视察。中国铁建总裁、党委副书记庄尚标全程陪同视察。在莫斯科地铁第三换乘环线西南段项目阿米尼工区，栗战书听取庄尚标和中国铁建国际集团有限公司等相关负责人就中国铁建发展历程、海外业务，以及莫斯科地铁项目建设、施工进展等方面的汇报，并出席由中国铁建自主研发和生产的盾构机“叶甫盖宁”号始发仪式。在庄尚标的陪同下，栗战书到地铁车站基井，仔细察看由中国铁建自主生产的盾构机，听取对中国盾构机生产历史和技术性能的介绍，并向现场中外媒体表示，祝愿中俄双方能够紧密协作、共同努力，按期高质量、高标准完成这个重大的、象征友谊的项目。（张　静）

【重要记载】 ▲4 月 2 日　中铁建国际投资有限公司（以下简称铁建国投）在香港举行揭牌仪式。中国铁建总裁、党委副书记庄尚标，党委常委、总会计师兼总法律顾问王秀明共同为铁建国投揭牌。中国铁建党委常委、副总裁、铁建国投董事长李宁，中国铁建副总裁刘成军出席揭牌仪式。铁建国投的成立是中国铁建实施“海外优先”战略，加快海外板块结构调整、促进产业升级、提高资本利用效率，积极推动中国铁建从海外工程承包商向投资商、运营商转变，推动投建营一体化的重大举措，标志着中国铁建海外经营进入新阶段。香港铁路有限公司、香港当地10余家金融机构、四大会计师事务所等合作单位及中国交建等单位有关领导，中国铁建总部相关部门及二级成员单位领导、代表200余人参加揭牌仪式。

▲4月15日　中国铁建2019年海外工作会议在北京召开，中国铁建党委书记、董事长陈奋健，总裁、党委副书记庄尚标出席会议并讲话；党委副书记陈大洋宣读表彰决定；党委常委、总会计师兼总法律顾问王秀明主持会议；党委常委、副总裁汪文忠作海外工作报告；党委常委、副总裁李宁，副总裁刘成军、王立新出席会议。

▲5月29日　中国铁建海外协同发展交流会在中土大厦召开。中国铁建党委常委、副总裁汪文忠出席会议并致辞。来自中国进出口银行、中国国际工程咨询有限公司、中国对外承包工程商会、中非发展基金、新兴际华和长安大学等37家金融机构、咨询公司、基金会、商协会、合作伙伴及相关高校负责人，中国铁建有关部门、单位负责人参加会议。

▲7月30日　中国铁建第一家位于欧洲的合资公司——中国土木工程集团有限公司与中铁十四局集团有限公司罗马尼亚合资公司挂牌仪式在中土集团举行。中国铁建党委常委、副总裁汪文忠出席揭牌仪式并讲话。

▲8月23日　中国铁建2019年海外工作座谈会在北京召开。中国铁建总裁、党委副书记庄尚标，党委常委、副总裁汪文忠，副总工程师王清明，副总法律顾问兼法律合规部总经理王甲国参加会议。

▲11月25日　“2019国际工程杰出人物”颁奖暨事迹宣讲会在中国铁建大厦三层报告厅举行。中国对外承包工程商会会长房秋晨致辞祝贺，中国铁建党委常委、副总裁汪文忠出席会议。经国务院国资委职业经理研究中心初评、评审委员会审定，中国铁建海外业务部总经理曹保刚，中国土木工程集团有限公司党委书记、董事长赵佃龙和其他8位来自企业的代表性人物获得“2019国际工程杰出人物”奖。会上，现场为10位行业先进人物颁奖并宣讲他们建功海外的感人事迹。

▲11月29日　中国铁建在北京培训中心（党校）举办首届境外投融资项目培训班。中国铁建党委常委、副总裁汪文忠出席培训班开班仪式并讲话。

（张　静）

海外工程

【沙特内政部安全总部发展项目第五期合同第1、第3、第5号承包项目】　第1号承包项目：利雅得地块，合同额4094098682.66沙特里亚尔（约合10.92亿美元）。第3号承包项目：麦加地块，合同额1262498195.18沙特里亚尔（约合3.37亿美元）。第5号承包项目：东部地块，合同额2066711099.95沙特里亚尔（约合5.51亿美元）。项目为设计施工总承包模式，合同总工期1440天，不同建筑群工期720～1080天不等，合同投资26亿美元。截至2019年底，开工累计完成营业额2.68亿美元。

（张　静）

【尼日利亚铁路现代化项目拉各斯至伊巴丹段工程】

尼日利亚铁路现代化项目拉各斯—卡诺双线准轨铁路，正线全长1315千米，铺轨2730千米，设车站25座，桥梁200千米，机车车辆维修工厂2座，全线全立交、全封闭、全自动闭塞微机联锁。全线电力贯通，采用中国技术标准进行设计、施工，开创中国技术标准输出先河。其中，拉各斯至伊巴丹段为双线铁路项目，线路全长156.65千米，设车站8座，合同投资14.88亿美元。截至2019年底，开工累计完成营业额13.12亿美元。

（张　静）

【阿尔及利亚55千米铁路项目】　项目位于阿尔及利亚北部沿海地区。2007年7月，中国土木工程集团公司与土耳其OZGUN公司组成联合体中标，2009年6月20日签约，2009年7月18日开工。全长55千米，合同投资5.7亿美元。根据工程量变更，中国铁建与业主签订补充协议，项目总投资变更为9.29亿美元。项目为设计施工总承包模式，设计时速160千米。截至2019年底，开工累计完成营业额10.57亿美元。

（张　静）

【尼日利亚阿布贾城市铁路工程】　2007年5月签约，全长60.7千米，合同总投资8.4亿美元。主要工程量：铁路桥梁10座1226延长米，公路跨线桥7座340延长米，框架桥1600平方米，涵洞168座，铺轨165千米，铺道岔131组。工程采用中国技术标准，中国土木工程集团有限公司负责设计施工总承包。截至2019年底，开工累计完成营业额8.24亿美元。（张　静）

【马来西亚金马士至新山双线电气化铁路工程】 工程位于马来西亚金马士与新山之间，为双线电气化升级改造米轨铁路，正线全长191.14千米，设计客运时速160千米、货运时速90千米。项目工期48个月，合同投资89亿林吉特。2016年10月，中国铁建—中国中铁—中国交建联合体有限公司签约。其中，中国铁建在联合体中占建设合同投资的40%，共计35.60亿林吉特。截至2019年底，开工累计完成营业额3.76亿美元。（张　静）

【鲁雷纳瓦克至里韦拉尔塔公路项目】 项目位于玻利维亚西北部的贝尼省，由政府所在地拉巴斯，延伸到位于巴西边境的瓜亚拉梅林，线路总长508.07千米，设计为双向两车道，为超过国家地理区域1/3的地区提供交通服务，合同投资5.79亿美元。项目建成后为玻利维亚农林、农牧和旅游等产业发展提供有力支持；作为一条非常重要的国际贸易线路，尤其是对巴西商品经由智利、秘鲁的太平洋港口发往亚洲具有重要意义。该项目除了是玻利维亚历史上签署单笔金额最大的合同项目、首笔使用拉美地区100亿美元优惠性质贷款额度的项目外，也是中国企业在玻利维亚承建的最大项目以及中国铁建在拉美地区中标的首个工程总承包+融资项目。截至2019年底，开工累计完成营业额3.55亿美元。（张　静）

2019 年 4 月 15 日，中国铁建在北京召开资本运营与房地产工作会议。（赵渊青 摄）

经营管理

特载 | 大事记 | 概况 | 董事会工作 | 工程施工 | 海外业务 | 经营管理 | 综合管理 | 科技创新 | 党的工作 | 工会工作 | 区域总部 | 所属单位 | 人物 | 统计资料 | 文献辑要 | 附录

企 业 管 理

【发展规划部】 主要职责:组织制定中国铁建股份有限公司(以下简称公司)总体发展战略、中长期发展规划,组织开展公司发展方针、政策、策略和各创效板块战略、分战略、子战略等战略体系的构建,组织全面风险管理和内控工作,负责企业重大课题组织研究及企业改革、资源配置、整合、并购、重组、合并、分离、分立、关闭、注销、撤销、破产等方案的制定和组织实施,负责企业组织架构、机构编制设立、审批、撤销、管理等工作,组织工程公司建设及企业管理建设,负责企业施工、勘察设计、工程监理、对外承包等资质的审核、申报、统计、管理工作,负责注册资本金调整和企业工商注册、商标注册等工商登记工作,负责企业管理协会和公司参加的相关协会的日常工作;承办中国铁道建筑集团有限公司企业管理相关工作。定编16人,设总经理1人、副总经理2人;内设战略规划处、改革处、企业管理处、风险内控处、编制处。 (李吉锋)

【工作综述】 突出抓好战略规划。2019年,全面启动"十四五"规划编制工作,开展咨询机构选聘,组建内部专家库,起草成立规划领导小组和编制小组的通知。编制上报《中国铁建2019—2021年滚动规划》,经国资委规划局评审专家组现场评审,得到一致肯定。加强与其他中央企业战略合作,组织与新兴际华集团有限公司签订战略合作协议。结合发展战略,编制《关于培育具有全球竞争力的世界一流企业研究报告》,从13个维度明确中国铁建培育世界一流企业的重要举措。

协同推进产业发展。全面加速新兴产业、新兴业务发展,组织召开新兴产业、新兴业务发展座谈会,编制《第一批新兴产业重点扶持单位重点业务发展情况报告》和《第一批新兴产业重点扶持单位配套政策落地情况报告》。着力推动装配式建筑产业发展,印发《2018年度装配式建筑产业发展情况报告》,从8个方面布局装配式建筑产业发展重点。研究提升工业制造产业发展水平,编制《关于产业基础能力和产业链水平相关情况的汇报》《关于战略性新兴产业发展情况的报告》,提出进一步支持工业制造产业发展、提升产业链水平的思路和建议。

全面深化企业改革。积极稳妥推进混合所有制改革,印发《关于加快推进混合所有制改革工作的通知》,鼓励支持所属单位通过多种途径实施混改。加快推进"双百行动",建立日常工作联系机制,定期摸底评估改革进展;下发《关于加快推进"双百行动"工作的通知》,加快改革进度;召开"双百行动"工作座谈会,统筹解决改革重难点问题。扎实开展"处僵治困"工作,针对所属2户"僵尸企业"和17户特困企业,采取多种方式,一企一策进行处置。8户企业达到基本完成标准,11户企业达到主体完成标准,处置完成率100%;累计分流安置职工2579人,富余人员安置率98.7%。积极推进剥离国有企业办社会职能和解决历史遗留问题,召开中国铁建剥离国有企业办社会职能和解决历史遗留问题工作推进会,加快推动厂办大集体改革,向有关单位拨付厂办大集体改革补助资金16572万元。

不断夯实基础管理。着力加强工程公司建设,成立领导小组,召开专题工作会议,起草《加强工程公司建设指导意见》,建立制约工程公司改革发展的问题清单,继续做好工程公司20强评选。扎实抓好企业管理,完成总部集团名称及注册资本金变更,批复中铁十五局集团轨道公司等6家工程公司注册地变更搬迁事项,及中铁二十一局集团有限公司等12家单位增加注册资本金事宜,研究批复43家二级单位修订《章程》部分条款内容。优化总部集团管控模式,开展"总部机关化"问题整改专项工作,下发《关于调整总部机关机构名称和职务称谓的通知》《关于调整审计分局机构名称和职务称谓的通知》《关于成立"总部机关化"问题专项整改工作领导小组的通知》,编制《关于"总部机关化"有关问题整改情况的报告》《"总部机关化"问题专项整改实施方案》上报国务院国资委。加大授权放权力度,组织梳理总部监管权力与责任清单和授权放权清单,进一步明确监管边界和责任边界。

做细做实资质管理。2019年,全系统新取得特级资质3项,特级资质总数达到78项。其中,中铁十二局集团有限公司、中铁二十五局集团有限公司、中铁二十一局集团三公司获公路工程施工总承包特级、公路行业甲级资质。根据军民融合业务发展需要,加大军工涉密资质申报力度,取得军工涉密资质27项。年内完成中国铁建与中国铁建大桥工程局集团一公司公路工程施工总承包特级、公路行业甲级资质的重组平移工作,协助中铁二十二局集团有限公司与中铁建重庆投资集团有限公司、中铁十五局集团有限公司与中铁建南方建设投资有限公司、中铁十八局集团有限公司与中铁建华北投资发展有限公司、中铁十四局集团有限公司与中铁建城市建设投资有限公司等26家单位完成资质重组平移工作。

系统实施机构调整。全面优化总部职能、组织机构和岗位设置,印发《总部机关部门和处室职责汇编》,总部一级部门由29个调整为21个,总部职能部门编制定员由411人调整为349人,完成《岗位说明书》修订。2019年,组织召开10次机构设置管理专题会,批复设立机构249户,其中法人单位127户,非法人单位122户。扎实推进驻京办清理,多次组织现场检查验收,编制《关于中央企业驻京办清查情况的报告》《关于驻京办事机构专项清理实施方案的报告》《关于驻京办事机构专项清理工作情况的报告》《关于驻京办事机构专项清理工作总结的报告》,上报国务院国资委。有序调整区域经营机构,12个区域经营机构调整为9个区域总部,成立军民融合指挥部作为负责军民融合业务的专业总部。加快推进机构管理系统信息化建设,对机构管理系统中的有关信息进行核对、修改和完善,收集相关问题,提出系统优化升级的需求。

统筹开展资源整合。2019年,压减法人单位16户,累计压减269户,存量压减比例28.62%;清理整合法人层级六级的19户单位和管理层级五级的14户单位,实现法人和管理链条均压缩一级;编制上报《关于三年压减工作总结报告》,受到国资委表扬,并入选国资委压减工作总结书面经验交流单位。审慎开展并购重组,成立境内并购工作领导小组,推进成立中铁建发展集团有限公司、中铁建国际投资有限公司,北京通达京承高速公路有限公司股权管理关系划转至中铁建锦鲤资产管理有限公司等内部重组工作,中铁第五勘察设计院集团有限公司收购衢州市交通设计公司股权、中国铁建重工集团股份有限公司转让兰州隧道装备公司股权等所属单位并购工作。

持续强化风险内控。进一步增强风险管理意识,共同组织开展"高质量发展新时代的集团风险管理"专题讲座,组织风险内控专项研讨和业务培训,为中铁十二局集团有限公司、中铁二十局集团有限公司、中国铁建投资集团有限公司等单位开展专项培训。不断完善风险内控体系,印发《关于开展风险内控基本情况调查统计的通知》,在摸清现状的基础上,从组织、制度、控制、监督评价等方面进一步完善风险内控体系。优化工作流程与方法。风险评估方面,根据风险评估结果印发风险管控通知;内控评价方面,根据业务活动充分放权,由所属各集团公司自主编制评价底稿开展评价工作;缺陷整改方面,开展整改情况中期检查,确保整改落实到位。持续升级管理手段,印发《风险内控体系优化提升工作方案》,进一步修订相关制度、完善风险管理流程、明确风险内控工作定位,设计200项关键风险指标(KRI)。加强队伍建设,通过组织业务研讨、抽取各级人员参加独立评价等形式,培育一批人才,打造相对稳定的专业队伍。

有序开展配套工作。加强与中国企业联合会、中国建筑业协会、中国施工企业管理协会、中国公路行业建设协会等各大行业协会的沟通联系,积极参与协会举办的各项活动。参加2019年度《财富》杂志"世界500强"及中国企业联合会"中国企业500强"评审工作,2019年中国铁建位列世界500强第59位、中国企业500强第14位。编制2018年社会责任报告和环境、社会及管治(ESG)报告,如期向社会进行披露。编制案例《"爱心母婴室"让爱更从容》入选《中央企业社会责任蓝皮书(2019)》,案例《小小"微心愿",架起帮扶关爱"暖心桥"》入选《企业社会责任基础教材(第二版)》。

(李　江)

【企业战略规划】 中国铁建发展战略:建筑为本、相关多元、协同一体、转型升级,发展成为技术创新国际领先、竞争能力国际领先、经济实力国际领先,最具价值创造力的综合建筑产业集团。

建筑为本。坚持以建筑主业为本,抢抓国内基建市场的历史机遇,紧跟和融入"京津冀一体化""长江经济带"等国家战略和"一带一路"倡议以及国家已批准的上海、天津、广东、福州自贸区和重庆两江新区、贵安新区等区域建设机会,布局相关市场;同时重点关注国家专项产业规划,不断拓展有吸引力的细分领域,为公司长期、持续发展奠定基础。

相关多元。通过积极的多元化扩张,布局能与现有产业相关联、能与现有业务发挥协同效应、增强企业整体盈利能力、提升主业竞争力、扩大品牌影响力,同时具有广阔市场前景,符合国家战略发展需要的新领域、新业态、新产业。

协同一体。积极推进经营协同、产业协同、产业链协同,构建投资、设计、施工、运营、房地产开发等产业一体化运作的模式,构建渠道互通、业务互动、优势互补、资源共用、利益共享、风险共担、共同发展的联动互惠机制,充分发挥中国铁建全产业链优势。

转型升级。工程承包从铁路、公路为主向多个建设领域转型;产业分工从低端向产业高端转型;发展形态从劳动密集型向智力、管理、技术、资本密集型转型;发展定位从工程承包商向资产运营商、现代交通运营商、城市综合运营商转型;发展要素从依靠生产要素驱动向依靠科技进步、员工队伍素质提高、创新驱动发展转型;综合工程局从同质化、综合化、分散化发展向专业化、差异化、区域化,资源集中、集聚、集约化转型;管理方式从粗放化、经验化向精细化、精益化、标准化转型;市场开发从做大做强国内市场向做大做强国内国际两个市场转型;从重点关注经营指标、财务指标向质量、效益和价值创造转型;商业模式从依靠企业单打独斗、内部无序竞争向集团协同、产业协同、产业链协同、与国内外企业合作和投融资引领，多形态、多模式发展转型；公司治理从无序化、虚位化、不规范化向权责明确、有效制衡、有序运作、规范化、法制化转型。

（李　江）

【风险管理和内部控制】（1）注重宣传贯彻，持续增强风险管理意识。为进一步提升全员特别是各级领导的风险防范意识和能力，公司各层级、各类会议注重风险防控要求的宣贯，同时高度重视专项培训工作。本着分层、分级培训的原则，在面向公司高级管理层开展风险管控培训之外，多次组织系统内各单位风险内控人员开展专项研讨、业务培训，指导并督促各集团公司面向本级及所属单位开展全方位、多层次的业务培训工作。（2）转型升级，不断完善风险内控体系。2019年，完成对全系统所属二三级单位风险内控体系建设和人员配备情况的全面系统地摸底，并梳理总结公司近几年来风险内控体系建设和规范实施经验，全面诊断公司现行风险内控体系存在的机制体制等深层次问题，编制印发《公司风险内控体系优化提升工作方案》，进一步修订公司相关制度、完善风险管理流程、明确风险内控工作定位，同时围绕主要业务初步设计关键风险指标（KRI），致力于合规风控向管理风控的转型升级。（3）改进方法，逐步理顺风险内控工作机制。风险管控方面，根据年初风险评估结果确定重大风险的应对方案，并把方案分解付诸实施。实施过程中，公司管理层对重大风险进行动态管理，定期或不定期分析内外部各种不确定因素，并随之采取相应措施加强管控；内控评价方面，根据业务活动充分放权，在公司做好顶层设计、把握整体方向的基础上，由各所属单位结合自身特点和风险偏好，自主编制评价底稿开展评价工作，更好地发掘管理中亟须改进的缺陷和问题；缺陷整改方面，要求各单位认真制定整改方案，明确责任人员和整改期限，开展整改情况中期检查，确保整改落实到位。（4）加强培养，有效打造风险内控专业队伍。通过组织各级风险内控从业人员进行专项业务研讨、专题培训，大范围抽取各级从业人员参加公司组织的风险内控管理课题研究、独立评价工作、自我评价复核等形式，在实操中进行知识转移和专业赋能，培育人才，打造相对稳定的专业队伍。

（张世杰　刘志鹏）

【管理创新成果评选】　2019年，按照《中国铁建企业管理现代化创新成果评审办法》《中国铁建第四届企业管理创新成果评审实施方案》相关精神，中国铁建企业管理创新成果评审委员会组织开展第四届企业管理创新成果的申报、推荐与评选工作。第四届企业管理创新成果收到并受理各集团公司、公司申报成果125项，经评审委员会办公室初审、专家预审和各专家组会审，并由评审委员会会议终审，46项成果获中国铁建第四届企业管理创新成果奖。其中，一等奖10项，二等奖13项，三等奖23项。

（董　凌）

【工程公司建设】　2019年，中国铁建持续推进工程公司20强评选工作，按时发布2018年“工程公司营业收入20强”与“工程公司经济效益20强”。深入开展工程公司建设调研，派出调研组历时3个月开展对30家单位和项目进行专题调研，全面梳理工程公司近10年的相关情况，编印《工程公司基本情况汇编》，出台《中国铁建股份有限公司加强工程公司建设指导意见》。10月18日，召开中国铁建工程公司建设工作会议，全面总结分析10年来工程公司发展情况，为工程公司未来的发展指明新方向、提供新思路、提出新要求，并对近10年为工程公司建设作出重要贡献的2家集团公司和连续5年入选“工程公司20强”的12家工程公司进行表彰。授予中铁十一局集团有限公司、中铁十二局集团有限公司“2009—2018年工程公司建设卓越贡献奖”称号；授予中铁十一局集团一公司、中铁十一局集团二公司、中铁十一局集团三公司、中铁十一局集团五公司、中铁十二局集团一公司、中铁十二局集团三公司、中铁十二局集团四公司、中铁十二局集团电气化公司、中铁十二局集团建安公司、中铁十八局集团五公司、中铁二十三局集团轨道公司、中国铁建电气化局集团南方公司“中国铁建卓越工程公司”称号。

（杨　玲）

【企业管理协会工作】　2019年，中国铁建继续密切与各协会业务联系，畅通沟通渠道，积极参与协会组织的“中国企业500强”及“世界500强”等各类协会的评选活动。中国铁建已连续14年入选《财富》杂志“世界500强”；连续18年入选“中国企业50强”；在美国《工程新闻记录》（ENR）“全球250家最大承包商”排名中稳居前3位。

（董　凌）

【履行社会责任】　2019年，中国铁建坚持依法治企，规范治理，诚信经营，主动履行社会责任，展现良好的企业形象和社会形象。（1）夯实发展基础。公司积极响应国家战略，坚持战略引领，完善公司治理，加强企业管理，为打造“品质铁建”夯实发展基础。公司获“新中国成立70周年卓越贡献企业”“2019中国上市公司诚信企业百佳”等称号及中国百强企业奖、中国明星企业奖、中国道德企业奖等。（2）匠心建造未来。

公司坚持创新驱动，强化安全责任管理，建造精品工程，提升优质服务水平，为打造“品质铁建”提供坚强保证。公司获中国建设工程鲁班奖11项，国家优质工程奖41项，其中国家优质工程金奖4项。坚持创新驱动，大力实施“科技兴企、科技强企”战略，获国家科学技术进步奖4项；获省部级科学技术奖82项；获菲迪克工程项目奖2项；获中国土木工程詹天佑奖9项；获中国专利奖9项；水下隧道工程技术创新团队入选中央企业优秀科技创新团队。(3)携手一路前行。公司坚持与员工、供应商、合作伙伴等利益相关方建立和谐、互信关系，关心关注员工成长，持续建设责任供应链，广泛开展合作交流，携手共建“品质铁建”，实现合作共赢、共享发展。全年公司投入资金4500万元，重点帮扶1320余个偏远艰苦项目改善工作环境；筹集送温暖资金7604万元，慰问困难员工家庭7788户，慰问劳模先进、生产一线员工、离退休人员以及农民工56208人。(4)同筑美好家园。公司积极履行企业公民责任，充分发挥自身优势，助力精准扶贫，发展社区公益事业，践行海外责任，保护生态环境，筑造美好家园。全年公司对外捐赠4232.84万元。投入帮扶资金5671.6万元，物资折款282万元；在3个定点扶贫区县直接投入帮扶资金1828.1万元，引进帮扶资金216.1万元；在3个定点扶贫区县购买农产品1018万元，购买工业品、轻工业品1793.3万元；帮助建档立卡贫困人口脱贫数4058人。定点帮扶的河北省万全区正式脱贫摘帽，河北省尚义县、青海省甘德县顺利通过省级脱贫验收。积极参与社会公益，推进志愿服务规范化、常态化建设，公司参与社会公益活动1350次，参加志愿服务者3.8万人次。贯彻落实“绿水青山就是金山银山”的发展理念，积极应对气候变化，持续提升节能减排管理水平，加大节能减排资金投入，推动技术进步，淘汰落后产能，全年公司能耗总量532.28万吨标准煤，企业万元营业收入综合能耗(可比价)0.0807吨标准煤，比2018年下降6.59%。（何燕军）

经 营 计 划

【经营计划部(军民融合办公室)】 主要职能：负责中国铁建股份有限公司(以下简称公司)经营管理体系机制、规章制度、发展战略以及经营规划的制定工作；负责公司新签和产值计划指标下达、统计与考核以及经营先进单位和先进个人的评选表彰工作；负责国内项目经营以及全系统各产业经营统筹协调和经营协同工作，重点做好与国家相关部委、省市、大型企业、建设单位等高层领导的沟通联络工作；负责国内建筑中央企业合作机制建立以及全系统重点项目的经营组织工作；负责公司区域总部市场开发的统筹协调、业务管理以及规章制度的建设工作；负责军民融合市场开发以及军民融合指挥部经营统筹协调、业务管理以及规章制度的建设工作；负责股份公司名义承揽工程总承包项目的标前审核、合同评审、任务分配以及收费标准制定工作；负责国内经营需要股份公司配合的备案、资审、授权、资质证书借用、注册人员管理、工程业绩提供等投标手续办理工作；负责收集国内建设项目和招标信息，搭建企业信息服务平台并定期发布项目信息；负责经营会议组织、业务培训及信息化建设工作；负责全系统经营行为规范及经营风险防范制度制定工作。定员16人，现员10人，设总经理1人、副总经理3人；内设市场开发处、投标管理处、计划统计处、综合处。

（杨永睿）

【工作综述】 2019年，中国铁建新签合同额20068.5亿元，完成年度计划16600亿元的120.9%；完成产值9271.6亿元，完成年度计划8800亿元的105.4%。

实施区域经营战略制度优化调整。印发《中国铁建区域总部管理办法(试行)》《中国铁建区域总部经营业务指南》《股份公司承揽及投资项目任务分配管理办法(试行)》《中国铁建股份有限公司重大项目经营管理暂行办法》《关于进一步加强以股份公司名义承揽工程总承包项目管控的通知》《中国铁建区域总部经营工作绩效考核管理办法(试行)》《中国铁建股份有限公司经营先进单位和先进个人评选管理办法》等系列管理制度。编制《中国铁建区域总部经营业务指南》，进一步明确区域总部意义、目标、责任、权利、界面、考核和制度安排，围绕中国铁建提出的“三转”“四做”，打造“品质铁建”“围绕政府、城市和人做文章”“创新发展经营模式”以及“把握政府需求、研究地方政策、掌握对手动态、讲好铁建故事、中国铁建方案”等全新经营理念和发展模式，制定科学化的实战应用模板和标准化的操作实践方法，统一思想和行动，增强贯彻落实区域经营战略的主动性、适应性和创造性。

科学制定年度生产经营计划。按照国资委保增长要求和经营发展需要，下达2019年生产经营计划，明确所属单位和各区域总部生产经营目标和各专业市场承揽指标，积极引导各单位调整产业结构，提升路外市场和新兴市场的占比；并与总部相关部门联合下发企业投资建设计划方案，进一步加强对所属单位投资项目的管控。

认真谋划市场开发工作。为谋划好全年市场经营工作，召开经营座谈会。宣贯区域总部制度安排，对总部产业管理部门、区域总部、集团公司在市场开发中界面划分、职责履行、协同作战等方面提出新的发展思路和工作要求，并围绕完成全年经营目标、贯彻落实区域经营战略、提升企业市场开发能力、做好各板块经营工作和营造良好经营氛围等方面提出详细具体的部署和安排，为区域总部、所属各单位市场开发工作指明方向。通过股份公司、各区域总部和所属各单位共同研究谋划的方式，统一思想、制定目标、梳理项目信息，切合实际地提出市场开发的重要举措，对股份公司和集团公司两级区域经营工作再完善、再创造、再提升。

高端经营成效显著。为加大市场开发力度，公司加大高端经营力度，通过"走出去"和"请进来"的方式，组织军民融合专业总部、区域总部及所属各单位加强与全国绝大多数省份以及热点地市党委和政府，中央军委后勤保障部、各大军种和各大战区，大型中央企业以及城市地铁公司、城投公司等大业主、大客户的沟通联络，与重庆、山东、济南、青岛、莱芜、泰安、即墨、延边、空军、中国节能、恒松资本等政府、部队和企业签订战略合作协议，为推动相关项目落地发挥积极作用。

严格防范市场开发风险。一是严格股份公司名义项目评审。根据《股份公司国内工程总承包项目合同评审管理办法》及股份公司领导要求，组织总部相关部门开展对27个项目投标前评审，16个项目合同签订前和补充合同的评审工作，及时把有关意见反馈责任主体单位，杜绝合同签订中存在的风险。同时，同步与以股份公司名义中标的工程总承包项目的经营责任主体单位签订委托管理协议，明确项目安全、质量、进度管理责任，为防范企业整体风险设置有效的"防火墙"。二是积极宣传贯彻招投标政策。针对住房和城乡建设部《关于印发建筑工程施工发包与承包违法行为认定查处管理办法的通知》（以下简称《通知》）要求，在全系统下发《通知》进行宣贯落实，要求各单位高度重视，结合自身实际，深入学习领会《通知》精神，加强在建项目的分包转包风险防范；严格使用股份公司名义进行项目承揽。（杨永睿）

【经营承揽指标完成情况】 2019年，中国铁建新签合同额20068.54亿元，同比增长26.66%。其中，国内业务新签合同额17376.12亿元，海外业务新签合同额2692.43亿元。新签合同额各业务板块情况：工程承包17306.53亿元，占新签合同总额的86.24%；勘察设计咨询149.28亿元，同比减少15.71%；工业制造257.97亿元，同比增长5.78%；物流与物资贸易956.68亿元，同比增长10.90%；房地产1254.18亿元，同比增长34.20%。工程承包板块新签合同额情况：铁路工程2613.22亿元，占15.10%；公路工程3248.19亿元，占18.77%；城市轨道工程1787.05亿元，占10.33%；房屋建筑工程5423.21亿元，占31.34%；市政工程3085.71亿元，占17.83%；水利电力工程280.77亿元，占1.62%；机场码头及航道工程376.42亿元，占2.18%。非工程承包板块新签合同额2762.01亿元，占新签合同总额的13.76%，同比增长18.99%。

2019年，中国铁建系统累计完成企业总产值9271.6亿元，完成年度计划8800亿元的105.4%，同比增长10.7%。其中，国内完成产值8784亿元，占总产值的94.7%；海外完成产值487.58亿元，占总产值的5.3%。工程承包板块完成施工产值7530.3亿元，占总产值的81.2%。其中，铁路工程1986.8亿元，占施工产值的26.4%；公路工程1616.2亿元，占施工产值的21.5%；房屋建筑工程1485.2亿元，占施工产值的19.7%；市政工程924亿元，占施工产值的12.3%；城市轨道工程1107.5亿元，占施工产值的14.7%；水利、电力工程185.7亿元，占施工产值的2.5%；机场、港口及航道工程70.8亿元，占施工产值的0.9%；矿山工程64亿元，占施工产值的0.8%；其他工程90亿元，占施工产值的1.2%。非工程承包板块完成产值1741.2亿元，占总产值的18.8%。其中，勘察设计咨询144亿元，占完成产值的8.3%；工业制造193亿元，占完成产值的11.1%；物资物流贸易535.9亿元，占完成产值的30.8%；房地产497.8亿元，占完成产值的28.6%；金融保险95.5亿元，占完成产值的5.5%；运营维管25.4亿元，占完成产值的1.5%；其他营业收入249.7亿元，占完成产值的14.3%。

2019年，中国铁建系统完成土石方137001万立方米，隧道1380千米，桥梁1423千米，正线铺轨4489千米、站线铺轨885千米，公路2916千米，通信线路4710条千米，供电线路7564千米，轻轨44.8千米，地铁408千米，房屋施工面积23799万平方米、竣工面积2286万平方米。（杨永睿）

【军民融合市场开发与管理】 2019年，中国铁建为加大军民融合市场开发力度，积极与军委后勤保障部及各大战区开展高端对接，最大限度为全系统经营承揽创造条件。年内组织召开军民融合工作专题会、座谈会、协调会、推进会等各种会议，对全年各项经营工作进行部署和安排，并大力做好督促落实工作。印发《军民融合管理办法》《中国铁建股份有限公司军事设施建设领域军民融合工作保密管理办法》《关于加大军事设施建设领域军民融合工作力度的通知》等管理制度，建立军民融合经营管理体系，从经营信息收集、配合单位选择、经营方案制定、项目跟踪组织、投标文件编制到合同签订等全过程形成一整套业务流程。全年全系统承揽军民融合项目456.9亿元。（杨永睿）

【经营统筹协调和经营协同工作】 充分利用中国铁建资源、品牌和技术优势，积极为各单位市场开发提供信息、沟通、协调、指导、咨询、授权、办理保函等各项服务。2019年，协助区域总部完成天津地铁6号线，深圳市地铁5号线、8号线，洛阳地铁1号线，重庆地铁5号线，广州南沙庆盛枢纽，广州地铁18号线停车场枢纽，白云机场至广州北站站后工程，深圳黄木岗综合交通枢纽，科苑大道地下空间开发，地铁13号线综合管廊等项目投标配合工作；全年协助区域总部、所属单位办理国内经营所需的企业备案、合同备案、授权、保证金等各项手续20余次。成立中国铁建北京分公司，并出台《中国铁建股份有限公司北京分公司注册一级建造师管理办法》，完成建造师、安全B证、安全C证50余人次的培训、取证和信息录入，协调各区域总部、相关施工单位建造师、安全B证转注，全年转出问题人员23人。加强经营信息共享发布。积极组织与国家有关部委以及所有省（市）发改委、交通厅、住建厅的沟通联络，对各省（市）“十三五”发展规划、政府投资计划、基础设施建设需求进行深入研究，认真梳理，收集项目建设信息2519项，涉及投资19.5万亿元，内容包括工程建设领域各专业市场和非工程承包板块市场所有的项目信息、投资计划、设计阶段、工程进展、业主单位等重要信息，为所属单位经营提供有力支撑。

（杨永睿）

【区域总部本级项目招投标】 2019年，中国铁建九大区域总部自揽新签合同额2718.17亿元。其中，东北区域总部中标长春地铁2号线工程28.6亿元，为破局中央企业总部中标作出正向表率。华北区域总部中标天津地铁6号线梅林路站至咸水沽西站工程，天津地铁8号线一期工程PPP项目，中标金额285.39亿元。中原区域总部中标洛阳市城市轨道交通2号线一期工程刘富村车辆段施工，即墨项目（第1标段），中标金额31.5亿元。华中区域总部中标湘潭市竹埠港新区综合开发项目一期工程，张家港高速铁路新城（西北片区）基础设施及公共建设配套投资建设项目工程总承包，中标金额173.78亿元。华东区域总部中标滨海快线（福州至长乐机场城际铁路工程）第2标段（车站、区间工程）施工，厦门市轨道交通6号线（林埭西至华侨大学段）工程土建施工总承包，丰城市中心城区地下综合管廊及市政路网建设工程PPP项目，中标金额109.1亿元。华南区域总部中标东莞市轨道交通1号线一期工程PPP改造项目，新塘白云机场至广州北站城际轨道交通站后工程施工总承包项目，深圳市城市轨道交通5号线工程（黄贝岭站后至大剧院段）、科教大道（望鹏大道至南山路）建设工程，深圳市16号线共建管廊（综合井1～综合井9）工程，皇岗路快速化改造工程设计施工总承包项目，南宁六景至宾阳公路项目，中标金额302.35亿元。重庆区域总部中标重庆市轨道交通5A线PPP项目，平度市特色小镇及旅游大通道建设PPP项目，渝湘复线（主城至酉阳段）和武隆至道真（重庆段）高速公路PPP项目，中标金额413.39亿元。西南区域总部中标京昆高速公路绵阳至成都段扩容、绵阳至苍溪高速公路、苍溪至巴中高速公路项目，贵州省剑河至黎平高速公路PPP项目，丽江城市综合轨道交通项目一期工程，国道G360文昌至定安高速公路工程，贵州省乌当（羊昌）至长顺高速公路PPP项目，贵州省桐梓至新蒲高速公路PPP项目，成都市IT大道地下综合管廊PPP项目，成都轨道交通17号线二期工程，成都轨道交通18号线三期工程，江苏省江阴市高铁站综合交通枢纽PPP项目，贵阳经金沙至古蔺（黔川界）高速公路PPP项目，中标金额1054.36亿元。西北区域总部中标西安市地铁8号线工程施工总承包项目2标段，西安市地铁5号线一期工程车站设备安装及装修、轨道、设备安装施工总承包项目，银川市中北部片区土地整理项目，银川至昆明公路（G85）宁夏境太阳山开发区至彭阳（宁甘界）段政府和社会资本合作（PPP）项目，中标金额348.3亿元。

（杨永睿）

【基础数据统计】 2019年，依据所属各单位逐月上报的生产经营数据，经审核、校验，编辑完成中国铁建全系统生产经营情况统计月快报资料，及时对当期及开工累计完成的生产经营数据进行统计和文字分析，并据此编制完成企业《统计信息》月刊，定期报送公司领导和总部相关部门，为企业管理和领导决策提供重要依据。按照总部部门业务分工，及时提供上市公司披露的年度报告、季度报告、企业社会责任报告，以及关于报送国务院国资委的企业年度工作报告所需的相关统计资料。（杨永睿）

【中国铁建经营工作座谈会】 2019年3月19日在北京召开。会议要求全系统要从过去的经营项目向围绕政府、城市和人做文章转变，从单一经营平台向构建多级经营平台转变，从传统经营模式向转产、转场、转商转变，从单一专业优势向产业链整体优势转变，从“打一枪换一个地方”向立足区域、专注区域、根植区域、融入区域转变，并围绕完成全年经营目标、贯彻落实区域经营战略、提升企业市场开发能力、做好各板块经营工作和营造良好经营氛围等方面提出具体的部署和安排，为区域总部、所属各单位市场开发工作指明方向。

（杨永睿）

【中国铁建新兴产业座谈会】 2019年8月28日在安徽芜湖召开。会议针对运营维管、生态环保、智慧城市、地下空间开发、新型轨道交通等重点新兴产业现状和前景，提出有前瞻性的经营工作部署，为加快推动新兴产业、新兴业务发展指明方向。（杨永睿）

【中国铁建经营推进会】 2019年11月18日在北京召开。会议全面分析中国铁建市场经营情况，针对存在的问题，对全面打好经营承揽攻坚战、提高经营承揽质量、加强信誉管控、贯彻落实区域经营战略等工作提出要求，并对中国铁建跟踪的42个重点项目，以经营“十问”（问项目、问需求、问规则、问决策、问生态、问对手、问优势、问创新、问能力、问结果）对项目盘点和精心策划作出全面部署。（杨永睿）

【合力开拓长江大保护市场】 2019年，推动中国铁建与三峡集团开展高端对接，沟通长江大保护项目合作事宜，成为“长江生态环保联盟理事单位”，并与国家开发银行、中国农业发展银行、中国工商银行、中国农业银行、中国银行、交通银行、中国建设银行等9家国有大型金融机构、8家金融租赁公司签署《搭建金融服务新平台、助力“共抓长江大保护”新发展倡议书》和项目融资框架合作协议，为长江大保护理事单位获得1500亿元融资规模和铁建400亿元融资资金。

（杨永睿）

投 资 管 理

【投资开发部】 根据《股份公司　股份公司党委关于调整总部机关机构编制及职能的通知》（中国铁建发展〔2019〕95号）整合房地产开发部、资本运营部成立投资部，后更名为投资开发部。主要职责：负责中国铁建股份有限公司（以下简称公司）资本运营投资（不含金融类投资）、房地产投资、基建类固定资产投资、权益性资本项目投资业务的规划和计划的编报、执行、投资统计等宏观管理；负责组织公司重大资本运营投资（不含金融类投资）项目、房地产投资项目、基建类固定资产投资项目、权益性资本项目的投资计划、立项审核、评估论证、投资批复和投资管理；负责重大投资项目的设计审核；负责重大投资项目的投资监控及投资评价；负责国有资产和资本投资项目的产权管理和实施过程的监管；建立健全实物资产的全生命周期管理体系，包括资产新增、资产重组、资产处置和转让事项等；负责“三供一业”分离移交管理工作；负责投资项目运营管理。承办中国铁道建筑集团有限公司的资产管理、处置工作。部门设总经理1人、执行总经理1人、二级咨询1人；内设投资评估处、设计审查处、投资管理处、产权资产处、房地产处。（陈梦月）

【工作综述】 2019年，中国铁建系统中标投融资项目71个，中标金额3991.73亿元，占年度总计划3500亿元的114.05%。其中，投资平台类公司中标2747.2亿元，占年度计划3500亿元的78.49%；其他类公司中标

1244.53亿元。利润总额97.07亿元，同比增长5.41%。全年完成投资555.38亿元，占年度计划727.81亿元的76.31%。全年实现营业收入1392.25亿元，占年度计划1266亿元的109.97%。全年完成投资拉动1421.94亿元，占年度计划1485亿元的95.75%，其中工程承包拉动1202.69亿元，物资采购拉动210.79亿元，设计咨询拉动2.26亿元，其他拉动6.2亿元。全年有54个BT项目实现回购184.01亿元，占年度计划138.16亿元的133.19%。BOT和PPP项目：股份公司中标经营性公路68条6978千米。其中，权益里程4747千米。截至2019年底，18个项目进入运营期，其中高速公路项目13个，运营里程816.51千米（不包含部分运营的北京新机场北线高速公路项目中段）；铁路类项目1个，运营里程29.35千米；停车库项目2个，运营面积11.28万平方米。全年运营收入30.39亿元，亏损10.1亿元。

全年中国铁建系统中标境外投资项目3个，总投资531.19亿元。其中，泰国东部经济走廊（EEC）连接三机场高速铁路项目，总投资2245.44亿泰铢（约折合人民币524.16亿元），埃塞俄比亚德雷达瓦中土工业园项目，总投资51410万比尔（约折合人民币1.25亿元），莫斯科米丘林项目，总投资52.34亿卢布（约折合人民币5.78亿元）。截至2019年底，已实施境外投资项目有：泰升集团控股有限公司部分股权项目、中铁建铜冠厄瓜多尔铜矿项目、几内亚西芒杜铁矿项目、吉布提铁路股权投资项目、尼日利亚莱基自贸区项目，总规模895373万元，合同计划总投资655433万元。

全年房地产项目实现销售金额1254.18亿元，占年度计划1000亿元的125%，同比增长34%；销售面积860.13万平方米，占年度计划696万平方米的124%，同比增长30%。房地产项目营业收入412.97亿元，利润总额61.17亿元。完成拉动875.34亿元。截至2019年底，中国铁建在北京、天津、重庆、武汉、昆明、苏州、太原、成都、西安、杭州、张家口等28个城市获取土地47宗330.8万平方米，规划总建筑面积1008.39万平方米，总土地价款498.4亿元。其中，权益土地价款387.54亿元，同比下降9%。全年在产权交易所挂牌总金额47.93亿元，综合交易增值率25.94%，单项国有资产交易增值率最高达到24.16倍，实现国有资产交易依法合规并大幅增值，分别获得北京产权交易所和上海联合产权交易所颁发的金奖。全年妥善处置低效无效和非主业资产，推动减亏止损，取得处置收益近5亿元；评估国有资产总额2687.21亿元，净资产评估增值率60.80%；全系统累计盘活利用自有土地55.61万平方米，盘活处置净收益5亿元，带动二级开发利润22.87亿元。全年全系统“三供一业”分离移交工作稳步推进，收到“三供一业”分离移交中央财政补助8.36亿元，累计收到中央财政补助11.78亿元。

（楼　翱）

【投资运行特点】　（1）城市运营类与交通运营类项目均衡发展。2019年，片区开发、城市轨道等城市运营类项目中标44个，项目总规模2043.48亿元，占51.19%；交通运营类项目投资规模占48.81%。（2）新兴产业类项目持续突破。中国铁建通过资本运营项目成功拓展多个新兴市场份额。全年新兴产业中标项目10个，占全部中标项目的16.07%；项目总规模237.96亿元，占6.31%。（3）项目总体运行良好。为深入贯彻国资委建营结合有关要求，进一步规范、健全中国铁建运营维管业务机制，逐步实现铁路、公路、码头运营专业化发展。各单位通过与内部单位协同联动、与外部单位强强联合及并购二级市场等模式实现新项目开发，取得良好效果。全年新获取的42个项目中21个是通过内外部协同方式合作开发，占50%。（4）海外房地产业务迈出实质性步伐。年内开展对越南、莫斯科和菲律宾等项目实地调研和考察。其中，莫斯科米丘林项目实现成功签约，莫斯科科穆纳尔卡项目、第一高楼等项目积极推进，经过全系统上下共同努力，公司海外房地产业务迈出实质性步伐。（荀照杰）

【资本运营项目评审会】　2019年，召开资本运营项目审查会24次，审查项目142个，涉及项目总规模9502.08亿元；组织参与资本运营项目评审会18次，评审决策项目104个，涉及项目总规模7728.76亿元。全年通过评审项目97个，涉及项目总规模7616.06亿元。按照备案程序管理项目14个，涉及项目总规模131.43亿元。

（张选虎）

【跟踪项目简报】　2019年，认真落实项目跟踪信息整理、月报制度。全年联系跟踪投融资项目382个，由所属投资平台公司和集团公司等32个单位上报。同时，实行半月报简报制度，动态跟踪重点项目，全年完成力保中标项目跟踪简报24期。

（张选虎）

【重大项目现场调研】 2019年，为做好重点项目的评审决策，了解现场信息，提高咨询评估的科学性，组织开展对中国铁建投资集团有限公司许昌忠武路片区开发项目、高邑北方鞋都小镇项目，中国铁建国际集团有限公司莫斯科北京饭店项目，中铁建西北投资建设有限公司银川中北部土地整理项目，中铁建城市建设投资有限公司湘潭竹埠港片区开发项目，中铁建南方建设投资有限公司南宁六宾高速公路项目等20余个项目现场调研。（张选虎）

【基础业务办理】 2019年，为满足重大资本运营项目的前期接洽、跟踪、投标、谈判的需要，办理各类授权书、洽谈函、拜访函、投标文件等手续68件，保障资本运营项目市场经营和管理需要。（张选虎）

【设计审查工作】 积极贯彻中国铁建设计审查制度有关要求。《资本运营项目建设管理暂行办法》实施以来，积极利用资本运营与房地产业务工作会、内部培训及有关会议，宣传贯彻投资控制的目标要求和分级管理的工作程序，推动投资主体单位进一步提高投资控制意识，建立内部设计审查制度，规范投资业务流程。2019年，设计审查工作步入正轨并取得初步成效。严格执行《资本运营项目建设管理暂行办法》有关要求，认真履行设计审查程序，先后完成济乐高速、德商高速的概算清理，吴华高速、天府机场高速的设计审查，贵港高速和德遂高速的设计评审，以及北京新机场北线的重大设计变更等，较好控制了投资规模，并初步总结探索出设计审查的组织程序和工作流程。加强设计审查的制度管理。起草制定《中国铁建股份有限公司投资项目设计审查和备案管理实施细则》，对设计审查及备案的适用范围、前期准备工作、职责分工及工作权限、业务流程及工作组织安排等进行详细说明，为做好该项工作提供制度依据。（刘清文）

【重点投资项目督办】 2019年，为加强投资存量项目建设期管理和风险防控工作，专项下发《关于对存量投资项目进行检查的通知》，采用现场调研督导的形式，联合总部其他部门，开展对全系统11家单位的50个投资存量项目现场调研督导，重点聚焦项目合规性、政策和融资落地情况及实施过程中遇到的问题，提出改进措施和推进建议。组织参加多次项目谈判和专题会议，梳理项目实际操作情况，详细研判项目的阻力和问题主因，提出过程管控的要求和建议，并督促相关单位加强落实。（罗　芳）

【规范投资项目管理流程】 2019年，为防范以股份公司名义实施投资项目的风险上移，持续规范和优化此类项目业务办理流程，专项下发《关于进一步明确以股份公司名义实施的资本运营项目相关要求的通知》，对项目管理责任合同签订、股东会和董事会授权等业务提出明确要求，并优化相关的业务流程和审批步骤。全年完成8个项目责任管理合同签订工作，涉及建安投资501.33亿元。（罗　芳）

【投资项目清收回购工作】 2019年，针对部分项目回购滞后、推进困难的问题，股份公司要求各单位清理回购的真实情况，针对重难点项目，成立专门的回购工作小组，重点攻关。每月定期关注滞后项目回购工作推进情况，及时督促和配合相关单位与业主方的沟通对接，顺利解决一批项目的回购滞后问题，并成功实现部分项目的提前回购。（罗　芳）

【投资管理工作】 2019年，为提升资本运营项目管理水平，提高投资效益，及时总结投资工作经验，下发《关于上报资本运营项目阶段性评价的通知》，要求各单位按照通知要求，上报项目后评价。认真做好投资项目统计及计划工作。为实现投资科学管理，准确掌握项目投资进度、融资情况、产值拉动、运营效益、回购回收等各类项目数据，制定下发专项通知，认真做好投资项目月度、季度及年度统计工作。积极配合审计署工作。详细梳理出迎审项目的实施情况报表和相关报告，严格按照资料报送程序规范提报，并做好相关沟通和问题解答工作，较好地完成审计配合工作。（罗　芳）

【“两金”压控督导】 2019年，按照中国铁建“两金”压控督导工作分工要求，开展对中国铁建投资集团有限公司、中国铁建房地产集团有限公司、中国铁建昆仑投资集团有限公司“两金”压控情况专项督导并召开现场督导会议，核查所督导单位责任目标分解、落实情况和日常清收清欠情况，了解掌握各单位面临的困难和问题，并对重难点项目协助制定有针对性的管控方案。（罗　芳）

【全面梳理运营维管工作】 2019年，为规范和加快运营维管业务发展，开展对中国铁建系统近一年来运营维管业务梳理总结，所属各单位初步建立运营管理制度体系和组织体系。全系统运营维管产业实现较快增长，覆盖公路、铁路、港口码头、城市轨道交通、地下综合管廊、城市水环境综合治理、地下停车场、特色小镇、物业及其他城市基础设施等专业板块。其中，公路运营实现快速发展，专业化运营水平得到迅速提升，高速公路运营产业成功跻身中央企业运营维管行业第一梯队；轨道运营维管实现综合发展，市场拓展、人才培养、设备技术拓展较快，城市运营管理水平实现稳步提升。
（罗　芳）

【资本运营信息化建设】 按照《中国铁建股份有限公司"十三五"信息化总体规划》要求，结合部门业务实际需求，2019年初完成资本运营信息化系统一期的上线运行，并在运行过程中持续完善和优化系统的各项功能。全年系统运行稳定。（罗　芳）

【房地产业务管理】 2019年，为防范房地产项目投资风险，印发《关于明确房地产项目投资管理相关责任人的通知》；为规范系统内房地产项目施工总承包单位内部比选行为，印发《房地产项目施工总承包内部比选管理办法》；为更好发挥股份公司区域经营优势，强化房地产业务与相关业务板块的协同经营，印发《关于进一步加强房地产业务协同经营的指导意见》，加强制度建设，进一步完善和规范房地产业务管理。
（刘建光　傅志跃）

【重点房地产项目现场督导】 2019年，按照股份公司重点关注房地产项目清单，开展对中铁十九局集团有限公司沈阳御水澜湾项目，中国铁建房地产集团有限公司苏州花语江南项目、苏州拙政园地块、常州花语江南项目、南沙环球中心项目、大兴亦庄X89R2地块，中国铁建投资集团有限公司珠海铁建广场项目等在建重点项目现场督导。同时对正在运作的中铁十五局集团有限公司郑州航海路棚改项目、中国铁建房地产集团有限公司石家庄正定新区239号4宗居住用地、中国铁建投资集团有限公司青岛总部基地项目等重点关注项目协调推进，加快项目快速、平稳落地。
（刘建光　傅志跃）

【房地产板块信息化工作】 按照三年行动计划要求，持续定期对房地产板块信息化建设开展检查和督导。截至2019年底，中国铁建房地产集团有限公司土地经营管理系统、成本管理系统、营销管理系统已上线。2019年第三季度末，为进一步加强房地产业务数据管理工作，启动中国铁建资本运营管理信息系统V 2.0的立项工作，并完成可研报告与需求书的编制工作。
（刘建光　傅志跃）

【"明星楼盘"评选】 2019年，为表彰房地产板块内业绩突出的房地产项目，在中国铁建系统树立标杆和先进，引导房地产业务健康发展，经过认真评审、研究和投票，成都青秀未遮山项目、杭州西湖国际城项目、贵安花语墅项目等10个房地产项目获得"十大明星楼盘"称号。（刘建光　傅志跃）

【产权资产工作】 2019年，中国铁建持续夯实产权管理基础，切实防止国有资产流失。完善产权登记体系，办理登记企业1100户；强化资产评估监管，严防国有资产流失，促进市场化债转股等工作。全年评估国有资产总额2687.21亿元，净资产评估增值率60.80%。推动内部资产重组工作，以鼓励方向为指引，推动中铁二十五局集团有限公司广州南方铁建大厦（5298平方米）内部整合划转至中铁第四勘察设计院集团有限公司项目的落地，开创系统内用经济手段按市场自发进行资产重组提升资产价值和效能的先河。进一步加大实物资产盘活力度，全年全系统累计盘活利用自有土地55.61万平方米，盘活处置净收益5亿元，带动二级开发利润22.87亿元。实物资产信息化管理，开发上线实物资产运管系统，实物资产基础管理工作得到进一步加强。（邓　凯　穆恒昌）

财务管理

【财务资金部】 负责中国铁建股份有限公司（以下简称公司）财务管理、会计核算、资金管理、全面预算管理、绩效考核、财务信息化建设、会计监督、财会队伍建设等工作的综合职能部门。主要职责：制定和实施财务内控，推动国家财经法律法规贯彻执行；组织制定和实施财务发展战略；建立健全全面预算管理体系，组织全面预算编审及执行评价；按照会计准则规定，制定公司统一的会计政策，并组织实施；建立健全经营业绩考核体系，并组织实施；负责全系统资金管理及融资信贷管理；依法编制财务会计报告，组织开展财务分析及对标分析；负责财务信息化规划编制、顶层设计等工作，组织做好实施指导；负责全系统税务管理及总部各项纳税申报等涉税工作；负责全系统产业金融业务审批及工作指导；组织建立财务风险预警与防控机制；负责内部财务监督工作；负责全系统财会队伍建设；负责总部集团及战备资产、基建财务管理与核算；协助做好上市公司信息披露相关工作；参与公司总体发展战略及中长期规划的研究制定、全面风险管理、投资并购与重组论证、投资项目后评价工作。下设财务处、会计处、总部财务处、预算考核处、资金管理处、产融管理处、税务管理处。定员35人，现员24人，设总经理1人、副总经理3人。（乔国英）

【工作综述】 2019年，中国铁建系统财务管理坚持稳中求进工作总基调，积极应对内外部经济环境变化带来的风险与挑战，全力推进“两金”压控，严格带息融资规模管控，有效落实降本节支措施，力促资产质量持续优化；强化资金集约管理，深化产融协同，强化财务创效，稳步提升资金保障支撑能力；深化财务共享应用，积极推进财务管理转型；持续开展财务监督检查，加大海外风险防控力度，强化财务风险防控，力促经济发展稳健运行；进一步完善制度体系，强化预算引领，增强考核导向，夯实财务基础管理，推动提升基础管控水平，财务管理各项工作有序推进，实现企业经济的平稳运行和主要指标的持续增长。（高继红）

【会计信息披露和配合审计工作】 2019年，中国铁建在上海证券交易所和香港联合证券交易所及时、准确、完整地披露季度报告、半年度报告及年度报告等各项会计信息，完成国资委、财政部财务决算报告的编制和报送。在完成4个季度财务报告编制的同时，配合股份公司董事会完成财务信息披露、资料整理、路演数据本的制作。包括主要会计数据的计算摘录，每股收益的计算，非经常性损益的分析认定，业务板块的划分及毛利率的分析计算，主要经济指标大幅增减变动原因的分析、解释，担保、收购、兼并等重要事项的确认，整理、更新路演数据资料。股份公司系统财务决算审计机构3家，年内审计法人单位848家。2019年内退人员精算报告在韬睿事务所、股份公司党委组织部（人力资源部）的协助下顺利完成。（丁亚杰）

【财务制度建设】 2019年，制定《中国铁建股份有限公司会计核算办法》，规范会计确认、计量和报告行为，保证会计信息质量。制定《中国铁建股份有限公司个人所得税专项附加扣除管理暂行办法》，规范个人所得税专项附加扣除行为。制定《中国铁建股份有限公司保险资源集中管理办法》，促进产业协同效应的发挥，推进保险资源集中管理。制定《中国铁道建筑集团有限公司暨中国铁建股份有限公司子公司负责人绩效考核办法》，发挥绩效考核的导向和激励作用，引导子公司实现高质量发展目标。制定《中国铁道建筑集团有限公司暨中国铁建股份有限公司子公司负责人2019—2021年任期绩效考核实施方案》，下达子公司任期考核指标及目标值，引导子公司关注中长期目标。制定《中国铁道建筑集团有限公司暨中国铁建股份有限公司子公司负责人2019年度绩效考核实施方案》，引导子公司重视过程管控，增强风险意识，实现业绩稳增长。制定《中国铁建股份有限公司2019年“两金”压控及清理工作方案》，确定年度压控目标和原则，优化资产结构，提升企业资产质量。制定《中国铁建股份有限公司以股份公司为签约主体的工程承包项目财务管理关系暂行规定》，建立以合同签约法人为主体，职责清晰、运行顺畅的内部财务管理关系。制定《中国铁建股份有限公司关于进一步明确内部经济关系促进各单位协调发展的指导意见》，进一步厘清各层级管理界限，明确职能定位，完善运行机制，形成职责清晰、运转高效的管理格局。（郭双来）

【中国铁建2019年度财务工作会议】 2019年11月20—21日在河北省石家庄市召开。会议确定2020年财务工作基本思路：全面贯彻党的十九大和十九届三中、四中全会精神，以习近平新时代中国特色社会主义思想为指导，以国有企业改革方向为指引，以“稳增长、高质量”为发展目标，以“降杠杆、压两金”为工作重点，加快推进财务管理改革创新步伐，加速构建“3+1”财务管理模式，为打造“品质铁建”、争做具有全球竞争力的世界一流企业提供坚实的财务支撑。

中国铁建总会计师王秀明作题为《聚焦改革创新，聚力价值创造，为打造“品质铁建”贡献财务力量》的财务工作报告。

会议通报资金管理情况、2019 年财务大检查情况、“两金压降”及清理民营企业欠款情况。所属各单位总会计师、财务部(处)部(处)长、决算负责人、资金负责人及总部相关部门负责人和财务资金部相关人员 202 人参加会议。（王旭琴）

【税务管理】 积极应对政策调整，为做好减税降费相关工作，抓住政策窗口期，充分享受政策红利，在国家出台具体政策前，下发《关于做好增值税税率调整前期准备工作的紧急通知》，要求所属各单位高度重视、积极组织、准确应对、有效落实，确保在 2019 年 4 月 1 日税率调整前做好各项涉税安排，最大程度享受税改红利。所属各单位制定详尽的落实措施，明确节点任务，确保深化增值税改革有效推进。主动对接，有效享受政策红利。2019 年全系统申请增值税退税 30.81 亿元，其中收到退税款 26.39 亿元；申请办理所得税汇算清缴退税 4.05 亿元，收到退税款 3.82 亿元；实现永续债利息所得税前扣除 2.72 亿元。强化培训，提升税务管理水平。2019 年 6 月、9 月，中国铁建分别在国家税务总局干部进修学院及北京培训中心(党校)举办两期建筑企业纳税与规划实务培训班，培训 300 人。通过系统性专业培训，提升财税理论水平和处理实际业务的能力。（韩　斌）

【融资信贷管理】 2019 年，中国铁建办理新增融资 540.6 亿元，偿还到期融资 509.3 亿元，有效保障资金周转。年内以铁建诚安 SPV 为发行人在香港证券交易所公开发行 10 亿美元次级永续证券，期限 5 + N 年，发行利率 3.97%。该笔永续证券以“在中国财政部对永续证券实施新会计政策之后，市场上有史以来第一笔次级永续证券”评语获得香港《财资》杂志 2019 年度“最佳企业债券”奖。在上海证券交易所完成三期 120 亿元次级可续期公司债发行，公司作为中央企业总部首次在市场上公开发行次级永续类产品，获得投资者的充分认可，获得 2019 年度上海证券交易所公司债券优秀发行人奖。12 月，引入太平人寿保险有限公司、北京诚通工银股权投资基金(有限合伙)、交银金融资产投资有限公司、光大金瓯资产管理有限公司、中银金融资产投资有限公司、农银金融资产投资有限公司、建信金融资产投资有限公司和深圳市鑫麦穗投资管理有限公司 8 家投资机构(以下合称“投资者”)，以现金对所属子公司中铁十一局集团有限公司、中铁建设集团有限公司、中国铁建投资集团有限公司、中国铁建昆仑投资集团有限公司进行增资，实施市场化债转股，投资者出资规模 110 亿元。12 月底完成增资后，投资者合计持有中铁十一局 18.38% 的股权、中铁建设 14.36% 的股权、铁建投资 12.66% 的股权、昆仑投资 29.23% 的股权。作为贯彻落实党中央、国务院关于推进供给侧结构性改革、做好“三去一降一补”工作决策部署的有力举措，对进一步增强资本实力、减轻财务压力、提升持续健康发展能力具有重要意义。（东润宁）

【资金集中管理】 2019 年，中国铁建下发《关于进一步规范银行账户管理工作的通知》，规范银行账户管理；同时通过预算管理指标对所属各单位资金集中工作提出更高要求，重点对未按进度完成指标的单位通过电话沟通、通报等方式进行督导；持续发挥中国铁建财务有限公司(以下简称铁建财务)内部银行作用，积极推进铁建财务区域资金池建设、资金中心结算业务转移、驻企服务等业务，不断提高资金集中管理水平。截至 2019 年底，全口径资金集中度 80%，与 2018 年基本持平；铁建财务全口径资金集中度 70.8%，较 2019 年年初提高 5.0 个百分点。跨境资金集中方面，铁建财务应国家外汇管理局《跨国公司跨境资金集中运营管理规定》要求，在北京外汇管理部的指导下，完成跨境资金集中运营业务的重新备案工作。重新备案后，增加 1 家境外成员单位，包括 48 家境内外成员单位(境内 45 家、境外 3 家)可参与跨境资金集中运营业务，同时跨境资金集中运营的合作银行增加 2 家，共可在 5 家银行(工行北京分行、中行北京分行、交行北京分行、渣打银行北京分行、汇丰银行北京分行)开立国内主账户并办理跨境资金集中运营相关业务。全年中国铁建财务为成员单位开立外币结算账户 17 个，其中美元账户 15 个、港元账户 2 个，实现境内外币资金归集超过 3.3 亿美元。全年代理成员单位境外收汇 32 笔 2030 万美元；代理成员单位办理跨境付汇 77 笔 1.3 亿美元。全年为成员单位办理代客结汇 19 笔 1.07 亿美元，办理代客购汇 9 笔 284 万美元。（东润宁）

【中国铁建信用评级】 2019 年，中国铁建股份有限公司整体经营情况保持良好发展态势，财务状况保持稳定，国际评级机构标普和穆迪继续保持对公司 A - 和 A3 的信用评级，展望为稳定；国内评级机构中诚信国

际信用评级有限责任公司和中诚信证券评估有限公司在银行间市场和证券市场继续保持对公司 AAA 的信用评级。（陈　匀）

【担保情况】 2019 年 3 月，中国铁建股份有限公司董事会审议通过《关于核定公司 2019 年全资子公司担保额度的议案》，全年公司对全资子公司担保总额度 800 亿元。截至 2019 年底，公司对全资及控股子公司实际对外担保余额 192.94 亿元，对参股和联营公司实际担保余额 25.90 亿元，公司实际担保余额 218.84 亿元，分别占公司最近一期经审计归属于上市公司普通股股东净资产的 9.19%、1.23% 和 10.42%。全年公司无逾期对外担保。（东润宁）

【全面预算管理】 1 月，股份公司组织开展对 2019 年度全面预算会审，完成全面预算报告，提交董事会审议并获得通过，并上报国资委 2019 年度预算报告。3 月，根据国务院国资委预算批复要求，结合管理重点，对所属子公司 2019 年度全面预算进行逐个单位批复，批复年度主要财务指标预算和业务预算，指出各单位 2019 年度全面预算管理工作中需要重点关注和改进的问题，重点强化“两项”费用、“两金”、有息负债和资产负债率的管控，加强经营性净现金、研发费用的管理等，充分发挥全面预算管理在资源配置和防范风险等方面的作用。4 月，根据 2018 年度决算数据及业务部门统计数据对各单位 2018 年度预算执行情况进行通报。5 月，通报所属各单位 2019 年第一季度预算执行情况。9 月，通报所属各单位 2019 年第二季度预算执行情况。11 月，通报所属各单位 2019 年第三季度预算执行情况；下发股份公司 2020 年度全面预算编报通知，安排 2020 年全面预算管理工作，提出以“稳增长、高质量发展”为总目标，实现资源配置高效、产业结构优化、营运效率提升、资产质量改善、债务风险可控。通过落实“实际 +”“两高三低”，实现利润增长率、总资产报酬率、盈余现金保障倍数、“两金”周转率、资产负债率等关键指标的持续改善和提升。11 月，根据所属各单位上报的 2019 年度主要经济指标预计完成情况，结合对 2020 年度建筑行业形势的预判及股份公司“十三五”战略规划，向国务院国资委上报中国铁道建筑集团有限公司 2020 年度主要经济指标预报表。12 月，下达所属子公司 2020 年度预算指导数，为编制 2020 年度全面预算奠定基础。（张鸿斌）

【绩效考核】 1 月，制定子公司负责人 2019 年度绩效考核主要指标方案，并在中国铁建 2019 年度工作会上由总裁代表股份公司与各子公司董事长签订 2019 年度绩效合约书。3 月，上报国务院国资委 2019 年度经营业绩考核指标建议值，经审核同意后，签订《中央企业负责人 2019 年度经营业绩责任书》。4 月，上报国务院国资委《关于 2018 年度和 2016—2018 年任期经营业绩考核目标完成情况的报告》；股份公司董事会评定总裁 2018 年度业绩考核结果为 A 级，2016—2018 年任期考核结果为 A 级，审议通过《董事会对总裁 2019 年度绩效考核实施方案》。6 月，完成所属子公司负责人 2018 年度及 2016—2018 年任期绩效考核结果的认定。修订子公司负责人绩效考核办法，制定下发《子公司负责人 2019 年度绩效考核实施方案》。7 月，国务院国资委评定总部集团 2018 年度经营业绩考核结果为 A 级；2016—2018 年任期结果为 A 级，并获得 2016—2018 年任期“业绩优秀企业”评价。上报国务院国资委《关于 2019 年上半年考核指标执行情况的报告》。8 月，完成编写《2018 年度行业对标分析报告》，完成国务院国资委《关于提升国有企业价值创造能力的指导意见》征求意见，完成子公司 2019 年上半年预考核。9 月，督导子公司落实《绩效考核管理办法》，现场督导所属 7 家二级单位，对落实情况和发现问题进行通报。11 月，上报国务院国资委《2019 年度考核分配工作总结》，完成子公司 2019 年第三季度预考核。（张鸿斌）

【中国铁建总部财务管理】 2019 年，根据新会计准则、股份公司会计核算办法和国家税收政策，结合总部机构改革部门人员变化情况，梳理和更新会计科目体系，完善账务报销系统；完成中国铁道建筑集团有限公司、中国铁建股份有限公司、外派机构、基建办等核算单位的日常报销、账务处理、预决算报表的编制与分析、固定资产管理、会计档案等工作；核定总部经费预算指标并按季对执行情况进行通报；及时发放在岗职工、退休职工的工资奖金和下属单位离退休人员统筹外费用；完成国家财政补助资金的请款工作以及股份公司中标项目和直管项目投标保证金的拨付回收工作；移交中铁建锦鲤资产管理有限公司出纳管理工作。协调处理完成总部部门及中铁建商务管理有限公司所属各服务单位相关事务性工作及各项检查、审计、临时查账等工作。（李　鲲）

【财务共享中心建设】 2019年,中国铁建财务共享中心建设以“十三五”财务战略规划为指引,持续深化财务共享平台应用,扩大共享中心覆盖范围。中铁二十二局集团有限公司、中铁第一勘察设计院集团有限公司、中国铁建房地产集团有限公司、中铁建国际投资有限公司等单位完成上线工作。截至2019年底,完成21个财务共享中心建设,覆盖4大板块,服务36家二级单位。年内启动共享平台优化工作,完成合同执行情况、应收、应付、费用、税务、资金等全流程需求调研、方案设计,通过研讨会、网络会议等多种方式征求各单位各层级意见,提升系统易用性、自动化、智能化,增强业财融合及数据分析等功能,为提升管理会计应用、推进财务转型奠定基础。持续推进账表一体化工作。全年完成14个工程局上线,实现工程板块快报单户表95%、基础表单户表91.4%的自动取数比率,同步推进中铁第一勘察设计院集团有限公司、中铁物资集团有限公司等非工程板块的账表一体化工作。稳步推进财企直联试点工作。上线单位扩大至中国铁建大桥工程局集团有限公司、中铁十五局集团有限公司、中铁十七局集团有限公司、中铁十八局集团有限公司、中铁十九局集团有限公司、中铁物资集团有限公司等单位478个账户,通过优化资金支付手段提升资金管理水平、提高工作效率。扩大共享平台与业务系统对接范围。完成与铁建商城系统对接并在中铁十六局集团有限公司、中铁二十五局集团有限公司上线,开展与中铁十四局集团有限公司、中铁十五局集团有限公司、中铁二十三局集团有限公司等单位的业务系统对接。研发智能开关账机器人,实现开关账业务自动化、全天候无人值守处理,提高业务处理时效和准确性,10月1日上线,累计完成974条数据处理。启动客商智能审核、智能报账机器人等项目,应用OCR识别、机器学习、智能预警等技术,实现多途径提单报账、单据影像采集与归档一体化、票据合规审核及查重验真自动化,提高风险识别能力,强化会计基础工作。搭建财务共享运营管理驾驶舱。选取入池量、当日工作量、时效较长单据情况等指标进行实时展示,把共享中心运营情况由事后反馈,变为实时展示,及时调整工作部署,预警沟通异常业务,提升共享中心服务水平。 (牛永辉)

【银行授信与合作】 2019年,中国铁建与中国人寿财产保险股份有限公司、中国太平保险集团有限责任公司、兴业证券股份有限公司、中国银行签订战略合作协议,推进在债转股、投融资、资本运作、资产管理、财产保险等全方位业务合作。截至2019年底,中国铁建系统取得银行授信额度13537.50亿元,其中已使用4924.82亿元。 (陈 匀)

【产业基金投资管理】 2019年8月,总部集团董事会审议通过《关于公司投资央企扶贫基金三期的议案》,全年分两批投资中央企业贫困地区产业投资基金4.78亿元。5月,股份公司总裁办公会审议通过《关于认购中国通号在科创板发行A股战略配售股票的议题》;7月,股份公司实际认购1183.9万股(最终发行价5.85元/股),实际投资7000万元。 (陈 匀)

【财会队伍】 截至2019年底,中国铁建系统财务人员20082人。其中,本科及以上学历16078人,占80.06%;中高级技术职务以上4899人,占24.39%,其中高级会计师1430人,占7.12%。 (王旭琴)

【会计人员继续教育】 2019年,根据财政部会计人员继续教育规定,中国铁建组织驻北京单位具有高级会计师技术职务的会计人员参加高级会计人员继续教育培训。在北京培训中心(党校)举办3期中初级会计人员继续教育培训班,培训798人;部分会计人员通过股份公司、各集团公司组织的财务业务培训、网络培训等方式完成继续教育学习,取得规定学分,报中华人民共和国国务院机关事务管理局报备。北京外单位按照当地财政部门的要求完成继续教育培训。 (王旭琴)

【财会学会工作】 2019年11月,召开第八届理事会暨会员代表大会,修订理事会章程。全年全系统先后征集课题35项,15项参加铁道财会学会课题评审,获得一等奖1项、二等奖4项、三等奖7项,其中《新会计准则下综合建设集团租赁业务研究》获评最高分。组织参加中国施工企业协会优秀论文评选和财务管理案例征集活动,获得特等奖1项、一等奖14项,3个案例获得最佳案例。组织中国铁建系统内财会优秀论文评选活动,征集参评论文240篇,评选出一等奖5篇、二等奖10篇、三等奖10篇,促进全系统财会学术研究水平的提高。 (阎 宇)

【基建财务管理】 2019年,总部房地产管理中心按照会计准则要求,在做好日常账务处理的基础上,完成月

度、季度和年度报表的编制上报，确保信息的完整性及可追溯性。（王旭琴）

审计监事

【审计监事部】 负责中国铁建股份有限公司（以下简称公司）内部审计及监事会、董事会审计与风险管理委员会的工作。主要职责：贯彻落实党和国家内部审计的方针、政策、法律法规以及规章制度，全面完成各项审计目标和任务；建立完善公司内部审计各项制度规定，研究制定公司内部审计发展规划、年度计划、工作重点；指导、监督和管理公司所属单位的内部审计工作；对公司及所属单位贯彻落实国家重大政策措施情况、企业发展规划情况、内部控制情况、企业领导人员履行经济责任情况、境外经济活动等进行审计；督促落实审计发现问题的整改工作；负责公司审计信息化开发、建设、应用和维护等工作；负责与审计署、国资委等上级单位以及中国内部审计协会等组织的沟通、协调与配合工作；负责公司审计队伍建设；组织内部审计新技术、新方法的推广应用；总结内部审计工作，交流、推广审计工作经验；组织公司及所属单位年度财务决算的审计工作，并监督审计质量；全面负责监事会日常工作及董事会审计与风险管理委员会的相关工作，组织开展公司违规经营投资责任追究工作。定员 11 人，现员 9 人；下设长沙、西安 2 个审计中心，定员 40 人，现员 37 人。

2019 年，审计监事部党总支部以习近平新时代中国特色社会主义思想为指引，着力推进党建工作与业务工作深度融合，形成相互借力、相辅相成、共生共赢的良性循环。不忘初心、牢记使命，严肃规范的党内生活逐步成为常态和习惯。全年召开支委会 12 次，党员大会 8 次，支部领导讲党课 5 次，组织生活会 1 次；与审计署驻企业审计局等党支部共同开展“参观铁道兵纪念馆”主题党日活动。（刘正昶）

·审计工作·

【工作综述】 2019 年，中国铁建系统完成审计项目 3194 项，完成计划 2911 项的 110%。其中，经济责任审计 836 项、工程项目审计 1476 项、财务收支审计 139 项、经济效益审计 182 项、绩效审计 66 项、内控审计 49 项、企业基建审计 75 项、各类专项审计及专项审计调查 371 项。全年全系统提交审计报告 3174 份，审计发现问题和风险 18631 个，整改 14465 个，整改率 78%；提出审计建议 14391 条，采纳 13675 条，采纳率 95%；推动修订完善制度 161 条，新建制度 118 项；给予经济处罚 160 人次，给予党纪政纪处理 55 人次，移送司法机关 3 人次，挽回各类损失 15 亿元，节约各类开支 9.7 亿元，整改取得显著成效，较好发挥审计工作在规范企业权力运行、强化企业廉政建设等方面的积极作用。全年审计监事部实施和完成审计项目 76 项，完成计划 69 项的 110%，主要是海外项目、重点工程项目和物资贸易专项审计调查 3 项。年内开展中国土木工程集团有限公司、中国铁建大桥工程局集团有限公司、中铁十四局集团有限公司、中铁十七局集团有限公司、中铁十九局集团有限公司、中国铁建国际集团有限公司、中国铁建电气化局集团有限公司、中铁上海设计院集团有限公司、中铁建资产管理有限公司、中铁建城市建设投资有限公司、中铁建西北投资建设有限公司、中国铁建股份有限公司北京培训中心 12 项离任经济责任审计，同步开展绩效复核审计 9 项；开展中铁第五勘察设计院集团有限公司研发实验宿舍楼等 45 项基建项目结算审计。（沈晓霞）

【审计机构和审计人员】 2019 年，全面落实国务院国资委《关于在中央企业开展总审计师试点工作的通知》要求，稳步推进总审计师制度建设，聘任刘正昶为公司总审计师，依据先进先行、覆盖主业、聚焦风险、突出绩效的总体思路，10 家二级单位和 40 家三级单位试点总审计师制度，其他单位总审计师工作积极推进。坚持强化公司总部对审计工作的统领与管控作用，构建总部（审计监事部 + 西安、长沙两个分中心）+ 二级审计机构 + 三级审计机构的管理模式。截至 2019 年底，中国铁建系统设立审计机构 233 个，专职审计人员 950 人。其中，高级技术职务 265 人、中级技术职务 401 人、初级技术职务 254 人。全系统专职审计人员从 2016 年的 773 人增加至 950 人，年均增长 7%。（沈晓霞）

【审计制度建设】 2019 年，制定印发《财务收支审计工作办法》《内部审计人员后续教育管理办法》《内部审计质量控制办法》《内部审计人员职业道德与职业纪律规范》《内部审计工作考核评比实施办法》《审计档案管理办法》《子公司负责人绩效考核结果复核审计暂行办法》等制度，规范审计行为，系统推进审计质量提升工作。启动编制《房地产板块审计指南》，具有铁建特色的"规定+办法+审计指南"制度体系初步建立。（沈晓霞）

【审计理论研究及培训】 2019年5月20日，股份公司总审计师、审计监事部总经理刘正昶接受《中国审计报》采访，围绕"充分发挥总审计师在加强国有资产监督中的重要作用"回答记者提问，介绍公司总审计师制度的经验、思路以及工作开展情况，广泛宣传公司审计工作。全年全系统在省部级以上刊物发表论文18篇，中铁第一勘察设计院集团有限公司景忠撰写的《基于层次分析法的内部经济责任审计评价指标体系研究与应用》在中国内部审计协会组织开展的以"技术方法创新推动内部审计高质量发展"为主题的理论研讨中获三等奖；中铁十一局集团有限公司宋连英撰写的《经济效益交叉审计在施工企业中的应用研究》、中铁二十局集团有限公司李乃仓撰写的《基于质量提升的内部审计创新思考》、中国铁建电气化局集团有限公司史秀荣撰写的《论大数据环境下审计信息化建设》获提名奖。中国铁建把2019年定为"审计工作质量提升年"，从企业层面、审计机构层面和审计项目层面开展以质量剖析，"助力品质铁建、彰显审计价值"演讲比赛在内的8个主题活动，推动全系统审计人员培训全覆盖，总部举办培训班4期，累计培训人员1128人次，凝集审计力量，营造良好的审计氛围。（沈晓霞）

【审计交流】 2019年3月18日，股份公司总审计师、审计监事部总经理刘正昶在国资委中央企业总审计师试点工作座谈会上作题为《完善制度体系，着力履职担当，以高质量审计工作推进"品质铁建"建设》经验介绍。6月19日，国资委审计情况反映企业内审专刊第5期刊登《统筹推进总审计师试点，充分发挥总审计师作用》介绍公司总审计师工作开展情况。6月28日，公司与审计署企业审计八局举办座谈交流会。7月20日，刘正昶在审计署经验交流会作题为《统筹"七个着力"，坚持"七个必须"，以高质量审计工作助力"品质铁建"建设》发言。11月6日，刘正昶在审计署部分中央企业总审计师工作交流会作题为《统筹推进总审计师试点，充分发挥总审计师作用》的发言。11月12日，刘正昶在国务院国资委部分中央企业内部审计工作专题座谈会作题为《深入贯彻落实，坚持"六个推进"，以审计工作新体制机制推动企业高质量发展》的汇报。12月10日，刘正昶参加中国内部审计协会第七届常务理事会。（沈晓霞）

【审计信息化建设】 2019年，完成审计信息化二期建设并推广应用，实现审计项目全流程在线管理和工程施工板块审前调查表的线上填报，项目上线率超过95%，有力支撑审计工作的标准化、统一化、规范化。（刘飞羽）

【违规经营投资责任追究工作】 2019年，根据国务院国资委《关于做好中央企业违规经营投资责任追究工作体系建设有关事项的通知》有关规定，为有效落实《国务院办公厅关于建立国有企业违规经营投资责任追究制度的意见》，6月，制定违规经营投资责任追究工作体系建设方案，工作体系建设工作由所属各单位违规投资经营责任追究工作委员会主管领导牵头组织，由委员会办公室具体协调，各业务部门参与落实。1月23日，向国务院国资委报送《2018年度公司违规经营投资责任追究定期报告》；5月21日，召开公司第1次违规经营投资责任追究工作管理委员会，根据会议精神，对所属涉及违规经营投资资产损失事项的12家单位下发移交处理通知书，逐步建立流程清晰、规范有序的责任追究工作机制。（侯　伟）

·监事会工作·

【中国铁建股份有限公司监事会】 由3名监事组成。其中，股东代表监事2人、职工代表监事1人，股东代表担任的监事由股东大会选举和罢免，职工代表担任的监事由公司职工代表大会民主选举和罢免。第四届监事会股东代表监事曹锡锐、刘正昶。职工代表监事康福祥。曹锡锐担任监事会主席。2019年召开会议7次，其中现场会议5次、通讯会议2次，先后审议表决通过议案19项。（邹　兵）

【中国铁建股份有限公司第四届监事会第7次会议】 2019年1月16日以通信会议方式召开。会议审议通过《关于公司2019年度全面风险管理报告》议案。
（邹　兵）

【中国铁建股份有限公司第四届监事会第8次会议】 2019年3月29日在中国铁建大厦14层第2会议室以现场会议方式召开。会议审议通过《关于公司2018年度财务决算报告》《关于公司2018年度利润分配方案》《关于公司计提减值准备方案》《关于公司2018年年报及其摘要》《关于公司2018年度内部控制评价报告》《关于支付2018年度审计费用和聘请2019年度外部审计机构》《关于〈中国铁建股份有限公司2018年度监事会工作报告〉》《关于〈中国铁建股份有限公司监事会2019年工作要点〉》议案。 （邹　兵）

【中国铁建股份有限公司第四届监事会第9次会议】 2019年4月29日在中国铁建大厦14层第2会议室以现场会议方式召开。会议审议通过《关于公司2019年第一季度报告》《关于公司会计政策变更》议案。
（邹　兵）

【中国铁建股份有限公司第四届监事会第10次会议】 2019年5月30日以通信会议方式召开。会议审议通过《关于修订〈中国铁建股份有限公司章程〉》议案。
（邹　兵）

【中国铁建股份有限公司第四届监事会第11次会议】 2019年8月30日在中国铁建大厦14层第2会议室以现场会议方式召开。会议审议通过《关于公司2019年半年报及其摘要》议案。 （邹　兵）

【中国铁建股份有限公司第四届监事会第12次会议】 2019年10月30日在中国铁建大厦14层第2会议室以现场会议方式召开。会议审议通过《关于公司2019年第三季度报告》《关于公司2019年度内部控制评价及考核工作实施方案》《关于修订〈中国铁建股份有限公司章程〉》议案。 （邹　兵）

【中国铁建股份有限公司第四届监事会第13次会议】 2019年12月18日在中国铁建大厦14层第2会议室以现场会议方式召开。会议审议通过《关于续签〈服务互供框架协议〉和拟定2020—2022年持续关联交易上限》《关于续签〈房屋租赁框架协议〉和拟定2020—2022年持续关联交易上限》《关于引入投资者对中铁十一局集团有限公司等4家子公司增资》议案。
（邹　兵）

【监事会检查监督】 2019年，监事会把调研工作与专项审计工作有效结合，充分利用内部审计资源，组织开展玉磨铁路10个标段专题调研，更加突出监事会监督服务宏观决策、促进体制机制完善等特点，提出23条建议，得到公司管理层的认可和采纳。监事会持续关注公司内控制度建设和问题整改成效，要求全面做好审计、巡视、财务检查、内控评价发现问题的整改工作。
（邹　兵）

【监事会程序监督】 2019年，监事会成员积极出席或列席公司股东大会、董事会、总裁办公会等高层会议，监督“三重一大”决策程序科学性、合规性、有效性。按时参加公司年度（中）工作会议、财务工作会、审计工作会和经济运行分析会等其他重要的经营管理会议，及时掌握公司主要经济指标的完成情况和重大经营管理事项，依法监督公司高级管理人员履职。 （邹　兵）

【监事培训交流】 2019年，监事会成员及工作人员均按规定参加各类专题专项培训活动，认真组织学习《公司法》《证券法》《上市公司监事会工作指引》等法规和文件，积极参加上市公司监事会工作交流和理论研讨，撰写的《坚持依法合规，创新监督方式，发挥整体合力》入选《上市公司监事会理论与实践》（2019版）。 （邹　兵）

·审计与风险管理·

【中国铁建股份有限公司审计与风险管理委员会】 由5名独立董事组成，主要负责提议公司外部审计机构的聘请、更换；公司内部审计制度的监督；公司内外部审计的沟通、监督和核查；财务信息及其披露的审阅；内控制度的审查；公司风险管理策略和解决方案的制定，重大决策、重大事件、重要业务流程的风险控制、管理、监督和评估等工作。 （张　波）

【中国铁建股份有限公司第四届董事会第8次审计与风险管理委员会会议】 2019年1月15日召开。会

议审议通过《关于公司2019年度审计工作思路及审计工作计划》《关于公司2019年度全面风险管理报告》议案。（张 波）

【中国铁建股份有限公司第四届董事会第9次审计与风险管理委员会会议】 2019年3月20日召开。会议听取德勤华永会计师事务所《关于2018年财务决算审计及内控审计情况》汇报。（张 波）

【中国铁建股份有限公司第四届董事会第10次审计与风险管理委员会会议】 2019年3月27日召开。会议听取德勤华永会计师事务所《关于公司2018年度年报审计情况》汇报；审议通过《公司2018年度财务决算报告》《关于公司2018年年报及其摘要》《关于公司计提资产减值准备方案》《关于支付2018年度审计费用和聘请2019年度外部审计机构》《公司2018年度内部控制评价报告》议案。（张 波）

【中国铁建股份有限公司第四届董事会第11次审计与风险管理委员会会议】 2019年4月28日召开。会议听取《关于公司2019年第一季度财务决算情况》汇报；审议通过《关于公司2019年第一季度报告》《关于公司会计政策变更》议案。（张 波）

【中国铁建股份有限公司第四届董事会第12次审计与风险管理委员会会议】 2019年8月29日召开。会议听取《关于公司2019年上半年财务决算》汇报；审议通过《关于公司2019年半年报及其摘要》议案；与德勤华永会计师事务所沟通《公司2019年上半年财务报告审阅》情况。（张 波）

【中国铁建股份有限公司第四届董事会第13次审计与风险管理委员会会议】 2019年10月29日召开。会议听取《关于公司2019年第三季度财务决算情况》汇报；审议通过《关于公司2019年第三季度报告》《关于公司2019年度内部控制评价及考核工作实施方案》议案。（张 波）

【中国铁建股份有限公司第四届董事会第14次审计与风险管理委员会会议】 2019年12月17日召开。会议听取德勤华永会计师事务所《关于2019年年度审计计划及第一阶段内部控制测试总结》汇报；审议通过《关于续签〈服务互供框架协议〉和拟定2020—2022年持续关联交易上限》《关于续签〈房屋租赁框架协议〉和拟定2020—2022年持续关联交易上限》《关于公司2020年度审计工作思路及审计工作计划》议案。（张 波）

【中国铁建股份有限公司审计监事部原北京分局】 2019年，原北京分局完成审计项目10项。其中，中国铁建大桥工程局集团有限公司、中铁建资产管理有限公司离任经济责任审计及绩效复核审计各2项，海外业务专项审计调查6项。全年出具审计报告10份，提出审计建议32条、采纳32条。在完成审计项目的同时，加强党建工作及理论学习，不断提升审计质量；抓好队伍建设，提升审计人员综合素质；扎实工作，开拓创新，竭力为铁建审计事业发展贡献力量。（高春燕）

【中国铁建股份有限公司审计监事部长沙中心】 2019年，长沙中心完成审计项目28项。其中，中国土木工程集团有限公司、中铁十七局集团有限公司、中国铁建电气化局集团有限公司、中铁上海设计院集团有限公司离任经济责任审计及绩效复核审计各4项；中铁建锦鲤资产管理有限公司审计及划转移交审计各3项；云贵川重点工程项目专项审计调查4项、物资贸易专项审计调查4项、海外业务专项审计调查6项。全年出具审计报告28份，提出审计建议93条、采纳93条。在完成审计工作的同时，长沙中心扎实推进基础管理工作，促进中心管理和业务规范化；加强党建工作，落实“三会一课”制度要求；加强理论学习，提高各项工作质量；推进队伍建设，提升人员综合素质，较好地完成各项工作。（赵 鹏）

【中国铁建股份有限公司审计监事部西安中心】 2019年，西安中心完成审计项目25项。其中，中铁十四局集团有限公司、中铁十九局集团有限公司、诚合保险经纪有限公司、中铁建城市建设投资有限公司、中铁建西北投资建设有限公司离任经济责任审计5项；中国铁建国际集团有限公司任中经济责任审计1项、绩效复核审计4项、海外业务专项审计调查10项；云贵川重点工程项目专项审计调查3项、物资贸易专项审计调查1项；北京通达京承高速公路有限公司划转移交审计1项。全年出具审计报告25份，提出审计建议

52 条、采纳 52 条。在完成审计项目的同时，西安中心积极配合完成总部各项工作，通过加强政治理论及业务知识学习、理顺党组织关系管理、优化内部处室责任分工、强化中心队伍建设，为审计工作高质量发展提供有力保障。

（闫立飞）

2019 年 8 月 29 日，中国铁建股份有限公司、中铁二十一局集团有限公司共同协办的第五次全国企业年鉴培训研讨会在甘肃省兰州市召开。（李　栋 提供）

综合管理

总部政务　行政事务

【行政办公室(保卫部)】　主要职责:负责中国铁建股份有限公司(以下简称公司)领导日常工作的统筹服务,当好领导的参谋助手,制定有关工作制度;负责相关对内对外沟通协调与服务,传达公司领导的有关决定、指示,编制公司行政部门月度重点工作计划,督查督办经理层重点工作;负责组织起草综合性文件、报告,撰写行政综合性会议领导讲话材料,组织筹备公司综合性会议,承办总裁办公会议;负责统筹公司领导高端对接,组织开展调查研究,参与政策研究与制定;负责经理层领导人员的秘书服务工作和总裁、副总裁专职工作协助人员的管理;负责公文处理、OA 管理和文件核稿排版印刷;负责公司印信管理、机要文件管理;负责公司政务信息收集、编发、上报与国资委网站信息的报送;负责公司门户网站和网站群管理;负责公司总部行政事务与后勤保障服务;负责公司总部安全保卫工作,指导所属单位开展内保工作;负责公司信访管理;负责援疆援藏及扶贫开发相关工作;负责公司档案管理;负责《中国铁建年鉴》和各类史、志的编写;指导总部房地产管理中心工作;承办总部集团办公室相关工作。定员 26 人,设主任 1 人,执行主任 1 人,副主任 2 人;下设秘书处、文书处、信息调研处、行政保卫处、信访处、档案馆。（冯　伟）

【中国铁建二届五次职工代表大会暨 2020 年工作会议】　2020 年 1 月 15—16 日在北京中国铁建大厦召开。审计署企业审计八局二级巡视员廖辉出席会议。中国铁建党委书记、董事长陈奋健作题为《放飞梦想,勇于创新,立足实干,为中国铁建实现品质发展而砥砺前行》的讲话;总裁庄尚标作题为《守正,革新,提质,做实,奋力夺取品质铁建“十三五”收官之战全面胜利》的行政工作报告。会议还进行中国铁建领导班子和领导人员 2019 年度综合考核评价及选人用人“一报告两评议”,并以书面形式向大会作《关于财务收支及经济运行情况的报告》《关于业务招待费使用情况的报告》《关于提案工作的报告》《关于企业年金实施情况的报告》。16 日上午,按照法定程序,与会代表全票通过《行政工作报告》《关于财务收支及经济运行情况的报告》《关于业务招待费使用情况的报告》《提案工作报告》决议草案。中国铁建与各集团公司主管领导签订《2020 年度绩效合约》和《安全包保责任书》。中国铁建党委副书记、执行董事陈大洋,党委常委、执行董事刘汝臣,党委常委、总会计师兼总法律顾问、首席合规官王秀明,党委常委、纪委书记李春德,党委常委、副总裁李宁、汪文忠,副总裁刘成军、王立新、倪真,独立非执行董事王化成、承文、路小蔷,中国铁建工会主席、大会秘书长史道泉出席会议。（冯　伟）

【秘书工作】　2019 年起草领导讲话、汇报、报告等各类材料 207 篇 110 余万字;出台《关于加强总部各部门对口联系国家部委和有关单位的通知》《关于开展“转变工作作风为基层减负”工作的通知》等政策性文件。收集、梳理和汇总行政部门月度工作计划,改进和完善总部督查督办工作机制,全年印发月度工作计划 12 期、督查督办通报 3 期、专项督办 2 期,督办落实事项 112 项。全年承办总裁办公会 21 次、总经理办公会议 14 次,研究议题 283 项,同步做好会议议题收集、记录以及会议纪要的撰写、印发工作,并根据国务院国资委要求,完成党的十九大以来需总裁办公会、总经理办公会决议的“三重一大”数据采集和上报工作。持续加强秘书管理与业务培训,强化组织意识、政治意识与规矩意识,增强专职秘书的综合能力,较好地完成现场办公及有关日程安排、商务接待、文件流转等工作,全年陪同公司领导出差、出访、调研 760 余次。（雷　勇）

【高端对接】　2019 年,安排主要领导高端对接活动 83 次 107 场,整理会谈参考资料 83 份、会议纪要 51 份。（雷　勇）

【公文管理】　2019 年,股份公司总部行政发文 1199 份,实现文件压减工作要求。全年审核并接收下级来文 4173 份,通过多种方式提升各单位上报公文质量。通过机要交换、国资委公文传输等不同渠道接收上级和外部来文 2278 份、6611 件,并对其中 4808 件涉密文件严格按要求打号、登记、分发、回收和销毁。（郝慧晶）

【用印管理】　2019 年,接待用印 2500 余人次,加盖材料 48580 份;到投标现场盖章 20 余次,每次用印严格按照股份公司印章管理办法进行审核。按照相关规定为部门及新设立项目部刻制印章 99 枚。（郝慧晶）

【印章管控风险排查】　2019 年,为不断提高全系统印章管理责任意识,持续防控印章管理风险,下发《关于切实加强印章风险管控的通知》,所属各单位围绕 10 个关键点展开自查,不遮掩瑕疵,不回避问题,自查自纠工作见实效;《关于印章自查自纠等工作情况的报告》受到管理肯定。（郝慧晶）

【实物印章归档】 2019年，完成对自铁道兵时期起积存952枚作废印章的清洗、整理、归档，填补公司实物印章档案空白。（郝慧晶）

【OA系统优化】 2019年，为提高OA办公系统使用的安全性，通过对现行系统跟踪摸排，发现并解决问题130条。为公司领导、高级管理人员和部门印管员配置加密KEY，并相继增加文件水印、预警提醒、自动流转、统计数据分析等优化模块，进一步提升OA系统服务质量。（郝慧晶）

【政务信息】 2019年，中国铁建政务信息工作紧紧围绕企业改革发展、生产经营的各项目标任务，坚持目标导向和问题导向，工作体制机制进一步完善，创新性和针对性进一步增强，有效发挥政务信息决策参考、沟通交流、反映情况的参谋助手作用。全年出刊《铁建信息》45期，刊发各类信息533条（篇）；向国资委报送政务信息159条（篇），采用75条（篇），其中7条（篇）信息被中办、国办刊物采用，位列中央企业信息工作第16位。（杜　鹃）

【网站管理】 2019年，中国铁建上报国资委网站信息483条（篇），采用337条（篇），位列国资委网站中央企业信息报送第1位。全年中国铁建门户网站发布中文信息12539（篇），英文信息173条（篇），建设专题3个；审批新建二三级单位网站13个。网站后台报送系统正式上线使用，网站信息的起草、报送、审核的流程规范化，加强股份公司对所属各单位上报信息的审核力度，保障公司网站信息源头的可靠性并丰富国资委网站信息报送的素材来源。（杜　鹃）

【会议接待服务】 规范会务接待流程，收集印发总部2019年度会议计划，高质量完成2019年初“六会”、海外工作会、年中工作会等会议服务，以及“一带一路”高峰论坛、亚洲文明对话大会期间的外事接待工作。全年总部安排会议服务3254次，重要接待服务173次5927人。（冯　伟）

【办公保障】 2019年，结合总部机构调整，按照“相对集中、便于工作、坚持标准、适当改造”的原则，对总部各部门办公用房进行调整分配，调整办公用房160余间，装修改造办公用房58间。同时，加强办公用房、办公用品、公务车辆的集中管理，完成股份公司总部本级固定资产清查盘点工作，盘点固定资产970台（套）。其中，申请报废资产174台（套），变更迁移资产61台（套）。（冯　伟）

【规章制度】 2019年，出台《中国铁建大厦A座院区车辆出入及停放管理规定》《总部员工行为礼仪规范》，起草《总部通用办公设备家具配备管理办法》《总部重大活动安保突发事件应急响应处置工作方案》《公司领导工作用车司机管理暂行规定》等规章制度。全面梳理工作职责，明确与总部房地产管理中心、中铁商务的职责交叉部分；建立部门间工作联系单制度，增强协调配合力度；规范值班制度，对全年节假日值班工作进行统筹安排，确保值班工作有效衔接。（冯　伟）

【基本建设】 2019年，协调安装新能源汽车充电设施2套，满足总部日益增多的新能源汽车充电需求；协调安装快递柜，消除安全隐患；督促完成办公区域闲置空间的装修改造工程，协调推进总部会议室安防系统改造、总部电梯改造以及大厦A座一层东侧闲置空间的装修事宜。年内协同党委办公室、信息化管理部完成涉密视频会议系统的建设工程。（冯　伟）

【总部服务】 2019年，梳理完成与中铁建商务管理有限公司的有关服务合同，协调成立总部伙食管理委员会，促进大厦物业、汽车队、餐厅等后勤保障服务单位提升服务质量。更新总部办公电话号码表3次，办理电话新装业务44部，移机业务221部；更换办公室门牌180余块；审核领取临时用餐券11708张；办理车证1500个，车牌号录入系统953辆。（冯　伟）

【安全保卫】 营造安全有序的办公秩序，健全与驻地保障单位的应急联动和沟通协商机制，妥善处置群体上访事件，维护企业形象。2019年，配合公安机关检查工作5次，邀请北京市公安局公交总队轨道支队授课2次；强化安保工作，召开在京单位国庆70周年内部安保工作动员部署会，并对在京单位内部安保工作进行督导，确保重大活动期间企业内部的安全稳定。启用总部车辆出入系统，规范车辆进出管理；督导中铁建商务管理有限公司对总部电梯检修维保、会议室设备、消防设施及部分办公设施的巡检维修工作；督导中铁商务完善巡逻值班机制，加强安保力量，购置、更新防爆设施、监控系统。全年组织消防演练1次，防汛演练1次，消电检13次，灭火器年检1537具。（冯　伟）

【受理来信来访】 2019年，中国铁建系统受理来信来访4093件次。其中，各类申诉107件次、集体经济124件次；揭发检举73件次、工资福利302件次、劳动就业96件次、医改医疗53件次、伤病残亡待遇112件次、工程款拖欠 2226 件次、征地拆迁 74 件次、职工生活 286 件次、工程质量 16 件次、精简下发 62 件次、遗留问题 340 件次、各类建议 23 件次、环境保护 15 件次、其他 184 件次。（辛　宇）

【信访立案】 2019 年，中国铁建系统信访立案 398 件次。其中，上级交办 149 件次、本级立案 249 件次。结案 398 件次，结案率 100%。（辛　宇）

【领导重视信访工作情况】 2019 年，中国铁建系统各级领导阅批职工群众来信 228 件次，接待职工群众来访 1504 人次，占来访总数的 37%。全年各级领导接待群体性上访 73 批次、1110 人次。（辛　宇）

【做好“两会”期间的信访工作】 中华人民共和国第十三届全国人民代表大会第二次会议和中国人民政治协商会议第十三届全国委员会第二次会议（以下简称“两会”）分别于 2019 年 3 月 5 日和 3 月 3 日在北京开幕。为做好“两会”期间的信访工作，中国铁建下发通知要求所属各单位：一要提高政治站位，强化责任意识，做到“三个确保”；二要及时响应，严格落实信访维稳主体责任；三要认真排查，主动介入，做好矛盾化解工作；四要有效落实信息监测研判预警；五要依法稳妥做好应急联动处置。强调“两会”期间，各单位要认清形势、提高站位、明确责任，为全国“两会”顺利召开营造良好的企业环境。（辛　宇）

【做好北京重大活动期间的信访工作】 2019 年，适逢北京举办第二届“一带一路”国际合作高峰论坛、中华人民共和国成立 70 周年系列庆典活动等重大活动之际，部分长期上访人员进京上访次数明显增多。中国铁建总部启动二级预警响应机制，行政办公室（保卫部）分管副主任（副部长）、物业公司分管领导现场指挥，行政保卫处、大厦物业负责人现场带班备勤，信访处负责人在岗亭内待命接访。同时要求信访问题突出的单位必须派驻工作组提前到公司总部，及时应对可能发生的进京集体上访或极端上访事件。（辛　宇）

【信访管理】 2019 年，中国铁建根据国家政策，结合企业实际，进一步完善制定信访工作督查督办、复查复核、初信初访、依法逐级走访以及总部突发群体性事件应急预案、总部重大活动安保突发事件应急响应处置工作方案等多项管理办法，做到有法可依、有规可循。编印 10 万字的《信访工作应知应会》，指导和帮助基层信访工作者熟悉业务，顺利开展工作。坚持做好信访情况季度通报，及时、准确地向公司领导，所属各单位、各有关业务部门报告信访工作情况。遇突发重大信访事项，通过《领导呈阅件》及时呈报，做到一事一报，并对事项提出建议。印发实施《关于对上访事件处置处罚的通知》，每出现一起进京集体访或极端上访事件，都从经济上进行处罚，并且有涉事二级单位班子成员来现场参与处置。（辛　宇）

【通报接待职工群众来访情况】 2019 年，在国务院国资委办公厅的指导和支持下，中国铁建坚持发展是第一要务，稳定是第一责任，信访维稳是促进企业发展、推进和谐建设重要保障的工作理念，深刻贯彻习近平总书记关于加强和改进人民信访工作的“十个深刻指出”和“五个坚持”总原则，着力营造和谐稳定的内外部环境，着力预防和化解各类矛盾，全年信访形势平稳可控。开展通报每季度来访情况并提出要求：一是要进一步提高做好信访工作的政治站位，二是要进一步加强信访事项处置力度，三是要进一步妥善处理好维权与维稳的关系，四是要进一步推进信访工作改革创新。（辛　宇）

【《中国铁建档案工作综合统计年报填报制度》制定】 4 月，为加强中国铁建档案统计工作，准确掌握全系统档案工作的综合情况，助力档案工作的科学决策和管理，切实履行档案部门的法定职责，建立有序的工作制度，按照 2019 年 1 月修订的《全国事业统计调查制度》，制定《中国铁道建筑集团有限公司档案工作综合统计年报填报制度》，内容包括填报对象、填报内容、填报时间、填报方式、组织实施、报送要求、质量控制、主要统计指标诠释等；统计报表涉及 11 个方面 214 项指标。（杨启燕）

【制定审计档案管理办法】 2019 年 6 月，为加强和规范中国铁建审计档案工作，确保审计档案的完整与安全，充分发挥审计档案的作用，有效维护企业的合法权益，档案馆协助审计监事部制定印发《中国铁道建筑集团有限公司暨中国铁建股份有限公司审计档案管理办法》（中铁建审监〔2019〕51 号）。（杨启燕）

【贯彻国家档案局第 10 号令受表扬】 2019 年 5 月 14 日，国家档案局通报中央企业管理类文件材料归档范围和档案保管期限表审核情况（档办函〔2019〕131 号），中国铁建等 43 家中央企业审核完成率超过 30% 并受到表扬。截至 2019 年底，所属 41 家二级单位有 37 家通过审核，审核完成率超过 90%。（杨启燕）

【企业资产和产权变动档案处置工作】 2019年6月10日，转发《国家档案局〈关于在深化国有企业改革中加强档案工作的意见〉的通知》（档发〔2019〕1号），要求所属各单位结合实际，认真贯彻《意见》精神，及时把握企业改革发展动态，做好企业资产与产权变动档案处置工作；坚持问题导向，严肃查处档案管理违纪违法行为；加强组织领导，健全档案工作监督指导机制。（杨启燕）

【中国铁建档案综合业务暨建设项目档案培训班】 2019年10月21—25日在中铁二十局集团中铁太白山520职业教育培训中心举办。开班仪式上，传达股份公司领导对档案工作的指示精神，要求各级档案工作者务必忠诚于企业、戒骄戒躁、扎实工作，脚踏实地，把档案工作抓实抓细，抓出成效。会议指出，档案管理的落脚点是服务，企业档案工作要在围绕生产经营开展等方面"夯基础、提素质、补短板、重服务"，力争做一名合格的档案工作者。培训班邀请行业及业内专家讲授档案管理及建设项目档案管理知识；其间，组织学员走进国家安全生产应急救援演练基地参观学习。中国铁建系统270余人参加培训。（杨启燕）

【中国铁建档案统计年报系统建立】 2019年，依据《全国档案事业统计调查制度》和《中国铁建档案工作综合统计年报填报制度》，在中国铁建档案资源智能管理系统9.0中重新设计架构档案年报统计系统。（杨启燕）

【总部文档一体化集成管理】 2019年，按照"存量数字化、增量电子化"的信息化战略，严格执行纸质档案与电子档案双套制移交。年内实现电子文件与电子档案全息管理、适时归档，为全面开展馆藏档案数字化工作奠定良好基础。（杨启燕）

【档案资源数据库建设】 截至2019年底，补录文书档案1986年47卷1575件、1987年168卷3681件、1989年85卷1199件、1990年222卷3277件、1992年105卷1302件、1993年126卷1625件、1994年234卷2939件、1996年220卷2764件。年内补录案卷级目录1207条、文件级目录18362条。（杨启燕）

【档案宣传活动】 （1）3月7日转发《国家档案局办公室关于开展全国企业档案资源开发利用优秀案例评选的通知》（档办函〔2019〕32号），开展全国企业档案信息资源开发利用优秀案例征集活动。中国铁建系统征集案例20个，经组织审核，推荐6个案例参评。（2）3月7日转发《国家档案局　国家发展和改革委员会关于开展建设项目档案微视频征集活动的通知》（档办函〔2019〕51号），开展建设项目档案微视频征集活动。全系统征集微视频作品14部，经组织审核，推荐12部作品参评。11月，国家档案局通报评选结果，中国铁建获三等奖1个、优秀奖1个、入围奖8个；中国铁建获优秀组织奖。（3）开展国际档案日系列宣传活动。5月11日转发《国家档案局关于开展2019年国际档案日系列宣传活动的通知》（档发〔2019〕9号），所属各单位紧扣"新中国的记忆"主题开展形式多样的宣传活动。（杨启燕）

【档案统计】 截至2019年底，中国铁建系统立档单位265个，专职档案人员370人，兼职档案人员7824人。全系统馆存档案716万卷、300万件，其中管理类档案219万件、科技档案475万卷、会计档案185万卷、专门档案11万卷；底图676万张，电子档案19.9TB。（杨启燕）

【二级单位档案数量专项调查】 2019年8月，根据国家档案局企业档案数量专项调查工作（档办函〔2019〕177号）的安排，调查中国铁建总部及所属37家二级单位现存档案数量和近10年形成档案总量，分别按纸质档案（永久、30年）、录音录像档案、照片档案、实物档案统计。（杨启燕）

【档案安全风险排查】 2019年5月31日，印发《关于贯彻落实〈国家档案局关于深入开展档案安全风险隐患排查整治工作的通知〉的通知》（中国铁建办函〔2019〕286号），要求所属各单位筑牢安全防线，确保档案安全。各单位对管区电气线路、水暖管道、机电设备、消防设施、监控防盗系统等进行巡检排查。（杨启燕）

【档案库消防改造】 2019年8月24日至10月16日，股份公司档案馆实施综合档案库、声像档案库、资料档案库原有超细干粉灭火装置改为无管网柜式七氟丙烷气体灭火系统的消防改造工程。（杨启燕）

【总部各门类文件材料归档】 2019年，接收总部各部门2018年管理类档案244卷1547件，接收电子文件2360件；接收会计档案275卷，其中原财务部会计档案195卷、社保中心会计档案16卷、医保中心会计档案64卷。（杨启燕）

【档案利用服务】 2019年，利用档案91人次203卷

次、140件次。其中，管理类档案52人次140件次、科技档案20人次126卷次、会计档案19人次77卷次。（杨启燕）

·史志鉴工作·

【2017年卷、2018年卷《中国铁建年鉴》出版】 2019年2月，2017年卷《中国铁建年鉴》由中国经济出版社出版发行；7月，2018年卷《中国铁建年鉴》由中国经济出版社出版发行。（杨启燕）

【2019年卷《中国铁建年鉴》编辑方案印发】 2019年4月，印发2019年卷《中国铁建年鉴》供稿编辑方案通知，包括框架设计与编写分工内容及人物、图片等资料征集。（杨启燕）

【向国家有关部委提供年鉴资料】 2019年9月，向《中国国有资产监督管理年鉴》《中国建筑业年鉴》提供中国铁建2018年度企业基本概况、主要指标、公司治理、改革发展、转型升级、市场经营、施工生产、安全生产、质量控制、技术创新、工程创优、海外发展、党建工作、绿色发展、履行社会责任15个条目1万余字的内容。（杨启燕）

【《国资年鉴》征订】 根据国务院国资委办公厅《关于协助做好〈中国国有资产监督管理年鉴(2019)〉编纂出版工作的通知》要求，2019年在中国铁建系统50家单位征订《中国国有资产监督管理年鉴》212册。（杨启燕）

【第五次全国企业年鉴培训研讨会在兰州召开】 2019年8月28—30日，中国出版协会年鉴工作委员会主办，中国出版协会年鉴工作委员会企业年鉴工作部承办，中国铁建及所属中铁二十一局集团有限公司共同协办的第五次全国企业年鉴培训研讨会在甘肃兰州召开。中国出版协会年鉴工作委员会常务副主任鲍海春，副主任邵权熙、杨启燕，中铁二十一局集团董事长、党委书记庄纪栋，中国铁建行政办公室副主任李冰，中国出版协会年鉴工作委员会企业年鉴工作部主任魏立军，副主任马纪、车宏卿，以及来自全国各地企业年鉴界近120名代表参加会议。会上，来自8家不同企业的代表作论文交流；会议还开展专题讲座，并组织参观学习活动。（杨启燕）

·扶贫工作·

【精准扶贫】 2019年，中国铁建投入帮扶资金5671.6万元，物资折款282万元。其中，在3个定点扶贫区县直接投入帮扶资金1828.1万元，引进帮扶资金216.1万元，培训基层干部315人、技术人员222人；购买贫困地区农产品1018万元，帮助销售贫困地区农产品278.6万元；购买贫困地区工业品、轻工业品1793.3万元。5月，定点扶贫的河北省张家口市万全区正式脱贫摘帽。（王　震）

【健全扶贫工作体系】 中国铁建扶贫工作坚持党的领导，不断完善组织健全、分级负责的工作体系。2019年，中国铁建党委充分发挥“把方向、管大局、保落实”的作用，总部及所属各级单位均成立扶贫工作领导机构，主要负责领导担任小组组长，把脱贫攻坚作为“一把手”工程，亲自推动工作落实。中国铁建主管领导3次、分管领导4次到扶贫一线进行调研，监督检查贫困县脱贫攻坚工作落实情况，确保扶贫工作有序推进。（王　震）

【扩充扶贫范围领域】 2019年，中国铁建扶贫工作坚持主业优势，不断扩充基建扶贫、就业扶贫的范围领域，充分发挥企业专长优势，大力推进空心村治理、易地搬迁、道路交通、广场绿化等基础设施建设，加快贫困地区现代化进程。年内免费帮助张家口市万全区设计道路提升改造方案，帮助天津市静海区良三村平整马路，安装路灯、燃气管道，助力贫困村实现“旧貌”换“新颜”；先后参与丹江口南站、武当山西站等配套项目建设，积极协助地方加快实施高铁开通对接工程，为当地老百姓提供便捷出行服务。通过充分发挥产业链长、用工量大的优势，中国铁建坚持优先招用、尽量多用贫困地区劳务人员，加强贫困人口劳动技能培训，全面提高贫困人口转移就业专业化程度。全年招录国资委和中央企业定点扶贫县各类人员23208人，其中“三区”（西藏自治区和青海省、四川省、甘肃省、云南省四省藏区及新疆维吾尔自治区南疆的和田地区、阿克苏地区、喀什地区、克孜勒苏柯尔克孜自治州四地区）、“三州”（四川省凉山州、云南省怒江州、甘肃省临夏州）深度贫困地区人员12001人。（王　震）

【丰富扶贫途径方式】 2019年，中国铁建扶贫工作坚持因地制宜，不断丰富产业扶贫、消费扶贫的途径方式，在脱贫攻坚战中坚持结合贫困地区资源禀赋，深挖地区优势，打造特色项目，引进扶贫企业，加大消费支持力度，真正做到在产业扶贫上解贫困地区所需，在消费扶贫上解贫困群众所急，精准把扶贫扶到点上、扶到根上。年内，充分利用尚义县光照资源优势，在南朝碾村开展光伏扶贫，把全部收益分配给村集体和贫困群众;帮助山西省右玉县杀虎口村组建生态旅游专业合作社,重点发展绿色生态文化旅游产业;在山西省汾西县勍香村成立香菇公司、电商服务站,形成产销一条龙服务,培育一批创业致富能手;帮助湖南省麻阳县玳瑁坡村打造中药材种植产业园、柑橘分拣销售中心,通过以购代捐的方式推动当地扶贫产业蒸蒸日上;帮助四川省甘洛县特克村打造花椒、核桃、黄精、畜牧四大产业项目,农户平均每年增收 1.8 万元,实现由"输血"到"造血"的成功转变。还与万全区三里庄村共同经营万铁商贸公司,拓展贫困户农产品销售渠道,树立万全农产品品牌,为当地村民分红 20 余万元;依托自身业务优势,积极帮助福建省寿宁县下党乡茶农拓宽销路,免费把茶叶品牌"下乡的味道"推广至我国北京、尼日利亚、埃塞俄比亚、阿尔及利亚等境内外市场。

（王　震）

【强化扶贫有效措施】　2019 年,中国铁建扶贫工作坚持健体促智,不断强化医疗扶贫、教育扶贫的有效措施,瞄准"两不愁"(不愁吃、不愁穿)、"三保障"(义务教育有保障、基本医疗有保障、住房安全有保障),从贫困群众最关心、最急需的医疗、教育等问题入手,对症下药、综合施策,把温暖送到老百姓心坎上。年内,帮助尚义县修建乡村卫生室 27 个、购买流动医疗服务车 7 辆,实现村民"小病不出村、大病有人管";免费帮助万全区第四小学设计新校区,捐建"铁建阳光"幼儿园,捐赠书包、铺盖、校服、图书等物品,有效改善当地教育环境。在青海省甘德县成立"铁建爱心助学基金",解决贫困家庭适龄儿童上学难题,建成 4200 平方米的青少年活动中心,为牧区青少年提供寓教于乐的活动场所;在湖南省慈利县乐庄村开展"爱心助学放飞梦想"金秋助学活动,为 18 名特困学生发放 3.6 万元助学金以及书包、文具等文体用品。（王　震）

【加大扶贫工作力度】　2019 年,中国铁建扶贫工作坚持安居乐业,不断加大危房改造、水利扶贫的工作力度,大力推进住房安全、饮水安全巩固提升工程,居住质量和水利设施得到明显改善。在河北省尚义县打造"中国铁建幸福互助院",解决 100 余户危房贫困群众的居住需求,帮助贫困人口实现老有所养、住有所居,为破解农村养老难题树立典范;在广东省阳山县大路村开展人居环境"美丽乡村"综合整治,拆除危旧房屋、牲畜栏,有效改善全村环境卫生;帮助河南省卢氏县车家岭村建造深水井,解决 264 户、960 位村民吃水难题;帮助甘肃省会宁县刘沟村 396 户贫困人口实现自来水入户,改善当地群众的饮水条件;帮助重庆市云阳县梅柏村完成引水输水堰修整,解决 413 人、800 余头牲畜饮水及 24 万平方米农田灌溉问题。（王　震）

【扶贫工作获认可】　2019 年,中国铁建扶贫工作得到各界认可,被青海省评为"年度脱贫攻坚先进单位",对口扶贫的河北尚义籍员工在中央企业《我们的路》形象专题片首发出镜,反映交通扶贫效果。《中国铁建扶贫综述:扶贫路上的铁建答卷》《吕帅:扎根一线,让脱贫之花常开》《爱心搭建富民桥——记中国铁建精准扶贫派驻万全挂职干部罗登桥》《"90 后"驻村第一书记李华一的扶贫人生》4 篇扶贫信息在国务院国资委得到宣传报道;中国铁道建设报社被中国报业协会评为全国报业推动脱贫攻坚和生态文明建设宣传工作先进单位。

（王　震）

·总部房地产管理·

【总部房地产管理中心】　为总部建设和总部房地产管理机构。主要职责:负责中国铁道建筑集团有限公司(以下简称总部集团)房屋、基础设施建设和房地产管理;代表总部集团行使业主的权利。负责总部集团新增、更新改造基建项目的申报、审批手续办理、建设管理、竣工决算等工作。受中铁建锦鲤资产管理有限公司委托,管理总部集团纳入锦鲤资产中心的资产。负责总部集团及所属驻(北)京单位的人民防空工程管理、地下空间安全、防汛等工作。传达学习国家机关事务管理局(以下简称国管局)有关职工住房管理工作的相关文件精神,及时了解和掌握相关政策规定。协调所属在京单位依据相关规定向国管局申报建设职工住房的相关事宜。协调对所属在京单位职工住宅档案信息系统的管理和信息的共享,以及协调办理职工住房上市交易的相关业务工作。组织所属在京单位职工住房管理人员参加国管局召集的相关会议及业务培训。协调处理并完成国管局不定期下达的其他各项工作。负责总部集团及所属驻京单位的自用土地计划和使用情况核查,负责统计、上报京外所属单位自用土地年度现状数据。负责总部集团社会事务管理,包括联系地方政府、交通安全、消防安全、爱国卫生、绿化美化、防疫防治、防洪防汛、门前三包、避雷针检测、集体户口管理等;负责委托中铁建商务管理有限公司管理总部集团部分公共用房、租赁用房、地下车库、社会事务工作;负责总部集团本级"三供一业"移交工作。定员 7 人,现员 7 人,设主任 1 人(兼任总部集团人防委员会副主任)、副主任 1 人;下设基建处(人防办公室)、房地产管理处。

（童联合）

【总部住宅建设】　2019 年 1 月 28 日,《关于成立铁建机关大院建设领导小组的通知》(中铁建房管〔2019〕13号),明确总部住宅建设组织机构。7月22日,根据2019年第51次党委常委会纪要精神,成立中国铁道建筑集团有限公司总部大院建设指挥部(直属项目部),定员15人,全面负责总部大院建设的日常工作。11月19日,《关于樊祐修等13人任职的通知》(中铁建人函〔2019〕139号),明确总部大院建设指挥部工作人员。(1)各项开工手续准备及办理情况。5月6日,完成东院、西院建设区域《北京市树木移植许可证》《北京市树木砍伐许可证》,并于7月初完成伐移树内容。5月13日,申请取得36号职工住宅楼《建设工程施工许可证》。(2)拆迁情况。总部住宅建设项目的拆迁工作分两类:一是原有办公性质用房,产权隶属中国铁道建筑集团有限公司,如铁建医院、印刷厂、24号楼;二是业主完全拥有产权的住宅房屋,如西院1号、2号、5号、6号、14号楼。2月,铁建医院、印刷厂及报社楼地面房屋拆除完毕,达到现场三通一平。其中西院搬迁根据相关政策和在充分调研的基础上,3月5日,指挥部召开改选西院住宅建设临时业主委员会居民代表的相关会议,并编写《关于改选西院住宅建设临时业主委员会居民代表的通知》,编制完成《复兴路40号院西院住宅建设临时业主委员会居民代表选举办法》,同时制定《复兴路40号西院住宅建设临时业主委员会居民代表选票》,通过西院全体居民无记名投票选举和大院居委会推荐后,于4月23日成立由23名居民代表组成的西院临时业主委员会,并由西院业主代表参与户型优化和主持搬迁腾退工作。5月14日开始,开展对26号楼部分房型方案优化,多次组织西院临时业委会召开优化成果汇报会,不断完善户型设计和优化方案工作,按照西院居民要求,把两梯四户户型优化为一梯两户、南北通透、三居室;5月30日,西院业委会通过并签署《新建26号楼户型优化方案决议》。为让西院居民全面知悉回迁政策,在经过和西院临时业主委员会的多次研究后,制定《复兴路40号新建26号楼回迁户集资建房配售办法》,并于9月12日向西院全体居民进行公示。关于西区拆迁户,进行全面摸底,掌握基本情况,建立拆迁户档案,开展一对一的入户宣传和谈话,对住户进行政策解释、形势分析和沟通交流,223户回迁居民中,已签搬迁协议的住户218户,占西院回迁居民总数的97.7%;已签户型优化方案的住户201户,占回迁住户总数的90.1%。按照统一安排针对西院拆迁工作开展宣传攻势,张贴标语200张,悬挂横幅35条,公布《致西院居民一封信》公开规划方案信息和截止日期。对西院居民填写的"中央在京单位职工住房情况登记表"进行梳理和统计,分别于11月7日、11月13日、12月6日向全体西院住户公示回迁居民的工龄分排序情况(三次公示),公布住户排名打分表。继续对西院回迁适用的政策法规进行研究,聘请律师事务所对西院的回迁工作给予法律咨询,为解决回迁工作增加法律途径、提供法律保障。对排序情况进行公证,继续开展选房工作,对于不进行选房的阻碍户进行公布,组织全部回迁户、单位、亲戚、子女进行全方位耐心说服工作,力争对搬迁工作扫除全部障碍。为做到同步建设,与西区政府主动接触、加强沟通、达成共识,西院建设统一由中铁建设集团有限公司组织实施。（樊祐修）

【24号楼腾退情况】 针对24号楼腾退工作,指挥部于2019年2月分成5个调查组,依照依法合规、尊重历史、尊重现实的原则,再次对24号楼住户逐户进行系统全面的调查和详尽的信息收集,通过与住户对话、诉求登记、走访单位、调查相关档案资料等工作,充分掌握腾退户的基本情况。调查期间,建设领导小组多次组织召开24号楼住户调查信息研讨会,对每户情况进行讨论研究,同时根据24号楼实际居住率情况,制定住户对24号楼的依存度分析。3月20日,建设指挥部把24号楼住户调查情况进行分类、整理,并编制《24号楼住户调查情况汇报》材料,由北京京师律师事务所出具法律意见书。为更好地推进24号楼的拆迁工作,6月5日,股份公司召开总部住宅建设推进会;6月25日,总部大院建设领导小组召开约谈工作会;7月15日,股份公司召开第51次党委常委会;7月19日,股份公司党委和纪委共同组织召开总部住宅建设推进会。指挥部按照程序继续约谈腾退户,尽职尽责做好与住户的谈话工作,同时向外部单位住户的所在单位发送《24号楼腾退工作协助函》。7月18日,指挥部在24号楼张贴最后一次腾退通知;10月18日,由作为总包单位的中铁建设集团有限公司正式成立拆迁领导小组,制定拆迁方案,落实拆迁工作。指挥部通过合法合理手段,采取有效的措施,24号楼腾退户由2019年初的63户减少至30户,所涉及的内部单位由11家减少至4家,为后续工作打下坚实的基础。同时为应对24号楼的群访、闹访等极端行为,进一步建立健全相关部门、单位间的联动机制,构建权责清晰、流程规范、协调高效、配合有力的接访工作制度,有力化解24号楼租户多次到总部集团、街道派出所、总部房地产管理中心以及向北京市政府相关部门进行不实反映的不利局面。（樊祐修）

【前期现场准备情况】 2019年5月,总部房地产管理中心进行新建住宅项目的污废水报装手续并对新建项目周边地下物及管线进行测绘,在拆除原铁建医院建筑物后，对地下物及管线测绘时，探测到24号楼北侧有燃气中压管道，需改移后地面才可开挖。该区域属北京燃气四分公司管理范畴，报批燃气改移手续，燃气设计合同已签订实施，待24号楼拆除后，把燃气改至24号楼南侧建设用地红线内。新建住宅配套以及腾退用房简易装修。为配合24号楼拆迁安置，完成29号楼地下11间房屋装修隔断项目，同时完成西二层卫生间及6间办公室简易装修项目。完成东院新建住宅北侧旧围墙拆除及支护工程；完成东院新建住宅化粪池及24号楼临时污水管工程；完成复兴路40号院88号楼污水（含化粪池）及玉泉东市场管沟（含管线）改移工程。（童联合）

【2019年小型、大修项目及设备改造更新】 根据《关于下达2019年小型建设项目和更新改造项目计划的通知》要求，总部集团2019年小型建设项目和更新改造项目工程28项。截至2019年底，除第11项部分未实施外，其余均已全部完工，结算审计完成15项，结算在审12项。（1）锅炉房大厦办公供暖系统新增软化水处理设备项目。合同工期2019年8月28日至2019年9月28日，合同投资244722.27元，结算在审。（2）锅炉房内大厦供暖循环泵大修项目。合同工期2019年8月28日至2019年9月28日，合同投资141541.08元，结算在审。（3）18号楼地下空间安全隐患整治工程。本工程为根据万寿路地区安全生产委员会2017年12月7日下达的整改通知，于2019年12月20—26日完成对18号楼地下空间重大安全隐患整治工作。在2018年报2019年大修计划时补充计划并签订合同，合同投资219946元，结算审计完成。（4）75号楼南电梯紧急抢修工程。2017年11月至2018年6月由于该楼二层装修改造，频繁运送装修渣土和装修材料，致使电梯超重超载使用，造成电梯的变频器损坏，无法使用。在2018年报2019年大修计划时补充计划并签订合同，合同投资29000元，结算审计完成。（5）活动中心楼消防主管与铁建大厦消防主管碰接工程。活动中心楼消防改造时，需与铁建大厦消防主管相连接，并设置相应的2座室外井室。在2018年报2019年大修计划时补充计划并签订合同，合同投资172028元，结算审计完成。（6）铁建大厦供暖系统改造工程。为保障冬季办公楼供暖，紧急采购安装一套膨胀稳压系统及更换补水控制箱变频器，把文化活动中心楼供暖管网接至铁建大厦供暖系统上。在2018年报2019年大修计划时补充计划并签订合同，合同投资169412.5元，结算审计完成。（7）文化活动中心零星工程。因该工程与2018年大修计划文化活动中心装修工程有关联，是同一时期施工项目，需在文化活动中心装修工程审计定案后签订合同。（8）75号楼监控系统更换大修项目。合同工期2019年8月28日至2019年9月28日，合同投资130163.20元，结算在审。（9）石雀胡同33号房屋（含门楼）大修工程。因住户反映自家住所屋顶破损严重，雨季渗漏水，严重影响正常生活，需紧急抢修。在2018年报2019年大修计划时补充计划并签订合同，合同投资63223.51元，结算审计完成。（10）活动中心南侧室外5号箱变护栏维修更换工程。因箱变室外钢制栏杆年久老化，存在误入易发生高压触电事故，需紧急抢修。在2018年报2019年大修计划时补充计划并签订合同，合同投资31734.88元，结算在审。（11）铁建大厦A、B座消防隐患改造工程。该项目中含两部分内容：一是A、B座的消防设施设备已有近10年的使用时间，各个系统的电子元器件全部老化，由消防维保单位进行检查并实施的部分，合同工期2019年5月16日至2019年7月31日，合同投资90000元，结算在审；二是B座5~6层铁道兵纪念馆消防改造工程，招标准备工作已进行。（12）铁建大厦B座8层档案库消防改造工程。施工时间2019年7月10日至2019年9月21日，合同投资815169.8元，结算在审。（13）铁建大厦A座东、西厅旋转门大修工程。其中，西厅合同投资47700元，结算审计完成；东厅合同投资79800元，结算在审。（14）铁建大厦A座中控室UPS大修及蓄电池更换项目。合同工期2019年9月16日至2019年11月14日，合同投资74140元，结算在审。（15）铁建大厦A座电梯购买3台主机旋转编码器项目。合同工期2019年9月10日至2019年10月10日，合同投资29250元，结算在审。（16）铁建大厦A座消防应急电源更换21套主板项目。A座消防设施设备已有近10年的使用时间，各个系统的电子元器件全部老化，由消防维保单位进行检查。合同投资171150元，结算审计完成。（17）铁建大厦A座制冷站更换阀门项目。合同工期2019年10月1日至2019年10月31日，合同投资69595元，结算审计完成。（18）铁建大厦A座更换灭火器项目。合同工期2019年7月5日至2019年7月19日，合同投资76598元，结算审计完成。（19）铁建大厦更换幕墙玻璃项目。合同工期2019年9月12日至2019年10月31日，合同投资49537元，结算在审。（20）铁建大厦B座室外弱电井增设导流井及污水泵项目。合同工期2019年8月28日至2019年9月28日，合同投资114920.77元，结算在审。（21）中国铁建大厦A座1505、1506、1110、1502、7层增设办公室、零星办公室的改造装修工程。工程均为在2017—2018年期间因办公室调整紧急装修改造工程，在2018年报2019年大修计划时补充计划并签订合同，合同投资分别为

587873.46 元、545459.61 元、886288.67 元、426857.09 元、151332.01 元、410332.09 元，结算审计均完成。(22)文化活动中心室内精装修工程(补充)。因 2018 年大修文化活动中心室内精装修工程的审计报告未出，无法明确该补充协议的金额，待审计报告出来后，超出原概算部分的金额签订补充协议。(23)文化活动中心消防改造工程(补充)。已签订原 2018 年消防改造工程结算报告超出原概算部分的补充协议，已付款。

(白立国)

【计划外大修施工项目】　截至 2019 年底，除计划内小型项目，计划外大修施工项目 4 项，完成 1 项。(1)铁建大厦 A 座办公楼安防及会议系统改造工程。2019 年 5 月 24 日，根据行政办公室呈批件，拟对铁建大厦 A 座监控系统及会议系统进行改造升级；5 月 30 日，中铁第五勘察设计院集团有限公司设计现勘；7 月中旬，铁五院拿出初步设计方案及初步概算；7 月 25 日，组织到超大 LED 显示屏厂商利亚德集团(北京)展厅实地参观考察；8 月 2 日、8 月 30 日，分别组织中铁建设集团设备安装有限公司、中铁二十二局集团电气化工程有限公司、中铁十九局集团电务工程有限公司进行招标工作；10 月 20 日，设计概算和图纸报投资开发部并完成初步概算审核；11 月 26 日，组织开展 A 座监控安防及会议系统改造项目的方案及施工组织专家评审；12 月 10 日，完成立项资料的准备工作。(2)铁建大厦 A 座两侧电梯改造工程。10 月 14 日，根据《关于对大厦 A 座电梯进行改造的请示》，10 月中旬，邀请设计单位铁五院、安装单位北京中铁电梯安装公司等现勘；10 月下旬，拿出电梯改造方案的初步设计和设计概算；11 月 29 日，组织开展铁建大厦 A 座两侧电梯改造工程设备选型专家评审会；其中铁建大厦 A 座中间总部电梯改造方案的初步设计、概算已出。(3)铁建大厦 A 座东侧 1 层餐厅改造装修工程。10 月 14 日，根据《关于将大厦 A 座一层东侧区域改造为商务接待用房的请示》，10 月中旬，邀请设计单位铁五院、装饰设计单位北京中铁装饰工程有限公司等现勘；11 月上旬，接待用房餐厅改造装修的初步设计、概算已出，同时组织施工单位进场施工。(4)B 座地下 1 层增设隔墙项目。10 月中旬，开展对院区及 A、B 座进行例行消防安全检查，B 座地下 1 层快乐娃大卖场与 B 座弱电机房及电梯厅交接处，存在消防安全隐患。为防止隐患发生，对以上部位进行砌筑隔墙。根据 10 月 30 日原设计院出具地下 1 层增设隔墙及防火门的意见，对此处进行施工。(5)铁建大厦 A 座 6～7 层装修改造工程。根据《关于装修改造办公用房的请示》，3 月20 日，邀请装饰设计单位北京中铁装饰工程有限公司现勘；3 月底，6～7 层装修区域的设计图纸以及初步概算已出；4 月 25 日，总部房地产管理中心对该工程立项；5 月 21 日，经营计划部对该工程下达概算批复文件；6 月 3 日，对该工程进行邀请招标并确定中标单位。合同日期 2019 年 6 月 30 日至 2019 年 8 月 31 日，结算在审。

(白立国)

【总部集团人民防空委员会及办公室工作】　中国铁道建筑集团有限公司人民防空委员会由所属在北京 11 个单位组成，分管总部领导任委员会主任，在京单位分管所属总部领导、总部房地产管理中心主任组成委员。总部集团人民防空委员会下设总部集团人民防空委员会办公室(以下简称人防办公室)，人防办公室设在总部房地产管理中心基建处。2019 年，总部集团在京人防单位 11 个，地下空间总面积 178736 平方米、54 处，其中人防工程总面积 59615 平方米，普通地下室面积 119121 平方米。2019 年，与在京 11 家人防单位签订 2019 年度人防工程安全管理责任书，签约率 100%。在元旦、春节前，开展在京 11 家人防单位地下空间及人防使用全面检查，其中 2 家单位检查不合格，并下发整改通知书，1 月至 2 月进行第二次检查。围绕“统筹兼顾”，夯实基础性工作。加强人防宣传教育与交流，召开 2019 年度人防工程安全管理座谈会，学习党的路线、方针政策，坚持平战结合原则，充分利用现有资源，积极拓展宣传教育功能，组织全民国防教育日主题宣传，增强干部职工的国防观念和防空防灾意识。结合“‘5·12’防灾减灾日”集中开展宣传活动，普及防空防灾意识。办理并取得铁建大厦 A 座、B 座，大院 58 号、68 号、78 号、10 号楼，中铁二十二局集团有限公司房山良乡基地 1～10 楼，中铁第五勘察设计院集团有限公司 1 号地下车库、7 号住宅楼，中铁十九局集团有限公司办公楼，中铁建设大厦办公楼《普通地下室安全使用备案登记表》及《人防平时使用证》。围绕“平战结合”，加强地下空间综合管理，清理整治人防工程、普通地下室。

2019 年，总部集团人防办公室对在京人防委员会的 11 家单位地下空间和人防工程进行现场检查，发现并解决问题，对在京单位地下空间的安全隐患进行排查，合理合法安全使用普通地下室，消除安全管理工作的思想盲区、管理盲区和执行盲区。对部分隐患问题立即整改，对其余不能当场整改的进行约谈，限期整改；对管理存在安全隐患、整治不到位的地下空间管理单位再次下发限期整改通知书。组织在京人防单位报名参加中央国家机关人防办公室地下空间安全使用网上培训，9 家单位、90 人报名网上培训，60 人学习完毕通过考试，取得地下空间安全管理资质。为理顺关系，办理在京单位（中铁十九局集团有限公司、中铁建设集团有限公司）人防工程移交手续，配合中央国家机关人防办公室、北京市民防局办理地下空间相关手续。按照国管局人防办公室《关于启用中央国家机关普通地下室信息管理系统和使用登记备案系统的通知》要求，启用在京单位普通地下室信息管理和使用登记备案系统；按照《关于开展中央国家机关地下空间普查工作的通知》要求，全面、准确、完整地普查地下空间统计工作。6月11日，根据《关于做好2019年地下空间防汛工作的通知》，人防办公室对在京各单位防汛准备工作情况进行全面检查，摸底排查在京10家单位防洪设施和地下空间工程，并对在京各单位防汛责任者、防汛预案、防汛值班制度、防汛物资储备、抢险队伍建设等情况逐一进行落实，对检查中发现的突出问题和安全隐患提出整改意见和要求，开展对防汛工作及时、全面安排部署。围绕防汛安全进行防汛安全检查，全面彻查安全隐患，重点对地下空间、地下车库，对排水泵、雨水管等工程设施保养维护，储备必要抢险救灾的物资、器材，落实防汛值班责任制和领导带班责任制等安全检查排查。（李忠林）

【房地产管理】　截至2019年底，管理北京市海淀区复兴路40号院、石景山区玉泉路65号院、丰台区小屯路东里2号院、西城区鼓楼西大街146号、东城区前圆恩寺胡同12号、东城区石雀胡同33号、朝阳区新源里东5楼7处房地产，总建筑面积400685.31平方米，其中住宅面积261151.61平方米、办公面积139533.7平方米，总用地面积118187.39平方米。全年办理新增及历史遗留11户职工住宅不动产登记证，协助调整配售住房，向新一届总部调整配售住房工作委员会及其办公室提交调整配售住房方案，办理职工住宅上市交易36户，监督并协调在京单位职工住房档案信息管理工作。参与房产诉讼9户，解决3户旧房转移登记历史遗留问题。向国家机关事务管理局上报2019年度在京单位土地使用核查情况及2020年度用地计划。协调、督促财务资金部、中铁建商务管理有限公司建立总部集团已售住房公共维修资金台账，协调公共维修资金使用、管理工作。全年开具职工住房证明216份；管理住宅区地下车库4个、车位1062个，办公区委托商务公司管理，涉及地下车库2个、车位472个。全年股份公司办公用房26819.49平方米，档案馆在B座8层办公用房2413.04平方米。总部集团用房主要集中在75号楼（游泳馆），总面积6131.34平方米；铁道兵纪念馆在B座5层、6层，总面积5151.73平方米。

（白立国）

【物业管理】　（1）核查2019年度物业管理及年度物业费。公司总部院区办公区（75号楼和公共场所及其他附属设施）支付253915.66元；股份公司档案馆支付528455.76元；铁道兵纪念馆支付1410286.09元。（2）核查2018—2019年采暖季取暖费。公司总部院区办公区支付285868.8元；股份公司档案馆支付172509.28元（含制冷费）；铁道兵纪念馆支付442859.04元（含制冷费）。（3）核查2019年度水电费。每季度派人核查公司总部院区办公区、铁道兵纪念馆、股份公司总部及档案馆水电费。股份公司总部（含档案馆）支付2493979.49元；公司总部院区办公区支付458181.88元；铁道兵纪念馆支付97493.3元。

（白立国）

【委托管理事项】　2019年，委托中铁建商务管理有限公司（以下简称中铁商务）管理有关事项。（1）公共用房管理。委托管理75号楼、64号楼（西二层）、铁建大厦A座一层西南角总部汽车队办公用房、23号楼（锅炉房）、铁建三招、总部食堂餐厅及操作间、游泳馆游泳池及更衣室、住宅地下空间、设备房及电梯间等19122.28平方米。（2）临时安置过渡用房。委托管理64号楼、29号楼地下二层部分房屋25间3300平方米。（3）租赁用房管理。由总部集团、中铁商务与租赁单位签订三方租赁合同，中铁商务负责租赁房屋的使用管理，催收房租费用，并从中提取10%的管理服务费；总部房地产管理中心负责监督房租费收缴情况。主要为铁建大厦A座36885.19平方米、铁建大厦B座35846.28平方米的管理工作。（4）地下车库管理。委托管理铁建大厦A座293个车位、铁建大厦B座179个车位及总部院区车库：68号楼车库794个车位、58号楼车库160个车位、78号楼车库108个车位。（5）委托、监督中铁商务管理2019年度总部集团（股份公司）直属机关的部分公共社会事务管理工作，包括联系地方政府、交通安全、消防安全、爱国卫生、绿化美化、防疫防治、防洪防汛、门前三包、避雷针检测、集体户口管理等。（白立国）

【“三供一业”移交】　2019年，总部职工家属区“三供一业”分离移交工作按照国资委及股份公司要求，积极推进落实，克服重重困难，破解历史难题，全部完成“供水、供电、供热”及“物业”移交与相关接收单位的框架协议及正式移交协议的签订，并拨付“供水、供电、供热”移交改造费用1822.1万元。（1）供水移交。涉及北京市海淀区复兴路40号院的全部家属区，14栋家属楼，建筑面积231557平方米、1586户。截至2019年底，分离移交改造工作基本完成，实现由自来水集团直接向住户供水、收费，供水分离移交（维修改造）协议正式协议已签订完成；全部支付移交改造费用174.8万元。其中相关设施维修维护费、可研费、旧设备设施拆除费均为0万元，设计费8.5万元，施工费161万元，监理费5.3万元；收到国拨资本补贴78万元。（2）供电移交。涉及海淀区复兴路40号院的全部家属区，14栋家属楼，建筑面积231557平方米、1552户。完成分户电表更换工作，实现由电力公司直接向住户服务、收费，分离移交（维修改造）实施协议签订完成。全部支付分离移交改造费用1427.8万元。其中，相关设施维修维护费50.9万元、可研费4.5万元、设计费48.6万元、旧设备设施拆除费86.6万元、施工费1198.7万元、监理费38.5万元。收到国拨资本补贴637.14万元。（3）供热移交。涉及海淀区复兴路40号院13栋家属楼（不含83号楼），建筑面积222619平方米、1529户。完成锅炉房设备维护，更换相应的检测设备；签订分离移交（维修改造）实施协议。分离移交协议总价款230.8万元，拨付协议金额219.5万元。其中，相关设施维修维护费10.7万元、可研费1万元、设计费10.3万元、旧设备设施拆除费11万元、施工费191.4万元、监理费6.4万元。收到国拨资本补贴102.99万元。（4）物业移交。涉及海淀区复兴路40号院14栋家属楼及小瓦窑2号、3号楼共1647户。分离移交（维修改造）实施协议签订完成。物业分离移交协议费用9643.08万元，2019年9月审定金额3658.1万元，费用已拨付；国拨资本补贴申请未批复。（白立国）

信息化管理

【信息化管理部】 主要职责：贯彻落实国家和有关部委信息化战略、方针和政策以及工作要求，研究制定中国铁建股份有限公司（以下简称公司）信息化战略，组织建立和完善信息化组织管理、架构管理、标准体系、制度办法等在内的互联网技术治理体系；组织建设核心业务信息系统与集成共享；承担中国铁建网络安全和信息化领导小组办公室工作职能，负责信息化工作考核；制定和滚动修订公司信息化发展规划，审核所属单位信息化规划和年度建设计划并监督实施；负责组织全系统统建信息化项目建设和管理，支持和指导各业务部门和所属单位的信息化建设工作；负责公司总部信息技术支持和保障管理，建立和维护信息系统运维管理体系；负责全系统软件资产管理，信息系统风险管理和内控工作；负责推动、改进与完善信息技术应用与管理；负责全系统信息化业务培训；承担国家有关部委、股份公司下达的信息系统科技攻关任务。定员12人，设总经理1人、副总经理1人；内设设计规划处、项目管理处、基础平台处、安全运维处。（张一鸣）

【建设和实施信息化体系】 2019年，积极推进全系统信息化治理体系、架构管控体系的建设和实施。发布《2019年度信息化工作考核情况》，推动各级进一步对相关管理制度、管理流程进行优化理顺，梳理信息化预算和投资管理工作思路，调整网络安全和信息化委员会组成人员及职责。（张一鸣）

【人力资源管理信息系统群】 2019年，推进人力资源管理信息系统群开展第二阶段工作，并协同党委组织部（人力资源部）积极推进全系统薪酬、社保、培训等其他人力资源管理业务的分步开发，积极推进人力资源管理信息系统群各核心专业子系统实现自主可控。（张一鸣）

【经济管理信息化建设】 2019年，协同运营管理部（总部集团战备部），以工程承包板块为突破点，以项目为出发点和落脚点，以成本管理为核心，以合同为主线，以试点单位为切入点继续推进经济管理信息化建设工作，完成样板系统的需求梳理；同时以公共数据为核心，以股份公司信息化试点单位为样板，开展经济数据标准化工作，启动涉及经济管理信息化建设所需的工程基本信息等8个公共数据管理子系统建设，为下一步项目立项并开展全面建设打下基础。（张一鸣）

【银行账户管理信息系统建设】 2019年，协同财务资金部，积极推进全系统统一的银行账户管理信息系统建设，为管控“人、财、物”中的全系统资金情况打下基础，同时为其他业务系统提供银行账户主数据。截至2019年底，银行账户管理信息系统功能基本完成。（张一鸣）

【一体化技术平台建设和试点】 2019年，全面推广统一的一体化技术平台三个组件中的单点登录和应用注册中心，接入各级单位123个系统，完成注册3个API（应用程序的调用接口），为各级单位15个系统提供API授权。根据确定的第二批试点单位试点方案，推进和指导各试点单位开展试点工作。组织一体化技术平台的培训宣贯，总部4个部门、28家二级单位和50家国内软件公司等单位251人参加。协同发展规划部完成机构管理信息系统建设，组织机构较多的36家单

位集中进行机构梳理,确保机构数据的准确性,为其他业务系统提供"机构"数据主线服务。(张一鸣)

【全面启动系统群建设】 2019 年是国务院国资委国资监管信息化建设"三年行动计划"的第二年,根据国务院国资委发布的 2019 年信息化工作重点,中国铁建作为试点单位,全面参与国务院国资监管信息化建设重点工作任务。一是推进中国铁建"三重一大"系统建设,由党委办公室牵头,董事会办公室、行政办公室、信息化管理部及所属各集团公司业务骨干组成"三重一大"系统项目组推进系统建设,中铁建网络信息科技有限公司承接开发工作。截至 2019 年底,按照国资委要求,完成系统第一、第二阶段性工作目标,实现股份公司与二级单位业务应用全覆盖。二是启动中国铁建数据共享采集平台建设,按照国务院国资委要求积极采购部署相关硬件、软件、安全环境,并完成部署。三是启动国务院国资委国有资产监督追责工作系统测试。协同审计监事部,按照国务院国资委要求开展监督追责系统的硬件环境准备和测试工作,并为 2020 年度启动建设中国铁建监督追责系统开展准备工作。

(张一鸣)

【云数据中心和灾备中心】 2019 年,为逐步开展"大数据、云计算、移动互联和人工智能"等新的互联网技术应用,启动中国铁建云数据中心和灾备数据中心的规划、设计和报批工作。经过与投资开发部密切配合,年内完成灾备中心的立项审批工作。(张一鸣)

【网络安全管理与保障】 2019 年,开展对春节、"两会"、新中国成立 70 周年人庆和军运会期间的网络安全管理与保障;印发《配合公安机关开展 2019 年网络安全执法检查工作方案》,积极配合公安机关开展年度网络安全执法检查,并对所属 13 家二级单位进行网络安全督察,对总部 29 个已建系统和 3 个在建系统开展等级保护工作。开展综合监控平台功能 2.0 系统建设,充分发挥其监控预警作用;开展全系统统一的安全电子邮件系统建设与部署,完成与一体化平台的对接。年中举办网络安全技术培训,采取小班授课的形式,手把手教技术,提高各单位网络技防水平,并在年底组织召开网络安全工作会议,以会代训,深化对等级保护新标准体系、密码法等重要网络安全知识和工作要求的理解,为参加公安部重要网络安全活动对重要信息系统基础设施网络安全攻防演习做好准备,了解最新的网络对抗攻防知识,通报在督察中发现的网络安全问题,全年累计培训 330 人次。开展灾备数据恢复和网络安全应急预案演练,并针对发现的问题进行整改与持续改进;积极参加公安部举办的中央企业网络安全技能大赛,在 150 支中央企业队伍中获得团体第 32 名。7 月,在公安部举办的"2019 中央企业'智能+'网络安全优秀解决方案征集活动"中,中国铁建"网站群平台系统'智能+安全建设'解决方案"获优秀解决方案奖。(张一鸣)

【软件资产管理】 2019 年,严格按照年初发布的工作方案落实部署,严抓基层软件资产管理落实,坚持"买所用,用所买",重点抓向基层和海外推进落实,提升国产化率、压缩集采周期以降低交易和使用成本,软件资产管理保持常态化,全年未出现因使用非授权软件引发的纠纷或诉讼。全年各单位开展对 271 个基层单位进行软件资产管理培训与检查督导,中国土木工程集团有限公司、中铁十一局集团有限公司等单位采取多种措施加强海外软件资产管理。按计划举办 1 期管理培训、2 期应用操作培训和 9 场网上培训,培训 9636 人次,编发《集采软件产品体系与授权模式汇编》;组织开展三家国产软件应用推广活动,全系统参与活动 127169 人次,国产化率数量占比 56.7%、金额占比 12.3%;组织两轮集采,采购软件 7479 套(含续费)2469 万元,降低采购成本 162.5 万元至 348.9 万元,采购周期压缩到一个月以内,清理解决集采遗留问题。(张一鸣)

【信息系统建设与运维管理体系】 2019 年,完成 17 项 OA 协同办公系统的功能优化和新增功能开发,其中行政办公室 10 项、工会工作部 3 项,党委组织部、审计监事部、海外业务部、信息化管理部各 1 项,提高总部工作效率。基于一体化技术平台,协同党委组织部启动党务管理信息系统建设;完成报表大厅系统的整体迁移和重新部署;专利管理系统完成上线验收并开启内部专题专利数据库服务。协同各业务部门开展资本运营管理系统、实物资产运管系统、审计管理系统二期、审计数据管理系统、经营计划管理系统、海外业务信息系统二期和工程量清单管理系统的建设和验收。按照国资委要求,组织总部本级和所属单位完成 2019 年度 IPv6(互联网协议第 6 版)改造相关任务;与中铁建网络信息科技有限公司签署统一的信息系统运维协议,对现有各自为政的维护方式进行整合。完成法律合规等系统的运维合同签订,加强现有中心机房运行维护和桌面终端运维,对各类设备进行安全升级,开展视频会议系统设备集采谈判,启动集采工作。

(张一鸣)

【开展信息化沙盘演练活动】 2019 年,在总结 2018

年信息化沙盘演练成功经验的基础上，组织中铁十六局集团有限公司、中铁二十局集团有限公司开展演练活动，各级管理层和业务骨干积极参与，提高信息化价值体验，提升对信息化的认知和支持工作。（张一鸣）

【《中国铁建股份有限公司信息化项目内部采购实施细则》发布】 2019 年，根据《股份公司党委 股份公司关于重组成立中铁建网络信息科技有限公司的通知》，为有效扶持和推动中铁建网络信息科技有限公司持续健康发展，规范信息化项目内部采购工作的实施，结合公司实际情况，由信息化管理部提出建议，公司总部经营计划部、财务资金部、法律合规部共同参与，认定本次内部采购综合单价，有效期 2 年，自 2019 年 4 月 8 日起至 2021 年 4 月 7 日止。经 2019 年第 6 次总裁办公会审议通过，7 月 5 日发布《中国铁建股份有限公司信息化项目内部采购实施细则》（中国铁建信管〔2019〕93 号）。（张一鸣）

【信息化预算投资完成情况】 2019 年，中国铁建系统实际完成信息化投入 62321 万元，完成年度投入计划 71215 万元的 86.1%。其中，信息化投资 40388 万元、信息化费用 21933 万元。从投入方向来看，系统建设投资 19887 万元、基础设施投资 10284 万元、软件资产投资 10217 万元、系统运维费 3635 万元、基础设施运维费 4139 万元、网络通信费 10588 万元、咨询费 1199 万元、其他费用 2370 万元。（张一鸣）

法律事务

【法律合规部】 主要职责：负责中国铁建股份有限公司（以下简称公司）法律合规工作；贯彻执行国家法律、法规，参与公司重大经济活动的规划，提出减少、避免法律合规风险的措施和法律合规意见；审核、修改经济合同、协议和重要规章制度；代表公司处理诉讼、仲裁、行政复议案件；参与处理公司债权债务的清理和追收工作；参与企业的重组、分立、并购、兼并、注销、撤销、合并、破产、解散、投融资、担保、租赁、产权转让、投招标等重大经济活动，处理有关法律合规事务；负责选聘律师，并对其工作进行监督和评价；开展法律合规咨询；指导公司本级境外公司、项目部的法律合规工作；负责公司合规风险管理，组织拟订、制定公司合规政策和规章制度，主动识别、评估、检测和报告公司合规风险，并提出有效的风险处置方案；负责组织提供上市公司规范运作的法律服务。参与公司总体发展战略及中长期规划的研究制定、社会责任报告的编撰并提供相关资料；参与全面风险管理和内控相关工作；参与绩效考核及投资收购、并购重组、投资后评价相关工作；参与概预算梳理、设计变更、经济索赔工作；参与信息化建设工作。承办中国铁道建筑集团有限公司相关法律事务。定员 8 人，设总经理、副总经理各 1 人；下设法律处、合规处。现员 6 人，转岗 1 人。（孙逸文）

【"法治铁建"建设顶层推动】 （1）领导高度重视。公司领导多次强调要依法合规经营、合规执行，要求从公司长远发展角度出发，快速提升公司法治管理水平，防范经营风险，实现可持续发展；并多次强调加强风险防控与法律合规管理，提升公司法律合规管理能力。2019 年 7 月 1 日，中国铁建组织召开合规工作大会，公司领导班子、总部各部门负责人、法律合规部和海外业务部全体人员以及所属各二级单位法定代表人、业务分管领导、合规部门和海外部门负责人 270 人参加会议，总结、分析和部署合规体系建设工作。35 家二级子企业召开年度法治工作会议，部分单位主要领导出席法治工作会议并部署工作任务。公司总部及 38 家二级子企业成立以主要领导为组长的法治建设领导小组。（2）顶层设计有力。公司领导高度重视法治建设，连续在全系统年初、年中工作会议和党委全体会议上明确提出各级企业主要负责人要切实履行推进法治建设第一责任人职责，并部署法治工作重点任务。截至 2019 年底，有 38 家二级子企业把法治建设核心要求写入公司章程，37 家二级子企业明确负责推进法治建设的董事会专门委员会，37 家二级子企业把法治素养和法治能力作为企业选人用人条件。（3）措施具体务实。9 月，股份公司组织总法律顾问述职会议，要求一律脱稿，未设总法律顾问的单位由主要领导述职，并现场发问和考评打分。10—12 月，股份公司组织对 55 家所属单位、区域指挥部和直管项目进行法治建设第一责任人"回头看"，牢牢抓住"关键少数"，强化第一责任人职责落实。股份公司及 37 家二级子企业把依法治企要求纳入业绩考核体系，按 10 分的分值予以考核评分；38 家二级子企业开展总法律顾问述职，层层推动总法律顾问尽职履责。（孙逸文）

【法治支撑保障改革发展】 中国铁建依法决策机制进一步完善。巩固各类决策会议议题法律合规前置审核机制，总法律顾问或法律合规部是董事会、党委常委会、总裁办公会、投资项目评审会、房地产项目评审会、机构设立评审会等常设决策会议的当然成员，并在会前审核所有涉法议案，会中在业务部门汇报和分管领导发言后第一个发表意见。中国铁建重大项目法律全方位参与服务把关形成常态化机制。2019 年，股份公司法律合规部参与 19 个总承包项目、85 个资本运营项目、101 个房地产开发项目、19 个境外项目、190 个新设公司的评审。牵头组织 6 个上市融资项目的境内外法律顾问选聘、法律尽调。知识产权法律保护应对有效。全年连续就中铁国建及其所属企业、中铁华鑫侵犯中国铁建商标、不正当竞争的行为分别向法院提起诉讼、向商标局提起异议，申请驰名商标认定，检索商标侵权并发出律师函，以及应对中铁国建先发报警中国铁建侵犯其商业信誉经侦刑事案件相关事宜，并取得相关案件一审基本胜诉，积极通过法律手段维护企业知识产权权益。理论实务研究深入开展。股份公司组织 2019 年“推进依法治企、服务品质铁建”法治论文评比活动，开展重点领域法律风险课题研究，设立对外承包工程项目合同法律风险、基础设施项目法律风险、建设工程优先受偿权 3 个课题研究组，2019 年年底前形成成果。 （孙逸文）

【合规管理机构建设】 2019 年 6 月 30 日，成立中国铁建股份有限公司合规委员会，明确合规委员会负责推进公司合规管理体系建设。中国铁建党委书记、董事长陈奋健任主任，总裁、党委副书记、执行董事庄尚标，党委常委、总会计师兼总法律顾问王秀明，党委常委、副总裁汪文忠，副总裁刘成军任副主任。总部各部门负责人为合规委员会成员。合规委员会下设合规办公室，办公室设在法律合规部。办公室主任由副总法律顾问、法律合规部总经理王甲国担任，海外业务部总经理曹保刚、法律合规部二级咨询文荣周、海外部副总经理王永强任副主任。设立首席合规官，由股份公司总法律顾问担任，具体负责领导公司合规管理工作。2019 年下半年，王秀明、汪文忠组织 9 次合规管理工作推进会和 4 次专题会，听取工作汇报，具体部署亲自协调推进合规管理工作。印发《关于加强合规管理机构建设的通知》，要求所有二级单位和规模较大的综合性三级单位比照股份公司成立以主要领导为主任的合规委员会并相应设立首席合规官，要求所属各单位按照全覆盖的原则配备足够数量的合规管理人员。印发《合规官管理实施细则》，明确合规官的设置原则、任职条件、任免程序、工作职责、培训和考核等具体要求。截至 2019 年底，全系统 41 家二级单位设立合规委员会并任命首席合规官。42 家二级单位在集团本级任命专职合规官 110 人，兼职合规官 152 人，其中新增合规官编制 44 人；所属三级单位任命专职合规官 496 人，兼职合规官 486 人，其中新增合规官编制达 148 人；所属四级单位（含项目部）任命专职合规官 162 人，兼职合规官 4361 人，其中新增合规官编制 73 人。合规管理队伍建设初具规模，防控合规风险的能力不断强化。 （孙逸文）

【合规管理制度】 2019 年，印发《中国铁建全面深化合规管理工作方案》，充分分析合规管理工作必要性，制定合规管理工作的指导思想和基本原则，明确深化合规管理工作的“两个阶段”“七大重点”“七大保障落实措施”。印发《合规管理工作总则》《合规行为准则》《投标合规管理实施细则》《第三方尽职调查实施细则》《采购合规管理实施细则》《合同合规管理实施细则》《现金支付合规管理实施细则》《业务招待合规管理实施细则》《捐赠赞助合规管理实施细则》《合规官管理实施细则》10 项合规制度，形成“1 + 9”合规制度体系，有效保证合规管理工作开展的制度化、规范化、流程化。 （孙逸文）

【法律合规培训】 2019 年 4 月，组织中层管理人员（项目经理）法律培训班；5 月，组织 2019 年第一期法律合规工作人员培训班；6 月，聘请外部顾问为总部部门以上领导人员专题讲解构建合规管理体系；7 月，在公司全面深化合规管理工作启动会上，聘请外部专家讲解如何构建合规管理体系；8—9 月，组织为期三周的境内外法律合规专题培训班；11 月，组织 2019 年法律合规暨合规官培训班，组织召开全系统合规制度发布暨培训会议，设立 6892 个分会场，114272 人参训，全面宣贯合规制度。除现场集中培训外，公司还积极推出线上合规培训（网络课程），全面提高全体员工的合规意识。合规办公室创造性地开展合规轮训，2019 年下半年，组织所属二级单位总法律顾问、法律合规部部长、合规业务骨干等到中国铁建总部集中轮训。一方面，广泛听取所属各单位对于合规工作的具体建议意见，确保合规工作方案和制度确实可行；另一方面，抓住“少数关键”，便于他们回原单位具体开展工作；同时也为系统内各单位之间“浸入式”交流合规工作经验提供良好机会。 （孙逸文）

【普法合规宣传交流】 2019 年，通过员工喜闻乐见的方式积极培育合规文化，利用公司多媒体循环播放合规小常识，通过“法治铁建”微信公众号及时分享系统内合规工作动态，在公司官网发布合规公告，号召全体员工依法合规开展工作，制定印发合规手册，方便员工随时随地学习了解公司的合规管理理念，要求全体员工签署合规申明，郑重承诺在本职岗位上依法合规开展工作，设置合规咨询电话和邮箱，方便员工随时沟通咨询合规事宜。通过以上方式，全体人员树立依法合规、诚信经营的价值观，筑牢合规经营的思想基础。8月27日，中国铁建承办中央企业法治工作第八协作组2019年度第2次交流活动，活动主题为合规管理体系建设。国资委政策法规局局长郭祥玉出席活动并讲话，10家建筑建材类中央企业总法律顾问、法律合规机构负责人参加交流活动，并就合规管理体系建设及涉外法治人才培养介绍经验。公司还派人员前往中国中铁股份有限公司、中国交通建设股份有限公司、中国电力建设集团有限公司等中央企业交流学习合规管理经验。（孙逸文）

【法治队伍建设】 （1）总法律顾问制度确保“三个到位”。人员配备到位。中国铁建本级设立总法律顾问、专职副总法律顾问，所属38家二级单位、295家三级单位设立总法律顾问，其中重要子企业总法律顾问设置率100%。职责落实到位。38家二级单位总法律顾问由董事会聘任，4家二级单位把三级单位专职总法律顾问纳入领导班子副职或相当职级待遇管理。作用发挥到位。38家二级单位总法律顾问、法律合规部门负责人均参加或列席重要决策会议并提出法律意见。（2）机构人员“局六处四”目标不断落实。中国铁建明确提出“重要二级企业法律岗位从业人员设置不少于6人，重要三级企业法律岗位从业人员设置不少于4人”的机构人员目标，督促所属各单位利用内部调剂选拔、社会公开招聘、引进应届毕业生、常年法律顾问律所派驻、申请公司统一招聘分配及其他方式尽快配备到位。2019年，中国铁建系统法律合规人员总数和专职人员数量分别比2018年增长12%、14%。截至2019年底，全系统法律合规人员1376人，占公司员工总数的4.6‰，其中专职法律合规人员976人。股份公司及36家二级单位、217家三级单位设立独立法律合规机构。（3）项目法律联络员五项制度全面实施。中国铁建全面推行设置法律联络员、建立日常工作报告、每年定期两次以上业务培训、“导师带徒”、机构挂牌和职责上墙五项制度，固化职责、提高待遇、强化指导，实现项目法律联络员全覆盖、全培训、全补贴。全年全系统新增项目法律联络员182人。截至2019年底，项目法律联络员5954人，开展上传下达、提示督促、参与决策等基础性涉法事务，把法治工作延伸至基层现场。（孙逸文）

【法律风险防范管控】 （1）“一没四不”理念牢固树立。“没有法律意见，领导不签字、议题不上会、单位不用印、上级不受理”的“一没四不”的理念机制深入人心，部分单位探索增加“财务不付款”内容，形成“一没五不”的新理念。四项审核制度不折不扣执行。中国铁建在国资委三项审核的基础上增加授权委托书审核为四项审核制度。全系统规章制度、经济合同、重要决策、授权委托书的法律合规审核率实现100%，并大力推动送审率实现100%。截至2019年底，中国铁建本级审核规章制度115件、重要决策737项、经济合同823份、授权委托书390份；所属各单位审核规章制度1231件、重要决策1652项、经济合同60355份、授权委托书16897份。（2）法律纠纷案件降控成效显著。为进一步应对、化解案件管控被动局面，中国铁建以落实主要领导第一责任人职责为着力点，以加快落实“法治铁建”建设为抓手，以建立健全企业法律风险防范机制为核心，针对案件管控面临的新形势新情况，及时采取措施，推动制定案件降控方案，签订降控责任状，推动实现案件金额呈现较大幅度双降。2019年上半年全部案件、未决案件金额同比分别下降24%、35%。（3）案件管理“五项机制”持续强化。中国铁建从全员（关键是领导）、全过程（关键是事前）、全层级（关键是项目部）、全环节（关键是合同）四个方面对法律纠纷案件预防、控制和处置常抓不懈，狠抓案件降控，重点建立和落实目标责任管理及奖惩问责机制、案件应对处置机制、诉前纠纷应对协调和提示预警机制、案件统计报备机制、内部法律纠纷协调机制等“五项机制”，全面提升案件管控水平和应对处置能力。（4）合作方管理发挥有效作用。持续更新合作方警示名录，发布法人名录2002家、自然人名录903人，对恶意诉讼、非法维权、无意合作的行为，按“灰、黄、黑”三个等级分别提出禁止合作、限制合作、谨慎合作的要求，持续发挥风险警示和惩戒威慑作用。（5）涉外法律风险管理推进更加扎实。中国铁建把境外法律风险防范摆到更加突出的位置，积极构建境外法律垂直管理体系。健全境外法律风险防控制度，组织海外项目法律风险课题研究，并印发《对外承包工程合同法律审核指引》，加强业务指导。推行境外法律差异化网络式管理模式，区分A类支柱类、B类成长类、C类新进类等3类市场，分别建立监督式、对接式、挂靠式法律管理体系。截至2019年底，全系统有境外327个项目和118家子分企业配备专职法律顾问41人，其中20家境外子分公司设立法律机构。（孙逸文）

公安移交善后工作

【铁道建筑公安局移交善后工作组】 2019年，铁道建筑公安局移交善后工作组在中国铁建、铁路公安局、北京市公安局的领导下，始终以习近平总书记党的十八大以来关于公安工作的一系列重要指示为指针，认真贯彻落实党中央、国务院关于公安机构移交善后工作文件精神，充分认识稳定是幸福安康的基本要求，是改革发展的基本前提，是企业发展壮大的基本保证，不忘初心、牢记使命，认真履职，勤勉工作，积极协调，化解矛盾，确保稳定，妥善处置来信来访等移交善后遗留问题，努力推进移交，为维护企业合法权益作出应有贡献。（常金光）

【公安机构移交概况】 2019 年，移交善后工作组认真落实中国铁建领导关于“积极协调、维护稳定、保障权益、抓紧移交”的批示精神。总结借鉴中铁十九局集团六公司公安机构移交工作既稳定公安队伍，又保全企业资产的成功经验。截至 2019 年底，中国铁建系统公安机构已全部移交当地政府管理，但中铁十二、十四、十五、十七局集团有限公司的公安机构尚未全面完成移交，涉及 4 个局 402 位民警。其中，中铁十四局集团有限公司公安处 33 人、中铁十五局集团有限公司公安处 86 人、中铁十二局集团有限公司公安处 137 人及其代管的中铁十五局集团有限公司公安处四分处 13 人、中铁十七局集团有限公司公安处 133 人。（常金光）

【配合锦鲤公司工作】 2019 年，中铁建锦鲤资产管理有限公司（以下简称锦鲤公司），中铁十一局、十九局、二十局集团有限公司锦鲤资产管理分公司等单位先后向移交善后工作组反映有关公安机构移交及其善后工作中遇到问题，希望指导协调解决。通过移交善后工作组多次沟通了解，归纳为 5 个方面的主要问题，在学习掌握相关政策文件的基础上，向分管领导和相关部门（处室）研究探讨解决问题的途径和办法。为保全或降低企业资产流失、顺利推进公安机构移交发挥积极作用。（常金光）

【信访工作】 2019 年，移交善后工作组始终把化解矛盾、维护稳定、妥善处置上访作为重要任务。继续以习近平总书记关于信访工作提出的“诉求合理的解决问题到位，诉求无理的思想教育到位，生活困难的帮扶救助到位，行为违法的依法处理”的基本要求为指针，攻坚克难，勇于担当，力争把问题解决在基层，解决在萌芽状态。全年接待处理来访信件 77 件，电子邮件 39 件，来访人员 43 人次，接待处理 36 件，接收和处理信访电话百余次，调解各类纠纷 21 起，处置群体性上访事件 5 起。（常金光）

【清查梳理公安档案史料】 2019 年，移交善后工作组全面清查整理最后一批公安档案史料和实物，认真做好公安档案进馆、入库、编码、上架准备工作。中国铁建公安机关在企业生产经营过程中形成大量档案、案卷等历史史料和实物，是企业经营活动的重要组成部分，是中国铁建全宗档案的重要组成部分，在企业发展规划、经营决策、处置信访、落实政策、维护稳定、打击违法犯罪、维护企业权益过程中，提供有效凭证、依据，势必发挥不可替代的作用。经初步清查、整理出三大类，38 个文件柜。其中，大型柜 16 个、中型柜 7 个、小型柜 13 个、保险柜 2 个；档案资料 9300 件；公章 330 枚，其中钢印 6 枚；办案、工作录像带 256 盒，录音带 320 盒，光盘 126 张；牌匾 2 个；奖杯、奖旗、奖状各 3 个；老照片 498 张；管制刀具 11 把。现存档案史料时间跨度长、数量大、种类多、内容广、重要性强，均按照国家档案法和中国铁建档案管理规定，集中规范管理。（常金光）

【抓好两个文件的落实】 2019 年，继续敦促中国铁建《关于收集整理中国铁道建筑总公司原公安保卫机构档案的通知》（中铁建办函〔2015〕78 号）和《关于公安机构印章回收有关问题的通知》（铁建公善〔2012〕1 号）两个文件的落实。截至 2019 年底，各单位落实情况良莠不齐，对原公安保卫部门档案史料收集、整理，存在不全、不细、不规范等问题；较为突出的是收缴公安机关印章存在不够重视问题。（常金光）

【配合中国铁建教育培训】 2019 年 3 月，原铁建公安十七公安处郭伟等人在中国铁建股份有限公司大兴党校干部培训班学习期间，结合学习培训实际制作论文和微视频。请求移交善后工作组提供铁道兵保卫部及组建铁建公安机构的历史沿革和打击违法犯罪情况。在移交善后工作组的协助下，丰富学习培训内容，宣传和再现铁建公安保卫部门的历史以及为企业保驾护航的精神。学习培训取得良好效果，受到学员和老师的好评。（常金光）

【协调办理警车牌照】 2019 年，中国铁道建筑集团有限公司行政办公室、总部车队、中铁二十二局集团有限公司反映，铁建公安机关移交前为企业办理的 4 辆警车、中铁二十二局 1 辆警车，在铁建公安局移交到地方后，企业继续使用警车带来诸多不便，以及只有公安机关方可管理和使用警车的总原则。得知情况后，移交善后工作组为维护企业利益，帮助协调解决办理警车牌照过户手续或挂靠工作。（常金光）

【协调查找走失职工】 2019年10月，原中铁十八局集团有限公司公安处一分处处长杜玉明等民警，带中铁十八局一公司走失职工佘晨光亲属到移交善后工作组报告，13日，佘晨光从河北涿州向北京方向走失，请求协调有关公安机关等部门协查。经与北京市公安局治安总队、北京市全国救助中心、永定路派出所、保定市公安局等部门沟通协调，发布协查通报，办理全国走失人口、全国救助人口、公安部DNA查询信息系统等协查手续。截至2019年底，未收到关于走失职工的音讯。 （常金光）

【落实国务院《烈士褒扬条例》《人民警察抚恤优待办法》】 2019年，根据广大民警诉求，移交善后工作组依照国务院《烈士褒扬条例》和两院、六部《人民警察抚恤优待办法》等政策规定，及时收集整理已故民警相关资料，并按有关规定甄选、申报公安英烈。对已经评定为烈士的，依照国家相关政策，帮助协调落实烈士抚恤金、褒扬金及其他待遇。同时，根据已故民警情况向其原单位和家属发通告、唁电，肯定逝者生前功绩，表达悼念之情。年内为中铁十九局集团有限公司公安处副处长吕兴云、中国铁建大桥工程局集团有限公司公安处处长郑天学、中铁二十局集团有限公司公安处三分处派出所所长祝远亮等人办理相关事项。

（常金光）

中铁十五局集团有限公司在承建的鹅公岩轨道专用桥施工中采用的技术创多项国内第一，其中轻荷载隔离式减振垫整体道床施工技术和梁端及钢轨伸缩调节一体化装置都是国内首次应用。图为重庆轨道交通环线鹅公岩轨道专用桥施工现场。

（晋文涛 摄）

科技创新

【科技创新部(技术中心办公室)】 主要职责:负责贯彻国家及有关部委科学技术工作方针、政策、法律法规;负责中国铁建股份有限公司(以下简称公司)科技创新体系建设和管理,包括创新平台、组织体系、制度体系、考核及保障体系等;负责技术中心办公室日常工作;负责研究制定公司科技创新发展战略,提出前瞻性和全局性科技研发规划,开展前沿技术和新技术的信息追踪及前期培育;负责编制公司年度科技研发项目(含企业技术标准)计划、资助经费计划并组织实施;负责科研项目立项、过程管理和结题验收工作,归口对国家级、省部级项目(课题)协同管理;负责科技成果评审(评价)及转化工作;负责公司技术管理工作,包括技术推广、技术交流、技术培训,对特殊工程项目技术方案进行业务指导和管理;负责公司技术标准管理工作,组织企业技术标准体系建设,指导全系统参加国家、行业和社团标准建设工作;负责工程建设工法管理工作,组织公司优秀工法评审,推荐(申报)国家和省部级工法;负责专利管理工作,指导公司知识产权中心建设;负责科技奖励工作,组织中铁建科学技术奖评审,组织国家科学技术奖、省级(行业)科学技术奖及其他科技奖励的提名、推荐和申报工作;负责中国铁道学会轨道交通工程分会、北京轨道建筑学会及其他有关科技社团的管理工作。内设创新建设处、科研处、技术处、学会处、专利管理处。定员18人,现员18人,其中总经理(技术中心办公室主任)1人、副总经理(技术中心办公室副主任)2人;正高级工程师11人、高级工程师5人、高级会计师1人。 (许和平)

【科技工作综述】 2019年,是打造“品质铁建”的开启之年。科技创新部(技术中心办公室)深入学习贯彻党的十九大和十九届二中、三中、四中全会精神,坚决落实国务院、国资委关于科技创新工作的决策部署,坚持创新驱动发展新理念,以提升科技创新能力为核心,狠抓科技重大专项、创新团队建设、技术标准、专利、学会和勘察设计板块管理等方面工作,扎实推进科技创新基础工作,科技创新能力不断增强,为中国铁建高质量发展发挥强有力的支撑引领作用。全年获国家科学技术奖4项,省部级科学技术奖82项;新增省部级工法455项;获第16届中国土木工程詹天佑奖9项;主持和参与制定当年颁布的国际标准2项、国家标准9项、行业标准7项、地方标准17项、团体标准7项,年度授权专利3349件;获第21届中国专利奖9项,其中银奖1项;获菲迪克奖2项并摘得“全球杰出工程奖”桂冠。 (许和平 徐惠纯)

【中国铁建工程实验室(研发中心)】 2019年,为做实做强中国铁建科技创新平台,提升科技创新能力,依据《中国铁建股份有限公司工程实验室(研发中心)管理办法(试行)》,经过专家评审、中国铁建第21次总裁办公会审议,完成中国铁建首批12家工程实验室(研发中心)筹建名单发布。 (丁正全 马金伟)

【科技制度体系建设】 2019年,中国铁建制定《中国铁建股份有限公司工程实验室(研发中心)管理办法(试行)》《中国铁建股份有限公司专家委员会管理办法》和《中国铁建股份有限公司专利信息管理系统应用管理办法》,进一步规范健全科技制度体系,使工程实验室、专家委员会建设和专利信息管理有规可依、有章可循。 (丁正全 徐惠纯 孙嘉良)

【专利数量】 2019年,中国铁建申请专利5402件,其中涉外专利18件、发明专利2056件;新增授权专利3349件,其中涉外专利9件、发明专利438件。截至2019年底,累计拥有有效专利14023件,其中涉外专利13件、发明专利2546件。 (孙嘉良)

【专利转化】 2019年,为进一步加快专利转化,落实国务院国资委《中央科技型企业实施分红激励工作指引》,贯彻中国铁建科技创新大会精神,印发《关于公布2017年度专利转化收益分配方案的通知》(中国铁建科设函〔2019〕1号),开展对中铁第四勘察设计院集团有限公司414名对象实施转化激励,分配金额2634.9637万元,并在国务院国资委中央企业股份和分红激励管理信息系统备案。 (张育红 孙嘉良)

【中国铁建专利高级人才培训班】 2019年,中国铁建与北京大学联合举办为期15天的专利高级人才培训班。培训班邀请北京大学、国家知识产权局、中国专利保护协会、知名律所和服务机构等业内专家授课,系统内49人参加培训。 (张育红 孙嘉良)

【9项专利获中国专利奖】 中国铁建重工集团股份有限公司开发的“一种轨道几何参数单弦测量系统”获第21届中国专利银奖。“桁架梁整体顶推架设方法”“一种用于隧道掘进机的物料吊运装置”等8件专利获第21届中国专利优秀奖。 (张育红)

【41项专利获中国铁建专利奖】 2019年,评选出中国铁建专利奖41项,其中金奖2项,发明专利优秀奖15项、实用新型专利优秀奖24项。 (孙嘉良)

【中国铁建专利信息管理系统】 2019年1月1日,中国铁建专利信息管理系统正式启用,实现对现有专利和新增专利的分级管理(三级法人)、分类管理(按专业领域分14个大类和111个小类),实现与全球专利数据库的对接和共享;实现全员在线、可视化专利检索和分析。专利系统年度登录83139人次,外部专利数据库接口调用202128次。建立地下大空间领域专题专利数据库,促进专利信息的共享和利用。

(孙嘉良 姜海飞)

【知识产权课题】 2019年,中国铁建新立项“建筑行业专利运营体系建设方案制定”“中国卫星导航技术在铁路精密监控领域专利分析布局工作”2项国家知识产权局课题。在研的国家知识产权局“推动中央企业建立知识产权专员管理体系”“中央企业专利运用有关政策分析”和国家铁路局“轨道交通高端装备制造业(隧道与地下工程)关键技术全球专利分析和海外布局策略研究”3项课题顺利通过验收。

(张育红 姜海飞)

【国家知识产权优势(示范)企业】 2019年,在国家知识产权局优势(示范)企业评选中,中铁二十三局集团有限公司通过国家知识产权示范企业认定;中铁十一局集团有限公司、中铁十二局集团二公司、中铁十二局集团三公司、中铁第五勘察设计院集团有限公司4家单位通过国家知识产权优势企业认定。 (张育红)

【中国铁建技术中心网站】 2019年,中国铁建技术中心网站进行改版工作,分为对社会公开部分(外网)和内部科技信息共享平台(内网)。外网入中国铁建网站群管理,旨在宣传中国铁建科技成就,展示科技实力。内网采用中国铁建一体化平台技术,实现全系统人员都可登录并共享丰富的科技资源。内网汇集中国铁建科技政策、历年科技成果信息、科技重大专项情况、各种技术交流材料、统计数据、科技专家等信息7500项,每年及时更新补充。继续与万方数据合作,全年新增学术期刊42万篇、会议论文7万篇、科技成果3万篇、政策法规8万篇,所有数据均按时更新。截至2019年底,网站订阅期刊2256种,在库资料1000万篇,其中学术期刊621万篇、学位论文88万篇、会议论文88万篇、科技成果92万篇、政策法规119万篇。

(彭京渝)

【国家级科研项目】 2019年,中国铁建新增牵头组织国家重点研发计划项目2项,获国家财政资助3881万元。新增主持国家级项目3项,参与国家级项目3项,分别获国家财政资助1064万元、637.62万元。

(丁正全 郑筱彦)

【省部级科研项目】 2019年,中国铁建新增主持省部级课题21项,参与省部级课题23项。

(丁正全 郑筱彦)

【中国铁建科研项目】 2019年,中国铁建科研项目新立项92项,资助5896.4万元。其中,确立A类课题(重大专项)3项、B类课题26项、C类课题53项,另增加总部相关部门申报的管理类课题10项。中国铁建计划资助5896.4万元,其中A类课题资助3096.4万元,B类课题资助2600万元,管理类课题资助200万元。完成中国铁建科研经费拨付,全年拨付5979.74万元。其中,2019年科技重大专项合同首款1402.84万元;2018年及以前科技重大专项中期款866万元;2018年B类课题合同首款1100万元;2019年结题尾款1329.5万元;编制标准和施工手册经费350万元;国家科学技术奖配套奖励150万元;国家科研课题配套资助536.4万元;其他资助245万元。 (丁正全 郑筱彦)

【国家级科研项目管理】 2019年,中国铁建针对“城市地下大空间安全施工关键技术研究”国家重点研发计划项目,组织开展前期考察调研活动。年内完成9个示范工程实施方案和4个装备研制质量管理计划报备,先后完成太原迎泽大街下穿火车站通道示范工程、武汉市轨道交通2号线南延线光谷广场综合体示范工程建设,并组织专家验收。以项目和课题任务书为依据,以完成年度考核指标为重点,狠抓成果管理,定期调度、节点控制、协同推进,编写并报送项目(课题)2019年度科技报告。从科研成果、市场需求、技术壁垒、产业目标4个维度,开展城市地下大空间安全施工关键技术专利布局,形成《城市地下大空间安全施工关键技术专利检索分析报告》。全年发表论文16篇、申请发明专利9件、软件著作权1项,完成新装备设计图2套、关键部件设计图1套,培养研究生1名,集中组织6个课题的7项标准在中国岩石力学与工程学会申请团体标准获批立项;印发项目简报5期。

(丁正全 邹春华)

【中国铁建科技管理业务培训班】 2019年5月14—17日在湖南湘潭举办(第二期),系统内科研骨干人员200余人参加培训。培训班重点围绕科技重大专项管理办法、实施细则、知识产权等方面进行讲解,促进科研人员系统掌握相关办法,提高科研管理水平,有效推进落实各项工作。 (丁正全)

【科技成果评审】 2019年，中国铁建组织科技成果评审231项。其中，23项科技成果达到国际领先水平、95项科技成果达到国际先进水平、89项科技成果达到国内领先水平、22项科技成果达到国内先进水平。

（丁正全　郑筱彦）

【4项技术获国家科学技术奖】 2019年，中国铁建系统获国家科学技术奖4项，其中国家科技进步特等奖1项、二等奖3项。中国铁建港航局集团有限公司参加的“海上大型绞吸疏浚装备的自主研发与产业化”获国家科学技术进步特等奖；中铁第一勘察设计院集团有限公司主持，中铁十一局集团有限公司、中铁十二局集团有限公司参加的“长大深埋挤压性围岩铁路隧道设计施工关键技术及应用”，中铁第四勘察设计院集团有限公司参加的“强风作用下高速铁路桥上行车安全保障关键技术及应用”，中铁十二局集团有限公司参加的“高速铁路高性能混凝土成套技术与工程应用”获国家科学技术进步二等奖。（程博华　李小和）

【82项技术获省部级科学技术奖】 2019年，中国铁建系统获得省部级科学技术奖82项，其中特等奖2项、一等奖20项、二等奖29项、三等奖31项。获得各省（自治区、直辖市）科学技术奖46项，其中一等奖10项、二等奖17项、三等奖19项；获得中国铁道学会科学技术奖26项，其中特等奖1项、一等奖5项、二等奖10项、三等奖10项；获得中国公路学会科学技术奖9项，其中特等奖1项、一等奖4项、二等奖2项、三等奖2项；获得教育部科学技术奖一等奖1项。

（程博华）

【83项技术获中铁建科学技术奖】 2019年，根据《中铁建科学技术奖奖励办法》的规定和要求，评选出中铁建科学技术奖83项，其中特等奖2项、一等奖31项、二等奖50项。（程博华　李小和）

【60项技术获工程建设科学技术奖】 2019年，中国铁建系统60项技术获中国施工企业管理协会工程建设科学技术奖，其中一等奖8项、二等奖52项。

（程博华）

【施工技术方案管理】 2019年，中国铁建以全面落实工程项目《技术方案管理及科技创新方案策划书》为导向，对以武穴长江公路大桥、芜湖城南过江隧道等为代表的中国铁建技术重难工程项目的技术方案和项目技术创新进行过程管控，在管控过程中注重可复制技术的应用、专有技术的培育、专项技术的开发和成套技术的形成，扩大技术重难工程项目示范效应，提升技术创新对现场和市场的支撑力。

（许和平　贯志武　李庆民）

【技术重难工程项目示范】 2019年，确立年度技术重难工程项目16项，其中新立“京雄城际雄安站房1标段”等11项工程，延续“福厦铁路湄洲湾跨海大桥及40米箱梁预制、提运架施工”等5项工程。并以芜湖城南过江隧道为中国铁建企业技术标准应用为试点，强化技术方案、技术标准相互转化应用示范。加强技术重难工程项目的信息掌握，全年编制技术重难工程项目定期报4期。（李庆民　张立青　李凤伟）

【川藏铁路踏勘和建造方案策划】 2019年，中国铁建协同组织全系统对川藏铁路全线的现场踏勘和建造技术方案策划，特别针对川藏铁路重点隧道工程、重点桥梁工程、大型临时工程等展开研究，并组织召开全系统川藏铁路建造技术现场研讨会，结合踏勘和研讨会结论，协调各单位进行川藏铁路各专项技术方案修改完善，持续夯实川藏铁路建设技术基础。

（许和平　李庆民　张立青）

【海外重点项目技术支持】 2019年，从技术方案角度强化对中国铁建“海外优先”战略的支持，深度参与阿联酋铁路二期B、C、D标段，科伦坡港口高架桥，缅甸达拉斜拉桥等项目为代表的海外重点项目的前期策划，重点对项目技术方案和依托项目的技术创新开展政策指导和技术支持，并完成项目前期策划方案报告范本编制，强化对后续其他海外重点项目提供示范效应。（李庆民　张立青　李凤伟）

【企业技术标准体系建设】 2019年，中国铁建进一步推动企业技术标准体系建设，以提升新兴产业标准供给能力为目标，新立《桥梁架设信息化施工技术标准》等6项中国铁建企业技术标准，以标准推动专业化、工厂化、机械化、信息化在项目落地，加速科技成果扩散、减少系统重复创新。年内组织完成新立各项标准的编制大纲编制和审查。实质性开展中国铁建国际标准管理研究，进行国际标准管理顶层设计，为“海外优先”战略提供国际标准支撑。（李庆民　张立青）

【中低速磁浮系列标准出版】 2019年，中国铁建立足解决既有规范与中低速磁浮交通高质量发展不适用、不匹配问题，坚持标准先行、总结实践经验、填补行业空白、补齐行业短板，着力打造系统完备、科学规范、国内一流、国际领先的中低速磁浮交通技术标准体系，使之更好规范和指导中低速磁浮交通工程建设。年内由公司法人代表批准发布和出版的《中低速磁浮交通设计规范》等15项磁浮技术标准面世，成为中国首套成体系的中低速磁浮工程建设企业技术标准。

（李庆民　张立青）

【技术标准申报和编制】　积极参加国际、国家、行业、地方和团体标准的制定和修订工作，先后组织对国家铁路局、中国国家铁路集团有限公司、中国铁道学会、中国建筑业协会、中国公路等高层次技术标准的立项申报。2019年，编制国际标准4项，其中发布2项；国家标准32项，其中发布9项；行业标准48项，其中发布7项；地方标准58项，其中发布17项；团体标准68项，其中发布7项。在国务院国资委对中央企业年度业绩考核中，联合主导的2项国际标准被认定为年度重大科技创新成果，实现加分。（贾志武　张立青）

【技术标准管理】　2019年，中国铁建进一步加强技术标准的发布、应用力度，保持与技术标准管理部门的沟通力度，转发32项标准发布公告，对数十项（次）行业标准组织开展意见征求工作，并汇总反馈给相关单位。组织开展对2018年度中国铁建系统内单位主持编制的《冲击压路机（GB/T 25626—2018）》等38项国家、行业和地方技术标准给予资金奖励。组织完成2018年度铁路重大科技创新成果（技术标准）拟入库成果申报活动。（张立青　黄　宁）

【技术性工具书编纂】　地铁施工领域是中国铁建的关键领域，TBM施工是中国铁建的强势专业，为给全系统地铁和TBM施工技术人员提供全面、系统且可供实际操作的技术性工具书，中国铁建联合人民交通出版社继续开展中国铁建《地铁施工手册》的编纂工作，启动《TBM施工手册》的编纂工作，作为可供现场标准化管理、作业的两项备受关注的施工手册，编纂工作全年按计划推进。（李庆民　张立青）

【绿色建造施工技术推广】　根据中国施工企业管理协会相关文件精神和要求，结合实际情况，经研究推荐“新建北京至雄安新区城际铁路雄安站站房及相关工程（JXZF－1标段）”等26个项目申报2019年度工程建设项目绿色建造施工水平评价，不断强化优秀工程建设项目绿色建造施工示范效果，持续推动绿色建造施工技术在中国铁建系统内的推广和应用。

（李庆民　张立青）

【省部级工法认定】　在工法已经与施工资质脱钩的大背景下，中国铁建始终保持施工单位基础成果——工法的开发、培育力度，积极支持各单位开发企业工法，并把成熟先进的企业工法升级成为省部级工法，特别加强公路、水运、水利水电等新开发领域、优势行业工法的开发和申报，直接为工程投标和信誉评价提供工法加分支持。2019年，中国铁建系统获省部级工法认定455项。（李庆民）

【中国铁建优秀工法评选】　2019年，中国铁建始终秉持建筑为本理念，继续组织系统内各单位依托在手施工项目，保持施工基础技术研发热度，积极开发企业级工法，强化企业专有技术和成套技术形成，组织开展2018—2019年度中国铁建优秀工法评审，评选出优秀工法128项。（李庆民　张立青　李凤伟）

【27项成果获第4届中国建设工程BIM大赛奖】
2019年，中国铁建为加大BIM技术在全行业的推广应用力度，培养高水平BIM技术应用人才，积极组织系统内各单位参与中国建筑业协会举办的第4届中国建设工程BIM大赛，尤其注重发挥铁路行业和城市轨道交通行业优势，27项成果获奖，进一步推进BIM技术在系统内的应用，提升工程管理信息化和技术信息化水平。（李庆民　李凤伟）

【中国铁建技术标准培训班】　2019年，中国铁建针对国家标准化改革发展，举办首期标准体系建设培训班，邀请国家标准化管理委员会、住房和城乡建设部、国家铁路局、中国工程建设标准化协会以及系统内标准化管理优秀单位的老师为学员授课，全面系统地讲解标准化改革、标准国际化、国家标准、行业标准、地方标准、团体标准和企业标准的申报和编制，以及中国铁建企业技术标准体系，从而为项目管理和标准体系建设提供标准领域内的知识支持。（李庆民　张立青）

【中国铁建总工程师培训班】　2019年，中国铁建联合西南交通大学、石家庄铁道大学分别在四川成都、河北石家庄举办两期中国铁建总工程师培训班，培训班以科技管理与创新、项目管理、前沿技术、管理沟通与团队建设和工程实际案例为教学核心，培训各级总工程师200人，为提升企业工程项目管控水平、技术研发水平和科技创新能力提供高端智力支持。（李庆民　张立青）

【勘察设计咨询生产经营工作简报】　按照中国铁建专项督办要求，建立健全勘察设计咨询数据统计机制，2019年编制《勘察设计咨询板块生产经营工作简报》5期。

（徐惠纯）

【获省部级以上勘察设计奖 189 项】 2019 年，中国铁建系统获得省部级及以上勘察设计咨询奖 189 项。其中，国际奖 3 项、全国性行业奖 11 项、省部级奖 175 项。（徐惠纯）

【中国铁建勘察设计咨询奖评选】 根据《中国铁建股份有限公司优秀工程勘察设计奖奖励办法》和《中国铁建股份有限公司优秀工程咨询成果奖奖励办法》的有关规定和要求，经中国铁建优秀工程勘察设计和优秀工程咨询成果评审委员会评审并公示通过，评选出 2019 年度优秀工程勘察成果 14 项、优秀工程设计成果 52 项、优秀工程咨询成果 25 项。（徐惠纯）

【中国铁建青年设计师培训班】 2019 年 10 月，中国铁建在清华大学举办第二期青年设计师（结构）培训班，系统内 58 名青年设计骨干参加为期 1 周的脱产培训。本期培训重点围绕结构抗震、减隔震结构、大跨度结构、超高层建筑结构、深基坑工程、钢与组合结构等内容，邀请清华大学著名教授和业内知名专家进行授课，并组织参观考察北京大兴国际机场。（徐惠纯）

【川藏铁路工程建造技术研讨会】 2019 年 4 月 17—18日在陕西省西安市召开。会议由中国铁建和中国铁道学会共同主办，中铁第一勘察设计院集团有限公司和中国铁道学会轨道交通工程分会承办。借力中国铁道学会高端平台，会议邀请 7 位院士出席，与会 40 家单位的嘉宾和代表 610 人参会，48 位专家作学术报告，形成论文集 1 部，收录论文 87 篇。

（许和平　李小和）

【中国铁道学会轨道交通工程分会一届二次委员会】 2019 年 4 月 16 日在陕西西安召开，分会委员和委员代表 41 人参加会议。会议研究审议年度工作报告、委员调整等事项，同意分会作为《轨道建筑》的管理方之一，和北京轨道建筑学会一起主办该刊。

（许和平　李小和）

【科技社团再添新平台】 为持续打造中国铁建隧道领域核心技术，巩固专业优势，中铁十四局集团有限公司等单位策划，2019 年 8 月 23 日，在山东济南成立中国岩石力学与工程学会在水下隧道工程技术分会，中国铁建科技社团再添新平台，支撑和管理的学会（分会）平台达到 4 个。（李小和）

【1 项技术入选中国科协工程技术难题】 中国铁建重工集团股份有限公司撰写、中国铁建报送、中国铁道学会推荐的“千米级深竖井全断面掘进技术”入选中国科协在第 21 届中国科协年会闭幕式上发布的 2019 年 20 个对科学发展具有导向作用、对技术和产业创新具有关键作用的前沿科学问题和工程技术难题。

（李小和）

【社团兼职助力打造地下空间品牌】 2019 年 10 月 22 日，中国铁建总工程师雷升祥当选中国岩石力学与工程学会地下空间分会副理事长。中国铁建作为中国地下工程领军企业，致力于打造地下空间品牌，该分会在地下工程技术领域具有很高的学术地位和话语权，加入该分会有利于相关科研项目的顺利推进，有助于中国铁建打造地下空间品牌，服务中国铁建科技发展。

（李小和）

【《轨道建筑》编辑出版】 2019 年，编辑印发《轨道建筑》第 6 卷共 6 期，全年稿件数量 253 篇，刊发 141 篇，投稿质量整体提升；编辑部对审稿专家进行筛选，现有专业能力强、文字水平高的在库专家 45 人。（李小和）

中国铁建第 4 届中国建设工程 BIM 大赛获奖情况

序号	成果名称	申报单位	获奖等级
1	大跨度钢桁架桥 BIM 技术应用	中铁十八局集团有限公司及其二公司、云桂铁路云南有限责任公司	一类成果
2	BIM 技术在高密北站施工过程中的应用	中铁十二局集团建安公司	二类成果
3	BIM 技术在广州市轨道交通 18 号线 HP3 风井及盾构区间全生命周期应用	中铁二十五局集团有限公司、中铁建华南建设有限公司、广州地铁集团有限公司	二类成果
4	北京市石景山区衙门口棚户区改造土地开发项目 BIM 综合应用	中铁建设集团有限公司	三类成果

续表

序号	成果名称	申报单位	获奖等级
5	BIM技术在京雄铁路黄村南站项目智慧建造中的综合应用	中铁十二局集团建安公司	三类成果
6	南宁综合保税区商务中心1号、2号楼工程施工过程中的BIM技术应用	中铁十二局集团有限公司及其建安公司	三类成果
7	科尔沁马城工程(那达慕文化园)——赛事大楼工程BIM综合应用	中铁十六局集团有限公司	三类成果
8	BIM技术在呼和浩特市地铁2号线车辆段的应用	中铁十六局集团有限公司	三类成果
9	BIM技术在大理海东山地新城思睿天地建设项目的综合应用	中铁城建集团有限公司	三类成果
10	杭海城际铁路盐官车辆基地全专业BIM设计及工程应用	中铁第四勘察设计院集团有限公司	三类成果
11	BIM技术在福厦铁路泉州湾跨海大桥中的应用	中铁第四勘察设计院集团有限公司	三类成果
12	BIM技术在山东省会文化艺术中心三馆二期项目施工管理中的应用	中铁城建集团有限公司及其一公司	三类成果
13	BIM技术在广州市轨道交通18和22线番禺广场站的施工应用	中铁十一局集团有限公司、中铁建华南建设有限公司、广州地铁集团有限公司	三类成果
14	西安地铁临潼线(9号线)一期工程BIM技术应用	中铁第一勘察设计院集团有限公司、西安中铁轨道交通有限公司	三类成果
15	北京外国语大学西校区新建教学服务楼群BIM技术综合应用	中铁建设集团有限公司	三类成果
16	基于BIM技术的京张高速铁路清华园隧道建设一体化管理应用	中铁十四局集团大盾构公司、中国铁道科学研究院集团有限公司电子计算技术研究所	三类成果
17	广州市轨道交通18号线横番2号中间风井及盾构区间BIM技术创新应用及集成化平台开发	中铁二十二局集团轨道公司、中铁建华南建设有限公司、北京工业大学	三类成果
18	BIM技术在山岭隧道管廊工程中的应用	中铁十八局集团有限公司及其隧道工程公司、北京京投城市管廊投资有限公司	二类成果
19	BIM技术在新建北京至雄安城际铁路1标段施工阶段的深度应用	中铁十二局集团有限公司及其一公司	二类成果
20	BIM技术在长房半岛蓝湾项目施工全过程中的应用	中铁城建集团有限公司	三类成果
21	BIM技术在长大山岭隧道施工中的应用	中铁十八局集团有限公司及其三公司	三类成果
22	BIM技术助力宝坻综合管廊一期工程建设	中国铁建大桥工程局集团有限公司	三类成果
23	BIM技术在北京地铁19号线08合同段施工中的应用	中铁二十一局集团轨道工程公司	三类成果
24	基于BIM技术在郑万铁路赵河镇跨南水北调特大桥施工中的应用	中铁十五局集团有限公司及其五公司、北京鑫圆智绘工程咨询有限公司	三类成果
25	天津滨铁2号线梁场项目基于BIM技术的预制构件信息管理应用研究	中铁二十三局集团轨道工程公司	三类成果

续表

序号	成果名称	申报单位	获奖等级
26	城市中心区域复杂环境条件下北京地铁19号线一期05标段BIM技术应用	中铁十八局集团有限公司及其市政公司	三类成果
27	重庆长寿长江二桥施工项目BIM技术应用	中国铁建港航局集团有限公司及其勘察设计院、广州络维建筑信息技术咨询有限公司	三类成果

（制表：李庆民　李凤伟）

2019年中国铁建获第21届中国专利奖情况

序号	专利名称	专利号	权属单位	奖励等级
1	一种轨道几何参数单弦测量系统	ZL201621261300.6	中国铁建高新装备股份有限公司	银奖
2	一种富水围岩中土压平衡盾构施工突涌防治装置及方法	ZL201610805301.0	中铁十六局集团有限公司及其北京轨道交通工程建设有限公司、上海交通大学	优秀奖
3	十字交叉开挖支撑后拆式隧道施工方法	ZL201310716954.8	中铁十九局集团三公司	优秀奖
4	桁架梁整体顶推架设方法	ZL201210272947.9	中铁二十三局集团有限公司及其三公司	优秀奖
5	一种水下无封底混凝土钢混组合吊箱围堰施工方法	ZL201610462627.8	中国铁建港航局集团有限公司	优秀奖
6	一种先墙后拱交叉中隔壁的隧道施工方法	ZL201310544705.5	中铁第四勘察设计院集团有限公司	优秀奖
7	用于软土地区运营高速铁路无砟轨道路基的纠偏结构	ZL201410071492.3	中铁第四勘察设计院集团有限公司	优秀奖
8	掘进机主驱动密封压力控制系统及其控制方法	ZL201610771979.1	中国铁建重工集团股份有限公司	优秀奖
9	一种用于隧道掘进机的物料吊运装置	ZL201310161760.6	中国铁建重工集团股份有限公司	优秀奖

（制表：张育红）

中国铁建获2019年度省部级及以上科学技术奖情况

序号	项目名称	奖励等级	授奖机关	获奖单位
1	海上大型绞吸疏浚装备的自主研发与产业化	特等奖	国务院	中国铁建港航局
2	长大深埋挤压性围岩铁路隧道设计施工关键技术及应用	二等奖	国务院	铁一院、中铁十一局、中铁十二局
3	高速铁路高性能混凝土成套技术与工程应用	二等奖	国务院	中铁十二局
4	强风作用下高速铁路桥上行车安全保障关键技术及应用	二等奖	国务院	铁四院
5	深埋复杂地层TBM建造长距离斜井成套技术与装备	二等奖	重庆市	中铁十一局、铁四院、铁建重工

续表

序号	项目名称	奖励等级	授奖机关	获奖单位
6	建设工程绿色施工与安全监控信息化平台的研发与应用	二等奖	湖北省	中铁十一局
7	基于工序交验数据模型的交通建设 BIM 协同管理技术及其工程应用	三等奖	湖南省	中铁十二局
8	重庆西站站房工程绿色建造与信息化施工控制技术	三等奖	重庆市	中铁十二局
9	BIM 在地铁机电安装中的关键技术研究	三等奖	天津市	中铁十二局
10	深季节冻土区高速铁路抗冻胀路基结构优化与病害防控	一等奖	河北省	中铁十二局、中国铁建大桥局
11	小半径螺旋形曲线隧道施工通风关键技术与应用	三等奖	四川省	中铁十二局
12	高纬度严寒地区浅埋膨胀岩隧道综合建造技术	二等奖	山西省	中铁十二局
13	复杂地层水下隧道泥水盾构关键施工技术	二等奖	山西省	中铁十二局
14	复杂环境特长高速铁路隧道关键施工技术	二等奖	山西省	中铁十二局
15	高海拔寒区软弱围岩隧道快速施工技术	三等奖	山西省	中铁十二局
16	软弱围岩隧道支护技术与配套装备研究	三等奖	山西省	中铁十二局
17	大跨度连续刚构上下双室槽身施工技术	三等奖	山西省	中铁十二局
18	郑徐铁路客运专线 CRTSⅢ型板式无砟轨道施工关键技术研究	三等奖	山西省	中铁十二局
19	超万吨级桥梁双幅同步水平转体施工关键技术研究	二等奖	吉林省	中国铁建大桥局
20	黄河中下游粉土工程特性与路基长期服役性能保障技术	一等奖	山东省	中铁十四局
21	富水环境城市地下工程施工安全动态控制技术与应用	二等奖	广东省	中铁十四局
22	特长岩溶隧道地质灾害预控分析与安全快速施工关键技术	二等奖	山东省	中铁十四局
23	大跨度平行弦连续钢桁梁全悬臂多点同步顶推施工技术	二等奖	山东省	中铁十四局
24	隧道穿越高风险富水软弱断层突水突泥灾害治理成套技术	二等奖	江西省	中铁十五局
25	跨线桥步履式顶推建设技术研究与应用	二等奖	辽宁省	中铁十五局
26	空间双索面不对称三角异形钢拱桥施工技术	三等奖	山西省	中铁十七局
27	CRTSⅢ型无砟轨道底座施工技术及配套工装研究与应用	三等奖	河北省	中铁十七局
28	山岭隧道结构全寿命周期耐久性及其技术保障措施	三等奖	河北省	中铁十八局
29	高速铁路大跨度极不对称转体钢管混凝土拱桥关键技术研究	二等奖	天津市	中铁十八局
30	重载铁路站场盐渍土路基病害机理及防治与加固技术	三等奖	天津市	中铁十八局
31	第三系富水砂岩、泥岩互层隧道涌水涌泥段变形控制和施工方法研究	三等奖	辽宁省	中铁十九局

续表

序号	项目名称	奖励等级	授奖机关	获奖单位
32	川西强震艰险山区高速交通路基抗震及安全保障关键技术	二等奖	四川省	中铁十九局
33	高原高寒复杂地质高速铁路隧道修建关键技术	二等奖	青海省	中铁二十局、铁一院
34	复杂黄土地质隧道的施工技术和地震动稳定评价方法	三等奖	甘肃省	中铁二十一局
35	高寒冻土酷旱戈壁环境下耐久性混凝土配制技术及应用	二等奖	甘肃省	中铁二十一局
36	龙洞堡综合交通枢纽关键技术	二等奖	四川省	中铁二十一局
37	高寒深季节冻土区快速轨道交通建造岩土关键技术集成	一等奖	黑龙江省	中铁二十二局、中铁十二局
38	城市强岩溶富水地铁隧道悬臂掘进机施工关键技术研究	三等奖	贵州省	中铁二十四局
39	桩基承载力提升和装配式检测技术及应用	一等奖	广西壮族自治区	中铁建设
40	轨道交通大功率高可靠供电系统的关键技术及工程应用	一等奖	广东省	铁一院
41	大西高速铁路晋陕黄河特大桥桁组合结构关键技术研究	二等奖	陕西省	铁一院
42	青藏铁路格尔木至拉萨段供电运营关键技术研究	三等奖	西藏自治区	铁一院
43	高速铁路/轨道交通站台门关键技术及工程应用	三等奖	湖南省	铁四院
44	中低速磁浮交通系统车辆及关键技术集成示范	一等奖	湖南省	铁四院
45	钱江隧道工程关键技术	三等奖	浙江省	铁四院
46	废弃陶瓷、锂渣和高钛重矿渣在混凝土中再生利用关键技术及应用	一等奖	江西省	上海院
47	全断面岩石掘进机高效破岩刀盘设计制造关键技术与应用	一等奖	辽宁省	铁建重工
48	全断面隧道掘进装备载荷建模与数字化设计关键技术及应用	一等奖	天津市	铁建重工
49	高速高性能铁路线路除雪成套装备与技术	一等奖	云南省	铁建重工
50	超大型商业综合体设计与施工关键技术研究	三等奖	河北省	中铁城建
51	寒冷地区隧道冻害防治理论与技术	一等奖	教育部	中国铁建大桥局
52	高速铁路无砟轨道温度效应控制理论、关键技术与应用	特等奖	中国铁道学会	铁四院
53	山区高速铁路精密测量控制网与CPⅢ测量控制技术研究	一等奖	中国铁道学会	铁四院、中铁十二局
54	西秦岭特长隧道建设成套技术及应用	一等奖	中国铁道学会	铁一院、中铁十八局、中国土木
55	市域铁路设计规范	一等奖	中国铁道学会	铁四院
56	高速铁路隧道泥水充填破碎带高精度三维探测智能监测与预警处治关键技术	一等奖	中国铁道学会	中铁十一局

续表

序号	项目名称	奖励等级	授奖机关	获奖单位
57	电气化铁路组合式同相供电关键技术与应用	一等奖	中国铁道学会	铁四院
58	高速铁路服役期路基及桥墩基础病害动态演化机理及整治关键技术	二等奖	中国铁道学会	铁四院
59	铁路接触网支柱与硬横跨创新设计及应用	二等奖	中国铁道学会	铁一院
60	基于BIM的铁路空间信息系统关键技术及平台建立	二等奖	中国铁道学会	铁一院
61	黄土地区高速铁路列车特殊振动的不良地质环境效应及其成灾机理研究	二等奖	中国铁道学会	铁一院
62	铁路特殊路基设计有关标准研究	二等奖	中国铁道学会	铁四院
63	重载铁路无砟轨道施工技术与装备研究	二等奖	中国铁道学会	铁五院
64	富水侵入岩带隧道施工突水突泥防控技术	二等奖	中国铁道学会	中铁十六局
65	复杂多级荷载条件下无砟轨道动态性能演变与维护理论应用	二等奖	中国铁道学会	中铁二十三局
66	基于电气特性分析的道岔控制电路智能测试系列装置的研究	二等奖	中国铁道学会	中铁建电气化局
67	富水软弱围岩隧道设计与施工关键技术及其应用	二等奖	中国铁道学会	中铁十八局
68	青藏线西格段牵引供电运营维护关键技术及应用	三等奖	中国铁道学会	中铁十二局
69	高烈度区铁路站房大跨度空间抗震结构施工关键技术研究	三等奖	中国铁道学会	中铁建设
70	900吨高速铁路双线箱梁运架设备限制条件下调头、横移及信息化应用技术研究	三等奖	中国铁道学会	中铁十二局
71	大断面特长隧道快速施工与机械化配套技术	三等奖	中国铁道学会	中铁十二局
72	复杂地质与环境城市高速铁路隧道修建关键技术研究	三等奖	中国铁道学会	中铁十二局、铁四院
73	变坡滑道上顶进框架桥涵施工技术	三等奖	中国铁道学会	中铁二十五局
74	大跨度混凝土连续梁—钢桁架组合结构桥施工控制理论与施工关键技术	三等奖	中国铁道学会	中铁二十一局、中铁二十二局
75	闽江特大桥V型河床嵌岩深水基础综合施工技术	三等奖	中国铁道学会	中铁二十局
76	张力可控式弹性吊索紧线器的研制与应用	三等奖	中国铁道学会	中铁建电气化局
77	时速250千米接触网有砟轨道弹性链型悬挂计算调整技术	三等奖	中国铁道学会	中铁建电气化局
78	复杂地质条件下浅埋海底隧道钻爆法建造关键技术	特等奖	中国公路学会	中铁十八局
79	轨道交通预应力混凝土U型梁制运架成套关键技术研究	一等奖	中国公路学会	中铁十四局
80	大断面隧道破碎围岩变形特性及施工关键技术	一等奖	中国公路学会	中铁十四局
81	胶凝类工业废渣与路基土活化反应及固化处治技术研究	一等奖	中国公路学会	中铁十六局
82	高寒大温差地区沥青路面建养技术	一等奖	中国公路学会	中铁十五局

续表

序号	项目名称	奖励等级	授奖机关	获奖单位
83	软土地区盾构隧道穿越既有桥梁桩基的关键技术	二等奖	中国公路学会	中铁十九局
84	越江公路隧道与大型换乘地铁车站"公铁合建"关键技术研究	二等奖	中国公路学会	铁四院
85	复杂地质超大断面超长深埋隧道快速施工关键技术研究	三等奖	中国公路学会	中铁十二局
86	高海拔高寒地区路域生态修复技术应用研究	三等奖	中国公路学会	中铁十一局

（制表：程博华　李小和）

中国铁建获2019年度省部级及以上工程勘察设计咨询奖情况

序号	项目名称	完成单位	评选单位	奖励类别	奖励等级
1	西成高速铁路	铁一院	国际咨询工程师联合会	菲迪克工程项目奖	杰出奖
2	武汉地铁徐家棚站综合交通枢纽	铁四院	国际咨询工程师联合会	菲迪克工程项目奖	特别优秀奖
3	武汉三阳路长江隧道	铁四院	国际隧道与地下空间协会	重大工程奖	提名奖
4	九景衢铁路精密控制测量工程	铁四院	中国测绘地理信息学会	全国优秀测绘工程奖	金奖
5	兰渝铁路（兰州至广元段）精密控制网测量	铁一院	中国测绘地理信息学会	全国优秀测绘工程奖	金奖
6	巴基斯坦 ML－1（拉瓦尔品第至白沙瓦）既有铁路改扩建及增建二线综合勘测	铁一院	中国测绘地理信息学会	全国优秀测绘工程奖	铜奖
7	新建铁路广州枢纽佛山西站及相关钢结构工程	铁四院	中国建筑金属结构协会	第13届第1批中国钢结构奖	金奖
8	西安铁路枢纽规划（2016—2030年）	铁一院	中国工程咨询协会	全国优秀工程咨询成果奖	一等奖
9	新建福州至厦门铁路客运专线可行性研究报告	铁四院	中国工程咨询协会	全国优秀工程咨询成果奖	一等奖
10	南京和燕路过江通道工程（南段）可行性研究报告	铁四院	中国工程咨询协会	全国优秀工程咨询成果奖	一等奖
11	新建铁路克拉玛依至塔城线铁厂沟镇至塔城段可行性研究总说明	铁一院	中国工程咨询协会	全国优秀工程咨询成果奖	二等奖
12	新建西安至延安铁路可行性研究评估报告	铁四院	中国工程咨询协会	全国优秀工程咨询成果奖	二等奖
13	新建铁路西安至延安线环境影响报告书	铁一院	中国工程咨询协会	全国优秀工程咨询成果奖	三等奖
14	2019年中国北京世界园艺博览会中国馆项目建议书（代可研）评估报告	铁五院	中国工程咨询协会	全国优秀工程咨询成果奖	三等奖
15	西成铁路客运专线大秦岭特长隧道综合地质勘察	铁一院	中国勘察设计协会	全国优秀工程勘察设计行业奖	一等奖

续表

序号	项目名称	完成单位	评选单位	奖励类别	奖励等级
16	九景衢铁路精密控制测量	铁四院	中国勘察设计协会	全国优秀工程勘察设计行业奖	一等奖
17	赣瑞龙铁路梓山至西江段复杂山区工程地质勘察	铁四院	中国勘察设计协会	全国优秀工程勘察设计行业奖	一等奖
18	新广州站	铁四院	中国勘察设计协会	全国优秀工程勘察设计行业奖	一等奖
19	郑州市轨道交通 1 号线一期工程总体设计	铁四院	中国勘察设计协会	全国优秀工程勘察设计行业奖	一等奖
20	上海市轨道交通 17 号线工程	上海院	中国勘察设计协会	全国优秀工程勘察设计行业奖	一等奖
21	西安沣渭新区后围寨立交工程设计	铁一院	中国勘察设计协会	全国优秀工程勘察设计行业奖	二等奖
22	西成铁路客运专线秦岭特长隧道群控制测量	铁一院	中国勘察设计协会	全国优秀工程勘察设计行业奖	二等奖
23	新建宝鸡至兰州铁路客运专线古城岭隧道工程地质勘察	铁一院	中国勘察设计协会	全国优秀工程勘察设计行业奖	二等奖
24	新建铁路西成客运专线 2017 年精密控测	铁一院	中国勘察设计协会	全国优秀工程勘察设计行业奖	二等奖
25	新建郑州至徐州铁路客运专线工程测量	铁四院	中国勘察设计协会	全国优秀工程勘察设计行业奖	二等奖
26	珠海横琴二桥	铁四院	中国勘察设计协会	全国优秀工程勘察设计行业奖	二等奖
27	重庆中渡长江大桥	铁四院	中国勘察设计协会	全国优秀工程勘察设计行业奖	二等奖
28	武汉东湖隧道给排水及消防工程	铁四院	中国勘察设计协会	全国优秀工程勘察设计行业奖	二等奖
29	天堂河(北京段)新机场改线(一期)工程下穿京九铁路工程	铁五院	中国勘察设计协会	全国优秀工程勘察设计行业奖	二等奖
30	杭深线运营期精测网复测及轨道控制网 CPIII 建网测量工程	上海院	中国勘察设计协会	全国优秀工程勘察设计行业奖	二等奖
31	成都市地铁 10 号线一期工程	上海院	中国勘察设计协会	全国优秀工程勘察设计行业奖	二等奖
32	金温铁路扩能改造工程全线工程地质勘察	铁四院	中国勘察设计协会	全国优秀工程勘察设计行业奖	三等奖
33	新建铁路郑州至徐州客运专线郑开段区域地面沉降工程地质勘察与评估	铁四院	中国勘察设计协会	全国优秀工程勘察设计行业奖	三等奖
34	温州市域铁路控制中心深厚软土深基坑支护设计	铁四院	中国勘察设计协会	全国优秀工程勘察设计行业奖	三等奖
35	新建云桂铁路昆明南站站房工程设计	铁四院	中国勘察设计协会	全国优秀工程勘察设计行业奖	三等奖

续表

序号	项目名称	完成单位	评选单位	奖励类别	奖励等级
36	杭州市环城北路(中河立交至凯旋路)地下通道工程	铁四院	中国勘察设计协会	全国优秀工程勘察设计行业奖	三等奖
37	昆明市轨道交通1号线支线工程	铁四院	中国勘察设计协会	全国优秀工程勘察设计行业奖	三等奖
38	南京地铁3号线工程D3-XS03标段五塘广场站、鸡鸣寺站、浮桥站设计	铁四院	中国勘察设计协会	全国优秀工程勘察设计行业奖	三等奖
39	昆明南站站房工程结构设计	铁四院	中国勘察设计协会	全国优秀工程勘察设计行业奖	三等奖
40	武汉东湖隧道通风排烟设计	铁四院	中国勘察设计协会	全国优秀工程勘察设计行业奖	三等奖
41	昆明南站候车室通风系统设计	铁四院	中国勘察设计协会	全国优秀工程勘察设计行业奖	三等奖
42	广深港客运专线福田站房电气设计	铁四院	中国勘察设计协会	全国优秀工程勘察设计行业奖	三等奖
43	新建赣州至韶关铁路不良地质勘察	铁五院	中国勘察设计协会	全国优秀工程勘察设计行业奖	三等奖
44	额哈铁路川地托至梧桐水段工程地质勘察	铁五院	中国勘察设计协会	全国优秀工程勘察设计行业奖	三等奖
45	成渝高速公路复线(重庆境)详细工程地质勘察	铁五院	中国勘察设计协会	全国优秀工程勘察设计行业奖	三等奖
46	成都地铁10号线一期岩土工程勘察	铁五院	中国勘察设计协会	全国优秀工程勘察设计行业奖	三等奖
47	宁和城际轨道交通一期工程	上海院	中国勘察设计协会	全国优秀工程勘察设计行业奖	三等奖
48	黄陵至韩城至侯马铁路工程设计	铁一院	国家铁路局	铁路优秀工程勘察设计奖	一等奖
49	兰新二线河西走廊地区风沙综合防治工程设计	铁一院	国家铁路局	铁路优秀工程勘察设计奖	一等奖
50	兰渝铁路西秦岭隧道设计	铁一院	国家铁路局	铁路优秀工程勘察设计奖	一等奖
51	兰新高速铁路电力电气化工程设计	铁一院	国家铁路局	铁路优秀工程勘察设计奖	一等奖
52	宝兰铁路客运专线古城岭隧道工程地质勘察	铁一院	国家铁路局	铁路优秀工程勘察设计奖	一等奖
53	时速250千米高速铁路预制无砟轨道后张法预应力混凝土简支箱梁(双线、单箱单室)	铁四院	国家铁路局	铁路优秀工程勘察设计奖	一等奖
54	新建合肥至福州铁路精密控制测量	铁四院	国家铁路局	铁路优秀工程勘察设计奖	一等奖
55	新建铁路郑州至徐州客运专线郑开段区域地面沉降工程地质勘察与评估	铁四院	国家铁路局	铁路优秀工程勘察设计奖	一等奖

续表

序号	项目名称	完成单位	评选单位	奖励类别	奖励等级
56	新建郑州至徐州铁路客运专线总体设计	铁四院	国家铁路局	铁路优秀工程勘察设计奖	一等奖
57	赣州至龙岩铁路扩能改造工程特殊路基设计	铁四院	国家铁路局	铁路优秀工程勘察设计奖	一等奖
58	赣州至龙岩铁路扩能改造工程新考塘隧道设计	铁四院	国家铁路局	铁路优秀工程勘察设计奖	一等奖
59	珠三角城际轨道交通广州至肇庆佛肇段城际铁路通信信号信息防灾系统设计	铁四院	国家铁路局	铁路优秀工程勘察设计奖	一等奖
60	新建云桂铁路昆明南站站房工程设计	铁四院	国家铁路局	铁路优秀工程勘察设计奖	一等奖
61	新建成都基础设施维修基地设计	铁四院	国家铁路局	铁路优秀工程勘察设计奖	一等奖
62	兰新二线大风区高速铁路路基防风工程设计	铁一院	国家铁路局	铁路优秀工程勘察设计奖	二等奖
63	新建铁路额济纳至哈密线设计	铁一院	国家铁路局	铁路优秀工程勘察设计奖	二等奖
64	乌鲁木齐新客站工程设计	铁一院	国家铁路局	铁路优秀工程勘察设计奖	二等奖
65	兰州至中川机场铁路设计	铁一院	国家铁路局	铁路优秀工程勘察设计奖	二等奖
66	黄韩侯铁路芝水沟特大桥设计	铁一院	国家铁路局	铁路优秀工程勘察设计奖	二等奖
67	兰新二线达坂城湿地特大桥梁拱组合结构设计	铁一院	国家铁路局	铁路优秀工程勘察设计奖	二等奖
68	天水至平凉铁路六盘山特长隧道群设计	铁一院	国家铁路局	铁路优秀工程勘察设计奖	二等奖
69	兰渝铁路兰广段电气化及电力工程设计	铁一院	国家铁路局	铁路优秀工程勘察设计奖	二等奖
70	西格二线关角隧道信号工程设计	铁一院	国家铁路局	铁路优秀工程勘察设计奖	二等奖
71	兰新二线（甘青段）张掖、酒泉站房工程设计	铁一院	国家铁路局	铁路优秀工程勘察设计奖	二等奖
72	新建铁路宝鸡至兰州客运专线站房工程（天水南站、定西北站）设计	铁一院	国家铁路局	铁路优秀工程勘察设计奖	二等奖
73	宝兰铁路客运专线天水至兰州段地质综合选线	铁一院	国家铁路局	铁路优秀工程勘察设计奖	二等奖
74	天水至平凉铁路关山特长隧道地质勘察	铁一院	国家铁路局	铁路优秀工程勘察设计奖	二等奖
75	高速铁路牵引变电设计图（AT供电方式一次部分）	铁四院	国家铁路局	铁路优秀工程勘察设计奖	二等奖
76	新建郑州至徐州铁路客运专线工程测量	铁四院	国家铁路局	铁路优秀工程勘察设计奖	二等奖

续表

序号	项目名称	完成单位	评选单位	奖励类别	奖励等级
77	珠三角城际轨道交通广州至肇庆佛肇段城际铁路覆盖型岩溶地段工程地质勘察	铁四院	国家铁路局	铁路优秀工程勘察设计奖	二等奖
78	金华至温州铁路扩能改造工程长大隧道工程地质勘察	铁四院	国家铁路局	铁路优秀工程勘察设计奖	二等奖
79	赣州至龙岩铁路扩能改造工程煤层瓦斯隧道群采空区勘察及地质选线	铁四院	国家铁路局	铁路优秀工程勘察设计奖	二等奖
80	新建长沙至株洲、湘潭城际铁路树木岭隧道设计	铁四院	国家铁路局	铁路优秀工程勘察设计奖	二等奖
81	珠三角城际轨道交通广州至肇庆佛肇段城际铁路桂丹立交特大桥设计	铁四院	国家铁路局	铁路优秀工程勘察设计奖	二等奖
82	宁波铁路枢纽北环线特殊路基工程设计	铁四院	国家铁路局	铁路优秀工程勘察设计奖	二等奖
83	石长铁路增建二线工程石膏矿采空区整治设计	铁四院	国家铁路局	铁路优秀工程勘察设计奖	二等奖
84	新建南京至安庆铁路总体设计	铁四院	国家铁路局	铁路优秀工程勘察设计奖	二等奖
85	珠三角城际轨道交通广州至肇庆佛肇段城际铁路线路设计	铁四院	国家铁路局	铁路优秀工程勘察设计奖	二等奖
86	新建长沙至株洲、湘潭城际铁路长沙站及动车运用所站场设计	铁四院	国家铁路局	铁路优秀工程勘察设计奖	二等奖
87	新建长沙至株洲、湘潭城际铁路复杂环境条件下路基设计	铁四院	国家铁路局	铁路优秀工程勘察设计奖	二等奖
88	赣州至龙岩铁路扩能改造工程牵引供电及电力供电系统设计	铁四院	国家铁路局	铁路优秀工程勘察设计奖	二等奖
89	新建福州东(樟林)货车车辆段工程设计	铁四院	国家铁路局	铁路优秀工程勘察设计奖	二等奖
90	襄阳北编组站上行系统改造工程设计	铁四院	国家铁路局	铁路优秀工程勘察设计奖	二等奖
91	新建额济纳至哈密铁路工程地质勘察	铁五院	国家铁路局	铁路优秀工程勘察设计奖	二等奖
92	改建铁路干塘至武威南增建二线工程电气化工程设计	铁五院	国家铁路局	铁路优秀工程勘察设计奖	二等奖
93	新建沈阳至丹东铁路客运专线本溪站设计	铁五院	国家铁路局	铁路优秀工程勘察设计奖	二等奖
94	滨北线松花江公铁两用特大桥设计	铁五院	国家铁路局	铁路优秀工程勘察设计奖	二等奖
95	兰新二线甘青段西北高寒地区路基防冻胀设计	铁一院	国家铁路局	铁路优秀工程勘察设计奖	三等奖

续表

序号	项目名称	完成单位	评选单位	奖励类别	奖励等级
96	改建铁路宁西线西安至南阳段增建二线路基工程综合设计	铁一院	国家铁路局	铁路优秀工程勘察设计奖	三等奖
97	宝兰铁路客运专线天水南车站大厚度强湿陷性黄土地基处理工程设计	铁一院	国家铁路局	铁路优秀工程勘察设计奖	三等奖
98	宁西铁路西安至南阳增建第二线设计	铁一院	国家铁路局	铁路优秀工程勘察设计奖	三等奖
99	黄韩侯铁路新黄河特大桥设计	铁一院	国家铁路局	铁路优秀工程勘察设计奖	三等奖
100	兰新二线十三间房子特大桥设计	铁一院	国家铁路局	铁路优秀工程勘察设计奖	三等奖
101	兰渝铁路范家坪隧道设计	铁一院	国家铁路局	铁路优秀工程勘察设计奖	三等奖
102	新建固原至王洼铁路程儿山隧道工程设计	铁一院	国家铁路局	铁路优秀工程勘察设计奖	三等奖
103	宁西二线电力、电气化工程设计	铁一院	国家铁路局	铁路优秀工程勘察设计奖	三等奖
104	宝兰铁路客运专线通信、信号、信息工程设计	铁一院	国家铁路局	铁路优秀工程勘察设计奖	三等奖
105	乌鲁木齐新客站站房客运服务信息系统设计	铁一院	国家铁路局	铁路优秀工程勘察设计奖	三等奖
106	乌鲁木齐新客站客整所整备库暖通及烟气净化系统设计	铁一院	国家铁路局	铁路优秀工程勘察设计奖	三等奖
107	宁西二线丹江河谷区综合地质选线	铁一院	国家铁路局	铁路优秀工程勘察设计奖	三等奖
108	宝兰铁路客运专线渭河隧道地质勘察	铁一院	国家铁路局	铁路优秀工程勘察设计奖	三等奖
109	赣州至龙岩铁路扩能改造工程精密控制测量	铁四院	国家铁路局	铁路优秀工程勘察设计奖	三等奖
110	新建长沙至株洲、湘潭城际铁路湘潭湘江特大桥工程地质勘察	铁四院	国家铁路局	铁路优秀工程勘察设计奖	三等奖
111	宁西铁路南阳至合肥段增建第二线工程标段地质复杂山区工程地质勘察	铁四院	国家铁路局	铁路优秀工程勘察设计奖	三等奖
112	新建南京至安庆铁路标段大学山采空区工程地质勘察	铁四院	国家铁路局	铁路优秀工程勘察设计奖	三等奖
113	赣州至龙岩铁路扩能改造工程长汀至古田段工程地质勘察	铁四院	国家铁路局	铁路优秀工程勘察设计奖	三等奖
114	新建郑州至徐州铁路客运专线地区复杂采空区工程地质勘察与地质选线	铁四院	国家铁路局	铁路优秀工程勘察设计奖	三等奖

续表

序号	项目名称	完成单位	评选单位	奖励类别	奖励等级
115	武汉城市圈城际铁路精密控制测量	铁四院	国家铁路局	铁路优秀工程勘察设计奖	三等奖
116	新建长沙至株洲、湘潭城际铁路湘府路站站房设计	铁四院	国家铁路局	铁路优秀工程勘察设计奖	三等奖
117	新建长沙至株洲、湘潭城际铁路长沙动车运用所设计	铁四院	国家铁路局	铁路优秀工程勘察设计奖	三等奖
118	新建长沙至株洲、湘潭城际铁路给排水及消防设计	铁四院	国家铁路局	铁路优秀工程勘察设计奖	三等奖
119	株洲北编组站综合自动化改造工程通信信号信息系统设计	铁四院	国家铁路局	铁路优秀工程勘察设计奖	三等奖
120	赣州至龙岩铁路扩能改造工程通信信号信息防灾系统设计	铁四院	国家铁路局	铁路优秀工程勘察设计奖	三等奖
121	宁西铁路南阳至合肥段增建第二线工程牵引供电及电力供电系统设计	铁四院	国家铁路局	铁路优秀工程勘察设计奖	三等奖
122	新建龙岩至厦门铁路象山隧道设计	铁四院	国家铁路局	铁路优秀工程勘察设计奖	三等奖
123	石长铁路增建二线工程湘江特大桥设计	铁四院	国家铁路局	铁路优秀工程勘察设计奖	三等奖
124	新建长沙至株洲、湘潭城际铁路湘潭特大桥设计	铁四院	国家铁路局	铁路优秀工程勘察设计奖	三等奖
125	金华至温州铁路扩能改造工程总体设计	铁四院	国家铁路局	铁路优秀工程勘察设计奖	三等奖
126	赣州至龙岩铁路扩能改造工程线路设计	铁四院	国家铁路局	铁路优秀工程勘察设计奖	三等奖
127	珠三角城际轨道交通广州至肇庆佛肇段城际铁路轨道工程设计	铁四院	国家铁路局	铁路优秀工程勘察设计奖	三等奖
128	宁西铁路南阳至合肥段增建第二线工程线路设计	铁四院	国家铁路局	铁路优秀工程勘察设计奖	三等奖
129	珠三角城际轨道交通广州至肇庆佛肇段城际铁路复杂路基工点特殊设计	铁四院	国家铁路局	铁路优秀工程勘察设计奖	三等奖
130	宁西铁路南阳至合肥段增建第二线工程南阳地区标段强膨胀土地段路基设计	铁四院	国家铁路局	铁路优秀工程勘察设计奖	三等奖
131	京广线大瑶山隧道出口标段“‘8·16’水害”地质灾害综合群综合整治工程设计	铁四院	国家铁路局	铁路优秀工程勘察设计奖	三等奖
132	新建赣州至韶关铁路不良地质勘察	铁五院	国家铁路局	铁路优秀工程勘察设计奖	三等奖

续表

序号	项目名称	完成单位	评选单位	奖励类别	奖励等级
133	新建衡茶吉铁路衡阳至井冈山段有机质土(泥炭质土)地基处理工程设计	铁五院	国家铁路局	铁路优秀工程勘察设计奖	三等奖
134	干塘至武威南铁路增建二线通信、信息、信号系统工程设计	铁五院	国家铁路局	铁路优秀工程勘察设计奖	三等奖
135	车载激光雷达测量技术在酒额铁路复测中的应用	铁一院	甘肃省测绘学会	甘肃省优秀测绘工程奖	金奖
136	新疆蒙库铁路机载激光雷达地形图测绘	铁一院	新疆维吾尔自治区测绘学会	新疆维吾尔自治区优秀测绘工程奖	一等奖
137	杭黄铁路精密控制测量工程	铁四院	湖北省测绘行业协会	湖北省优秀测绘工程奖	一等奖
138	敦煌至格尔木铁路青海段	铁一院	青海省勘察设计协会	青海省优秀工程勘察设计奖	一等奖
139	北阿线阿勒泰站旅客站房设计	铁一院	新疆维吾尔自治区勘察设计协会	新疆维吾尔自治区优秀工程勘察设计奖	二等奖
140	北阿铁路额尔齐斯河特大桥工程勘察	铁一院	新疆维吾尔自治区勘察设计协会	新疆维吾尔自治区优秀工程勘察设计奖	三等奖
141	库尔勒机辆段集中供热锅炉房设计	铁一院	新疆维吾尔自治区勘察设计协会	新疆维吾尔自治区优秀工程勘察设计奖	三等奖
142	长沙至株洲湘潭城际铁路精密控制测量工程	铁四院	湖南省勘察设计协会	湖南省优秀工程勘察设计奖	二等奖
143	长沙市轨道交通 1 号线一期工程黄土岭站设计	铁四院	湖南省勘察设计协会	湖南省优秀工程勘察设计奖	三等奖
144	长沙磁浮工程通信、信号、AFC 系统工程设计	铁四院	湖南省勘察设计协会	湖南省优秀工程勘察设计奖	三等奖
145	南京地铁 4 号线一期工程	铁四院	江苏省住房和城乡建设厅	江苏省城乡建设系统优秀勘察设计	一等奖
146	苏州市轨道交通 4 号线及支线工程总体设计	铁四院	江苏省住房和城乡建设厅	江苏省城乡建设系统优秀勘察设计	一等奖
147	苏州市轨道交通 4 号线及支线工程观前街站设计	铁四院	江苏省住房和城乡建设厅	江苏省城乡建设系统优秀勘察设计	二等奖
148	扬州市新万福路建设工程设计	铁四院	江苏省住房和城乡建设厅	江苏省城乡建设系统优秀勘察设计	二等奖
149	南京地铁 4 号线一期工程供电系统	铁四院	江苏省住房和城乡建设厅	江苏省城乡建设系统优秀勘察设计	二等奖
150	南京地铁 4 号线一期工程灵山站至东流站区间	铁四院	江苏省住房和城乡建设厅	江苏省城乡建设系统优秀勘察设计	二等奖
151	南京地铁 4 号线新型排热系统	铁四院	江苏省住房和城乡建设厅	江苏省城乡建设系统优秀勘察设计	二等奖
152	苏州市轨道交通 4 号线及支线工程苏州火车站	铁四院	江苏省住房和城乡建设厅	江苏省城乡建设系统优秀勘察设计	二等奖
153	南通西站枢纽及周边地区规划研究	铁四院	江苏省住房和城乡建设厅	江苏省城乡建设系统优秀勘察设计	三等奖

续表

序号	项目名称	完成单位	评选单位	奖励类别	奖励等级
154	苏州市轨道交通4号线及支线工程花港路站至江陵西路站区间	铁四院	江苏省住房和城乡建设厅	江苏省城乡建设系统优秀勘察设计	三等奖
155	南京地铁4号线一期工程灵山站	铁四院	江苏省住房和城乡建设厅	江苏省城乡建设系统优秀勘察设计	三等奖
156	成都地铁10号线一期岩土工程勘察	铁五院	北京市工程勘察设计行业协会	北京市优秀工程勘察设计奖	二等奖
157	成渝高速公路复线(重庆境)详细工程地质勘察	铁五院	北京市工程勘察设计行业协会	北京市优秀工程勘察设计奖	二等奖
158	15号线与5号线换乘大屯路东站改扩建工程	铁五院	北京市工程勘察设计行业协会	北京市优秀工程勘察设计奖	二等奖
159	天堂河(北京段)新机场改线(一期)工程下穿京九铁路工程	铁五院	北京市工程勘察设计行业协会	北京市优秀工程勘察设计奖	二等奖
160	青岛地铁2号、3号线李村站	铁五院	北京市工程勘察设计行业协会	北京市优秀工程勘察设计奖	二等奖
161	新建铁路衡茶吉线有机质土(泥炭质土)地基处理工程	铁五院	北京市工程勘察设计行业协会	北京市优秀工程勘察设计奖	三等奖
162	中铁五院研发楼岩土工程勘察、基坑支护设计及复合土钉墙专题研究	铁五院	北京市工程勘察设计行业协会	北京市优秀工程勘察设计奖	三等奖
163	柳南客运专线精密测量控制网复测及线路平纵断面复测拟合	铁五院	北京市工程勘察设计行业协会	北京市优秀工程勘察设计奖	三等奖
164	中东铁路建筑群滨州线松花江铁路大桥修缮工程	铁五院	黑龙江省勘察设计协会	黑龙江省优秀工程勘察设计奖	一等奖
165	哈尔滨铁路局装备制造基地搬迁建设工程(含机车车辆配件厂和内燃厂)	铁五院	黑龙江省勘察设计协会	黑龙江省优秀工程勘察设计奖	三等奖
166	杭深线运营期精测网复测及轨道控制网CPIII建网测量工程	上海院	上海市勘察设计行业协会	上海市优秀工程勘察设计奖	一等奖
167	上海市轨道交通17号线工程	上海院	上海市勘察设计行业协会	上海市优秀工程勘察设计奖	一等奖
168	成都市地铁10号线一期工程	上海院	上海市勘察设计行业协会	上海市优秀工程勘察设计奖	一等奖
169	成都地铁10号线二期工程控制测量	上海院	上海市勘察设计行业协会	上海市优秀工程勘察设计奖	二等奖
170	新建铁路淮北至萧县北客车联络线工程古尚村隧道	上海院	上海市勘察设计行业协会	上海市优秀工程勘察设计奖	二等奖
171	宁和城际轨道交通一期工程	上海院	上海市勘察设计行业协会	上海市优秀工程勘察设计奖	二等奖
172	基于GIS的3D数字化接触网运营维护管理系统	上海院	上海市勘察设计行业协会	上海市优秀工程勘察设计奖	三等奖

续表

序号	项目名称	完成单位	评选单位	奖励类别	奖励等级
173	鹰潭市余信贵大桥工程	上海院	江西省建设工程勘察设计协会	江西省优秀工程勘察设计奖	一等奖
174	S18 张掖至肃南公路张掖至康乐段工程可行性研究报告	铁一院	甘肃省工程咨询协会	甘肃省优秀工程咨询成果奖	一等奖
175	德令哈工业园区铁路专用线项目可行性研究报告	铁一院	甘肃省工程咨询协会	甘肃省优秀工程咨询成果奖	一等奖
176	张掖丹霞轨道交通项目可行性研究报告	铁一院	甘肃省工程咨询协会	甘肃省优秀工程咨询成果奖	一等奖
177	兰州市红古区海石湾下海石棚户区改造基础设施(北环路东延)建设工程可行性研究报告	铁一院	甘肃省工程咨询协会	甘肃省优秀工程咨询成果奖	二等奖
178	中国石油宁夏石化公司铁路专用线整体改造工程可行性研究报告	铁一院	甘肃省工程咨询协会	甘肃省优秀工程咨询成果奖	二等奖
179	新建铁路皋兰兰鑫钢铁有限公司铁路专用线可行性研究报告	铁一院	甘肃省工程咨询协会	甘肃省优秀工程咨询成果奖	二等奖
180	新建铁路华能庆阳煤电有限责任公司宁正矿区铁路专用线建设项目选址报告	铁一院	甘肃省工程咨询协会	甘肃省优秀工程咨询成果奖	三等奖
181	武威市凉州城区公共停车场项目可行性研究报告	铁一院	甘肃省工程咨询协会	甘肃省优秀工程咨询成果奖	三等奖
182	苏泊淖尔车站改建工程可行性研究报告	铁一院	甘肃省工程咨询协会	甘肃省优秀工程咨询成果奖	三等奖
183	新建铁路池州至黄山(地区)铁路可行性研究	上海院	上海市咨询行业协会	上海市优秀工程咨询成果奖	一等奖
184	黄山市旅游快速交通线网规划研究	上海院	上海市咨询行业协会	上海市优秀工程咨询成果奖	二等奖
185	株洲站改扩建工程可行性研究	上海院	上海市咨询行业协会	上海市优秀工程咨询成果奖	二等奖
186	科苑路(锦绣东路至龙东大道)新建工程环境影响报告书	上海院	上海市咨询行业协会	上海市优秀工程咨询成果奖	二等奖
187	新建铁路扬州至马鞍山线规划方案研究	上海院	上海市咨询行业协会	上海市优秀工程咨询成果奖	三等奖
188	金寨新皇明二期 110 千伏线路送出工程跨越沪蓉高速铁路设计方案可行性第三方安全性评估	上海院	上海市咨询行业协会	上海市优秀工程咨询成果奖	三等奖
189	崇明堡镇汽车站改造工程可行性研究报告	上海院	上海市咨询行业协会	上海市优秀工程咨询成果奖	三等奖

(制表:徐惠纯)

中国铁建获 2019 年度省部级工法目录

序号	工法名称	开发单位	认定机构
1	隧道衬砌边墙混凝土分层逐窗浇筑施工工法	中铁十一局	湖北省住建厅
2	隧道衬砌边墙混凝土分层逐窗浇筑施工工法	中铁十一局	国家铁路局
3	隧道衬砌拱顶带模注浆施工工法	中铁十一局	湖北省住建厅
4	隧道衬砌拱顶带模注浆施工工法	中铁十一局	国家铁路局
5	重载铁路复杂地质条件锁扣钢管桩围堰施工工法	中铁十一局	国家铁路局
6	D 型钢便梁小车纵移施工工法	中铁十一局	国家铁路局
7	不对称桥梁多支点转体施工工法	中铁十一局	中国公路建设行业协会
8	大角度斜跨公路 128 米简支拱施工工法	中铁十一局	中国公路建设行业协会
9	近海深淤复杂地质条件下施工作业平台及便道吹砂填筑施工工法	中铁十一局	广东省住房和城乡建设厅
10	小净空砂箱底模现浇箱梁施工工法	中铁十一局	国家铁路局
11	中低速磁浮轨道铺设施工工法	中铁十一局	国家铁路局
12	超宽变截面连续梁桥不平衡配重转体施工工法	中铁十一局	国家铁路局
13	大跨软弱围岩隧道双支洞挑顶施工工法	中铁十一局	国家铁路局
14	高地应力软岩隧道大跨至连拱过渡段施工工法	中铁十一局	国家铁路局
15	高墩多孔大跨长联连续刚构不平衡段悬浇施工工法	中铁十一局	国家铁路局
16	强挤压围岩隧道多重锁固支护施工工法	中铁十一局	国家铁路局
17	软弱围岩隧道全断面机械化快速开挖施工工法	中铁十一局	国家铁路局
18	预应力砼刚构连续梁 0 号块嵌入门式墩横梁现浇施工工法	中铁十一局	国家铁路局
19	大直径盾构机锚索法洞内拆解及运输施工工法	中铁十一局	国家铁路局
20	不等跨矮塔斜拉桥塔梁快速施工工法	中铁十一局	重庆市城乡建设委员会
21	邻近既有线穿越高压富水大体量充填型溶洞隧道综合施工工法	中铁十一局	重庆市城乡建设委员会
22	邻近既有线穿越溶腔隧道的高位释能降压泄水施工工法	中铁十一局	重庆市城乡建设委员会
23	高速铁路电力、电气化 PSCADA 系统调试施工工法	中铁十一局	国家铁路局
24	三维变电所建模测量施工工法	中铁十一局	国家铁路局
25	大型空间异性钢柱安装施工工法	中铁十一局	湖北省住房和城乡建设厅
26	扭曲缩放结构单元式幕墙施工工法	中铁十一局	湖北省住房和城乡建设厅
27	双向咬合式空心砌块墙体施工工法	中铁十一局	湖北省住房和城乡建设厅
28	大型污水管道改迁中新管接驳与原管封堵施工工法	中铁十一局	河南省建筑业协会
29	富水地层盾构新型浆液组合注浆施工工法	中铁十一局	河南省建筑业协会
30	侵入盾构隧道开挖范围的桩基超前处理施工工法	中铁十一局	河南省建筑业协会

续表

序号	工法名称	开发单位	认定机构
31	900 吨运梁车智能控制运输施工工法	中铁十二局	山西省住房和城乡建设厅
32	CRD 工法开挖断面二次衬砌连续循环流水施工工法	中铁十二局	山西省住房和城乡建设厅
33	DJ180 单导梁架桥机低净空架梁施工工法	中铁十二局	国家铁路局
34	DJ180 架桥机上跨既有线非标跨度架梁施工工法	中铁十二局	山西省住房和城乡建设厅
35	SPJ900/32 架桥机横向同步滑移大吨位钢桁梁过隧施工工法	中铁十二局	国家铁路局
36	SPJ900－32 型架桥机桥上整体旋转调头施工工法	中铁十二局	山西省住房和城乡建设厅
37	WE－SC900H 型运架一体机隧道进出口零距离单孔箱梁架设施工工法	中铁十二局	山西省住房和城乡建设厅
38	WE－SC900H 运架一体机快速变跨施工工法	中铁十二局	国家铁路局
39	暗挖隧道盾构竖井小半径曲线空推始发施工工法	中铁十二局	山西省住房和城乡建设厅
40	滨海地区高侵蚀环境下“四搅四喷”水泥搅拌桩施工工法	中铁十二局	山西省住房和城乡建设厅
41	超高压岩石分裂机开挖硬质岩石施工工法	中铁十二局	山西省住房和城乡建设厅
42	超平耐磨地坪一次成型施工工法	中铁十二局	山西省住房和城乡建设厅
43	超浅埋暗挖隧道富水承压砂层穿越综合管廊施工工法	中铁十二局	山西省住房和城乡建设厅
44	大粒径漂卵石地层盾构长距离连续下穿建筑物群施工工法	中铁十二局	山西省住房和城乡建设厅
45	大型站房中央空调管道及配件安装施工工法	中铁十二局	山西省住房和城乡建设厅
46	地铁拱形顶镀锌钢板风管制作安装施工工法	中铁十二局	山西省住房和城乡建设厅
47	地铁尖轨及辙叉处均回流栓接施工工法	中铁十二局	山西省住房和城乡建设厅
48	地铁均回流铜排低温钎焊施工工法	中铁十二局	山西省住房和城乡建设厅
49	第四系强富水圆砾土地层深大竖井施工工法	中铁十二局	国家铁路局
50	陡坡有轨斜井平板车系统施工工法	中铁十二局	中国水利工程协会
51	多榀拱架同步预拼安装施工工法	中铁十二局	山西省住房和城乡建设厅
52	多旋翼单镜头无人飞行器倾斜摄影测量施工工法	中铁十二局	山西省住房和城乡建设厅
53	二衬混凝土全断面雾炮台车养护施工工法	中铁十二局	山西省住房和城乡建设厅
54	复杂环境黄土地层裸露拱盖法施工工法	中铁十二局	国家铁路局
55	复杂山区长大下坡运梁及小半径曲线架梁施工工法	中铁十二局	中国公路建设行业协会
56	复杂山区长大下坡运梁及小半径曲线架梁施工工法	中铁十二局	山西省住房和城乡建设厅
57	富水地层新增隧道钻孔成井治水工法	中铁十二局	山西省住房和城乡建设厅
58	富水软土地层中间风井钢套筒密闭过站施工工法	中铁十二局	山西省住房和城乡建设厅
59	富水石灰岩上软下硬地层中盾构掘进施工工法	中铁十二局	山西省住房和城乡建设厅
60	钢筋混凝土拱桥拱圈先浇盖板法施工工法	中铁十二局	国家铁路局
61	高层建筑机械式背栓组合挂件石材幕墙施工工法	中铁十二局	山西省住房和城乡建设厅

续表

序号	工法名称	开发单位	认定机构
62	高承压降水井静压平衡注浆封堵施工工法	中铁十二局	山西省住房和城乡建设厅
63	高地应力强膨胀性泥灰岩隧道掘进施工工法	中铁十二局	国家铁路局
64	高水头粉细砂地层套管咬合桩施工工法	中铁十二局	山西省住房和城乡建设厅
65	高塑性改良土集中预拌路拌法施工工法	中铁十二局	国家铁路局
66	高原隧道衬砌大行程横移自动送轨式施工工法	中铁十二局	山西省住房和城乡建设厅
67	黄土地区铁路混凝土防护栅栏标准化施工工法	中铁十二局	山西省住房和城乡建设厅
68	黄土路堑边坡拱形骨架防护施工工法	中铁十二局	山西省住房和城乡建设厅
69	黄土砂层隧道全断面高压水平旋喷桩加固施工工法	中铁十二局	山西省住房和城乡建设厅
70	机车信号测试环线施工工法	中铁十二局	国家铁路局
71	基于格构柱的塔吊组合式钢平台施工工法	中铁十二局	山西省住房和城乡建设厅
72	极软弱破碎围岩曲面门架弧形导坑垂直挑顶施工工法	中铁十二局	山西省住房和城乡建设厅
73	集中送排风系统机组安装施工工法	中铁十二局	山西省住房和城乡建设厅
74	既有线路堑挖孔桩出渣施工工法	中铁十二局	国家铁路局
75	接触网超拉架设施工工法	中铁十二局	国家铁路局
76	跨既有线转体桥梁滑车驮运合龙钢壳就位施工工法	中铁十二局	山西省住房和城乡建设厅
77	沥青拌和楼多点穿插集中式拆解、运输、安装施工工法	中铁十二局	山西省住房和城乡建设厅
78	连续刚构上下双室渡槽施工工法	中铁十二局	中国水利工程协会
79	邻近营业线布袋注浆桩施工工法	中铁十二局	国家铁路局
80	路基水沟滑模施工工法	中铁十二局	国家铁路局
81	埋入式无砟轨道加密基标 + L 型轨道卡尺 + 轨检小车联合快速精调施工工法	中铁十二局	山西省住房和城乡建设厅
82	凝灰岩隧道穿越高压强富水断层施工工法	中铁十二局	国家铁路局
83	排桩与单道钢管支撑支护体系下的盆式开挖施工工法	中铁十二局	山西省住房和城乡建设厅
84	漂卵石地层盾构穿越河流加固施工工法	中铁十二局	山西省住房和城乡建设厅
85	平转法转体桥梁下球铰及滑道支架无后浇带封固施工工法	中铁十二局	山西省住房和城乡建设厅
86	浅埋大断面极软岩隧道下穿构筑物微扰动施工工法	中铁十二局	国家铁路局
87	倾斜硬岩山体下桩基扩孔填砂灌注施工工法	中铁十二局	国家铁路局
88	全自动陀螺全站仪现场校准比对施工工法	中铁十二局	国家铁路局
89	软弱围岩隧道循环式高压注浆预加固施工工法	中铁十二局	山西省住房和城乡建设厅
90	上行式移动模架提升挂梁过门式墩制梁施工工法	中铁十二局	国家铁路局
91	枢纽车站桥建合一承轨层 MMA 防水层施工工法	中铁十二局	山西省住房和城乡建设厅
92	隧道带模注浆施工工法	中铁十二局	山西省住房和城乡建设厅

续表

序号	工法名称	开发单位	认定机构
93	隧道二衬钢筋及宽幅防水板自动安装施工工法	中铁十二局	山西省住房和城乡建设厅
94	隧道二衬宽幅防水板兼钢筋自动安装施工工法	中铁十二局	山西省住房和城乡建设厅
95	隧道仰拱混凝土机械自动化施工工法	中铁十二局	山西省住房和城乡建设厅
96	隧道自动布料带压浇筑智能衬砌台车施工工法	中铁十二局	山西省住房和城乡建设厅
97	炭质板岩大断面隧道玻璃纤维锚杆预加固控制变形施工工法	中铁十二局	山西省住房和城乡建设厅
98	特长隧道通风斜井反井施工工法	中铁十二局	中国公路建设行业协会
99	特长隧道通风斜井反井施工工法	中铁十二局	山西省住房和城乡建设厅
100	铁路枢纽车站主体半逆作法快速施工工法	中铁十二局	山西省住房和城乡建设厅
101	铁路隧道纵向排水盲管安装施工工法	中铁十二局	国家铁路局
102	通航孔大跨度整体提升式栈桥施工工法	中铁十二局	国家铁路局
103	瓦斯隧道多阶段通风施工工法	中铁十二局	国家铁路局
104	微爆破辅助金刚石绳锯机切割拆除施工工法	中铁十二局	山西省住房和城乡建设厅
105	小体积纤维滤罐快速处理高原隧道涌水施工工法	中铁十二局	中国公路建设行业协会
106	小体积纤维滤罐快速处理高原隧道涌水施工工法	中铁十二局	山西省住房和城乡建设厅
107	岩溶发育区深基坑长锚索施工工法	中铁十二局	山西省住房和城乡建设厅
108	沿海台风区倒梯形公铁两用连续钢桁梁膺架辅助施工工法	中铁十二局	山西省住房和城乡建设厅
109	异型盾构井盾构始发施工工法	中铁十二局	山西省住房和城乡建设厅
110	有约束碾压粉细砂填料路基施工工法	中铁十二局	国家铁路局
111	长大隧道洞内自由测站边角精密测量控制施工工法	中铁十二局	国家铁路局
112	长段落矩形抗滑桩旋挖钻快速施工工法	中铁十二局	国家铁路局
113	涨壳式预应力锚杆施工工法	中铁十二局	山西省住房和城乡建设厅
114	智能检测仪调整接触网参数施工工法	中铁十二局	国家铁路局
115	主副导线网控制双洞隧道测量施工工法	中铁十二局	国家铁路局
116	自动式陀螺全站仪盾构测量施工工法	中铁十二局	山西省住房和城乡建设厅
117	复杂海况跨海大桥深水基础双壁钢吊箱围堰精确定位施工工法	中国铁建大桥局	黑龙江省住房和城乡建设厅
118	复杂海况跨海大桥深水基础双壁钢吊箱围堰气囊法下水施工工法	中国铁建大桥局	黑龙江省住房和城乡建设厅
119	复杂环境下富水软土地层 SMW 工法桩基坑围护施工工法	中国铁建大桥局	黑龙江省住房和城乡建设厅
120	富水软土及砂土混合地层盾构下穿既有建筑物小半径掘进施工工法	中国铁建大桥局	黑龙江省住房和城乡建设厅
121	富水隧道全环注浆堵水固结施工工法	中国铁建大桥局	黑龙江省住房和城乡建设厅

续表

序号	工法名称	开发单位	认定机构
122	邻近机场限高场区的地铁深基坑复合型围护结构施工工法	中国铁建大桥局	黑龙江省住房和城乡建设厅
123	强风浪大潮差环境下大尺寸钢板桩围堰承台施工工法	中国铁建大桥局	黑龙江省住房和城乡建设厅
124	强风浪大潮差环境下钻孔平台无堆放场地快速制造钢护筒施工工法	中国铁建大桥局	黑龙江省住房和城乡建设厅
125	渠式切割水泥土连续墙施工工法	中国铁建大桥局	黑龙江省住房和城乡建设厅
126	全回旋套管 + 液压冲抓斗清除地下深层柔性管线施工工法	中国铁建大桥局	黑龙江省住房和城乡建设厅
127	深水大跨山区复杂地质条件有栈桥双壁钢围堰拼装施工工法	中国铁建大桥局	黑龙江省住房和城乡建设厅
128	深水裸岩扩大基础带开口刃角有底钢套箱环形不等厚封底施工工法	中国铁建大桥局	黑龙江省住房和城乡建设厅
129	深水裸岩扩大基础双壁钢围堰环形基槽水下爆破精准控制施工工法	中国铁建大桥局	黑龙江省住房和城乡建设厅
130	双壁钢吊箱围堰锚墩定位系统施工工法	中国铁建大桥局	黑龙江省住房和城乡建设厅
131	隧道二次衬砌带模及时注浆施工工法	中国铁建大桥局	黑龙江省住房和城乡建设厅
132	台风区超高墩变宽大断面梁柱式支架现浇施工工法	中国铁建大桥局	黑龙江省住房和城乡建设厅
133	台风区高潮差复杂地质环境下气举反循环钻孔桩施工工法	中国铁建大桥局	黑龙江省住房和城乡建设厅
134	沿海地区钢结构栈桥环境损伤安全评定施工工法	中国铁建大桥局	黑龙江省住房和城乡建设厅
135	沿海强台风区公铁合用大断面高墩翻模施工工法	中国铁建大桥局	黑龙江省住房和城乡建设厅
136	多孔大跨度简支箱梁移动式整体钢模施工工法	中国铁建大桥局	宁夏回族自治区住房和城乡建设厅
137	大断面 PK 箱梁短线法预制管道接长定位施工工法	中国铁建大桥局	中国公路建设行业协会
138	软弱地层小净距叠交隧道盾构施工工法	中国铁建大桥局	天津市住房和城乡建设厅
139	沿海软弱地层地区 AM 可视可控旋挖扩底桩施工工法	中国铁建大桥局	中国公路建设行业协会
140	沿海软弱土层地区超近接地铁隧道的桥梁桩基施工工法	中国铁建大桥局	天津市住房和城乡建设厅
141	沿海软弱土层地区超近接地铁隧道的桥梁桩基施工工法	中国铁建大桥局	中国公路建设行业协会
142	深海钢吊箱围堰整体吊装就位施工工法	中国铁建大桥局	国家铁路局

续表

序号	工法名称	开发单位	认定机构
143	高压气冲法湿桩桩头快速清理施工工法	中国铁建大桥局	国家铁路局
144	台风区公铁两用跨海桥变跨双孔连做造桥机施工工法	中国铁建大桥局	国家铁路局
145	台风区深海裸岩钻孔平台施工工法	中国铁建大桥局	国家铁路局
146	高墩大跨铁路刚构桥梁双组桁三角挂篮施工工法	中国铁建大桥局	国家铁路局
147	波形钢腹板拖吊施工工法	中铁十四局	中国公路建设行业协会
148	超长体外预应力张拉施工工法	中铁十四局	中国公路建设行业协会
149	城市轻轨 U 型梁预制施工工法	中铁十四局	山东省住房和城乡建设厅
150	道路交叉口围护结构支撑装配式预应力临时封盖施工工法	中铁十四局	中国公路建设行业协会
151	高渗透富水地层格构柱钻孔灌注桩施工工法	中铁十四局	中国公路建设行业协会
152	高渗透富水地层盾构工作井端头复合式加固施工工法	中铁十四局	中国公路建设行业协会
153	跨铁路客运专线宽幅刚构一次转体成桥施工工法	中铁十四局	中国公路建设行业协会
154	岩溶隧道水泥基—玻璃纤维浆液堵水加固施工工法	中铁十四局	中国公路建设行业协会
155	有砟轨道小半径曲线地段 CPG500 铺轨机组铺轨施工工法	中铁十四局	山东省住房和城乡建设厅
156	预制方涵构件拼装施工工法	中铁十四局	山东省住房和城乡建设厅
157	装配式电力管廊预制方涵构件生产施工工法	中铁十四局	山东省住房和城乡建设厅
158	钢桁梁半浮半拖架设施工工法	中铁十四局	国家铁路局
159	HS900B 架桥机过系杆拱桥施工工法	中铁十五局	国家铁路局
160	暗扣式抗风揭金属屋面系统施工工法	中铁十六局	国家铁路局
161	不采用超挖刀小半径盾构施工质量控制施工工法	中铁十六局	内蒙古自治区住房和城乡建设厅
162	超复杂空间下风管集中吊装在城市轨道交通中的运用施工工法	中铁十六局	内蒙古自治区住房和城乡建设厅
163	城市轨道交通富水地层联络通道冷冻法地层加固施工工法	中铁十六局	内蒙古自治区住房和城乡建设厅
164	大跨度非对称斜拉桥主塔上横梁施工工法	中铁十六局	中国公路建设行业协会
165	大型桥梁托架现场焊接及质量快速检测施工工法	中铁十六局	中国公路建设行业协会
166	地铁暗挖车站洞内狭小空间砂卵石地层钻孔施工工法	中铁十六局	中国公路建设行业协会
167	地铁暗挖施工二氧化碳致裂的施工工法	中铁十六局	中国公路建设行业协会
168	盾构机轮式过站施工工法	中铁十六局	中国公路建设行业协会
169	盾构空推不拼管片过矿山法成型隧道施工工法	中铁十六局	国家铁路局
170	复杂条件下矿山法解救盾构机及盾构空推掘进施工工法	中铁十六局	中国公路建设行业协会

续表

序号	工法名称	开发单位	认定机构
171	富水圆砾地层地下连续墙间接缝刷壁施工工法	中铁十六局	内蒙古自治区住房和城乡建设厅
172	刚柔桩处理滩涂深厚软土地基施工工法	中铁十六局	中国公路建设行业协会
173	高宽比趋于“1”大跨径刚构连续梁0号块施工工法	中铁十六局	浙江省住房和城乡建设厅
174	高密富水砂卵石地层盾构掘进参数及渣土改良施工工法	中铁十六局	中国公路建设行业协会
175	高原富水地层地铁车站既有锚索处理施工工法	中铁十六局	中国公路建设行业协会
176	上跨电气化铁路现浇混凝土构筑物支撑结构综合防电施工工法	中铁十六局	国家铁路局
177	深水裸岩库区利用浮平台施工钢管桩施工工法	中铁十六局	浙江省住房和城乡建设厅
178	深水裸岩锁扣钢管桩与钢筋混凝土组合桩围堰施工工法	中铁十六局	国家铁路局
179	隧道多变地质条件综合治水施工工法	中铁十六局	国家铁路局
180	无水砂卵石地层盾构穿越东河沉降控制施工工法	中铁十六局	内蒙古自治区住房和城乡建设厅
181	下承式双层贝雷组合桁架梁体高位现浇千斤顶落梁施工工法	中铁十六局	中国公路建设行业协会
182	新建地铁隧道穿越煤矿塌陷区地下桥式施工工法	中铁十六局	中国公路建设行业协会
183	一种地铁暗挖车站钢管柱施工工法	中铁十六局	中国公路建设行业协会
184	一种动水条件下帷幕注浆止水施工工法	中铁十六局	中国公路建设行业协会
185	占用河道功能引水补偿施工工法	中铁十六局	中国公路建设行业协会
186	长大瓦斯隧道平导超前无轨运输施工六阶段通风施工工法	中铁十六局	国家铁路局
187	装配式钢管混凝土支撑施工工法	中铁十六局	中国公路建设行业协会
188	新型预应力锁定钢支撑施工工法	中铁十六局	中国公路建设行业协会
189	T型螺栓固定管廊预埋U型槽道预埋件施工工法	中铁十七局	山西省住房和城乡建设厅
190	场地受限单线铁路48米简支箱梁墩顶行走式移动模架制梁施工工法	中铁十七局	山西省住房和城乡建设厅
191	地面建构筑三维扫描变形监测施工工法	中铁十七局	山西省住房和城乡建设厅
192	地下暗埋式放射性废水管网施工工法	中铁十七局	山西省住房和城乡建设厅
193	蝶式切割机切割盾构管片施工工法	中铁十七局	山西省住房和城乡建设厅
194	富水断裂带零间距下穿既有地铁隧道施工工法	中铁十七局	山西省住房和城乡建设厅
195	高速铁路隧道贯通地线水泥包封施工工法	中铁十七局	山西省住房和城乡建设厅
196	回转式工程钻机组合体开式旋挖钻筒施工工法	中铁十七局	山西省住房和城乡建设厅
197	基于BIM工法的牵引变电所导线预制安装施工工法	中铁十七局	山西省住房和城乡建设厅
198	基于新型配套装备的CRTSIII型板式无砟轨道施工工法	中铁十七局	山西省住房和城乡建设厅
199	极强岩溶桩基双护筒帷幕注浆施工工法	中铁十七局	山西省住房和城乡建设厅
200	既有通信线路不中断业务光缆割接施工工法	中铁十七局	山西省住房和城乡建设厅

续表

序号	工法名称	开发单位	认定机构
201	接触网基础地脚螺栓精准安装施工工法	中铁十七局	山西省住房和城乡建设厅
202	喀斯特地貌旋挖嵌岩桩基施工工法	中铁十七局	山西省住房和城乡建设厅
203	抗震型综合支吊架安装施工工法	中铁十七局	山西省住房和城乡建设厅
204	连续梁短梁段联体挂篮施工工法	中铁十七局	山西省住房和城乡建设厅
205	路基贯通地线开槽机开挖施工工法	中铁十七局	山西省住房和城乡建设厅
206	桥面系混凝土保护层激光自动整平施工工法	中铁十七局	山西省住房和城乡建设厅
207	软弱破碎板岩大变形隧道快速施工工法	中铁十七局	山西省住房和城乡建设厅
208	软土地层变径挤扩支盘桩施工工法	中铁十七局	山西省住房和城乡建设厅
209	深水基础浅埋覆盖层岩层地质锁扣钢管桩围堰施工工法	中铁十七局	山西省住房和城乡建设厅
210	湿陷性黄土隧道基底水泥土挤密桩施工工法	中铁十七局	山西省住房和城乡建设厅
211	双壁钢围堰升降平台施工工法	中铁十七局	山西省住房和城乡建设厅
212	特长复杂结构隧道独头掘进施工通风防尘施工工法	中铁十七局	山西省住房和城乡建设厅
213	现浇综合管廊多舱节段防水施工工法	中铁十七局	山西省住房和城乡建设厅
214	液位继电器 + 带模注浆防隧道拱顶二衬空洞施工工法	中铁十七局	山西省住房和城乡建设厅
215	预应力混凝土连续梁桥非对称拆除施工工法	中铁十七局	山西省住房和城乡建设厅
216	预制 T 梁预应力管道真空智能循环压浆施工工法	中铁十七局	山西省住房和城乡建设厅
217	长大富水隧道反坡排水施工工法	中铁十七局	山西省住房和城乡建设厅
218	长悬臂 T 构曲梁墩顶转体系统施工工法	中铁十七局	山西省住房和城乡建设厅
219	转体 T 构(连续梁)边墩支座逆做施工工法	中铁十七局	山西省住房和城乡建设厅
220	自制高压水枪沉杆施工工法	中铁十七局	山西省住房和城乡建设厅
221	综合管廊移动通信信号覆盖施工工法	中铁十七局	山西省住房和城乡建设厅
222	高墩连续梁 0 号块可调式三角托架施工工法	中铁十七局	国家铁路局
223	铁路客运专线箱梁自动喷淋养护施工工法	中铁十七局	国家铁路局
224	严寒地区铁路客运专线桥面复合型防水层施工工法	中铁十七局	国家铁路局
225	TJ165 型铁路架桥机轨排支架法架设单线铁路 T 梁施工工法	中铁十七局	国家铁路局
226	活动断裂及软岩大变形隧道双层初期支护施工工法	中铁十七局	国家铁路局
227	软岩大变形隧道中空锚杆快速施工工法	中铁十七局	国家铁路局
228	活动断裂带隧道铰接变形缝施工工法	中铁十七局	国家铁路局
229	大断面隧道悬臂式掘进机开挖施工工法	中铁十七局	国家铁路局
230	隧道二次衬砌混凝土浇筑“三逐、两孔、两振”施工工法	中铁十七局	国家铁路局
231	瓦斯地层小断面通风竖井反井钻法快速掘进施工工法	中铁十七局	国家铁路局
232	CRTSⅢ型板式无砟轨道信息化精确快速铺设施工工法	中铁十八局	中国公路建设行业协会

续表

序号	工法名称	开发单位	认定机构
233	CRTSⅢ型板式无砟轨道信息化精确快速铺设施工工法	中铁十八局	天津市住房和城乡建设委员会
234	TBM 穿越断层破碎带卡机脱困施工工法	中铁十八局	中国水利工程协会
235	TBM 法施工隧洞四轨三线制同步衬砌快速施工工法	中铁十八局	中国水利工程协会
236	TLJ900 架桥机地震八度带大坡度架梁施工工法	中铁十八局	中国公路建设行业协会
237	TLJ900 架桥机地震八度带大坡度架梁施工工法	中铁十八局	天津市住房和城乡建设委员会
238	抱箍支架法施工圆弧形桥墩预应力顶帽施工工法	中铁十八局	中国公路建设行业协会
239	抱箍支架法施工圆弧形桥墩预应力顶帽施工工法	中铁十八局	天津市住房和城乡建设委员会
240	大断面瓦斯隧道快速揭煤施工工法	中铁十八局	国家铁路局
241	大管幕条件下临海浅埋超大断面隧道长距离水平控制冻结施工工法	中铁十八局	中国公路建设行业协会
242	大管幕条件下临海浅埋超大断面隧道长距离水平控制冻结施工工法	中铁十八局	天津市住房和城乡建设委员会
243	地铁盾构隧道端头加固及联络通道冻结法施工工法	中铁十八局	中国公路建设行业协会
244	盾构空推下穿狭小净距的构筑物施工工法	中铁十八局	山东省住房和城乡建设厅
245	复杂条件下超浅埋超大断面下穿城市主干道双连拱隧道暗挖进洞施工工法	中铁十八局	中国公路建设行业协会
246	复杂条件下超浅埋超大断面下穿城市主干道双连拱隧道暗挖进洞施工工法	中铁十八局	天津市住房和城乡建设委员会
247	复杂条件下临海超浅埋超大断面双连拱隧道施工工法	中铁十八局	中国公路建设行业协会
248	复杂条件下临海超浅埋超大断面双连拱隧道施工工法	中铁十八局	天津市住房和城乡建设委员会
249	富水砂砾石地层全回转套管机桩基拔除施工工法	中铁十八局	内蒙古自治区住房和城乡建设厅
250	富水岩溶隧道基底深埋中心管沟施工工法	中铁十八局	国家铁路局
251	跨既有线铁路预应力混凝土连续梁转体桥施工工法	中铁十八局	国家铁路局
252	快速无损蜂窝整体式环切法破桩头施工工法	中铁十八局	中国公路建设行业协会
253	明挖隧道衬砌表层智能喷涂机器人施工工法	中铁十八局	中国公路建设行业协会
254	浅埋超大断面暗挖隧道五台阶十四部施工工法	中铁十八局	中国公路建设行业协会
255	深水急流裸露基岩钢栈桥施工工法	中铁十八局	国家铁路局
256	隧道掘进聚能水压光面爆破施工工法	中铁十八局	中国爆破行业协会
257	隧道围岩松动圈优化初期支护施工工法	中铁十八局	中国公路建设行业协会
258	隧道围岩松动圈优化初期支护施工工法	中铁十八局	天津市住房和城乡建设委员会
259	特大跨度极不对称大吨位钢管拱桥转体测控施工工法	中铁十八局	国家铁路局

续表

序号	工法名称	开发单位	认定机构
260	运营重载铁路长大隧道无砟拆换有砟快速施工工法	中铁十八局	天津市住房和城乡建设委员会
261	重载铁路站场盐渍土路基病害机理及防治与加固技术施工工法	中铁十八局	中国公路建设行业协会
262	重载铁路站场盐渍土路基病害机理及防治与加固技术施工工法	中铁十八局	天津市住房和城乡建设委员会
263	转体拱桥拱座上下盘间大面积狭小空间封固施工工法	中铁十八局	国家铁路局
264	粉细砂地层三循环等厚度型钢水泥土连续墙施工工法	中铁十九局	中国公路建设行业协会
265	转体连续梁钢壳法合龙施工工法	中铁十九局	中国公路建设行业协会
266	分离式桥梁“1＋2”固定高低支腿龙门提升站架梁施工工法	中铁十九局	中国公路建设行业协会
267	隧道穿越富水软硬岩层接触带磷酸＋水玻璃＋水泥帷幕注浆施工工法	中铁十九局	中国公路建设行业协会
268	双侧墙导坑复合台阶式大断面隧道施工工法	中铁十九局	江苏省住房和城乡建设厅
269	双侧墙导坑复合台阶式大断面隧道施工工法	中铁十九局	中国公路建设行业协会
270	岩溶地区桩基础全套管全回转施工工法	中铁十九局	江苏省住房和城乡建设厅
271	岩溶地区桩基础全套管全回转施工工法	中铁十九局	中国公路建设行业协会
272	大吨位宽幅长节段后支点菱形挂篮同步行走施工工法	中铁十九局	中国公路建设行业协会
273	超大箱涵横穿车站架空迁改施工工法	中铁十九局	中国公路建设行业协会
274	城市地铁暗挖隧道三联拱施工工法	中铁十九局	中国公路建设行业协会
275	CFG 桩帽无扰动施工工法	中铁十九局	国家铁路局
276	坚硬岩层岩溶发育段钢板桩围堰施工工法	中铁十九局	国家铁路局
277	大断面软弱地层隧道三台阶四步交错法施工工法	中铁十九局	国家铁路局
278	凿岩台车施作隧道交叉口快速施工工法	中铁十九局	国家铁路局
279	高陡边坡 CAE Sirovision TM 非接触式位移监测施工工法	中铁十九局	国家铁路局
280	高风险隧道岩溶富水段“激发极化法”超前地质预报施工工法	中铁十九局	国家铁路局
281	2 型单管扣多卡悬臂模板施工工法	中铁二十局	陕西省住房和城乡建设厅
282	V 型河床深水基础悬空吊脚双壁钢围堰施工工法	中铁二十局	陕西省住房和城乡建设厅
283	崩解岩用于膨胀土的水泥改性土换填施工工法	中铁二十局	陕西省住房和城乡建设厅
284	崩解岩用于膨胀土的水泥改性土换填施工工法	中铁二十局	中国水利工程协会
285	采用浮平台进行深水裸岩河床栈桥施工工法	中铁二十局	陕西省住房和城乡建设厅
286	超大吨位斜拉桥平面转体施工工法	中铁二十局	中国公路建设行业协会
287	城际铁路移动模架底模整体落地施工工法	中铁二十局	陕西省住房和城乡建设厅
288	穿越煤系地层隧道无轨运输主动防爆施工工法	中铁二十局	国家铁路局
289	大跨度弧形闸门精确安装施工工法	中铁二十局	陕西省住房和城乡建设厅

续表

序号	工法名称	开发单位	认定机构
290	大跨度斜交异型梁顶推施工工法	中铁二十局	陕西省住房和城乡建设厅
291	盾构利用“克泥效＋同步双液注浆”技术下穿南水北调干渠施工工法	中铁二十局	陕西省住房和城乡建设厅
292	盾构下穿中粗砂小半径曲线建筑物群施工工法	中铁二十局	陕西省住房和城乡建设厅
293	高地应力软岩隧道可伸缩U型钢支架体系施工工法	中铁二十局	陕西省住房和城乡建设厅
294	高磨蚀性地层的盾构刀盘边缘快速修复施工工法	中铁二十局	陕西省住房和城乡建设厅
295	既有线接触网承导线紧线张力施工工法	中铁二十局	陕西省住房和城乡建设厅
296	临近既有线铁路桥梁施工工法	中铁二十局	国家铁路局
297	气盾坝坝体段施工工法	中铁二十局	中国水利工程协会
298	浅埋暗挖隧道过地裂缝支护及变形缝结构施工工法	中铁二十局	陕西省住房和城乡建设厅
299	柔性固定窑钢筋混凝土管片施工工法	中铁二十局	陕西省住房和城乡建设厅
300	砂卵石地层盾构参数姿态优化快速施工工法	中铁二十局	陕西省住房和城乡建设厅
301	深水土石围堰填筑施工工法	中铁二十局	陕西省住房和城乡建设厅
302	深水土石围堰新型高压旋喷防渗墙施工工法	中铁二十局	陕西省住房和城乡建设厅
303	深水土石围堰新型高压旋喷防渗墙施工工法	中铁二十局	中国水利工程协会
304	石质基坑非爆破小口径人工水钻开挖施工工法	中铁二十局	陕西省住房和城乡建设厅
305	碎屑岩陡倾逆冲富水断层带施工工法	中铁二十局	陕西省住房和城乡建设厅
306	铁路水泥混凝土加芯桩施工工法	中铁二十局	国家铁路局
307	限阻器控制黄土隧道大变形施工工法	中铁二十局	陕西省住房和城乡建设厅
308	一种无连接桥的盾构分体始发施工工法	中铁二十局	陕西省住房和城乡建设厅
309	涌水碎屑流地层隧道突泥施工工法	中铁二十局	陕西省住房和城乡建设厅
310	重载铁路弹性支承块式无砟轨道施工工法	中铁二十局	陕西省住房和城乡建设厅
311	多年冻土区高速公路XPS保温板路基施工工法	中铁二十一局	中国公路建设行业协会
312	干寒大风戈壁地区高速铁路挡风墙施工工法	中铁二十一局	国家铁路局
313	高速铁路特大桥小半径曲线区段箱梁移动模架施工工法	中铁二十一局	国家铁路局
314	高原地区大跨度薄壁箱型拱一次性成型施工工法	中铁二十一局	青海省住房和城乡建设厅
315	高原地区大跨度薄壁箱型拱一次性成型施工工法	中铁二十一局	中国公路建设行业协会
316	跨越多股铁路高墩空间刚架顶推施工工法	中铁二十一局	国家铁路局
317	双孔箱形桥横抬顶进施工工法	中铁二十一局	国家铁路局
318	隧道衬砌防脱落空装置施工工法	中铁二十一局	中国公路建设行业协会
319	无吊环预制件免翻转脱模、打包关键技术施工工法	中铁二十一局	中国公路建设行业协会
320	严寒地区太阳能集热等多热源综合技术及其自动化控制的采暖系统施工工法	中铁二十一局	国家铁路局

续表

序号	工法名称	开发单位	认定机构
321	地铁硬岩基坑旋挖临空面爆破施工工法	中铁二十二局	福建省住房和城乡建设厅
322	铁路客运专线 CRTSⅢ型板式无砟轨道结构铺装施工工法	中铁二十二局	国家铁路局
323	铁路客运专线 CSⅢ型无砟轨道先张法轨道板预制施工工法	中铁二十二局	国家铁路局
324	邻近敏感地带深路堑石方气体裂解法施工工法	中铁二十二局	福建省住房和城乡建设厅
325	四线系杆拱连续梁钢管拱混凝土顶升施工工法	中铁二十二局	黑龙江省住房和城乡建设厅
326	铁路 D 型钢便梁整体顶升纵移施工工法	中铁二十二局	国家铁路局
327	屋面拱形钢网架累积滑移施工工法	中铁二十二局	黑龙江省住房和城乡建设厅
328	长大跨海顶管地质 CT 探测施工工法	中铁二十二局	福建省住房和城乡建设厅
329	综合缆线沟移动模架施工工法	中铁二十二局	福建省住房和城乡建设厅
330	“攻丝定位”预埋槽道安装管片预制施工工法	中铁二十三局	四川省住房和城乡建设厅
331	32 米 D 型便梁架空线路施工工法	中铁二十三局	四川省住房和城乡建设厅
332	CRTSⅢ型先张法预应力混凝土轨道板机组流水生产施工工法	中铁二十三局	中国国家铁路集团有限公司
333	矮塔斜拉桥斜拉索施工工法	中铁二十三局	四川省住房和城乡建设厅
334	大体积混凝土斜交箱梁跨既有线顶推施工工法	中铁二十三局	四川省住房和城乡建设厅
335	既有铁路增建二线长轨组装综合施工工法	中铁二十三局	四川省住房和城乡建设厅
336	既有线接长涵洞金刚石绳锯施工工法	中铁二十三局	四川省住房和城乡建设厅
337	空心薄壁高墩横系梁“墩梁异步法”施工工法	中铁二十三局	四川省住房和城乡建设厅
338	山区大体积悬空承台施工工法	中铁二十三局	四川省住房和城乡建设厅
339	全自动数控滑模机 U 型边沟施工工法	中铁二十三局	四川省住房和城乡建设厅
340	全自动数控滑模机 U 型边沟施工工法	中铁二十三局	中国公路建设行业协会
341	水中承台有底钢吊箱施工工法	中铁二十三局	中国公路建设行业协会
342	CRTSⅢ型先张法预应力混凝土轨道板机组流水生产施工工法	中铁二十三局	国家铁路局
343	超浅埋长距离中管棚下穿铁路微扰动施工工法	中铁二十四局	国家铁路局
344	多孔箱涵依次顶进便梁悬空纵移施工工法	中铁二十四局	国家铁路局
345	多孔箱涵依次顶进便梁悬空纵移施工工法	中铁二十四局	中国公路建设行业协会
346	装配式公路钢桥临时铺盖系统施工工法	中铁二十四局	福建省住房和城乡建设厅
347	大体积大跨度市政曲线连续箱梁大角度水平转体跨越既有高速铁路站场施工工法	中铁二十五局	广西壮族自治区建筑业联合会
348	大体积大跨度市政转体连续箱梁支架法现浇施工工法	中铁二十五局	广西壮族自治区建筑业联合会
349	复杂条件下多层市政立交匝道结构交叉安装施工工法	中铁二十五局	广东省住房和城乡建设厅
350	跨既有铁路大吨位连续箱梁单点顶推过轨施工工法	中铁二十五局	国家铁路局

续表

序号	工法名称	开发单位	认定机构
351	连续刚构梁0号块托架施工工法	中铁二十五局	广西壮族自治区建筑业联合会
352	隧道浅埋穿越泥石流堆积体岷江活动断裂带"先固后钉"法施工工法	中铁二十五局	广东省住房和城乡建设厅
353	铁路区间长距离高压直流电供电技术施工工法	中铁二十五局	广东省住房和城乡建设厅
354	微生态滤床水处理系统施工工法	中铁二十五局	广西壮族自治区建筑业联合会
355	狭短桥隧过渡段上移动框架快速拼装及拆解施工工法	中铁二十五局	国家铁路局
356	"CSM + TRD"地下连续墙综合施工工法	中铁建设	北京市住房和城乡建设委员会
357	LRB/LNR型支座隔震施工工法	中铁建设	北京市住房和城乡建设委员会
358	薄壁型槽钢综合支吊架安装施工工法	中铁建设	北京市住房和城乡建设委员会
359	大面积单向悬挂桁架式玻璃幕墙施工工法	中铁建设	国家铁路局
360	大坡度斜轨面变轨液压同步累积滑移施工工法	中铁建设	国家铁路局
361	大型巨船桅杆多色彩仿古TCP水泥雕刻施工工法	中铁建设	海南省住房和城乡建设厅
362	大型空间网架健康监测及结构评损设备安装施工工法	中铁建设	北京市住房和城乡建设委员会
363	单弯可调式框架柱箍模板施工工法	中铁建设	江西省住房和城乡建设厅
364	地铁现浇箱梁高位落梁施工工法	中铁建设	北京市住房和城乡建设委员会
365	地下综合管廊双仓叠合板施工工法	中铁建设	江西省住房和城乡建设厅
366	房建工程铝、木组合模板施工工法	中铁建设	江西省住房和城乡建设厅
367	分段式螺杆固定边梁侧模施工工法	中铁建设	江西省住房和城乡建设厅
368	分子粘高分子防水卷材干铺法施工工法	中铁建设	河南省建筑业协会
369	高空大跨度钢结构安装施工工法	中铁建设	山西省住房和城乡建设厅
370	高空间混凝土墙体定型钢模板二次提升施工工法	中铁建设	山西省住房和城乡建设厅
371	拱板仓屋面拱板施工工法	中铁建设	广西壮族自治区建筑业联合会
372	花篮式悬挑脚手架施工工法	中铁建设	山西省住房和城乡建设厅
373	机电管线抗震支吊架施工工法	中铁建设	北京市住房和城乡建设委员会
374	可调式弹线装置辅助地铁区间给排水管道施工工法	中铁建设	北京市住房和城乡建设委员会
375	楼地面瓷砖快速铺贴施工工法	中铁建设	江西省住房和城乡建设厅
376	铝合金模板2厘米变截面施工工法	中铁建设	山西省住房和城乡建设厅

续表

序号	工法名称	开发单位	认定机构
377	密闭灯箱散热孔施工工法	中铁建设	北京市住房和城乡建设委员会
378	免抹灰薄壁多腔预制构件砌筑施工工法	中铁建设	北京市住房和城乡建设委员会
379	轻集料混凝土填充墙施工工法	中铁建设	山西省住房和城乡建设厅
380	上走行式贝雷梁挂篮施工工法	中铁建设	北京市住房和城乡建设委员会
381	深基坑承台底部自动降排水施工工法	中铁建设	江西省住房和城乡建设厅
382	深基坑环支撑支护结构拆除时汽车坡道加固施工工法	中铁建设	山西省住房和城乡建设厅
383	石材幕墙组拼式龙骨支撑体系施工工法	中铁建设	北京市住房和城乡建设委员会
384	室外“钢琴键盘”式悬挑吊顶铝板施工工法	中铁建设	国家铁路局
385	外墙附着式工字钢悬挑架施工工法	中铁建设	北京市住房和城乡建设委员会
386	外墙干挂水泥纤维板无机砂浆饰面(砖纹)施工工法	中铁建设	山西省住房和城乡建设厅
387	屋面模具式泛水施工工法	中铁建设	河南省建筑业协会
388	一种气动拆除式塑料模壳施工工法	中铁建设	山西省住房和城乡建设厅
389	主体预埋配电箱壳安装施工工法	中铁建设	山西省住房和城乡建设厅
390	高速铁路双向光电缆自动敷设作业车光电缆敷设施工工法	中铁建电气化局	国家铁路局
391	隧道内利用打眼平台车安装接触网锚栓施工工法	中铁建电气化局	国家铁路局
392	铁路咽喉区接触网改造工字钢基础过渡施工工法	中铁建电气化局	国家铁路局
393	自制双边倒角装置钢轨孔倒角施工工法	中铁建电气化局	国家铁路局
394	GSM－R数字光纤直放站设备安装调试施工工法	中铁建电气化局	山西省住房和城乡建设厅
395	磁控电抗器(MCR)动态无功补偿装置安装施工工法	中铁建电气化局	国家铁路局
396	地铁整体道床矩形波导管安装调试施工工法	中铁建电气化局	山西省住房和城乡建设厅
397	分区所AT改造利用接触网故障切除装置过渡施工工法	中铁建电气化局	国家铁路局
398	高速铁路接触网42号第三辅助式无交分线岔安装调整施工工法	中铁建电气化局	国家铁路局
399	既有电气化铁路车站软横跨、承导线同步更换施工工法	中铁建电气化局	山西省住房和城乡建设厅
400	铁路牵引变压器局部放电交接性试验施工工法	中铁建电气化局	国家铁路局

续表

序号	工法名称	开发单位	认定机构
401	信号电缆引入间组装支架电缆敷设施工工法	中铁建电气化局	山西省住房和城乡建设厅
402	重载铁路小曲线半径区段承导线更换施工工法	中铁建电气化局	山西省住房和城乡建设厅
403	铁路客运专线接触网18号无交分连续线岔安装及调整施工工法	中铁建电气化局	国家铁路局
404	时速250千米铁路客运专线大坡道双机牵引恒张力放线施工工法	中铁建电气化局	山西省住房和城乡建设厅
405	西成高速铁路隧道内化学锚栓定测安装施工工法	中铁建电气化局	山西省住房和城乡建设厅
406	营业线电力电缆桥梁悬挂安装施工工法	中铁建电气化局	山西省住房和城乡建设厅
407	自制吊装装置四管通信铁塔组立施工工法	中铁建电气化局	山西省住房和城乡建设厅
408	恶劣海况条件下高桩码头快速施工工法	中国铁建港航局	广东省住房和城乡建设厅
409	基于激光技术测控船闸人字闸门安装施工工法	中国铁建港航局	中国水利工程协会
410	桥梁通航孔水上钢结构限高架施工工法	中国铁建港航局	中国公路建设行业协会
411	新型大跨度预应力混凝土叠合梁施工工法	中国铁建港航局	中国水利工程协会
412	岩溶地区开挖石料高效利用施工工法	中国铁建港航局	中国公路建设行业协会
413	采用胶粘橡胶垫及架轨工装吊轨法铺设检查坑轨道施工工法	中铁城建	湖南省住房和城乡建设厅
414	超大直径灌注桩钢筋笼加工施工工法	中铁城建	山西省住房和城乡建设厅
415	超高层大跨度钢筋桁架楼承板安装施工工法	中铁城建	湖南省住房和城乡建设厅
416	超高层钢结构梁、柱施工工法	中铁城建	湖南省住房和城乡建设厅
417	超高层桁架层超厚钢板延迟焊接施工工法	中铁城建	山西省住房和城乡建设厅
418	超高层伸臂桁架层钢结构重大构件施工工法	中铁城建	湖南省住房和城乡建设厅
419	超高层塔冠弧形箱柱安装施工工法	中铁城建	山西省住房和城乡建设厅
420	超高层型钢混凝土核心筒液压爬模施工工法	中铁城建	湖南省住房和城乡建设厅
421	超高层型钢混凝土柱钢筋施工工法	中铁城建	湖南省住房和城乡建设厅
422	沉箱式卫生间施工工法	中铁城建	山西省住房和城乡建设厅
423	大跨度张弦桁架梁施工工法	中铁城建	湖南省住房和城乡建设厅
424	大型场馆异形金属屋面施工工法	中铁城建	湖南省住房和城乡建设厅
425	钢筋混凝土梁与PK预应力叠合板整体浇筑施工工法	中铁城建	湖南省住房和城乡建设厅
426	钢—铝复合、玻璃幕与保温墙体一体化施工工法	中铁城建	湖南省住房和城乡建设厅

续表

序号	工法名称	开发单位	认定机构
427	高层建筑 PRC 复合隔墙板施工工法	中铁城建	湖南省住房和城乡建设厅
428	高回填区全高护筒旋挖灌注桩扩底施工工法	中铁城建	山西省住房和城乡建设厅
429	高速铁路站房大面积 U 型玻璃幕墙施工工法	中铁城建	湖南省住房和城乡建设厅
430	混凝土布料机浇筑时固定施工工法	中铁城建	湖南省住房和城乡建设厅
431	混凝土预应力缓粘结张拉施工工法	中铁城建	湖南省住房和城乡建设厅
432	既有铁路桥简支 T 梁加固施工工法	中铁城建	湖南省住房和城乡建设厅
433	加减震垫楼地面施工工法	中铁城建	湖南省住房和城乡建设厅
434	金刚石绳锯静力无损切割深基坑钢筋混凝土内支撑施工工法	中铁城建	山西省住房和城乡建设厅
435	抗震综合支吊架施工工法	中铁城建	湖南省住房和城乡建设厅
436	路堑抗滑桩附着式清水混凝土模板施工工法	中铁城建	湖南省住房和城乡建设厅
437	螺旋式场馆异形空间钢结构施工工法	中铁城建	湖南省住房和城乡建设厅
438	螺旋式弧形场馆玻璃幕墙施工工法	中铁城建	湖南省住房和城乡建设厅
439	深基坑集水井液化土施工逆作法处理技术施工工法	中铁城建	湖南省住房和城乡建设厅
440	无对拉螺杆桁架模板施工工法	中铁城建	湖南省住房和城乡建设厅
441	沿海地区复杂地质旋挖快速取石成孔施工工法	中铁城建	山西省住房和城乡建设厅
442	液压爬模施工工法	中铁城建	湖南省住房和城乡建设厅
443	一种拼装式住宅烟风道施工工法	中铁城建	湖南省住房和城乡建设厅
444	预应力无缝地坪施工工法	中铁城建	湖南省住房和城乡建设厅
445	柱面基层处理及搪瓷钢板安装施工工法	中铁城建	湖南省住房和城乡建设厅
446	超大直径灌注桩钢筋笼加工施工工法	中铁城建	山西省住房和城乡建设厅
447	超高层桁架层超厚钢板延迟焊接施工工法	中铁城建	山西省住房和城乡建设厅
448	超高层塔冠弧形箱柱安装施工工法	中铁城建	山西省住房和城乡建设厅
449	沉箱式卫生间施工工法	中铁城建	山西省住房和城乡建设厅
450	高回填区全高护筒旋挖灌注桩扩底施工工法	中铁城建	山西省住房和城乡建设厅
451	金刚石绳锯静力无损切割深基坑钢筋混凝土内支撑施工工法	中铁城建	山西省住房和城乡建设厅
452	沿海地区复杂地质旋挖快速取石成孔施工工法	中铁城建	山西省住房和城乡建设厅
453	路堑抗滑桩附着式清水混凝土模板施工工法	中铁城建	湖南省住房和城乡建设厅
454	螺旋式场馆异形空间钢结构施工工法	中铁城建	湖南省住房和城乡建设厅
455	螺旋式弧形场馆玻璃幕墙施工工法	中铁城建	湖南省住房和城乡建设厅

（制表:李庆民）

中国铁建获2019年度发明专利授权目录

序号	专利名称	专利号	权属单位
1	一种隧道与地下工程全断面悬臂掘进机铣挖装置及方法	ZL201610772930.8	中国铁建
2	一种大悬臂盖梁临时张拉锚固支护装置及其施工方法	ZL201610900956.6	中铁十一局
3	一种带边跨湿接缝的预制节段平衡悬臂拼装施工方法	ZL201611068661.3	中铁十一局
4	大直径桩基漏浆快速处理方法	ZL201711121108.6	中铁十一局
5	上跨既有线旧桥梁体整体拆除方法	ZL201711189659.6	中铁十一局
6	采用桥梁修补用混凝土对桥梁进行修补的方法	ZL201711323297.5	中铁十一局
7	隧道高压富水溶腔段支护抗渗结构及施工方法	ZL201810725233.6	中铁十一局
8	隧道拱顶带模注浆施工方法	ZL201610706453.5	中铁十一局
9	一种轨排高差测量装置	ZL201510496797.3	中铁十一局
10	一种高地应力围岩隧道锚索预应力部分张拉方法	ZL201611153666.6	中铁十一局
11	一种软弱围岩隧道仰拱长锚杆的施工方法	ZL201611155811.4	中铁十一局
12	一种隧道防水板铺设方法	ZL201710256979.2	中铁十一局
13	一种固定隧道钢支撑与锁脚的施工方法	ZL201710287610.8	中铁十一局
14	穿越超高层建筑群回填区隧道施工方法	ZL201710463306.4	中铁十一局
15	城市浅埋条件下叠加隧道开挖施工方法	ZL201710716446.8	中铁十一局
16	既有隧道扩挖时穿越大型溶洞的辅助注浆平台及施工方法	ZL201810525525.5	中铁十一局
17	昔格达特殊地层浅埋隧道施工方法	ZL201810575959.6	中铁十一局
18	盾构原位小硐室安装设备及安装方法	ZL201810751158.0	中铁十一局
19	针对盾构管片拼缝渗漏现象进行压力灌浆堵漏的施工方法	ZL201710722241.0	中铁十一局
20	用于上软下硬富水地层的盾构新型惰性浆液及组合注浆工艺	ZL201710944690.X	中铁十一局
21	铁路站房半逆序施工方法	ZL201710537977.0	中铁十二局
22	一种运梁车纠偏监控系统	ZL201711201497.3	中铁十二局
23	一种架桥机桥上整体旋转调头施工方法	ZL201810522739.7	中铁十二局
24	连续刚构渡槽合拢段施工方法	ZL201610655055.5	中铁十二局
25	富水区连续钢构渡槽墩地基灌浆施工方法	ZL201610655248.0	中铁十二局
26	一种阻燃耐腐蚀建筑施工用混凝土	ZL201710222324.3	中铁十二局
27	一种地下污染环境施工用混凝土	ZL201710222325.8	中铁十二局
28	大断面黄土隧道开挖及初期支护快速封闭成环方法	ZL201710311001.1	中铁十二局
29	一种浅埋大跨隧道两单元六步施工方法	ZL201710486125.3	中铁十二局
30	地下水富集的砂层地段地铁管棚施工方法	ZL201710492942.X	中铁十二局
31	一种高水压软土地层 HFE 组合式盾构始发方法	ZL201710746792.0	中铁十二局

续表

序号	专利名称	专利号	权属单位
32	混凝土连续梁悬灌施工控制系统及控制方法	ZL201711207341.6	中铁十二局
33	混凝土浇筑桩头的破除方法	ZL201711207342.0	中铁十二局
34	一种破碎围岩分离式隧道交叉口渐变段施工方法	ZL201711210012.7	中铁十二局
35	一种自然导洞挑顶法	ZL201810103086.9	中铁十二局
36	一种机械自动振捣设备进行仰拱混凝土施工技术	ZL201810103133.X	中铁十二局
37	下穿输油管道的浅埋黄土隧道的施工方法	ZL201810142010.7	中铁十二局
38	一种自行破除洞门的盾构设备及出洞方法	ZL201810289451.X	中铁十二局
39	一种公路隧道匝道分离的施工方法	ZL201810311082.X	中铁十二局
40	衬砌台车模板的定位方法和定位装置	ZL201810328154.1	中铁十二局
41	小净距大断面隧道异形中隔壁法施工方法	ZL201811024760.0	中铁十二局
42	隧道施工膜袋注浆管结构及注浆岩化施工方法	ZL201811210404.8	中铁十二局
43	一种利用振搅式自行滑模连续浇筑路基边沟的施工方法	ZL201610848360.6	中铁十二局
44	钢拱架自动化生产线	ZL201811325459.3	中铁十二局
45	隧道初期支护承担全部设计荷载的初期支护设计计算方法	ZL201611021520.6	中铁十二局
46	一种调车机车用防脱车钩转接装置及车钩防脱落控制方法	ZL201810397692.6	中铁十二局
47	超短始发空间条件下的微型盾构机主机分体始发施工方法	ZL201710888823.6	中铁十二局
48	一种塔尺/棱镜杆竖向自稳控制装置及控制方法	ZL201810463153.8	中铁十二局
49	用于平转法施工的转体连续梁自动精调方法及系统	ZL201810687133.9	中铁十二局
50	一种盾构斜井管片壁后封堵环的施工方法	ZL201410522534.0	中国铁建大桥局
51	一种斜井明挖衬砌段 TBM 主机下落方法	ZL201410527392.7	中国铁建大桥局
52	一种轨道交通供电系统带电检测装置及方法	ZL201610038779.5	中国铁建大桥局
53	一种 TBM 斜井盾构管片加载试验装置及试验方法	ZL201610718694.1	中国铁建大桥局
54	基于张拉力或强制位移值的主缆敏感性工程化分析方法	ZL201610828801.6	中国铁建大桥局
55	用于地铁车站轨顶风道浇筑的台车	ZL201611180015.6	中国铁建大桥局
56	一种岩质极陡边坡植被生境的构建方法	ZL201611240723.4	中国铁建大桥局
57	一种始发、接收井及顶管施工的监测方法	ZL201710124300.4	中国铁建大桥局
58	现代有轨电车接触网坠陀内置式补偿装置预配装安装工法	ZL201710224924.3	中国铁建大桥局
59	一种千吨级混凝土预制梁段防开裂滑移系统	ZL201710365153.X	中国铁建大桥局
60	双壁钢围堰分块下放施工方法	ZL201710367734.7	中国铁建大桥局
61	托架式内模支撑系统施工方法	ZL201710433369.5	中国铁建大桥局
62	一种桥梁快速施工装置	ZL201710786139.7	中国铁建大桥局
63	桥梁施工用移动模架的安装提升方法	ZL201711330429.7	中国铁建大桥局

续表

序号	专利名称	专利号	权属单位
64	移动模架及移动模架的过孔施工方法	ZL201711331693.2	中国铁建大桥局
65	适用于高墩大跨度钢桁梁桥双滑块顶推施工方法	ZL201711391072.3	中国铁建大桥局
66	一种一孔双管隧道径向注浆施工方法	ZL201810201242.5	中国铁建大桥局
67	一种现浇混凝土箱梁组合式移动模板	ZL201810245807.X	中国铁建大桥局
68	一种盾构机盾壳背土去除装置及使用方法	ZL201810272511.7	中国铁建大桥局
69	提升式桥墩脚手架施工工法	ZL201810827889.9	中国铁建大桥局
70	一种异形板横梁桥梁钢弹簧支顶主动加固施工工法	ZL201810864013.1	中国铁建大桥局
71	地铁车站出入口逆序反挖与多台阶挑高施工方法	ZL201710849880.3	中国铁建大桥局
72	一种短线法箱梁节段预制纵向通长预应力孔道定位装置以及施工方法	ZL201810518712.0	中国铁建大桥局
73	一种隧道建设用高压电缆敷设支架	ZL201510850287.1	中铁十四局
74	活动隔墙	ZL201610656506.7	中铁十四局
75	免止浆墙分段扫孔后退式控制性注浆设备	ZL201611112988.6	中铁十四局
76	免止浆墙分段扫孔后退式控制性注浆方法	ZL201611113089.8	中铁十四局
77	一种先柔后刚的锁脚锚杆组合支护装置及安装方法	ZL201611207470.0	中铁十四局
78	一种高水压盾尾密封应急系统	ZL201710166804.2	中铁十四局
79	一种复合地层盾构用常压下滚刀齿刀互换工艺方法	ZL201710229497.8	中铁十四局
80	一种泥水盾构用应急补浆循环工艺方法及装置	ZL201710229499.7	中铁十四局
81	空心板梁螺旋筋成型机	ZL201710394318.6	中铁十四局
82	CRTS Ⅰ型无砟轨道复测用钢轨运输车	ZL201710394331.1	中铁十四局
83	一种预制T梁二期预应力钢绞线张拉支架及方法	ZL201710452210.8	中铁十四局
84	用于挂篮施工的沉降监测方法	ZL201710527605.X	中铁十四局
85	一种盾构刀盘泥饼切割装置及其切割方法	ZL201710528231.3	中铁十四局
86	一种路基边坡骨架施工工艺及模具	ZL201710638956.8	中铁十四局
87	一种泥水盾构机冲刷实验系统及其应用的模拟实验装置	ZL201810102516.5	中铁十四局
88	重载铁路桥墩钢套环加固结构	ZL201810355149.X	中铁十四局
89	大桥主桥拖拉施工系统	ZL201810447855.7	中铁十四局
90	一种基于大型岩溶顶板的隧道底部回填路基沉降预压方法	ZL201811073218.4	中铁十四局
91	一种回填路基板下脱空监测及板底注浆减沉系统及方法	ZL201811075242.1	中铁十四局
92	一种隧道高位穿越巨型溶腔的回填处理施工方法	ZL201910098577.3	中铁十四局
93	一种竖井盾构施工方法及竖井盾构机	ZL201910249135.4	中铁十四局
94	一种大直径泥水盾构机滚刀换刀机械手	ZL201710153382.5	中铁十四局
95	用于增加隧道超前预报的地质雷达探测精度的方法及系统	ZL201611151348.6	中铁十四局

续表

序号	专利名称	专利号	权属单位
96	隧道爆破炮孔参数便携式多功能测量装置及使用方法	ZL201611260842.6	中铁十四局
97	一种破碎围岩人防隧道交叉点的施工方法	ZL201810529994.4	中铁十四局
98	一种大跨度变断面隧道交叉段施工方法	ZL201810530780.9	中铁十四局
99	U 型梁体一体式喷淋养护系统及方法	ZL201610474271.X	中铁十四局
100	预制 U 型梁模板基底喷砂处理方法	ZL201610850663.1	中铁十四局
101	轨道式混凝土布料装置矩形及其布料方法	ZL201611228112.8	中铁十四局
102	一种钢锚梁节段制备方法	ZL201610148268.9	中铁十五局
103	一种隧道施工缝处背贴式止水带的固定组件	ZL201710453104.1	中铁十五局
104	一种施工缝处中埋式止水带的安装方法及其使用的固定架	ZL201710453105.6	中铁十五局
105	适用于特殊空间下的架梁施工方法及辅助移梁设备	ZL201811515479.7	中铁十五局
106	直埋电缆敷设方法以及该方法专用的电缆保护套管	ZL201810582739.6	中铁十五局
107	运营铁路路基维修快速整体无损移除无砟轨道板施工工法	ZL201810524048.0	中铁十六局
108	运营铁路线维修可移动式线间物理隔离防护施工方法	ZL201810525748.1	中铁十六局
109	一种贝雷支架预拱度调节卸落装置及其使用方法	ZL201611082072.0	中铁十六局
110	一种桥台预应力管桩拔出方法及其配套设备	ZL201611082074.X	中铁十六局
111	一种桥墩管桩桩基施工装置及其施工方法	ZL201611083369.9	中铁十六局
112	一种拱桥主梁施工挂篮及其施工方法	ZL201710302565.9	中铁十六局
113	一种内模钢管支架整体滑移方法及结构	ZL201710449893.1	中铁十六局
114	一种具有注浆功能的管桩桩尖	ZL201711137774.9	中铁十六局
115	一种用于钻孔爆破的水压复合快速堵塞方法	ZL201410556917.X	中铁十六局
116	一种提高隧道衬砌抗震减震能力的结构及施工方法	ZL201710030309.9	中铁十六局
117	一种长距离高瓦斯隧道施工用通风方法	ZL201710286570.5	中铁十六局
118	隧道穿越煤层时进行区域注浆结合防渗支护的防瓦斯方法	ZL201710312759.7	中铁十六局
119	一种集预制和安装城市高架桥挡板的施工方法	ZL201710424184.8	中铁十六局
120	一种城市现浇空腹夹层板结构混凝土施工方法	ZL201710431906.2	中铁十六局
121	一种大跨度空腹夹层板结构模板支撑系统及施工方法	ZL201710432175.3	中铁十六局
122	一种浅埋偏压不对称式护拱施工方法	ZL201710179482.5	中铁十六局
123	糜棱岩破碎带盾构施工防突涌注浆材料及其制备方法	ZL201611078688.0	中铁十六局
124	一种地下连续墙接头用 H 型钢焊接模板施工装置和方法	ZL201710404865.8	中铁十六局
125	一种处理盾构施工临时险情的盾构机配套台车装置	ZL201711000338.7	中铁十六局
126	一种基坑围护结构范围内锚索处理方法	ZL201711136658.5	中铁十六局
127	用于接收盾构机的轨道装置	ZL201810014092.7	中铁十六局

续表

序号	专利名称	专利号	权属单位
128	一种智能预警式土压平衡盾构超前注浆装置和施工方法	ZL201810452788.8	中铁十六局
129	一种地下工程抗浮体系施工用锚杆及施工方法	ZL201610340839.9	中铁十六局
130	一种出入口明挖段倒挂井壁施工方法	ZL201610534969.6	中铁十六局
131	一种装配式车站现浇段拼装台车的施工方法	ZL201710179845.5	中铁十六局
132	一种车站装配段快速施工方法	ZL201710305321.6	中铁十六局
133	一种采用锚索和钢支撑围护结构的装配式车站施工方法	ZL201710305904.9	中铁十六局
134	一种地铁施工中预拌混凝土的防离析降尘系统及方法	ZL201710754221.1	中铁十六局
135	一种重载铁路T梁橡胶棒穿束装置	ZL201710352746.2	中铁十六局
136	一种定长钢绞线下料机及其加工方法	ZL201710352916.7	中铁十六局
137	一种预埋件加工装置及加工方法	ZL201710352938.3	中铁十六局
138	一种铁路T梁试验桁架及其加工方法	ZL201710352976.9	中铁十六局
139	一种桥梁边梁浇筑模板及其浇筑方法	ZL201710354804.5	中铁十六局
140	磁浮工程关门跨预应力张拉与高位落梁智能控制系统及使用方法	ZL201710456232.1	中铁十六局
141	一种在劲性圆管柱上焊接接驳器的方法	ZL201611082841.7	中铁十六局
142	一种扣件式钢管双排脚手架移改方法	ZL201611084234.4	中铁十六局
143	钢花管注浆装置的注浆方法	ZL201710166964.7	中铁十七局
144	一种非标准箱梁场内制造方法	ZL201710723182.9	中铁十七局
145	混凝土主梁钢横梁组合结构梁挂篮施工方法	ZL201710514245.X	中铁十七局
146	超大跨度T型刚构梁边墩支撑垫石逆作施工方法	ZL201810362947.5	中铁十七局
147	橡胶轮动力车辆辅助脱困工具	ZL201710132018.0	中铁十七局
148	地铁区间分离式隧道内整体道床浇筑逆作式施工方法	ZL201710830135.4	中铁十七局
149	一种可重复利用膨胀螺栓的拆除及修复方法	ZL201710830218.3	中铁十七局
150	夹片式预应力锚具工作夹片压紧装置	ZL201810675568.1	中铁十七局
151	一种严寒地区连续梁直线段高支架基础抗冻防偏方法	ZL201611211303.3	中铁十八局
152	一种支架法与斜拉扣挂法组合的施工系统及方法	ZL201710381939.0	中铁十八局
153	改进型隧道防排水热熔垫圈及固定施工方法	ZL201710544895.9	中铁十八局
154	隧道斜井衬砌施工用衬砌台车双重防滑加固装置	ZL201710544916.7	中铁十八局
155	一种敞开式TBM钢瓦片安装支护系统及方法	ZL201710685954.4	中铁十八局
156	铁路桥限高防护架基础的二次浇筑成型方法	ZL201711314377.4	中铁十八局
157	一种锚喷混凝土止浆墙施工方法	ZL201711314379.3	中铁十八局
158	一种封闭环境下水平注浆施工方法	ZL201810455981.7	中铁十八局

续表

序号	专利名称	专利号	权属单位
159	一种基于施工台车的隧道全自动帷幕除尘装置及方法	ZL201811004689. X	中铁十八局
160	一种应用于交叉复杂管网的综合防护系统及其施工方法	ZL201811389303. 1	中铁十八局
161	应用于复杂管缆线交叉防护的贝雷支架系统及其施工方法	ZL201811389323. 9	中铁十八局
162	钢结构拱桥的箱形杆件对接板的安装方法	ZL201810584537. 5	中铁十八局
163	一种用于盾构施工的多功能泥饼冲洗枪	ZL201610828955. 5	中铁十八局
164	一种大坡度曲线盾构推进垂直偏差控制和纠偏的方法	ZL201611211329. 8	中铁十八局
165	一种 PCCP 管道接口堵缝施工方法	ZL201710314943. 5	中铁十八局
166	一种大断面隧道 V 级围岩开挖支护的施工方法	ZL201710314951. X	中铁十八局
167	一种大断面隧道涌水突泥后拱顶空腔围岩再造方法	ZL201710314957. 7	中铁十八局
168	一种深基坑素混凝土地下连续墙的施工方法	ZL201610506783. X	中铁十八局
169	隧道围岩松动圈厚度计算方法	ZL201710165708. 6	中铁十八局
170	超大断面隧道穿煤系地层段的施工方法及封孔结构	ZL201610139185. 3	中铁十八局
171	一种用于 TBM 的供水与冷却系统	ZL201710127311. 8	中铁十八局
172	一种隧道施工中顶管卡管脱困处理方法	ZL201711381203. X	中铁十八局
173	水管一次性浇筑成型模板及成型方法	ZL201510543167. 7	中铁十九局
174	钢拱架及其接头	ZL201610817353. X	中铁十九局
175	隧道施工排水方法	ZL201611138464. 4	中铁十九局
176	金属露天矿山采空区治理方法	ZL201710109367. 0	中铁十九局
177	一种混凝土抗裂增强自修复材料、制法及应用	ZL201710263601. 5	中铁十九局
178	一种缓释抗裂修复材料及其制备方法	ZL201710631369. 6	中铁十九局
179	一种对城市轨道交通杂散电流进行防护的施工方法	ZL201710836031. 4	中铁十九局
180	隧道穿越瓦斯地层段的施工工艺	ZL201711469254. 8	中铁十九局
181	对隧道二衬钢筋定位的施工工艺	ZL201711470753. 9	中铁十九局
182	隧道软岩大变形段施工工艺	ZL201711495254. 5	中铁十九局
183	隧道衬砌施工方法	ZL201711495273. 8	中铁十九局
184	铁路框架桥施工方法	ZL201711495341. 0	中铁十九局
185	一种两臂凿岩台车隧道钻孔方法	ZL201810866621. 6	中铁十九局
186	一种多层钢筋混凝土面板的施工方法	ZL201810122616. 4	中铁十九局
187	一种土石方开挖施工方法	ZL201810185752. 8	中铁十九局
188	一种砂箱基础整体浇筑现浇梁的施工方法	ZL201810330235. 5	中铁十九局
189	U 型双梁吊钩门式起重机的架设及拆除施工方法	ZL201810350262. 9	中铁十九局
190	深水高墩大跨度桥梁施工用坚石裸岩河床栈桥及施工方法	ZL201711160995. 8	中铁二十局

续表

序号	专利名称	专利号	权属单位
191	一种非对称式刚构连续梁施工工艺	ZL201711252134.2	中铁二十局
192	裸岩河床水中墩及墩顶梁段施工方法	ZL201711281553.9	中铁二十局
193	斜拉桥平面转体施工方法	ZL201810716120.X	中铁二十局
194	上软下硬地层地铁车站大直径挖孔桩施工方法	ZL201610791163.5	中铁二十局
195	一种地铁车站用钢管柱及其施工工艺	ZL201610791707.8	中铁二十局
196	一种浅埋暗挖隧道穿越箱涵的施工方法	ZL201710059413.0	中铁二十局
197	大跨度弧形闸门安装精度控制方法	ZL201711166270.X	中铁二十局
198	一种上行式移动模架模板整体拆除方法	ZL201711286264.8	中铁二十局
199	一种淤泥河床组合围堰及其施工方法	ZL201711288261.8	中铁二十局
200	一种淤泥河床土石围堰及其施工方法	ZL201711289176.3	中铁二十局
201	一种高地应力软弱围岩隧道开挖施工方法	ZL201510700213.X	中铁二十局
202	一种钢围堰下沉及锚固方法	ZL201710890680.2	中铁二十局
203	一种深水基础桩基施工工艺	ZL201710891383.X	中铁二十局
204	一种岩石河床水中承台施工方法	ZL201710892851.5	中铁二十局
205	一种刚构连续梁边跨施工工艺	ZL201711233928.4	中铁二十局
206	一种陡坡侧刚构连续梁边跨施工方法	ZL201711233929.9	中铁二十局
207	一种对称式刚构连续梁施工工艺	ZL201711240020.6	中铁二十局
208	一种碎裂围岩内车行横洞与隧道正洞交叉处施工方法	ZL201711312911.8	中铁二十局
209	基于临时支护体系的车行横洞与隧道正洞交叉处施工方法	ZL201711314252.1	中铁二十局
210	一种非对称梁平面转体施工方法	ZL201810703591.7	中铁二十局
211	基于门架式支撑的隧道拱墙初期支护侵限换拱施工方法	ZL201810752675.X	中铁二十局
212	一种 PCCP 管山地运输工具	ZL201810773080.2	中铁二十局
213	穿越断层破碎带大断面隧道开挖及支护方法	ZL201810773740.7	中铁二十局
214	穿越地层破碎带隧道上台阶中隔壁施工方法	ZL201810773756.8	中铁二十局
215	一种大断面隧道穿越断层破碎带施工方法	ZL201810773771.2	中铁二十局
216	穿越高角度逆冲富水富砂断层隧道施工方法	ZL201811414022.7	中铁二十局
217	穿越高角度逆冲富水富砂断层隧道开挖方法	ZL201811414030.1	中铁二十局
218	穿越高角度逆冲富水富砂断层隧道开挖及支护方法	ZL201811414034.X	中铁二十局
219	穿越高角度逆冲富水富砂断层隧道开挖及排水施工方法	ZL201811414036.9	中铁二十局
220	螺旋输送泵润滑剂的机械式添加设备与运行控制方法	ZL201710100129.3	中铁二十一局
221	既有铁路站改封闭点内道岔整组更换施工工艺	ZL201710722978.2	中铁二十一局
222	营业线隧道、桥梁段混凝土轨枕抽换方法	ZL201810120021.5	中铁二十一局

续表

序号	专利名称	专利号	权属单位
223	一种双侧壁导坑隧道小模板衬砌施工方法	ZL201810599951.3	中铁二十一局
224	八跨锚段关节电分相改造的施工方法	ZL201610232660.1	中铁二十二局
225	一种公路桥梁桩基修建专用护筒快速拔除设备	ZL201710268170.1	中铁二十二局
226	一种隧道斜井挑顶专项施工方法	ZL201710297255.2	中铁二十二局
227	一种利用钻孔平台钢横梁悬挂钢吊箱的方法	ZL201711121272.7	中铁二十二局
228	一种高效筒臂一体式水泥搅拌机	ZL201611155914.0	中铁二十二局
229	一种无拉杆 H 型钢桁架 U 型槽侧模板加固体系	ZL201610641433.4	中铁二十二局
230	一种桥梁加固装置及其实施方法	ZL201711072770.7	中铁二十二局
231	大跨隧道正穿既有挡墙的支挡结构及其施工方法	ZL201710360989.0	中铁二十二局
232	一种预制轨道板的张拉装置及其方法	ZL201610644100.7	中铁二十三局
233	一种先张法预应力张拉施工方法	ZL201610358082.6	中铁二十三局
234	一种先张法预应力施工自动控制系统及方法	ZL201610358085.X	中铁二十三局
235	一种先张法预应力放张施工装置及方法	ZL201610358089.8	中铁二十三局
236	一种先张法预制梁台座	ZL201610358094.9	中铁二十三局
237	轨道交通大吨位先张法预应力混凝土 U 型梁及其张拉台座	ZL201610739416.4	中铁二十三局
238	一种可悬空快速纵移便梁的施工方法	ZL201810343116.3	中铁二十四局
239	跨河桥梁底部贝雷梁临时支架顶升浮运拆除方法	ZL201711227627.0	中铁二十四局
240	一种钢筋笼固定模具	ZL201710046699.9	中铁二十四局
241	一种铁路便梁快速运输架设用拖车	ZL201710630809.6	中铁二十四局
242	一种便梁限位装置及其施工方法	ZL201710842152.X	中铁二十四局
243	深竖井逆向坐标传递投点测量方法	ZL201710071169.X	中铁二十四局
244	隧道竖井逆向坐标传递投点测量方法	ZL201710072260.3	中铁二十四局
245	深竖井逆向坐标传递投点施工测量方法	ZL201710072311.2	中铁二十四局
246	隧道竖井逆向坐标传递投点施工测量方法	ZL201710072566.9	中铁二十四局
247	一种全自动照准控制方法	ZL201710089810.2	中铁二十四局
248	一种预应力管道变形与漏浆检测器及其使用方法	ZL201710562074.8	中铁二十四局
249	一种可主动运渣土的全套管工法用钢套管及其施工方法	ZL201710040664.4	中铁二十四局
250	一种用于顶推施工的箱涵运载装置	ZL201710993429.9	中铁二十四局
251	一种保护跨越基坑的地下高压电缆箱涵的施工方法	ZL201710746807.3	中铁二十四局

续表

序号	专利名称	专利号	权属单位
252	一种保护跨越基坑的地下高压电缆箱涵的设计施工方法	ZL201710746811. X	中铁二十四局
253	隧道微三台阶上部核心土施工工法	ZL201810365261. 1	中铁二十五局
254	一种曲线连续梁挂篮长距离一次快速回退方法	ZL201810220215. 2	中铁二十五局
255	一种黄土隧道施工支撑装置	ZL201711186113. 5	中铁二十五局
256	一种支撑效果好的地铁隧道施工方法	ZL201710000232. 0	中铁二十五局
257	一种桩墩一体化结构施工方法	ZL201710103062. 9	中铁二十五局
258	一种悬挂式空轨桥墩架设方法	ZL201710103337. 9	中铁二十五局
259	一种电力施工用围栏	ZL201710076776. 5	中铁二十五局
260	铁路通信信号用变压器箱	ZL201711297707. 3	中铁二十五局
261	一种超高层建筑消防救援及灭火系统	ZL201610519483. 5	中铁建设
262	一种装配式钢结构 H 型钢自复位耗能支撑装置	ZL201711068227. X	中铁建设
263	垃圾碾碎处理装置	ZL201610480346. 5	中铁建设
264	一种建筑施工铁钉存放装置	ZL201611116541. 6	中铁建设
265	电梯绳索检测装置	ZL201810316195. 9	中铁建设
266	一种曲面幕墙支撑五级调节系统	ZL201610791845. 6	中铁建设
267	钢板复合式混凝土电杆	ZL201511034042. 8	中铁建电气化局
268	山区高填方、高土壤电阻率高速铁路牵引变电所接地工法	ZL201810922763. X	中铁建电气化局
269	一种考虑基站位置误差的 GSM－R 的干扰源定位方法	ZL201610058443. 5	中铁建电气化局
270	一种用于 GSM－R 的干扰信号空域抑制方法	ZL201610058453. 9	中铁建电气化局
271	非真空熔炼装置	ZL201611096238. 4	中铁建电气化局
272	一种管桩测斜装置及其测斜管居中定位组件	ZL201610435688. 5	中国铁建港航局
273	基于光学投影的防沙网开口率测试计算方法	ZL201610651791. 3	铁一院
274	湿陷性黄土隧道浸水试验方法	ZL201610815097. 0	铁一院
275	隧道穿越构筑物钢管隔离桩地层加固体系及其施工方法	ZL201611108764. 8	铁一院
276	自由测站边角交会网的三维平差严密方法	ZL201710232557. 1	铁一院
277	控制岩溶地基注浆浆液流失、污染地下水的方法	ZL201710661133. 7	铁一院
278	既有双线铁路线位重构方法	ZL201710846990. 4	铁一院
279	基于点云数据的既有铁路轨中坐标和轨面高程提取方法	ZL201711320070. 5	铁一院
280	一种抗活动断层错动的装配式衬砌隧道修建方法	ZL201810752392. 5	铁一院

续表

序号	专利名称	专利号	权属单位
281	四轴卧式整装波纹涵管型弯机	ZL201710155340. 5	铁一院
282	利用四轴型弯机生产承插式拼接金属波纹钢管的方法	ZL201710155345. 8	铁一院
283	一种桥梁用阻尼抗震用软钢材料及其制造方法	ZL201810168166. 2	铁一院
284	CPⅢ控制网平差方法	ZL201610653683. X	铁一院
285	一种用于斜拉桥的混合梁	ZL201710116180. 3	铁四院
286	一种用于大跨度磁浮交通桥梁的伸缩缝装置	ZL201710248755. 7	铁四院
287	铁路有砟轨道桥梁混凝土桥面用弹性芳香族聚氨酯中间漆及其制备方法	ZL201710729342. 0	铁四院
288	一种采用过渡装置的跨座式单轨轨道梁架设方法	ZL201710830506. 9	铁四院
289	一种多联连续梁或多联刚构梁边跨直线梁段的施工方法	ZL201711013156. 3	铁四院
290	一种多联连续刚构边跨临时 T 构悬臂施工体系转换方法	ZL201711013549. 4	铁四院
291	实时生成三维线路两翼全息漫游投影源的方法	ZL201710508653. 4	铁四院
292	一种用于高速铁路站台的应急疏导仿真方法及系统	ZL201811006069. X	铁四院
293	车载隧道衬砌雷达检测装置	ZL201511023416. 6	铁四院
294	一种基于二维充电法的地质勘探方法	ZL201610742185. 2	铁四院
295	包芯法改良加固的膨胀土路堤结构及施工方法	ZL201710058989. 5	铁四院
296	利用静力触探贯入阻力快速测定静止土压力系数的方法	ZL201710090045. 6	铁四院
297	一种确定旁压试验水平基床系数的方法	ZL201710244801. 6	铁四院
298	利用孔压静力触探测定承压含水层水位与水头高度的方法	ZL201710390370. 4	铁四院
299	利用静力触探比贯入阻力确定扁铲侧胀试验基准水平基床系数的方法	ZL201710390386. 5	铁四院
300	利用静力触探比贯入阻力确定旁压试验基准水平基床系数的方法	ZL201710391163. 0	铁四院
301	一种基于深基坑降水对高铁路基安全性影响的预判方法	ZL201710501402. 3	铁四院
302	一种桩板式挡墙与涵洞组合的布置方法	ZL201711432651. 8	铁四院
303	横跨基坑的管线原位悬吊保护结构	ZL201610484844. 7	铁四院
304	地铁车站用 L 型楼梯结构	ZL201610586799. 6	铁四院
305	高水头深厚砂层地区的盾构端头土体加固体系	ZL201610776141. 1	铁四院
306	上下隧道间的联络通道	ZL201610783338. 8	铁四院
307	地下基桩管幕支撑结构及施工方法	ZL201710019635. X	铁四院
308	一种城市轨道交通站前折返岛式车站布置结构	ZL201711236921. 8	铁四院
309	一种墩顶转体施工宽斜拉桥墩梁固结施工方法及系统	ZL201810198202. X	铁四院
310	一种隧道施工救生舱舱体强度有限元模拟分析方法	ZL201610365720. 7	铁四院

续表

序号	专利名称	专利号	权属单位
311	一种隧道施工救生舱舱体防护能力试验平台及方法	ZL201610366874.8	铁四院
312	隧道施工救生系统	ZL201610366883.7	铁四院
313	一种隧道施工救生舱的行走性能测试方法	ZL201610366904.5	铁四院
314	一种被动式隧道施工救生系统	ZL201610367009.5	铁四院
315	泄水降压的管片衬砌结构	ZL201610482818.0	铁四院
316	管片衬砌环与锚索的组合结构及其施工方法	ZL201610484939.9	铁四院
317	一种水中盾构机到达接收结构和接收方法	ZL201610559064.4	铁四院
318	一种盾构法隧道管片螺栓孔防水构造及施工方法	ZL201610708866.7	铁四院
319	一种封闭的预支护隧道结构	ZL201610934635.8	铁四院
320	一种上软下硬地层隧道支护结构及其施工方法	ZL201610938558.3	铁四院
321	一种用于隧道初支施工的格栅钢架免焊拼装式支护结构	ZL201611236831.4	铁四院
322	一种用于隧道初支施工的格栅钢架免焊快速装配支护结构	ZL201611236849.4	铁四院
323	一种用于隧道初支施工的型钢钢架免焊拼装式支护结构	ZL201611238185.5	铁四院
324	一种用于隧道初支施工的型钢钢架免焊支护结构	ZL201611238190.6	铁四院
325	一种用于隧道初支施工的格栅钢架免焊支护结构	ZL201611238197.8	铁四院
326	一种隧道钢架与锁脚锚管的连接装置	ZL201611239340.5	铁四院
327	一种用于隧道初支施工的型钢钢架免焊快速装配支护结构	ZL201611239341.X	铁四院
328	现浇与预制相结合的综合管廊结构及其施工方法	ZL201611257846.9	铁四院
329	分区施工的施工缝结构以及施工方法	ZL201611259343.5	铁四院
330	一种控制矿山法隧道二次衬砌水压力的方法	ZL201710507247.6	铁四院
331	一种具有定点停车功能的隧道维修车	ZL201711050213.5	铁四院
332	一种基于安全系数法的隧道初期支护设计方法	ZL201711475185.1	铁四院
333	一种铁路风监测系统中常驻监测点的选取方法	ZL201610108111.3	铁四院
334	铁路客运专线车站接车信号控制系统	ZL201710370222.6	铁四院
335	RBC 控车数量计算参数确定方法和装置	ZL201710614194.8	铁四院
336	基于脉冲法的馈电接触网故障定位系统	ZL201610810390.8	铁四院
337	一种高速铁路供电网络系统及其保护方法	ZL201710583642.2	铁四院
338	一种高速铁路供电网络系统及其保护方法	ZL201710829927.X	铁四院
339	一种电气化铁路地面柔性自动过分相系统的变流装置	ZL201711492548.2	铁四院

续表

序号	专利名称	专利号	权属单位
340	一种电气化铁路地面自动过分相系统	ZL201711492552. 9	铁四院
341	一种电气化铁路过分相过电压分析方法	ZL201810284751. 9	铁四院
342	一种用于轨道交通控制柜联跳回路的转接装置	ZL201811420246. 9	铁四院
343	一种减震磁悬浮列车悬浮架拆装装置	ZL201610905456. 1	铁四院
344	一种适用于站台门系统的闸机式安全防护装置	ZL201710652935. 1	铁四院
345	一种用于站台门系统的伸缩式安全防护装置	ZL201710653359. 2	铁四院
346	动车检修库管廊照明的检测方法、装置、系统及存储介质	ZL201710923183. 8	铁四院
347	一种动车运用所系统	ZL201710984431. X	铁四院
348	一种动车运用所系统控制方法	ZL201710986062. 8	铁四院
349	一种先门后墙的隧道防护门安装方法及其结构	ZL201810023650. 6	铁四院
350	一种运动模拟器平衡调节方法、系统、存储设备和终端	ZL201810988883. X	铁四院
351	一种适用于有轨电车的牵引优化方法	ZL201810990957. 3	铁四院
352	一种一条库线对两条存车线的基地结构及调车方法	ZL201811134061. 1	铁四院
353	一种提高防水性能的屋面板系统	ZL201610429715. 8	铁四院
354	屋面板变形缝连接装置以及屋面板系统	ZL201610434962. 7	铁四院
355	一种高速铁路隧道通风风机安全监测装置以及方法	ZL201710562607. 2	铁四院
356	一种模块化装配式综合管廊	ZL201610065039. 0	铁四院
357	一种交叉路口结构	ZL201610786311. 4	铁四院
358	一种宽板式桥墩的墩底转体施工方法及系统	ZL201810198203. 4	铁四院
359	用于轨道自动测量车同步测量的同步自动控制系统及方法	ZL201711420031. 2	铁四院
360	一种岩土工程桩基质量检测方法	ZL201810362880. 5	铁四院
361	一种非开挖式无砟轨道砂浆层离缝封缝处理方法	ZL201710652642. 3	铁四院
362	一种保护周边既有建筑物的高速铁路桥墩路基隔离纠偏方法	ZL201710756473. 8	铁四院
363	一种包含伸缩栏杆的智轨站台结构	ZL201810410092. 9	铁四院
364	一种可移动式一体化有轨电车车站站台	ZL201810652977. X	铁四院
365	一种可移动式斜柱安装设备和方法	ZL201810661674. 4	铁四院
366	地下锚索清除装置以及清除方法	ZL201710919928. 3	铁四院
367	一种基于躲藏式运梁车及两跨式架桥机的架桥方法	ZL201711332455. 3	铁五院
368	一种耐高水压盾构用盾尾密封油脂及其制备方法	ZL201710138452. X	铁五院

续表

序号	专利名称	专利号	权属单位
369	轨枕下弹性垫板静刚度自动检测装置	ZL201510437859.3	铁五院
370	基于目录索引结构的不规则三角网数据存储格式定义和数据处理方法	ZL201611044189.X	铁五院
371	一种斜杆支撑的拼装式支架浇筑平台	ZL201710331152.3	铁五院
372	双T型梁桥的架桥方法	ZL201710833830.6	铁五院
373	T型梁桥的架桥方法	ZL201710835374.9	铁五院
374	一种用于既有运营中桥梁墩台加固方法	ZL201710317000.8	上海院
375	一种人行绿道硬化补给雨水下渗的结构	ZL201710346355.X	上海院
376	营造景观背景下增补雨水下渗的下凹绿地构造	ZL201710378838.8	上海院
377	一种用于衬砌台车的浇注设备和衬砌台车	ZL201810738697.0	铁建重工
378	一种盾构机的排渣方法	ZL201510630004.2	铁建重工
379	螺栓类形位公差综合检具及检测方法	ZL201510768258.0	铁建重工
380	土压平衡盾构机	ZL201510786263.4	铁建重工
381	一种隧道岩层地质数据采集处理方法及系统	ZL201610203966.4	铁建重工
382	一种用于冲洗盾构机刀盘的清洗装置	ZL201610224355.8	铁建重工
383	一种用于TBM的刀盘驱动系统	ZL201610738807.4	铁建重工
384	用于全断面掘进机的刀盘和包括其全断面掘进机	ZL201610742948.3	铁建重工
385	盾构机及其控制方法	ZL201610770938.0	铁建重工
386	掘进机的检测装置及掘进机	ZL201610772609.X	铁建重工
387	用于岩石隧道掘进机的刀盘装置	ZL201610780250.0	铁建重工
388	用于掘进机的撑靴和全断面岩石掘进机	ZL201610783394.1	铁建重工
389	高摩合成闸瓦弧度整形机构	ZL201610909102.4	铁建重工
390	紧固件原材料表面氧化铁皮处理工艺	ZL201610909529.4	铁建重工
391	用于掘进机主驱动密封的可控复合式密封装置及密封方法	ZL201710136653.6	铁建重工
392	作业台车及其机械臂光学标靶定位装置和定位方法	ZL201811171833.9	铁建重工
393	一种掘进机及掘进机切割机构	ZL201811311806.7	铁建重工
394	一种针对凿岩台车的控制方法及凿岩台车	ZL201811375228.3	铁建重工
395	一种隧道点云数据分析方法及系统	ZL201811476525.7	铁建重工
396	凿岩台车的冲击控制液压系统	ZL201811506267.2	铁建重工
397	凿岩台车及其推进液压控制系统	ZL201811506268.7	铁建重工

续表

序号	专利名称	专利号	权属单位
398	一种应用随钻数据计算岩石强度的方法和系统	ZL201811547236.1	铁建重工
399	一种靶球机构	ZL201811560150.2	铁建重工
400	一种机械臂关节传感器的零位校准方法和设备	ZL201811561159.5	铁建重工
401	一种工程机械定位方法及系统	ZL201811561210.2	铁建重工
402	用于收集锚杆信息的系统及方法	ZL201910113462.7	铁建重工
403	双护盾位置检测装置、检测方法、导向系统及导向方法	ZL201910126974.7	铁建重工
404	一种双目管片拼装识别系统及其拼装识别方法	ZL201910323689.4	铁建重工
405	一种 F 轨铣削设备及铣削方法	ZL201710343957.X	铁建重工
406	生产双金属复合材料道岔滑床台板的轧制/锻造方法	ZL201610350516.8	铁建重工
407	一种钢轨局部镦粗装置及镦粗方法	ZL201710050497.1	铁建重工
408	一种用于 F 型钢轨件加工的装夹工具及方法	ZL201810529143.X	铁建重工
409	盾构机的刀盘及盾构机	ZL201510973841.5	铁建重工
410	管片拼装位姿检测装置及检测方法	ZL201610351930.0	铁建重工
411	掘进机的吊运装置及掘进机	ZL201610402137.9	铁建重工
412	用于掘进机的隧道管片整形装置及掘进机	ZL201610421884.7	铁建重工
413	管片拼装机及包括该管片拼装机的掘进机械	ZL201610425076.8	铁建重工
414	用于掘进机的隧道管片整形装置及掘进机	ZL201610427362.8	铁建重工
415	一种用于 TBM 的刀盘扭矩异常监测方法	ZL201610738926.X	铁建重工
416	螺旋输送装置及具有其的掘进机	ZL201610769968.X	铁建重工
417	一种敞开式岩石隧道掘进机斜井自动夹轨步进装置	ZL201610783604.7	铁建重工
418	一种隧道掘进机	ZL201610783810.8	铁建重工
419	用于隧道掘进机的系列化撑靴和隧道掘进机	ZL201610784473.4	铁建重工
420	一种用于隧道掘进机系列化的方法	ZL201610784839.8	铁建重工
421	敞开式掘进机	ZL201610784961.5	铁建重工
422	一种隧道掘进机	ZL201610785172.3	铁建重工
423	用于隧道掘进机的渣土输送装置和隧道掘进机	ZL201610785210.5	铁建重工
424	一种掘进机 L2 区钢拱架拼装系统	ZL201610785349.X	铁建重工
425	一种管片拼装机及管片拼装方法	ZL201710675104.6	铁建重工
426	一种硬岩掘进机的出渣系统及出渣分选方法	ZL201710680525.8	铁建重工

续表

序号	专利名称	专利号	权属单位
427	掘进机土压平衡方法以及螺旋机控制装置	ZL201710684073.0	铁建重工
428	一种管片自动识别定位装置及方法	ZL201710866040.8	铁建重工
429	一种用于泥水平衡盾构机的破碎装置及盾构机	ZL201810027519.7	铁建重工
430	侧封组件及具有其的掘锚机	ZL201510627165.6	铁建重工
431	一种凿岩台车自动寻点的定位方法及系统	ZL201610203970.0	铁建重工
432	一种针对臂架的防碰撞方法及系统	ZL201610206372.9	铁建重工
433	一种填充隧道预切槽的喷浆设备	ZL201610388164.5	铁建重工
434	一种用于水平旋喷设备的臂架	ZL201710083478.9	铁建重工
435	一种用于邻近高速铁路营业线施工的超高物理隔离施工方法	ZL201710404879.X	中铁城建
436	一种整体道床钢筋原位架空安装辅助支架的方法	ZL201811147111.X	中铁城建
437	一种简易测量定向尺及其使用方法	ZL201610551778.0	中铁城建
438	可拆卸式锥形螺母连墙件及其施工方法	ZL201610586353.3	中铁城建

（制表:孙嘉良）

2019 年度中国铁建优秀专利奖项目目录

序号	专利名称	专利号	权属单位	专利类型
1	预制节段逐跨拼装造桥机	ZL201610515921.0	铁五院	发明专利
2	盾构刀具更换装置	ZL201410667472.2	铁建重工	发明专利
3	架桥机导梁横向同步滑移装置及滑移施工方法	ZL201610987800.6	中铁十二局	发明专利
4	一种临时桥梁用整体拼装式钢桥面板	ZL201610031824.4	中国铁建大桥局	发明专利
5	用于支撑万吨级转体拱桥拱座上盘的砂箱组合全砂底模施工方法	ZL201611026268.8	中铁十八局	发明专利
6	内部交易业务识别及抵消方法及系统	ZL201310544606.7	中铁二十二局	发明专利
7	一种应用于大型沉箱的顶升方法	ZL201610674797.2	中国铁建港航局	发明专利
8	基于参数化几何约束模型的腕臂预配方法	ZL201610062534.6	铁一院	发明专利
9	一种中低速磁悬浮破冰融雪清扫机器人	ZL201610784799.7	铁四院	发明专利
10	屋面板	ZL201610431816.9	铁四院	发明专利
11	模数式伸缩装置以及桥梁	ZL201610727198.2	铁四院	发明专利
12	一种新型铁路架空装置	ZL201710304553.X	铁五院	发明专利
13	一种连续明洞隧道成型施工设备	ZL201510290314.4	铁五院	发明专利
14	一种用于 TBM 的刀盘扭矩异常监测系统	ZL201610730373.3	铁建重工	发明专利

续表

序号	专利名称	专利号	权属单位	专利类型
15	一种盾构机刀具磨损检测装置及盾构机刀具系统	ZL201511028294. X	铁建重工	发明专利
16	用于凿岩机的推进装置及凿岩台车	ZL201510622126. 7	铁建重工	发明专利
17	一种车轴齿轮箱悬挂方法和装置及使用该装置的作业车	ZL201410299107. 0	铁建高新装备	发明专利
18	一种基于三维激光扫描设备的轨道侵限智能检测仪	ZL201721023078. 0	中铁十一局	实用新型
19	地铁盾构施工盾构机过站系统	ZL201720340260. 2	中铁十一局	实用新型
20	一种自带仰拱模板的长大移动仰拱栈桥	ZL201720491403. X	中铁十二局	实用新型
21	一种用于高速公路装配式混凝土构件组合钢模具	ZL201820599036. X	中铁十六局	实用新型
22	一种无砟轨道板精调标架	ZL201720442966. X	中铁十七局	实用新型
23	一种盾构施工渣土车用制动行程可调的制动装置	ZL201721568016. 8	中铁二十局	实用新型
24	深水高墩大跨度桥梁施工用坚石裸岩河床栈桥	ZL201721556501. 3	中铁二十局	实用新型
25	一种高速铁路双向先张预应力无砟轨道板的张拉台座	ZL201720337368. 6	中铁二十三局	实用新型
26	预制装配式隧道墙体水平缝加强结构	ZL201820823132. 8	中铁二十三局	实用新型
27	一种立式吸附管净水系统	ZL201820004903. 0	中铁建设	实用新型
28	用于健康建筑的高舒适度低能耗智能厨房补风系统	ZL201820246157. 6	中铁建设	实用新型
29	低净空巷道下三轨体式刚性悬挂接触网	ZL201721240853. 8	中铁建电气化局	实用新型
30	一种分流式漫水钢栈桥结构	ZL201721620597. 5	中国铁建港航局	实用新型
31	一种用于桥梁施工的打捞装置	ZL201721702190. 7	中国铁建港航局	实用新型
32	一种宽枕板式粘结型有砟轨道	ZL201621242240. 3	铁一院	实用新型
33	一种铁路机房智能机器人巡检系统	ZL201820421066. 1	铁一院	实用新型
34	一种用于铁路隧道全断面综合检测的轨道车	ZL201720476121. 2	铁四院	实用新型
35	一种路基沉降自动监测系统	ZL201720879240. 2	铁四院	实用新型
36	具有抗倾覆绝缘垫板的轨道交通用扣件	ZL201720769880. 8	铁四院	实用新型
37	一种全回转全套管钻机主体及全回转全套管钻机	ZL201721315307. 6	铁五院	实用新型
38	一种用于城市轨道交通整体道床施工的钢轨支撑架	ZL201621400016. 2	铁五院	实用新型
39	一种高速铁路上下行隧道中的无线电波传播测试系统	ZL201720934470. 4	上海院	实用新型
40	一种矩形顶管机	ZL201720672264. 0	铁建重工	实用新型
41	立轴式冲击破碎机转子及立轴式冲击破碎机	ZL201620648125. X	铁建重工	实用新型

（制表：孙嘉良）

2019年度中国铁建科技成果评审项目目录

序号	项目名称	完成单位	成果评价
1	以色列粉砂及富水库卡弱胶结砂岩地层盾构施工关键技术研究	中铁十二局	国际领先
2	北京新机场高速公路大跨度桥梁集群式同步转体施工技术研究	中铁十二局	国际领先
3	CRTSⅢ型先张法预应力混凝土轨道板智能化制造技术	中铁十四局	国际领先
4	高速铁路无砟轨道斜拉桥综合施工技术	中铁十六局	国际领先
5	大断面管廊长距离过海顶管技术研究	中铁二十二局	国际领先
6	高速铁路CRTSⅢ型轨道板自动化生产技术研究	中铁二十三局	国际领先
7	大跨度多孔箱涵下穿既有铁路智能顶进关键技术研究	中铁二十四局	国际领先
8	四季酒店混凝土结构超高层综合施工关键技术	中铁建设	国际领先
9	大型高速铁路站房设计、建造、安全控制及健康监测成套技术研究	中铁建设	国际领先
10	超高层建筑施工塔吊与模架系统地震响应分析及控制对策研究	中铁建设	国际领先
11	道路拓宽工程拉锚挡墙与桩承式路堤联合技术研究	中铁建设	国际领先
12	港珠澳大桥交通工程集成技术	中铁建电气化局	国际领先
13	煤矿长距离斜井DC1500V无轨电车双极集电系统关键技术	中铁建电气化局	国际领先
14	强岩溶超深开挖大型船闸关键施工技术研究	中国铁建港航局	国际领先
15	长大越岭隧道设计施工关键技术研究	铁一院	国际领先
16	黄土隧道地基湿陷特性试验研究	铁一院	国际领先
17	运营高速铁路无砟轨道路基横向变形整治技术研究	铁四院	国际领先
18	运营高速铁路路基结构无损检测成套技术研究	铁四院	国际领先
19	铁路枢纽客运专线信号安全数据网组网方案研究	铁四院	国际领先
20	时速200千米及以下铁路桥梁封闭式声屏障关键技术研究	铁四院	国际领先
21	铁路隧道电力供电设备防腐研究	铁四院	国际领先
22	直流牵引系统杂散电流对沿线极化电位影响测试分析及防护技术研究	铁四院	国际领先
23	新型高速铁路牵引供电附加线悬挂系统研究	铁五院	国际领先
24	非洲铁路网现状及规划研究	中国土木	国际先进
25	跨座式单轨PC轨道梁配套施工设备研制与应用	中铁十一局	国际先进
26	复杂环境特大跨度隧道施工安全控制技术	中铁十一局	国际先进
27	严寒地区富水砂层地铁车站及长距离盾构施工关键技术	中铁十二局	国际先进、部分国际领先
28	徐州地铁穿越富水粉土复杂地层施工关键技术研究	中铁十二局	国际先进
29	岩溶地区特长圆形小断面引水隧洞施工关键技术	中铁十二局	国际先进、部分国际领先
30	高速铁路超大跨连续梁—拱组合桥梁施工关键技术	中铁十二局	国际先进

续表

序号	项目名称	完成单位	成果评价
31	漂卵石地层复杂环境下盾构掘进风险控制技术	中铁十二局	国际先进
32	徐州地铁复杂地层区间盾构隧道施工关键技术	中铁十二局	国际先进
33	广佛环城际铁路176米双塔双索面PC矮塔斜拉桥关键施工技术研究	中铁十二局	国际先进
34	超高墩大跨度连续刚构桥施工安全评估及控制技术研究	中铁十二局	国际先进
35	岭南富水崩坡积堆积体综合治理与进洞关键技术研究	中铁十二局	国际先进
36	大型高速铁路制梁场信息化、智能化建设暨既有制架设备适用性改造技术	中铁十二局	国际先进
37	考虑坡洞相互影响的大断面浅埋偏压隧道安全快速施工技术	中国铁建大桥局	国际先进
38	复杂条件下超大跨度小净距隧道信息化综合施工技术研究	中国铁建大桥局	国际先进
39	城际轨道铁路180米连续梁钢管拱桥深水连续梁和钢管拱原位拼装施工技术研究	中铁十四局	国际先进、部分国际领先
40	兰渝铁路地质复杂多变区段大断面隧道施工关键技术	中铁十六局	国际先进
41	热处理高强钢筋在铁路工程中的应用技术	中铁十六局	国际先进
42	蒙华铁路崤山特长隧道快速施工关键技术	中铁十六局	国际先进、部分国际领先
43	厦门复杂地质区域地铁施工技术	中铁十六局	国际先进
44	成都富水漂卵石地层盾构施工关键技术	中铁十六局	国际先进、部分国际领先
45	超厚流塑层海湾桥梁综合施工技术	中铁十六局	国际先进
46	高速铁路跨通航河道140米先拱后梁系杆拱桥施工关键技术	中铁十七局	国际先进
47	毛乌素沙漠与黄土高原过渡区重载铁路隧道综合施工技术	中铁十七局	国际先进
48	深水嵌岩式基础锁扣钢管桩围堰不封底施工技术	中铁十七局	国际先进
49	改良型双护盾TBM在城市地铁浅埋石质隧道快速施工技术研究	中铁十八局	国际先进
50	地铁盾构隧道端头加固及联络通道冻结法施工关键技术研究	中铁十八局	国际先进
51	城市中心区域复杂环境下地铁施工微扰动控制技术研究	中铁十八局	国际先进
52	TLJ900架桥机考虑抗震构造措施影响的大坡度架梁施工技术	中铁十八局	国际先进
53	高速铁路软弱围岩大断面隧道机械化施工技术研究	中铁十八局	国际先进
54	曲塔宽梁部分斜拉桥建造关键技术研究	中铁十九局	国际先进、部分国际领先
55	地震多发区隧道穿越断层破碎带施工技术	中铁十九局	国际先进
56	大跨径钢管砼系杆拱桥及组合箱梁整体顶升工程关键技术研究	中铁二十局	国际先进、部分国际领先
57	基于BIM技术及仿真的曲线梁桥转体施工管理关键技术	中铁二十局	国际先进
58	中粗砂地层盾构小半径曲线下穿老旧建筑物群施工技术研究	中铁二十局	国际先进
59	富水软弱围岩大断面隧道施工关键技术研究	中铁二十局	国际先进、部分国际领先

续表

序号	项目名称	完成单位	成果评价
60	悬拼可调曲率钢拱支架现浇拱桥施工关键技术研究	中铁二十局	国际先进
61	特殊地层复杂环境下地铁复合式盾构长区间单向掘进关键技术研究	中铁二十局	国际先进、部分国际领先
62	复合地层盾构穿越重要建筑物微扰动施工技术研究	中铁二十局	国际先进
63	黄土地层地铁盾构综合施工技术	中铁二十局	国际先进
64	蒙华铁路黄土隧道施工关键技术研究	中铁二十局	国际先进
65	复杂环境条件下地铁区间盾构隧道下穿工程综合施工技术研究	中铁二十一局	国际先进
66	复杂工况下城市地铁双护盾 TBM 施工技术研究	中铁二十二局	国际先进
67	大溪大桥深水裸岩低桩承台施工 1～112 米提篮拱桥综合施工技术	中铁二十二局	国际先进
68	倾斜基岩上沉积地层和富水砂泥岩地层段的隧道支护受力特性与施工技术研究	中铁二十二局	国际先进
69	CPG500 型铺轨机高原地区铺轨施工技术及设备适应性改造	中铁二十二局	国际先进
70	CRTSⅢ型轨道板生产技术研究	中铁二十二局	国际先进
71	米攀铁路大跨度矮塔斜拉桥综合施工技术研究	中铁二十三局	国际先进
72	预制装配式下穿隧道设计、成套施工技术及装备研究	中铁二十三局	国际先进、部分国际领先
73	全强风化花岗岩地层隧道施工关键技术研究	中铁二十四局	国际先进
74	高速铁路大胜关桥城际轨道线引桥并线施工及其安全监测关键技术	中铁二十四局	国际先进
75	装配式桥梁施工关键技术研究与应用	中铁二十四局	国际先进
76	再生混凝土砌块砖性能研究	中铁建设	国际先进
77	基于 RFID 无线射频识别技术的智能物资管理系统	中铁建设	国际先进
78	基于集成管理平台的智慧工地综合应用研究	中铁建设	国际先进
79	基于云计算的深基坑远程实时监控技术与装备研发	中铁建设	国际先进
80	悬挂式止水帷幕优化设计及其环境影响评价	中铁建设	国际先进
81	不影响相邻地铁站正常营运的深基坑施工技术研究	中铁建设	国际先进
82	光伏发电系统在绿色建筑负荷分配的经济性研究	中铁建设	国际先进
83	既有桥梁通航限高防撞设施技术研究	中国铁建港航局	国际先进
84	“丝绸之路经济带”铁路交通战略研究	铁一院	国际先进
85	高速铁路构筑物自动化变形监测系统集成与成套技术研究	铁一院	国际先进
86	饱和黄土地层地铁大跨区间隧道矿山法施工工法及支护参数研究	铁一院	国际先进
87	减隔震技术在大跨简支梁桥中的应用研究	铁一院	国际先进
88	城际铁路隧道近接、下穿既有构筑物关键技术研究	铁一院	国际先进
89	高烈度区地铁上盖商业复杂框架结构抗震关键技术研究	铁一院	国际先进

续表

序号	项目名称	完成单位	成果评价
90	北方地区地铁车站热环境控制关键技术研究	铁一院	国际先进
91	黄土地区国铁站场下明暗挖结合地铁车站综合技术研究	铁一院	国际先进
92	富水卵石土地层盾构法隧道关键技术与环境影响体系研究	铁一院	国际先进
93	基于性能的建桥合一结构减震控制设计方法研究	铁一院	国际先进
94	富水卵砾石地层中地下工程水平冻结法设计关键技术研究	铁一院	国际先进
95	地铁车站框架柱抗震可靠性及设计优化研究	铁一院	国际先进
96	三线换乘地铁站基于抗震性能化理论的结构优化设计研究	铁一院	国际先进
97	西成线长大隧道涌水水文地质特征与物探资料的对比分析研究	铁一院	国际先进
98	强风地区接触网系统简约化技术研究	铁一院	国际先进
99	电气化铁路接触网预配技术研究	铁一院	国际先进
100	高速铁路轨道结构服役状态监测关键技术与应用	铁四院	国际先进
101	高速铁路板式轨道数字化设计与智能施工技术	铁四院	国际先进
102	铁路高质量发展区域路网规划评价体系研究	铁四院	国际先进
103	市域(郊)铁路发展建设条件研究	铁四院	国际先进
104	基于全景影像三维遥感技术的工程地质灾害调查关键技术研究	铁四院	国际先进
105	高速铁路车站新区土地利用问题及对策	铁四院	国际先进
106	铁路旅客车站中转换乘技术策略研究	铁四院	国际先进
107	三维激光雷达技术在铁路勘察设计中的综合应用研究	铁四院	国际先进、部分国际领先
108	高速铁路基础设施安全的数字化监测与评估关键技术及应用	铁四院	国际先进
109	现代有轨电车车辆检修关键技术创新及工程应用	铁四院	国际先进
110	市域铁路车辆安全运维关键技术创新及工程应用	铁四院	国际先进
111	高烈度区高速铁路简支梁新型减隔震支座研发	铁五院	国际先进
112	地铁车站与物业开发一体化设计与施工关键技术	铁五院	国际先进
113	西安地铁深厚湿陷性黄土工程特性及其控制技术	铁五院	国际先进
114	城市轨道交通 U 型梁整体道床施工技术及设备	铁五院	国际先进
115	新建公路与市政工程下穿高速铁路桥梁安全防护技术标准研究	上海院	国际先进
116	隧道空气动力学特性及最大运行速度研究	上海院	国际先进
117	车辆段上盖物业开发超限结构关键技术	上海院	国际先进
118	城市轨道交通高架结构及地下线路减振降噪综合治理研究	铁建投资	国际先进
119	重载铁路大跨度部分斜拉桥综合施工技术	中铁十一局	国内领先
120	盾构施工渣土转运配套设备研究	中铁十一局	国内领先
121	复杂环境下跨越大渡河桥梁深水基础施工关键技术研究	中铁十二局	国内领先

续表

序号	项目名称	完成单位	成果评价
122	松散破碎地质条件下山岭隧道绿色安全高效施工关键技术	中铁十四局	国内领先
123	盾构管片生产信息智能管理平台	中铁十四局	国内领先
124	弹性支承块全自动化流水生产技术	中铁十四局	国内领先
125	大直径盾构隧道轨下结构预制拼装施工技术	中铁十四局	国内领先
126	400 米跨双塔双索面叠合梁斜拉桥施工技术	中铁十五局	国内领先
127	既有线铁路增建二线快速架梁技术研究	中铁十五局	国内领先
128	异步悬灌曲线转体连续梁精确合龙技术研究	中铁十五局	国内领先
129	滩涂软土地基处理综合施工技术	中铁十六局	国内领先
130	黄土地区铁路站场深挖长路堑施工关键技术	中铁十六局	国内领先
131	小净距地铁隧道矿山法施工技术研究	中铁十九局	国内领先
132	利用延时爆破降低矿石贫化研究	中铁十九局	国内领先
133	无人机视觉的露天矿山工程量算法研究	中铁十九局	国内领先
134	预拌混凝土配合比优化及性能提升技术研究	中铁二十局	国内领先
135	既有线接触网承导线紧线张力控制技术	中铁二十局	国内领先
136	M 型公跨铁拱桥拆除施工技术研究	中铁二十局	国内领先
137	矿山法隧道下穿 GIS 变电站综合施工技术研究	中铁二十一局	国内领先
138	砂卵石地层地铁暗挖区间大断面小间距双线隧道施工技术研究	中铁二十一局	国内领先
139	盾构下穿张掖路步行街施工技术研究	中铁二十一局	国内领先
140	富水大粒径砂卵石地层土压平衡盾构掘进技术研究	中铁二十一局	国内领先
141	CRTSⅢ型先张法预应力轨道板智能自动生产线设计关键技术研究	中铁二十一局	国内领先
142	西北地区超宽超重高架桥转体施工关键技术研究	中铁二十一局	国内领先
143	软土地区明挖深基坑稳定与变形控制关键技术研究	中铁二十一局	国内领先
144	浅埋冲沟环境下湿陷性黄土地质及软弱围岩隧道施工关键技术研究	中铁二十一局	国内领先
145	降雨条件下黄土边坡稳定性分析及坡面防护措施研究	中铁二十一局	国内领先
146	隧道抢险救援双套管水平钻机研制与应用	中铁二十二局	国内领先
147	哈牡项目自密实混凝土移动搅拌设备的研发与应用	中铁二十二局	国内领先
148	特大型铁路枢纽工程咽喉区复杂组合道岔施工综合技术施工技术	中铁二十二局	国内领先
149	铁路信号配线防错技术与施工工艺	中铁二十二局	国内领先
150	跨越多条既有线预应力混凝土箱梁顶推及 BIM 技术应用研究	中铁二十三局	国内领先
151	既有铁路枢纽站场改造施工技术研究	中铁二十三局	国内领先
152	多跨铁路桥梁拓浚改造工程关键技术研究及应用	中铁二十四局	国内领先

续表

序号	项目名称	完成单位	成果评价
153	高流速大涨幅山区河道桥梁基础施工技术研究	中铁十七局	国内领先
154	富水砂层深基坑高压旋喷锚索支护技术研究	中铁十七局	国内领先
155	CRTSⅢ型板式无砟轨道信息化精确快速铺设施工技术	中铁十八局	国内领先
156	大型铁路站房结构全生命周期健康监测新技术	中铁建设	国内领先
157	预应力拱板屋盖施工与大直径筒仓滑膜及顶盖模支架整体提升技术	中铁建设	国内领先
158	既有建筑形体空间改造关键技术	中铁建设	国内领先
159	建筑装饰耐久性影响因素及性能提升技术研究	中铁建设	国内领先
160	超高层建筑空调水系统水力平衡技术研究	中铁建设	国内领先
161	机电工程构配件工厂化预制研究	中铁建设	国内领先
162	高速铁路基于北斗系统下的定位和授时关键技术研究	中铁建电气化局	国内领先
163	牵引变电所低压配电系统电能质量综合治理装置研发及应用	中铁建电气化局	国内领先
164	秦岭山区 25‰大坡道区段接触网系统技术研究	中铁建电气化局	国内领先
165	青岛地铁 11 号线机电系统联调联试技术研究	中铁建电气化局	国内领先
166	轨道工程车辆远程管理平台研发	中铁建电气化局	国内领先
167	济青高速铁路 42 号道岔转辙设备安装调试技术	中铁建电气化局	国内领先
168	朔黄铁路扩容改造接触网施工技术	中铁建电气化局	国内领先
169	大体积混凝土养护智能温控装置	中铁建电气化局	国内领先
170	广州地铁 21 号线接触轨施工关键技术	中铁建电气化局	国内领先
171	接触网钢腕臂智能预配生产线	中铁建电气化局	国内领先
172	基于 BIM 技术的铁路四电项目可视化管理技术	中铁建电气化局	国内领先
173	阳安线秦岭山脉区段接触网改造施工技术	中铁建电气化局	国内领先
174	时速 350 千米高速铁路接触网吊弦自动化预配生产线	中铁建电气化局	国内领先
175	时速 350 千米高速铁路接触网铝合金腕臂自动化预配生产线	中铁建电气化局	国内领先
176	高速铁路智能化接触网铝合金腕臂预配关键技术	中铁建电气化局	国内领先
177	盐渍区段防腐型混凝土支柱	中铁建电气化局	国内领先
178	舟山群岛恶劣海况条件下高桩码头快速施工技术研究	中国铁建港航局	国内领先
179	基于绿色建筑评价体系下的被动式节能技术与海绵城市（LID）在居住区中的应用研究	中铁地产	国内领先
180	城际铁路弹性支承块式无砟轨道关键技术研究	铁一院	国内领先
181	电气化铁路回流接地系统与牵引所亭地网间电磁耦合特性及地网状态评估研究	铁一院	国内领先
182	110 千米 VV 接线卷铁芯节能型牵引变压器研究	铁一院	国内领先
183	中尼铁路中国境内牵引供电系统对外部电源适应性及优化技术研究	铁一院	国内领先

续表

序号	项目名称	完成单位	成果评价
184	轨道交通高压智能设备及网络监控技术研究	铁一院	国内领先
185	电气化铁路电磁干扰及牵引回流对电力贯通线的影响研究	铁一院	国内领先
186	太阳能光伏发电技术在城市轨道交通中的应用研究	铁一院	国内领先
187	铁路 PC 部分斜拉桥关键技术研究	铁一院	国内领先
188	大轴力桥梁桩基托换关键技术研究	铁一院	国内领先
189	预切槽法黄土隧道预衬砌受力特性及关键设计参数研究	铁一院	国内领先
190	地铁地下车站厚板大开洞结构分析与优化设计	铁一院	国内领先
191	电气化铁路对机场地面航空无线电台(站)电磁干扰的研究	铁一院	国内领先
192	铁路通信集中网管技术应用研究	铁一院	国内领先
193	信号电缆备用贯通芯线在线监测技术研究及应用	铁一院	国内领先
194	有砟轨道应答器防护技术研究及应用	铁一院	国内领先
195	铁路信号点灯电路综合监测系统的研究与应用	铁一院	国内领先
196	深厚层黄土—泥岩斜坡稳定性及其对隧道工程的影响研究	铁一院	国内领先
197	兰新铁路客运专线复杂地质环境下隧道变形破坏与地应力场关系研究	铁一院	国内领先
198	基于浆液性能控制的黔张常铁路岩溶地基强化注浆关键技术研究	铁一院	国内领先
199	物流园区腹地界定及物流需求分析	铁四院	国内领先
200	现代有轨电车水淹灾害防治关键技术研究	铁四院	国内领先
201	接触轨工程动态验收检测系统研究	铁四院	国内领先
202	新型桥墩模板开发及应用	铁五院	国内领先
203	高速铁路灾害监测路局中心系统方案研究	铁五院	国内领先
204	时速 200 千米双线(32 + 2 × 34 + 32)米门式墩刚构连续梁结构设计研究	上海院	国内领先
205	时速 200 千米增建二线电气化改造铁路 CPⅢ测量研究	上海院	国内领先
206	成都市轨道交通 10 号线一期工程与成都双流国际机场电磁兼容研究	上海院	国内领先
207	电力线路跨越高速铁路技术条件研究	上海院	国内领先
208	地铁接触网刚柔过渡段处接触悬挂调整施工技术	中国铁建大桥局	国内先进
209	地铁柔性接触网施工关键技术	中国铁建大桥局	国内先进
210	雪山梁特长隧道施工关键技术研究	中铁十五局	国内先进、部分国内领先
211	跨高速公路缓和曲线上大跨度连续梁拱施工技术研究	中铁十五局	国内先进
212	山岭地区喀斯特地质下市政公路修建关键技术	中铁十六局	国内先进
213	阜阳特大桥转体施工连续梁控制技术研究	中铁十九局	国内先进
214	高速铁路深埋长大隧道开挖安全监测预警技术研究	中铁十九局	国内先进

续表

序号	项目名称	完成单位	成果评价
215	岩爆灾害孕育机理及防治研究	中铁十九局	国内先进
216	兰州地区强风化砂岩层深基坑降水支护技术研究	中铁二十一局	国内先进
217	海洋潮汐环境下单门刚构梁跨海特大桥施工技术	中铁二十二局	国内先进
218	复杂环境斜跨营业线支架法现浇四线连续梁施工综合技术研究	中铁二十二局	国内先进
219	屋面工程节能与环保技术应用与研究	中铁建设	国内先进
220	铝合金木塑模板复合早拆体系	中铁建设	国内先进
221	装配式整体移动模板支撑体系	中铁建设	国内先进
222	基于红外探测的铁路施工安全防护报警系统	中铁建电气化局	国内先进
223	新建高速铁路接入既有普速铁路供电系统并网过渡改造技术研究	中铁建电气化局	国内先进
224	北斗卫星导航系统在铁路勘测中的应用研究	铁一院	国内先进
225	三维激光扫描仪在铁路勘测中的应用研究	铁一院	国内先进
226	牵引变电所配电装置的信息化技术研究	铁一院	国内先进
227	低净空隧道改进型接触网悬挂(吊柱+平斜腕臂)结构研究	铁一院	国内先进
228	解决轨道电路分路不良的低温熔敷技术研究	铁一院	国内先进
229	地铁车辆大、架修关键技术研究	铁一院	国内先进
230	采空区地质勘察技术和稳定性影响因素研究	铁一院	行业领先
231	比例预测法在既有铁路改、扩建项目噪声预测中的应用研究	铁一院	

（制表：丁正全　郑筱彦）

2019 年度中国铁建科学技术奖项目目录

序号	项目名称	完成单位	获奖等级
1	复杂海洋环境公铁两用特大桥建造关键技术	中国铁建大桥工程局集团有限公司、中国铁建港航局集团有限公司	特等奖
2	隧道钻爆法施工成套装备与智能化技术	中国铁建重工集团股份有限公司、中铁十二局集团有限公司、中铁十一局集团有限公司、中铁十八局集团有限公司	特等奖
3	非洲铁路网现状及规划研究	中国土木工程集团有限公司	一等奖
4	基于辅助轨道的多支点桥梁转体成套技术研究与应用	中铁十一局集团有限公司	一等奖
5	复杂环境特大跨度隧道施工安全控制技术	中铁十一局集团有限公司	一等奖
6	以色列粉砂及富水库卡弱胶结砂岩地层盾构施工关键技术研究	中铁十二局集团有限公司、中国土木工程集团有限公司	一等奖
7	海域复杂环境地质条件下海底地铁盾构隧道施工技术研究与应用	中铁十四局集团有限公司	一等奖
8	上跨既有高速铁路混凝土连续箱梁顶推施工关键技术	中铁十四局集团有限公司	一等奖
9	高速铁路无砟轨道斜拉桥综合施工技术	中铁十六局集团有限公司	一等奖

续表

序号	项目名称	完成单位	获奖等级
10	高速铁路大跨度极不对称转体钢管混凝土拱桥关键技术研究	中铁十八局集团有限公司	一等奖
11	高速铁路软弱围岩大断面隧道机械化施工技术研究	中铁十八局集团有限公司	一等奖
12	曲塔宽梁部分斜拉桥建造关键技术研究	中铁十九局集团有限公司	一等奖
13	XDC65 电机车组	中铁二十局集团有限公司	一等奖
14	富水大粒径砂卵石地层土压平衡盾构掘进技术	中铁二十一局集团有限公司	一等奖
15	考虑降雨因素的黄土边坡稳定性分析及防护技术研究	中铁二十一局集团有限公司	一等奖
16	倾斜基岩上沉积地层和富水砂泥岩地层段隧道支护受力特性与施工技术研究	中铁二十二局集团有限公司	一等奖
17	基于工业摄影和机器视觉的高速铁路 CRTS Ⅲ型板几何状态检测技术应用研究	中铁二十二局集团有限公司	一等奖
18	预制装配式下穿隧道设计、成套施工技术及装备研究	中铁二十三局集团有限公司	一等奖
19	超高层建筑施工塔吊与模架系统地震响应分析及控制对策研究	中铁建设集团有限公司	一等奖
20	大型高速铁路站房设计、建造、安全控制及健康监测成套技术研究	中铁建设集团有限公司、中铁第四勘察设计院集团有限公司	一等奖
21	煤矿长距离斜井 DC1500V 无轨电车双极集电系统关键技术	中国铁建电气化局集团有限公司	一等奖
22	港珠澳大桥交通工程集成技术研究与应用	中国铁建电气化局集团有限公司	一等奖
23	强岩溶超深开挖大型船闸关键施工技术研究	中国铁建港航局集团有限公司	一等奖
24	铁路接触网腕臂及吊弦系统预配技术	中铁第一勘察设计院集团有限公司	一等奖
25	城市轨道交通工程复杂环境下双护盾 TBM 关键技术研究	中铁第一勘察设计院集团有限公司、中国铁建股份有限公司、中铁二十二局集团有限公司	一等奖
26	宝兰铁路客运专线高含水率黄土大断面隧道关键技术研究	中铁第一勘察设计院集团有限公司	一等奖
27	高速铁路板式轨道数字化设计与智能施工技术	中铁第四勘察设计院集团有限公司、中铁十七局集团有限公司	一等奖
28	主跨 256 米客货共线铁路独塔混合双主梁斜拉桥设计研究	中铁第四勘察设计院集团有限公司	一等奖
29	运营高速铁路路基结构无损检测成套技术研究	中铁第四勘察设计院集团有限公司	一等奖
30	高温高湿高盐环境接触网腕臂悬挂系统腐蚀防护关键技术及应用	中铁第四勘察设计院集团有限公司、中铁二十四局集团有限公司	一等奖

续表

序号	项目名称	完成单位	获奖等级
31	铁路工程地质原位测试相关参数测试方法研究	中铁第四勘察设计院集团有限公司	一等奖
32	高速铁路基础设施安全的数字化监测与评估关键技术及应用	中铁第四勘察设计院集团有限公司	一等奖
33	大直径泥水平衡盾构机研制与应用	中国铁建重工集团股份有限公司、中铁十六局集团有限公司、中铁十四局集团有限公司	一等奖
34	重载铁路矮塔斜拉桥施工关键技术	中铁十一局集团有限公司	二等奖
35	严寒地区富水砂层地铁车站及长距离盾构施工关键技术	中铁十二局集团有限公司	二等奖
36	大型高速铁路制梁场智能化建设暨既有制架设备适用性改造技术	中铁十二局集团有限公司	二等奖
37	濒海滩涂地带城市预制拼装式电力管廊施工关键技术研究	中铁十四局集团有限公司	二等奖
38	复杂地质条件下浅埋偏压小净距岩溶隧道安全施工技术	中铁十四局集团有限公司	二等奖
39	中巴公路奥布段泥石流形成成因、分布特征与工程治理研究	中铁十五局集团有限公司	二等奖
40	兰渝铁路地质复杂多变区段大断面隧道施工关键技术	中铁十六局集团有限公司、中铁第一勘察设计院集团有限公司	二等奖
41	成都富水漂卵石地层盾构施工关键技术	中铁十六局集团有限公司、中国铁建昆仑投资集团有限公司	二等奖
42	长距离高瓦斯铁路隧道施工安全控制技术	中铁十六局集团有限公司	二等奖
43	重载铁路小断面特长隧道快速施工关键技术	中铁十六局集团有限公司	二等奖
44	交通工程施工安全规范标准三维可视化技术研究与应用	中铁十七局集团有限公司	二等奖
45	毛乌素沙漠与黄土高原过渡区重载铁路隧道综合施工技术	中铁十七局集团有限公司	二等奖
46	深水嵌岩式基础锁扣钢管桩围堰不封底施工技术	中铁十七局集团有限公司	二等奖
47	高速铁路跨通航河道 140 米先拱后梁系杆拱桥施工关键技术	中铁十七局集团有限公司	二等奖
48	富水砂层深基坑高压旋喷锚索支护技术研究	中铁十七局集团有限公司	二等奖
49	悬拼可调曲率钢拱支架现浇拱桥施工关键技术研究	中铁二十局集团有限公司	二等奖

续表

序号	项目名称	完成单位	获奖等级
50	特殊地层复杂环境下地铁复合式盾构长区间单向掘进关键技术研究	中铁二十局集团有限公司	二等奖
51	大断面矩形管廊顶管上穿运营地铁施工技术研究	中铁二十局集团有限公司	二等奖
52	盾构下穿建筑物综合施工技术	中铁二十一局集团有限公司	二等奖
53	米攀铁路大跨度矮塔斜拉桥综合施工技术研究	中铁二十三局集团有限公司	二等奖
54	装配式桥梁施工关键技术研究与BIM应用	中铁二十四局集团有限公司	二等奖
55	四季酒店混凝土结构超高层综合施工关键技术	中铁建设集团有限公司	二等奖
56	不影响相邻地铁站正常营运的深基坑施工技术研究	中铁建设集团有限公司	二等奖
57	悬挂式止水帷幕优化设计及其环境影响评价	中铁建设集团有限公司	二等奖
58	基于云计算的深基坑远程实时监控技术与装备研发	中铁建设集团有限公司	二等奖
59	道路拓宽工程拉锚挡墙与桩承式路堤联合技术研究	中铁建设集团有限公司	二等奖
60	接触网钢腕臂智能预配生产线	中国铁建电气化局集团有限公司	二等奖
61	高速铁路基于北斗系统下的定位和授时技术研究	中国铁建电气化局集团有限公司	二等奖
62	深水直立堤短峰波力技术研究	中国铁建港航局集团有限公司	二等奖
63	超高层钢结构伸臂桁架安装技术研究及应用	中铁城建集团有限公司	二等奖
64	减隔震技术在大跨简支梁桥中的应用研究	中铁第一勘察设计院集团有限公司	二等奖
65	牵引供电运行安全技术研究——强风地区接触网系统简约化技术研究	中铁第一勘察设计院集团有限公司	二等奖
66	高速铁路测量保证体系关键技术与应用	中铁第一勘察设计院集团有限公司	二等奖
67	智能牵引供电系统关键技术研究	中铁第一勘察设计院集团有限公司	二等奖
68	西秦岭特长隧道建设成套技术及应用	中铁第一勘察设计院集团有限公司、中铁十八局集团有限公司	二等奖
69	大跨度铁路独塔混合梁斜拉桥关键技术研究	中铁第四勘察设计院集团有限公司	二等奖
70	时速200千米铁路基于保护生态环境桥上全封闭声屏障的关键技术研究	中铁第四勘察设计院集团有限公司	二等奖

续表

序号	项目名称	完成单位	获奖等级
71	重庆中渡长江大桥设计技术研究	中铁第四勘察设计院集团有限公司	二等奖
72	铁路特殊路基设计有关标准研究	中铁第四勘察设计院集团有限公司	二等奖
73	铁路枢纽客运专线信号安全数据网组网方案研究	中铁第四勘察设计院集团有限公司	二等奖
74	铁路高质量发展区域路网规划评价体系研究	中铁第四勘察设计院集团有限公司	二等奖
75	市域铁路车辆安全运维关键技术创新及工程应用	中铁第四勘察设计院集团有限公司	二等奖
76	大型客站能源管理系统设计标准研究	中铁第四勘察设计院集团有限公司	二等奖
77	现代有轨电车车辆检修关键技术创新及工程应用	中铁第四勘察设计院集团有限公司	二等奖
78	水泥改良滨海不良级配细砂路用性能研究	中铁第四勘察设计院集团有限公司	二等奖
79	运营高速铁路无砟轨道路基横向变形整治技术研究	中铁第四勘察设计院集团有限公司	二等奖
80	高速铁路牵引供电 27.5 千伏单芯电缆敷设设计标准研究	中铁第四勘察设计院集团有限公司	二等奖
81	铁路隧道防灾救援疏散工程防灾通风关键技术	中铁第四勘察设计院集团有限公司	二等奖
82	沿海地区时速 200 千米客货共线铁路软土地基加固综合技术研究	中铁第五勘察设计院集团有限公司	二等奖
83	时速 200 千米增建二线电气化改造铁路 CPⅢ测量研究	中铁上海设计院集团有限公司、中铁二十四局集团有限公司	二等奖

（制表：程博华　李小和）

2019 年度中国铁建优秀工程勘察设计、优秀工程咨询成果项目目录

序号	项目名称	完成单位	获奖等级
一	**优秀工程勘察**		
1	兰渝铁路西秦岭特长隧道工程地质勘察	铁一院	一等奖
2	宝兰铁路客运专线宝鸡至天水段渭河峡谷区综合地质选线	铁一院	一等奖
3	西成客运专线秦岭特长隧道群控制测量	铁一院	一等奖
4	九景衢铁路跨杭新景特大桥工程地质勘察	铁四院	一等奖
5	武九铁路大冶北至阳新铁路石马寨隧道工程地质勘察	铁四院	一等奖
6	郑州至徐州客运专线精密控制测量工程	铁四院	一等奖
7	西成客运专线秦岭天华山隧道综合地质勘察	铁一院	二等奖

续表

序号	项目名称	完成单位	获奖等级
8	西成铁路客运专线何家梁隧道综合地质勘察	铁一院	二等奖
9	刚果(布)国家1号公路(二期)工程地质勘察	铁四院	二等奖
10	南京至高淳城际轨道交通禄口新城南站至高淳段工程测量	铁四院	二等奖
11	柳南铁路客运专线精测网复测及线路平纵断面复测拟合	铁五院	二等奖
12	新建铁路淮北至萧县北客车联络线工程古尚村隧道	上海院	二等奖
13	杭深线运营期精测网复测及轨道控制网CPⅢ建网测量工程	上海院	二等奖
14	埃塞俄比亚工业园群项目详细勘察	中国土木福州设计院	二等奖
二	**优秀工程设计**		
15	西成铁路客运专线西安至江油段(陕西省境内)工程设计	铁一院	一等奖
16	宝鸡至兰州铁路客运专线设计	铁一院	一等奖
17	宝兰铁路客运专线三阳川渭河1号特大桥设计	铁一院	一等奖
18	广州地铁9号线广州北站至花城路站区间设计	铁一院	一等奖
19	西成铁路客运专线电气化、电力工程设计	铁一院	一等奖
20	哈齐铁路客运专线大庆西站房及雨棚工程设计	铁一院	一等奖
21	西成铁路客运专线朱鹮防撞网设计	铁一院	一等奖
22	九景衢铁路总体设计	铁四院	一等奖
23	武汉市轨道交通8号线一期工程总体设计	铁四院	一等奖
24	九景衢铁路特殊路基设计	铁四院	一等奖
25	深茂铁路潭江特大桥(31.85+57+130+256+63.9)米独塔斜拉桥设计	铁四院	一等奖
26	长株潭城际铁路湘江隧道工程设计	铁四院	一等奖
27	武汉市轨道交通8号线一期工程供电系统设计	铁四院	一等奖
28	九景衢铁路通信信号信息及防灾系统设计	铁四院	一等奖
29	铁四院总部设计大楼	铁四院	一等奖
30	佛山西站站房工程	铁四院	一等奖
31	武汉市轨道交通7号线一期工程野芷湖车辆段	铁四院	一等奖
32	青岛地铁11号线高架区间	铁五院	一等奖
33	南京至高淳城际轨道工程机场至溧水段工程(供电/ISCS/FAS/BAS/ACS系统)	上海院	一等奖
34	邵阳幼师高等专科学校工程	上海院	一等奖
35	广西资源(梅溪)至兴安高速公路工程设计	铁一院	二等奖
36	西成铁路客运专线阿房宫车站大型垃圾坑处理工程设计	铁一院	二等奖

续表

序号	项目名称	完成单位	获奖等级
37	宝兰铁路客运专线花牛村特大桥、马家山特大桥等桥梁道岔连续梁工程设计	铁一院	二等奖
38	南京地铁4号线蒋王庙站至王家湾站1站1区间设计	铁一院	二等奖
39	宝兰铁路客运专线电气化、电力工程设计	铁一院	二等奖
40	兰渝铁路兰州至广元段通信、信号、信息、防灾系统设计	铁一院	二等奖
41	青岛地铁11号线弱电系统设计	铁一院	二等奖
42	南宁地铁2号线苏卢站至安吉客运站至西津站及出入段线3站3区间设计	铁一院	二等奖
43	西安市地铁3号线一期工程给排水及消防系统设计	铁一院	二等奖
44	深茂铁路江门至茂名段总体设计	铁四院	二等奖
45	苏州高新区有轨电车2号线工程总体设计	铁四院	二等奖
46	佛山西站及相关工程总体设计	铁四院	二等奖
47	佛山西站跨桂丹路2号桥设计	铁四院	二等奖
48	武九铁路瑞昌至九江段西南下行联络线特大桥设计	铁四院	二等奖
49	武汉市轨道交通7号线一期工程武昌火车站至瑞安街站区间隧道设计	铁四院	二等奖
50	武汉市轨道交通8号线一期工程通信、信号系统设计	铁四院	二等奖
51	武汉市轨道交通徐家棚站工程设计	铁四院	二等奖
52	武汉市轨道交通8号线一期工程隧道通风系统设计	铁四院	二等奖
53	铁四院楼套楼复杂结构办公大楼控制爆破拆除工程设计	铁四院	二等奖
54	温州市域铁路灵昆车辆维修基地设计	铁四院	二等奖
55	新建徐州东动车运用所工程设计	铁五院	二等奖
56	贵州省铜仁市碧江新区道路工程(环东大道)“桩板墙结合加筋土挡土墙”新型支挡结构设计	铁五院	二等奖
57	西安市地铁4号线工程(航天城至草滩生态产业园)土建设计(D4TJSJ－1标段)	铁五院	二等奖
58	新建徐州东动车运用所四电系统集成工程设计	铁五院	二等奖
59	贵阳市轨道交通1号线“4站3区间”工点设计	铁五院	二等奖
60	长兴综合物流园区铁路货场工程设计	上海院	二等奖
61	宁和城际轨道交通一期工程设计	上海院	二等奖
62	新建铁路淮北至萧县北客车联络线坡里下行特大桥工程设计	上海院	二等奖
63	南京至高淳城际轨道禄口机场至溧水段工程地下区间设计	上海院	二等奖
64	成都轨道交通10号线一期工程通信、信号、综合监控和售检票系统设计	上海院	二等奖
65	南京至高淳城际轨道交通禄口机场至溧水段工程车站给排水及消防系统设计	上海院	二等奖

续表

序号	项目名称	完成单位	获奖等级
66	北京顺义新城第七街区 0701－013 地块 F2 公建混合住宅用地(配建限价商品住房)项目	中铁建设建筑设计院	二等奖
三	**优秀工程咨询成果**		
67	拉萨铁路枢纽规划(2016—2030 年)	铁一院	一等奖
68	新建铁路西安至延安线可行性研究	铁一院	一等奖
69	长江经济带区域铁路规划	铁四院	一等奖
70	粤港澳大湾区城际铁路建设规划	铁四院	一等奖
71	长沙市轨道交通 6 号线工程可行性研究报告	铁四院	一等奖
72	新建杭州至衢州铁路(建德至衢州段)可行性研究报告	铁五院	一等奖
73	北京市郊铁路发展建设研究课题	铁五院	一等奖
74	新建铁路池州至黄山(地区)铁路可行性研究	上海院	一等奖
75	包头铁路枢纽总图规划	铁一院	二等奖
76	新建包头至银川铁路银川至惠农段可行性研究	铁一院	二等奖
77	西宁市八一路道路综合提升改造工程可行性研究	铁一院	二等奖
78	张掖丹霞轨道交通项目可行性研究报告	铁一院兰州院	二等奖
79	新建宁波至舟山铁路可行性研究报告	铁四院	二等奖
80	南京铁路枢纽总图规划	铁四院	二等奖
81	武汉和平大道南延(中山路至张之洞路)黄鹤楼隧道工程可行性研究	铁四院	二等奖
82	苏州市轨道交通 S1 线工程可行性研究报告	铁四院	二等奖
83	福利屯至抚远(含向阳川至同江段)铁路扩能改造工程	铁五院	二等奖
84	徐宿淮盐铁路阜宁南站综合客运枢纽工程可行性研究	铁五院	二等奖
85	哈西大街跨哈南场铁路立交桥新建工程可行性研究报告	铁五院	二等奖
86	苏州市桐泾路北延工程可行性研究报告	铁五院	二等奖
87	月潭湖综合旅游码头及航道项目工程可行性研究报告	铁五院	二等奖
88	株洲站改扩建工程可行性研究	上海院	二等奖
89	黄山市旅游快速交通线网规划研究	上海院	二等奖
90	中土集团吉布提公司总部基地项目方案设计	中国土木福州设计院	二等奖
91	广东省航道维护现代化改造工程预可行性研究报告	中国铁建港航局勘察设计院	二等奖

(制表:徐惠纯)

2019 年 7 月 12 日，中国铁建党委组织党委领导班子成员和总部党员干部到中国人民抗日战争纪念馆开展“不忘初心、牢记使命”主题教育参观学习活动。图为参观学习人员在纪念馆前合影。（李锦龙 摄）

党的工作

综合工作

【中国铁道建筑集团有限公司党委】 中国共产党中国铁道建筑集团有限公司委员会(以下简称集团公司党委)是在国务院国有资产监督管理委员会党委领导的对下属单位党组织实行统一领导的党组织。集团公司党委在企业中发挥领导作用,主要负责统一领导并组织实施集团公司党的建设和思想政治工作,担负党风廉政建设主体责任。集团公司党委常委由陈奋健、庄尚标、陈大洋、刘汝臣、王秀明、李春德、李宁、汪文忠8人组成,陈奋健任党委书记。集团公司党委职能机构设党委办公室(党委统战部、团委)、党委组织部(人力资源部)、党委宣传部(企业文化部)。集团公司纪委是集团公司党委和国务院国有资产监督管理委员会纪委领导下的纪检监察机关,履行党的纪律检查和行政监察职能,担负党风廉政建设监督责任,李春德任纪委书记。集团公司工会接受集团公司党委和中华全国铁路总工会的领导,史道泉任工会主席。 (沈玉泉)

【中国铁建股份有限公司党委】 中国共产党中国铁建股份有限公司委员会(以下简称股份公司党委)是在中国铁道建筑集团有限公司党委领导下的对下属单位党组织实行统一领导的党组织。股份公司党委在企业中发挥领导作用,主要负责统一领导并组织实施公司党的建设和思想政治工作,担负党风廉政建设主体责任。股份公司党委常委由陈奋健、庄尚标、陈大洋、刘汝臣、王秀明、李春德、李宁、汪文忠8人组成,陈奋健任党委书记,庄尚标、陈大洋任党委副书记。股份公司党委职能机构设党委办公室(党委统战部、团委)、党委组织部(人力资源部)、党委宣传部(企业文化部)。李春德任纪委书记,史道泉任工会主席。集团公司党委委员、纪委委员、工会委员、团委委员同为股份公司党委委员、纪委委员、工会委员、团委委员。

根据中央组织部和原中央企业工委及国资委党委批复和指示精神,基于集团公司主营业务整体上市和局集团公司均为股份公司全资控股子公司,股份公司分布在全国各地的下属单位,党的领导关系由股份公司党委和所在省、自治区、直辖市党委双重领导,以股份公司党委垂直领导为主。截至2019年底,所属二级单位中20家与地方党委建立双重领导关系。

(沈玉泉)

【工作综述】 2019年,股份公司党委以习近平新时代中国特色社会主义思想为指导,认真贯彻党的十九大和十九届二中、三中、四中全会精神,围绕“品质铁建”和“海外优先”战略,充分发挥各级党委“把方向、管大局、保落实”的领导作用,市场经营再创新高,施工生产有序可控,改革创新蹄疾步稳,转型升级成效显著。

思想政治建设引领有方。一是坚持把加强党的政治建设作为首要任务。股份公司党委坚持把习近平新时代中国特色社会主义思想纳入党员干部教育培训计划,推动各级党组织和全体党员牢固树立“四个意识”、坚定“四个自信”、坚决做到“两个维护”。建立贯彻落实习近平总书记重要讲话、指示批示的长效机制,形成建立台账、专人盯办,会议传达、研究部署,调研督查、现场核查的工作闭环,特别加强对学习贯彻落实情况的督查督办,确保习近平总书记重要讲话、指示批示在本单位件件有着落、事事有回音。扎实开展“不忘初心、牢记使命”主题教育,得到中央第十一巡回督导组、国资委指导组充分肯定。加强对各级党组织党内政治生活状况的检查指导,派出督导组对所属各单位领导班子民主生活会进行现场督导。二是始终把完善体制机制作为主要抓手。建立健全重大经营管理事项党组织研究讨论前置与董事会战略决策、经营层经营管理相融合的工作机制。组织全系统“三重一大”系统信息化建设,对各单位“三重一大”决策全流程监管,推动各级党委理顺决策流程、理清决策事项,达到国资委党委的全覆盖要求。三是全力把提升发展质量作为重要目标。股份公司党委坚决贯彻落实习近平新时代中国特色社会主义思想,结合企业发展和国家发展战略提出打造“品质铁建”“海外优先”战略部署。落实国家供给侧结构性改革部署,大力推进“瘦身健体”“处僵治困”工作。

人才队伍建设坚强有力。一是选人用人渠道不断拓宽。合并党委组织部和人力资源部,强化对干部人才的统一管理。选人用人视野不断拓宽,推动党管干部人才与市场化选人用人机制相结合。统一组织重点院校校园招聘,充分发挥集团化优势和影响力,集中招纳优质生源,取得良好效果。二是干部队伍结构不断优化。抓好领导人员选拔任用,聚焦具有基层工作经历,特别是在艰苦地区和复杂环境中担任过领导职务的优秀年轻干部,持续优化调整领导人员队伍。干部队伍的年轻化、知识化、专业化得到进一步提升。三是政治生态环境不断净化。印发《总部机关员工2019年度综合考核测评及末位淘汰实施方案》,打通总部人员“下”的通道。修订《领导人员管理规定》,完善干部监督管理制度。贯彻落实《中国共产党重大事项请示报告条例》，强化各级党组织对组织工作中重大事项的请示报告。开展2019年领导干部个人事项集中填报。抓好领导干部培训工作。

基层组织建设夯实有效。一是党建工作基础持续夯实。结合企业组织机构变化，动态调整组织设置。组织党建座谈会，集思广益，谋划思路。结合主题教育，集中整顿软弱涣散基层党组织，对基层党支部存在问题集中整顿，提升基层党组织建设质量。二是“三支队伍”建设成效显著。着力培养综合素质过硬的基层党组织书记队伍，举办3期基层党支部书记培训示范班。着力打造忠诚干净担当的高素质党务干部队伍，举办2期组工干部培训班。严把发展党员入口关，分2期举办“中国铁建2019年北京片区党员发展对象培训班”。通过“三会一课”、主题党日等日常方式加强党员日常教育管理。三是党建责任体系不断完善。召开二级单位党委书记抓基层党建述职评议大会，完成国资委党委关于基层党组织书记现场述职三年全覆盖要求。组织签订2019年度党建工作责任书，层层压实责任。组织开展党建责任制考核，对二级单位党组织进行现场考评和督查。印发《党内表彰办法》等制度文件，持续完善党建工作制度体系。

宣传思想建设凝神聚魂。一是深化思想建设。围绕“品质铁建”战略，组织开展系列宣讲活动。推出系列文章，掀起学习贯彻“品质铁建”热潮。组织中国铁建与共和国共成长作贡献系列报道，开展系列庆祝活动，凝聚发展信心。组织开展第三届“永远的铁道兵杯”十大楷模、第六届“十佳道德模范”评选表彰活动。二是加强宣传报道。《中国铁道建筑报》组织12版的特刊，集中展示辉煌成就。2019年在中央主流媒体刊发稿件实现新突破，官方新媒体实现全面布局，并在中央企业中首批开通“学习强国号”。编印《图说·中国铁建70年》，受到国资委肯定并推荐给所有中央企业。全年各类舆情事件得到有效管控。三是丰富文化内涵。丰富完善“以国为荣、以法为循、以德为先、以企为家、以人为本”的新时代中国铁建文化，把“首创、包容、协同、合规、廉政、实干”等文化理念融入其中，丰富文化内涵。评选出10个企业历史文化教育基地，铁道兵纪念馆获评“全国爱国主义教育示范基地”称号。

党风廉政建设扎实有为。一是压实管党治党责任。股份公司党委强化领导，主动扛起纪检监察体制改革的主体责任，印发《关于调整总部机关机构编制及职能的通知》，把总部纪检监察改革与机构调整一体推进，同步完成。印发《深入推进二级单位纪检监察体制改革的指导意见》，推动二级单位纪检监察体制改革稳步开展。二是深化作风建设。股份公司党委班子带头执行中央八项规定及其实施细则精神，紧盯全系统作风建设，重大节日期间组织系统内各级纪检部门进行抽查，营造风清气正的氛围。清理整治个别领导干部利用名贵特产类特殊资源牟取私利问题，专项整治领导人员亲属和其他特定关系人所办企业与本企业业务往来。三是严格监督执纪。构建巡视巡察上下联动监督网，压实责任链条，形成监督合力。深入组织常规巡视和专项巡视，在中央企业巡视巡察工作推进交流会上，股份公司党委巡视工作受到国资委党委巡视办肯定。保持惩治腐败高压态势，紧盯“关键少数”，营造“不敢腐”的氛围。

党群连心建设掷地有声。一是强化引领带动。推进“中国铁建职工e家”微信公众号建设，大力传播正能量。围绕“品质铁建”广泛开展学习教育活动，引导广大职工青年积极投身企业改革发展。发挥典型引路作用，培育选树先进模范。二是强化维权保障。推进集体合同修订，职工权益得到进一步保障。加大建家建线投入，针对偏远艰苦项目的建家建线工作进行重点帮扶。精心组织助困帮扶，各级工会积极组织慰问困难职工家庭、劳模先进、一线职工以及农民工。三是强化服务大局。在重点工程项目开展形式多样的劳动竞赛，激发劳动热情。组织开展合理化建议、技术革新等职工创新活动。围绕生产经营，团委举办系列活动，调动广大青年职工工作积极性。（耿仁胜）

【党委办公室（党委统战部、团委）】 集团公司和股份公司党委的综合职能部门，协助党委领导处理日常工作的机构。主要职责：负责党委的日常工作，当好党委领导的参谋；对接上级党组织，及时传达、学习、贯彻上级党组织指示精神；部署、督促下属各单位党委贯彻落实好党委各种决定和决议；深入调查研究，及时了解掌握下属单位党委工作开展情况；负责起草党委文件决定、工作计划、工作总结、重大会议材料和党委领导讲话；筹备党委召开的各种会议；协调党委各工作部门的工作关系；负责公司国家安全人民防线建设领导小组、维护稳定工作领导小组、保密委员会的日常工作；负责公司“三重一大”系统建设、运维及日常管理工作；负责党委统战工作，团结各民主党派和社会团体，充分调动和发挥其积极性；负责直属机关党委和纪委的日常工作；加强党委对共青团工作的领导，负责开展好青年工作；负责党委和党委领导的文电收发运转、党委印鉴和信件管理等工作；完成公司领导交办的其他工作。

定员 12 人，设主任 1 人、副主任 2 人（其中 1 人兼任保密办公室专职主任，1 人兼任团委书记）；下设秘书处、党务处和青年处。

2019 年，党委办公室（党委统战部、团委）认真学习贯彻习近平新时代中国特色社会主义思想，党的十九大和十九届二中、三中、四中全会精神，牢牢把握党委中心工作，积极参与“不忘初心、牢记使命”主题教育、国资委党建工作责任制考核，认真做好保密管理、安全维稳、定点扶贫、文件起草、公文处理、总部党建、团青等重点工作，持续加强自身队伍建设，较好完成全年各项工作任务。

坚持突出重点，抓好党委中心工作。一是印发 2019 年度党建工作要点。起草并下发《中国铁建股份有限公司党委 2019 年党建工作要点》，提出全年党建工作总要求，从七大方面、18 项重点任务，明确 2019 年党建工作重点，为全系统党建工作提供指引。二是注重发挥党委领导作用。修订完善股份公司本级“三重一大”决策和党委前置研究讨论事项清单，并在全系统范围内，组织所属二级单位和三级单位梳理“三重一大”决策和党委前置研究讨论事项清单，促使全系统“三重一大”决策清单化、程序化、透明化，进一步提升各级法人企业和管理主体“三重一大”决策规范化水平，促进党的领导和公司治理进一步融合。牵头组织全系统“三重一大”系统建设工作，用信息化手段进一步加强对各级企业重大决策的监管，实现国资委党委和股份公司党委对系统内各级企业的实时在线监管，进一步强化党对企业的领导。三是积极参与股份公司党委“不忘初心、牢记使命”主题教育。根据股份公司党委统一安排，抽调党办人员担任第一巡回指导组组长和联络员。对所联系单位的工作方案制定、周报日报的收集、各类专题会议的参加指导和资料汇总归档等方面工作进行细致的指导，确保所联系单位高质量完成主题教育的各项工作任务。四是积极配合党建责任考核。一方面，党委办公室负责“综合部分”的迎检工作。考核进驻前，积极与相关业务部门沟通，认真收集整理相关资料，编辑成册后按时报送，未出现失误和遗漏。现场查阅资料时，认真回答考核组提出的问题，获得考核组的肯定。另一方面，精心准备总部党委迎检资料。协调总部各支部接洽考核工作，按时保质提供相关资料，确保不出纰漏。

彰显央企担当，助力脱贫攻坚。2019 年上半年，扶贫工作由党委办公室负责期间，认真落实青海省深度贫困地区脱贫攻坚现场推进会、东西部扶贫协作和中央单位定点扶贫工作推进会、中央企业脱贫攻坚工作视频会等会议精神，高效推进各项扶贫工作有序进行。及时完成“中国铁建援疆援藏援青及扶贫工作总结 2018 年度总结和 2019 年度计划”“中国铁道建筑集团有限公司扶贫工作自评报告”和“中国铁道建筑集团有限公司 2018 年度定点扶贫年鉴资料”。在国务院扶贫开发领导小组关于 2018 年中央企业定点扶贫工作考核中，中国铁建获得“较好”等级。

坚持国家总体安全观，筑牢国家安全防线。一是加强组织领导。根据股份公司领导班子人员及分工变化，及时下发《关于调整中国铁建股份有限公司国家安全人民防线建设领导小组人员的通知》，并向北京市国家安全五总队三支队上报“国家安全人民防线建设小组情况变更表”。二是构建反奸防谍体系。健全外事、出国（境）人员管理、网络信息管理、保密等内部安全防范制度。根据上级要求针对反奸防谍问题开展全面排查梳理，及时、全面向国家安全部上报《关于反间谍安全防范责任制度落实情况的自查报告》。三是做好国安教育。为推动反奸防谍教育和普法宣传工作，根据国安局部署，号召全系统员工观看《间谍罪名的背后》节目视频。全年全系统组织 22.6 万人进行学习，其中涉密单位和员工观看率 100%。四是做好关键时期防范。围绕新中国成立 70 周年政治安全保卫工作，及时在全系统就增强风险意识、加强隐患排查等工作进行动员部署。

坚持稳定压倒一切，保障和谐稳定大局。一是加强信访维稳工作组织领导。根据股份公司领导班子成员及分工变化，及时下发《关于调整中国铁建股份有限公司维护稳定工作领导小组组成人员的通知》。二是抓好关键时期信访维稳工作。下发《关于做好近期信访维稳工作的通知》及各项提示函，对信访维稳工作进行周密部署，为中华人民共和国成立 70 周年庆祝活动营造良好的政治社会环境。

改进文风会风，高效办文办会。高质量、高标准完成党委文件、领导讲话、汇报材料等各类文字材料 20 余篇、10 余万字。严格公文把关审核，减少差错，杜绝漏洞。全年接收上级来文 176 件，传递各类文件 376 件。承办股份公司党委一届三次全会、党委常委会、直属机关党委会等会议 20 多次，确保有条不紊，紧凑有效。年内参加总部各部门组织的系列相关会议及活动，反馈有关部门相关规章制度的意见和建议。

汇聚发展动能，强化总部党的建设。一是加强理论建设。组织召开总部各党支部“学习强国”学习平台培训部署会议，推动总部广大党员用好学习平台来加强理论学习。为总部广大党员干部配发《习近平关于“不忘初心、牢记使命”重要论述选编》《习近平新时代中国特色社会主义思想学习纲要》《中国共产党党内重要法规汇编》《党的十九届四中全会〈决定〉学习辅导百问》等书籍，把读原著、学原文、悟原理转化为谋划企业改革发展和提升业务水平的原动力。二是组织实施直属机关党委“不忘初心、牢记使命”主题教育。主题教育期间，在集中学习研讨、调查研究、讲专题党课、认真检视问题、开展专项治理、召开专题民主生活会、做好评估总结、“回头看”等重点任务上，加强对总部各支部指导，高质量完成机关直属党委主题教育各项工作。三是积极推进基层党组织建设。为顺应总部部门编制及功能调整，规范基层支部党内组织生活，机关直属党委及时部署总部各部门按组建后的部门重新组建党支部，配齐配好支委班子，为规范总部各党支部组织生活奠定坚实的组织基础。开展专题组织生活会和民主评议党员工作，推进“两学一做”学习教育常态化制度化，提升基层党支部的组织力和战斗力。四是抓好教育培训工作。选送1名局级干部参加浦东干部学院战略思维与领导能力培训班，组织5名总部党支部书记参加股份公司基层党支部书记培训示范班，组织总部6名发展对象先后分两批参加2019年北京片区发展对象培训班。五是加强总部作风建设。组织各党支部观看警示宣传片《巨额亏损的背后》《动漫说规矩》，开展领导人员亲属和其他特定关系人所办企业与本企业业务往来专项整治工作。六是强化党费收缴管理工作。做到收缴及时、管理规范、账目清楚，使用开支符合规定，不断提升党费收缴管理水平。七是开展系列爱国爱企主题教育。组织总部干部职工观看民族舞剧《雪域天路》和影片《流浪地球》、参观新中国成立70周年大型成就展等，坚定打造“品质铁建”的信心决心。八是认真开展“两优一先”评选活动。全年评选出先进基层党支部10个、优秀共产党员32名、优秀党务工作者27名。同时，积极参与万寿路地区党建工作，与万寿路街道、居委会有效对接，构建有利于总部大院发展的内外部环境。参与总部大院改造建设工作，充分听取职工呼声，维护职工切身利益，确保大院内部和谐稳定。

凝聚青年力量，做好团青工作。一是强化教育引导，思想引领力持续增强。组织各级团组织掀起学习贯彻习近平总书记“五四”讲话精神热潮，推进讲话精神入耳入脑入心。组织开展“青春心向党，建功新时代”主题教育实践活动、庆祝新中国成立70周年系列活动、“我与祖国共奋进——国旗下的演讲”特别主题团日活动、“我和我的祖国”摄影、抖音短视频大赛活动。二是投身企业发展，动员影响力不断扩大。先后举办“青春心向党，建功新时代”——纪念五四运动100周年暨中国铁建第九届“十大杰出青年”“十佳青年技术能手”表彰大会、首届中国铁建“海外优先、青年先行”知识竞赛、首届中国铁建“青创杯”BIM技术成果邀请赛。参与组织2019年中国技能大赛——中国铁建职业技能竞赛，并作为组委会成员现场授予12名青年“青年岗位能手”称号。组织开展“铁骨柔情、大爱无疆”雷锋月活动。三是当好桥梁纽带，服务凝聚力显著提高。持续开展导师带徒活动，加快青年成长成才步伐。开展“团组织就在我身边”“爱心资助，梦圆大学”等活动，用“推先评优活动”影响激励青年，表彰202个青年集体和240名青年。四是全面从严治团，组织战斗力显著提升。加强团组织建设，按规定召开共青团中国铁道建筑集团有限公司第一次（中国铁建股份有限公司第三次）代表大会进行换届选举。印发基层团组织工作手册，举办团干部培训班、新媒体培训班。加强舆论宣传工作，推进新媒体与传统媒体相结合，提高中国铁建共青团的影响力和知名度。加强外部交流合作，拓宽团青工作互助范围，提升团青工作质量。（耿仁胜）

【中国铁建“三重一大”系统建设】 2019年，根据国资监管信息化建设“三年行动计划”工作安排，国资委下发《关于组织建设中央企业“三重一大”决策和运行监管系统有关事项的通知》，组织中央企业开展“三重一大”系统建设工作。3月初，由党委办公室牵头，董事会办公室、行政办公室、信息化管理部及有关集团公司业务骨干组建“三重一大”系统建设项目组，项目由中铁建网络信息科技有限公司（以下简称网信科技）承建。3月28日至4月10日，组织集中封闭开展需求研讨、系统分析及原型设计等相关工作，项目组在结合国资委对各央企下发的数据采集标准的基础上，充分研究总部及各集团公司，各层级的业务需求。经过为期15天的封闭工作，按照坚持不改变铁建系统内部现有正常运行机制，加强各层级数据的互联共享的原则，完成中国铁建“三重一大”系统的业务需求梳理工作，并形成系统的需求文档、可行性分析报告及其系统的原型文档。5月31日，网信科技按照系统需求完成系统第一阶段基本功能的开发工作；6月6日，完成与国资委数据接口的对接，实现中国铁建“三重一大”系统与国资委数据采集接口的互联互通。6月12—14日，按照项目进度安排，组织开展为期4天的系统用户测试工作，测试期间收集问题建议64项，发现缺陷17

项，收集优化意见及建议47个，并形成用户测试报告、用户操作手册等相关文档资料。6月24日，完成问题整改和最终测试，“三重一大”系统实现股份公司本级顺利上线。8月15日，下发《关于推进“三重一大”决策和运行监管系统建设相关工作的通知》，组织所属二级单位及三级单位梳理“三重一大”决策事项清单、准备相关上传资料、制定本单位“三重一大”系统建设方案，为系统建设全覆盖打下基础。9月9—11日，在天湖国际会议中心组织为期3天的“三重一大”系统应用培训，全系统180余人参加。培训期间，讲解和答疑解惑关于“三重一大”系统的规则、操作方法、管理要求等内容，并现场带领各单位进行资料上传，达到熟练操作系统的培训目的。12月30日，经过为期3个月的系统建设，全系统590家单位“三重一大”系统顺利上线，达到国资委“含有‘三重一大’决策事项的法人单位及管理主体”全覆盖的要求。（牟振坤）

【保密工作】 一是抓基础建设。继续修订和完善有关保密工作的规章制度，把保密工作纳入生产经营管理链条、内嵌到目标责任管理内容，真正做到同部署、同推进、同总结、同考核。二是抓关键工作。结合开展保密工作自查自评工作，持续推动保密工作对标管理。加大保密监督检查力度，2019年初在公司总部组织保密覆盖检查，通过定期保密检测和薄弱环节提示等风险预警，提高保密监督检查的能力和效果。全年按照国资委要求，有序推进保密视频会议室建设。同时，配合军民融合指挥部，顺利完成专项检查任务。三是抓体系建设。突出保密队伍建设、保密教育培训、涉密设备管理、保密技术提升等重点，建立规范、有序、合理、协调的保密工作运行机制。根据《中央企业领导人员保密工作责任追究暂行规定》要求，逐步推进股份公司商业秘密保护及其信息系统安全防护体系建设。

（梁树枫）

【统战工作】 2019年，始终坚持以习近平新时代中国特色社会主义思想统揽统战工作，引导广大党外知识分子牢固树立“四个意识”，坚定“四个自信”，切实维护以习近平同志为核心的党中央权威和集中统一领导。加强党对统一战线工作的集中统一领导，根据总部部门编制调整的实际情况，及时调整党委统战工作领导小组组成人员，加强对党委统战工作的领导。按照国资委要求，摸排全系统各级政协委员数量和党派分布情况，为做好统战工作积累基础资料。进一步激发党外代表人士、海外人士爱党爱国爱企热情，帮助解决统战对象实际困难，确保统战工作经费落实。

（耿仁胜）

【文印管理】 2019年，审核集团公司党委、股份公司党委、直属机关党委公文、公函200件。其中，集团公司党委公文46件、公函5件；股份公司党委公文114件、公函23件；直属机关党委公文12件。党委领导传阅文件256件，党办传阅120件。全年加盖集团公司党委、股份公司党委印章2072枚次。（胡　勇）

·总部党务·

【直属机关党委】 是股份公司党委领导下的对公司总部实行统一领导的党组织，由沈玉泉、陈建宏、马吉财（10月退休）、史昌盛、乔国英、刘树山、李睿、赵玉林、康福祥、靖菁、戴开扬11名委员组成，沈玉泉任党委书记。主要职责：负责统一领导并组织实施总部党的建设和思想政治工作；组织总部党员认真学习习近平新时代中国特色社会主义思想，党的十九大和十九届二中、三中、四中全会精神；学习和宣传党的路线、方针、政策，按照国资委党委、股份公司党委的部署及指示精神，结合总部实际情况，及时提出贯彻落实意见；负责对党员进行教育、培训、考评、管理和监督；负责表彰党内先进；培养入党积极分子和发展党员；指导所属党总支、党支部的换届选举；负责党费的收缴、管理和使用；负责党内统计和党员组织关系的接转；做好股份公司直属机关党委民主生活会的组织协调；指导监督所属支部开好专题组织生活会；做好思想政治工作，推动转变工作作风，充分发挥党组织的战斗堡垒作用和党员的先锋模范作用，努力建设“忠诚、务实、高效、廉洁”的公司总部。（牟振坤）

【制定下发《2019年党建工作要点》】 2019年3月14日，为贯彻落实股份公司党委工作部署，把全面从严治党要求贯穿总部党建工作始终，直属机关党委下发《中国铁建股份有限公司直属机关党委2019年党建工作要点》，从始终把政治建设摆在首位、深入学习贯彻习近平新时代中国特色社会主义思想、持续强化总部作风建设等9方面，安排部署直属机关党委全年党建工作，推动总部党建工作全面进步、全面过硬，为打造公司总部“最优大脑”提供坚强保证。（牟振坤）

【组织开展“不忘初心、牢记使命”主题教育】 2019年6月13日，总部全体党员参加股份公司党委统一组织的“不忘初心、牢记使命”主题教育启动部署会议。6月17日，直属机关党委召开“不忘初心、牢记使命”主题教育再动员再部署会议，正式启动公司总部“不忘初心、牢记使命”主题教育。7月3日，下发《关于印发直属机关党委开展“不忘初心、牢记使命”主题教育实施方案的通知》，明确着力开展的重点工作，为公司总部主题教育开展提供行动指南。直属机关党委牢牢把握重点任务，高质量完成各项规定任务，主题教育取得显著成效。一是围绕主线，抓好学习教育。坚持把抓好理论武装作为开展主题教育的重中之重，着力在学习组织、创新形式等方面下功夫，有效提升领导班子成员和总部全体党员对习近平新时代中国特色社会主义思想以及共产党人“初心”“使命”的把握与理解。直属机关党委委员坚持领学与研学相结合，先后对党的十九大报告和党章、《习近平关于“不忘初心、牢记使命”重要论述选编》《习近平新时代中国特色社会主义思想学习纲要》等内容进行系统学习，学习时长达到6天。各支部积极开展自学，全面领会中央各项精神的核心要义和实践要求。为增强理论转化实际效果，直属机关党委领导班子先后组织6次高质量集中研讨，就如何增强服务意识、加强总部建设、服务企业改革发展大局等方面进行深度研讨交流，提高学以致用的实际效果。二是务实高效，抓好调查研究。领导班子深入中铁十四局集团有限公司及其房桥公司，中国铁建电气化局集团有限公司及所属设计院、城轨分公司，进行面对面交流调研，其间收集各方面意见建议7条。按照“奔着问题去、盯着实效改”的思路，把调查研究中听到的实话、看到的实情梳理出来，撰写出高质量的调研报告，并通过召开调研成果交流会，综合现状、问题、对策等内容，全面分享调查研究情况，为下一步研究制定相关政策和措施提供重要依据。三是全面系统，抓好检视问题。直属机关党委领导班子成员始终坚持紧盯自身工作实际，找短板、查不足，认真检视反思问题。按照“四个对照”“四个找一找”等要求，在自我查找反思的同时，着重结合学习教育、调查研究、征求意见和上级指出的问题，逐项检视反思，提高检视问题的广度和深度。四是精准施策，抓好整改落实。坚持问题导向，把“改”字贯穿主题教育全过程，坚持“改”字当头，立行立改、即知即改，用解决问题的实效来衡量主题教育的效果。（牟振坤）

【编印“不忘初心、牢记使命”主题教育学习手册】 2019年7月，直属机关党委组织编印“不忘初心、牢记使命”主题教育学习手册，对习近平总书记关于主题教育的讲话和国资委党委、股份公司党委关于主题教育的实施方案、主题教育各项要求以及党建基础知识等内容进行分类汇总，遵循层次分明、重点突出，简洁实用的原则编印成册，为股份公司领导及总部各党支部在主题教育过程中开展学习提供辅助。（牟振坤）

【“七一”表彰】 2019年4月3日，直属机关党委印发《关于做好机关党委先进基层党支部优秀共产党员、优秀党务工作者推荐评选工作的通知》，组织机关党委本级评选工作和向股份公司党委推荐表彰名单。经各支部民主推荐，直属机关党委研究决定，原董事会秘书局党支部、原办公厅党支部、发展规划部党支部、原人力资源部党支部、经营计划部党支部、原财务部党支部、原党委办公室党支部、原党委组织部（党委干部部、党委统战部）党支部、党委宣传部（企业文化部）党支部、原纪委党支部10个支部被评为“五好”党支部；王海强、雷勇、冯伟、张世杰、熊卫红、丁正全、王庆、冀异生、陈洪波、高维权、刘建光、张宏成、罗芳、尚健、冯文钊、郭双来、刘正昶、赵晋秀、王裕溪、蔡显琨、李亮、薛笑然、胡勇、张瑞全、刘志强、张毅、李一成、李红、闫国良、樊祜修、李杰、何大成32人被评选为“六好”共产党员；靖菁、马总路、李江、周东旺、徐惠纯、杨永睿、姚宏安、彭锋、傅志跃、覃为刚、刘清文、乔国英、张超群、刘飞羽、谢景林、王甲国、杨贺、曾宗根、牟振坤、刘留、钱东锋、陈浩渊、李睿、尤家民、童联合、吕航、汪元章27人被评选为优秀党务工作者。向股份公司党委推荐党委宣传部（企业文化部）为“五好”党支部；康福祥、刘正昶为“六好”共产党员；沈玉泉为优秀党务工作者，并最终当选。（牟振坤）

【开展领导人员亲属和其他特定关系人所办企业与本企业业务往来专项整治】 2019年5月，为深入贯彻习近平总书记在中央纪委三次全会上的重要讲话精神，根据国资委党委、驻委纪检监察组要求和《关于印发〈关于开展领导人员亲属和其他特定关系人所办企业与本企业业务往来专项整治的工作方案〉的通知》精神，直属机关党委以支部为单位，组织总部副处级以上领导人员填报《企业领导人员亲属和其他特定关系人所办企业与本企业业务往来情况登记表及承诺书》，开展对领导人员亲属开办企业情况、业务往来情况摸底排查，推动领导人员严格遵守廉洁从业各项规定，努力营造风清气正的总部从业环境。（牟振坤）

【党支部增选委员或换届】 2019年7月29日，根据

《中国共产党章程》《中国共产党支部工作条例(试行)》要求,结合总部机构编制及职能调整情况,直属机关党委下发《关于做好机关各党支部组建工作的通知》,按重组后的部门设立党支部,要求各支部选好支部委员,配好支部班子,做好支部工作,为加强总部党的建设工作,打造“忠诚、务实、高效、廉洁”的公司总部奠定坚实的组织基础。 (牟振坤)

【开展集中整治软弱涣散基层党组织】 2019年9月,结合“不忘初心、牢记使命”主题教育,根据股份公司党委安排部署,直属机关党委组织所属各党支部认真梳理本支部情况,填报《党支部综合分析研判情况表》,开展对党支部的基本情况、党员队伍情况、组织建设、党支部委员会班子配备情况、获得荣誉情况等方面内容统计摸底,经直属机关党委严格审核后报送股份公司党委,通过本次集中整治工作,进一步强化各党支部党建工作责任意识,为总部党建工作水平再上新台阶夯实基础。 (牟振坤)

【组织总部党支部书记座谈会】 为加强公司总部党的建设,推进直属机关党委各项党建工作安排部署落实落地。2019年10月11日,召开总部党支部书记座谈会,围绕总部党的建设进行座谈交流;股份公司副总裁刘成军,总部22位党支部书记参会,直属机关党委书记沈玉泉主持会议。会上,各支部书记围绕加强部门自身建设和本支部党的建设,总结经验,查找不足;刘成军副总裁围绕提高对总部党建工作重要性的认识、全面推进支部各项工作、切实发挥好总部的中枢和引领作用三个方面作总结发言,并对总部党支部党的建设工作和部门职能作用的发挥进一步提出要求。会议的组织召开,为总部党建工作的开展凝聚共识、指明方向、打牢基础。 (牟振坤)

【组织参加股份公司第三期基层党支部书记培训示范班】 2019年10月17—19日,为进一步提升总部党支部书记的党建业务水平,提高履职能力,直属机关党委组织李吉锋、楼翱、刘正昶、曾宗根、秦正刚5名党支部书记参加中国铁建股份有限公司第三期基层党支部书记培训示范班。培训班针对学员特点,采取专题辅导、经验交流、情景模拟、分组讨论等方式,围绕基层党支部日常工作,详解相关工作流程,引导党支部书记提高党务工作能力和水平,在加强企业基层党的建设工作和服务企业发展中发挥骨干带头作用。 (牟振坤)

【组织参加股份公司浦东干部学院培训班】 2019年11月4—8日,为进一步强化局级领导干部科学管理决策能力和执行能力,培养造就高素质、专业化领导干部队伍,直属机关党委组织原科技设计部副部长张育红参加中国铁建股份有限公司浦东干部学院培训班。培训班采取讲座与研讨交流相结合的形式,重点开展党性教育、宏观经济、企业战略、高效沟通、管理思维、危机管理等方面培训,提升领导干部战略思维、创新思维、辩证思维、法治思维,增强市场意识和创新意识,在企业改革发展中持续发挥引领作用。 (牟振坤)

【组织观看《流浪地球》】 2019年3月21日,直属机关党委组织总部广大党员到北京五棵松耀莱成龙国际影城观看影片《流浪地球》。该影片着眼于对人类生存发展未来的思考,传递中国的亲情观念、英雄主义、故土情结等传统文化理念,展现共建“人类命运共同体”的核心价值观,生动反映中国高度文化自觉和文化自信,充分彰显当今中国的科技与文化软实力。观影后广大党员纷纷表示,《流浪地球》带来的不只是视觉、听觉上的享受,对总部党员干部来说更是理念、思想上的启示,强化投身企业改革发展,为祖国发展贡献绵薄之力的使命担当。 (牟振坤)

【组织观看民族舞剧《雪域天路》】 2019年7月7日,直属机关党委组织总部党员干部职工在二七剧场观看民族舞剧《雪域天路》。该影片以青藏铁路三代建设者为主线,展现青藏铁路建设者超越时代的奉献精神。观看演出的广大职工纷纷表示,要进一步弘扬铁道兵优良传统,立足本职工作,爱党爱国,爱企爱岗。观看活动对广大党员干部职工进行一次深刻而生动的党性教育,进一步激发广大干部职工干事创业的激情和热情。 (牟振坤)

【组织参观新中国成立70周年大型成就展】 2019年10月28日,直属机关党委以中华人民共和国成立70周年大型成就展开幕为契机,组织总部党员到北京展览馆参观新中国成立70周年大型成就展,观看回望中国70年来的巨大发展成就和在各领域取得的重要成果,进一步加强各党支部、党员之间沟通交流,增强各党支部凝聚力、战斗力,激发总部党员干部职工爱国爱企爱岗热情,努力为打造“品质铁建”贡献更大力量。 (牟振坤)

【走访慰问老党员和生活困难党员】 2019年,按照股份公司党委做好春节前慰问老党员和生活困难党员的通知精神，直属机关党委对离退休老党员和总部各党支部生活困难党员进行走访慰问。其中，股份公司党委划拨24000元全部用于慰问离退休老党员和困难党员。（牟振坤）

·共青团工作·

【股份公司团委】 中国铁建股份有限公司2007年11月成立后，成立共青团中国铁建股份有限公司委员会（以下简称股份公司团委），同时行使中国铁道建筑集团有限公司团委职能。2019年11月召开共青团中国铁道建筑集团有限公司第一次（中国铁建股份有限公司第三次）代表大会，选举产生共青团中国铁道建筑集团有限公司第一届（中国铁建股份有限公司第三届）委员会。股份公司团委在股份公司党委和中央企业团工委的领导下开展共青团和青年工作，对下实施垂直管理，主要负责中国铁建系统团组织建设、干部队伍建设、团的生产活动及团员青年的思想政治工作。股份公司团委下辖42个集团公司级团委（团工委）。全系统基层团委584个，团总支43个，团支部4326个；专职团干部246人，兼职团干部7120人，团员52905人，35周岁以下青年职工155619人。

2019年，股份公司团委坚持以习近平新时代中国特色社会主义思想为指导，深入学习贯彻习近平总书记"7·2"讲话和在纪念五四运动100周年大会上的重要讲话精神，全面落实党的十九大、十九届四中全会和团的十八大精神，紧紧围绕股份公司党委和中央企业团工委年度工作部署，坚持党建带团建，通过"青年大学习"活动激发团员青年的责任感和使命感；通过"号、手、岗、队"活动带动广大团员青年积极投身企业急难险重任务；深化青年技能人才培养，筹办首届中国铁建"海外优先，青年先行"知识竞赛，举办首届中国铁建"青创杯"BIM技术成果邀请赛，开展"铁骨柔情、大爱无疆"雷锋月活动，团组织动员影响力不断扩大。坚持青年为本，当好桥梁纽带，用"十杰十佳"活动树立典型青年，用"导师带徒"活动帮助带动青年，用"组织关爱"活动凝聚赢得青年，用"推先评优"活动影响激励青年，切实提升共青团组织引领凝聚、组织动员、联系服务青年能力，团结带领广大团员青年为打造"品质铁建"贡献青春力量。（史昌盛）

【基层团组织组建调整】 2019年，为实现团组织全覆盖目标，股份公司团委及时督导西藏指挥部、中铁建城市建设投资有限公司2家单位建立团组织，达到应建必建。为全面加强从严治团，解决好团组织换届"应换未换"问题，股份公司团委对各集团公司级团组织换届情况进行梳理，督促中铁十二局集团有限公司、中铁第五勘察设计院集团有限公司、中国铁建重工集团股份有限公司、中国铁建港航局集团有限公司、中铁建资产管理有限公司、中铁建华南建设有限公司6家单位年内按期完成换届选举工作，调整中铁十二局集团有限公司、中铁十八局集团有限公司、中铁二十局集团有限公司、中铁物资集团有限公司、中铁第五勘察设计院集团有限公司、中国铁建港航局集团有限公司、中铁建城市建设投资有限公司、中国铁建重工集团股份有限公司8家单位团组织负责人。（史昌盛）

【共青团中国铁建二届五次全委（扩大）会议】 2019年2月26日在北京中国铁建大厦召开。中国铁建党委副书记、职工董事陈大洋出席会议并讲话，团委书记史昌盛作题为《扛起时代责任，永葆进取精神，团结带领团员青年为打造品质铁建贡献青春力量》的报告，全面总结回顾2018年团委工作，结合新形势、新任务安排部署2019年共青团工作。（史昌盛）

【召开股份公司团代会】 2019年11月26—27日，共青团中国铁道建筑集团有限公司第一次（中国铁建股份有限公司第三次）代表大会在北京中国铁建大厦召开。181名来自中国铁建各基层单位、各工作岗位上的团员代表，肩负着中国铁建15万团员青年的重托，带着建设世界一流现代化企业的信心与决心齐聚一堂、共商团事、共谋发展。国务院国资委党建工作局（党委组织部、统战部）局长（部长）、中央企业团工委书记、中央企业青联主席姚焕，中国铁建党委书记、董事长陈奋健出席会议并讲话。中国铁建党委副书记、执行董事陈大洋主持会议并讲话；党委常委、总会计师兼总法律顾问王秀明，党委常委、纪委书记李春德，党委常委、副总裁汪文忠，副总裁王立新出席会议；工会主席史道泉代表工会向大会致贺词。会上，股份公司团委书记史昌盛代表上一届委员会作工作报告，回顾五年来中国铁建共青团工作，谋划今后五年的主要任务。大会以无记名投票、差额选举的办法，选举尹艳玲、史昌盛、闫国良、张蔚、张巍、晏勇、高宇、陶传谦、熊国青9人为共青团中国铁道建筑集团有限公司第一届（中国铁建股份有限公司第三届）委员会委员。大会闭幕后，召开共青团中国铁道建筑集团有限公司第一届（中国铁建股份有限公司第三届）委员会第一次全体会议，以无记名投票、等额选举的办法，选举史昌盛为共青团中国铁道建筑集团有限公司第一届（中国铁建股份有限公司第三届）委员会书记，闫国良为副书记。会议期间，参会代表参观铁道兵纪念馆和新中国成立70周年大型成就展。（闫国良）

【推优入党】 2019年，中国铁建系统651名团员在团组织推荐下光荣加入中国共产党。（闫国良）

【召开纪念五四运动100周年暨第九届十杰十佳青年表彰大会】 2019年4月29日，股份公司团委召开纪念五四运动100周年暨中国铁建第九届“十大杰出青年”和“十佳青年技术能手”表彰大会。中国铁建党委书记、董事长陈奋健寄语全系统青年并为“十大杰出青年”颁奖，党委副书记、总裁庄尚标为“十佳青年技术能手”颁奖，党委副书记陈大洋，党委常委、总会计师兼总法律顾问王秀明，党委常委、纪委书记李春德，党委常委、副总裁李宁、汪文忠出席活动。大会采用移动客户端进行在线直播，观看人数近17万人。

中国铁建第九届“十大杰出青年”

周丙全　中国土木工程集团有限公司赞比亚总经理助理兼马拉维分公司总经理

徐浩然　中铁十一局集团二公司副总经理、总工程师

安宏斌　中铁十二局集团有限公司以色列红线轻轨东标段项目部经理

李树敬　中铁十四局集团四公司副总工程师

白　杰　中铁二十局集团市政公司副总经理

于程水　中铁建设集团建筑科技公司总经理、党委副书记

包海利　中国铁建房地产集团有限公司土地经营管理中心总经理

彭长胜　中铁第四勘察设计院集团隧道院水下隧道所副所长

张海涛　中国铁建重工集团股份有限公司特种装备研究院副院长

颜　猛　中国铁建国际集团加勒比公司执行董事、总经理

中国铁建第九届“十佳青年技术能手”

秦　巍　中国土木工程集团北方公司尼日利亚铺架项目部施工队长

杨开龙　中铁十一局集团四公司汉十铁路项目部一分部测量队队长

贾　玮　中铁十二局集团建安公司京雄城际铁路雄安站房1标段项目部总工程师

李　全　中铁十六局集团三公司苏州节点项目总工程师

王永林　中铁十七局集团一公司商合杭铁路项目技术主管

夏　荔　中铁十九局集团有限公司兰渝铁路胡麻岭隧道2号斜井总工程师

杨　毅　中铁二十三局集团三公司副总工程师、环天府新区快速通道项目部技术负责人

黄　倩　中国铁建电气化局集团科技公司质量检验部副部长

陈泽远　中铁第一勘察设计院集团陕西铁道工程勘察公司副总工程师、勘测部部长

魏世凯　中铁建重庆投资集团铁发遂渝高速公路公司机电技术班班长

中国铁建第九届“十大杰出青年”提名奖获得者

刘　志　杨　志　韩立军　张明宇　韦有波
揣宏磊　袁宪灿　张铭言　谭　斌　周伟明
牟振涛　何　宇　肖希新　张学武　耿冬梅
周小兵　林　斌　段艳刚　张　祎　韩　鹏
崔晓琳　王文斌　闫利鹏　刘　旭　周　飞
唐　娅　李治富　刘少雨　裴　欣　杜　雪

中国铁建第九届“十佳青年技术能手”提名奖获得者

张占宇　黄建军　雷　伟　刘世玉　王甲波
王晓亮　张子宽　张　岳　张东勇　王　磊
薛　威　刘　潇　张必武　李志鹏　杨熊斌
李北冰　陈　勇　周济民　屈国强　冷　斌
葛　斌　宋　嘉　赵竹春　刘艳华　郭明杰
吴志通　王　浩　王广涛

（李长城）

【学习贯彻习近平总书记五四运动100周年大会讲话精神】 2019年4月30日，习近平总书记在纪念五四运动100周年大会上发表重要讲话，中国铁建系统20名青年代表和1名“全国向上向善好青年”受邀到北京人民大会堂，参加纪念五四运动100周年大会，现场聆听习近平总书记重要讲话。全系统各级团委组织青年实时收看纪念大会直播，聆听总书记讲话，并广泛开展集中学习、座谈研讨、宣讲报告、征文演讲等形式多样的学习教育活动，掀起深入学习宣传贯彻大会精神的热潮。（李长城）

【开展“青春心向党，建功新时代”主题教育实践活动】 2019年，为把学习宣传贯彻习近平新时代中国特色

社会主义思想和党的十九大精神持续引向深入，股份公司团委在全系统组织开展“青春心向党，建功新时代”主题实践活动。各级团组织结合党的“不忘初心、牢记使命”主题教育，深入组织开展青年大学习、青年宣讲会、青年大讲堂等各类活动3500余场次，开展“青春心向党，建功新时代”五四主题团日活动3100余场次，并通过微信、抖音等新媒体平台进行广泛宣传，进一步调动青年听党话、跟党走，青春奉献新时代的积极性和主动性。（李长城）

【举办“团聚铁建”新媒体培训班】 2019年3月28日，股份公司团委联合工会工作部在天津举办新媒体培训班，开展对团聚铁建新媒体工作室的35名小编培训，同时表彰团聚铁建“微信宣传优秀组织者”“微信宣传优秀通讯员”，动员团队为建设好团聚铁建微信、抖音公众号出谋划策。（李长城）

【举办团干部培训班】 2019年6月25—28日，在中国铁建股份有限公司党校举办为期1周的团干部培训班，邀请教授专家围绕学习贯彻落实习近平新时代中国特色社会主义思想、党的十九大精神和团的十八大精神、团干部素质提升、团务知识、工作研讨等内容，为广大团干部授课培训。系统内160余名团干部参加培训学习，进一步提高团干部的思想政治素质和理论业务水平。（李长城）

【加强基层团组织工作建设】 2019年，股份公司团委落实共青团中央关于加强团的基层建设要求，树立团组织大抓基层的鲜明导向，在全系统开展加强基层团组织规范化建设工作，带领各单位整理整顿基层团组织、创建标准化团支部。年内印发《团中央文件汇编》《团内知识选编》，持续强化团的基础工作。（李长城）

【开展庆祝新中国成立70周年系列活动】 2019年是中华人民共和国成立70周年，股份公司团委抓住契机，动员全系统开展庆祝新中国成立70周年系列活动和“我与祖国共奋进——国旗下的演讲”特别主题团日活动。各级团组织广泛组织开展座谈交流、青年大讲堂，举办诗书画影、竞技赛事、文艺展演、征文演讲以及同唱国歌、国旗下的演讲、主题微团课、重温入团誓词、齐唱团歌、参观瞻仰等系列活动3200余场次。股份公司团委开展“我和我的祖国”摄影、抖音短视频大赛，收到参赛图片743幅、短视频263个，表彰作品14个，进一步激发青年爱国主义热情，彰显铁建青年风采。

“我和我的祖国”摄影大赛获奖单位

一等奖

《黑暗中的光明》 中铁十六局集团有限公司

《与国旗合影》 中铁第一勘察设计院集团有限公司

二等奖

《沐浴朝霞》 中铁十七局集团有限公司

《黄河乾坤湾》 中铁十七局集团有限公司

《醉美盘山路》 中铁十二局集团有限公司

三等奖

《前进》 中铁十六局集团有限公司

《生态灞河　魅力新居》 中铁十二局集团有限公司

《迎泽桥畔》 中铁十二局集团有限公司

《壮志凌云》 中铁十一局集团有限公司

优秀组织奖

中铁十二局集团有限公司团委

中铁十七局集团有限公司团委

“我和我的祖国”抖音短视频大赛获奖单位

一等奖

《我用画笔描绘希望和梦想》 中铁十七局集团有限公司

二等奖

《你笑起来好看，努力的样子更美》 中铁建设集团有限公司

《重走长征路》 中铁十一局集团有限公司

三等奖

《龙江铁军中央大街快闪歌唱祖国》 中铁二十二局集团有限公司

《我们愿为这盛世负重前行》 中铁十四局集团有限公司

优秀组织奖

中铁十七局集团有限公司团委

中铁物资集团有限公司团委

（李长城）

【开展主题实践活动】 2019年，股份公司团委积极融入“品质铁建”和“海外优先”战略，各级团组织通过“青年大学习”活动激发团员青年的责任感和使命感；通过“号、手、岗、队”活动带动广大团员青年积极投身企业急难险重任务；通过创新创效活动引导团员青年在创新上下功夫、做文章。全年全系统开展主题实践活动2000场次，覆盖43000名团员青年，并组织28000

人组建青年突击队1500支。有力调动青年的积极性、主动性和创造性，为企业高质量发展作出积极贡献。

（李长城）

【中国铁建“海外优先，青年先行”知识竞赛】 2019年5月24日，股份公司团委联合法律合规部、海外业务部在北京举办首届中国铁建“海外优先，青年先行”知识竞赛，全系统39家二级单位组队参加比赛。经过紧张刺激的角逐，最终中铁第一勘察设计院集团有限公司、北京培训中心（党校）、中铁二十一局集团有限公司战队胜出，激发广大铁建青年投身海外事业，增强知识储备，提升工作技能的动力和活力。

中国铁建“海外优先，青年先行”知识竞赛

第一名

赵　晔　范雨东　中铁第一勘察设计院集团有限公司

第二名

闫　寒　李路晨　中国铁建股份有限公司北京培训中心（党校）

第三名

雷德宇　李龙真　中铁二十一局集团有限公司

优秀奖

赵　叶　柳丰新　中国土木工程集团有限公司

张家琪　孙卓然　中铁十五局集团有限公司

许　卓　李晓萌　中铁十九局集团有限公司

唐　娅　吴诗雨　中铁建重庆投资集团有限公司

王雪扬　王凤靖　中铁建华南建设有限公司

（李长城）

【中国铁建“青创杯”BIM技术成果邀请赛】 2019年8月22日，首届中国铁建“青创杯”BIM技术成果邀请赛在湖北武汉举行。来自全系统23家单位的26个项目参加比赛，15个项目获得表彰。比赛进一步推动中国铁建党委创新发展战略在青年中的贯彻落实，调动激发铁建青年推进“品质铁建”建设、服务高质量发展的积极性与主动性。

中国铁建“青创杯”BIM技术成果邀请赛

一等奖

中铁第四勘察设计院集团有限公司杭海城际铁路盐官车辆基地全专业BIM设计及工程应用

中铁第四勘察设计院集团有限公司BIM技术在福厦铁路泉州湾跨海大桥中的应用

中铁二十五局集团有限公司南沙自贸区市域快线广州市轨道交通18号线四分部BIM全寿命周期应用

二等奖

中铁城建集团有限公司BIM技术在山东省会文化艺术中心三馆二期项目施工管理中的应用

中铁第一勘察设计院集团有限公司BIM技术在西韩城际等3条陕西城际项目中的应用研究

中铁十一局集团有限公司遵义高速铁路新城BIM技术综合应用

中铁第一勘察设计院集团有限公司BIM技术在西安地铁临潼线（9号线）一期工程中的应用

中铁二十四局集团有限公司BIM技术在全预制拼装桥梁工程施工中的应用

三等奖

中铁十九局集团有限公司万顷沙车辆段BIM技术及智慧应用

中铁建华南建设有限公司设计BIM技术助力广州地铁18号和22号线工程的建设落地

中铁二十一局集团有限公司郑州综合交通枢纽地下交通工程（东广场）项目的施工阶段BIM技术应用

中铁上海设计院集团有限公司连镇铁路试点段BIM技术应用

中国铁建大桥工程局集团有限公司公铁两用跨海桥梁施工BIM技术智慧管控软硬件系统研发与应用

中铁建设集团有限公司北京终端管制中心工程BIM技术综合应用

中铁第五勘察设计院集团有限公司安九铁路设计BIM技术应用

（李长城）

【受邀参加“振兴杯”职业技能大赛】 2019年10月16日，在第十五届“振兴杯”全国青年职业技能大赛决赛期间，全团深化青年技能人才培养工作座谈推进会在辽宁沈阳举行。股份公司团委受邀与会并交流青年技能人才培养有关经验，赢得团中央领导好评；中国铁道建筑集团有限公司获得第十五届“振兴杯”全国青年职业技能大赛优秀组织奖。（李长城）

【中国铁建职业技能竞赛】 11月5—9日，2019年中国技能大赛中国铁建职业技能竞赛在湖南湘潭举行，参赛选手青年占80%以上。股份公司团委作为组委会成员，现场授予12名青年“青年岗位能手”称号，进一步调动青年劳动热情，坚定其提升技能水平、服务企业发展的信心与决心。（李长城）

【“导师带徒”活动】 2019年，股份公司团委持续开展导师带徒活动,各级团组织积极创新导师带徒活动方式,通过集中带徒、领导带徒、专家带徒、大师带徒等多种模式,不断提升带徒效果。全年全系统新签订合同师徒15000对,各级团组织表彰奖励优秀师徒1000对,确保导师带徒活动的完整性,加快青年成长成才步伐。(李长城)

【青年联谊活动】 2019年,为服务青年婚恋交友,搭建牵手平台,各级团组织举办青年联谊会354场,为7200名单身青年提供相亲交友机会。(李长城)

【青年志愿服务活动】 2019年3月,在第56个"学雷锋纪念日"和第20个"中国青年志愿者服务日"期间,股份公司团委带领2万名团员青年开展1500场学雷锋志愿服务活动,打造一批特色鲜明、影响广泛的志愿服务品牌。各单位团委组织团员青年走访革命遗址,祭奠革命烈士,广泛开展学雷锋志愿服务活动,以铮铮铁骨勇挑重担,以温情服务奉献社会,营造铁建青年积极向上、勇于担当的良好社会形象。(李长城)

【对外交流合作】 2019年,股份公司团委分别与全国铁道团委、北京市团委等组织开展主题团日活动,加强区域团建的交流协作,拓宽团青工作互助范围,提升团青工作质量。4月4日,共青团中央、中央企业团工委领导一行到中国铁建进行参观调研,并就团青工作进行交流,为挖掘铁建青年故事、传递铁建青年声音、打造铁建青年品牌奠定基础。年内先后接待香港大学生实习、亚非青年联欢节代表团、西藏中学生和清华大学学生的参观交流,取得良好的社会效益。(李长城)

【开展"团组织就在我身边"帮扶行动】 2019年春节期间,股份公司团委从"中国铁建青年爱心金"中划拨9万元关爱9名平时工作表现突出且因身患重病家庭困难的团员青年,帮助他们解决实际生活困难,让他们度过一个欢乐祥和的新春佳节。(李长城)

【宣传工作】 2019年,"团聚铁建"微信公众号发布信息170条,抖音公众号发布信息378条,中国铁建青年网审核发布信息2700条,在《中国共青团》杂志刊发2篇文章,在《中国铁道建筑报》刊发专版3个,在股份公司官方微信刊发专刊4个,在国资委中央企业团工委微信刊发4篇专题报道。用传统媒体和新媒体融合发展来讲好青年故事,展示青年风貌,营造青年奋发向上的青春氛围,提高中国铁建共青团的影响力和知名度。(李长城)

【团中央表彰全国"两红两优"】

全国优秀共青团干部

史昌盛　中国铁建股份有限公司团委书记

王喜波　中铁十二局集团有限公司团委书记

全国优秀共青团员

褚良智　中铁十四局集团大盾构工程有限公司项目技术主管

(李长城)

【全国向上向善好青年】 2019年,中国铁建所属中铁十九局集团有限公司夏荔获"全国向上向善好青年"称号。(李长城)

【全国铁道团委表彰"两优两红"】

全国铁路五四红旗团委

中铁二十二局集团有限公司团委

全国铁路五四红旗团支部

中国土木工程集团有限公司坦桑尼亚中央线米轨铁路修复改造项目团支部

全国铁路优秀共青团干部

夏　季　中铁第四勘察设计院集团有限公司团委副书记

全国铁路优秀共青团员

迟润皓　中铁城建集团有限公司丽香铁路站后项目工程技术部副部长兼拉市海站负责人

全路"向上向善好青年"

温　瑞　中铁十五局集团电气化公司武汉三化项目部安全员

(李长城)

【中国铁建团委表彰"两优两红"】 2019年"五四"期间,股份公司团委表彰优秀共青团员62人、优秀团干部63人,五四红旗团委51个、五四红旗团支部50个。

中国铁建五四红旗团委

中国土木工程集团福州勘察设计研究院公司团委

中铁十一局集团一公司团委

中铁十一局集团建安公司团委

中铁十二局集团一公司团委

中铁十二局集团二公司团委

中国铁建大桥工程局集团四公司团委

中国铁建大桥工程局集团建筑公司团委

中铁十四局集团大盾构公司团委

中铁十四局集团房桥公司团委
中铁十五局集团路桥建设公司团委
中铁十五局集团城轨公司团委
中铁十六局集团三公司团委
中铁十六局集团铁运公司团委
中铁十七局集团一公司团委
中铁十七局集团二公司团委
中铁十八局集团二公司团委
中铁十八局集团五公司团委
中铁十九局集团轨道公司团委
中铁十九局集团电务公司团委
中铁二十局集团长安重工公司团委
中铁二十局集团电气化公司团委
中铁二十一局集团二公司团委
中铁二十一局集团路桥公司团委
中铁二十二局集团三公司团委
中铁二十二局集团轨道公司团委
中铁二十三局集团四公司团委
中铁二十三局集团六公司团委
中铁二十四局集团安徽公司团委
中铁二十四局集团新余公司团委
中铁二十五局集团三公司团委
中铁二十五局集团五公司团委
中铁建设集团华东分公司团委
中铁建设集团北京建筑科技公司团委
中国铁建电气化局集团西安电气化制品公司团委
中国铁建电气化局集团四公司团委
中国铁建港航局集团二公司团委
中国铁建房地产集团西南公司团委
中铁第一勘察设计院集团桥隧处团委
中铁第四勘察设计院集团城地院团委
中铁第五勘察设计院集团有限公司团委
中铁上海设计院集团有限公司团委
中铁物资集团西南公司团委
中国铁建国际集团加勒比公司团委
中铁城建集团二公司团委
中铁城建集团总承包分公司团委
中国铁建投资集团中铁建（山东）德商高速公路公司团委
中国铁建财务有限公司团委
诚合保险经纪有限公司团委
中国铁建昆仑投资集团中铁建云南交通建设管理公司团委
中铁建重庆投资集团有限公司团委
北京通达京承高速公路有限公司团委

中国铁建五四红旗团支部

中国土木工程集团赞比亚公司团支部
中铁十一局集团二公司格巧公路项目部团支部
中铁十一局集团城轨公司沈阳地铁 4 号线 1 标段项目部团支部
中铁十二局集团三公司太焦铁路三项目部团支部
中铁十二局集团养护公司那曲车间团支部
中国铁建大桥工程局集团二公司南宁地铁 5 号线项目部团支部
中国铁建大桥工程局集团六公司长春地铁 2 号线 BT1 标段项目部团支部
中铁十四局集团海外分公司中亚办事处团支部
中铁十四局集团隧道公司北京地铁 6 号线西延项目部团支部
中铁十五局集团二公司上海 G320 项目部团支部
中铁十五局集团三公司坦桑尼亚管理中心团支部
中铁十六局集团四公司怀柔北大街及南华大街项目部团支部
中铁十六局集团地铁公司呼市地铁 2 号线一期 08 标段项目部团支部
中铁十七局集团建筑公司山投青运村项目团支部
中铁十七局集团市政公司房建分公司团支部
中铁十八局集团四公司铜仁 211 印江至思南段公路改扩建工程项目部团支部
中铁十八局集团马达加斯加公司乌干达团支部
中铁十九局集团六公司榆神铁路专业线项目部团支部
中铁十九局集团七公司柳州站站房扩建工程项目部团支部
中铁二十局集团房地产开发公司总部团支部
中铁二十局集团安哥拉国际公司总部团支部
中铁二十一局集团五公司鲁南高速铁路项目团支部
中铁二十一局集团电务电化公司宝兰铁路客运专线兰州枢纽四电集成项目部团支部
中铁二十二局集团二公司京沈铁路客运专线项目团支部
中铁二十二局集团五公司茅台项目部团支部
中铁二十三局集团三公司龙泉项目部团支部
中铁二十三局集团建筑设计研究院达州总院团支部
中铁二十四局集团财务共享服务中心团支部
中铁二十四局集团南昌公司德简项目部团支部

中铁二十五局集团电务公司广州信号公司团支部

中铁二十五局集团西北分公司白俄项目部团支部

中铁建设集团北京公司第 29 项目东航基地团支部

中铁建设集团中南分公司第 34 项目侗仁五馆三中心团支部

中国铁建电气化局集团轨道交通器材公司第二团支部

中国铁建电气化局集团康远新材料公司第二团支部

中国铁建港航局集团总承包(船舶)公司孟加拉项目团支部

中国铁建房地产集团华南公司广佛事业部团支部

中铁第一勘察设计院集团新疆院线运分处团支部

中铁第四勘察设计院集团地路处二室团支部

中铁第五勘察设计院集团环境工程设计处团支部

中铁上海设计院集团桥隧处团支部

中铁物资集团北京中铁国际招标公司团总支

中国铁建国际集团俄罗斯公司团支部

中铁城建集团北京公司怀柔新城二期项目团支部

中铁城建集团南昌公司范县张庄乡项目部团支部

中国铁建投资集团有限公司青岛地铁 4 号线工程总承包管理部团支部

中铁建商务管理有限公司餐饮公司团支部

中铁建金融租赁有限公司第一团支部

中铁建重庆投资集团遂渝高速公路公司养护中心团支部

北京通达京承高速公路有限公司收费管理中心第二团支部

中国铁建优秀共青团干部

田　翔　文　强　蔡　栩　杨新凯　张　艺
刘　哲　王海涛　蒋东旭　潘丽美　刘昌华
马圣凯　张　婷　顾亚楠　田　娜　张艺献
杜鹏飞　石会婷　李莎莎　程　元　郭　佩
罗席恒　周　巧　周　飞　王　鹏　顾晋芳
王子健　盘　宇　张勤宝　杨瀚文　樊恒东
李年锋　高　伦　齐　琳　魏　杰　孙红来
刘　帅　陈小光　何　越　梁　磊　龙　倩
蔡　璨　李　耀　李　伟　冷　冰　姜丽丽
戴吉浩　张明均　李　根　张伊默　张　巍
唐　霈　毛若羽　王　沁　王　媛　贾静琦
杨海欧　陈　琨　郑俊霞　刘利军　刘慧慧
苗　森　吴诗雨　刘周杨

中国铁建优秀共青团员

温韵禾　胡　翔　林　超　冯殷超　赵华威
李书映　孟　爽　谷绍元　刘恩龙　程　辉
李燕语　李胜含　许兆锋　李　洋　王亚苹
韩浩旗　郭胜利　崔　鹏　王　俊　黄恩博
程　榕　李雨佳　唐育君　张俊诚　汪　俊
马长旭　万德坤　吴志通　罗　科　张子超
闫　鑫　杨　锐　鲍春洋　蒋　浩　杨佳才
陈思明　苏伯涛　纪　璇　赵　阳　刘永玲
孙　帅　刘振军　龙　森　袁　珺　陈　欣
唐　浩　孙　超　杨　城　马　烽　拓万香
石秀发　于　鑫　郑子谦　徐召峰　谢鹏飞
张　海　董　扬　齐　琪　赵　爽　郭禹廷
谢　倩　张　春

（李长城）

【争创“青年文明号”、争当“青年岗位能手”活动】 2019 年，股份公司团委在全系统广泛开展争创“青年文明号”、争当“青年岗位能手”活动，带领广大团员青年奋战施工一线，充分发挥生力军和突击队的作用。1 名青年获全国第 20 届“青年岗位能手标兵”称号，3 名青年获全国第 20 届“青年岗位能手”称号；股份公司团委本级评选“青年文明号”83 个、“青年岗位能手”115 人，通过获得荣誉营造积极向上的氛围，鼓舞生产经营干劲。

第 20 届全国青年岗位能手标兵

王杜江　中铁第一勘察设计院集团有限公司地质路基处工程师

第 20 届全国青年岗位能手

魏洪猛　中铁十二局集团有限公司拉林铁路工程指挥部设备部长

孙　鹏　中国铁建大桥工程局技师学院技术经理

向　亮　中铁第一勘察设计院集团有限公司高级工程师

中国铁建“青年文明号”

中国土木工程集团尼日利亚公司运营事业部

中国土木工程集团福州勘察设计研究院线站所

中国土木工程集团科特迪瓦公司

中铁十一局集团一公司新白广铁路项目部

中铁十一局集团二公司福厦铁路项目部

中铁十一局集团五公司城开项目一分部

中铁十一局集团电务公司昆明地铁 5 号线 B1 标段项目部

中铁十二局集团二公司云南省滇中引水楚雄 2 标

段项目部

中铁十二局集团四公司海沧疏港通道工程 A 标段项目部

中铁十二局集团电气化公司成都地铁 6 号线机电 3 标段项目部

中铁十二局集团七公司华陆高速 5 标段项目部

中国铁建大桥工程局集团一公司棋盘洲长江公路大桥 QPZ－1 标段项目部

中国铁建大桥工程局集团三公司云南宜石高速公路项目部

中国铁建大桥工程局集团电气化公司成都地铁 5 号线项目部

中国铁建大桥工程局集团西北公司京藏高速 LM1 标段项目部

中铁十四局集团五公司重庆市轨道交通 10 号线二期项目部

中铁十四局集团隧道公司新疆 EH 项目部

中铁十四局集团建筑公司西安项目群

中铁十四局集团海外公司拉美办事处矿山项目部

中铁十五局集团二公司国道 318 线拉日公路 1 标段项目部

中铁十五局集团路桥建设公司磨万铁路构件厂

中铁十五局集团城轨公司广州市轨道交通 18 号和 22 号线盾构项目部

中铁十六局集团有限公司莫斯科地铁项目部

中铁十六局集团五公司黄黄铁路 HHZQ－1 标段项目部

中铁十六局集团地铁公司呼市轨道交通 2 号线 11 标段项目部

中铁十六局集团铁运公司神朔铁路第一运营指挥部电力车间

中铁十七局集团二公司荆州市政项目部

中铁十七局集团市政公司贵安分公司

中铁十七局集团一公司石家庄地铁 3204 标段项目部

中铁十八局集团北京公司河北工程管理部滦平项目部

中铁十八局集团国际公司海外隧道项目部工程部

中铁十八局集团四公司昆明轨道交通 5 号线工程土建 4 标段项目经理部

中铁十八局集团五公司上海项目管理部 S7－Ⅲ－1标段项目部

中铁十九局集团一公司台州项目部朱溪水库 TBM 隧洞掘进班组

中铁十九局集团六公司蒙华铁路 MHPJ－4 标段项目部

中铁十九局集团轨道公司第十项管部广州地铁 18 号和 22 号线五工区项目部

中铁二十局集团二公司津石高速项目部

中铁二十局集团三公司重庆铁路枢纽东环线项目部

中铁二十局集团电气化公司电气化第一工程队

中铁二十一局集团五公司永川城西片区路网及一环路改造项目部

中铁二十一局集团勘察设计院东乡县沿洮河经济带开发建设项目组

中铁二十二局集团二公司格库铁路(青海段)工程指挥部

中铁二十二局集团轨道公司北京地铁 17 号线项目部

中铁二十二局集团房地产公司中实项目公司

中铁二十三局集团二公司深圳外环高速公路项目部

中铁二十三局集团三公司机场南线高速公路二项目部

中铁二十三局集团轨道公司苏州河项目部

中铁二十四局集团福建公司龙岩靖永高速公路 A1 项目部

中铁二十四局集团合肥轨道制品公司青年集体

中铁二十四局集团江苏公司谷阳路项目部

中铁二十五局集团一公司铺架分公司

中铁二十五局集团二公司合铜高速公路土建 4 标段项目部

中铁二十五局集团五公司京沪高速公路改扩工程项目部

中铁建设集团南方公司澳门名胜世界总包工程项目部

中铁建设集团西北分公司兰州万达城项目部

中铁建设集团房地产天津项目公司

中国铁建电气化局集团三公司周成林 BIM 创新工作室

中国铁建电气化局集团北方公司昆明地铁 6 号线二期机电项目部

中国铁建电气化局集团北京京燕饭店有限公司餐饮部

中国铁建港航局集团三分公司大连项目部

中国铁建港航局集团勘察设计院岩土勘测事业部

中国铁建房地产集团有限公司财务部

中国铁建房地产集团西南公司昆明西派国樾项目

中铁第一勘察设计院集团有限公司复杂山区低空非接触铁路勘察技术攻关组

中铁第一勘察设计院集团有限公司南宁地铁那洪车辆基地项目组

中铁第四勘察设计院集团有限公司地路处一室

中铁第四勘察设计院集团有限公司通号处城轨所

中铁第五勘察设计院集团有限公司地路处"低净空全套管灌注桩机研发及施工影响研究"课题组

中铁第五勘察设计院集团有限公司建筑设计处方案部

中铁上海设计院集团有限公司线站处上海市域铁路前期研究工作小组

中铁上海设计院集团有限公司徐州院地铁项目部

中铁物资集团华东公司钢铁事业部

中铁物资集团云南公司营销管理部

中国铁建重工集团股份有限公司工艺研究设计院

中国铁建重工集团股份有限公司生产保障系统特种装备总厂生产部调试发货班

中国铁建重工集团股份有限公司道岔分公司道岔研究设计院

中国铁建国际集团欧亚区域公司设计事业部

中铁城建集团二公司第一项目部

中铁城建集团总承包分公司衡阳总部基地项目部

中铁城建集团有限公司中国铁建·洋湖苑物业服务中心

中国铁建投资集团有限公司北京兴延高速公路公司葛村收费站

中铁建商务管理有限公司大厦服务中心礼仪班

中铁磁浮交通投资建设有限公司车辆与轨道研究所

中国铁建"青年岗位能手"

高　翔　张国威　王　博　许　立　李永刚
廖可萍　李兴东　程　凯　李　煜　李永刚
宁浩杰　华子健　陈　曦　潘大勇　武永昌
杜贵新　韩元左　周　猛　苏宪博　赵　贺
丁　嘉　郭迎曦　安　祥　张　锟　林　克
贾利超　牛雪凯　王泽升　王肖冲　任志强
王瑞敏　蒋东升　王鹏翃　涂　杰　杨勤华
郭明明　刘国强　王　岩　杨　帅　伏昌伟
王民权　徐建银　宋乐文　高　伦　李　康
刘佳岩　邓海涛　王振东　马巨峰　杨　科
秦舒桢　谢露平　欧阳保　易　奇　王胜新
欧阳文　孟军伟　刘泽建　田　鑫　嵇红辉
石　伟　刘　景　赵海洋　符　漾　范松阳
张一博　郝　轩　李瑞娟　张　泰　吴　昊
崔苗苗　凌景文　马玄德　赵　飞　李伟立
陈　涛　于　宁　董成文　李定邦　文中保
宋海鹏　邱　钺　曾　彪　马小波　邵明志
江　胜　龚悦尧　侯映竹　易平均　安　浩
林正栋　余海波　王　海　朱建敏　侯辉辉
江少龙　沈　阔　刘　杰　肖双清　孙　慧
林银海　王　伟　蔡　凯　陈　琨　李　敏
王　华　郭景超　王　凡　康旭升　张　建
王志华　唐　瑜　黄　敏　熊自立　邹　浩

（闫国良　李长城）

【"青年安全生产示范岗"创建活动】 2019年，股份公司团委激励引导广大青年职工强化安全生产意识，提高安全生产技能，参与安全生产管理，开展"青年安全生产示范岗"创建活动。各级团组织通过宣传安全生产法律法规，普及安全知识，弘扬安全文化；通过开展主题团日、安全竞赛、岗位练兵、技能比武等活动，提升青年职工安全生产技能水平；通过开展安全生产合理化建议征集和安全生产创新创效活动，促进企业提高安全水平，为实现股份公司安全管理目标作出积极贡献。全年全系统组织3万余名团员青年开展安全生产活动1500余场，组建青年安全生产示范岗近1000个，1个集体被评为全路青年安全生产示范岗，多个集体被评为省部级青年安全生产示范岗。

全路"青年安全生产示范岗"

中铁二十三局集团六公司涪秀二线铁路工程项目经理部

（闫国良）

【1人获第十二届中国青年志愿者优秀个人奖】 2019年3月，共青团中央印发《关于表彰第十二届中国青年志愿者优秀个人奖、组织奖、项目奖的决定》，中国铁建所属中国铁建大桥工程局集团六公司工会副主席、办公室主任、龙均爵志愿服务队成员孙磊获优秀个人奖。（闫国良）

组织　人力

【党委组织部（人力资源部）】 主要职责：负责中国铁

建股份有限公司(以下简称公司)党建、干部人才和人力资源相关工作;负责贯彻执行上级关于党建、干部人才和人力资源方面的政策规定,并制定公司相关的制度、办法,根据公司发展战略研究制定相关战略规划;负责所属单位领导班子思想政治建设、“四好”领导班子创建、党建责任制考评、年度综合考核评价及党内其他“创先争优”和主题教育工作;负责公司各级党组织建设和总部党的机构设置及相关工作;负责党员发展、党费、党内评先表彰工作;协助国资委对股份公司领导班子和领导人员管理,负责公司党委管理人员、总部员工的任免、调配、考核、晋升、招聘、劳动合同签订与解除工作;负责干部监督、重大事项请示报告、领导干部个人有关事项报告及相关干部备案管理工作;负责公司专业人才队伍建设,专家选聘、职称评审、高校毕业生接收、进京人员备案工作;负责公司员工总量、劳动用工、劳动合同、工资总额及收入分配管理工作;负责公司高级管理人员、所属单位领导班子成员、总部及派出机构员工薪酬管理;负责干部人事档案管理、备案人员出国(境)审批工作;负责公司员工教育培训、职业技能鉴定考核工作;负责公司社会保险、企业年金管理、医疗卫生管理、职业病防治工作;负责公司总部“五险两金”及健康体检工作;负责党建、人力资源信息化工作。指导离退休职工管理中心工作。定员28人,设部长(总经理)1人,副部长(副总经理)3人;下设组织处、党员处、干部处、干部监督处、人才处、激励与薪酬处、社会职能处、培训处(技能鉴定中心)。

(康福祥)

【党组织和党员队伍状况】 截至2019年12月31日,中国铁建系统有党委(党工委)921个、党总支144个、党支部8191个。党员146391人。其中,在岗职工党员105338人;预备党员3190人;女党员11946人。党员队伍专业结构:在岗职工党员中,企业管理人员和专业技术人员党员95305人,工人党员10033人。党员队伍年龄结构:35岁以下44179人,占党员总数的30%;36~45岁32729人,占党员总数的22%;46~55岁20039人,占党员总数的14%;56~60岁15770人,占党员总数的11%;61岁以上33674人,占党员总数的23%。党员队伍文化程度结构:研究生学历7802人,大学本科学历63890人,大学专科学历27962人,中专学历7798人,高中、中技学历19408人,初中及以下19531人。大专以上学历党员占党员总数的68%。

(邹光剑)

【“不忘初心、牢记使命”主题教育】 根据中央和国资委党委安排,中国铁建系统分两批组织开展“不忘初心、牢记使命”主题教育,以中层以上党员干部为重点,全体党员参加。第一批从2019年6月开始,8月底基本结束,包括股份公司总部,所属二级单位总部,部分层级少、结构比较简单的二级单位及所属机构52家单位,119个党委、19个党总支、661个党支部、13570名党员参加。第二批从9月开始,12月底结束,包括系统内所有未参加单位,以三级单位和基层党支部为主体,22家单位,304个党委、169个党总支、8589个党支部、127900名党员参加。具体到每个单位,开展集中教育不少于3个月。

2019年,在股份公司党委领导下,所属各级党组织聚焦“守初心、担使命、找差距、抓落实”总要求,以“理论学习有收获、思想政治受洗礼、干事创业敢担当、为民服务解难题、清正廉洁作表率”为目标,坚持把学习教育、调查研究、检视问题、整改落实贯穿主题教育全过程,高起点启动、高标准要求、高质量推进动员部署、集中学习研讨、调查研究、讲专题党课、检视问题、专项整治、专题民主生活会和做好评估总结8项重点工作。

抓好学习教育。组织全体党员全面系统学习规定教材,读原著、学原文、悟原理,学懂弄通做实习近平新时代中国特色社会主义思想。三级及以上单位党组织班子结合当前实际和企业面临的痛点难点问题,确定学习研讨专题,组织班子成员集中学习研讨,均达到不少于5天时间的要求;党支部组织党员以自学为主,在自学的基础上,采取灵活多样的方式开展集中学习研讨,进一步加深对习近平新时代中国特色社会主义思想核心要义和实践要求的理解。

抓好调查研究。各级党组织班子成员结合职责分工,在集体研究基础上确定各自调研主题,深入联系点单位和基层项目开展调查研究。调研结束后,每位班子成员提交1份调研报告,召开领导班子调研成果交流会,交流调研心得,提出解决方案,形成解决问题共识。同时,各级领导班子成员在深入学习、扎实开展调查研究基础上讲授专题党课,单位主要负责人带头在各级总部讲,其他班子成员到分管领域或基层联系点单位讲。

抓好检视问题。各级党组织通过印发征求意见通知、设立意见箱、发放征求意见表、个别访谈等方式,结合工作实际和调查研究发现的问题,对照党章党规找差距查摆问题,巡视、干部考察、党建考核、审计、财务检查等发现的问题,经集体研究,形成检视问题清单。

按照中央、国资委党委要求，结合中国铁建实际，确定“贯彻落实习近平新时代中国特色社会主义思想和党中央决策部署不够深入，有的干部干事创业精气神不够、不担当不作为，工作作风还不实，选人用人质量还不够高，领导干部配偶、子女及其配偶违规经商办企业，基层党建薄弱，侵害职工群众利益，项目亏损严重”等8个方面专项整治内容。

抓好整改落实。各级党组织坚持把整改落实贯穿始终，对照问题清单真抓实改。针对检视出来的问题，专项整治确定的问题，制定具体整改措施，研究下发“检视问题整改工作推进计划表”和“中国铁建主题教育专项整治工作推进计划表”，明确整改任务、责任部门单位和时限要求。通过建立整改月度推进会、周报、半月报和整改情况公示等机制推动问题一项一项抓落实、改到位。

全年全系统先后经历5次中央巡回督导组，7次国资委巡回指导组、督导组的督导检查，被检查单位主题教育开展情况得到充分肯定，相关经验做法在中央《党建要报》、央视焦点访谈国企党建专题和国资委主题教育简报上刊登或报道。中国铁建“不忘初心、牢记使命”主题教育的相关做法，在中组部、中宣部组织的国有企业党建工作先进典型集中宣传中进行专门报道；在国资委管理中央企业主题教育总结大会上，作为中央企业主题教育开展优秀单位代表作交流发言。

（邹光剑）

【成立党组织】 2019年，为坚持党的领导，全面加强企业党的建设，根据党章和上级有关规定，股份公司党委成立中国铁建股份有限公司东北区域总部、华北区域总部、中原区域总部、华中区域总部、华东区域总部、华南区域总部、重庆区域总部、西南区域总部、西北区域总部党委、纪委，中国铁建股份有限公司军民融合指挥部党委，中铁建国际投资有限公司党委、纪委；成立中国铁建股份有限公司川藏铁路工程指挥部，中国铁建股份有限公司西藏指挥部党工委、纪工委。根据股权变化，北京通达京承高速公路有限公司党组织关系划转至中铁建锦鲤资产管理有限公司党委。

（刘 留 张桉楠）

【中国铁建党委2018年度党建考评获评A】 2019年1月18日，国资委党委开展对中国铁建2018年度落实党建工作责任制情况考评。中国铁建股份有限公司党委在2018年度党建工作责任制考核评价中获评A。

（刘 留 张桉楠）

【开展党委书记抓党建工作述职评议】 根据中央和国资委党委部署要求，2019年1月19日，股份公司党委组织召开中国铁建2018年度二级单位党委书记抓党建述职评议会议。会上，所属11家二级单位党委书记现场述职，其余单位党委书记书面述职。同时，为进一步压实党建工作责任，股份公司党委与所属二级单位党委书记签订党建工作责任书，以任务清单的方式列出2019年度二级单位党委书记履行党建工作第一责任人职责所必须完成的党建重点工作和目标要求。

（刘 留 张桉楠）

【开展党建工作责任制考评】 2019年，根据中央关于解决形式主义突出问题为基层减负的通知和关于统筹规范督查检查考核工作的通知精神，股份公司党委结合企业党建工作实际，统筹安排工作、细化考评指标、优化相关程序，分别于4月中旬至5月下旬组成2个考核组，开展对所属40家二级单位党组织履行党建工作责任制情况现场考评和督查。（刘 留 张桉楠）

【表彰“四好”领导班子】 2019年8月28日，股份公司党委、股份公司作出决定，批准中国土木工程集团有限公司、中铁十一局集团有限公司、中铁二十局集团有限公司、中铁二十四局集团有限公司、中国铁建电气化局集团有限公司、中国铁建房地产集团有限公司、中铁第一勘察设计院集团有限公司、中国铁建重工集团股份有限公司、中铁城建集团有限公司、中国铁建昆仑投资集团有限公司10家单位领导班子为股份公司2018年度“四好”领导班子。（刘 留 张桉楠）

【领导班子成员联系点工作】 2019年，积极协助股份公司党委每位领导班子成员确定1个二级（三级）单位作为工作联系点暨党建联系点。班子成员带头深入基层，指导和帮助基层单位解决生产经营、改革发展和党建工作等方面存在的突出问题，促进党建任务在基层得到有效落实。（刘 留 张桉楠）

【召开2018年度民主生活会和主题教育专题民主生活会】 按照中央部署和国资委党委要求，2019年1月31日，股份公司党委以“强化创新理论武装，树牢‘四个意识’，坚定‘四个自信’，勇于担当作为，坚决贯彻‘两个维护’，以求真务实作风坚决把党中央决策部署落到实处”为主题，组织召开2018年度本级领导班子民主生活会。2月下旬至3月中旬，所属二级单位党委相继召开2018年度民主生活会。8月21日，股份公司党委召开"不忘初心、牢记使命"主题教育专题民主生活会。年内,中国铁建第一批主题教育单位按通知要求召开主题教育专题民主生活会。

(刘　留　张桉楠)

【党费管理工作】 2019 年,中国铁建在党费收缴、使用和管理上,严格按照中组部和上级党委要求。一是认真贯彻落实党费收缴、使用和管理的制度,按照党中央、国资委党委有关党费收缴使用和管理的要求,对党费管理进行检查。二是加强教育,提高党员缴纳党费的自觉性。通过组织开展组工干部培训、项目党组织书记培训、党员发展对象和入党积极分子培训,借助开展"不忘初心、牢记使命"主题教育,认真宣传贯彻党中央、国务院国资委党委、股份公司党委有关党费收缴、使用和管理的规定,提高广大党员对党费收缴、使用和管理的认识。三是坚持对党员进行自觉足额及时缴纳党费的思想教育,使广大党员按规定缴纳党费。严格履行收缴党费手续,做到党员缴纳党费有登记,党组织上缴党费有收据。四是规范党费的使用和管理。各级党组织坚持"统筹安排、量入为出、收支平衡、略有结余"的党费使用原则,做到专款专用、审批严格、开支合理、手续完备、账目清楚。 (王重琦)

【发展党员工作】 2019 年,全系统各级党组织严格按照"控制总量、优化结构、提高质量、发挥作用"总要求,坚持把政治标准放在首位,通过加强培养教育,严格党员发展程序,有计划、有步骤地完成年内发展党员工作,为党的肌体注入新鲜血液,为企业的发展壮大充实党员骨干队伍,党员发展质量有了进一步提升,党员年龄、知识等结构更趋合理。截至 2019 年 12 月 31 日,全系统全年发展党员 2900 人。其中,管理人员 1833 人,占发展总数的 63.2%;产业工人 625 人,占发展总数的 21.6%;高知识群体 322 人,占发展总数的 11.1%;少数民族 120 人,占发展总数的 4.1%,全部完成国资委党委下达的全年发展任务。同时,按照规定程序,全年 2584 名预备党员转正。 (王重琦)

【党建制度建设】 2019 年 3 月 26 日,经党委常委会研究通过,印发《中国铁道建筑集团有限公司党内表彰规定(试行)》,详细规定中国铁建系统党内表彰的类型,各类表彰对象的资格条件、表彰程序、待遇和管理等内容。 (王重琦)

【北京片区党员发展对象培训班】 为加强入党积极分子、发展对象的教育培养工作,严把党员发展"入口关",提高党员发展质量,由股份公司党委组织部牵头分别于 6 月、10 月分两期举办"中国铁建 2019 年北京片区党员发展对象培训班",系统内 21 家单位 254 名党员发展对象参加培训,按规定完成既定课程,经考试合格,取得结业证书。 (王重琦)

【基层党支部书记培训示范班】 2019 年 10—11 月,按照年初培训计划,股份公司党委组织部在中国铁建党校举办 3 期基层党支部书记培训示范班,其中 2 期基层项目书记、区域经营党支部书记培训班,1 期各级总部党支部书记培训班,系统内 526 名党支部书记参加。培训采取专题辅导、微讲堂、视频教学、分组讨论等多种形式,取得良好的效果,进一步增强党支部书记的政治理论水平和履职能力,在全系统起到示范带动作用。 (邹光剑)

【党内统计和党费收缴专题培训班】 12 月 15—17 日,为确保统计工作快速准确完成,股份公司党委组织部在北京举办 2019 年党内统计年报工作专题培训班。所属 52 家单位从事党内统计和党费收缴与管理工作的 65 名工作人员参加集中培训,传达了国资委党委 2019 年党内统计工作有关要求,部署安排全系统党内统计、党费收缴与管理工作。培训结束后,所属各单位按照培训下延一级的要求,在弄懂吃透的前提下,相继对下属企业统计工作人员进行集中培训,帮助基层党组织规范高效完成年度党内统计和党费上缴工作。

(王重琦)

【慰问生活困难党员和老党员】 2019 年,中国铁建党委慰问新中国成立前老党员 160 人,生活困难党员 3928 人,使用慰问资金 1004.7 万元。其中,国资委拨付 235.3 万元,股份公司拨付 170.8 万元,所属各单位拨付598.6万元。 (王重琦)

【国资委党委表彰】 2019 年"七一"前夕,国务院国资委党委集中表彰一批中央企业优秀共产党员、优秀党务工作者、先进基层党组织。其中,中国铁建系统 4 人获得"中央企业优秀共产党员"称号;4 人获得"中央企业优秀党务工作者"称号;3 个党组织获得"中央企业先进基层党组织"称号。

中央企业优秀共产党员

刘　峰　中铁十二局集团建安公司雄安站房项目部副总经理

孙向东 中铁建设集团有限公司超高层事业部总经理、党委副书记

蔡俊福 中国铁建电气化局集团有限公司副总工程师,港珠澳大桥交通工程项目部党工委书记、项目经理

张 龙 中国铁建国际集团沙特分公司副总经理,麦加轻轨运营维保项目部项目经理

中央企业优秀党务工作者

康福祥 中国铁建股份有限公司职工监事、党委组织部(人力资源部)部长(总经理)

何义斌 中铁十一局集团有限公司党委书记、董事长

黄继娟 中铁十六局集团有限公司党委组织部(统战部)部长

姜德明 中铁二十四局集团江苏公司连镇铁路项目部一分部党支部书记

中央企业先进基层党组织

中国土木工程集团中土东非有限公司党总支

中铁十四局集团大盾构公司党委

中铁第一勘察设计院集团线路运输设计处线二所党支部

(邹光剑)

【先进组织、先进个人】 在中国共产党成立98周年、中华人民共和国成立70周年之际,股份公司党委表彰先进基层党委29个、先进基层党支部41个、优秀共产党员120人、优秀党务工作者86人。2019年7月1日通过视频会议形式在全系统召开表彰大会。

中国铁建先进基层党委

中铁十一局集团一公司党委

中铁十二局集团电气化公司党委

中国铁建大桥工程局集团电气化公司党委

中铁十四局集团大盾构公司党委

中铁十五局集团城建公司党委

中铁十六局集团二公司党委

中铁十七局集团(贵州)市政公司党委

中铁十八局集团五公司党委

中铁十九局集团一公司党委

中铁二十局集团二公司党委

中铁二十一局集团二公司党委

中铁二十二局集团二公司党委

中铁二十三局集团轨道交通公司党委

中铁二十四局集团上海铁建公司党委

中铁二十五局集团五公司党委

中铁建设集团西南分公司党委

中国铁建电气化局集团北方公司党委

中国铁建港航局集团总承包分公司党委(中国铁建港航局集团船舶工程分公司党委)

中国铁建房地产集团华东有限公司党委

中铁第一勘察设计院集团桥梁隧道设计处党委

中铁第四勘察设计院集团城市轨道与地下工程设计研究院党委

中铁第五勘察设计院集团电化通号设计处党委

中铁物资集团西南有限公司党委

中国铁建重工集团股份有限公司掘进机事业部党委

中国铁建国际集团加勒比公司党委

中铁城建集团二公司党委

中国铁建投资集团北京兴延高速公路有限公司党委

中铁建重庆投资集团重庆铁发双合高速公路有限公司党委

中国铁建昆仑投资集团地铁投资建设管理有限公司党委

中国铁建先进基层党支部

中国土木工程集团东非有限公司党总支

中国土木工程集团(赞比亚)有限公司党支部

中铁十一局集团二公司路面分公司党总支

中铁十一局集团四公司广州市轨道交通18号和22号线项目党支部

中铁十二局集团一公司惠清一项目党支部

中铁十二局集团七公司大临铁路项目党支部

中国铁建大桥工程局集团四公司福厦铁路项目党支部

中铁十四局集团二公司枣菏公路第6合同段项目经理部党支部

中铁十四局集团隧道公司北京地铁19号线项目党支部

中铁十五局集团二公司G320公路改建工JSI－3标段项目经理部党支部

中铁十六局集团一公司济南车辆段项目部党支部

中铁十六局集团有限公司丽香铁路项目部党支部

中铁十七局集团一公司商合杭铁路项目部党支部

中铁十七局集团四公司德简9标段项目部党支部

中铁十八局集团二公司大瑞铁路项目经理部党支部

中铁十八局集团隧道公司引汉济渭项目部党支部

中铁十九局集团三公司公路路面第二项目管理部

三队党支部

中铁二十局集团一公司苏州春申湖路5标段项目经理部党支部

中铁二十一局集团二公司天水麦积山游客服务中心项目党支部

中铁二十二局集团轨道公司北京地铁昌平线南延项目部党支部

中铁二十三局集团六公司北京地铁19号线07标段项目党支部

中铁二十四局集团西南公司西藏日喀则珠峰开发开放试验区开放大道项目党支部

中铁二十五局集团四公司第四项目管理部党支部

中铁建设集团北京公司第7(南航)项目党支部

中国铁建电气化局集团南方公司银吴四电项目部党支部

中国铁建港航局集团有限公司浙石化液化码头联合党支部

中国铁建房地产集团重庆公司党支部

中铁第一勘察设计院集团线路运输设计处线二所党支部

中铁第四勘察设计院集团设备设计研究处机辆设计研究所党支部

中铁第五勘察设计院集团环境工程设计处党支部

中铁上海设计院集团桥隧处第一党支部

中铁物资集团港澳公司第一党支部

中国铁建高新装备股份有限公司再制造总厂北方综合党支部

中国铁建俄罗斯公司党总支

中铁城建集团有限公司银川绿地中心项目第一党支部

中国铁建投资集团中铁建珠海西部投资开发公司第二党支部

诚合瑞正风险管理咨询有限公司党支部

重庆铁发遂渝高速公路有限公司G93沙坪坝党支部

中国铁建昆仑投资集团有限公司直属机关第一党支部

中铁建南方建设投资有限公司佛山市城市轨道交通3号线工程3206标段党支部

中国铁建股份有限公司党委宣传部党支部

中国铁建优秀共产党员

闫　闯　彭志文　许红军　贯海涛　王碧军
杨　江　段红海　许全喜　李军保　刘　峰
屈彦飞　唐红章　王惠敏　赫宏伟　饶胜斌
李铁成　赵海涛　李晓峰　初文武　方后勇
姚国栋　丁冠军　赵　阳　高德全　宿金兰
赵　永　徐　政　董晓辉　夏清华　邓五有
程　晨　吴建荣　李树文　孙　政　黄国根
付　禄　陈德斌　惠武平　郭红霄　彭肇武
王森昌　王　平　杜春辉　李长城　李天雨
吴应明　何国栋　杨晓晓　张府轩　赵　侃
赵平华　陆　峰　丁晖东　刘力军　唐守涛
李继宁　王连华　郭鸿儒　赵凤山　陶宇霖
刘声辉　张　岳　宋乐健　鲁智安　许林军
冯文阳　万永昌　张德训　王俊超　孙向东
蔡俊福　周征华　汪　涛　王得林　卢先鹤
王博林　祁自周　张占忠　李有能　王　钢
窦文霞　唐　乐　刘俊山　王永国　江荣丰
姜利华　韩丽丽　祁春雷　侯东坡　马庆明
吴定州　高继民　张　龙　郭永平　张绪和
王　军　门　彬　罗玉刚　冯　涛　靳　霞
刘清莉　张志华　刘一鸣　刘金兴　罗雄艳
贺春雷　张新柳　李　华　连文博　赵守宪
董　志　唐希峰　梁家奇　陈吉林　朱正凯
杨德亮　张成豪　裴　欣　康福祥　刘正昶

中国铁建优秀党务工作者

陈　亮　杨源源　刘　俊　傅　刚　刘敏之
夏　琴　李晓明　邵宝泉　王　昊　康俊杰
刘海国　李　辉　苏伟洪　沈敏军　王　宇
史佩光　王永玉　李艳青　李跃平　黄继娟
孙　超　任洪双　杨　涛　熊华涛　洪　锋
赵卓峰　李志敏　曹建忠　王奎军　何　东
陈建华　刘晓鹏　李雪松　张　峰　谢妍琳
张敏莹　孙　涛　安　龙　刘　静　于跃池
光红庆　杜惠军　姜德明　谢甬芳　杨蛟龙
王革新　薛学成　高旭超　董翠峰　王春林
王　玥　陈　磊　张成龙　王球璐　王烂烂
侯全德　郭永桢　刘　振　刘爱军　戎　海
张　燮　田春珍　罗利平　阚　巍　谭光勇
汪菲娜　谭　漪　戴军武　赵　敏　黎　明
张秋华　孙友霞　赵广莉　程　望　叶玲玲
赵瑞昕　马景波　刘石顺　叶智锋　沈玉泉
何义斌　张　平　胡　建　刘旭旺　李慧川
罗先林

（邹光剑）

【党建信息化建设】　为进一步规范全系统党费的缴纳、使用和管理，实现党费账务处理的标准化、规范化，在调研和借鉴其他中央企业经验的基础上，通过公开招标方式，确定北大软件作为合作方，开发建设中国铁建党建信息系统党费账务信息系统（一期）。截至2019年底，已完成需求调研、原型设计、程序开发等工作。（邹光剑）

【集团公司暨股份公司领导班子建设】 2019年1月，中国铁道建筑有限公司更名为中国铁道建筑集团有限公司。6月15日，国务院国资委党委研究，任命陈奋健为中国铁道建筑集团有限公司董事长；庄尚标为中国铁道建筑集团有限公司董事，提名为中国铁道建筑集团有限公司总经理人选（国资任字〔2019〕26号）；陈奋健任中国铁道建筑集团有限公司党委书记，庄尚标、陈大洋任中国铁道建筑集团有限公司党委副书记；刘汝臣、王秀明、李春德、李宁、汪文忠任中国铁道建筑集团有限公司党委常委，李春德任中国铁道建筑集团有限公司纪委书记（国资党任字〔2019〕8号）。6月19日，国务院国资委党委同意陈大洋为中国铁道建筑集团有限公司职工董事人选，随后公司按照规定程序完成选举、任命（国资党委干二〔2019〕95号）；国务院国资委党委同意曹锡锐不再担任中国铁建股份有限公司监事会主席职务（国资党委干二〔2019〕197号）。年内协助国务院国资委企干二局组织公司领导班子和领导人员年度综合考核评价、董事会及董事年度考核评价、选人用人工作“一报告两评议”；完成公司高级管理人员绩效合约签订及年度考核等工作。（徐博华）

【领导人员任免】 2019年，股份公司党委召开书记碰头会专题研究班子建设和领导人员配备事项6次，党委常委会研究、审议干部选拔任用相关议题6次。先后调整补充9个区域总部、43个二级单位领导班子，提拔、调整领导人员195人次。其中，提拔使用的48人中，正职23人、副职25人。落实公司党委对总部改革的要求，按新编制重新聘任总部工作人员。按照规定，全年有12人退出领导班子改任非领导职务，25人退休。（徐博华）

【干部管理工作综述】 一是加强制度建设，规范选人用人和干部管理工作。按照中央企业总部机关化专项整改要求，改进非领导职务人员管理，提出总部干部交流措施目标。研究明确总经理助理级人员岗位配置。严格落实《中国共产党重大事项请示报告条例》和国资委要求，向国资委党委报告组织工作中的重要事项，同时督促二级单位严格按规定请示报告有关事项。在全系统设立首席合规官、合规官。建立总审计师制度。研究区域总部党组织设置及干部管理意见，明确有关领导人员任免程序和管理层级。二是着力选拔培养，推进优秀年轻干部队伍建设。配合中组部、国资委专题调研，推荐优秀年轻干部10名，其中2名得到重用。开展对公司2018年专题调研掌握的后备人才持续跟踪，锻炼培养，及时任用，2019年新选拔的干部绝大多数从后备人才队伍中产生，全年提拔1970年后出生的干部32名，其中正职9名。在中央党校（国家行政学院）、井冈山干部学院分别举办1期政治与形势教育培训班，培训年轻干部61人。有计划、有步骤地安排年轻干部到条件艰苦、环境复杂、矛盾突出的基层一线锤炼党性、磨炼作风、历练能力，建设结构合理、能力突出、业绩突出、群众公认的年轻干部队伍。三是改进选用方式，提升干部队伍素质能力和专业化水平。全年对36个二级单位主要领导进行调整，交流领导干部38人次，其中交流正职21人次，占交流干部人数的55.26%；按照有关规定，区分一把手、正职、副职等不同任职年限，结合领导班子建设实际，推动领导人员在企业之间、总部与二级单位之间的交流。根据企业发展需要，拓宽选人用人视野，面向海内外公开招聘公司总部海外业务部和部分区域总部8个岗位的领导人员，从系统外单位引进二级单位领导干部5人。经过二级单位党委推荐，公司组织业内权威专家评选，组织干部部门考察，在全系统首次选聘中国铁建首席专家3名、专家9名，专业管理干部队伍建设得到加强。四是落实严管要求，加大干部监督管理力度。公司纪委对选人用人全过程进行监督，纪委书记参与选人用人动议酝酿；纪委派专人参加考察组，参与推荐考察，对有关举报反映进行核查，出具人选廉洁从业结论性评价书面意见。从严做好领导干部个人有关事项报告和因私出国（境）管理，开展2019年领导干部个人有关事项集中填报工作，全系统有605名领导人员报告个人有关事项，组织17批次97人次重点抽查。做好领导干部日常和专项管理监督，根据中组部干部监督局提供的拟开展倒查人员名单，按照倒查条件严格进行甄别，对符合条件的3人选拔任用过程进行认真倒查。组织二级单位领导班子和领导人员综合考核评价，41家二级单位领导班子及422名领导人员参加综合考核评价，确定其中36个二级单位领导班子和319名领导人员“2016—2018年”任期综合考核结果。严格监督二级单位党委选人用人工作，组织干部选拔任用“一报告两评议”工作，并对2298名新提拔调整人员进行满意度测评，对满意度不高的党委和人员进行约谈；对报备的破格提拔人员、总经理助理级人员按规定进行审核，对报备的干部部门负责人进行考察，审批领导人员兼职19人次。开展对2019年上半年巡视巡查4家二级单位发现的选人用人问题进行督促整改，严肃问责。（徐博华）

【总部部门副职及以上人员调整】 1月22日，刘正昶任总审计师。3月15日，官山月任安全总监；王立新不再兼任安全总监职务；免去毕天尧党委巡视组副组长职务，另有任用。4月19日，陈建军任办公厅主任；樊祐修任机关房地产管理中心主任。5月29日，赵其红免职退休。6月20日，曾初雄免职退休。7月4日，王秀明兼任首席合规官；覃为刚任副总工程师；李春霞任安全副总监；靖菁任董事会秘书局主任，王强、张捷任董事会秘书局副主任，谢华刚任董事会秘书局证券事务代表；陈建军任办公厅主任、保卫部部长，顾传智任办公厅执行主任，马总路任办公厅副主任、保卫部副部长，李冰任办公厅副主任；樊祐修任机关房地产管理中心主任，童联合任机关房地产管理中心副主任；戴开扬任办公厅（保卫部）巡视员，曹军、邵长亮任办公厅（保卫部）副巡视员；李吉锋任发展规划部总经理，白云飞、杜经红任发展规划部副总经理，董跃君任发展规划部巡视员；许和平任科技部总经理、技术中心办公室主任，贾志武、张育红任科技部副总经理、技术中心办公室副主任；乔志东任经营部总经理、军民融合办公室主任，吴文钊任经营部副总经理、军民融合办公室副主任；高晓东任运营部总经理、中国铁道建筑集团有限公司战备局局长，王旭永、沙明元任运营部执行总经理，刘晖任运营部副总经理，贾国林任运营部副巡视员、中国铁道建筑集团有限公司战备局副局长；秦正刚任安全监督部总经理，彭锋、魏向阳、杨生荣任安全监督部副总经理，仇发任安全监督部副巡视员；陈梦月任投资部总经理，楼翱任投资部执行总经理，荀照杰任投资部副巡视员，原待遇不变；乔国英任财务部总经理，王磊、高继红、郭双来任财务部副总经理；刘正昶任审计监事局局长，李忠心任审计监事局副局长；王甲国任法律合规部总经理，刘兵任法律合规部副总经理，文荣周任法律合规部副巡视员；曾宗根任信息化管理部总经理，肖新华任信息化管理部巡视员；曹保刚任海外部总经理，廖军任海外部执行总经理、中国铁道建筑集团有限公司外事办公室主任，王永强、朱勇任海外部副总经理、中国铁道建筑集团有限公司外事办公室副主任；沈玉泉任党委办公室主任、党委统战部部长、直属机关党委书记，梁树峰任党委办公室副主任、保密办公室主任，史昌盛任党委办公室副主任、团委书记，王子利任党委办公室（党委统战部、团委）副巡视员，原待遇不变；康福祥任党委组织部部长、人力资源部总经理，赵玉林任党委组织部执行部长、人力资源部执行总经理，杨赳任党委组织部副部长、人力资源部副总经理；马吉财任离退休职工管理中心主任、党总支书记，高尚升任离退休职工管理中心副主任，卜锦华任离退休职工管理中心副主任；刘树山任党委宣传部部长、企业文化部总经理、新闻发言人，钱东锋任党委宣传部副部长、企业文化部副总经理、铁道兵纪念馆馆长，王洋任思想政治工作研究会副秘书长；王利任中国铁道建筑报社社长、总编辑，汪元章任中国铁道建筑报社副总编辑，梅梓祥任中国铁道建筑报社副巡视员；张晓明任党委巡视办公室主任；陈建宏任纪委办公室主任；杜军任纪委信访审理室副主任；杜庆吉任纪委执纪审查室主任；王共明任纪委执纪审查室纪检专员（部门副职）；李睿任工会工作部部长、火车头体协秘书长，吕向东任工会工作部副部长、机关工会主席，李智伟任工会工作部副部长。10月31日，马吉财免职退休。11月22日，董跃君免职退休。12月9日，靖菁任董事会办公室主任，王强、张捷任董事会办公室副主任，谢华刚任董事会办公室证券事务代表；陈建军任行政办公室主任、保卫部部长，顾传智任行政办公室执行主任，马总路任行政办公室副主任、保卫部副部长，李冰任行政办公室副主任，戴开扬任行政办公室（保卫部）一级咨询，曹军、邵长亮任行政办公室（保卫部）二级咨询；许和平任科技创新部总经理、技术中心办公室主任，贾志武、张育红任科技创新部副总经理、技术中心办公室副主任；乔志东任经营计划部总经理、军民融合办公室主任，吴文钊任经营计划部副总经理、军民融合办公室副主任；高晓东任运营管理部总经理、中国铁道建筑集团有限公司战备部总经理，王旭永、沙明元任运营管理部执行总经理，刘晖任运营管理部副总经理，贾国林任运营管理部二级咨询、中国铁道建筑集团有限公司战备部副总经理；仇发任安全监督部二级咨询；陈梦月任投资开发部总经理，楼翱任投资开发部执行总经理，荀照杰任投资开发部二级咨询；乔国英任财务资金部总经理，王磊、高继红、郭双来任财务资金部副总经理；刘正昶任审计监事部总经理，李忠心任审计监事部副总经理；文荣周任法律合规部二级咨询；肖新华任信息化管理部一级咨询；曹保刚任海外业务部总经理，廖军任海外业务部执行总经理，王永强、朱勇任海外业务部副总经理；樊祐修任总部房地产管理中心主任，童联合任总部房地产管理中心副主任；王子利任党委办公室（党委统战部、团委)二级咨询;张晓明任党委巡视办主任;杜军任信访审理室副主任;杜庆吉任执纪审查室主任;王共明任执纪审查室纪检专员;梅梓祥任中国铁道建筑报社二级咨询;曹锡锐不再担任中国铁道建筑集团有限公司职工监事,免去监事会主席职务,调出。

(王 炽)

【所属单位领导人员调整】 东北区域总部:4月19日,王学忠任党委书记、总经理;吴笛任党委委员、执行总经理。9月12日,边元双任党委委员、副总经理、总会计师;陈宝军、刘卫民任党委委员、副总经理(试用期1年)。

中铁建东北投资建设有限公司:4月19日,吴笛为总经理人选。

中铁建北方投资建设有限公司:12月1日,边元双任董事,为副总经理、总会计师人选;陈宝军为副总经理人选;刘卫民任董事,为副总经理人选;免去李庆民财务负责人职务。

华北区域总部:4月19日,杜水波任党委书记、总经理;刘明杰任党委委员、执行总经理。9月12日,王祖春任党委委员、副总经理、总会计师;鞠小华、王均山任党委委员、副总经理;李少亮任党委委员、纪委书记,为工会主席人选。12月9日,宋占波任一级咨询。

中原区域总部:4月19日,史道泉任总经理;金守华任执行总经理。7月4日,郭衍敬任巡视员。9月12日,史道泉、金守华任党委委员;党海军任党委委员、执行总经理(试用期1年);崔连友任党委副书记、纪委书记,为工会主席人选;马晓辉任党委委员、副总经理、总会计师;闫宇、张深斌任党委委员、副总经理(试用期1年)。12月9日,郭衍敬任一级咨询。

中铁建黄河投资建设有限公司:7月17日,史道泉任董事长,金守华、党海军、崔连友、张深斌任董事;金守华为总经理人选,张艳霞任财务负责人;闫宇任监事会主席,蔚东绪、许力威为监事人选。

中铁建中原投资建设有限公司:7月17日,史道泉任董事长,金守华、党海军、崔连友、张深斌任董事;党海军为总经理人选,张艳霞任财务负责人;闫宇任监事会主席,贾筱煜、付积川为监事人选。

华中区域总部:4月19日,张挺军任党委书记、总经理;李卫华任党委委员、执行总经理。9月12日,郭信君、李小林任党委委员、副总经理;胡晓兵任党委委员、纪委书记,为工会主席人选;罗道永任党委委员、副总经理、总会计师。12月9日,免去李卫华党委委员、执行总经理职务,另有任用。

中铁建长江投资有限公司:11月20日,张挺军任董事长,李卫华、郭信君任董事;胡晓兵任监事会主席,詹满源为监事人选;李卫华为总经理人选,郭信君为副总经理人选;罗道永为副总经理、总会计师人选。

华东区域总部:4月19日,赵晋华任党委书记、总经理;尹华任党委委员、执行总经理。9月12日,孟文林、雷军、孙桐林任党委委员、副总经理;耿庆宇任党委委员、纪委书记,为工会主席人选;李光任党委委员、副总经理、总会计师。12月9日,免去孟文林党委委员、副总经理职务。

中铁海峡建设集团有限公司:9月12日,免去裴璐辉党委委员、董事职务,不再担任副总经理、总会计师职务,另有任用。

华南区域总部:4月19日,蒋汉祥任党委书记、总经理;王继红任党委委员、执行总经理;柴春明任党委委员、执行总经理。9月12日,李飞前任党委委员、副总经理;杨萍任党委委员、副总经理、总会计师;周光成任党委委员、纪委书记,为工会主席人选;谢晋水、朱玉任党委委员、副总经理。12月9日,苏建斌任党委委员、执行总经理;臧守杰任二级咨询;免去王继红党委委员、执行总经理职务,另有任用。

中铁建北部湾建设投资有限公司:10月15日,朱玉任董事长、党委书记(原职级不变);郑长伟任董事、党委副书记,为总经理人选(原职级不变);金学任党委委员,为副总经理人选(原职级不变);免去王继红董事长、董事、党委书记、委员职务。

重庆区域总部:4月19日,孙公新任党委书记、总经理;王中岐任党委委员、执行总经理。9月12日,雷位冰任党委委员、执行总经理(试用期1年);明思义任党委委员、纪委书记,为工会主席人选;王必军任党委委员、副总经理;秦学合任党委委员、副总经理、总会计师;彭兴国任党委委员、副总经理;唐跃兰任党委委员、副总经理;免去王中岐党委委员、执行总经理职务,另有任用。

中铁建重庆投资集团有限公司:9月12日,免去王中岐党委副书记、委员、董事职务,不再担任总经理职务。

西南区域总部:4月19日,金跃良任党委书记、总经理;徐明新任党委委员、执行总经理。9月12日,周庆国任党委委员、执行总经理(试用期1年);吴利红任党委委员、副总经理;黎锡龙任党委委员、副总经理、总会计师;陆强、杨继全、施振东任党委委员、副总经理;申继辉任党委委员、纪委书记,为工会主席人选。12月9日,王继红任一级咨询;王健、朱继前任二级咨询。

中国铁建昆仑投资集团有限公司:7月4日,免去姜永军、江河专职外部董事职务。

西北区域总部:4月19日,卢朋任党委书记、总经理;刘虎军任党委委员、执行总经理;陆晓辉任党委委员、执行总经理。7月4日,姜永军任巡视员。9月12日,卢永堂任党委书记、总经理;裴璐辉任党委委员、副总经理、总会计师;李景超任党委委员、副总经理;朱仰存任党委委员、纪委书记,为工会主席人选;免去卢朋党委书记、委员、总经理职务。12月9日,姜永军任一级咨询。

中铁建西北投资建设有限公司:9月12日,卢永堂任董事长、党委书记;裴璐辉任党委委员,为副总经理、总会计师人选;免去卢朋董事长、董事、党委书记、委员职务。

军民融合指挥部:9月12日,孙公新任指挥长;雷升祥任党委书记;崔跃华任副指挥长。

中国土木工程集团有限公司:4月19日,赵佃龙任董事长、党委书记;初厚才为工会主席人选;丁维利不再担任工会主席职务;免去袁立董事长、董事、党委书记、委员职务,退休。7月4日,王国栋任党委常委、纪委书记、监事会主席;免去古春生党委常委、委员、纪委书记、监事会主席职务,另有任用。9月12日,陈思昌任党委副书记、董事,为总经理人选;孙勇任党委委员,为执行总经理人选。11月8日,初厚才为职工董事人选,丁维利不再担任职工董事职务。

中铁十一局集团有限公司:1月10日,何义斌主持经理层工作;免去张树海董事、党委副书记、常委、委员职务,不再担任总经理职务。2月25日,彭新文免职退休。4月19日,陈志明任党委副书记、董事,为总经理人选;何义斌不再兼任经理层工作;免去凌汉东党委常委、委员、董事职务,不再担任副总经理职务,另有任用。5月10日,张丕界任董事。5月29日,刘华军免职退休。7月4日,魏加志任党委委员,为副总经理人选;张旭东、吴启新任中国铁建股份有限公司专家。9月12日,免去雷位冰党委委员职务,不再担任副总经理职务,另有任用。12月9日,臧丹任二级咨询。

中铁十二局集团有限公司:4月19日,支卫清任党委副书记、董事,为总经理人选;高治双任副董事长(正职待遇),免去党委副书记职务,不再担任总经理职务。9月12日,免去高治双副董事长、董事、党委常委、委员职务,另有任用。12月9日,薛如明任一级咨询;原军、辛聪生任二级咨询。

中国铁建大桥工程局集团有限公司:1月10日,张树海任董事长、党委书记;免去吴建顺董事长、董事、党委书记、常委、委员职务,另行安排工作。4月19日,李国强为副总经理人选,免去纪委书记、监事会主席职务;李庚许任党委常委、纪委书记、监事会主席,不再担任副总经理职务;吴焕通任副巡视员,免去党委常委、委员、董事职务,不再担任副总经理职务;迟荣益任副巡视员,免去党委委员职务,不再担任副总经理职务。7月4日,郭宏伟任党委委员,为副总经理人选;王保国为副总经理人选;徐青旺任党委委员,为副总经理人选;纪尊众任中国铁建股份有限公司首席专家,免去党委常委、委员职务,不再担任副总经理职务。9月12日,纪尊众任党委副书记、董事,为总经理人选;免去许兰民党委副书记、常委、委员、董事职务,不再担任总经理职务,另有任用。12月9日,吴焕通、井耀明、任汉波、迟荣益任二级咨询。12月22日,刘敏免职退休。

中铁十四局集团有限公司:2月20日,熊晖任董事。4月19日,周长进为总经理人选。7月4日,陈明任党委常委、纪委书记、监事会主席;陈健任中国铁建股份有限公司专家;郭洪伟任副巡视员;免去王国栋党委常委、委员、纪委书记、监事会主席职务,另有任用。9月12日,许兰民任巡视员。12月9日,许兰民任一级咨询;王子贵、郭洪伟任二级咨询。12月22日,孟繁亚任二级咨询,免去党委委员职务,不再担任副总经理职务。

中铁十五局集团有限公司:4月19日,黄昌富为总经理人选。9月12日,王学杰任党委委员,为副总经理、总会计师人选;免去马晓辉党委委员职务,不再担任副总经理、总会计师职务,另有任用。10月31日,谢丰成免职退休。

中铁十六局集团有限公司:2月20日,熊永军任董事。3月15日,向大强任党委常委。7月4日,赵瑞亮任巡视员。9月12日,程红彬任董事长、党委书记,不再担任总经理职务;向大强任党委副书记、董事,为总经理人选(试用期1年);免去党海军党委委员职务,不再担任副总经理职务,另有任用;免去孔令键董事长、董事、党委书记、常委、委员职务,另有任用。12月9日,赵瑞亮任一级咨询;李杰任二级咨询。

中铁十七局集团有限公司:4月19日,成志宏为总经理人选。11月30日,王月幸、阮祥杰任董事,郑力为职工董事人选。12月9日,潘喜发任二级咨询。

中铁十八局集团有限公司:7月4日,潘建立任中国铁建股份有限公司专家。12月9日,孟文林任一级咨询;赵心昭、李兰勤任二级咨询。

中铁十九局集团有限公司:4月19日,杨哲峰任董事长、党委书记;李华伟任党委副书记、董事,主持经理层工作;免去赵国旗董事长、董事、党委书记、常委、委员职务;免去宫建岗董事、党委副书记、常委、委员职务,不再担任总经理职务。5月30日,金学锋为职工董事人选。7月4日,免去赵瑞亮专职外部董事职务。7月25日,柏林成免职退休。11月8日,栾显国任副巡视员,免去党委常委、委员、董事职务,不再担任副总经理职务。12月9日,栾显国任二级咨询。

中铁二十局集团有限公司:12月9日,张超民任党委常委、纪委书记、监事会主席;卢志成任二级咨询,免去党委常委、委员、监事会主席职务;赵斌任二级咨询。

中铁二十一局集团有限公司:7月25日,李金生任副巡视员,免去党委常委、委员、纪委书记、监事会主席职务。11月22日,黄庆华免职退休。12月9日,李金生任二级咨询。

中铁二十二局集团有限公司:1月22日,柴纹免职退休。3月15日,孟广顺任党委副书记,主持党委工作,免去党委书记职务;毕天尧任副巡视员。7月4日,侯希承任副巡视员;免去王鉴专职外部董事职务;曲宝臻免职退休。8月21日,李国华免职退休。12月9日,赵红鹰任党委书记、董事长;王怀尧任一级咨询;侯希承、毕天尧任二级咨询;免去孟广顺董事长、董事、党委副书记、常委、委员职务,退休。

中铁二十三局集团有限公司:4月19日,王政松任党委常委,为副总经理人选。5月28日,免去师文有副巡视员职务。12月9日,杨鑫、张庆军任二级咨询。

中铁二十四局集团有限公司:7月4日,丁力任巡视员。11月22日,李生免职退休。12月2日,王建民任董事。12月9日,丁力任一级咨询;江如辉、雷涛任二级咨询。

中铁二十五局集团有限公司:9月12日,张成任董事长、党委书记;李茂松任党委副书记、董事,为总经理人选;苏建斌为执行总经理人选,免去党委副书记职务,不再担任总经理职务;免去张建国董事长、董事、党委书记、常委、委员职务,另有任用。12月9日,李新黎任二级咨询;免去苏建斌党委常委、委员、董事职务,不再担任执行总经理职务,另有任用;免去张超民党委常委、委员、纪委书记、监事会主席职务,另有任用。

中铁建设集团有限公司:1月29日,王宏斌任董事。5月28日,贾学斌不再担任副总经理职务。7月25日,张军柱任副巡视员,免去党委常委、委员、纪委书记、监事会主席职务。9月12日,束纯剑任党委常委、纪委书记、监事会主席。11月22日,郭剑平任二级咨询,免去党委常委、委员、董事职务,不再担任副总经理职务。12月9日,郭剑平、张军柱、叶忠锋任二级咨询。

中国铁建电气化局集团有限公司:1月2日,冯学彬任董事长;万传军为法定代表人;免去郑斌董事长、董事职务,退休。2月25日,滕俊荣免职退休。3月11日,寇宗乾任董事。9月12日,万传军任董事长、党委书记,不再担任总经理职务;程庆海任党委副书记、董事,为总经理人选;王泽泉任党委常委、纪委书记、监事会主席;万靖为副总经理人选;免去冯学彬党委书记、常委、委员、董事长、董事职务,退休;免去宋旭东党委常委、委员、纪委书记、监事会主席职务,另有任用。12月9日,朱辉任一级咨询;王志国任二级咨询。

中国铁建房地产集团有限公司:1月22日,吴宏晋为职工董事人选,不再担任副总经理职务。4月19日,李兴龙为总经理人选。7月4日,吴宏晋任党委副书记,为工会主席人选。12月9日,杨德昭任二级咨询。12月22日,彭长城免职退休。

中铁第一勘察设计院集团有限公司:7月4日,李国良任中国铁建股份有限公司首席专家;刘桢、孟祥连任中国铁建股份有限公司专家。12月9日,陈虎、冯威为副院长人选;免去黄超党委委员职务,不再担任副院长职务,另有任用。

中铁第四勘察设计院集团有限公司:3月22日,莫小玲任副巡视员,免去党委委员职务,不再担任副院长职务。4月19日,蒋再秋任党委书记,不再担任院长职务;蒋兴锟任党委副书记,为院长人选;雷佳民任党委副书记、副董事长(正职待遇),免去党委书记职务。7月4日,张浩任党委委员,为副院长人选;肖明清任中国铁建股份有限公司首席专家;戚广枫任中国铁建股份有限公司专家。9月12日,付裕任党委委员,为副院长、总会计师人选。11月22日,荆山免职退休。12月9日,莫小玲任二级咨询。

中铁第五勘察设计院集团有限公司:7月4日,王鉴任巡视员;桂婞任中国铁建股份有限公司专家。12月9日,黄超任党委副书记、董事,为院长人选;王鉴任一级咨询;李克贤任二级咨询;免去仇湘党委副书记、常委、委员职务,不再担任院长职务,另有任用。

中铁上海设计院集团有限公司:4月19日,凌汉东任董事长、党委书记;刘建红任党委副书记,为院长人选;李永利任副董事长(正职待遇),免去董事长、党委书记职务;免去薛新功党委副书记、常委职务,不再担任院长职务,保留正职待遇;免去马汉枨董事职务。7月4日,古春生任党委常委、纪委书记、监事会主席。

11月29日，凌汉东任董事长，李永利任副董事长，刘建红、马汉枨任董事，王勋为职工董事人选。12月9日，喻伟巍、李芳桃任二级咨询。

中铁物资集团有限公司：1月22日，董佃俭免职退休。3月15日，王跃飞任董事。12月9日，王辉任党委书记、董事长；李锦云任二级咨询；免去赵红鹰党委书记、常委、委员、董事长、董事职务，另有任用。

中国铁建重工集团股份有限公司：3月15日，刘在政任党委委员，为副总经理人选；刘丹为副总经理人选。4月19日，刘飞香任董事长；雷升祥、程永亮、赵晖、白云飞、贺勇军任董事；苏子孟、夏毅敏、万良勇任独立董事；王彪任监事会主席，为职工监事人选；陈培荣任监事；朱小刚为监事人选；程永亮为总经理人选；赵晖为执行总经理人选；胡斌为副总经理、总工程师人选；刘海华为副总经理人选；李健为副总经理、总会计师人选；刘丹、刘在政为副总经理人选。7月4日，江河任巡视员；张宝明任中国铁建股份有限公司专家。9月27日，杨朝凯免职退休。12月9日，江河、周海祥任一级咨询；黄兆祥、张忠、陈永祥、莫斌、孙国庆任二级咨询。

中国铁建国际集团有限公司：3月15日，莫文贺任党委副书记、董事，为总经理人选；免去孙勇党委副书记、委员、董事职务，不再担任总经理职务，另有任用。6月20日，魏万征、薛立智任董事，冯来刚为职工董事人选。9月12日，徐华祥任党委委员，为副总经理人选。10月31日，应尔强免职退休。12月9日，仇湘任党委委员，为执行总经理人选；郝桂林任一级咨询；胡凡任二级咨询。

中国铁建投资集团有限公司：3月15日，免去唐刚党委委员职务，不再担任副总经理职务，另有任用。4月19日，免去杨哲峰董事、党委副书记、常委、委员职务，不再担任总经理职务，另有任用。7月4日，免去侯希承专职外部董事职务。9月12日，高治双任党委副书记、董事，为总经理人选；宋旭东任党委常委、纪委书记、监事；免去王泽泉党委常委、委员、纪委书记、监事职务，另有任用。11月22日，谭振武免职退休。12月9日，高治双任党委书记、董事长，不再担任总经理职务；李卫华任党委副书记、董事，为总经理人选；李寿福、高志明任党委委员，为副总经理人选；安康、郑玉欣任二级咨询；免去张沛然党委书记、常委、委员、董事长、董事职务，调出。

中国铁建财务有限公司：7月4日，免去郭洪伟专职外部董事职务。8月21日，果秀娟免职退休。9月12日，周仲华为总经理人选；免去冀涛党委副书记、委员、董事职务，不再担任总经理职务，另有任用。

诚合保险经纪有限公司：9月12日，张建国任董事长、党委书记；免去卢永堂董事长、董事、党委书记、委员职务，不再担任总经理职务，另有任用。12月9日，张德清任一级咨询。

中铁建商务管理有限公司：8月21日，王凤丽免职退休。10月31日，石兴国免职退休。12月9日，吕岗任党委书记，不再担任总经理职务；贾晖东任党委副书记，为总经理人选，免去党委书记职务；孙利民任党委委员、纪委书记、监事会主席；唐国荣、倪训付任二级咨询。

中铁建金融租赁有限公司：3月15日，免去付必茂党委委员职务，不再担任副总经理职务，调出。9月12日，冀涛任党委副书记、董事，为总经理人选；免去戴建国党委副书记、委员职务，另有任用。11月19日，王秀明任董事长，张国俊任副董事长，冀涛任董事，吴烨为职工董事人选，聂伟柱任独立董事；刘峰、杜波为董事人选；张介鹏为职工监事、监事会主席人选；秦伟为职工监事人选；李健、王欢、李玉彬为监事人选；冀涛为总经理人选；尹金丹为执行总经理人选；李彤为总会计师人选。12月9日，詹伦波任二级咨询。

中铁磁浮交通投资建设有限公司：1月22日，吴兰青任监事会主席；免去谢维鋆监事会主席职务。9月12日，免去付裕党委委员、董事职务，不再担任副总经理、总会计师职务，另有任用。

中铁建资产管理有限公司：1月22日，易善健任董事。

中铁建华南建设有限公司：9月12日，免去李茂松党委副书记、委员、董事职务，不再担任总经理职务，另有任用。

中铁建网络信息科技有限公司：7月4日，免去王鉴专职外部董事职务。

中铁建国际投资有限公司：3月15日，李宁任董事长；孙勇任党委书记、董事，为总经理人选；董付堂任党委委员、董事，为执行总经理兼财务总监人选；唐刚任党委委员，为副总经理人选。5月5日，莫文贺任董事。6月21日，赵佃龙任董事；高斌为监事人选。9月12日，范永芳任党委副书记、董事，为代总经理人选（试用期1年）；李建辉任党委委员，为副总经理人选；王玉龙任党委委员，为副总经理人选（试用期1年）；免去孙勇党委书记、委员、董事职务，不再担任总经理职务，另有任用。

中铁建锦鲤资产管理有限公司：12月9日，铁建伟任一级咨询。

北京通达京承高速公路有限公司：8 月 27 日，免去宋占波党委书记、委员、董事长、董事职务；免去铁建伟党委副书记、委员、董事职务，不再担任总经理职务；免去孙利民党委委员、纪委书记、监事职务，不再担任工会主席职务。

审计监事部（长沙中心、西安中心）：12 月 9 日，陈培荣任长沙中心主任；朱宝林任西安中心主任。

川藏铁路工程指挥部：4 月 19 日，李天胜为所属集团公司正职级。9 月 12 日，孔令键任党工委书记。

（王 炽）

【人力资源制度建设】 2019 年，党委组织部（人力资源部）在股份公司、股份公司党委的领导下，主动作为、超前谋划，认真研究、精心组织，在充分调研和广泛征求意见的基础上，制定《特级一级项目经理管理办法》，规范项目经理职业发展通道建设。（王 谐）

【员工总量控制和队伍稳定】 一是严格落实员工总量控制要求。为进一步做好员工总量控制工作，准确把握员工总量控制工作面临的形势，进一步明确员工总量控制的要求，保证完成 2019 年员工总量控制工作任务，为打造"品质铁建"提供坚强人力资源保障。6 月组织召开全系统员工总量控制工作座谈会，介绍员工总量控制工作开展情况，6 家二级单位作交流发言。根据 2019 年第三季度统计报表，全系统员工总量已出现明显减少趋势。二是高度重视队伍稳定工作。根据"不忘初心、牢记使命"主题教育中股份公司党委收到的有关意见建议，针对股份公司党委 2019 年第一轮巡视发现的相关问题，以及股份公司领导班子在推进主题教育调研中发现的有关人才工作问题，为进一步做好股份公司系统人才队伍建设工作，8 月印发《关于统计员工变动情况的通知》，要求所属各单位报送近三年员工变动情况，并对数据进行汇总，组织部分二三级单位人力资源部门负责人和业务工作人员座谈，了解各单位员工流失情况，起草员工变动情况报告。详细分析全系统员工变动原因，拟订相关的措施建议，为进一步做好基层员工队伍稳定工作奠定基础。（王 谐）

【专家和人才队伍建设】 2019 年，根据国务院国资委、人社部等上级机关的统一部署，积极组织第十六届中国青年科技奖、2019 年创新人才推进计划、国家"万人计划"青年拔尖人才、"百千万工程"国家级人选、茅以升铁道工程师奖、中央企业专项支持计划等专家、团队的选拔推荐工作。通过评审推荐，8 人被评为茅以升铁道工程师奖。9 月 21 日，在召开的中央企业人才工作会议上，中国铁建重工集团股份有限公司作为 20 家入选"深化人才发展体制机制改革示范企业"之一受到表彰；中铁第四勘察设计院集团有限公司水下隧道工程技术创新团队入选中央企业优秀科技创新团队；中铁十一局集团有限公司陈永胜入选中央企业"百名杰出工匠"。

茅以升铁道工程师奖

李加祺　中铁第四勘察设计院集团有限公司机辆设计研究所所长、正高级工程师

贺常松　中铁十八局集团二公司副总工程师兼项目经理、高级工程师

王　强　中铁建设集团有限公司技术质量部部长、工程师

周福军　中铁第一勘察设计院集团有限公司地路院新技术研发室副主任、高级工程师

夏明锬　中铁十一局集团有限公司技术中心副主任、高级工程师

王胜国　中铁十九局集团有限公司高级工程师

黄炬银　中铁二十一局集团有限公司蒙华铁路 8 标段二工区总工程师、高级工程师

廖全军　中国铁建重工集团股份有限公司院长、高级工程师

（徐沛江）

【大学毕业生接收培养和人才引进】 一是统一组织校园招聘。为更好利用股份公司优势，充分发挥股份公司在高校的影响力，2019 年 9—10 月，组织所属各单位在包括中国人民大学、北京交通大学在内的 11 所大学开展 2020 届毕业生校园专场招聘活动。通过确定院校、制定方案、安排行程、组织宣传、集中宣讲、现场面试、简历筛选等环节，全年招聘 2020 届毕业生 1908 人。二是继续开办国际工程人才班。2019 年，在总结第一届国际工程人才班成功举办经验的基础上，继续与西南交通大学、长沙理工大学和石家庄铁道大学联合开设第二届国际工程人才班。4—5 月，分别在 3 所大学开展专场招聘，系统内 22 家所属单位签约 214 名毕业生。为做好国际班签约学生的培养工作，所属各单位为签约的学生提供暑期实习机会。在 2019 年暑期，第二届国际班 126 名学员到签约单位项目进行现场实习。7 月，第一届国际工程人才班的 133 名毕业生顺利毕业进入到所属二级单位报到上岗。截至 2019 年 7 月 31 日，第一届国际班 133 人中有 76 人被派往海外项目工作，占总人数的 57.14%；有 42 人

留在国内工作，占总人数的 31.58%；有 15 人继续在培训，占总人数的 11.28%。（徐沛江）

【在京单位从京外调配人员和高校毕业生接收】 2019 年，利用人社部下达的从京外调配人员年度计划和专项计划，以及高校毕业生接收计划，解决夫妻两地分居等渠道，为股份公司总部和所属在京单位的人才队伍结构调整、优化和稳定提供坚强支持。全年申请 2019 年度计划 32 个、重大专项支持计划 26 个。在人社部市场司批复的计划内，为所属在京单位接收的 429 名应届高校毕业生（其中研究生 131 名、本科生 298 名）办理进京备案手续。为保证各单位接收毕业生劳动关系的真实有效，股份公司逐一核查每名毕业生的劳动合同、社保缴费记录、住房公积金缴存记录、工资发放证明等材料，并对学历证书和学籍情况进行网上查询，做到应查尽查。（徐沛江）

【专业技术职务任职资格评审】 股份公司组织完成 2019 年度职称评审工作，并对 2018 年的专业技术职务任职资格评审情况进行总结，继续执行评审纪实制度和学历、成果等网络查证制度，保证评审材料的真实性，进一步严肃职称申报和评审纪律，为提高评审质量和效果奠定基础。通过评审，全系统有 2277 人取得相应专业技术职务任职资格。其中，正高级工程师 1154 人（评审 253 人、认定 901 人），高级工程师 197 人；正高级经济师 23 人，高级经济师 234 人，二级法律顾问 6 人；正高级会计师 43 人，高级会计师 247 人；高级政工师 252 人。2019 年向国资委推荐教授级高级政工师 1 人，顺利通过国资委组织的评审，取得教授级高级政工师任职资格。（王　谐）

【军转干部和符合政府安排工作条件退役士兵接收安置】 2019 年，按照退役军人事务部的工作安排，完成 2019 年度军转干部接收安置工作。按照退役军人事务部《关于做好 2019 年度中央企业接收安置由政府安排工作退役士兵工作的通知》（退役军人部函〔2019〕73 号）精神，下发《关于做好接收安置 2019 年度由政府安排工作退役士兵工作的通知》，中国铁建及所属各单位提前介入、主动作为，从坚决贯彻执行党中央决策部署的大局出发，从履行央企社会责任的自觉出发，从加强本单位人才队伍建设的需要出发，从本单位人力资源配置的需求出发，积极与驻地民政部门或退役士兵接收安置工作主管部门进行沟通协调，确定退役士兵接收安置岗位，并按照各地的退役士兵接收安置主管部门的工作要求开展工作。截至 2019 年底，中国铁建系统完成接收安置 28 人。（王　谐）

【扶贫挂职干部选派】 2019 年，中国铁建系统内承担定点对口扶贫任务的 3 名扶贫干部和 3 名驻村第一书记扶贫挂职时间延期到 2020 年。（徐沛江）

【人力资源信息统计工作】 截至 2019 年底，中国铁建系统有在职员工 293884 人（不含锦鲤资产 467 人）。其中，管理和专业技术人员（干部人数）213391 人，占总人数的 72.61%；管理型人员 73940 人，专业技术人员 198291 人（在管理岗位 58856 人）；技能人员 80493 人，占总人数的 27.39%。

2019 年中国铁建系统人员按年龄分布

年龄	人数（人）	占比（%）
35 岁及以下	163872	55.76
36～40 岁	41564	14.14
41～45 岁	30757	10.47
46～50 岁	26807	9.12
51～54 岁	11999	4.08
55 岁及以上	18885	6.43

2019 年中国铁建系统专业技术职务人员分布

专业技术层级	人数（人）	占比（%）
高级专业技术职务	33675	16.98
中级专业技术职务	56330	28.41
初级专业技术职务	86560	43.65
未聘任专业技术职务	21726	10.96

2019 年中国铁建系统人员学历分布

学历	人数（人）	占比（%）
研究生及以上	12147	4.13
大学本科	157200	53.49
大学专科	62079	21.12
中专	20355	6.93
高中及以下	42103	14.33

2019 年中国铁建系统专业技术员分类

专业技术层级	人数(人)	占比(%)
工程技术人员	151372	76.36
卫生技术人员	1562	0.79
经济人员	15061	7.60
会计人员	19808	9.99
翻译人员	318	0.16
政工人员	9600	4.84
其他类别人员	516	0.26
总　计	198237	100.00

2019 年中国铁建系统人员业务板块分布

主营业务板块	人数(人)	占比(%)
工程承包人员	170395	85.93
勘察设计咨询人员	17585	8.87
装备制造人员	3251	1.64
物资流通人员	1110	0.56
房地产开发人员	2134	1.08
投资服务人员	2839	1.43
金融服务人员	467	0.23
其他板块人员	510	0.26
总　计	198291	100.00

(制表:徐沛江)

【三项制度改革】 按照《国资委关于开展 2019 年中央企业三项制度改革专项行动的通知》(国资考分〔2019〕232 号)精神和《中国铁建股份有限公司深化劳动用工和收入分配制度改革工作方案》(中铁建人〔2016〕108 号)总体安排,制定《中国铁建股份有限公司深化三项制度改革 2019—2020 年重点工作方案》,明确 2019—2020 年阶段性工作目标以及深化干部管理改革、严格控制员工总量、推进管理机构改革、创新绩效考核管理、健全工资总额决定机制、完善中长期激励手段、强化副职领导激励约束机制、加强人才队伍建设、全面整合培训教育资源 9 项重点任务和实施步骤、时间安排。在全面推进三项制度改革的同时,力求在重点领域和关键环节取得有效突破,初步形成“管理人员能上能下,员工能进能出,工资能升能降,组织机构更趋优化”的管理机制。 (岳向文)

【工资总额管理办法】 2019 年,按照国资委《中央企业工资总额管理办法》(国资委令第 39 号)和《中央企业工资总额决定机制实施细则(试行)》的新要求,在经济效益决定机制的基础上,起草《中国铁道建筑集团有限公司工资总额管理办法》,职工工资的增长与企业劳动生产率和人工成本投入产出效率的提高紧密联系,引导工资增长向效益好、效率高的单位倾斜,进一步提高企业市场竞争力、激发企业创造力,充分调动企业职工的积极性、主动性,促进收入分配更合理、有序,实现职工工资能增能减,更好地推动企业高质量发展。 (邹　磊)

【工资总额预算管理】 2019 年,完成向国资委上报 2018 年度中国铁道建筑集团有限公司工资总额预算执行情况报告和 2019 年度工资总额预算报告及预算调整报告;完成对所属二级单位 2018 年度工资总额清算批复和 2019 年度工资总额预算批复,并对 2019 年股份公司工资总额的预算执行情况开展预清算。中国铁道建筑集团有限公司向国资委上报 2018 年度职工工资总额清算额为 3828340 万元。 (邹　磊)

【高级管理人员薪酬管理】 2019 年,为规范高级管理人员薪酬管理,建立有效的激励与约束机制,根据国务院国资委关于中央企业负责人薪酬管理的有关规定,结合实际,修订《董事、监事薪酬管理办法》《高级管理人员薪酬管理办法》,明确高级管理人员薪酬结构体系,重新规定基本年薪、绩效年薪、任期激励收入、特别奖励的兑现规则,把业绩考核结果和副职负责人的薪酬分配紧密挂钩,副职负责人的基本年薪在主要负责人基本年薪的 0.6~0.9 之间确定,合理拉开副职负责人绩效年薪差距。 (岳向文)

【二级单位负责人激励约束机制】 2019 年,制定下发《关于进一步加强二级单位负责人薪酬管理有关事项的通知》,健全业绩考核,合理拉开负责人薪酬差距。在严格考核的基础上,副职负责人绩效年薪一般在主要负责人的 90% 之下确定,适当拉开主要负责人与副职负责人薪酬之间的差距,体现主要负责人的责任和贡献。同一班子中副职负责人绩效年薪最高、最低值之间差距原则上不少于5%，合理拉开副职负责人薪酬之间的差距。关于在企业生产经营、海外发展等工作中作出特别重大贡献的副职负责人，可以给予特别奖励。建立薪酬调节机制，促进困难企业负责人履职尽责。关于到管理基础薄弱、历史负担重、市场竞争力弱，相对困难的二级单位任职、工作成效得到充分认可、年度个人评价结果为优秀的主要负责人，调整职务后绩效年薪低的，第一年调整至调整职务前绩效年薪的90%或全系统各二级单位主要负责人绩效年薪平均值的较高值；第二年调整至平均值；第三年按规定计算。（岳向文）

【一线职工薪酬管理】 2019年，制定《中国铁建股份有限公司直管项目部薪酬管理办法》，明确薪酬结构，项目部负责人实行年薪制，并规定除按规定取得的基本年薪、绩效年薪、项目终期考核收入和经股份公司批准的特别奖励外，不得在本项目部或其他项目部取得任何其他收入。项目部其他人员实行岗位绩效工资制，其薪酬由岗位工资、工龄工资、绩效工资、津补贴四部分组成，并明确各部分的上限标准和津补贴项目范围，统一薪酬体系。适当提高基层一线项目部人员工资水平，加大项目部主要负责人、副职负责人、部门负责人、一般人员之间薪酬分配系数差距，提高薪酬水平与承担责任、工作量匹配度，强化对项目部人员的激励和约束机制，促进项目部各项管理工作提升。

（岳向文）

【治欠保支】 2019年，股份公司印发《关于保障职工工资支付有关问题的通知》，制定保障工资支付七项措施，强化工资支付管控，优化事前处置流程，明确提出要把农民工、职工工资作为资金支付的第一顺序，对未清偿完毕拖欠职工工资的单位，上级单位可通过财务监管系统采取中止其他款项拨付的措施。把是否拖欠职工工资作为下级法人和所属独立核算的非法人分支机构负责人业绩考核、薪酬分配的重要依据，采取拖欠扣分，扣减、停止兑现或停止发放负责人绩效薪酬等各项措施，强化制度刚性兑现。把是否拖欠职工工资作为评优评先的重要依据，下级法人和所属独立核算的非法人分支机构中拖欠职工工资单位、单位班子、单位班子成员不得评为本单位先进单位和先进个人称号，不得推荐参加上级单位评优评先。落实国资委有关规定，拖欠职工工资期间，负责人不得购置、租赁、更新公务用车，履职待遇、业务支出标准适当降低。下发《关于做好2020年元旦春节期间农民工工资支付清欠工作的通知》，在元旦春节期间组织所属各单位开展工资支付清欠工作，建立工资支付清欠周报制度，推进《治欠保支三年行动计划（2017—2019）》落实，指导监督所属各单位解决工资拖欠。同时协调处理农民工讨薪事件。（岳向文）

【规范表彰奖励】 组织编制和下达2019年表彰奖励计划，表彰奖励项目由2018年的37项压缩为2019年的15项，压缩率60%。在压缩整体表彰奖励项目数量的同时，重点加大安全生产、经营承揽、海外工作奖励力度。支持和保证重点工作有效开展；严格按照规定的条件、程序、项目、奖励标准和列支渠道，开展表彰奖励活动，切实做到表彰奖励有据可依。（岳向文）

【规范履职待遇、业务支出管理】 2019年，按照国资委《关于进一步规范中央企业负责人履职待遇、业务支出管理有关事项的通知》（国资发考分〔2018〕115号）有关要求，修订股份公司负责人、子公司负责人和总部员工履职待遇、业务支出3个管理办法，对部分人员的国内差旅住宿标准、办公用房、公务用车、接待用餐等内容进行调整。为贯彻落实《关于加强中央企业负责人履职待遇、业务支出管理有关事项的通知》（国资考分〔2019〕642号）要求，制定下发《关于进一步加强履职待遇、业务支出管理有关事项的通知》，明确规定除股份公司领导（境内和境外），股份公司本部部门负责人（境外），二级单位主要领导（境内和境外），二级单位副职领导（境外），获得院士、全国勘察设计大师称号人员（境内和境外）以及股份公司规定可以乘坐飞机公务舱的人员外，其他各级管理人员原则上不得乘坐飞机公务舱。对履职过程中无法执行相关制度标准的特殊情况，进一步明确管理制度，严格内部审批程序，原则上需经本单位主要负责人审批同意，并做好备案登记。要求所属各单位切实加强履职待遇、业务支出管理制度体系建设，各相关部门切实履行工作职责，加强履职待遇、业务支出管理和监督，确保有关政策规定及企业内部各项制度办法落地执行。

（岳向文）

【“五险一金”及统筹外费用缴纳】 2019年，中国铁建系统五项社会保险上缴地方社保112亿元，住房公积金上缴57.50亿元，企业年金缴费15.59亿元，补充医疗保险计提资金5.30亿元。其中，基本养老保险305039人参保，参保率100%；失业保险286986人参保，参保率94.08%；基本医疗保险322868人参保，参保率100%；工伤保险304755人参保，参保率99.9%；生育保险279945人参保，参保率91.77%；住房公积金278487人参保，参保率91.30%；补充养老保险（企业年金）213252人参保，参保率68%。企业支付各项费用10.85亿元。其中，统筹外费用4.50亿元，补充医疗保险2.80亿元，补充养老保险（企业年金）3.55亿元。全系统有工伤人员5324人，其中一级伤残44人、二级伤残76人、三级伤残104人、四级伤残394人、五级伤残225人、六级伤残423人、七级伤残401人、八级伤残574人、九级伤残1042人、十级伤残1018人、十级以下伤残998人。 （李　倩）

【保险缴费基数核定及最低工资】 北京市2019年1—6月社会保险缴费基数上限为25401元、下限为3387元，7—12月社会保险缴费基数上限为23565元、下限为3613元。农民工社会保险缴费基数按照本人上一年月平均工资确定，上限按照本市上年职工月平均工资300%确定，下限按照本市上年职工月平均工资40%确定。 （程相辉）

【补充医疗保险报销】 2019年确保离休人员每月医药费，退休人员和在职人员每季度住院医疗费用，年中、年末所有人员医药费按时报销。按岗位分工录入、审核医药费单据10万余张，支付报销金额212万元。 （李　倩）

【健康体检】 2019年，根据铁建医院建议调整体检项目，体检前召开铁建医院负责人会议，就体检质量、服务水平以及个性化需求提出具体要求，确保不能在股份公司规定时间体检人员、招录人员、领导培训学习等需求，提供随检；对部分年龄偏大、行动不便退休人员，实行一对一服务；对体检指标异常人员，及时同本人沟通等。全年组织总部在职、内退、离退休、新招聘人员健康体检800余人次。 （李　倩）

【企业年金实施工作】 根据股份公司2019年初制定的企业年金投资策略计划，召开企业年金各管理人投资分析会议，根据市场变化及时调整投资运营策略；保持与受托管理人顺畅沟通，及时处理股份公司年金运行过程中的问题。2019年，通过电话沟通、面对面交流等形式对所属单位企业年金实施细则修订工作进行指导，并对35家所属单位修订的企业年金实施细则进行审核和批复。9—10月，分4次组织举办企业年金运营管理培训班，参会人员涵盖二级、三级单位企业年金业务人员500余人；会上专家授课，梳理业务流程，提出更高标准要求，通过以考促学方式，提高业务水平。11月，根据第一合同期企业年金运营情况，为实现第二合同期年金运营目标，淘汰1家年金投资管理人并经过市场遴选，增选2家年金投资管理人，并组织召开企业年金管理人会议。截至2019年底，股份公司总部和42家所属单位建立企业年金制度，正式投资运营，覆盖总人数21万人，覆盖率68%；企业年金基金投资运营资金66亿元，2019年度股份公司企业年金计划收益率9.41%。 （程相辉）

【员工教育培训】 2019年，中国铁建及所属单位按照统筹规划、突出重点、分层管理、分级负责的要求组织实施员工教育培训工作，多层次、多渠道、多方式开展员工培训工作。全年员工培训511385人次，比2018年增长9.28%。其中，管理人员418810人次，包括企业领导人员21514人次、经营管理人员86313人次、专业技术人员268335人次、党群管理人员41648人次、技能人员93575人次，海外人员21476人次。 （周东旺）

【各级领导人员培训】 一是加强股份公司党委管理干部的培训。2019年5月19—23日在中国井冈山干部学院举办一期局级领导人员政治与形势教育培训班，46人参加培训；11月4—8日在中国浦东干部学院举办一期局级领导人员战略思维与领导能力培训班，48人参加培训。二是加大对青年干部的培训力度。4月22—28日在国家行政学院举办一期青年干部政治与形势教育培训班，61人参加培训；9月2—6日在中国大连高级经理学院举办一期青年干部战略思维与能力提升培训班，59名三级单位主管领导参加培训。三是继续加强对新提任处级领导人员培训。全年分三期在股份公司党校举办新提任处级领导干部培训，499人参加培训；10月在股份公司党校举办一期中央党校国资委分校秋季学期处级领导干部进修班，40人参加为期90天的学习。（周东旺）

【工程技术人员培训】 2019年4月、9月分别在西南交通大学、石家庄铁道大学举办第五期、第六期总工程师培训班，209名所属单位总工程师和工程技术骨干参加为期14天的培训；11月在清华大学举办第二期青年设计师（结构）培训班，54名设计骨干参加为期7天的培训；4月、12月分别在湘潭铁路工程学校与中南大学联合举办两期BIM应用技术培训班，85名专业技术人员参加培训。（周东旺）

【海外人员培训】 2019年3月、10月先后在北京外国语大学举办两期为期3个月的外语培训班，其中英语培训105人、法语培训23人；7月委托北京基业长青公司举办国际工程项目经理高级进修班，65名国际项目经理参加为期25天的培训；12月委托天津大学举办一期后备国际工程项目经理培训班，64名项目经理参加为期24天的培训；12月委托清华大学举办一期国际商务与风险管理高级研修班，65名国际商务管理人员参加为期8天的培训。（周东旺）

【施工现场管理岗位取证培训】 2019年，经住房和城乡建设部批准，中国铁建股份有限公司被批准为开展施工现场专业人员职业培训试点工作单位，所属湘潭铁路工程学校、中铁十五局集团技校、中铁二十局集团技校被确定为首批试点培训机构，职业培训范围包括施工员、质量员、材料员、机械员、劳务员、资料员、标准员、构件工艺员、信息管理员、构件质量检验员。

（周东旺）

【技能操作培训】 2019年，股份公司分别在中铁十二局集团有限公司、中铁十五局集团有限公司培训中心举办三期测量员、试验员培训班；在中铁十二局培训中心举办两期无人机驾驶员培训班；在中国铁建重工集团股份有限公司学院举办三期盾构机操作人员培训班，565人取得相应岗位培训合格证书。（周东旺）

【培训机构改革】 2019年，中国铁建股份有限公司被国资委确定为培训疗养机构改革试点单位。根据中央和国资委有关文件要求，结合企业实际情况，3月，向国资委上报《培训疗养机构专项核查情况的报告》和《培训疗养机构改革实施方案》。（周东旺）

【职业技能鉴定】 2019年5月22—23日，股份公司在湖南湘潭召开中国铁建职业技能等级认定试点工作方案评审会，经人力资源和社会保障部、湖南省评审专家组评审，通过中国铁道建筑集团有限公司暨中国铁建股份有限公司职业技能等级认定试点方案和中铁城建集团有限公司、中国铁建重工集团股份有限公司、中铁十二局集团有限公司、中铁二十五局集团有限公司职业技能等级评价中心实施办法。评审专家一直认为“中国铁建基本具备开展职业技能等级认定试点工作条件，可以开展涉及136种职业的《职业技能等级评价职业（工种）目录》范围内职业技能等级认定试点工作”。同时，评审专家组一致认为“中国铁建基本具备实行‘职业技能等级认定试点工作（湖南）实施办法’的条件，可以开展涉及49种职业的《职业技能等级评价职业（工种）目录》范围内职业技能等级认定试点工作”。（苗振林）

【职业技能等级认定管理办法（试行）】 2019年，为做好中国铁建职业技能等级认定工作，促进员工提高技能水平，根据上级有关政策规定，结合企业实际，制定并印发《中国铁道建筑集团有限公司暨中国铁建股份有限公司职业技能等级认定试点工作实施办法（试行）》（中铁建人〔2019〕52号）。（苗振林）

【职业技能等级评价中心备案】 2019年，根据人力资源和社会保障部《关于开展职业技能等级认定试点工作的通知》（人社厅发〔2018〕148号），中国铁建系统设21个职业技能等级评价中心，经过股份公司总部、职业技能等级评价中心及所在集团公司人力资源部门共同努力，全部完成在省（直辖市、自治区）属地人社部门备案。其中，北京市属地有中铁十六局集团有限公司、中铁二十二局集团有限公司、中铁建设集团有限公司、中国铁建电气化局集团有限公司；上海市属地有中铁十五局集团有限公司、中铁二十四局集团有限公司；天津市属地有中国铁建大桥工程局集团有限公司、中铁十八局集团有限公司；辽宁省属地有中铁十九局集团有限公司；山东省属地有中铁十四局集团有限公司；湖南省属地有中铁十二局集团有限公司、中铁二十五局集团有限公司、中国铁建重工集团股份有限公司、中铁城建集团有限公司；湖北省属地有中铁十一局集团有限公司、中铁第四勘察设计院集团有限公司；山西省属地有中铁十二局集团有限公司、中铁十七局集团有限公司、中国铁建电气化局集团有限公司；陕西省属地有中铁二十局集团有限公司、中铁第一勘察设计院集团有限公司；四川省属地有中铁二十三局集团有限公司；甘肃省属地有中铁二十一局集团有限公司。

（苗振林）

【职业技能鉴定质量督导员岗位培训】 2019 年 4 月、6 月分别在中铁二十局集团有限公司、中铁二十五局集团有限公司培训中心各举办一期职业技能鉴定质量督导员岗位培训班，来自系统内 21 个职业技能等级评价中心 139 人参加培训，并通过考核取得职业技能鉴定质量督导员岗位证书。（苗振林）

【职业技能鉴定考评员培训与聘任】 2019 年，经所在单位审核、推荐，刘海芳等 320 人参加 2019 年度股份公司职业技能等级认定考评员、高级考评员任职资格培训、考核，并核准刘海芳等 117 人为高级考评员、张杰等 203 人为考评员。职业技能鉴定考评员有效期 2019 年 10 月至 2022 年 9 月，由所在集团公司人力资源部（或职业技能等级评价中心）负责管理、使用和考核。（苗振林）

【职业技能竞赛】 经人力资源和社会保障部批准，中国铁建与中国就业培训技术指导中心联合举办 2019 年中国技能大赛——中国铁建试验员职业技能竞赛，中铁十二局集团有限公司承办。2019 年 11 月 7—9 日在湖南省湘潭市举办，中国铁建所属中铁十一局、中铁十二局、中国铁建大桥局、中铁十四至二十五局、中铁建设、铁一院、铁四院、中铁城建、中国铁建港航局 20 个代表队 80 名选手（其中 20 名为替补选手）参加。中铁十二局集团有限公司获团体总成绩第一名，中铁十一局集团有限公司获团体总成绩第二名，中铁二十四局集团有限公司获团体总成绩第三名；个人第一名沈阔、第二名刘杰、第三名朱建敏、第四名肖双清、第五名侯辉辉、第六名蔡凯、第七名孙慧林、第八名曾尚刚、第九名江少龙、第十名银海、第十一名陈琨、第十二名李敏、第十三名杜敏君、第十四名高荣磊、第十五名王伟。中国铁建对获得竞赛总成绩前三名的选手，报请国家人力资源和社会保障部授予“全国技术能手”称号，经选手所在单位推荐，中国铁建核准，晋升技师职业技能等级，已具有技师职业资格或职业技能等级的，破格晋升高级技师职业技能等级；对获得竞赛总成绩第四至第七名的选手，报请国务院国资委授予“中央企业技术能手”称号，经选手所在单位推荐，中国铁建核准，破格参加技师职业技能等级评审，已具有技师职业资格或职业技能等级的，可破格参加高级技师职业技能等级评审；对获得竞赛决赛总成绩第四至第十五名的选手，无职业资格或职业技能等级的，直接认定高级工职业技能等级。对以上获得竞赛总成绩前 15 名选手授予“中国铁建技术能手”称号，颁发荣誉证书。授予中铁十二局集团有限公司优秀组织奖。（苗振林）

【中国铁建试验员国家二类竞赛裁判员培训班】 2019 年 7 月 16—18 日在中铁十二局集团有限公司培训中心举办，51 人参加培训。中铁十一局集团有限公司陈永胜等 46 人经考核，取得中国铁建试验员国家二类竞赛裁判员资格，有效期 2019 年 8 月至 2022 年 7 月，执裁范围为中国铁建主办或承办的试验员国家二类竞赛或中央企业集团竞赛。（苗振林）

【“三区三州”职业技能大赛】 11 月 12—15 日，人力资源和社会保障部、云南省人民政府主办的 2019“三区三州”职业技能大赛在云南省安宁市举办。中国铁建作为技术支持单位，协助组委会完成 9 个竞赛职业中的砌筑工、镶贴工相关赛务赛事工作，获“突出贡献单位”奖牌。（苗振林）

【全国电子服务业职业技能竞赛】 11 月 28 日至 12 月 1 日，中国电子商会、中国就业培训技术指导中心联合主办的 2019 年中国技能大赛——全国电子服务业职业技能竞赛 3D 打印项目决赛在浙江省杭州市举行。中国铁建大桥工程局集团有限公司首次派选手参赛，并获得三等奖。（苗振林）

【物理性能检验员国家职业技能标准】 2019 年 10 月 11 日，中铁十二局集团有限公司组织编写的《物理性

能检验员国家职业技能标准》(编写稿)在山西省太原市通过专家组初审,并在人社部职业技能鉴定中心官网公示。（苗振林）

【首次特级技师评选】 2019年5月5日,股份公司在北京召开特级技师评审会,经评委评审,推荐中铁十一局集团有限公司陈永胜,中铁十二局集团有限公司刘军华、田国锐,中铁第一勘察设计院集团有限公司张斌为股份公司特级技师候选人,并经7月5日第11次总裁办公会议审议,批准陈永胜、刘军华、田国锐、张斌为股份公司特级技师,由所在集团公司聘任,自聘任之日起享受规定的待遇。（苗振林）

【2019年度全国交通技术能手】 根据交通运输部有关通知精神,经所属各单位推荐、交通运输部评审,批准中铁十一局集团有限公司工程测量工高级技师穆鹏飞、中国铁建大桥工程局集团有限公司工程测量工高级技师温晓辉、中铁十八局集团有限公司工程测量工技师张志恒为2019年度全国交通技术能手(交人教发〔2019〕159号)。（苗振林）

【2019年度中国铁建技术能手】 根据《中国铁建股份有限公司职业技能竞赛技术规程(试行)》规定,经批准(中国铁建人函〔2019〕781号),股份公司对所属各集团公司职业技能竞赛决赛第一名:中铁十一局集团有限公司起重装卸机械操作工李彦峰、中国铁建大桥工程局集团有限公司试验员曹运珠、中铁十四局集团有限公司试验员孙铭耀、中铁十五局集团有限公司试验员兰东升,中铁十六局集团有限公司工程测量员潘庆阔、维修电工胡伟伟、盾构操作手巩庆财、盾构机电维修工李毅、盾构机液维修工潘军,中铁十七局集团有限公司试验员贾玉松,中铁十八局集团有限公司工程测量员韩伟达、试验员武宏钰,中铁二十局集团有限公司试验员刘鹏翔、中铁二十一局集团有限公司试验员杨天、中铁二十三局集团有限公司试验员李彦彬、中国铁建重工集团股份有限公司焊工周义、中铁城建集团有限公司试验员梁先东17人给予表彰,授予“中国铁建技术能手”称号,并颁发证书。（苗振林）

【国家级技能大师工作室评估工作】 2019年5—6月,根据人力资源和社会保障部职业能力建设司工作安排,股份公司完成哈尔滨第一工具制造有限公司高强工作室、中联重科股份有限公司李传泉技能大师工作室、中国石油集团川庆钻探工程有限公司川东钻探公司冉鹏技能大师工作室三个大师工作室评估任务。（苗振林）

【干部监督】 2019年,按照上级单位要求,中国铁建系统605人上报个人有关事项。全年全系统随机抽查64人,重点抽查97人,并对漏报或填报不规范的46人进行批评教育处理,对漏报情节较重的4人进行诫勉处理。通过排查确定15名查核验证对象,截至2019年底,未发现问题。全年审核备案二级单位总经理助理人员33人次、破格提拔人员16人次,开展对8家单位党委干部部部长(党委工作部部长)进行备案考察,进一步规范所属单位选人用人业务。全年完成因私出国(境)审批50人次,须股份公司备案人员全部及时向出入境管理部门进行登记备案。按照干部档案管理有关规定,及时完成文件的编目、扫描及归档,审核二级单位移交的57卷干部档案。年内完成干部档案数字化扫描500卷;对二级单位干部人事档案专审全覆盖工作进度情况在全系统进行通报。6月30日,人力资源信息系统开发单位完成合同约定的开发任务,并提交系统终验正式申请。9月27日,党委组织部(人力资源部)与信息化管理部联合召开中国铁建人力资源管理信息系统v1.0项目成果总结会,标志着历时两年5个月的人力资源信息系统第一阶段建设已全部完成。（张瑞全　范爱颖）

·离退休职工管理·

【离退休职工管理中心】 负责中国铁道建筑集团有限公司退休职工社会化推进工作及中国铁建系统离休职工统计工作;负责总部离退休职工、内部退养职工的日常管理和服务工作。定员11人,现员10人。设主任1人、副主任1人,下设事务管理处、生活服务处、健康服务处。

截至2019年12月31日,离退休职工管理中心管理离退休、内部退养职工641人,其中离休干部11人、退休职工602人、内部退养职工28人。党员543人。2019年,1001人参加活动(含直属单位360人)。

（赵兰芳）

【退休人员社会化管理推进工作】 2019年7月下旬，召开17个退休支部书记、支委会议，传达国务院国资委《关于剥离国有企业办社会职能和解决历史遗留问题工作》会议精神，并转达股份公司领导对老职工的关怀——“保障老同志利益最大化”，消除顾虑，稳定思想。自9月起，先后向国资委填报“在京中央企业退休人员基本情况调查表”《关于开展2019年国有企业改革重点工作任务落实情况自查的通知》“中央企业剥离办社会职能和解决历史遗留问题工作进展明细表”“剥离办社会职能和解决历史遗留问题工作进展情况汇总表”，统计中国铁建系统在(北)京退休人员8486人，非北京市户籍但养老和医疗保险均在北京缴纳的退休人员204人等信息。上报3名局级离休干部医疗待遇审批资料。 （赵兰芳）

【离退休职工管理与服务】 落实离退休职工政治待遇。2019年，积极组织离退休各支部开展“不忘初心，牢记使命”主题教育学习活动；组织离退休支部集中学习党的十九届四中全会精神。抓好“两室一板”宣传工作，阅览室为老职工提供《人民日报》《半月谈》等报纸杂志54种，为每个离退休及内部退养职工赠送1份《中国老年报》；阅文室定期更换文件201份。全年出黑板报11期。开展创先争优活动，以新中国成立70周年为契机，为14名中国铁建总部有特殊贡献的离退休人员、全国劳模等领发新中国成立70周年纪念章；在建党98周年之际，表彰先进党支部5个、先进党小组35个、优秀共产党员60人。

落实离退休职工生活待遇。全年走访慰问原铁道兵老首长，工程指挥部、集团有限公司老领导及其遗属39人，走访困难及重病职工家庭153户，慰问年满70、80整岁老职工32名；看望因病住院老职工33人次；电话随访26名原总公司领导及11名离休干部健康状况；变更定点合同医院75人次；办理街道、异地、大病急诊及补办社保卡168人次；组织全体离退休人员体检；为64人次离休干部借住院支票，126人次离休干部、伤残老同志报销医疗费用；完成667人次18539张医疗报销单据的初审、粘贴等工作；协助10名去世老职工家属办理其善后事宜。组织到北京市退休职工之家疗养200人；组织离退休职工开展文体活动，全年参加桥牌、歌舞、游园、钓鱼等室内外文体活动25000人次。 （赵兰芳）

宣 传

【党委宣传部(企业文化部)】 股份公司党委宣传部，又称企业文化部，既属公司党委工作部门，又属行政工作部门。主要职责：负责中国铁建股份有限公司意识形态工作；负责股份公司党委理论学习中心组学习，指导检查所属单位党委理论学习中心组学习；负责全系统员工思想政治工作和思想教育、时事政策教育工作；负责精神文明建设、企业文化建设、品牌建设管理、对外新闻报道工作；负责突发事件新闻处置及负面舆情处置工作；负责中国铁建官方微博微信等新媒体的运营管理，指导所属单位新媒体的运营管理；负责党建思想政治工作研究；负责反邪教工作；负责中国铁建书法家协会管理工作；负责铁道兵纪念馆暨中国铁建展览馆管理工作；指导《中国铁道建筑报》工作。定员13人，设部长(总经理)兼新闻发言人1人、副部长(副总经理)兼馆长1人、党建政研会副秘书长1人，现有人员8人；下设宣传教育处、企业文化处、新闻舆情处、铁道兵纪念馆暨中国铁建展览馆。

2019年，党委宣传部(企业文化部)认真学习贯彻习近平新时代中国特色社会主义思想、党的十九大和十九届四中全会精神，落实国务院国资委党委、股份公司党委系列战略部署和工作要求，围绕企业改革发展和党建工作等中心任务，扎实开展全系统宣传思想文化工作，为推动企业深化改革、打造“品质铁建”凝聚精神力量，营造良好的文化和舆论环境。 （刘树山）

【党委理论学习中心组学习】 2019年2月19日，印发《2019年党委理论学习中心组专题学习重点内容安排》，把中国特色社会主义理论体系特别是习近平新时代中国特色社会主义思想、习近平对国有企业改革发展和党建论述等作为学习的重要内容。3月20日，修订印发《中国铁建股份有限公司党委理论学习中心组学习规则》。全年组织集体学习16次，注重与“不忘初心、牢记使命”主题教育有效结合，通过集中学习、主题讲座、专题研讨、调研成果交流等形式，有力推动党的创新理论与企业改革发展实践的融合。12月18日和26日，相继邀请学习贯彻党的十九届四中全会精神宣讲团成员施芝鸿、袁曙宏解读党的十九届四中全会精神，全系统10万人通过视频参加学习。6月18—20日，股份公司召开新闻发言人暨海外宣传工作培训班,11 月 21—24 日,股份公司召开宣传思想文化工作会暨宣传干部培训班,并在两次培训班期间,以现场查阅记录、收集书面材料等方式对所属各单位中心组学习情况作专项检查通报。 (刘志强)

【加强意识形态工作】 2019 年,股份公司全力推进全系统意识形态工作向纵深发展,突出抓好重大节点、敏感时期的意识形态工作和反邪教维稳工作。落实各级党委主体责任,扎实推进意识形态工作责任制的落实。3 月 18 日,修订《中国铁建股份有限公司党委落实意识形态工作责任制实施办法》。通过召开专题会和结合年度党建工作考核,传达和部署意识形态阵地建设专项工作。所属各单位落实属地管理、分级负责和谁主管谁负责的原则,加强阵地管控,增强履职自觉。全年全系统意识形态工作整体平稳。 (刘志强)

【深化精神文明创建】 2019 年,持续深化文明创建,进一步加大对全系统培育和实践社会主义核心价值观人和事的宣传、报道力度。3 月 1 日,印发《关于开展学雷锋志愿服务活动的通知》。全年全系统各级组织持续开展社会志愿服务活动,广泛开展"岗位学雷锋""诚信央企、责任央企建设""国企开放日"等实践活动,全面推进道德讲堂建设,让海内外大众近距离感知中国铁建。 (刘志强)

【组织"品质铁建"宣讲活动】 坚持抓好主题教育和形势任务教育,积极利用新媒体平台和易于员工接受的表现手法,提升宣传教育效果。2019 年 1 月 21 日,印发《关于认真学习宣传贯彻股份公司年度工作会议精神的通知》,对学习宣传贯彻工作进行部署。3 月 26 日,历经前期筹备、材料撰写和试讲选拔,印发《关于开展"品质铁建"巡回宣讲活动的通知》,启动"品质铁建"巡回宣讲主题教育,全系统 4 个小组宣讲 42 场,直接听众和间接听取宣讲的人员达 5 万余人,在系统上下引起强烈反响。同时,推出《"品质铁建"的潜台词,你读懂了么?》《"品质铁建"的正确打开方式,你 Get 到了么?》《密集人事调整,传达了中国铁建怎样的用人导向?》等解读评论文章,凝聚改革共识,扫除思想障碍,在全系统掀起学习贯彻"品质铁建"的精神热潮。 (刘志强)

【开展庆祝新中国成立 70 周年系列活动】 2019 年 4 月 30 日,印发《关于开展庆祝新中国成立 70 周年系列主题活动的通知》,以"大国顶梁柱、阔步新时代"为主题,广泛开展"我和我的祖国""你好新时代"等主题教育活动,以短视频、摄影、征文、演讲等形式,聚焦中华人民共和国成立 70 周年成就贡献,生动活泼地传播主流价值,立体多维地展现铁建人的奋进状态和家国情怀,极大振奋党心民心、凝聚发展信心。汇编《图说·中国铁建 70 年》,图文并茂地描绘中国铁建的奋斗历程,在全系统产生广泛影响,受到国资委肯定并推荐给所有中央企业。所属各单位广泛开展纪念地挂牌、祭奠和各类文体活动。9 月 6 日,印发《关于表彰庆祝新中国成立 70 周年系列主题活动获奖作品和优秀组织单位的决定》。 (刘志强)

【推广应用"学习强国"平台】 2019 年 1 月 21 日,印发《关于组织开展使用"学习强国"学习平台的通知》;3 月 15 日,召开专题培训部署会议,推动用好"学习强国"平台。全年日均活跃用户保持在 4 万人以上,每日学习均分在中央企业中长期位列前 20 名。在庆祝中华人民共和国成立 70 周年前夕,中铁十四局集团有限公司北京地铁项目党支部书记岳琪作为中央企业 5 位代表之一,受"学习强国"学习平台邀请,在人民大会堂观看国庆专场文艺演出并参加座谈访谈活动。 (刘志强)

【加强外宣工作】 2019 年 4 月 4 日,印发《中国铁建股份有限公司关于加强海外宣传工作的指导意见》;5 月7 日,召开中国铁建外宣工作座谈会。6 月 10 日,印发《关于举办 2019 年新闻发言人暨外宣工作培训班的通知》,举办中国铁建外宣工作座谈会、新闻发言人暨海外宣传工作培训班。 (刘志强)

【选树宣传重大典型】 2019 年,股份公司积极挖掘推选各条战线上的先进人物和典型事迹,并通过广泛宣传学习,发挥先进典型的示范引领作用。推选的杨连第获得"最美奋斗者"称号,刘飞香获得"央企楷模"称号。3 月 21 日,印发《关于开展向拉林铁路质检女工班学习活动的决定》,号召全系统向拉林铁路质检女工班学习。年内与相关部门联合发起"学习身边榜样、誓做大国顶梁柱"活动,号召和鼓舞广大员工见贤思齐,积极投身"品质铁建"建设。 (刘志强)

【开展"十大楷模、十佳道德模范"评选表彰活动】 2019 年 6 月 28 日,印发《关于开展中国铁建第三届"永远的铁道兵杯"十大楷模、第六届"十佳道德模范"评选活动的通知》。经过各单位党委民主推荐、社会网络投票、全系统分级投票及网上公示,10 月 8 日,印发《股份公司党委、股份公司关于表彰第三届“永远的铁道兵杯”十大楷模、第六届“十佳道德模范”的决定》。11 月 11 日,股份公司在北京召开表彰大会,并向全系统直播大会情况,视频直播在线观看人数 3.6 万人次,图片直播通道在线浏览人数 2.4 万人次,激发广大员工对标先进、追赶先进的奋斗热情。（刘志强）

【党建思想政治工作研究】 2019 年初,股份公司对 2017—2018 年度优秀政研成果和优秀组织单位进行表彰。完成 2019—2020 年度政研课题立项及前期研讨,明确课题研究方向、重点、研究方法。在中央企业党建政研会 2019 年度优秀研究成果评选中,中国铁建党建政研会推荐,中国土木工程集团有限公司完成的课题《中央企业海外形象建设》、中国铁建国际集团有限公司完成的课题《加强国有企业海外党建工作的实践与思考》分别获得二等奖、三等奖。（王 洋）

【编印《铁建政工》】 2019 年,编印出版《铁建政工》4 期,及时反映股份公司党委重大活动和全系统政工动态,推进党建思想政治工作研究,交流先进经验,推广典型做法。（王 洋）

【涵养新时代中国铁建文化理念】 2019 年,股份公司深入挖掘全系统优秀文化理念,全面梳理“品质铁建”所包含的丰富文化内涵。通过“品质铁建”宣讲、领导讲话、“不忘初心、牢记使命”主题教育专题党课、文章解读等途径,深刻解读宣传“以国为荣、以法为循、以德为先、以企为家、以人为本”和“铁道兵精神、主人翁精神、工匠精神”,以及“首创、包容、协同、合规、廉政、实干”等文化理念,为全系统文化建设指明工作方向。策划“登高文化”“实干文化”等优秀子文化宣传专题,推动新时代中国铁建文化内涵的丰富和发展,促进所属各单位企业文化的革新、进步,为新时代中国铁建文化的形成和发展奠定良好的基础。（毕中喜）

【评选十大“历史文化教育基地”】 2019 年 6 月 4 日,股份公司发起“中国铁建历史文化教育基地”评选网络投票活动,公布 16 个候选基地。经过半个月的网络投票和评委评选,极乐寺,铁道兵纪念馆,“移山填海”纪念碑,成昆铁路系列遗存,青藏铁路老关角隧道、茶卡盐湖路基和烈士陵园,铁道兵开发大兴安岭纪念碑,引滦入津工程纪念碑,石家庄铁道大学,中铁十一局集团有限公司企业历史展厅群,中铁十六局集团有限公司铁运文化馆入选十大“历史文化教育基地”,丰富中国铁建企业文化载体,为所属各单位开展“不忘初心、牢记使命”主题教育提供学习基地。（毕中喜）

【企业故事整理与传播】 2019 年 1 月 28 日,国资委主办的“庆祝改革开放 40 周年央企故事大赛”评选结果公布。股份公司推荐的《做新时代的“愚公”》等 5 篇作品获奖,并被收入《中央企业故事汇》正式出版,中国铁建获最佳组织奖。《新时代的“愚公”》改编的情景演讲在国资委组织的“庆祝改革开放 40 周年央企故事大赛”发布会上演出,获得全网关注,以人民网为首的 32 家媒体直播发布会。8 月 8 日,股份公司再次面向全系统征集优秀故事,向国资委举办的“大国顶梁柱、阔步新时代”——庆祝新中国成立 70 周年中央企业故事大赛活动推荐中国铁建故事 17 篇,其中获奖作品 5 篇;根据一等奖作品《情漫山河——老铁道兵纪事》改编的情景剧登上国资委展演舞台并在全网传播,取得良好的传播效果。（毕中喜）

【企业品牌建设】 2019 年,股份公司向国资委推荐的品牌建设案例《专注高端专业品牌定位,全力打造“大盾构”特色品牌》经过层层选拔,在 220 余个参选案例中脱颖而出,获评中央企业品牌建设最佳案例。6 月 18 日,受邀在国资委召开的中央企业品牌建设培训班上作经验交流,在中央企业树立品牌建设标杆企业形象,为全系统各单位子品牌建设提供范本。12 月 18 日,《人民日报》对外发布“中国品牌发展(企业)指数 100 强”榜单,中国铁建位列第 36 名,在建筑企业中位列第 2 名。（毕中喜 关 翔）

【企业文化建设成果受到认可】 2019 年,股份公司面向全系统征集、整理、指导企业文化建设成果,择优向中国企业文化促进会、中国施工企业协会、中国铁道行业协会等相关组织推荐,推动一批文化成果获奖,坚定各单位持续抓好企业文化建设的信心,增强开展好企业文化建设工作的动力。《用主题活动凝心聚智助推企业发展——中铁二十局集团公司企业文化成果报告》入选《献礼新中国成立 70 周年——新时代优秀企业文化实践创新成果集》;在全国企业文化优秀成果评选中 3 家单位获奖。中国铁建国际集团有限公司获一等奖,中铁二十局集团有限公司、中铁二十四局集团有限公司获二等奖。在全国铁道企业文化优秀成果评选中 6 家单位获奖。中铁二十局集团有限公司、中铁二十四局集团有限公司获特等奖,中铁十二局集团一公司获一等奖,

中铁十一局集团一公司、中铁十六局集团有限公司、中铁十六局集团轨道公司获二等奖。 （毕中喜）

【编制《中国铁建企业文化融合手册》】 2019年，为积极落实“海外优先”战略，推动驻外机构、项目实现跨文化融合，指导中国土木工程集团有限公司、中国铁建国际集团有限公司、中铁十八局集团有限公司、中铁二十局集团有限公司、中铁二十三局集团有限公司5家单位，编制《中国铁建企业文化融合手册》（丛书），从国家概况、自然环境、政治环境、人文环境、社会环境、出国准备、重点工程等方面介绍埃塞俄比亚、安哥拉、尼日利亚、马来西亚、特多、莫桑比克、格鲁吉亚、沙特8个国家的情况，为推动企业文化融合作出有益探索。 （毕中喜）

【铁道兵纪念馆参观接待】 2019年，铁道兵纪念馆接待商务团体155个、社会团体117个、国外团体52个、内部团体173个、老兵团体54个、学生团体19个，参观接待20766人，自2014年开馆以来累计接待参观者超过14万人。在第二届“一带一路”国际合作高峰论坛期间，圆满完成特多、阿布扎比、巴基斯坦、科特迪瓦、马来西亚、安哥拉、缅甸和老挝等国家政要、商务团队、媒体团体24次接待任务。全年接待俄罗斯、孟加拉国、新加坡、摩洛哥、阿联酋、斯里兰卡、泰国、卡塔尔、越南、突尼斯、马来西亚、意大利等38个国家的政要及媒体代表团；教育部、中宣部、商务部、司法部、交通运输部、审计署办公厅、外交部领事司、国资委、发改委等10个国家部委及附近企事业单位在纪念馆开展“不忘初心、牢记使命”主题教育86次。 （田晓晨）

【获评“全国爱国主义教育示范基地”】 随着社会影响力的不断提升，铁道兵纪念馆已经成为红色文化传播基地、爱国主义教育基地、党员学习现场教学点、中小学生研学实践基地、企业文化建设基地、生产经营重要平台。2019年，铁道兵纪念馆相继成为“海淀区爱国主义教育基地”“北京市爱国主义教育基地”，9月，被中宣部评为“全国爱国主义教育示范基地”。 （田晓晨）

【获评“全国中小学生研学实践基地”】 2019年，铁道兵纪念馆再次获评“全国中小学生研学实践教育基地”。铁道兵纪念馆“与铁路建设同行”的主题研学教育课程在首届全国中小学生研学实践教育经验交流中，获得4A级研学实践教育特色课程。铁道兵纪念馆积极开展全国中小学生研学实践活动，全年举办“与铁路建设同行”主题实践活动12次，参加活动学生2200余人，其中包括来自北京市十一学校、太平路小学、五一小学、北京实验二小、育英小学、玉泉路小学等（北）京内学校的学生，亦包括来自河北省高碑店市、河北省唐山市、天津市、西藏自治区等（北）京外的学生。开展“超级机械装备”“画出心目中的铁路和桥梁”“寻宝小达人”“我是小小讲解员”“通往雪域高原的神奇天路——青藏铁路”等系列活动。出版书籍《铁道兵纪念馆藏品背后的故事》；设计制作印刷全国中小学生研学实践教育基地铁道兵纪念馆科普画册《机械装备》《铁路站房》《铁路和桥梁》；建立全国中小学生研学实践教育活动铁道兵纪念馆知识问答题库并制作答题卡；设计制作大型养路机械、盾构机纸质拼装模型和大型养路成套设备拼装式立体模型三种中小学生教学用具，设计制作安装铁道兵军装照软件设备。 （田晓晨）

【场馆更新升级】 为适应社会教育和生产经营需要，铁道兵纪念馆加快场馆内容和展陈形式的更新升级。2019年完成铁道兵纪念馆28处、中国铁建展览馆18处展厅内容、展板和展品的更新和改造。 （田晓晨）

【重大主题报道】 2019年，借力第二届“一带一路”国际合作高峰论坛和庆祝新中国成立70周年等重大主题，以及浩吉铁路开通、北京新机场线开通、成都百公里地铁开通等重大工程节点事件，讲中国铁建故事，展中国铁建形象，实现新闻报道数量、质量和效果的整体提升。全年全系统在中央主流媒体刊发稿件4083篇，其中中央电视台刊播新闻735篇（新闻联播62篇）。 （关　翔）

【海外形象提升】 2019年12月3日，2019·中国企业海外形象高峰论坛在北京召开。中国土木工程集团有限公司申报的《用立体交通为尼日利亚打开世界之窗》，获评2019中国企业海外形象建设十大优秀案例和海外传播创新类优秀案例，中铁二十局集团有限公司申报的《安哥拉铁路建设中的文化认同》获评跨文化融合类优秀案例。 （关　翔）

【多项企业元素亮相庆祝新中国成立70周年大会】 2019年10月1日，庆祝中华人民共和国成立70周年大会在北京天安门广场隆重举行。在中华儿女方阵中，“潇湘今朝湖南彩车”两侧滚轮的创意源于中国铁

建重工集团股份有限公司研发的盾构机,象征着湖南在全国范围内高超的工业制造技术水平。（关 翔）

【全面提升新媒体传播力】 2019年,股份公司5次跻身微博热搜榜,"掘进地下城"话题以1.7亿次阅读量创造国企线下活动纪录;"高铁是怎样炼成的"话题冲上榜首长达24小时,总阅读量超过1亿次。与央视新闻、国资小新等频繁互动,打造"挖隧道,你只需要告诉我起点和终点,在这个星球上就没服过谁!"等网言网语,被《人民日报》、新华社等平台反复引用,独创"叉腰体"回复实现单条点赞2.5万,网友花式留言上千条的传播效果,活泼生动地拉近与青年人、社会大众的距离,成为中央企业互动的典型案例。（关 翔）

【优化新媒体平台布局】 2019年,正式开通官方"快手"账号,中国土木工程集团有限公司、中国铁建国际集团有限公司官方Twitter、Facebook、YouTube、Instagram正式上线,有效弥补海外社交平台短板,完善企业传播链条,全年合计粉丝总数40.3万。吸引一批非洲国家政要、外交官、媒体等主动关注,海外影响力不断扩大。（关 翔）

【加强短视频平台利用】 2019年,中国铁建系统1部作品在中央企业宣传部部长培训班上现场播放,6部作品在中央企业优秀形象宣传片评选中获得7项大奖;选送1位职工的事迹在中央企业形象片《我们的路》中首发出镜;反映中国电气化铁路60年的视频,代表中央企业入围"我与祖国"全球短视频大赛。（关 翔）

【推出系列评论文章】 2019年,股份公司用生动形象、通俗易懂的新媒体语言,围绕扭亏治亏、年轻干部选拔任用,以案说案解读部分企业破局思路和轨迹,引领企业管理风向标,让系列评论成为企业剖析问题、寻找策略、凝聚共识的有效抓手。其中,围绕"品质铁建""海外优先"推出3篇解读评论,在企业内引发热议,也给同行造成极大震动;推出介绍先进企业管理经验系列文章,细致揭秘中铁十一局集团有限公司、中铁十二局集团有限公司、中铁十四局集团有限公司、中国铁建重工集团股份有限公司管理秘诀,为全系统深化改革推出借鉴蓝本。（关 翔）

【人才队伍建设】 2019年8月18—19日,股份公司在浙江杭州举办新媒体培训班。培训班邀请国家网信办、新华社专家为全系统84名新媒体编辑授课,组织学员参观阿里巴巴园区,感受最新的行业动态,在杭州地铁项目开展实地采访训练,加强中国铁建系统新媒体专业人才培养。（关 翔）

·新闻工作·

【中国铁道建筑报社】 《中国铁道建筑报》于1948年10月15日创刊,是中国铁道建筑集团有限公司主管主办的行业性报纸。报社定员18人,现员12人;下设办公室、新闻部、政文部、美术摄影部、记者评论部。

2019年,中国铁道建筑报社坚持以习近平新时代中国特色社会主义思想为指导,全面贯彻党的十九大和十九届二中、三中、四中全会精神,以及党中央、国务院国资委和中国铁建党委的决策部署,增强"四个意识"、坚定"四个自信"、坚决做到"两个维护"。不忘初心、牢记使命,坚持正确舆论导向,唱响主旋律,弘扬正能量;不断强化传播手段建设和创新,推动媒体融合发展;充分发挥铁路建设企业新闻舆论工作主力军、主渠道、主阵地作用,为推动国有企业深化改革、高质量发展,加快培育具有全球竞争力的世界一流企业凝聚共识、汇聚力量。全年出版报纸147期。（何大成）

【重要工作宣传】 2019年,中国铁道建筑报社坚持围绕中心,服务大局,主动聚焦全国两会、企业工作会相关会议精神宣贯,有序组织策划企业改革、高质量发展、全面从严治党等重大活动、重大节点方面的报道,发挥良好的舆论引导作用。为认真宣贯党的十九届四中全会精神,策划推出专题解读、知识问答和笔谈栏目,组织消息、言论、评论员文章和笔谈文章20余篇。通过对中央精神和上级要求的及时宣传,以及知识解读、体会认识、经验交流、舆论引导,促进党的十九届四中全会精神和上级要求的贯彻落实。在企业年初工作会围绕高质量发展,首次提出"品质铁建"建设理念后,随即推出6个整版宣贯"品质铁建"的系列专题报道,邀请二级单位主管领导结合各单位实际展开大讨论,深入探索发展路径和创新举措,推出评论、笔谈文章58篇,为打造"品质铁建"营造良好的舆论环境。为宣贯企业发展战略,聚焦"三转"理念、"四者"定位、新时代铁建文化、"一加四升、两高三低"、项目管理"1234+"、工程公司"五化"、新兴产业、三项制度改革等重要管理理念,先后刊发精神解读、言论、笔谈等300余篇,全方位、多层次开展宣传和舆论引导,不断推进各项重要举措贯彻落实,为企业实现全年奋斗目标起到积极的推动作用。还结合经营工作座谈会、巡视巡察动员部署会、海外工作会、资本运营及房地产会、机构改革大会、年中工作会、海外工作座谈会、工程公司建设工作会、项目管理现场会等年度专题会议开展宣传，做好会议精神的宣传报道，并根据会议主题持续推出全系统典型经验宣传报道，强力推动企业各项工作全面贯彻落实。（何大成）

【重要主题宣传】 2019 年，中国铁道建筑报社始终围绕党和国家重大决策部署、重大热点问题和重大活动，积极策划组织并创新主题宣传报道，营造良好的舆论氛围。根据中宣部关于开展新中国成立 70 周年主题宣传活动精神，《中国铁道建筑报》在一版开辟“壮丽 70 年，奋进新时代”栏目，策划推出 11 篇系列深度报道，并在四版刊发 50 篇歌颂 70 年成就的文艺作品，讲述中国铁建 70 年来与新中国同呼吸、共命运，为新中国发展、现代化建设作出突出贡献的典型故事，生动反映改革开放和党的十八大以来中国铁建历史性变革和辉煌成就。“不忘初心、牢记使命”主题教育开展以来，强势开展对主题教育的宣传引导和动态报道，相继推出中国铁建整体、各二级单位和三级单位报道 100 余篇，言论、评论员文章 40 余篇，推出主题教育知识问答 25 期，并对 101 个与主题教育相关问题进行一问一答式的解读，营造浓厚的学习教育氛围，有效促进主题教育的全面开展。在全国两会、新中国成立 70 周年、“一带一路”国际合作高峰论坛、脱贫攻坚、三项制度改革、川藏铁路建设、企业文化建设等重大主题宣传报道中推出一系列有思想、有温度、有品质的精品力作，彰显建筑业专业报纸的专业水准和文化贡献。（何大成）

【社会责任及公益行为宣传】 2019 年，为助力按期完成脱贫攻坚任务，中国铁道建筑报社围绕企业勇担社会责任、积极投身扶贫攻坚这一重大主题，先后组织刊发《阳光洒向希望的田野》等 30 余篇企业精准扶贫和创新扶贫举措的经验文章，为企业参与脱贫攻坚营造良好的舆论环境，也有效促进脱贫攻坚工作的开展。同时积极参与各项公益事业、公益捐赠、公益活动，并对企业积极组织参与相关社会公益活动进行全方位宣传报道，刊发稿件 20 余篇。全年免费刊发上市中央企业公信力和社会责任公告信息 6 个版。（何大成）

【核心产品和新市场开拓】 2019 年，中国铁道建筑报社在主动应对传播环境变化，重点加强《中国铁道建筑报》这一核心产品的专业性打造，提升报纸品质的同时，强化报纸的舆论引导和传播力度，确保发行量保持在 7 万份左右，并督促各级宣传部门把报纸发放到班组，保障广大员工工余阅读，提高传阅率。同时，积极拓展电子报、手机报、新华社中国铁建客户端新媒体市场，运用新媒体传播方式扩大品牌影响力，利用新华网中国铁建客户端，转载本报刊发稿件量 70%，相关稿件在新华社客户端转载后，总点击量创下数千万人次、单篇最高点击量创下 63 万人次。在中宣部“学习强国”平台转发的稿件，受众反映、社会影响、社会评价良好，构建新型宣传体系，不断推进传统媒体和新兴媒体融合发展，提升舆论传播力、引导力、影响力、公信力。（何大成）

【国际传播力】 2019 年，在组织中国铁建所属海外机构、项目部积极向《中国铁道建筑报》提供海外报道内容，讲好中国铁建海外故事的同时，积极配合部门工作，因地制宜组织好海外项目属地宣传报道，不断扩大中央企业在国际市场的影响力。并借助第二届“一带一路”国际合作高峰论坛，集中宣传展示中国铁建在“一带一路”建设中的辉煌成就，组织出版特刊报道 12 个版，同时增刊报纸 3 期，以日报的方式连续 7 天全方位、高频次、立体交叉开展强势报道，并发挥融媒结合优势，先后把 131 篇“一带一路”专题报道及时在新华社“中国铁建客户端”连续刊发，总点击量创下 1740 万人次、单篇最高点击量创下 63 万人次，取得良好的国际影响。（何大成）

【编校及印刷质量管理】 2019 年，建立严格的编校流程和编校差错奖罚办法，要求编校印刷管理人员严格做到精编、精校、精印，版面编校、印刷质量符合相关管理规定和行业标准。严格遵守“三审三校”制度，从校对、责任编辑、主任、社领导，设置多层级版面内容把关岗位，明确岗位职责，对政治导向、标题、内容、文字等多重交叉把关，确保导向正确和内容高质量。全年未出现任何重大差错，报纸印刷精美，质量始终保持较高水平。（何大成）

【新闻报道队伍建设】 2019 年，不定期开展员工和新闻报道队伍培训，对新闻报道队伍建设常抓不懈，制定“十百千”人才培养计划，加强评论员队伍、记者队伍和通讯员队伍的培训和建设。全年在全系统开展各类新闻报道业务培训 16 次，参与培训人员 500 余人次，确保每年为新闻报道队伍增添新人，输入新鲜血液，并形成良好的团队文化。（何大成）

【获国家和省部级荣誉情况】 2019年,《中国铁道建筑报》获中国行业媒体协会2019年度媒体践行“四力”先进单位、中国行业媒体协会2019年度突出贡献奖、中国报业协会“全国报业推动脱贫攻坚和生态文明建设先进单位”称号。记者梁栋方获第六届全国行业媒体“好记者讲好故事”演讲比赛一等奖、全国“好记者讲好故事”优秀选手称号;记者胡清荣获中央宣传部、中华全国新闻工作者协会2019年“新春走基层”活动增强“四力”先进个人称号。《中国造:西非首条城铁启程》《智能化设计引入全国首条跨海高铁》《凤凰涅槃:崛起在大变革时代》《阳光洒向希望的田野》《中国建筑业生产方式迎来深刻变革》《让“中国建造”成为“一带一路”形象大使》等25篇优秀新闻作品分获中国行业媒体协会、中国经济报刊协会、中国交通报业协会、中国铁路记协等省部级一、二、三等奖。

(何大成)

【表彰2019年度中国铁建新闻报道先进】

2019年中国铁建新闻报道十佳记者

邓昆伦 徐云华 张振宇 王飞辉 刘英才
伍 振 赵渊青 游 凯 刘新红 肖 斌

2019年中国铁建新闻报道十优记者

李美华 王秉良 苏 莉 陈桂芳 付晶晶
胡 清 周 鹏 庞曙光 袁 灿 邓联旭

2019年中国铁建新闻报道先进单位

中铁十一局集团有限公司
中铁十二局集团有限公司
中国铁建大桥工程局集团有限公司
中铁十四局集团有限公司
中铁十六局集团有限公司
中铁十七局集团有限公司
中铁十八局集团有限公司
中铁十九局集团有限公司
中铁二十局集团有限公司
中铁二十五局集团有限公司
中国铁建电气化局集团有限公司
中国铁建港航局集团有限公司
中铁第四勘察设计院集团有限公司
中国铁建国际集团有限公司
中国铁建投资集团有限公司
中铁十一局集团一公司
中铁十一局集团城轨公司
中铁十二局集团一公司
中铁十二局集团二公司
中铁十二局集团四公司
中国铁建大桥工程局集团三公司
中国铁建大桥工程局集团四公司
中铁十四局集团二公司
中铁十四局集团三公司
中铁十四局集团四公司
中铁十四局集团房桥公司
中铁十四局集团电气化公司
中铁十五局集团四公司
中铁十五局集团五公司
中铁十六局集团一公司
中铁十六局集团三公司
中铁十六局集团电气化公司
中铁十七局集团二公司
中铁十七局集团五公司
中铁十七局集团建筑公司
中铁十八局集团二公司
中铁十八局集团四公司
中铁十九局集团一公司
中铁十九局集团矿业公司
中国铁建港航局集团三公司

百佳通讯员

何 杰 许 良 张 晶 杨广臣 蔡庆荣
许月霞 石玉珠 王博成 丁清友 周 娟
侯佳冰 刘长彬 卢广明 高 晶 范成涛
武 慧 冯宏超 任 宁 张 雷 李佳佳
谌启程 杜进才 齐晓景 赵纯杰 刘建军
赵志强 胡珊珞 傅 聪 韩晓敏 李炜强
郭新璞 张淑彬 张 鹏 韦蓼英 陈树青
肖 帆 李国卿 李小香 李 阔 赵晓博
李锦龙 董慧慧 武 羽 周广宽 叶丽娅
刘福昌 李艳平 李 子 姜 晗 张英智
王秀秀 郭 洁 杨 蕾 车园园 陈沿宇
刘德联 杨晓英 刘 静 李彦龙 许家安
朱国庆 李文生 何 赟 黄继娟 沈新烨
解 冰 张利波 刘晋文 赵志龙 张洪柱
王智海 牛奋香 董国隆 丁明明 张少钰
李建设 李慧川 肖永顺 倪雯雯 范文博
武 将 李学彬 陈福得 金玉琴 杨虎生
许 岗 赵 平 赵 放 张记力 陈 辉
史华兴 尹 辉 张 涛 谭 燕 章海建
房明州 郭俊江 齐绍安 侯艳秋 曹建强

(何大成)

纪检监察

【中国铁建股份有限公司纪委】 机构改革前，中国铁建股份有限公司纪委与监察局合署办公，是中国铁建股份有限公司监督、执纪、问责组织，履行党的纪律检查和行政监察两项职能，对股份公司党委和行政全面负责。机构改革后，撤销监察局，保留中国铁建股份有限公司纪委，在股份公司党委和中央纪委国家监委驻国资委纪检监察组的双重领导下开展工作，纪检业务以上级纪委领导为主。主要职责和任务：维护党的章程和党内其他法规，检查党的路线、方针、政策、决议和国家法律法规以及企业规章制度的执行情况，协助党委加强党风建设和组织协调反腐败工作；监督党员领导人员行使权力，检查和处理管理权限内的领导人员违纪案件；受理党员的控告申诉，保障党员的权利，为企业的改革发展和稳定提供纪律保证。

2019年，股份公司纪委领导任职及组织机构设置情况：纪委书记李春德，纪委副书记钱桂林、由建。内设纪委办公室、信访审理室、执纪审查室，等级同总部其他部门。编制18人。（刘呈祥）

【政治监督具体化常态化有效落实】 （1）着重加强对开展“不忘初心、牢记使命”主题教育的监督。股份公司纪委制定主题教育指导协调方案，对主题教育监督提出明确要求。各级纪委从政治监督切入，督促党委聚焦主题教育目标任务，落实“守初心、担使命，找差距、抓落实”总要求，高标准起步、高质量推进。股份公司纪委先后到6家境内单位、2家境外单位开展检查督导，把开展主题教育同打造“品质铁建”、落实“海外优先”战略、促进高质量发展结合起来，着力推动结合融合；把“改”字贯穿始终，推动立查立改、即知即改、有效整改，把主题教育激发的政治热情转化为推动企业发展的强大动力。（2）着重加强对贯彻落实习近平总书记重要指示批示精神的监督检查。股份公司党委、纪委把驻（北）京办事机构专项清理作为重大政治任务和践行“两个维护”的“试金石”，高度重视、周密部署，把清理、整顿范围延伸到驻（北）京沪（上海）穗（广州）所有非法人机构，列入巡视监督的重要内容，要求各单位不打折扣、坚决整改。在业务部门开展督导、各单位自查自纠的基础上，股份公司纪委成立检查组6个，各二级单位纪委成立检查组55个，分别开展对67家二级单位、52家三级单位驻京沪穗非法人机构拉网式、全覆盖检查，发现问题立行立改。经过专项清理和监督检查，23个驻京办全部关停，67个驻京沪穗非法人机构的接待功能全部整改完毕。股份公司纪委和承担扶贫任务的各单位纪委持续做好扶贫领域腐败和作风问题专项整治，2019年深入扶贫点开展监督检查92次，压实扶贫攻坚政治责任。（3）着重加强对严肃党内政治生活的监督。加强对思想理论武装的监督，各级纪委协助并督促党委认真组织学习习近平新时代中国特色社会主义思想，及时传达学习党中央重要会议和文件精神，认真学习新颁布的党规党纪和国家法律等，教育引导党员干部学深悟透、融会贯通，增强“四个意识”、坚定“四个自信”、做到“两个维护”。加强对民主集中制和“三重一大”决策制度的监督。注重从政策法规、决策程序、请示报告等环节监督把关，推动决策科学化、民主化。加强对同级党委和班子成员的监督，通过民主生活会批评与自我批评、日常沟通交流、平时谈话提醒，督促党委和班子成员依法合规履职尽责。加强对干部选任的全程监督，全年股份公司纪委先后对58人次的干部提拔任用进行监督，核查问题线索，客观公正出具廉洁回复意见，对有问题的及时叫停、暂缓提拔，严把政治关、廉洁关、形象关。各级纪委派员对下属单位年度民主生活会进行监督，严格标准、程序和要求，促进提升民主生活会质量。（4）为贯彻落实《中共中央关于加强党的政治建设的意见》和党的十九届四中全会精神，经过深入调研、广泛征求意见、党委会研究审议，股份公司纪委制定《中国铁建纪委加强政治监督的指导意见》，明确抓什么、谁来抓、怎么抓，为进一步强化政治监督提供遵循、指明方向。（刘呈祥）

【日常监督制度化规范化水平不断提升】 廉洁宣传教育广泛开展。持续开展反腐倡廉宣传教育月活动。2019年5月，开展以“强化纪律规矩意识，助力打造‘品质铁建’”为主题的宣传教育活动，组织开展党章党规党纪教育7426场次，受众30万人次，反腐倡廉宣传教育月成为各级长期坚持的品牌、特色活动。各单位丰富教育内容和载体，通过观看《动漫说规矩》、组织廉洁教育下基层“直通车”、党章党规党纪知识竞赛、开办廉洁讲座、撰写廉洁书信、举办书画展等活动，推动日常教育经常化、常态化。持续加大反面典型警示教育力度，组织全系统观看内部制作的《巨额亏损的背后》警示教育宣传片，两次召开警示教育大会对典型问题点名道姓通报曝光，各级纪委结合490个反面典型案例开展警示教育,以案释纪说法,以身边事教育身边人,强化警示教育效果。监督执纪"四种形态"深化运用。全年全系统运用监督执纪"四种形态"处理2541人次,其中充分运用第一种形态约谈函询、批评教育1074人次,占比42.3%;妥善运用第二种形态纪律轻处分、组织调整1235人次,占比48.6%;准确运用第三种形态重处分、重大职务调整212人次,占比8.3%;果断运用第四种形态惩处严重违纪违法涉嫌犯罪20人次,占比0.8%。把抓在日常、严在平常要求和惩前毖后、治病救人方针寓于日常监督之中。各二级单位党委、纪委分别就落实"两个责任"约谈下属单位主管领导987人次、853人次。股份公司主要领导及时约谈二级单位主管领导,赴基层检查调研时强调部署全面从严治党、党风廉政建设和反腐败工作;股份公司班子成员认真履行"一岗双责",抓好分管领域和部门的日常监督、谈话提醒。股份公司纪委领导日常约谈提醒二级单位领导248人次,并对4家单位的新任主管进行落实全面从严治党主体责任专项约谈,对58名新任职领导开展廉洁谈话,先后到28家单位检查督导工作,宣讲全面从严治党形势和党纪国法企规,传导压实管党治党政治责任,强化纪律规矩意识。日常监督工作机制不断完善。各级纪委对问题线索定期梳理、综合分析、集体研究、分类处置,规范问题线索管理。对谈话函询了解的问题线索,全年开展抽查核实142人次,如实说明的予以采信,欺瞒组织的严肃处理。成立党风廉政建设和反腐败工作协调小组,加强统筹协调,整合监督资源,完善工作机制,增强监督合力。股份公司纪委启动总部廉洁风险防控工作,各级纪委不断创新丰富廉洁风险防控举措,前移监督关口。股份公司党委把职能部门日常业务监管摆在重要位置,股份公司纪委认真落实党委要求,年初进行部署、过程开展督导、年终回顾总结,以"监督的再监督"持续推进职能监管。股份公司党委、纪委以上率下、示范引领,带动各级各单位普遍强化职能部门监管,有效解决一些职能部门重业务轻监管、重部署轻落实的顽疾,形成监督与再监督各司其职、同向发力的新格局,有效提升管理水平。 (刘呈祥)

【巡视巡察向纵深发展】 2019年,巡视巡察有序推进。股份公司党委高度重视巡视工作,在纪检监察体制改革中把巡视办公室单独设立,加强组织领导,常规巡视7家二级单位党委,对8家二级单位开展领导人员及其亲属违规经商办企业专项巡视,发现问题784条。股份公司纪委认真履行协助职责,做好动员部署、组织听取中期汇报、深入被巡视单位检查指导、及时向党委请示汇报、认真落实党委指示要求,推动巡视工作扎实有效开展。全年34家二级单位党委、227家三级单位党委巡察基层党组织941家,有力地推动全面从严治党向基层延伸。巡视巡察整改扎实有效。股份公司党委常委会及时听取汇报,对巡视整改提出明确要求,见人见事见思想。两次在全系统通报巡视发现的突出问题,27名干部和62家单位的违纪违规问题被点名曝光,在干部职工中引起极大反响,体现股份公司党委正风肃纪的力度和决心,起到"通报曝光一起,教育震慑一片"的效果。股份公司纪委坚决贯彻落实习近平总书记关于"纪检监察机关和组织部门要担起巡视整改日常监督责任"的要求,会同党委组织部组成督查组,启动巡视整改落实情况专项督查,深入中铁海峡建设集团有限公司、中铁十八局集团有限公司实地检查巡视整改情况,推动整改落实落地。被巡视单位党委认真履行巡视整改主体责任,制定整改措施2920项,完成2301项,初核问题线索338条,立案59件,纪律处分111人次,组织处理215人次,经济赔偿218万元,退回各类违规发放、报销等费用1495万元,健全完善制度787项,扎实做好巡视"后半篇文章"。

(刘呈祥)

【正风肃纪反腐力度持续加大】 作风建设成果得到巩固拓展。持之以恒贯彻落实中央八项规定精神,抓住老问题、关注新动向,紧盯关键节点,在重大年假节日进行提醒告诫,开展监督检查。2019年,严肃查处违反中央八项规定精神问题6起,党政纪处分8人;专项整治利用名贵特产、特殊资源牟取私利问题,查处违规违纪问题3起,持续释放"越往后执纪越严"的强烈信号。继续集中整治形式主义、官僚主义,出台《转变工作作风为基层减负的通知》,对照"四个方面12个共性问题"开展排查整改,组织开展信访举报处理工作中的形式主义、官僚主义整治,推动中央企业"总部机关化"问题专项整改,不断改进会风、文风、作风。盯住影响企业风气的"毒瘤""痛点"不放,按照国资委党委、驻委纪检监察组要求,开展领导人员亲属和其他特定关系人所办企业与本企业业务往来专项整治,全系统7.4万人申报并做出承诺,查处不收敛、不收手60人次,督促整改295人次,完成整治交易金额3.44亿元;在教育和震慑下,1人主动自首;有效斩断以权谋私、靠企吃企的"黑手",净化企业政治生态和发展环境。查处违规违纪问题坚定有力。坚持重遏制、强高压、长震慑,加大执纪审查力度。全年全系统受理来信来访1351件(扣除重复举报412件),处置问题线索1707件,初核1395件,立案815件,结案795件,给予党政纪处分1451人,刑事处理23人。股份公司本级纪委处置问题线索86件,初核18件,立案3件,结案4件,了结67件,给予党政纪处分7人。积极配合地方纪委监委做好相关案件审查调查工作,下大力气做好涉嫌违法重大案件移交、调查工作。紧紧围绕生产经营开展执纪审查,深入开展治亏追责、治乱追损工作,着力惩治项目亏损背后的腐败问题和不正之风。开展纪律处分执行情况"全覆盖"专项检查,坚决纠正处分执行"打折扣""打白条"现象,强化纪律的严肃性和权威性。 (刘呈祥)

【体制改革和队伍建设成效明显】 纪检监察体制改革稳妥推进。按照驻委纪检监察组要求,股份公司党委成立改革领导小组,周密细致制定改革方案,不折不扣推动总部改革。在此基础上,分类施策、稳步推进二级单位改革。通过上下联动改革,调整机构设置,加强队伍建设,做到机构等级不降、编制人员不减,完善体制机制,强化上级纪委对下级纪委的领导,为纪检工作高质量发展提供坚强组织保障。队伍建设持续加强。组织纪检干部深入开展"不忘初心、牢记使命"主题教育,以学思践悟实际行动践行初心使命。修订完善二级单位纪委书记备用人选管理办法,严格推选标准和程序。继续加大教育培训力度,组织公司纪委人员集中学习"纪检监察干部培训系列课程",开展纪检干部应知应会测试,在大连高级经理学院举办纪委书记、副书记培训班,提升履职能力。2019年,召开二级单位纪委书记现场述职会,汇报工作、交流经验、互学互鉴。不断加强自身管理和监督,以刀刃向内的勇气,严肃处理违规违纪纪检干部7人,严防"灯下黑"。(刘呈祥)

【党风廉政建设和反腐败工作会议】 2019年1月18日,中国铁建党风廉政建设和反腐败工作会议在中国铁建大厦三层报告厅召开。中国铁建党委常委、执行董事刘汝臣,党委常委、总会计师王秀明,副总裁刘成军、王立新、倪真出席会议;各区域总部、所属二级单位、党校、直管项目部等单位主管领导、纪委书记和股份公司纪委委员及总部部门正职以上人员参加会议。中国铁建党委书记、董事长陈奋健出席会议并讲话,总裁、党委副书记、执行董事庄尚标主持会议,党委常委、纪委书记李春德作题为《坚守职责定位,深化标本兼治,奋力开创党风廉政建设和反腐败工作新局面》的工作报告,党委常委、副总裁李宁通报2018年巡视情况,党委常委、副总裁汪文忠通报2018年执纪审查情况。会上,所属各单位递交《党风廉政建设责任书》,部分单位作大会经验交流。 (刘呈祥)

【全面从严治党"两个责任"促进会暨警示教育大会】 2019年7月31日,中国铁建2019年全面从严治党"两个责任"促进会暨警示教育大会在中国铁建大厦三层报告厅召开。中国铁建党委常委、总会计师王秀明,党委常委、副总裁李宁、汪文忠,副总裁刘成军、王立新、倪真出席会议;各区域总部、二级单位、党校、直管项目部等单位主管领导、纪委书记和股份公司纪委委员及总部部门正职以上人员参加会议。中国铁建党委书记、董事长陈奋健出席会议并讲话,总裁、党委副书记、执行董事庄尚标主持会议,党委副书记、执行董事陈大洋通报2019年第一轮巡视工作情况,党委常委、纪委书记李春德通报2019年上半年纪律审查情况。 (刘呈祥)

2019 年 12 月 17 日，中国铁建国际集团东南亚区域公司职工书屋举行揭牌仪式。该书屋是中华全国总工会命名的首批“一带一路”职工书屋，也是中国铁建海外首个获批的示范职工书屋。（武文安 提供）

工会工作

【工会工作部】 2019 年 7 月 9 日，股份公司、股份公司党委联合下发《关于调整总部机关机构编制及职能的通知》，根据文件要求，整合工会生产综合部、组织权益和女工部、机关工会，成立工会工作部。主要职责：贯彻执行全国总工会、铁路总工会、股份公司党委重要会议精神和重要工作部署，协调和督促股份公司工会重要工作部署与要求的落实；推进平等协商和集体合同制度落实，依法维护职工劳动经济权益，构建和谐劳动关系；推进职工代表大会制度、企务公开和职工董事、职工监事制度等企业民主管理制度的落实，保障职工民主权利；组织和动员职工积极参与企业改革和建设，组织开展劳动竞赛、合理化建议、技能培训、技术革新等活动，培育工匠人才，总结推广先进经验，组织好劳动模范和先进集体的评选、表彰、推荐、管理和服务工作；加强对职工的政治引领和思想教育，教育职工践行社会主义核心价值观，提高思想道德素质、科学文化技能素质；负责工会劳动保护管理，组织开展群众性劳动保护监督检查活动；负责指导各级工会开展劳动争议调处和劳动法律监督执行工作；负责指导各级工会开展建家建线活动，不断改善职工工作生活条件；负责建设和完善职工服务保障体系，组织开展帮扶救助等工作；负责工会组织建设，加强工会干部教育管理和培训，建立和发展工会工作积极分子队伍，指导各级工会做好会员的发展、接收、教育和会籍管理工作；负责指导各级工会收好、管好、用好工会经费，管理好工会资产；负责指导各级工会经费审查委员会对同级工会及所属单位工会的经费收支、资产管理等全部经济活动进行审计审查监督；负责全系统女职工工作，维护女职工的合法权益和特殊权益；加强工会自身建设，积极建设智慧工会，构建网上工会工作平台，推进学习型、服务型、创新型工会建设步伐；负责机关工会工作；负责火车头体协相关工作。定员 11 人；下设综合处、生产宣教处、组织处、保障财务处。

（李智伟　于　斌）

综合工作

【中国铁建工会一届十一次全委（扩大）会议】 2019 年 3 月 15 日召开。中国铁建党委副书记、执行董事陈大洋出席会议并讲话，工会主席史道泉作题为《围绕中心任务，凝聚奋进力量，团结动员广大职工为打造品质铁建而努力奋斗》的工会工作报告，全面总结 2018 年工会工作，安排部署 2019 年工会工作。会议同意井耀明、赵心昭、赵斌、张庆军、陈建军、朱霖、董佃俭、王健 8 人不再担任中国铁建工会第一届委员会委员，赵心昭不再担任常务委员；同意高福军、李胜义、于俊海、吴婧萍、周光成、申继辉、葛斌、吴兰青、耿庆宇、朱仰存 10 人增替补为中国铁建工会第一届委员会委员。会议审议通过工会工作报告和经费审查工作报告；会上，中铁十一局集团有限公司工会、中铁十六局集团有限公司工会、中铁十七局集团有限公司工会、中铁十九局集团有限公司工会、中铁二十五局集团有限公司工会作经验交流。

（李　红）

【智慧工会建设】 2019 年，“中国铁建工会职工电子书屋”和“中国铁建职工 e 家”两个平台功能充分发挥，通过主办在线读书活动，吸引 18 万名职工关注和注册，平台活跃度、影响力大幅提升。截至 2019 年 12 月底，职工电子书屋手机 App、微信和电脑网络版用户登录使用量分别为 375.03 万人次、4063.81 万人次和 9.81 万人次；微信公众号用户 18.2 万人，全年发稿 1322 篇，阅读量 285 万次。中国铁建国际集团有限公司网上婚恋平台注册单身会员超过 1000 人；中铁十八局集团有限公司微信公众号办得有声有色，得到职工广泛关注。

（于　斌）

【体协工作】 2019 年，中国铁建体协依托工会区域联动总体部署，配合铁路总工会年度体育工作部署，重点带动一般，特色促进常项，组织职工开展丰富多彩的体育健身活动，全力维护广大职工健身权益和健康权益，努力提高广大职工身体素质。一是加强组织建设，提高体育工作正规化水平。年内选送 2 名工会干部参加全路体育干部综合素质培训班，1 名体育骨干参加全路职工乒乓球裁判员、教练员培训班。二是以竞赛为牵引，带动全员健身活动广泛开展。6—10 月，中国铁建积极参与全路气排球、桥牌等项目比赛，其中以中铁第四勘察设计院集团有限公司为班底的中国铁建桥牌代表队获得第 6 名。为庆祝中华人民共和国成立 70 周年，各单位结合实际，开展丰富多彩的职工群众体育活动。中国土木工程集团有限公司在北京、中铁十四局集团有限公司在济南、中铁磁浮交通投资建设有限公司在武汉分别举办职工运动会，中国铁建房地产集团有限公司在杭州举办首届职工田径运动会，诚合保险经纪有限公司在北京举办趣味运动会。中铁十六局集团有限公司、中铁十九局集团有限公司、中铁二十五局集团有限公司、中铁第五勘察设计院集团有限公司分别组织职工篮球赛，中铁十二局集团有限公司组织首届“先锋杯”职工乒乓球赛，中国铁建大桥工程局集团有限公司组织第三届乒乓球、羽毛球比赛。三是结合工会区域联动，提高职工文体活动实效。把“健康铁建、和谐铁建”与“书香铁建”相结合，形式多样，推陈出新，特别是以节假日为契机，把体育活动与游园活动、联谊活动，以及职工书法、摄影、绘画、演讲比赛和节日晚会等有机结合，进一步丰富广大职工文体生活。（于　斌）

【“与共和国同行”全国职工主题阅读活动中国铁建专场】　2019 年 4 月 24 日，“与共和国同行”全国职工主题阅读活动首场示范性活动走进中国铁建，在中铁十六局集团地铁公司北京城市副中心综合管廊项目部举行。中华全国总工会党组成员、经费审查委员会主任、全国工会职工书屋建设领导小组组长李晓钟一行走进工地与一线员工共同阅读经典，沐浴书香；中国铁建党委副书记、执行董事陈大洋代表中国铁建党委致辞。活动为“书香铁建”建设带来新的发展契机，掀起全系统职工读书学习的新热潮。（李　红）

【“与共和国同行　打造品质铁建”系列读书活动】　2019 年 4 月 23 日，中国铁建工会在“世界读书日”来临之际组织全系统开展“与共和国同行　打造品质铁建”系列读书活动。活动以线上、线下阅读、朗读的方式大力弘扬铁道兵精神，全面推动全员阅读，大力宣传以企为荣、以企为家、以人为本关怀员工的优秀企业文化。活动得到所属各单位广大员工的高度重视和积极参与，“中国铁建工会职工电子书屋”资源阅读 225287 本次，资源阅读总时长 10947687 分钟，阅读活动参与人数 114123 人次，朗读活动参与人数 1323 人次。根据线上阅读活动积分榜和朗读活动排名，结合线下活动开展情况及专业评委评审意见，活动评选出一等奖 80 名，其中阅读活动 50 名、朗读活动 30 名；二等奖 150 名，其中阅读活动 100 名、朗读活动 50 名；三等奖 230 名，其中阅读活动 150 名、朗读活动 80 名；阅读活动优秀奖 200 名。同时，根据活动组织和参加情况，评出优秀组织单位 16 家。（霍蓓蓓）

组织建设

【工会组织建设】　截至 2019 年 12 月 31 日，中国铁建系统职工会员 308769 人，其中女职工会员 66990 人。全系统建立工会组织 5357 个。其中，股份公司工会 1 个；集团公司（公司）工会 38 个；子公司、分公司工会 557 个；项目部、工程队、车间工会 4178 个。（李　红）

【工会干部队伍状况与培训】　截至 2019 年 12 月 31 日，中国铁建系统专职工会干部 1194 人，其中女干部 582 人；兼职工会主席 4331 人。2019 年培训工会干部 10649 人次，其中，培训专职工会干部 986 人次，培训兼职工会干部 9663 人次。3 月，铁路总工会在铁道党校举办 2019 年基层工会主席任职培训班，中国铁建系统 32 名工会干部分三期参加。6 月 24—28 日，全国总工会在中国劳动关系学院组织中央企业工会工作培训班，中国铁建工会副主席、女工委主任白晶参加；10 月 14—18 日，全国总工会在浙江省总工会干部学校举办新任省级工会主席培训班，白晶参加；12 月 2—7 日，白晶 3 人参加铁路总工会女职工委员会在湖南株洲举办的全国铁路工会女职工工作干部培训班。（李　红）

【指导基层工会组织建设】　2019 年，指导中铁十六局集团有限公司、中铁十七局集团有限公司、中铁二十局集团有限公司、中国铁建国际集团有限公司、中铁城建集团有限公司 5 家单位按规定召开工会会员代表大会，完成工会换届工作；指导中铁磁浮交通投资建设有限公司、中铁建资产管理有限公司、中铁建城市建设投资有限公司、中铁建华北投资发展有限公司 4 家单位召开工会第一次会员（代表）大会，正式成立工会组织；指导中铁建锦鲤资产管理有限公司成立工会筹委会。（李　红）

【“两模三优”评选表彰】　2019 年，中国铁建工会选树表彰“中国铁建模范职工之家”30 个、“中国铁建模范职工小家”100 个、“中国铁建优秀工会工作者”97 人、“中国铁建优秀工会积极分子”100 人、“中国铁建优秀工会之友”29 人。

中国铁建模范职工之家

中国土木工程集团北方公司工会

中铁十一局集团二公司工会

中铁十二局集团三公司工会

中国铁建大桥工程局集团西北公司工会

中铁十四局集团三公司工会

中铁十五局集团东来地产公司工会

中铁十六局集团三公司工会

中铁十七局集团二公司工会

中铁十八局集团建安公司工会

中铁十九局集团矿业公司工会

中铁二十局集团三公司工会

中铁二十一局集团六公司工会

中铁二十二局集团二公司工会

中铁二十三局集团建筑设计研究院工会

中铁二十四局集团上海公司工会

中铁二十五局集团有限公司工会

中铁建设集团有限公司工会

中国铁建电气化局集团四公司工会

中国铁建港航局集团有限公司工会

中国铁建房地产集团华东公司工会

中铁第一勘察设计院集团环设处工会

中铁第四勘察设计院集团投资公司工会

中铁物资集团西南公司工会

中国铁建重工集团股份有限公司道岔分公司工会

中国铁建国际集团加勒比公司工会

中铁城建集团南昌公司工会

中国铁建投资集团四川德简高速公路公司工会

中国铁建昆仑投资集团有限公司工会

中铁磁浮清远磁浮公司工会

中铁建重庆投资集团有限公司工会

中国铁建模范职工小家

中国土木工程集团北京中土大厦公司工会

中国土木工程集团肯尼亚公司西门子 ±500 千伏高压换流站项目部职工小家

中国土木工程集团东非公司乌本戈立交桥项目部职工小家

中铁十一局集团一公司杭绍台铁路项目部工会

中铁十一局集团三公司洛阳地铁 1 号线项目部工会

中铁十一局集团四公司盾构分公司工会

中铁十一局集团五公司麒师高速公路土建 7 标段项目部工会

中铁十一局集团六公司青岛地铁 4 号线项目部工会

中铁十二局集团安徽混凝土制品公司工会

中铁十二局集团四公司佛山—环西拓工程第 BHS－02合同段项目经理部工会

中铁十二局集团电气化公司徐州轨道交通 2 号线项目部工会

中铁十二局集团七公司华陆高速公路项目部工会

中铁十二局集团国际公司临清高速公路项目部工会

中国铁建大桥工程局集团一公司十巫高速公路 SWBY－3 标段项目部工委

中国铁建大桥工程局集团二公司天津地铁 6 号线三工区项目部工委

中国铁建大桥工程局集团三公司宜石高速项目部工委

中国铁建大桥工程局集团四公司吉东公路工程项目部工委

中国铁建大桥工程局集团五公司中兰客运专线甘肃段 4 标段项目部一工区工委

中铁十四局集团房桥公司济南(合资)公司工会

中铁十四局集团建筑公司莱芜东升社区安置区棚改项目经理部工会

中铁十四局集团隧道公司新疆 EH 项目部工会

中铁十四局集团市政公司黄岛疏港交通工程拌合站项目经理部工会

中铁十四局集团二公司京唐铁路 6 标段项目部工会

中铁十五局集团四公司京新高速公路项目部工会

中铁十五局集团路桥公司重庆轨道项目部工会

中铁十五局集团城建公司南京扬子江大道 3 标段项目部工会

中铁十五局集团有限公司陕甘宁指挥部工委

中铁十五局集团有限公司财务共享中心工委

中铁十六局集团一公司新建福厦铁路项目部工委

中铁十六局集团二公司赣深铁路 6 标段项目部工会

中铁十六局集团轨道公司温州市域铁路 S2 线一期工程土建 SG6 标段项目部工委

中铁十六局集团地铁公司成都地铁 5 号线土建 10 标段二分部项目部工会

中铁十六局集团城发公司科尔沁马城项目经理部

工会

中铁十七局集团物资公司华北分公司工会

中铁十七局集团上海轨道公司无锡地铁 3 号线 6 标段项目部工会

中铁十七局集团铺架分公司铺轨队工会

中铁十七局集团电气化公司石家庄地铁 3 号线 16 标段项目部工会

中铁十七局集团市政公司贵州省图书馆项目部工会

中铁十八局集团二公司乌玛公路 A6 标段项目部工会

中铁十八局集团五公司延安项目管理部工会

中铁十八局集团隧道公司新疆 XE3 标段项目部工会

中铁十八局集团市政公司广州市轨道交通 18 号、22 号线项目部工会

中铁十八局集团大都公司总部工会

中铁十九局集团三公司朝凌客运专线 TJ－1 标段项目经理部工会

中铁十九局集团五公司赣深铁路 GSSG－8 标段项目部工会

中铁十九局集团六公司连镇铁路项目部工会

中铁十九局集团七公司新白广城际铁路XBZH－1 标段五工区项目部工会

中铁十九局集团轨道公司北京地铁 3 号线 02 标段项目部工会

中铁二十局集团一公司苏州春申湖路快速化改造工程 5 标段项目经理部工会

中铁二十局集团市政公司石黔高速公路项目部工会

中铁二十局集团房地产公司安徽中景置业公司工会

中铁二十局集团长安重工特种装备车间工会

中铁二十局集团有限公司重庆铁路枢纽东环线项目经理部工会

中铁二十一局集团四公司和若铁路项目部工会

中铁二十一局集团五公司永川路网项目部工会

中铁二十一局集团电务电化公司京雄城际四电项目部工会

中铁二十一局集团运管公司甘霖车间工会

中铁二十二局集团有限公司中兰客运专线 6 标段项目经理部工会

中铁二十二局集团有限公司新建城际铁路联络线一期工程站前 3 标段项目部工会

中铁二十二局集团轨道公司北京地铁 17 号线 06 标段项目部工会

中铁二十二局集团市政公司南大干线 1、2 标段项目经理部工会

中铁二十三局集团一公司混凝土分公司工委

中铁二十三局集团四公司寸滩一期 2 标段项目部工会

中铁二十三局集团六公司北京地铁项目部工会

中铁二十三局集团电务公司电气化第二项目部工会

中铁二十四局集团新余公司重庆东环项目部工会

中铁二十四局集团福州铁建工程质量检测公司工会

中铁二十四局集团桥梁建设公司连镇铁路架梁分部工会

中铁二十四局集团有限公司财务共享服务中心工会

中铁二十五局集团一公司南沙港项目部工会

中铁二十五局集团三公司湘府西路项目部工会

中铁二十五局集团四公司亭洪转体立交桥项目部工会

中铁二十五局集团五公司广州市轨道交通 18 号、22 号线项目部工会

中铁建设集团北京公司第七项目部工会

中铁建设集团华东公司第六项目部工会

中铁建设集团南方公司第十三项目部工会

中铁建设集团基础设施事业部第二十项目部工会

中国铁建电气化局集团二公司蒙华四电项目部工会

中国铁建电气化局集团三公司京沈客运专线（河北段）项目部工会

中国铁建电气化局集团南方公司杭州地铁 5 号线一期安装 5 标段项目部工会

中国铁建电气化局集团轨道交通器材公司人力资源部工会小组

中国铁建港航局集团一分公司鹤港 3 标段项目部工会

中国铁建港航局集团二分公司泰兴项目部工会

中国铁建房地产集团华南公司广佛事业部工会小组

中国铁建房地产集团西南公司重庆事业部工会小组

中铁第一勘察设计院集团甘肃环通工程试验检测公司工会

中铁第一勘察设计院集团工经处第二设计室工会

中铁第一勘察设计院集团环境工程设计处环保设计所工会小组

中铁上海设计院集团线站处交运所工会

中铁物资集团港澳公司总部工会

中国铁建重工集团生产服务保障系统掘进机总厂总装二班工会小组

中国铁建重工集团生产服务保障系统制造总厂数镗二班工会小组

中国铁建重工集团生产服务保障系统特种装备总厂锚杆台车班工会小组

中国铁建国际集团欧亚区域公司工会

中国铁建国际集团东南亚区域公司职工之家

中铁城建集团二公司第一项目部工委

中铁城建集团三公司第二十项目部工委

中铁城建集团总承包分公司长房半岛蓝湾四期项目部工委

中国铁建投资集团苏州设计院工会

中国铁建投资集团珠海铁建梧桐苑置业公司工委

中国铁建优秀工会工作者

李海生　闫　闯　彭　峰　汪　波　彭代平
候雷浩　张宝琦　舒　畅　张　慧　王兆英
温　雯　凤　阳　郗　波　宋昊泽　李秀梅
王东洋　孙　磊　吴兴哲　范家铭　秦仕和
刘玉柱　刘　方　陈　丽　王映寿　李　洋
马振川　李孟玉　杨胜达　徐瑾华　蒋晓芬
白新星　陆海东　陈红云　江远征　张怀超
邹　鹏　郝海栋　郭亚军　杨红军　林　斌
李永红　许正敏　孙　君　冯修圣　彭书先
白富东　李洪涛　彭　婧　邓洪生　王海龙
石贺强　周秀润　孙　丹　吴宝秀　王　冀
苏　明　白　丽　田鹏超　卢光辉　孙丹峰
张江南　辛　诚　高春萍　周普华　康蔺君
赵国春　戴杏丽　马晋恒　倪修泉　杨景霜
郭　俊　陈国泰　吴根荣　凌勋伟　姜　斌
户晓飞　董翠峰　徐伦占　郭兴荣　张晓爱
徐亮安　左三良　钟　准　周　强　范昕宇
靳　彤　黄铁兰　孙咏梅　王文庆　李天海
罗学方　李　红　韩崇安　刘连生　张文科
孟凡东　王　棋

中国铁建优秀工会积极分子

张健男　石　峰　桂　恒　刘　芳　周梦夏
郭京平　郭泽栋　杨　斌　刘志强　王喜波
刘庆凯　刘维国　闫　峰　高玉霞　李慧章
丁　翔　江　慧　矫恒信　杜丽娜　李美华
黄　洁　梁　苗　张　莉　姚占堂　马　勇
苏海霞　李应杰　邵花丽　孙希良　廖　媛
张　磊　李丽芬　张剑如　张利平　沈启炜
刘　玥　王　鹏　李春汶　杨小刚　杜　磊
王　斌　岳晓明　雷佳欣　王璞平　帅　佩
王　伟　王　军　孙　壮　锁　蕾　汤纯祥
马　珂　蔡　越　乔　研　陈　颖　丁安平
杨　东　吴文君　郑锦岷　高世鹏　金　锴
李　祯　贺炳桂　吴东芳　崔瑞杰　马昌远
梁伟东　荣延军　舒　松　唐　希　李远林
孙艺芳　姜宁宁　陆　群　郑　植　唐　楠
马凤军　杨锦莉　黄星霖　邓运清　李　斌
罗立军　尹玉平　刘　洋　王楚怡　李　佳
刘　芳　逄　博　南立军　邓　娟　周　飞
师华鹏　唐宏斌　李亚静　王小杰　李世科
杨亚楠　杨震秀　康　琳　李庆民　高维权

中国铁建优秀工会之友

高　嵩　王　鹏　宋志宏　赫宏伟　刘美良
茹念文　丛恩伟　陈二平　金文红　尚尔海
曹永恒　李启成　赵英杰　孙圣杰　徐国栋
纪青春　梅洪亮　吕彦伟　许四发　吴仕岩
刘　刚　杜　平　石跃伟　朱德荣　季利平
贾延春　杨晋军　贾　洪　张新斌

（李　红）

【颁发新会员证】　按照全国总工会要求，自2019年1月1日起，对新加入工会组织的会员，一律使用和颁发新修改的《中华全国总工会入会申请书》和《中华全国总工会会员证》。全年全系统新入会会员颁发会员证2万本。（李　红）

生产宣教

【劳动和技能竞赛】　2019年，围绕“当好主人翁、建功新时代”主题，中国铁建工会推动所属单位在川藏铁路、蒙华铁路、京张及京雄铁路等项目开展劳动竞赛，有力保证重点工程建设的顺利推进。中铁十二局集团有限公司以实干文化为导向，开展“匠心铸品牌、实干争一流”劳动竞赛，激发广大职工干事创业热情，实现经营承揽破千亿元、完成产值破800亿元的业绩。中铁第一勘察设计院集团有限公司在川藏铁路开展“争当主人翁、建功川藏线、铸就中国梦”劳动竞赛，有力保证川藏铁路勘察设计工作顺利推进。中铁第四勘察设计院集团有限公司23家生产单位开展各类劳动和技能竞赛活动160余项，13个集体、29人获得省市级以上劳动竞赛先进表彰。中国铁建国际集团有限公司认真贯彻“海外优先”战略，在阿尔及利亚、卡塔尔、玻利维亚、加勒比等国家重大工程建设项目开展劳动竞赛10余场，并在沙特打造麦加轻轨运营劳动竞赛特色品牌。中国铁建昆仑投资集团有限公司和中铁建重庆投资集团有限公司运用劳动竞赛活动推动区域重点工程建设，先后举办成都地铁和重庆公路项目劳动竞赛。股份公司工会参与组织全系统工程试验人员技能竞赛，中铁二十五局集团有限公司承办广东物资设备、测量试验技能竞赛，中国铁建电气化局集团有限公司举办铁路“四电”技能竞赛，中国铁建投资集团有限公司组织开展公路收费技术比武等，广泛开展的技术比武、技能竞赛活动，全面点燃职工学习技术、钻研技能、对标一流的热情。

2019年12月，中国铁建决定对劳动竞赛中取得突出成绩的单位和个人予以表彰，授予中铁十一局集团有限公司西安地铁6号线3标段项目部等32个单位“劳动竞赛综合优胜单位”和中国铁建“工人先锋号”称号并颁发奖牌、荣誉证书，各奖励20000元；授予中国铁建大桥工程局集团有限公司杭州地铁8号线总承包土建工区三项目部等7个单位“劳动竞赛单项优胜单位”称号并颁发奖牌、荣誉证书，各奖励10000元；授予中铁十一局集团有限公司广州市轨道交通18号、22号线项目部等17个单位“劳动竞赛先进单位”称号并颁发奖牌、荣誉证书；授予中铁十五局集团五公司工会等4个单位“劳动竞赛优秀组织单位”称号并颁发奖牌、荣誉证书，各奖励20000元。授予唐晓冬等109人“劳动竞赛优秀组织者”称号并颁发荣誉证书，各奖励1000元。

重点工程劳动竞赛综合优胜单位、工人先锋号获得单位

中铁十一局集团有限公司西安地铁6号线3标段项目部

中铁十一局集团有限公司银西铁路项目部

中铁十二局集团三公司滹沱河生态修复工程项目部

中铁十二局集团电气化公司张呼铁路四电项目部

中铁十四局集团有限公司牡佳客运专线项目部

中铁十四局集团有限公司张吉怀铁路ZJHZQ－9标段项目部

中铁十五局集团有限公司宣鹤高速第三合同段项目部

中铁十六局集团有限公司吴忠至中卫城际铁路工程建设指挥部

中铁十六局集团有限公司赣深客运专线（江西段）GSJXZQ－3标段项目部

中铁十七局集团有限公司德简高速公路8标段项目部

中铁十八局集团一公司港珠澳大桥珠海连接线第一合同段项目部

中铁十八局集团二公司大瑞铁路项目部

中铁十九局集团有限公司新建京雄城际铁路4标段项目部

中铁十九局集团有限公司G302线三岔至阿尔山段公路二期工程SAZCB项目部

中铁二十三局集团有限公司成都轨道交通10号线二期工程土建施工3标段项目部

中铁二十五局集团有限公司渝怀铁路增建二线8标段项目部

中国铁建电气化局集团有限公司银吴铁路四电项目部

中国铁建电气化局集团有限公司怀邵衡铁路项目部

重点工程劳动竞赛单项优胜单位

工程质量优胜单位

中国铁建大桥工程局集团有限公司杭州地铁8号线总承包土建工区三项目部

安全生产优胜单位

中国土木工程集团尼日利亚有限公司拉伊铁路项目部

工程进度优胜单位

中铁二十四局集团有限公司连徐铁路项目部

科技创新优胜单位

中国铁建港航局集团一公司珠海市鹤洲至高栏港高速一期工程HGTJ3标段项目部

文明施工和节支降耗优胜单位

中铁城建集团三公司苏州太湖大道快速化改造工程项目部

共建共享优胜单位

中铁二十二局集团有限公司大张高速铁路(河北段)DZSG2015-1标段项目部

竞赛管理优胜单位

中铁二十一局集团有限公司商合杭铁路站前2标段项目部

重点工程劳动竞赛先进单位

中铁十一局集团有限公司广州市轨道交通18号、22号线项目部

中国铁建大桥工程局集团四公司张吉怀铁路项目部

中铁十五局集团有限公司蒙华铁路MHTJ-29标段项目部

中铁十六局集团有限公司蒙华铁路MHTJ-26标段项目部

中铁十七局集团有限公司商合杭铁路(河南段)1标段项目部

中铁十七局集团有限公司昭泸高速公路项目部

中铁十八局集团隧道公司引汉济渭项目部

中铁二十局集团有限公司重庆铁路枢纽东环线项目部

中铁二十局集团有限公司安哥拉项目部

中铁二十局集团有限公司陇漳高速公路总承包指挥部

中铁二十二局集团有限公司新建牡佳铁路客运专线MJZQSG-9标段项目部

中铁二十三局集团有限公司渝怀铁路涪陵至梅江段增建第二线工程站前7标段项目部

中铁二十五局集团有限公司广州市轨道交通18号、22号线项目部

中国铁建电气化局集团有限公司京沈客运专线(京冀段)四电项目部

中铁城建集团南昌公司琅岐山语城项目部

勘察设计劳动竞赛综合优胜单位

中铁第一勘察设计院集团有限公司兰州地铁项目部

中铁第一勘察设计院集团有限公司引汉济渭工程指挥部

中铁第四勘察设计院集团有限公司昆明轨道交通5号线工程总承包项目部

中铁第四勘察设计院集团有限公司合肥市轨道交通项目部

勘察设计劳动竞赛先进单位

中铁第五勘察设计院集团有限公司低净空全套管灌注桩机研发及施工影响研究项目总体组

中铁第五勘察设计院集团有限公司天水有轨电车示范性工程(一期)工程设计总体组

特色劳动竞赛综合优胜单位

隧道施工光面爆破百日劳动竞赛优胜单位

中铁十二局集团有限公司

大盾构基地配套码头3×1模式劳动竞赛优胜单位

中铁十四局集团有限公司芜湖长江隧道指挥部

电商贸易销售劳动竞赛优胜单位

中铁十五局集团物资公司创惠电子商务公司

盾构施工班组劳动竞赛优胜单位

中铁十六局集团有限公司成都地铁6号线2标段项目部

TBM掘进施工班组劳动竞赛优胜单位

中铁十九局集团一公司新疆YE供水KSIV项目

物业服务品质提升劳动竞赛优胜单位

中铁建设集团有限公司房产中心

房地产“百日冲刺”销售劳动竞赛优胜单位

中国铁建房地产集团华南公司

设备处多板块特色劳动竞赛优胜单位

中铁第四勘察设计院集团有限公司

麦加轻轨运营维保项目劳动竞赛优胜单位

中国铁建国际集团有限公司

高速公路收费运营劳动竞赛优胜单位

北京通达京承高速公路有限公司

劳动竞赛优秀组织单位

中铁十五局集团五公司工会

中铁十八局集团有限公司工会

中国铁建国际集团有限公司工会

中铁建重庆投资集团有限公司工会

年度劳动竞赛优秀组织者

唐晓冬　周　成　李　兵　罗力军　侯仰红
罗中来　郑长伟　郝玉峰　亓守臣　李东升
张学斌　张兵运　袁　超　刘志峰　李　彬
张　涛　闫广天　刘富华　王晓东　李忠民
刘志富　张　敏　庄乾理　张　才　邸玉环
王庆忠　马晋恒　王连华　王祥标　赖如斌

凌勋伟 王革新 梅洪亮 郝长江 龚 健
张红星 肖希新 金文康 刘新军 刘 博
王少华 冯来刚 邱 卫 张绪和 王春云

重点工程劳动竞赛优秀组织者

杨 华 陈作华 徐兴国 李 广 张庆华
刘树明 李和刚 伍锡敏 曹守明 刘庆军
王晓勇 林立文 张文华 杨 雷 陈久龙
方同雄 王振浩 陈武剑 高晓忠 张培军
刘应亮 郭凤武 贺常松 周 俊 彭志新
韩朝宇 陈金山 谢平波 张长春 黎开政
贺志鹏 黄 玮 黄明祥 杨 朝 陈克伟
郝加强

勘察设计劳动竞赛优秀组织者

王家乐 高 升 李凌志 王耀辉 殷怀连
周礼文 雷 崇 李志敏

特色劳动竞赛优秀组织者

马保喜 郭自敏 于 俊 刘 巍 刘学军
储雨虎 杨立伟 张广鹏 吕海明 王家海
赖艳阳 李昌盛 李 剑 张 伟 刘高坤
谢 钦 陈进生 李远航 侯艳玲 张建军

（于 斌）

【4 人获得全国五一劳动奖章】

邵高波 中铁十二局集团四公司盾构分公司总工程师

魏成波 中铁十九局集团七公司琼乐高速公路项目部工班长

陈泽建 中铁第四勘察设计院集团有限公司副总工程师

金跃良 中国铁建昆仑投资集团有限公司董事长、党委书记

（于 斌）

【4 个集体获得全国工人先锋号】

中铁十一局集团桥梁公司拉林铁路项目部

中国铁建大桥工程局集团三公司快速路系统二期项目——天津外环线东北部调线工程第 1 标段项目部

中铁十八局集团五公司博鳌通道项目部

中铁二十三局集团轨道交通工程公司嘉定区云翔拓展基地 19A－05A 共有产权房项目部

（于 斌）

【12 个集体获得“中央企业先进集体”称号】

中国土木工程集团（赞比亚）有限公司
中铁十二局集团建安公司
中铁十四局集团五公司
中铁十六局集团四公司
中铁十八局集团五公司西北项目管理部
中铁二十局集团市政公司
中铁二十二局集团二公司
中铁建设集团南方公司
中国铁建房地产集团有限公司
中铁第五勘察设计院集团有限公司
中国铁建重工集团股份有限公司
中国铁建投资集团有限公司

（于 斌）

【20 人获得“中央企业劳动模范”称号】

安 伟 中铁十一局集团二公司项目经理

安宏斌 中铁十二局集团二公司项目经理

曲建生 中国铁建大桥工程局集团有限公司项目经理

刘朝阳 中铁十四局集团一公司项目经理

盛超廷 中铁十五局集团路桥公司宁启铺架项目部常务副经理兼铺架四队队长

白剑锋 中铁十六局集团五公司项目经理

王树成 中铁十七局集团有限公司指挥长

刘玉兴 中铁十八局集团二公司项目经理

李绍杰 中铁十九局集团三公司兰渝铁路工程项目部三工区一级技术专家、总工程师

张俊波 中铁二十局集团有限公司副总经济师

杨红亮 中铁二十一局集团有限公司昌赣客运专线项目部项目经理

唐清兵 中铁二十三局集团轨道公司总经理助理、经营部部长

张 帆 中铁二十四局集团新余公司计划合同部部长

高斌文 中国铁建电气化局集团有限公司总经理助理、区域指挥长

刘为民 中铁第一勘察设计院集团有限公司董事长、党委书记

张占荣 中铁第四勘察设计院集团有限公司地路处副总工程师

韩元军　中铁物资集团有限公司董事会秘书、直属机关党委书记

冯来刚　中国铁建国际集团有限公司党委副书记、工会主席

李靖滨　中铁城建集团一公司项目经理

冀　涛　中国铁建财务有限公司总经理、党委副书记

（于　斌）

【10个集体获得铁路建设专项表彰火车头奖杯】

中铁十一局集团有限公司京沈客运专线ZF－2标段项目部

中铁十一局集团有限公司蒙华铁路MHPJ－3标段项目部

中铁十二局集团有限公司新建京雄城际铁路1标段项目部

中铁十二局集团有限公司南龙铁路NZQ－1标段项目部

中铁十二局集团有限公司大西客运专线北同蒲联络线工程指挥部

中铁十二局集团有限公司郑万高速铁路（湖北段）ZWZQ－7标段项目部

中铁十四局集团有限公司新建京张铁路1标段项目部

中铁十八局集团有限公司渝黔铁路土建2标段项目部

中铁二十二局集团有限公司格库铁路（青海段）工程指挥部

中国铁建电气化局集团有限公司怀邵衡铁路项目部

（于　斌）

【34人获得铁路建设专项表彰火车头奖章】

万　亮　中铁十一局集团有限公司哈牡客运专线中间站房项目部总工程师

李　俊　中铁十一局集团有限公司贵南高速铁路项目部项目书记、常务副经理

沈育斌　中铁十一局集团有限公司拉林铁路项目部项目经理

陈良君　中铁十一局、十二局集团有限公司联合体成蒲铁路工程项目部总工程师

姚军军　中铁十二局集团有限公司新建京雄城际铁路1标段项目部项目经理

姜　军　中铁十二局集团有限公司郑万高速铁路（湖北段）ZWZQ－7标段项目部总工程师

殷利华　中铁十二局集团有限公司青连铁路站房项目部项目书记兼副经理

李保明　中铁十二局集团有限公司福厦铁路2标段项目部项目经理

李智杰　中铁十二局集团有限公司连盐铁路工程指挥部指挥长

陈伟明　中铁十二局集团有限公司格库铁路（青海）7标段指挥部项目副指挥长

王宏毅　中国铁建大桥工程局集团有限公司蒙华铁路MHIJ－13标段项目部三工区经理、党支部书记

张兆忠　中铁十四局集团有限公司青连铁路项目部高级工程师

杨仕彬　中铁十四局集团有限公司连镇铁路项目部项目经理

徐敏聪　中铁十六局集团有限公司昌赣客运专线CGZQ－8标段项目部副经理兼总工程师

范永强　中铁十六局集团有限公司玉磨铁路项目部项目经理

翟秋柱　中铁十七局集团有限公司广大铁路工程项目部高级工程师

李　彬　中铁十七局集团有限公司商合杭铁路站前18标段项目部指挥长

惠武平　中铁十八局集团有限公司郑济铁路（郑濮段）站前2标段项目部高级工程师

于长彬　中铁十八局集团有限公司大瑞铁路项目部常务副总经理

王海亮　中铁十九局集团有限公司成兰铁路工程指挥部副指挥长

彭志新　中铁十九局集团有限公司京雄城际铁路4标段项目部总工程师

张义申　中铁十九局集团有限公司银西铁路项目部项目副经理兼总经济师

袁正国　中铁二十三局集团有限公司哈佳铁路8标段项目部项目经理

刘相贞　中铁二十三局集团有限公司大瑞铁路项目部架子队队长

窦世学　中铁二十五局集团有限公司大西铁路客

运专线指挥部项目经理

程先坤　中铁建设集团有限公司京张铁路站房2标段项目部怀来站项目经理

郭小波　中国铁建电气化局集团有限公司大西铁路客运专线四电工程指挥部第一项目部总工程师

伍　海　中国铁建电气化局集团有限公司涪秀二线铁路工程项目部高级工程师

金智庆　中国铁建电气化局集团有限公司哈佳铁路四电项目部项目经理

谢君泰　中铁第一勘察设计院集团有限公司桥隧处副总工程师

陈　俊　中铁第四勘察设计院集团有限公司郑万铁路(河南段)工程建设指挥部副指挥长、总工程师

张传波　中铁第四勘察设计院集团有限公司建筑院副总工程师

奚清皓　中铁第四勘察设计院集团有限公司怀邵衡铁路怀邵衡指挥部工程师

马　涛　中铁第四勘察设计院集团有限公司蒙华铁路湘赣设计指挥部指挥长

（于　斌）

【劳模和工匠人才工作室创建】　2019年,中国铁建系统创建省部级及以上劳模创新工作室15个,累计创建省部级及以上劳模创新工作室60个。其中,中铁十一局集团有限公司、中铁十二局集团有限公司、中铁十五局集团有限公司、中铁十六局集团有限公司、中铁二十局集团有限公司、中铁二十一局集团有限公司、中铁第一勘察设计院集团有限公司、中铁第四勘察设计院集团有限公司、中铁磁浮交通投资建设有限公司各新增1个,中国铁建大桥工程局集团有限公司、中铁十八局集团有限公司、中铁二十三局集团有限公司各新增2个。中铁第四勘察设计院集团有限公司举办创新工作室成果发布会,代表中国铁建参加全路职工创新成果展示交流;中国铁建大桥工程局集团有限公司28家劳模创新工作室全年完成课题88项,获得省部级以上工法25项、专利52项、论文75篇、科技进步奖8项、科技创新奖2项、工程质量奖4项、五小成果及QC成果23项。

（于　斌）

【弘扬劳模、劳动和工匠精神】　2019年,中国铁建工会充分利用报纸、网络、微信等多种平台,开展劳模事迹和劳模精神宣传活动,组织进行《榜样的力量》劳模微视频展播。先后统筹推动中国铁建工会组织3批面向全系统的劳模疗休养活动;组织全系统在庆祝新中国成立70周年之际开展走访慰问劳动模范活动。中铁十四局集团有限公司、中铁十五局集团有限公司、中铁十六局集团有限公司等单位举办劳模表彰大会、劳模事迹报告会和劳模座谈会,通过分享劳模故事、传递劳模精神,激励广大员工做新时代的奋斗者,营造崇尚劳模、学习劳模、争当先进的浓郁氛围。　（于　斌）

【合理化建议和技术改进项目评奖】　2019年,中国铁建合理化建议和技术改进评审委员会对124项合理化建议和技术改进项目进行评审,评选出二等奖4项、三等奖45项。

2019年度中国铁建股份有限公司合理化建议和技术改进获奖项目

序号	项　目　名　称	单　位	主要作者	获奖等级
1	大乌斯明洞内外模双台车施工技术改进	中铁十二局集团三公司	燕明胜	二等奖
2	架桥一体机双向架设	中铁十二局集团四公司	邵志元　任俊荣　陈秋冬	二等奖
3	青海国道227项目部多项技术革新	中铁十六局集团一公司	肖欧辉	二等奖
4	铝合金模板2厘米变截面施工工法	中铁建设集团有限公司	胡成坤	二等奖
5	隧道衬砌边墙自动凿毛机	中铁十一局集团四公司	李　俊	三等奖
6	利用气动式潜孔锤改善铣槽法在硬岩地质的应用	中铁十一局集团四公司	袁龙泉	三等奖

续表

序号	项 目 名 称	单 位	主要作者	获奖等级
7	海陆交互相深长桩基施工中采用大型泥沙分离器的建议	中铁十一局集团四公司	万 勤	三等奖
8	改制可调超高支腿提梁机提升900吨箱梁及运架梁设备	中铁十二局集团一公司	鲍军平	三等奖
9	泥水盾构密闭砼箱体接收情况说明	中铁十二局集团二公司	卢力勇	三等奖
10	多旋翼单镜头无人飞行器倾斜摄影测量施工工法	中铁十二局集团七公司	张逆进	三等奖
11	铝模板施工过程中窗洞口处留设止反坎	中铁十二局集团建安公司	刘 宁 何广南	三等奖
12	公路隧道穿越土岩结合带富水段"下侧导坑排水增稳短台阶"施工工法	中国铁建大桥工程局集团西北公司	岳旭光	三等奖
13	提高泵送高标号混凝土的质量施工技术研究	中铁十五局集团五公司	陈兵兵	三等奖
14	便携式电力机车 A/F 转换设备测试仪的研制	中铁十五局集团运营公司	范荣华	三等奖
15	HXD1 型交流机车电控制动控制器防误推紧急改造的建议	中铁十五局集团运营公司	魏 超	三等奖
16	关于 SS4 改型电力机车进行"防逆电"改造的建议	中铁十五局集团运营公司	范荣华	三等奖
17	关于 SS4 改型电力机车监控装置供电电路改进的建议	中铁十五局集团运营公司	沈红海	三等奖
18	索吊法上承式钢筋混凝土箱型拱桥施工技术	中铁十六局集团二公司	邓中伟	三等奖
19	悬挂装配式施工方法在梁格体系系杆拱桥中横梁施工的应用	中铁十六局集团三公司水腊项目部	段新鸽	三等奖
20	站房钢结构体系整体卸载工法	中铁十六局集团电气化公司吴忠至中卫城际铁路项目经理部	王丽军	三等奖
21	接触网装配一体化施工工法	中铁十六局集团电气化公司吴忠至中卫城际铁路项目经理部	王丽军	三等奖
22	建议将河道淤泥处理后用于筑岛	中铁十七局集团三公司	丰小华	三等奖
23	污水顶管施工工艺改进	中铁十七局集团五公司	栾成波 李现彬 王 雄	三等奖
24	小断面引水洞自制液压立拱机的应用	中铁十七局集团五公司	许志刚 徐晓东	三等奖
25	创新型超高边坡格构梁植生袋运输车	中铁十七局集团建筑公司	来联宝	三等奖
26	固定式直线模型改固定式曲线模型的建议	中铁十七局集团物资公司	宋 琦	三等奖
27	端子标高控制杆改进	中铁十七局集团铺架分公司	孙荣辉 党 宏	三等奖

续表

序号	项 目 名 称	单 位	主要作者	获奖等级
28	变截面空心薄壁墩模板优化设计	中铁十九局集团六公司	邵瑾琨	三等奖
29	浆砌片石水沟变混凝土水沟采用滑模机施工的合理化建议	中铁十九局集团六公司	崔伟宾	三等奖
30	大吨位宽幅长节段后支点菱形挂篮同步行走施工方法	中铁十九局集团七公司	杨维威	三等奖
31	通风空调风管采用内法兰连接合理化方案	中铁十九局集团电务公司	李林森	三等奖
32	关于全岩地层盾构刀具重新设计再利用的合理化建议	中铁二十局集团长安重工公司掘进机车间	翟超杰 李增良 米仕鹏 贾 霖 兴 安	三等奖
33	一种室内弧形布线模具	中铁二十一局集团电务电化公司	杨晓军	三等奖
34	关于CRTSⅢ型轨道板流水线张拉工位斜铁构造及压紧气缸的改进	中铁二十三局集团轨道公司	艾其开	三等奖
35	大吨位混凝土斜交竖曲线梁智能系统同步连续顶推技术	中铁二十三局集团二公司齐富嫩大桥A1标段项目部	张时钟 佟 强 邢云州 赵月亭	三等奖
36	佳木斯站客运过渡优化方案	中铁二十三局集团二公司哈佳铁路8标段项目部	袁正国 郭庆富 王振东	三等奖
37	免抹灰薄壁多腔预制构件砌筑施工方法	中铁建设集团有限公司	吴现敬	三等奖
38	机电工程冷弯薄壁型槽钢综合支、吊架技术	中铁建设集团有限公司	刘 勇	三等奖
39	外墙全铝合金模板和集成式爬架交错提升施工工法	中铁建设集团有限公司	刘志威	三等奖
40	住宅楼楼层截水系统施工工法	中铁建设集团有限公司	康胜国	三等奖
41	酒店卫生间钢骨架抹灰超薄隔墙施工工法	中铁建设集团有限公司	朱 军	三等奖
42	板式消浪块模板改制	中国铁建港航局集团有限公司福建省诏安县田厝一级渔港工程项目经理部	胡金鑫	三等奖
43	圆形沉箱预制施工工艺优化	中国铁建港航局集团三公司三亚项目部	李光超	三等奖
44	基于BIM技术的船闸人字门安装施工技术	中国铁建港航局集团四公司邕宁水利枢纽工程航运过坝项目部	王永东 黄恩代 陈 军 熊宏武 王冠杰	三等奖
45	一种新型预应力混凝土叠合梁施工技术	中国铁建港航局集团四公司邕宁水利枢纽工程航运过坝项目部	郑儒彬 黄恩代 王胜军 周 刚 李晓龙	三等奖
46	地铁车站铺盖系统合理化建议	中铁第一勘察设计院集团有限公司兰州地铁项目部	高 升	三等奖
47	一种桥梁健康监测自动化数据分析及可视化平台	中铁第四勘察设计院集团桥梁院	殷鹏程	三等奖

续表

序号	项 目 名 称	单 位	主要作者	获奖等级
48	关于使用构造柱免支模施工工艺的合理化建议	中铁城建集团南昌公司范县张庄项目部	张训虎 宋庆华 徐勋越 王云龙	三等奖
49	提高抗浮锚杆根部 CPS - CL 防水施工一次验收合格率	中铁城建集团总承包分公司文化广场(二期)项目部	门 彬	三等奖

(制表:于 斌)

【劳动保护】 2019 年,中国铁建各级工会全面维护职工生命安全和健康权益,有效推动劳动保护监督检查工作,持续改善劳动安全卫生条件。紧紧围绕“防风险、除隐患、遏事故”安全生产月主题,开展形式多样的安全文化宣传教育活动。中铁十一局集团有限公司组织开展安全主题演讲比赛和“安全健康伴我行”安全生产知识竞赛,掀起学知识、强意识、保安全的文化热潮;中铁十九局集团有限公司、中铁二十一局集团有限公司、中铁二十四局集团有限公司大力推进工会安全监督检查员制度落实,强化安全监督检查员队伍建设,组织开展现场观摩、专题培训、安全演练、班组评比等活动,营造层层抓安全、人人要安全、事事保安全的氛围。基层项目创新开展安全积分管理做法,在工地创建安全积分兑换商店,充分调动职工参与安全管理的积极性和主动性。 (于 斌)

【职工文化活动】 2019 年,中国铁建各级工会积极组织开展职工文化艺术节、职工才艺展览、春节联欢晚会、职工运动会等群众性文化体育活动,丰富职工精神文化生活。股份公司工会先后联系中国文联、中国文艺志愿者协会、铁道文工团,组织文艺志愿服务小分队走进雄安重点建设项目、成都地铁项目进行慰问,为一线职工送上艺术盛宴和艺术指导,在职工群众中引起强烈反响。中铁城建集团有限公司工会牵头组织开展第二次长沙区域联动,开展健康大讲堂、音乐大课堂、读书活动知识竞赛系列活动,增进长沙各单位和项目的沟通,活跃职工群众的文化生活;中铁十四局集团有限公司、中国铁建房地产集团有限公司举办大型职工运动会,展现职工的良好精神风貌,谱写企业和谐乐章。 (于 斌)

民主管理

【和谐劳动关系创建】 党的十八大以来,中国铁建坚持以习近平新时代中国特色社会主义思想为指导,认真贯彻落实党中央、国务院关于创建和谐劳动关系的决策部署,积极开展和谐劳动关系创建活动,在保障职工合法权益、推动企业与职工共建共享方面取得积极成效。2019 年 3 月,中铁二十一局集团有限公司被国家人力资源和社会保障部、中华全国总工会、中国企业联合会、中国企业家协会、中华全国工商业联合会授予“全国模范劳动关系和谐企业”称号。 (李智伟)

【职代会制度建设】 2019 年,中国铁建系统 595 个集团公司、子分公司建立职工(代表)大会制度,581 个单位召开职工代表大会,562 个单位评议领导干部。全年民主评议局级领导干部 367 人。其中,优良率 100% 的 96 人,占评议总数的 26.16%;优良率90% ~ <100% 的 244 人,占评议总数的 66.49%;优良率 80% ~ <90% 的 14 人,占评议总数的 3.81%;优良率 70% ~ <80% 的 11 人,占评议总数的 3.0%;优良率 70% 以下的 2 人,占评议总数的 0.54% 。 (李 红)

【中国铁建二届四次职工代表大会】 2019 年 1 月 16—18 日在北京总部召开。职工代表 277 人,其中女职工代表 40 人,占代表总数的 14%;企业领导人员 85 人,占代表总数的 31%;技术管理人员 148 人,占代表总数的 53%;生产一线人员 44 人,占代表总数的 16%;青年职工 35 人,占代表总数的 13%;先进模范 15 人,占代表总数的 5%。职工代表组成 20 个代表团。会议主要听取、审议公司年度《行政工作报告》《关于财务收支及经济运行情况的报告》《关于业务招待费使用情况的报告》和《提案工作报告》,通过调整后的企业年金方案,听取关于企业年金实施情况的报告,通过会议有关决议。 (李 红)

【集体合同工资集体协商】 2019 年,所属各集团公司、工程公司全面落实平等协商制度,把企业最需要、职工最关心的带有普遍性的问题作为协商重点,并根据企业实际情况和职工诉求，修订和完善集体合同条款，有序推进职工工资协商共决、正常增长和支付保障机制。职工代表大会上同步签订《集体合同》《工资专项协议》和《女职工权益保护专项集体合同》，集体合同签订率100%。上级工会做好新签集体合同宣传贯彻，并对集体合同履约情况进行督导检查。

（张晓川　刘永胜）

【职代会提案工作】 提案工作委员会是负责征集和处理职代会提案的工作机构，在中国铁建职工代表大会的领导下进行工作，向职工代表大会负责。委员会办公室设在工会工作部。2019年1月9日，提案工作委员会根据《中国铁建一届职工代表大会提案工作委员会工作制度》有关规定，组织评选并表彰中国铁建二届三次职代会优秀提案10件、优秀处理提案单位10个，优秀提案和优秀处理提案单位各奖励2000元。1月16—18日，中国铁建二届四次职工代表大会在中国铁建大厦召开，立案提案182件。截至9月10日，立案提案全部处理答复完毕，并由所属单位工会反馈至提案人，提案答复率100%。（刘永胜）

【1家单位工会获最佳"三有"创新成果】 2019年12月4日，在2019年全国铁路工会基层组织民管工作"三有"创新成果发布会上，中铁十一局集团有限公司工会"帮劳务派遣工找到娘家人"创新成果获最佳"三有"创新成果。（李　红）

权益维护

【偏远艰苦项目建家建线帮扶】 2019年，中国铁建工会继续以偏远艰苦项目建家建线帮扶为抓手，确定62个地处偏远、环境恶劣、职工生产生活条件异常艰苦的项目作为重点帮扶对象，下拨16万元重点帮扶专项资金给每个项目，解决职工生产、生活中的突出困难和问题。股份公司、集团公司、工程公司三级工会帮扶项目1320个，投入帮扶资金4500余万元，在一定程度上解决了城市项目与偏远艰苦项目职工工作生活条件严重不平衡的问题。（李　红）

【困难职工解困脱困】 2019年，中国铁建系统全力推进实施精准帮扶工程，精准识别、规范建档、依档帮扶、分类救助、动态管理，聚力打好脱贫攻坚战。各级工会结合实际健全完善相关制度机制，根据不同致困原因，综合运用救助脱困、岗位脱困等多种手段，因户施策、分类帮扶，确保能脱困的困难职工及时脱困，不能脱困的实现解困，所有建档困难职工生活得到有效保障。

（张晓川　刘永胜）

【开展青年联谊和集体婚礼活动】 2019年，为解决建筑施工企业条件艰苦、流动性强所造成的青年职工婚恋难题，中国铁建工会努力当好"爱心红娘""贴心家长"和"暖心长者"，为单身员工搭建寻找真爱的平台。中铁十二局集团有限公司、中国铁建大桥工程局集团有限公司、中铁十六局集团有限公司、中铁十七局集团有限公司、中铁十九局集团有限公司通过联谊会为适龄单身青年搭鹊桥，活动现场牵手成功98对；中铁十四局集团有限公司、中铁十六局集团有限公司、中铁十八局集团有限公司、中铁二十一局集团有限公司、中铁二十四局集团有限公司、中国铁建房地产集团有限公司、中国铁建国际集团有限公司为188对青年职工举办各具特色的集体婚礼，在全系统形成上层引领，全员行动，共同解决职工婚恋难题的合力，促进企业稳定，维护社会和谐，成为中国铁建工会工作独树一帜的品牌。（杨　凯）

保障服务

【服务保障体系建设】 2019年，中国铁建各级工会继续推进完善服务职工工作体系，通过多种平台和渠道，实现帮扶救助工作从传统的物质帮扶向物质帮扶与精神帮扶并重转变，更加注重人文关怀，更好地满足广大职工对美好生活的多元化需求。各级工会在做好逢年过节、职工生日、婚丧嫁娶、退休离岗、生病住院等职工普惠福利的同时，广泛开展送温暖、送清凉、金秋助学和圆梦"微心愿"、青年联谊、集体婚礼、走进"中国铁建夏令营"、心理咨询等常态服务，持续拓展服务领域，深化帮扶渠道，延伸帮扶链条。（张晓川　刘永胜）

【送温暖活动】 2019年元旦、春节期间，中国铁建各级工会深入基层一线，广泛开展"两节"送温暖活动，重点慰问困难职工（含困难农民工、劳务派遣工等），重点岗位值守职工，边远艰苦地区和重点工程建设一线职工，对企业发展作出重要贡献的劳动模范、先进职工和困难离退休老干部、离退休人员等。走访慰问期间，全面了解职工薪酬收入、休息休假、福利待遇等情况，并开展送文化、送教育、送法律、送娱乐、送心理辅导等帮扶服务。全年全系统筹集“两节”送温暖资金7188万元，慰问困难职工家庭10852户，慰问劳动模范、离退休人员、生产一线职工和农民工等87382人次，慰问生产一线班组1886个，工程公司级以上领导1665人参加慰问活动。（张晓川　刘永胜）

财务经审

【工会财务管理】 2019年，中国铁建各级工会持续加强工会财务规范化建设，不断创新工会财务管理机制。中铁建设集团有限公司坚持工会财务集中管理，经费管理实现“五统一”；中国铁建投资集团有限公司完善“两直管三区域”财务管理模式，实现经费区域集中、预算集约管控；中铁二十一局集团有限公司、中铁城建集团有限公司由集团工会统一收缴经费，保证经费足额到位。全系统积极推进工会资金集中管理，利用铁建财务金融平台，全年节约手续费70万元，取得附加收益1657万元。持续加大对基层工会、一线职工和工会重点工作资金资源投入力度，发挥好工会经费使用效能。（张晓川　刘永胜）

【中国铁建工会财务工作竞赛评比】 2019年，中国铁建工会对所属单位2018年度工会财务工作竞赛评比，通报表彰特等奖单位1个、一等奖单位21个、二等奖单位8个。

特等奖获得单位

中铁第四勘察设计院集团有限公司工会

一等奖获得单位

中铁十一局集团有限公司工会
中铁十二局集团有限公司工会
中国铁建大桥工程局集团有限公司工会
中铁十四局集团有限公司工会
中铁十五局集团有限公司工会
中铁十六局集团有限公司工会
中铁十七局集团有限公司工会
中铁十八局集团有限公司工会
中铁十九局集团有限公司工会
中铁二十局集团有限公司工会
中铁二十一局集团有限公司工会
中铁二十三局集团有限公司工会
中铁二十四局集团有限公司工会
中铁二十五局集团有限公司工会
中铁建设集团有限公司工会
中国铁建电气化局集团有限公司工会
中国铁建房地产集团有限公司工会
中铁上海设计院集团有限公司工会
中铁城建集团有限公司工会
中国铁建财务有限公司工会
中铁建商务管理有限公司工会

二等奖获得单位

中国土木工程集团有限公司工会
中铁二十二局集团有限公司工会
中国铁建港航局集团有限公司工会
中铁第一勘察设计院集团有限公司工会
中铁第五勘察设计院集团有限公司工会
中国铁建重工集团股份有限公司工会
中国铁建国际集团有限公司工会
中国铁建投资集团有限公司工会

（张晓川　刘永胜）

【工会经审工作规范化建设考核和优秀审计项目评选】 2019年，中国铁建工会经审会对集团公司级工会2018年度经费审计工作规范化建设进行考核和工会优秀审计项目评选，通报表彰一等奖单位9个、二等奖单位5个、三等奖单位3个，优秀审计项目6个。

一等奖获得单位

中铁十一局集团有限公司工会
中铁十九局集团有限公司工会
中铁二十局集团有限公司工会
中铁二十二局集团有限公司工会
中铁二十四局集团有限公司工会
中铁二十五局集团有限公司工会
中铁建设集团有限公司工会
中国铁建房地产集团有限公司工会
中国铁建重工集团股份有限公司工会

二等奖获得单位

中铁十二局集团有限公司工会

中国铁建大桥工程局集团有限公司工会

中铁十四局集团有限公司工会

中铁十六局集团有限公司工会

中铁二十一局集团有限公司工会

三等奖获得单位

中铁十七局集团有限公司工会

中铁第一勘察设计院集团有限公司工会

中铁第四勘察设计院集团有限公司工会

2018 年度中国铁建工会优秀工会审计项目

中铁十二局集团电气化公司工会 2016—2017 年度经费预算执行情况审计

中铁十五局集团四公司工会 2016—2017 年度经费预算执行情况审计

中铁十八局集团建安公司工会 2016—2017 年度经费预算执行情况审计

中铁二十一局集团电务电化公司工会 2016—2017 年度经费预算执行情况审计

中铁二十四局集团福建公司工会 2016—2017 年度经费预算执行情况审计

中铁二十五局集团五公司原工会主席郝登元任期经济责任审计

（张晓川　刘永胜）

【选聘特邀审计人员】 2019 年，中国铁建工会经费审计委员会选聘 62 名专兼职工会财务人员为新一届特约审计员，发挥其专业优势，协助完成全年审查审计工作任务。各集团公司工会加快建设特约审计员队伍，优选政治素质高、业务能力强、具有相关专业知识的财务、审计、纪检等人员加入经审干部队伍，充实经审工作力量。（张晓川　刘永胜）

【工会经费预算执行和任期经济责任审计】 2019 年，中国铁建工会经费审计委员会办公室组成 13 个审计组，分别开展对中铁十二局集团有限公司、中国铁建大桥工程局集团有限公司、中铁十五局集团有限公司、中铁十六局集团有限公司、中铁十七局集团有限公司、中铁二十四局集团有限公司、中国铁建电气化局集团有限公司、中铁第一勘察设计院集团有限公司、中铁上海设计院集团有限公司、中国铁建投资集团有限公司、中铁建金融租赁有限公司工会的经费预算执行情况审计；开展对中铁十八局集团有限公司、中铁二十局集团有限公司原工会主席任期经济责任审计。审计组向股份公司工会经审会提交审计报告 13 份，下发审计意见书 13 份，被审计单位工会按要求认真整改，并在规定时间上报整改情况报告。年内股份公司工会接受铁路总工会经费预算执行情况审计，同时延伸审计中铁十九局集团有限公司工会。（张晓川　刘永胜）

【中国铁建工会财务、经审工作受表彰】 2019 年，中国铁建股份有限公司工会（本级）、中铁十一局集团有限公司工会、中铁十九局集团有限公司工会、中铁二十一局集团有限公司工会被中华全国总工会授予“工会财务工作先进单位”。股份公司工会在中华全国铁路总工会财务工作竞赛评比和经费审计工作规范化建设考核中均获得特等奖；中国土木工程集团有限公司工会、中铁十五局集团有限公司工会、中铁十六局集团有限公司工会、中铁二十五局集团有限公司工会、中国铁建电气化局集团有限公司工会、中铁建商务管理有限公司工会被中华全国铁路总工会授予“工会财务工作先进单位”。（张晓川　刘永胜）

女职工工作

【中国铁建工会女工委一届六次全委（扩大）会议】 2019 年 11 月 14—15 日在浙江湖州召开。中国铁建工会主席史道泉出席会议并讲话，工会副主席、女工委主任白晶作题为《突出特色，发挥优势，为打造“品质铁建”贡献巾帼力量》的女职工工作报告。会议增替补林春梅、吴婧萍、徐红、白晓亮、蒋晓芬、关改玉、孙君、胡彦茹、史天侠、白传晓、李敏、贺振宇、王玥、陆茹、范昕宇、闫红、李红、刘颖、蔡梅群、孙友霞、杜瑛、王洁、杨照群、王丽娟 24 人为中国铁建股份有限公司工会第一届女职工委员会委员；增补林春梅、邱卫、吴婧萍 3 人为中国铁建股份有限公司工会第一届女职工委员会副主任。会上，“全国三八红旗手标兵”关改玉分享国庆观礼感悟，中铁十六局集团有限公司、中铁十八局集团有限公司、中铁十九局集团有限公司、中铁二十一局集团有限公司、中国铁建国际集团有限公司、中国铁建投资集团有限公司 6 家单位分别作工作经验交流；会议组织参观学习“两山”理念发源地，观摩中铁十六局集团三公司劳模创新工作室和职工书屋。（李　红）

【崔欣在人民大会堂作先进事迹报告】 2019 年 2 月

26 日,在人民大会堂举行的全国先进女职工集体和个人表彰大会上,中铁十一局集团桥梁公司拉林铁路曲水分公司质检女工班获得“全国五一巾帼奖状”,班长崔欣上台领奖并作题为《奋战新天路,建功新时代》的事迹报告。 (李 红)

【公司领导接见“全国五一巾帼奖状”获奖代表崔欣】 2019 年 2 月 28 日,中国铁建总裁、党委副书记庄尚标,党委副书记、执行董事陈大洋在中国铁建大厦接见从人民大会堂载誉归来的“全国五一巾帼奖状”获奖代表——中铁十一局集团桥梁公司拉林铁路曲水分公司质检女工班班长崔欣,并号召全系统职工学习女工班甘于奉献的敬业精神。 (李 红)

【中国铁建“三八”表彰暨先进事迹报告会】 2019 年 3 月 8 日在北京总部召开。中华全国总工会女职工部部长徐微、中华全国铁路总工会主席索河、中国铁建党委副书记陈大洋出席会议并讲话,中国铁建工会主席史道泉主持会议。系统内驻北京单位 268 名女职工代表参加会议,10000 余名中国铁建员工在 400 个分会场通过视频收看会议。会议对 2019 年受到全国、全路及中国铁建工会表彰的先进女职工集体和个人进行表彰。其中,1 个集体和 2 名个人获中华全国总工会表彰;2 个集体和 2 名个人获全国妇联表彰;5 个集体和 5 名个人获全国铁路总工会表彰;20 个集体和 100 名个人获中国铁建工会表彰。会上,获得全国、全路表彰的先进女职工集体和个人代表 5 人作事迹报告。

全国五一巾帼奖状、全国五一巾帼标兵岗

中铁十一局集团桥梁公司拉林铁路曲水分公司质检女工班

全国五一巾帼标兵

韩国荣 中铁十一局集团三公司汉十铁路铺架分部计划部部长

程保蕊 中铁十八局集团四公司天津地铁项目部副总工程师

全国巾帼文明岗

中国铁建昆仑投资集团云南投资公司党群工作部

全国巾帼建功先进集体

中铁第四勘察设计院集团线站处物流规划研究所

全国三八红旗手

洪学芹 中铁十六局集团铁运公司宁东铁路运营指挥部工会主席兼运输生产部部长

全国巾帼建功标兵

张丽超 中国铁建大桥工程局集团建筑公司党委副书记、纪委书记、工会主席

火车头奖章、全国铁路巾帼标兵、全国铁路先进女职工

吴建侠 中铁十八局集团一公司郑州地铁 4 号线项目部总工程师

全国铁路先进女职工集体

中铁十五局集团华东中铁工程技术检测公司试验检测部

中铁二十局集团长安重工公司党委工作部

中国铁建港航局集团有限公司工程检测中心

全国铁路先进女职工

何晓蕾 中国土木工程集团有限公司人力资源部分部经理

曹方方 中铁十六局集团地铁公司天津分公司总经济师

全国铁路先进女职工组织

中铁二十五局集团有限公司工会女职工委员会

中国铁建电气化局集团五公司工会女职工委员会

全国铁路先进女职工工作者

徐卫红 中铁二十一局集团电务电化公司工会女职工委员会主任

樊庆君 中铁城建集团三公司工会女职工委员会主任

中国铁建先进女职工集体

中铁十二局集团三公司天龙山工程第三项目部财务部

中铁十四局集团二公司党委工作部

中铁十六局集团二公司计量测试中心

中铁十八局集团有限公司财务共享服务中心

中铁二十局集团六公司西咸城市第一项目部

中铁二十二局集团房地产公司经济管理部

中铁二十四局集团安徽公司企业发展部

中铁建设集团装饰公司财务部

中铁第一勘察设计院集团测绘研究院航测所

中铁城建集团南昌公司成本管理部

中国铁建先进女职工

曾春辉 周 丹 陶 群 谢 越 高永梅
赵晓敏 郑红宁 李秀梅 赵冬兰 李艳秋
李 敏 王淑秀 李 妮 李秀丽 惠云彩
韩聪聪 程翠丽 褚川红 姜玉珍 樊燕丽
曹方方 刘 园 裴春燕 张 丽 赵海燕
王 青 张凤群 吴建侠 彭 峥 米晓娟
郑茜茜 张春玲 刘 研 周秀润 施蜀蓉

苏丽玲　崔晓静　谢妍琳　张　辉　张　华
高　静　连　琪　张　秋　高利红　毕雯洁
陈　莉　李　颖　苏　斐　向之惠　翁　清
刘　灵　舒　萍　田杰英　金惠霞　侯晓敏
汪　燕　刘　薇　孙雅薇　周莺莺　霍贵敏
刘　岩　孙丽萍　于雪芳　陶丽君　李　艳
袁　莉　肖金凤　周　萌　何晓军　普娟娟
赵水英　张冠男　刘晓卓　张小芳　王梦梦
孙友霞　熊自立　罗　婧　侯艳玲　陈梦月

中国铁建先进女职工组织

中铁十一局集团一公司工会女职工委员会

中国铁建大桥工程局集团株桥公司工会女职工委员会

中铁十五局集团五公司工会女职工委员会

中铁十七局集团四公司工会女职工委员会

中铁十九局集团六公司工会女职工委员会

中铁二十一局集团有限公司工会女职工委员会

中铁二十三局集团二公司工会女职工委员会

中铁二十五局集团有限公司工会女职工委员会

中国铁建电气化局集团五公司工会女职工委员会

中国铁建重工集团隆昌公司工会女职工委员会

中国铁建先进女职工工作者

王　琼　李　丽　葛　艳　陈　丽　吕玉梅
汤雪英　苏玉霞　解丽萍　栾学斌　白　丽
拓　静　马慧瑾　冉　毓　任　青　黄　玮
王晓霞　张晓琳　王璟璐　丁　玮　陈峪嵋

（李　红）

【承办全国妇联先进典型事迹分享会】 2019年3月7日，中国铁建工会承办的全国妇联“巾帼心向党·建功新时代”先进典型走进中国铁建事迹分享会在中铁建设集团有限公司报告厅举行。中国铁建在（北）京单位380名职工代表在现场收看，分享会同时面向全国观众进行视频直播。（李　红）

【“书香三八”和“书香铁路”女职工读书活动】 2019年，中国铁建工会积极组织全系统女职工参加全国第七届“书香三八”和第五届“书香铁路”女职工读书系列活动，中国铁建工会获得特别组织奖，中铁十八局集团有限公司工会获得优秀组织奖；系统内47篇作品在全国获奖，50篇作品在全路获奖。（李　红）

【庆祝新中国成立70周年暨第七届书香铁建女职工读书活动】 2019年，中国铁建工会组织开展庆祝中华人民共和国成立70周年暨第七届书香铁建女职工读书活动，以“逐梦新时代·巾帼绽芳华”为主题，围绕打造“品质铁建”中心任务，组织全系统女职工开展征文、家书、书画、摄影、表演、阅读分享、交流会、专题报告会、书香大讲堂，以及读书成果展示等活动。全系统3.3万名女职工参加，收到各类作品2万余件，评选出各类获奖作品461件，并把读书、家书优秀作品编撰成书。（李　红）

【铁路爱心屋建设】 中国铁建工会积极推进“铁路爱心屋”建设，2019年申报并挂牌“铁路爱心屋”8个，为女职工提供温馨、细致的关怀和服务。（李　红）

【企业用工成本性别差异化调研】 2019年，为深入贯彻男女平等基本国策，落实中央关于坚决防止和纠正就业中的性别歧视指示精神，6月19日，中华全国铁路总工会保障和女工工作部副部长孟蕾、副主管余扬飞一行到访中国铁建财务有限公司，围绕企业用工成本中的性别差异化问题开展专题调研。（李　红）

机关工会

【股份公司机关工会法人变更】 2019年9月20日，股份公司机关工会召开四届十次全委会，选举吕向东为第四届委员会主席。11月20日，完成工会法人资格变更。（刘永胜）

【职工新春游艺活动】 2019年1月29日在中国铁建大厦报告厅举办，设置猜谜语、夹玻璃球、飞镖打靶、蒙面敲锣、摸彩球等9个活动项目，200余人参加。（吕向东　刘永胜）

【太极拳培训】 2019年3月18—25日，股份公司机关工会组织40余人参加太极拳培训班，特邀赵堡太极拳名师李世春教授，并组织成立机关职工太极拳活动兴趣小组。（吕向东　刘永胜）

【女职工“三八”节活动】 2019年3月7日，为庆祝“三八”国际劳动妇女节，股份公司机关女职工委员会组织女职工开展“爱生活学厨艺”等系列活动。

（吕向东　刘永胜）

【职工健步行走】 2019 年 4 月 17 日、10 月 12 日，股份公司机关工会先后两次在北京西山国家森林公园组织职工进行越野健步活动，参加活动 350 余人次。

（吕向东　刘永胜）

【组织世博园参观游览】 2019 年，以“绿色生活，美丽家园”为主题的世园会是中国举办的第二个 A1 级国际园艺博览会。5 月上旬，股份公司机关工会先后组织 4 批 300 余人参观在北京延庆举办的北京世界园艺博览会。（吕向东　刘永胜）

【第四届乒乓球比赛】 2019 年 8 月下旬至 11 月中旬，股份公司机关工会组织举办中国铁建机关第四届乒乓球比赛。比赛设男子单打项目，采取单循环赛制，50 余人参加比赛。（吕向东　刘永胜）

【第四届羽毛球比赛】 2019 年 9 月上旬，股份公司机关工会组织举办中国铁建机关第四届羽毛球比赛。比赛项目为男子双打和混合双打，50 余人参加比赛。

（吕向东　刘永胜）

【金秋助学活动】 2019 年 8 月，股份公司机关工会开展职工子女金秋助学赠送活动，向 35 名小学、初中、高中和大学一年级的机关职工子女赠送新学年学习礼物。

（吕向东　刘永胜）

【机关职工代表会议】 2019 年召开股份公司机关职工代表会议 3 次。分别就总部机关增选出席股份公司职工代表会议代表、职工工服和总部职工住房改造配售相关问题进行审议。（吕向东　刘永胜）

2019 年 10 月 31 日，中国铁建中原区域总部与太原市龙城发展投资有限公司在太原市签署战略合作框架协议。

（张亮术　摄）

区域总部

特载　大事记　概况　董事会工作　工程施工　海外业务　经营管理　综合管理　科技创新　党的工作　工会工作　区域总部　所属单位　人物　统计资料　文献辑要　附录

中国铁建股份有限公司东北区域总部

【简况】 2019年1月成立,代表中国铁建在辽宁、吉林、黑龙江、内蒙古三省一区内履行统筹、协调、监管、服务和高端经营职能,负责组织系统内相关单位在区域内有效开展经营工作,做大区域市场。员工26人。中铁建北方投资建设有限公司作为区域平台公司2019年9月5日在辽宁省沈阳市登记注册,注册资本金20亿元,驻辽宁省沈阳市沈北新区沈北路36号。

（姜　坤　张　旭）

【领导人员】

经理层

总经理	王学忠
执行总经理	吴　笛
副总经理	边元双
	陈宝军
	刘卫民
总会计师	边元双

党群领导

党委书记	王学忠

（姜　坤）

【区域指挥机构】 辽宁总部　驻辽宁省沈阳市。总经理陈宝军(兼)。

吉林总部　驻吉林省长春市。副总经理(主持工作)李士坦。

黑龙江总部　驻黑龙江省哈尔滨市。副总经理(主持工作)王长宏。

内蒙古总部　驻内蒙古自治区呼和浩特市。总经理陈祥龙。

（姜　坤）

【工程项目】 长春市城市轨道交通6号线工程01标段　全长8958米。合同投资324020万元。合同工期2019年9月30日至2024年6月30日。主要工程量:地下车站85208平方米;地下区间盾构、暗挖单线7478米,房屋总建筑面积151253平方米。开工累计完成投资3800万元。

（刘　建）

【经营管理】 新签合同额667.326亿元,其中辽宁区域完成205.736亿元、吉林区域完成108.380亿元、黑龙江区域完成152.830亿元、内蒙古区域完成200.381亿元。重大项目包括长春地铁6号线01标段工程、七台河市江河融合绿色智能产业园区基础设施建设项目、9605工程项目、北部工程12标段、北部工程26标段、佳木斯至鹤岗铁路改造工程、内蒙古苏海图煤矿采空区灾害综合治理项目等。

东北区域总部自成立以来,致力于东北三省一区市场的深入调研分析,特别针对东北市场基础政策和经济环境、同行央企发展规模和动态、系统内部单位资源布置等三方面进行认真的调研分析和持续更新,为股份公司、区域总部、平台公司、各集团指挥部提供数据决策依据。先后组织东北区域辖区内30家集团经营机构120余人次进行系统的市场数据调查,形成《东北区域宏观政策调查报告》,内容包含国家级战略、新区(开发区)概况、产业园区概况、财政部PPP项目库内信息排查;形成《重点省、市基本情况调查报告》,内容包含GDP、人口、财政收入、城镇化率、土地价值等信息,并进行全国同类省、市的对比分析;形成《东北区域市场铁建占有率分析报告》,针对铁路、公路、市政、轨道交通、房地产、环保、水利、军民融合、勘察设计、机场等专业进行市场占有率分析,明确东北区域中国铁建的强势与劣势专业;形成《东北区域中国铁建资源调查报告》,内容包含子(分)公司设立情况、经营机构设立情况、三产类资源情况、在建项目部情况、周转材料固资情况,详细调查中国铁建全系统在东北区域的经营、生产资源。学习座谈交流形成常态化,在沈阳、呼和浩特、长春、哈尔滨、北京等城市先后组织召开20余次各种类型的区域经营座谈会、专题会、调研会、沟通协调会、学习交流会等,通过学习座谈交流,实现经验分享,资源共享,快速提升区域内中国铁建整体作战能力。

（申香梅）

【安全管理】 对区域内重点项目进行安全质量大检查,积极围绕"重点项目、重点设备、重点部位、重点环节""安全生产月"及"防汛抗洪"等多项内容进行安全大检查，检查范围涵盖呼市地铁、沈阳地铁、长春地铁、敦白铁路、朝凌客专、赤喀铁路等多省市或地区28个项目，发现问题44条，下发整改通知单28份。检查内容涵盖现场检查和内业检查等，同时宣传贯彻股份公司安全、质量管理等相关文件。检查过程中通过现场指正和下发整改通知单的形式，督导施工单位及时进行安全隐患和质量缺陷整改工作，及时消除隐患，确保安全生产工作平稳进行，实现以干促揽。

（刘　建）

【党群工作】 2019年3月成立党委、纪委，5月成立2个党支部，党员16人。研究制定《党委会议事规则》和《“三重一大”决策制度实施细则（试行）》，把党委集体研究讨论作为企业重大问题决策的前置程序；召开党委（扩大）会6次，研究议题20项；参与股份公司失联党员组织信息处置、党内统计年报及党员基本信息收集等基础工作；党委研究通过机构设置、员工定职定级、人员任职等方案；严格用人标准，遵循用人程序，对4名副处级以上干部进行原单位实际考察；6月初至9月底开展“不忘初心、牢记使命”主题教育，开展党委理论学习中心组学习暨集中学习研讨9次，两位主要领导讲党课各1次；坚持全面从严治党，认真履行党委主体责任，促进班子成员认真履行“一岗双责”，落实“两个责任”。与股份公司签订《2019年度党风廉政建设责任书》，开展反腐倡廉宣传教育月活动，落实中央八项规定精神，严防“四风”反弹，每逢重大节假日在总部微信群里发廉洁提醒消息。

（赵玉卓）

【重要记载】

▲1月2日　中国铁建股份有限公司东北区域总部成立。

▲8月21日　东北区域总部与哈尔滨市道里区人民政府签署战略合作框架协议。

▲9月5日　中铁建北方投资建设有限公司在沈阳市注册成立，注册资本金20亿元。

（姜　坤　申香梅　张　旭）

中国铁建股份有限公司华北区域总部

【简况】 华北区域总部是中国铁建在华北区域经营职能的延伸，代表中国铁建在华北区域内履行统筹、协调、监管、服务和高端经营“十二字”职能，负责组织系统内相关单位有效开展华北区域经营工作，做大区域市场。对华北区域内各单位实施的项目进行监管，负责自身以中国铁建名义承揽项目的管理工作，并负主体责任。驻河北省石家庄市裕华区槐北路27号。华北区域总部有10家受托管理单位，分别是中铁建华北投资发展有限公司、中铁建雄安投资发展有限公司、石家庄嘉盛管廊工程有限公司、石家庄嘉泰管廊运营有限公司、石家庄润石生态保护管理服务有限公司、北京大兴国际机场北线高速公路有限公司、青岛指挥部、石家庄地铁工程指挥部、天津地铁6号线工程指挥部、中国铁建股份有限公司北京分公司。职工142人，资产总额77.48亿元。其中，固定资产原值449.32万元、净值314.11万元；流动资产23.07亿元。

2019年，新签合同额1613亿元。建安产值75.39亿元，合同额96.40亿元。营业收入22.68亿元；净利润1.63亿元，同比增长1.88%。年人均创利143.4万元，全员劳动生产率262.41万元/人年。　（杜晓燕）

【领导人员】

经理层

总经理	杜水波
执行总经理	刘明杰
副总经理	王祖春
	鞠小华
	王均山

党群领导

党委书记	杜水波
纪委书记	李少亮
工会主席	李少亮（兼）

（南立军）

【职工队伍】 职工 142 人。其中,研究生及以上学历 25 人、本科学历 91 人、大专学历 18 人、中专及以下学历 8 人;30 岁以下 26 人,30 ~ 50 岁 104 人,50 岁以上 6 人;高级职称 52 人、中级职称 36 人、初级职称 35 人。

（南立军）

【工程项目指挥机构】 石家庄地铁工程指挥部 驻河北省石家庄市裕华区建设南大街 117 号新世隆酒店二层。党工委书记马顺利,指挥长贾建平,常务副指挥长段宪锋。

青岛指挥部 驻山东省青岛市城阳区锦宏东路 131 号。党工委书记兼指挥长宿春亮,党工委副书记黄东山。

天津地铁 6 号线工程指挥部 驻天津市河西区洞庭路 29 号西院。党工委书记兼指挥长王均山,党工委副书记兼常务副指挥长刘大亭。（张健铭）

【工程施工】 新机场北线高速公路(北京段)PPP 项目 新机场北线高速中段(京开高速—京台高速)工程位于大兴区礼贤镇,项目分为两期施工,分别为中段工程、西延及东延工程段。其中,中段工程长 14.66 千米,实施长度 13.51 千米,特大桥 2 座,大桥 8 座,中桥 1 座,小桥 6 座,全长 4.124 千米,路基全长 9.386 千米。2019 年 7 月 1 日开通运营,运营里程 13.8 千米。西延及东延工程,全长 11.02 千米,其中东延段起点京台高速(接一期工程终点),终点京冀界(廊坊),长 2.86千米;西延段起点京开高速(接一期工程实施起点),终点京冀界(涿州),长 8.16 千米,西延段设置管理中心一处。主线桥梁 14 座,其中特大桥 3 座、大桥 3 座、中桥 2 座、小桥 6 座。西延及东延工程二期跨一期工程整体完成 98%。2019 年累计完成投资 250344 万元,完成产值 114890 万元。西延及东延工程因土地涉及基本农田问题,暂时无法施工。

石家庄地铁 3 号线一期两边段和正定预留剩余段工程 项目总投资 44.53 亿元,工程由两部分组成。3 号线一期两边段工程北段起于西三庄站,南至小灰楼站(不含),南段起于石家庄站(不含),终点为三教堂站。线路全长 12.91 千米,设 11 站 11 区间,其中北段 4 站 4 区间、南段 7 站 7 区间。正定新区市政预留(剩余段)土建工程含 2 站 2 区间。采用与首开段工程相同的“投融资 + 建设”的模式,合同工期 52 个月。正定新区市政预留(剩余段)为 1 号线二期组成部分,2019 年 6 月 26 日实现开通运营。3 号线一期工程北段计划 2020 年 1 月 20 日开通试运营,东段计划 2021 年 6 月 26 日开通试运营。全线主要工程量:车站全长 2960 米、区间单线全长 19979 米,车站、区间等相关站后专业。2019 年累计完成投资 86152 万元,完成产值 86152 万元。

石家庄地铁 1 号、3 号线二期工程 项目总投资 65 亿元,工程由两部分组成。1 号线二期工程线路全长 9.71 千米,设 4 站 5 区间 1 停车场;3 号线二期工程线路全长 8.1 千米,设 5 站 5 区间 1 车辆段,采用与首开段工程相同的“投融资 + 建设”的模式,计划合同工期 43 个月。1 号线二期工程 2019 年 6 月 26 日开通试运营。3 号线二期暂定 2021 年 6 月 26 日开通试运营。全线主要工程量:车站全长 2960 米、区间单线全长 19979 米,车站、区间等相关站后专业。2019 年累计完成投资 144709 万元,完成产值 144709 万元。

天津地铁 6 号线工程 项目合同额 49.26 亿元,为施工总承包项目。天津地铁 6 号线工程(梅林路站—咸水沽西站),本次招标线路全长 14.17 千米;含 9 站 9 区间、出入段线、泗水道主变电站及其电缆隧道。施工内容为车站及区间土建工程、二次砌筑及设备区装修工程、人防工程;泗水道主变电站及电缆隧道土建工程。主要工程量:车站总面积 15.62 万平方米,正线隧道区间总长度 11 千米;出入段线长度 1.56 千米。2019 年累计完成产值 140733 万元。

石家庄市汇明路综合管廊 PPP 项目 项目总投资 14.47 亿元。位于石家庄市西南(南北向为规划吉恒街,东西向为现状汇明路),设计总长 7.18 千米。建设内容为监控中心 1 处,污水提升泵站 1 处,沿线综合管廊(槐安路—汇宁街 5 舱、汇宁街—清水街 4 舱),管廊区间端部井、出线井、进风井、排风井、人防交叉井、污水进泵站井等。项目合同建设期 2 年,运营期 28 年,项目受征拆影响,局部工程无法施工,经与业主协商,进行甩项验收。2019 年 8 月 5 日取得运营许可。2019 年累计完成产值 3412 万元。

石家庄市地下综合管廊(塔北路段)工程 PPP 项目 项目总投资 7.54 亿元。沿石家庄市轨道交通 3 号线一期工程路由,西起建设南大街的孙村站,东至东二环南路的三教堂站,全长 5.85 千米,设 19 座节点井,4 处变电所,1 处综合管理中心。主要建设内容包括综合管廊工程主体，附属工程设施包括监控中心及与管廊配套的消防系统、通风系统、供电与照明系统、监控与报警系统、排水、标识等。合同建设期 1 年，运营期 29 年。计划完工时间 2020 年 5 月。2019 年累计完成投资 44920 万元，完成产值 38023 万元。

石家庄市滹沱河生态修复工程（中华大街至藁城城东区）PPP 项目　总投资 52.82 亿元，采用“设计优化—建造—融资—运营—移交”（DBFOT）的 PPP 运作方式，建设期不超过 2 年，自开工之日起至项目完工验收合格支付使用之日止；运营期不超过 13 年，自项目完工验收合格支付使用之日次日起计算。计划 2019 年 9 月底前完成完工验收进入运维。主要工程量：新建右堤 6.314 千米，主河槽工程治理工程 2.56 千米，生态修复工程 13.05 千米。2019 年累计完成投资 254669 万元，完成产值 186949 万元。

南车小镇项目　南车小镇二期沿街 C、F、G 商业楼约 3 万平方米，业已完成 2.5 万平方米，南车小镇 C 商业项目 2019 年 12 月竣工交付；二期先开段 7～19 号住宅楼项目建筑面积 15.6 万平方米，包括 13 栋住宅楼及地下车库，2018 年 11 月主体全面封顶，2019 年完成精装修部分，计划于 2020 年 8 月精装修交付；二期后开段 20～30 号住宅楼项目 12.6 万平方米，2019 年完成 22～25 号、28～30 号主体部分，预计 2021 年 12 月精装交付。2019 年累计完成产值 39082 万元。

中铁建华北建筑科技有限公司装配产业园　为华北投资公司与石家庄住建集团合作出资项目。产业园计划投资 4.67 亿元，整体规划占地 29.07 万平方米，分两期建设。其中一期工程占地 18 万平方米，总建筑面积 7.4 万平方米，分为生产区、办公区、生活区、辅助功能区 4 个区域。生产区设 PC 构件生产车间 1 座、装配式桥梁生产区 1 处、库房 1 座、构件存区 2 处，其中生产车间设计为 7 跨车间，配置 3 条综合型 PC 生产线，1 条固定生产线，1 条钢筋加工生产线，1 条预留线，1 条透水砖生产线。2019 年中铁十四局集团有限公司参股建筑科技公司，持股 45%，负责产业园后续工程建设管理及建筑科技公司日常经营管理工作；华北投资公司持股由 60% 减至 15%，石家庄住建集团持股 40%。

（张健铭　张红霞）

【经营管理】　新签合同额 1663 亿元，完成投资 739656 万元，完成资金回购 149848 万元。深入领会贯彻股份公司系列改革举措，一是先后召开多次不同层级的经营专题会，迅速贯彻股份公司决策部署，统一思想，凝聚共识；二是紧跟股份公司战略步伐，进一步完善驻北京、天津、河北、雄安 4 个前方总部，逐步强化市场经营战略布局；三是依托股份公司的品牌和区位优势，积极开展政、企高端对接，为区域经营创造良好的外部环境；四是充分发挥总部经营职能，统筹区域内重大项目经营承揽，牵头组织并成功中标天津地铁 6 号线二期总承包工程、天津地铁 8 号线一期工程 PPP 项目、河北自贸区正定片区地块开发项目，实现总部经营的职能效果落地；五是系统谋划高端对接、畅通政企关系，并分层级、分区域、分阶段落实。全年各层级对接 226 次，其中直辖市省级地方政府、所属部门正职领导 7 次，省级地方政府、所属部门副职领导 19 次，市级地方政府、所属部门正职领导 42 次，市级地方政府、所属部门副职领导 50 次，走访大型央企、地方企业、铁路局集团公司、建设单位正副职领导 108 次。与各级政府签订合作协议 3 个，与优势外部企业签订战略合作协议 11 个，进一步深化与区域内各级政府的战略合作，加强与多行业的外部优势企业的联合共赢，为区域经营创造良好的外部环境。

财务管理。按照区域总部整体布局，紧扣公司“高质量高品质发展”主题，以提质增效、优化资本结构、拓展融资渠道、降负债防风险、纳税筹划、资金管理等为重点，各项财务工作有序推进。2019 年公司实现营业收入 33.38 亿元，较上年同期增长 13.39 亿元，增长率 66.95%，完成年度预算指标 20.02 亿元的 166.71%；净利润 1.78 亿元，同比增长 0.27 亿元，增长率 16.92%，完成年度预算指标 1.63 亿元的 108.93%。2019 年末公司资产总额 78.92 亿元，较年初增长 40.46%，期末资产负债率 78.99%。

资金管理。一是提高资金使用效率，降低资金使用成本。加强资金集中管理，利用股份公司资金集中归集系统，提升公司资金上存度和集中度，保证资金的快速有效控制；在保证企业商业信用的前提下，在应付账款的管理中，加大银行承兑汇票的支付比例。利用股份公司财务公司平台，充分获得和使用低费率的融资工具，尽量获得和使用更多财务公司授信额度，减少因使用金融机构授信额度而支付的保证金占用金额，及相关的手续费支出。二是制定并印发《中铁建华北投资发展有限公司资金监管暂行办法》，资金监管实行下管一级制度，即公司本级监管所属项目指挥部资金流向，掌握资金动态；所属单位监督施工标段或总承包部资金流向，确保资金专款专用，严防不当抽逃资金。三是合理选择融资模式，采用联合贷款+内部银团的融资模式，促进银行间竞争为项目公司降低融资成本争取最大的主动权。灵活使用融资工具，实时调整融资工具组合，切实降低融资成本。对于PPP项目债务融资，建设期内采取项目前期贷（或称短期贷款、搭桥贷款）+银行承兑汇票的模式，待项目建设期结束由项目长期贷无缝衔接短贷（或者银行承兑汇票）全面保障融资规模，切实降低融资成本，提高资金创效能力。

“两金”压控管理。为进一步做好“两金”压控工作，促进企业高质量发展，公司制定下发《中铁建华北投资发展有限公司2019年“两金”压控工作方案》，对各下属单位制定详细的“两金”压控目标，并对机关各部门职责进行详细划分，要求各部门加强协作，所属单位领导带头，逐级落实分解责任，加强清收清欠，全力压降“两金”规模。石家庄地铁项目通过保函置换等方式实现BT项目投资额的提前回购，截至2019年9月底，全年累计回购工程款13.73亿元；石家庄汇明路管廊项目、石家庄嘉泰管廊项目收回政府专项补助资金2.1亿元。

全面预算管理。一是公司财务融资部结合2019年全面预算，结合公司实际，在2019年“两会”期间与各单位签订绩效合约，并下达《2019年机关财务预算》《2019年项目指挥部财务预算》《2019年区域总部经费预算》《2019年项目公司财务预算》，强化预算引领作用，硬化预算刚性控制，对预算执行进行动态监测，使预算成为企业各项活动的执行标准和行动指南，切实发挥预算的引领和管控作用。二是开展项目全生命周期经济指标测算分析，引领预算编制和预算调整。为进一步加强全面预算管理，公司成立财经策划工作领导小组，由公司财务融资部牵头，对公司所有投资项目全生命周期经济指标测算工作，覆盖率100%，投资项目全生命周期经济指标测算工作重点对现金流量指标、利润实现指标、投资回收期及收益率指标进行分析，找出项目运行过程中的风险点，提前发现风险、筹划规避或降低风险，防患于未然，力保投资项目实现投资收益目标。

税务管理。一是依法合规，合理进行纳税筹划。石家庄地铁项目根据对上对下结算时间差进行税收筹划，对上计价按季度进行，对下计价按月份进行，提前取得增值税进项发票，有效降低企业税负；建筑科技公司在公司成立前期，积极与政府沟通并达成协议，取得增值税及企业所得税税收返还政策支持。二是从合同谈判和项目公司核名入手，践行纳税筹划先行。针对PPP投资项目，在前期合同谈判过程中提前进行税务筹划。汇明路管廊PPP项目、塔北路管廊PPP项目：在入廊合同中约定，以转让无形资产使用权形式为使用单位提供入廊服务，并取得税务机关认可，使用者付费增值税税率可不适用不动产租赁9%税率，可以适用无形资产转让6%税率。滹沱河生态治理项目：从项目公司核名开始纳税筹划，项目公司从“生态修复工程公司”变更为“生态保护管理服务公司”，经营范围从“生态修复工程”变更为“自然资源保护”，使增值税税率从9%变为6%。三是积极交流，建立融洽税企关系。公司积极与区级主管税务局，市主管税务稽查局、市税务局大企业管理局通过组织座谈会及到所属单位调研指导等形式，建立公司与各税务主管部门良好的税企关系，为后期税务稽查及大企业局风险管控应对工作打下良好的基础。

安全质量。公司始终坚持“安全第一、预防为主、综合治理”方针，牢固树立“红线意识”，按照“一岗双责、党政同责、齐抓共管、失职追责”要求，狠抓安全包保责任落实，大力实施“管好在建就是最好经营”的发展战略，进一步完善安全事故报告、应急管理、生产安全事故处理、安全检查等工作业务流程。按照“分级管理、分级负责”的基本原则，对在建工程项目安全风险工程实施管控，建立和完善安全风险工程的分级管控机制。全面压实企业安全生产主体责任，认真履行区域总部的监管职能，制定出台《华北区域总部工程项目监控管理办法》。与下属8家单位签订《2019年安全工作包保责任状》，年底兑现安全包保奖励金额共计27.4万元。在6月开展以“防风险、除隐患、遏事故”为主题的“安全生产月”活动，营造浓厚的安全生产氛围，增强全员安全意识。依托石家庄地铁指挥部成立一支70多人的急抢险救援队，由现场管理人员、工程技术人员和一线工人组成，并配备专用抢险救援车辆、抢险物资和器材等，在石家庄地铁3号线二期南豆站开展2019年消防应急演练活动，为应对突发事件积累实战经验。

公司高度重视华北区域内建设市场树立诚信形象，实现创誉创效目标，对各所属单位在建项目按期进行内部施工企业信用评价工作。上半年完成对石家庄地铁、天津地铁6号线、汇明路管廊项目、北京新机场北线、滹沱河生态修复等5个在建项目12家参建单位29个标段考核评价,下半年完成对石家庄地铁、天津地铁6号线2个在建项目7家参建单位8个标段考核评价。加强质量管控,建设管理部牵头对所属各单位7个项目进行季度定期检查,排查质量隐患,跟踪整改,督促各单位加强质量管控。积极组织开展2019年"质量月"活动。要求公司所属各单位结合本单位实际,围绕"回归质量本源、聚焦质量提升、推进高质量发展"主题,周密策划,精心组织,开展广泛深入的宣传教育活动,建设质量文化,增强质量意识。深入开展质量专项检查,查思想意识、查制度建设、查责任落实、查管理行为、查实体质量,不断提升质量管控能力;加强标准化管理,坚持高起点、高标准、高水平,以样板引路,全面创建精品工程。深入开展质量创优活动,对具备创国优、鲁班奖、省部优的工程要抓住一切机遇,争创名牌工程,坚持以优取胜的战略,走质量、品牌创誉之路。为支持、鼓励公司所属各单位开展科技管理工作,激发员工科技创新、科研创效热情,起草《中铁建华北投资发展有限公司科技管理办法(暂行)》。 (杜晓燕)

【党群工作】 始终把坚持党的领导、加强党的建设作为重大政治原则,深入学习贯彻习近平新时代中国特色社会主义思想和党的十九大精神,不断强化党建引领,遵循"围绕发展抓党建、抓好党建促发展"的指导思想,牢牢把握加强国有企业党的建设正确方向。全面系统地完成为期三个月的"不忘初心、牢记使命"主题教育。组织基层党组织书记述职、召开党建工作推进会,确保党建工作落实落细。积极推行各层次的党建共建活动,促进各节点任务的顺利完成。制作《中国铁建华北区域总部 中铁建华北投资公司2019年度党建工作画册》,通过主题教育工作、组织工作、宣传思想文化工作等8个部分全面系统地总结2019年党建工作。开通企业微信公众号和门户网站,舆论引导和形势任务教育力度不断加大。牵头组织区域内各单位集中收听收看"品质铁建"巡回宣讲和"到人民中去"慰问演出。对机关部室负责人集体约谈。组织由总部党政主管领导、纪委书记与所属各基层党组织党政一把手签订《党风廉政建设责任书》;编印《纪检监察工作名词解释200条》;通过观看警示教育片、知识竞答、参观警示教育基地等多种形式开展反腐倡廉教育月活动。进一步加强党风廉政建设,组织开展全覆盖巡察,为推进企业高质量高品质发展提供坚强政治保证。 (南立军)

【中铁建华北投资发展有限公司】 华北投资公司为华北区域总部的投资平台公司,持续强化和发挥平台公司原有的职能,协助华北区域总部管理直接出资、控股或代管项目开公司的法人治理、投融资业务、工程监管及运维等相关工作。以自有资本对国家非限制或禁止的项目进行投资,包括工程建设项目设计、施工。2013年1月在石家庄注册成立。注册资本金10亿元。驻河北省石家庄市裕华区槐北路27号。党委书记、董事长杜水波,党委副书记、总经理刘明杰。干部职工33人。资产总额774757万元。其中,固定资产314万元、流动资产230677万元。

2019年,承揽工程2项,新签合同额285.40亿元。建安产值75.39亿元。职工年人均收入363158元,资产负债率78.6%。 (杜晓燕)

【中铁建雄安投资发展有限公司】 由中国铁建股份有限公司出资设立,注册资本金300000万元。注册地址河北省保定市容城县奥威路93号-3。驻河北省保定市容城县奥威路中国铁建地产3层。主要负责以公司自有资金对外投资,依托中国铁建全产业链优势,全面参与雄安区域内各类基础设施项目投资;拓展产业板块,开展多元投资;整合内部资源,助力中国铁建做强做大。董事长杜水波,总经理刘明杰。 (卢江宁)

【石家庄嘉盛管廊工程有限公司】 具有城市地下综合管廊项目建设、投资、维护、运行管理业务,并经石家庄市人民政府批准,市住建局授予融资、投资和建设石家庄市汇明路地下综合管廊及其配套和附属设施的特许经营权。主要承担石家庄市汇明路地下综合管廊的建设、运维任务。2017年6月成立,注册资本金259918000元,注册地河北省石家庄市新华区中华北大街358号。2019年8月8日正式获取石家庄市住建局批复运营。驻河北省石家庄市桥西区友谊南大街。董事长、党工委书记兼总经理李长捷。职工37人。

(韩 熠)

【石家庄嘉泰管廊工程有限公司】 拥有城市地下综

合管廊项目开发、建设管理、维护、运行管理;数据通信系统安装维修(无线电发射装置、卫星地面接收设施除外);设计、制作、代理国内广告业务;发布国内户外广告业务。驻河北省石家庄市裕华区槐北路27号。注册资本金500万元。董事长贾建平,总经理、党委书记马顺利。职工20人。

2019年,施工产值38023万元,占年度计划36119万元的105%;累计产值59212万元,占建安费63226万元的94%。投资44920万元,占年度计划43269万元的104%;累计投资70352万元,占总投资75425万元的94%。 (黄　勇)

【北京华北投新机场北线高速公路有限公司】 主要负责北京大兴国际机场北线高速公路(北京段)的前期筹备、投融资、建设及运营管理工作。注册资本金561260万元。注册地北京市大兴区礼贤镇大辛庄村。驻北京市大兴区魏善庄镇星明湖国际会议中心。董事长娄德兰,总经理李永珑,党委书记宗长春。职工32人。资产总额537108万元。其中,流动资产91010万元、非流动资产446099万元。

2019年,项目建设投资539052万元,其中建安产值307793万元。资产负债率73.44%。职工年人均收入270581元。 (焦　绪)

【中铁建华北建筑科技有限公司】 负责建筑科技公司装配产业园项目建设及筹划运作装配式装修等装配式建筑相关配套产业。2018年4月19日成立,驻河北省石家庄市行唐县,注册资本金20000万元。董事长杨永宏,总经理、党委书记张慧忠。职工29人。

2019年,各股东累计实缴资本金16000万元,开工累计投资27024.85万元。其中,设备款2837万元,建安计价16972万元,土地出让价款及相关税费5133万元,项目建设管理费861万元,电力施工费674.5万元,燃气施工费87万元,其他投资460.35万元。职工年人均收入16.48万元。 (王梅梅)

【石家庄润石生态保护管理服务有限公司】 拥有自然生态系统保护和管理、公园管理、发布国内户外广告业务、会议服务、餐饮服务(仅限分支机构)、餐饮企业管理、住宿服务(仅限分支机构)、停车场管理服务、文化艺术交流活动策划、组织文化艺术交流活动、承办展览展示等资质。2018年11月27日成立。党委书记、董事长、总经理杨永宏。职工33人。资产总额382931万元,在建工程297012万元,固定资产202万元,流动资产85717万元。

2019年,建安产值311815万元。职工年人均收入254796元,资产负债率72.41%。 (赵　欣)

【中国铁建股份有限公司北京分公司】 为中国铁建股份有限公司在北京城市副中心设立的高端经营的副总部,建立维护与当地政府和业主的高端沟通联系,力争在办公用地、税收、人才引进、项目承揽等方面获得更多的优惠政策。负责各区域总部(工程局集团)转注到股份公司的一级建造师等持证人员的工资发放及社保的代扣代缴工作和股份公司本级派出到股份公司项目部任职人员的工资管理。配合股份公司经营计划部完成一级建造师等持证人员的动态监控以及继续教育的组织与管理。公司由华北区域总部负责维护和管理,不设立职能部门、不增加编制定员,由华北区域总部人员兼任,业务管理由股份公司经营计划部负责。

(杜晓燕)

【重要记载】

▲3月28日　华北区域总部、中铁建华北投资发展有限公司2019年党委全委(扩大)会暨工作会在石家庄召开。

▲6月14日　中国铁建华北区域总部党委召开“不忘初心、牢记使命”主题教育专题会议。

▲8月27日　经住房和城乡建设部核准,中铁建华北投资发展有限公司成功取得市政公用工程施工总承包一级资质。 (杜晓燕)

中国铁建股份有限公司中原区域总部

【简况】 2019年1月成立,负责山西、山东、河南三省的市场经营和开发,履行“统筹、协调、监管、服务和高端经营”职能。总部驻山东省济南市。职工35人。

设综合管理部(党群工作部)、投资经营部、工程管理部、财务融资部四个部门,实行"3 + 1"经营架构。设山西总部、山东总部、河南总部、青岛总部四个省(市)总部。分别在山东省济南市成立"中铁建黄河投资建设有限公司"、河南省郑州市成立"中铁建中原投资建设有限公司"。全面对接国家区域发展战略,积极投身山西省、山东省、河南省经济社会发展,主动参与一系列重点工程、新兴产业项目建设,重点参与区域范围内高速铁路、城际铁路、磁浮交通、城市轨道交通、港口码头运、公路、市政、机场、环保、医疗康养、城市综合开发、产业园区、新旧小区改造、未来社区、混合所有制改造等传统及新兴领域的投资、建设、开发与合作项目。

(付积川)

【领导人员】

经理层

总经理	史道泉
执行总经理	金守华
	党海军
副总经理	马晓辉
	闫　宇
	张深斌
总会计师	马晓辉

党群领导

党委书记	史道泉
党委副书记	崔连友
纪委书记	崔连友
工会主席	崔连友

(付积川)

【工程施工】 洛阳地铁 1 号线工程　全长 22 千米,平均间距 1.3 千米,沿线设谷水、秦岭路、武汉路等 18 座车站,均为地下两层站,119 个地铁出入口。2017 年开工建设,计划 2021 年建成通车。

青岛地铁 1 号线土建工程 2 标段　全长 29.072 千米。合同投资 50.69 亿元。设 10 个工区,19 站 20 区间,其中新建车站 17 座,既有车站改造 2 座。

(付积川)

【经营管理】 2019 年是中原区域总部初创之年、开局之年,一年来,总部紧密围绕打造"品质铁建"中心任务,全面贯彻"十二字"方针,积极践行"四者定位",主动加快"三转"步伐,统筹推进总部谋篇布局、立柱架梁、搭台唱戏等各项工作,努力建设中场组织型、导航引领型、高端经营型的区域总部。经营架构上,设置"3 + 1"省(市)总部(山西省、山东省、河南省 + 青岛市)、"2 + N"投资平台(黄河、中原两个平台公司 + 若干控股的政府平台公司或项目公司、指挥部)。运行机制上,实行一体化管理,以总部运作为主,总部领导、统筹、把关,提高管理效率。突出经营主业,在人员选配上,围绕经营主业配人、围绕中场组织定位配人、围绕高端经营定位配人,挑兵选将更加看重谋划市场和项目的能力、统筹整合资源的能力。实行全员经营,总部 22 名人员,7 名班子成员全部参与经营,4 人直接兼任省(市)总部总经理;其余 15 名人员,12 人直接从事经营工作,实现经营靠前指挥、一线战斗。经过不懈努力,高端经营初见成效,合力协同发展态势初步形成,实现良好开局。全年新签合同额 2285 亿元。其中,山西省 431 亿元、山东省 1093 亿元、河南省 761 亿元。占股份公司下达指标 1500 亿元的 152%。

(付积川)

【党群工作】 以政治建设为统领,发挥党委领导作用,坚持"把方向、管大局、保落实",提出"强党建、建文化,搭架子、建机制,抓项目、保目标,抓在建、保平安"的工作思路,确保党中央大政方针政策和股份公司各项决策部署落实到位。认真参加第一批"不忘初心、牢记使命"主题教育,扎实落实讲专题党课、调查研究、专题民主生活会等规定动作。落实全面从严治党责任,履行"两个责任",制定党委会、总经理办公会议事规则等制度办法,强化总部治理体系和治理能力。坚持正确的选人用人导向,严格依据工作需要与能力水平匹配的原则引进和使用干部,保证精兵强将进中原。认真组织廉洁教育,持续正风肃纪,落实中央八项规定和实施细则精神,营造风清气正的良好氛围。统筹谋划党建工作,以"三会一课"为重点,着力抓基层、打基础、固根本,带动党建、纪委、工会、共青团各项工作走上正轨。大力弘扬实干和谐价值理念,激发党员干部的担当作为意识和干事创业激情,培育实干和谐的中原特色文化。

(解　冰)

【中铁建黄河投资建设有限公司】 具有市政公用工

程、建筑工程施工总承包一级资质。2019年7月19日在山东省济南市注册成立,注册资本金20亿元,经营范围包括以自有资金对铁路、公路、市政、城市轨道交通、机场、码头等项目投资及运营管理;土地开发;房地产开发、建设等。法定代表人、董事长史道泉。

（付积川）

【中铁建中原投资建设有限公司】 具有市政公用工程、建筑工程施工总承包一级资质。2019年7月19日在河南省郑州市注册成立,注册资本金20亿元,经营范围包括铁路、公路、市政、城市轨道交通、机场、码头、环保、水环境治理、水利水电、能源BOT、PPP建设项目投资及管理运营;土地一级开发;新能源项目、互联网产业投资;地产开发与建设;非证券股权投资。法定代表人、董事长史道泉。（付积川）

【济南市嬴昊置业有限公司】 2017年成立,拥有莱芜区棚改项目、老旧小区改造项目、城市品质提升等项目的实施权。经营范围包括棚户区改造、旧城改造,保障房及房地产开发;城镇化建设;物业管理;城市基础设施、市政工程、城市公用设施投资、建设及运营管理,文化旅游项目、医疗康养项目的开发等业务。2019年12月7日,中铁建黄河投资建设有限公司通过增资扩股方式持有公司60%的股权,济南市莱芜区嬴昊城市建设投资有限公司占40%股权。驻山东省济南市莱芜区鲁中西大街36号。法定代表人、董事长崔连友,总经理李海东。（付积川）

【重要记载】

▲1月2日　股份公司对区域经营机构进行调整,由12个调整为9个。其中,新成立的中国铁建股份有限公司中原区域总部,负责山西省、山东省、河南省市场。

▲1月16日　为进一步做强做大区域市场,满足地方政府相关要求,做实区域经营机构,股份公司、股份公司党委决定成立中铁建中原区域投资平台公司。

▲5月14日　中原区域总部与济南市莱芜区签署战略合作协议。

▲7月19日　中铁建黄河投资建设有限公司在山东省济南市成立,中铁建中原投资建设有限公司在河南省郑州市成立。

▲11月13日　中原区域总部以中铁建黄河投资建设有限公司名义出资入股济南市嬴昊置业有限公司,持有该公司60%的股权。

▲12月20日　中国铁建股份有限公司批复成立中铁建康养投资有限公司(具体名称以工商部门核批为准)。（付积川）

中国铁建股份有限公司
华中区域总部

【简况】 原系2015年11月成立的华中区域指挥部。根据《关于调整中国铁建股份有限公司区域经营机构的通知》(中国铁建发展〔2019〕4号),调整为华中区域总部。是股份公司经营和监管职能的延伸机构,负责江苏省、安徽省、湖北省、湖南省市场。驻江苏省南京市。按照股份公司"统筹、协调、监管、服务、高端经营"的职能定位,负责组织系统内相关单位有效开展区域经营工作,做大区域市场;对区域内各单位实施的项目进行监管,负责自身以中国铁建名义承揽项目的管理工作,并负主体责任。（段文豪）

【领导人员】

经理层

总经理	张挺军
执行总经理	李卫华
副总经理	郭信君
	李小林
	罗道永
总会计师	罗道永

党群领导

纪委书记	胡晓兵
工会主席	胡晓兵

（段文豪）

【区域经营机构】 南京区域指挥部　驻江苏省南京市。指挥长陈中锋。

苏南区域指挥部　驻江苏省苏州市。指挥长田怀念。

苏北区域指挥部　驻江苏省徐州市。指挥长张晓鹏。

湖南区域指挥部　驻湖南省长沙市。指挥长刘方治。

湖北区域指挥部　驻湖北省武汉市。指挥长刘方治。

安徽区域指挥部　驻安徽省合肥市。指挥长任启良。　　（孙俊鑫）

【工程施工】　湘潭市竹埠港新区综合开发项目一期工程　合同投资27.28亿元。其中,建安工程及污染治理9.02亿元。

张家港高铁新城(西北片区)基础设施及公共建设配套投资建设项目工程总承包项目　中标金额146.68亿元。　　（孙俊鑫）

【经营管理】　在股份公司领导和支持下,华中区域总部利用高端经营平台,积极与区域内四省政府及相关部门、业主单位进行多方面、多层次的沟通,建立广泛、深入的经营关系,促成区域内战略合作协议的签订与实施。促成股份公司高层领导与区内各省、市高层领导高端对接17次。根据市场需要,华中区域总部领导频繁对接地方政府,会见南京市、合肥市、武汉市、长沙市、徐州市、铜陵市、宿州市、安庆市、阜阳市、常德市、湘潭市、张家港市、武汉长江新城管委会、南京江北新区管委会、湖南国资委、长沙市湘江新区、淮安市宁淮集聚区、盐城市滨海新区等领导;同时加强大客户、大业主的互动,多次访问南京地铁集团、武汉地铁集团、无锡地铁集团、徐州轨道交通有限公司、南通沿海集团、盐城市交投、盐城市公投、徐州新盛投资集团、连云港发展集团、新沂市城投、中国南山集团、四川新筑集团、中信建设集团、湖北长投、湖北交投、湖北城投、怀邵衡铁路有限公司等单位,并与南京市人民政府、南京江北新区、张家港人民政府、阜阳市人民政府、宿州市人民政府、湖北长投、湖北交投、徐州新盛集团、四川新筑集团签订战略合作框架协议,为区域市场开发筑牢根基,为可持续经营提供保障。在南京、合肥、武汉、长沙分别举行第一季度、第二季度、第三季度经营工作座谈会以及设计单位专题会。围绕各经营单位反馈的问题和市场需求,多次组织标前专题会。协调各单位参加湖南省国资委举办的"2019央企走进湖南""中央企业助力安徽省实施长江三角洲区域一体化发展战略座谈会"等商务活动。承办"中国高速铁路桥梁工程创新技术论坛"。　　（孙俊鑫）

【党群工作】　党的工作。坚持以习近平新时代中国特色社会主义思想为指导,认真贯彻党的十九大和十九届二中、三中、四中全会精神,全面落实股份公司党委各项工作部署,扎实推动党建工作责任制有效落实,管理制度化、规范化持续加强,为区域总部高质量发展提供坚强的政治保证,为"品质铁建"建设贡献力量。坚持高起点筹划、高标准推进、高质量落实,推动"不忘初心、牢记使命"主题教育与中心工作同频共振、同向发力。以领导班子集中学习研讨为引领,以支部主题党日每月学习为依托,做到学习内容、参与党员全覆盖。原原本本学完《习近平新时代中国特色社会主义思想学习纲要》,并设置6个专题,深入学习领悟,结合实际研讨,开阔视野,厘清思路。利用"城投讲堂""学习强国",融合党员教育、全员培训;采取"部门汇报+分管领导主谈+研讨"的方式专题研讨;开展体验式学习,组织近40名党员参观南京雨花台革命烈士纪念馆。党委6名班子成员通过蹲点调研、实地走访、"解剖麻雀"等多种方式,深入基层一线把脉问诊,摸清实情,找准症结,形成专题调研报告。召开调研成果交流会,研讨解决问题思路,促进调研成果转化运用。在此基础上,班子成员按照"四个讲清楚"的要求,深入思考,联系实际,认真备课,分别在机关、党建工作联系点和分管部门讲授专题党课。召开座谈会10场,开展交流谈话193人次,发放调查问卷92份,设置意见箱,公布电子邮箱,背靠背征求对领导班子及成员的意见建议。召开专题民主生活会,坚持"5对照",领导班子梳理形成检视问题清单5个方面22项,6名班子成员形成检视问题26条。对照检视问题和中央开展的专项整治8个方面问题,分别制定检视问题整改推进计划、专项整治工作方案,明确责任领导、责任部门、整改措施和完成时限。党委对照查摆出的问题和确定的整改措施,形成工作台账,实行"销号"管理,定期对照检查,督促推进整改。对于立行立改的问题,均初步完成整改,其他问题分阶段持续推进整改落实。组织对主题教育开展情况进行测评,以职工群众满意度来检验主题教育成效,并据此进一步强化措施,持续深化整改工作。坚持把政治建设作为党的根本性建设来抓,落实管党治党政治责任，坚守政治纪律和政治规矩，党员干部“四个意识”更加牢固，“四个自信”更加坚定，“两个维护”更加坚决，确保党中央重大部署和股份公司党委重要决策不折不扣贯彻执行。突出学习贯彻习近平新时代中国特色社会主义思想这一主线，制定党委中心组年度学习计划。全年开展集中学习19次、专家辅导8次、现场体验式参观学习1次。开设“城投讲堂”，每月通过“主会场+视频会议”方式，不定期邀请高层次、高水平专家学者讲理论、拓眼界；邀请系统内干部、专家讲业务、学实操。开办9期，440多人次听讲。下发《关于进一步严格党的组织生活的通知》，编写《支部主题党日活动指导书》，把提高党内政治生活质量作为落实全面从严治党的重要抓手。每月初下发重点学习内容，督促基层党支部“规定动作”不走样，“自选动作”切实际，与“三会一课”、组织生活会、民主评议党员等制度深度融合，推动形成严肃活泼的党内政治生活新局面。完善法人治理结构，严格执行《党委议事规则》《董事会议事规则》《总经理工作细则》，涉及“三重一大”事项，坚持把党委会研究讨论作为董事会、经理层决策重大问题前置程序，全年召开党委会15次，研究决定党建工作、干部任免等议题40项，围绕经营布局、项目投资、生产组织、机构设立等25项议题提出意见建议。党委“把方向、管大局、保落实”的领导作用有效发挥，“三转”理念、“四者”定位和“十二字”职责有效落实，区域总部管理制度化、规范化持续推进。统筹经营资源，提升高端对接质量，促成高层会晤、商务洽谈40余次，与辖区政府、平台企业签订战略协议9份。制定出台各类管理制度49项，进一步健全治理体制机制。2019年，区域总部党委提出的发展思路符合市场需求，拿出的“铁建方案”体现政府要求，新签合同总额2150亿元，完成股份公司下达计划的130%，同比增长54%。高度重视夯实基础工作，在打牢基础、补齐短板上下功夫。按照“四同步”要求，成立1个直属机关党委、1个项目公司党委、3个工程指挥部党工委，指导10个党支部完成选举工作，党组织设置全覆盖。健全有关干部人才管理制度。对3个指挥部领导班子进行调整充实，配备班子成员13人；提拔任用机关部门正职级干部4人；针对业务发展需求，面向社会招聘人才4人。推动党建工作与企业生产经营深度融合，开展“创岗建区”“安全示范岗”等实践活动，擦亮党员示范工程、“党建共建”等工作品牌，引导党员亮身份、亮承诺、亮作为，充分发挥先锋模范作用。出台《支部主题党日活动指导书》《党建工作责任制实施办法》《党委巡察工作实施办法》等制度27项，切实加强党建工作标准化、规范化建设。制定《党组织工作经费使用管理办法》，按照1%的要求在当年行政预算中作出安排，有力保障党组织活动的开展。及时召开党委全委(扩大)会议，传达学习股份公司党委一届三次全委(扩大)会议确定的八个方面重点工作，并结合区域总部实际，研究部署贯彻落实的具体举措。出台《党建工作责任制考核评价暂行办法》《党委领导班子成员党建工作联系点实施办法》，逐级签订党建工作责任书，明确党委领导班子成员党建工作联系点，一体压实主体责任、第一责任和“一岗双责”。认真贯彻落实中央、股份公司党委关于全面从严治党的要求，把党风廉政建设与中心工作紧密结合，努力形成与全面从严治党相适应的作风建设新常态。召开党风廉政建设和反腐败工作会、“两个责任”促进会，做到与生产经营工作同谋划、同部署、同检查、同落实；与所属单位签订《党风廉政建设责任书》，传递压实主体责任和监督责任。及时研究解决党风廉政建设重大问题。审议纪检监察体制改革实施方案1项、重要制度办法11项。成立区域总部党风廉政建设和反腐败工作领导小组、巡察工作领导小组，配套出台领导小组及办公室工作规则，加强对党风廉政建设和反腐败工作的组织领导、统筹协调和监督检查。坚持正面教育与反面警示相结合，采取廉政讲座、参观廉政教育基地等多种方式持续强化宣传教育，累计570人次参加。紧盯“四风”，把好“节点”，采取提前下发通知、通报曝光典型案例、节日廉洁提醒、签订《廉洁从业承诺书》等多种方式，做到提醒在前、防范在先。开展领导人员亲属及其特定关系人所办企业与本企业业务往来专项整治工作，制定工作方案，召开动员部署会，成立检查组，对所属3个工程指挥部进行专项检查。出台《关于分解落实全面从严治党主体责任和监督责任的意见》，分解细化党委主体责任和纪委监督责任，一体推进集体责任、第一责任、“一岗双责”进一步落实落细。督促机关各部门强化业务监督，把各职能部门力量纳入监督体系，按照“谁主管、谁负责”的原则，组织开展印章、财务和安全质量等专项检查，切实履行业务领域“管”和“治”的责任，主动把好监督的第一道关口。

工会工作。围绕中心，开展劳动竞赛。南通地铁指挥部开展“百日攻坚”和“大干三个月、决战四季度”劳动竞赛;南京南部新城指挥部先后开展“促前期,保开工”“大干100天,奋战四季度,冲刺完成全年目标任务”劳动竞赛;南京地铁7号线指挥部开展大干180天全面开启“盾构始发”攻坚战劳动竞赛。扎根属地,开展技能大赛。在南京地铁7号线指挥部的精心组织下,南京市近年来地铁建设工程领域最大规模的技能比赛成功举办。中国铁建代表队获团体第一名,城投公司获南京市“五一劳动奖状”,2家单位被授予“南京市工人先锋号”,6家单位获得南京市建委信誉加分,38人获“南京市技术能手”“南京市青年岗位能手”称号和高级职业资格证书。加强民主管理,维护职工合法权益。召开工会会员大会,落实职工大会制度,签订集体合同。做好逢年过节、生日祝福等慰问工作。拨付专项资金9.8万元,对在建项目开展春节慰问、夏送清凉等活动。组织职工春秋游,开展登山、拓展训练等文体活动,促进职工队伍和谐稳定。

共青团工作。认真落实中央群团工作会议精神和股份公司团委、区域总部党委关于共青团改革的各项部署,建立共青团组织,配齐配强团组织书记。围绕新中国成立70周年,组织团员青年开展“我和我的祖国”征文等活动。（段伟伟）

【管辖单位】 中国铁建股份有限公司南京地铁7号线工程施工总承包D7-TA03标段项目部　指挥长郭信君。

中国铁建股份有限公司南通市城市轨道交通1号线一期工程土建施工04标段项目经理部　指挥长罗俊国。

中国铁建股份有限公司南京南部新城指挥部　指挥长李振刚(5月免)、耿会勇(5月任)。

中铁建竹埠港新区建设开发有限公司　董事长尹传金。（唐卓华）

【重要记载】

▲2月21日　华中区域总部管理的南通轨道交通1号线工程指挥部获南通城市轨道交通有限公司“2018年度先进单位”称号。

▲3月29日　2019张家港市经济社会发展(上海)说明会在上海国家会展中心洲际酒店举行。华中区域总部所辖平台公司中铁建城市建设投资有限公司与虹桥商务区、上海理工大学及上海市黄浦区金融办等单位集体签约。

▲7月9日　华中区域总部所辖平台公司中铁建城市建设投资有限公司与湖北省交通投资集团有限公司签署战略合作框架协议。

▲9月19日　华中区域总部与宿州市政府签署战略合作框架协议。

▲9月20日　华中区域总部与阜阳市政府、成都新筑股份签署三方战略合作框架协议。（段文豪）

中国铁建股份有限公司华东区域总部

【简况】 2019年初,中国铁建在原上海代表处和东南指挥部(海峡公司)基础上,优化调整上海、浙江、福建和江西经营布局,重组成立华东区域总部。在浙江、上海、江西、福建市场代表中国铁建履行统筹、协调、监管、服务和高端经营职能:统筹区域市场的整体开发工作和区域内资源,协调系统内部关系,监管区域内工程项目的进度、安全、质量、环保、信誉等工作,建立各产业单位的沟通联络平台,为系统内各单位市场开发提供项目信息、经营资源和对外服务,整合区域内经营资源,积极组织开展高端经营。设立综合管理部、党群工作部、市场开发部、运营管理部、财务资金部和投资策划部6个职能部门,浙江、上海、福建、江西4个省(市)总部,中铁建东方投资建设有限公司和中铁海峡建设集团有限公司2个平台公司,福州地铁、厦门地铁和杭州地铁8号线3个总包管理部,中铁市政(厦门)投资管理有限公司1个项目公司。职工49人,其中区域总部25人、海峡集团24人。（刘文功）

【领导人员】

经理层

总经理	赵晋华(4月任)
执行总经理	尹　华(4月任)
副总经理	孟文林(9月任,12月免)
	雷　军(9月任)

孙桐林(9月任)

李　光(9月任)

总会计师　　李　光(9月任)

党群领导

党委书记　　赵晋华(4月任)

纪委书记　　耿庆宇(9月任)

工会主席　　耿庆宇(9月任)

(曹国英)

【区域指挥机构】 浙江区域总部　驻浙江省杭州市。总经理雷军,经营负责人赵方刚。

上海区域总部　驻上海市静安区。总经理尹华,经营负责人岳耀明。

福建区域总部　驻福建省福州市。总经理孙桐林,经营负责人张会东。

江西区域总部　驻江西省南昌市。总经理李光,经营负责人李波。　　(许文宇)

【经营管理】 2019年是华东区域总部"打基础、立规矩、谋布局、聚合力、求发展"的开局之年。一年来,华东区域总部坚决贯彻落实股份公司"四者"定位和"三转"转型升级发展要求,围绕"统筹好大市场,引领好大投资,开拓好新领域,实现好大发展"的经营发展目标,坚持经营协同、资源共享、经营模式创新和新兴产业领域融入,以新发展理念为指引,贯彻落实高质量发展道路,实现从策划到项目落地的全过程管理,在关键节点发挥"因地制宜"引领带动核心作用,全力保障和促进各项经营成果落地。

组织架构上,形成"1+5"(1个总部+5个平台公司)组织架构核心体系,其中涵盖以落实属地经营战略、深耕区域市场、加强省级市场掌控力度和资源整合力度、提升华东区域总部核心竞争力的"1+4"省级区域总部体系;根据业务开展需要,在原来五大职能部门的基础上增设投资策划部,满足区域总部投资决策需要的"1+6"业务职能部门体系;通过设立总包管理部、专业事业部、项目公司等机构,进一步加大项目管控力度,明确管理边界,提高项目管控能力和管理水平的"1+N"项目管理机构体系。经营架构上,在4个省级区域总部层级下设47个地市级城市经营分部,完成重点城市经营覆盖,针对固定区域、固定业主成立杭州地铁8号线、福州、厦门3个总包管理部及华东市政工程事业部,并同时赋予"以干促揽、滚动经营"的职责,实现靶向经营、精准捕捞。

区域总部以组织架构、制度保障、经营网络为基础,创新推动一体化管理运作模式。一是实现决策体系一体化。各省(市)总部(平台公司)重大事项归于区域总部决策,避免重复决策。二是强化运行的标准化。统一员工晋升、薪资待遇等标准,规范区域内各项程序、流程。三是明晰管理的层次化。明确区域总部各层级、各单位的职责范围,清晰工作定位。四是突出监管的具体化。深化项目监管职能,制定安全、进度、质量、效益和考核等方面具体的、可操作性的办法。五是加强考核的规范化。对省(市)总部(平台公司)、总包管理部(项目公司)和机关部门员工的考核进行统一的规范。六是实现资金集中管控。建成财务共享管理系统,实现资金的集中归集、财务人员的统一调配。

(许文宇)

【工程施工】 杭州地铁8号线工程　起于江干区下沙23号大街的文海南路站,止于萧山区新湾镇江东站。杭州地铁8号线一期工程全长17.1千米,全部为地下线路,设车站8座、中间风井1座,其中换乘站2座。其中文桥区间风井—桥头堡站区间隧道下穿钱塘江,总长3466米,是在建线路中穿越钱塘江里程最长的一条。计划全线洞通时间2020年10月,全线轨通时间2020年12月,全线电通时间2021年1月,2021年6月建成通车试运营。中铁十六局、十九局集团有限公司,中国国铁建大桥工程局集团有限公司,中国铁建电气化局集团有限公司,中铁十一局集团有限公司参加工程建设。

福州地铁6号线1标段工程　福州市轨道交通6号线工程土建施工总承包第1标段项目,起于潘墩路与林浦路交叉口潘墩站,止于三江口下营明挖区间,主要路线走向沿林浦路—福泉高速连接线。该线路全长9.25千米,3站5区间,地铁出入口9个。2016年底开工建设,计划2021年建成通车。中铁十一局、十二局、十五局、十七局、十八局、十九局、二十四局集团有限公司参加工程建设。

福州地铁5号线3标段工程　福州轨道交通5号线一期工程起于闽侯县荆溪镇,止于福州南站。全长27.3千米,设车站20座,换乘站5座。5号线一期工程3标段,起于福州市仓山区盖山镇,止于福州市仓山区城门镇。标段全长7.2758千米，5站4区间1车辆段及出入段线；轨道工程正线13.496千米，联络线0.352千米（单线），出入段线1.244千米。2017年开工建设，计划2021年建成通车。中铁十二局集团有限公司，中国铁建大桥工程局集团有限公司，中铁十八局、十九局、二十一局、二十四局集团有限公司参加工程建设。

福州滨海快线（福州至长乐机场城际铁路工程）土建施工2标段工程　滨海快线2标段工程起于盖帝区间高架段，线路贯穿仓山区、闽侯县、长乐区，终点为滨海西站，是福建省重要的城际轨道交通线路，是实现闽东北协同发展区中心城区1小时交通圈的重要组成部分。滨海快线2标线工程全长约29.15千米，4站5区间，区间以高架及隧道为主，高架车站3座、地下车站1座。2019年底中标，2020年初开工建设，计划2024年建成通车。中铁十一局、十二局、十七局、二十一局、二十四局集团有限公司参加工程建设。

厦门市轨道1号线一期土建1标段工程　起于思明区镇海路站，经中山公园站、将军祠站、文灶站、湖滨东路站、莲坂站、莲花路口站、吕厝站、城市广场站，止于湖里区塘边站，10站9区间，全长9.48千米，合同投资25.1亿元，全部为地下线路，其中中山公园站、吕厝站两座车站为换乘站，其他为中间车站。开工日期2013年10月20日，2017年12月31日开通运营。中铁十七局、十二局、十八局、二十四局集团有限公司参加工程建设。

厦门市轨道1号线一期土建2标段工程　位于厦门市集美区，起于董任站，途经集美中心站、诚毅广场站、软件园站、集美大道站、天水路站、厦门北站，止于岩内北广场站，8站8区间及车辆段1个，全长10.26千米，合同投资16.5亿元，全部为地下线路，除已建成的厦门北站是换乘车站外，其他均为中间车站。开工日期2013年10月20日，2017年12月31日开通运营。中铁十七局、十二局、十八局、二十四局集团有限公司参加工程建设。

厦门市轨道交通2号线一期1标段工程　起于海沧区芦坑站，经海沧CBD站、海沧大道站，止于湖里区东渡路站，4站4区间，全长6.14千米，合同投资16.7亿元。开工日期2014年12月31日，2019年12月26日开通运营。中铁十四局、十六局集团有限公司参加工程建设。

厦门市轨道交通2号线一期2标段工程　西起东渡路站（不含），斜穿东渡港区及狐尾山南麓后，沿湖滨北路、吕岭路敷设，东至中孚花园站，全长7.77千米，合同投资21.7亿元，6站7区间。开工日期2015年7月1日，2019年12月26日开通运营。中铁十一局、十七局、二十二局、十八局集团有限公司，中国铁建大桥工程局集团有限公司参加工程建设。

厦门市轨道交通3号线工程土建3标段工程　位于厦门市翔安区，全长8.404千米，其中地下线6.194千米，地面线0.57千米，高架线1.64千米，7站9区间。始于东界站出站端，主要路由新建东界路、城场路、石厝路，既有翔安东路，止于大嶝桥北岸高架区间。主要站点有洪坑站、林前站、洋塘站、翔安行政中心站、浦边站、后村站6座地下明挖车站，蔡厝站1座地面高架站，6段地下盾构隧道区间、1段暗挖+明挖+路基+高架区间、2段高架区间（含出入段线），及其他附属工程。2016年9月1日开工，2019年9月30日完工。中铁十六局、十八局、十二局、十四局、二十四局、十七局集团有限公司参加工程建设。

厦门市轨道交通4号线工程土建4标段工程　位于厦门市翔安区，全长10.864千米，其中地下线10.264千米，地面线0.6千米，3站5区间，其中明挖车站3座、盾构区间1个、盾构+明挖区间2个、盾构+明挖+U型槽段区间1个、明挖暗埋段+U型槽段区间1个。2017年2月15日开工，2019年4月30日完工。中铁建十八局集团有限公司、中国铁建大桥工程局集团有限公司、中铁十一局集团有限公司参加工程建设。

（刘文功）

【党的工作】　以习近平新时代中国特色社会主义思想为指导，深入学习贯彻党的十九大和十九届四中全会精神，增强“四个意识”、坚定“四个自信”、做到“两个维护”。认真贯彻落实股份公司党委、股份公司的各项决策部署，在新形势下不断加强区域总部党的建设工作。严格落实党委会议事规则、“三重一大”决策制度实施细则、“三会一课”等党内制度。全年召开党委会10次，研究事项50余项。抓好党委理论中心组学习，利用总办会集中进行扩大学习，编印月度中心组学习资料8期，切实提高管理骨干党建、管理、业务知识水平。扎实开展“不忘初心、牢记使命”主题教育，按照“守初心、担使命，找差距、抓落实”的总要求，紧紧围绕“理论学习有收获、思想政治受洗礼、干事创业敢担当、为民服务解难题、清正廉洁作表率”的具体目标,结合区域总部协调服务、高端经营、项目监管等重难点工作严格按步骤、按计划开展好主题教育。各级党员干部的责任心、使命感进一步提高,作风进一步转变,区域发展思路更加清晰。（曹国英）

【中铁建东方投资建设有限公司】 拥有市政公用工程施工总承包一级资质。经营范围包括铁路、公路、市政、城市轨道交通、机场、码头、环保、水环境治理、水利水电、矿产、能源、智慧城市、文化旅游、养老健康等建设项目投资、施工及管理运营;房地产及土地开发;新能源项目、互联网产业项目、海洋经济项目投资;新兴产业投资、股权投资。2019 年 8 月在浙江省杭州市拱墅区注册成立,注册资本金 20 亿元。法定代表人、董事长赵晋华,总经理雷军。（刘文功）

【中铁海峡建设集团有限公司】 拥有市政公用总承包一级,城市及道路照明工程、环保工程专业承包一级资质。经营范围包括铁路、公路、市政、房屋建筑业、钢结构工程施工,建筑装饰业,未列明的其他建筑业,太阳能光伏系统施工,其他未列明自然保护,水污染治理,大气污染治理,固体废物治理,室内环境治理,其他未列明专业技术服务业,工程管理服务,房地产开发与经营,物业管理,房地产中介服务,自有房地产经营情况,停车场管理。2015 年 9 月在福建省厦门市集美区注册成立,注册资本金 13 亿元。法定代表人、董事长赵晋华,总经理孙桐林。（刘文功）

【中铁市政(厦门)投资管理有限公司】 经营范围包括市政设施管理、管道工程建筑。2016 年 6 月在福建省厦门市翔安区注册成立,注册资本金 3 亿元。法定代表人、董事长陈吉林,总经理徐文清。（刘文功）

【中铁建(福州)工程建设有限公司】 经营范围包括公路工程建筑,市政道路工程建筑,其他道路、隧道和桥梁工程建筑,房屋建筑业,其他未列明土木工程建筑(不含须经许可审批的事项),钢结构工程施工,其他未列明建筑安装业,建筑装饰业,提供施工设备服务,建筑物拆除活动(不含爆破),太阳能光伏系统工程施工,水污染治理,大气污染治理,固体废物治理(不含须经许可审批的事项),市内环境治理,其他未列明污染治理,其他未列明专业技术服务业,工程管理服务,房地产开发经营,物业管理,房地产中介服务(不含评估),停车场管理,其他未列明房地产业。2017 年 11 月在福建省福州市晋安区注册成立,注册资本金 5000 万元。法定代表人张会东。（刘文功）

【重要记载】

▲1 月 2 日　股份公司对区域经营机构进行调整,中国铁建股份有限公司华东区域总部成立,负责浙江、上海、福建、江西市场。

▲1 月 16 日　中国铁建印发《关于成立中铁建东北、中原、华东三个区域投资平台公司的通知》,华东区域投资平台公司成立。

▲8 月 14 日　华东区域总部与杭州市拱墅区人民政府签订合作协议,华东区域总部正式落户杭州市拱墅区。

▲8 月 22 日　华东区域总部平台公司中铁建东方投资建设有限公司注册成立。（刘文功）

中国铁建股份有限公司华南区域总部

【简况】 代表中国铁建负责广东省、广西壮族自治区区域内工程总承包、项目投资和项目管理,履行统筹、协调、监管、服务和高端经营职能,主要经营业务工程项目总承包、勘察设计咨询、工业制造、物资物流、房地产开发、资本运营和金融保险,可提供全产业链一站式综合服务,年承揽任务 2000 亿元。主要目标是实现对接高层关系、做大区域市场、提升竞争能力、打造高端项目和属地持续发展。驻广东省广州市。设综合管理部、市场开发部、工程管理部、财务部、党群部和人力资源部(党委干部部)6 个部门;下设 4 个平台公司和 1 个工程指挥部,分别为中铁建南方建设投资有限公司、中铁建北部湾建设投资有限公司、中铁建(东莞)建设投资有限公司、深圳市深汕特别合作区中铁建建设投资有限公司和珠三角工程指挥部;直管大标段项目 21

个,合同总额993亿元。（李　宁）

【领导人员】

经理层

总经理	蒋汉祥
执行总经理	柴春明
	王继红
副总经理	李飞前
	杨　萍
	谢晋水
	朱　玉
总会计师	杨　萍

党群领导

党委书记	蒋汉祥
纪委书记	周光成
工会主席	周光成

（李　宁）

【职工队伍】　职工140人。其中,高级职称84人、中级职称30人、初级职称22人。工程系列102人、经济系列12人、会计系列18人、政工系列8人。博士研究生学历2人、硕士研究生学历21人、本科学历111人、大专学历6人。（陈　松）

【工程项目指挥机构】　深圳地铁6号线6101标段项目经理部　驻广东省深圳市。执行经理姜立国。

深圳地铁8号线8133标段项目经理部　驻广东省深圳市。常务副经理黄勐。

深圳地铁10号线1012标段项目经理部　驻广东省深圳市。项目经理朱伟。

深圳市城市轨道交通16号线工程施工总承包联合体项目经理部　驻广东省深圳市。项目经理李飞前。

深圳国际会展中心配套市政项目经理部　驻广东省深圳市。

深圳市前海市政工程6标段集群管理部　驻广东省深圳市。项目经理齐勇。

深圳市城市轨道交通5号线工程施工总承包项目经理部　驻广东省深圳市。项目经理冯振鲁。

深圳皇岗路快速化改造工程设计施工总承包部　驻广东省深圳市。项目经理刘广钧。

珠三角城际新白广XBZH－1标段项目经理部　驻广东省广州市。项目经理宋军。

珠三角城际广佛环线GFHD－2标段项目经理部　驻广东省广州市。项目经理赵守宪。

珠三角城际新白广XBZH－3标段项目经理部　驻广东省广州市。项目经理宋军。

珠三角城际琶洲支线PZH－2标段项目经理部　驻广东省广州市。项目经理赵守宪。

佛山市轨道交通三号线工程3206标段指挥部　驻广东省佛山市。项目经理何志勇。

珠机城际HJZQ－2标段项目经理部　驻广东省珠海市。项目经理曾元康。

东莞市城市轨道交通1号线一期工程1302标段项目指挥部　驻广东省东莞市。指挥长何翔。

深汕合作区科教大道(望鹏大道至南山路)工程施工总承包项目经理部　驻广东省深汕特别合作区。项目经理李建良。

南宁轨道交通3号线01标段工程指挥部　驻广西壮族自治区南宁市。指挥长臧守杰。

南宁市轨道交通2号线东延工程指挥部　驻广西壮族自治区南宁市。指挥长臧守杰。

南宁市轨道交通5号线01标段工程指挥部　驻广西壮族自治区南宁市。指挥长臧守杰。

广西六宾高速公路设计施工总承包指挥部　驻广西壮族自治区南宁市。指挥长彭磊。（李　宁）

【经营管理】　积极履行“统筹、协调、监管、服务和高端经营”十二字方针,按照新发展理念,加快转变方式,创新经营模式,通过围绕政府、城市和人来开展经营工作,做国家战略的卓越践行者,做政府购买公共服务的优质提供者,做区域经营发展的深度参与者,做政府与经济社会发展的责任担当者。坚持跟着政府走、跟着政策走、跟着市场走、跟着资金走,紧盯“大市场、大项目、大业主”。承揽项目9个,新签合同额661亿元,分别为东莞地铁1号线第二综合段,合同额37.6亿元;深圳地铁5号线西延,合同额25.9亿元;新白广站后工程XBZH－3标段,合同额27.8亿元;深汕合作区科教大道(望鹏大道至南山路)建设工程施工,合同额19.5亿元;深圳市16号线共建管廊(综合井1至综合井9)工程施工总承包项目,合同额26亿元;皇岗路快速化改造工程设计施工总承包(EPC)项目,合同额

100.9亿元;南宁六景至宾阳公路社会投资人项目,合同额77.7亿元;南宁至玉林铁路,合同额92.8亿元;岑溪至大新高速公路(玉林至横县段)、岑溪至大新高速公路珠海至玉林(广西段),合同额252.5亿元。

(魏向明　付祖钧)

【工程施工】　深圳地铁6号线工程　全长24千米。合同投资28亿元,合同工期2015年9月至2019年11月。10站9区间,线路除穿越羊台山、大雁山为山岭隧道外,其他均为高架工程。高架桥占总线路的79%,暗挖隧道占总线路的21%。项目负责人姜立国,技术负责人程世奎。

深圳地铁8号线望基湖停车场及出入线综合工程　合同投资11亿元,合同工期2015年12月至2019年6月。包括停车场、出入线、试车线隧道、综合楼等结构物。项目负责人宋瑞祥,技术负责人黄勐。

深圳地铁10号线工程1012标段　全长15千米。合同投资42.9亿元。全部采用地下敷设,12站11区间,计划2020年7月28日开通运营。项目负责人朱伟,技术负责人汪思海。

深圳地铁16号线　正线长29千米。合同投资184亿元,合同工期2017年12月至2023年7月。全部采用地下敷设,23站25区间,车辆段1处,停车场1处。项目负责人李飞前,技术负责人董志。

深圳地铁5号线工程5131标段　全长2.88千米。合同工期2019年12月20日至2025年8月31日。3站3区间,车站采用盖挖逆作法施工,区间采用盾构法施工。项目负责人尤强,技术负责人李树良。

深圳地铁20号线项目　全长9千米。合同投资59.3亿元。合同工期2016年9月至2018年12月,实际土建工期13个月。5站4区间1车辆段,主要为地下敷设。项目负责人刘广均,技术负责人董志。

深前海市政工程6标段　位于前海深港合作区前湾片区,占地面积200平方米。合同投资22.8亿元。合同工期2016年11月1日至2020年12月31日。项目负责人齐勇,技术负责人马思明。

新白广XBZH-1标段工程　正线长57.442千米。合同投资83亿元,合同工期2015年12月26日至2019年10月31日。主要工程量:路基土石方116万立方米,桥梁28座,车站10座,机场地下隧道5609.5延长米,山岭隧道2座。项目负责人宋军,技术负责人侯永兵。

新白广站后工程XBZH-3标段　正线58.056千米。合同投资27.82亿元,合同工期2019年4月1日至2020年12月31日。项目负责人宋军,技术负责人宾凌涛。

珠三角城际广佛环线工程　全长27千米。合同投资64亿元,合同工期2017年1月至2021年8月。主要工程量:地下工程25千米,其中盾构隧道15千米;桥涵7座;路基土石方90万立方米;轨枕预制15万根,正线铺轨及四电集成94千米,存车场1处。项目负责人赵守宪,技术负责人侯永兵。

佛山市城市轨道交通3号线工程3206标段　全长12.8千米。合同投资25.2亿元,合同工期2016年11月18日至2021年12月31日。5站6区间,其中盾构隧道单线13380延长米。项目负责人何志勇,技术负责人张百岩。

珠机城际工程HJZQ-2标段　包含城际铁路和金海公路大桥代建两部分。铁路部分全长11.2千米,其中隧道工程4148延长米,桥梁工程6905延长米。合同投资22.792亿元,合同工期2018年4月1日至2023年3月31日。项目负责人曾元康,技术负责人王福祥。

珠三角城际穗莞深琶洲支线PZH-2标段土建工程　正线长9.028千米,合同投资20.7897亿元,合同工期2018年12月26日至2022年12月26日。项目负责人赵守宪,技术负责人侯永兵。

科教大道(南山路至望鹏大道)建设工程　位于深汕特别合作区赤石镇,全长6千米。合同投资28.7亿元,合同工期1384天。主要工程量:机动车隧道1座460延长米,非机动车隧道1座480延长米,桥梁6座1740延长米;新建综合管廊2.5千米。项目负责人李建良,技术负责人邓国栋。

东莞轨道交通1号线项目　全长23.1千米。合同投资45.6亿元,合同工期2019年8月16日至2024年8月16日。为PPP合作项目,全部采用地下敷设,8站8区间。项目负责人何翔,技术负责人陈喜健。

皇岗路改造工程　位于深圳市福田区,采用城市快速路标准,分为地下快速及地面改造两部分。其中地下快速路11.58千米,采用单洞双层盾构隧道结构,盾构直径15.8米,主线为双向四车道断面,设计时速60千米;地面道路改造10.15千米,主要分为路面拓宽及立交节点功能提升,主线设计时速80千米,辅路设计时速 50 千米。合同投资 100.9 亿元，合同工期 2019 年 12 月 30 日至 2023 年 9 月 30 日。项目负责人刘广钧，技术负责人张百岩。

深圳市 16 号线共建管廊工程　位于深圳市龙岗区，长度 9.24 千米。合同投资 26.2 亿元，合同工期 2019 年 10 月 30 日至 2023 年 10 月 19 日。主要工程量：盾构区间 4 个，包含综合井 9 座及出线井 2 座，入廊管线包括电力、通信、给水、再生水。项目负责人杜万强，技术负责人杨易成。

南宁轨道交通 3 号线 01 标段工程　正线 17.86 千米，全部采用地下敷设，13 站 13 区间，出入段线1 条，车辆段 1 处。合同投资 57.5 亿元。2019 年 6 月 6 日开通运营。项目负责人臧守杰，技术负责人蔡豪学。

南宁市轨道交通 2 号线东延工程　位于南宁市良庆区，正线 6.3 千米，出入线 1.4 千米。合同投资 31.55亿元，合同工期 1181 天。车站 5 座，其中与 3 号线换乘站 1 座；停车场 1 处，主变 1 座。项目负责人臧守杰，技术负责人陈科。

南宁轨道交通 5 号线 01 标段工程　正线 4.3 千米，出入段线 1.4 千米。合同投资 29.51 亿元，合同工期 2017 年 8 月 15 日至 2020 年 12 月 25 日。车站 5 座，其中与 4 号线换乘站 1 座；盾构区间 6 个；车辆基地 1 处，主变电站 1 座。项目负责人臧守杰，技术负责人孙宇。

南宁六宾高速公路工程　设计标准为双向四车道，建设总里程 45.6 千米。其中主线 43 千米，路基宽度 26.5 米；连接线 2.6 千米，路基宽度 25.5 米。特大桥 1 座，隧道 2 座。合同工期 36 个月，计划 2022 年 8 月 30 日建成通车。项目负责人彭磊，技术负责人赵家希。

（王　滨）

【党群工作】　党的工作。以习近平新时代中国特色社会主义思想为指导，深入学习贯彻党的十九大和十九届二中、三中、四中全会精神，深入开展“不忘初心、牢记使命”主题教育，严格落实党建工作责任制，压实管党治党责任，坚持融入中心、面向基层、夯实基础，全面提升党建工作质量，促进区域总部稳步起航。深入开展“不忘初心、牢记使命”主题教育。区域总部党委及所属基层党组织、全体党员参加“不忘初心、牢记使命”主题教育。区域总部党委书记认真履行第一责任人责任，带头学习研讨、带头调查研究、带头讲专题党课、带头检视整改，切实发挥示范引领作用。班子成员积极履行“一岗双责”，密切配合、协同推进主题教育工作。着力查摆问题、解决问题，查找出 5 个方面 11 条问题，并制定专项整治方案。结合履职实际，领导干部围绕 8 个课题，赴广东、广西现场调研，把“改”字贯穿主题教育始终，坚持立行立改，短期内难以解决的问题，研究提出整改措施和办法，逐步推动解决。重新梳理党组织前置研究讨论和“三重一大”决策事项清单 100 项，进一步厘清党委会、董事会、总经理办公会决策事项。召开 2019 年党建暨党风廉政建设和反腐败工作会。签订党建、党风廉政建设两个责任书 20 份，对南方公司所属 10 个项目党工委书记抓基层党建工作进行述职评议，选树、表彰一批先进党支部、优秀共产党员等先进集体和个人。加强基层组织建设。按照“四同步”“四对接”要求，对新上项目及时组建项目党工委，成立项目党支部，配齐配强党工委委员和党支部委员。广泛开展共建联控，扎实推进支部建设和生产经营深度融合。深圳前海自贸区市政 6 标段项目党支部与业主、监理单位以及行业主管部门成立共建党支部，共同开展“党建廉建共建　安全质量共保”活动，把党支部建设与施工生产有机融合，在 2000 余个项目、10 家试点单位中脱颖而出，深圳市住建局在该项目部召开“党建联建共建、安全质量共保”观摩推进会，市直机关工委对此给予高度评价。结合主题教育活动，开展“改进管理作风年”活动。把提高机关及大标段项目部综合管理、服务水平作为实现主题教育目标的突破口，从加强项目过程管控，提升项目履约能力入手，制定安全、质量、进度、效益、廉洁和历次信誉评价等指标在内的项目综合考核评价体系，制定《中铁建南方建设投资有限公司深圳地铁项目信用评价考核奖罚办法》，奖优罚劣，激励担当。严格干部选拔任用程序。提拔任用 15 名副处以上干部，遵守干部选拔任用的动议、民主推荐、考察、讨论决定等程序。重新修订机关员工绩效考核办法，进一步完善、规范干部、人才队伍管理。加强执纪监督问责。坚持节假日期间紧盯“四风”问题值班、报告和督办制度，开展“反腐倡廉宣传教育月”活动，举办廉洁宣传教育活动 48 场次。开展内部巡察工作。对深圳地铁 6 号线、珠三角城际新白广、广佛东环 3 家单位开展常规巡察。坚持干部任前谈话、廉洁从业集体谈话全覆盖。全年区域总部纪委书记对新提拔的 15 名副处及以上干部进行任前廉洁谈话，对所属 12 个项目部 52 名领导班子成员进行廉洁自律集体谈话。开展“廉洁建设标准化工地”创建活动。区域总部纪委制定《争创“廉洁建设标准化工地”的实施方案》《廉洁风险防控手册》,在所监管的大标段总承包项目部所属的58个工区(涵盖33个参建工程公司)全面开展“廉洁建设标准化工地”创建活动。新闻宣传工作。坚持党对意识形态工作的领导,牢牢把握意识形态主动权。制定《党委意识形态工作责任制实施细则》,加强舆论监管,筑牢意识形态“主阵地”防线,特别是在新中国成立70周年大庆前后,对深圳7个大标段项目,2万多块施工围挡进行全面检查,建立每天值班巡查制度,确保意识形态阵地安全。开展新中国成立70周年系列活动,制作“与祖国同行”主题短视频,开展“我和我的祖国”主题征文大赛活动,“视觉新铁建”主题摄影大赛获二等奖。以“内鼓士气、外扬名气、弘扬正气、唱响主旋律”为主旨,围绕市场经营、重难点工程建设、重大事件和重要活动,着力宣扬企业员工攻难克险、创先争优、安全优质、铸造精品工程的典型事迹,企业品牌形象得到进一步提升。先后在《中国铁道建筑报》、广东卫视、《南方日报》、《南方都市报》、深圳电视台、《深圳特区报》、《深圳晚报》等刊播稿件120余篇。“铁建华南总部”“铁建南方”“铁建北部湾”微信新媒体公众号刊发各类稿件610篇。建立“舆情防控”联盟,创新舆情管理工作。与南方报业集团、深圳广电集团建立舆情防控联动机制,掌控舆情工作的主动权,受到业主的高度肯定。参与的《中国铁建基础设施项目投资风险及对策》课题研究,获中国铁建二等奖。《如何融入粤港澳大湾区建设发展》课题的研究被股份公司政研会确定为2019—2020年重点课题。

群团工作。工会准确把握新时代企业群团工作方向,竭力维护职工权益和服务职工群众,充分发挥桥梁纽带作用,全力助推生产经营,激发职工群众的劳动热情。积极参与广东省工业系统大湾区建设工程劳动竞赛活动,制定“建功大湾区,铁建争一流”重点工程劳动竞赛活动方案。深圳地铁16号线项目、珠三角城际新白广、广佛环项目分别列入广东省重点工程劳动竞赛项目。建立劳模创新工作室,充分发挥劳模引领作用。“谢晋水劳模和工匠人才创新工作室”获得广东省工业工会命名并下拨创建经费。关心关爱员工,维护员工切身利益。坚持夏送清凉、冬送温暖工作,监督劳务工工资“实名制”和“两账制”的落实。广泛开展丰富多彩的文体活动、“困难帮扶”和“爱心捐助”活动,凝聚推动区域总部高质量发展的强大合力。（李胜佳）

【中铁建南方建设投资有限公司】 2016年5月在广东省深圳市注册成立,注册资本金10亿元,是中国铁建股份有限公司全资子公司,属于中国铁建华南区域总部的平台公司。经营范围包括铁路、公路、市政、轨道交通、机场、码头、港口、房建、环保、设备安装等工程总承包,建设项目投资,房地产开发等。驻广东省深圳市福田区福田街道滨河大道南京基滨河时代广场A座49楼。董事长、总经理谢晋水,党委书记、董事李飞前。

（李　宁）

【中铁建北部湾建设投资有限公司】 2017年12月29日在广西壮族自治区南宁市注册成立,注册资本金10亿元,为中国铁建股份有限公司的全资子公司,隶属于中国铁建华南区域总部管理。经营范围包括铁路、公路、市政、城轨、房建、水利、环水保等项目的投资与施工总承包,房地产开发与经营。驻广西壮族自治区南宁市青秀区佛子岭路33号凤岭佳园29栋。董事长、党委书记朱玉,总经理、党委副书记郑长伟。

（李　宁）

【中铁建(东莞)建设投资有限公司】 2018年6月15日在广东省东莞市成立,注册资本金4亿元,为中铁建南方建设投资有限公司全资子公司。经营范围包括建设项目投资、管理,建筑工程施工,房地产开发,机械设备销售与租赁;铁路、公路、市政、城市轨道交流、机场码头、港口工程施工与设备安装;金属材料、非金属材料、建筑材料、钢轨、道岔、铁路器材及扣配件、机电设备、五金交电、装修装饰材料的销售。驻广东省东莞市大岭山镇科技工业园。执行董事、总经理何翔,党工委副书记(主持工作)庄泽。（李　宁）

【深圳市深汕特别合作区中铁建建设投资有限公司】 2019年10月31日在广东省深圳市深汕特别合作区注册成立,注册资本金40000万元,由中铁建南方建设投资有限公司100%控股。经营范围包括建设项目投资、管理;铁路、公路、市政、城市轨道交通、机场码头、港口工程施工与设备安装;机械设备销售与租赁;建筑材料销售。驻广东省深汕特别合作区赤石镇新联工业

区行政楼。党工委书记胥永清，党工委副书记、执行董事、总经理李建良。（李 宁）

【珠三角工程指挥部】 负责珠江西片区在建项目监管，主要包括广东珠三角城际轨道项目、佛山地铁项目等。驻广东省广州市白云区钟落潭镇马洞村湖景山邨。指挥长、党工委副书记赵守宪，党工委副书记（主持工作）宋军。（李 宁）

【重要记载】

▲4月2日 华南区域总部2019年工作会议在广州召开。

▲6月15日 连日暴雨冲毁了河源市龙川县细坳镇通往贝岭镇的S238省道，导致交通中断，附近居民的生命和财产安全受到严重威胁。灾情发生后，华南区域总部领导立即部署救灾工作，河源指挥部组织中国铁建在河源施工单位，迅速投入抢险救援，中国铁建大桥局主动请缨，承担细坳镇通往贝岭镇的S238省道路面清理工作。

▲7月9日 华南区域总部党委在深圳市召开“不忘初心、牢记使命”主题教育学习研讨会。

（李 宁）

中国铁建股份有限公司重庆区域总部

【简况】 具有公路、市政公用工程施工总承包一级，公路交通工程专业承包一级，地质灾害治理勘察设计施工三项甲级资质。以项目投资、建设、运营为依托，深耕重庆、立足交通、多元发展，投资总额超过2000亿元。下辖、代管、控股和参股项目公司35家，5个项目指挥部。

2019年，完成新签合同额811.02亿元，完成计划指标的202.7%，同比增长76.12%。实现营业收入98.83亿元，同比增长56.31%，完成年度预算的127.99%；实现净利润5亿元，同比增长36.91%，完成年度预算的109.40%。资产总额114.93亿元，负债总额67.57亿元，所有者权益47.36亿元，资产负债率58.79%。（陈丽玉 王 伟 谭家东）

【领导人员】

经理层

总经理	孙公新（4月任）
执行总经理	王中岐（9月免）
	雷位冰（9月任）
副总经理	王必军（9月任）
	秦学合（9月任）
	彭兴国（9月任）
	唐跃兰（9月任）

党群领导

党委书记	孙公新（4月任）
纪委书记	明思义（9月任）
工会主席	明思义（9月任）

（罗 婧）

【职工队伍】 职工924人。其中，管理人员525人、技能人员399人。管理人员中，男性350人、女性175人；硕士研究生学历31人、本科学历382人、专科学历82人、专科以下学历30人；高级专业技术职务122人（含正高级13人）、中级专业技术职务131人、初级专业技术职务184人。（罗 婧）

【项目指挥机构】 中铁建重庆投资集团有限公司璧山农村联网公路工程（一期）工程指挥部 重投集团与中铁十七局、中铁二十三局、铁四院组成的联合体中标的璧山农村路网建设一期工程（共两期），总投资规模27亿元。合同工期820天。2018年12月10日开工建设。

中铁建重庆投资集团有限公司潼南城市提升交通项目（一期）工程工程指挥部 重投集团与中铁十五局、中铁十七局、中国铁建港航局、铁四院组成的联合体中标的潼南城市提升交通项目（一期）工程，总投资规模30.20亿元。合同工期900天。2019年3月25日开工建设。

中铁建重庆投资集团有限公司缙云山片区综合治理开发指挥部 重投集团与中铁生态环境有限公司、中铁二十二局集团五公司、铁五院组成的联合体中标的北碚区缙云山生态环境综合整治EPC项目（共三期），总投资规模6.385亿元。合同工期850天。

中铁建重庆投资集团有限公司渝湘复线总承包指挥部 重庆高速集团与中国铁建股份有限公司、中铁建重庆投资集团有限公司、铁一院、苏交科及中铁十一局、十二局、大桥局、十五局、十七局、二十局、二十一局、二十四局、二十五局等单位联合体中标。项目概算总投资169亿元，全长127.161千米，桥隧比78.3%。

中国铁建股份有限公司重庆轨道18号线项目总承包指挥部　为中国铁建股份有限公司派出的项目管理机构，受股份公司法人委托，负责重庆轨道交通5A线(富华路—跳磴南)PPP项目的施工建设和协调管理。建设工期2019年5月14日至2023年5月14日。

（陈丽玉　吴　尧）

【经营管理】　经济管理。在建高速公路10条，完成总投资179.45亿元，同比增长25.75%。其中，建安费完成投资123.79亿元，同比增长28.57%；工程建设其他费用完成投资55.66亿元，同比增长19.89%。工程承包项目完成施工产值19.2亿元。

财务管理。坚持经济稳中求进总基调，以全面预算和绩效考核目标为导向，紧紧围绕"十大质量行动计划"具体要求，多措并举优化资产质量，产融协同提升融资能力，严控风险确保经济运行稳健。严格融资管理，控制有息负债规模，取得中行、建行等13家金融机构99亿元综合授信额度。强化资金集中，提高资金使用效率，整体资金上存度保持在83%以上。注重价值创造，提高财务创效能力，享受西部大开发所得税15%的优惠税率，节约所得税9000万元，取得税费返还2200万元。调剂使用内部资金超过3亿元，节约融资成本超过1000万元。全力加强"两金"压控，清欠回款23.55亿元。开展财务检查，有效筑牢内控防线，所属24个核算单位全面完成自查，分板块、选重点对6个单位进行抽查，自查单位和抽查板块覆盖面100%，自查整改完成率和抽查整改完成率95%。

安全管理。安全生产形势总体平稳可控，未发生安全管理责任事故。各项目公司均设置安全总监，配备专职安全管理人员。制定涉及安全管理、风险源管控、应急处置等10项台账。狠抓各级安全责任包保，层层签订安全包保责任状；严格落实安全风险抵押金制度，足额收取并刚性考核，进一步夯实安全生产责任。质量管控。全面推行"首件验收，样板引路"，通过首件工程的引领示范作用，带动、推进和保障后续工程质量提升；加强工序过程质量监控；开展隧道质量专项整治，重点针对二衬、仰拱浇筑工艺及质量缺陷开展专项排查整治。环保管控。认真贯彻落实国资委生态环境保护工作会议精神和重庆市有关环境保护方面的要求。在建项目均按照要求组织开展环保排查治理工作。巫镇高速项目代表重投集团顺利通过中央环保督察组检查；潼荣绿色公路环水保专项被股份公司推广交流。

科技创新。取得"卫生间智能导视系统"和"高速公路广告牌无人机广告巡查系统"2件实用新型专利，形成"橡胶坝施工工法""气盾坝施工工法""车库抗浮锚杆节点防水施工工法"3项工法；参加《重庆市高速公路路基标准化设计指南》和《重庆市高速公路环境保护与景观专业标准化设计指南》2项设计指南制定工作。重庆首个全国绿色公路建设典型示范工程潼荣高速建成通车。

审计工作。切实履职，提升风险防范能力，完成包括绩效复合审计在内的审计项目13项，提出审计建议68条，采纳率100%。配合做好重庆市交通三年行动计划目标推进情况的审计调查，重庆市审计局开展的中央和市级重大项目跟踪审计工作。

法律工作。抓好"四项审核"机制，增强法律风险应对，审核规章制度68项、重要决策40项、重大合同216份、授权委托书35件，做到"决策先问法，违法不决策"。设置合规管理机构，新增首席合规官、合规官岗位，深化推进合规管理。建立健全内控体系，提升合规效能，开展内控自我评价工作，以规范流程、消除盲区、有效运行为重点，对内控体系的有效性进行全面自评，防止风险由"点"扩"面"，避免发生系统性重大经营风险。

教育培训。培训员工3246人次。其中两级企业领导人员373人次，经营管理人员778人次，专业技术人员1539人次，党群管理人员185人次，技能人员371人次。

（胡蕊芬　谭家东　吴　尧）

【运营项目】　渝遂高速公路　2007年12月29日建成通车。2019年，营业收入6.87亿元，其中通行费收入6.42亿元。

秀松高速公路　2016年12月23日建成通车。2019年，营业收入0.41亿元，其中通行费收入0.38亿元。

潼荣高速公路　全长138.456千米，概算总投资105.73亿元，2019年12月29日建成通车，转入项目运营。

（王　华）

【工程施工】　石黔高速公路项目　全长83.064千

米,概算总投资122.56亿元,建设工期4年,2017年7月26日开工。开工累计完成投资97.78亿元。

渝黔高速公路扩能项目　全长99.948千米,概算总投资179.6亿元,建设工期4年,2018年7月5日开工。开工累计完成投资87.78亿元。

合安高速公路项目　全长94.975千米,概算总投资95.31亿元,桥隧占比21.99%;建设工期3年,2018年6月11日开工。开工累计完成投资52.47亿元。

合璧津高速公路项目　全长94.857千米,概算总投资117.64亿元,桥隧占比21.82%,建设工期4年,2018年8月25日开工。开工累计完成投资29.66亿元。

黔江区过境高速公路项目　全长20.384千米,概算总投资28.95亿元,建设工期4年,2018年4月3日开工。开工累计完成投资5.37亿元。

永泸高速公路项目　全长20.905千米,概算总投资23.08亿元,建设工期3年,2017年12月29日开工。开工累计完成投资12.73亿元。

巫镇高速公路项目　全长48.691千米,概算总投资99.1亿元,建设工期4年,2019年9月1日开工。开工累计完成投资16.2087亿元。

大内高速公路项目　全长31.124千米,概算总投资32.97亿元,建设工期3年,2018年12月25日开工。开工累计完成投资6.923亿元。

轨道工程　全长29.068千米,车站19座。建设工期4年,概算总投资217亿元。2019年6月18日开工。开工累计完成投资10.3016亿元。

生态环境治理项目　完成施工总产值83038万元,其中市政工程完成40627万元,水利工程36625万元,其余类型工程完成5786万元。　（吴　尧）

【党群工作】　党的工作。深入学习贯彻党的十九大和十九届四中全会精神,扎实开展“不忘初心、牢记使命”主题教育,被股份公司第三巡回指导组评价为“好”。组织7次理论中心组学习,策划4期专题,班子成员撰写21篇心得体会;组织231名党员进行体验式学习。领导班子成员到基层单位开展针对性调研,形成调研报告7篇。领导班子成员讲党课8次。编制《2019年党委理论学习中心组学习重点》,全年集中学习12次,组织读书班1次,学习习近平系列讲话精神,全国两会、党的十九届四中全会等精神,股份公司四会精神等,不断加强理论武装。开展全面质量提升年活动,针对党建、质量安全、投资控制等十个方面提升质量,并产生直接效益。召开党委会13次,前置“三重一大”事项246项。

纪检监察工作。抓好专项巡视整改工作,制定《整改实施方案》,明确17条整改措施。开展“送廉到基层”活动,以专题讲座的形式,在总部和基层开展廉政教育。对所属6家单位开展贯彻落实中央八项规定精神及实施细则专项巡察。

工会工作。召开集团公司一届二次职工代表大会,通过集体协商,工会代表职工和企业续签相关合同。通过召开工会全委会,组织培训班、大讲堂等形式,深入学习、广泛宣传贯彻落实党的十九大和中国工会十七大、妇女十二大精神。开展“建功新时代、决胜大交通”劳动竞赛,双合公司、永泸公司获评“2018年度重庆市交通行业劳动竞赛成绩突出单位”。承办重庆市总工会送文化进基层“走进中国铁建”慰问演出;举办“伟大祖国、奋进重投”职工演讲比赛、“平安杯”安全知识竞赛;参与“与共和国同行、打造品质铁建”系列读书活动,9件作品获表彰。

共青团工作。开展青年突击队活动,成立32支青年突击队;获重庆市青年突击队安全质量网上知识竞赛二等奖;3支青年突击队获重庆市“最美青年突击队”称号;开展“智慧青春、五小创新”活动;推荐2人参加中国铁建纪念五四运动100周年暨“十佳”“十杰”评选活动,遂渝公司魏世凯获中国铁建第九届“十佳青年技术能手”称号。参加中国铁建“海外优先青年先行”知识竞赛,重投集团公司代表队从39支参赛队伍脱颖而出,获第6名的成绩;潼南收费站获2018—2019年度全国青年文明号。　（李小香）

【中铁建重庆投资集团有限公司】　2016年11月16日在重庆市南岸区注册成立,注册资本金30亿元。主要负责利用自有资金进行项目投资、旅游项目开发、工程项目管理、物业管理、土地整治。　（陈丽玉）

【重庆铁发遂渝高速公路有限公司】　2004年9月在重庆市北碚区注册成立,注册资本金19亿元。主要负责渝遂高速公路的投资、建设和运营管理。（陈丽玉）

【重庆铁发建新高速公路有限公司】　2016年4月在重庆市北部新区注册成立。注册资本金8亿元。主要

负责潼荣高速公路、石黔高速公路、渝黔扩能高速公路3个项目的投资、建设和运营管理。 （陈丽玉）

【重庆铁发双合高速公路有限公司】 2017年4月在重庆市璧山区注册成立，注册资本金4.2735亿元。主要负责安合高速公路、合璧津高速公路两个项目的投资、建设和运营管理。 （陈丽玉）

【中铁建渝东南（重庆）高速公路有限公司】 2017年3月在重庆市黔江区注册成立，注册资本金2亿元。主要负责黔江区过境高速公路项目的投资、建设和运营管理。 （陈丽玉）

【重庆永泸高速公路有限公司】 2017年3月在重庆市永川区注册成立，注册资本金4405万元。主要负责永泸高速公路项目的投资、建设和运营管理。 （陈丽玉）

【中铁建生态环境有限公司】 具有市政公用工程施工总承包一级，地质灾害治理工程勘查、设计、施工三项甲级和环保工程专业承包三级资质。2013年1月在北京市海淀区注册成立，注册资本金1亿元。 （陈丽玉）

【重庆铁建置业有限公司】 具有房地产开发二级资质。2012年10月在重庆市北碚区注册成立，注册资本金2亿元。业务涵盖房地产开发、经营、景区开发建设、经营管理等。 （陈丽玉）

【重庆金路交通工程有限责任公司】 具有公路交通工程（公路安全设施）专业承包一级，重庆市特种专业承包不分等级（结构补强）资质以及重庆市安防工程从业资质证书（一级）。1998年1月在重庆市南岸区注册成立，注册资本金1500万元。2017年12月通过股权合作方式成为控股的子公司。 （陈丽玉）

【重庆巫镇高速公路有限公司】 2018年7月在重庆市巫溪县注册成立，注册资本金19.82亿元。主要负责重庆巫溪至陕西镇坪高速公路（重庆段）投资、建设和运营管理。 （陈丽玉）

【重庆大内高速公路有限公司】 2019年3月在重庆大足区注册成立，注册资本金6.66亿元。主要负责大内高速公路项目的投资、建设和运营管理。 （陈丽玉）

【重庆轨道交通18号线建设运营有限公司】 2019年7月在重庆市九龙坡区注册成立，注册资本金1亿元。主要负责重庆市轨道交通工程18号线项目投资、建设和运营管理。 （陈丽玉）

【中铁建重庆石化销售有限公司】 2019年10月在重庆市铜梁区注册成立，注册资本金4000万元。主要负责服务区加油站的油品、沥青、汽服、餐饮销售以及日用百货、五金家电的销售。 （陈丽玉）

【重要记载】

▲3月15日 中国铁建首家专注生态环保产业规划的设计企业——由中铁建重庆投资集团有限公司和中铁第五勘察设计院集团有限公司合资成立的北京中铁生态环境设计院有限公司正式挂牌成立。

▲3月27日 重庆区域总部经营座谈会在重庆召开。 （李小香 陈丽玉）

中国铁建股份有限公司
西南区域总部

【简况】 前身为中国铁建股份有限公司西南指挥部，2019年1月2日更名为中国铁建股份有限公司西南区域总部，与中国铁建昆仑投资集团有限公司（以下简称“昆仑集团”）合署办公，主要负责四川、云南、贵州、海南及西藏等区域的市场开发、经营承揽和协调管理等工作。驻四川省成都市高新区益州大道中段1999号4栋21～22层。设综合管理部、市场开发部、工程管理部；另设中国铁建四川总部、云南总部、贵州总部、西藏总部和海南总部5个省级总部负责相应省（区）工作。

2019年，新签合同额3210亿元，在中国铁建九大区域总部中排名第一位，率先在系统内打造出“三千亿”级别的区域总部，在建筑央企区域总部中居于领先地位。 （董军薇）

【总部领导人员】

经理层

总经理	金跃良
执行总经理	徐明新
	周庆国
副总经理	吴利红
	黎锡龙
	陆　强
	杨继全
	施振东

党群领导

党委书记	金跃良
纪委书记	申继辉
工会主席	申继辉

（董军薇）

【昆仑集团领导人员】

董事会

董事长	金跃良
董事	徐明新
	周庆国
	吴利红
	黎锡龙
	姜永军(专职外部董事,7 月免)
	江　河(专职外部董事,7 月免)
	魏志良(委派董事,12 月委)

监事会

监事会主席	申继辉
职工监事	朱继前
监事	陈殿军

经理层

总经理	徐明新
执行总经理	周庆国(10 月任)
副总经理	吴利红
	黎锡龙
	陆　强
	杨继全
	施振东

党群领导

党委书记	金跃良
党委副书记	徐明新
	周庆国(10 月任)
纪委书记	申继辉
工会主席	申继辉

（贺　扬）

【所属机构】 中国铁建四川总部　驻四川省成都市高新区益州大道中段 1999 号 4 栋 21～22 层。总经理杨继全,执行总经理尤康、陈明荣、张新柳。

中国铁建云南总部　驻云南省昆明市官渡区关上街道办事处民航路 663 号融城金阶 A 座 16 楼。总负责人汤世明,执行总经理陆强、田大鹏、李华。

中国铁建贵州总部　驻贵州省贵阳市观山湖区金阳北路 306 号烈变国际广场 7 楼。总经理周庆国,执行总经理姜子良、张学坡。

中国铁建海南总部　驻海南省三亚市迎宾路 165 号中铁置业广场 17 楼。总经理金跃良、周庆国,执行总经理杨俊峰。

中国铁建西藏总部　驻西藏自治区拉萨市堆龙德庆县柳梧金马国际小区 8 栋二单元 204。总经理黎锡龙,执行总经理王健。

中国铁建昆仑投资集团有限公司　驻四川省成都市高新区益州大道中段 1999 号 4 栋 21～22 层。董事长金跃良,总经理徐明新,执行总经理周庆国。

中铁建昆仑地铁投资建设管理有限公司　驻四川省成都市高新区芳草东街 76 号 4 层。董事长施振东,总经理栗尚明。

中铁建昆仑路桥建设有限公司　驻四川省成都市天府新区华阳街道伏龙路二段 117 号。董事长张新柳,总经理孟卫明。

中铁建云南投资有限公司　驻云南省昆明市官渡区关上街道办事处民航路 663 号融城金阶 H 座。董事长李华,总经理孙宪武。

中铁建云南交通建设管理有限公司　驻云南省昆明市官渡区关上街道办事处民航路 663 号融城金阶 A 座 16 楼。董事长田大鹏,总经理黄小通。

中铁建昆仑资产管理有限公司　驻北京市石景山区玉泉路 59 号院 2 号楼 6 层 601。董事长尤康,总经理陈勇。

中铁建贵州建设有限公司　驻贵州省贵安新区大学城数字经济产业园 7 号楼 1 号房。董事长姜子良,总经理张学坡。

中铁建海南建设发展有限公司　驻海南省三亚市崖州区崖州湾科技城标准厂房二期三楼 C288 区。董事长金跃良，总经理周庆国。

中铁建昆仑投资集团有限公司西藏指挥部筹备组　驻西藏自治区拉萨市堆龙德庆区金马国际小区 8 栋二单元 204 号。筹备组组长黎锡龙。

中铁建海南投资有限公司　驻中国铁建海南国际旅游岛建设管理指挥部办公大楼 105 室。董事长、总经理吴雷雷。

中铁建昆仑天府绿道成都有限公司　驻四川省成都市锦江区三圣街道驸江路江家堰社区 729 号。执行董事张新柳，总经理孟卫明。

四川遂德高速公路有限公司　驻四川省遂宁市经济技术开发区滨江北路 875 号。董事长兼总经理张新柳。

四川天府机场高速公路有限公司　驻四川省成都市天府新区正兴街道顺圣路 176 号。董事长张新柳。

四川成绵苍巴高速公路有限责任公司　驻四川省绵阳市涪城区建设街 6 号。总经理张新柳。

成都中铁建昆仑振蓉生态建设有限公司　驻四川省成都市经济技术开发区（龙泉驿区）成龙大道二段 1088 号 52 栋 -1 -3 层 2 号。董事长陈勇。

云南玉临高速公路建设有限责任公司　驻云南省昆明市官渡区民航路 493 号。董事长孙宪武。

云南昆楚高速公路投资开发有限公司　驻云南省昆明市西山区前卫街道办事处办公大楼 2 楼 216 号。董事长李华，总经理杨贵宏。

云南楚大高速公路投资开发有限公司　驻云南省大理市白族自治州大理市大理经济开发区云岭大道 19 号。副总经理张晓亮。

昆明三清高速公路有限公司　驻云南省昆明经开区云景路中段信息产业园区 5 栋。董事田大鹏，总经理张博。

昆明福宜高速公路有限公司　驻云南省昆明片区官渡区民航路 663 号融城金阶 A 栋 15 楼。董事黄小通，总经理包其刚。

昆明昆仑首置房地产有限公司　驻云南省昆明市官渡区关上街道办事处关平路 25 号 503 室。董事长邓晓明，常务副总经理王梓权。

丽江雪山轨道交通有限公司　驻云南省丽江市玉龙纳西族自治县金川路 16 号玉龙县交通运输局办公楼 1 楼 106 号。董事长杨坚。

中铁建昆仑云南房地产有限公司　驻云南省昆明片区官渡区民航路 663 号 A 栋 15 楼。董事长赵文艺。

南昌中铁建建设管理有限公司　驻江西省南昌市红谷滩新区红谷中大道与绿茵路交会处联发广场办公写字楼 1906 室。董事长包宇。

贵州剑黎高速公路有限公司　驻贵州省黔东南州剑河县革东镇校场一路游客信息中心大楼。董事长张学坡，副董事长、总经理王新刚。

贵州桐新高速公路发展有限公司　驻贵州省遵义市新蒲新区创元写字楼 16 层。总经理金鑫。

海南双子星发展有限公司　驻海南省陵水县黎安镇中铁建海南国际旅游岛建设管理指挥部 205 号。董事长吴雷雷，总经理张建辉。

三亚中铁建置业开发有限公司　驻海南省三亚市崖州区崖州湾科技城标准厂房二期三楼 C303 区。董事长吴雷雷。

中国铁建股份有限公司成都元华路神仙树节点工程项目经理部　驻四川省成都市武侯区吉庆三路皇庭国际中心 A 座。总经理杨继全。

中铁建成都地铁 5 号线一期、二期项目指挥部　驻四川省成都市金牛区万达广场 SOHO - C 座 10F。指挥长刘金桥。

中铁建成都地铁 6 号线一期、二期工程项目管理指挥部　驻四川省成都市金牛区万达广场 SOHO - C 座 12F。指挥长闫利鹏。

中铁建成都地铁 10 号线工程项目管理指挥部　驻四川省成都市新津县儒林路与纯阳路交叉口。指挥长舒进辉。

中铁建有轨电车蓉 2 号线工程项目管理指挥部　驻四川省成都市郫都区犀团路 141 号。指挥长余春景。

中国铁建昆仑投资集团有限公司成都环城生态一期 1 标段总承包指挥部　驻四川省成都市锦江区墨香路 87 号火炬动力港二期 8 栋。指挥长郝燕春。

中国铁建昆仑投资集团有限公司成都环城生态修复二期 7 标段施工总承包指挥部　驻四川省成都市龙泉驿区成龙大道二段 1088 号 52 栋。指挥长王金玉。

中国铁建昆仑投资集团有限公司蒲都高速公路总承包指挥部　驻四川省成都市大邑县蜀望路 180 号。指挥长孟卫明。

中国铁建昆仑投资集团有限公司遂德高速公路总承包指挥部　驻四川省遂宁市船山口区滨江北路875号。指挥长孟卫明。

中国铁建昆仑投资集团有限公司成绵苍巴高速公路施工总承包指挥部　驻四川省广元市苍溪县云峰镇紫云工业园区成绵苍巴指挥部。指挥长孟卫明。

中国铁建昆明轨道交通6号线二期工程指挥部　驻云南省昆明市官渡区民航路663号融城金阶A座16楼。指挥长李维瑞。

中国铁建昆明轨道交通3号线工程指挥部　驻云南省昆明市官渡区民航路663号融城金阶A座16楼。指挥长李维瑞。

中国铁建昆明新机场快速公交工程指挥部　驻云南省昆明市官渡区民航路663号融城金阶A座16楼。指挥长张博。

中国铁建昆明绕城高速公路东南段A标项目经理部　驻云南省昆明市经济技术开发区云景路中段信息产业园区5栋C门4楼。指挥长张博。

中国铁建股份有限公司昆明飞虎大道项目工程总承包指挥部　驻云南省昆明市官渡区民航路663号融城金阶A座16楼。指挥长石国友。

中国铁建昆仑投资集团有限公司墨临公路工程总承包指挥部　驻云南省普洱市镇沅县县城内恩水路。指挥长张晓亮。

中国铁建昆仑投资集团有限公司昆楚公路工程总承包指挥部　驻云南省楚雄彝族自治州禄丰县金山镇惠民路。指挥长王忠双。

中国铁建昆仑投资集团有限公司昆明飞虎大道北段市政配套工程指挥部　驻云南省昆明市官渡区民航路663号融城金阶A座16楼。指挥长李维瑞。

中国铁建昆仑投资集团有限公司楚大公路工程总承包指挥部　驻云南省大理市凤仪镇祥云路大理州医院凤仪分院旁。常务副指挥长严巍(10月免)。

云南玉临高速公路建设有限责任公司普洱建设指挥部　驻云南省普洱市镇沅县县城内恩水路。指挥长任小平。

中铁建云南投资有限公司昆楚高速公路工程指挥部　驻云南省楚雄彝族自治州禄丰县金山镇惠民路。指挥长王忠双。

中国铁建昆仑投资集团有限公司剑黎高速公路工程施工总承包指挥部　驻贵州省黔东南苗族侗族自治州剑河县革东镇江北岸文化创意园C区6栋。指挥长杨志聪。

中国铁建昆仑投资集团有限公司海口绕城公路美兰机场至演丰段工程代建指挥部　驻海南省海口市美兰区灵山镇琼文大道158号南江机械厂旁。指挥长陈三彪。

中国铁建昆仑投资集团有限公司海南环岛旅游公路昌江段工程代建指挥部　驻海南省昌江黎族自治县乌烈镇中国铁建昆仑投资集团旅游公路昌江段指挥部(原万豪宾馆)。负责人王飞。

中国铁建昆仑投资集团有限公司国道G360文昌至定安段公路代建指挥部　驻海南省文昌市文城镇文蔚路8号。指挥长王国峰。

中国铁建昆仑投资集团有限公司博鳌通道养护项目部　驻海南省琼海市博鳌镇玉带路27号。负责人张建辉。　(刘珈希　黎燕梅)

【职工队伍】　西南区域总部本级领导人员12人。其中非领导职务3人,包含一级咨询1人、二级咨询2人。部门正职3人,部门副职3人。

昆仑集团职工648人。引进人才149人,其中接收应届毕业生13人。本科及以上学历616人,占比95%;高级职称246人、中级职称230人、初级职称115人。　(赵　航)

【资本运营项目】　成都地铁5号线一期、二期工程投融资建设项目　合同总额172亿元,工期54个月。主要工程量:车站38座,单线区间72个,车站主体结构全部完成;附属结构累计完成99%;盾构全线洞通;全线轨通;机电设备安装及装修工程累计完成99%;大丰停车场、回龙停车场、元华车辆段全部完成。2019年12月27日开通运营。开工累计完成投资1817587.94万元。

有轨电车蓉2号线项目及市政改造建设工程　合同总额37亿元。其中有轨电车25.7亿元、市政改造11.2亿元。有轨电车工程量:郫温定修段土建、供电、机电装修工程完成100%;红光停车场主体结构完成100%;西客站主体结构和裙楼机电装修完成100%;西客站、主线及支线轨道铺设完成100%。市政工程主要工程量:首开段完成,非首开段路基开挖累计完成95%,路基填筑累计完成93%,沥青中层累计完成

83%，桥梁34座开工并完成22座。2019年12月27日开通运营。开工累计完成投资419518万元。

成都地铁6号线一期、二期工程投融资建设项目　全长47.7千米。合同总额176亿元，工期48个月。主要工程量：车站38座，单线区间76个；盾构48台，累计掘进73350延米，完成100%。龙灯山停车场主体完成98.1%，郫筒车辆段主体完成100%；铺轨基地15座，已完成15座；累计完成正线铺轨81.27千米，占总量103.295千米的78.7%，单开道岔54组、交叉渡线道岔3组。机电安装及装修整体完成40.2%。开工累计完成投资1317694万元。

成都地铁10号线二期工程投融资建设项目　全长27.065千米。合同总额62.49亿元，工期36个月。主要工程量：车站9座，1号风井、2号风井全部完成；盾构全线洞通；全线轨通；高大路停车场及板桥车辆段单体主体结构封顶。2019年12月27日实现开通运营。开工累计完成投资574080.2万元。

成都经济区外环线蒲江—都江堰段项目　总投资额357.61亿元。主要工程量：路面完成40%，路基完成99.3%，桥梁上部结构完成99.3%，桥梁下部结构完成99.5%，隧道完成100%，涵洞、通道完成99.5%。开工累计完成投资1437359万元。

成都市环城生态区生态修复综合项目　合同总额19.14亿元，建设期6个月，运营期2年。主要工程量：项目实施面积351万平方米，完成率82.7%；林盘院落完成5座，网球场1座，喷泉广场及配套设施、服务驿站和厕所各完成6座，特色园3处，规划展示中心完成1处，桥梁完成12座845延长米，各类供水、通信、燃气配套管线39千米，光彩工程完成2处、水闸2座。开工累计完成投资135133万元。

德阳中江至遂宁高速公路项目　概算投资总额954701万元，其中建安费668427万元。主要工程量：双向四车道高速公路，设计时速100千米；桩基完成112根，承台完成12个，地系梁完成9道，墩柱完成19根，桥台完成12座、台帽完成10个、盖梁4个，涵洞完成7座；预制T梁30米完成24片，40米完成25片；三元中桥桥面系浇筑完成；路基挖方完成2.4万立方米，填方完成8万立方米，软基换填碎块石完成0.4万立方米；水泥搅拌桩完成3800米；拱形骨架完成520米，排水沟完成670米，实体护坡和基础完成190米。开工累计完成投资27796万元。

成都天府国际机场高速公路（机场南线）项目　全长18.559千米。批复概算金额29.08亿元。主要工程量：清表完成78.7%，软基换填完成46.0%，路基挖方完成23.1%，路基填方完成8.3%，桥梁桩基完成33.1%，系梁完成2.7%，墩柱完成5.7%，承台完成7.0%，涵洞通道完成7.6%。开工累计完成投资101907万元。

海南国际旅游岛先行试验区项目　合同总额暂估200亿元。主要工程量：黎安污水处理厂工程主体结构已完成，装修完成95%，设备安装完成85%；海风小镇E标段续建工程完成85%；文化艺术中心主体结构已施工完成；消防站工程已基本完成；文黎大道延伸线现有工作面、海风小镇公建、1号停车场（北区）、南湾路、长水岭西面山体修复等项目基本完工。开工累计完成投资287971万元。

云南省墨江至临沧公路项目　全长235.966千米。投资总额327.65亿元。主要工程量：互通式立交14处；综合土石方累计完成4840.23万立方米；桥梁工程开工173座；桩基工程累计完成9178根270175米；隧道工程完成49999.16延长米（单洞）。开工累计完成投资1092829万元。

昆明（岷山）至楚雄（广通）高速公路改扩建工程勘察试验段投资人暨合作承包建设者招标1标段（昆楚试验段）项目　全长106.904千米。概算总投资2077910万元。主要工程量：综合土石方累计完成1018.8万立方米；桥梁工程开工37座；桩基工程累计完成1643根47337.1延长米；隧道工程完成20793.84延长米。开工累计完成投资452102万元。

昆明轨道交通6号线二期土建项目　合同总额18.37亿元。主要工程量：车站主体结构完成封顶；塘子巷站1号风亭、岔街站1号风亭围护结构完成，2号风亭及C号出入口围护结构及基坑开挖完成，东郊路站附属主体结构完成。菊华站B出入口主体结构完成；盾构区间掘进完成，联络通道及泵房、疏散平台完成；桥梁主体结构全部完成，声屏障、疏散平台完成；铺轨完成，长轨焊接完成。开工累计完成投资167904万元。

昆明轨道交通6号线二期机电项目　合同总额5.49亿元。主要工程量：设备区和公共区装修分别累计完成98%、77%，供电系统，通信系统，综合监控系统，通风空调系统，给排水及消防系统，动力照明系统，气体灭火系统，自动售检票、站台门系统分别累计完成

100%、93%、81%、85%、83%、89%、95%、38%。开工累计完成投资40973万元。

昆明绕城高速公路A标段工程项目　全长5.856千米。合同总额43.71亿元。主要工程量：控制性工程杨林隧道左洞剩余开挖32米，4月7日右洞贯通；其余工程均完工并完成交工验收。开工累计完成投资558310万元。

昆明市飞虎大道北段市政配套及花渔沟停车场征地拆迁工程项目（8号线试验段）项目　合同总额89954万元。主要工程量：巫家坝站车站主体围护结构全部完成，东侧附属C、D号出入口，换乘通道围护结构，基坑开挖全部完成，东侧附属D号出入口、换乘通道结构施工完成100%；巫家坝南站车站主体围护结构全部完成，主体基坑开挖完成55%，主体结构完成13%，东侧附属D、C号出入口围护结构，基坑开挖全部完成，东侧附属D号结构施工完成90%，东侧附属C号结构施工完成88%；向化北站主体围护地下连续墙完成62%，东侧附属D、C、W3号出入口及4号消防疏散口围护结构全部完成，东侧附属3号消防疏散口围护结构完成89%。开工累计完成投资33200万元。

海南美演代建项目　概算总投资33.04亿元。主要工程量：路基工程完成67.14%；桥涵工程完成34.23%。开工累计完成投资70828万元。

南昌路网项目（3个）　合同总额27.28亿元。主要工程量：九龙湖路网一期项目5条道路，完工3条、在建2条；西客站路网二期加密项目31条道路，完工7条、在建5条；九龙湖路网二期项目19条道路，完工11条、在建2条。开工累计完成投资226524万元。

成都市环城生态区生态修复综合项目（东、西片区）一期、（南片区）二期成金青快速路至成洛大道标段项目　一级绿道总长10.27千米。合同总额14.75亿元。主要工程量：一级绿道路基开挖4300米（67433立方米），回填土石方37505立方米，回填连砂石43192立方米，路床整形碾压25738平方米，抛石挤淤520米（19510立方米）；便道修筑3490米，桩基成桩448延长米，浇筑混凝土506.4立方米，钢筋笼制作49.355吨，涵洞施工54横延米；管网挖沟槽、基坑8957立方米，回填土石方1010立方米，污水（或排水等）管道安装284米、检查井5座；节点清杂16160平方米；翠园餐厅完成抗浮锚杆5940米，C15垫层231.6立方米，4毫米厚聚酯胎SBS改性沥青防水+聚酯无纺布2450平方米，防水保护层C20细石混凝土105.3立方米；田园书吧完成抗浮锚杆2820米；田园书院完成抗浮锚杆6048米；整理绿化用地18500平方米、种植白花三叶草18500平方米、移栽树木436株。开工累计完成投资3500万元。（黄　敏）

【经营管理】　紧密围绕"管理延伸、战区主战"的核心定位，全面履行"统筹、协调、监督、服务、高端经营"职责，积极面对市场形势、项目运作环境变化，持续探索经营管理模式创新，推进区域各项工作顺利开展。经营承揽。西南区域总部新签合同总额3210亿元。昆仑集团新签项目15个，实现新签合同额1054.91亿元，其中PPP项目6个、BOT项目2个、施工总承包项目2个、代建+监理一体化项目5个；促成与海南省人民政府、三亚市人民政府、广元市人民政府、广安市人民政府签订《战略合作框架协议》。企业管理。编制《中国铁建昆仑投资集团有限公司2019—2021年滚动规划》，顺利完成下辖所属法人单位公司章程修订和工商变更、备案工作；职能部室由14个调整为10个，增设投资控制部；组织开展首次在线风险评估，编制年度风险内控报告，推动昆仑集团风险信息库建设；发布2019版《管理体系文件》，获得华夏认证中心颁发的质量、安全及职业健康、环境管理体系认证证书。建设管理。组织召开成都地铁建设工作会议、中国铁建《地铁施工手册》初定稿审查会暨统稿会、成都地铁项目保"三线"开通工作会议、工程变更委员会一次会议、设计优化及年度科研立项评审会、建设管理调度会等多个会议；开展信用评价两次；组织召开德遂、剑黎、墨临、三清、福宜、蒲都等项目设计文件专家审查会7次。安全监督。开展系列综合及专项质量检查，并全部整改落实到位，有效管控各级质量管理行为，施工质量平稳可控；持续推进质量管理系统建设和运行，实现在建高速项目试验检测、混凝土质量系统管控；加强体系建设，创新管理方法；印发《2019年安全质量工作要点》，指引年度质量管理工作；制定《关于实行工程实体抽检标识牌管理规定的通知》，有效管控第三方及监理试验室现场实体抽检工作；召开各季度质量委员会会议，通报质量管理情况，提出改进方案；围绕质量月活动主题开展质量专项检查、QC小组活动、质量管理培训、质量问题分析会、技能竞赛、知识竞赛等活动，增强员工质量意识，营造浓厚的质量生产氛围。财务融资。

明确所属投资项目、投资控股及参股企业产权登记工作和资产评估工作流程；开展昆楚公司增资扩股、股权转让以及楚大公司增资扩股资产评估工作，配合中国铁建长春项目开展资产评估工作；把确权清收作为解决资金缺口、化解投资风险的重要手段，把资金回收率纳入绩效考核指标体系，实现提前回购；全面完成各项年度预算指标。清理无效账户13户，表内和表外核算单位年末共有银行账户145户；在财务公司归集资金338.692亿元，调剂资金147.07亿元；在金融机构取得授信336.97亿元；成功发行2019年度ABN(出表)；集团注册资本金增至50.87亿元并取得验资报告；与交通银行云南省分行、中国农业银行四川省分行分别签订银企合作框架协议、战略合作协议；中国PPP基金分别出资认购集团投资建设的贵州剑河至黎平高速公路项目、昆明(岷山)至楚雄(广通)高速公路扩建工程PPP项目基金份额。法律合规。引进4名法学硕士至成都、贵阳、海南等子公司，实现所属7家子公司法律专员全覆盖；选取11家高水平律师事务所进入法律服务备选机构库，从中比选2家作为常年顾问单位；制定《合同管理办法》《授权委托书管理办法》等规章制度，完善法律合规制度体系；成立两级合规委员会，任命两级单位班子成员担任首席合规官；设立两级合规办公室，明确业务部门合规专项管理职责，实现集团本级、7家子公司、20个项目合规管理力量全覆盖，推动构建“全员、全领域、全层级、全流程、全方位”大合规管理体系；编制《规章制度清单(2019年版)》，涵盖全业务领域规章制度192项；推动制度图表化、流程化，确保“一图看懂”；开发上线合规管理系统，实现规章制度共享和随查随用；坚持“四全”“一没四不”理念和机制，审核规章制度29份、重要决策44项、重大经济合同288份、授权委托书24份、用印500余份，确保法律审核送审率、审核率100%；主动服务四川德遂高速、成绵苍巴高速等20余个重点项目，有效防范投融资法律风险；强化合同综合管理和法律风险防范，继续保持全集团法律纠纷案件“零发生”；多次组织学习多部行政法规、部门规章和规范性文件，形成中心组常态学法机制；组织收看或参加国资委法治讲堂8期，组织投融资法律业务培训2期200人次；编制印发《法治工作简报》24期，增设“以法为循”微信版简报；提出培育“体现价值引领的创新合规文化、守正奉公的红色合规文化、规范一流的品质合规文化、诚信自律的平安合规文化、共建共享的幸福合规文化”目标；“国有企业合规文化建设”被四川省国资委列为重点研究课题，并被评为四川省国资系统十大优秀课题成果；牵头编制全系统基础设施投融资领域全流程、成体系的法律合规工具书《基础设施建设项目投融资业务风险梳理及操作指引》；与中国政法大学合作编制《法律风险防控手册》，初步建立长效、可复制的岗位合规风险管理体系。

人力资源。配合中国铁建开展集团23名副处级以上干部的考察测评，完成4名处级干部外调考察及151人试用期满考核及转正定级、任职事宜；全年完成人员调整1125次，有效推进“人岗相适”；强化干部监督管理，及时将人员配备情况向中国铁建报批和报备，按时完成领导个人事项报告填报；开展干部选拔任用“一报告两评议”和选人用人工作专项督导；对151名拟任职干部进行公示，开展干部任前谈话、廉洁谈话162人次。组织参加各类培训1744人次，顺利完成年度教育培训计划；对298名员工调整缴费基数并完成费用清算。审计监事。完成项目审计5项，均应用审计信息系统，审计项目上线率100%；提出审计建议17条，均完成整改；编制《企业年度工作报告》；承办中国铁建云贵川区域重点工程项目专项审计部署动员及培训会、中国铁建审计演讲比赛决赛；开展成都正公路和成都地铁10号线一期项目完工后评价工作；召开第一届监事会第五次、第六次会议。

(马鑫宇　艾　波　黄　敏)

【党群工作】 党的工作。党委10个、党工委16个、党支部30个，发展党员13人。获四川省国资委、中国铁建“优秀基层党委”和“五好党支部”3个，“七一”表彰先进基层党(工)委2家、先进基层党支部3个、优秀共产党员17人、优秀党务工作者9人。以“强化价值创造”为主线，聚焦政策热点和发展难点，两级全年开展党委中心组集中学习92次，两级班子成员讲授党课60余次；严格执行“三重一大”决策制度，决策议题166项，推动两级党(工)委梳理决策事项853项；坚持融合发展理念，积极与地方政府、云南检察院、建设银行、成都轨道集团等单位构建联建机制，四川、云南、海南等片区探索实践“1+N”区域党建模式，以党建联动引领政企、银企交流；借助“成都市一次性开通101千米轨道交通”这一行业壮举，通过“总部搭台、系统合奏”方式，从大城市、大建设者格局出发，与成都轨道集团联合举办“中央媒体座谈会”，邀请超过20家国内主流媒体，共同见证“铁建创造”，推动系统内首次真正意义上的“大宣传”实践；立足区域内广受关注的重点工程项目，以“全产业链”服务为切口，对外持续代表中国铁建发声，相继在中央电视台、新华社、《人民日报》等主流媒体刷屏150余次，成都地铁项目两度登上央视《新闻联播》，全面展现昆仑实力，对内及时总结西南区域践行“四者”定位的经验成果，13次占据“铁建头条”，《中国铁道建筑报》首次为一个区域、一个企业、一个项目组织专刊报道，持续扩大“铁建昆仑”的系统影响力；认真落实党中央脱贫攻坚决策部署，推动消费扶贫与属地帮困相结合，采购中国铁建对口扶贫地区农副产品约50万元，通过捐资助学、技能培训等方式向云南盐津、四川三台等贫困地区投入185万元；参与宜宾长宁抗震救灾，充分彰显央企责任担当。企业文化建设。正式启动“铁建昆仑杯”文化子品牌，诠释“五个昆仑”子文化理念，助推西南区域总部成为中国铁建九大区域总部中第一个从文化战略层面推动区域大协同、建立“利益共同体”的具体实践；举办职工文化系列活动成果展，发布《昆仑之歌》和企业动漫形象“小鲲”，开展“献策昆仑、担当致远”主题活动，编制企业文化故事集《聆听 · 奋斗》，增强全员文化认同。纪委工作。召开党风廉政建设和反腐倡廉工作会议、全面从严治党“两个责任”促进会暨警示教育大会、纪委全体干部会议；与中国政法大学签订《战略合作框架协议》，启动“投融资领域廉洁风险防控体系构建”课题研究；出台《关于鼓励干部担当作为和为受到不实举报对象澄清正名的实施办法(试行)》《问题线索管理暂行办法》《领导干部任前廉洁谈话实施细则》《纪检监察工作先进集体和优秀纪检监察干部评选办法》《纪检监察干部监督暂行办法》5项制度；受理信访举报3件，处置问题线索8件，提醒谈话5人，诫勉谈话9人，党内严重警告、政务记大过处分2人；开展“送纪到基层”活动，深入18个项目公司(总承包部、代建指挥部)为近600名干部职工进行党纪国法企规教育；开展反腐倡廉宣传教育月活动，组织家庭助廉活动10场次，征集廉洁宣传语214条，参与党纪国法企规网络答题干部职工552人；编印《廉政口袋书 · 第一辑》，编演廉政情景剧《同学会》；开展重要节假日节前教育和监督检查；开展党章党规党纪教育68场次，受教育2681人次；警示教育66场次，受教育3964人次；回复党风廉政意见119份；任前廉政谈话190人次。巡视巡察。落实中国铁建集中整治形式主义、官僚主义和深入剖析王晓林案件开展自查自纠情况专项巡视反馈意见，细化分解措施34条，完善内控制度19个，定期上报整改报告；编制《巡察工作规划(2019—2022年)》，制定《巡察工作实施细则》；持续深化政治巡察，对3家单位开展巡察“回头看”，新发现问题43个，提出意见建议12条。做深做细做实巡察整改，同步通报业务部门，公开通报突出问题两次，巩固提升巡察全覆盖质量。

工会工作。2019年8月27日更名为“中国铁路工会中国铁建昆仑投资集团有限公司委员会”。会员689人。下设工会8个，配备专兼职工会干部95人。组织开展成都地铁5号线、10号线二期、有轨电车蓉2号线开通专题劳动竞赛，“三线”顺利开通，创造国内城市轨道交通一次性开通100千米新纪录。获“全国五一劳动奖章”“全国巾帼文明岗”各1项；省级“五一劳动奖状”3项，“五一劳动奖章”“工人先锋号”各4项；市级“五一劳动奖章”33项，“工人先锋号”7项，市级“巾帼文明岗”1项；中国铁建“工人先锋奖章”4项，“工人先锋号”1项。召开一届三次职代会、一届九次全委(扩大)会；制定并印发《企务公开实施办法》；工会经费管理工作调整为“统一领导、分级管理”的财务管理体制；牵头为系统内参建单位争取省市级五一劳动奖273项；承办“四川省重点工程劳动竞赛暨成都轨道交通‘三线’开通总结表彰大会”；邀请中国文联艺术团在成都轨道交通项目开展“致敬奋斗者　送欢乐下基层”慰问演出活动。

团委工作。团员66人，保留团籍的党员22人。团(工)委7个(团委2个、团工委5个)，团支部11个。配备专兼职共青团干部35名。获2019年中国铁建“青年文明号”1项、“青年岗位能手”5人次、“五四红旗团委”1个、优秀共青团员1人。在成都召开团代表会议。组织全体青年员工集中观看习近平总书记在五四运动100周年大会上的讲话，开展纪念五四运动100周年和重温入团誓词、参观红色教育基地、户外拓展等系列主题活动。举办“不忘初心、唱响昆仑”主题歌咏比赛活动。参与并组织开展2019“铁建昆仑杯”迷你马拉松赛、职工篮球赛、“美丽乡村”读书会、蒲都高速青年突击队授旗、青年文明号和青年岗位能手争创活动，持续

擦亮“青”字品牌。（韩晓锁　于东旭　李国卿）

【中国铁建昆仑投资集团有限公司】　经营范围包括项目投资、投资咨询、资产管理、房地产开发经营；工程项目管理；物业管理；市政工程及公路工程设计施工；建筑工程设计与施工。2016 年 5 月 20 日注册成立，注册资本金由 30 亿元增加至 50.87 亿元。2016 年 9 月 21 日由中铁建昆仑投资有限公司更名为中铁建昆仑投资集团有限公司，2019 年 5 月 8 日更名为现名。驻四川省成都市高新区益州大道中段 1999 号 4 栋 21 ~ 22 层。主要负责海南、四川、贵州、云南、西藏“四省一区”投融资项目的投资、建设和运营管理，以及江苏江阴等部分具有经营优势地区的市场开发，是中国铁建深耕西南、海南区域投融资市场，打造全产业链一体化经营优势的有机载体。党委书记、董事长金跃良，总经理徐明新，执行总经理周庆国。

2019 年，新签项目 15 个，新签合同额 1054.91 亿元；在手管理项目总投资额超过 5000 亿元，提前超额完成企业“十三五”规划的任务目标；营业收入 268 亿元，同比增长 25%，完成年度目标 248 亿元的 108%；净利润 16.45 亿元，同比增长 18.26%，完成年度目标 15.4 亿元的 107%；资产总额上升至 289 亿元，资产负债率下降至 68%。（刘航宇　姚　佩）

【中铁建昆仑地铁投资建设管理有限公司】　经营范围包括项目建设投资管理（城市建设投资管理、城市公共交通建设投资管理、城市基础建设投资管理、城市及市域轨道交通建设投资管理等）；工程勘察设计；商务服务；销售汽车、汽车零配件；市政公用工程设计、施工（工程类凭资质许可证经营）。2014 年 3 月 28 日注册成立，2017 年 12 月 18 日由四川中铁建地铁投资管理有限公司更名为现名。驻四川省成都市金牛区万达广场 SOHO C 座 13 层。党委书记、董事长施振东，总经理栗尚明。职工 128 人。资产总额 141.11 亿元。

2019 年，新签合同额 237 亿元，营业收入 139.45 亿元，净利润 8.67 亿元，资产负债率80.46%。

（陈　悦）

【中铁建昆仑路桥建设有限公司】　经营范围包括项目管理、房屋建筑施工、市政工程施工、企业管理咨询、商务服务、项目投资、投资咨询、资产管理和社会经济咨询。2012 年 8 月 8 日注册成立，注册资本金 3.83 亿元。2017 年 11 月，由成都中铁建项目建设管理有限公司正式更名为现名。驻四川省成都市高新区吉庆三路皇庭国际中心 A 座。公司党委书记、董事长张新柳，总经理孟卫明。职工 108 人，资产总额 15.1 亿元。

2019 年，新签合同额 234.86 亿元，营业收入 0.54 亿元，净利润 0.01 亿元，资产负债率69.59%。

（王　婷）

【中铁建云南投资有限公司】　经营范围包括项目投资及对所投资项目进行管理；房地产开发；工程项目管理；公路工程、水利水电、市政公用工程、房屋建筑工程、桥梁及隧道工程的建设及管理；物业管理；项目管理咨询服务。2016 年 7 月 27 日注册成立，注册资本金 20 亿元。驻云南省昆明市官渡区关上街道办事处民航路 663 号融城金阶 H 座。党委书记、董事长李华，总经理孙宪武。职工 76 人。资产总额 10.13 亿元。

2019 年，营业收入 5.74 亿元，净利润0.11亿元，资产负债率 40.56%。（王同伟）

【中铁建云南交通建设管理有限公司】　经营范围包括昆明市、曲靖市、玉溪市、丽江市辖区及云南省轨道交通、机场项目的开发、投资、建设和管理。2017 年 11 月 28 日注册成立，注册资本金 5000 万元。驻云南省昆明市民航路663 号融城金阶 A 座 16 楼。党委书记、董事长田大鹏，总经理黄小通。职工 66 人。资产总额 2580 万元。

2019 年，新签合同额 13.65 亿元，营业收入 5225 万元，净利润 1169 万元，资产负债率56.02%。

（陈铭华）

【中铁建昆仑资产管理有限公司】　经营范围包括资产管理；项目投资；投资管理；企业管理咨询；销售煤炭（不在北京地区开展实物煤的交易、储运活动）、金属材料、金属矿石、非金属矿石及制品、建筑材料、机械设备、化肥、家用电器、五金交电、通信设备、针纺织品、服装、日用品、文化体育用品、电器设备、专用设备、铁路运输设备、汽车、汽车配件；房地产开发。2012 年 8 月 8 日完成注册，注册资本金 2 亿元。驻北京市石景山区玉泉路 59 号院 2 号楼 6 层。党委书记、董事长尤康,总经理陈勇。职工63人。资产总额39.63亿元。

2019年,新签合同额132.77亿元,营业收入46.73亿元,净利润33215万元,资产负债率93.19%。

(彭仁财)

【中铁建贵州建设有限公司】 经营范围包括项目开发、投资及咨询、房地产开发、工程项目管理、资产管理、土地整治、物业管理、旅游项目开发及建设。2017年7月11日注册成立,注册资本金10亿元。驻贵州省贵阳市观山湖区金阳北路306号烈变国际广场7楼。党委书记、董事长姜子良,总经理张学坡。职工67人。资产总额1.69亿元。

2019年,新签合同额498亿元,营业收入4179万元,净利润266万元,资产负债率93.63%。(李　莹)

【中铁建海南建设发展有限公司】 经营范围包括项目投资、投资管理、房地产开发、工程项目管理、资产管理和物业管理。2019年11月15日注册成立,注册资本金30亿元。驻海南省三亚市崖州区崖州湾科技城标准厂房二期三楼C288区。党委书记、董事长金跃良,总经理周庆国。职工21人。资产总额12.89亿元。

2019年,投资总额49650万元,资产负债率22.42%。(张　磊)

【中铁建海南投资有限公司】 经营范围包括项目投资、投资管理、房地产开发、工程项目管理、资产管埋和物业管理。2014年4月在海南注册成立,注册资本金2亿元。2017年9月更名为现名。驻海南省陵水黎族自治县黎安镇演村。董事长、总经理吴雷雷,党工委书记王攀。职工50人。资产总额64762.86万元。

2019年,新签合同额56.01亿元,营业收入5.24亿元,利润3529万元,资产负债率65.22%。(张　磊)

【重要记载】

▲1月7日　中国铁建成都轨道交通建设2018年"百日大干"劳动竞赛总结表彰大会在西南区域总部(昆仑集团)召开。

▲4月16日　昆仑集团受邀参加四川省广安市投资推介会,并与广安市人民政府签署战略合作协议。

▲4月18日　中国铁建西南区域总部2019年经营及管理工作会在成都召开。

▲4月28日　四川省庆祝"五一"国际劳动节暨表彰大会在成都举行。中国铁建西南区域总部党委书记、总经理,昆仑集团党委书记、董事长金跃良作为"全国五一劳动奖章"获得者代表上台领奖。

▲5月8日　中铁建昆仑投资集团有限公司正式变更为中国铁建昆仑投资集团有限公司。

▲5月20日　"铁建昆仑杯"启动暨职工文化活动成果展示在成都举行,并发布了企业之歌《昆仑之歌》和动漫形象"小鲲"。

▲6月17日　22时55分,四川省宜宾市长宁县发生6.0级地震。中国铁建西南区域总部抗震救灾领导小组集结出发前往受灾最严重的长宁县双河镇,并提前指挥震中附近的中铁十一局、十二局等11家集团所属项目部成立救援小分队陆续前往灾区。

▲7月30日　昆仑集团顺利取得质量、环境、职业健康安全管理体系认证证书。

▲9月3日　中国铁建西南区域总部党委书记、总经理,昆仑集团党委书记、董事长金跃良代表中国铁建与三亚市人民政府签署战略合作协议。

▲10月30日　昆仑集团机关"大部制"改革落地,部门由14个压减为10个,管控中心前移,投融资职能进一步凸显。

▲11月14日　中国铁建西南区域总部正式获批四川省应急救援基地,成为首批省级应急救援队伍。

▲12月13日　成都市总工会举办成都百万职工劳动和技能大赛颁奖暨"百佳"职工创客明星命名大会,中国铁建获奖。

(刘建伟)

中国铁建股份有限公司西北区域总部

【简况】 2019年1月,股份公司对区域经营机构进行调整,西北指挥部更名为西北区域总部。西北区域总部是股份公司总部职能的延伸,代表股份公司在陕西、甘肃、宁夏、青海、新疆等5省区履行统筹、协调、监管、服务和高端经营职能，与中铁建西北投资建设有限公司为“一套人马，两块牌子”。驻陕西省西安市雁塔区曲江新区万众国际A座19层。下辖陕西、甘肃、宁夏、青海、新疆5个省区指挥部，中铁建(渭南)澄韦高速公路有限公司、中铁建陕西眉太高速公路有限公司、中铁建(银川)城市发展有限公司3个项目公司，兰州城市轨道交通工程指挥部、西安地铁5号线一期站后工程施工总承包项目经理部、西安地铁8号线工程施工总承包2标段项目经理部3个总承包项目。职工88人。

(安　娜)

【领导人员】

经理层

总经理	卢　朋(9月免)
	卢永堂(9月任)
执行总经理	刘虎军
	陆晓辉
副总经理	李景超(9月任)
	裴璐辉(9月任)
总会计师	裴璐辉(9月任)

党群领导

党委书记	卢　朋(9月免)
	卢永堂(9月任)
纪委书记	朱仰存(9月任)
工会主席	朱仰存(9月任)

(王积鹏)

【区域指挥机构】　陕西指挥部　驻陕西省西安市。指挥长郑二璞。

甘肃指挥部　驻甘肃省兰州市。指挥长李景超(兼)。

宁夏指挥部　驻宁夏回族自治区银川市。指挥长朱仰存(兼)。

青海指挥部　驻青海省西宁市。指挥长王东民。

新疆指挥部　驻新疆维吾尔自治区乌鲁木齐市。指挥长陆晓辉(兼)。

(安　娜)

【工程施工】　西安地铁5号线一期站后工程施工总承包项目　合同投资22.24亿元，开工累计完成投资14.94亿元。

西安地铁8号线工程施工总承包2标段　合同投资62.48亿元，开工累计完成投资0.74亿元。

银川市中北部片区土地整理项目　首开区面积约7.57平方千米。合同投资42.29亿元，开工累计完成投资10.19亿元。

陕西省眉县至太白公路PPP项目　合同投资123亿元。其中，交通建设部分估算投资115亿元，项目旅游部分估算投资8亿元。

陕西省级高速公路澄商线澄城至韦庄公路项目　合同投资31.4亿元，开工累计完成投资4亿元。

(史振宇)

【经营管理】　企业管理。成立中铁建西北投资建设有限公司合规委员会，配备1名首席合规官和3名合规官。成立西安地铁5号线一期站后工程、西安地铁8号线工程2标段、银川市中北部片区土地整理项目等3个总承包指挥部。

经营计划。新签合同额1832.39亿元，较上年的1513.49亿元增长21.56%。其中自揽348.29亿元，完成年度计划指标260亿元的133.96%。其中，银川市中北部片区土地整理项目合同投资42.29亿元、西安地铁5号线一期站后工程施工总承包项目合同投资22.24亿元、西安地铁8号线工程施工总承包项目2标段合同投资62.48亿元。银川至昆明公路宁夏境太阳山开发区至彭阳(宁甘界)段PPP项目投资276.62亿元，中国铁建占股80%，为221.28亿元。

投资管理。完善投资经营制度体系，严谨地组织项目论证、项目遴选、投资决策和投标工作，对项目边界条件的设定、投资收益率进行反复测算，确保重点项目跟踪进展顺利。组织4批次项目10个标段的联合体单位遴选及投标工作，中标4个项目。

财务审计。深化预算管理的“指南针”作用，把全面预算管理作为管理水平提升的主要抓手，引导企业健康可持续发展。强化资金归集和上存，全公司2019年度平均资金上存度82%。坚持传统渠道和创新模式并重的多元化融资手段，深入推进产融结合。加强财会队伍建设，向公司所属各单位委派财务人员。聘请专业税务咨询机构为所投资项目进行全周期纳税筹划并在其他项目推广应用。

监察审计。配合中国铁建审计监事部进行公司原法定代表人刘虎军的经济责任审计工作，对所参股的澄韦项目公司开展经济责任审计。公司监事会办公室设在财务部，监事会成员积极列席董事会会议，认真研究问题并积极建言献策，对经营管理决策履行监督职责。（王哲龙　王　静　赵丛聪）

【党群工作】 党的工作。组织工作。扎实开展主题教育，聚焦目标要求，狠抓重点举措，统筹协调推进。注重夯实基本组织。在公司总部增设党群工作部，增强党建工作力量。严格落实“四同步”原则，下设基层党委3个、党支部4个，党员58人。健全基本制度，制定和完善《党委议事规则》《党委中心组理论学习规则》《党建工作责任制实施办法》等党建工作制度。领导班子建设。召开2018年度公司党员领导干部民主生活会和“不忘初心、牢记使命”主题教育专题民主生活会；严格执行“三重一大”集体决策制度，制定党委议事规则，西北区域总部全年召开党委会3次，讨论议题11项，西北公司召开党委会11次，讨论议题115项；加强党委理论中心组学习，开展党委中心组学习12次，学习内容50项。宣传思想文化工作。开通公司网站、官方微博、微信公众号和抖音，在各类社会媒体发布新闻60篇，在《中国铁道建筑报》、股份公司官微刊登新闻18篇，在公司门户网站、官方微信、微博和抖音发布新闻420篇。开展“四个一”活动，开展诵读红色经典、红色歌曲大联唱、专家讲授党史新中国史、观看红色革命教育影片等系列活动，庆祝新中国成立70周年。

党风廉政建设。与3个基层单位分别签订《党风建设责任书》，组织召开2019年党风廉政建设和反腐败工作会；组织全体人员到陕西省未成年管教所反腐倡廉基地接受教育。

工会工作。西北公司召开第一次工会会员大会，完成工会法人资格证的注册和工会账户的开设，建设职工书屋，为广大职工会员办理生日慰问卡，组织“白鹿仓采摘”“环南湖健步走”等丰富多彩的文体活动。

（白涓迪　刘　永）

【中铁建（渭南）澄韦高速公路有限公司】 2018年10月成立，项目投资31.46亿元，注册资本金1亿元，驻陕西省渭南市经开区。董事长、总经理赵新华。职工8人。

（安　娜）

【中铁建陕西眉太高速公路有限公司】 2019年6月成立，项目投资123亿元，注册资本金4亿元，驻陕西省宝鸡市金台区宝虢路80号院6幢1层1号。董事长、总经理张海龙。职工7人。（安　娜）

【中铁建（银川）城市发展有限公司】 2019年6月注册成立，首开区投资42.29亿元，注册资本金5亿元，驻宁夏回族自治区银川市金凤区阅海湾中央商务区阅海路35号银基大厦B座16层。董事长王永刚，副总经理（主持经理层工作）刘永阔。职工10人。（安　娜）

【重要记载】

▲1月29日　中铁建西北投资建设有限公司与银川市人民政府签订《银川市中北部片区土地整理项目合作框架协议书》。

▲2月27日　西北区域总部与宝鸡市人民政府签订《深化合作战略协议》。

▲7月15日　中铁建西北投资建设有限公司与西安现代经济管理研究中心、西安市政公用建设投资集团有限公司、中品智慧股份有限公司、中国建设银行西安劳动路支行、中铁建设集团有限公司签订《丝路慧谷草堂新城合作协议》。

▲9月20日　中铁建西北投资建设有限公司与西安渭北工业区临潼现代工业组团管理委员会签订《西安渭北工业区临潼现代工业组团综合开发项目战略合作备忘录》。

▲10月16日　中铁建西北投资建设有限公司与西安曲江文化产业投资（集团）有限公司、灵武市人民政府签订战略合作协议。

▲10月16日　中铁建西北投资建设有限公司、西安曲江文化产业投资（集团）有限公司、银川文化旅游发展（集团）有限公司签订战略合作协议。

（安　娜）

中国铁建股份有限公司军民融合指挥部

【简况】 2019年7月1日成立。主要负责军民融合项目的跟踪承揽、投标组织、建设监管一体化管理等。

驻北京市海淀区复兴路40号中国铁建大厦A座4层。

2019年，新签合同额457亿元。 （姜丽雯）

【领导人员】

指挥长	孙公新
副指挥长	崔跃华
党委书记	雷升祥

（赵 伟）

【职工队伍】 职工12人。其中，领导班子成员3人，员工9人；教授级高工4人、高级职称7人、初级职称1人；博士研究生学历1人、硕士研究生学历5人、大学本科学历5人、专科学历1人。平均年龄44岁。

（赵 伟）

【区域指挥机构】 中国铁建股份有限公司西藏指挥部 驻西藏自治区拉萨市堆龙德庆区拉萨火车站东青藏铁路招待所。指挥长孙公新，党工委书记兼常务副指挥长崔跃华。

中国铁建股份有限公司北部方向指挥部 驻山东省济南市市中区卧龙路128号山东建设节能示范大厦11楼。党工委书记兼常务副指挥长杨国强。

中国铁建股份有限公司东部方向指挥部 驻上海市静安区愚园路168号环球世界大厦B座。指挥长宋正文，党工委书记李红星。 （赵 伟）

【经营管理】 新签合同额456.85亿元，完成年度计划300亿元的152.28%。其中以股份名义批量打包项目中标5个281.78亿元，各集团单独招标中标175.07亿元。工程承包板块449.31亿元，占比98.3%；勘察设计业务板块7.54亿元，占比1.7%。 （王德川）

【工程施工】 项目111个，其中西藏指挥部54个、北部方向指挥部46个、东部方向指挥部11个，投资额278.24亿元。开工项目75个，完成施工产值10.21亿元，其中西藏指挥部完成5.66亿元、北部方向指挥部完成4.55亿元。 （于玺濛）

【党群工作】 中国铁建股份有限公司军民融合指挥部党委2019年11月21日成立。党员11人。以习近平新时代中国特色社会主义思想为指导，全面贯彻落实党的十九大和十九届二中、三中、四中全会及股份公司工作会议精神，紧跟中央部署、国家战略，紧随股份公司转型发展的战略步伐，遵循“总部管总、区域管理、项目管干”的定位，对照股份公司领导提出的“干好‘十三五’，盯紧‘十四五’，争当央企军民融合排头兵”的要求，突出党建引领，推行矩阵式双线管理模式，持续深化“八个融合”理念，切实把党建责任和任务落实到基层，为打造“品质铁建”提供坚强的组织保证。组织建设有效覆盖，保密工作有声有色，廉政建设阳光透明，工会组织按时建立。 （赵 伟）

【重要记载】

▲7月1日 中国铁建股份有限公司军民融合指挥部成立。

▲11月21日 中国铁建股份有限公司军民融合指挥部党委成立。 （姜丽雯）

2019 年 7 月 3 日,“青春奋进川藏线　雪域高原谱华章”新建川藏铁路拉林站房工程誓师大会暨青年突击队授旗仪式在中铁建设集团有限公司新建泽当站举行。（陈　逸　摄）

所属单位

中国土木工程集团有限公司

【简况】 具有铁路工程施工总承包特级、铁道行业甲(Ⅱ)级工程设计、建筑工程施工总承包一级、市政公用工程施工总承包一级、建筑装修装饰工程专业承包一级和桥梁工程专业承包三级资质。具有坦桑尼亚电气工程、水工专业、土木工程、机械工程和建筑最高级别资质;卢旺达建筑工程最高资质;津巴布韦建筑工程和土木工程总承包商最高级别资质;阿联酋桥梁和立交桥特级及房建、钢结构一级资质;博茨瓦纳房屋建筑与维修、土木工程和水处理工程最高级资质;尼日利亚公路与道路最高级别资质;埃塞建筑施工、水利工程和公路施工总承包一级资质;厄立特里亚建筑业总承包一级资质;塞拉利昂工程承包商最高级资质;赞比亚房建、土木工程和道路工程总承包最高级别资质;马拉维土木工程、房建施工总承包最高级资质;肯尼亚建筑、电力施工、机械施工、道路施工和水利工程一级承包商资质;塔吉克道路、桥梁、隧道和房建一级施工资质;新加坡桩基、钢结构特种建筑商等资质。是中国对外承包工程商会、中国机电产品进出口商会、中国施工企业管理协会、中国铁道工程建设协会、中国—阿拉伯友好协会、中国产业海外发展协会、轨道交通产业国际合作联盟等组织的理事单位;是中国国际商会、中国国际工程咨询协会、北京轨道建筑学会等组织的常务理事单位。总部驻北京市海淀区北蜂窝4号。前身为铁道部援外办公室;1979年6月1日,经国务院批准,在铁道部援外办公室的基础上成立中国土木工程公司;1996年12月,更名为中国土木工程集团公司;2000年9月,与铁道部脱钩,先后划归中央企业工委、国资委管理;2003年9月,并入中国铁道建筑总公司;2007年12月,改制改称中国土木工程集团有限公司。下辖二级子公司和非法人单位(分公司、代表处、办事处)106家,其中子公司43家、非法人单位63家。三级子公司和非法人单位3家,其中子公司2家、非法人单位1家。下辖中铁建中非建设有限公司、中土集团北方建设有限公司、中铁建轨道运营有限公司、北京中土大厦有限公司、中土集团福州勘察设计研究院有限公司、中土国际贸易有限公司、中土凯明工程咨询有限公司、中土国际旅行社有限公司、中土海外(北京)人力资源管理有限公司、中土集团南方建设发展有限公司、海南基冠房地产开发(香港)有限公司、中土埃塞俄比亚工程有限公司、中国土木工程集团埃塞俄比亚工业园开发有限公司、中国土木工程集团吉布提有限公司、中土尼日利亚有限公司、中土尼铁有限公司、中土尼日利亚莱基自贸区有限公司、中铁建石油天然气有限公司、中国土木工程博茨瓦纳有限公司、中土东非有限公司、中国土木工程集团(肯尼亚)有限公司、中国土木工程集团(纳米比亚)有限公司、中国土木工程(赞比亚)有限公司、中国土木工程集团(莫桑比克)有限公司、中国土木工程集团(马拉维)有限公司、中国土木工程集团(布隆迪)有限公司、中国土木阿尔及利亚有限公司、中国土木工程集团塞拉利昂有限公司、中铁建(几内亚)有限公司、中国土木工程集团(科特迪瓦)有限公司、中国土木工程集团乍得有限公司、中国土木工程集团刚果(布)有限公司、中国土木塞内加尔有限公司、中国土木(新加坡)有限公司、中土工程(香港)有限公司、中国土木工程(澳门)有限公司、中铁(澳门)有限公司、中国土木工程集团(波兰)有限公司、中国土木工程集团(黑山)有限公司、中国土木工程集团罗马尼亚有限公司、西部铁路特许经营公司、中国土木工程集团(俄罗斯)有限责任公司、中国土木工程集团南太平洋有限公司、中国土木工程集团南太平洋(斐济)有限公司、中国土木工程集团南太平洋(瓦努阿图)有限公司、中国土木工程集团有限公司深圳分公司、中国土木工程集团有限公司珠海分公司、中国土木工程集团有限公司广州分公司、北京中土大厦歌厅、中国土木工程集团有限公司资产分公司、中国土木工程集团有限公司埃塞俄比亚分公司、中国土木工程集团有限公司厄立特里亚分公司、中国土木工程集团有限公司驻南苏丹办事处、中国土木工程集团有限公司驻坦桑尼亚办事处、中国土木工程集团有限公司驻卢旺达办事处、中国土木工程集团有限公司驻乌干达办事处、中国土木工程集团有限公司桑给巴尔分公司、中国土木工程集团有限公司马达加斯加办事处、中国土木工程集团有限公司刚果(金)分公司、中国土木工程集团有限公司南非分公司、中铁建中非建设有限公司津巴布韦代表处、中国土木工程集团有限公司埃及分公司、中国土木工程集团有限公司驻利比亚办事处、中国土木工程集团有限公司苏丹分公司、中国土木工程集团有限公司阿联酋分公司、中国土木工程集团有限公司沙特分公司、中国土木工程集团有限公司伊拉克分公司、中国土木工程集团有限公司驻科威特办事处、中国土木工程集团有限公司驻黎巴嫩办事处、中国土木工程集团有限公司驻也门办事处、中国土木工程集团有限公司驻伊朗办事处、中国土木工程集团有限公司驻卡塔尔办事处、中国土木工程集团有限公司突尼斯分公司、中铁建中非建设几内亚办事处、中国土木工程集团有限公司几内亚分公司、中国土木工程集团有限公司冈比亚分公司、中国土木工程集团有限公司布基纳法索分公司、中国土木工程集团有限公司新加坡分公司、中国土木工程集团有限公司巴基斯坦分公司、中国土木工程集团有限公司驻越南办事处、中国土木工程集团有限公司驻柬埔寨办事处、中国土木工程集团有限公司柬埔寨分公司、中国土木工程集团有限公司驻尼泊尔办事处、中国土木工程集团有限公司驻泰国办事处、中国土木工程集团有限公司驻马来西亚办事处 、中国土木工程集团有限公司驻印度尼西亚代表处、中国土木工程集团有限公司驻日本代表处、中国土木工程集团有限公司孟加拉办事处、中国土木工程集团有限公司菲律宾分公司、中国土木工程集团有限公司缅甸分公司、中国土木工程集团有限公司印度代表处、中国土木工程集团有限公司驻德国代表处、中国土木工程集团有限公司驻塞尔维亚代表处、中国土木工程集团有限公司巴尔干分公司、中国土木工程集团有限公司厄瓜多尔分公司、中国土木工程集团有限公司玻利维亚分公司、中国土木工程集团有限公司驻美国办事处、中国土木工程集团有限公司驻巴西办事处、中国土木工程集团有限公司秘鲁分公司、中国土木工程集团有限公司哥斯达黎加分公司、中国土木工程集团有限公司巴拿马分公司、中国土木工程集团有限公司塔吉克斯坦分公司、中国土木工程集团有限公司以色列分公司、中国土木工程集团有限公司哈萨克斯坦分公司、中国土木工程集团有限公司吉尔吉斯斯坦分公司、中国土木工程集团有限公司乌兹别克斯坦代表处、中国土木工程集团有限公司驻白俄罗斯代表处、中国土木工程集团有限公司多米尼加分公司、中国土木工程集团有限公司蒙古分公司、中国土木工程集团有限公司驻尼日利亚办事处、中国土木工程集团有限公司驻吉布提办事处、中国土木工程集团有限公司驻波兰代表处、中国土木工程集团有限公司驻罗马尼亚代表处、中国土木工程集团有限公司驻阿尔及利亚办事处、中国土木工程集团有限公司驻沙特代表处、中国土木工程集团有限公司迪拜分公司、中铁建中非建设南非办事处、中国土木工程集团有限公司驻俄罗斯联邦代表处。多次获“全国最大500家服务企业”“国有企业500强”“中国行业百强”“中国建筑业功勋企业”“中国对外承包工程、劳务合作AAA级信用企业”“中国境外成套工程AAA级信用企业”“全国建筑业先进企业”“中国建筑业竞争力200强企业”等称号及中国对外承包工程优秀企业奖。

2019年,新签合同额1066.53亿元,营业额175.64亿元,净利润11.43亿元。资产负债率71.94%,净资产收益率14.75%。党委书记、董事长赵佃龙当选“2019国际工程杰出人物”,6人在承包商会2019优秀国际工程项目经理人资质评价活动中获2019“优秀国际工程项目经理”称号。顺利通过承包商会2019年度承包工程行业信用等级评价复审以及机电商会成套工程领域信用等级评价初审工作,均取得AAA级别。尼日利亚阿布贾城铁项目一期工程获承包商会可持续项目的参评并获得“可持续项目”称号。

(成喜庆　李　想　孙慧娟)

【领导人员】

董事会

董事长	袁　立(4月免)
	赵佃龙(4月任)
董事	赵佃龙(4月免)
	陈思昌(9月任)
	初厚才(11月免)
	王　伟
职工董事	初厚才(11月任)
	丁维利(11月免)
董事会秘书	佟　伟

监事会

监事会主席	古春生(7月免)
	王国栋(7月任)
监事	彭根方(11月任)
职工监事	王庆忠

经理层

总经理	赵佃龙(4月免)
	陈思昌(9月任)
执行总经理	孙　勇(9月任)
副总经理	丁维利
	胡社忠
	严学斌
	张文锦
	池长贵
	吕　晶
	王　伟
	王劲松
	陈思昌(9月免)
	王向东
	朱小刚
	刘　东
总工程师	胡社忠(兼)
总会计师	王　伟(兼)
总法律顾问	张文锦(兼)

党群领导

党委书记	袁　立(4月免)

	赵佃龙(4月任)
党委副书记	赵佃龙(4月免)
	陈思昌(9月任)
	初厚才
纪委书记	古春生(7月免)
	王国栋(7月任)
工会主席	丁维利(4月免)
	初厚才(4月任)
团委书记	晏　勇

（冯含笑）

【职工队伍】 中方员工4944人（含聘用员工）。其中，高级职称653人、中级职称642人、初级职称532人；大学本科以上学历2211人；干部中35岁及以下1780人、36～40岁523人、41～50岁494人、51～59岁225人；各类注册人员206人。（张维玮）

【海外工程施工】 阿尔及利亚55千米铁路新线工程　是阿尔及利亚北方铁路干线的组成部分，跨阿尔及利亚北部布利达省、提帕萨省和艾因迪夫拉省。采用欧洲标准，轨距1435毫米，设计时速客车160千米、货车100千米。2007年7月，中土集团和土耳其奥兹贡（OZGUN）建设有限公司组成项目联合体中标；2009年6月8日签约，7月18日开工，合同工期30个月，变更后合同投资8.9亿欧元，合同工期增加至122个月。主要工程量：土石方663万立方米，隧道2座10210延长米，铁路桥梁13座1545.3延长米，公路桥梁3座146.9延长米，框架通道22座552.2延长米，其他小型结构物177座；站场6处（站房5座）；有砟道床56.7千米；轨道工程128千米。开工累计完成投资4.27亿元。

阿尔及利亚175千米铁路电气化新线工程　是阿尔及利亚北方铁路干线的组成部分，跨布迈戴斯、布依哈、贝贾亚和布拉里季堡。采用欧洲标准，轨距1435毫米，设计时速客车160千米、货车100千米。2009年4月15日签署框架合同，合同投资17.28亿欧元，合同工期48个月。主要工程量：土石方3280万立方米，铁路高架桥76座2.28万延长米，单洞双线隧道22座16540延长米，车站改建和新建9座2.2万平方米，电气化轨道351千米。开工累计完成投资2.49亿元。

阿尔及利亚西部区域2900套房建工程　位于阿尔及利亚西迪贝拉贝斯省。由2000套住房和奥兰省900套房建项目组成。2014年8月签署900套房建项目，2015年3月16日重新开工，合同投资17489.6万元，工期30个月。2015年7月5日2000套住宅项目开工，合同投资44218.29万元，合同工期30个月。截至2019年底，2000套住房项目已完工；900套项目已完工552套。开工累计完成投资3.9亿元。

吉布提铁路工程　起自吉布提首都吉布提市，终点至吉布提与埃塞俄比亚的边境处，与埃塞俄比亚新建铁路相接。全长82千米。设计时速列车120千米、货车80千米。2012年1月19日签约，为EPC工程总承包项目，合同投资34.34亿元，合同工期60个月；后合同投资增至39.37亿元，合同工期变更为38个月。2013年9月16日开工。主要工程量：土石方1178万立方米，桥梁4237延长米，涵洞6965横延米，正线铺轨95.81千米，站线铺轨43.73千米。已签署竣工移交证书。2018年1月1日，亚吉铁路吉布提段正式进入商业运营。2019年10月24日，工程验工完成。开工累计完成投资57.86亿元。

埃塞俄比亚阿瓦萨工业园区工程　位于埃塞俄比亚阿瓦萨市。业主为埃塞俄比亚工业园区发展公司（IPDC）。2015年7月1日签订一期项目合同，工期9个月加3个月宽限期，合同投资16.7亿元，变更后合同投资19.99亿元。项目占地130万平方米。主要工程量：建设37栋钢结构厂房29万平方米，19栋建筑单体及公辅设施3.1万平方米，外线综合管网110千米，道路18千米，停车场27万平方米，景观绿化47万平方米。一期一步及一期二步均已竣工。开工累计完成投资27.39亿元（含变更）。

埃塞俄比亚孔博查工业园工程　业主为埃塞俄比亚工业园区发展公司（IPDC）。2016年5月签约，合同投资63872.4万元，合同工期9个月。项目占地75万平方米，建设9栋钢结构厂房，7栋建筑单体及水处理厂和外线、道路附属工程。2017年7月9日举行竣工仪式。开工累计完成投资6.7亿元。

埃塞俄比亚阿达玛工业园区工程　位于埃塞俄比亚中部高原奥罗米亚州ADAMA市郊区。2016年10月12日签约，合同工期9个月，合同投资10.2亿元。主要工程量：厂房20栋，单体房建6栋，园区外线综合管网、道路和停车场。2018年10月7日开园。开工累计完成投资10.05亿元。

埃塞俄比亚德雷达瓦工业园区工程　位于埃塞俄比亚东部Dire Dawa市。2016年12月2日签约，合同工期9个月，合同投资10.32亿元。主要工程量：厂房15栋，单体房建16栋，大门3个，园区外线综合管网、道路和停车场。开工累计完成投资9.68亿元。

埃塞俄比亚西门子换流站工程　是埃塞俄比亚至肯尼亚的高压直流输变电项目的一部分，业主为埃塞电力公司和肯尼亚输电公司，合同投资30.6亿元，融资方为世界银行及非洲发展银行。项目总承包商为德国西门子公司。2017年11月11日与西门子公司签约土建工程,合同投资 43841.57 万元。主要工程内容:换流站设备基础、钢构架、阀厅、站内消防暖通空调系统、防雷接地系统、业主生活区以及接地极站。开工累计完成投资 4.5 亿元。

尼日利亚铁路现代化工程阿布贾至卡杜纳段　正线 1315 千米,设计时速 150 千米。2006 年 10 月 30 日签约,合同投资 564.4 亿美元,合同工期 4 年,2009 年 10 月,签订阿布贾至卡杜纳分段实施补充协议。阿布贾至卡杜纳段单线铁路长 186.5 千米,变更后合同投资 71.92 亿元。主要工程量:土石方 1400 万立方米,车站 9 座,铁路桥梁 30 座,公路桥 29 座,涵洞 204 个。2016 年 7 月 26 日,阿卡铁路全线通车。2019 年 10 月 2 日,电力贯通线全部 9 个车站交付交通部和尼铁公司使用,并与业主签署电力贯通线的移交手续。新增围墙工程从 GIDAN 车站到 RIJANA 车站区间进行施工,围墙施工。

尼日利亚铁路现代化工程拉各斯至伊巴丹段　位于尼日利亚西南部,南起尼日利亚的拉各斯,向东北经阿贝奥库塔至伊巴丹。正线 156.8 千米(双线);阿帕帕港口支线工程 6.513 千米(单线)。2012 年 8 月 28 日,与尼日利亚交通部签订尼铁现代化项目分段实施的第二段拉各斯至伊巴丹段铁路的补充协议,合同投资 101.18 亿元,合同工期 36 个月。2016 年 12 月 22 日,与尼日利亚交通部签署拉伊铁路项目阿帕帕港支线工程补充协议,合同投资 6.33 亿元,拉伊铁路合同投资增加至 107.51 亿元。工期 36 个月,2017 年 5 月 5 日开工。采用中国一级铁路标准,设计时速 150 千米,为双线铁路,采用内燃牵引,半自动闭塞。主要工程量:路基土石方 2206 万立方米,基床表层改良 B 料 104.78 万立方米;铁路大中桥 21 座 6080 延长米,框架桥 10 座,涵洞 208 座,公跨铁桥梁 39 座;车站 11 座;铺轨工程 378.92 千米,道砟 130 万立方米。开工累计完成投资 99.94 亿元。

尼日利亚阿布贾城市铁路工程　全长 60.67 千米。2007 年 5 月 25 日签约,合同投资 57.12 亿元,合同工期 4 年。采用中国技术标准。2009 年 5 月 28 日开工,里程增加至 77.78 千米。2012 年 8 月 24 日与业主签订补充 1 号协议,合同投资 51.3 亿元。主要工程量:车站 26 座;土石方 636.3 万立方米,简支梁桥 11 座,框架桥 3 座,公路桥 7 座,涵洞 40 个。2017 年 12 月 15 日,一期工程竣工;2018 年 7 月 12 日,项目开通;2018 年 7 月 13 日,开始正式商业运营;2019 年 10 月 24 日,工程验工。开工累计完成投资 58.7 亿元。

尼日利亚拉各斯蓝线轻轨工程　位于尼日利亚拉各斯州。全长 28 千米,设计时速 100 千米。合同投资 73.08 亿元,合同工期 36 个月。主要工程量:落地站 10 个,高架站 2 个,高架桥 8000 延长米(含跨海桥 640 延长米),路基工程 20 千米。2018 年,完成深水桩工程,实现首片挂篮施工连续梁合拢。开工累计完成投资 57.59 亿元。

尼日利亚中线铁路修复改造项目　全长 323 千米,均为既有线路。其中 Ajaokuta—Warri 段全长 271 千米,Itakpe—Ajaokuta 段全长 52 千米。2017 年 12 月 18 日签约。合同投资 8.51 亿元,合同工期 15 个月,设计时速 120 千米,单线铁路。主要工程量:全线 12 个车站的新建工程;Itakpe—Ajaokuta 段和 Ajaokuta—Warri 段铁路沿线修复改造工程,Itakpe 机务段木枕更换混凝土枕,Agbor 车辆段内的轨道工程,铁路沿线新建 12 个车站内部分轨道铺设。开工累计完成投资 10.31 亿元。

尼日利亚拉各斯巴达格瑞高速公路工程 2 标段 A 段(Lot 2A)　全长 14.8 千米,为既有线改扩建工程。2011 年 12 月 29 日授标,合同投资 58.6 亿元,双向 10 车道,中间为 15 米轻轨通道,标准断面宽 100 米。主要工程量:14.8 千米道路红线范围内房屋、电力设施、通信设施拆迁、标准断面 100 米宽度内道路土方及 10 车道沥青混凝土路面,箱涵 21 处,水沟 82700 延长米,收费站 5 个,公交车临时停靠站 16 个,带收费站的换乘立交桥 4 个,人行天桥 10 座,主道跨线立交桥 3 座,高速路中间服务区 2 处,公交车总站 1 座。2017 年 10 月,第 1 标段(Lot 1)竣工。开工累计完成投资 27.15 亿元。

尼日利亚达迈高速公路工程　位于尼日利亚东北部,全长 145.8 千米,其中达玛图鲁环城路 13.2 千米。2006 年 7 月 18 日授标,2006 年 7 月 21 日签约。原合同投资 9 亿元,2012 年 12 月 3 日合同变更后为 15 亿元。2007 年 2 月 1 日开工,为双车道普通公路升级为双向四车道高速公路。开工累计完成投资 12.42 亿元。

尼日利亚阿彪库塔 43 千米立交桥工程　全长 43 千米,合同投资 23.69 亿元,工期 36 个月,包含 3 座立交桥,分别位于 NNPC 路口、Kobape 路口、Siun 路口。NNPC 桥长 332 米,设计时速 80 千米,双向 6 车道,桥面行车道宽 10.5 米。开工累计完成投资 9588.71 万元。

尼日利亚联邦工程部阿巴 41 千米公路维修工程　全长 41.4 千米。2014 年 12 月 11 日签约,2016 年 12 月开工。合同投资 14.96 亿元。合同工期 30 个月。主要工程量:土石方 198 万立方米,各类水沟涵洞 100 千米,3 座既有桥梁的修复改造,双线沥青结合层、面层的摊铺。开工累计完成投资 1.6 亿元。

尼日利亚阿夸依博州埃科特 23.3 千米路桥项目

工程　位于阿夸依博州埃科特市,2013 年 5 月 23 日签约。合同投资 14.21 亿元,合同工期 36 个月。设计双向 6 车道。主要工程量:路基填挖 93.3 万立方米,红土底基层 14.2 万立方米,级配碎石 10 万立方米,MC1 透层 43.9 万平方米;沥青结合层 42.7 万平方米,沥青磨耗层 41.6 万平方米;桥梁 3 座,涵洞 11 座,水沟 13.6 千米。开工累计完成投资 2.25 亿元。

尼日利亚阿布贾航站楼工程　2012 年 12 月 3 日签约。一期工程合同工期 24 个月,2014 年 3 月 1 日开工,合同投资 13.77 亿元。二期工程及附属配套工程 2018 年 5 月 17 日签约,合同工期均 24 个月,二期工程合同投资 5.99 亿元,附属配套工程合同投资 5.36 亿元。截至 2019 年底,阿布贾航站楼竣工,附属工程完成 65%。

尼日利亚卡诺机场航站楼工程　位于尼日利亚北部卡诺州首府卡诺市内国际机场。2012 年 12 月 3 日签约,项目分一期、二期、附属工程 3 部分,合同投资 12.58 亿元。截至 2019 年底,卡诺机场航站楼竣工,附属工程完成 75%。

尼日利亚哈尔科特航站楼工程　位于尼日利亚河流州首府哈尔科特市。一期工程 2012 年 12 月 3 日签约,二期工程 2018 年 5 月 17 日签约,附属配套工程 2018 年 5 月 17 日签约,合同工期均 24 个月。一期工程合同投资 6.89 亿元,二期工程合同投资 3955.06 万元,附属配套工程合同投资 1.85 亿元。主要工程量:土建结构、精装修、水电施工、行李系统、安检设备、登机桥廊等配套工程,以及货场、室外车道及广场、停机坪、室外附属工程。项目经理杨永涛。施工单位尼日利亚中土公司哈尔科特航站楼项目部。2018 年 10 月 25 日,一期工程竣工。截至 2019 年底,二期工程竣工,附属工程完成 90%。

尼日利亚拉各斯航站楼工程　位于尼日利亚拉各斯州拉各斯市。一期工程 2012 年 12 月 3 日签约,合同投资 13.74 亿元,2014 年 3 月 20 日开工。二期工程 2018 年 5 月 17 日签约,合同投资 3.77 亿元。附属配套工程 2018 年 5 月 17 日签约,合同投资 5.49 亿元。合同工期均 24 个月。一期工程开工累计完成投资 10.84 亿元,二期工程开工累计完成投资 1.2 亿元。

坦桑尼亚乌本戈立交桥工程　位于坦桑尼亚达累斯萨拉姆市。2017 年 2 月 22 日签约。变更后合同额 10487.9 万美元,工期 38 个月。线路总长约 5 千米,由十字路口地面主路和支流道路组成。截至 2019 年底,已施工 31 个月,开工累计完成投资 3.98 亿元。

坦桑尼亚中央线修复改造工程(一期、二期)　业主为坦桑尼亚铁路局。一期合同投资 11.36 亿元,2018 年 6 月 18 日开工,合同工期 24 个月;二期合同投资 9117 万美元,2018 年 7 月 18 日开工,合同工期 18 个月。一期工程开工累计完成投资 3101 万元,二期工程开工累计完成投资 2970 万元。

坦桑尼亚维多利亚湖大桥工程　位于坦桑尼亚姆万扎省。2019 年 7 月 29 日签约,合同投资 3.04 亿美元,合同工期 48 个月。项目处于前期准备阶段。

纳米比亚内政与移民部总部大楼工程　2015 年 2 月 26 日投标,2015 年 3 月 13 日中标,2015 年 3 月 31 日签约,2015 年 4 月 1 日开工。合同投资 3.97 亿元,合同工期 3 年。开工累计完成投资 3.67 亿元。

纳米比亚哈达普地区政府新办公园区工程　位于纳米比亚哈达普省省会马林塔尔市。2015 年 9 月 22 日中标,2015 年 10 月 8 日签约,同日开工。合同投资 0.59 亿元,合同工期 769 天。2019 年,完成投资 194.14万元,完成变更索赔金额 161.40 万元。

肯尼亚西门子正负 500 千伏高压换流站工程　全长 1000 千米,输送能力 2000 兆瓦。在埃塞俄比亚的 SODO 及肯尼亚的 SUSWA 各建设 1 座电压等级正负 500 千伏的换流站,把埃塞俄比亚的水电输送到肯尼亚,为设计、建造及安装工程。2017 年 11 月 11 日签约,合同投资6057.56万美元。2017 年 11 月 14 日开工,合同工期 18 个月。主要工程内容:换流站设备基础、钢构架、阀厅、室内外消防暖通系统、防雷接地系统、机电设备供货安装、监控、场内土方、道路、业主永久营地(EPC)以及 15 千米外的接地极站。截至 2019 年底,工程总体进度完成 94%。

赞比亚东线铁路工程　位于赞比亚东部省和中央省,全长 388.8 千米。2016 年 10 月 10 日签约,合同金额 150.98 亿元,合同工期 48 个月。

赞比亚 Mbala 至 Kasaba Bay(Lot1)97 千米公路工程　位于赞比亚北方省,全长 97 千米。2016 年 7 月 11 日签约,合同投资 5.31 亿元,合同工期 24 个月。

赞比亚卡夫河供水工程　位于赞比亚卢萨卡市卡夫镇。2013 年 1 月 4 日签约,合同投资 10.34 亿元,合同工期 24 个月。2019 年 6 月 28 日完成验收。开工累计完成投资 10.54 亿元。

津巴布韦 2015 英雄住房工程　跨津巴布韦哈拉雷、奎鲁、切古图、奎奎、穆托科、普拉姆特里、万盖、布拉瓦约、穆塔雷、鲁萨佩、奇平吉、马斯温戈 12 个城镇。业主为津巴布韦地方政府、公共工程与国家住房部。2015 年 4 月 27 日签约,合同投资 131.24 亿元。合同工期 5 年。主要工程量:结构物 4584 栋,住户容量 22652 户,建筑面积 183 万平方米。采用南非标准,指挥机构为中土博茨瓦纳有限公司。

科特迪瓦西部 602 千米公路改造和 49 千米沥青铺设升级工程　简称“651 千米公路项目”,连接沿线重要城市，是科特迪瓦西部地区与中部地区、北部地区与南部地区便捷的客货运的通道。2018 年 8 月 6 日签约，合同投资 29.94 亿元，合同工期 48 个月，分两期实施。

阿联酋铁路二期 B 标段工程　位于阿布扎比酋长国，全长 221.53 千米，正线为双线铁路，两条支线有部分单线。2019 年 6 月 30 日签约，合同投资 50.84 亿元。主线合同工期 1110 天、支线合同工期 1188 天。设计时速客运 200 千米、货运 100 千米。主要工程量：土方开挖 1200 万立方米，填方 3000 万立方米；铁路桥 16 座 1200 延长米；公路桥 16 座 650 延长米；桥涵及地下道等结构物 254 座。开工累计完成投资 1.52 亿元。

阿联酋铁路二期 C 标段工程　位于迪拜酋长国。正线分为 DMB 线和 DMC 线，全长 78 千米；支线 JBL 连通迪拜 Jebel Ali 港 19 千米，全长 97 千米。2019 年 6 月 30 日签约，合同投资 37.24 亿元。合同工期 1400 天，其中正线工期 959 天、支线工期 1136 天。设计时速客运 200 千米、货运 100 千米。主要工程内容：土建和轨道工程，不含车站、四电、车辆段及货运设施。开工累计完成投资 1.3 亿元。

阿联酋铁路二期 D 标段工程　位于迪拜酋长国。经过 3 个酋长国，全长 133.43 千米（包括 PSQ 支线和 KFK 支线），铺轨长度 185 千米。2019 年 12 月 12 日签约，合同投资 93.07 亿元。合同工期 1379 天，其中正线工期 1046 天、支线工期 1370 天。开工累计完成投资 2238.67 万元。

沙特吉达阿齐兹地下道工程　位于沙特　吉达市，全长 1.4 千米。2013 年 11 月 22 日中标，2014 年 2 月 16 日签约。合同投资 6.16 亿元，合同工期 3 年，延期 553 天。开工累计完成投资 6.54 亿元。

沙特利雅得阿哈立交桥工程　全长 1.2 千米，是 15 跨现浇混凝土多室箱桥梁。2014 年 8 月 27 日签订工程合同，合同投资 3.16 亿元，合同期 18 个月。

沙特纳吉兰两桥工程　位于沙特纳吉兰。阿布巴克尔地下道为双向 4 车道地下道，全长 474 米，采用预制吊装施工方案。穆特阿布王子地下道为双向 6 车道地下道，全长 490 米，采用预制吊装施工方案。2015 年 2 月中标签约，合同投资分别为 0.88 亿元和 0.94 亿元，工期均为 24 个月。2019 年，合同金额变更为 2.1 亿元。主要工程量：混凝土 1.3 万立方米，钢筋 2150 吨，钢绞线 81 吨。

以色列红线轻轨东标段项目　位于以色列特拉维夫市。全长 23.5 千米。合同投资 26.99 亿元，合同工期 69 个月，2016 年 1 月 15 日开工。2019 年 8 月东标段隧道工程完工。主要工程量：地下车站 3 座，隧道（含 8 个横通道）5646 延长米，交叉段 2 个。

以色列特拉维夫红线轻轨卡利巴车站工程　位于以色列特拉维夫市。为红、绿两条轻轨线路的换乘车站，施工总承包项目。2015 年 6 月 25 日签约，合同工期 64 个月，合同投资 9.2 亿元。主要工程量：连接红线和绿线的 3 层地下车站主体，汽车地下通道 1 个，行人地下通道 1 个。车站和竖井，外部维护结构（地连墙）、站内土体开挖、隧道接收等实施工程结束。

巴基斯坦达苏水电站喀喇昆仑公路改线工程　位于巴基斯坦西北边境省。KKH－01 及 RAR－01 项目 2015 年 3 月 16 日签约，KKH－01 项目合同工期 18 个月，RAR－01 项目合同工期 12 个月，合同总投资 11.86 亿元。KKH－01 项目主线 24.71 千米，连接线 1.78 千米；RAR－01 项目主线 12.07 千米。开工累计完成投资 1.74 亿元。

巴基斯坦白沙瓦—卡拉奇高速公路项目苏库尔—木尔坦段工程　位于巴基斯坦旁遮普省。2015 年 12 月 22 日签约，2016 年 8 月 5 日开工，合同工期 36 个月，合同投资 25.1 亿元。2019 年 7 月 22 日竣工。2019 年 11 月 6 日正式通车。开工累计完成投资 25.5 亿元。

孟加拉多哈扎里—科考斯巴扎铁路工程第 2 标段　位于孟加拉国东南部，全长 51.077 千米。2017 年 9 月 16 日签约，合同投资 30.6 亿元，合同工期 36 个月。主要工程量：路基清表 162 万平方米，水沟开挖 90.13 万立方米，土方挖方 3.33 万立方米；道砟 16.9 万立方米，轨枕 11.5 万根，60 千克/米钢轨 1.34 万吨，道岔 48 副；砼结构物拆除 1.34 万立方米，钢结构拆除 3 吨；桥梁 20 座。开工累计完成投资 6.12 亿元。

印度古吉拉特邦阿默达巴德市东西走廊轻轨工程 R2 标段　位于印度阿默达巴德市，全长 8.24 千米。合同投资 7.34 亿元，合同工期 32 个月。主要工程量：7.2 千米高架桥，萨巴尔马蒂河横跨大桥，新建高架车站 7 座。开工累计完成投资 3.3 亿元。

厄瓜多尔奥冬内斯拉索等 3 条公路工程　位于厄瓜多尔中部安第斯山区，2015 年 3 月 17 日签约，2015 年 6 月 19 日开工，合同工期 24 个月，合同投资 6.87 亿元。第 1 标段奥冬内斯—拉索大街扩建，全长 6.46 千米，合同投资 13647.6 万元；第 2 标段格乔斯—楚格奇兰公路更新改造，全长 22.47 千米，合同投资 13423.2 万元；第 3 标段布埃纳毕斯达—呗噶里维拉—帕克查—萨卢马公路更新改造，全长 80.4 千米，合同投资 41500.4 万元。开工累计完成投资 8.11 亿元。

（乔卓贤　张　澎　韩　信）

【优惠贷款和援外工程】 安提瓜和巴布达圣约翰港现代化工程 2014年12月22日签约,合同投资15.9亿元,合同工期36个月。主要工程量:港口航道维护性疏浚、1万总载重吨多用途泊位2个、15万总载重吨邮轮泊位1个、1000总载重吨客货滚装泊位1个。

多米尼克贝尔维尤肖邦安置房工程 2016年12月9日签约。合同投资1.76亿元,合同工期19个月。主要工程量:建筑面积3万平方米,住房111栋340套。2019年12月18日竣工。

所罗门大学Panatina校区工程 位于所罗门首都霍尼亚拉市。2016年11月15日中标。合同投资9570万元,合同工期36个月。总建筑面积4700平方米。开工累计完成投资7800万元。

(乔卓贤 杨 穗 张 澎)

【港澳工程】 澳门轻轨C350工程 位于澳门特别行政区氹仔市中心区,2012年6月签约。开工累计完成投资62005.6万澳门元,折合人民币5.4亿元。

澳门南湾湖一号名胜世界酒店(金银岛酒店)建造工程 位于澳门南湾湖海湾。2019年4月17日签约,合同工期435天,合同投资43289万美元。主要工程量:A地块占地面积8100平方米,拟兴建五星级酒店1栋,主要包括地下停车场3层、地上裙楼4层、酒店塔楼14层,总建筑面积8.79万平方米;B地块占地面积9638平方米,主要包括卫生网、公共照明、公共行人道、公共街道及公共升降机,并进行与亚马喇前地道路连接的工程。开工累计完成投资2.7亿元。

(乔卓贤 张 澎)

【境内工程】 珠海西部中心城区首期开发区域(A、B片区)基础设施工程 总面积342平方千米。2013年8月20日签约,2013年9月30日开工,合同工期84个月,合同投资8.3亿元。珠海西部中心城区(A片区)基础设施工程内容:改造既有排洪渠1条,新建排洪渠2条,新建跨渠桥1座,新建闸站3座及道路2条。开工累计完成投资7.16亿元。

江门人才岛全岛开发建设工程一期 位于广东省江门市。2019年12月2日签约,合同投资16.06亿元。总用地面积12.68平方千米,江岸线长17千米。主要工程内容:岛屿路网及管网等市政工程;大型公用工程;广场、绿地及公园等基础配套工程;建筑工程。

(杨小锋 李 航)

【生产经营】 2019年,新签合同额1066.53亿元,完成营业额175.64亿元,完成净利润11.43亿元。新签5000万美元以上重点项目31个,其中加纳、阿联酋、哥伦比亚等市场相继承揽10亿美元以上大型项目。打开加纳、突尼斯、东帝汶、斯里兰卡、萨摩亚、哈萨克斯坦、哥伦比亚7个新市场,项目覆盖范围从95个国家和地区跃升至102个。

(沈 欣 成喜庆 陈璐阳)

【多领域发展】 轨道交通领域。签约阿联酋铁路二期、加纳铁路一期等项目。桥梁领域。签约坦桑尼亚维多利亚跨湖大桥、澳氹第四条跨海大桥等5个大型桥梁项目。房建市场。签约加纳保障房、以色列3个房建等项目。水工水务领域。签约坦桑尼亚姆万扎供水3A标段、肯尼亚纳瓦沙工业园等供水等项目。公路领域。签约科特迪瓦651千米公路、乌干达23.7非行公路等项目。港口领域。签约东帝汶比亚佐港口、尼日利亚莱基自贸区吹填砂等项目。市政领域。签约江门人才岛全岛开发建设、印尼绒果尔新城开发等项目。

(沈 欣 国 测)

【重点在建项目突破】 尼日利亚拉伊铁路进展顺利,实现拉各斯至阿标库塔段临时开通。西非首座铁路跨海桥尼日利亚拉各斯红线轻轨跨海桥实现合龙。巴基斯坦拉卡高速公路、以色列红线轻轨东标段(隧道)部分、瓦努阿图机场跑道等重点项目成功移交。阿尔及利亚55千米铁路项目各段施工有序收尾。坦桑尼亚乌本戈立交桥钢结构梁架梁顺利进行,项目取得里程碑进展。阿联酋铁路二期关键人员到岗,设计工作进展顺利。坦桑尼亚维多利亚跨湖大桥准备工作有序展开。江门人才岛项目首个环岛公园示范段顺利通过验收。

(沈 欣 国 测)

【多元化发展】 设计咨询板块。实现阿联酋铁路、澳氹第四条跨海大桥等设计总体管控落地;中标福州市长乐区涉铁工程项目,设计施工总承包项目实现工程规模的历史性突破。投资板块。哥伦比亚波哥大轻轨电车项目为中国土木在海外签约的首个PPP项目,对未来在全球市场开拓投建营类项目具有重大意义;西班牙、新加坡、土耳其等标的公司的并购工作顺利推进。运营板块。尼日利亚阿卡铁路和阿布贾城铁运营状况良好,得到当地社会广泛认可;亚吉铁路将危机变为转机,完成联营体改组。签署尼日利亚伊巴丹轻轨机车采购项目、奥贡州清扬工业园。产能合作板块。尼日利亚莱基自贸区招商工作取得较好进展,与17家企业签署投资协议;埃塞阿瓦萨、阿达玛、孔博查3个工业园全面投产,德雷达瓦中土工业园一期用地获得批复,与昆山市的对接与合作进一步深化。

(沈 欣 国 测)

【基础管理】 合规管理体系逐步建立。启动“五个层次、四个维度”的外经合规体系建设，“法治中土”建设推向纵深；不断完善内控与风险管理体系，在中国铁建年度内控评价中取得 A 级；对 11 家境内外单位负责人的任期经济责任审计，对 8 家境外单位年报进行年审。基础管理工作扎实推进。启动中国土木绩效考核体系科学化基础建设研究，服务“海外优先”战略落地；推动会计核算向引领价值创造转变，人才队伍由会计核算型向管理会计型转变；大力推行设备租赁管理与物资集中采购模式；提升科技创新能力，获中铁建科学技术奖一等奖两项。人才管理机制活力迸发。开展培训 109 项，培训 1150 人次。其中，项目经理班培训公司骨干 24 人；英语集中强化培训完成 96 人的浸入式学习；安排 3 名员工脱产赴国外进行小语种培训；继续执行“彩虹计划”，启动“U28 计划”，做好人才梯队建设；相继出台《出国人员待遇的补充规定》《关于规范驻外机构员工配偶随居管理暂行规定》等系列海外优先制度；引进紧缺技术人才 23 人，市场化选聘高级管理人才 1 人，接收大学生 65 人，指导驻外机构自主招聘大学生近 30 人。 （沈 欣 国 测）

【品牌建设】 塑品牌。在第二届“一带一路”国际合作高峰论坛期间，组织 28 场次密集高端会见。亚吉铁路被列入第二届“一带一路”国际合作高峰论坛圆桌峰会联合公报。承办世界交通运输大会第三届中非交通基础设施合作论坛，吸引中外来宾 160 余位共议合作与发展。在首届中国—非洲经贸博览会、第二届中国进口博览会等 10 余场高端活动中精彩亮相。举办中国土木 2019 全球重要战略合作伙伴答谢会等系列高端活动。展形象。全年国内外主流媒体报道超过 600 次，其中央视报道 20 余次，《新闻联播》亮相 4 次；先后推出《闪亮中土 · 歌唱祖国》《我们不一样》《看 · 见》等一批视频和纪录片；微信平台粉丝数超 11600 人，同比增长 60%，全年推文 270 篇，累计阅读量超 60 万次。所属 13 家二级单位开通微信公众号，新媒体矩阵初步建立。育文化。以“回家”为主题，召开驻外员工家属代表座谈会、举办出国职工家属新春团拜会；推出《我与中土同行》出版物；举办第三届“我形我秀”职工礼仪着装风采展示大赛，编排快闪节目“我和我的祖国”。 （沈 欣 国 测）

【社会责任】 埃塞公司完成埃塞国别市场的社会责任报告的编制工作，这是中国土木子公司发布的第一本社会责任报告。尼日利亚阿布贾城铁一期工程项目获 2019 年度“中国境外可持续基础设施项目”奖项。雨季期间，厄瓜多尔奥冬内斯拉索等 3 条公路项目部组织设备、人员多次参与业主交通与公共工程部组织的抢险救灾，出动设备 45 余台次、人员 60 余人次，清理塌方 1.1 万余立方米。阿尔及利亚公司每年都参加驻阿使馆、中资企业协会、中阿友谊协会在阿尔及尔市郊“中阿友谊园”内联合举办的植树活动。孟加拉科考斯巴扎铁路第 2 标段项目对于生产中可能产生环境污染的工程如桩基、承台施工进行方案报批，获准后再进行施工，对项目土方施工产生的不适宜材料报监理审批后进行集中堆放处理，避免对周围环境造成污染。中国土木与长安大学、中南大学、北京交通大学等“985”“211”传统院校积极合作，组成联合工作小组全力推动非洲留学生培养计划落地，就“3＋2”模式和“1＋4”模式联合培养方案和计划进行沟通，全面落实联合培养留学生计划，负责 2018 年 9 月入学的 113 名尼日利亚籍和埃塞籍在华留学生的统筹管理工作。应尼日利亚交通部要求，继续培养原定尼日利亚籍 150 名留学生的另外 90 名，推进并落实尼日利亚交通部委派新 90 名留学生来华参加为期 5 年的学历教育。

（孙慧娟）

【党的工作】 组织党委理论学习中心组学习 17 次，包括学习研讨 9 次，学习重要文件 50 余个。召开党委常委会会议 16 次，研究议题 157 项，其中前置研究议题 68 项。先后开展专题辅导讲座 3 次、体验式学习 3 次、集中学习 6 次和专题研讨 7 次，党委领导班子成员赴基层讲授专题党课 17 节，各级党组织以读书会、知识竞赛等形式开展主题教育 80 余场。对 23 家所属单位和 23 个总部部门及事业部纳入考核评价。建立巡察工作人才库，完成 5 家党委单位巡察“回头看”，对 5 家单位开展巡察。先后组织征求意见座谈会 12 场，征求到意见建议 60 余条，检视问题 15 个，明确 8 个方面的专项整治和 36 条整改措施。中国土木领导班子再一次获中国铁建“四好领导班子”称号，在中国铁建党建工作责任制考核中获评“优秀”。2019 年发文 109 件，收文 263 件。传阅中共中央相关文件 108 件。组织建设。增选党委委员 2 名，规范党委常委会议、董事会和经理层的议事流程，坚持把党委集体研究作为重大事项决策的前置程序。新设 3 个党组织，10 家二级单位实现党政正职双配，5 个设党委的二级单位配备党委副书记、纪委书记。全年出台及修订党建制度 7 项，累计发放党员学习读本 3000 余册，所属 47 个基层党组织开展 95 场主题党日活动。全年发展党员 32 人，境外员工占大多数。研究 172 人次的岗位调整，提拔任用 13 名公司部门副职级及以上干部。服务海外市场发展需要，为阿联酋铁路项目调配 38 名骨干人员。研究出台和修订《中国共产党中国土木工程集团有限公司委员会议事规则》《中土集团公司党建工作责任制考核评价暂行办法》《中土集团公司党委领导班子成员基层党建工作联系点暂行办法》3项党内规章制度。先后深入17个国家和地区开展调研25次。所属境外单位党组织积极与驻在国使领馆及其他中资机构开展“联学共建”活动30余场。在尼日利亚拉伊铁路项目、埃塞俄比亚亚吉铁路运营项目成立联合党工委,并积极探索在尼日利亚、科特迪瓦成立国别市场联合党工委。组织对拉伊铁路项目联合党工委经验材料评审,为中国铁建海外联合党建发展提供样板。境外党建示范点建设取得新进展,东非公司党总支被国务院国资委党委授予“中央企业先进基层党组织”称号。企业文化建设。中国土木员工获中国铁建“永远的铁道兵杯”“十大楷模”称号,31人获中国铁建“海外拓荒牛”称号,对40名“美丽巾帼”进行表彰。尼日利亚公司举行“探寻尼的方向”辩论赛,埃塞公司举办“我眼中的非洲”海外社交媒体摄影大赛,东非公司制作献礼视频《初心》,肯尼亚公司举行特色登山活动,柬埔寨公司周天敏成功登顶珠峰。围绕中国土木成立40周年,以“思源、发展”为主题,举行系列司庆活动,重温来时路,砥砺新征程。央视节目《为了可爱的中国》和《等着我》播出坦赞铁路建设者的专访,中国铁建主管领导陈奋健、庄尚标与中国土木原总经理陆大同互相致信,让老一辈中土人留下的“勤奋、诚信、坚韧”的精神品质得到进一步传承和弘扬。企业形象建设。吉布提鲁班工坊等焦点新闻在社会上引起强烈反响,彰显中国土木落实“中非合作八大行动”的先锋队形象。在中国企业海外形象高峰论坛获“十大优秀案例”和“海外传播创新类优秀案例”两个奖项,政研课题“中央企业海外形象建设研究”获央企党建政研会2019年度优秀课题成果二等奖。尼日利亚阿卡铁路获国家优质工程金奖,尼日利亚阿布贾城铁等4个项目获中国建设工程鲁班奖。

（刘　军　王晓红　魏光远）

【纪检监察】 以推动中土廉政建设为主线,以“四个抓好”为载体(抓好执纪审查、抓好监督检查、抓好专项治理、抓好制度创新),处置问题线索6件,其中谈话函询5件、初步核实1件。予以了结6件,给予谈话提醒3人,下发监察建议书1份。加强对埃塞公司、北方公司等二级单位纪委问题线索处置的指导、督办。纪检监察室(监察部)紧紧围绕“春节、中秋”等重要时间节点,组织开展落实“中央八项规定”精神和纠正“四风”专项监督检查4次;配合公司各部门、各事业部和所属各单位开展设备物资采购、重大项目评审、法律顾问选聘、境外分包商评选等各类专项监督13次;对所属部分单位开展“不忘初心、牢记使命”主题教育进行现场监督检查;加强对干部选任全程的监督,会同纪委办公室全年监督干部考察提拔28人次,对有问题反映的及时进行核查,严把“政治关、廉洁关、形象关”。制定出台《中国土木工程集团有限公司关于强化首次监督责任的暂行规定》《中国土木工程集团有限公司关于问题排查和线索移交的暂行规定》《查办腐败案件向中国土木纪委报告的实施办法(试行)》《“一岗双责”工作笔记使用和检查有关规定》等强化监督的规章制度。各部门、境内外单位签订《党风廉政建设责任书》69份。开展第二轮廉洁风险点查找及廉洁风险防控制度更新工作,覆盖所有部门和事业部、27个境内外主要单位和重点市场,实现廉洁风险防控制度全覆盖。新建干部廉洁档案44份,更新档案77人次。受理问题线索23件,按照“四类方式”处置问题线索21件,其中谈话函询后予以了结12件,初步核实7件,暂存待查2件。运用“第一种形态”处置违纪违规问题线索5件,涉及11人,其中提醒谈话7人、通报批评2人、诫勉谈话2人。

按照中国土木党委统一部署,党委巡察组开展对外事工作部、博茨瓦纳有限公司、塞拉利昂有限公司、孟加拉有限公司、援外部所属南太公司等党组织的巡察。组织66名干部进行民主测评和问卷调查,进行个别谈话50人,先后深入基层单位“下沉”巡察6个,发现被巡察单位存在党的领导弱化、党的建设缺失、全面从严治党不力、违规选人用人、违反中央八项规定精神和企业管理方面的突出问题83条,提出整改建议84项。巡察报告经中国土木党委会研究审议,党委书记点出重点事项13项,发出巡察发现问题督办函4个,会同相关部门督办事项7项,向4个单位进行巡察意见反馈,督促整改落实。开展对尼日利亚公司、埃塞公司、福州院、南方公司、北方公司5家党委单位的巡察“回头看”。个别谈话144人,先后深入基层单位“下沉”巡察4个,发现被巡察单位整改不到位问题17条,巡察“回头看”发现新问题20条,提出整改建议33项。巡察报告经中国土木党委会研究审议后,向5个单位进行意见反馈,督促整改落实,实现对党委单位常规巡察及巡察“回头看”工作的双重全覆盖。

（赵辰天　蒋俊杰　陈宪佳）

【工会工作】 下辖国内基层工会组织4个,境外职工之家15家,会员1162人。认真履行工会“维护职工合法权益、竭诚服务职工群众”两大基本职责,以加强民主管理、民主监督,贴近基层、服务职工为主线,实现工会工作的健康全面开展。工会主席、工会副主席先后对以色列、孟加拉国、塞拉利昂等市场的职工之家建设情况进行现场调研，并对工会财务工作进行检查指导；加大“职工书屋”建设力度，在中国土木总部“职工之家活动中心”开设书屋，合理使用铁总下拨的“职工书屋建设”专项基金，用于尼日利亚公司等19家单位的“职工书屋”建设；按照《中土集团有限公司职工医疗补助及慰问金使用管理办法》的相关规定，为职工提供疾病补助，全年累计发放约3万元，慰问职工去世直系家属10人；保持与中国土木周边中小学、幼儿园的牵手关系，解决职工子女入园入学20人。组织职工编排快闪节目“我和我的祖国”；举办“慰问出国职工家属新春团拜会”；协助组织开展“中国铁建海外协同发展交流会”；开展第六届职工运动会，第三届“我形我秀”职工礼仪和着装风采展示赛，在京职工春、秋游，女工“三八”节主题活动，2019年职工棋牌赛，知识宣传和问答活动等；组织职工参加铁路总工会、全国总工会和中国铁建组织的各类活动。发布OA新闻类报道17篇，向中国铁建微信工作号推送报道14篇。

（陈莉莉）

【共青团工作】 下辖团委5个，团总支4个，团支部54个。直属员工中35岁以下886人，约占职工总数的65%。继续扩大“家书暖人心”“致新员工家长的一封信”等既有团青品牌的影响力。以“不忘初心、牢记使命”主题教育为契机，策划一系列弘扬“坦赞铁路精神”活动。如赴上海协助央视采访，编写《我与坦赞铁路——陆大同文集》、策划央视一套《等着我——坦赞铁路专题》节目，开展坦赞铁路信物全球传递活动。编印《我与中土同行——庆祝中土集团成立40周年征文汇编》。“青春中土”微信公众号发布文章138篇，平均2.35天发布1篇，制作“青春永不散场”视频并参加2019年新春团拜会。在中国土木各二级单位开展庆祝中国土木成立40周年“海外优先青年先行”知识竞赛，承办中国铁建“海外优先青年先行”法律知识竞赛。组织开展“春节我在海外值班”短视频征集活动，推出16期此专题的视频和文章。联合援外部组织参加商务部经济合作局坦赞铁路主题调研成果分享会暨青年交流会活动。完成《中国土木海外青年员工思想状况调研报告》。

（刘吉海）

【北京中土大厦有限公司】 是涉外四星级酒店，地上25层、地下3层，由主楼、裙楼和多功能厅组成，建筑面积4万余平方米，有各类客房183间，会议室11个，特色餐厅4家，茶艺、棋牌、康乐中心、商品部等配套设施。是中央国家机关和北京市政府采购中心北京地区党政机关会议定点饭店，持有北京市公安局颁发的《特种行业许可证》。驻北京市海淀区北蜂窝6号。党支部书记、执行董事、总经理冯东。

2019年，完成营业收入6700万元，营业利润249万元。新签订散客协议813份，客房平均出租率77.78%，平均房价445.42元。

（郭小戈）

【中土集团北方建设有限公司】 党委书记、执行董事房炳杰，党委副书记、总经理张家宏。员工777人。

2019年，海外市场新签合同额60594.66万元，国内市场新签合同额26239.26万元；海外市场营业额184078.51万元，国内市场营业额10088.64万元；利润1000万元。

（戚中子）

【中土集团南方建设有限公司】 主营房屋建设工程施工、市政公用建设工程施工、土石方建设工程施工等业务。前身为珠海铁城实业有限公司；2004年，划归中国土木工程集团有限公司管辖；2011年，更名为中土集团南方建设有限公司。党委书记、执行董事李继江，总经理、党委副书记王尧浩。资产总额236153万元。其中，流动资产195141万元；固定资产原值11626万元（含房屋1877万元），运输设备340万元，办公设备448万元，测量及试验设备31万元，施工机械4万元，临时设施770万元，计提折旧后净值4224万元。

2019年，新签合同额26.69亿元，营业收入15.27亿元，净利润4279万元。资产负债率90.57%。

（方梦婷）

【中土集团福州勘察设计研究院有限公司】 具有铁道行业甲（Ⅱ）级，建筑行业（建筑工程）甲级，市政行业（轨道交通工程）专业甲级，公路行业（公路）专业乙级，市政行业（道路、桥梁专业）乙级；工程勘察专业类（岩土工程、工程测量）甲级；铁路工程监理甲级，房屋建筑工程监理乙级，市政公用工程监理乙级；地质灾害防治勘察乙级，地质灾害防治设计乙级，地质灾害防治施工丙级，地质灾害防治危险性评估丙级资质；对外承包工程资格；铁路、城市轨道交通、建筑甲级资信。1959年1月在福州成立，原为上海铁路局福州勘测设计院；2010年6月22日，更名为中土集团福州勘察设计研究院有限公司。驻福建省福州市晋安区沁园支路41号。执行董事、党委书记高嵩，总经理、党委副书记刘勇。职工355人。

2019年，新签合同额75559.54万元。其中，国内项目新签合同额66865.74万元。营业额30059.49万元。其中，境内13373.5万元、境外16685.99万元。

（万珊珊）

【中国土木工程集团有限公司资产分公司】 负责统

筹管理中国土木基础设施投资、房地产开发与经营、企业并购、股权投资以及资产管理等业务。2017 年 5 月 18 日成立;2019 年起独立运营。驻北京市海淀区北蜂窝 6 号中土大厦 21 层。党工委书记、总经理朱小刚。员工 44 人。设境内、外两大投资团队,京外管辖广州分公司、海南基冠房地产开发(香港)有限公司,境外管辖坦桑尼亚投资中心。

2019 年,境外房地产项目完成投资额 234.38 万美元,租售额 217.39 万美元,营业收入 226.15 万美元。（郝瑞辉）

【中铁建轨道运营有限公司】 定位为铁路、城轨专业化运营服务商,运营资源整合、运营组织策划平台。主要从事系统筹划运营项目,设计构建运营组织,监督督导项目实施,培养培育专业运营团队。2017 年 12 月 21 日成立, 2018 年 8 月 16 日完成注册。驻北京市海淀区北蜂窝 6 号中土大厦 17 层。执行董事、总经理刘东,公司党工委书记、副总经理杨健。员工 49 人。

（杨　琛）

【援外部】 负责援外项目、驻外馆舍、军民融合三大板块以及南太平洋及加勒比两大区域市场的经营和生产管理工作。1992 年,援外处更名为援外部,由中国土木职能部门改为独立经营核算的业务部门。总经理阳松,党支部书记林猛。岗位编制 32 人。设驻外机构 14 个。

2019 年,新签合同额 788448.55 万元,营业额 73287.13 万元,利润额 2001 万元。（杨　穗）

【中土埃塞俄比亚工程有限公司】 具有埃塞俄比亚当地一级总包商资质。承担埃塞俄比亚、吉布提、索马里、南苏丹、厄尔特里亚 5 个国别市场的经营开发和项目管理。经营领域包括铁路、公路、港口、机场、工业园、房建、换流站等。是埃塞俄比亚中国商会副会长单位,所辖吉布提公司是吉布提中国商会会长单位。2012 年 6 月 19 日注册设立;2018 年 8 月 30 日注册设立中国土木工程集团有限公司埃塞俄比亚分公司。驻埃塞俄比亚首都亚的斯亚贝巴市。下辖 4 家单位。执行董事、总经理、党委副书记郭重风(9 月任),党委书记、副总经理张振海(9 月任)。员工 345 人。资产总额 46.71 亿元。其中,固定资产原值 4.68 亿元、净值 0.59 亿元,流动资产 35.78 亿元。机械设备 1181 台(套)。其中,生产施工设备 729 台(套)、其他机械设备 452 台(套)。机械运输设备总值 3.92 亿元、净值 0.46 亿元。

2019 年,新签合同额 45.28 亿元,营业额9.38亿元,营业收入 9.00 亿元,净利润 1.51 亿元。

（杨源源　陈　冲　郭　志）

【中土尼日利亚有限公司】 经营范围包括铁路、公路、桥梁、市政、房建、机场航站楼、水工、实业投资、铁路运营、设备维修、物流贸易、房地产开发等。为尼日利亚工程管理委员会(COREN)及尼日利亚国家采购局(BPP)注册承包商,是西非地区最大的建筑企业。1981 年进入尼日利亚市场。驻尼日利亚首都阿布贾机场路 10 千米处(二环路立交桥西侧)。执行董事、党委书记、总经理姜义高。在册中方员工 887 人,当地雇员 14464 人。拥有各类施工设备、运输设备、生产设备、测量实验设备和其他固定资产 6700 台(套)。流动资产 94.15 亿元(含水工事业部和中非建设尼日利亚),非流动资产中固定资产原值 23.88 亿元,累计折旧 20.13 亿元,净值 3.75 亿元。其他非流动资产包括长期应收款 9.14 亿元、投资性房地产 1650.38 万元、在建工程 7763.21 万元、无形资产 1138.70 万元。

2019 年,新授标项目 50 个,新签合同额 23.14 亿美元,营业额 13.16 亿美元,营业收入 68.67 亿元,净利润 9.39 亿元。“两金”压减情况完成良好,累计完成确权额 10.12 亿美元,累计净收款11.94亿美元。

（柳一鸣）

【中土东非有限公司】 具有坦桑尼亚房建工程、土木工程、设备安装工程、电气安装工程一级承包资质。经营范围辐射坦桑尼亚、卢旺达、乌干达、布隆迪 4 国,涉及铁路、公路、房建、供水、房地产开发等工程领域。1981 年 3 月,经国家经贸部批准,成立中国土木工程集团公司坦桑尼亚办事处;2007 年 1 月,整合坦桑尼亚、卢旺达、乌干达东非 3 个市场资源,成立中土东非有限公司。驻坦桑尼亚首都达累斯萨拉姆市。总经理、党总支副书记张军乐,党总支书记、副经理吴蔚。中方员工 700 人,坦桑尼亚 36 人,卢旺达 10 人,乌干达 8 人。拥有施工设备 1195 台,固定资产原值 36732.49万元、净值 4654.44 万元。

2019 年,新签合同额 5.17 亿美元,完成营业额 20056.17 万美元,实现主营业务收入 16.12 亿元,实现利润总额 3920.66 万元。（彭少华　赵　叶）

【中国土木工程博茨瓦纳有限公司】 具有博茨瓦纳房建 E 级,大规模基建 E 级,乡村供水和给排水 E 级,公路、桥梁、铁路 E 级资质。可承揽博茨瓦纳建筑承包工程市场上的各类最高级别的工程项目。管辖博茨瓦纳、纳米比亚、津巴布韦市场。1991 年 7 月成立。驻博茨瓦纳哈博罗内市特鲁昆。总经理、党支部书记朱庆连。中国员工42人,当地员工182人。拥有机械工程设备123台,设备原值4008.75万元、净值1143.55万元。设备资产利润率3.5%,资产增长率21.27%,成新率28.53%,设备总功率14004千瓦,技术装备率49.72万元/人,动力装备率1400.4千瓦/人。

2019年,新签合同额4960.45万美元,其中博茨瓦纳市场4625.75万美元、纳米比亚市场334.7万美元。营业额2717.69万美元,其中博茨瓦纳市场1317.02万美元、纳米比亚市场1400.67万美元。 (朱庆连)

【中国土木工程纳米比亚有限公司】 2012年2月注册成立。总经理朱庆连。中国员工41人,当地员工190人。拥有设备52台,设备原值1358.63万元、净值124.80万元。设备总功率3780.17千瓦,技术装备率7.42万元/人,动力装备率20.66千瓦/人,设备完好率65%、利用率60%。 (朱庆连)

【中国土木工程集团(肯尼亚)有限公司】 具有肯尼亚道路工程、建筑施工、水利建设、电力工程和设备安装一级资质,可承揽肯尼亚建筑承包工程市场上的各类最高级别的工程项目。管辖市场包含肯尼亚、马达加斯加、科摩罗等。2012年4月注册成立;2016年8月独立经营。驻肯尼亚首都内罗毕。总经理、党支部副书记陈增才(2月任),副总经理、党支部副书记(主持党支部工作)张磊。职工35人。固定资产原值21373.06万元、净值7803.59万元,流动资产41589.14万元,其他资产7876.11万元。拥有机械工程设备358台(套),设备金额约1100万美元。

2019年,新签合同额4340.86万美元,营业额6068万美元。 (邹倩云)

【中国土木工程(赞比亚)有限公司】 具有赞比亚房建、土木工程、道路、矿区土木工程、矿区房建、矿区道路工程承包一级,马拉维房建和土木工程的最高等级,刚果(金)最高级别A类施工企业资质。业务涉及铁路、公路、房建、供水、市政和矿山工程等领域。下辖市场包括赞比亚、马拉维、刚果(金)、莫桑比克和安哥拉(1月划入)。2009年7月3日注册成立。总经理、党支部副书记丁建伟,党支部书记、副总经理安海涛。员工2509人。资产总额5.37亿元。其中,固定资产原值2.13亿元、净值0.83亿元,流动资产4.13亿元。拥有机械设备674台(套),设备原值2.28亿元、净值0.618亿元。设备总装机功率10.2万千瓦,机械设备完好率83.5%、利用率85.8%。

2019年,新签合同额25.25亿元,营业额5.64亿元,利润总额0.52亿元,年人均创利18.23万元。资产负债率96%,总资产报酬率12%,净资产收益率258.63%。实现变更索赔9368.57万元。

(宋　冰　付永光　罗自兵)

【中国土木工程集团塞拉利昂有限公司】 具有塞拉利昂工程部签发的工程建筑行业最高资质。业务涉及铁路、公路、房建、港口工程承包及房地产开发等。2011年4月11日成立。驻塞拉利昂弗里敦市蓝莱莉海滩"西非阳光"小区。总经理孙熳(8月免),党支部书记陈亮(2月任、12月免),副总经理(主持工作)李健(8月任)。职工6人。拥有大型机械设备38种240余台(套),资产设备91台(套)(含房产和办公设备)。固定资产原值1492万元、净值144万元。

2019年,新签合同额4319.40万元,营业收入8002.27万元。资产负债率98.48%。 (杨明亮)

【中国土木工程集团有限公司几内亚分公司】 2012年5月28日,在几内亚首都科纳克里设立办事处;2014年9月17日,正式注册中铁建几内亚有限公司;2018年7月12日,在当地注册成立中国土木工程集团有限公司几内亚分公司。总经理刘长松。员工12人。 (肖以理)

【中国土木工程集团有限公司塞内加尔分公司】 2017年9月30日注册成立。前身为2015年6月17日注册成立的中铁建塞内加尔有限公司。总经理、党支部书记王世恒。中方员工26人,当地员工10人。固定资产原值743.68万元、净值365.42万元。拥有各类机械设备26台(套),机械设备总功率2699千瓦,设备完好率100%、利用率100%。

2019年,营业额1.05亿元。 (孔德琨)

【中国土木工程科特迪瓦有限公司】 主要负责科特迪瓦、贝宁、多哥、布基纳法索4个国家市场开拓和经营。2013年3月21日注册成立。驻科特迪瓦阿比让市。下辖圣佩德罗体育场项目及651千米公路项目两个项目。总经理耿道锦。职工13人。拥有各类机械设备22台(套),设备原值880.31万元、净值818.06万元,设备完好率100%、利用率100%。 (何乃李)

【中非莱基投资有限公司】 2006年3月在北京注册成立。中国铁建股份有限公司(持股57.29%)、中国土木工程集团有限公司(持股17.18%)、中非发展基金有限公司和南京江宁经济技术开发总公司共同合资组建。驻北京市海淀区复兴路40号中国铁建大厦A

座6层。总经理池长贵。尼日利亚莱基自贸区位于尼日利亚拉各斯州伊柏九莱基区莱基沿海路。资产总额117018.72万元。其中,固定资产原值150.16万元、净值8.47万元,流动资产23755.14万元,其他资产93263.57万元,净利润479.38万元。

截至2019年底,莱基自贸区累计投资16.30亿元,其中基础设施投资约11.94亿元。2019年,新签入驻企业19家,累计入区兴建或投产企业84家,协议投资48.86亿元。（高　巍　孙明宇　杜达宁）

【中国土木阿尔及利亚有限公司】 具有当地专业资格六级高等级资质证书,可承揽实施除机场、个别桥梁工程以外的所有工程类型。经营范围包括铁路、水利、房建、大型公共工程及土木工程的承包、实施及设计;公共工程、房建工程及其他设备及机器的租赁;相关领域的技术监理及咨询。2007年9月1日由原中土阿尔及利亚办事处改制成立。驻阿尔及利亚首都阿尔及尔。总经理、党总支书记钟本峰。员工621人。资产总额537989.01万元。其中,固定资产原值12921.28万元、净值11.76万元,流动资产37977.25万元。拥有设备245台,净值4.13万元,总功率36976千瓦,动力装备率57.96千瓦/人,技术装备率0.01万元/人,设备完好率29.5%。

2019年,新签合同额29712.11万元,营业额63531.48万元。（韩　信）

【中国土木工程集团有限公司阿联酋分公司】 具有铁路建设、道路、桥梁、钢结构特级,各类房建工程项目一级资质。主要负责阿联酋、巴林、阿曼等国别市场的经营开发和项目管理。1987年7月31日注册成立。驻阿联酋阿布扎比。总经理刘炤炤(1月任、7月免)、王磊(8月任)。员工486人。拥有生产、施工设备11台(套),原值35.09万美元。

2019年,新签合同额172亿元,营业额461.69万美元。（廖　理　李王娅　李　燕）

【中国土木工程集团有限公司沙特阿拉伯分公司】 主要从事工程承包、设计咨询、劳务合作、进出口贸易、实业投资等业务,是《中沙工程项目合作谅解备忘录》第一批被推荐的企业之一。1999年2月,在沙特阿拉伯设立代表;2008年8月,在沙特阿拉伯首都利雅得正式注册成立。总经理文武,党支部书记顾拥武。员工117人。资产总额32411.41万元。其中,固定资产原值4694万元、净值94.11万元,流动资产29149.62万元,长期应收款2847.8万元。拥有设备179台(套),设备原值4611.26万元、净值82.39万元,总功率16320.4千瓦,动力装备率157千瓦/人,技术装备率8000元/人,设备完好率95.5%、利用率50%。

（宁　波　王晓斌　于　群）

【中国土木工程集团有限公司卡塔尔分公司】 2015年6月,中国土木与卡塔尔当地公司NBHH及其在阿联酋的控股公司组成联营体中标卡塔尔公路给排水项目DW002－P01标段,业主卡塔尔公共工程署,中标金额11.08亿元。2015年8月,签订实施合同,并以该项目为基础,在当地注册分公司。员工3人。

2019年,营业额14847万元。（张　擎）

【中国土木工程集团有限公司埃及分公司】 2016年设立。驻埃及开罗市。常驻人员1人。自成立以来,签署埃及国家铁路网更新改造项目,参与埃及高铁项目投标。（申占虎）

【中国土木工程集团有限公司突尼斯分公司(筹)】 2019年8月27日在突尼斯注册成立。驻突尼斯首都突尼斯市。常驻人员1人。副经理赵韩。

2019年,持续对南部梅德宁省杰尔巴跨海大桥项目、加贝斯—梅德宁—杰尔吉斯铁路项目、杰尔吉斯经济中心开发项目进行跟踪。（赵　韩）

【中国土木工程集团有限公司港澳分公司(筹)】 2018年11月22日成立。党总支书记、执行董事、总经理郁葱。员工98人。资产总额67078.27万元。其中,固定资产原值18605.73万元、净值3457.01万元,投资性房地产净值5677.50万元,流动资产49498.07万元,其他资产8445.69万元。

2019年,新签合同额11.5亿美元,产值1.08亿美元,利润额3269.90万元。国有资产保值增值率126.03%,净资产收益率17.94%,产值利润率30.3%,资产负债率72.83%。（黄杉杉）

【中国土木工程集团有限公司巴基斯坦分公司】 驻巴基斯坦伊斯兰堡公园路28号。2012年中国土木开始在巴基斯坦市场开展业务;2015年在巴基斯坦注册成立巴基斯坦分公司。党支部书记、副总经理贾慧琴。员工16人。资产总额29427万元,负债总额28161万元。固定资产原值1170万元、净值810万元。

2019年,新签合同额18.51万美元,营业额9800万美元,营业收入10632万美元,利润总额282万美元。资产负债率96%,净资产收益率151%。

（古　晓　徐卓然）

【中土孟加拉有限公司】 原为2015年3月成立的驻孟加拉国办事处;2019年12月,正式更名为中土孟加拉有限公司。党支部副书记、总经理柯昌良,党支部书记、副总经理杨之骏。中方员工61人,合作单位5人,当地高级雇员99人。拥有设备171台(套),设备原值8163.23万元、净值2237.83万元,设备利用率97.66%。

2019年,新签合同额235764万元,营业收入88591.37万元,净利润5560.2万元。（张力夫）

【中国土木(新加坡)有限公司】 持有新加坡建设局颁发的CW02 A1 Limited和CW02 B1总包执照,可参与新加坡陆交局招标的所有项目及其他政府部门发包的4000万新加坡元以内项目投标。总经理李兵。员工39人。（秦磊 张瑜 李慧颖）

【中国土木(马来西亚)有限公司】 1992年1月,中国土木正式派员常驻马来西亚;1993年8月,成立中国土木工程公司驻马来西亚办事处;同年,在当地注册中土工程(马来西亚)有限公司。员工23人。固定资产原值532.11万美元,累计折旧528.07万美元,净值4.04万美元。拥有工程设备11台,原值857.12万美元,净值0元。

2019年,新签合同额9217.82万美元,完成营业额911.70万美元,完成营业收入1095.11万美元。（刘力博）

【中土集团印度分公司(筹)】 2017年4月成立。驻印度孟买。总经理、党支部书记许云翔。员工14人。资产总额87.55万元。其中,流动资产87.55万元,货币资金28.37万元。

2019年,新签合同额2.64亿美元,营业收入734.24万元。（许云翔）

【中国土木工程集团有限公司菲律宾分公司】 2017年9月注册。驻菲律宾大马尼拉地区马卡蒂市。总经理卢勇。中方职工2人。（罗阳）

【中国土木工程集团缅甸有限公司】 是中国企业商会理事单位,承包分会副会长单位。2019年6月在缅甸设立。股东代表、执行董事、总经理白杨任(3月任)。员工12人。

2019年,新签合同额6300万美元。（张恩鸿）

【中国铁道建筑总公司土耳其安卡拉分公司】 驻土耳其安卡拉市。2006年6月注册成立。总经理吴暑林。员工6人。2019年工作重点是土耳其东西高铁项目追踪。（冯磊）

【中国土木工程集团(波兰)有限公司】 主要从事房屋出租、物业管理、铁路修复改造项目的追踪及市场开拓等业务。1993年6月在华沙注册代表处;2007年9月更名为中国土木工程集团(波兰)有限公司。负责人郑彬。员工7人。

2019年,新签合同额408.99万元,完成营业额620.97万元。（郑彬）

【中国土木工程集团有限公司巴尔干分公司】 负责除波兰、罗马尼亚、保加利亚、摩尔多瓦、土耳其等国家以外的其他欧洲区域市场的经营开发与管理工作。2017年1月,成立中国土木工程集团有限公司贝尔格莱德分公司;2019年4月,整合各方资源后更名为中国土木工程集团有限公司巴尔干分公司。法定代表人孙熳(10月任)。员工14人。

2019年,完成营业额83.92万美元。（蔡政标）

【中国土木工程集团黑山有限公司】 2016年3月在黑山注册成立。驻黑山首都波德戈里察。员工2人。法定代表人孙熳(10月任)。2019年,黑山尼克希奇渔民兄弟小学体育场修复项目顺利完工并验收。（蔡政标）

【中国土木工程集团罗马尼亚有限公司】 2014年6月成立。驻罗马尼亚伊尔佛夫县沃伦达瑞市扬古尼古拉英雄大街83号。总经理斯海洋。员工8人。

2019年,新签合同额401.81万美元,实现产值550.13万美元。（斯海洋）

【中国土木工程集团有限公司厄瓜多尔分公司】 2016年5月注册。总经理董志弘。职工15人。

2019年,新签合同额5490万美元。（褚天 王士琪）

【中国土木工程集团有限公司巴拿马分公司】 主要负责巴拿马及中美洲区域市场经营开发工作。2018年5月注册。驻巴拿马城。总经理刘学兵。2019年重点追踪巴拿马地铁1号线延长线、巴拿马地铁3号线、巴拿马托库门机场周边地块开发。（郭超）

【中国土木工程集团有限公司哥斯达黎加分公司】 负责哥斯达黎加及协助巴拿马经营中心在中美洲区域市场经营开发工作。2018年5月派员常驻,常驻人员

1人。2019年重点追踪圣何塞城市大都会城市快速轨道项目(TRP)、利蒙货运铁路修复改造项目、首都至太平洋货运铁路修复项目、哥斯达黎加铁路维护项目。

（刘立明）

【中国土木工程集团有限公司秘鲁分公司】 具有当地工程服务类承包商资格。2017年10月派员常驻，2019年2月完成当地注册。中方员工3人，当地临时雇员3人。2019年重点追踪秘鲁圣胡安港口项目、两万铁路项目、钱凯码头项目。（张恒业）

【中国土木工程集团有限公司以色列分公司】 具有总承包实力。负责以色列市场开发、项目经营管理、物资设备进口。是唯一一家成功实施以色列大型基础设施项目的中国企业。2007年1月29日成立。驻以色列特拉维夫市。党支部书记、执行董事、总经理管嘉欣。中方员工18人，当地员工13人。流动资产28424万元，非流动资产6876万元。其中，固定资产原值301万元、净值40万元。

2019年，新签合同额57530万元，完成营业额94179万元。（徐　阳　张海彦　刘远锋）

【中国土木工程集团（俄罗斯）有限责任公司】 具有在俄罗斯联邦境内进行工程承包的资质，可签约单个合同额在11亿元以内的所有竞标类工程承包合同以及任何合同额的所有议标类工程承包合同。已经加入俄罗斯行业自律协会——施工总承包商联合会。驻俄罗斯莫斯科市。总经理李敏。派员2人，俄罗斯籍员工3人。

2019年，新签合同额1.75亿美元。（李　敏）

【中国土木工程集团有限公司塔吉克斯坦分公司】 拥有塔吉克斯坦的房建一级资质与公路建设一级资质。驻塔吉克斯坦首都杜尚别。2015年7月3日注册成立。总经理刘文浩。当地员工2人。2019年，重点追踪塔吉克斯坦两大楼援外项目、卡莱洪姆—万赤段（原塔中新建公路项目）公路修复项目、奥比格尔姆—诺瓦巴德公路项目（塔吉克斯坦罗贡水库新建公路项目）、胡占德—卡尼巴达姆段道路修复项目。

（刘文浩　李　祥　刘念慈）

【中国土木工程集团有限公司哈萨克斯坦分公司】 具有哈萨克斯坦国家一级建筑施工安装资质证书。2017年2月13日成立。驻哈萨克斯坦阿拉木图市。总经理房连军。中方员工4人，当地聘用雇员8人。

2019年，新签合同额664万美元。（王　硕）

【中国土木工程集团有限公司吉尔吉斯斯坦分公司】 具有吉尔吉斯斯坦二级施工资质。2016年12月25日成立。驻吉尔吉斯斯坦比什凯克市。总经理房连军。中方员工2人，当地员工1人。2019年重点追踪中国援吉二期水利灌溉投标项目、中国援吉供水项目、奥什卡拉苏水利项目、日本ODA有偿援助隧道项目、中吉乌铁路项目。（王龙龙）

【中国土木工程集团有限公司驻加纳办事处】 经营范围包括铁路、公路、市政、桥梁、房建等基础设施项目承包等。2013年注册成立子公司；2018年3月重新注册办事处。驻加纳首都阿克拉市。正式员工1人，当地员工2人。

2019年，新签合同额52.38亿美元。（黄海峰）

【中国土木工程集团有限公司驻白俄罗斯代表处】 具有白俄罗斯1～4级复杂程度工程项目总承包一级资质，15项建筑资质，白俄罗斯国家体系 СТБ ISO 2019－2022质量认证。2016年3月注册成立。驻白俄罗斯明斯克市。总代表许永宁。中方员工2人，当地员工3人。

2019年，完成合同额5508万元。（许永宁）

【中国土木工程集团有限公司驻欧洲代表处】 主要负责与中国土木合作的多家德国总包公司的联系、沟通与协调，同时为中国土木在其他地区开展业务提供信息、咨询和服务支持。1984年11月成立。驻德国法兰克福市。法定代表人孙熳。员工2人。

（蔡政标）

【中国土木工程集团有限公司驻印度尼西亚代表处】 2012年5月注册。驻印度尼西亚雅加达。代表刘博。正式员工2人，当地雇用员工3人。

2019年，完成合同额160428万美元，完成产值9888.68万美元。（刘　博）

【中国土木工程集团有限公司驻乌兹别克斯坦代表处】 2017年10月成立。驻乌兹别克斯坦首都塔什干。总代表刘文浩。中方员工3人，当地员工2人。2019年重点追踪乌兹别克斯坦A380公路部分路段修复重建项目、塔什干—撒马尔罕收费公路项目、中国驻乌兹别克大使馆项目。（刘文浩　李　祥　刘念慈）

【中国土木工程集团有限公司驻日本代表处】 主要负责收集日本的项目信息，促进与日企在第三国开展合作，同时向日本派遣技能实习生。1984年10月成立。驻日本东京市。负责人蔡宇。正式员工1人，当地雇员2人。

2019年，新签合同额1311万元，完成营业额1217万元，实现收入92万元。派出技能生39人。

（蔡　宇）

【中铁建中非建设有限公司南非办事处】　下辖南非、斯威士兰、莱索托、毛里求斯及塞舌尔5个国别市场。前身为2011年9月在南非正式注册成立的中铁建中非建设南非办事处；2017年9月，设立中国土木南非分公司。驻南非约翰内斯堡。总经理王飞。

（童　乐）

【中国土木工程集团有限公司津巴布韦办事处】2014年1月，正式派员常驻；2015年8月，以“中铁建中非建设有限公司”的名义在津巴布韦公司注册局完成注册；2015年12月，通过津巴布韦司法部及公司注册局的批准，“中铁建中非建设有限公司”更名为“中国土木工程集团有限公司”。负责人谢文龙。职工1人。2019年，重点追踪项目主要包括继续推进津巴布韦2015英雄住房工程项目、津巴布韦灾后重建项目、富力铬矿冶炼厂项目以及津巴布韦Karo铂族矿配套基础设施开发项目等。（谢文龙）

【重要记载】

▲2月14日　中国土木承建的亚的斯亚贝巴至吉布提铁路工程、卢旺达远景城综合社区开发项目一期工程获中国建设工程鲁班奖。

▲2月18日　中国土木—DC公司联营体共同实施的以色列特拉维夫首条轻轨项目——红线轻轨东标段实现隧道全线贯通，贯通庆典仪式在项目EM车站隆重举行，并在无加固措施条件下成功在水下接收两台盾构机。

▲3月28日　吉布提鲁班工坊在吉布提工商学校揭牌启动运营，这是中国在非洲建设的第一家鲁班工坊。

▲5月29日　中国铁建海外协同发展交流会在北京中土大厦召开。会上，宣布《中国铁建海外拓荒牛奖表彰决定》，79人获奖。

▲6月14—16日　中国土木承办主题为“可持续的非洲交通基础设施合作与发展”的2019世界交通运输大会中的第三届中非交通基础设施合作论坛，并做好交通科技博览会中国铁建展会工作。

▲8月19—20日　中国土木组织召开与系统内兄弟单位海外业务对接会，先后分两批次与中铁十一局、中铁十二局、中国铁建大桥局、中铁十五局、中铁十九局、中铁二十一局、中铁二十二局、中铁二十三局、中铁二十四局、中铁二十五局、中铁建设、中铁建电气化局、中国铁建港航局、中铁地产、中铁物资、铁建重工、中铁城建等17家单位60余人进行海外业务对接，共商协同发展大计，共谋市场开拓良策。

▲8月28日　中国土木领导班子获评中国铁建2018年度“四好”领导班子。

▲8月28日　中国土木在中国铁建2018年度所属二级单位落实党建工作责任制考核评价中获评“优秀”。

▲9月21日　在人民大会堂隆重举行中央企业先进集体和劳动模范表彰大会，中国土木工程集团（赞比亚）有限公司获“中央企业先进集体”称号。

▲11月25日　由中国对外承包工程商会主办的“2019国际工程杰出人物”事迹宣讲会在北京隆重举行。中国土木董事长赵佃龙当选“2019国际工程杰出人物”并出席宣讲会。

▲11月27日　中国土木承建的中华人民共和国驻迪拜总领事馆馆舍新建工程奠基仪式在迪拜隆重举行。

▲12月18日　阿联酋联邦铁路二期D标段设计与建造项目签约仪式在阿布扎比举行，标志着中国土木成为阿联酋主要大型国际工程承包商之一。

▲12月28日　中国土木全球杰出合作伙伴年终答谢会在北京丽思卡尔顿酒店举行。（齐晗毓）

中铁十一局集团有限公司

【简况】　拥有45类174项资质，铁路、公路、建筑、市政公用工程等施工总承包特级资质及行业甲级设计资质各5项；测绘甲级资质1项；岩土工程勘察乙级1项；水利水电、通信、机电工程总承包及公路路基、公路路面、桥梁、隧道等专业承包一级资质80项；工程总承包和专业承包二级及二级以下资质46项；军工涉密许可、检验检测认证、营业性爆破许可、房地产开发、物业管理、信息通信网络系统、特种设备制造许可、特种设备安装改造维修许可、对外援助成套项目总承包资格、土木工程（CW02）A1资质等其他类资质36项。是集施工、设计、科研、装备制造、资本运营、房地产开发、物资贸易于一体，拥有对外经营权的特大型企业集团。总部驻湖北省武汉市武昌区中山路277号。前身为中国人民解放军铁道兵第一师，诞生于1948年；1984年，兵改工后改编为铁道部第十一工程局；1999年12

月，更名为中铁第十一工程局；2001年8月，改制改称现名。下辖19家全资子公司、3家分公司以及12个国内区域指挥部、7个国际区域指挥部及襄阳管理部、财务共享服务中心和投资公司（未注册）。职工18612人。资产总额524.57亿元。其中，固定资产34.28亿元；流动资产415.72亿元。机械运输设备9048台（套），原值54.21亿元、净值18.43亿元。总功率967327.55千瓦，动力装备率52.23千瓦/人，技术装备率9.95万元/人，设备完好率92%、利用率88%。年施工能力700亿元以上。

2019年，承揽任务567项，新签合同额1076.92亿元，总产值705.77亿元，其中施工产值677.24亿元。职工年人均收入138560元。主要实物工程量：土石方9263万立方米，桥梁157千米，隧道193千米，铁路制梁7408片，铁路架梁4482片，铁路铺轨2142千米，铺设道岔856组，公路架梁7854片，房屋建筑面积176万平方米，路面1912万平方米，地铁63千米，供电线路348千米，接触网305千米。先后获国家科技进步奖1项、中国建设工程鲁班奖2项、国家优质工程金奖1项、国家优质工程奖7项、李春奖4项、钢结构金奖1项、建筑工程装饰奖2项、国家级QC成果31项、省部级科技成果奖10项，新增授权专利167件，在研国家级科研课题5项、省部级科研课题5项。（郭　琳）

【领导人员】

董事会

董事长	何义斌
董事	张树海（1月免）
	陈志明（4月任）
	凌汉东（4月免）
	方永利
	张丕界（5月任）
秘书	管琼铸
职工董事	谢敬平

监事会

监事会主席	李洪安
监事	宋连英
职工监事	李　俊

经理层

总经理	张树海（1月免）
	陈志明（4月任）
副总经理	张丕界
	凌汉东（4月免）
	龙信桥
	雷位冰（9月免）
	李小红
	方永利
	吴　刚
	陈志明（4月免）
	王卓华
	魏加志（7月任）
总工程师	张丕界（兼）
总会计师	方永利（兼）
总法律顾问	方永利（兼）

党群领导

党委书记	何义斌
党委副书记	张树海（1月免）
	陈志明（4月任）
	谢敬平
纪委书记	李洪安
工会主席	谢敬平

（隆仁燕　张红月）

【职工队伍】 职工18612人。其中，干部14088人，工人4524人；教授级高级工程师84人，高级职称1738人，中级职称3960人，初级职称6293人；专业技术干部12075人，占干部总数的86%；技术工人1857人，占工人总数的41%。（周小琪）

【工程项目指挥机构】 拉林铁路工程指挥部　驻西藏自治区拉萨市。指挥长王荃荃（6月免）、李岳峰（6月仁），党委书记黄云海（6月免）。

昆明枢纽工程指挥部　驻云南省昆明市。指挥长兼党工委书记包晓东。

湖北城际工程指挥部　驻湖北省武汉市。常务副指挥长兼党工委书记李伙明。

渝黔高速扩能改造工程指挥部　驻重庆市綦江区。指挥长车仁雪，党委书记董亚辉。

昭通指挥部　驻云南省昭通市。指挥长兼党工委书记李文俊。

成贵铁路项目经理部　驻贵州省贵阳市。党委书记黄仕典（7月免）。

武汉光谷综合体项目经理部　驻湖北省武汉市。项目经理王刚（5月免）、彭齐瑞（5月任），党委书记段邦顺。

汉宜线仙桃大福支线项目经理部　驻湖北省仙桃市。项目经理王刚（5月免）、彭齐瑞（5月任），党委书记段邦顺。

黔张常铁路项目经理部　驻湖南省张家界市。项目经理兼党工委书记李小红。

昌赣客专项目经理部　驻江西省宜春市。项目经理刘守成，党委书记张书玉。

蒙华土建项目经理部　驻湖北省襄阳市。项目经理田红星，党委书记刘尔民。

汉十铁路4标段项目经理部　驻湖北省十堰市。项目经理兼党工委书记李小红。

遵义高铁新城项目经理部　驻贵州省遵义市。项目经理刘华荣，党委书记宋文尚。

福厦铁路项目经理部　驻福建省莆田市。项目经理崔幼飞（6月免）、刘守成（6月任），党委书记孙昱。

广州地铁18号和22号线项目经理部　驻广东省广州市。项目经理李兵，党委书记万子兵（9月免）、王荃荃（9月任）。

广州地铁10号线项目经理部　驻广东省广州市。项目经理李兵，党委书记万子兵（9月免）、王荃荃（9月任）。

南吕梁山隧道项目经理部　驻山西省临汾市。项目经理兼党工委书记陈志明。

长沙地铁6号线联合体项目经理部　驻湖南省长沙市。项目经理兼党工委书记刘云龙。

常益长铁路项目经理部　驻湖南省长沙市。项目经理兼党工委书记张丕界（10月免）、王卓华（10月任）。（颜　明）

【铁路工程施工】　蒙华铁路MHTJ－20标段工程　位于湖北省襄阳市，全长69.388千米，合同投资29.04亿元，合同工期2015年8月1日至2020年3月1日。主要工程量：桥梁26座23663.6延长米，小桥16座3631.2顶平方米，隧道1座123延长米，路基47.44千米，路基土石方1033.48万立方米，涵洞134座4226.74横延米，道砟60万立方米。2019年，完成投资5.76亿元；开工累计完成投资30.29亿元。项目于2019年9月28日开通。

蒙华铺架MHPJ－3标段工程　位于湖北省襄阳市，全长355.29千米，合同投资27.89亿元，合同工期2016年5月1日至2020年3月1日。主要工程量：路基土石方88.79万立方米，桥梁8座3498.99延长米，涵洞32座462.44横延米，框架桥7座399.44顶平方米，T梁预制架设4197孔，正线铺轨696.151千米，站线铺轨116.296千米，有砟道岔334组，道砟9720立方米。2019年，完成投资5.04亿元；开工累计完成投资27.3亿元。项目于2019年9月28日开通。

玉磨铁路YMZQ－9标段工程　位于云南省普洱市，全长20.5千米，合同投资16.39亿元，合同工期2016年4月15日至2019年12月31日。主要工程量：隧道20375延长米，中桥94.25延长米，路基土石方13.16万立方米，无砟轨道20.482千米。2019年，完成投资4.50亿元；开工累计完成投资16.92亿元。

拉林铁路LLZQ－1A标段工程　位于西藏自治区拉萨市，全长16.823千米，合同投资15.37亿元，合同工期2015年7月1日至2021年11月30日。主要工程量：路基土石方179.54万立方米，桥梁3座5143.88延长米，T梁预制架设1819单线孔，隧道2座6851延长米，铺轨正线399.61千米、站线62.06千米，铺新岔180组。2019年，完成投资4.84亿元；开工累计完成投资10.54亿元。

郑万铁路重庆段ZWCQZQ－9标段工程　位于重庆市云阳区，全长27.4千米，合同投资25.12亿元，合同工期2016年12月1日至2022年3月31日。主要工程量：桥梁4474.692延长米，隧道22160.92延长米，路基768.368米，无砟轨道54.81千米。2019年，完成投资6.52亿元；开工累计完成投资15.99亿元。

郑万铁路湖北段ZWZQ－5标段工程　位于湖北省襄阳市，全长35.11千米，合同投资25.76亿元，合同工期2016年12月1日至2022年5月31日。主要工程量：路基2.902千米，区间路基挖方51万立方米，填方10.6万立方米，车站路基挖方156.9万立方米，填方11.3万立方米，桥梁18062.14延长米，隧道14085延长米，箱梁预制架设433孔。2019年，完成投资5.19亿元；开工累计完成投资24.74亿元。

成贵铁路CGZQSG－16标段工程　位于贵州省贵阳市白云区，全长31.66千米，合同投资25.57亿元，合同工期2014年1月1日至2018年12月31日。主要工程量：路基土石方253万立方米，桥梁25座12790延长米，涵洞14座524横延米，隧道16座15370延长米，箱梁制架419孔，铺轨547.9千米，双块式无砟道床65.3千米，道岔19组。2019年，完成投资2.12亿元；开工累计完成投资26.6亿元。项目于2019年12月16日开通。

成昆铁路永广段5标段工程　位于云南省楚雄州，全长14.268千米，合同投资9.91亿元，合同工期2013年12月1日至2018年5月31日。主要工程量：桥梁2座817延长米，隧道1座13406延长米，无砟轨道25.684千米。项目主体工程已完成，开工累计完成投资9.91亿元。2019年10月开通运营。

成昆铁路米攀段MPZQ－4标段工程　位于四川省攀枝花市，全长21.14千米，合同投资16.06亿元，合同工期2013年12月20日至2019年6月20日。主要工程量：路基土石方511万立方米，桥梁7座3102.7延长米，T梁预制架设233单线孔（466片），节段箱梁预制架设16孔（240片），涵洞11座1038.7横延米，隧道6座15475延长米，弹性支承块式无砟轨道23.854千米。项目主体工程已完成。2019年，完成投资0.78亿元；开工累计完成投资15.82亿元。

成昆铁路峨米段 EMZQ－15 标段工程　位于四川省德昌县、米易县，长度 25.705 千米，合同投资 12.86 亿元，合同工期 2016 年 4 月 1 日至 2019 年 12 月 31 日。主要工程量：路基土石方 86.1 万立方米，桥梁 7 座 2687 延长米，涵洞 12 座 415.2 横延米，隧道 3 座 20042 延长米，无砟轨道 28.46 千米。2019 年，完成投资 3.22 亿元；开工累计完成投资 11.72 亿元。

黔张常铁路 QZCZQ－6 标段工程　位于湖南省张家界市，全长 32.57 千米，合同投资 21.39 亿元，合同工期 2015 年 3 月 15 日至 2019 年 11 月 30 日。主要工程量：桥梁 22 座 8253.38 延长米，隧道 14 座 20152.37 延长米，路基 4.576 千米，路基土石方 405.8 万立方米，涵洞 7 座，T 梁制架 468 孔，CRTS Ⅰ型双块式无砟道床 12.89 单线千米。主体工程基本完成。2019 年，完成投资 0.5 亿元；开工累计完成投资 21.76 亿元。项目于 2019 年 12 月 25 日开通。

福厦铁路 FX－4 标段工程　位于福建省莆田市，全长 21.516 千米，合同投资 23.93 亿元，合同工期 2017 年 9 月 30 日至 2022 年 9 月 30 日。主要工程量：路基土石方 6.28 万立方米，站场土石方 251.04 万立方米；双线特大桥 2 座 18475.02 延长米，双线中桥 1 座 103.73 延长米，制架箱梁 628 孔，移动模架现浇箱梁 29 孔，连续梁 6 联，斜拉桥 3 孔，系杆拱 1 孔；隧道 1 座 430 延长米；正线铺新轨 299.06 千米，站线铺新轨 72.19 千米，铺粒料道床 19.74 万立方米，铺新岔 155 组。2019 年，完成投资 7.22 亿元；开工累计完成投资 9.18 亿元。

贵南铁路广西段 GNZQ－6 标段工程　位于广西壮族自治区河池市，全长 32.82 千米，合同投资 20.01 亿元，合同工期 2017 年 12 月 20 日至 2023 年 12 月 19 日。主要工程量：区间土石方 7.34 万立方米，站场土石方 95.97 万立方米；桥梁 4 座 2084.732 延长米，隧道 5 座 29502 延长米，正线无砟道床 66.596 千米，站线无砟道床 0.27 千米。2019 年，完成投资 5.09 亿元；开工累计完成投资 8.37 亿元。

贵南铁路贵州段 GNZQ－4 标段工程　位于贵州省独山县，全长 30.624 千米，合同投资 25.185 亿元，合同工期 2017 年 12 月 28 日至 2023 年 12 月 27 日。主要工程量：区间路基土石方 46.14 万立方米，站场土石方 120.9 万立方米；桥梁 8 座 5443.027 延长米，箱梁制架 143 孔，隧道 6 座 21137 延长米，正线无砟道床 62.196 千米，双块式轨枕预制 393.416 千米，双块式轨枕装车 331.22 千米。2019 年，完成投资 5.88 亿元；开工累计完成投资 8.98 亿元。

银西客专陕西段 YXZQ－6 标段工程　位于陕西省彬州市，全长 27.91 千米，合同投资 26.82 亿元，合同工期 2016 年 8 月 1 日至 2020 年 6 月 30 日。主要工程量：桥梁 3 座 640.25 延长米，支架现浇连续梁 7 孔，支架现浇简支梁 13 孔，隧道 3 座 27269.72 延长米，轨枕预制 20.61 万根；正线无砟道床 55.43 千米。2019 年，完成投资 8.59 亿元；开工累计完成投资 25.54 亿元。

（何　超）

【铁路外工程施工】　广州地铁 18 号、22 号线五工区工程　位于广东省广州市，合同投资 60.99 亿元，合同工期 2017 年 11 月 30 日至 2020 年 12 月 30 日。主要工程量：中间风井 1 个、LP1 始发井 1 个、盾构井 4 个、暗挖竖井 1 个、明挖段 1 段、盾构区间 4 段、暗挖区间 3 段、番禺广场地铁站 1 座、陇枕停车场 1 座。2019 年，完成投资 18.67 亿元；开工累计完成投资 31.89 亿元。

深圳地铁 16 号线四工区工程　位于广东省深圳市，全长 5.93 千米，合同投资 19.15 亿元。合同工期 2017 年 12 月 30 日至 2023 年 7 月 28 日。主要工程量：龙南站 202.3 米，龙东村站 615.4 米，同乐村站 229 米，双龙站—龙南站区间 871.44 米，龙南站—龙东村站区间 943.54 米，龙东村站—同乐村站区间 1596.8 米，同乐村站—坪山站区间 1473.89 米。2019 年，完成投资额 2.27 亿元；开工累计完成投资 3.06 亿元。

成都地铁 6 号线 9 标段工程　位于四川省成都市。全长 3.82 千米，合同投资 6.4 亿元。主要工程量：石羊立交站 347 米，市一医院站 264 米，交子大道站 271 米，神仙树站—石羊立交站区间 1529 米，石羊立交站—市一医院站区间 318 米，市一医院站—交子大道站区间 643 米，交子大道站—锦城大道站区间 455 米。2019 年，完成投资额 3.62 亿元；开工累计完成投资 6.53 亿元。

厦门地铁 2 号线土建 2 标段一工区工程　位于福建省厦门市，全长 2.2 千米，合同投资 3.64 亿元，合同工期 2015 年 7 月 1 日至 2018 年 3 月 1 日。主要工程量：东渡路站—建业路站暗挖区间 1001.942 米，建业路站 288.6 米，建业路站—湖滨中路站盾构区间 931.08米。2019 年，完成投资 0.46 亿元；开工累计完成投资 3.92 亿元。2019 年 12 月 25 日通车。

厦门市轨道交通 2 号线工程轨道施工 2 标段工程　位于福建省厦门市，全长 42.7 千米，合同投资 2.48 亿元，合同工期 2017 年 12 月 31 日至 2018 年 9 月 30 日。主要工程量：普通整体道床 28.737 千米，双层非线性型减振扣件整体道床 7.972 千米，中量级钢弹簧浮置板道床 0.711 千米，重量级钢弹簧浮置板道床 5.285千米，9 号单开道岔 29 组，9 号 5 米间距交叉渡线道岔 4 组。2019 年，完成投资 1.39 亿元；开工累计完成投资 2.48 亿元。2019 年 12 月 25 日通车。

清远市磁浮旅游专线 QYSG-1-(1)标段工程　位于广东省清远市,全长 8.014 千米,合同投资 5.1381 亿元,合同工期 2018 年 4 月 20 日至 2019 年 12 月 20 日。主要工程内容:站房土建、装饰装修、风水电及配套工程;正线桥梁下部结构、现浇梁部、槽道预埋、承轨梁、桥面系、涵洞及配套工程、疏散平台;正线隧道开挖、衬砌、支护、承轨梁及绿化景观工程、疏散平台;正线路基地基处理、土石方挖填、边坡防护、承轨梁及配套工程;出入段线停车场出入段线及附属工程等。2019 年,完成投资 1.76 亿元;开工累计完成投资 2.64 亿元。

南京地铁 7 号线 DT-TA03 标段八工区工程　位于江苏省南京市,合同投资 8.99 亿元,合同工期 2018 年 5 月 31 日至 2020 年 12 月 30 日。主要实物量:盖上轨行区建筑面积 49733 平方米,盖下功能性用房建筑面积 32417 平方米,桥涵总长度 2620 延长米。2019 年,完成投资 3.32 亿元;开工累计完成投资 5.21 亿元。

青岛地铁 4 号线沙子口车辆基地工程　位于山东省青岛市,合同投资 13.02 亿元。主要包括运用库、运转办公楼、体育馆、检修库、物资总库、材料棚、锅炉房、污水处理站、牵引降压混合变电所、车库、综合楼、公寓楼、多功能厅、门卫、杂品库、洗车机库等单体建筑,总建筑面积 137330.53 平方米。合同工期 2019 年 5 月 1 日至 2022 年 10 月 31 日。2019 年,完成投资 0.97 亿元;开工累计完成投资 0.97 亿元。　(何　超)

【海外项目】　泰国巴蜀至春蓬复线铁路项目　泰国巴蜀至春蓬复线铁路项目 C1 标段是中铁十一局集团首个在泰国与当地企业 KS 公司以联合体形式中标的施工总承包项目(项目合同总额约 1.98 亿美元,其中中铁十一局占比 40%),为泰国国家铁路局实施的巴蜀—春蓬线巴蜀—邦沙潘河内段新建米轨有砟复线铁路建设项目,全长 88.3 千米,线下以路基和桥梁为主,并伴有多处跨线公路桥和下穿通道,无隧道,轨道采用 54E1 无缝线路,涉及既有线施工主要包括站改工程(含既有线拆除、插入道岔、重新铺设等)、小曲线半径地段的拨道改缓、10 座车站、5 个停车点和 2 处集装箱堆场。合同工期 2018 年 2 月 1 日至 2020 年 11 月 1 日。开工累计完成产值 4510.43 万美元。

马来西亚沙捞越州古晋综合办公楼项目　位于东马砂拉越州首府古晋,为综合性办公大楼。主体塔楼 2 座(23 层+地下 1 层),1 座商业台地建筑(地上 4 层+地下 1 层),总建筑面积 117897 平方米。主体结构主要采用框架柱梁(75 毫米厚预制板+50 毫米厚钢筋网片现浇部分),主体框柱梁及部分剪力结构采用 IBS 系统模板施工。外墙采用玻璃幕墙(属于指定分包部分,总包负责)。合同日期 2019 年 3 月 5 日至 2020 年 12 月 3 日。合同额 6495.22 万美元。开工累计完成产值 3718.80 万美元。　(郭　琳)

【经营管理】　工程承揽。2019 年,新签合同额 1076.92亿元,其中自揽完成 953.01 亿元,完成股份公司年度自揽计划 750 亿元的 127.1%,位居股份公司综合工程局第 4 名。铁路工程 198.87 亿元、公路工程 193.92 亿元、城市轨道工程 227.63 亿元、房建工程 196.21 亿元、市政工程 134.13 亿元、水利电力工程 25.55 亿元、矿山工程 38.85 亿元、机场码头工程 1.45 亿元、勘察设计 1.04 亿元、物贸 30.49 亿元、房地产销售 10.73 亿元、工业制造 11.27 亿元、运维维管 0.80 亿元、其他工程承包 5.97 亿元。

资本运营。2019 年,本着积极开拓投资市场,严格把控投资风险的原则,投资项目自揽和系统内分包合计 154.77 亿元。在建项目管理。集团公司牵头中标投资项目 38 个,其中 BT 项目 8 个,类 BT 项目 8 个,股权投资项目 5 个,PPP 项目 17 个,年度完成产值 67.52亿元。严把投资风险。每季度发布一次《投资风险监控报告》,通报资本运营项目投资、产值、利润、回购、投入产出等情况。敦促合资/项目公司依法合规运营。7 个项目纳入运营管理,其中 PPP 项目 3 个(含 BOT 项目 1 个),长期股权投资项目 4 个。合资/项目公司均制定公司章程,办理公司工商登记手续。集团公司根据出资比例,委派董事、监事和经理层人员。基本完成"三供一业"分离移交。10 家单位涉及职工家属区"三供一业"分离移交,住户 8871 户,分布在湖北、重庆、江西、山东、福建等省市。截至 2019 年底,正式分离移交协议签订率 100%;分离移交涉及的供水、供电、供热、物业管理完成维修改造 24342 户,完成率 97.6%;完成襄阳片区 12 个职工家属区供水、供电试点清算审计鉴证工作。

安全质量。全年未发生重大设备损坏和重大经济损失事故;未发生火工品爆炸、丢失事故;未发生火灾事故;员工因工责任伤亡事故率控制在年度安全生产目标之内;公司在建工程分项工程、单位工程检查评定合格率均 100%,未发生质量等级事故。获鲁班奖 2 项、国家优质工程金奖 1 项、国优奖 7 项、中国建筑工程装饰奖 2 项、中国钢结构金奖 1 项、李春杯 4 项、省部级优质工程 29 项、地市级及"铁建杯"优质工程 16 项。获国家级优秀质量管理小组成果 32 项、省部级优秀质量管理小组成果 110 项,五公司获评 2019 年度全国市政工程建设 QC 小组活动优秀企业。集团公司在国铁集团铁路施工企业信用评价中,上半年名列第 3

位；下半年名列第6位，均进入A类行列；继续保持水利信用评价“AAA级”施工单位；贯标工作顺利通过监督审核，继续保持“三标”认证资格。

项目管理。贯彻落实“1234+”工程项目管理思路，推进“法人管项目”，完善施工生产管理体系，深化项目预控，突出重点管控，加强过程监控，重点工程推进平稳有序，施工生产工作总体可控。开通国铁项目21个，开通地方铁路及路外项目98个。浩吉、商合杭、郑阜、汉十等铁路项目，青海扎倒、西藏G219线等公路项目，以及武汉光谷综合体、成都地铁5号线和10号线、西安地铁1号线二期、兰州地铁1号线、郑州地铁5号线等城市轨道交通项目顺利开通；上海地铁封浜车辆段、秦园路风塔主体结构完工；福厦铁路40米预制箱梁开始预制，太焦铁路白水河特大桥跨越水河及既有太焦铁路东坡车站转体梁、安九铁路跨京九铁路转体梁等顺利转体；广州南沙港铁路跨西江特大桥斜拉桥首个钢箱梁大节段吊装成功；太焦铁路全线最长Ⅰ级高风险隧道太行隧道、涪秀二线富水岩溶隧道新圆梁山隧道、西银客专全线最长隧道彬县隧道等10千米以上隧道顺利贯通；广州地铁18号和22号线、苏州地铁5号线、无锡地铁4号线等盾构进展顺利。

企业管理。资质管理。组织开展资质资源整合工作，把建安公司钢结构工程专业承包一级资质平移至集团公司。组织开展湖北省重点培育企业提档升级资质申报工作，四公司获批地基基础工程专业承包一级、起重设备安装工程专业承包一级、防水防腐保温工程专业承包一级、建筑装修装饰工程专业承包一级、建筑幕墙工程专业承包一级、城市及道路照明工程专业承包一级等资质；六公司获批市政公用工程施工总承包二级、钢结构工程专业承包二级、电子与智能化工程专业承包一级、防水防腐保温工程专业承包一级、建筑机电安装工程专业承包一级、建筑幕墙工程专业承包一级、古建筑工程专业承包一级、地基基础工程专业承包一级、起重设备安装工程专业承包一级等资质；建安公司获批钢结构工程专业承包一级、环保工程专业承包一级、起重设备安装工程专业承包一级、钢结构工程专业承包二级、桥梁工程专业承包二级、隧道工程专业承包二级、古建筑工程专业承包一级、城市及道路照明工程专业承包一级、特种工程（建筑物纠偏和平移）专业承包不分等级、特种工程（特殊设备起重吊装）专业承包不分等级、特种工程（特种防雷）专业承包不分等级等资质。组织提交了一公司公路工程施工总承包特级，建安公司建筑工程施工总承包特级，六公司施工劳务资质不分等级，电务公司建筑机电安装工程专业承包一级、消防设施工程专业承包一级、防水防腐保温工程专业承包一级、城市及道路照明工程专业承包一级、环保工程专业承包一级，城轨公司建筑工程施工总承包一级、机电工程施工总承包一级、建筑装修装饰工程专业承包一级、环保工程专业承包一级、建筑幕墙工程专业承包一级、古建筑工程专业承包一级、城市及道路照明工程专业承包一级、起重设备安装工程专业承包一级、消防设施工程专业承包一级、电子与智能化工程专业承包一级等资质申请。发展规划。对集团公司“十三五”规划实施情况进行总结、评估，编制《〈“十三五”企业发展战略与规划〉实施中期阶段评估情况暨2018年度执行情况评估报告》；编制《中铁十一局集团有限公司2019—2021年滚动规划》，结合内外部发展环境和企业现状，调整部分发展目标和指标；对各子分公司的战略规划执行情况进行跟踪，审核各子分公司2018年度的战略规划执行情况评估报告和2019—2021年滚动规划。机构编制。调整公司机关职能部门设置，23个职能部门调整为20个职能部门，2个事业部；对2个事业部职能定位进行明确，细化明晰事业部履行的机关职能部门职责和分公司职责；为开拓新兴业务、新兴产业市场，研究设立中铁四维智行科技有限公司（曾用名：湖北四维智行科技有限公司，实际注册名称：武汉铁维智行科技有限公司）；为实现建安公司、二公司、三公司搬迁的目的，研究设立建设发展有限公司、西安建设有限公司、华东建设有限公司；编制下发机构编制管理办法；研究设立直管项目部3个，托管代管项目经理部114个（其中军民融合项目部20个），专项工作组3个；推进法人单位压减工作，完成法人单位压减5家（云南长铁建筑有限公司、十堰铁鑫机械工程有限公司、西藏亿佳工程有限公司、中铁弘达工程检测有限公司、托克逊技术服务有限公司），非法人单位19家；开展驻京办专项清理，京津冀指挥部不再加挂“北京办事处”牌子，对广州、上海区域指挥部办公地点同步进行整改清理。政策研究与企业改革。开展集团公司本级制度评估工作，首创制度评估的“5S法则”。发布《2018—2019年度集团公司系统性评估报告》及“2018—2019年度集团公司业务职能—制度匹配图”“2019年度集团公司制度立改废清单”“2019年度集团公司现行规章制度清单”“2019年度集团公司废止规章制度清单”“2018—2019年度集团公司制度关联表”。为破解“搬出侧”难题，确定“新成立子公司，逐步实现搬迁”的工程公司搬迁模式。10月28日，经股份公司2019年第16次总裁办公会审议，同意三公司搬迁南京、桥梁（物贸）公司搬迁无锡。2019年8月，西北区域总部项目协议签订。2019年10月21日，华东区域总部项目协议签订。按照《加快推进新业务发展工作方案》，组织召开新业务调研报告评审会和专项课题组结题会,对8项新业务调研报告和3项专题调研成果进行评审,明确新业务发展目标、重点和路径。牵头组织机关相关部室对启迪数字集团开展尽职调研。组织机关相关部室对勘察设计院、桥梁公司、建安公司、汉江重工等专业公司进行调研,形成调研报告。组织对集团公司国内投资业务管理职能范围及管理边界进行研究和重新界定。企业协会管理。保持与各行业协会的密切联系,积极参与协会组织的各项活动,获评湖北省百强企业、武汉市百强企业、湖北省优秀企业、湖北省优秀企业家。

财务工作。2019年,集团公司完成营业收入646.70亿元,同比增长7.19%;实现净利润14.12亿元,净利润率2.18%;"两金"余额314.35亿元,"两金"增幅低于营业收入增幅5.23个百分点;资产负债率74.76%,较年初下降1.49个百分点。2019年底,资金集中度77.20%,高于股份公司下达指标7.2个百分点;上存股份及财务公司资金52.24亿元,年均上存度49.50%,高于股份公司考核指标9.5个百分点;资金集中降低资金成本2.44亿元,获得财务公司超额收益0.64亿元;成立票据管理中心,减少银行承兑保证金占用约3.47亿元,节约物资成本和资金成本约5141万元。科学合理享受税收优惠2.03亿元,增值税增量留抵退税1.34亿元。印发《会计核算操作手册》,统一业务核算规则。印发《"两会一盘点"操作手册》,规范项目经济运行质量分析。印发《会计基础工作达标考核暂行办法》,明确基础工作标准,健全考核机制。印发《会计队伍建设管理办法》,推进会计队伍建设。印发《商业汇票业务管理办法》,加强票据集中,降低成本,防范风险。会计中高级职称考试通过117人,取得正高级会计师任职资格3人。获财会学会科研课题三等奖一篇,获建筑财税优秀论文二等奖一篇、三等奖一篇,获股份公司财会论文评选优秀组织奖、一等奖一篇、二等奖一篇。

审计工作。开展审计项目283项,占年度审计计划264项的107.2%。审计发现问题金额5.42亿元,促进增收节支和挽回经济损失9201万元,提出审计建议被采纳1203条。审计结果利用情况涉及50人次。其中,提升5人、平调18人、降职3人、受党政纪处分15人、移送纪检监察9人。2019年,接受外部审计51项。其中地方政府审计51项。通过集团上下沟通协调,减少扣款3.16亿元。

(隋英姿　黎　敏　陈　跃)

【科研成果】 发布主编住建部行业标准《城市轨道交通桥梁工程施工与验收规范》、股份公司标准《中低速磁浮轨道工程施工及验收标准》《中低速磁浮交通土建工程施工技术规范》《中低速磁浮交通机电工程施工技术规范》;发布参编股份公司标准4部、地方标准3部、铁路集团公司标准1部。报批主编国家铁路局行业标准《铁路工程基本作业施工安全技术规程》、参编武汉地方标准《岩溶勘察设计与施工技术规程》。新立《城市浅埋地下空间装配式支护施工技术规程》等中国岩石力学与工程学会团体标准6项;参编《川藏铁路高地应力软岩隧道施工技术暂行规定》等国铁集团公司企业标准4部。出版《铁路工程铺架施工技术》《高速铁路长大隧道机械化快速施工成套技术与装备》专著2部;参与编制《川藏铁路隧道防排水施工技术》等专著3部。完成《桥梁转体施工关键技术与应用》专著编制,编制《特殊地段盾构隧道施工技术》《交通土建计算手册》等专著3部。科研活动。依托国家重点研发计划课题"城市地下空间网络化安全拓建技术"完成光谷综合体示范工程验收。依托国家重点研发计划课题"城市地下空间快速装配支护技术"完成广州地铁番禺广场暗挖隧道的示范工程实施方案评审并上报国家科技部备案。依托国家重点研发计划项目"城市地下基础设施运行综合监测关键技术研究与示范",研发城市地下基础设施运行综合监测系统施工技术。编写完成《川藏铁路新城子高地应软岩大变形隧道建造技术总结分报告》,参与完成《川藏铁路高地应软岩大变形隧道施工技术总结总报告》。组织汉江重工技术人员开展隧道一级装备施工创新工艺调研。2019年度获国家科技进步二等奖1项。省部级特等奖2项、一等奖3项、二等奖2项、三等奖3项。股份公司特等奖1项、一等奖2项、二等奖1项;中施企协一等奖2项、二等奖1项;岩石力学工程学会一等奖2项;测绘学会二等奖1项、中国交通协会三等奖1项。主持获得"智建中国"国际BIM大赛一等奖1项;获第八届全国"龙图杯"BIM大赛二等奖1项,三等奖1项;获第四届全国建设工程BIM大赛三类成果奖1项;获2019第二届"路优"杯全国BIM技术大赛优秀奖1项;获中国铁建"青创杯"BIM技术成果邀请大赛二等奖。新增参与"城市地下基础设施运行综合监测关键技术研究与示范"等国家重点研发计划课题2项、"川藏铁路不良地质隧道修建关键技术研究"等股份公司重大专项3项;新增主持重庆市省部级课题1项。完成2019年度课题立项工作,签订32项科研合同,合同经费2150万元;开展科研立项、考核、结题、经费拨付及审核等工作。在已检查38项在研课题中,计划中止课题3项、暂缓经费拨付课题4项,组织结题项目10项。获批国家知识产权优势示范企业。全年度获得专利授权167件,其中发明专利18件、实用新型149件;获得股份公司优秀实用新型专利2件,另外组织集团公司优秀专利评审，获奖12项。全年获得省部级工法27项，其中省级工法9项、铁路工法16项、公路工法2项；获得股份公司优秀工法一等奖11项、二等奖5项；组织集团公司工法评审工作，通过37项。依托重难点项目开展技术创新工作，并形成一批成果。贵南项目在工艺工装方面深化创新，研发创新“光伟”二衬智能信息化浇筑系统、仰拱边墙布料机、仰拱自动振捣整平机械手、仰拱边墙自行式凿毛机等一系列仰拱、二衬施工工装，提高隧道仰拱、二衬的质量和工效；郑万重庆段项目研发应用大跨度移动伸缩式栈桥，在仰拱作业区形成合理的三区平行流水作业，加快施工进度。为进一步做实科技创新平台，提升科技创新能力，组织完成“隧道与地下空间工程实验室（研发中心）”和“铺架、轨道及其施工装备工程实验室（研发中心）”2个股份公司实验室申报工作。

教育培训。招聘接收2019届高校毕业生990人。其中，博士2人、硕士51人、本科毕业生937人。盘活内部用人机制，接收符合资格条件各类社会人才45人，依托股份公司平台，储备海外工程人才班学员18人。组织参加股份公司领导干部培训26人次，集团公司年度培训36031人次，举办技术序列、经管序列学习地图开发培训班2期，完成集团公司的核心岗位技术和经管序列学习地图开发任务，组织参加5期微课开发公开课，引进岗位经验萃取和微视频制作两项技术，开发微课300余门。9月正式启动集团公司线上教学平台建设，在线学习板块12月投入试运行。

（汪　婧　胡小银　张　航）

【党群工作】 党的工作。党委委员23人，党委常委5人。下辖二级党委16个，党总支5个，党支部506个，党员9611人。党的政治建设。深入开展“不忘初心、牢记使命”主题教育。落实“守初心、担使命，找差距、抓落实”总要求，把握目标任务，深入推进两批主题教育，集团党委领导班子带头开展学习教育8次，集中研讨3次，学习时长6天半。两级党委领导班子结合学习体会，开展调查研究207次，讲授专题党课161次，检视问题1390个，查找专项整治问题352项，完成整改191项。集团党委以“三基”建设为主题，在国务院国资委进行经验交流，深化主题教育效果。全面发挥党的领导作用。扎实推进“四同步、四对接”工作原则和“双向进入、交叉任职”领导体制，认真执行重大事项党组织前置研究程序，2019年，召开党委常委会13次，研究重大议题73项，对61项经营管理重大事项进行前置研究，完成两级单位“三重一大”监管系统信息录入工作，党的领导和企业治理结构实现有机统一，党建工作“一岗双责”得到充分保障。推动企业改革发展。聚焦“高质量发展”主题，深化“品质十一局”建设，深度融入国家发展战略，推进“三转”理念，成立新产业拓展事业部，进入生态环保、智慧停车等新产业领域。践行“海外优先”战略，在东南亚和非洲实现滚动发展，独立中标新加坡首个海外设计施工总承包项目。坚持服务生产经营不偏离，提出“守正创新”，推行“简政放权”，深化“放管服”改革，推进“废改立”工作，向广大职工发出“强力推行项目管理升级，全面提升项目创效能力”的号召，激发企业的发展活力和创新能力。党风廉政建设。“两个责任”传导到位。召开党风廉政建设专题会和“两个责任”促进会，安排部署年度重点工作，全力支持纪委开展工作。紧盯形式主义、官僚主义新表现，制定集中整治形式主义、官僚主义工作方案，防止形式主义、官僚主义反弹回潮。高度重视并妥善处理股份公司巡视反馈意见，及时向股份公司反馈整改结果。开展内部巡察，对5个项目及分部党组织开展2轮专项巡察，向12个国内区域指挥部和2个项目反馈巡察情况，常委会2次听取并点评巡察工作，履行管党治党的主体责任。教育监督执行到位。对各单位落实党的十九大精神和习近平新时代中国特色社会主义思想、党内政治生活、民主集中制、选人用人等情况开展政治监督。创新开展廉洁教育下基层“直通车”活动，为1300余名项目“关键少数”和重要岗位人员送上廉洁教育“套餐”。开展“党风廉政宣教月”活动，通过知识竞赛、廉洁家书、廉政承诺、书画影展等形式，营造良好的“清廉十一局，正义十一局”文化氛围。执纪问责落实到位。持续加大执纪问责力度，查处一批利益输送、项目亏损、失职渎职、亲属经商办企业等典型案件，做到有案必查、违者必究，受理信访举报92件（次），立案81件，结案81件，给予党政纪处分和组织处理179人次，刑事判决3人。强化亏损项目问责工作，全集团问责亏损项目32个，处理165人，经济赔偿处罚123.27万元，挽回经济损失6834.18万元，查案问责保持高压态势，全面传导铁腕治企信号。宣传思想文化建设。思想建设全面加强。围绕“不忘初心、牢记使命”主题教育，开展中心组学习10次，提高班子成员的政治素质和决策水平。强化思想引领，开展“汇聚磅礴发展力量　推动企业高品质发展”形势任务教育，统一思想认识，激发工作热情。认真落实意识形态工作责任制，党委两次专题研究意识形态工作，牢牢把握意识形态工作主动权。新闻报道成效显著。大力推进传统媒体和新媒体深度结合、优势互补，在中央传统主流媒体刊稿208篇，省部级传统主流媒体刊稿421篇，编发微信公众号专题稿件203篇，刊稿排名及新媒体运维考核均位列系统第二。围绕国家重大活动、重点工程和重要项目，先后推出《一条快闪、一首赞歌，热烈庆祝新中国成立七十周年》《蒙华铁路进入铺轨冲刺阶段》《昌赣客专接入八纵八横高铁网》《重庆玖城1号物业勇救坠楼男童》等重点报道，被新华社、《人民日报》专题发布，被网络“大V”竞相转发，点击量均超千万次，提升企业形象。企业文化持续深化。广泛宣传“以国为荣、以法为循、以德为先、以企为家、以人为本”的新时代铁建文化，掀起“品质铁建”大讨论。加强文明创建工作，本级和所属3家单位继续保持全国文明单位。发掘和宣传先进人物事迹，拉林铁路质检女工班在人民大会堂作事迹报告，获全国五一巾帼奖状、“新中国70年最具影响力班组”、股份公司“十大楷模”等荣誉，女工班班长崔欣获中宣部、国铁集团“最美铁路人”称号，受到股份公司总裁庄尚标亲切接见，并号召全系统向女工班学习。

工会工作。下设17个二级单位工会。专职工会干部62人，兼职工会干部395人，工会会员18612人，项目工会460个。5月，部署开展安全生产知识培训竞赛活动，经过初赛、复赛，8月下旬所属单位200名选手齐聚重庆南川，开展“防风险、除隐患、遏事故”主题演讲比赛和2019年“安全健康伴我行”安全生产知识竞赛决赛。加大建家建线投入力度。集团公司、工程公司两级工会联动，对处于青海、西藏、新疆、云南、贵州等驻地偏远、环境恶劣、职工生产生活条件艰苦的项目进行建家建线帮扶和指导，投入专项资金帮扶。集团公司工会帮扶18个项目，投入帮扶资金90万元。对困难职工实施帮扶救助。元旦、春节期间，集团公司、工程公司两级工会组织慰问特困重困职工、困难劳模、困难离退休职工、劳务工1426户，慰问一线职工6423人，发放困难救助物资376.12万元，慰问生产一线项目57个，支付“送温暖”资金383.05万元；开展“金秋助学”活动，资助困难职工子女286人，发放助学款67.9万元。国庆70周年前夕，集团公司对省部级及以上劳模、五一劳动奖章获得者(或遗属)65人进行慰问，发放慰问费13万元。开展“与共和国同行，打造品质铁建”系列读书活动。在股份公司读书评比中，涌现33个先进个人，获优秀组织单位奖。2019年申报全总职工书屋2个、省总书屋1个，申报6个全总书屋配书、2个便利型站点配书、3个劳模书架配书。集团体协、老年体协举办第21届钓鱼比赛和2019年老年体育工作会议暨第25届钓鱼比赛。开展职工职业技能比武竞赛，11月20—22日，集团公司通用工种决赛暨承办股份公司的起重装卸机械操作工技能竞赛在桥梁公司黄黄项目部举行，全集团11个单位工程测量、维修电工、起重装卸机械操作工、计算机操作、平面制图、BIM设计6个工种的163名选手参加决赛。开展逢年过节慰问和会员生日、婚丧嫁娶、退休离岗慰问，通过发放电影兑换券、武汉旅游年卡，组织迎“五一”、“十一”、元旦等文体活动丰富职工业余生活。2019年集团公司工会财务获中华全国总工会“全国市级工会财务工作先进单位”称号。桥梁公司拉林铁路曲水分公司质检女工班获全国五一巾帼奖状；三公司韩国获评全国五一巾帼标兵；桥梁公司崔欣获2019年度“新时代·铁路榜样”称号；电务公司职工子女暑期托管班获评全国工会爱心托管班；三公司爱心母婴室获评湖北省示范爱心母婴室；四公司朱虹获湖北省五一巾帼奖；桥梁、城轨公司女工委获评湖北省先进女职工组织；三公司张军玲、电务公司刘晓燕获评湖北省优秀女职工工作者。

共青团工作。下辖二级团委13个，团总支2个，团支部328个，专职团干部9人。学习《习近平总书记在纪念五四运动100周年大会上的讲话》，集团公司1万多名青年职工通过电视直播收看纪念五四运动100周年大会；开展“青年大学习——每月共读一文和每季共读一书”活动；举办“我为祖国建铁路”青春诗会并以网络视频链接方式组织289场集中观看活动；开展“青春与祖国同在”系列庆祝活动，如抖音、摄影、书法等活动；开展“青春心向党·建功新时代”主题教育实践活动，如“圆梦工程”工地演唱会、“登高精神伴我行”主题演讲比赛、“缅怀革命先烈，展铺架劲旅雄风”和“国旗下的演讲”主题团日等系列活动；举办2017—2018年度青年“五小”成果评比表彰暨发布会和集团公司第二届项目管理汇报大赛；成立“祁建光志愿服务队”，重点推进为老服务(“夕阳使者”项目)、关爱农民工子女(“未来工程师”项目)和环境保护3个方面工作。开展“团组织就在我身边”关爱行动，慰问困难团员青年12人，发放慰问金2.4万元。2019年，获国家级表彰先进个人1人，获省部级表彰先进集体8个，获省部级表彰先进个人6人。

(陈 勤 董世峙 李玉彪)

【第一工程有限公司】 拥有公路、市政公用工程施工总承包一级，铁路、矿山工程施工总承包二级，地基基础、桥梁、隧道、公路路面、公路路基工程专业承包一级资质。驻湖北省襄阳市航空路73号。前身为铁道兵第一师第一团，1984年1月1日集体转业并入铁道部，改制为铁道部第十一工程局第一工程处，1999年12月1日更名为中铁第十一工程局第一工程处，2001年9月26日改制注册为中铁十一局集团第一工程有限公司。执行董事、总经理周宏，党委书记王传斌。职工2248人。资产总额641551.2万元。其中，固定资产原值81596.9万元、净值27897.0万元；流动资产548331.9万元；其他资产65322.3万元。设备1536台

(套),原值 34676.79 万元、净值 1356.77 万元,成新率 39.13%,总功率 104904 千瓦,动力装备率 46.09 千瓦/人,技术装备率 5.96 万元/人。年施工能力 95 亿元以上。

2019 年,新签合同额 151.07 亿元,企业总产值 95.2 亿元,净利润 16161.98 万元。全员劳动生产率 39.11 万元/人年,人均创利 72540.33 元,职工年人均收入 134355.41 元。国有资产保值增值率113.34%,净资产收益率 13.15%,产值利润率 1.7%,资产负债率 80.56%。 (刘 斌)

【第二工程有限公司】 拥有公路工程、市政公用工程施工总承包一级;铁路工程、水利水电工程施工总承包二级;公路路基工程、公路路面工程、桥梁工程、隧道工程专业承包一级;爆破作业单位许可证资质等级四级;试验检测机构公路工程综合乙级资质。注册资本金 10.01 亿元,驻湖北省十堰市白浪中路 99 号。前身为中国人民解放军铁道兵第一师第二团;1984 年 1 月 1 日,集体转业并入铁道部,改称铁道部第十一工程局第二工程处;2001 年 9 月 18 日,企业改制更名为中铁十一局集团第二工程有限公司。执行董事、总经理杨兵,党委书记万子兵。职工 2018 人。资产总额56.74亿元。其中,负债总额 44.45 亿元;所有者权益总额 12.28亿元;固定资产原值 6.87 亿元、净值 2.30 亿元;流动资产 49.66 亿元;非流动资产 7.08 亿元。设备 460 台(辆)。设备原值 26993 万元、净值 7396 万元,总功率 60903 千瓦,动力装备率 30.42 千瓦/人,技术装备率 3.69 万元/人,设备完好率 89.3%、利用率 78.1%。年施工能力 100 亿元以上。

2019 年,自揽合同额 114.39 亿元,经营承揽 34 项,合同额 153.53 亿元。施工产值 105 亿元。职工年人均收入 13.69 万元,人均创利 7.77 万元。国有资产保值增值率 111.83%,净资产收益率 11.70%,产值收益率 1.54%,资产负债率 78.35%,应上缴款完成率 100%。 (崔照霞)

【第三工程有限公司】 拥有公路、铁路、市政公用工程施工总承包一级,建筑、矿山、机电工程施工总承包二级;公路路基、桥梁、隧道工程专业承包一级,环保、铁路铺轨架梁工程专业承包二级;爆破作业单位许可证四级资质及公路工程试验检测综合类乙级资质。驻湖北省十堰市武当路 15 号。前身为中国人民解放军铁道兵第一师第三团,1984 年 1 月 1 日集体转业,改称为铁道部第十一工程局第三工程处,2001 年 9 月 26 日企业改制改称现名。注册资本金 10.01 亿元。执行董事兼总经理任继红,党委书记刘碧萍。职工 2861 人。资产总额 55.23 亿元。其中,固定资产原值 13.41 亿元、净值 3.05 亿元。设备 1029 台(套),动力装备率 29.7 千瓦/人,技术装备率 6.0 万元/人,设备完好率 95.6%,新度系数 22.6%,利用率 86.3%。年施工能力 80 亿元。

2019 年,新签合同额 122.42 亿元,企业总产值 81.33 亿元,净利润 1.43 亿元。其中施工产值 81.04 亿元。资产负债率 78.20%。 (史 娟)

【第四工程有限公司】 拥有公路、市政公用工程施工总承包一级,铁路、房屋建筑、矿山工程施工总承包二级;桥梁、隧道、公路路面工程承包一级,钢结构、消防设施工程专业承包二级,环保专业承包一级,预拌混凝土专业承包资质;营业性爆破作业许可资质四级,测绘乙级资质,检验检测资质。驻湖北省武汉市东湖开发区佳园路 21 号。前身为冀鲁豫军区一分区基干五团,组建于 1945 年 8 月;1981 年 3 月,整编为中国人民解放军铁道兵第一师四团。1984 年 1 月集体转业,改称铁道部第十一工程局第四工程处;2001 年 9 月 28 日企业改制改称现名。注册资本金 10.1 亿元,执行董事、总经理谭发刚,党委书记赵建岐。职工 2598 人。资产总额 65.58 亿元。其中,固定资产净值 3.71 亿元;流动资产 54.65 亿元。机械运输设备 802 台(套),设备原值 31447.23 万元、净值 16308.54 万元,成新率 51.86%,总功率 108095 千瓦。

2019 年,新签合同额 132.22 亿元。施工产值 106 亿元、营业收入 93.72 亿元,净利润 6006 万元。国有资产保值增值率 105.49%,净资产收益率 5.44%,资产负债率 83%。 (李自鹏)

【第五工程有限公司】 拥有市政公用工程施工总承包特级,工程设计市政行业甲级,建筑、公路工程施工总承包一级,铁路工程、水利水电工程施工总承包二级,桥梁、隧道、公路路基工程专业承包一级,钢结构工程、环保工程专业承包三级资质。驻重庆市沙坪坝区新桥新村 71 号。前身为中国人民解放军铁道兵第二十九团,1984 年 1 月 1 日集体转业,改称铁道部第十一工程局第五工程处,2001 年 9 月 28 日企业改制改称现名。注册资本金 10.01 亿元。执行董事、总经理陈永平,党委书记连永章。职工 2242 人。资产总额 63.8 亿元。其中,固定资产原值 89015.5 万元、净值 41011.4 万元;流动资产 540789.7 万元。设备 1639 台(套),设备原值 79172.81 万元(其中大型设备原值 41909 万元)、净值 34094.11 万元,成新率 43.06%,总功率 186308.43 千瓦,动力装备率 84.34 千瓦/人,技术装备率 15.43 万元/人。

2019年，新签合同额114.08亿元（其中国内96.72亿元、海外17.36亿元），占集团公司年度计划98亿元（其中国内90亿元、海外8亿元）的116.41%，企业总产值101.93亿元，施工产值101.83亿元，净利润16172.6万元。职工人均年收入139648元。国有资产保值增值率114.68%，净资产收益率13.76%，资产负债率80.85%，投资收益上缴率100%，利润总额增长率138.08%，权益净利率13.76%，营业收入增长率4.03%。（徐　锋）

【第六工程有限公司】 拥有建筑工程、机电安装工程施工总承包一级，市政公用工程施工、矿山工程施工总承包二级，铁路工程、石油化工工程施工总承包三级，建筑装修装饰工程、消防设施工程、环保工程、地基基础工程、起重设备安装工程、电子与智能化工程、防水防腐保温工程、建筑机电安装工程、建筑幕墙工程、古建筑工程专业承包一级，钢结构工程专业承包二级资质。驻湖北省襄阳市高新区七里河路2号。注册资本金2亿元。是以地铁车辆段（停车场）施工、地铁风水电安装、铁路运架梁为主业，以水利水电、风电、环保、市政等领域及城市地下综合管廊、装配式建筑、智能车库、地基基础、建筑装修装饰等新型业务多元发展的综合性企业。前身是组建于1959年的中国人民解放军铁道兵第一师修理营；1984年1月，集体转业，改编为铁道部第十一工程局修理厂；1999年10月，更名为基建安装工程处；2001年8月，更名为基建安装工程分公司；2007年2月，企业改制改称中铁十一局集团第六工程有限公司。执行董事、总经理孔凡华，党委书记王鹏。职工748人。机械设备201台（套），设备原值32733.37万元、净值4658.18万元，成新率14.32%，总功率25766.60千瓦，动力装备率30.21千瓦/人，技术装备率5.46万元/人，在用设备完好率92%、利用率89%。年施工能力30亿元以上。

2019年，承揽任务51.66亿元，产值33.5亿元。职工年人均收入12.67万元。（毛雪婷）

【电务工程有限公司】 拥有通信、机电工程施工总承包一级，建筑、电力工程施工总承包二级，铁路电务、铁路电气化、输变电、电子与智能化、建筑装修装饰工程专业承包一级，消防设施工程专业承包二级，电力设施承装（修、试）二级，安防工程企业设计施工维护能力一级资质以及信息通信网络系统集成企业服务能力（甲级）。驻湖北省武汉市东湖新技术开发区佳园路19号。前身为组建于1969年的中国人民解放军铁道兵直属通信信号第三工程营；1984年1月，集体转业，改编为铁道部第十一工程局电务工程段；1986年4月，改为铁道部第十一工程局电务工程处；2001年9月，企业改制改称现名；2009年7月，公司重组，主体划转到中国铁建电气化局集团南方工程有限公司，保留资质。注册资本金4亿元。执行董事、党委书记严新金（7月免），执行董事、总经理李承连（7月任），党委书记全国军（9月任）。职工872人。资产总额24.67亿元。其中，固定资产原值1.71亿元、净值8440.59万元；流动资产21.84亿元；其他资产2.82亿元。机械运输设备146台，设备原值6140.36万元、净值1631.83万元，总功率16023.2千瓦，动力装备率18.38千瓦/人、技术装备率1.87万元/人、设备完好率88.5%、利用率93.6%，机械化施工程度一级，年施工能力三级。年施工能力25亿元以上。

2019年，新签合同额60.02亿元，企业总产值23.12亿元，营业收入23.01亿元，施工产值23.12亿元，利润总额1.72亿元。人均创效17.75万元，全员劳动生产率51.42万元/人年，职工年人均收入15.22万元。国有资产保值增值率115.71%，净资产收益率19.72%，产值利润率5.22%，资产负债率65.84%，应上缴款完成率106.49%。（易　婷）

【建筑安装工程有限公司】 拥有建筑、市政公用工程施工总承包一级，铁路、机电工程施工总承包二级，地基基础、起重设备安装、电子与智能化、消防设施、防水防腐保温、建筑装修装饰、建筑机电安装、建筑幕墙、古建筑、城市及道路照明、环保工程专业承包一级，桥梁、隧道、钢结构工程专业承包二级，特种工程（建筑物纠偏和平移）、特种工程（结构补强）、特种工程（特殊设备起重吊装）、特种工程（特种防雷）专业承包不分等级；建筑幕墙工程、消防设施工程设计二级，工程测绘乙级资质。驻湖北省武汉市武昌区丁字桥路47号。前身为中国人民解放军铁道兵第一师设计科；1984年1月，集体转业并入铁道部；1986年3月，在铁道部第十一工程局基建办设计室的基础上组建，称为勘测设计处；1989年8月，改称勘测设计研究处，1993年3月，更名为勘测设计研究院暨建筑安装工程公司；1996年6月，更名为铁道部第十一工程局建筑安装工程处（对外保留勘测设计研究院）；2001年9月，企业改制为现名。注册资本金10.01亿元。执行董事、党委书记王传斌（5月免）、唐清明（9月任）；总经理唐清明（9月免）、陈起建（9月任）。职工1194人。固定资产原值1.85亿元、净值4915.6万元；流动资产51.71亿元。机械运输设备246台，原值6242.2万元、净值2020.28万元，设备成新率32.4%，总功率20777千瓦，动力装备率17.4千瓦/人，技术装备率1.69万元/人。

2019年，新签合同额100.1亿元。（梁义才）

【桥梁有限公司】 拥有桥梁工程专业承包一级、钢结构专业承包三级、市政工程三级和检验检测机构资质。是集高速铁路箱梁、T梁、U型梁、轨道板、轨枕、城市轻轨PC梁、铁路公路节段梁、地铁管片等混凝土预制品及其配套产品生产、物资贸易、物流仓储、资本运营、工业产品制造、钢材加工配送、战备器材管理于一体的大型建筑施工企业。驻江西省鹰潭市月湖区南站路24号。1954年,为修建鹰厦铁路组建;1955年,称八〇部鹰潭材料总厂;1959年改称铁道兵后勤部第二基地;1965年,改称解放军第152仓库(代号总字525部队);1977年,改称铁道兵鹰潭仓库(代号89152部队);1984年1月,集体转业改编为铁道部工程指挥部鹰潭材料总厂;1989年,更名为铁道部工程指挥部鹰潭战备材料总厂;1990年10月,更名为中国铁道建筑总公司鹰潭战备材料总厂,隶属于总公司物资局;2001年11月,划转中铁十一局集团有限公司所属;2003年7月,注册成立中铁十一局集团鹰潭战备材料总厂有限公司,剥离的非经营性资产(战备)仍属鹰潭战备材料总厂管理使用,以保战时需要,并把"中国铁道建筑总公司鹰潭战备材料总厂"更名为"中国铁道建筑总公司鹰潭战备材料基地",改制后一个单位两块牌子,一个名称是"中铁十一局集团鹰潭战备材料总厂有限公司",另一个名称是"中国铁道建筑总公司鹰潭战备材料基地";2003年12月,"中铁十一局集团鹰潭战备材料总厂有限公司"更名为"中国铁道建筑总公司鹰潭战备材料总厂有限公司";2007年8月,正式更名为中铁十一局集团桥梁有限公司,并保留中国铁道建筑总公司鹰潭战备材料基地名称;2018年7月,撤销"中国铁道建筑总公司鹰潭战备材料基地"。执行董事、总经理李剑峰,党委书记杨建华。职工582人。资产总额20.76亿元。其中,流动资产13.57亿元,固定资产原值8.95亿元、净值4.28亿元。设备1925台(套),设备原值4.41亿元、净值0.17亿元,完好率92.88%、利用率93.56%。

2019年,新签合同额20.19亿元,企业总产值24.82亿元,施工产值21.47亿元,营业收入23.82亿元,利润总额3608.65万元,税后净利润3099.24万元。全员劳动生产率395.62万元/人年,人均创利5.99万元,职工年人均收入13.76万元。国有资产保值增值率104.55%,净资产收益率6.42%,产值利润率0.56%,资产负债率76.75%,投资收益上缴率100%。

(黄晓京　吴　丽)

【城市轨道工程有限公司】 拥有市政公用工程施工总承包一级,建筑工程、机电工程施工总承包二级,隧道工程专业承包二级,地基基础工程、防水防腐保温工程、建筑装修装饰工程、环保工程、建筑幕墙工程、古建筑工程、城市及道路照明工程、起重设备安装工程、消防设施工程、电子与智能化工程专业承包一级资质。驻湖北省武汉市东湖开发区佳园路23号。前身为中铁十一局集团广州地铁工程指挥部、广州分公司;2007年8月,改制为中铁十一局集团城市轨道工程有限公司。执行董事、副总经理周晗(主持行政工作),党委书记彭刚(9月任),党委副书记赵东华(主持党委工作,9月免)。注册资本金10.1亿元。职工1702人。资产总额54.14亿元。其中,固定资产原值17.46亿元、净值5.63亿元;流动资产43.95亿元;净资产93594万元。机械运输设备1265台(套),总功率14.47万千瓦,动力装备率85.03千瓦/人,技术装备率36.19万元/人。

2019年,新签合同额94.76亿元,企业总产值78.34亿元,施工产值78.34亿元,利润总额18067万元。全员劳动生产率43.01万元/人年,人均创利10.45万元。职工年人均收入12.49万元。国有资产保值增值率125.55%,净资产收益率20.93%,产值利润率2.30%,资产负债率82.71%,投资收益上缴率100%。

(邓光明　王红宇)

【汉江重工有限公司】 拥有A级桥式/门式起重机制造许可(含安装、改造、修理)、钢结构工程专业承包一级、起重设备安装工程专业承包三级、中国钢结构协会一级制造、货物技术进出口资质。是专业从事施工机械装备研发、设计、制造、服务于一体的专业化企业。2013年9月在湖北省襄阳市注册成立,与第六工程有限公司实行"一套机构,两块牌子"。注册资本金2亿元。驻湖北省襄阳市樊城区航空航天工业园中航大道22号。公司执行董事、总经理孔凡华,党委书记王鹏。职工243人。资产总额7.55亿元。其中,固定资产原值1.70亿元、净值1.18亿元;流动资产4.43亿元。机械运输设备546台(套),设备原值5070.74万元、净值2604.92万元,成新率48.87%,总功率16104.37千瓦,动力装备率65.73千瓦/人。技术装备率10.63万元/人。年施工能力5亿元。

2019年,新签合同额9亿元。　(谢珊珊)

【勘察设计院】 拥有铁路行业甲级、公路行业甲级、市政行业甲级、建筑行业(建筑工程、人防工程)甲级、工程勘察专业类(岩土工程)乙级、测绘甲级资质。始建于1954年7月,前身为铁道兵第一师工程设计科;1986年1月,更名为铁道部第十一工程局勘测设计处;1993年3月,更名为铁道部第十一工程局勘测设计研究院;2012年4月,更名为中铁十一局集团有限公司勘测设计研究院;2015 年 5 月,重组扩建并更名为中铁十一局集团有限公司勘察设计院。驻湖北省武汉市洪山区民族大道 324 号。院长聂桂良,党委书记李永峰。职工 140 人。

2019 年,新签合同额 2.81 亿元,企业总产值 7877 万元,施工产值 5823 万元,利润总额 10.9 万元。国有资产保值增值率 100.3%,净资产收益率 -0.3%,产值利润率 0.13%,资产负债率 147.5%。 (陈 瑶)

【房地产开发有限公司】 2010 年 3 月由中铁十一局集团有限公司注册成立,主要经营房地产开发销售,出租和管理自建商品房及配套设施。驻湖北省武汉市汉阳区四新北路 100 号太子水榭 19 栋会所楼 3 楼 323 室。注册资本金 1 亿元。执行董事、党委书记、总经理代峪。职工 72 人。

2019 年,营业收入 20507 万元,销售收入 107339 万元,净利润 2761 万元,回款率 90%。 (左 超)

【物资贸易有限公司】 是主营工业与民用建筑、商业设施及公共基础设施建设的物资综合配套供应和国际进出口贸易业务的国有独资企业。2017 年 11 月,物贸公司进行机构重组,调整分公司机构设置,撤销原济南分公司、东北分公司,合并成立北方分公司,2018 年 1 月,更名为济南分公司,撤销原川渝贵分公司、昆明分公司,合并成立西南分公司;2018 年 2 月,更名为重庆分公司,撤销原华中分公司(部分)和华东分公司,合并成立华中分公司,撤销原华中分公司(部分)和广州分公司,合并成立南方分公司;2018 年 12 月,更名为广州分公司;2018 年 2 月,原西北分公司更名为西安分公司,进出口分公司现有单位名称和组织机构不变。驻江西省鹰潭市月湖区南站路 24 号。执行董事、总经理李剑峰,党委书记杨建华。职工 101 人。资产总额 9.33 亿元。其中,流动资产 9.06 亿元、非流动资产 0.26 亿元;固定资产原值 0.17 亿元、净值 0.13 亿元。

2019 年,新签合同额 30.42 亿元,企业总产值 15.58 亿元,营业收入 15.58 亿元,利润总额 0.14 亿元,净利润 0.11 亿元。国有资产保值增值率 102.87%,净资产收益率 5.02%,产值利润率 0.95%,资产负债率 76%,投资收益上缴率 90%。 (黄晓京 吴 丽)

【武汉物业管理有限公司】 具有二级物业管理资质。2012 年 9 月,由中铁十一局集团有限公司出资成立。注册资本金 500 万元。主要经营物业管理,停车服务,会议及展览服务,清洁服务,家政服务,绿化养护工程、园林绿化工程、市政工程施工,房屋维修,水电安装,建筑装潢材料、五金交电、日用百货、电线电缆批零兼营等业务。驻湖北省武汉市武昌区中山路 277 号中铁大厦。 (左 超)

【重要记载】

▲3 月 1 日 中铁十一局"祁建光志愿服务队"在桥梁公司安九项目孔垄制梁场成立。

▲9 月 5 日 中央网信办网络评论工作局、国务院国资委宣传工作局指导,国务院国资委新闻中心主办,中国铁建承办的"与共和国共成长 新媒体走进新国企"系列活动深入开展。来自新华社、中国国际广播电台、《科技日报》、中国科协、国资小新等 10 家媒体的记者到集团郑万高铁项目进行实地采访。

▲9 月 25 日 "登高英雄"杨连第获"最美奋斗者"称号。

▲9 月 中铁十一局获湖北省勘察设计职工技能大赛二等奖。

▲11 月 4 日 中铁十一局 8 项工程获国家优质工程奖,其中 1 项工程获金质奖。

▲11 月 11 日 中铁十一局拉林铁路质检女工班获中国铁建第三届"十大楷模"称号。

▲12 月 4 日 中铁十一局获全路工会最佳"三有"创新成果奖。

▲12 月 10 日 中铁十一局获中国建设工程鲁班奖 6 项、国家优质工程奖 18 项。 (郭 琳)

中铁十二局集团有限公司

【简况】 具有铁路工程、公路工程、建筑工程、市政公用工程总承包特级,铁道行业、公路行业、建筑行业和市政行业设计甲级资质,同时具备公路、水利水电、通信工程等施工总承包一级,隧道、桥梁、路基、路面、地基与基础、机场场道、铺轨架梁、轨道交通、机电设备安装、地质灾害治理等专业承包一级等各类资质百余项,拥有对外承包工程资格和对外劳务合作经营资格。总部驻山西省太原市万柏林区西矿街 130 号。下辖第一、第二、第三、第四工程有限公司,建筑安装工程有限公司,电气化工程有限公司,第七工程有限公司,海南振海工程有限公司,市政工程有限公司,铁路养护工程有限公司,国际工程有限公司,物资有限公司,房地产开发有限公司,投资管理有限公司,山西铁道大厦有限公司,华南、华东、西北、川渝、云贵、北京、东北、华中工程指挥部,湘潭铁路工程学校,中心医院,兴城疗养院,物业管理中心，资金调度中心，财务共享服务中心，勘测设计院等单位。职工 22173 人。资产总额 484.92 亿元。其中，固定资产净值 50.80 亿元，流动资产374.86 亿元，货币资金 98.05 亿元。资本金收益率25.86%，净资产收益率 12.46%，资产负债率77.14%。拥有各类施工机械、运输设备、生产设备 9570 台（套），总功率 1215125 千瓦，固定资产原值 601579.07 万元、净值 242235.58 万元，技术装备率 13.28 万元/人，动力装备率 66.60 千瓦/人。年内新增设备固定资产 1043 台（套），大型设备完好率 92.1%、利用率70.2%；综合机械化施工水平 90.8%。企业年施工能力 700 亿元以上。

2019 年，承揽任务 333 项，合同总额 1150.8 亿元；企业总产值 807.7 亿元，占股份公司年度计划 580 亿元的 139.3%，比上年增长 11.4%；施工产值 788.6 亿元，占集团公司年度计划 678 亿元的116.3%，比上年增长 11.3%；利润 14.57 亿元，净利润 11.6 亿元；在岗职工年平均工资 105175 元，较上年增长 6%。主要实物工程量：土石方 8140 万立方米，隧道 183941 延长米，桥梁 189787 延长米，房屋建筑面积折合 6668662 平方米，公路路面 1145 万平方米，供电线路 486 千米，通信线路 466 千米，接触网 155 千米。（唐晓明）

【领导人员】

董事会

董事长	宋津喜
副董事长	高治双（4 月任，9 月免）
董事	宋津喜
	支卫清（4 月任）
	高治双（9 月免）
	谭雷平
职工董事	张凤华

监事会

监事会主席	黄卫远
监事	张金才
	解国强

经理层

总经理	高治双（4 月免）
	支卫清（4 月任）
副总经理	祁玺剑
	向远华
	宋志宏
	谭雷平
	何国民
	梁彬彬
	胡建国
	王红伟
总工程师	胡建国
总会计师	宋志宏

党群领导

党委书记	宋津喜
党委副书记	高治双（4 月免）
	支卫清（4 月任）
	张凤华
纪委书记	黄卫远
工会主席	张凤华

（赵宏旺）

【工程项目指挥机构】 成贵铁路工程指挥部 驻云南省镇雄县。指挥长祁玺剑，常务副指挥长兼党工委书记邸建玄。

徐淮盐铁路工程指挥部 驻江苏省徐州市。指挥长兼党工委书记向远华。

大临铁路项目经理部 驻云南省大理州南涧县。项目经理兼党工委书记张变西。

郑万高铁项目经理部 驻湖北省襄阳市保康县。项目经理兼党工委书记王立军。

渝怀铁路项目经理部 驻贵州省铜仁市碧江区。项目经理赖立新，党工委书记于长明。

京唐铁路 4 标段项目经理部 驻天津市宝坻区。项目经理兼党工委书记胡建国。

张吉怀铁路项目经理部 驻湖南省张家界永定区二家河区委党校。项目经理原军。

湖杭高铁项目经理部 驻浙江省杭州市富阳区。项目经理向远华，党工委书记王春景。

南沿江城际铁路项目经理部 驻江苏省无锡市江阴市。项目经理兼党工委书记李跃林。

成自高铁项目经理部 驻四川省内江市资中县。项目经理兼党工委书记李心平。（唐晓明）

【职工队伍】 职工 22173 人。干部 10899 人。高中以下学历 3740 人、中专学历 1931 人、大专学历 5718 人、大学本科学历 10541 人、研究生及以上学历 243 人。专业技术职称 10052 人。其中，高级及以上技术职称 1945 人、中级职称 3203 人、初级职称 4904 人。工程专业职称 7083 人。其中，正高级工程师 43 人，教授级高级工程师 49 人、高级工程师 1497 人、工程师 2640 人、初级职称 2854 人。24 岁以下 2828 人、25 ~ 29 岁 5434 人、30 ~ 34 岁 4641 人、35 ~ 39 岁 2731 人、40 ~ 44 岁 1833 人、45 ~ 49 岁 1888 人、50 ~ 54 岁 707 人、55 岁及以上 2111 人；39 岁以下职工 15634 人，占职工总数的 70%。

（刘 健）

【工程施工】 在建项目 526 项(含海外 20 项)。其中,铁路 81 项、公路 119 项、城市轨道交通 84 项、房建 134 项、水利 12 项、市政 45 项、其他 51 项。

新建湖州至杭州西至杭黄高铁连接线工程站前 HHLJXZQ－6 标段工程　位于浙江省杭州市余杭区、富阳区,新建长度 39.135 千米。合同投资 283558 万元,合同工期 2019 年 11 月 15 日至 2022 年 7 月 31 日。主要工程量:正线路基 5.207 千米;桥梁 27 座,其中正线桥梁 26 座 8278 延长米,同步实施桥梁(单线)1 座 373 延长米;隧道 21 座 25798 延长米;车站 1 座(富阳西站),无砟道床铺设 77.736 千米。

南沿江城际铁路站前 6 标段工程　位于江苏省常州市,正线长度 27.601 千米。合同投资 301914 万元,合同工期 2019 年 4 月 5 日至 2023 年 3 月 31 日。主要工程量:区间及站场路基长度 1.125 千米,站场 1 座,土石方 312686 立方米,AB 组填料及级配碎石 1025060 立方米;桥梁 5 座 26476.44 延长米;无砟道床 54.491 千米;全线铺新轨 604.41 千米;江阴站站房 9370.94 平方米。

新建广州(新塘)至汕尾铁路站前 GSSG7 标段工程　位于广东省汕尾市,全长 28.661 千米。合同投资 26.56 亿元,合同工期 2019 年 3 月 28 日至 2023 年 3 月 27 日。主要工程量:桥梁 13 座 23690 延长米,隧道 6 座 5370 延长米,路基 9 段 3.81 千米;车站扩改 1 座(汕尾站);无砟道床 56.44 千米;梁场 2 座,箱梁 673 片。

深汕西高速改扩建 TJ5 标段工程　全长 20.29 千米。合同投资 210159.3556 万元,合同工期 36 个月。主要工程量:路基挖方 186.78 万立方米,路基填方 122.39 万立方米,互通立交 2 处,停车区 1 处;桥梁 40 座 1741.28 延长米,桩基 777 根 17604 延长米,预制梁板 2621 片,涵洞 99 座;路面碎石垫层 76.1 万立方米,水稳层 80.87 万立方米,沥青层 22.87 万立方米,房建工程 5028 平方米。

福州滨海快线 2 标段 1 工区工程　位于福建省福州市,长度 10.282 千米。合同投资 130585 万元,合同工期 2019 年 12 月 30 日至 2024 年 6 月 30 日。主要工程量:桥梁钻孔桩 1836 根 107214.5 延长米,桥台 273 个,支架现浇连续钢构 12 联 36 孔,悬臂浇筑连续梁 7 联 27 孔(其中 1 联为钢箱拱),节段预制拼装梁 2457 节 176 孔;高架车站 2 座,建筑面积 32100 平方米。

厦门轨道 6 号线土建施工总承包 2 标段一工区工程　全长 3.203 千米。合同投资 73658.5413 万元,合同工期 2019 年 12 月 31 日至 2023 年 8 月 31 日。主要工程量:林埭西站车站总建筑面积 26798.60 平方米;林埭西站—林埭站区间左线 1021.894 米,右线 1021.894 米;林埭站车站总建筑面积 12922.18 平方米;林埭站—马銮西站区间左线 1476.154 米,右线 1468.383 米。

成自高铁站前 CZZQ－5 标段工程　全长 22.446 千米。合同投资 243318 万元,合同工期 2019 年 9 月 1 日至 2023 年 8 月 31 日。主要工程量:隧道 3 座、桥梁 4 座、路基 6 段、框架涵 3 座和渡槽 1 座;隧道总长 17.467 千米,特长隧道 1 座 13340 延长米;桥梁总长 3863 延长米,占线路总长度的 17%,含 40m＋64m＋40m 连续梁 1 联;双线路基长 1.116 千米;无砟道床 22.446 千米。

大理至南涧高速公路工程　主线长度 18.6 千米、下关支线 5.71 千米。合同投资 278716.3 万元,合同工期 2019 年 8 月 12 日至 2023 年 8 月 12 日。主要工程量:桥梁 49 座(含立交区),其中特大桥 2 座 2382.58 延长米、大桥 40 座 15384.524 延长米、中桥 7 座 552.16 延长米;各类涵洞 28 座 1132.69 横延米;隧道 2 座 14080 延长米;停车区 1 处。

苏州市轨道交通 7 号线工程土建施工 VII－TS－07 标段工程　合同投资 93372.0006 万元,合同工期 2019 年 12 月 1 日至 2024 年 7 月 1 日。主要工程量:明挖(局部盖挖)车站 3 座,盾构区间 3 个。

常益长铁路 CYCZQ－2 标段工程　位于湖南省常德市,全长 27.486 千米。合同投资 199422.5729 万元,合同工期 2019 年 6 月 20 日至 2023 年 6 月 20 日。主要工程量:桥梁 4 座 27.448 千米,连续梁 6 处,最大跨度 100 米,路基 2 段 0.226 千米;无砟轨道道床 54.336 千米;汉寿箱梁预制场负责 785 孔箱梁预制任务。

梅龙铁路 MLSG－1 标段工程　位于广东省梅州市,全长 5.132 千米。合同投资 29695.7232 万元,合同工期 2019 年 12 月 17 日至 2022 年 6 月 29 日。主要工程量:隧道 1 座 5132 延长米,征地拆迁、隧道(不含无砟轨道)、大临及过渡工程等。

巫镇高速公路工程　正线长 14.83 千米,其中重庆境内 11.342 千米,陕西境内 3.488 千米。合同投资 180773 万元,合同工期 2019 年 9 月 1 日至 2023 年 8 月 31 日,主要工程量:桥梁 6 座 2216 延长米、隧道 4.5 座 12234 延长米、路基 0.38 千米,桥隧比 97.4%。

天津地铁 6 号线四工区工程　全长 3.076 千米。合同投资 107757.0414 万元,合同工期 2019 年 2 月 12 日至 2022 年 12 月 31 日。主要工程量:3 站 2 区间,其中南开大学津南校区站 237.5 米;南开大学津南校区站—和慧南路站区间右线 1367.861 米,左线 1365.960 米;和慧南路站 250 米;和慧南路站—咸水沽西站区间右线 816.866 米,左线 816.232 米;咸水沽西站 404.5 米。

杭州机场轨道快线土建施工 SGJC－4 标段工程　合同投资 123706.3156 万元，合同工期 2019 年 9 月 25 日至 2022 年 6 月 30 日。主要工程量：1 站 1 区间，机场快线车站主体为地下二层 14 米岛式车站，主体长 275.0 米；远期 14 号线车站主体为地下三层 8 米侧式车站，单柱双跨混凝土箱型框架结构，主体长约 520.7 米，设 8 个风亭、9 个出入口、10 个安全出入口；区间长度 2.497 千米，设有四个联络通道，其中 4 号、7 号兼做泵房；拆复建小桥 2 座。

成都轨道交通 17 号线二期工程总承包项目土建八工区工程　总长 3.579 千米。合同投资 189116.5 万元，合同工期 2019 年 10 月 10 日至 2024 年 8 月 10 日。主要工程量：3 站 2 区间及 2 明挖区间，区间分为明挖区间和盾构区间，区间左、右线隧道分别 2169.7 米、2113.375 米，S12 号线小里程明挖区间 257.56 米，S12 号线大里程明挖区间 315.6 米。

金台铁路站房及相关工程 JTSG－11 标段工程　合同投资 34800 万元，工期 10 个月。主要工程量：台州站、头门新区站、磐安南站 3 个新建车站，站房总建筑面积 31546 平方米，站台雨棚投影面积 21383 平方米，台州站建筑面积 22574 平方米。

新建汉宜线大福至仙桃城区支线铁路 2 标段仙桃站及城市配套工程　位于湖北省仙桃市，合同投资 33300 万元，合同工期 2019 年 7 月 19 日至 2020 年 11 月 26 日。主要工程量：建筑面积 11998 平方米。

（朱晓静）

【经营管理】　承揽任务 1150.8 亿元。其中，房建工程 290.9 亿元、市政工程 255.8 亿元、公路工程 197.9 亿元、铁路工程 193.3 亿元、轨道交通工程 163.1 亿元、水利水电工程 16.7 亿元、机场工程 5.4 亿元、海外工程 1.6 亿元、其他 25.9 亿元。路外承揽超过 30 亿元的省市 11 个，超过 40 亿元的省市 6 个。铁路市场承揽到广汕、南沿江、常益长、湖杭等项目。公路市场在广东、福建、云南、山西等优势市场持续发力。城市经营承揽任务总额 709.9 亿元，路外房建任务刷新历史纪录，市政项目合同额连续三年突破百亿元，城市轨道交通业务覆盖 29 个城市。承揽军民融合项目 115.9 亿元。生态环保和水生态治理市场承揽 15 项工程 19.7 亿元。

项目管理。在建项目保持有序推进、平稳受控。京雄、徐州东站等工期奇紧项目按期开通。京雄、蒙华、徐盐、成贵、大张、汉十、呼张、米攀、穗莞深等 20 个铁路项目顺利开通运营，郑州地铁、南宁地铁、成都地铁、沈阳地铁、苏州地铁、林拉公路、宜宾机场等 74 个路外项目交付运营。早胜一号隧道、巴玉隧道、新永寿梁隧道等长大复杂隧道相继安全顺利贯通。华丽高速新庄特大桥、潮汕环线高速跨梅汕高铁特大桥、银西铁路水北泾村特大桥等一批大桥合龙。牡佳、银西甘宁段、兴泉、福厦、贵南广西、郑万、弥蒙、常益长、南沿江等项目进展顺利。

安全质量。深入开展安全生产大检查及隐患排查整治、安全生产集中整治、全国“安全月”与“质量月”、“强管理、远红线、提质量、保信誉”百日行动、“三不问题质量行为”、铁路项目“查标准、查管理、查现场”专项整治、“铁路工程建设领域惩戒失信行为”专项行动等系列活动，先后开展春季复工检查、隧道及地下工程、铁路工程线、深基坑、高支模、工程车辆、防洪防汛、消防安全、防风险保安全迎国庆等系列专项检查活动，全年没有发生大的安全质量事故。获中国建设工程鲁班奖 1 项，国家优质工程金奖 2 项，国家优质工程银奖 5 项，两项工程获中国安装工程优质奖；创省部级优质工程 19 项。

财务管理。以“资金管控、降存减债、管理转型、强基固本”为重点，推动经济运行保持在合理区间。全年实现营业收入 739 亿元；实现净利润 11.6 亿元，资产负债率 77.14%。通过“保上交、抓上存、强调剂、促创效、降存减债”等举措，集中资金 133 亿元，集中度 84.4%，调剂资金 108.7 亿元。建立“两级机关结对，属地指挥部帮扶，基层项目联动”的 1＋N“两金”压控机制，借助法律维权、保函置换、资产证券化、以房抵债等多元手段，全年完成清收清欠 716.96 亿元。

成本管理。出台《临时工程管理办法》《工程总承包项目管理办法》等 5 个办法。以业主合同清单和责任预算清单为主线，开发经济管理系统。完善项目预警机制，重点把产值收益较低、波动较大、下降较快的项目纳入风险预警体系进行跟踪和监控。完善集团公司统一“组织协调、资源共享、动态分析、分类管理、跟踪落实、确保到位”的变更索赔工作机制，对在建的贵南、京雄、京唐等 19 个大型重难点项目进行帮扶，对朝凌、太焦、合安等 20 个项目制定开源创效实施方案。

审计工作。印发《违规经营投资责任追究实施办法》。通过北京、成都等 8 个省市特派办的专项审计，接受铜黄、遵毕等 13 个项目的审计署延伸审计，挽回经济损失 7584 万元。成立 3 个检查组对云贵川区域的重点项目进行审计督导，对赣深、安九等高风险资产的 9 个项目进行审计纠偏。对符合条件的单位设置总审计师岗位，推行上下联动、横向交叉审计方法，建立审计工作简报制度，建立重点项目＋专题的审计组织方式。

（唐晓明）

【科技成果】 科技研发项目立项 334 项，计划投入研发资金 35.19 亿元，其中各子公司研发立项 266 项，投入研发资金 27.91 亿元。通过股份公司科技成果评审 16 项。“新建铁路大同至西安客运专线工程（太原南—西安北）”“中国文昌航天发射场工程”2 项工程获第十六届中国土木工程詹天佑奖。“高速铁路结构应用混凝土高性能化技术创新与工程应用”“复杂环境特长高铁隧道关键施工技术”“山区高速铁路精密测量控制网与 CPⅢ测量控制技术研究”等成果获省部级特等奖 1 项、一等奖 3 项、二等奖 5 项、三等奖 11 项。年内 57 项工法被评为省部级工法。获得国家专利局授权专利 384 件，其中发明专利 30 件、实用新型专利 340 件。 （唐晓明）

【党群工作】 党的工作。各类基层组织 616 个。其中党委 45 个（含各级党工委），党总支 3 个，党支部 568 个；党员 8875 人，其中正式党员 8696 人，预备党员 179 人。6—11 月，集团公司党委分两批开展“不忘初心、牢记使命”主题教育，按照“守初心、担使命，找差距、抓落实”的总要求，开展了安排部署、学习教育、调查研究、专题党课、检视问题、专项整治、专题民主生活会、评估总结 8 项重点工作，召开“不忘初心、牢记使命”专题民主生活会。集团公司党委与所属 39 家单位党（工）委分别签订《2019 年度党建工作责任书》，对各单位 2019 年度党建工作责任内容、期限、考核方式及考核结果运用等分别予以明确和细化；召开 2018 年度党（工）委书记抓党建述职评议现场会，采用“述、问、评、测”方式，对 15 家单位的党（工）委书记 2018 年度抓基层党建工作情况进行现场考评。组织 2 次意识形态专题研究；印发《中铁十二局集团有限公司党委落实意识形态工作责任制实施细则》；对集团本级、所属各单位管理的 12 个门户网站、4 份报纸杂志、9 个官方微信、1 个官方微博等宣传阵地逐一进行统计备案、排查整改。年内没有发生意识形态领域问题。以两级领导班子和党员干部为重点，深入学习贯彻习近平新时代中国特色社会主义思想和党的十九大精神，组织全集团党员领导干部收看党的十九届四中全会精神集体学习（视频）会议，为全体党员干部购发《习近平关于“不忘初心、牢记使命”重要论述选编》《习近平新时代中国特色社会主义思想学习纲要》等学习读本；在广泛调研、深入研讨的基础上，梳理十二局“实干文化”的产生背景、发展轨迹，把实干文化提炼为“唯实、唯干、唯争、唯远”，并对其内涵进行简明释义；全年在中央级媒体刊发报道 213 篇，其中新闻联播 3 条；省部级媒体报道 115 篇，行业媒体报道 46 篇。党风廉政建设。贯彻落实中央八项规定精神和反“四风”要求，营造敬畏纪律、严守规矩氛围，举办廉政讲座 350 场次，参观教育基地 3200 人次；逐级签订《党风廉政建设责任书》487 份，对 38 个单位进行党风廉政建设责任制和纪（工）委书记履职专项考核；开展形式主义、官僚主义集中整治，累计查摆倾向性问题 253 条，整章建制 59 项；开展领导人员亲属和其他特定关系人违规经商办企业专项整治，领导人员按要求进行申报 5541 人，对存在问题的 7 人进行问责；处置各类问题线索 200 件，立案 56 件，处分 109 人；对 16 家单位开展巡察，累计巡察基层党组织 86 个，发现问题 1751 个，完善制度 50 项，移交问题线索 48 件次，追责问责 12 人。

工会工作。工会组织 20 个。其中，集团公司工会 1 个，子公司工会 15 个，区域指及事业单位工会 4 个，工会会员 16545 人。在重大工程、重难点项目开展“匠心铸品牌、实干争一流”主题劳动竞赛。各级各单位获省部级五一劳动奖状 2 个、火车头奖杯 4 个、工人先锋号 1 个，1 人被授予全国五一劳动奖状，2 人被授予山西省劳动模范，1 人被授予中央企业劳动模范，6 人被授予火车头奖章，3 人被授予省部级五一劳动奖章。集团公司获中国技能大赛—中国铁建职业技能（试验）竞赛团体第一名，3 名选手分获第一、第二、第四名。李昌生创新工作室获山西省总工会挂牌命名，邵高波、苏梁创新工作室获中国铁建工会挂牌命名，集团公司以上级别创新工作室数量 22 个。保障职工的知情权、参与权、表达权和监督权，集团公司共征集职工代表提案 95 件，立案落实 32 件，评选表彰优秀提案 10 件。举办“初心铸魂 品质筑企”主题讲坛、首届“先锋杯”乒乓球比赛，拍摄制作 MV《我和我的祖国》；各单位工会先后举办文体活动 110 余场次。

共青团工作。下辖 16 个团委、396 个团支部，团员 2998 人。开展纪念“五四”运动 100 周年系列活动，组织各单位开展一次主题团日、一次特色纪念活动、一次形势任务教育、选树一批先进典型“四个一”活动。开展青年“五小”竞赛活动，收到申报成果 204 项，对 88 项成果进行表彰奖励；开展“我和我的祖国”摄影、抖音短视频大赛，收到参赛摄影作品 183 幅，短视频 45 个，表彰奖励作品 24 个；在重点工程项目中开展“争创青年文明号，争当青年岗位能手”、青年突击队竞赛、青年安全生产示范岗等活动；采取优秀师徒谈体会、先进单位讲经验等多种形式宣传导师带徒活动和优秀师徒。全年 1 个单位被评为全国青年安全生产示范岗、1 个单位被评为全国青年文明号，4 个青年集体新获山西省青年文明号，6 个青年集体被继续认定为山西省青年文明号；1 人获山西青年五四奖章，1 人被评为山西省青年岗位能手，1 人被评为中央企业青年

岗位能手。（唐晓明）

【第一工程有限公司】 具有公路总承包特级，公路设计行业甲级，铁路工程施工总承包一级，桥梁工程、隧道工程、公路路面工程、公路路基工程、水工隧洞工程专业承包一级资质。驻陕西省西安市灞桥区柳雪路368号。注册资本金10亿元。党委书记、董事长刘运泽，总经理裴树林。职工3855人。资产总额76.41亿元。机械设备1093台（套），设备成新率27.49%，动力装备率74.14千瓦/人，技术装备率6万元/人。年施工能力100亿元以上。

2019年，承揽工程任务190.85亿元，施工产值120.09亿元，净利润2.58亿元。职工年人均收入83139元。（李润沛）

【第二工程有限公司】 具有铁路工程、公路工程、市政公用工程施工总承包一级，隧道工程、桥梁工程、公路路基工程、铁路铺轨架梁专业承包一级，建筑、矿山、水利水电工程施工总承包二级，钢结构工程、环保工程专业承包二级资质。驻山西省太原市小店区人民南路19号。党委书记、董事长张隽，总经理白国峰。职工2618人。资产总额107.8亿元。施工机械及车辆1965台（套），动力装备率76.83千瓦/人，技术装备率30.15万元/人，主要设备利用率80%以上。年施工能力100亿元以上。

2019年，承揽任务总额111.7亿元，产值116.7亿元，利润总额1313.8万元。职工年人均收入78222元。（郭志勇）

【第三工程有限公司】 具有公路工程施工总承包一级、市政公用工程施工总承包一级、铁路工程施工总承包二级、建筑工程施工总承包二级、桥梁、隧道、公路路基、铁路铺轨架梁工程专业承包一级、地基基础、环保、钢结构专业承包二级资质。驻山西省太原市万柏林区西线街39号。党委书记、董事长张建斌，总经理王晋生。职工2454人。资产总额81.6亿元。其中，固定资产净值6.7亿元，流动资产72.2亿元。机械设备2688台（套），设备总功率233066千瓦，技术装备率16.37万元/人，动力装备率94.17千瓦/人。年施工能力100亿元以上。

2019年，承揽工程任务173.79亿元，施工产值117.97亿元，利润1.25亿元。职工年人均收入77398元。（刘玮钰）

【第四工程有限公司】 具有公路工程、市政公用工程施工总承包一级，铁路工程、建筑工程、矿山工程、港口与航道工程施工总承包二级，隧道工程、桥梁工程、公路路基工程、电子与智能化工程、钢结构工程专业承包一级资质。驻陕西省西安市未央区徐家湾红旗东路3号。董事长、总经理董化瑞，党委书记邵宝泉。职工2498人。机械设备1428台（套），设备总功率232177千瓦，技术装备率24.14万元/人，动力装备率75.87千瓦/人。年施工能力100亿元以上。

2019年，承揽工程任务155.3亿元，施工产值126亿元，利润5352.82万元。职工人均年收入92096元。（肖帮伟）

【建筑安装工程有限公司】 具有建筑工程施工总承包特级、铁路工程施工总承包二级、市政公用工程施工总承包一级、石油化工工程施工总承包二级、钢结构工程专业承包一级、建筑装修装饰工程专业承包一级、地基基础工程专业承包一级、机电工程施工总承包二级、建筑机电安装工程专业承包一级、电子与智能化工程专业承包一级、防水防腐保温工程专业承包一级、起重设备安装工程专业承包二级、建筑幕墙工程专业承包一级、特种工程（结构补强）专业承包不分等级、消防设施工程专业承包一级、环保工程专业承包二级、工程设计建筑行业甲级、工程设计建筑幕墙工程专项乙级资质。驻山西省太原市西矿街130－1号。董事长、总经理蔡英康，党委书记姜振生。职工1777人。资产总额102.86亿元。其中，流动资产80.61亿元，固定资产净值6726.76万元。机械设备616台（套），设备总功率25057千瓦，技术装备率3.44万元/人，动力装备率16.30千瓦/人。年施工能力100亿元以上。

2019年，承揽工程任务89项，合同总额311.4亿元，施工产值182.45亿元，净利润4.22亿元。职工年人均收入17.01万元。（杨彩云　王亦凝）

【电气化工程有限公司】 具有通信工程施工总承包一级、机电工程施工总承包一级、公路交通工程（公路机电工程）专业承包一级、铁路电务工程专业承包一级、铁路电气化工程专业承包一级、建筑工程施工总承包一级、输变电工程专业承包一级、建筑装修装饰工程专业承包一级、电子与智能化工程专业承包一级、消防设施工程专业承包二级、城市及道路照明工程专业承包三级、环保工程专业承包三级、电力工程施工总承包三级、承装（修）一级及承试三级电力许可证、电力系统设备试验测试资格。驻天津空港经济区环河北路与中心大道交口空港商务园西区12号楼。党委书记、董事长李保国，总经理辛东红。职工792人。资产总额56.52亿元。其中，货币资金18.26亿元，固定资产净值3.35亿元。主要机械设备215台（套），设备总功率

22353 千瓦，技术装备率 2.20 万元/人，动力装备率 16.56 千瓦/人。年施工能力 36 亿元以上。

2019 年，承揽任务总额 85 亿元，施工产值 36.06 亿元，利润 1.8 亿元。职工年人均收入 148448 元。

（李洪涛　王　铮　孙海林）

【第七工程有限公司】 具有市政公用工程施工总承包一级、公路工程施工总承包一级、桥梁工程专业承包一级、隧道工程专业承包一级、建筑工程施工总承包二级、铁路工程施工总承包三级、公路路基、路面工程专业承包三级、拥有湖南省公路养护作业单位一类乙级及二类乙级与桥梁乙级和隧道乙级资质。驻湖南省长沙市天心区友谊路 202 号。党委书记、董事长杜湘豪，总经理陈谦。职工 1333 人。资产总额 42.71 亿元。其中，流动资产 33.28 亿元，固定资产净值 1.59 亿元。机械设备 371 台（套），设备总功率 43267 千瓦，技术装备率 4.39 万元/人，动力装备率 32.46 千瓦/人。年施工能力 50 亿元以上。

2019 年，承揽工程任务 81.55 亿元，施工产值 58.45亿元，净利润 1.63 亿元。职工年人均收入 91576 元。

（卢大伟）

【海南振海工程有限公司】 具有房屋建筑、市政公用工程施工总承包二级，铁路、公路工程施工总承包二级，公路路面、公路路基、港口与海岸工程专业承包三级资质。驻海南省海口市面前坡西村 148 号。党委书记、董事长张建军，总经理陶义兵。职工 301 人。资产总额 8.10 亿元。其中，流动资产 6.21 亿元，固定资产净值 0.11 亿元。年施工能力 10 亿元以上。

2019 年，承揽工程任务 22.18 亿元，施工产值 10.01亿元，净利润 227 万元。职工年人均收入 90975 万元。

（肖　琳）

【市政工程有限公司】 具有市政公用工程施工总承包一级、建筑工程施工总承包三级、公路工程施工总承包三级、公路路基工程专业承包三级、公路路面工程专业承包三级、桥梁工程专业承包二级资质。驻广东省广州市南沙区海滨路 169 号成卓大厦。董事长、总经理徐峰，党委书记刘光传。职工 291 人。资产总额 11.65 亿元。其中，流动资产 9.03 亿元，固定资产净值 0.66 亿元。年施工能力 10 亿元以上。

2019 年，承揽任务总额 31.60 亿元，施工产值 10.74亿元。职工年人均收入 93348 元。

（李　莹）

【铁路养护工程有限公司】 具有市政公用工程施工总承包三级、房屋建筑工程施工总承包三级、公路路基工程专业承包三级资质。驻西藏自治区拉萨市国家级经济技术开发区。党委书记、董事长陈卫雄，总经理郭继林。职工 1017 人。资产总额 3.08 亿元。机械设备 393 台（套），设备总功率 11190 千瓦，技术装备率 2.67 万元/人，动力装备率 10.45 千瓦/人。

2019 年，营业收入 27040 万元，施工产值 27105 万元，净利润 3826 万元。职工年人均收入 100161 元。

（彭建平）

【国际工程有限公司】 具有铁路工程施工总承包三级资质。驻天津市空港经济区中环西路 86 号中科天保智谷 6 号楼。党委书记、董事长李吉根，总经理宋宇新。职工 354 人。资产总额 10.72 亿元。其中，固定资产净值 2.37 亿元。机械设备 766 台（套），设备总功率 120004 千瓦，技术装备率 13.09 万元/人，动力装备率 283.03 千瓦/人。

2019 年，承揽工程任务 1.48 亿元，施工产值10.45 亿元，净利润 1047 万元。职工年人均收入 80701 元。

（张　楠）

【重要记载】

▲1 月 21 日　中铁十二局取得公路特级资质，全集团拥有"六特六甲"资质。

▲1 月 25—27 日　中铁十二局党委四届四次全委（扩大）会议，中铁十二局五届一次职工代表大会、2019 年工作会议、党风建设和反腐倡廉工作会议在太原召开。

▲4 月 20 日　中铁十二局参建的新建铁路大同至西安客运专线工程（太原南—西安北）、中国文昌航天发射场工程获中国土木工程詹天佑奖，是唯一上榜的国防工程。

▲4 月 29 日　中铁十二局首届"匠心标杆　实干楷模"暨 2016—2018 年度劳动模范表彰大会在太原铁道大厦举行。

▲6 月 15 日　中铁十二局党委召开研究部署"不忘初心、牢记使命"主题教育工作会议。

▲11 月 7—9 日　2019 年中国技能大赛——中国铁道建筑集团有限公司职业技能竞赛在湘潭举办，中铁十二局以总分 274.95 分的成绩获团体第一，并包揽个人赛事冠、亚军。

▲12 月 10 日　重庆西站工程、新建长沙至昆明铁路客运专线湖南段雪峰山一号隧道工程获中国建设工程鲁班奖。

（唐晓明）

中国铁建大桥工程局集团有限公司

【简况】 具有48个类别150项资质。其中,施工资质30个类别103项,铁路、公路、市政、建筑施工总承包资质特级(含设计甲级)5项(含所属四公司公路工程施工总承包特级资质),水利水电、机电、矿山、通信等工程施工总承包一级资质20项,桥梁、隧道、公路路基、公路路面工程专业承包一级资质32项;勘察、设计、测绘、检测、计量认证8个类别33项资质;房地产、爆破、军工、交通运输及其他行业管理类6个类别9项资质;同时拥有对外工程行业管理资质及地质灾害防治工程甲级资质、援外工程A级资质。前身系中国人民解放军铁道兵第三师;1984年1月,集体转业并入铁道部,改编为铁道部第十三工程局;1999年12月,更名为中铁第十三工程局;2001年6月,企业改制改称中铁十三局集团有限公司;2013年12月,更名为中国铁建十三局集团有限公司;2014年3月,最终更名为中国铁建大桥工程局集团有限公司。注册资本金30亿元。驻天津自贸试验区(空港经济区)中环西路32号。下辖第一、第二、第三、第四、第五、第六,电气化、西北、建筑、南方工程有限公司,中铁株洲桥梁、建筑装配科技、津桥工程检测、物资贸易、靖江桥梁科技产业园、靖江市金桥港务公司,中铁现代勘察设计院、技师学院(培训中心),重点桥梁工程指挥部,东北、华北、中原、华东、华中、华南、西南、西北区域指挥部和天津经营部。职工12750人。资产总额472.50亿元。其中,固定资产原值78.17亿元、净值30.46亿元,流动资产332.91亿元,无形资产5.40亿元。大中型机械车辆4114台(套),原值47.77亿元、净值24.52亿元,总功率62.76万千瓦,动力装备率42.69千瓦/人,技术装备率16.68万元/人,设备完好率90%、利用率75%,综合机械化程度85%以上。

2019年,新签合同额591.82亿元,总产值397.61亿元,其中施工产值387.55亿元。利润3.52亿元,人均创利23005.68元。全员劳动生产率28.42万元/人年,职工年人均收入97313元。国有资产保值增值率105.65%,净资产收益率5.26%,产值利润率0.96%,资产负债率85.47%。主要实物工程量:土石方7625万立方米,桥梁139384.1延长米,隧道97051延长米,涵渠20385横延米,铺轨80千米,道岔117组,铁路制梁626片、架梁414片,地铁51649.74米,公路478.88千米,公路制梁19136片、架梁19526片,房屋建筑施工面积184万平方米。取得军工涉密业务咨询服务安全保密条件备案证书,获中国建设工程鲁班奖1项、中国土木工程詹天佑奖2项、国家优质工程奖金奖1项、国家优质工程奖6项,省部级优质工程14项。省部级科技进步奖4项、省部级工法55项,获全国优秀施工企业、天津市优秀诚信施工企业、天津市文明单位、中国对外承包工程商会“先进型企业”称号等多项荣誉。

(柴雪洁)

【领导人员】

董事会

董事长	吴建顺(1月免)
	张树海(1月任)
董事	许兰民(9月免)
	纪尊众(9月任)
	吴焕通(4月免)
	刘永宏

监事会

监事会主席	李国强(4月免)
	李庚许(4月任)
监事	王家福
	谢小成

经理层

总经理	许兰民(9月免)
	纪尊众(9月任)
副总经理	吴焕通(4月免)
	李素清
	纪尊众(9月免)
	韩再明
	宋伟俊
	周明星
	迟荣益(4月免)
	刘永宏
	李庚许(4月免)
	李国强(4月任)
	王保国(7月任)
	郭宏伟(7月任)
	徐青旺(7月任)
总工程师	宋伟俊
总会计师	刘永宏

党群领导

党委书记	吴建顺(1月免)
	张树海(1月任)
党委副书记	许兰民(9月免)
	纪尊众(9月任)

纪委书记　　　　李国强(4月免)
　　　　　　　　李庚许(4月任)

(王卓然)

【职工队伍】 职工12750人。其中,干部9348人,工人3402人。干部中,专业技术干部9238人,占干部总数的98.82%。其中,高级职称1555人(含正高级131人)、中级职称2474人、初级职称4204人、未聘任1005人;工程系列6554人、会计系列1035人、经济系列985人、政工系列561人、卫生系列49人、教育系列42人、其他系列12人。专业技术干部中,全日制博士研究生学历7人、硕士研究生学历147人、本科学历7240人、大专学历1454人、中专学历176人、高中及以下学历214人。技术工人2257人,普通工人1145人。技术工人占工人总数的66.34%。其中,高级技师170人、技师506人、高级工634人、中级工590人、初级工357人。 (王卓然)

【工程项目指挥机构】 东北区域指挥部　驻吉林省长春市。指挥长苏宝伶。

华北区域指挥部　驻天津市自贸试验区。指挥长徐青旺。

中原区域指挥部　驻山东省济南市。指挥长郭宏伟。

华东区域指挥部　驻上海市青浦区。指挥长郭宏伟。

华中区域指挥部　驻湖北省武汉市。指挥长迟荣益。

华南区域指挥部　驻广东省广州市。指挥长周明星。

西南区域指挥部　驻四川省成都市。指挥长韩再明。

西北区域指挥部　驻陕西省西安市。指挥长李素清。

重点桥梁工程指挥部　驻天津自贸试验区。指挥长周明星。

云南工程指挥部　驻云南省昆明市。指挥长徐恩科,党工委书记刘永。

福平铁路项目经理部　驻福建省平潭县。项目经理、党工委书记纪尊众。

京沈客专项目经理部　驻辽宁省锦州市。项目经理张德伟,党工委书记李敬。

怀邵衡铁路项目经理部　驻湖南省怀化市。项目经理刘绍石,党工委书记王宝明。

蒙华铁路项目经理部　驻河南省三门峡市。项目经理李庆丰,党工委书记莫春义。

安六铁路项目经理部　驻贵州省六盘水市。项目经理赵国祝,党工委书记张福国。

商合杭铁路项目经理部　驻安徽省巢湖市。项目经理王涛,党工委书记曹菊泉。

鲁南铁路项目经理部　驻山东省济宁市。项目经理张德伟,党工委书记张爱民。

福厦铁路项目经理部　驻福建省泉州市。项目经理崔淑斌,党工委书记郭崇强。

张吉怀铁路项目经理部　驻湖南省怀化市。项目经理张明刚,党工委书记王宝明。

赣深客专项目经理部　驻江西省赣州市。项目经理董兴国,党工委书记包涵。

新机场北线高速公路施工总承包部　驻北京市大兴区。常务副指挥赵攀。 (王卓然)

【铁路工程施工】 在建铁路工程47项,其中通过竣工验收2项、完工待验收12项,完成施工产值95.69亿元,占施工总产值的24.7%。完成土石方1509万立方米,桥梁47472.5延长米,隧道34776延长米,涵渠3318横延米,房屋建筑面积2341.4平方米。

新建赣深铁路GSJXZQ－2标段工程　位于江西省赣州市信丰县,全长37.384千米。合同投资236091万元,合同工期2017年11月1日至2021年10月31日。主要工程量:路基土石方247.07万立方米,站场土石方88.84万立方米;桥梁25座18983.9延长米,其中特大桥6座14415.32延长米,涵洞11座305.47横延米,隧道7座10153.415延长米,站场1个。2019年,完成投资95665万元;开工累计完成投资158280万元。

新建铁路张家界经吉首至怀化铁路站前工程10标段　位于湖南省怀化市,全长24.21千米。合同投资247198万元,合同工期2017年10月1日至2021年5月5日。主要工程量:路基土石方67.16万立方米,站场土石方208.25万立方米;桥梁31座18721延长米,其中特大桥15座15279.45延长米;涵洞8座552.8横延米;隧道10座10670延长米;站场1个。2019年,完成投资98874万元;开工累计完成投资164017万元。

新建福州至厦门铁路站前工程7标段　位于福建省泉州市、厦门市,全长32.21千米。合同投资263128万元,合同工期2017年9月30日至2022年9月30日。主要工程量:路基土石方75.68万立方米,站场土石方160.81万立方米;桥梁9座20337.39延长米,其中特大桥3座19586.09延长米;涵洞14座621.3横延米;隧道2座5906延长米;站场1个;箱梁667孔。2019年,完成投资82333万元;开工累计完成投资

111898 万元。

新建鲁南高铁临曲段 LQTJ－3 标段工程　位于山东省济宁市，正线全长 16.7 千米，联络线 13.6 千米。合同投资 197672 万元，合同工期 2016 年 12 月 18 日至 2020 年 12 月 18 日。主要工程量：路基土石方 141.8 万立方米，站场土石方 64.5 万立方米；桥梁 14 座 17539.57 延长米，其中特大桥 11 座 17137.17 延长米；涵洞 6 座 157.1 横延米；隧道 2 座 2855 延长米；线路所 2 处；梁场 2 处，其中泗水梁场 197 孔，曲阜梁场 1085 孔。2019 年，完成投资 25115 万元；开工累计完成投资 191123 万元。

新建商丘至合肥至杭州铁路（安徽、浙江段）站前工程 SHZQ－14 标段　位于安徽省合肥市、马鞍山市，全长 27.452 千米。合同投资 332360 万元，合同工期 2015 年 11 月 18 日至 2020 年 10 月 30 日。主要工程量：路基土石方 103 万立方米，站场土石方 9 万立方米；桥梁 12 座 27429.51 延长米，其中特大桥 6 座 12939.49 延长米；涵洞 1 座 16.32 横延米；隧道 3 座 8404 延长米；站场 1 个；箱梁 724 孔。2019 年，完成投资 72803 万元；开工累计完成投资 328279 万元。

新建杭州经绍兴至台州铁路站前工程 HSTZQ－2 标段　位于浙江省绍兴市，全长 38.23 千米，合同投资 221354 万元，合同工期 2018 年 4 月 1 日至 2021 年 1 月 31 日。主要工程量：路基土石方 274.81 万立方米；桥梁 15 座 12824.77 延长米，其中特大桥 8 座 11228.45延长米；涵洞 16 座 755.5 横延米；隧道 8 座 18007 延长米；站场 2 个，长塘梁场箱梁 181 孔，三界梁场箱梁 165 孔。2019 年，完成投资 120118 万元；开工累计完成投资 139330 万元。

新建中卫至兰州铁路（宁夏段）ZLZQ－3 标段工程　位于宁夏回族自治区中卫市香山乡，全长 17.186 千米，合同投资 91414 万元，合同工期 2018 年 8 月 1 日至 2022 年 6 月 30 日。主要工程量：区间路基断面土石方 150.44 万立方米；桥梁 5586 延长米；涵洞 468.76横延米；隧道 5883 延长米。2019 年，完成投资 31945 万元；开工累计完成投资 49048 万元。

新建中卫至兰州铁路（甘肃段）ZQSG4 标段工程　位于甘肃省白银市。全长 22.255 千米，合同投资 188008 万元，合同工期 2018 年 9 月 1 日至 2022 年 8 月 31 日。主要工程量：桥梁 8 座 7245.46 延长米；隧道 6 座 8252.33 延长米；路基土石方 1265.73 万立方米；涵洞 34 座。2019 年，完成投资 96081 万元，开工累计完成投资 106169 万元。

新建城际铁路联络线一期工程站前工程 CJLLXZQ－4 标段　位于河北省廊坊市广阳区至北京市大兴区。全长 10.67 千米。合同投资 129918 万元，合同工期 2019 年 1 月 1 日至 2022 年 12 月 31 日。主要工程量为：路基土石方 11.76 万立方米，站场土石方 78.03 万立方米；特大桥 4 座 8916.54 延长米。2019 年，完成投资 40800 万元；开工累计完成投资 40800 万元。

（李昕晔）

【铁路外工程施工】　在建铁路外工程 399 项（通过竣工验收 18 项，完工待验收 108 项），完成施工产值 291.86 亿元，占施工总产值的 75.3%。完成路基土石方 6116 万立方米，桥梁 91911.5 延长米，隧道 62275 延长米，涵渠 17067 横延米，房屋建筑面积 183.7 万平方米。

新机场北线（北京段）高速公路工程　位于北京市大兴区，全长 14.66 千米。合同投资 152459 万元，合同工期 2017 年 12 月 31 日至 2019 年 6 月 30 日。主要工程量：路基土石方 327 万立方米；互通立交 3 座；大桥 5 座、小桥 2 座，总长 7532 延长米；主线路基 6.3 千米；匝道路基 11.9 千米。2019 年 6 月，工程全面完工，顺利开通。

湖北武穴长江公路大桥 WX－2 标段工程　位于湖北省武穴市，全长 11.14 千米。合同投资 152400 万元，合同工期 2016 年 12 月 30 日至 2020 年 6 月 30 日。主要工程量：路基土石方 655 万立方米；桥梁 15 座 3107 延长米，其中特大桥 1 座 666.8 延长米；通道及涵洞 35 座 1131 横延米；分离式隧道 2 座 10125 延长米；路面 89.7 万平方米。2019 年，完成投资 35246 万元；开工累计完成投资 131807 万元。

湖北棋盘洲长江公路大桥 QPZ－1 标段工程　位于湖北省黄石市、黄冈市，全长 14.1 千米。合同投资 128300 万元，合同工期 2017 年 3 月 27 日至 2020 年 9 月 27 日。主要工程量：路基土石方 483 万立方米；桥梁 20 座 3852 延长米，其中特大桥 1 座 1119 延长米；涵洞及通道 59 座 1682 横延米；分离式隧道 1 座 1590 延长米；路面 329 万平方米。2019 年，完成投资 27110 万元；开工累计完成投资 91026 万元。

湖北翻坝江北高速公路 FBLX－3 标段工程　位于湖北省宜昌市，全长 20.371 千米。合同投资 11979 万元，合同工期 2017 年 12 月 8 日至 2020 年 4 月 7 日。主要工程量：路基土石方 239 万立方米；桥梁工程 18 座 8106 延长米，其中特大桥 1 座 1308 延长米；分离式隧道 7 座 6257 延长米；涵洞 10 座 475.94 横延米。2019 年，完成投资 37970 万元；开工累计完成投资 90270 万元。

重庆合川至璧山至江津高速公路 HBJTJ05 标段工程　位于重庆市江津区，全长 13.693 千米。合同投资 116536 万元，合同工期 2018 年 8 月 25 日至 2022 年

2月24日。主要工程量:路基土石方586万立方米;桥梁6座2933延长米,其中特大桥2座2318延长米;涵洞44座2231横延米,天桥11座607延长米,渡槽2处110米。2019年,完成投资20785万元;开工累计完成投资30785万元。

湖北十堰经镇坪至巫溪高速公路鲍峡至溢水段　位于湖北省十堰市,全长24千米。合同投资220000万元,合同工期2018年5月16日至2021年5月15日。主要工程量:路基土石方321万立方米;桥梁30座13576延长米,其中特大桥3座6241延长米;通道及涵洞5座204横延米;分离式隧道5座17733延长米。2019年,完成投资69467万元;开工累计完成投资58003万元。

巢湖大桥工程　位于安徽省巢湖市区西郊,全长2.149千米。合同投资65225万元,合同工期2018年1月12日至2020年12月26日。主要工程量:路基土石方64.3万立方米;桥梁1座1122延长米;电力电缆隧道780延长米。2019年,完成投资25723万元;开工累计完成投资45772万元。

广州市轨道交通18号线及同步实施场站综合体设计施工总承包项目六分部　位于广东省广州市,全长9.8千米。合同投资271492万元,合同工期2017年10月28日至2021年6月30日。主要工程量:地铁盾构区间3个19600延长米,地铁车站1座48824平方米。2019年,完成投资99894万元;开工累计完成投资160064万元。

新疆西二2标段工程　位于新疆维吾尔自治区阿勒泰地区布尔津县境内冲乎尔乡,全长26.817千米。合同投资85089万元,合同工期2017年3月30日至2022年12月31日。主要工程量:隧道5座27821延长米。2019年,完成投资6670万元;开工累计完成投资30302万元。

陕西合阳至铜川高速公路TJ－11标段工程　位于陕西省铜川市,全长7.454千米。合同投资86616万元,合同工期2017年10月1日至2020年3月31日。主要工程量:路基土石方253.99万立方米;桥梁19座5327延长米,涵洞及通道51座1846.6横延米,互通立交2处,预制梁869片,钢箱梁3联,现浇梁11联;1号梁体预制212片,2号梁场梁体预制657片。2019年,完成投资35080万元;开工累计完成投资56148万元。

杭州地铁8号线一期工程施工总承包土建三工区　位于浙江省杭州市钱塘新区,全长4.3千米。合同投资83240万元,合同工期2018年6月10日至2020年8月31日。主要工程量:土石方70.6万立方米;地下连续墙374幅;钻孔灌注桩130根;盾构掘进5500环。2019年,完成投资40341万元;开工累计完成投资65151万元。

昆明市宜良至石林高速公路工程　位于云南省昆明市,全长19.787千米。合同投资216667万元,合同工期2016年12月1日至2019年12月1日。主要工程量:正线路基13.198千米,挖方254.32万立方米,填方362.87万立方米;主线桥梁11座2269延长米,预制T梁1385片,钢箱梁2联,混凝土连续箱梁14联;隧道8639延长米;互通立交3处;服务区1处;涵洞68道。2019年,完成投资61419万元;开工累计完成投资177393万元。

重庆城口至开州高速公路一期工程A3合同段　位于重庆市城口地区。全长8055千米。合同投资96623万元,合同工期2017年8月29日至2021年12月30日。主要工程量:路基土石方4628立方米,隧道1座15296延长米,斜井1座1860米,桥梁1座408延长米。2019年,完成投资11148万元;开工累计完成投资49665万元。

青岛市地铁4号线土建工程十工区　位于山东省青岛市崂山区,全长5.5千米。合同投资75467万元,合同工期2016年11月18日至2020年12月18日。主要工程量:车站1座,土石方10.12万立方米,TBM隧道3个区间8858.78延长米,盾构隧道1个区间1088.56延长米,暗挖隧道1个区间968.566延长米。2019年,完成投资10277万元;开工累计完成投资17726万元。

新建珠海市区至珠海机场城际轨道交通工程横琴至珠海机场段站前工程(含金海公路大桥代建工程)HJZQ－2标段一工区　位于广东省珠海市。合同投资125559万元,合同工期2018年4月1日至2023年3月31日。主要工程量:铁路特大桥1座6323延长米;公路特大桥左幅2863延长米、右幅2720延长米;无砟道床12.651千米;铁路预制箱梁177孔;公路预制小箱梁828片。2019年,完成投资18591万元;开工累计完成投资27449万元。

番海大桥工程　位于广东省佛山市南海区,全长1.293千米。合同投资34243万元,合同工期2018年12月28日至2021年6月17日。主要工程量:路基土石方10万立方米,桥梁6座2116.6延长米。2019年,完成投资6525万元;开工累计完成投资6525万元。

云南滇中新区机场北高速公路工程　位于云南省昆明市官渡区。合同投资112590万元。一期合同工期2017年1月1日至2018年12月31日。主要工程量:路基土石方267万立方米,桥梁34座,涵洞31座,立交2座。2019年,完成投资3351万元;开工累计完成投资 112590 万元。

石泸高速公路工程　位于云南省昆明市石林县。合同投资 206528 万元，合同工期 2016 年 12 月 31 日至 2019 年 12 月 31 日。主要工程量：路基土石方 409 万立方米，桥梁 15 座 8595 横延米，涵洞 51 座 1611 横延米，隧道 2 座 6334 延长米。2019 年，完成投资 59005 万元；开工累计完成投资 206528 万元。

四川大渡河双江口水电站泄洪系统工程　位于四川省阿坝藏族羌族自治州马尔康市。合同投资 108080 万元，合同工期 2016 年 9 月 1 日至 2024 年 10 月 31 日。主要工程量：隧洞 4 座 7750.344 横延米。2019 年，完成投资 8200 万元；开工累计完成投资 28300 万元。

引江济淮工程江淮沟通段 J002－3 标段　位于安徽省合肥市肥西县上派镇。总长 5.261 千米。合同投资 137120 万元，合同工期 2018 年 12 月 15 日至 2021 年 7 月 15 日。主要工程量：土石方 21.94 万立方米，混凝土 20.05 万立方米，钢筋 3.12 万吨，钢结构 2.45 万吨，钢绞线 3647 吨。2019 年，完成投资 39945 万元；开工累计完成投资 39945 万元。

四川省凉山州大桥水库灌区二期　位于四川省凉山彝族自治州，全长 179.7 千米。合同投资 292162.53万元，合同工期 2019 年 11 月 20 日至 2024 年 5 月 19 日。主要工程量：隧洞 79 座 73300 横延米，渡槽 119 座 9 千米，倒虹管 7 座 7.7 千米，明渠 75.5 千米，暗渠 13.1 千米。2019 年，完成投资 4379 万元；开工累计完成投资 4379 万元。

引江济淮工程（安徽段）江淮沟通段施工 J008－2 标段土建及安装工程　位于安徽省合肥市。全长 2 千米。合同投资 91249 万元，合同工期 2018 年 12 月 30 日至 2022 年 12 月 31 日。主要工程量：土方开挖 1224 万立方米，石方开挖 100 万立方米，水泥土换填 107.9 万立方米，土方填筑 106.3 万立方米；桥梁 307 延长米，淠河总干渠钢渡槽 246 米，涵洞 599.21 横延米。2019 年，完成投资 21123 万元；开工累计完成投资 21123 万元。　（李昕晔）

【海外工程施工】　尼日利亚拉伊铁路项目电力、通信信息、信号工程施工第 2 标段　包括阿贝奥库塔站（Abeokuta）、奥罗多站（Olodo）、奥米站（Omi－adio）和伊巴丹站（Ibadan），全长 105.1 千米。合同投资 12133 万元，合同工期 2019 年 4 月 1 日至 2020 年 4 月 15 日。主要工程量：电力贯通线 125.7 千米，其中高压架空线路 102 千米、高压电缆敷设 23.7 千米；4 座车站高低压电缆敷设及室内外设备安装；干线长途光缆敷设 211 千米，通信铁塔基础 17 座，通信基站 13 座，4 座车站站场光电缆敷设及室内外设备安装；信号电缆敷设 626.35 千米，105 千米区间设备安装，4 座车站室内外设备安装。2019 年，完成投资 1383 万元；开工累计完成投资 1383 万元。

马来西亚沙巴州 KK 市第三大道二期桥梁工程　位于马来西亚沙巴州首府 KK（Kota Kinabalu）市，合同投资 12240 万元，合同工期 2018 年 3 月 15 日至 2020 年 7 月 23 日。主要工程量：桥梁 1164 延长米，预制梁大桥 3 座。2019 年，完成投资 10582 万元；开工累计完成投资 11103 万元。

尼日利亚拉各斯轻轨跨海桥工程　位于非洲尼日利亚拉各斯市。合同投资 8091 万元，合同工期 2017 年 8 月 1 日至 2019 年 7 月 31 日。主要工程量：混凝土 22661 立方米，钢筋 1726 吨；，钢绞线 181 吨，水中部分 492 米，全桥长 530 米。2019 年，完成投资 1138 万元；开工累计完成投资 8091 万元。　（李昕晔）

【经营管理】　经营承揽。围绕“两级五层”组织架构，外抓区域市场开发，打造区域指挥部主揽，工程公司主干的专业分工体系，内抓体制机制、制度办法建设，职业经营队伍打造和业务能力提升，初步建立以区域经营为主体的长效经营工作机制。根据集团公司经营体系的调整、优化方案，初步建立集 1 个办法 4 个配套制度的经营制度体系。以提升经营效能、经营能力为目标，以标准化建设为抓手，全力推进区域指挥部全面建设。集团上下以整合资源为基础，强化经营合力。从经营源头把关，控制风险驶入是提升一次经营质量的重点。成立军民融合领导小组，设立军民融合办公室，明确军民融合项目经营方向和要求，取得军民融合工作的成功拓展，全年累计投标 34 次，中标 9 项，合同额超 13 亿元。集团公司作为联合体主要成员承揽到的澳门澳氹跨海桥，是股份公司在境外中标的最大单体跨海大桥项目；重庆李家沱跨长江桥，是股份公司系统在长江上第一座公轨两用斜拉桥；云南省滇中引水工程是集团公司参建的国家重大水利工程，对集团公司在西南区域的持续发展具有重要意义；湖北交投实业总部设计采购施工（EPC）总承包项目，是主体高度 220 米和 190 米的两栋超高层建筑，标志着集团公司房建施工正式迈入超高层建设领域。年内承揽工程项目 224 项，新签合同总额 591.82 亿元，其中境内项目 549.66 亿元，占 92.88%，境外项目 42.16 亿元，占 7.12%。新签工程板块任务中，铁路工程 73.11亿元，占 12.35%；公路工程 206.55 亿元，占 34.90%；市政工程 8.70 亿元，占 14.71%；城市轨道工程 96.85 亿元，占 16.37%；房建工程 80.63 亿元，占 13.62%；水利电力工程 18.11 亿元，占 3.06%；机场、港口及航道25.37亿元,占4.29%;其他工程0.22亿元,占0.04%。

企业管理。取得军工涉密业务咨询服务安全保密条件备案证书、孟加拉分公司企业境外机构证书,房地产开发一级资质,爆破作业单位许可四级资质,所属一公司取得建筑装修装饰一级资质,部分资质重组平移。成功受让中国铁建重工集团兰州隧道装备有限公司100%的股权。获评2018年度天津市建设工程优秀诚信企业。与外部专业咨询机构合作,启动集团公司职级体系构建及薪酬绩效体系改革工作。首次采用推荐评审方式开展中层领导人员副职(副处职)的公开选聘;举办首届"大桥工匠杯"测试职业技能竞赛,发放奖金并接收优秀选手为企业正式职工;清理各种非在岗人员215人。企业年金运营安全稳健,启动退休人员社会化管理移交工作。形成相对完备的合同范本制度,编制《施工项目高发法律风险方控指南》,建立健全合规管理体系,各类工作流程相关环节中增加合规审核。有序推进各业务管理系统建设和推广应用,软件资产管理和网络安全管理不断加强,信息化运维保障有力。参加2019中央企业新型信息基础设施网络安全技术大赛预选赛,所在"CTF铁建一队"代表中国铁建获得团体赛第32名。

经济管理。确定2019年度责任成本管理试点项目和重点监控项目,组织编写责任成本管理典型案例,一公司鹅公岩大桥正面案例入选股份公司2019年度项目管理现场会交流材料。编制项目管理操作手册,召开工程项目管理要点思路宣贯会暨项目实战沙盘演练交流会。对承包指导单价工作内容和费用组成进行全面修订,对部分指导单价水平进行调整,对单价子目项按专业类别进行重新划分。在股份公司成本管理现场考评中,五公司西安地铁项目被评为"工程项目现场考评A类项目"。实现变更索赔额552589万元,变更索赔率14.26%,在股份公司系统内排名第一位。完成304个具备评估条件的项目评估,在建项目评估合同额1359亿元,评估收益率1.55%。完成23个项目的亏损项目综合治理工作。

设备物资管理。开展资产清查工作,全面清理处置低效、无效、闲置资产,结合大施组实现资产集中调配,完成子分公司间资产调配2.3亿元。全年累计完成物资采购179.4亿元,其中集采总标的额166.5亿元,较上年增加54.32亿元;全年累计完成电商采购付款2.8亿元。全年累计新购设备398台,原值1.94亿元;新购周转材料5.35亿元。推进地材自加工工作,全年累计实施地材自制加工项目21个,建设自加工料场40个,开工累计产量1309.8万吨。推行"2个中心"建设,综合性公司成立"周转材料中心"和"搅拌站管理中心",向施工生产市场化专业化管理方向运作。

安全质量管理。在持续推行"20有8标准1流程"的基础上,把风险管控和隐患排查双预控体系做进一步完善,全年检查项目42个,发现隐患362条,需加强管控的潜在安全风险和建议148条。签订2019年度安全包保责任书并对2018年的目标完成情况进行考核兑现,各层级逐级签订,形成一级抓一级、层层抓落实、层层考核的责任体系。项目配备安全协管员,开展"安全积分考核"活动,开办安全积分超市,加大项目现场安全监管力度,增强安全意识。制定内审计划,保证体系健康运转,安全、质量、环保三个体系在外审中顺利通过。获全国水利安全生产标准化建设成果二等奖。获中国建设工程鲁班奖1项、国家优质工程金奖1项、国家优质工程奖6项、其他省级优质工程奖14项。上半年在国铁集团铁路信用评价排名A级第9位。26个QC小组获35项省部级及以上奖励,其中国家级3项、股份公司5项、省部级27项。

财务管理。大力压降"两金"、挖潜增效、降本节支,持续提升资金管理、税务管控水平,确保资金链安全,严控财务风险,有序开展财务管理各项工作。通过制定和修订制度办法,界定资金管理权责边界,明确费用开支管理要求和共享中心收费原则。整体资金集中度91%,在铁建系统内工程板块排名第一位,资金上存度49%,通过资金池吸收存款调剂资金29.90亿元,节约财务费用约1.3亿元。通过利用国家区域性优惠政策,扩大与进出口银行等政策性银行的合作,通过资产证券化、保理等融资方式盘活表内资产,办理17亿元类永续债权益融资,优化融资结构,降低资产负债率。2019年企业所得税综合税负率6.51%,集团内10家法人单位被评为A级纳税人,实现增值税进项留抵退税1.92亿元,针对税率调整,对下签订补充合同3206份,调减税额2.73亿元,立足区域,争取税收优惠,靖江公司实现税款返还520万元,株桥公司实现税款减免259万元。财务共享中心实现独立运营,落实首问负责制,梳理、更新业务指导书和答疑手册,积极参与、配合股份公司创新工作室工作,拓展业务领域进行对外咨询服务,驱动共享价值创造。加强财会课题研究,获股份公司二等奖1项,三等奖1项,创新成果《基于内部控制视角的建筑企业集团税务管理创新实践》获中国铁建第四届企业管理创新成果二等奖。集团公司主体信用评级再次被评为AA+,通过高新技术企业复审

审计工作。全年完成审计单位或项目103个。其中,经济责任审计37个,实现"摸清情况、反映问题、界定责任、促进管理、总结成绩、弘扬正气"的工作目标,

进一步规范领导的权利运行。工程项目审计34个，发现问题261个，发现问题金额6.2亿元，重点揭露项目管理存在的短板，根据审计发现及时移交纪委多起问题线索。专项审计调查12个，其他审计20个。涉及资产金额464亿元，审计涉及238个项目，提出审计建议921条，投入7747工天。发现问题1703个，发现问题金额136亿元，促进增收节支2.5亿元，挽回或避免损失2.6亿元，向纪委移交线索121条，利用审计结果免职子公司主管领导4人、受党政处分10人、移送司法机关3人。

项目管理。围绕“围着项目转，盯着指标干”的项目管理思路开展各项活动。强力推进制度落实，改进工作流程，进一步强化项目的全员、全过程、全方位管理。重难点工程如期突破，长石联络线、蒙华铁路、福平铁路等重难点工程项目相继攻克，鲁南高铁、蒙华铁路、阳大铁路、北京新机场北线、汉十铁路1标段和4A标段、石首长江公路大桥、重庆市轨道交通环线二期7标段项目年内相继通车。策划预控更务实，两级机关狠抓新上项目上场动员会及前期策划工作，细化任务分解、明确管控重点，组织专项方案评审，策划预控注重从实际出发，更具可操作性。过程管控更严格，采取日周月报、巡查、督导、驻场帮扶等多种形式，加大对项目的监控力度。适时召开施工生产视频会，通报各单位在施工生产和安全质量方面存在的问题，依托杭绍台铁路、京藏高速改扩建1标段、张吉怀铁路组织召开三次项目施工现场推进会，收到良好效果。以项目为终端，以问题为导向，按照项目管理“4个阶段，22个环节”梳理管控要点和制度办法，编制项目管理手册。构建集团公司清收清欠和收尾项目管理体系，实现集团公司机关、集团公司督导领导、区域指挥部、工程公司、项目部“五位一体”的组织保障体系，全年收尾项目实现清收确权销号141个，清欠回款销号127个，并账集中核算469套，清理收尾项目人员1054人，清理大(中)型机械设备1017台(套)，腾退房屋7.5万平方米，完成分包结算489个。

(孙鹏飞　卢　静　张泽辉)

【科技教育】 科技工作。结合新的管理理念，提出技术管理架构，建立新的科技管理体系，对标先进企业，总结经验，寻找适合企业发展措施，向技术方案要成效，以产学研为基础，促进科技创新。获批天津市2019年领军企业重大项目并获得科研经费500万元。申请专利211件，其中发明专利65件，授权专利137件；组织完成4项科技成果鉴定，国际领先水平2项，国际先进水平2项；获第十七届中国土木工程詹天佑奖3项、获省部级科技进步奖4项、中施企协科技进步奖4项；国家技术中心和高新技术企业顺利通过复评。参与川藏铁路筹备，完成3次川藏铁路工作推进专题汇报。集团公司在福厦项目召开首届工艺标准发布会。

教育培训。制定并下发《2019年集团公司教育培训工作计划》。9157名员工参加各类培训1028期25256人次，其中自培719期23084人次，送培309期2172人次；干部参训876期18140人次，工人参训369期7116人次，另外组织农民工参训8839人次。组织筹备召开工程、经济、会计和政工4个系列答辩、评审会议。600人通过2019年中高级专业技术职务评审，其中高级260人(含教授级高级工程师转评正高级工程师42人，新申报通过正高级工程师13人、正高级会计师1人)、中级340人。　(张　庆　王卓然)

【资本运营】 参与项目前期商务洽谈18次、合同谈判5次，参加股东会议8次，参与编标项目7个，召开可研评审会24次，合同章程等评审会8次，中标9个项目，获取建安总额133亿元。完成集团公司28个既有投资项目的现场核查，形成专项核查报告36份，摸清项目财务状况、厘清项目经济指标、明确收益上交责任、识别项目潜在风险，为2020年投资项目生产经营计划提供可靠依据。发布项目风险监控报告4份，收集识别项目相关风险49项，提出风险防范措施40余项，对项目投资风险、收益风险、工期风险、合同风险等方面进行定期排查，确保项目风险能够及时识别并管控。天津空港经济区东八道定单式限价房地块成功摘牌并正式开工，预售房屋369套，占总房源的48.5%，认购销售额7.1亿元。完成集团公司实物资产的实地清查，完善资产台账，形成专项调研报告，并对低效、闲置资产制定盘活方案。对铁建大厦二期、翰佳商务酒店开发及运营进行可行性论证，解决铁建大厦二期建设中的合同、计价、报批等历史遗留问题。　(田博琳)

【党群工作】 党的工作。基层党组织409个，党员6413人，发展党员123人。组织工作。围绕股份公司打造“品质铁建”的历史使命，突出发挥在企业改革发展稳定各项工作中“把方向、管大局、保落实”的领导作用，坚持聚焦“守初心、担使命，找差距、抓落实”12字总要求和5个方面任务目标，深入开展“不忘初心、牢记使命”主题教育，推进党建与中心工作深度融合。集团公司12位领导班子成员先后实地调研24家基层单位，组织问卷调查，召开座谈会，访谈基层职工，发现党的建设和企业改革发展方面的突出问题并提出有价值的解决办法或对策建议。注重多措并举，全面检视问题，集团公司领导班子检视到14个方面的问题并制定整改措施。班子成员检视问题134条,制定整改措施164条,并按照整改计划扎实有效进行整改。深入开展专项整治,成立巡回指导组,坚持当好"传达者""把关者""监督者",对二级单位主题教育工作开展巡回指导。以优化基层党组织设置、规范主题党日活动、整顿软弱涣散党组织、加强党支部标准化建设、加强党员教育管理等手段,夯基础、强组织,提升基层党建水平。坚持选人用人原则,提升干部队伍素质,完善制度体系建设,加强干部选拔管理,大力选用优秀年轻干部。全面落实从严治党各项要求,建立健全监督管理体系,坚持以问题为导向,以目标为引领,强力推进巡察、纪检、审计工作与规范生产经营中心工作紧密结合,夯实企业高质量发展监督线,全力推进党风廉政建设和反腐败工作向纵深发展。成立党建工作考核组,对所属单位进行2019年度党建工作责任制考核。建党98周年之际表彰先进基层党组织、优秀共产党员、优秀党务工作者。实地进行走访调研,确保精准施策,投入扶贫资金286.31万元。

宣传文化工作。紧紧围绕项目管理年主线,通过开展主题教育、选树先进典型、强化新闻推送等手段,传播集团和党委声音、引导企业主流舆论、营造实干文化氛围、鼓舞干事创业热情、塑造企业品牌形象。两级中心组组织学习302次,开展学习调研141次,完成调研报告134篇。大力倡导"用成效看成败、用真业绩论真英雄"的实干文化,先后开展"践行艰苦奋斗,打造'品质铁建'"主题宣传教育活动、"围着项目转、盯着指标干"主题项目管理年宣教活动、"不忘初心、牢记使命"主题宣教活动、"庆祝新中国成立70周年"主题宣传、"走好新长征路"主题宣讲、"三创"先锋推选及宣传等活动。开展意识形态工作自查自纠,对全集团各类平台阵地涉及敏感的信息内容进行全面排查清理。利用外脑监测、妥善引导舆论和开展舆情培训等手段,及时安排专人深入现场、靠前指挥,做好舆情监测、防控等工作,全年未发生一般及以上负面舆情。在省部级及以上媒体刊发稿件584篇,在中国铁道建筑报社年度刊稿总分位列专业化局第一名、全系统第九名,6人入围百佳通讯员榜单。开展大型新闻宣传活动11次,组织策划及拍摄《走遍中国》栏目专题片。集团微信公众平台关注人数近1.8万人,组织策划的福平铁路平潭海峡公铁两用大桥平潭段贯通专题报道,获评2019年度中国铁建优秀新媒体专题,短视频在全网播放量超过1000万次;湖北石首长江公路大桥合龙短视频登录《人民日报》微博,一周之内话题讨论量突破300万次。成功举办2019年新媒体业务培训班,国资小新、共青团中央、澎湃新闻、中铁四局相关领域专家到场授课,54人参加培训。

纪检工作。修订"三重一大"决策制度,建立违规经商办企处分、容错纠错、纪委书记量化考核、领导干部谈心谈话、职能部门线索移交等制度,强化请示汇报机制。精准日常监督,对年度民主生活会现场督导,与天津轨道交通集团开展联合政治监督,对提拔干部出具"党风廉洁意见",建立干部廉政档案,开展"三重一大"决策事项监督,监督检查扶贫资金使用。致力正风反腐,受理信访举报68件,各类问题线索454件,立案56件,结案47件,党纪政务处分94人,组织处理62人。抓实廉洁教育,编印《党纪国法企规应知145条》《职工违规违纪处分规定》《〈纪律处分条例〉动漫手册》《谈心谈话工作日志》《大桥清风》4期。组织两级重要领导干部参观天津警示教育中心并重温入党誓词,拍摄《蜕变的初心》内部违法典型案件警示教育片,举办《话项目管理初心》抖音大赛评选优秀作品12件。大力整治项目亏损,召开会议启动首轮亏损项目专项审计巡察,构建两级联动的巡察立体监督网,对重大亏损项目展开全方位、立体式审计巡察,全年经济处罚117.6万元,挽回经济损失4677万元。根据股份公司党委第一巡视组反馈的巡视情况,研究制定整改工作方案,提出234条整改措施,巡视整改持续深入进行。坚决落实纠正"四风"问题,重点对违规公款吃喝、公车私用、违规报销费用、违规发放奖金和津补贴以及隐性变异的"四风"等"十五个严禁"进行监督检查。加强党内政治生活监督,受到谈话函询、纪律处分的25人在民主生活会上专门进行自我检查和党性剖析。开展领导人员亲属和其他特定关系人所办企业与本企业业务往来专项整治,收集处级以上领导人员承诺书345份。

工会工作。严格按规定强化"三级"职代会建设,全面落实职代会各项职权。坚持集体协商、签订集体合同、领导干部述职评议、职代会提案、企务公开、职工董事监事制度。通过对施工现场及营区巡视、台账查看、集体合同履行和工会重点工作开展等情况的检查,开展职工代表巡视质询活动。开展艰苦项目建家建线帮扶工作,帮扶13个项目,投入帮扶资金85万元。组织开展"送清凉、保安全、促生产"系列活动,各级工会下拨送清凉款235万元。增设基层工会组织、调整专兼职干部、督促履行工会主席选举程序。举办专兼职工会干部培训班,开展"两模三优"活动,专项检查基层工会经费使用管理情况等工作,不断加强工会自身建设。表彰集团公司第二届"模范劳动关系和谐企业"。在全集团深入开展"当好主人翁、建功新时代""五比五创"劳动竞赛活动、举办首届"大桥工匠杯"职业测试技能大赛、开展"安康杯"竞赛活动。召开劳模创新工作室创建及成果交流会议,新命名13家集团公司劳模创新工作室，在“大桥群团”微信公众号推送12期劳动模范和先进人物的事迹视频进行宣传。开展为会员发放生日蛋糕、节日慰问品及组织职工看电影、春游秋游等职工福利普惠活动和组织劳模参加体检等专项服务。举办第二届“舌尖上的项目部”厨师厨艺大赛、第三届职工乒乓球和羽毛球比赛、第四届职工男子篮球赛、第二届职工女子气排球赛和第三届艺术作品展。组织集团公司老年门球队参加股份公司老年体协门球比赛并获得亚军。集团公司获全国“安康杯”竞赛安全文化宣传工作先进单位、天津市厂务公开民主管理工作示范单位。

共青团工作。加强青年思想政治引领，紧密结合“不忘初心、牢记使命”主题教育，联合驻地学校开展“青春心向党·建功新时代”纪念五四运动100周年、“我与祖国共奋进——国旗下的演讲”纪念新中国成立70周年主题团日活动。接待香港大学生参观见学并以“爱我中华”为主题座谈交流等，践行社会主义核心价值观。组织青年学习领悟“品质铁建”内涵，结合“转变作风、青年先行”专题教育和机关“员工大讲堂”活动，广泛发动青年大反思、大提升。围绕企业中心工作组织开展“号手岗队”活动，创建青年安全生产示范岗，以重难点工程为依托积极开展“青年突击队”竞赛，持续开展“五小”成果评选表彰工作。组织青年积极进行BIM技术成果研发应用，所属六公司青年团队获“优路杯”全国BIM技术大赛银奖。命名成立“龙均爵志愿服务队”，先后参与凉山州山火、宜宾地震、河源暴雨、六盘水特大山体滑坡等抢险工作，多次受到各级政府及有关部门发文表扬。大力选树优秀典型，表彰“导师带徒”活动优秀师徒，开展团员青年“推优入党”，充分发挥示范引领作用。代表中国铁建参加第15届“振兴杯”全国青年职业技能大赛决赛，获得优秀组织奖。举办“‘桥’首以盼·缘来是你”成都区域青年联谊活动，策划开发职工婚恋网络平台计划年内上线。开展“团组织就在我身边”春节关爱活动，参加地方团委、工会举办的城市定向挑战赛，参加股份公司青年才艺抖音展示秀等。实现团组织设立全覆盖、团组织负责人全配备、团员教育管理全纳入。主动适应“互联网+共青团”技术趋势，积极推广“智慧团建”系统应用。及时进行团组织选举换届，在分级分层举办主题培训基础上，积极推选团干部参加各级各类培训学习。参与天津空港保税区团组织工作，保税区兼职团委副书记1人，同驻地机关企事业单位广泛开展“共青团工作共建交流活动”。

（郭冬雪　李熙隆　代松松）

【第一工程有限公司】 具有公路、房屋建筑、市政公用工程施工总承包一级，港口与航道工程施工总承包二级，铁路、水利水电、机电工程施工总承包三级，钢结构、桥梁、隧道、公路路面、公路路基、建筑装修修饰工程专业承包一级，公路交通工程专业承包二级，环保工程专业承包三级资质。驻辽宁省大连市沙河口区沙跃街9号。执行董事、党委书记王学民，总经理李春江。职工1953人。资产总额79.91亿元。其中，固定资产原值12.44亿元、净值3.89亿元，流动资产69.91亿元，其他资产10亿元。机械设备407台（套），原值4.5亿元、净值1.35亿元，总功率62324千瓦，动力装备率31.85千瓦/人，技术装备率6.89万元/人，设备完好率91%、利用率72%，综合机械化施工程度86%。

2019年，新签合同额123亿元，企业总产值78.6亿元，其中施工产值78.4亿元。利润1.13亿元，人均创利72900元。全员劳动生产率58.07万元/人年，职工年人均收入95421元。国有资产保值增值率103%，净资产收益率11.76%，产值利润率1.49%，投资回报率11.66%，资产负债率90.94%。（王玉荣）

【第二工程有限公司】 具有市政公用、公路工程施工总承包一级，桥梁、隧道、公路路基工程专业承包一级资质。驻广东省深圳市盐田区九号小区中铁大厦。执行董事、党委书记林吉兴，副总经理（主持工作）李铁成。职工2018人。资产总额67.9亿元。其中，固定资产原值16亿元、净值5.9亿元，流动资产47.74亿元，非流动资产20.16亿元，无形资产721万元。大中型机械设备535台（套）（含26台融资租赁盾构机），原值25.74亿元、净值13.49亿元，总功率14.35万千瓦，动力装备率56.90千瓦/人，技术装备率16.99万元/人，设备完好率91%、利用率89%，综合机械化施工程度92%。

2019年，新签合同额61.95亿元，企业总产值（全部为施工产值）41.08亿元。利润2297万元，人均创利11900元。全员劳动生产率57.16万元/人年。职工年人均收入84065元。国有资产保值增值率101.69%，净资产收益率3.87%，产值利润率0.56%，投资回报率4.59%，资产负债率89.41%。（黄和根）

【第三工程有限公司】 具有铁路、公路、建筑、市政公用、矿山工程施工总承包一级，桥梁、隧道、公路路基工程专业承包一级，钢结构、公路交通工程专业承包二级，环保工程专业承包三级资质。驻辽宁省沈阳市沈河区方家栏路60号。执行董事、党委书记刘长海，总经理刘彦涛。职工2308人。资产总额83.56亿元。其中，固定资产原值11.60亿元、净值4.68亿元，流动资产71.35亿元，其他资产7.53亿元。机械设备541

台(套),其中大型特种设备36台(套),原值5.13亿元、净值2.52亿元,总功率87644千瓦,动力装备率39.64千瓦/人,技术装备率11.42万元/人,设备完好率92%、利用率85%,综合机械化施工程度91%。

2019年,新签合同额112.62亿元,企业总产值73.13亿元,其中施工产值73.13亿元。利润0.49亿元,人均创利21335元。全员劳动生产率60.83万元/人年,职工年人均收入93986元。国有资产保值增值率100.25%,净资产收益率3.78%,产值利润率0.67%,资产负债率85.43%。 (赵梓淇)

【第四工程有限公司】 具有公路工程施工总承包特级,公路行业设计甲级,市政、水利水电工程施工总承包一级,公路路基、公路路面、桥梁、隧道工程专业施工承包一级,公路交通工程(公路安全设施分项)专业承包二级,铁路、建筑工程施工总承包三级,公路工程综合乙级试验检测机构资质。驻黑龙江省哈尔滨市南岗区先锋路459号。执行董事、党委书记牛洪刚,总经理王保良。职工1470人。资产总额67.94亿元。其中,固定资产原值9.31亿元、净值2.49亿元,流动资产60.04亿元,其他资产5.41亿元。机械设备492台(套),原值3.95亿元、净值1.34亿元。总功率80182千瓦,动力装备率53.17千瓦/人,技术装备率8.89万元/人,设备完好率90%、利用率82%,综合机械化施工程度85%。

2019年,新签合同额48.82亿元,企业总产值37.56亿元,其中施工产值37.52亿元。利润4099万元,人均创利18700万元。全员劳动生产率255.5万元/人年,职工年人均收入81100元。国有资产保值增值率2.41%,净资产收益率3.52%,产值利润率0.97%,资产负债率82.90%。 (马冬雪)

【第五工程有限公司】 具有市政公用、公路工程施工总承包一级,铁路工程、水利水电工程施工总承包二级,桥梁、隧道、公路路基、建筑机电安装专业承包一级,公路交安专业承包二级,环保专业承包三级资质。驻四川省成都市新都区蜀龙大道中段1000号。执行董事、党委书记徐少平,副总经理(主持工作)马天昌。职工1462人。资产总额56.69亿元。其中,固定资产原值5.25亿元、净值1.72亿元,流动资产52.9亿元,其他长期资产3.79亿元。机械设备车辆1239台(套),原值2.64亿元、净值0.97亿元,总功率58944千瓦,动力装备率39.74千瓦/人,技术装备率6.57万元/人,机械设备完好率95.5%、利用率89%,综合机械化施工程度90%。

2019年,新签合同额76.51亿元,完成企业总产值64.4亿元,施工产值64.4亿元。实现利润6200万元,人均创利41953元。全员劳动生产率415万元/人年,职工年人均收入128413元。国有资产保值增值率101.64%,净资产收益率10.71%,产值利润率1.01%,资产负债率89.70%。 (赵华玮)

【第六工程有限公司】 具有市政公用工程、建筑工程施工总承包一级,公路工程、水利水电工程施工总承包二级;桥梁、隧道、公路路基、钢结构、建筑装修装饰、公路交通工程专业承包二级及爆破资质。驻吉林省长春市二道区岭东路2138号。执行董事、党委书记佟显涛,副总经理(主持工作)王焕刚。职工999人。资产总额34.21亿元。其中,固定资产原值4.93亿元、净值1.15亿元,流动资产30.08亿元,无形资产25万元。大中型机械车辆369台(套),原值2.92亿元、净值0.7亿元,总功率39145千瓦,动力装备率63.5千瓦/人,技术装备率9.25万元/人,机械设备完好率90%、利用率80%,综合机械化程度85%。

2019年,新签合同额8.55亿元,企业总产值15.08亿元,其中施工产值15.08亿元。利润732万元,职工年人均收入90509元,人均创利7327元。全员劳动生产率20.37万元/人年。国有资产保值增值率101.54%,净资产收益率2.17%,产值利润率0.43%,资产负债率89.11%。 (宁纪娅)

【电气化工程有限公司】 具有通信、机电安装工程施工总承包一级,市政公用、建筑工程施工总承包二级,电力工程施工总承包三级,铁路电务、电气化、公路交通工程(公路机电工程)、输变电、建筑装修装饰、电子与智能化工程专业承包一级,公路交通工程(公路安全设施分项)、消防设施、隧道工程专业承包二级,城市及道路照明工程专业承包三级,承装(修、试)电力设施许可承装类四级、承修类四级、承试类四级资质。驻天津自贸区(空港经济区)中环西路32号。执行董事、党委书记刘铁兵,总经理曲正。职工605人。资产总额17.42亿元。其中,固定资产原值3683万元、净值1531万元,流动资产15.75亿元。主要设备总量86台(套),原值1570.92万元、净值268.27万元,总功率8206.8千瓦,动力装备率14.3千瓦/人,技术装备率0.47万元/人,机械设备完好率17.8%、利用率81.39%。

2019年,新签合同额17.32亿元,企业总产值14.94亿元。利润4063万元,人均创利67157元。全员劳动生产率251万元/人年,职工年人均收入113880元。国有资产保值增值率101.54%,净资产收益率10.03%,资产负债率78.63%。 (李　敏)

【中铁株洲桥梁有限公司】 具有桥梁工程专业承包二级，建筑、市政公用工程施工总承包三级，钢结构、环保工程专业承包三级，施工劳务资质。驻湖南省株洲市建设北路487号。执行董事、总经理俞军，党委书记（主持工作）李明秋。职工1322人。资产总额8.74亿元。其中，固定资产原值2.76亿元、净值0.97万元，流动资产6.46亿元，其他资产1.39亿元。机械设备1063台（套），原值1.44亿元、净值0.38亿元，总功率8781千瓦，动力装备率6.93千瓦/人，技术装备率2.99万元/人，设备完好率85%、利用率78%。

2019年，新签合同额1.58亿元，产值4.68亿元。净利润693万元，人均创利11000元。全员劳动生产率17.09万元/人年，职工年人均收入38756元。国有资产保值增值率149.18%，净资产收益率39.48%，产值利润率14.40%，资产负债率76.42%。（张　虹）

【西北工程有限公司】 具有市政公用工程施工总承包二级，房屋建筑工程施工总承包三级，园林古建筑、环保工程专业承包二级资质。驻宁夏回族自治区银川市中山北街571号。总经理赫宏伟，党委书记韩福堂。职工465人。资产总额243.4亿元。其中，固定资产原值3.86亿元、净值1.61亿元，流动资产19.68亿元，其他非流动资产3.7亿元。大中型机械车辆397台（套），原值1.4亿元、净值7920万元，总功率45860.7千瓦，动力装备率99.91千瓦/人，技术装备率17.25万元/人，设备完好率66%、利用率33.97%，综合机械化施工程度86%以上。

2019年，新签合同额45.72亿元，企业总产值28.4亿元，其中施工产值28.4亿元。利润9938万元，人均创利21万元，全员劳动生产率618.79万元/人年，职工年人均收入15.43万元。国有资产保值增值率100.16%，净资产收益率49.5%，产值利润率3.66%，资产负债率91.77%。（赵　培）

【建筑工程有限公司】 是以房建为专业特色的综合性工程公司。驻天津自贸区（空港经济区）中环西路32号。执行董事、党委书记王全良，总经理王庆玺。职工372人。资产总额17.38亿元。其中，固定资产原值4950万元、净值1791万元，流动资产14.51亿元，其他资产26950万元。机械设备111台，原值2811.32万元、净值1005.41万元，总功率7140.30千瓦，动力装备率19.19千瓦/人，技术装备率2.70万元/人，设备完好率93.69%、利用率56.76%，综合机械化施工程度7%。

2019年，新签合同额44亿元，企业总产值17.01亿元，其中施工产值17.01亿元。利润4557万元，人均创利12万元，全员劳动生产率33.93万元/人年，职工年人均收入13.23万元，产值利润率2.68%，资产负债率96.48%。（李海燕）

【南方工程有限公司】 具有市政公用工程施工总承包一级、建筑工程施工总承包二级，桥梁工程专业承包二级资质。驻广东省广州市南沙区黄阁镇中国铁建环球中心六栋A座。执行董事、总经理蔡维栋，党委书记刘海国。职工153人。资产总额12.58亿元。其中，固定资产原值3945万元，已折旧1270万元，净值2675万元；流动资产11.38亿元；无形资产15万元。机械设备12台（套），原值1311.88万元、净值1213.13万元，总功率845千瓦，动力装备率2.51千瓦/人，技术装备率3.61万元/人，设备完好率90%、利用率90%，综合机械化施工程度82%。

2019年，新签合同额16.09亿元，企业总产值7.86亿元，其中施工产值7.86亿元。利润总额5400万元，人均创利16.22万元。全员劳动生产率414.18万元/人年，职工年人均收入12.09万元。国有资产保值增值率5044.55%，净资产收益率6.66%，产值利润率7.65%，资产负债率80.61%。（李　维）

【海外公司】 履行集团公司海外事业部职能。驻天津自贸试验区（空港经济区）中环西路32号。总经理梁斌，党委书记吴科峰。职工47人。

2019年，新签合同额42.15亿元，职工年人均收入13.9万元。（李　鑫）

【中铁津桥工程检测有限公司】 具有国家认监委计量认证资质（含铁路）、ISO9001质量管理体系认证、国家级测绘工程甲级资质、吉林省建设工程质量检测机构综合检测资质、吉林省公路水运工程试验检测机构综合乙级资质、吉林省工程勘察专业类（岩土工程）乙级资质、吉林省水利工程（混凝土工程和岩土工程）检测乙级资质、吉林省雷电防护装置检测资质、吉林省摄影测量与遥感专业丙级资质。驻吉林省长春市二道区岭东路2072号。执行董事、总经理惠中华，党委书记王怀宇。职工81人。资产总额10874万元。其中，固定资产原值3509万元、净值705万元，流动资产9913万元，无形资产2万元。

2019年，新签合同额6349万元，完成企业总产值7180万元，实现利润301万元。全员劳动生产率23.09万元/人年，人均创利0.97万元。职工年人均收入85301元。国有资产保值增值率99.87%，净资产收益率5.53%，产值利润率5.59%，资产负债率49.97%。（李慧章）

【中铁现代勘察设计院有限公司】 具有市政行业（轨道交通工程）设计甲级、建筑行业（建筑工程）设计甲级、工程勘察（岩土工程、水文地质）甲级、市政行业设计乙级、风景园林工程设计专项乙级、工程测量乙级资质。驻天津自贸试验区（空港经济区）中环西路32号。执行董事、院长周冠南，党委书记罗俊。职工84人。资产总额10047万元。其中，固定资产原值367万元、净值92万元，流动资产9823万元，无形资产15万元。

2019年，企业总产值3177万元，利润136万元。全员劳动生产率12.14万元/人年，人均创利1.04万元，职工年人均收入96436元。国有资产保值增值率102.28%，净资产收益率2.26%，产值利润率4.28%，资产负债率47.92%。（李慧章）

【物资贸易有限公司】 驻天津自贸区（空港经济区）中环西路32号。执行董事、总经理赵国营，党委书记孙伟。职工33人。资产总额8.82亿元。其中，固定资产原值1225万元、净值658万元，流动资产8.66亿元，无形资产950万元。

2019年，新签合同额7.02亿元，企业总产值12.35亿元。实现利润763万元，人均创利18.61万元。全员劳动生产率3012万元/人年，职工年人均收入14.34万元。国有资产保值增值率90.29%，净资产收益率5.70%，产值利润率0.62%，资产负债率89.35%。

（王　欣）

【靖江桥梁科技产业园有限公司】 驻江苏省靖江市经济技术开发区康桥路2号。执行董事徐维明，总经理甘荣军，党委书记孙晓晖。职工31人。资产总额6.82亿元。其中，固定资产173万元，流动资产4417万元，无形资产2.53亿元。机械设备4台（套），设备完好率100%、利用率100%。

2019年，职工年人均收入14.92万元。（赵兵兵）

【技师学院】 具有中高职衔接、技工教育、短期培训三个办学层次，开设建筑测量、建筑施工、汽车维修、新能源汽车检测与维修、汽车装配与制造、机电一体化技术、数控加工、工程机械运用与维修、计算机信息管理、电子商务、幼儿教育等15个专业。校内建有13个实训基地、54个实训室，办有2家兼具教学和生产服务功能的校办企业。是“国家中等职业教育改革发展示范学校”、国家级高技能人才培训基地、中国中职百强校、全国职工教育培训示范点、全国技工院校校长论坛常务理事单位、第45届世界技能大赛管道与制暖项目中国集训基地、吉林省现代职业教育改革发展示范校。驻吉林省长春经济技术开发区兴隆山新兴路707号。党委书记杨立新，副院长（主持工作）张松宁。职工177人，在校学生4808人。

2019年，招生1752人，安置就业1372人。全年累计完成2300人次的培训任务。（张　鑫）

【重要记载】

▲1月14日　中国铁建大桥局召开干部大会，对集团公司领导班子作出调整，张树海任集团公司党委书记、董事长。

▲1月22日　中国铁建大桥局2019年党委一届三次全委（扩大）会议暨2018年度基层党组织书记抓党建述职评议考核会议、中国铁建大桥局一届三次职代会暨2019年工作会、2019年党风廉政建设和反腐败工作会在天津召开。

▲3月5日　中国铁建大桥局“龙均爵志愿服务队”正式成立，“雷锋日”志愿服务活动正式启动。

▲6月17日　中国铁建大桥局召开第一批“不忘初心、牢记使命”主题教育动员部署视频会议，主题教育全面展开。

▲6月23日　中国铁建大桥局取得军工涉密业务咨询服务安全保密条件备案证书。

▲9月8日　在“天津慈善奖”评选表彰大会上，中国铁建大桥局获“东西部扶贫爱心捐赠奖”称号。

▲12月10日　三公司承建的快速路系统二期项目外环线东北部调线工程第1标段津汉互通立交桥工程获2018—2019年度中国建设工程鲁班奖（国家优质工程）。二公司承建的南京至高淳城际轨道禄口机场至溧水段工程、苏州市轨道交通2号线及延伸线工程获国家优质工程奖。（柴雪洁）

中铁十四局集团有限公司

【简况】 具有“4+1”项特级资质，120多项资质。包括铁路、建筑、市政、公路工程施工总承包特级，铁道行业甲（Ⅱ）级、建筑行业、市政行业、公路行业甲级工程设计资质，建筑幕墙、建筑装饰工程设计专项乙级，水利水电工程施工总承包一级，桥梁、隧道、公路路基、公路路面、钢结构、机场场道、地基基础、建筑装修装饰、建筑幕墙、防水防腐保温、环保工程专业承包一级，机电安装、矿山工程施工总承包二级，消防设施工程专业承包二级，石油化工施工总承包三级，河湖整治、建筑机电安装、起重设备安装工程专业承包三级，特种工程

(结构补强、特种设备起重吊装、建筑物纠偏和平移)、预拌混凝土、施工劳务资质、模板脚手架专业资质;自然资源部核准的地质灾害防治工程施工甲级资质和测绘甲级资质;公安部核准的爆破作业单位许可证(营业性)一级资质;国家国防科工局颁发的军工涉密业务咨询服务安全保密条件备案证书;经国家商务部批准享有的对外经营权。2019 年获批防水防腐保温工程专业承包一级、特种工程(特种设备起重吊装)专业承包不分等级、消防设施工程专业承包二级、石油化工工程施工总承包三级资质,并对爆破一级资质、建筑幕墙工程设计专项资质乙级和建筑装饰工程设计专项资质乙级进行延续。总部驻山东省济南市奥体西路 2666 号铁建大厦 A 座。下辖一至五、隧道、大盾构、建筑、房桥、电气化、房地产、铁正检测、西北、市政、海外 15 个子、分公司。设山东、华中、华南、东南、东北、西南、西北、新疆、京津冀、中原、重庆 11 个区域总部,设军民融合办公室和房建事业部。职工 14290 人。拥有机械动力设备 6442(套),固定资产原值 77.33 亿元、净值 46.20 亿元。新增设备 653 台,设备成新率 59.74%,总功率 764136.51 千瓦,动力装备率 52.5 千瓦/人,技术装备率 31.74 万元/人,资产增长率 20.47%,设备资产利润率 18.82%。

2019 年,新签合同 560 项,新签合同投资 1132.45 亿元,施工产值 573.83 亿元。在建项目 620 个,合同总额 3195 亿元,剩余合同投资 1869 亿元。营业收入 571.36 亿元,消化潜亏 12.27 亿元后,净利润 8.51 亿元,经营性净现金流 35.77 亿元。获国家科技进步特等奖 1 项、国家科技进步奖 4 项。获国家优质工程金质奖 5 项、中国建设工程鲁班奖 26 项、中国土木工程詹天佑奖 10 项、国家优质工程奖 41 项。

(苏 莉 张 明 曹 茜)

【领导人员】

董事会

董事长 吴言坤

董事 吴言坤

周长进

王 焕

熊 晖(2 月任)

监事会

监事会主席 王国栋(1 月任,7 月免)

陈 明(8 月任)

监事 孙霄霞

职工监事 赵海涛

经理层

总经理 周长进(4 月任)

副总经理 周长进(主持经理层工作,1 月任,4 月免)

王红卫

姜 伟

王 焕

孟繁亚

薛 峰

熊 晖

马 军

王维民

总工程师 王 焕

总会计师 熊 晖

党群领导

党委书记 吴言坤

党委副书记 周长进

刘庆民

纪委书记 王国栋(1 月任,7 月免)

陈 明(7 月任)

(李兴刚)

【职工队伍】 职工 14290 人。其中,男性 10592 人、女性 3698 人;研究生及以上学历 309 人、本科学历 8718 人、大专(高职)学历 2822 人、中专学历 1046 人、中专以下学历 1395 人;25 岁以下 1848 人、26~30 岁 2412 人、31~35 岁 3161 人、36~40 岁 1987 人、41~45 岁 2234 人、46~50 岁 1514 人、51~55 岁 459 人、55 岁以上 675 人。专业技术人才 10137 人。高级职称 2105 人,其中教授级高工 111 人、高级工程师 1545 人、高级政工师 136 人、正高级经济师 3 人、高级经济师 139 人、正高级会计师 3 人、高级会计师 157 人、其他系列 11 人;中级职称 3367 人,其中工程师 2863 人、政工师 236 人、经济师 87 人、会计师 156 人、其他系列 25 人;初级职称 4665 人,其中工程系列 3271 人、政工系列 279 人、经济系列 243 人、会计系列 827 人、其他系列 45 人。工程专业 7790 人、政工专业 651 人、经济专业 472 人、财会专业 1143、其他专业 81 人。高技能人才 1372 人。其中,高级技师 130 人、技师 223 人、高级工 535 人、中级工 457 人、初级工 27 人。

(陈 静)

【工程项目指挥机构】 石济铁路客运专线项目部 驻河北省衡水市。党工委书记景少卿。

成绵乐铁路工程指挥部 驻四川省成都市。指挥长李双军,党工委书记袁绪宏。

宁启复线电化工程指挥部 驻江苏省南京市。项目经理于自清。

沪昆客专贵州段工程指挥部　驻贵州省安顺市。项目经理兼党工委书记马天明。

芜湖长江隧道工程指挥部　驻安徽省芜湖市。指挥长李东升，党工委书记于俊。

云桂铁路（广西段）YGZQ－3项目部　驻广西壮族自治区百色市。项目经理孟凡辉。

长株潭综合2标段项目部　驻湖南省长沙市。项目经理戴尊勇。

津保铁路项目部　驻天津市北辰区。指挥长、党工委书记岳耀群。

张唐铁路项目部　驻河北省唐山市。项目经理张广宪。

青连铁路项目部　驻山东省青岛市。项目经理张兆忠，党工委书记程应涛。

蒙华铁路MHTJ－23标段项目部　驻湖北省荆州市。项目经理刘志波，党工委书记靳成烽。

黔张常铁路项目部　驻湖北省恩施土家族苗族自治州。项目经理王献伟，党工委书记史佩光。

鲁南高铁LQTJ－1标段项目经理部　驻山东省临沂市。项目经理郑云亭，党工委书记沈银贵。

张吉怀铁路项目部　驻湖北省恩施市。项目经理王晓勇，党工委书记孙洪刚。

济莱高铁JLZQTJ－6标段项目经理部　驻山东省济南市，项目经理郑云亭。

仁新高速公路7标段项目经理部　一公司代局指，驻广东省韶关市。项目经理刘朝阳。

穗莞深城际5标段项目经理部　一公司代局指，驻广东省东莞市。项目经理秦松。

郑济铁路3标段项目经理部　二公司代局指，驻河南省安阳市滑县。项目经理赵光强。

成昆铁路峨米16标段项目经理部　二公司代局指，驻四川省攀枝花市。项目经理刘明才。

成兰铁路11标段项目经理部　二公司代局指，驻四川省阿坝州。项目经理孙焕重。

京唐铁路6标段项目经理部　二公司代局指，驻河北省唐山市玉田县。项目经理王永辉。

沪通铁路2标段项目经理部　二公司代局指，驻江苏省南通市。项目经理孙焕重。

昌景黄铁路6标段项目经理部　二公司代局指，驻江西省南昌市。项目经理袁树成。

阳安二线工程指挥部　三公司代局指，驻陕西省汉中市洋县，项目经理王桂杰。

张吉怀铁路项目部　三公司代局指，驻湖南省怀化市麻阳县。项目负责人钱程。

通让铁路电气化改造工程TRSG－3标段项目经理部　四公司代局指，驻吉林省大安市。项目经理马林。

牡佳客专6标段项目经理部　四公司代局指，驻黑龙江省佳木斯市。项目经理亓守臣。

阿尔及利亚东西高速东标段项目经理部　四公司代局指，驻阿尔及利亚。项目经理赵宗奎。

重庆至黔江铁路站前2标段项目经理部　四公司代局指，驻重庆市。项目经理王子龙。

成都至自贡高速铁路项目经理部　四公司代局指，驻四川省成都市。项目经理李晓庆。

龙烟铁路站前1标段项目经理部（收尾）　四公司代局指，驻山东省龙口市。项目经理贾明伦。

贝佳亚连接线工程指挥部（收尾）　四公司代局指，驻阿尔及利亚。项目经理李合理。

穗莞深城际SZH－8标段项目经理部（收尾）　四公司代局指，驻广东省深圳市。项目经理窦和潮。

连镇铁路项目经理部（收尾）　四公司代局指，驻江苏省扬州市。项目经理张凤勇。

济青高速公路改扩建工程项目经理部（收尾）　四公司代局指，驻山东省胶州市。项目经理张万国。

呼准鄂铁路项目部　五公司代局指，驻内蒙古自治区鄂尔多斯市。项目经理刘立新。

邯胶铁路项目部　五公司代局指，驻山东省济南市。项目经理赵明。

渝黔扩能高速公路项目部　五公司代局指，驻重庆市。项目经理刘玉柱。

贵南高铁4标段项目部　五公司代局指，驻广西壮族自治区河池市。项目经理刘立新。

新疆引额供水二期输水工程双三段4标段项目部　隧道公司代局指，驻新疆维吾尔自治区昌吉回族自治州。项目经理吴遁。

广州市轨道交通18号和22号线项目部　隧道公司代局指，驻广东省广州市海珠区。项目经理陈阵。

京沈客专京冀段12标段项目部　大盾构公司代局指，驻北京市朝阳区。项目经理杨圣建。

济南市济泺路穿黄隧道工程EPC项目经理部　大盾构公司代局指，驻山东省济南市。项目经理历朋林。

长沙市湘雅路过江通道工程项目经理部　大盾构公司代局指，驻湖南省长沙市。项目经理张亚洲。

武汉和平大道南延工程项目经理部　大盾构公司代局指，驻湖北省武汉市。项目经理张建勇。

杭州经济技术开发区下沙路与12号路提升改造及附属配套工程PPP项目部　大盾构公司代局指，驻浙江省杭州市。项目经理付款峰。

新建南宁至崇左铁路NCZQ2标项目经理部　大盾构公司代局指，驻广西壮族自治区南宁市。项目经理陈建福。

常德沅江隧道项目部　大盾构公司代局指，驻湖南省常德市。项目经理路开道。

杭州市艮山东路过江隧道项目部　大盾构公司代局指，驻浙江省杭州市。项目经理赵合全。

新建京张铁路1标段项目部　大盾构公司代局指，驻北京市海淀区。项目经理陈爽。　（李兴刚）

【工程施工】　在建项目356项，合同投资21430281万元。其中，铁路工程40项，合同投资4331823万元；公路工程77项，合同投资4023063万元；市政工程63项，合同投资3856068万元；城市轨道交通88项，合同投资5166879万元；房建工程54项，合同投资1827442万元；水利工程9项，合同投资450710万元；电力工程9项，合同投资205186万元。2019年完工项目31项，其中，铁路工程完工6项，公路工程完工8项，市政工程完工11项，房建工程完工8项，水利、电力工程完工4项，其他4项。剩余合同投资1028.56亿元。

新建北京至张家口铁路站前工程JZSG－1标段　位于北京市海淀区。全长10.487千米，合同投资209119万元，合同工期2016年3月26日至2019年12月31日。主要工程量：隧道6020延长米，路基4.467千米；刚构中桥1座、框架小桥2座；正线铺轨10.487千米。开工累计完成产值191600.38万元。

新建邯济铁路至胶济铁路联络线工程ZH－1标段　位于山东省济南市天桥区，正线25.6千米。合同投资115500万元，合同工期2016年6月1日至2019年12月20日。主要工程量：路基土方石72.6万立方米；涵洞48座760.5横延米；特大桥3座3757.64延长米，大桥1座154.4延长米，中桥1座83.22延长米；正线铺轨111.34778千米，站线铺轨2.105千米，铺新轨岔26组，粒料道床32.3万立方米。开工累计完成产值114824.7万元。

新建铁路沪通线上海（安亭）至南通段土建工程HTZQ－I标段　位于江苏省南通市通州区，正线20.06千米。合同投资147432.63万元，合同工期2014年8月5日至2019年4月28日。主要工程量：站前工程路基土石方37.14万立方米；路基4.57千米；桥梁9座15487.57延长米，涵洞50座716.74横延米；站场1处；制梁439孔/片，架梁439孔/片。开工累计完成产值176355.76万元。

阳平关至安康铁路增建第二线站前工程4标段　位于陕西省汉中市洋县，正线23.31千米。合同投资110384.55万元，合同工期2015年1月1日至2019年12月31日。主要工程量：站前工程路基土石方72.86万立方米；路基4.623千米；隧道7座16016延长米；桥梁11座3023.68延长米，涵洞21座221.43横延米；站场1处；制梁800孔/1600片，架梁800孔/1600片；无砟道床14.416千米，有砟道床8.894千米；正线铺轨222.73千米，站线铺轨4.47千米；铺新道岔21组、拆除道岔12组、重铺道岔1组。开工累计完成产值113430.7万元。

新建蒙西至华中地区铁路煤运通道土建工程MHTJ－23标段　位于湖北省荆州市沙市区，正线70.65千米。合同投资273187万元，合同工期2015年9月18日至2019年10月1日。主要工程量：站前工程路基土石方970万立方米；路基49.305千米；桥梁27座21350延长米，框架小桥105座988.22延长米；框架涵洞182座4674.05横延米；站场3处；铺设道砟48万立方米。开工累计完成产值268497万元。

新建连云港至镇江铁路站前工程LZZQ－7标段　位于江苏省扬州市江都区，全长16.043千米。合同投资250148.2万元，合同工期2015年9月26日至2018年7月31日。主要工程量：站前工程路基土石方21.1万立方米；路基1.12千米；特大桥6座50025.73延长米，中桥2座78.381延长米，小桥1座14.36延长米，涵洞17座216.57横延米；站场2处；制梁1255孔/片，架梁1255孔/片。开工累计完成产值257003万元。

新建成都至兰州铁路成都至川主寺段站前工程CLZQ－11标段　位于四川省阿坝藏族羌族自治州松潘县，正线24.19千米。合同投资153975.35万元，合同工期2013年1月4日至2019年12月31日。主要工程量：站前工程隧道21101延长米；桥梁2473.823延长米。开工累计完成产值153248.2万元。

新建郑州至济南铁路郑州至濮阳段站前（含部分站后）工程　位于河南省安阳市滑县，正线31.41千米。合同投资166200万元，合同工期2017年6月1日至2021年5月31日。主要工程量：区间土石方101.3万立方米，多向水泥搅拌桩12.3万延长米，CFG桩21.2万延长米，变截面挤密螺纹桩17.5万延长米；桥墩878座、桥台1座，制梁场1处，预制、架设简支箱梁588榀，连续箱梁11联、连续T构1联、连续刚构1联，无砟道床62.557单线千米。开工累计完成产值93429万元。

新建北京至唐山铁路宝坻至唐山段站前工程JTZQ－6标段　位于河北省唐山市玉田县，正线25.8千米。合同投资175645.7万元，合同工期2017年9月1日至2021年8月31日。主要工程量：特大桥2座23696延长米，玉田梁场制运架；鸦鸿桥站站场；全线轨道板预制；本标无砟轨道道床铺设；轨道精调；本标段范围内的改移道路及沟渠、砍伐树木（含挖根）、三电及管线迁改、大临及配合辅助工程。开工累计完成产值112784.72万元。

新建张家界至吉首至怀化铁路站前工程施工总价承包招标ZJHZQ-9标段　位于湖南省怀化市麻阳苗族自治县,正线32.2千米。合同投资243313万元,合同工期2017年10月1日至2021年5月5日。主要工程量:桥梁27座7536.6延长米,隧道18.5座21383延长米,路基29座3.485千米,涵洞9处,新建麻阳西站车站1座、无砟轨道63.85千米及相关工程;制架箱梁324孔,32米简支梁263孔、24米简支梁61孔。开工累计完成产值205114.79万元。

新建牡丹江至佳木斯铁路站前工程MJZQSG-6标段　位于黑龙江省佳木斯市桦南县,正线45.33千米。合同投资215522.65万元,合同工期2017年10月1日至2021年11月30日。主要工程量:路基土石方497万立方米;桥梁桩基5598根,承台645个,墩身645个,悬灌梁176节块,涵洞45座1169.5横延米,框构桥7座1809.6顶平方米,隧道1座1209延长米;轨道工程正线铺轨377.52千米,站线铺轨12.622千米,正线铺砟926041立方米,站线铺砟43001立方米。开工累计完成产值134604.46万元。

新建贵阳至南宁铁路广西段站前工程GNZQ-4标段　位于广西壮族自治区河池市金城江,正线14.34千米。合同投资190251.8万元,合同工期2017年12月20日至2023年12月20日。主要工程量:区间路基389.56米;桥梁7座3889延长米;涵洞14座370.58横延米;现浇连续箱梁72孔;隧道2座10464延长米;轨道工程正线铺轨542.691千米,站线铺轨20.678千米。开工累计完成产值54142.17万元。

新建成都至自贡高速铁路(不含DK24+055—DK39+406)站前工程1标段　位于四川省成都市武侯区,正线15.93千米。合同投资199947万元,合同工期2019年9月1日至2023年8月31日。主要工程量:正线15.93千米,成都南左、右联络线2.772千米。开工累计完成产值200万元。

新建南宁至崇左铁路工程NCZQ2标段　位于广西壮族自治区南宁市江南区,正线5.72千米。合同投资136896.27万元,合同工期2018年12月1日至2020年2月28日。主要工程量:隧道1座5725延长米;管片预制场1处,泥水处理场1处,拌合站1处;制管片2003环,制箱涵2003块;无砟道床11.45千米。开工累计完成产值163.3万元。

新建南昌经景德镇至黄山铁路江西段(不含先期开工段)站前工程CJHZQJX-6标段　位于江西省南昌市南昌县,正线29.18千米。合同投资212587.76万元,合同工期2019年9月10日至2023年4月30日。主要工程量:路基3.874千米,土石方84.8万立方米;特大桥3座32030延长米;无砟道床(含道岔铺设)51.34千米,粒料道床27.8万立方米,正线铺轨465.887千米、站线铺轨44.113千米,铺新岔187组,铺粒料道床11.5万立方米,轨枕埋入式无砟道床4.396千米。开工累计完成产值5316万元。

(顾　飞)

【境外工程】　援尼泊尔塔托帕尼边检站灾后恢复项目　总建筑面积6300平方米,合同投资12495.77万元。2018年4月30日开工,2019年4月30日完工。

援尼泊尔体育场馆紧急维修项目　合同投资6899.95万元。2018年7月31日开工,2019年8月进行甩项验收,被评为合作局优良工程。

援尼泊尔阿尼哥公路二期保通项目　合同投资6775.08万元。2018年12月30日开工,2019年4月28日完工。

尼日尔贝拉—伽亚边境公路项目　全长73.5千米,合同投资9699万元。2019年10月13日开工,开工累计完成产值3245.74万元。

多哥纳辛贝埃亚德马国际机场道面加强项目(1标段)　合同投资4673.9万元。2017年11月17日开工,2019年1月20日如期完工。

多哥共和国6号国道Notse—Tohoun段公路修复项目LOT3标段　合同投资5289.06万元。2018年2月26日开工,2019年1月30日如期完工。

援马拉维社区技术学院项目　总建筑面积7420平方米,合同投资6738.71万元。2018年10月25日开工。2019年,完成产值3664.3万元,开工累计完成产值3983.38万元。

援赤道几内亚毕科莫水电站技术改造第一期技术援助项目　合同投资1111.89万元,2018年12月20日开工,开工累计完成产值360万元。

援阿富汗国家职业技术学院项目　新建总建筑面积15240平方米,拟改造部分总建筑面积1753平方米,合同投资1.8亿元。2017年4月12日开工,2019年1月11日如期完工,顺利通过竣工验收,被评为合作局优良工程。

援阿富汗总统府多功能中心第二期技术援助项目　合同投资886.58万元。2017年6月7日开工,2019年6月6日如期完工。

驻阿富汗使馆厨房餐厅改造项目　合同投资978.2万元。2018年12月7日开工,2019年8月16日如期完工。

阿富汗A工程　合同投资11311.4万元,2018年10月7日开工。2019年,完成产值7852.6万元,开工累计完成产值 10852.6 万元。

厄瓜多尔矿山混凝土拌合站项目　预计运营时间 4 年,预计总产值 24560 万元,2015 年 8 月开始运营。2019 年,完成产值 4317.68 万元,开工累计完成产值 21823 万元。

厄瓜多尔铜矿 Tundayme 尾矿库清污分流系统隧洞工程　合同投资 18643.82 万元。2017 年 10 月 16 日开工。2019 年,完成产值 8018.32 万元,开工累计完成产值 9975.5 万元。

厄瓜多尔铜矿清污分流水沟项目　合同投资 1331.7 万元。2018 年 11 月 1 日开工,2019 年 4 月 30 日如期完工。

斐济三桥项目　合同投资 1883.24 万元。2019 年 3 月 27 日开工,2019 年 12 月 31 日如期完工。

援密克罗尼西亚波纳佩州二级公路项目　合同投资 8215.735 万元。2019 年 6 月 26 日开工,开工累计完成产值 2918.08 万元。

援密克罗尼西亚波纳佩州 kahmar 危桥改造项目　合同投资 1768.3 万元。2019 年 6 月 26 日开工,开工累计完成产值 1117.85 万元。

哈萨克斯坦国家级公路建设项目"交钥匙"工程卡尔巴套—迈卡普沙盖路段第 9 标段(Km1235—1289)　全长 55.26 千米,合同投资 3.98 亿元,2019 年 6 月 1 日开工,开工累计完成产值 2.39 亿元。

哈萨克斯坦 KB 国家级公路改造项目 Km1666—1740 标段　合同投资 6.7 亿元。2019 年 5 月 23 日开工,开工累计完成产值 2.75 亿元。

多哥 NOTSE 中学项目　合同投资 80 万元。2019 年 10 月 8 日开工,2019 年 12 月 31 日如期完工。

(李　萍)

【经营管理】　经营承揽。新签合同 560 项,新签合同额 1132.45 亿元,完成股份公司新签合同计划 640 亿元的 176.9%。其中国内新签 1029.74 亿元,完成股份公司下达年度计划 589.6 亿元的 174.65%;海外新签 102.71 亿元,完成股份公司下达计划 50.4 亿元的 203.79%。完成施工产值 573.83 亿元,完成股份公司企业总产值计划 505 亿元的 113.63%。施工产值 536.26 亿元,工业产值 28.17 亿元,房地产 8.87 亿元,其他营业收入 0.55 亿元,设计咨询、物资贸易、金融与保险、运营维管、矿产资源板块无产值。在建项目 620 个,合同总额 3195 亿元,剩余合同额 1869 亿元,其中合同额 5000 万元以上的在建项目 283 个(不含在手未开工、停工、完工未结算项目),合同总额 1931 亿元,剩余合同额 895 亿元。

安全质量。组织培训交通、水利、住建部门安全管理"三类人员"及特种作业人员 2000 余人次。集团公司及一公司、二公司、三公司、四公司、五公司、隧道公司、电气化公司 8 个单位通过交通运输部安全生产标准化一级达标年度考评。集团公司年内通过水利部水利安全生产标准化一级达标年度考评。获山东省"泰山杯"工程 5 项、山东省优质结构 5 项、鲁安杯 1 项、竣工长城杯 1 项、结构长城杯 4 项、李春奖 3 项、重庆市山城杯 1 项、江苏省扬子杯 2 项、河南省中州杯 1 项、湖北省市政金奖 1 项、中国铁建杯 9 项以及市级优质工程 4 项。全国优秀 QC 小组 7 项、省部级优秀 QC 小组 23 项、中国铁建优秀 QC 小组 7 项、市级优秀 QC 小组 12 项以及全国信得过班组 2 项。

(黄军清　宗树红　初福松)

【科技成果】　主持国家重点研发计划子课题 1 项,参与国家重点研发计划课题 2 项,其中子课题 1 项。集团公司主持的国家级课题子课题"城市地下大空间支护结构一体化安全建造技术"完成中期决算上报。参与研发的国家课题子课题"城市地下大空间结构安全设计技术研究"完成课题研究内容,并通过示范工程验收。参与研发的国家重点研发计划"高速铁路系统综合安全保障平台与示范应用"项目完成项目施工方案审查。主持和参与山东省重点研发计划各 1 项,其中主持的"轨道交通工程运营期健康诊断及风险智能防控关键技术"获批山东省重点研发计划,获政府资助 470 万元。集团公司参与的股份公司科技重大专项子课题"装配式建筑预制混凝土构件生产线设计和关键连接件研制"完成合同签订和开题工作。在山东省工信厅立项"山东省技术创新项目"90 余项,立项研发费十几亿元。组织集团公司科技成果评价 8 项,其中国际领先水平 4 项,国内领先水平 4 项。获中国土木工程詹天佑奖 4 项,分别是扬州市瘦西湖隧道、云贵铁路、杭州紫之隧道、成都地铁 2 号线工程;获中国公路学会科学技术一等奖 2 项;中国岩石力学与工程学会二等奖 1 项,股份公司科技进步一等奖 2 项,二等奖 2 项;申报山东土木建筑学会科学技术奖 11 项。获中国建筑业协会 BIM 应用大赛三等奖 1 项及山东省 BIM 应用大赛 3 项,其中"基于 BIM 技术的京张高铁清华园隧道建设一体化管理应用"获 2019 年度中国建设工程 BIM 大赛三等奖。

2019 年,研究与开发费投入 126565 万元。列入总公司科技发展 A 类项目子课题 1 项;资助金额144.1 万元;列入总公司科技研发 C 类项目 2 项。列入山东省重点研发项目主持 1 项,参与 1 项,资助金额 588 万元。列入集团公司新立课题 85 项,其中资助项目 12 项,工程公司自筹课题 73 项,立项金额 8.8 亿元。承

担山东省技术创新项目102项。（安芳慧）

【党群工作】 党的工作。基层党组织578个，其中党(工)委48个、党总支4个、党支部526个。党员8667人。领导班子建设。集团公司党委分两批扎实开展"不忘初心、牢记使命"主题教育。领导班子带头学习、调研指导、检视问题、讲专题党课、开展批评和自我批评、抓整改落实。组织理论中心组学习12次，围绕5个专题组织6次集中研讨；到沂蒙革命老区、莱芜战役纪念馆和房干精神展馆进行体验式教育。成立11个调研组，深入开展调研，形成11篇调研报告。全面检视找问题，高质量召开专题民主生活会，梳理38项问题清单，制定95条整改措施，完成整改56条。坚持向问题叫板，朝整改聚力，对28个专项整治问题，逐一销号整改，针对需长期整改的问题，建立长效整改制度20余项。集团公司党委主题教育做法经验在股份公司总结大会上作为典型汇报。基层党建工作。按照"四同步"原则，实现组织建设全覆盖，对软弱涣散基层党组织进行集中整顿。召开党委书记和党委副书记两次座谈会，全面梳理基层党建短板，积极研讨对策。强化党建责任制考核，扎实开展示范党支部创建，调整领导班子成员党建工作联系点，严格落实好述职评议、"三会一课"、组织生活会、民主评议党员等制度，使党内政治生活进一步制度化、规范化、常态化。加强党务干部培训，强化基层政工员培养，选派23人参加股份公司培训，两级举办书记培训班16次，实现526名支部书记轮训全覆盖。党员队伍管理。举办党员发展对象培训班，对180名党员发展对象进行集中培训，新发展党员177人。严格落实《规范组织关系管理指导意见》，严格公司内部党员组织关系转接，动态掌握党员流动情况，使每一个党员都及时编入党的支部，置于党组织的监督管理之下。严格落实《中共中央组织部办公厅进一步规范党费工作的通知》，对党费收缴基数、收缴方式、使用项目、党费管理进行明确，加强党费收缴使用管理，各级党组织推行《党员党费证》的使用，确保党员缴纳的党费有据可查。宣传工作。专题纪录片《成昆传奇》再次登陆中央电视台科教频道；中央电视台焦点访谈专题播出《穿越海下地质博物馆》，点赞厦门地铁2号线穿海隧道的坚信建设，实现集团公司宣传报道的巨大突破；全年在中央级媒体发稿2000多篇，中央电视台播发新闻39条，国资委网站和中国铁建网站发稿数量保持系统内第一名。精神文明建设。集团公司、二公司、三公司、四公司、隧道公司、房桥公司、电气化公司、建筑工程公司、房地产公司、海外公司、铁正公司、市政公司12家省级(省直)文明单位顺利通过审核；大盾构公司、一公司、铁正公司、五公司成功晋升省级(省直)文明单位。思想政治工作。第一时间组织学习习近平总书记在庆祝中华人民共和国成立70周年大会上的讲话、党的十九届四中全会精神和《中国共产党宣传工作条例》等重要精神；以"不忘初心、牢记使命"主题教育为契机，邀请中共中央党校马克思主义学院马克思主义中国化研究所所长李海青等6名国内知名专家解读习近平新时代中国特色社会主义思想、国际关系形势等，思想更加统一，人心更加凝聚，层次更加提升。企业文化工作。持续不断地推进股份公司2014年版《企业视觉识别系统规范手册》和集团公司2016年版《企业视觉识别系统规范手册》的落地生根。制作下发《集团公司优秀企业文化故事案例集》；开展"爱企如家"专题教育，组织巡回宣讲13场；提炼培育"实·干·家"特色企业文化理念。二公司获评2019年度全国企业文化建设先进单位，集团公司党委书记、董事长吴言坤获评全国企业文化建设功勋人物、大盾构公司员工陆野获工匠精神奖。纪检监察工作。党委常委会专题研究党风廉政建设和反腐败工作8次，中心组学习反腐倡廉有关文件精神5次。与两级领导班子成员进行谈心谈话，提醒领导班子成员落实"一岗双责"，谈心谈话178人次。派员对各子分公司年度民主生活会进行监督。分别对5个驻京沪穗等非法人机构开展拉网式、全覆盖监督检查，发现问题立行立改。5个驻京沪穗非法人机构及6个以外的非法人机构的接待功能全部整改完毕。对14家单位53名拟提拔领导干部和后备干部调研进行全过程监督，出具考察意见。对新提拔的处级干部进行任前廉洁谈话，签订《廉洁从业承诺书》。建立完善新提拔领导干部廉政档案受理问题线索112件，初核90件，谈话函询11人，转组织处理26人，转立案56件，结案56件，给予党政纪处分72人，其中党纪处分12人、政纪处分68人、双重处分8人。完成股份公司纪委交办的26个问题线索核查工作。与9个省级监委新建立工作联系，配合地方纪检、检察机关调查案件5起。注重用好"第一种形态"。开展谈话提醒、批评教育及建议组织处理498人次。集团公司纪委对所属14个子分公司的党政主管约谈30人次，纪委书记28人次，面对面点问题、提要求、常警示。以"强化纪律规矩意识，助力打造品质铁建"为主题的反腐倡廉宣传教育月活动。各级单位组织收看警示教育片，对国资委、股份公司反面典型案例进行宣讲解读，通过微信平台推送廉洁文章201篇，发布廉洁警句1433条，组织295场廉洁讲座；参观教育基地83次，举办贤内助座谈25次，收集廉洁文化作品205份，党员干部撰写体会文章781篇。组织开展"廉洁风险点查找周"活动，各级单位、部门、个人排查出各类风险点32个，制定相应防控措施12项,有效制约和监督权力运行。成立2个巡察组分3轮对6个工程公司、23个工程项目部开展巡察"回头看"。共发现管党治党和企业管理方面的问题437个,批评教育75人,移交有关领导人员及重要岗位管理人员涉嫌违纪违规线索31条,及时发现纠正和查处一批新问题,有效促进企业依法合规经营管理。督促2018年度接受集团公司党委巡察"回头看"的8家单位做好问题整改和移交线索处置,全年整改问题778项,处置移交违纪违规线索59条,转立案39项,给予党政纪处分32人,组织处理55人,充分发挥震慑遏制作用。督促、指导所属14个子分公司党组织逐步建立巡察制度,成立巡察组织,开展巡察工作,巡察监督立体网络格局有效形成。开展合同管理突出问题专项检查,围绕项目策划、招(议)标、合同签订、合同履行、法律诉讼5个环节,列出27个具体问题的负面清单,深入5家基层单位,开展"构建大监督体系"为主题的调研,收集到相关问题20条,意见建议39条,形成高质量调研报告。组织驻济单位纪检干部开展党的十九届四中全会精神学习研讨,单位纪检组织召开座谈会17场次、撰写心得体会60余篇。集中整治形式主义、官僚主义。以"改进工作作风、提高发展效率、助力品质铁建"为主题,扎实推进学习动员、调研排查、总结整改,紧扣"三个环节"、聚焦"四大战役",查摆并整改问题327条,精简会议25%,精简文件简报30%,减少监督检查32次,建章立制19项。

工会工作。下辖工会15个,专业分公司工会2个,直属单位工会4个;专职工会干部88人,工会会员15320人。重点组织牡佳客专、济南黄河隧道、张吉怀铁路等工程的劳动竞赛,指导各单位工会积极开展各类重点工程劳动竞赛活动。济南黄河隧道项目部承办山东省"当好主力军,聚力新动能,建功新时代"劳动竞赛暨新建省级示范性重点工程劳动竞赛启动仪式。集团公司、三公司、五公司继续保持"全国安康杯竞赛优秀组织单位"称号,北京房桥公司获山东省五一劳动奖状,大盾构公司苏通管廊项目部获江苏省五一劳动奖状,大盾构公司济南黄河隧道项目部获评山东省重点工程劳动竞赛示范项目,五公司成都有轨电车项目部获评四川省重点工程劳动竞赛先进集体,鲁南高铁项目部、蒙华铁路项目部和大盾构公司京张高铁项目部获"火车头奖杯",三公司小乌项目部、四公司济青改扩建项目部、五公司鲁南高铁项目部、房桥公司济南黄河隧道项目部、大盾构公司南京五桥项目部、铁正公司鲁南高铁中心试验室获省级"工人先锋号"。在日照召开集团公司先进模范座谈会,五公司和一公司刘朝阳分别被表彰为"中央企业先进集体"和"中央企业劳动模范"。表彰20个职工技术创新工作室。各单位成立劳模创新工作室130多个,开展技术攻关课题560多项,转化创新成果180多项,创造比较显著的经济效益和社会效益。开展集团公司艰苦项目建家建线重点帮扶工作,对一公司昌都农村公路(西藏昌都)等8个项目部重点帮扶,先后投入专项帮扶资金63万余元,改善项目职工的生产生活条件。春节前夕筹集送温暖专项资金460余万元进行慰问,惠及职工家庭1099户。暑期施工期间,安排"送清凉"资金226万元,开展夏季"送清凉"等一系列活动,督促防暑降温措施及相关费用落实到位,切实维护一线员工身心健康。完善互助保险制度,加大对困难职工帮扶救助,职工互助保险合作基金支出134.5万元,救助463人次,安排金秋助学资金61万元。举办集团公司第五届职工运动会,17支代表队参加,运动员1168人,设集体项目12个、个人项目36项。举办"日照杯"暨第五届职工羽毛球比赛、泰山杯门球比赛,召开老年体协年会。以"逐梦新时代　巾帼绽芳华"为主题,开展庆祝新中国成立70周年暨第七届书香铁建女职工读书系列活动,举办新中国成立70周年职工书画展。在南京第五大桥项目部举行第一届集体婚礼,30对来自局属全国重点工程工地的新人参加。举办集团公司工会干部培训班,来自各单位基层项目部的60多名工会干部参加培训。工会财务工作规范有序,工会经费收缴及时,使用合规合法,完成2018年集团公司工会财务决算与2019年工会财务预算工作,继续保持股份公司"工会财务工作竞赛先进单位"称号。

团委工作。下辖二级团委15个、团工委1个、团支部296个。专兼职团干部677人,35岁以下青年6596人,共青团员3010人。制定加强基层团组织规范化建设工作推进计划,通过整理整顿、标准化创建、规范提升三个阶段整顿软弱涣散团支部。推进"智慧团建"系统团组织关系转接及基层团组织信息数据统计工作。深化"推优入党"工作,全年推荐8名优秀团员青年加入党组织。开展团干部直接联系青年活动,开展"团干部——走进青年"恳谈日及团干部直接联系青年活动387次。大盾构公司京张高铁盾构班组等2个集体受中央企业团工委表彰;建筑公司团委等2个先进集体、姜伟等3名先进个人受到团山东省委表彰,集团公司团委继续被团山东省委表彰为"山东省红旗团委",集团公司团委副书记姜伟被授予2019年度"山东省优秀青年工作者";8个先进单位和10名先进个人受到股份公司团委表彰,四公司副总工程师李树敬被评为中国铁建第九届"十大杰出青年";"五四"期间,表彰64个先进集体,101名先进个人,组织3460名团员青年观看纪念五四运动一百周年大会直播,举办主题团日活动及座谈会675场次;持续开展"青春心向党，建功新时代”主题团日活动；围绕新中国成立70周年开展“我与祖国共奋进——国旗下的演讲”活动240场次，参加股份公司“我和我的祖国”摄影、抖音短视频大赛并获奖；开展“爱企如家”主题征文活动，评选表彰60篇优秀作品；组织15家子分公司在全国11个城市拍摄《十四局青年歌唱祖国》视频，推出当日浏览量突破2万人次，并相继在“学习强国”学习平台和山东省电视台播放。全年新成立青年突击队130支；承办股份公司“青春奋进新时代，建功京张迎冬奥”青年突击队竞赛活动，参与股份公司“青春奋进新时代，建功深圳新动脉”深圳轨道交通项目青年突击队竞赛活动，均获第一名；创建青安岗82个，开展青年安全生产活动133次。各单位上报“五小”成果356项，参评成果的攻关人员946人次，集团公司评选表彰184项优秀成果。春节前夕为22名困难团员发放补助金17600元；集团团委和尚义县团委结对帮扶为32名贫困学生资助全年学费96000元。

（李衍超　郑大伟　梁栋方）

【第一工程发展有限公司】 具有国家住建部核准的公路工程、市政公用工程施工总承包一级，公路路面工程、桥梁工程专业承包一级资质。职工1400余人。拥有各类机械设备486台（套），年施工能力40亿元以上。

2019年，新签合同额44.5亿元，净利润4281万元，资产负债率90.77％。（张英杰）

【第二工程有限公司】 具有住建部核准的公路工程、市政公用工程施工总承包一级，铁路工程施工总承包二级，公路路基、路面、桥梁、隧道工程施工专业承包一级资质。注册资本金10.1亿元。职工1692人。固定资产原值27514万元、净值16063万元。各类大中型设备701台（套），机械设备总功率71241千瓦，技术装备率9.71万元/人，动力装备率43.07千瓦/人。

2019年，新增任务储备114.4亿元，其中自主承揽任务114.4亿元。（袁　博）

【第三工程有限公司】 具有公路工程施工总承包特级，公路工程行业设计甲级，铁路工程、市政公用工程施工总承包一级，公路路基、公路路面、桥梁、隧道、机场场道专业承包一级，水利水电工程、房屋建筑工程施工总承包二级资质。具有国家公路乙级试验资质，测试水平达到省部级标准。可承接建筑、公路、铁路、市政公用、港口与航道、水利水电各类别工程的施工总承包、工程总承包和项目管理业务。注册资本金15.74亿元。驻山东省济南市长清区大学城科技园紫薇路2687号数娱广场B座。执行董事、党委书记冯复兴，总经理刘美良（8月免）、徐淑亮（11月任）。职工1398人。资产总额723507万元，负债总额500995万元，所有者权益总额222512万元，资产负债率69.25％。主要设备总量921台（套），总功率107958千瓦，动力装备率56.23千瓦/人、技术装备率7.93万元/人，设备完好率100％、利用率98％。

2019年，承揽任务30项，承揽额129.3亿元，营业收入72.51亿元，净利润1.39亿元。（宗恩懿）

【第四工程有限公司】 具有公路、市政、矿山工程施工总承包一级，铁路工程施工总承包二级，建筑工程施工总承包三级，桥梁、隧道、公路路基、公路路面、地基基础工程专业承包一级资质。取得国防科技工业局颁发的《军工涉密业务咨询服务安全保密条件备案证书》，公安机关颁发的爆破作业单位许可证（营业性），资质等级二级。注册资本8.1亿元。驻山东省济南市市中区英雄山路267号。执行董事、总经理张立丰，党委书记徐宝廷。职工1611人。自有机械设备420台，原值2.59亿元、净值1.18亿元，总功率48299千瓦，动力装备率24.71千瓦/人，技术装备率6.06万元/人，设备完好率95％、利用率69％。

2019年，承揽任务168.1亿元，产值67.15亿元，施工产值54.52亿元，利润412.66万元。（李　杰）

【第五工程有限公司】 具有公路工程施工总承包一级，水利水电工程施工总承包二级，房屋建筑工程和矿山工程总承包三级，桥梁工程、隧道工程、铁路铺轨架梁工程和公路路基工程专业承包一级资质。注册资本金2.6亿元。驻山东省济宁市兖州区金谷路80号。执行董事、党委书记李方东，副总经理（主持经理层工作）刘勇。职工1431人。资产36.41亿元。其中，净资产3.6亿元，机械设备固定资产原值8.7亿元、净值2.3亿元。年施工生产能力60亿元以上。

2019年，新签合同额106.77亿元，产值70.88亿元。（杨建鹏）

【隧道工程有限公司】 具有隧道工程、地基与基础工程专业承包一级，装修装饰工程专业承包二级资质。以隧道及地下工程施工为主。驻山东省济南市历下区和平路1号。执行董事周庆合，党委书记朱统步，总经理褚晓宏。职工1615人。资产总额553276.7万元。其中，固定资产原值126656.27万元、净值48286.13万元，流动资产379096.54万元，长期资产174180.16万元。拥有机械设备1024台（套），原值14.45亿元、净值6.84亿元，总功率90302.7千瓦，动力装备率

55.88千瓦/人,技术装备率42.3万元/人。机械化施工程度100%。

2019年,经营承揽82亿元,营业收入626977万元,净利润1283万元。（张　霞）

【大盾构工程有限公司】 具有市政公用总承包一级,地基基础专业承包一级,隧道工程专业承包三级资质。为国内唯一一家大盾构专业施工企业,大盾构品牌列中国铁建"十大品牌"之首,施工项目涉及入城通道、江河湖海水下盾构、轨道交通、综合管廊、海绵城市等工程领域。注册资本金5.1亿元。资产总额40.6亿元。职工1200余人。所属施工机械设备587台,原值39.99亿元、净值30.62亿元;自有盾构机20台(套)。年施工产值70亿元。

2019年,营业收入69.26亿元,利润总额2.33亿元,净利润2.2156亿元。（姜梦丽）

【建筑工程有限公司】 具有房屋建筑工程施工总承包一级,建筑幕墙、防水防腐保温专业二级,地基基础工程专业三级资质。驻山东省济南市历下区奥体西路2666号铁建大厦A座8~10层。党委书记、执行董事代显奇,总经理冯国森。职工1030人。拥有大中型施工生产机械设备、测试设备95台(套),固定资产原值3560.38万元、净值1887.26万元。总功率4786千瓦,技术装备率1.86万元/人,动力装备率4.78千瓦/人,机械设备成新率53.71%。

2019年,承揽任务182.47亿元,其中,承揽房建项目32项,承揽金额178.15亿元;承揽其他项目6项,承揽金额4.32亿元;承揽施工总承包项目23项,承揽金额99亿元;承揽EPC项目15项,承揽金额83.47亿元。（丁　雪）

【北京中铁房山桥梁有限公司】 具有桥梁工程专业承包一级,钢结构工程专业承包二级,特种工程(结构补强)、起重设备安装工程专业承包三级资质。注册资本金38694.8960万元。执行董事、总经理赵誉,党委书记王光祥。职工994人。资产总额333045.76万元。其中,固定资产原值51663.18万元、净值25565.84万元,流动资产247456.23万元。机械设备1208台(套),总功率29503.25千瓦,设备完好率91%、利用率86%,技术装备率6.78万元/人,动力装备率29.56千瓦/人。

2019年,承揽任务32.78亿元,生产产值23.45亿元,营业收入24.53亿元,净利润9930万元。职工年人均收入13.89万元,国有资产保值增值率198.08%,净资产收益率10.39%,资产负债率62.74%,应上缴款完成率100%。（谷月东）

【电气化工程有限公司】 具有机电安装、通信工程施工总承包一级,铁路电气化工程、铁路电务工程、公路交通工程(公路机电工程)、消防设施工程、建筑装修装饰工程、建筑机电工程专业承包一级,输变电工程、电子与智能化工程专业承包二级,城市及道路照明、环保工程专业承包三级,建筑工程、电力工程施工总承包三级资质。驻山东省济南市和平路1号。执行董事、党委书记于长水,党委副书记、副总经理(主持经理层工作)杨洪建。职工756人。资产总额13.17亿元。其中,固定资产原值7441.72万元、净值1434.96万元。实有机械设备52台(套),固定资产原值3286.48万元、净值235.72万元,总功率2738千瓦,动力装备率3.16千瓦/人,技术装备率0.38万元/人,机械化程度70%以上。

2019年,产值22.36亿元,利润总额2211.32万元。（刘红梅）

【房地产开发有限公司】 主要从事房地产开发和经营。驻山东省济南市历下区奥体西路2666号铁建大厦A座。

2019年,营业收入88688万元、利润总额9826万元,净利润6868万元。（柳桂荣）

【山东铁正工程试验检测中心有限公司】 具有国家计量认证、国家实验室认可、公路工程综合甲级试验检测、公路工程桥梁隧道工程专项试验检测、公路水运工程结构乙级试验检测、公路水运工程材料乙级试验检测、建设工程质量检测、测绘甲级资质、工程勘察乙级、质量管理体系认证。驻山东省济南市和平路1号。执行董事、党委书记刘全青,党委副书记(主持经理层工作)苏磊。职工675人。资产总额24347.92万元。主要仪器设备14501台(件),原值2.4亿元,工作房屋25000平方米。

2019年,产值32699万元,净利润3085万元。（李晓亮）

【市政工程分公司】 驻山东省青岛市崂山区香港东路254号。总经理吴云杰,党委书记陈明贵。职工329人。资产总额135109.32万元。其中,流动资产7801.16万元,固定资产原值5445.94万元、净值2624.45万元。

2019年,承揽项目10个,新签合同额66717万元。施工产值157868万元,主营业务收入107923万元,利润总额19632万元。（周庆龄）

【海外工程分公司】 经营范围包括工程总承包、专业承包;房地产开发;工程勘察设计;货物进出口、技术进出口、代理进出口;技术开发、技术转让、技术服务;机械设备租赁;销售机械设备、建筑材料;资产管理、进出口国际贸易、对外派遣本单位实施工程所需的劳务人员。党委书记、执行董事李军强,党委副书记、总经理董光贤。驻山东省济南市奥体西路2666号铁建大厦A座。职工280人。机械设备217台(套),原值11286.54万元、净值3641.86万元。

2019年,新签合同15项,合同额23.63亿元。

(李 霖)

【西北工程有限公司】 具有市政公用工程施工总承包一级资质。主要经营项目资质证书许可范围内的工程施工、工程勘察设计业务;工程项目的投资、设计、建设、维护、运营与管理。驻陕西省西安市沣东新城三桥街办启航时代广场A座10层11001~11004室。党委书记、执行董事法定代表人姚洪瑞,党委副书记、总经理吴绪海。职工64人。

2019年,产值5.6亿元,利润1442万元。

(吴瑞雪)

【重要记载】

▲1月8日 中铁十四局取得特种工程(特种设备起重吊装)专业承包不分等级和防水防腐保温工程专业承包一级资质。

▲2月28日 中国国家铁路集团公司对2018年下半年铁路施工企业信用评价结果进行公示,中铁十四局以281.143分的成绩,在50家参评单位中名列第九位,再次进入A级。

▲3月10日 中铁十四局承建的中国援阿富汗国家职业技术学院项目获援外领域最高质量奖——优良工程。

▲4月24日 中铁十四局组织人民网、新华网等数十家媒体记者召开“媒体走进十四局”暨“一带一路”宣传座谈会。

▲5月6—7日 中铁十四局、中铁建国际投资集团、贝宁投资与促进出口贸易署签署贝宁赛美波吉工业园区项目合作谅解备忘录。

▲5月10日 中铁十四局作品《鏖战黑戈壁》获首届中央企业故事大赛优秀奖。

▲7月30日 中铁十四局与中土集团组建的中国铁建系统首家欧洲公司中国铁建罗马尼亚(合资)有限公司正式挂牌。

▲8月1日 中国国家铁路集团对信用评价结果进行公示,中铁十四局以281.7分的总成绩位列第六名,再次进入A级。

▲8月2日 为期3天的中国铁建2019年度科技成果评价会议在北京结束,中铁十四局6项科技成果顺利通过评价,其中国际领先1项,国际先进、部分国际领先1项,国内领先4项。

▲11月11日 中铁十四局京张高铁清华园隧道项目部团队被授予中国铁建第三届“永远的铁道兵杯”十大楷模;河北省尚义县挂职副书记、房桥公司副总经理孙洁被授予中国铁建第六届“十佳道德模范”之诚实守信模范。

▲11月16日 中铁十四局被中国施工企业管理协会授予“中华人民共和国成立70周年工程建设行业功勋企业”称号;主承建的南京长江隧道工程和参建的京沪高速铁路、雅砻江锦屏水电站工程入选“中华人民共和国成立70周年工程建设行业100项经典工程”。

▲12月8日 在国家会议中心召开的2019年国家优质工程奖总结表彰大会上,中铁十四局11项工程获奖。其中,3项工程获国家优质工程金奖,8项工程获国家优质工程奖。

(曹 茜)

中铁十五局集团有限公司

【简况】 具有铁路工程施工总承包特级,铁道行业设计甲(Ⅱ)级,公路工程施工总承包特级,公路行业设计甲级;市政公用工程施工总承包特级,市政行业甲级;建筑工程施工总承包特级、建筑行业设计甲级;水利水电工程施工总承包一级;桥梁工程、隧道工程、公路路面工程、公路路基工程专业承包一级;铁路铺轨架梁工程专业承包一级和地质灾害治理工程甲级资质,具有开展对外承包工程资格证书。总部驻上海市静安区共和新路666号。董事长、党委书记张喜胜,总经理、党委副书记黄昌富。前身系中国人民解放军铁道兵第五师,1984年1月,集体转业并入铁道部,改编为铁道部第十五工程局;1999年12月,更名为中铁第十五工程局;2001年10月,企业改制改称现名。下辖第一至第五工程有限公司、路桥建设有限公司、城市建设工程有限公司、城市轨道交通工程有限公司、电气化工程有限公司、物资有限公司、四川建筑勘察设计有限公司、东来地产投资开发有限公司、铁建浙江投资开发有限公司、华东中铁工程检测技术有限公司、济阳迎宾黄河大桥有限公司等15个子公司和轨道交通运营公司1个分公司;京津冀、晋豫鲁、湘鄂、苏皖、沪浙、闽赣、粤桂琼、陕甘宁、新青藏、川渝、云贵等11个区域指挥部；1个直属经营部和1个海外事业总部；太原西南环项目部、汉十铁路项目部、徐盐铁路项目部、杭黄铁路项目部、成贵铁路项目部、格库铁路（新疆段）项目部、格库铁路（青海段）项目部、蒙华铁路项目部、郑万铁路项目部、玉磨铁路项目部、潼荣高速公路项目部、广州地铁18号和22号线项目部、澳门代表处等直管项目部以及职工培训中心等。职工15088人。资产总额3465807.1万元。其中，固定资产原值606421.7万元、净值242621.8万元，流动资产2747851.7万元，其他资产717955.4万元。拥有机械设备、车辆5465台，设备原值426310万元、净值161838万元，总功率900393千瓦，技术装备率10.18万元/人，动力装备率56.65千瓦/人，新度系数37.96%，设备完好率90%、利用率60%。年施工能力400亿元以上。

2019年，承揽工程任务808亿元，总产值258.59亿元，其中施工产值258.59亿元，净利润1.82亿元，职工年人均收入89101元。国有资产保值增值率115.32%，产值利润率0.65%，投资回报率4.82%，资产负债率84.98%，净资产收益率3.25%。主要实物工程量：路基土石方6265.48万立方米，涵洞897座30127横延米，桥梁177.84座78731延长米，隧道23.11座68685.89延长米，铺道岔192组，正线铺轨310.13千米，房屋建筑765531平方米。

企业改制以来，先后获中国建设工程鲁班奖10项、中国土木工程詹天佑奖9项、国家优质工程奖38项、省部级优质工程奖144项、股份公司优质工程奖187项。相继创造铁路日铺轨10.688千米和公路隧道掘进318.33米等全国纪录7项。先后获国家AAA级信用企业、全国重合同守信用企业、全国优秀施工企业、全国质量效益型先进企业、全国精神文明建设先进单位、全国五一劳动奖状等，连续18年蝉联全国“安康杯”竞赛优胜企业，并获“全国工程建设质量管理优秀企业”“全国水利建设市场主体信用评价AAA级”称号，河南省建筑业技术创新先进企业、河南省优秀施工企业、上海市文明单位等。（郑凤华）

【领导人员】

董事会

董事长	张喜胜
董事	黄昌富
	金国海
	王文举
	陈　戈

监事会

监事会主席	林征球
监事	范　浩

经理层

总经理	黄昌富（4月任）
副总经理	许建付
	金国海
	刘俊民
	王文举
	王小川
	董向阳
	马晓辉
	王占军
	贺修军
	王学杰（9月任）
总工程师	许建付
总会计师	王学杰

党群领导

党委书记	张喜胜
党委副书记	黄昌富
	陈　戈
纪委书记	林征球
工会主席	陈　戈

（祝新芝）

【职工队伍】 职工15088人。其中，在职员工14730人、内退358人。在职员工中，在职干部9446人、工人5284人。干部中，各类专业技术人才8633人，占在职干部总数的94.46%。其中，工程专业6327人、经济专业505人、会计专业926人、政工专业548人、其他专业67人。具有高级专业技术职务任职资格1080人、中级职称2619人、初级职称4674人。技术工人3448人，占工人总数的65.25%。工人中，高级技师115人、技师393人、高级工1167人、中级工1222人、初级工551人、其他1836人。（程　炜）

【工程项目指挥机构】 京津冀指挥部　驻北京市石景山区石景山路20号中铁建设大厦21楼。指挥长马中卫，党工委书记彭程。

晋豫鲁指挥部　驻河南省郑州市郑东新区金水路49号。指挥长贾会刚，党工委书记杨善友。

湘鄂指挥部　驻湖北省武汉市武昌区友谊大道2号2008新长江广场A座27楼。指挥长、党工委副书记杨锋。

苏皖指挥部　驻江苏省南京市江宁区将军大道129号。指挥长、党工委副书记李飞，党工委书记王辉。

沪浙指挥部　驻上海市闵行区莘沥路232号。指挥长马磊，党工委书记王恒军。

闽赣指挥部　驻江西省南昌市红谷滩新区凤凰中大道1000号万达中心写字楼B1栋18楼。指挥长罗斌，党工委书记胡克明(1月离任)。

粤桂琼指挥部　驻广东省广州市天河区龙口东路354号天诚广场315室。指挥长张晓宏，党工委书记黄艳阳。

陕甘宁指挥部　驻陕西省西安市碑林区友谊东路6号新兴翰园501室。指挥长高德全，党工委书记田胜利。

新青藏指挥部　驻新疆维吾尔自治区新市区青海路123号。指挥长王波，副指挥部长兼新疆经营部部长韩亚军(主持党工委工作)。

川渝指挥部　驻四川省成都市金牛区花牌坊街131号。指挥长谢磊、党工委书记彭跃立。

云贵指挥部　驻云南省昆明市西山区福景路38号。指挥长赵海标，党工委书记王勇。

徐盐铁路指挥部　驻江苏省徐州市睢宁县天虹大道北路西侧2号。指挥长王海舰，党工委书记胡三青。

格库铁路(青海段)指挥部　驻青海省海西蒙古族藏族自治州境内，指挥长、党工委书记潘峰。

潼荣指挥部　驻重庆市潼南区创业大道8号。指挥长王建军，党工委书记古尊勇。

辽吉黑蒙经营部　驻辽宁省沈阳市浑南区天赐街5-1号国贸中心A座1102。负责人谷双。

海外事业总部　驻北京市石景山区石景山路20号中铁建设大厦17层。指挥长兼党工委书记王文举。

太原西南环项目部　驻山西省太原市晋源区龙山大街。项目经理韩志会。

汉十铁路项目部　驻湖北省襄阳市深圳工业园区翰辉科技有限公司院内。项目经理、党工委书记廖由联。

成贵铁路项目部　驻贵州省毕节市大方县大海坝。项目经理金国海，常务副经理兼党工委书记田兴柏。

格库铁路(新疆段)项目部　驻新疆维吾尔自治区巴音郭楞蒙古自治州若羌县团结路楼兰玉都5楼。项目经理陈占波，党工委书记张志刚。

蒙华铁路项目部　驻湖南省浏阳市溪江乡政府大院。项目经理高明星，党工委书记任贵成。

郑万铁路项目部　驻河南省南阳市方城县释之街道办龙城社区党群服务中心2楼。项目经理、党工委副书记杨俊。

玉磨铁路项目部　驻云南省西双版纳州勐腊县勐腊北路139部队旁。项目经理李户民，党工委书记张国军。

广州地铁18号和22号线项目部　驻广东省广州市南沙区横沥镇义沙东路。项目经理、党工委副书记乔水旺，党工委书记、副经理朱留所。

澳门代表处　驻澳门特别行政区冼星海大马路81～121号金龙中心19楼。主任李志辉。　(郑凤华)

【工程施工】　在建工程项目212个，合同额1028.22亿元，其中铁路工程18个128.1亿元、公路工程86个491.57亿元、市政工程36个124.49亿元、城市轨道与交通工程26个162.15亿元、房建工程11个31.43亿元、水利水电工程11个10.42亿元、其他工程22个104.84亿元；完、竣工项目77个，合同金额324.57亿元。路基土石方6265.48万立方米，涵洞897座30127横延米，桥梁177.84座78731延长米，隧道23.11座68685.89延长米，铺道岔192组，正线铺轨310.13千米，房屋建筑765531平方米。　(王赞霞)

【铁路工程施工】　玉溪至磨憨铁路站前工程YMZQ-20标段工程　全长36.96千米。合同投资164494.72万元，合同工期2016年5月至2020年12月。主要工程量：曼勒1号隧道8280延长米、勐腊隧道13018延长米、勐远车站、曼勒车站及勐腊北车站。2019年，完成投资43874.09万元；开工累计完成投资126322.32万元。

新建铁路蒙西至华中地区铁路煤运通道MHTJ-29标段工程　全长61.412千米。合同投资233231万元，合同工期2016年4月至2020年3月。2019年，完成投资29127万元；开工累计完成投资230731万元。

新建重庆铁路枢纽东环线DHZQ-1标段工程　全长19.43千米。合同投资178204万元，合同工期2017年4月至2021年4月。2019年，完成投资29932.73万元；开工累计完成投资120381.5万元。

新建渝怀铁路梅化段先行开工工程GTYHZQ-II标段　全长8.18千米。合同投资33711.77万元，合同工期2016年12月至2019年12月。2019年，完成投资4897.18万元；开工累计完成投资30437.39万元。

新建吉珲铁路吉林枢纽西环线及相关工程SNSG标段　全长40.88千米。合同投资147969万元，合同工期2016年3月至2020年8月。2019年，完成投资16489.5万元；开工累计完成投资65536.23万元。

新建兰州至张掖三四线铁路中川机场至武威段新乌鞘岭隧道站前工程LZX-ZW-XQ1标段　全长8.021千米。合同投资90963.77万元，合同工期2019

年7月至2023年7月。主要工程量:乌鞘岭隧道17125延长米,为双线隧道,最大埋深952米。2019年,完成投资10006万元;开工累计完成投资10006万元。（王赞霞）

【铁路外工程施工】 重庆潼南至荣昌高速公路第一合同段 全长74.376千米。合同投资321457万元,合同工期2016年12月至2019年12月。2019年,完成投资96299万元;开工累计完成投资321457万元。12月29日建成通车。

延崇高速公路(北京段)第八合同段 全长2.686千米。合同投资107081万元,合同工期2017年5月至2019年9月。2019年,完成投资54985万元;开工累计完成投资107081万元。9月底主体工程全部完工。

228国道三门园里至宁海一市段公路工程1标段 全长5.012千米。合同投资56984.61万元,合同工期2016年12月至2019年10月。2019年,完成投资13919万元;开工累计完成投资45208万元。

京新高速BMTJ－1标段工程 全长68.7千米。合同投资112435万元,合同工期2017年7月至2020年12月。2019年,完成投资27759.57万元;开工累计完成投资63782.53万元。

京新高速BMTJ－4标段工程 全长29.73千米。合同投资96700万元,合同工期2017年7月至2020年12月。2019年,完成投资28522.9万元;开工累计完成投资66403.43万元。

杭绍台高速公路工程绍兴金华段HST－TJ05标段 全长11.8千米。合同投资113187万元,合同工期2016年9月至2019年7月。2019年,完成投资27934万元;开工累计完成投资111494.2万元。

湖南省安乡至慈利高速公路土建工程施工ACTJ－8标段 全长10.3千米。合同投资65004.64万元,合同工期2018年6月至2020年6月。2019年,完成投资39910.47万元;开工累计完成投资42178.07万元。

G0511线德阳至都江堰高速公路工程DDTJ7标段 全长10.525千米。合同投资46829.92万元,合同工期2018年4月至2020年4月。2019年,完成投资21206.32万元;开工累计完成投资37382.1万元。

S348歙县新安江大桥及接线工程 全长1.74千米。合同投资7958万元,合同工期2018年6月至2020年11月。2019年,完成投资2967.87万元;开工累计完成投资3146.96万元。

云县至临沧高速公路工程 全长14.278千米。合同投资232338万元,合同工期2018年1月至2021年12月。2019年,完成投资22576万元;开工累计完成投资40773万元。

重庆合川至四川安岳(重庆段)高速公路工程第四合同段 全长13.41千米。合同投资68757万元,合同工期2018年6月至2020年6月。2019年,完成投资45872.26万元;开工累计完成投资57320万元。

南京扬子江大道改造工程施工3标段 全长2.98千米。合同投资88602.76万元,合同工期2017年5月至2020年3月。2019年,完成投资31092万元;开工累计完成投资39929万元。

广州地铁18号线工程二分部 全长8.557千米。合同金额232118.57万元,合同工期2017年10月至2021年2月。2019年,完成投资111826.7万元;开工累计完成投资179499.2万元。

乌鲁木齐市轨道交通2号线工程A－09区段 合同投资53219万元,合同工期2016年10月至2020年6月。主要工程量:明挖车站2座;农业大学站235米、马料地站170米;盾构施工段2座,农业大学站—马料地站盾构区间861米、马料地站—平川路站盾构区间894.87米。2019年,完成投资9734万元;开工累计完成投资21646万元。

北京地铁12号线工程土建施工13合同段 合同投资45918万元,合同工期2016年12月至2021年12月。主要工程量:暗挖车站1座。2019年,完成投资5493.4万元;开工累计完成投资25972万元。

成都地铁6号线工程土建11标段 合同投资82102.04万元,合同工期2016年12月至2020年9月。主要工程量:地下车站3座,地下区间2个。2019年,完成投资32531.47万元;开工累计完成投资72836.26万元。东光站、三官堂站9月29日封顶,盾构区间9月底实现洞通。

南京地铁7号线工程D7－T03标段土建四工区 合同投资61415万元,合同工期2017年10月至2021年6月。主要工程量:地下三层岛式站台车站,出入口2个、风亭2个。2019年,完成投资14657万元;开工累计完成投资43466万元。

郑州地铁4号线工程2标段 合同投资51491万元,合同工期2017年1月至2020年10月。主要工程量:地下车站2座,地下区间2个。2019年,完成投资7481.67万元;开工累计完成投资45961.9万元。主体已完工,剩余附属工程。

石家庄市轨道交通3号线工程二期土建02标段 合同投资31828万元,合同工期2015年12月至2020年3月。主要工程量:地下车站2座,地下区间2个。2019年,完成投资14357万元;开工累计完成投资21448.5万元。

深圳市城市轨道交通16号线工程三工区　全长2.798千米。合同投资33813万元,合同工期2017年12月至2023年7月。2019年,完成投资9371.31万元;开工累计完成投资9371.31万元。

山西省小浪底引黄工程引水干线工程7标段　合同投资26199万元,合同工期2016年1月至2019年9月。2019年,完成投资8483.9万元;开工累计完成投资24594万元。（王赞霞）

【经营管理】　工程经营。新签合同额808.41亿元,完成股份公司下达年度计划的210.73%。其中,工程板块778.70亿元、物流板块22.61亿元、房地产板块3.88亿元、勘察设计板块0.28亿元、工业制造板块2.94亿元。国内工程板块新签合同额758.03亿元。其中,铁路工程37.78亿元、公路工程312.32亿元、房建工程162.39亿元、市政工程162.97亿元、轨道交通70.45亿元、水利水电工程6.90亿元。

企业管理。完成非法人单位信息统计申报工作和组织机构变动卡编制申报工作;组织编制新的集团公司项目部设立审批流程。对集团公司经营部、安质部、工程管理部、资本运营与房地产开发部等部门内设机构及部门职能进行调整。新设军民融合办公室,完成七大区域总部和1个海外事业总部的设置。批复成立70个工程项目部,注销经营性分公司9家。

安全质量。坚持"安全第一,预防为主,综合治理"的方针,全面落实安全质量生产责任制。集团各单位荣获省级安全文明工地、平安工地9项,获地市级安全文明工地、标准化示范工地5项。深圳福田站工程获中国土木工程詹天佑奖;郑州富田·九鼎世家二期工程和成都简蒲高速公路2个项目获评国家优质工程。获国优工程2项、省部级优质工程3项、中国铁建杯优质工程5项、地市优质工程2项。获全国工程建设优秀QC小组4个、质量信得过班组3个、省部级优秀QC小组25个、股份公司级优秀QC小组5个。

财务管理。资产总额3465807.1万元,负债总额2987768.3万元,流动比率1.02、速动比率0.92,实现营业收入2364838.8万元。利润总额1.82亿元,国有资产保值增值率115.3%,产值利润率0.65%,投资回报率4.82%,资产负债率84.98%,净资产收益率3.25%。缴纳各项税款52512万元。

人才队伍建设。引进二本以上毕业生599人,外部注册结构工程师、一级建造师、项目经理、总工程师等186人,员工总量控制成效明显。员工总量由上年底的15895人降至15088人,减少率5%。人才队伍结构有效改善。职称评审通过424人,其中高级155人、中级258人、初级11人,高素质人才比重逐年增加。

审计工作。完成审计项目154项,投入审计工作日2291天;发现问题金额31465万元,纠正违规金额9616.9万元,促进增收节支金额767.6万元;提交审计报告154份,提出审计建议694条,被采纳688条。通过内部审计提升5人、平调20人、降职1人、免职4人。（郑凤华）

【科技教育】　科技工作。深圳福田站综合交通枢纽工程获第十六届中国土木工程詹天佑奖;通过鉴定或评审科技成果11项,达到国际先进2项,国内领先7项,国内先进2项,5项股份公司科研项目顺利通过结题验收,技术水平均达到国内先进及以上;完成股份公司工法关键技术评审4项,2项达到国内先进,2项达到国内领先水平;获国家铁路局部级工法1项;获BIM技术应用奖4项。

教育培训。举办培训班682期,培训5318人次。其中外送培训456期,培训2783人次;选送7名局级领导干部分别参加井冈山干部学院、浦东干部学院、中央党校等举办的局级领导干部培训班;选送61名处级干部参加股份公司举办的各级各类培训班,局处两级外培68人次;企业生产经营所需注册执业(职业)资格人员、特殊职业(工种)作业人员、新取证人员的取证和继续教育培训128人次。（宋晓蓉　雷雪英）

【党群工作】　党的工作。基层党组织386个,党员7626人。召开党委常委(扩大)会25次,研究讨论干部人事调整、生产经营等重要事项;召开党委全委(扩大)会1次,对企业发展和党建思想政治工作等重要问题进行安排部署。思想政治工作。主题教育。从6月开始自上而下分两批组织开展"不忘初心、牢记使命"主题教育。第一批主题教育组织领导班子开展封闭式学习6天,专题集中研讨6天,形成调研成果13篇,领导班子检视问题17条;列出专项整治问题21项,制定整改措施69条,整改落实46条;第二批主题教育所属单位全部完成5天集中学习,开展调查研究260余人次,检视问题546条,解决企业改革发展和职工群众现实利益问题60余件。集团公司主题教育经验做法受到国资委委管中央企业第五巡回指导组的高度评价。基层组织建设。深入推进党支部"五个标准化建设",召开基层党务干部培训暨示范党支部建设推进会,集中培训新任职党务干部90余名。结合第二批主题教育,分两批对全集团264名基层党支部书记进行集中轮训。举办2019年党员发展对象培训班,完成发展党员160人;扎实开展集中整顿软弱涣散基层党组织,对全集团所有基层党支部进行排查摸底,研究认定软弱涣散基层党组织5个,完成评估验收工作;深入开展党建联建活动,2个项目党支部获上海市“建设先锋”党组织示范点。干部队伍建设。规范公司治理体系。对需要党委前置的重大问题进行细化,形成集团公司“三重一大”事项清单,有效规范集体决策流程;召开党(工)委书记抓基层党建述职评议大会,8家单位党组织书记进行现场述职,与所属43家单位党(工)委书记签订2019年度党建工作责任书;以党建工作责任制考核为抓手,成立4个考核评价组,对所属单位落实党建工作责任制情况进行现场考核,书面反馈考核评价意见37份;强化人才梯队建设。提拔任用“80后”年轻优秀处级干部7人,30岁以下科级干部35人,外部引进成熟人才160余人,引进二本以上毕业生599人。企业文化建设和对外宣传。在省部级媒体刊稿500多篇,股份公司网站刊稿602篇,《中国铁道建筑报》刊稿105篇。集团公司微信公众号推出210篇,《我和我的祖国》微视频在学习强国刊播。连续11年蝉联股份公司网站信息发布先进单位。党风建设和反腐倡廉工作。受理问题线索119件,初核119件,结70件,立案43件,结案42件,给予党政纪处分73人次。

工会工作。下辖二级工会组织41个,基层工会组织162个,专职工会干部67人、兼职工会干部243人。组织开展“六比六创·铁建先锋杯”主题劳动竞赛,4个集体、6名个人分别被股份公司授予“重点工程、特色劳动竞赛综合优胜单位”和“劳动竞赛优秀组织者”。集团公司连续18年保持全国安康杯竞赛“优胜单位”称号,路桥公司连续3年获全国安康杯竞赛“安全文化宣传工作先进单位”称号,1人获全国安康杯竞赛“安全文化宣传工作先进个人”称号。集团公司及子公司职代会召开率100%。结合主题教育,深入8个艰苦偏远项目部组织职工座谈,梳理5个方面25条意见建议报送集团公司党委,“主人翁”意识明显增强。投入191万元帮扶39个项目及单位,推荐3个项目成为股份公司工会建家建线重点帮扶对象;表彰2家“五星级职工食堂”和20家“四星级职工食堂”,1个“模范职工之家”、5个“模范职工小家”受到股份公司命名表彰。筹集送温暖资金145.20万元,慰问困难职工、困难劳模、困难遗属、重点项目及困难离退休人员;投入156万元开展“送清凉、送文化、送祝福”活动慰问职工群众;精准帮扶慰问困难职工295人;对4003名员工及员工子女进行慰问及救助。召开“三八”节表彰暨先进事迹报告会,对集团“双十佳”进行现场表彰,1名先进女职工晋升为一级项目经理。6个集体、6名个人分获“上海市三八红旗集体”“全路先进女职工集体”“上海市建交系统女职工集体”“中国铁建先进女职工”等称号。

共青团工作。下设26个基层团委,176个团支部。其中13个子公司团委,团员2892人,35岁以下青年8118名,团干部449人,专职团干部16人。1个集体获中央企业“五四红旗团支部”称号;8个集体获中国铁建“青年文明号”“五四红旗(团委)团支部”称号,10名青年获中国铁建“青年岗位能手”“优秀共青团干部(团员)”称号。 (包明明　刘军南　李建平)

【第一工程有限公司】 具有公路、水利水电工程施工总承包一级,铁路、市政公用工程施工总承包二级,桥梁、隧道、公路路面、公路路基工程施工专业承包一级资质。前身为中国人民解放军铁道兵第五师第二十一团,1984年兵改工并入铁道部,2001年改称现名。驻陕西省西安市经济技术开发区凤城二路13号。执行董事、党委书记刘晓宝,总经理、党委副书记牛跃军。职工1483人。资产总额336443万元,其中固定资产净值9804万元。机械动力设备、车辆733台(套),设备成新率41.7%,设备总功率45900千瓦,动力装备率30.60千瓦/人,技术装备率4.47万元/人。

2019年,承揽工程任务101.7246亿元,施工产值28.17亿元,净利润1241.6万元,集团公司上交款5916.4万元,在岗职工平均年收入87442元。

(房雅姝)

【第二工程有限公司】 具有公路、市政、建筑工程施工总承包一级,铁路、水利水电工程施工总承包二级和桥梁、隧道、公路路基、公路路面、建筑幕墙工程专业承包一级资质以及公路水运工程试验综合检测乙级资质。前身为中国人民解放军铁道兵五师二十二团,1984年1月兵改工并入铁道部,2001年7月31日改称现名。驻上海市青浦区朱家角镇沈巷路246号。执行董事、党委书记万雨晴,总经理兰旭珍。职工1842人。资产总额33.78亿元,其中固定资产净值1.26亿元。机械动力设备和车辆716台(套),设备成新率45.66%,设备总功率76823.7千瓦,动力装备率41.15千瓦/人,技术装备率5.24万元/人。

2019年,新签合同额81.3704亿元,净利润790.18万元。 (周雪茜)

【第三工程有限公司】 具有建筑工程、公路工程、水利水电工程、矿山工程施工总承包二级,桥梁工程、隧道工程、钢结构、公路路面工程、公路路基工程专业承包三级资质。2013年12月18日,中铁十五局集团西北工程有限公司、中铁十五局集团成都建设工程有限公司、原中铁十五局集团第三工程公司施工板块合并重组为新的中铁十五局集团第三工程有限公司。驻四川省成都市郫都区犀浦镇珠江东街16号。执行董事、总经理张汉民,党委书记宋建坤。职工1177人。资产总额29.06亿元,负债总额24.49亿元,资产负债率85.81%。拥有各类机械设备742台(套),设备原值2.82亿元、净值0.64亿元,设备总功率95488千瓦,动力装备率81.13千瓦/人,技术装备率5.43万元/人,大型设备完好率81%、利用率74%。

2019年,施工产值18.16亿元,承揽任务84.2亿元;营业总收入17.68亿元,净利润321.98万元,上交款6899.11万元;发放职工工资1.01亿元,缴纳社会保险1930.9万元、住房公积金724万元。(张　昕)

【第四工程有限公司】 具有市政公用工程施工总承包一级,铁路工程、建筑工程、水利水电工程施工总承包二级,桥梁工程、隧道工程、公路路基工程专业承包一级资质。前身系中国人民解放军铁道兵第五师二十四团;1984年1月,集体转业并入铁道部,改编为铁道部第十五工程局第四工程处;2001年7月,企业改制改称现名;2007年1月,与科技工贸公司合并重组。驻河南省郑州市二七区新圃东街117号。执行董事、总经理周叶飞,党委书记党宏学。职工1740人。资产总额33.6亿元。其中,固定资产原值2.67亿元、净值0.7亿万元。机械设备、车辆469台,技术装备率3.3万元/人,动力装备率32.42千瓦/人,大型设备完好率90%、利用率75.2%。年施工能力40亿元以上。

2019年,承揽工程任务134.6亿元,总产值25.06亿元,其中施工产值25.03亿元。利润425.95万元。职工年人均收入80542.23元。国有资产保值增值率101.63%,净资产收益率1.16%,产值利润率0.34%,资产负债率88.99%。(路翼西)

【第五工程有限公司】 具有公路、市政公用施工总承包一级,铁路、房建、水利水电施工总承包二级,公路路基、路面、桥梁、隧道专业承包一级资质。前身系铁道兵第六师二十八团,整编为铁道兵第五师二十五团;2001年11月,企业改制改称现名。驻天津市红桥区湘潭道1号。执行董事、总经理李文兵,党委书记高晨辉。职工2440人。资产总额37.55亿元。其中,固定资产原值6.86亿元、净值2.41亿元,流动资产31.67亿元。各类机械设备、车辆581台,设备原值32313.19万元、净值10390.13万元,总功率77130.65千瓦,技术装备率5.14万元/人,动力装备率31.61千瓦/人,新度系数40.86%,设备完好率100%、利用率100%。

2019年,承揽工程任务101.13亿元,施工产值42.09亿元。利润793.7万元,全员劳动生产率15.9万元/人年,职工年人均收入71042元。国有资产保值增值率102.24%,产值利润率0.24%,资产负债率72.60%,净资产收益率0.86%,应上缴款完成率21.13%。(璐　莹)

【路桥建设有限公司】 具有铁路工程、市政公用工程施工总承包一级,建筑工程、水利水电工程施工总承包二级,隧道、桥梁工程专业承包一级,铁路铺轨架梁工程专业承包二级资质。前身是中国人民解放军铁道兵南疆铁路新线运输管理处;1984年1月,集体兵改工整编为铁道部第十五工程局新线铁路运输处;2001年12月改称现名。驻江苏省南京市浦口区泰山街道三河280号。执行董事、党委书记任化庆,总经理段玉顺。职工1678人。资产总额252142万元。主要施工生产设备730台(套),设备原值70302.31万元、净值17423.07万元,技术装备率8.58万元/人,动力装备率68.02千瓦/人,大型施工设备完好率93.16%、利用率45.68%。年施工生产能力30亿元。

2019年,营业收入138862万元,职工年人均收入91709元。净利润309万元,总产值163103万元。

(王雪薇)

【城市建设工程有限公司】 具有建筑、市政公用工程施工总承包一级,桥梁、隧道、公路路基、公路路面、建筑装修装饰工程专业承包一级,铁路、港口与航道、水利水电、电力、矿山工程施工总承包二级资质。2001年8月,由原中铁第十五工程局实业总公司、中铁第十五工程局机械化工程公司、中铁第十五工程局建筑工程公司改制重组为中铁十五局集团第七工程有限公司;2017年3月改称现名。驻河南省洛阳市洛常路6号院。执行董事、党委书记尹陆海,总经理、党委副书记朱智宇。职工1703人。资产总额360018万元。其中,固定资产原值20801万元、净值6133万元。各种机械设备886台(套),设备原值12276万元、净值3202万元,技术装备率1.73万元/人,动力装备率23.98千瓦/人,设备完好率84%、利用率76.3%。

2019年,承揽工程任务152.88亿元,总产值31.30亿元,其中施工产值31.19亿元。净利润1323.53万元。国有资产保值增值率101.52%,资产负债率75.17%,净资产收益率1.49%。(吕晓源)

【城市轨道交通工程有限公司】 是从事城市地下工程的专业化工程公司。前身系城市交通工程公司(分公司);2014年6月,在珠海市横琴区完成注册;2019年6月,注册地变更为广州市白云区。注册资本金2亿元。驻河南省洛阳市瀍河回族区四通路2号院。执行董事、党委书记刘中欣,总经理王东欣。职工916人。资产总额22.43亿元。主要施工设备688台(套),设备净值6.56亿元,技术装备率69.35万元/人,动力装备率77.38千瓦/人,设备完好率91%、利用率70%。

2019年,承揽工程任务95.34亿元,总产值24.01亿元,实现净利润353.39万元。国有资产保值增值率101.75%,净资产收益率1.72%,产值利润率0.24%,资产负债率94.53%。 (陈 宁)

【电气化工程有限公司】 具有建筑工程施工总承包一级,铁路电务工程、公路交通工程(公路安全设施工程)、建筑机电工程专业承包一级,公路交通工程(公路机电工程)专业承包二级,铁路电气化工程、输变电工程专业承包三级资质。2013年12月在上海市松江区九亭镇注册,注册资本金10000万元。执行董事、总经理温海军,党委书记吕洪伟。职工121人。资产总额10000万元。其中,固定资产原值671.2万元、净值366.1万元。车辆21台,原值506万元、净值158万元。技术装备率1.22万元/人,动力装备率21千瓦/人。车辆完好率100%、利用率100%。年施工能力20亿元以上。

2019年,承揽工程任务4.5亿元,施工产值4.27亿元。净利润762.4万元。职工年人均收入101768.52元。国有资产保值增值率107.35%,产值利润率2.82%,资产负债率62.16%,净资产收益率7.09%,应上缴款完成率100%。 (杜 毅)

【物资有限公司】 具有钢结构专业承包一级、地基与基础专业承包二级、营业性爆破作业三级资质。前身系中国人民解放军铁道兵第五师后勤部修理营;1984年1月,改编为铁道部第十五工程局机械厂;2001年12月,改为中铁十五局集团机械设备有限公司;2014年1月,集团公司整合重组为中铁十五局集团物资工程有限公司;2016年11月集团公司将物资工程公司合并重组到物资公司。驻河南省洛阳市西工工业园区汉宫路西段。执行董事、总经理茹念文,党委书记李章国。职工391人。资产总额128984.56万元。其中,固定资产原值10318.29万元、净值3793.84万元。主要生产机械设备429台,设备总功率6487.23千瓦,技术装备率3.05万元/人,动力装备率16.59千瓦/人,设备新度系数22.78%。

2019年,承揽任务22.06亿元,总产值129303万元。实现利润906.71万元,在岗职工年人均收入83535.6元。国有资产保值增值率103.78%,产值利润率0.7%,资产负债率86.08%,净资产收益率3.71%,应上缴款完成率100%。 (刘宇帆)

【四川建筑勘察设计有限公司】 具有建筑工程甲级、市政乙级、勘察乙级、测量乙级、工程咨询(建筑、市政工程)乙级、风景园林乙级、城市规划丙级资质。2011年由宜宾市建筑勘察设计院改制成立。党委副书记、执行董事、总经理蔡荣,党委书记杨世杰。驻四川省宜宾市翠屏区岳武里14号。职工56人。资产总额3516.65万元。其中,固定资产原值420.17万元、净值69.89万元。

2019年,经营承揽2777万元,产值2454.07万元,实现收入2793万元。国有资产保值增值率100.27%,净资产收益率27%,产值利润率26%,资产负债率32.69%。 (郑小群)

【东来地产开发有限公司】 经营范围包括房地产开发经营、房屋租赁、物业服务、企业管理咨询、土地整理、建筑设备及建筑材料的销售、停车场服务、市政公用工程施工。2010年3月,注册成立;2017年5月,由河南置业有限公司改称现名。驻河南省郑州市二七区航海路197号索克世纪大厦。执行董事、党委书记毛学墙,总经理陈江。职工125人。

2019年,销售51618万元,营业收入30723万元,上交款3072万元,净利润1869万元;降债17039.97万元,清收清欠41839.95万元。 (朱秀莲)

【铁建浙江投资开发有限公司】 经营范围包括投资开发建设与管理、PPP项目开发与运营等,负责浙江区域投资类和EPC项目跟踪、开发,以及湖州BT项目监管和回购等业务。2017年2月成立。驻浙江省宁波市江北区环城北路万星汇大厦8楼。执行董事、总经理刘士杰,党委书记吴向东。职工21人。

2019年,承揽任务37.5亿元,营业收入4810万元,累计回购9024.73万元,净利润29.16万元。

(郭忠诚 田 湖)

【济阳迎宾黄河大桥有限公司】 经营范围包括大桥的建设、管理、经营及维护。2006年1月19日成立,注册资本金2000万元。执行董事、党委副书记、总经理刘克明,党委书记程金泉。职工89人。

2019年,安全通行车辆742.9万辆,征收通行费

8284 万元。 （陈　鹏）

【华东中铁工程检测技术有限公司】 具有公路工程综合乙级，水利工程混凝土、岩土甲级，工程测绘乙级等检测测量资质，以及国家和河南省计量双认证。前身系组建于 1947 年的中国人民解放军铁道兵第五师司令部试验室，是原中铁十五局集团有限公司计量测试中心、河南四通工程检测有限公司，2016 年 12 月改称现名。驻河南省洛阳市瀍河区四通路 2 号院。执行董事、党委书记徐万鹏，党委副书记、总经理付雷峰（7 月任）。职工 43 人。资产总额 11103 万元。其中，固定资产原值 3264 万元、净值 620 万元，流动资产 10482 万元。主要检测设备 1609 台（套），设备原值 1762 万元，设备完好率 100%、利用率 100%。

2019 年，承揽技术服务任务 1540 万元，总产值 3164 万元。利润 1228 万元，全员劳动生产率 73.6 万元/人年，职工年人均收入 141502 元。国有资产保值增值率 104.9%，产值利润率 34.46%，资产负债率 51.08%，净资产收益率 10.68%。 （徐龙午）

【轨道交通运营公司】 前身系 1975 年 3 月 26 日成立的铁道兵第二指挥部新线铁路管理科，2016 年 12 月 15 日改称现名。驻河南省洛阳市四通路 2 号院。总经理、党委副书记汤军红，党委书记许献德。职工 675 人。资产总额 47922 万元。其中，固定资产原值 52626 万元、净值 37155 万元。机械设备、车辆 67 台，总功率 289328 千瓦，技术装备率 55.04 万元/人，动力装备率 428.71 千瓦/人。设备完好率 100%、利用率 83.4%。

2019 年，承揽运输任务 3.17 亿元，总产值 3.41 亿元，利润 1940 万元，职工年人均收入 102806 元。产值利润率 5.7%，总资产报酬率 7.13%。 （茹　峭）

【重要记载】

▲1 月　中铁十五局连续 10 年获评股份公司网站信息发布先进单位。

▲4 月　中铁十五局连续获评上海市静安区文明单位。

▲5 月　中铁十五局蝉联“上海市文明单位”称号。

▲9 月 3 日　新华社、中新社、《重庆日报》、重庆电视台、华龙网、《中国交通报》等中央及重庆市主流媒体记者走进中铁十五局潼荣高速建设一线，聚焦“绿色潼荣”建设情况。

▲10 月　中铁十五局获中国市政工程协会经济工作委员会“优秀协作会员单位”称号。

▲11 月 20—21 日　中国施工企业管理协会第十五届工程建设行业信息化高峰论坛及颁奖会议在西安举行，中铁十五局财务共享中心建设情况被评为“2019 年度工程建设行业信息化典型案例”。

▲11 月　中铁十五局工会获全国铁路总工会“铁路工会财务工作先进单位”称号。 （郑凤华）

中铁十六局集团有限公司

【简况】 拥有铁路、公路、建筑工程施工总承包特级资质，铁路行业、公路行业、建筑行业甲级设计资质，市政公用、水利水电工程施工总承包一级资质，公路路面、隧道工程、桥梁工程专业承包一级资质，建筑装修装饰工程专业承包一级资质。可承接建筑、公路、铁路、市政公用、港口与航道、水利水电各类别工程的施工总承包、工程总承包和项目管理业务。总部驻北京市朝阳区红松园北里 2 号。前身系中国人民解放军铁道兵第十一、十三师合编后的铁道兵第十一师；1984 年 1 月，集体转业并入铁道部，改编为铁道部第十六工程局；2000 年 1 月，更名为中铁第十六工程局；2002 年 5 月 10 日，企业改制改称现名。下辖 15 个子公司。职工 19842 人。拥有机械动力设备 6363 台（套），原值 722022 万元、净值 322941 万元。技术装备率 15.89 万元/人，动力装备率 56.98 千瓦/人。

2019 年，新签合同额 946.6 亿元，总产值 520.96 亿元，营业收入 514.66 亿元，同比增长 13.24%，报表净利润 2.19 亿元，全年经营性净现金流 33.65 亿元，年末资产负债率 88.61%，应上缴款完成率 100%。实物工程量：土石方 6373.9 万立方米、桥梁 147270 延长米、隧道 114534 延长米、涵洞 26713 横延米、铁路制梁 634 片、铁路架梁 593 孔、正线铺轨 4.3 千米、站线铺轨 2.0 千米、无砟轨道 11 千米、地铁（含轻轨）区间 46374 米、公路 308 千米、公路路面 415.7 万平方米、公路制梁 6375 片、公路架梁 6661 片、房屋 1678248 平方米。集团分获全国职工主题阅读优秀组织奖；6 个集体获省部级“工人先锋号”，1 个集体获省部级五一劳动奖状，1 人获评省部级劳动模范，4 人获省部级劳动奖章；1 家职工书屋获“全国最美职工书屋”称号，3 家获“全国示范职工书屋”称号；深圳福田枢纽项目获中国建设工程鲁班奖和中国土木工程詹天佑奖，苏州地铁 2 号线及延伸线、四川简蒲高速公路、广西百色至靖西高速公路获国家优质工程奖。 （冯　爽）

【领导人员】

董事会

董事长	孔令键(9月免)
	程红彬(9月任)
董事	向大强(9月任)
	马　栋
	熊永军(2月任)
职工董事	王宜柱

监事会

监事会主席	缪江梅
监事	刘　云
职工监事	黄建光

经理层

总经理	程红彬(9月免)
	向大强(9月任)
副总经理	马　栋
	向大强
	罗生宏
	董　梁
	熊永军
	党海军(9月免)
	高宪民
	李春波
总工程师	马　栋
总会计师	熊永军

党群领导

党委书记	孔令键(9月免)
	程红彬(9月任)
党委副书记	向大强(9月任)
	勾文青
纪委书记	缪江梅
工会主席	王宜柱

(闫雅哲)

【职工队伍】　职工19842人。其中,干部15373人、技术干部15189人。女性4138人。研究生及以上学历374人、大学本科学历10504人、大专学历3710人、中专学历367人、高中及以下学历418人。35岁及以下10738人、36~40岁2001人、41~45岁1025人、46~50岁628人、51~54岁286人、55岁及以上695人。技术干部中工程系列11400人、经济系列1309人、会计系列1505人、卫生系列110人、统计系列23人、政工系列828人、其他14人。

工人4469人。其中技术工人1825人,女性625人。高中及以下学历2298人、中专学历1129人、大专学历797人、大学本科学历245人。35岁及以下1662人、36~40岁353人、41~45岁557人、46~50岁445人、51~54岁124人、55~59岁1328人。技术工人中,高级技师106人、技师325人、高级工845人、中级工382人、初级工167人。(闫雅哲)

【工程项目指挥机构】　新建吴忠至中卫铁路指挥部　驻宁夏回族自治区吴忠市。项目经理罗生宏,党工委书记兼常务副经理安德柱。

赣深客运专线GSSG－6标段工程指挥部　驻广东省惠州市博罗县。项目经理秦涛,总工程师张正金。

郑许市域铁路工程许昌段工程指挥部　驻河南省许昌市。项目经理夏雷,党工委书记郝文朝。

蒙华铁路MHSS－4标段项目部　驻河南省三门峡市灵宝市。项目经理郭永忠,党工委书记李国英。

赣深客运专线GSJXZQ－3标段项目经理部　驻江西省赣州市龙南县。项目经理王振浩,党工委书记王洪友。

新建福厦铁路FX－3标段项目部　驻福建省莆田市。项目经理王传宗,书记张黎。

新建防东铁路项目部　驻广西壮族自治区东兴市江平镇。项目经理王军,党工委书记卜凡龙。

黔张常铁路8标段项目部　驻湖南省张家界市。项目经理江拔其,常务副经理李志荣。

昌赣客专CGZQ－8标段项目经理部　驻江西省泰和县。项目经理赵永,党工委书记郝孟广。

石黔高速公路项目部　驻重庆市石柱县。项目经理张忠德,党工委书记姚远。

北京新机场高速公路项目部　驻北京市大兴区。项目经理邱军,党工委书记刘常林。

呼和浩特市轨道交通2号线一期工程项目部　项目经理赵书银,党工委书记邱军。(孙桂军)

【工程施工】　2019年,完成企业总产值520.96亿元,占股份公司年度计划519.40亿元的109.03%,比上年同期增加44.1亿元,增长9.2%。

新建吴忠至中卫铁路工程　位于宁夏回族自治区吴忠和中卫两市。全长134.768千米。合同投资959249万元,合同工期2016年6月10日至2018年8月31日。铁路等级高速铁路,设计时速250千米。主要工程量:梁桥69座67384延长米,其中特大桥25座64021延长米,大桥35座9228延长米,中桥9座569延长米,小桥13座8853.4顶平方米;涵洞221座6567横延米;制存梁场4处,制、运、架整孔箱梁2146孔。2019年,完成产值5000万元及预计变更增加金额。完成静态验收、联调联试,9月30日达到运行通车条件。

蒙华铁路 MHSS－4 标段工程　全长 25.488 千米。合同投资 158666.97 万元，合同工期 2015 年 3 月 12 日至 2020 年 2 月 28 日。主要工程量：路基土石方 2.2 万立方米，涵洞 1 座 21 横延米，渡槽 1 座，隧道 2 座 48189 延长米，辅助坑道 5 座 7.556 千米，无砟道床 50.921 千米。2019 年，完成产值 1242 万元，完成静态验收，联调联试，达到通车条件。

赣深客运专线 GSJXZQ－3 标段工程　全长 27.334千米。合同投资 184368.0878 万元，合同工期 2017 年 1 月 1 日至 2020 年 12 月 31 日。主要工程量：路基 12 个工点 1.28 千米，正线桥梁 11 座 2292 延长米；涵洞 8 座 164.98 横延米；隧道 7 座 2376 延长米，现浇箱梁 70 孔；轨道床板铺设 54.6684 千米。2019 年，完成投资 62363 万元；开工累计完成投资 159766 万元。

新建福厦铁路 FX－3 标段工程　正线长 35.083 千米。合同投资 215025 万元，合同工期 2017 年 9 月 30 日至 2022 年 9 月 30 日。主要工程量：隧道 3 座 9923 延长米，桥梁 5 座 23697 延长米，路基 1.463 千米，箱梁预制架设 424 孔；SK－2 双块式轨枕 480298 根。2019 年，完成投资 52473 万元。

赣深客运专线 GSSG－6 标段工程　全长 49.205 千米。合同投资 263067 万元，合同工期 2017 年 10 月 30 日至 2021 年 9 月 30 日。主要工程量：路基 28 段 5875.11 米，桥梁 28 座 39777.27 延长米，隧道 8 座 3552.43 延长米，无砟轨道铺轨 99.33 千米，箱梁预制架设 1287 孔。2019 年，完成投资 100370 万元。

郑许市域铁路工程许昌段　全长 33.693 千米。土建部分合同投资 625688.85 万元，合同工期 2018 年 1 月 6 日至 2020 年 12 月 6 日。主要工程量：高架站 9 座，地下站 2 座，平均站间距约 3.6 千米，停车场 1 段，主变 2 座。2019 年，完成投资 329449 万元。

新建防东铁路项目　正线 46.897 千米。合同投资 324261.05 万元，合同工期 2018 年 12 月 30 日至 2021 年 12 月 30 日。主要工程量：隧道 8 座 9035 延长米，桥梁 31 座 22831 延长米，路基 15.031 千米，框架桥 6 座，框架涵 34 个，车站 2 座；制架梁场 2 座；铺轨基地 1 处，正线铺轨 93.8 千米，站线铺轨 8.3 千米，铺道岔 27 组，铺道砟 26.95 万立方米。

太焦铁路 TJZQ－3 标段工程　全长 16.067 千米。合同投资 119769.1 万元，合同工期 2016 年 10 月 10 日至 2020 年 12 月 31 日。主要工程量：路基土石方 12.34 万立方米；桥梁 1 座 463.6 延长米；隧道单洞双 2 座 15127 延长米。2019 年，完成施工产值 41408 万元。

郑济铁路站前 ZPZQ－V 标段工程　正线 26.832 千米。合同投资 175375.26 万元，合同工期 2017 年 6 月 1 日至 2021 年 5 月 31 日。主要工程量：路基 2.492 千米，正线桥梁 2 座 24338 延长米；框架涵 6 座 231.85 横延米，框架小桥 3 座 519.7 顶平方米；预制和架设箱梁 721 孔；轨道板铺设。2019 年，完成投资 80200 万元；开工累计完成投资 132400 万元。

新建铁路成都至兰州线成都至川主寺段站前工程 CLZQ－4 标段　全长 19.194 千米。合同投资 125718 万元，合同工期 2012 年 12 月 17 日至 2017 年 7 月 31 日。主要工程量：桥梁 2 座 481.03 延长米，框架式桥 5 座 88.7 延长米，涵洞 34 座 1281.57 横延米，隧道 2 座 11879 延长米，正线路基 6834.28 米，车站 1 座，双块式无砟轨道。2019 年，完成产值 8821 万元；开工累计完成产值 122215 万元。

新建成都至兰州铁路 CLZQ－12－02 标段工程　正线 11.801 千米。合同投资 71582.6 万元，合同工期 2014 年 9 月 1 日至 2018 年 2 月 18 日。主要工程量：5 号、6 号、7 号横洞及出口，隧道弃渣（场）。2019 年，完成投资 16082 万元；开工累计完成投资 69851 万元。

成昆铁路 EMZQ－7 标段工程　合同投资 14.14 亿元，合同工期 2016 年 4 月 1 日至 2020 年 6 月 30 日。主要工程量：桥梁 2 座，隧道 2 座 20987 延长米，隧道地段无砟道床 19597 米（双线）。2019 年，完成投资 24624 万元；开工累计完成投资 64891 万元。

新建丽江至香格里拉线站前 4 标段工程　合同投资 157376.67 万元，合同工期 2014 年 11 月至 2020 年 1 月。主要工程量：长坪隧道 9523 延长米，海巴洛大桥 200.6 延长米、白岩子隧道 4083 延长米、螺丝湾三线中桥 78.15 延长米、圆宝山隧道 10606 延长米、花椒坡三线中桥 48.2 延长米、花椒坡隧道 2970 延长米。2019 年，完成投资 40620 万元。

郑万铁路重庆段土建工程 ZQCQZQ－6 标段　合同投资 108409.6638 万元，合同工期 2016 年 12 月 1 日至 2021 年 7 月 31 日。主要工程量：正线隧道 1 座 13472 延长米，路基挖方、基底加固桩基、C40 混凝土换填；四电场坪工程；无砟道床工程。2019 年，完成投资 44433 万元。

新建蒙西至华中地区铁路煤运通道工程 MHTJ－26 标段　合同投资 181174 万元，合同工期 2015 年 8 月 1 日至 2020 年 3 月 1 日。主要工程量：路基 7.527 千米，正线桥梁 14 座 29078 延长米；涵洞 21 座 1565.2 横延米，小桥涵 7 座 2017 顶平方米；站后房屋 36 座。2019 年，完成投资 25034 万元。

新建铁路玉溪至磨憨线 YMZQ－8 标段工程　合同投资 155441.48 万元，合同工期 2016 年 5 月 20 日至 2020 年 10 月 29 日。主要工程量：王岗山隧道 3762

延长米，多吉隧道14539延长米，新华隧道2461延长米，他郎河四线中桥109延长米，弹性支撑块式无砟轨道36.938千米。2019年，完成投资57184万元。

新建贵阳枢纽小碧经清镇东至白云联络线4标段工程　合同投资100946.68万元，合同工期2013年12月14日至2019年12月14日。主要工程量：特大桥12座14151.336延长米，大桥6座1716.99延长米，中桥1座74.4延长米，涵洞11座303.17横延米，隧道3座1197延长米，泄水洞1座345横延米；路基5544.195米，连续梁29联。2019年，完成投资11308.7万元。

新建铁路赣州至深圳客运专线GSSG－1标段工程　合同投资99443.9766万元，合同工期2016年12月30日至2019年12月30日。主要工程量：隧道4座15113.31延长米，桥梁3座241.79延长米，路基5段432.84米，无砟道床31.54米。2019年，完成投资29202万元。

靖边至神木集运铁路JSTJ－09标段工程　全长14.5千米。合同投资92149.945万元，合同工期2017年6月10日至2019年9月10日。主要工程量：车站1座，隧道7座8953延长米，桥梁5座557.71延长米，涵洞17座501.60横延米，公路桥5座326延长米，路基区间土石方105万立方米、站场土石方477万立方米，轨道道砟铺设区间38546立方米、站场12294立方米及相关附属等工程施工。2019年9月10日全部竣工并验收。

郑州南站及相关工程（不含站房）ZNSG－1标段　合同投资11.8亿元，合同工期2017年12月8日至2019年9月30日。主要工程量：路基土石方3471196立方米，CFG桩2076379米、螺杆桩329816米、碎石桩97527米，框架式结构中桥17座999.75米，涵洞15座989.52横延米，刚架桥2座250.35延长米。

黄黄铁路HHZQ－1标段工程　合同投资211155.178万元，合同工期2018年12月16日至2022年6月15日。主要工程量：路基17处4.66千米，双线桥梁19座23.921千米，单线桥梁2座6.564千米，移动模架现浇筒支梁16孔、支架现浇筒支梁5孔、支架现浇道岔连续梁2联、支架现浇T构梁1联、悬浇连续梁8联、斜拉桥1联等；隧道1座295延长米，无砟道床62.34千米，车站1座、巴河线路所1处，制存梁场2个，预制架设箱梁848孔。2019年，完成产值90239万元。

江苏南沿江城际铁路先行开工段工程　合同投资15674.5538万元，合同工期2018年9月28日至2020年3月27日。主要工程量：桥梁5540延长米，桩基1466根，长度40195米，钢筋2215吨，混凝土32684立方米；承台173个，钢筋804吨，混凝土17917立方米；墩身173个，桥台1座，钢筋1294吨，混凝土23311立方米。2019年，完成投资15674.5538万元。

珠机城际一期工程　线路长7.864千米。合同投资29亿元，合同工期2014年1月20日至2018年8月26日。主要工程量：3站5区间。2019年，完成全部剩余工程量及静态验收。

豫机城际铁路工程1标段　全长7.326千米。合同投资139332.47万元，合同工期2015年10月至2019年10月。主要工程量：桥梁581延长米，地下段6.130千米，路基0.225千米，U型槽0.295千米，中桥95延长米，韩庄站（乘降所）1座。2019年，完成全部剩余工程量。

石黔高速公路工程　合同投资49.26亿元，合同工期2016年8月1日至2020年7月31日。主要工程量：互通4个，桥梁30座12290.4延长米，隧道23座59237.13延长米。2019年，完成投资73921万元。

新机场北线高速公路工程　合同投资287000万元，合同工期2018年1月1日至2019年6月30日。主要工程量：管段主线4.687千米，其中路基挖方17.2万立方米，路基填筑131.3万立方米，桥梁11座3683.89延长米，钢筋砼管倒虹吸3道，管涵4道；西延段线路8.3千米，主线桥梁4161延长米，设置互通立交1座；主线收费站1处，管理分中心1处，停车区1处。2019年，完成投资41253万元。

延崇高速公路6标段工程　全长5443米。合同投资9.2367亿元，合同工期2016年12月31日至2019年9月30日。主要工程量：主线桥梁3座228.68延长米，隧道1座9298延长米，玉渡山斜井400米；路基挖土石方3.83万立方米，路基填方46.4万立方米；二灰稳定碎石基层3.75万平方米，水泥稳定碎石基层1.72万平方米，砼面板8.6万平方米。2019年，完成隧道主体工程，达到通车条件。

昭通串佛高速公路TJ－4标段工程　合同投资110796万元，合同工期2017年1月1日至2019年12月31日。主要工程量：隧道4座6407延长米，大桥5座，中桥3座，匝道桥5座，涵洞15座，南岸互通1座，绥江服务区1座，路基4千米，以挖方为主。2019年，完成全部工程量，达到通车条件。

洪雅至峨眉山公路新建工程　全长21803米。合同投资125030万元，合同工期2016年9月8日至2019年8月28日。主要工程量：路基挖方311.4万立方米、填方258.5万立方米，桥梁31座7547.6延长米，隧道4座单幅3334延长米，涵洞42道，通道4道、隧道管理所1处。2019年，完成产值85391万元。

杭州绕城高速公路湖州段1标段工程　合同投资

144569 万元,合同工期 2018 年 1 月 1 日至 2020 年 4 月 30 日。主要工程量:路基挖土石方 243 万立方米,路基填筑 238 万立方米,碎石、砂垫层 128422 立方米,预压与超载预压 56492 立方米,水泥搅拌桩 1770890 米,预应力管桩 249768 米,钢塑格栅 451575 平方米,现浇素砼桩 49465 米;桥梁 20 座 5038.66 延长米。2019 年,完成投资 50238 万元。

杭甬复线宁波一期工程 S1 合同段　合同投资 101800 万元,合同工期 48 个月,开工日期未定。主要工程量:35 米标准箱梁 4 片、40 米拼宽箱梁 3 片、40 米标准箱梁 22 片、50 米拼宽箱梁 85 片、50 米标准箱梁 348 片;箱梁制运架,体系转换和 38 千米护栏施工。2019 年,完成投资 13621 万元,开工累计完成投资 13621 万元。

郑州市四环线及大河路快速化工程马寨制梁场　合同投资 100000 万元,合同工期 2017 年 12 月 30 日至 2019 年 6 月 30 日。主要工程量:制梁台座 65 个,生产线 12 条,匝道梁预制、模板 12 套;大跨度梁预制、模板 10 套;主线标准梁预制、模板 43 套;暂定双层存梁 2 个区,可存放预制节段 1140 节。2019 年,完成产值 50800 万元。

大横琴山隧道工程(一期)施工项目　全长 4.9 千米。合同投资 200956.73 万元,合同工期 2018 年 6 月 15 日至 2020 年 12 月 31 日。主要工程量:1 号隧道 2315 延长米,2 号隧道 2280 延长米;道路范围内地基处理工程、基坑工程、土石方工程、隧道工程、道路工程、涵洞工程、排洪工程、机电工程、弱电智能化系统工程、管线工程、景观绿化工程、隧道附属工程。2019 年,完成投资 89866 万元。

余信贵大道(贵溪段)路网工程 PPP 项目 2 标段　全长 3708 米。合同投资 73140.3741 万元,合同工期 2018 年 3 月 1 日至 2020 年 8 月 31 日。主要工程量:桥梁 5 座 2450 延长米,路基 1258 米。2019 年,完成投资 3514 万元。

邯郸纳米半导体产业园项目　合同投资 136200 万元,合同工期 2018 年 11 月 26 日至 2020 年 5 月 26 日。主要工程量:建筑面积 19.347 万平方米,其中地上建筑面积 14.8 万平方米、地下建筑面积 4.5 万平方米;正负零对应绝对高程 52.8 米,场区最大建筑高度 36.6 米,最深处基础埋深 -6.7 米;基础形式直径 800 钻孔灌注桩 + 筏板基础、直径 800 钻孔灌注桩 + 独立基础。

呼和浩特市轨道交通 2 号线一期工程　全长 27.336千米。合同投资 967899.4383 万元,合同工期 2016 年 8 月 28 日至 2020 年 12 月 31 日。主要工程量:地下站 24 座,其中换乘站 6 座,盾构区间 22 个,明挖出入线 2 个,110 千伏主变电所 2 座。2019 年,完成投资 276916 万元,开工累计完成投资 647945 万元。

天津地铁 10 号线一期工程土建施工 13 标段　合同投资 67135 万元,合同工期 2015 年 9 月 1 日至 2019 年 6 月 30 日。主要工程量:3 站 3 区间。2019 年,完成投资 10646 万元。

昆明市轨道交通 5 号线土建施工 3 标段　合同投资 75719.346583 万元,合同工期 2016 年 10 月 1 日至 2019 年 2 月 18 日。主要工程量:3 站 4 区间。2019 年,完成投资 22387 万元。

深圳地铁 10 号线 1012 - 1B 标段工程　合同投资 80556 万元,合同工期 2015 年 12 月 28 日至 2020 年 4 月 29 日。主要工程量:2 站 1 区间。2019 年,完成投资 18331 万元。

杭州地铁 8 号线一期工程施工总承包土建一工区　合同投资 139103.4383 万元,合同工期 2018 年 6 月 10 日至 2021 年 5 月 30 日。主要工程量:3 站 3 区间。2019 年,完成投资 65028 万元,开工累计完成投资 92174 万元。

北京地铁 17 号线第 10 合同段工程　全长 1175 米。合同投资 82000 万元,合同工期 2016 年 9 月 1 日至 2020 年 12 月 10 日。主要工程量:乘客出入口 4 个,安全出口 3 个,换乘通道 2 条,无障碍电梯 2 部,风亭 2 组,冷却塔 1 处。2019 年,完成投资 13244 万元,开工累计完成投资 32442 万元。

青岛地铁 1 号线土建工程 2 标段项目部三工区　合同投资 36295 万元,合同工期 2016 年 1 月 1 日至 2019 年 8 月 31 日。主要工程量:中山路站、江苏路站、广饶路站的土建施工工程。2019 年,完成投资 6598 万元,开工累计完成投资 24596 万元。

厦门市轨道交通 3 号线工程 3 标段一工区　全长 462.9 米。合同投资 33372.3014 万元,合同工期 2016 年 9 月 1 日至 2019 年 9 月 30 日。主要工程量:出入口 9 个,风亭 4 组;东界站—洪坑站区间隧道左线 512.509延长米、右线 508.497 延长米;洪坑站—林前站区间隧道左线 597.429 延长米、右线 596.797 延长米。2019 年,完成投资 11015 万元。

成都地铁 5 号线土建一期、二期工程土建 10 标段一分部　合同投资 98000 万元,合同工期 2015 年 10 月 23 日至 2018 年 2 月 28 日。主要工程量:2 站 2 区间。2019 年,完成全部工程量。

西安地铁 6 号线 TJSG16 标段工程　合同投资 22008 万元,合同工期 2016 年 11 月 1 日至 2019 年 10 月 31 日。主要工程量:车站 1 座,暗挖 208 米;车站土石方 12.95 万立方米,混凝土 50975 立方米。2019 年,完成投资 5930 万元,开工累计完成投资 7451 万元。

济南CBD市政配套工程(轨道交通预留)土建施工1标段　全长1.55千米。合同投资66973万元,合同工期2016年11月22日至2019年11月21日。主要工程量:2站2区间。2019年,完成投资20666.409万元。

长沙市轨道交通6号线东段、西段土建1标段　合同投资93619万元,合同工期2018年8月30日至2021年2月28日。主要工程量:3站3区间。2019年,完成投资20000万元。

新疆西水东引二期输水工程8标段　合同投资133216.6199万元,合同工期2017年2月15日至2022年12月31日。主要工程量:隧洞进口明挖段50米、主洞段34.751千米,施工支洞5条2.283千米,入库建筑物的土建及金结安装、检修泵站机电安装;永久施工道路32.118千米,供水管线系统。2019年,完成投资21773万元。

新疆ABH流域生态环境保护工程一期工程输水隧洞2标段　合同投资36398.2229万元,合同工期2015年10月1日至2022年12月1日。主要工程量:斜井支洞558.975米,正洞4400米,土方0.34万立方米、石方16.83万立方米、混凝土5.47万立方米。2019年,完成投资5132万元,开工累计完成投资15745万元。 (孙桂军)

【经营管理】 工程承揽。新签合同额946.6亿元,占股份公司下达任务指标750亿元的126.21%,比上年增长9.84%。其中铁路24项,投资92.7亿元,占新签合同额的9.8%;公路23项,投资163.6亿元,占新签合同额的17.3%;房建51项,投资178.5亿元,占新签合同额的18.9%;市政59项,投资198.9亿元,占新签合同额的21%;轨道交通27项,投资206.3亿元,占新签合同额的21.8%;机场码头2项,投资7亿元,占新签合同额的0.7%;水利水电4项,投资18.2亿元,占新签合同额的1.9%;物贸机械400项,投资58.9亿元,占新签合同额的6.2%;其他38项,投资22.4亿元,占新签合同额2.4%。

主要经济指标。营业收入514.66亿元,同比增长13.24%;净利润21879.72万元,同比下降34.43%;全年经营性净现金流33.65亿元,比上年的2.32亿元增加31.33亿元;年末资产负债率88.61%,比年初提高3.71个百分点;年末资产总额564.96亿元,负债总额500.59亿元,所有者权益64.37亿元;固定资产原值87.76亿元、净值31.72亿元,流动资产383.62亿元,在岗职工年人均工资112858元,国有资产保值增值率96.54%、净资产收益率3.34%、净利润率0.43%。

安全质量。根据国家《安全生产法》相关规定,结合中铁十六局集团有限公司领导班子成员分工和机关部门调整情况,调整安全生产委员会成员;组织所属单位签订《安全包保责任书》37份;与涉爆单位项目签订《爆炸物品安全管理包保责任状》15份;机关各部室签订《安全生产责任书》25份,实现安全生产责任全覆盖;修订完善《安全生产责任制》《爆炸物品安全管理办法》《爆炸物品安全管理制度和有关作业人员岗位职责》《班组长质量安全责任制管理办法》《工程项目生产安全事故应急预案》。组织各工程公司、项目部开展安全风险识别和评价工作,发布《2019年度集团公司安全质量重点监控项目清单》29项;树立“隐患就是事故”“预防重于追责”的理念,增强安全质量红线意识,落实超前预防机制,强化过程监督检查。采取“多媒体安全培训工具箱”、微信安全培训App、现场体验等方式,实施三级安全教育、工前教育和法规要求的各种教育培训。北京市房山区阎村镇4－5地块工程、成都环城生态修复综合项目1－2标段等24个项目获评省部级绿色安全工地、安全文明标准化工地,甬台温高速复线温州灵昆—阁巷段5标段、渭武高速公路16合同段等10个项目获评省部级公路水运工程“平安工地”,昆明轨道交通5号线3标段获评省部级安全生产先进单位,西安地铁6号线16标段项目部获“全国安全管理标准化示范班组”称号,深圳福田枢纽获2018—2019年度中国建设工程鲁班奖;苏州市轨道交通2号线及延伸线工程、成都经济区环线高速公路简阳至蒲江段项目、广西百色至靖西高速公路获2018—2019年度国家优质工程奖,北沿江高速马鞍山至巢湖段获李春奖(公路交通优质工程);简蒲高速、苏州地铁、广西百色公路项目获2018—2019年度第二批国家优质工程奖;二公司施工技术部、六安项目部—经管计统班组、铁运公司包神指万水泉南运用车间三班、铁运公司纳林川工务工区获评全国质量信得过班组,65个QC优秀小组获省部级以上奖励;组织开展“全国质量月”活动,各单位开展专项检查687次,排查消除质量隐患2620个,悬挂张贴质量月宣传标语1238条,制作宣传专栏583个,组织质量培训364次9055人,质量管理知识竞赛153次4788人,召开各项质量专题会议79次,购买并发放质量书籍、图册3313本。

职工队伍建设。接收各类院校毕业生771人,毕业生中主专业人数比例87%;聘任科技专家62人、经济管理专家35人、综合管理专家18人,把职业项目经理、专家纳入后备人才库,在选拔任用上优先考虑;聘任高级职称317人、中级职称434人,向股份公司推荐教授级和正高级职称16人。建立健全科技人才选拔、人才激励机制，激发科技人才创新激情和创新潜能，逐步形成技术人员通过行政职务晋升、职业项目经理、职称晋升、专家评选、非在编人员转正、首席和高级技师选拔等6个发展通道。获国务院政府津贴1人、詹天佑工程师奖1人、茅以升铁道工程师奖1人、中国施工企业管理协会优秀科技工作者1人。（冯　爽）

【科技管理】 加强技术管理，确保EH引水工程特长隧道TBM掘进关键技术、石黔高速瓦斯隧道施工技术、昌赣客专赣州赣江特大桥施工技术、温州项目钢桁梁架设技术和银吴铁路机场隧道无砟轨道道岔施工误差控制技术等，组织专家进行重点把控，并结合工程督查进行不定期的现场技术指导，技术重难工程项目如期突破，确保各项技术管理制度落实到位，技术上未发生等级事故。支出科技活动经费191778万元，获股份公司和社会科技资助315万元。对34个资助研发项目，首次拨付科技资助资金868万元；对下科技奖励累计217.3万元；申请涉外专利1项，获得发明专利37项、实用新型专利112项，获得中国专利优秀奖1项。（冯义涛）

【党群工作】 党的工作。以党的政治建设为统领，以“不忘初心、牢记使命”主题教育为载体，以强化支部建设为重点，以“双标共建”为抓手，持续深化“三基建设”，精准打造“品质党建”，充分发挥党建工作优势，把党建工作的“软实力”逐步转化为企业发展的“硬支撑”。集团公司党委把坚持党的领导、加强党的建设贯穿企业改革发展全过程，切实用习近平新时代中国特色社会主义思想武装头脑、指导实践、推动工作，引领和带动全员把“四个意识”“四个自信”“两个维护”落实和体现在推动十六局发展的实际行动中，扎实推进“不忘初心、牢记使命”主题教育，做到“组织领导实、学习教育实、调查研究实、检视问题实、专项整治实”，组织开展专题研讨25场次，撰写心得体会或理论文章382篇。坚持问题导向，靶向聚焦难题，出实招、出硬招，开展专题调研192人次。形成调研报告187篇，在此基础上，讲授专题党课192场次。通过开展主题教育，进一步强化习近平新时代中国特色社会主义思想的贯彻和落实，进一步拓展党建工作，企业生产经营中心工作结合、融合的载体和平台，并转化为推动企业发展的强大动能，推进企业“强大幸福、品质一流”进程。坚持项目管理标准化和党建工作标准化“双标共建”，不断强化党建工作顶层设计，搭建起十六局党建标准。严格落实“四同步”“四对接”要求，科学设置并建好党组织，促使组织建设规范化。编制集团公司《党建工作指南》，以“制度规定+流程图示+参考模板”的形式，提供“规定动作”清单，在集团公司层面统一流程、界定标准、立起标尺，促使工作流程规范化。通过“不忘初心、牢记使命”主题教育专题民主生活会、支部组织生活会，严肃开展批评与自我批评，主动对标对表检视问题及时整改，确保生活会真正见成效，促使党内政治生活规范化。坚持以“示范党支部”创建为抓手，加强党支部标准化、规范化建设，打造十六局支部建设的样板工程，建立完善“选送上级参加培训、集团公司示范培训、基层单位全面培训”的分层分级培训模式，推动党组织书记和党务干部培训常态化。选送30名党组织书记、党务干部参加股份公司党委、北京市国资委培训。举办示范培训班，培训150人，13家单位对700余名党支部书记、党务干部进行培训。豫机城际项目党支部建设案例入选全国党员教育培训教材《基层党组织书记案例选编（国企版）》。郑许市域铁路项目党建工作经验作为国企党建宣传典型，在《中国组织人事报》、学习强国、《焦点访谈》等主流媒体刊播。

纪检监察。召开党风建设和反腐倡廉会议，回顾2018年工作，部署2019年重点工作。会上，集团公司党委、纪委与所属39个单位签订党风廉政建设责任书，明责任，层层传导压力，强追究，层层压实责任。召开全面从严治党“两个责任”促进会暨警示教育大会，对责任进行再督促、再落实，并通报2019年上半年纪律审查情况，切实增强拒腐防变的思想自觉和行动自觉。对所属单位2019年落实党风廉政建设责任制情况进行量化考核，表彰先进单位和个人。纪委书记抓早抓小常提醒，通过党委会、党委中心组学习研讨、典型案件反思专题民主生活会等各种方式，通过正面督促和反面案例警示，督促党委书记主动落实“四个亲自”、班子成员着力履行“一岗双责”。两级班子成员持续抓好“促廉谈心”，关心帮助在经常，督促提醒在日常。纪委书记约谈15个子公司党组织负责人，下达“军令状”，确保责任落实到位。开展以“纪律刻印心中、廉洁见于行动”为主题的第十九个反腐倡廉宣传教育月活动，党委纪委书记上廉洁党课340余次，党员干部撰写心得体会3606篇，全员观看警示教育片《巨额亏损的背后》，多层次发布“开卷思廉”宣教专刊31期，深化拓展“教育链”，全方位构建富有企业特色的廉洁文化。两级纪委树牢政治监督的第一使命理念，对“不忘初心、牢记使命”主题教育进行全过程监督，促进“学研查改”到位见效、专题民主生活会开出成效。两个单位党委针对班子成员作风突出问题、选人用人严重问题，召开专题反思会，主动认领纠偏，即知即改增定力。严格监督“三重一大”决策制度实施，对一个违规的公司进行通报、约谈，促进依法合规经营。

坚持把纪律和规矩挺在前面,深化运用监督执纪的“四种形态”,不断加大谈话函询、提醒诫勉力度,持续在运用第一种形态上下功夫,让“红红脸”“出出汗”成为常态。谈话函询45人,诫勉谈话74人,对96名具有苗头性和倾向性问题的同志进行提醒谈话。严格监督干部选拔任用,对46名处级干部提拔任用进行全过程监督,客观公正出具监督报告,对有问题的及时叫停、暂缓提拔;坚持任前廉洁谈话、“一对一”重点提醒谈话、任前考廉,严把政治关、廉洁关、形象关。回复党风廉洁意见189人次,充实、建立处级干部廉洁档案337人,不断净化企业政治生态。制定《重要节日突击检查“四风”问题工作方案》,在元旦、春节、“五一”、端午节、中秋节、“十一”等重要节点印发通知,强化提醒和监督检查,杜绝节日腐败,坚决遏制“四风”问题的反弹。高质量抓好股份公司党委巡视反馈问题,其间,召开党委会3次,3次整改领导小组会议进行全面部署、过程监督、检查验收,各责任主体,同向发力,取消对违规提拔人员的任命、清理个人名下公车11台、清收履约保证金8000余万元、清退超标准乘坐交通工具费用22905.5元,指导五公司、路桥公司查处、纠治违规选人用人、违规出借资质等问题,做到即知即改、立行立改、全面整改。严肃召开巡视整改专题民主生活会,班子成员勇于对照认领促反思,推动党内政治生态实现根本好转。建立整改保障机制,出台制度72项、修订完善18项,促进企业治理能力和治理水平的提升。全面贯彻党委安排部署,突出政治监督导向,对9个子公司的10个工程项目进行专项巡察,针对现场管理失职失责问题,深究细查,敢于亮剑,发现八大类典型问题212个,移交97件问题线索,立案31件,结案19件,追缴119.2万元。党委书记点人点事点问题不留情面,纪委书记约谈巡视单位直面问题。在年中“两个责任”促进会上公开通报巡察问题,挂号督促全面整改。深化巡察成果,制定《工程项目管理20条禁令》,在巡察中,坚持上下联动,各子公司围绕“三重一大”决策执行、劳务队管理使用等专题开展专项巡察,覆盖66个项目,促进工程项目管理水平有效提升。在重点领导人员中再次开展“靠企业吃企业”典型问题专项治理,进行《工程项目管理20条禁令》专项督导检查,努力营造亲清分明、令行禁止的管理环境。积极配合外部各级纪委监委纪律审查调查工作,协助中央纪委、湖州市监委等配合案件10起,妥善化解涉及企业领导干部廉政风险11起,既保护领导干部,也维护企业信誉。提升案管系统管理水平,编制注意事项,严格执行案管系统专职人员更换报批制度。组织开展纪律处分决定执行情况专项检查工作,敢于直面问题,对发现处分决定宣布不及时不规范、处分材料未及时入档、工资未及时调减等问题及时整改纠正。坚决维护党纪企规的严肃性,对贪污侵占、损公肥私的“利益小团体”零容忍,丽香铁路项目原经理胡伟移送监委立案调查;重查重处违规对外租借大兴30亩土地恶性案;两级纪委严格落实查办案件以上级领导为主制度规定,全力聚焦工程项目责任亏损、违规经营、贪污挪用、侵害群众利益的案件,强高压、严震慑,收到信访举报113件(次),处置问题线索245件(次),立结案116件,党政纪处分138人,其中党纪处分60人(警告18人、严重警告19人、撤销党内职务5人、留党察看6人、开除党籍12人)、政纪处分124人(警告34人、记过31人、记大过21人、降职降级9人、撤职6人、留用察看14人、解除劳动合同9人),党政纪双重处分46人,经济赔偿225.21万元,责令退赔违法所得1464.46万元。发挥治本作用,推进以案为鉴、以案促改等工作,集团公司纪委向10个业务部门提出印章管控、合规经营等26条建议。推动典型案例通报曝光的常态化、制度化,公开通报违规使用亲属施工队、违规大操大办婚礼等21起典型案件,警示教育党员干部知敬畏、存戒惧、守底线。在自身建设方面,根据上级党委意见,坚定落实“做强集团、做实基层,做到监督执纪全覆盖”总体要求,单独设立党委巡察部门,优化纪委组织结构,下设纪委办公室、执纪审查室。建立纪委书记、纪委副书记后备人才库,调整成立7个区域指挥部和直管项目部纪工委,纪检队伍建设持续增强。两级纪委,以更高的标准、更严的要求自我约束,严格遵守“五条纪律”、自觉践行“五项规范”,全面提升政治素养和职业操守,以“自身严”带动“全面严”。在主题教育活动中,纪检干部做示范强引领、护发展当先锋,敢于斗争、勇于监督,以维护党纪国法和企业利益的实际行动,擦亮纪检人的初心和使命。

工会工作。围绕“高质量改革、高质量创新、高质量发展”工作主题,认真履行“维护职工合法权益、竭诚服务职工群众”两大基本职责,在助推发展上勇于担当,在深化维权上务求实效,在擦亮品牌上创先争优,在夯实基础上攻坚克难,发挥桥梁纽带作用。全力助推企业发展。围绕集团公司“四会”精神和年度总目标,连续第3年开展“六比六创”劳动竞赛。修订升级“六比六创”劳动竞赛实施办法,让竞赛机制更加科学、评比手段更加公平、比创氛围更加浓厚。举行“六比六创”劳动竞赛启动仪式、劳动竞赛推进会。在全集团范围开展以“劳动保护强基础、隐患排查保安全”为竞赛主题的“安康杯”竞赛活动。地铁公司获评北京市安康杯竞赛优胜单位,三公司丽香铁路第三隧道专业队、轨道公司深圳地铁10号线1012－1B标段项目部获评北京市安康杯竞赛优胜班组。劳模工匠引领创新,命名第二批集团公司级劳模和工匠人才创新工作室,集团公司机关党委宣传部王琨获得授牌,成为集团公司第一个女劳模创新工作室,第一个党群业务工作劳模创新工作室。3家劳模创新工作室获评股份公司级劳模和工匠人才创新工作室,胡锦华劳模创新工作室被评为北京市职工创新工作室,并获得中华全国总工会全国职工创新补助资金40万元。集团公司劳模和工匠人才创新工作室的创建做法获股份公司特色工作评比一等奖。推优创模成果丰硕。集团公司2人获中华全国铁路总工会火车头奖章,2人获省(直辖市、自治区)劳动奖章,2人分别获中央企业劳动模范和省(直辖市、自治区)劳动模范,2个集体分别获中央企业先进集体和省(直辖市、自治区)劳动奖状,6个集体获省(直辖市、自治区)工人先锋号,3人获中国铁建“工人先锋奖章”。联合宣传部、团委,成功举办集团公司“壮丽70年·奋斗新时代”向劳动者致敬先进事迹报告会。有效保障职工权益。全面落实集体合同,依法签订2019年工资专项协议和集体合同,明确集团公司在岗职工人均工资收入分别比上年增长8%。两级实现工资协商率100%,集体合同签订率100%,合规率100%。及时开展集体合同履约检查,重点关注职工工资增长和休息休假情况。下发《关于确保按时发放职工工资的通知》。所属各单位职工息工待岗率继续控制在3%以内,无1起职工劳动争议案件,继续保持零访零诉。全力打赢脱贫攻坚。继续推进精准帮扶,完善救助体系,下发《帮扶救助实施办法》,进一步明确困难职工的判定标准、帮扶标准、帮扶程序和专项资金的来源,为各级工会开展帮扶救助工作提供制度保障和操作规范。按照“十清楚一到位”的要求,督促各基层单位精准摸清困难职工底数,逐一建档立卡,做到精准施策。常态化开展日常帮扶,全年帮扶困难职工162人次,慰问一线职工1358人次,发放帮扶慰问金200余万元,助力解困脱困职工140人。继续规范社保缴纳,保持社保缴纳完成率、合规率双100%局面。试点互助保险改革,加大医保科目外医药费用补偿,将职工直系亲属意外伤害纳入补偿范畴。构建多渠道帮扶网络,通过与北京市总工会对接合作,为职工办理北京市职工互助金、救助金近10万元,做到精准帮、有效帮,全覆盖、无遗漏。全面加强民主管理,深化企务公开。召开四届二次职代会,会上按程序审议通过行政工作报告、财务预决算报告、集体合同履行情况报告和提案征集处理报告;公司领导班子进行述职述廉并进行民主评议。规范提案审查工作,对四届一次职代会22项提案进行督办落实和答复,征集新提案18项。进一步发挥新媒体优势,不断扩大企务公开范围,拓展监督渠道,对出台的规章制度、劳务使用、物资采购等职工关心的热点问题实行公开。扎实推进幸福工程。接力开展主席走基层“三进三送”。发起第三届“工会主席走基层”活动。通过深入调研,各单位工会干部积极撰写调研论文21篇。持续巩固“四季送”传统品牌。开展双节“送温暖”活动,走访慰问困难职工及一线职工1660人次,发放慰问金405万元;“送清凉”活动随季启动,各单位创新活动方式,通过组织防暑降温工作排查、慰问活动和“清凉静心悦读会”,发放“送清凉”慰问品折合金310万元,慰问18337人次;进一步以暑假为契机,积极开展职工家属子女到项目部“反向探亲”,进一步促进家庭幸福、企业和谐。开展“金秋助学”活动,45名学子得到助学慰问,发放助学金15.8万元。实施重点帮扶建好“职工之家”。进一步加大对偏远、艰苦、特殊项目的慰问帮扶力度,着力解决基层项目建家建线不均衡问题。不断升级建家建线帮扶手段,按照“需求对接、实物配送”的帮扶方式,为防东项目和郑许市域铁路配置建家建线三件套,切实让一线人员感受到组织关怀和企业温暖。继续在基层项目推广“两房两室”标准化配备,开展“职工过生日、工会送蛋糕”活动,提升职工幸福指数。全年为13个国内外项目拨付建家帮扶资金68万元,推出“暖心驿站”2个,有力改善职工生产生活条件。三公司工会获评中国铁建“模范职工之家”,轨道、地铁、城发各有1个项目获评中国铁建“模范职工小家”。倾力打造示范书屋服务文化需求。把职工书屋建设作为幸福工程的重要组成部分,争取到铁总100万元专款补助,打造8个各具特色的职工书屋示范点。“与共和国同行”全国职工首场主题阅读活动在地铁公司北京城市副中心综合管廊6标段项目部举行。集团公司工会获“与共和国同行——全国职工主题阅读示范性活动优秀组织单位奖”,3个职工书屋获评“全国示范职工书屋”,集团公司蒋晓芬获全国工会职工书屋“突出贡献工作者”;在股份公司组织的“与共和国同行,打造品质铁建”读书活动中,集团公司工会获优秀组织单位奖,11人在朗读和阅读活动中获得荣誉。开展多彩活动凝心聚力。筹办第五届“央企脊梁、员工榜样”颁奖晚会。举办“到人民中去”中国文联文艺志愿服务小分队走进中国铁建首场慰问演出及辅导培训活动;以上活动通过网络直播、央视播出、微信宣传等,展示十六局形象。举办集团公司第八届“奋进杯”男子篮球赛。组织集团公司第九届职工书画展。积极响应市总发起的“我为首都做贡献、我与祖国同发展”文艺演出,“中国梦、劳动美”随手拍摄影大赛,“我和我的祖国,首都建筑业农民工庆祝新中国成立70周年才艺展演”等活动,选送优秀节目,提供作品支持,组织人员参与,展示企业风采。持续擦亮女工品牌。“三八”妇女节期间,

2个女职工团体和7人获得上级“三八”表彰。其中，地铁公司曹方方获评“全国铁路先进女职工”；铁运公司洪学芹获全国三八红旗奖章，出席在人民大会堂召开的表彰大会，并作为全国8名事迹分享人之一，参加全国妇联城乡妇女岗位建功先进典型事迹报告会。婚恋品牌持续擦亮。举办“一路芳华·情定防东”大型单身青年联谊活动，为来自集团公司所属各单位的80余名青年朋友搭起“鹊桥”，构建相识、相知、相爱的平台，经过两天的交流，10对单身青年牵手成功。举办“情定铁建·比翼杭城”职工集体婚礼，为32对新婚职工精心策划一场独具特色的新中式集体婚礼。承办股份公司工会女工委一届六次全委会，十六局“幸福婚恋”作为中国铁建6项特色工作之一进行现场交流。家风品牌持续深化。开展以“逐梦新时代·巾帼绽芳华”为主题的庆祝新中国成立70周年读书活动，3篇作品在第七届全国“书香三八”活动中获奖，26篇作品在股份公司“书香铁建”中获奖。通过开展幸福家庭评比，推动女职工建设好家庭、传播好家教、弘扬好家风。置业公司刘慕君家庭被评为北京市“幸福家庭”，5个家庭获评股份公司“幸福家庭”。微心愿品牌暖心关爱。发起“情暖母亲节·圆梦微心愿”活动。征集困难女职工“微心愿”40条，按照统一模板制作“微心愿卡”，通过组织帮扶、“姐妹”认领等方式，开支微心愿金4.8万余元，共同助力困难女职工实现“小目标”。全面夯实自身基础。两级工会组织顺利换届。所有应换届子公司召开本级工代会，按照相关组织程序顺利完成组织换届，选举参加集团公司工代会的代表，为集团公司工会召开工代会做好准备工作。集团公司工会召开第四次代表大会，全面总结第三次工代会以来的工作，确立未来五年“改革创新有成效，助推发展有作为，维权帮扶有力度，基层工会有活力”的四大目标和“五个方面聚焦”工作措施。财经管理规范有序。继续坚持工会经费向基层倾斜、向一线职工倾斜、向重点工作倾斜的原则，突出“维权、置业、建家、兴会”，用于基层的经费预算同比增长8%。坚持财务监督检查制度，与经审会密切配合，重点检查执行财经政策、经费收支管理和会计基础工作等情况，全年对3家单位开展经费收支审查审计，对1名离任工会主席开展任期经济责任审计。集团公司工会获评中华全国总工会“财务工作先进单位”，获中国铁建财务评比特等奖、经审工作二等奖。

共青团工作。坚持党建带团建，以“青春心向党·建功新时代”的责任担当纵深推进共青团改革，狠抓从严治团，通过阵地建设、主题实践、服务青年、志愿服务等载体，不断把团的工作全覆盖。深化教育引领，坚定青年理想信念。常态化开展“青春心向党·建功新时代”主题教育实践、“青年大学习”等活动175场次，覆盖集团3102名团员青年，深入学习宣传贯彻落实党的十九大精神，加强青年形势任务教育，培育和践行社会主义核心价值观。集团团委与党委宣传部、工会联合举办“壮丽70年·奋斗新时代”向劳动者致敬先进事迹报告会；组织集团广大团员青年收听收看股份公司第九届“十佳十杰”青年表彰大会、纪念“五四”运动100周年大会。开展特别主题团日活动。各级团组织广泛组织开展青年大讲堂、座谈交流、征文演讲、主题团课以及同唱红歌、国旗下的演讲、重温入团誓词、齐唱团歌、参观瞻仰等系列活动239场次，参加人数7560余人。以建设促管理，加强基层团组织规范化建设。以“智慧团建”为抓手，把“智慧团建”建设和基层团组织整理整顿结合起来，全面排查空心团组织，较为全面地掌握企业团员、团干部的具体情况。通过梳理整顿规范团的组织建设，夯实基础团务。开展“标准化团支部”创建工作，各单位团委依据实际情况创建1～2个标准化团支部。夯实服务基础，激发组织活力。开展“一团一品”创建活动，各单位团组织结合实际创建申报开展服务青年成长成才、服务企业生产经营、强化团建工作基础类项目35个。深化青年建功创效，助推企业高质量发展。深入开展青年先锋行动。不断深化争创“青年文明号”、争当“青年岗位能手”、创建“青年安全生产示范岗”“青年突击队”活动。1个青年集体获“全国青年安全生产示范岗”称号、1个青年集体获“全国青年文明号”称号、1个团支部获“中央企业五四红旗团支部”称号、1人获第23届“河南青年五四奖章”、1人获股份公司第九届“十佳青年技术能手”称号、8个集体和12名青年受到股份公司团委的表彰。深入开展“导师带徒”活动。开展学雷锋志愿服务活动。开展“青春建功新时代，志愿奉献我先行”学雷锋志愿服务活动。全年开展志愿服务活动192场，参与2911人。集团21名青年志愿者为中央企业团工委举办的“青春心向党·建功新时代”特别主题团日活动提供志愿服务工作，获得中央企业团工委给股份公司党委发信致谢。开展“团组织就在我身边”关爱活动。筹措拨付困难团员关爱金4.6万元。

（吴　亦　万海峰　张继桂）

【第一工程有限公司】 具有公路工程施工总承包一级，铁路工程、建筑工程、水利水电工程施工总承包二级，桥梁工程、隧道工程、公路路基工程专业承包一级资质。为国家大型综合性施工企业，原系组建于1953年的中国人民解放军铁道兵的一支团队；1984年并入铁道部，改称铁道部第十六工程局第一工程处；2001年进行股份制改建，改称中铁十六局集团第一工程有限公司。驻北京市顺义区南法信镇顺畅大道1号B－013室。董事长、总经理王红伟，党委书记高栋。职工1725人。资产总额591065万元。其中，固定资产原值90045万元、净值21212万元，流动资产482310万元，其他资产108755万元。机械运输设备1061台，原值64654.04万元、净值12033.91万元，总功率143861.60千瓦，动力装备率81.51千瓦/人，技术装备率6.82万元/人，设备完好率93%、利用率94%，机械化施工程度94%。

2019年，承揽工程项目16个，投资总额89.51亿元。国有资产保值增长率104.55%，净资产收益率4.48%，产值利润率0.43%，资产负债率89.58%，应上缴款完成率101.94%。（李红叶）

【第二工程有限公司】 具有市政公用工程施工、铁路工程施工总承包一级，桥梁工程、隧道工程、公路路基工程专业承包一级资质。注册资本金10.008亿元。董事长、党委书记缪为刚，总经理耿永旺。职工2163人。机械设备484台，原值1.9亿元、净值5958.65万元，设备成新率31.35%、完好率94%、利用率86%。另有完工并账设备79台，原值3348.1万元、净值822.1万元。

2019年，自揽任务18项，新签合同额84.9亿元，施工产值528372万元。营业收入57.4亿元，综合收益17526万元，净利润6074万元，消化风险资产11452万元。职工年人均收入122310元，净资产收益率13.04%，产值利润率1.06%，资产负债率93.67%，成本费用总额占主营业务收入的98.68%，应上缴款完成率97.74%。（李清芳）

【第三工程有限公司】 具有公路工程施工总承包特级及公路甲级设计资质，市政公用工程施工总承包一级，铁路、建筑工程施工总承包二级，桥梁、隧道、机场场道、公路路基工程施工专业承包一级资质，公路水运工程试验检测综合乙级资质、测绘乙级资质，持有营业性爆破作业单位许可证。为国家综合性一级企业、国家级高新技术企业、浙江省建筑业企业技术中心。前身为组建于1952年2月的中国人民解放军铁道兵第十一师五十三团；1984年1月，并入铁道部，更名为铁道部第十六工程局第三工程处；1999年12月，变更为中铁十六局第三工程处；2001年4月，再次更名为浙江中铁十六局第三工程有限公司；2002年7月，变更为现名。公司注册资金10.008亿元。驻浙江省湖州市湖东路288号。董事长邵成猛，党委书记李伟，总经理田伟权。职工1466人。总资产56.74亿元，其中固定资产净值20909万元。各类机械设备589台（套），总功率88866.5千瓦，动力装备率47.7千瓦/人，技术装备率12.61万元/人。

2019年，完成施工产值59.85亿元，路外承揽78.12亿元。（邱丽琴）

【第四工程有限公司】 具有公路、市政工程施工总承包一级，铁路工程施工总承包二级，建筑、机电工程施工总承包三级，桥梁、隧道、建筑装饰装修和公路路基工程专业承包一级，地基基础和公路路面和环保工程专业承包三级以及施工劳务资质。是国家大型综合性一级施工企业。注册资本金105080万元。驻北京市怀柔区迎宾中路2号院。党委书记、董事长刘小刚；党委副书记、副董事长、总经理常杰。职工2171人。资产总额616754万元。其中，固定资产净值16351万元、原值61465万元，流动资产538256万元，其他资产62147万元。所属设备536台（套），设备原值34009万元、净值8518万元。设备总功率68120千瓦，技术装备率3.86万元/人，动力装备率30.87千瓦/人。

2019年，产值606929万元。承揽项目32个，新签合同额104.68亿元。营业收入56.63亿元，净利润5128万元；全年人均创利23795.82元，全员劳动生产率29.98万元/人年，职工年人均收入11.72万元；国有资产保值增值率100.57%，净资产收益率8.93%，成本费用总额占主营业务收入的99.40%，收入利润率0.91%，资产负债率90.69%。（蔡友兰）

【第五工程有限公司】 具有铁路工程、公路工程、水利水电工程施工总承包一级，建筑工程施工总承包二级，桥梁工程、隧道工程、公路路基工程、铁路铺轨架梁工程专业承包一级资质。驻河北省唐山市丰润区光华道2号。董事长、党委书记朱卫东，总经理杨晋文。职工3015人。资产总额556475万元。其中，固定资产原值96860万元、净值41667万元，流动资产429928万元，其他资产84880万元。拥有机械设备1139台（套），设备原值56492万元、净值27080万元，总功率109154千瓦，动力装备率36千瓦/人、技术装备率18万元/人，设备完好率94%、利用率90%。

2019年，承揽工程31项，投资总额101亿元，施工产值650181万元。全年营业收入58.53亿元，利润总额9280万元，净利润8632万元，人均创利2.85万元，全员劳动生产率193.29万元/人年。职工年人均收入80200元，国有资产增值保值率98.52%，净资产收益率12.49%，营业利润率1.47%，资产负债率87.09%。（吕　娅）

【轨道交通建设有限公司】 以从事城际铁路、城市地铁以及大直径盾构隧道等地下工程施工为专长，可承担地铁、铁路、公路、市政、水利水电等工程施工，大力延伸装配式建筑、机电装修、车辆段等产业链施工，在大跨度车站、超大直径盾构、暗挖、顶管、磁悬浮、PCCP管道、城市管廊等各类高精尖工程技术方面享誉建筑行业。是以城市轨道交通建设为主的大型综合施工企业。1989年7月成立。注册资本金5.13223亿元。驻北京市通州区新华西街26号。董事长、党委书记周阳宗，总经理杨公正。职工1998人。资产总额50.54亿元。其中，固定资产原值20.43亿元、净值8.09亿元，流动资产36.26亿元，长期股权投资4655.13万元。自有盾构设备51台（套），设备资产1354台，总功率194837.9千瓦，技术装备率68.19万元/人，动力装备率89.09千瓦/人，机械设备利用率80%以上，成新率48.88%。

2019年，新签合同额141.0568亿元，营业收入47.38亿元，利润总额1626.55万元，净利润1310.72万元。国有资产保值增值率195.84%，净资产收益率2.52%，营业利润率0.33%，资产负债率86.39%。

（陶晓红）

【地铁工程有限公司】 具有市政公用工程施工总承包三级、隧道工程专业承包三级资质。前身为中铁十六局北京工程指挥部；1989年，中铁十六局设立北京地铁工程指挥部；2007年，与原北京铁路工程指挥部合并为北京工程指挥部；2009年7月，集团公司整合优质资源，纳入工程公司管理序列；2011年4月，以北京工程指挥部为主体组建中铁十六局集团地铁工程有限公司；2011年9月，登记注册成立。驻北京市朝阳区通惠河南街1008－B四惠大厦南楼。董事长、党委书记丛恩伟，总经理、副董事长王炜。职工1383人。资产总额371214万元。其中，固定资产原值98235万元、净值32177万元，流动资产294264万元，其他资产44773万元。机械运输设备625台（套），设备原值107452万元、净值35182万元，总功率69399千瓦，动力装备率50.18千瓦/人，技术装备率25.44万元/人，设备完好率90%、利用率92%，机械化施工程度93%。

2019年，承揽任务49.58亿元，施工产值40.3亿元，利润3992万元，人均创利2.79万元，职工年人均收入15.23万元，国有资产保值增值率97.78%，净资产收益率19.61%，产值利润率4.45%，资产负债率94.52%。

（路　燕）

【铁运工程有限公司】 具有铁路工程施工总承包二级，桥梁工程、隧道工程专业承包二级资质以及铁路运输许可证（货运）。是中国铁建唯一一家车、机、工、电、辆门类齐全的综合型铁路运输单位，经营范围涉及铁路运营、工程铺架，T梁和CRTS Ⅰ、Ⅱ、Ⅲ型板式无砟轨道预制。前身系组建于1954年12月的铁道兵第一新建铁路临管处；1984年1月，兵改工并入铁道部，成为具有法人资格的铁路运输企业；2001年11月，从中国铁道建筑总公司划转至中铁十六局集团；2003年7月，企业改制更名为中铁十六局集团铁运工程有限公司。驻河北省高碑店市兴华北路117号。董事长、总经理俞剑，党委书记夏吉胜。拥有机械运输设备329台（套），设备原值7.99亿元、净值3.90亿元，总功率338157.2千瓦，动力装备率134.56千瓦/人，技术装备率15.53万元/人，设备完好率92%、利用率94%。

2019年，经营承揽19.21亿元。新上机车6台。综合产值15.65亿元，营业收入13.97亿元。

（葛　鑫）

【路桥工程有限公司】 具有公路路面工程专业承包一级，桥梁工程、隧道工程专业承包一级，公路路基工程专业承包三级，公路工程、市政公用工程、建筑工程总承包三级资质。经营范围涉及市政工程、公路工程、铁路工程、房建工程、机场施工领域，通过质量管理体系（ISO9001）、环境管理体系（ISO14001）和职业健康安全管理体系（OHSMS 18001）认证。注册资本金55080万元。驻北京市密云区新北路29号。党委书记、董事长褚英奎；总经理、党委副书记、副董事长史永亮。职工1179人。资产总额423278万元。其中，固定资产原值32059万元、净值8674万元，流动资产392886万元，所有者权益总额59380万元。主要机械运输设备125台（套），原值132887694.62元、净值67930810.75元，总功率18526千瓦，动力装备率15.7千瓦/人，技术装备率5.76万元/人。

2019年，承揽项目21个，新签合同额74.30亿元。营业收入403814万元，利润总额4487万元，税后净利润3748万元。净利润率0.92%，国有资产保值增值率101.25%，资产负债率85.97%。（杨　颖）

【电气化工程有限公司】 具有铁路电气化工程、铁路电务工程、电子与智能化工程、建筑机电安装工程专业承包一级，公路交通工程（公路机电工程分项）专业承包二级，机电工程、电力工程、通信工程施工总承包三级资质以及承装类电力设施三级许可证。前身是铁道兵十一师、十三师的直属发电连及通信工程连；1984年1月，随铁道兵集体转业并入铁道部，改称铁道部第十六工程局电务工程处；1999 年 12 月，更名为“中铁第十六工程局电务工程处”；2002 年，改制更名为“中铁十六局集团电务工程有限公司”。注册资本金 1.95 亿元。驻北京市朝阳区金盏乡皮村北街 16 号院 3 号楼。执行董事、总经理郑昌宝，党委书记刘萌。职工 822 人。资产总额 167827 万元。其中，流动资产 139403 万元，固定资产原值 7267 万元、净值 4441 万元。机械运输设备 116 台，原值 4474.5 万元、净值 2259.2 万元，总功率 14406 千瓦，技术装备率 2.71 万元/人，动力装备率 17.27 千瓦/人。年施工能力 17 亿元以上。

2019 年，中标 10 个项目，新签合同额 28.84 亿元，产值 17.65 亿元，营业收入 185879.9 万元，净利润 5637.12 万元。（刘　娜）

【物资贸易有限公司】 经营范围包括物资招标代理、物资贸易、工程物流、物资仓储租赁、物资加工生产以及物资进出口等。前身是北京铁龙物资贸易有限公司；2014 年 4 月，增资更名成立。驻北京市。董事长、总经理刘进波，党委书记肖桂平。职工 114 人。资产总额 231954.67 万元。其中，流动性资产 231736.25 万元，固定资产 87.02 万元。

2019 年，承揽任务 53.55 亿元，净利润1808.98万元，资产负债率 88.23%，实际上缴款 1760 万元。（宋秀英）

【置业投资有限公司】 具有房地产开发二级资质。由原海南京博房地产有限公司、福建顺昌远宏地产有限公司、北京地产投资有限公司及所属单位资产、人员整合成立。注册资本金 30000 万元。董事长、党委书记刘瑞军，总经理、党委副书记刘一翔。职工 256 人。运输设备 26 台，设备原值 836.21 万元、净值 128.93 万元，总功率 3523 千瓦，动力装备率 13.52 千瓦/人、技术装备率 0.5 万元/人，设备完好率 90%、利用率 36.28%。（刘维韬）

【城市建设发展有限公司】 具有建筑工程施工总承包一级，钢结构工程专业承包一级，建筑装修装饰工程专业承包二级，机电工程、市政工程、铁路工程施工总承包三级，地基基础工程专业承包三级资质以及施工劳务资质、模板与脚手架专业承包资质，拥有质量、环境、职业健康安全管理体系认证证书。原系铁道部第十六工程局建筑装修工程处；2002 年 9 月，更名为中铁十六局集团北京建筑工程公司；2008 年 6 月，改制成立中铁十六局集团北京工程有限公司；2014 年 4 月，改制成立中铁十六局集团城市建设发展有限公司。公司注册资本金 3 亿元。驻北京市朝阳区红松园北里 2 号院 19 号楼 5～8 层。董事长、党委书记刘峰，总经理、党委副书记张胜勇。职工 625 人。资产总额 235949.86 万元，其中固定资产净值 1238.54 万元。

2019 年，施工产值 158318 万元。新签合同额 31.41亿元。（汤　媛）

【建功机械有限公司】 主要从事施工机械设备制造、维修与租赁，钢结构加工、安装，盾构机配套设备维修保养、租赁及废旧机械、机具、钢结构回收等业务。注册资本金 5000 万元。驻北京市密云区新北路 29 号西门。董事长、总经理吴庆红，党委书记刘骥锴。资产总额 32831 万元。其中，流动资产 19714 万元，固定资产 476 万元，无形资产 4670 万元。职工 158 人。各类生产设备 146 台，设备固定资产 530 万元。

2019 年，承揽任务 106 项，承揽额 3.029 亿元。（苏　欣）

【中国友发国际工程设计咨询有限公司】 具有甲级建筑工程设计资质、甲级建设监理资质、乙级工程咨询资质以及对外承包工程经营资格。是中国国际工程咨询协会、中国对外承包工程商会、中国建设工程造价管理协会、中国勘察设计协会、中国建设监理协会以及国际咨询工程师联合会（FIDIC）等的会员单位；已通过 ISO 9001 质量管理体系认证、ISO 14001 环境管理体系认证、OHSAS 18001 职业健康安全管理体系认证。经营范围包括对外派遣勘测、咨询、设计和监理技术人员及其他劳务人员；承担国家对外经济技术援助项目的设计、技术咨询、经济评估、设计审查、建设监理、竣工验收和技术档案管理；承担国外和国内外资工程的勘测、咨询、设计、监理；上述工程项目所需的设备、材料出口；承担国内工程的咨询、设计、监理及工程总承包。驻北京市朝阳区金盏乡皮村北街 2 号院。公司董事长陈宏铭，党委书记陈明福，总经理陈铁民。职工 140 人。（李　丹）

【重要记载】

▲1 月 21—22 日　中铁十六局四届二次职代会暨 2019 年度工作会、党委三届六次全委（扩大）会、党风建设和反腐倡廉工作会在北京召开。

▲1 月 21 日　中铁十六局在北京举办第五届“央企脊梁 · 员工榜样”颁奖晚会。

▲4 月 9 日　中铁十六局获由北京市朝阳区安委会授予的“2018 年朝阳区交通安全先进单位”称号。

▲4 月 11 日　中铁十六局与北京交通大学联合

创建的院士专家工作站科研基地在新疆 TBM 项目驻地正式揭牌。

▲5 月 20 日　中铁十六局与湖北省地质局签订战略合作框架协议。

▲5 月 24 日　重庆市交通局公布 2018 年度重庆市公路建设市场从业单位综合信用等级评价结果，中铁十六局获 AA 评价。

▲7 月 8 日　中铁十六局党委举行“不忘初心、牢记使命”主题教育专题辅导报告会暨 2019 年第 9 次中心组学习(扩大)会，特邀中共中央党校(国家行政学院)培训部副主任、教授、博士朱谱汉作《守初心、担使命，找差距、抓落实——深刻领会主题教育的重大意义和目标任务》专题辅导报告。

▲10 月 8 日　中央企业先进集体和劳动模范表彰大会在北京人民大会堂举行，会上表彰 499 个先进集体和 799 名劳动模范，中铁十六局四公司获“中央企业先进集体”称号。

▲10 月 15 日　中铁十六局与中青旅金控旅游发展有限公司签订战略合作框架协议。

▲10 月 16 日　中铁十六局第三届职工盾构(TBM)技能大赛在长沙地铁 6 号线 1 标段举行。

(冯　爽)

中铁十七局集团有限公司

【简况】　具有铁路、公路、建筑和市政公用工程施工总承包特级资质 6 项，相关行业甲级设计资质 6 项，施工总承包一级资质 24 项，专业承包一级资质 53 项以及地质灾害治理甲级、军工涉密、营业性爆破作业等资质。拥有承包境外工程、设备物资进出口和对外派遣劳务等涉外经营权。总部驻山西省太原市。前身为中国人民解放军铁道兵第七师，1984 年 1 月 1 日集体转业，改编为铁道部第十七工程局，2001 年改制为中铁十七局集团有限公司至今。下辖第一至第六综合工程公司、建筑工程公司、电气化工程公司、上海轨道交通公司、物资公司、房地产开发公司、上海股权投资公司、贵州市政工程公司、国际工程公司、西藏工程公司、铺架分公司、勘察设计院、中心医院、隧道抢险救援队、铧兴工程检测公司、城市管廊分公司、军民融合事业部等单位。职工 16229 人。实有 A 类机械动力设备 7157 台(套)，原值 33.65 亿元、净值 10.51 亿元，成新率 31.2%、完好率 75.78%、利用率 70.06%，全员动力装备率 43.91 千瓦/人，技术装备率 6.01 万元/人。

2019 年，新签合同额 818.1 亿元，总产值 509.2 亿元，施工产值 485.7 亿元。营业收入 469.9 亿元，净利润 1.28 亿元，年末资产总额 561.03 亿元。主要实物工程量：土石方 9129 万立方米、桥梁 131962 延长米、隧道 147630 延长米、铺轨折合 680 千米、房屋折合面积 1133866 平方米、公路折合 181 千米。获中国土木工程詹天佑奖 1 项、国家优质工程奖 2 项、省(部)级优质工程 9 项、山西省太行杯 3 项。获省部级工法 49 项，34 项工法关键技术通过山西省住建厅组织的鉴定，其中国内领先 14 项、国内先进 20 项。5 项成果通过股份公司评审，其中 1 项达到国际领先水平、2 项达到国际先进水平、2 项达到国内领先水平。申报受理发明专利 21 件，受理实用新型专利 89 件；授权发明专利 7 件，授权实用新型专利 101 件，授权软件著作权 7 件；获山西省专利三等奖 1 项；全年主编标准 2 项，参编 7 项。

(岳永秀)

【领导人员】

董事会

董事长	陈宏伟
股东代表董事	成志宏
	郑　力(12 月免)
	王月幸(12 月任)
	阮祥杰(12 月任)
职工代表董事	郑　力(12 月任)

监事会

监事会主席	朱龙江
股东代表监事	王正伟(12 月任)
职工代表监事	李建斌(12 月任)

经理层

总经理	成志宏(4 月任)
副总经理	成志宏(主持经理层工作，4 月免)
	王月幸
	杜嘉俊
	罗玉华
	阮祥杰
	张　轶
	王应权
	张耀军
	毕永清
总工程师	杜嘉俊
总会计师	阮祥杰
总法律顾问	朱龙江

党群领导

党委书记	陈宏伟

党委副书记　　　　成志宏
　　　　　　　　　郑　力
纪委书记　　　　　朱龙江
工会主席　　　　　郑　力

（陈世玲）

【职工队伍】 职工16229人。其中,在岗职工14385人,非在岗职工1844人,聘用4978人。在岗干部10918人。其中,女干部2567人,少数民族干部262人。技术干部9710人,其中高级职称1475人、中级职称2857人、初级职称5378人。高级工程师1084人、工程师1996人、初级工程师2775人;高级经济师91人、经济师200人、初级经济师1011人;正副主任医师94人、主治医师147人、初级188人;高级会计师86人、会计师227人、初级会计师909人;高级政工师121人、政工师278人、初级政工师377人;其他专业技术人员126人。研究生学历279人、大学本科学历7381人、专科学历1533人、中专及以下517人。35岁及以下6015人、36～40岁1639人、41～45岁824人、46～50岁608人、51～54岁257人、55～59岁367人。

技能人才4191人。其中,初级工160人、中级工995人、高级2120人,技师728人、高级技师188人。

（王均正　桑　雷　姚鹏飞）

【工程项目指挥机构】 新建连云港至镇江铁路站前工程LZZQ-6标段项目部　驻江苏省扬州市。常务经理李明浩。

新建川藏铁路拉萨至林芝段站前工程LLZQ-11标段项目部　驻西藏自治区林芝市。项目经理王树成。

新建商丘至合肥至杭州铁路站前工程SHZQ-18标段项目部　驻浙江省湖州市。项目经理李彬。

成昆铁路峨眉至米易段扩能工程站前工程EMZQ-2标段项目部　驻四川省乐山市。项目经理李熙颖。

新建大理至临沧铁路站前工程DLZQ-5标段项目部　驻云南省临沧市。项目经理王江超。

新建玉溪至磨憨铁路YMZQ-4标段项目部　驻云南省玉溪市。项目经理张建峰。

新建大理至瑞丽铁路保山至瑞丽段站前工程土建6标段项目部　驻云南省德宏傣族景颇族自治州。项目经理卫青元。

新建太原至焦作铁路山西段站前铁路TJZQ-7标段项目部　驻山西省长治市。项目经理高晓雷。

新建叙永至毕节铁路(川滇段)站前工程XZZQSG-2标段项目部　驻云南省昭通市。项目经理邓柏流。

兴泉铁路宁化至泉州段站前工程XQNQ-4标段项目部　驻福建省三明市。项目经理李惠。

新建安庆至九江铁路(安徽段)AJSG-1标段项目部　驻安徽省安庆市。项目经理于成东。

南京江北新区综合管廊二期工程PPP项目部　驻江苏省南京市。项目经理姚波。

渝昆新复线昭通至泸州高速公路彝良至镇雄段项目土建工程2标段项目部　驻云南省昭通市。项目经理乔建永。

福建省平潭及闽江口水资源配置工程第1标段项目部(闽江竹岐—大樟溪引水线路)　驻福建省福州市。项目经理张述明。

贵州省都匀至安顺公路路基、桥隧工程施工第T27合同段项目部　驻贵州省安顺市。项目经理王岩。

石家庄市滹沱河生态修复工程项目为滹沱河生态修复一期工程项目部　驻河北省石家庄市。项目经理刘朝林。

苏州轨道交通6号线VI-TS-04标段项目部　驻江苏省苏州市。项目经理赵东。

成都地铁6号线土建6标段项目部　驻四川省成都市。项目经理张其积。

援孟加拉国孟中友谊八桥项目部　驻孟加拉国南部皮斯布尔市(Pirojpur)。项目经理胡凯歌。

（万辉龙）

【工程施工】 2019年,企业总产值509.2亿元。其中,铁路工程120.4亿元、公路工程149.5亿元、市政工程85.4亿元、城轨工程43.0亿元、房建工程60.5亿元、其他工程26.8亿元、物流贸易19.5亿元、勘察设计3923万元、房地产4312万元、其他3.2亿元。

（张　鹏）

【铁路工程施工】 在建铁路工程44项,完成投资1204221万元。

新建成兰铁路成都至川主寺段站前工程CLZQ-7标段　位于四川省阿坝藏族羌族自治州,全长7.317千米。合同投资108314万元。合同工期2012年12月至2017年8月。主要工程量:路基土石方105万立方米,防护及支挡结构圬工26718立方米,桥梁3座1213.8延长米,双洞隧道1座16185延长米,双块式无砟轨道129.8铺轨千米,站场道路7603平方米,茂县通站公路桥1座134.4延长米。开工累计完成投资110349万元。

新建连云港至镇江铁路站前工程LZZQ-6标段　位于江苏省扬州市,全长23.744千米。合同投资243959万元。合同工期2015年9月至2019年3月。

主要工程量:桥梁0.5座23743延长米,路外框架中桥2座245.7顶平方米。开工累计完成投资222047万元。

新建蒙西至华中地区铁路煤运通道土建工程MHTJ-4标段　位于陕西省延安市,全长30.92千米。合同投资228404万元。合同工期2015年7月至2020年3月。主要工程量:路基土石方120.3万立方米;桥梁16座2886.11延长米,其中大桥11座2522.87延长米、中桥5座363.24延长米;涵洞16座574.89横延米;隧道10座23937.84延长米;无砟道床52119米,粒料道床31787立方米;混凝土拌合站9座,填料拌合站1座。开工累计完成投资269697万元,已通车。

新建川藏铁路拉萨至林芝段站前工程LLZQ-11标段　位于西藏自治区林芝市,全长38.3千米。合同投资188408万元。合同工期2015年6月至2021年11月。主要工程量:路基土石方38.7万立方米;特大桥2座1775.4延长米,大桥3座949.1延长米;涵洞8座312横延米;隧道4.5座34335延长米;无砟道床32920米,粒料道床19696立方米;混凝土拌合站8座。开工累计完成产值205916万元。

新建南昌至赣州铁路客运专线站前工程CGZQ-6标段　位于江西省吉安市,全长41.604千米,为客运专线、双线,设计时速250千米。合同投资264863万元。合同工期2015年7月至2019年12月。主要工程量:路基土石方428.94万立方米,新建车站2座,特大桥12座21689.9延长米,大桥6座1830.24延长米,中桥3座4638.59顶平方米,涵洞46座1324.43横延米,无砟道床铺设84.37千米,制架箱梁663片,CRTSⅢ型轨道板预制26020块。开工累计完成投资272021万元。2019年12月26日正式通车。

新建商丘至合肥至杭州铁路站前工程SHZQ-18标段　位于浙江省湖州市,全长40.287千米,为客运专线。合同投资264990万元。合同工期2015年11月至2020年10月。主要工程量:路基土石方26.7万立方米;双线特大桥3座36344延长米、单线特大桥1座4074延长米、双线大桥1座136延长米;涵洞1座17横延米,接长地道2道1550平方米;CRTSⅢ型板无砟道床铺设74574米;湖州站站改。开工累计完成投资290435万元。

成昆铁路峨眉至米易段扩能工程站前工程EMZQ-2标段　位于四川省乐山市,全长21.676千米。合同投资124509万元。合同工期2016年4月至2020年9月。主要工程量:车站1座,路基土石方68万立方米,桥梁7座4731.5延长米,涵洞40.83横延米,隧道4座14487延长米,无砟道床20千米,电力线路架设124.21千米。开工累计完成投资99926万元。

新建大理至临沧铁路站前工程DLZQ-5标段　位于云南省临沧市,全长30.085千米。合同投资141134万元。合同工期2016年1月至2020年8月。主要工程量:区间路基土石方18.7万立方米,站场2座,站场土石方143.7万立方米;桥梁10座4114延长米,其中,特大桥3座2446.51延长米、大桥5座1458.45延长米、中桥2座208.76延长米、框架小桥572.05顶平方米,涵洞(倒虹吸)8座409.04横延米;隧道7.5座23469延长米。开工累计完成投资147079万元。

郑万铁路河南段ZWZQ-8标段工程　位于河南省南阳市,全长43.1千米。合同投资239467万元。合同工期2016年4月至2019年10月。主要工程量:正线路基3.643千米,特大桥3座39366延长米,框构中桥2座,框构小桥2座,框架涵洞12座,车站1座;桩基9876根、承台1206个、桥墩1200个、桥台6个,站场及区间路基土石方约109万立方米,混凝土133万立方米;无砟道床正线铺轨81.978千米、站线铺轨1.816千米。开工累计完成投资265876万元。

新建大同至张家口高速铁路山西省境内站前工程DZZQ-1标段　位于山西省大同市,全长34.05千米。合同投资212614万元。合同工期2015年11月至2019年11月。主要工程量:路基11.16千米,改京包线路基0.837千米,桥梁12座15204延长米,隧道1座7680延长米,车站1座,预制和架设箱梁447孔,无砟道床14.32千米,铺轨山西段275.013千米,河北段30.255千米。开工累计完成投资182731万元。

新建郑州至万州铁路重庆段先期开工站前工程　位于重庆市万州区,全长12.33千米。合同投资94418万元。合同工期2015年12月至2019年11月。主要工程量:路基12.3千米,土石方181.4万立方米;桥梁1座257.62延长米;涵洞3座596.1横延米,其中盖板涵2座399.96横延米、双孔拱涵1座196.14横延米;隧道2座12024延长米;轨道铺设CRTSⅠ型双块式无砟道床铺轨24.561千米。开工累计完成投资91759万元。

新建玉溪至磨憨铁路YMZQ-4标段工程　位于云南省玉溪市,全长47.4千米。合同投资184530万元。合同工期2016年4月至2020年2月。主要工程量:隧道3.5座24480延长米,桥梁3座712延长米,车站1座;框架桥6542.8顶平方米;涵洞7座684横延米;路基土石方277.1万立方米,其中区间路基土石方2.5万立方米;站场路基土石方274.59万立方米;正线无砟道床33.45千米。开工累计完成投资180188万元。

新建大理至瑞丽铁路保山至瑞丽段站前工程土建6标段　位于云南省德宏傣族景颇族自治州，全长59.74千米。合同投资180235万元。合同工期2015年12月至2021年5月。主要工程量：路基35.617千米；路基（含站场）挖填方871万立方米；隧道5座10092延长米；桥梁14033.7延长米，其中特大桥8座6795.283延长米、大桥26座6745.5延长米、中桥5座492.95延长米、框架桥11座、立交桥14座；涵洞99座2802.83横延米；车站6座；正线无砟道床7.59千米。开工累计完成投资147572万元。

新建太原至焦作铁路山西段站前工程TJZQ－7标段　位于山西省长治市，全长42.5千米。合同投资247600万元。合同工期2016年10月至2020年12月。主要工程量：路基17.191千米，特大桥3座11659.14延长米，大中桥11座2227.43延长米，隧道3座15377延长米，其中，堡后隧道741延长米、安德隧道6328延长米、店上隧道8308延长米；襄垣东站站场建筑设备，襄垣2号制梁场103孔，无砟道床铺设15.042千米。开工累计完成投资232699万元。

新建叙永至毕节铁路（川滇段）站前工程XZZQSG－2标段　位于云南省昭通市，全长36.393千米。合同投资124512万元。合同工期2016年10月至2022年9月。主要工程量：路基2.543千米，土石方130万立方米，桥梁14座4149.8延长米，隧道8座29697延长米，无砟道床铺设25.53千米。开工累计完成投资94722万元。

兴泉铁路宁化至泉州段站前工程XQNQ－4标段　位于福建省三明市，全长36千米。合同投资124000万元。合同工期2017年4月至2021年9月。主要工程量：路基土石方214.6万立方米，桥梁27座6068.68延长米，隧道12座27726延长米，涵洞12座336.12横延米。开工累计完成投资116095万元。

新建中卫至兰州铁路（甘肃段）工程施工总价承包ZLKZ－ZQSG3标段　位于甘肃省白银市，全长33.31千米。合同投资175503万元。合同工期2018年9月1日至2022年8月31日。主要工程量：路基土石方326.5万立方米，隧道1座412延长米，桥梁25座15290延长米，站场1座，预留站场1座。开工累计完成投资91901万元。

新建安庆至九江铁路（安徽段）AJSG－1标段工程　位于安徽省安庆市，全长43.7千米。合同投资256031万元。合同工期2017年10月至2022年10月。主要工程量：土石方277.58万立方米；路基15段13.112千米（含站改2处、站场1处）；隧道3座6546.92延长米；桥梁10座24064.24延长米，涵洞38座1205.67横延米，框架小桥4座1555.2顶平方米，框架中桥4座3647.78顶平方米；CRTSⅠ型板式无砟道床38.34千米，CRTSⅢ型板式无砟道床3.373千米，有砟道床23.303千米；正线铺轨262.42千米，站线铺轨23.24千米；双线箱梁制梁705榀，单线箱梁制梁331榀，箱梁架梁1036榀。开工累计完成投资129888万元。

新建合肥至安庆铁路站前工程HAZQ－3标段　位于安徽省合肥市，全长30.175千米。合同投资145129万元。合同工期2016年11月至2019年12月。主要工程量：路基5段8.462千米，土石方222万立方米，地基处理螺杆桩81832米、CFG桩48.75万米；特大桥5座21713延长米；涵洞46座1317.2横延米；车站1座。开工累计完成投资154143万元。

新建广州铁路枢纽东北货车外绕线WRSG3标段工程　位于广东省广州市，全长30.09千米。合同投资196408万元。合同工期2015年10月至2018年10月，因拆迁滞后，工期延后。主要工程量：路基（含站场）挖方300万立方米、填方448万立方米；隧道4座4310延长米；桥梁18座13676.809延长米；涵洞74座1763.04横延米；制架T梁1388片；铺轨140.204千米。开工累计完成投资162486万元。

新建浦城至梅州铁路建宁至冠豸山段全线站前工程PM－3标段　位于福建省三明市，全长51.05千米。合同投资161548万元。合同工期2016年12月至2019年8月。主要工程量：土石方815万立方米，路基23690米，隧道19座18007延长米，桥梁13座9349延长米，涵洞128座，站场2处，无砟道床10.463千米。开工累计完成投资143967万元。

新建福州至厦门铁路客运专线先行工程　位于福建省厦门市，全长9.9千米。合同投资47231万元。合同工期2017年1月至2022年1月。主要工程量：土石方24.37万立方米，路基1020米，隧道4座2914.4延长米，桥梁6座5969延长米，涵洞2座，无砟道床5.829千米。开工累计完成投资29439万元。

京沈客专辽宁段ZF－1标段工程　位于辽宁省朝阳市。合同投资60629万元。合同工期2017年1月至2018年11月。主要工程量：新建凌源南、喀左、奈林皋、朝阳北、北票东5座站房。开工累计完成投资59368万元。项目验收并开通，进入维保阶段。

新建武汉至十堰铁路孝感至十堰段枣阳站站房及相关工程　位于湖北省襄阳市。合同投资18583万元。合同工期2017年12月至2019年3月。主要工程量：建筑面积17417平方米。开工累计完成投资21074万元。全线开通运营。

新建南昌至赣州铁路客运专线站房和生产生活用房及配套工程CGFJ－2标段　位于江西省宜春市。

合同投资 50231 万元。合同工期 2018 年 2 月至 2019 年 7 月。主要工程量：新建丰城东站、樟树东站、新干东站、峡江站 4 座车站。开工累计完成投资 49210 万元。4 座站房工程全部完成，2019 年 12 月 26 日开通运营。

新建北京至沈阳铁路客运专线星火动车运用所及相关站前工程 JSJJSG－14 标段　位于北京市朝阳区。合同投资 105973 万元。合同工期 2016 年 8 月至 2019 年 6 月。根据 2017 年 11 月 30 日京冀公司施组梳理会要求，正线开通时间 2020 年 12 月 31 日，较合同工期延后 18 个月。主要工程量：区间土石方 383772 立方米，站场土石方 2639771 立方米；特大桥 2 座 3152 延长米，刚架小桥 3 座 326.71 顶平方米，刚架中桥 2 座 1588.6 顶平方米，框架式中桥 9 座 11835.39 顶平方米；涵洞 18 座 1291.68 横延米；装配式隧道 85 延长米，现浇隧道 120 延长米；正线铺新轨 32.529 千米，站线铺新轨 48.946 千米，铺新岔 163 组；新建车站 1 座。开工累计完成投资 59723 万元。　（张　鹏）

【铁路外工程施工】　在建境内路外工程 316 项，完成投资 3459008 万元。

闽台（福州）蓝色经济产业园道路（BT）工程　位于福建省福清市。暂定投资 131337 万元。合同工期 2013 年 4 月至 2014 年 4 月。开工累计完成投资 119351 万元。

玉溪市基础设施建设工程 PPP 项目　位于云南省玉溪市。合同投资 260000 万元。合同工期未定，2016 年 6 月开工。开工累计完成产值 207830 万元。

南京江北新区综合管廊二期工程 PPP 项目　位于江苏省南京市。合同投资 43.19 亿元，集团公司施工部分 193016 万元。合同工期 2016 年 9 月至 2021 年 8 月。主要工程量：江北新区核心区及其周边地区路段 18 条，地下综合管廊 53 千米。开工累计完成产值 234333 万元。

太原市轨道交通 2 号线 02 标段工程　位于山西省太原市，全长 2697.52 米。合同投资 48337 万元，合同工期 2015 年 12 月至 2020 年 12 月。开工累计完成投资 41621 万元。

包头市综合交通枢纽工程　位于内蒙古自治区包头市。合同投资 75000 万元。合同工期 2016 年 5 月至 2017 年 7 月。开工累计完成投资 46045 万元。

平凉至绵阳国家高速公路（G8513）平天高速公路 PTKZ2 标段工程　位于甘肃省平凉市，全长 14.558 千米。合同投资 102252 万元。合同工期 2016 年 2 月至 2019 年 3 月。开工累计完成投资 107825 万元。

青龙咀至水田新区一级公路工程　位于云南省昭通市，全长 11.2 千米。合同投资 134839 万元。合同工期 2017 年 10 月至 2020 年 3 月。开工累计完成投资 58610 万元。

怀集至阳江港高速公路怀集至郁南段一期工程 TJ1 标段　位于广东省肇庆市，全长 14 千米。合同投资额 66645 万元。合同工期 2017 年 7 月至 2019 年 11 月。开工累计完成投资 56656 万元。

渝昆新复线昭通至泸州高速公路彝良至镇雄段项目土建工程　位于云南省昭通市，全长 23.788 千米。合同投资 343395 万元。合同工期 2017 年 11 月至 2020 年 11 月。开工累计完成投资 203659 万元。

成都地铁 6 号线土建工程 6 标段　位于四川省成都市，全长 1.982 千米。合同投资 56000 万元。合同工期 2017 年 1 月至 2020 年 10 月。主要工程量：3 站 2 区间。开工累计完成投资 49751 万元。

贵州夹岩水利枢纽及黔西北供水工程南干渠及织纳供水工程　位于贵州省毕节市。全长 91 千米。合同投资 25720 万元。合同工期 2016 年 9 月至 2019 年 8 月。开工累计完成投资 7301 万元。

福建省长乐塘至福清庄前高速公路路基土建工程 A1 标段　位于福建省福州市，全长 7.57 千米。合同投资 60877 万元。合同工期 2016 年 11 月至 2019 年 5 月。开工累计完成投资 53564 万元。

京新高速大乌项目第四合同段工程　位于新疆维吾尔自治区乌鲁木齐市，全长 22.942 千米。合同投资额 90875 万元。合同工期 2016 年 11 月至 2019 年 10 月。开工累计完成投资 85932.34 万元。

福建省平潭及闽江口水资源配置工程第 1 标段（闽江竹岐—大樟溪引水线路）　位于福建省福州市，全长 37.08 千米。合同投资 44320 万元。合同工期 2017 年 12 月至 2020 年 12 月。开工累计完成投资 8920 万元。

河惠莞高速公路河源紫金至惠州惠阳段 T6 合同段工程　位于广东省惠州市，全长 7.727 千米。合同投资 46490 万元。合同工期 2017 年 10 月至 2020 年 2 月。主要工程量：主线桥梁（含互通主线桥）8 座 3186.4 延长米，主线涵洞 12 座；匝道桥 1 座 41.6 延长米，匝道涵洞 11 座；分离式大岚隧道左线长 597 延长米、右线长 611 延长米；挖方 285.94 万立方米，填方 259.40 万立方米，弃方 19.54 万立方米；互通立交 1 处。开工累计完成投资 21994 万元。

翔安机场快速路（大嶝岛段）工程 B1 标段　位于福建省厦门市，全长 2.43 千米。合同投资 86462 万元。合同工期 2017 年 1 月至 2019 年 11 月。开工累计完成投资 51607 万元。

福州长乐前塘至福清庄前高速公路 A3 标段工程

位于福建省福州市，全长6.09千米。合同投资59375万元。合同工期2017年6月至2019年6月。开工累计完成投资55420万元。

贵州省都匀至安顺公路路基、桥隧工程施工第T27合同段工程　位于贵州省安顺市，全长10.94千米。合同投资74820万元。合同工期2017年12月至2020年6月。开工累计完成投资62228万元。

拉萨贡嘎机场航站区改扩建工程总图工程施工项目　合同投资45790万元。合同工期2019年3月至2021年8月。开工累计完成投资11632万元。

石家庄市滹沱河生态修复工程项目　为滹沱河生态修复一期工程，位于河北省石家庄市，全长12.574千米。合同投资145000万元。合同工期2018年7月至2020年12月。主要工程量：新建右堤工程6.314千米、主河槽治理工程2.56千米、生态修复工程3.7千米、3号溢流堰工程。开工累计完成产值137647万元。

山西大学电力学院工程　位于山西省太原市。合同投资29186万元。合同工期2018年1月至2019年5月。建筑面积63895.3平方米。开工累计完成投资14412万元。

福州市城区北向第二通道工程（园中互通—新店外环）　位于福建省福州市。合同投资122859万元。合同工期2018年10月至2021年3月。开工累计完成投资26573万元。

贵州省图书馆异地扩建项目贵阳市少年儿童图书馆（贵阳市中小学课外教育基地）建设项目　位于贵州省贵阳市。总建筑面积79618.61平方米。合同投资62332.94万元。合同工期2019年5月至2020年10月。开工累计完成投资26391万元。

苏州轨道交通6号线VI－TS－04标段工程　位于江苏省苏州市，全长1.944千米。合同投资84654.67万元。合同工期2018年12月至2023年6月。主要工程量：2站2区间。开工累计完成投资14823万元。

杭州地铁8号线2标段工程　位于浙江省杭州市，上盖面积8.3万平方米。合同投资57217万元。合同工期2019年6月至2021年3月。开工累计完成投资20792万元。（张　鹏）

【境外工程施工】　境外施工项目38项，完成投资193634万元。

巴基斯坦达苏水电站KKH－01标段工程　位于巴基斯坦DASU镇，全长25.2千米。合同投资80670万元。合同工期2015年8月至2018年12月。开工累计完成投资13467万元。

玻利维亚公路项目　位于玻利维亚贝尼省，全长43.03千米。合同投资139377万元。合同工期2016年6月至2020年8月。开工累计完成投资55114万元。

阿国特莱姆森公路工程　位于阿尔及利亚特莱姆森，全长8.58千米。合同投资77313万元。合同工期2015年1月至2017年12月。开工累计完成投资81090万元。

阿尔及利亚马斯卡拉3048套公租房工程　位于阿尔及利亚马斯卡拉省。合同投资59227万元。合同工期2015年9月至2017年3月。主要工程量：1500套、860套、688套3个地块，总建筑面积291600平方米。开工累计完成投资42532万元。

援老挝湄公河沿岸公路项目工程总承包　位于老挝。合同投资15415万元。合同工期2016年12月至2019年12月。开工累计完成投资15429万元。

援孟加拉国孟中友谊八桥项目　位于孟加拉国南部皮斯布尔市（Pirojpur）。合同投资45834万元。合同工期2017年3月至2020年3月。实际开工日期延后15个月。主要工程量：新建特大桥1座1493延长米，两岸连接线道路1.467千米。开工累计完成投资17818万元。

阿尔及利亚东西高速公路东标段84千米项目　位于阿尔及利亚，全长44.05千米。合同投资121768万元。合同工期2018年1月至2019年5月。开工累计完成投资53022万元。（张　鹏）

【经营管理】　承揽工程。新签合同额818.1亿元。其中，铁路工程88.8亿元，公路工程277亿元，市政工程100亿元，城轨工程62.3亿元，房建工程201.2亿元，其他工程52亿元，物流贸易30.9亿元，勘察设计3395万元，房地产5.6亿元。各板块承揽情况：工程经营501.2亿元，占总额的61.3%；资本经营208.1亿元，占总额的25.4%；海外经营108.9亿元，占总额的13.3%。

经济管理。对在建直（托）管项目进行成本摸底检查，掌握项目经济运行实际，指导帮扶项目完善成本管理体系。对发现的违规、违纪行为移交审计、纪委部门，治理侵害企业利益的管理乱象。指导新上项目效益策划，坚持施工组织方案与成本方案“双预控”。全力推行劳务实名制，规范计价结算工作要点。加大变更索赔过程督导帮扶，对收尾销号项目建立清概旬报制度，掌握清概进展。

安全质量。获得国家优质工程奖2项，省部级优质工程奖9项，中国铁建“铁建杯”优质工程奖5项。2019年上半年铁路信用评价B级，下半年铁路信用评价 A 级。一公司、二公司、四公司获全国公路信用评价最高等级 AA 级，集团公司成为中国铁建系统内获得 AA 级评价最多的二级单位。在省级评价中，集团本级及所属子公司在 19 个省(自治区、直辖市)参加评价，在广东、河南、贵州、福建、安徽、西藏等 8 个省(自治区、直辖市)获评 AA 级。

财务管理。2019 年营业收入 469.9 亿元，完成预算指标的 106.80%，同比增长 0.76%；净利润 1.28 亿元，完成预算指标的 85.13%，同比下降 39.84%。年末企业资产总额 561.03 亿元，较年初增加 16.97 亿元。

审计监督。完成审计项目 175 个。其中，经济责任审计 39 项，工程项目审计 77 项，财务收支审计 8 项，专项审计调查 25 项，其他审计 26 项。提交审计报告 175 份，提出审计建议 665 条，被审计单位采纳建议 665 条，促进企业增收节支和挽回经济损失 6.93 亿元。（侯洵炜　曹海林　田志勇）

【科技开发】 获中国土木工程詹天佑奖 1 项，山西省太行杯 3 项。获中国铁建及以上科学技术奖 14 项，获省部级工法 49 项。34 项工法关键技术通过山西省住建厅组织的鉴定，其中国内领先 14 项、国内先进 20 项。5 项成果通过股份公司评审，其中 1 项达到国际领先水平、2 项达到国际先进水平、2 项达到国内领先水平；"交通工程施工安全规范标准三维可视化技术研究与应用"通过河北省评审。

申报受理发明专利 21 件，受理实用新型专利 89 件；授权发明专利 7 件，授权实用新型专利 101 件，授权软件著作权 7 项；获山西省专利三等奖 1 项；获股份公司优秀实用新型专利 1 项。"BIM 技术在石家庄地铁 3 号线工程中的应用"获中国铁路 BIM 联盟 2019 首届"联盟杯"BIM 技术大赛二等奖；"BIM 技术在石家庄地铁 3 号线工程中的应用""BIM 技术在泗杭铁路电气化改造工程中的应用"获工业和信息化部 2019 年"优路杯"全国 BIM 技术大赛优秀奖。

主编标准 2 项，参编 7 项。主编的住建部《城市轨道交通工程建设安全生产标准化管理指南》通过结题验收，与中铁工程设计咨询集团有限公司合作主编国铁集团企业标准《铁路路基工程风险管理技术规范》完成最后审查；参编的国家铁路局行业标准《铁路混凝土强度检验评定标准》发布实施，参编中国铁建昆仑投资集团公司组织的《地铁施工手册》统稿完成，参编河北省地方标准《城市轨道交通工程监测技术标准》发布实施，参编福建省地方标准《福建省城市轨道交通工程应急救援管理标准》拟发布，参编山西省地方标准《建筑工程施工质量验收规程》《建筑工程施工资料管理规程》处于送审稿编制阶段，参编四川省地方工程建设标准《预制装配式城市下穿隧道工程技术标准》处于大纲编制阶段。（贾红艳　韩三平）

【教育培训】 招聘接收应届本科及以上学历毕业生 878 人，其中硕士研究生 18 人。选派 51 名副处职及以上领导干部到股份公司党校培训。组织 15 个管理大类、30 余次高端研修、特色培训和业务普训班，2700 余人次参加培训；利用"互联网 +"组织专业人员在线学习 10 余次。（王均正）

【党群工作】 党的工作。下辖处级党委 18 个，基层党组织 526 个，党员 9083 人。修订完善《规范落实"三重一大"决策制度实施细则》，召开党委常委会 30 次，与董事会战略决策、经营层经营管理有机融合。建立领导班子月度交班会议机制，搭建主管领导、班子成员及机关部门负责人的常态化沟通平台。选拔领导班子正职 3 人、副职 19 人，充实调整 32 名领导班子成员。组织党委理论学习中心组成员集中学习研讨交流 9 次。推广运用"学习强国"平台资源，理论自觉蔚然成风。研究制定"十七局方案"，开展巡回宣讲，确保"品质铁建"各项部署落实落地。及时发布改革的政策信息、改革动态，获得广大干部职工的理解、支持和参与。在中央及省部级、行业媒体刊稿 270 余篇，充分展示十七局集团铁军善建形象。大力弘扬劳模、工匠精神。王宜强应邀出席全国首届大国工匠颁奖典礼并为获奖者颁奖。1 人参加国庆 70 周年庆典系列活动，履行央企担当，完成山西省汾西县、青海省甘德县年度脱贫攻坚任务。

纪检监察。开展反腐倡廉宣传教育月活动，编印活动集锦。制定《工程项目纪律红线 30 条》，编制《廉洁从业、不踩红线》课件。巡察 79 个项目，发现问题 931 个，移交问题线索 12 个，责任追究 10 人。开展 5 项专项整治，核查个人申报信息 3860 份，撤销集团公司 1 个驻京机构，关停各子分公司驻京机构，取消 5 个驻京沪穗非法人单位接待功能。开展"治乱追损"专项活动，深入 115 个项目追回损失 9.6 亿元，匡正企业风气。两级纪委处置问题线索 145 件，立案 84 件，结案 79 件，纪律处分 189 人，其中处级 17 人。

工会工作。下辖 19 个处级单位工会(含机关工会)、342 个基层工会和 351 个工会小组，会员 18026 人。弘扬"价值引领，业绩导向"。16 名职工获省部级以上荣誉表彰,4 人获股份公司先进女职工表彰,14 人在集团公司“十七局工匠”活动中脱颖而出。强化建功立业,组织“五比五杯”劳动竞赛,助推企业高质量发展,形成创先争优良好氛围。强化组织建设,提出《集体合同》《工资专项集体合同》《女职工特殊权益专项集体合同》修改方案。连续两年帮扶艰苦项目,争取上级帮扶资金 59.5 万元,本级下拨专项资金 23.5 万元。持续普惠关爱工作,为 28 户全国级困难职工家庭争取到中央财政帮扶救助资金 36.9 万元。“两节”送温暖活动,申请和筹集送温暖资金 430 万元,慰问劳模和困难职工家庭 928 户,慰问一线职工 8525 人,向一线职工发放暖冬物资 156 万元。组织评选职工合理化建议和技术创新成果一等奖 5 项、二等奖 11 项、三等奖 25 项。14 项创新成果在山西省总工会直属基层“五小”竞赛活动中获奖。申报山西省总直属工委“五小成果”,获得一等奖 1 项、二等奖 2 项、三等奖 1 项。加强对创新工作室的管理,完成集团公司第二批劳模(职工)创新工作室验收及命名表彰工作,7 个工作室受到股份公司工会、山西省总工会及山西省总直属基层工委表彰和经费支持 27 万元。

共青团工作。下辖 13 个团委、2 个团工委、1 个团总支。基层团组织(团总支、团支部)324 个,专兼职团干部 966 人(其中专职团干部 4 人),注册团员 3926 人,35 岁以下青工 9540 人。持续强化青年思想引导,组织观看习近平总书记在纪念五四运动 100 周年上讲话,1 篇海外青年职工的观后感在央企团工委《青春央企》官微刊登。创“青”品牌,围绕重难点工程开展青年突击队竞赛,上半年开展活动 6 次,创省部级青年文明号 3 个,表彰青年岗位能手 5 人。开展“五小成果”评选工作,征集成果 261 项。参加股份公司“我和我的祖国”摄影、抖音大赛,3 个作品分别获一等奖、二等奖,集团获优秀组织奖。学习践行“雷锋精神”,开展“义务植树”“参观革命烈士纪念馆”“观看雷锋的故事”“看望消防官兵”“助力高考”活动,被地方报纸、电视台采访报道,在股份公司官微和抖音进行宣传。关爱下一代,为一线特别是海外和偏远艰苦项目青年子女组织“跳蚤市场”“联欢晚会”,参观科技馆、博物馆等活动,给孩子送去关爱。联合工会开展“我们 17 约会吧”太原片区青年联谊活动,18 对青年现场成功牵手。

(刘亚鹏　郭斌孝　陈　昱)

【第一工程有限公司】 具有公路工程施工总承包特级,铁路工程、建筑工程施工总承包一级,桥梁工程、隧道工程、公路路基工程、铁路铺轨架梁工程、消防设施工程、建筑幕墙工程专业承包一级,水利水电工程、电力工程、矿山工程、市政公用工程、港口与航道工程施工总承包二级,公路路面工程、建筑机电安装工程专业承包二级,特种工程(结构性补强)专业承包不分等级,工民建类一级、公路(市政)类一级、铁路(矿山)类一级检测资质,工程测量甲级资质,公路行业甲级设计资质。前身系成立于 1952 年的中国人民解放军铁道兵第七师三十一团,1984 年 1 月 1 日集体转业并入铁道部,改称铁道部第十七工程局第一工程处,1999 年 12 月与铁道部脱钩,改称中铁第十七工程局第一工程处;2002 年 8 月企业改制更为现名。驻山东省青岛市黄岛区滨海大道 8899 号。执行董事秦志斌,总经理史利广(7 月免)、秦志斌(7 月任),党委书记秦志斌(7 月免)、乔海洪(7 月任)。职工 2409 人。资产总额 1054164 万元。其中,固定资产原值 140906 万元、净值 40387 万元,流动资产 872871 万元。机械动力设备 1512 台(套),原值 51500 万元,总功率 127603 千瓦,成新率 32.04%;动力装备率 47.92 千瓦/人,技术装备率 6.2 万元/人。

2019 年,新签合同额 812845 万元,产值 680416 万元,其中施工产值 678278 万元、附营产值 2138 万元,利润 6055 万元,工程质量合格率 100%。职工年人均收入 67972 元,国有资产保值增值率 108.72%,净资产收益率 8.49%,产值利润率 0.84%,资产负债率 93.17%。

(胡巧芬)

【第二工程有限公司】 具有建筑工程、公路工程、铁路工程、矿山工程、市政公用工程施工总承包一级,水利水电工程施工总承包二级,电力工程施工总承包三级资质,桥梁工程、隧道工程、公路路面工程、公路路基工程专业承包一级,工程测量专业甲级,公路水运工程试验检测乙级,地质灾害治理工程丙级,营业性爆破四级资质以及独立对外承包工程和派遣劳务资格。前身为成立于 1952 年的中国人民解放军铁道兵第七师三十二团;1984 年 1 月集体转业并入铁道部,改称铁道部第十七工程局第二工程处;1999 年 12 月与铁道部脱钩,改称为中铁第十七工程局第二工程处;2002 年 7 月,更为现名。驻陕西省西安市未央区浐灞二路 1217 号。执行董事、总经理王林俊,党委书记洪锋。职工 2559 人。资产总额 759956 万元。其中,流动资产 628779 万元,非流动资产 131177 万元。机械运输设备 1409 台(套),原值 54575.96 万元,动力装备率 52.47 千瓦/人,技术装备率 6.93 万元/人。

2019 年,新签合同额 139.06 亿元。产值 822214 万元,其中施工产值 821208 万元。利润总额 2582 万元,净利润 2499 万元。职工年人均收入 84283 元。单位工程合格率 100%。

(冯贝贝)

【第三工程有限公司】 具有公路、市政工程施工总承包一级,建筑工程施工总承包二级,水利水电工程施工总承包三级,桥梁工程、隧道工程、公路路基工程、公路路面工程专业承包一级资质;工程测量、控制测量、地形测量、规划测量、建筑工程测量、变形形变与精密测量、市政工程测量、线路与桥隧测量、矿山测量等甲级测绘资质;不动产测绘、地籍测绘、房产测绘等乙级测绘资质;交通运输部公路水运工程试验检测机构公路工程综合丙级资质认定证书;检验检测机构资质认定证书。前身系中国人民解放军铁道兵第七师三十三团,1984 年 1 月 1 日集体转业并入铁道部,改称为铁道部第十七工程局第三工程处,1999 年 12 月归属中央企业工委,改称中铁第十七工程局第三工程处,2002 年 8 月 1 日改制更为现名。驻河北省石家庄市中山西路。执行董事、党委书记张耀军,总经理王泽。职工 2251 人。资产总额 846947 万元。其中,固定资产原值 156915 万元、净值 23010 万元,流动资产 778041 万元。主要机械设备 452 台(套),价值 29709. 34 万元,总功率 51363 千瓦,成新率 26%。动力装备率 19. 17 千瓦/人,技术装备率 2. 88 万元/人。

2019 年,新签合同额 65. 25 亿元,产值 651316 万元,其中施工产值 651316 万元。利润 585 万元,职工年人均收入 73143 元;净资产收益率2. 12%,产值利润率 0. 09%,资产负债率 99. 99%。工程质量合格率 100%。

(岳　蕾)

【第四工程有限公司】 具有公路工程施工总承包一级、市政公用工程施工总承包一级、水利水电工程施工总承包二级、房建工程施工总承包二级、铁路工程施工总承包三级、矿山工程施工总承包三级、公路路基工程专业承包一级、桥梁工程专业承包一级、隧道工程专业承包一级、地质灾害治理工程施工乙级资质及测绘乙级资质,并具有对外承包工程经营资格。经营领域涉及国内外铁路、公路、市政、水利水电、房屋建筑、桥梁、隧道、城市轨道交通、地质灾害治理等工程项目。同时具有国内陆路货物运输代理,商品储存(不含危险品),房屋租赁及机械设备租赁,加工、销售建筑材料(不含危险品) 、金属材料(不含稀贵金属)资格。前身系铁道兵第七师三十四团,成立于 1952 年;1984 年 1 月集体转业并入铁道部,改编为铁道部第十七工程局第四工程处;1999 年 12 月改制为中铁第十七工程局第四工程处;2002 年 7 月成立中铁十七局集团公司第四工程分公司;2003 年 3 月划归国务院国有资产管理委员会管理;2005 年 5 月,与集团公司下属远通工程有限公司进行内部资源重组,更为现名。驻重庆市北部高新区洪湖西路 18 号上丁企业公园 24 ~ 25 栋。执行董事张涛,总经理马瑞忠(7 月免)、张涛(7 月任),党委书记郑良虎(7 月任)。职工 2993 人。资产总额 844755 万元。其中,固定资产原值 159367 万元、净值 20494 万元,流动资产 763921 万元。A 类设备 593 台(套),原值 28424. 52 万元,总功率 78877. 2 千瓦,成新率 28. 55%。

2019 年,新签合同额 484322 万元。产值 825539 万元,其中施工产值 824039 万元、附营产值 1500 万元,利润 3255 万元。职工年人均收入 59907 元。国有资产保值增值率 137. 42%,净资产收益率 48. 68%,产值利润率 0. 39%,资产负债率99. 08%,应上缴款完成率 100%。

(苏志英)

【第五工程有限公司】 具有公路工程施工总承包一级;铁路工程、水利水电工程、建筑工程、市政公用工程、矿山工程、电力工程、机电工程施工总承包二级,公路路基、隧道、桥梁、消防设施工程专业承包一级,地基基础、建筑机电安装、钢结构工程、公路路面工程、环保工程专业承包二级,特种工程专业承包不分等级等 18 项资质。前身系中国人民解放军铁道兵第七师机械营和修理营,1984 年 1 月集体转业并入铁道部后,分别改称铁道部第十七工程局土方机械段和修理厂,同年 11 月两单位合并改称机械化工程公司,1987 年 12 月改称铁道部第十七工程局机械化工程处,1994 年 6 月改称铁道部第十七工程局第五工程处,1997 年 3 月与局机运工程处合并仍称铁道部第十七工程局第五工程处,1999 年 12 月与铁道部脱钩改称中铁第十七工程局第五工程处,2002 年 7 月改制更名为中铁十七局集团第五工程有限公司,2004 年 2 月划入中铁二十二局集团,同年 11 月划回中铁十七局集团,仍称第五工程有限公司。注册资本金 10. 1 亿元。驻山西省太原市小店区人民北路 20 号。执行董事段江彬(7 月免)、温爱明(7 月任),总经理段江彬(7 月免)、徐彦军(7 月任),党委书记徐彦军(7 月免)、温爱明(7 月任)。职工 1932 人。资产总额 468914 万元。其中,固定资产原值 78324 万元、净值 22716 万元,流动资产 418168 万元。主要机械动力设备 907 台(套),价值 30502. 56 万元,总功率 107318 千瓦,成新率 42. 44%,动力装备率 55. 38 千瓦/人,技术装备率 66800 元/人,机械化施工程度 89%。

2019 年,新签合同额 518633 万元。产值 322636 万元,利润 -2761 万元。职工年人均收入 87858 元。国有资产保值增值率 94. 09%,产值利润率 -0. 83%,净资产收益率 -6. 29%,资产负债率90. 99%。

(赵毅敏)

【第六工程有限公司】 具有公路工程施工总承包一级、市政公用工程施工总承包一级、铁路工程施工总承包二级、桥梁工程专业承包一级、隧道工程专业承包一级、公路路基工程专业承包一级、城市及道路照明工程专业承包一级、环保工程专业承包一级、建筑工程施工总承包三级9项施工资质。前身系铁道部第十七工程局厦门工程处,2001年1月改称为中铁第十七工程局第六工程处,2002年8月在企业改制中更名为中铁十七局集团第六工程有限公司。2005年3月与远通工程公司进行资源整合,名称不变。驻福建省福州市连江中路181号。执行董事、党委书记毕永清(兼),总经理罗海鹏。职工835人。资产总额561110万元。其中,固定资产原值93488万元、净值27510万元,流动资产454559万元。机械设备996(套),原值53364.7万元。总功率74748.55千瓦,成新率31.88%;动力装备率57.23千瓦/人,技术装备率13.03万元/人。

2019年,新签合同额451031万元。产值466252万元,其中施工产值465647万元、附营产值605万元。职工年人均收入82278元。国有资产保值增值率-1.52%,应上缴款完成率32.9%。工程质量合格率100%。（傅 艳）

【建筑工程公司】 具有建筑工程施工总承包特级,市政公用工程施工总承包一级,机电工程施工总承包一级,钢结构工程、地基基础工程、电子与智能化工程、消防设施工程、防水防腐保温工程、建筑装修装饰工程、建筑幕墙工程7项专业承包一级,起重设备安装工程、建筑机电安装工程、古建筑工程、城市及道路照明工程、环保工程5项专业承包二级,特种工程(结构补强)和工程设计建筑行业甲级资质;是企业质量、环境、职业健康安全管理体系认证单位。前身系成立于1986年5月的铁道部第十七工程局建筑工程段;1988年3月改称铁道部第十七工程局建筑工程公司;1991年11月扩建更名为铁道部第十七工程局建筑工程处;1999年12月与铁道部脱钩改称中铁第十七工程局建筑工程处;2002年7月更为现名。驻山西省太原市小店区平阳南路34号。执行董事温爱明(7月免)、冯清晋(7月任),总经理冯清晋(7月免),副总经理李宝忠(主持经理层工作),党委书记赵澄明(10月免)、冯清晋(10月任)。职工1497人。资产总额513315万元。其中,固定资产原值41198万元、净值12241万元,流动资产489657万元。机械动力设备662台(套),设备原值22717万元、净值3108万元,总功率76074千瓦,技术装备率2.39万元/人,动力装备率58千瓦/人,设备成新率14%,完好率94%。

2019年,承揽合同额833835万元。总产值401445万元,其中施工产值401043万元、附营产值402万元。职工年人均收入60138元。国有资产保值增值率102.73%,净资产收益率9.86%,产值利润率1.17%,资产负债率89.16%,应上缴款完成率101.47%。（韩风云）

【电气化工程有限公司】 具有机电、通信、电力工程施工总承包一级,铁路电务、铁路电气化、输变电、建筑装修装饰、消防设施、电子与智能化、公路交通工程(公路机电)分项工程专业承包一级,市政、建筑工程施工总承包二级,城市及道路照明工程专业承包二级,电力设施许可承装二级、承修二级、承试四级等资质。2005年12月2日注册成立,2006年1月18日正式挂牌运行,注册资本金20000万元。驻山西省太原市平阳路南路34号中铁十七局集团建筑科技大厦。执行董事、总经理徐国辉(1月任),党委书记石建明(1月任)。职工599人。资产总额124688万元。其中,固定资产原值8428万元、净值2452万元,流动资产114239万元。机械设备822台(套),价值8187.89万元,总功率57150千瓦,成新率29.95%;动力装备率95.56千瓦/人,技术装备率4.1万元/人;机械化施工程度87%。

2019年,新签合同额130278万元。施工产值156777万元。（边利霞）

【上海轨道交通工程有限公司】 具有市政公用工程施工总承包一级资质。2003年11月成立,为集团公司上海分公司。2005年1月正式列入集团组织机构序列。2007年5月,改称为上海轨道交通工程有限公司。7月,正式成立。10月,原集团第四、第六工程有限公司的上海地铁项目资源整合纳入上海轨道交通工程有限公司。驻上海市浦东新区张扬路1518号。执行董事、党委书记廖日才,总经理刘庆华。职工539人。资产总额189858万元。其中,固定资产原值57710.8万元、净值20080.8万元,流动资产100824万元。主要机械运输设备532台(套),原值47566.25万元、净值15422.51万元,总功率28936.15千瓦,成新率32.42%,动力装备率53.68千瓦/人,技术装备率28.61万元/人。

2019年,新签合同额271548万元。施工产值193237万元,利润3943万元。职工年平均工资94405元。国有资产保值率109.12%,净资产收益率8.97%,产值利润率2.04%,资产负债率80.03%,投资收益上缴率100%,应上缴款完成率100%。工程质量合格率100%。（梁 薇）

【中铁(贵州)市政工程有限公司】 具有市政公用工程、建筑工程施工总承包一级,公路工程、水利水电工程、电力工程、机电工程施工总承包二级;防水防腐保温工程、建筑装修装饰工程、建筑机电安装工程、建筑幕墙工程、城市及道路照明工程、地基基础工程专业承包一级,河湖整治工程、环保工程、桥梁工程、隧道工程、钢结构工程、公路路面工程、公路路基工程、消防设施工程专业承包二级,模板脚手架、特种工程专业承包不分等级,地质灾害治理工程施工丙级资质。2015 年 11 月 10 日在贵安新区成立,注册资本金 10 亿元,2017 年 8 月 4 日由集团公司进行管理关系变更,从中铁十七局集团第一工程有限公司分离。驻贵州省贵阳市贵安新区兴安大道汤庄安置点(兴安大道中 109 号)。执行董事、党委书记陈二平。职工 729 人。资产总额 323530 万元。其中,固定资产原值 13649 万元、净值 4876 万元,流动资产 285488 万元。机械设备 123 台(套),原值 2045.09 万元、净值 1564.78 万元,设备资产利用率 318.40%,资产增长率 21.71%,成新率76.51%,设备总功率 6489.5 千瓦,技术装备率 2.16 万元/人,动力装备率 8.96 千瓦/人。

2019 年,新签合同额 1771231 万元。产值 298769 万元,利润 6265 万元,净资产收益率13.45%,产值利润率 2.10%,资产负债率 85.60%。职工年人均收入 80158 元。工程质量合格率 100%。 (梁　天)

【重要记载】

▲1 月 23 日　中铁十七局党委三届四次全会、三届三次职代会暨 2019 年工作会在太原召开。

▲2 月 19 日　中国施工企业管理协会官方网站发布《关于公布 2018—2019 年度第一批国家优质工程奖入选工程名单的通知》,中铁十七局承建(参建)的成渝铁路客运专线新中梁山隧道、宁波轨道交通 2 号线一期工程、西安至商洛高速公路(第二通道)兴龙特大桥工程、济鱼高速公路获国家优质工程奖。

▲5 月 8 日　中铁十七局及其二、四、五、六、建筑、物资、铺架、电气化、上海轨道、贵州市政、房地产、铧兴检测公司和勘察设计院等 14 家单位被国家税务总局评定为"A 级纳税人"。

▲5 月 31 日　在 2019 年全国建筑钢结构行业大会上,中铁十七局总包、五公司施工的吕梁新城桥梁工程纬三十三路桥钢结构工程获评"第十三届第一批中国钢结构金奖工程"。该奖项是中国建筑钢结构行业工程质量的最高荣誉。

▲11 月 13 日　中国施工企业管理协会发布《关于表彰 2018—2019 国家优质工程奖的决定》,中铁十七局承建、一公司参建的新建成都至重庆铁路客运专线新中梁山隧道,中铁十七局承建、上海轨道公司参建的苏州市轨道交通 2 号线及延伸线工程,中铁十七局参建的宁波市轨道交通 2 号线一期工程,成都经济区环线高速公路简阳至蒲江段项目,一公司参建的商州至西安高速公路、三公司参建的济南至徐州公路济宁至鱼台(鲁苏界)段工程获国家优质工程奖。

▲12 月 19 日　中铁十七局工会把通过山西省总工会争取到的 36.9 万元中央财政专项帮扶救助资金发放到 28 名特困职工手中。 (任树杰)

中铁十八局集团有限公司

【简况】 具有铁路、建筑、水利水电、市政、公路工程 5 项施工总承包特级资质和铁道行业甲(Ⅱ)级、公路行业甲级、市政行业甲级、建筑行业甲级、水利行业(水库枢纽、灌溉排涝、城市防洪)专业甲级、岩土工程(勘察)甲级等 6 项设计、勘察甲级资质,19 项施工总承包一级资质,22 项专业承包一级资质,43 项其他专业承包资质,具有房地产开发一级资质和对外承包工程经营权。是全国首家"五特六甲"建筑法人企业。主营业务涵盖工程承包、投资开发、房地产开发、勘察设计、试验检测、物资贸易、工业制造等。为天津市高新技术企业。总部驻天津市河西区大沽南路 1519 号。原系组建于 1958 年 10 月的中国人民解放军铁道兵第八师;1981 年 3 月,铁道兵第十四师所属部队并入;1984 年 1 月,集体转业并入铁道部,改称铁道部第十八工程局;2001 年 4 月,改制称现名;2003 年 3 月,归属国务院国资委管理;2008 年随中国铁建股份有限公司整体改制上市。下辖 12 个子公司、3 个分公司、9 个境外公司、10 个区域指挥部及 31 个工程指挥(项目)部。职工 15973 人。资产总额 4236641 万元。其中,固定资产原值 1069341 万元、净值 444542 万元,流动资产 3129417 万元。机械设备 9105 台(套),原值 617710.87 万元、净值 270358.92 万元,总功率 1219378.04 千瓦,动力装备率 76.4 千瓦/人,技术装备率 16.94 万元/人,主要设备完好率 96.55%、利用率 84.44%。

2019 年,新签合同额 10559000 万元。总产值 5632000 万元,施工产值 5416000 万元,利润总额 94270 万元,人均利润 3.03 万元,全员劳动生产率 22.97万元/人年,职工年人均收入 8.9877 万元,国有资产保值增值率 116.22%、净资产收益率 12.30%、资产负债率82.09%、应上缴款完成率100%。主要工程量:土石方6333.9万立方米、隧道184160延长米、桥梁95121延长米、涵洞35945横延米、铁路架梁1426孔、铁路制梁1383片、公路架梁5894片、地铁20325折合米、房建389.5万平方米、公路199.3千米。获国家优质工程金质奖3项、中国建设工程鲁班奖2项、中国土木工程詹天佑奖2项、国家优质工程奖7项、中国安装工程优质奖1项;省市及行业优质工程奖5项;省市级优质结构工程4项、股份公司"铁建杯"优质工程8项;获国家级优秀QC成果20项;省市级优秀QC小组58项;天津市优秀项目管理成果3项、股份公司优秀QC成果6项;获省部级科技进步奖10项、其他建筑类各协会科技奖5项、股份公司科技奖3项;省部级工法31项。5家单位获评天津市建设工程优秀诚信企业,集团公司获评天津市百强企业。1人获国务院政府特殊津贴、1人获詹天佑中铁建专项奖、1个团队入选天津市"131"创新团队。获评省部级五一劳动奖状1个、五一劳动奖章2个、火车头奖章1个。

(阎世杰　李秀云)

【领导人员】

董事会

董事长	王兴周
董事	闫广天
	陈建民
	阮宏毅
职工董事	高福军

监事会

监事会主席	鲁小龙
监事	徐　军(12月免)
	温新生(12月任)
职工监事	陈玉平

经理层

总经理	闫广天
副总经理	韩利民
	李铁翔
	陈建民
	薛新广
	余柏华
	童顺军
	阮宏毅
	程志强
	代敬辉
总工程师	代敬辉(兼)
总会计师	阮宏毅(兼)

党群领导

党委书记	王兴周
党委副书记	闫广天
纪委书记	鲁小龙
工会主席	高福军

(王兴科)

【职工队伍】　职工15973人。其中,研究生以上学历190人、本科学历9957人、大专学历2496人、中专以下学历3330人。干部13735人。专业技术干部11692人,其中,高级职称2068人、中级职称3139人、初级职称6485人。工人2238人。技术工人1142人,其中,高级技师119人、技师266人、高级工585人、中级工145人、初级工27人。

(李红燕　张俊超)

【工程项目指挥机构】　华中区域指挥部　驻湖北省武汉市。总经理、党工委书记李玉华。

西南区域指挥部　驻四川省成都市。总经理、党工委书记祝天祥。

华东区域指挥部　驻上海市静安区。总经理、党工委书记李英武。

东南区域指挥部　驻福建省福州市。副书记吴晓鹏。

西北区域指挥部　驻陕西省西安市。副书记江顺。

青藏区域指挥部　驻西藏自治区拉萨市。总经理、党工委书记白成彬。

华南区域指挥部　驻广东省深圳市。总经理、党工委书记李同安。

津冀区域指挥部　驻天津市滨海新区。总经理、党工委书记钟兴兵。

华北区域指挥部　驻北京市丰台区。副总经理张连武。

东北区域指挥部　驻辽宁省沈阳市。总经理、党工委书记周会军。

军民融合指挥部　驻北京市西城区。总经理郭北硕,党工委书记巨洪波。

三峡经营部　驻北京市海淀区。总经理武守恩。

兰渝铁路工程指挥部　驻甘肃省陇南市。常务副指挥长苏睿。

拉林铁路工程指挥部(西藏公司)　驻西藏自治区林芝市。指挥长兼执行董事、总经理李正士,党工委书记宋祥武。

贵州省农村公路建养一体化工程指挥部　驻贵州省兴义市。指挥长唐海涛。

渝黔高速公路扩能总承包指挥部　驻重庆市万盛

经济开发区。指挥长、党工委书记曹文权。

商合杭铁路河南段工程指挥部　驻安徽省阜阳市。经理、党工委书记彭亚飞。

川藏铁路工程指挥部　驻西藏自治区林芝市。常务副指挥长郭志强,常务副书记陈仕奇。

深圳外环高速公路工程指挥部　驻广东省深圳市。集团公司副巡视员、指挥长李兰勤。

云桂铁路云南段项目经理部　驻云南省昆明市。常务副经理杨继明。

田桓铁路 TH－2 标段工程项目经理部　驻辽宁省本溪市。经理、党工委书记宋宏坤。

渝黔铁路土建 2 标段项目经理部　驻重庆市九龙坡区。经理、党工委书记吴忠良。

福平铁路 FPZQ－1 标段项目经理部　驻福建省福州市。经理杜卫军,党工委书记成贵宾。

石济铁路客运专线项目部　驻天津市津南区。经理、党工委书记王志杰。

成贵铁路 CGZQSG－14 标段项目经理部　驻贵州省毕节市。常务副经理、党工委书记付彦生。

大瑞铁路怒江至龙陵段项目经理部　驻云南省保山市。常务副经理阎树欣,党工委书记李瑞显。

武九客专(湖北段)2 标段项目经理部　驻湖北省黄石市。经理卢庆练。

黔张常铁路 1 标段项目经理部　驻湖南省张家界市。常务副经理、党工委书记周凯。

蒙华铁路 MHTJ－5 标段项目经理部　驻陕西省延安市。经理高双涛,党工委书记谷振伟。

商合杭铁路站前 4 标段项目经理部　驻安徽省阜阳市。经理、党工委书记彭亚飞。

郑州航空港河东第 7 棚户区 8 标段项目经理部　驻河南省郑州市。经理、党工委书记郭北硕。

成昆铁路峨眉至米易段项目经理部　驻四川省乐山市。经理张春瑜,党工委书记刘文友。

京张铁路 4 标段项目部　驻北京市延庆区。经理、党工委书记宋庚银。

郑阜铁路河南段项目部　驻河南省郑州市。项目经理周大勇,党工委书记刘映红。

郑万铁路重庆段土建 2 标段项目经理部　驻重庆市巫山县。经理卢庆练,党工委书记申兵。

郑万高铁湖北段 ZWZQ－6 标段项目经理部　驻湖北省襄阳市。经理张馨,党工委书记郎珉。

兴泉铁路宁泉段 6 标段项目部　驻福建省泉州市。经理杨廷玺,党工委书记于晓畏。

张吉怀铁路项目经理部　驻湖南省湘西自治州。常务副经理侯守江,党工委书记张峰。

广州市轨道交通 18 号和 22 号线项目部　驻广东省广州市。经理杨春明,党工委书记曹建忠。

杭绍台铁路项目经理部　驻浙江省绍兴市。经理侯峰,党工委书记包立军。

广州市轨道交通 10 号线项目部　驻广东省广州市。经理杨春明,党工委书记曹建忠。　（王兴科）

【铁路工程施工】　在建铁路工程 39 项,合同投资 4299792 万元,完成施工产值 1157098 万元,占施工总产值的 21.3%。

新建福州至平潭铁路工程 FPZQ－1 标段　位于福建省福州市,全长 25.475 千米。合同投资 206733 万元。合同工期 2013 年 11 月 1 日至 2019 年 4 月 30 日。主要工程量:路基土石方 49.9311 万立方米;单双线桥梁 21 座 10558.2 延长米,其中特大桥 6 座、大中桥 11 座、小桥 4 座;涵洞 7 座;隧道 10 座 16055.8 延长米。2019 年,完成产值 7294 万元,开工累计完成产值 197369 万元。

新建大理至瑞丽铁路怒江至龙陵段站前工程土建 1 标段　位于云南省保山市,全长 6.927 千米。合同投资 158151 万元。合同工期 2014 年 7 月 1 日至 2019 年 2 月 7 日。主要工程量:怒江特大桥 1 座 1024 延长米;高黎贡山隧道正线 5891 延长米,平行导洞 5588 延长米,隧道无砟道床 5393 米;车站 1 座。2019 年,完成产值 26891 万元;开工累计完成产值 143267 万元。

新建铁路蒙西至华中地区铁路煤运通道工程 MHTJ－5 标段　位于陕西省延安市,全长 35.959 千米。合同投资 263474 万元。合同工期 2015 年 8 月 1 日至 2020 年 3 月 1 日。主要工程量:路基土石方 182.8万立方米,站场土石方 175.4 万立方米;桥梁 24 座 3369.33 延长米;隧道 14 座 27358.82 延长米;无砟道床 55069 米;弹性支撑块 17.4 万块;道砟 52492 立方米;车站 1 座。2019 年,完成产值 24424 万元;开工累计完成产值 263824 万元。

新建川藏铁路工程拉萨至林芝段 LLZQ－9 标段　位于西藏自治区林芝市,全长 39.26 千米。合同投资 219721 万元。合同工期 2015 年 7 月 1 日至 2021 年 11 月 30 日。主要工程量:土石方 132 万立方米;路基 0.445 千米;隧道 4 座 35813 延长米;桥梁 5 座 1258.45 延长米;涵洞 6 座 271.38 横延米;站场 3 处;无砟道床 33.194 千米,有砟道床 6.066 千米。2019 年,完成产值 16060 万元;开工累计完成产值 212894 万元。

商合杭铁路站前工程施工 SHZQ－04 标段　位于安徽省阜阳市,全长 35.359 千米。合同投资 288993 万元。合同工期 2015 年 11 月 18 日至 2020 年 10 月 30 日。主要工程量:路基土石方 36 万立方米;特大桥 2 座 33642 延长米,框架涵 5 座 288 横延米;箱梁制架

1350孔;无砟轨道铺轨466千米,有砟轨道铺轨37千米;CRTSⅢ型无砟道床75千米,粒料道床11万立方米;站场1座。2019年,完成产值31693万元;开工累计完成产值288993万元。

成昆铁路峨眉至米易段扩能改建工程　位于四川省乐山市,全长26.672千米。合同投资196315万元。合同工期2016年4月1日至2020年11月30日。主要工程量:桥梁3座537.9延长米;隧道4座26151.6延长米;无砟道床41.556千米。2019年,完成产值65012万元;开工累计完成产值132151万元。

新建北京至张家口铁路站前及"三电"迁改工程施工总价承包JZSG-4标段　位于河北省张家口市,正线长19.12千米。合同投资224875万元。合同工期2016年3月1日至2019年12月31日。主要工程量:土石方1998812立方米;正线特大桥1座9786延长米,康延支线特大桥2座4616.42延长米,框架桥13座3278.74顶平方米,框架涵31座738.84横延米;箱梁预制架设642孔,单线箱梁现浇2孔;东花园隧道4970延长米;无砟道床、粒料道床铺轨4.25千米;通信线路66.14千米。2019年,完成产值32097万元;开工累计完成产值230138万元。

郑万铁路重庆段土建工程2标段　位于重庆市巫山县。合同投资171628万元。合同工期2016年12月1日至2022年1月31日。主要工程量:隧道正洞16570.5延长米;无砟轨道33.2千米。2019年,完成产值55830万元;开工累计完成产值105179万元。

郑万高铁湖北段ZWZQ-6标段工程　位于湖北省襄阳市,全长35.634千米。合同投资290949万元。合同工期2016年12月1日至2022年6月1日。主要工程量:隧道11座29415.279延长米;斜井1102米;桥梁15座5892.75延长米;路基350.744米;土石方断面119455立方米;无砟道床铺轨71.27千米。2019年,完成产值87053万元;开工累计完成产值233250万元。

(李立辉)

【铁路外工程施工】　在建路外工程636项,合同投资24630208万元,完成施工产值4259200万元,占施工总产值的78.7%。

厦门第二西通道(海沧海底隧道)工程A2标段位于福建省厦门市,全长7.79千米。合同投资77481万元。合同工期2016年3月1日至2019年7月31日。主要工程量:隧道6335延长米,跨越海域宽度2000延长米。2019年,完成产值28712万元;开工累计完成产值63945万元。

吉林省中部城市引松供水工程总干线TBM2标段　位于吉林省吉林市,全长22.6千米。合同投资84502万元。合同工期2013年12月28日至2019年12月28日。主要工程量:引水隧洞22600延长米,通风竖井1个,施工支洞2个。2019年,完成产值6503万元;开工累计完成产值73264万元。

山西省中部引黄工程TBM 1标段　位于山西省吕梁市。合同投资45772万元。合同工期2013年3月1日至2019年11月30日。主要工程量:主洞TBM施工21029.3延长米,进洞支洞长3773.3延长米;23号通风支洞长1007.17延长米。2019年,完成产值3584万元;开工累计完成产值48931万元。

四川雅砻江两河口水电站库首跨库大桥及其引道段工程　位于四川省凉山州。合同投资21380万元。合同工期2015年3月1日至2019年8月30日。主要工程量:跨库大桥628延长米,日地隧道1516延长米。2019年,完成产值8043万元;开工累计完成产值20954万元。

新疆引额供水二期输水工程双3标段　位于新疆维吾尔自治区昌吉回族自治州。合同投资43597万元。合同工期2016年12月1日至2021年12月31日。主要工程量:1号支洞1059延长米。2019年,完成产值11841万元;开工累计完成产值31646万元。

(李立辉)

【境外工程施工】　承揽海外工程26项,合同额10.99亿美元,占股份公司下达承揽任务的149.52%。在建工程59项,其中,城市轨道1项、公路25项、铁路1项、房建21项、市政2项、水利1项、桥梁3项、其他5项。在建合同总额40.14亿美元。2019年完成产值3.25亿美元,开工累计完成产值8.31亿美元,剩余合同额31.83亿美元。

朱拜尔TS-8高速公路项目　位于沙特阿拉伯王国东部省朱拜尔市,全长16.84千米。合同投资折合1.07亿美元。2018年4月9日开工,合同工期1274天。主要工程量:路基工程、桥梁工程、预制拱涵、涵洞、管道保护涵、排水渠、电力通信、交通标志和护栏等设施。2019年,完成产值2514万美元;开工累计完成产值3642万美元。

乌干达道路升级为沥青路面工程　位于乌干达东部地区。全长104千米。合同投资折合8198万美元。合同工期2014年9月15日至2020年1月19日。主要工程量:Musita至Lumino 77千米,Busia至Majanji27千米。2019年,完成产值1950万美元;开工累计完成产值5790万美元。

赢联盟几内亚达比隆港至圣图矿区铁路工程项目　位于几内亚西北部博凯区和金迪亚区,全长47.1千米。合同投资20097万美元。合同工期2019年5月

16 日至 2021 年 5 月 15 日。主要工程量:2 标段内的迁改工程、路基工程、涵洞工程、桥梁工程、站场工程和房建工程;全线的预应力 T 梁预制、架设、桥面系和轨道工程;达比隆港车站房建工程。2019 年,完成产值 4850 万美元;开工累计完成产值 4850 万美元。

卡塔尔绿洲酒店项目　位于卡塔尔多哈市东部 AL KHULAIFAT 区的商住混合区,建筑面积 93105 平方米。合同投资折合 6576 万美元。合同工期 2017 年 11 月 22 日至 2020 年 5 月 31 日。主要工程量:主体及附属结构混凝土工程、砌体工程、外墙部分装修工程、防水工程和 MEP 工程。2019 年,完成产值 1754 万美元;开工累计完成产值 4332 万美元。（李志敏）

【经营管理】　工程承揽。2019 年,新签合同 324 项,合同额 10559000 万元,完成股份公司下达年度计划的 140.8%,完成集团公司年度计划的 132%,同比增加 2422000 万元,增幅 30%。累计实现企业总产值 5632000 万元,完成年度计划的 102.4%,同比增加 171000 万元,增幅 3.1%。其中施工产值 5416000 万元、物资贸易产值 68000 万元、房地产收入 125000 万元、工业产值 10000 万元、勘察设计产值 9000 万元、其他产值 4000 万元。

企业管理。完成集团公司 2019—2021 年滚动发展战略与规划编制,制定《中铁十八局集团有限公司关于培育和发展新兴产业的实施意见》等文件;取得集团公司勘察甲级资质及集团公司、二公司军工涉密资质;策划实施爆破资质迁至集团公司,成为天津市“首家”具有二级爆破作业许可的建筑业企业;确保杭绍台铁路制梁场顺利通过国家认证;完成内控体系的自我评价,全年无重大重要风险事件发生。集团公司 2018 年度内控体系的独立评价为 A 类;继续保持全国水利信用评价 3A 级、全国公路信用评价 A 级、天津市建筑市场最高等级 A 级、天津市水利市场信用等级保持投标加分。开展注册人员专项整治,办理推进工商证照变更。推动企业改制,成立环保科技工程公司;调整勘察设计院机构设置;设立桂林经营部、军民融合经营部、三峡经营部;撤销物业管理公司建制;拓展“10 +5”国别市场,设立 3 家境外机构。采用股权多元化合作经营方式合资设立浙江盛天建设开发有限公司。压减法人 12 户、非法人单位 143 户,“子改分”案例作为股份公司经典案例入选国资委经验交流案例;对 250 余户非法人单位进行核实,制定注销计划。对部分部门职能调整。年内获评天津市建设工程优秀诚信企业 5 家;天津市百强企业 1 家。五公司获股份公司工程公司建设卓越贡献奖、2018 年度营业收入和经济效益 20 强;二公司、四公司获股份公司 2018 年度营业收入 20 强。

安全质量管理。依据 2019 年《安全质量包保责任书》,经年终考核,兑现奖励 144.9 万元。推进安全质量标准化建设,实行工程项目内部安全许可制度,推动安全质量标准工地创建活动开展,4 个工程项目获评中铁建安全质量标准工地。组织 941 人参加各类安全质量培训。推进一体化综合管理体系运行,5 名内审员组成宣贯内审组,对业务工作、内业资料和施工现场安全、质量、环境、物资等各项管理进行规范;外审顺利通过,保证集团正常参与市场竞争的能力。获国家级优质工程奖 15 项。其中,国家优质工程金质奖 3 项、中国建设工程鲁班奖 2 项、中国土木工程詹天佑奖 2 项、国家优质工程奖 7 项、中国安装工程优质奖 1 项。省市及行业优质工程奖 5 项。省市级优质结构工程 4 项。股份公司“铁建杯”优质工程 8 项。获国家级优秀 QC 成果 20 项;省市级优秀 QC 小组 58 项;天津市优秀项目管理成果 3 项;股份公司优秀 QC 成果 6 项。集团公司入选庆祝中华人民共和国成立 70 周年“功勋企业”名录、秦岭终南山隧道入选“经典工程”目录;集团公司获第九届“榜样天津”建筑工匠荣誉奖。中国铁建·西派府项目一期工程 1 标段建筑安装工程获评 2019 年在全国范围组织学习交流的建设工程项目施工安全生产标准化工地。

财务管理。制度建设。制定、修订《集团公司税务规章制度汇编》《直属指挥部清收清欠管理(暂行)办法》《重难点债权管理(暂行)办法》《机关经费开支管理办法》等规章制度,健全内控体系。财经状况核查。组织财务大检查,对 182 个项目进行现场抽查,覆盖面 35.3%。资金管理。推广铁建银信业务、伙伴融业务,延期支付各类款项,保证集团资金链安全。推行资金筹划,通过多收、快收、少付、缓付方式,改善经营性现金流。产权管理。加强产权系统登记梳理,加强与决算树形结构进行核对;及时梳理规避资产交易环节易出错的地方,规范审核流程,确保国有资产的安全与完整。绩效考核。修订 2019 年度绩效考核办法,全面推行和落实绩效考核工作,提高企业效益。财务决算、预算。召开决算工作布置会,从多维度梳理盘查资产的增长情况,要求各单位加强决算数据的分析,为集团开展数据分析提供材料支撑。完善财务预算指标体系,掌握业务预算的动态,结合季度经济运行的措施提出整改建议。清欠管理。全年保函替换保证金 1.47 亿元,现金回收 1000 万元以上大额质保金 21 笔,金额 4.68 亿元。进行清收清欠和“两金”压控工作的考核,以及各单位二次经营工作考核,兑现奖励 407 万元、罚款 38 万元。审计监督。配合外部审计检查,完成税务交底项目 273 个,对多个国别项目开展会计核算，规避当地审计风险。财税筹划。利用国家优惠政策减免企业所得税9391万元，对进项税额留抵金额较大的单位进行预警通报，个人所得税合理筹划，为职工节税109万元。财务信息化建设。扩大财企直连试点上线范围。完成资金支付20278笔20多亿元。推进业务系统与共享平台对接，实现异地实时管控和业务处理的集中统一，配合账表一体化试点工作。财务快报达到项目层级账表一体化要求。经费开支与管理。修订机关经费开支管理办法，完善经费开支及审批制度。

经济管理。成本管理。推动内部承包、模拟股份制改革，收集整理近3年完工项目经济数据，组织编制项目成本典型案例，修订劳务分包指导单价，坚持标前测算，规范合同签订和预结算审批流程，推动项目成本预控评审制度落实，做好川藏铁路重点项目服务工作。变更索赔。加强铁路销号及开通项目的推进，持续开展二次经营重大事项督办制度，督导帮扶项目变更索赔，督办完工铁路项目财务竣工结算工作。亏损治理。制定专项工作方案，召开亏损项目治理推进会，开展亏损项目现场核查；召开工程公司亏损项目治理专题会，重点监控亏损子企业。劳务管理。完成2018年度分包商信用评价，修订完善企业分包管理制度，推行劳务实名制管理信息化，对劳务队伍使用情况进行摸底，制定分包管理负面清单。定额管理。担负《铁路工程隧道定额测定》《智能建造(隧道)定额测定》《高速铁路软弱围岩大断面隧道定额测定》等任务。完善铁路隧道工厂化定额子目测定，编写《铁路隧道工程定额测定与研究》结题报告，完成《智能建造(隧道)定额测定》中期检查报告，完成24条智能定额现场测定，搜集整理178组数据。对《铁路房屋工程预算定额》(2017版)和《铁路工程补充预算定额(2019年度)》征求意见稿反馈意见。

审计监督。完成内部审计项目115个，是年度审计项目计划的107.48%，其中，经济责任审计43个、财务收支及效益审计23个、工程项目审计42个、年度绩效审计4个、专项审计调查3个，提交审计报告114份，提出审计建议并被采纳545条。

（李佩琴　王　莹　刘玉飞）

【科技教育】 科技创新。组织成果鉴定8项；获省部级科技进步奖10项、其他建筑类各协会科技奖5项、股份公司科技奖3项；省部级工法31项；参编2项国家标准、3项行业标准发布、参编5项股份公司企业标准；获专利授权207项，其中发明21项、获软件著作权8项；获立天津市重大专项1项、天津市企业博士后创新项目2项；获立股份公司A类重大专项2项，B、C类课题4项；获立股份公司技术重难工程2项。获天津市等各级BIM成果7项。

教育培训。举办(送培)各类培训班1486期，培训员工33025人次。其中有效开展领导干部培训，3人参加股份公司局级领导干部培训班，26人参加股份公司处级领导干部培训班；60人参加第三期高级项目经理培训班；98人参加一级注册建造师考前培训班；6人参加天津市"131"培训；182人参加投融资业务培训班；77人参加经管人员培训班。建立农民工业校312所，培训39798人次，其中4所农民工业校获评天津市优秀农民工业校。（刘玉飞　张俊超）

【党群工作】 党的工作。党委26个、党总支23个、党支部560个；党员9363人。党建工作。分两批开展"不忘初心、牢记使命"主题教育，召开专题民主生活会和组织生活会等工作，形成研讨成果91篇，检视剖析突出问题44个，制定整改措施153条，完成整改或取得阶段性进展123项，长期推动30项。统筹推进主题教育和滚动发展、内部承包和模拟股份制、队伍管理等重点工作。主题教育工作得到中央督导组的肯定，1个党支部在中国铁建主题教育总结大会上交流经验。组织集体学习16次，开展专题研讨9次，严格落实党委理论学习中心组学习制度。用好"三会一课"、"学习强国"、干部大讲堂等平台，引领广大党员增强理论修养。修订党委议事规则，严格前置程序要求，完善"三重一大"决策事项清单，建立"三重一大"监管信息系统，召开13次党委常委(扩大)会议，前置研究企业经营管理议题199项。获股份公司党建工作责任制考评"优秀"等级。召开党组织书记党建工作述职评议会议。修订完善《党建工作责任制实施办法》《党建工作责任制考核评价办法》，印发《关于2018年度党建工作责任制考核评价结果的通报》。重点开展"敢担当、善创新、展作为"活动，着力强化党建工作与生产经营深度融合的导向。开展"党员先锋小区""党建联盟"活动，探索党建共建的有效模式，形成党建工作推进生产经营的新平台。召开党委领导班子民主生活会，职代会民主评议领导班子成员工作，完成领导班子述职报告。召开党建工作联系点推进会，领导班子成员完成讲授党课13次，撰写调研报告13篇。部署"四好"领导班子评选，6个单位获评"四好"领导班子。落实"四同步"要求，规范提升"三会一课"制度。开展整治软弱涣散基层党组织工作，对500多个基层党支部进行排查摸底，完善基层党支部建设。开展"四强"基层示范党支部创建活动，11个党支部获集团"四强"基层示范党支部称号。把"海外优先"战略作为党建工作的重要内容，主管领导到海外开展党建工作调研，讲授专题党课。组织460人次党务干部参加培训，实现基层党支部书记轮训全覆盖。举办(送培)各类培训班1486期，培训员工3.3万余人次。发展党员189人。1人获国务院政府特殊津贴、1人获詹天佑中铁建专项奖、1个团队入选天津市“131”创新团队。1个基层党委、2个基层党支部、5名共产党员、4名党务工作者受到股份公司党委表彰。集团公司5个党组织、9名个人受到中国铁建党委表彰。集团公司获天津市“海河工匠”企业培训中心授牌，顺利通过天津市职业技能等级认定试点评审。健全保密工作机构，建立专用保密室，修订《中铁十八局集团保密监督检查办法》《中铁十八局集团国家秘密载体保密管理办法》等保密规章制度12项，集团公司通过国防科工局保密条件备案。开展“献爱心，助脱贫”活动，筹集捐款87.15万元，投入扶贫资金447.81万元，招收贫困地区大学生34人。

宣传思想工作。通过党建微讲堂、部长讲堂等方式，开展党委理论中心组学习研讨。通过编发《2019年股份公司“四会”精神80问》、《2019年集团公司“四会”精神100问》、《中铁工人》报专刊、开设专栏等方式进行主题宣传教育。开展“守初心、担使命，善创新、展作为”三信教育，树立典型个人4人和先进集体3个进行宣讲推广。典型选树，7人获“天津好人”、5人获中国铁建“海外拓荒牛”奖、1人获中国铁建第六届“十佳道德模范”。开展学雷锋志愿服务活动，看望慰问近百项，公益服务50余项，帮危助困40余项。收到政研课题75篇，初评入选20篇，2篇政研课题在股份公司立项。打造TBM品牌，制定《TBM品牌塑造“三步走”实施方案》，在国务院国资委官网等媒体刊发TBM系列报道。完成《中国铁建企业文化融合国别手册——沙特》定稿编印。在央视各栏目播出新闻240余条，其中《新闻联播》16条；省级以上媒体刊稿和播发新闻900多篇(条)，“学习强国”平台刊发稿件30余篇。在共青团中央、《人民日报》等新媒体平台发布或参与发布信息28条。保定乐凯转体桥的新闻被《人民日报》、央视新闻等新媒体平台转发，在股份公司新媒体培训会上进行专题经验分享。出版《中铁工人》13期，《企业政工》4期。

党风廉政建设。组织开展“三心”(强初心、持公心、守戒心)主题反腐倡廉宣传教育月活动，累计开展宣教活动2045场，受众7.9万余人次。继续进行专项分类约谈教育，深入海外单位落实从严治党约谈教育。编印《“知畏知止”系列案例警示教育》材料，选取项目管理和家风建设的20则身边廉洁小故事，引导党员干部廉洁自律、担当作为。完成5家单位常规巡察、22个工程指挥(项目)部专项巡察、12个基层项目交叉巡察，发现问题839个，移交问题线索118个。立案101件、结案101件、处分145人。受党纪处分85人、受政纪处分140人、党政纪双重处分80人。经济赔偿84.34万元，挽回经济损失171.98万元。

工会工作。工会组织48个，会员21597人。推动企业品质建设，开展“五比四创”劳动竞赛；宣传“一法三卡”促进平安工地建设；发放“送温暖”资金140万元，慰问困难职工135户；开通心理咨询云平台；举办“缘定十八局·携手新时代”青年职工集体婚礼；通过职工代表巡视质询、民主评议领导干部等形式，提高职工代表参政议政的能力；组织女职工代表巡视质询暨“面心实”工作现场推进会，启动向拉林铁路质检女工班学习活动；开展家庭建设，6户家庭获评“天津市最美家庭”；举办“天津工会微信公众平台实践与创新”现场论坛推进网上工会建设；组织开展工会经审、财务人员培训。刊发政工信息(工会专刊)22期，在集团公司级以上报刊、网站刊稿223篇。投入727万元对艰苦边远39个项目建家帮扶；投入294万元送清凉慰问22个项目；筹集164.9万元为134户困难职工家庭送温暖；慰问天津市级劳模62人、全国劳模5人。完成对4家子公司原工会主席离任经济审计，对4家公司工会2017—2018年度经费收支情况进行审计。配合完成对集团原工会主席赵心昭的经济责任审计。开展年末审计审查单位财务检查工作，首次实现子分公司工会当年财务检查、经费审计监督全覆盖。组织召开子分公司工会主席“一岗双责”暨2019年经费审计发现的主要问题集体约谈会议；开展“三会一课”，推进工会支部“不忘初心、牢记使命”主题教育。完成21597名工会会员的网上入会，“知工”App下载认证率在天津市同行业排名第一位。累计向农民工发放入会补贴11.55万元，770名农民工加入工会组织。召开集团四届三次职代会暨2019年工作会、工会三届七次全委(扩大)会暨经审委会议、职代会提案审理会议、平等协商会议、房建工程项目标准化管理暨建家建线现场观摩会等会议；举办工会干部培训班，82人参加；举办第八届“和谐杯”职工男子篮球赛。获天津市第十五届职工乒乓球比赛“优秀组织奖”。获省部级五一劳动奖状1个、五一劳动奖章2个、火车头奖章1个。表彰集团劳动模范10人、建设功臣10人、先进集体9个、工人先锋号10个、先进个人126人；慰问集团及以上劳动模范177人；4名职工当选集团公司第三届“大企工匠”，3个劳模创新工作室获集团劳模(技能人才)创新工作室命名。集团公司工会连续6届获评天津市班组安全建设与管理成果展示优秀组织单位。

共青团工作。组织开展“青春心向党　建功新时代”“追寻先烈足迹　担当时代使命”“建功新时代我骄傲,南湖健步走我健康”等主题活动;开展青年创新论坛、青年科技攻关、创建“青创先锋工作室”、“五小”创新等活动;建立“青年突击队”、争创“青年文明号”、争当“青年岗位能手”、创建“青年安全生产示范岗”和开展“青春奉献新时代”、“3·5”学雷锋志愿服务等活动;开展“导师带徒”、温暖“青年心”、留住“青年人”、“五四”表彰、“十大杰出青年”、“岗位能手”评比等活动。组织召开集团团委三届五次全委会,开展团组织负责人年度述职,完善共青团工作考核评价机制。以“智慧团建”为抓手,推进标准化支部建设。在股份公司团委官微刊发《骄傲的少年》《铁建青年》等6个专题,在股份公司抖音刊发短视频10余条。推选1支志愿者服务组织、1名志愿者参加中宣部、文明办举办的学雷锋志愿服务“四个100”先进典型评选。

(伍昌胜　杨　旭　梁建刚)

【第一工程有限公司】 具有公路施工总承包一级,铁路、水利水电工程施工总承包二级,隧道工程、桥梁工程、公路路基工程专业承包一级等6项资质。驻河北省涿州市冠云西路86号。前身系中国人民解放军铁道兵第八师第三十六团;1984年1月1日集体转业,改编为铁道部第十八工程局第一工程处;1999年9月改称中铁第十八工程局第一工程处;2001年8月28日企业改制改称现名;2011年3月与中原公司整合重组。党委书记、执行董事张有飞,总经理李世争。职工2707人。资产总值404939万元。其中,固定资产原值118979万元、净值37731万元,流动资产330947万元,其他资产36261万元。设备1383台(套),总功率150169.45千瓦,技术装备率11.54万元/人,动力装备率75.65千瓦/人,设备完好率83%、利用率75%,机械化施工程度90%以上,年施工能力60亿元以上。

2019年,新签合同额907900万元,总产值606266万元,其中施工产值606266万元,利润6905万元。全员劳动生产率223.96万元/人年,职工年人均收入10.1288万元,国有资产保值增值率115.84%、净资产收益率10.43%、产值利润率1.17%、资产负债率85.72%、应上缴款完成率100%。(房志勇　李秀云)

【第二工程有限公司】 具有铁路、市政公用、房屋建筑、公路工程施工总承包一级,电力工程施工总承包二级,桥梁、隧道、铁路铺轨架梁、地基与基础工程专业承包一级,钢结构工程专业承包三级,建筑工程施工总承包三级资质。驻河北省唐山市丰润区光华道28号。前身系组建于1948年2月的中国人民解放军铁道兵第八师第三十七团;1984年,集体转业改编为铁道部第十八工程局第二工程处;2001年10月,企业改制称现名。执行董事、党委书记于长彬,副总经理尹黔(主持经理层工作)。职工2518人。资产总值394385.05万元。其中,固定资产原值67883.97万元、净值27138.37万元,流动资产342078.04万元,其他资产52307.01万元,实现利润7575.63万元。机械设备352台(套),原值17195.3万元、净值8258.8万元,设备总功率48650千瓦,技术装备率3.26万元/人,动力装备率19.4千瓦/人,设备完好率89%、利用率80%,机械化施工程度90%以上,年施工能力70亿元以上。

2019年,新签合同额1085890万元,营业总收入506689.22万元,其中施工产值506689.22万元。全员劳动生产率19.08万元/人年,在岗职工年人均工资9.3878万元。资产负债率86.58%、国有资产保值增值率115.70%、净资产收益率14.72%、产值利润率1.37%、应上缴款完成率100%。(许燕宁　李秀云)

【第三工程有限公司】 具有公路、铁路、建筑、市政公用工程施工总承包一级,隧道、桥梁、公路路基专业承包一级,水利水电施工总承包二级,公路路面、输变电工程专业承包二级资质;同时拥有国家计量认证资质;交通部综合乙级试验资质、测绘乙级资质、爆破作业单位许可(营业性)四级资质。驻河北省涿州市冠云路。前身系中国人民解放军铁道兵第八师三十八团;1984年1月,集体转业改编为铁道部第十八工程局第三工程处;1999年9月,改为中铁第十八工程局第三工程处;2001年10月,改称为现名。执行董事、党委书记刘术臣,总经理刘晏斌。职工3071人。资产总值679957.51万元。其中,固定资产原值140927.86万元、净值65208.34万元,流动资产559265.46万元,无形资产2633.84万元,其他资产52849.87万元。机械动力设备1055台(套),设备总功率10.41万千瓦,设备完好率92%,技术装备率7.39万元/人,动力装备率33.61千瓦/人,设备完好率85%、利用率75%,年施工能力60亿元以上。

2019年,承揽工程41项,新签合同额984905.97万元,产值610873万元,其中施工产值604358万元,实现利润2912.21万元。全员劳动生产率199万元/人年,职工人均收入8.15万元/年。国有资产保值增值率124.03%、净资产收益率8.58%、资产负债率94.91%、应上缴款完成率100%。(张　涵　李秀云)

【第四工程有限公司】 具有市政公用、房屋建筑工程施工总承包一级,钢结构、建筑装饰装修工程专业承包一级,建筑机电安装工程专业承包三级,施工劳务不分等级,房地产开发四级,大地测量、工程测量乙级资质。驻天津市双港高科技产业园丽港园33号。2005年3月,由原集团公司津滨指挥部、技工学校、子弟学校、幼儿园合并成立,4月,原集团建筑工程公司撤销其下属部分项目(单位)和人员划归四公司(包括蓟县机械厂);2015年11月,六公司整体并入四公司。执行董事、总经理王志军,党委书记高纯根。职工3098人。资产总额646246.76万元。其中,固定资产原值114362.8万元、净值44555.6万元,流动资产571624.46万元,其他资产74622.31万元。机械运输设备977台(套),总功率102730.4千瓦,动力装备率43.48千瓦/人,技术装备率4.32万元/人。年施工能力90亿元以上。

2019年,新签合同额1345574万元,产值900600万元,其中施工产值900600万元,净利润7637.2万元。全员劳动生产率290万元/人年,职工年人均收入9.44万元。国有资产保值增值率122.87%、净资产收益率1.23%、资产负债率93.56%、应上缴款完成率100%。 (褚燕岚　李秀云)

【第五工程有限公司】　具有市政公用、建筑、公路工程施工总承包一级,铁路工程施工总承包二级,桥梁、隧道、公路路基、公路路面工程专业承包一级,预拌混凝土专业承包不分等级资质。驻天津滨海高新区塘沽海洋科技园新北路3199号。前身系1965年、1970年组建的铁道兵第十四师六十八团、七十团;1981年2月,撤编为铁道兵第八师四十团;1983年10月,集体转业改编为铁道部第十八工程局第五工程处;2001年10月,企业改制称为现名。公司副总经理、法定代表人李文广(1月任,主持行政全面工作),执行董事、总经理李文广(8月任),党委书记刘富华。职工3927人。资产总额922300万元。其中。固定资产原值135105万元、净值53966万元,流动资产770031万元,其他资产100002万元。机械运输设备1476台(套),设备总功率139263千瓦,动力装备率50.61千瓦/人,技术装备率11.89万元/人,机械化施工程度95%。年施工生产能力100亿元以上。

2019年,新签合同额2308902万元。施工产值1001549万元,净利润18116万元。全员劳动生产率69.24万元/人年,职工年人均收入84153元,国有资产保值增值率110.91%、净资产收益率7.70%、产值利润率1.81%、资产负债率67.04%、应上缴款完成率100%。 (潘桥敏　李秀云)

【隧道工程有限公司】　具有市政公用工程施工总承包一级,桥梁工程、隧道工程专业承包二级,建筑工程总承包三级资质。前身系西安南京铁路桃花铺隧道工程指挥部;2002年,TBM工程公司与西北公司合并成立隧道工程公司;2011年3月,与上海公司整合重组改为现名。驻重庆市北碚区蔡家岗镇凤栖路6号。执行董事胡恒千(4月任),党委书记秦跃新(4月任)。职工1919人。资产总额557540万元。其中,固定资产原值211805万元、净值94767万元,流动资产414670万元,非流动资产142870万元。机械设备1403台(套),设备总功率353744.5千瓦,技术装备率119.07万元/人,动力装备率347.15千瓦/人。设备完好率94%、利用率91%,机械化施工程度90%以上,年施工能力50亿元以上。

2019年,新签合同额852600万元,产值511100万元,利润总额790万元。全员劳动生产率182.02万元/人年,职工年人均收入8.62万元。资产负债率93.44%、国有资产保值增值率104.59%、应上缴款完成率100%。 (王丹丹　李秀云)

【市政工程有限公司】　具有建筑、石油化工工程施工总承包三级资质。驻天津市津南区中铁十八局集团东区。2011年3月,由集团原华南公司和福建公司的项目整合重组为轨道交通工程有限公司;2015年11月,与原北京地铁指挥部整合重组仍为轨道交通工程有限公司;2018年10月,更名为现名。执行董事、总经理陈典华,党委书记任彦武。职工1140人。资产总额317872.26万元。其中,固定资产原值96169.66万元、净值32368.59万元,流动资产242831.42万元,其他资产75040.84万元。机械设备863台(套),设备总功率90819.4千瓦,动力装备率97.76千瓦/人,技术装备率28.26万元/人,设备完好率86%、利用率89%,年施工能力45亿元以上。

2019年,新签合同额606277万元,产值451882万元,其中施工产值451900万元,利润4297.75万元。全员劳动生产率256.8万元/人年,职工年人均收入8.7083万元。国有资产保值增值率108.23%、净资产收益率11.28%、产值利润率1%、资产负债率88.78%、应上缴款完成率100%。(熊淑娥　李秀云)

【建筑安装工程有限公司】　具有市政公用、建筑、机电工程施工总承包一级,钢结构工程专业承包一级,电力、石油化工工程施工总承包二级,建筑幕墙、建筑装修装饰工程专业承包二级,铁路电务、铁路电气化、地基基础工程专业承包三级资质,以及锅炉安装维修1级、压力管道安装GA1乙级、GB1级、GB2级、GC1级特种设备施工许可资质。驻天津市空港经济区。前身为始建于1985年的中国人民解放军第八师后勤部所属专业建筑安装队伍，全称铁道部第十八局高碑店建筑安装工程公司，隶属铁十八局河北办事处；1993 年，并入铁道部第十八工程局第四工程处；1998 年 7 月，从四处脱离，更名铁道部第十八工程局建筑安装工程处；1999 年 12 月，更名为中铁第十八工程局建筑安装工程处；2001 年 4 月，改制称现名。公司执行董事、总经理李景（1 月任），党委副书记张建友（8 月主持党委工作）。职工 1360 人。资产总额 189600 万元。其中，固定资产原值 27200 万元、净值 17000 万元，流动资产 158700 万元，其他资产 30900 万元。机械设备 765 台（套），设备总功率 16496 千瓦，动力装备率 10.39 千瓦/人，技术装备率 2.138 万元/人，设备完好率 88%、利用率 92%，年施工生产能力 40 亿元以上。

2019 年，新签合同额 539100 万元，产值 356600 万元，其中施工产值 356500 万元，净利润 3544.23 万元。全员劳动生产率 261.8 万元/人年，人均创利 2.6 万元，职工年人均收入 15.4 万元。国有资产保值增值率 107.82%、净资产收益率 13.75%、产值利润率1.16%、资产负债率 84.52%、应上缴款完成率 100.06%。

（龚　丽　李秀云）

【北京工程有限公司】 具有房屋建筑工程施工总承包一级，建筑装修装饰、建筑机电安装工程专业承包一级，公路路基工程专业承包二级，市政公用工程施工总承包二级资质。驻北京市大兴区西红门镇欣荣北大街 31 号。前身是由原铁道兵第八师在京担负建筑施工任务的骨干队伍组建而成的一支具有综合建筑作业能力的施工企业；2001 年 10 月，改制为北京中铁大都工程有限公司；2019 年 10 月，更名为现名。党委书记、执行董事李仆，总经理韩正伟。职工 515 人。固定资产原值 1037.28 万元、净值 334.42 万元。机械运输设备 46 台（套），总功率 4636 千瓦，动力装备率 11.59 千瓦/人，技术装备率 0.84 万元/人，设备完好率 100%。年施工能力 30 亿元。

2019 年，承揽路外工程 19 项，合同额 627913 万元，施工产值 165355 万元，投资 32925 万元。营业收入 156752 万元，利润 2212 万元。全员劳动生产率 27.42万元/人年，职工年人均收入10.6887万元。国有资产保值增值率 114.8%、净资产收益率 18.17%、资产负债率 89.58%、应上缴款完成率 100%。

（贾　靖　李秀云）

【房地产开发有限公司】 具有房地产开发一级资质。是集房地产开发、土地整理、施工管理、建筑用材、建筑设备经营、自有房屋租赁等业务专业性房地产公司。驻天津市河西区大沽南路东柳林中铁十八局东区。前身系 2010 年 5 月成立的中铁十八局集团投资开发管理中心。公司执行董事、总经理翟岩，党委书记金文红。职工 154 人。资产总额 301689 万元。其中，固定资产原值 3430 万元、净值 1899 万元，流动资产 289925 万元。

2019 年，营业收入 140803 万元，净利润 6012 万元。全员劳动生产率 45.01 万元/人年，职工年人均收入 8.72 万元。国有资产保值增值率 134%，应上缴款完成率 100%。

（李思旻　李秀云）

【物资贸易有限公司】 2015 年 7 月成立，是集物资批发、零售、机械设备租赁、工业产品加工、招标服务于一体的专业化公司。驻天津市空港经济区中环西路。执行董事、总经理张文选，党委书记王永福。职工 108 人。资产总额 79847.19 万元。其中，固定资产原值 980.49 万元、净值 492.28 万元，流动资产 79346.88 万元，非流动资产 500.31 万元。

2019 年，新签合同 170 项，合同总额 121440 万元，产值 72005.11 万元，净利润 479.64 万元。全员劳动生产率 42.56 万元/人年，职工年人均收入 9.48 万元。国有资产保值增值率 108.61%、净资产收益率 8.37%、资产负债率 92.62%、应上缴款完成率 100%。

（陈舒芳　李秀云）

【环保科技工程公司】 2019 年 1 月成立，是集环保科技工程技术开发、咨询、推广、服务，机械配件加工，市政公用工程、房屋建筑工程总承包，建筑装饰装修工程施工；酒店管理等业务的专业性环保科技工程公司。主要投资经营绿色环保产业，业务分两大板块：竹缠绕复合材料、绿色装配式房屋。注册地天津市蓟州区京津州河科技产业园仓桑公路北侧、富贵路西侧。执行董事、总经理王国友（1 月任），党委书记李燕生（1 月任）。职工 80 人。资产总额 5207 万元。其中，固定资产净值 1223.21 万元。

2019 年，新签合同额 1344.93 万元。净资产收益率 100%、产值利润率 6%、应上缴款完成率 276.5%。

（刘香秀　李秀云）

【重要记载】

▲1 月 17 日　中铁十八局集团市政工程有限公司举行揭牌仪式。

▲1 月 23—24 日　中铁十八局四届三次职代会暨 2019 年工作会议、党风廉政建设和反腐败工作会议在天津召开。

▲3 月 1 日　中铁十八局与九江市鄱阳湖生态科技城管理委员会战略框架合作协议签约仪式在集团公

司机关举行。

▲5 月　中铁十八局获外省市建筑施工企业在京市场行为“优秀企业”称号。

▲7 月 4 日　中铁十八局取得军工涉密业务咨询服务安全保密条件备案证书，标志着集团公司已具备从事军工涉密业务咨询服务安全保密备案条件。

▲8 月 23 日　中铁十八局首次获得股份公司企业标准《铁路建设项目水土保持工程施工规范》主持编制资格。

▲10 月 18 日　中铁十八局首次获得中国国家铁路集团有限公司《川藏铁路大跨度拱桥施工暂行标准》《川藏铁路瓦斯隧道施工暂行标准》主持编制资格。

▲11 月 26 日　中铁十八局勘察设计院与清华大学建筑设计研究院战略合作框架协议签约仪式在天津举行。

▲12 月 10 日　中铁十八局参建的沙特麦加至麦地那高速铁路专线（一期工程）获 2018—2019 年度第二批中国建设工程鲁班奖（国家优质工程）。

▲12 月 16 日　中铁十八局与重庆市万盛经济技术开发区管委会战略合作框架协议签约仪式在天津举行。

▲12 月　中铁十八局首次获得中国建设工程 BIM 大赛一等奖。《大跨度钢桁架桥 BIM 技术应用》获第四届中国建设工程 BIM 大赛综合组一等奖。

▲12 月　中铁十八局承建的云桂铁路南盘江特大桥获中国土木工程詹天佑奖；参建的兰渝铁路西秦岭隧道获中国建设工程鲁班奖。　（阎世杰　李秀云）

中铁十九局集团有限公司

【简况】　具有铁路、公路、建筑、市政公用工程施工总承包特级，铁道行业工程设计甲Ⅱ级、建筑行业甲级、公路行业甲级、市政行业甲级，矿山工程、水利水电工程施工总承包一级，公路路基工程、桥梁工程、隧道工程、铁路铺轨架梁工程专业承包一级，地质灾害治理工程施工甲级、承装（修、试）电力设施许可三级、爆破作业单位许可证（营业性）一级、境外工程承包资质和对外经营权。前身系中国人民解放军铁道兵第九师；1984 年 1 月，集体转业并入铁道部，改编为铁道部第十九工程局；1999 年 12 月，改称中铁第十九工程局；2000 年 9 月，划归中央企业工委管理；2001 年 12 月，企业改制改称现名。总部驻北京市经济技术开发区荣华南路 19 号。董事长、党委书记杨哲峰，总经理李华伟。下辖第一、第二、第三、第五、第六、第七工程有限公司及电务工程有限公司、轨道交通工程有限公司、矿业投资有限公司、广州工程有限公司、房地产开发有限公司、国际建设分公司、物资有限公司、计量测试中心、职工中心医院，以及东北、华北、西北、中原、华东、华中、西南、华南指挥部。年内集团公司机关机构及职能进行调整，将 30 个部门压减至 23 个，成立机关（基地）服务管理中心、项目督导中心，作为集团公司机关直属机构。职工 16741 人。资产总额 461.7 亿元。其中，固定资产原值 89.6 亿元、净值 32.7 亿元，流动资产 325.7 亿元。拥有单价 5 万元及以上设备 9127 台，原值 65.18 亿元、净值 25.06 亿元，成新率 38.45%，动力装备率80.19千瓦/人，技术装备率 15.22 万元/人。拥有大型设备 432 台（套），原值 39.82 亿元，设备完好率 81.08%、利用率 77.16%。

2019 年，新签合同额 638.8 亿元，产值 460 亿元。利润总额 1.92 亿元，净利润 1.5 亿元，资产负债率 87.37%。在建工程 317 项，其中年内完竣工 88 项。主要实物工程量：土石方 44512.36 万立方米，桥梁 127.49 千米，隧道 131670 延长米，涵渠 26240.43 横延米，公路路面 1008.75 万平方米，房建 220.69 万平方米，制梁 12137 片，架梁 8076 孔，铁路铺轨 983.53（单线）千米，无砟轨道 226.6 千米。获中国土木工程詹天佑奖 2 项，国家优质工程金奖 1 项，国家优质工程奖 5 项，省部级优质工程奖 6 项；省部级科学技术奖 10 项，股份公司级科学技术奖 1 项；省部级工法 32 项，股份公司级优秀工法 10 项；授权专利 125 件；主编、参编各级标准 14 项。　（方迎春）

【领导人员】

董事会

董事长	赵国旗（4 月免）
	杨哲峰（4 月任）
董事	宫建岗（4 月免）
	栾显国
专职外部董事	赵瑞亮（7 月免）
职工董事	金学锋

监事会

监事会主席	任保义
职工监事	崔　军
	张　帆

经理层

总经理	宫建岗（4 月免）
副总经理	李华伟（主持工作，4 月任）
	栾显国（11 月免）

	解方亮
	丰兴桥
	尚尔海
	马秀之
	朱元生
	曲桂有
	余　霖
总工程师	尚尔海
总会计师	马秀之

党群领导

党委书记	赵国旗(4月免)
	杨哲峰(4月任)
党委副书记	宫建岗(4月免)
	李华伟(4月任)
	金学锋
纪委书记	任保义
工会主席	金学锋

（郭蕊民）

【职工队伍】 职工16741人。干部10731人。其中，技术干部10340人，占干部总数的96.4%。技术干部中硕士研究生学历87人、本科学历7332人、大专学历2480人、中专学历211人、高中及以下学历230人；35岁以下6789人、36~40岁1221人、41~45岁935人。专业技术干部中高级职务1346人、中级职务2986人、初级职务4825人。

工人6010人。其中，技术工人3800人，占工人总数的63.23%。本科以上学历577人、大专以上学历1170人、中专技校学历1596人、高中学历1359人、初中及以下学历1308人。30岁以下208人、31~40岁1691人、41~50岁2448人。技术工人中高级技师700人、技师1165人、高级工893人、中级工353人。

（刘　剑　刘欣朋）

【工程项目指挥机构】 华北指挥部　驻河北省石家庄市桥西区维明南大街225号9A－1－802、9A－2－2102。总经理张中明。

西北指挥部　驻陕西省西安市雁塔区芙蓉东路99号中海铂宫313A。总经理孔凡友。

东北指挥部　驻辽宁省沈阳市浑南新区临波路18号浦江苑御品小区7号楼1单元17楼1号。总经理李智。

华东指挥部　驻浙江省杭州市萧山区苏黎世小镇水街排屋18栋102号。副总经理(主持工作)席晓伟。

华中指挥部　驻江苏省南京市江宁区颐和南园颐瑞湾9栋。总经理尚长虹。

中原指挥部　驻河南省郑州市郑东新区正光路111号晖达新领地三期A12号楼1单元9楼中户。总经理张明。

华南指挥部　驻广东省广州市黄埔区科学城科学大道119号科城大厦二期401。总经理姜长清。

西南指挥部　驻重庆市渝中区菜袁路209号新东福花园紫烟阁10－1。总经理殷树华。

西成客专陕西段XCZQ－7标段项目经理部　驻陕西省汉中市汉台区七里办事处七里村二组陕西电信汉中分公司。经理孙鸿雁。

兰渝铁路项目经理部　驻甘肃省定西市安定区内官营镇。经理曲桂有。

云桂铁路8标段(云南段)项目经理部　驻云南省昆明市宜良县匡远镇土桥村村委会。经理赵永军。

西康二线铁路项目经理部　驻陕西省旬阳县康华园小区11号楼1－3－1。常务副经理王玉琦。

京福铁路客专闽赣3标段项目经理部　驻江西省上饶市信州区新火车站北侧货场路海满港物流园四楼。经理赵胤辉。

重庆火车北站综合交通枢纽项目经理部　驻重庆市渝北区丁香路保利香槟B区3栋13－4。经理孙吉东。

郑阜铁路河南段项目经理部　驻河南省周口市西华县教育大道教师进修学校院内。经理张晓峰。

银西铁路陕西段YXZQ－2标段项目经理部　驻陕西省咸阳市礼泉县老齿轮厂。经理王孝平。

广州市轨道交通18号和22号线项目经理部　驻广东省广州市南沙区珠江街道礼隆社区。经理陈友建。

（郭蕊民　方迎春）

【工程施工】 产值446亿元，占年度产值计划526亿元的84.8%，占股份公司年度产值计划500亿元的89.2%，较上年增加5.1亿元，同比增长1.1%。完工88项，年内保开通项目全部开通交付。主要实物工程量：土石方44512.36万立方米，桥梁127490延长米，隧道131670延长米，涵渠26240.43横延米，公路路面1008.75万平方米，房建220.69万平方米，制梁12137片，架梁8076孔，铁路铺轨983.53(单线)千米，无砟轨道226.6千米。

广州市轨道交通18号和22号线项目　2019年，完成产值286906万元；开工累计完成产值369762万元。

银西铁路工程陕西段YXZQ－2标段　全长27.095千米。合同投资208156万元。合同工期2016年9月1日至2020年6月30日。2019年，完成产值35439万元；开工累计完成产值192213万元。

新建商丘至合肥至杭州铁路(安徽、浙江段)站前工程 SHZQ－7 标段　位于安徽省阜阳市,正线长 25.997千米。2019 年,完成产值 15597 万元;开工累计完成产值 225553 万元。

新建京雄城际铁路工程 JXSG－4 标段　2019 年,完成产值 117206 万元;开工累计完成产值 173208 万元。

隆黄铁路新建叙永至毕节贵州段站前工程　位于贵州省,全长 37.325 千米。2019 年,完成产值 18882 万元;开工累计完成产值 83448 万元。

新建玉磨铁路先期段站前工程 YMZQ－7 标段　位于云南省普洱市,全长 19.243 千米。合同投资 16.2055亿元。合同工期 2016 年 1 月 1 日至 2020 年 10 月 31 日。2019 年,完成产值 51013 万元;开工累计完成产值 132436 万元。

新建郑州至济南铁路郑州至濮阳段站前工程 ZPZQ－4 标段　位于河南省新乡市,正线长 31.615 千米。合同投资 216006 万元。合同工期 2017 年 6 月 1 日至 2021 年 5 月 31 日。2019 年,完成产值 55033 万元;开工累计完成产值 86579 万元。

新建牡丹江至佳木斯铁路客运专线站前工程 4 标段　位于黑龙江省鸡西市,全长 42.192 千米。合同投资 24.6148 亿元。合同工期 2017 年 10 月 1 日至 2021 年 11 月 30 日。2019 年,完成产值 106601 万元;开工累计完成产值 215335 万元。

梅州至潮汕铁路站前工程 MSSG－2 标段　位于广东省梅州市,全长 45.829 千米。合同投资 35.3839 亿元。合同工期 2016 年 3 月 1 日至 2019 年 8 月 10 日。2019 年,完成产值 11701 万元;开工累计完成产值 341842 万元。

新建盐城至南通铁路南通西至张家港段同步实施工程站前 2 标段　位于江苏省张家港市,正线 17.297 千米。合同投资 103740 万元。合同工期 2018 年 10 月 18 日至 2020 年 10 月 27 日。2019 年,完成产值 60211 万元;开工累计完成产值 63509 万元。

宜宾至毕节高速公路工程威信至镇雄段　位于云南省昭通市威信县,全长 29.601 千米。合同投资 30 亿元。合同工期 2017 年 5 月 10 日至 2019 年 10 月 31 日。2019 年,完成产值 102587 万元;开工累计完成产值 206704 万元。

大关至永善高速公路土建工程 A3 标段　全长 12.32 千米。2019 年,完成产值 26803 万元;开工累计完成产值 26803 万元。

绥芬河至满洲里国家高速公路海拉尔至满洲里段公路工程　主线长 188.680 千米。合同投资 421847 万元。合同工期 2017 年 12 月 1 日至 2020 年 11 月 30 日。2019 年,完成产值 107352 万元;开工累计完成产值 139000 万元。

东川格勒至巧家葫芦口高速公路工程　位于云南省昭通市巧家县,全长 25.087 千米。合同投资 36 亿元。合同工期 2017 年 1 月 1 日至 2021 年 6 月 30 日。2019 年,完成产值 150000 万元;开工累计完成产值 310000 万元。

新建衢州至宁德铁路(福建段)站前工程施工总价承包 QNFJZQ－4 标段　2019 年,完成产值 5307 万元;开工累计完成产值 149509.7 万元。

朝阳至秦沈高铁凌海南站联络线工程 TJ－1 标段　正线 33.327 千米。2019 年,完成产值 84078 万元;开工累计完成产值 153237 万元。

新建银川至西安铁路(甘宁段)站前工程 YXZQ－3 标段　位于甘肃省庆阳市西峰区、庆城县和宁县,正线 44.036 千米。合同投资 31.22 亿元。合同工期 52 个月。2019 年,完成产值 85841 万元;开工累计完成产值 330512 万元。

新建赣州至深圳铁路广东段站前工程 GSSG－8 标段　位于广东省惠州市、东莞市,正线 30.567 千米。合同投资 23.36 亿元,合同工期 2017 年 10 月 30 日至 2021 年 9 月 30 日。2019 年,完成产值 93058 万元;开工累计完成产值 170543 万元。

锦承线朝阳至叶柏寿段铁路扩能改造工程 CY1 标段　合同投资 9.8 亿元。合同工期 2014 年 12 月 25 日至 2019 年 12 月 24 日。2019 年,完成产值 37258 万元;开工累计完成产值 93848 万元。

新建川藏铁路拉萨至林芝段站前工程 LLZQ－12 标段　全长 53.015 千米。2019 年,完成产值 45899 万元;开工累计完成产值 227366 万元。

新建叙永至毕节铁路(川滇段)4 标段　全长 47.789千米。合同投资 210308 万元。2019 年,完成产值 25452 万元;开工累计完成产值 104179 万元。

新建蒙西至华中地区铁路煤运通道 MHPJ－4 标段　全长 1814 千米。合同投资 254567 万元。合同工期 2016 年 4 月 1 日至 2020 年 3 月 1 日。2019 年,完成产值 99291 万元;开工累计完成产值 254567 万元。

成兰铁路工程 CLZQ－5 标段　位于四川省绵阳市安州区高川乡。合同投资 19.2 亿元。合同工期 2012 年 12 月 17 日至 2017 年 7 月 16 日。2019 年,完成产值 15168 万元;开工累计完成产值 170601 万元。

新建南宁至崇左铁路项目 NCZQ3 标段　正线长 18.75 千米。合同投资 15.78 亿元。2019 年,完成产值 41962 万元;开工累计完成产值 46063 万元。

新建重庆铁路枢纽东环线站前工程 DHZQ－6 标段　正线长 36.024 千米。合同投资 18.0316 亿元。

合同竣工日期2021年4月29日。2019年,完成产值80928万元;开工累计完成产值161142万元。

福州地铁6号线工程1标段　合同投资6.7亿元。2019年,完成产值20244万元;开工累计完成产值56634万元。

洛阳地铁1号线工程　合同投资8.53亿元。2019年,完成产值41411万元;开工累计完成产值72942万元。

南昌市轨道交通3号线工程　合同投资6.74亿元。2019年,完成产值26459万元;开工累计完成产值56741万元。（陈天明）

【境外工程施工】　奥兰3800套房建项目　合同投资11694.08万美元。2013年3月开工,计划2020年12月完工。开工累计完成产值3338.75万美元。

奥兰1800套房建项目　合同投资5743.58万美元。项目主体工程全部完工。开工累计完成产值3672.9万美元。

BARAKI县40000人座体育场项目　合同投资733.66万美元。2018年6月5日开工,计划2020年6月完工。开工累计完成产值271.86万美元。

沙特铁路总局货运2号线达曼至利雅得段91千米整修项目　国际集团分包项目,由国际分公司组织施工。合同投资4439.89万美元。开工累计完成产值4552.61万美元。

乌本戈立交桥项目　合同投资2428万美元。合同工期2017年5月22日至2020年7月22日。开工累计完成产值1784.3万美元。

西门子±500千伏高压换流站项目　合同投资628.37万美元。开工累计完成产值749.62万美元。

肯尼亚497乡村公路项目　合同投资1089.94万美元。开工累计完成产值294.97万美元。

圣佩德罗体育场及附属设施项目　合同投资1663.44万美元。开工累计完成产值91.04万美元。

库河东金矿采场基建剥离项目　合同投资997.4万美元。开工累计完成产值525.73万美元。

玻利维亚穆通综合钢厂项目　合同投资1613.79万美元。开工累计完成产值162.9万美元。

塔尔煤田2区块年产380万吨褐煤露天矿采剥工程　合同投资4186万美元。2016年5月1日开工,合同工期39个月。开工累计完成产值2658.03万美元。

塔本陶勒盖露天煤矿东区矿采剥工程　合同投资73500万美元。2019年6月19日开工,合同工期120个月。开工累计完成产值5030.12万美元。

米拉多铜矿采矿与剥离工程　合同投资86976.16万美元。2019年9月开工,合同工期10年。开工累计完成产值4959.24万美元。（白　露）

【安全监督】　全面落实安全生产责任制,继续实施安全包保责任制,明确责任,层层签状。实行检查责任制。严格执行安全问责制。夯实教育培训基础工作,举办安全质量管理干部培训班,185人参加。帮扶六公司开展安全质量教育培训。督导各子分公司和项目部深入开展各类型安全教育培训工作。督导各项目部落实开展"读一封家书"和项目经理讲案例活动,从家庭情感和法律刚性约束两方面增强全员安全意识。在安全教育培训方面,充分利用VR技术,通过模拟机械伤害、洞口坠落、隧道突泥突水等一系列场景互动体验,使职工切身体验到安全事故的危害性,从而增强安全避险意识,提高自护自救技能。加强安全监管队伍建设,持证率由2019年上半年的52.87%提升至77.17%,土建类、机电类专业人员占比由上半年的52.71%提升至54.03%。动态监控重大危险源,提高风险预控能力,开展高风险项目分级管控工作。重点突出高风险项目专项安全方案管控,明确预控责任人,组织专家对方案进行评审、论证,并检查方案的执行情况。利用网络、电话、短信预警,对发生在其他单位的各类安全生产事故和危险性事件第一时间及时下发警示通报,快速反应,举一反三。突出超前预控,开展隐患排查治理工作,3月底,结合铁路质量安全红线检查工作,组成6个督导检查组,对全集团32个涉及铁路、公路、地铁、水利等项目组织开展红线督导和安全检查工作,下发整改通知书31份,排查出各类质量安全问题331项。9月,再次结合铁路质量安全红线检查工作,组成4个督导组,对集团重难点8个项目组织开展红线督导和隐患排查,下发整改通知书8份,排查安全质量问题105项。开展有针对性的隐患排查治理。对北京项目"节后复工"组织督导检查,对青岛地铁项目组织安全隐患排查,组织安排全局瓦斯隧道项目专项检查,督导云南地区高风险项目排查,对京雄铁路项目制运架梁设备的专项检查等。强化重大事故预防措施落实。积极推广应用先进经验和技术,特别是高地应力、富水软弱破碎围岩及有毒有害气体隧道施工等薄弱环节,制定预防重大事故的刚性措施,切实把重大事故隐患消灭于萌芽状态。安全活动开展情况。结合全国"安全生产月"活动,落实安全责任、深化专项整治,集团公司组织各子分公司和项目部开展丰富多彩的各类宣传教育活动。发挥共青团组织在青年职工中的影响力,带动广大青年职工在安全生产工作中切实起到模范带头作用,全面履职尽责,把安全生产"一岗双责"与日常生产活动相结合,集团公司团委组织开展安全质量巡回演讲活动,7名巡讲员行程9000千米,在9个重点基层在建项目,为广大青年职工带去精彩演讲,全面宣传企业安全文化。督导各项目部落实开展“读一封家书”和项目经理讲案例活动,从家庭情感和法律刚性约束两方面增强全员安全意识。加强民爆物品管理,顺利通过北京市公安局审核,完成爆破作业单位一级许可证延期换发及法人变更工作。下发对本周期爆破施工业绩创建单位的奖罚及下一周期爆破施工业绩创建计划的通知。积极参加北京市公安局、北京市工程爆破协会组织的各类会议,第一时间传达学习最新政策法规和会议精神,确保贯彻落实到位。组织喀双引水、玉磨铁路、青岛地铁、成兰铁路、太钢铁矿等14个项目爆破作业人员新取证及再教育培训班,保证各项目爆破“6760作业”的正常进行。加强爆破技术管理,聘请爆破专家对项目爆破方案进行梳理修正,到现场指导施工,提高爆破质量及效率,确保安全,节省费用。结合集团公司在建项目实际,积极组织人员参加北京市爆破工程技术人员培训班,弥补集团公司爆破技术人员缺口,满足法规要求。切实抓好爆破作业人员动态管理,及时掌握其在岗在位情况,确保做到“人证合一,上岗持证、离岗销证”。狠抓民爆物品流向、民爆物品储存库治安防范、民爆物品运输装卸、民爆物品末端管控等环节,确保爆破物品运输、储存、使用全过程无丢失、无事故。完善企业证件,确保经营投标需要,先后对集团公司安全生产许可证、采掘安全生产许可证进行法人变更,办理采掘安全生产许可证延期取证。组织调转或新办集团公司主管领导的交通、住建、水利、安监等四项企业负责人安全生产A证或合格证。延期和新办安全管理“三类人员”证件,住建委404人、水利部190余人、交通部120余人,三部委调转80余人;办理应急局安全证件10余人。集团公司生产经营投标借用、打印证书300余次。 (郭　锐)

【经营管理】 新签合同额638.8亿元,完成股份公司年度计划600亿元的106.47%,完成集团公司年度计划700亿元的91.26%,股份公司系统内排名第14位。总产值460.11亿元,其中施工产值446.01亿元,占股份公司和集团公司年度计划500亿元的92.02%,比2018年多完成19.28亿元,增长4.37%,剩余合同额1497亿元。企业固资项目519万元。年初圆满完成“第四次经济普查”2018年年报报表填报工作。梳理无法执行合同额与剩余合同额情况。

财务管理。营业收入449.42亿元,同比增加32.58亿元,增幅7.82%;完成股份公司批复年度预算指标408.43亿元的110.04%,净利润1.5亿元;资产负债率87.37%,较年初的85.13%增加2.24个百分点;有息负债85.24亿元,较年初的87.13亿元减少1.89亿元。经营性现金净流量20.06亿元,较上年同期减少3.94亿元。所有者权益金额58.32亿元,较年初增加13.15亿元,其中实收资本50.8亿元。收到各单位上缴款99473万元,占年初计划的67.6%。其中,工程公司上缴款70950万元,占年初计划的112.46%;所属项目上缴款28523万元,占年初计划的33.93%。在建铁路项目9430万元;收尾并账铁路项目16318万元;内蒙古高速项目614万元;资质共享项目2161万元。融资管理。集团公司带息融资规模85.23亿元,较股份公司下达规模91.98亿元低6.75亿元。“资金池”建设。全年平均资金上存度68%,高于股份公司下达指标8个百分点。资金集中度全年平均值79%,高于股份公司下达指标9个百分点。资金成本管控。综合融资成本3.8%,全集团年节约融资成本1.26亿元。财务公司和西藏贴息贷款节省融资成本0.5亿元,其中年末在财务公司借款余额30亿元,在西藏各商业银行贴息年均贷款余额10亿元;通过“资金池”调剂资金节省融资成本0.46亿元,其中年末集团公司本级通过“资金池”调剂资金余额10.64亿元;通过票据业务节省融资成本0.3亿元。信用支付管理工作。全集团应付票据金额39.5亿元,比年初33.23亿元增长6.27亿元,票据置换现金业务累计完成33.45亿元。开立铁建银信27.49亿元,邀请供应商注册972户,获得资产公司各项奖励386.8万元。财务监察工作。制定财务大检查方案,先后3次召开会议,成立8个检查组,按“一对一”方案组织抽查。自查单位593个,自查率100%;集团抽查单位110个,其中法人单位12个,非法人单位98个,抽查率18.55%;各子(分)公司抽查单位数量35个,平均抽查率3.97%。自查、抽查发现问题整改935个,整改完成率100%。成果转化为“废改立”制度37项。进场交易管理工作。五公司通过北京产权交易所场内竞价处置三台轮轨式提梁机,场内成交金额314万元,高于资产净值96万元,高于资产评估值174.37万元,总资产溢价率124.90%,大大高于以往处置同类设备收益。经费管理。编制下发《关于下达2019年度集团公司机关经费开支预算指标的通知》。依据《中铁十九局集团有限公司机关经费管理办法》对经费进行规范管理,确保经费开支会计核算正确、真实、全面。参加财务共享平台业务学习,借助财务共享平台预算模块,确实落实“先预算后开支、无预算不开支”的要求。2019年度经费预算2.38亿元,实际开支1.87亿元,占年度预算的78.7%。财务队伍建设。通过实施全流程管控,加快推进“521+1+2”结构优化目标,抓核心、强骨干、优结构、促成果,不断推进人力保障体系建设。抓实总会能力提升。开展总会岗位述职,全面考评总会岗位履职效率效果;科学设置指标体系,首次实施总会签状;组织业务研讨会,进一步统一思想认识,捋清"责任、标准、位置"三者关系定位,着力推进作风建设,提升纪律担当意识;针对问题不足,两度开展管理约谈;68 名总会计师部长再次齐聚东北财经大学,深入学习研讨,扩思路、拓视野,切实推进总会梯队建设。抓牢骨干能力培养。205 名业务骨干集中于辽阳市,深研制度政策,把准实操方向,做强骨干能力提升;召开"导师带徒"推进会,汇报进展、交流经验、展示成果,做实业务骨干培养;修订会计委派制,把托管项目总会计师和财务负责人的委派及考核权限下放至工程公司,力求做优骨干梯队建设。组织开展财务业务骨干"导师带徒"。骨干培养实现定制,梯队建设推进加速;着力培养"财务骨干"、专业化人才、综合管理人才。抓好人员结构优化。首次举办中级考试现场培训班,158 人参加集中培训,42 人通过中级职称全科考试,8 人通过高级职称考试,1 人通过正高级会计师评审,7 人通过高级会计师评审,21 人通过会计师评审。

设备物资。采购物资 216.14 亿元,其中集采物资 214.39 亿元,集采率 99.19%,完成集团年初确定的 90% 目标。组织供应钢材 134.23 万吨,水泥 471.07 万吨,成品油 24.08 万吨,民爆器材 2.75 亿元,其他材料 115.01 亿元。材料消耗 216.64 亿元。调剂周转材料原值 0.75 亿元。新购单价 10 万元及以上设备 443 台,金额 2.59 亿元,集中采购率 95%,节资效果显著。调剂闲置设备 1229 台,原值 8.08 亿元。申请使用路用车 664 辆,审批使用 664 辆,实际扣用 557 辆。

社保工作。应收"五险二金"101813.92 万元,实收 101813.92 万元,收缴率 100%。其中,养老保险 40502.66 元、失业保险 1536.27 万元、工伤保险 2072.71万元、基本医疗保险 16201.6 万元、生育保险 1037.49 万元、企业年金 4327.87 万元、住房公积金 36135.32 万元。上缴各地社保机构社会保险费 101813.92 万元。其中,上缴辽宁省 55565.02 万元、广东省 4778.08 万元、北京市 35018.64 万元、无锡市 6419.14 万元、天津市 33.04 万元,上缴率均 100%。为企业申报请领稳岗补贴 480.76 万元。为 815 名符合退休条件的职工办理退休报批手续。其中,辽宁省 813 人、北京市 2 人。为 374 名新入职学员和复转军人办理在辽宁参保手续。办理辽宁养老保险关系转移 439 人。其中,跨省转出 313 人、跨省转入 29 人、集团内部转移 97 人。为工程招投标、建造师注册备案、特级资质就位开具养老保险缴费证明函 65 份。对 245 名 75 周岁以上领取养老金、87 名遗属领取生活费、140 名工伤人员进行认证,确保社保待遇准确及时发放。向中国铁道建筑集团有限公司申报统筹外费用 235.3 万元。完成 2018 年度集团退休 626 名军转干部的调整待遇工作,月提高生活补助金 70440 元。组织集团机关离退休人员进行健康体检,参检 164 人,支出费用 13.41 万元。根据辽宁省《关于 2019 年调整企业退休人员基本养老金的通知》精神,对 2018 年 12 月 31 日前已按规定办理退休手续的 6092 名退休人员的基本养老金进行调整,人均调待 125.54 元,调待增资 76.48 万元;积极落实辽宁省人社厅通知精神,为离休老干部和新中国成立前老兵加发月基本离退休金2.89 万元。为 99 名供养遗属申请发放生活困难补助费 59.72 万元;为 58 名死亡的退休人员申请发放丧葬抚恤费 373.83 万元,一次性支付 65.28 万元;为 32 名死亡的在职职工,办理丧葬抚恤费 174.06 万元,一次性支付 214.42 万元。向辽阳市医保中心支取全年个人账户资金 2928.72 万元,实际发放 16305 人次,发放资金 1929.35 万元。新办、变更、取消异地医院 1371 人次。其中,在职职工 761 人次、退休职工 610 人次。办理退休人员全国异地结算 839 人次。受理异地报销统筹支付 590 人次,报销金额 556.5 万元,超限额报销 61 人次,报销金额 111.48 万元。完成在职职工和退休人员医保个人账户基数核定 16132 人次(含 658 名退休军转干部)。办理二代医保卡 505 张,办理个人账户银行卡 362 张。清理 2014 年 1 月至 2018 年 6 月全集团公司的个人账户 77.84 万元。为集团本级和国际公司职工报销补充医疗保险费用 618 人次,支付金额 121.74万元。新发生工伤 20 人,完成工伤认定 13 人,劳动能力鉴定 9 人;为辽阳地区 32 名工伤职工申请发放伤残津贴及护理费 87.26 万元,调整伤残津贴和护理费待遇补发4.9万元,为 2 名工亡职工遗属申领补助金 4.78 万元;申请发放一次性伤残补助金 65.07 万元;处理工亡 2 人,申请发放一次性伤残补助金163.52 万元。

(吕晓明　戴豪杰　张　爽)

【科研工作】 承担中国国家铁路集团有限公司课题 2 项,承担江苏省住建厅课题 1 项、辽宁省交通厅科研课题 1 项、辽宁省经信委科研课题 5 项。新签产学研合作协议 11 项,轨道公司与东南大学、北京交通大学等院校合作,六公司与北京工业大学、长安大学等院校合作。上报股份公司科研计划项目 4 项,批准承担股份公司 B 类课题 1 项,C 类课题 1 项。新立研发集团公司课题 16 项,其中重大科研课题 2 项,分别是"强渗透液化地层盾构隧道微扰动施工关键技术研究与应用"和"川藏线米林隧道冰水堆积体(冰碛体)

施工关键技术研究”。组织参加各级科技成果评审11项；参加中国黄金协会科技成果评审1项，“长山壕金矿露天边坡稳定性研究”达到国内先进水平；参加股份公司科技成果评审8项，其中2项成果达到国际先进水平，分别是“高地震带隧道穿越断层破碎带施工技术”和“曲线塔超宽PC箱梁空间索斜拉桥建造关键技术研究”，其中“大吨位宽幅长节段后支点菱形挂篮和五主桁自动化同步行走系统”技术达到国际领先水平。3项成果达到国内领先水平，分别是“小净距地铁隧道矿山法施工技术”、“基于无人机视觉的露天矿山土方算量方法关键技术研究”和“利用精确延时爆破技术控制爆破块度降低损失贫化研究”；参加辽宁省公路学会评审2项。选报“转体连续梁钢壳法合龙施工工法”等21项申报辽宁省工法，获奖19项；选报“分离式桥梁‘1+2’固定高低支腿龙门提升站架梁施工工法”等9项工法申报公路协会工法，获奖9项；选报“一洞双机皮带机出渣施工工法”等15项工法申报股份公司工法，获奖10项；征集集团公司工法39项，初评完成。收集论文186篇，初评完成。为解决基层技术人员发表论文难的问题，集团公司积极组稿，在《铁道建筑技术》2019年第5期、第10期发表15篇论文。参编各级标准14项。其中，参编的行业标准《铁路瓦斯隧道技术规范》2019年4月18日发布，2019年8月1日实施；《城市轨道交通桥梁工程施工及验收规范》2019年11月1日实施。申报2020年国家铁路局工程建设标准立项计划4项。申请专利受理143件，其中发明51件；获得授权专利125件，其中发明专利16件，实用新型专利108件，软件著作权1件。拥有授权有效专利701件，其中发明专利120件。新申请PCT专利2件，分别是“一种两台阶带仰拱快速封闭隧道支护结构及其施工方法”“一种施工隧道车辆出勤的考核方法、计算机装置以及计算机可读存储介质”。获3件PCT国际专利的授权，分别是“桥梁桩基的U型结构托换转移系统及其施作方法”、“柔性桥墩水平分隔断的缝施工方法及其施工装置”和“盾构管片封顶块拼装装置及施作方法”，实现集团公司海外PCT专利授权“零”的突破。“十字交叉开挖支撑后拆式隧道施工方法”获第21届中国专利优秀奖。获省级科学技术奖2项：“川西强震艰险山区高速交通路基抗震及安全保障关键技术”获四川省2018年度科学技术二等奖，“第三系富水砂岩、泥岩互层隧道涌水涌泥段变形控制和施工方法研究”获辽宁省2018年度科学技术三等奖。获中国施工企业管理协会工程建设科学技术奖5项、浙江省岩土力学与工程学会科学技术奖1项。“曲线塔超宽PC箱梁空间索斜拉桥建造关键技术研究”获股份公司科学技术一等奖。

（李金永　宋立柱）

【党群工作】　党的工作。党支部6个，党员226人，年内发展党员3人。1月21日，集团公司党委三届四次全委（扩大）会在北京召开。集团公司党委书记、董事长赵国旗作《讲政治　稳增长　以高质量党建引领企业高质量发展》的党委工作报告。会议确定2019年党委工作的总体思路：以习近平新时代中国特色社会主义思想为指导，各级党组织深入贯彻落实全国国有企业党的建设工作会议、全国组织工作会议和中央企业基层党建座谈会各项部署，按照新时代党的建设总要求，以“讲政治、稳增长，以高质量党建引领企业高质量发展”为工作主基调，推进党的领导与公司治理深度融合、党的建设与生产经营深度融合，促进党委领导作用有效发挥。扎实开展“三保一降”活动，为配合“不忘初心、牢记使命”主题教育，集团公司党委紧密结合企业发展实际，科学筹划、统筹开展以保安全、保质量、保进度、降成本为主要内容的“三保一降”活动。由集团公司领导班子成员每人包保一个重难点项目，通过深入项目督导帮扶，切实解决项目存在的突出问题。强化党委常委（扩大）会议制度建设，集团公司党委把加强常委会建设作为发挥领导作用的重要举措，建立每月至少一次的党委常委（扩大）会议制度，将“三重一大”事项列入前置研究程序，通过会议研究前置事项70项，决策事项49项。完成精准扶贫任务，经过三年努力，集团公司负责的扶贫村河北省张家口市尚义县下马圈乡南朝碾村通过河北省扶贫验收，实现整体脱贫。

宣传工作。安排中心组学习13次，其中主题教育集中学习6次，其他学习7次。在微信平台上大力宣传全国向上向善好青年夏荔，中央企业劳动模范、三公司兰渝铁路1标段三工区总工程师李绍杰等先进事迹，并树立3名“企业文化先进典型”；1人参加北京市百姓故事巡回演讲活动，为首都人民带去筑路人的故事，获高度赞誉；对外大力宣传扶贫典型吕帅的先进事迹，展现央企的责任和担当；把股份公司级以上4名敬业典型先进事迹材料在“反腐倡廉教育基地”进行展示，形成良好的带动和示范效应。以“传承雷锋精神，弘扬时代新风”为主题共组织开展76项学雷锋志愿服务活动，达到学雷锋“人人可学，处处可为”的活动目标。开展以“弘扬劳模精神，争做大国工匠”为主题的道德讲堂活动，大力宣传劳动模范先进事迹。在项目经理培训班上，开展礼仪培训，提升文明形象；积极组织“庆祝新中国成立70周年”主题系列活动，“与祖国同行”主题短视频大赛活动征集作品22个，“视觉新铁建”主题摄影大赛征集优秀作品63幅，“我和我的祖国”主题征文大赛征集优秀作品71个，“大国顶梁柱 阔步新时代——庆祝新中国成立70周年”中央企业故事大赛活动征集上报优秀作品；结合队伍组建70周年，开展“我爱企业我爱家”主题征文大赛。开展“讲政治，稳增长”主题教育。年内按照股份公司政研会安排，组织开展2019—2020年度课题立项申报工作，2篇课题入选股份公司政研课题。企业文化建设全面发力，“企业文化周”多姿多彩，结合队伍组建70周年开展以“传承铁道兵精神，培育新企业文化”为主题的“企业文化周”系列活动，通过开展纪念集团公司成立70周年活动，宣传铁道兵精神、青藏精神、兰渝精神，进行铁道兵优良传统文化教育等，开展深入的企业文化宣传，弘扬企业精神，统一思想，提振士气。精心筹划拍摄制作企业形象宣传片和专题片，展示企业良好风貌，提升企业文化品牌；筹拍的集团公司精准扶贫专题片，全面展示三年的扶贫成果；内部报刊《铁道工人》出报纸20期，编发微博94条，抖音24条。微信推送信息258条，微信公众号关注20000人。22条微信推送信息浏览量超过6000次。以新闻报道目标管理责任制为抓手，抓住重点题材、重点项目、重点媒体和重点版面进行宣传报道。各类媒体刊稿超过1000篇。张振宇的通讯稿《中国建筑业生产方式迎来深刻变革》获第三十三届中国产经新闻奖三等奖。集团公司获《中国铁道建筑报》2019年度“新闻报道先进单位”称号，张振宇获“十佳记者”第三名。集团公司获股份公司2019年度“网站信息工作先进单位”称号，张振宇获股份公司2019年度“对外宣传报道先进个人”称号。

工会工作。强力发挥集体协商作用。组织各单位工会主席观摩六公司集体合同现场推进会。通过职代会联席会选举出10名“2017—2019年度十大劳动模范”。七公司魏成波获全国五一劳动奖章；三公司李绍杰获评中央企业劳动模范，并作为劳模代表在人民大会堂参加表彰大会；七公司屈振学获广西壮族自治区五一劳动奖章；六公司王海亮、一公司彭志新、银西项目部张义申获铁路总工会火车头奖章；一公司王广波获成都市五一劳动奖章；一公司杨秋盈、七公司程喜、国际公司程绍山获中国铁建工人先锋奖章；六公司无锡地铁项目部获评江苏省工人先锋号；浦都公路项目部获评成都市工人先锋号；三公司路面一项管部、五公司赣深铁路指挥部获评中国铁建工人先锋号。为激励劳模再立新功，在开展节假日走访慰问的同时，组织25位劳模及家属到内蒙古阿尔山进行疗养，并与六公司三阿高速公路项目部职工进行座谈，择优选派3名劳模参加股份公司的3次劳模疗养。在“巾帼建功立业”活动中，集团公司“三八红旗手”施蜀荣四十年如一日坚守测量岗位的感人事迹在广大女职工中广为传播。一公司新建京雄城际铁路4标段项目部、六公司G302线三岔至阿尔山段公路二期工程SAZCB项目部2个单位获评股份公司重点工程项目劳动竞赛综合优胜单位，一公司新疆YE供水KSIV项目TBM掘进施工班组获评股份公司特色劳动竞赛综合优胜单位，8名职工获评股份公司劳动竞赛优秀组织者。一公司、三公司、轨道公司被授予成都市五一劳动奖状、奖章及工人先锋号等称号。开展“夏送清凉　冬送温暖”“两节送温暖”“送温暖　送文化　送春联”活动。投入资金547.6万元购买防暑降温和防寒保暖用品，走访慰问项目45个，惠及基层职工、困难职工、劳动模范、离退休老干部等群体5500人。修订“三不让”承诺条款，先后实施职工互助补充保险和“三不让”承诺救助各3批，救助遇险会员382人，救助金额258.9万元。开展金秋助学活动，资助考上大专院校的困难职工子女41人，资助金额11.8万元。持续加大艰苦偏远项目职工之家建设帮扶力度，集团公司工会先后投入65万元对13个偏远艰苦项目进行建家建线重点帮扶，股份公司工会先后3次为集团公司西南地区偏远艰苦项目送去慰问。开展文体活动工作，举办“不忘初心、品质前行——消夏文艺晚会”，晚会现场全程直播，2小时观看量2.67万人次，留言点赞数3.14万条。邀全国总工会文工团、中国文联文艺志愿服务小分队，先后走进京雄城际铁路4标段项目部。在北京举办“先锋杯”第三届职工篮球赛，五公司摘得桂冠。开展惠及家庭活动，妇女节表彰“幸福家庭18户”、“贤内助”17名和“好丈夫”16名；在儿童节调查摸底617名留守、困难职工子女情况，组成9个慰问组，到辽阳、沈阳、大连、秦皇岛、通辽及珠海等地探望留守子女。积极开展“献爱心、做红娘”活动；举办单身职工联谊会，240名基层一线未婚职工参加，62人成功脱单，表彰19名“最佳红娘”；在中国铁建工会女职工委员会一届六次会议上作“2019爱在广州、梦想启航，走进中国铁建夏令营”活动经验介绍。

共青团工作。下辖团委28个，团工委2个，团支部148个，团员2705人。政治思想引领工作，集团公司团委以“铁建青年跟党走”“讲政治，稳增长”“青春心向党·建功新时代”主题教育活动为载体，开展上百次教育活动。组织召开“习近平总书记在纪念五四运动100周年大会上重要讲话精神”学习座谈会。会上同时学习党的十九大精神和团的十八大精神，要求各级团组织深入一线和团员青年一起学习领会，并结合岗位实际落到工作实处。以中华人民共和国成立70周年和五四运动100周年为契机，拍摄《我和我的祖国》歌曲现场MV并上报股份公司团委，在股份公司团委公众号上进行推送。开展“青春心向党·建功新时代”主题实践活动，基层项目不断深化争创“青年文明号”、争当“青年岗位能手”、创建“青年安全生产示范岗”，举办“青年突击队”竞赛活动。在年初工作会上开展基层团青工作标杆项目和优秀项目评选表彰工作，并举办第一届“海外优先 青年先行”知识竞赛活动，带领两名选手参加股份公司“海外优先 青年先行”知识竞赛活动并获得第四名。兰渝铁路胡麻岭隧道工程师夏荔获“全国向上向善好青年·爱岗敬业好青年”称号，被团中央确定为团中央青年讲师团成员，参加由中宣部、全国总工会、团中央、全国妇联联合组织开展的百姓宣讲活动。夏荔在北京大学参加首场宣讲活动，团委组织40余人现场观看宣讲活动。下发《集团公司团委关于深入开展向夏荔学习活动的决定》的通知。结合“两红两优”和“十大杰出青年”表彰工作，在团委公众号上把第十五届十大杰出青年的每位获表彰人员和“两红两优”获表彰单位个人进行推送。（刘博 贾岩 严明）

【第一工程有限公司】 具有公路工程、建筑工程、市政公用工程、机电工程施工总承包一级，铁路工程、水利水电工程施工总承包二级，电力工程、矿山工程施工总承包三级，地基基础工程、钢结构工程、隧道工程、公路路基工程专业承包一级，电子与智能化工程、建筑装修装饰工程专业承包二级，桥梁工程、公路路面工程、河湖整治工程、环保工程专业承包三级资质。前身是中国人民解放军铁道兵第九师四十一团；1984年，集体转业并入铁道部，改称铁道部第十九工程局第一工程处；1999年12月，改称中铁第十九工程局第一工程处；2001年12月，成立中铁十九局集团第一工程有限公司。驻辽宁省辽阳市白塔区卫国路138号。董事长、总经理赵琦，党委书记曲久斌，党委副书记（主持工作）付东。职工2449人。资产总额491614.53万元。其中，固定资产原值112401.1万元、净值40992.07万元，流动资产430163万元。机械运输设备1906台，原值65253.44万元、净值34487.53万元，总功率209681千瓦，动力装备率85.48千瓦/人，技术装备率14.01万元/人，主要机械设备完好率96%、利用率85%、成新率52.90%。

2019年，承揽工程任务54项，承揽额81.62亿元。产值583586万元，利润6300万元，全员劳动生产率54.24元/人年，职工年人均收入96082.14元，上缴款5843万元。产值利润率1.18%，资产负债率92.78%，净资产收益率14.8%，应上缴款完成率100.21%。

（丁爽）

【第二工程有限公司】 具有公路工程、水利水电工程、房屋建筑工程施工总承包一级，桥梁工程、隧道工程、公路路面工程、公路路基工程、机场场道工程专业承包一级，铁路工程施工总承包二级，市政公用工程施工总承包三级资质。前身系铁道兵第九师第四十二团；1984年1月，集体转业并入铁道部，改称铁道部第十九工程局第二工程处；1999年12月，改称中铁第十九工程局第二工程处；2001年12月，企业改制改称现名。驻辽宁省辽阳市白塔区和平路17号。董事长、党委书记解佳飞，总经理李锐。职工2327人。资产总额795500万元。其中，固定资产原值101889.87万元、净值22171.55万元，流动资产711173.19万元。机械设备1479台，原值3714.13万元、净值13602.88万元，总功率118030千瓦，动力装备率50.61千瓦/人，技术装备率5.83万元/人，主要机械设备完好率100%、利用率100%、成新率24.11%。

2019年，产值721266万元。全员劳动生产率65.08万元/人年。（殷民）

【第三工程有限公司】 具有公路工程施工总承包特级，市政公用工程施工总承包一级，建筑工程、铁路工程、水利水电工程施工总承包二级，矿山工程施工总承包三级，工程设计公路工程行业甲级，公路路面工程、公路路基工程、隧道工程、桥梁工程专业承包一级，公路交通工程专业承包（安全设施分项）二级，机场场道工程专业承包二级，环保工程专业承包三级，公路养护工程二类甲级，沥青混合料生产一类甲级，沥青混合料生产二类甲级资质。前身是1949年组建的中国人民解放军铁道兵第九师四十三团；1984年兵改工并入铁道部，称铁道部第十九工程局第三工程处；1999年12月，与铁道部脱钩，划归中央企业工作委员会管理，改称中铁十九局第三工程处；2001年12月，改制为中铁十九局集团第三工程有限公司。驻辽宁省沈阳市沈北新区沈北路36号。董事长、总经理陈广伯，党委书记宫勇。职工2320人。资产总额644960万元。其中，固定资产原值55794万元、净值23416万元，流动资产561703万元。机械运输设备940台，原值42163.24万元、净值12639.08万元，总功率93678.02千瓦，动力装备率40.15千瓦/人，技术装备率5.42万元/人，主要机械设备完好率92%、利用率81%、成新率30%。

2019年，承揽工程任务12项，承揽额423277万元。产值64.74万元，净利润368万元，全员劳动生产率596785元/人年，职工年人均收入124100元，上缴款4327万元。产值利润率0.06%，资产负债率83.66%，净资产收益率0.35%，应上缴款完

成率 88.87%。（冯小宁）

【第五工程有限公司】 具有建筑、公路、市政公用工程施工总承包一级，铁路工程施工总承包二级，桥梁工程、隧道工程、公路路基工程、建筑装修装饰工程专业承包一级，钢结构工程、环保工程专业承包二级等资质。前身系铁道兵第九师给水营与修理营，1984 年集体转业并入铁道部；2000 年 8 月，局资产重组，把局直属工程处、局大连技工学校并入五处；2002 年 2 月，企业改制改称现名。驻辽宁省大连市金州区拥政街道 586 号。董事长、总经理苗博宇，党委书记宋新海。职工 1842 人。资产总额 525316 万元。其中，货币资金 65904 万元，固定资产净值 9772 万元。机械设备 863 台，原值 34062.20 万元、净值 8667.99 万元，成新率 25.22%，动力装备率 39.22 千瓦/人，技术装备率 4.48 万元/人，设备总功率 75300 千瓦，大型机械设备完好率 85.60%、利用率 73.50%、成新率 5.70%。

2019 年，新签合同额 161.87 亿元，产值40.12亿元，营业收入 399981 万元，净利润 -32745 万元，毛利率 1.99%，资产负债率 92.46%。（赵艳萍）

【第六工程有限公司】 具有铁路工程施工总承包一级，桥梁工程、隧道工程、公路路基工程、铁路铺轨专业承包一级，水利水电工程、建筑工程施工总承包二级资质。前身系中国人民解放军铁道兵第九师四十四团；1984 年 1 月，集体转业并入铁道部；2001 年 12 月，改名为中铁十九局集团第四工程有限公司；2010 年 9 月，更名为中铁十九局集团第六工程有限公司。驻江苏省无锡市新吴区香山路 7 号。董事长、总经理周宝春，党委书记安文杰。资产总额 435335 万元。其中，固定资产原值 103412 万元、净值 25868 万元，流动资产 338616 万元。5 万元以上固定资产 1172 台（套），原值 8.71 亿元、净值 1.84 亿元。设备成新率 21.13%，设备总功率 168112 千瓦，动力装备率 80 千瓦/人，技术装备率 8.71 万元/人。

2019 年，承揽工程任务 11 项，承揽额 286924.32 万元。施工产值 408302 万元，利润 188 万元，全员劳动生产率 195.17 万元/人年，职工年人均收入 106737.79 元，上缴款 41.3 万元。资产负债率 87.20%，净资产收益率 0.35%，应上缴款完成率 105.21%。（李小娟）

【第七工程有限公司】 具有铁路工程施工总承包二级，机电工程施工总承包三级，建筑幕墙工程、公路路基工程专业承包二级资质。1985 年 6 月成立，先后称珠海办事处、珠海工程公司、珠海工程总公司；2002 年 12 月，企业改制后称华南工程有限公司；2010 年 11 月，整合成立第七工程有限公司。原驻广东省珠海市拱北港昌路 111 号中铁大厦，2019 年 11 月 8 日迁址广州市南沙区中国铁建环球中心。执行董事、总经理曹树强，党委书记刘亚东。职工 965 人。资产总额 325344 万元。其中，固定资产原值 27159 万元、净值 11898 万元，流动资产 316401 万元。机械运输设备 333 台，设备原值 11792.78 万元、净值 6092.39 万元，设备总功率 37150 千瓦，动力装备率 79.67 千瓦/人，技术装备率 12.99 万元/人，设备完好率 82%、利用率 80%、成新率 51.89%。

2019 年，承揽工程任务 8 项，承揽额 288488 万元，产值 451128 万元，利润 -6975 万元，全员劳动生产率 102.67 万元/人年，职工年人均收入 122313 元。产值利润率 -1.55%，资产负债率 94.78%，净资产收益率 -34.98%。（钟妮蓉）

【矿业投资有限公司】 具有矿山施工总承包一级、钢结构工程专业承包三级、爆破作业营业性三级资质。集市政、建筑、机电工程、钢结构等工程专业承包于一体，业务覆盖矿山建设全领域。前身为中铁十九局集团有限公司第六工程公司；2005 年 3 月，由中铁十九局集团有限公司机械化工程公司和中铁十九局集团有限公司建筑工程公司合并组建；2008 年 3 月，更名为中铁十九局集团有限公司矿业公司；2010 年 7 月，注册为中铁十九局集团矿业投资有限公司。注册资本金 5.08 亿元。执行董事、总经理李长城，党委书记张德峰。职工 1110 人。资产总额 44.18 亿元，负债总额 21.22 亿元，所有者权益总额 22.96 亿元。资产负债率 48.02%。设备资产 2328 台，设备原值 19.27 亿元、净值 8.27 亿元。设备成新率 43.37%，设备总功率 322285 千瓦，动力装备率 263.06 千瓦/人，技术装备率 74.95 万元/人，折旧计提率 100%。

2019 年，签订合同 42 项，新签合同额 200.09 亿元，施工产值 46.95 亿元，税前利润总额 4.82 亿元，净利润 4.32 亿元，集团公司上缴款1.66亿元。

（薛　森）

【轨道交通工程有限公司】 具有市政公用工程施工总承包一级资质。2008 年 2 月成立；2008 年 12 月在沈阳浑南经济技术开发区注册；2010 年 12 月在北京市顺义区林河经济技术开发区转注册。执行董事、总经理孟宪彪，党委书记韩士钊。职工 2007 人。资产总额 650480 万元。其中，固定资产原值 151777 万元、净值 74832 万元，流动资产 452796 万元。盾构机 24 台。

2019年，承揽工程任务11项，承揽额612186.23万元，职工年人均收入102956元，上缴款11046万元。资产负债率90.54%，应上缴款完成率80.39%。

（李旭光）

【电务工程有限公司】 具有机电工程施工总承包一级，铁路电务工程、铁路电气化工程专业承包一级，输变电工程、消防设施工程、建筑装修装饰工程专业承包二级，建筑工程施工总承包三级资质。前身系始建于1949年的中国人民解放军铁道兵第九师通信科；1984年1月，改编为铁道部第十九工程局通信机要处；1995年，组建铁道部第十九工程局电务工程公司；1997年，组建铁道部第十九工程局电务工程处；2002年2月，改制改称现名。驻北京市大兴区西红门新建开发区金服大街13号。董事长、总经理孙延明，党委书记杜彬。职工408人。资产总额74666万元。其中，固定资产原值3117万元、净值1699万元，流动资产66144万元。机械运输设备103台，设备原值842.59万元、净值113.33万元，总功率2940千瓦，动力装备率7.07千瓦/人，技术装备率1800元/人，主要机械设备完好率90%、利用率95%、成新率10.17%。

2019年，承揽工程任务11项，承揽额10.5亿元。完成产值40364万元，利润1652万元，年度上缴款2598万元。资产负债率63.69%，净资产收益率5.6%，应上缴款完成率86.6%。（刘长勇）

【国际建设分公司】 前身是集团公司海外工程指挥部；2012年3月，成立国际建设分公司。驻北京市经济技术开发区路东区经海3路109号院天骥·智谷科技园区19号楼。总经理张永军，党委书记张竞。职工296人。资产总额57843万元。其中，固定资产原值53180万元、净值6866万元，流动资产48890万元。设备1057台（套），设备原值40789.22万元、净值1255.76万元。设备成新率3.07%，设备总功率211322千瓦，动力装备率728.69千瓦/人，技术装备率4.33元/人。

2019年，承揽工程任务24项，承揽额112950.1123万元。施工产值48560万元，利润-5064万元，全员劳动生产率164万元/人年。产值利润率-10.43%，资产负债率117.66%，净资产收益率66.42%。

（张玉辉）

【房地产开发公司】 具有房地产开发三级资质。驻辽宁省辽阳市白塔区和平路17号。董事长李程，总经理丁礼建。职工27人。资产总额150177万元，负债总额151654万元，所有者权益-1477万元。

2019年，营业总收入6986万元，其中主营业务收入6942万元。（许　静）

【物资有限公司】 注册资本金5000万元。驻辽宁省沈阳市沈北新区沈北路36号。执行董事、总经理付伟。职工16人。资产总额71145元。其中，固定资产原值94万元、净值12万元，流动资产71132万元，资产负债率91.78%，净资产收益率4.61%。（黄　莹）

【计量测试中心】 具有国家级计量认证、公路工程综合乙级、建筑工程材料见证取样检测、市政工程材料见证取样检测、地基基础工程检测、主体结构工程现场检测、建筑节能检测、室内环境检测、水利工程混凝土类岩土类乙级资质。前身为始建于1956年的铁道兵第九师司令部试验室；2001年，企业改制更名为中铁十九局集团有限公司计量测试中心；2009年7月，注册中铁十九局集团工程检测有限公司，“一个机构，两块牌子”。驻辽宁省辽阳市太子河区南郊街137号。执行董事王俊杰，总经理李红泽。职工19人。资产总额1484万元。其中，流动资产1086万元，固定资产原值1390万元、净值366万元，使用权资产22万元，无形资产10万元。资产负债率37%。设备329台（套）。

（郭艳辉）

【中心医院】 属企业综合性职工医院，是以治疗脑血管疾病为重点，集医疗、科研、教学、康复、预防为一体的国家二级甲等医院。为辽阳市城镇职工医疗定点机构，新型农村合作医疗定点机构。驻辽宁省辽阳市白塔区卫国路75号。院长、党委书记孙会成。医院占地面积2.63万平方米，开放床位350张，开设临床科室12个，辅诊科室9个，职能科室13个。正式职工281人，卫生技术人员212人。拥有核磁共振、CT、CR、彩超等先进医疗设备。

2019年，门诊量26906人次，住院患者9644人次，“120”接诊203人次，手术76人次，体检4000人次。医疗业务收入8455万元。（刘　宇）

【重要记载】

▲1月7日　中铁十九局与辽宁省交通建设投资集团、河南省交通规划设计研究院在沈阳签署辽宁省交通规划设计院有限责任公司混改增资扩股协议。

▲1月21—22日　中铁十九局三届四次党委全委（扩大）会、三届六次职工代表大会、2019年工作会暨党风廉政建设和反腐败工作会议在北京召开。

▲2月20日　中铁十九局获2018年张家口尚义县扶贫工作考核第一名。

▲2 月 27 日　中铁十九局参建的合福铁路综合工程获中国土木工程詹天佑奖。

▲4 月 12 日　中铁十九局参建的伊绥高速公路工程和京福高铁工程获中国土木工程詹天佑奖。

▲9 月 28 日　中铁十九局参建的世界上一次性建成并开通运营里程最长的中国铁路货运示范线——浩勒报吉至吉安铁路正式开通运营。

▲11 月 8 日　中铁十九局集团广州工程有限公司(中铁十九局集团第七工程有限公司)在广州南沙举行揭牌仪式。　(方迎春)

中铁二十局集团有限公司

【简况】 具有各类资质165 项,其中总承包资质42 项(含铁路、公路、市政、建筑等5 项特级资质),专业承包资质80 项,设计资质9 项,以及地质灾害治理工程施工甲级资质、对外承包工程资格证等其他资质34 项。经营范围涉及建筑工程施工、海外经营、投资运营、房地产开发、工业制造、物流贸易、铁路运输、酒店管理、设计咨询、工程检测、教育培训、城市驻车等多个领域和专业。前身为中国人民解放军华东警备第五旅,1984 年集体转业并入铁道部,改称铁道部第二十工程局。1999 年更名为中铁第二十工程局。2002 年改制更名为中铁二十局集团有限公司。下辖第一、第二、第三、第四、第五、第六工程公司及市政公司、贵州公司、电气化公司、房地产公司、中铁长安重工公司、中铁建科检测公司、安哥拉国际公司、莫桑比克公司、塞拉利昂公司、蒙古国公司、巴基斯坦公司等19 个全资子公司,3 个合资公司,1 个分公司,2 个直属单位。设有东北、华北、中原、华中、华东、华南、重庆、西南、西北、陕西等10 个区域指挥部,经营网络覆盖全国,辐射亚、非、拉美,代表中国铁建主导安哥拉、莫桑比克、巴西3 个国别市场的经营工作。注册资本金31.3 亿元。职工16395 人。资产总额419.16 亿元。拥有机械设备4800 台(套)。年施工能力570 亿元以上。

2019 年,新签合同额1172.1 亿元,产值571 亿元,其中施工产值531 亿元、附营产值40 亿元。施工产值中,铁路工程69.7 亿元、公路工程116 亿元、市政工程103 亿元、城市轨道44.9 亿元、房建工程169 亿元、水利工程24.2 亿元、机场工程0.8 亿元、港口与航道工程0.2亿元、其他工程3.1 亿元。主要实物工程量:土石方2849.84 万立方米,隧道19232.51 延长米,桥梁26913.70延长米,正线铺轨67.96 千米、站前铺轨2.14千米、铺道岔34 组,铁路架梁854 孔、公路架梁1652 片,地铁11014.7 米,公路208.51 千米,其中高速公路152.7 千米、路面38.7 万平方米。5 项工程获国家优质工程奖,其中金奖2 项;获省部级优质工程奖4 项,获铁建杯优质工程奖8 项,获国家级优秀质量管理小组(质量信得过班组)7 个,获省部级优秀质量管理小组(质量信得过班组)43 个;获中国土木工程詹天佑奖2 项,获省部级(协会学会)科技奖18 项,获股份公司科技奖4 项;获省部级工法20 项,获股份公司工法11 项;获股份公司专利奖2 项,授权国家专利133 件,其中发明专利30 件,工程承包板块排名第3 位,通过陕西省知识产权贯标。高新技术企业增至9 家。1 人获评2019 中国经济年度人物,1 人获评中央企业劳动模范,1 人获茅以升科学技术奖——铁道工程师奖,2 人获重庆市五一劳动奖章,2 人获甘肃省五一劳动奖章,1 人评获陕西省“三秦工匠”。　(麻　炜)

【领导人员】

董事会

董事长	邓　勇
董事	文　珂
	苗文怀
	蒋盛煌
职工董事	李胜义

监事会

监事会主席	卢志成
监事	房高琪
职工监事	李向阳

经理层

总经理	文　珂
副总经理	赵崇科
	任少强
	张文峰
	苗文怀
	蒋盛煌
	王作举
	刘文武
	陈　磊
	张建升

党群领导

党委书记	邓　勇
党委副书记	文　珂
	李胜义
纪委书记	卢志成
工会主席	李胜义

(周　麟)

【工程项目指挥机构】 黄蒲高速公路指挥部 驻陕西省渭南市。指挥长付西鹏,党工委书记曹永恒。

陇漳高速公路指挥部 驻甘肃省定西市。指挥长吕鹏涛,党工委书记张敏。

石黔高速公路总承包指挥部 驻重庆市。指挥长李福献。

新建重庆铁路枢纽东环线站前工程项目经理部 驻重庆市。项目经理赵登科,党工委书记李朝贵。

泰国23号公路M标段项目经理部 驻泰国黎逸府他瓦不里尼维。项目经理李长效,党支部书记王甫哲。

秘鲁安第斯国家公路项目经理部 驻秘鲁瓦奴科省。项目经理陈深林,党工委书记张峰。

布斯坦水利灌溉渠1标段项目经理部 驻乌兹别克斯坦图尔特库尔区卡拉卡尔帕克斯坦州。项目经理冯利敏,党支部书记张俊康。

阿尔及利亚房建项目经理部 驻阿尔及利亚布里达省布衣南。项目经理、党工委书记张斌。(武艳霞)

【职工队伍】 职工16395人。硕士研究生及以上学历172人,其中,博士研究生学历5人、本科学历7528人、专科学历3368人、中专及以下学历5327人。35岁及以下8742人、36~40岁2225人、41~45岁1654人、46~50岁1228人、51~54岁456人、55岁及以上2090人。在岗专业技术人员9751人,其中高级职称1274人、中级职称2961人、初级及以下职称5516人、未聘职称的专业技术人员1508人。技能人才6213人,其中普工887人、初级工638人、中级工1552人、高级工2556人、技师467人、高级技师113人。

(周 麟 李 涛 周荣庆)

【工程施工】 在建工程307个,完成施工产值531亿元。

新建重庆铁路枢纽东环线站前工程DHZQ-2标段 位于重庆市,全长26.107千米。合同投资16.43亿元,合同工期48个月。主要工程量:车站1座,桥梁13座6482.87延长米,隧道4座16174延长米,涵洞7座552.51横延米,无砟道床27.49千米。2019年,完成投资58255万元,开工累计完成投资124900万元。

梅江至怀化段增建第二线引入怀化枢纽站前工程GTYHZQ-7标段 位于湖南省怀化市。合同投资13.41亿元。合同工期2017年6月1日至2019年5月31日。主要工程量:路基挖方2102万立方米、填方1239万立方米,中桥5座942.24延长米,涵洞4座1536.1横延米,电力迁改57处。2019年,完成投资94975万元,开工累计完成投资148435万元。

新建城际铁路阎良至机场线控制性工程YJ-TJ01标段 位于陕西省咸阳市和西咸新区,全长2258.94米。合同投资28776万元,合同工期27个月。主要工程量:泾河特大桥1座2258.94米。2019年,完成投资8143万元,开工累计完成投资18036万元。

渝怀铁路涪陵至梅江段涪秀二线铁路工程 合同投资133665.1万元,合同工期2015年11月11日至2019年1月1日。主要工程量:路基土石方97.33万立方米,特大桥2座2379.73延长米,大桥18座4096.09延长米,中桥16座1291.84延长米,涵洞33座390.31横延米,隧道17座34175延长米。2019年,完成投资12661万元,开工累计完成投资136891万元。

瓮安至马场坪铁路南、北延伸线5标段工程 位于贵州省黔南布依苗族自治州都匀市,全长19.423千米。合同投资55895万元,合同工期24个月。主要工程量:挖方130万立方米、填方30万立方米、抗滑桩6930立方米、桥梁6座1277.43延长米、隧道8座11901.45延长米、房屋建筑面积7600平方米。2019年,完成投资2473万元,开工累计完成投资2473万元。

瓮安至马场坪铁路南、北延伸线10标段工程 位于贵州省遵义市,全长37.764千米。合同投资101288万元,合同工期36个月。主要工程量:隧道12座11928延长米,桥梁28座9427延长米,路基42段16.409千米,车站4座。2019年,完成投资3943万元,开工累计完成投资5505万元。

瓮安至马场坪铁路南、北延伸线11标段工程 全长98.041千米。合同投资39866万元。2019年,完成投资6293万元,开工累计完成投资7544万元。

重庆梁平至黔江高速公路石柱至黔江段工程 位于四川省及重庆市,全长42.954千米。合同投资44.84亿元,合同工期3年。主要工程量:路基29段15380米,桥梁32座11634延长米,隧道6座13805延长米,互通4座。2019年,完成投资65334万元,开工累计完成投资348698万元。

陇西至漳县高速公路工程 位于甘肃省定西市,全长38.8千米。合同投资53.69亿元。特许经营期33年,其中建设期3年,运营期(含收费期)30年。主要工程量:主线桥梁21座8495.62延长米,隧道2座4384.75延长米,桥隧占比42.09%;互通式立交4座,服务区1处(与陇西南立交合建),养护工区1处,匝道收费站2处,高速公路管理所1处;连接线桥梁4座1542延长米,隧道3座5695.5延长米,桥隧占比88.37%;互通式立交1座。2019年,完成投资129703

万元,开工累计完成投资 191218 万元。

黄龙至蒲城高速公路工程　位于陕西省渭南市和延安市。实际开工时间 2018 年 1 月 1 日。主要工程量:路基挖方 1239.38 万立方米,填方 300.53 万立方米;特大桥 2 座 3076 延长米,大、中桥 44 座 10087.03 延长米,小桥 1 座 16.66 延长米,隧道 1 座 1427.5 延长米,桥隧占比 18.24%;设互通立交 7 处,分离式立交 16 处,天桥 24 处,通道 138 处,新建 23 处;匝道收费站 5 处,服务区 2 处,停车区 1 处;连接线 3 处,长 11.602 千米,拆迁建筑物 23371 平方米。2019 年,完成投资 177870 万元,开工累计完成投资 306090 万元。

昆明轨道交通 5 号线工程土建施工　位于云南省昆明市。工程投资 5.33 亿元,合同工期 47 个月。主要工程量:盾构区间 3 个 2677.685 双线延长米;地铁车站 2 座 28238.37 平方米。2019 年,完成投资 25337 万元,开工累计完成投资 40309 万元。

呼和浩特城市轨道交通 2 号线工程　合同投资 52200 万元。合同工期 2016 年 8 月 1 日至 2019 年 4 月 30 日。主要工程量:车站 2 座 25412 平方米,盾构区间长 1988 米。2019 年,完成投资 22148 万元,开工累计完成投资 44471 万元。

北京地铁 17 号线工程 04 合同段　位于北京市,全长 3.318 千米。合同投资 5.002 亿元,合同工期 52 个月。主要工程量:1 站 2 区间。2019 年,完成投资 9403 万元,开工累计完成投资 20236 万元。

西安地铁 14 号线 SGZCB－1 标段工程　合同投资 17.4356 亿元。合同工期 2018 年 4 月 30 日至 2021 年 6 月 1 日。主要工程量:车站 3 座、盾构区间 2 个、明挖区间 1 个。2019 年,完成投资 63248 万元,开工累计完成投资 76510 万元。

深圳市前海市政工程 6 标段　位于广东省深圳市前海深港合作区前湾片区。合同投资 102400 万元。合同工期 2016 年 10 月至 2020 年 12 月。主要工程量:A 号路改造工程、前湾三路地下通道工程、前湾四路市政工程、5 号冷站工程、南地下车行联络道工程、前湾片区支路及地下人行联络道一期工程。2019 年,完成投资 21534 万元,开工累计完成投资 61207 万元。

巷口祥和嘉园 EPC 总承包项目　位于江西省南昌市。占地面积 271712.5 平方米。主要工程量:住宅楼 37 栋,总建筑面积 83 万平方米,内设机动车停车位 4800 个,非机动车停车位 3380 个;挖填土方 105 万立方米,桩基 7000 根,钢筋 5.7 万吨,混凝土 46 万立方米,页岩多孔砖 211 万块,加气混凝土砌块 180 万块,自粘防水卷材 55 万平方米。2019 年,完成投资 85385.82 万元,开工累计完成投资 116043.82 万元。

南昌市新建区省庄花园总承包工程　位于江西省南昌市。合同投资 278500 万元。合同工期 2018 年 12 月至 2020 年 12 月。主要工程量:住宅 29 栋,建筑面积 64.7 万平方米;创业大厦 1 栋,26 层,总建筑面积 4.6 万平方米。2019 年,完成投资 99733 万元,开工累计完成投资 137184 万元。

新建区梦庐花园安置点(勘察、设计、采购、施工 EPC)总承包工程　位于江西省南昌市。项目投资 55 亿元。占地面积 442862.238 平方米,总建筑面积 62 万平方米。2019 年,完成投资 89098.89 万元,开工累计完成投资 95791.99 万元。　(孟祥瑞)

【经营管理】　工程承揽。新签合同额 1172.08 亿元,占年度计划 850 亿元的 137.9%。新签铁路 62.9 亿元、公路工程 114.8 亿元、市政工程 142.7 亿元、房建工程 532.6 亿元、城市轨道工程 71.1 亿元、水利工程 26.6 亿元、其他工程 38.3 亿元、海外工程 64.8 亿元、非工程板块 112.8 亿元、二次经营 70.35 亿元、投融资业务 182.68 亿元。

企业管理。制定《中铁二十局集团有限公司 2019—2021 年滚动规划》。企业资质管理、发展战略研究、企业管理、编制管理、建造师管理、证照管理、评优创先、社会责任报告编制等工作成绩突出。集团公司本级成功申报建筑装修装饰一级、建筑机电安装一级、电子与智能化一级、城市及道路照明一级、环保工程一级等 10 项资质。拥有一级注册建造师 717 人,专业 949 个。完成 22 个经营性分公司的注销工作,对集团公司机关机构编制及职能进行调整,机关职能部门由 26 个调整为 22 个,编制定员由 260 人调整为 206 人。对集团公司国内区域指挥部的区域划分进行调整。

经济管理。组织召开 2019 年度变更索赔及铁路项目清概工作推进会。完成 2019 年直管项目绩效考核及直管项目和所属分部(项目部)责任成本、变更索赔管理现场考核,对各工程公司 2019 年度责任成本、变更索赔管理工作进行考评。制定集团公司直管项目部 2020 年度目标合同,并与直管项目主管签订《2020 年度目标责任合同》。建立定期沟通机制,完成 4 期在建项目效益、变更索赔情况分析报告。按季度完成集团公司在建项目经营情况分析报表、成本大数据分析、在建项目监控分析资料、中国铁建责任成本网报、变更索赔、清收报表及亏损项目动态监控报表;清概项目实行周报制度。建立重难点项目经济管理专人盯控制度,对重难点工程项目实施经济管理专人盯控,实时掌握项目经济数据,全年完成重点项目的现场经济管理督导 27 个,保证重点项目反映的问题能够得到及时解决。对 9 个投融资项目及 10 个铁路项目进行标前测算评审。对3个海外项目策划与评估。

安全质量。开展安全生产大检查或专项检查活动4次,检查项目116个,发现问题1103个,提出建议549条,整改回复率100%。成立现场督导组专项督导,6个项目按期开通,1个项目试运营。参与修订《铁路隧道工程施工安全技术规程》。组织参加第18个全国“安全生产月”和全国“质量月”活动,活动期间召开质量反思会268次;开展原材料质量专项检查655次;检查628个专项方案落实情况;学习和评审“设计文件、施工图纸、验收标准”328次,发现问题728个,给设计监理提出意见348条。召开样板引路现场观摩会108次;参加全面质量知识竞赛6580人。强化安全管理“三类”人员的培训,完成陕建安、交安、水安730人次新取证、延期,组织54名注册安全工程师参加继续教育。组织安全质量业务培训及管理座谈会,受训86人次。分片区组织3期安全质量培训,受训132人次。参加工程公司组织的专业培训,受训165人次。对学员、项目书记等进行安全质量培训3期。对48名内审员及132名管理人员进行管理体系理念、基本原则、安全标准变化培训。分享安全质量管理经验及视频694份。5项工程获11个国家优质工程奖牌,其中国家优质工程金质奖2项;获省部级优质工程奖4项,获铁建杯优质工程奖8项,获国家级优秀质量管理小组(质量信得过班组)7个,获省部级优秀质量管理小组(质量信得过班组)43个。

财务审计。制定《中铁二十局集团有限公司绩效考核管理办法》《中铁二十局集团有限公司经济政策》等系列管理办法及实施细则。“两金”压控效果显著,对4个重点区域、6家重点公司、9个重点项目开展专项督导;开展财务大检查,所属单位资产覆盖面100%,集团公司6个检查组完成71个工程项目、4个子公司机关的检查工作,抽查率20%以上;15家单位获评“纳税信用A级纳税人”。5家单位通过国家高新技术企业认定,举办税务风险防范培训会,1100余人参加学习。依据税收优惠政策共节税13592万元,积极办理退税业务返还6098万元。清理账套51户,清理率5.99%;清理账户139户,清理率18.15%。9个主账户归集资金8.34亿元,实现法人资金资源全面整合。通过定期通报、超额收益共享等激励约束机制加大资金上存力度,年度资金上存度61%。中高级职称考试通过68人,注册会计师、税务师、管理会计师等各类财税考试新增89人。全集团开展各类审计176项,完成计划的107.32%,出具审计报告175份,提出并被采纳审计建议853条,发现问题金额138229.32万元,纠正违规金额82062万元,促进增收节支5912.11万元。经济责任审计9项,实现离任审计覆盖面100%。重点工程项目审计9项,避免损失1576万元,促进增收节支3507万元。借助审计系统完成审计项目148个,编制审计工作底稿1159份,下发审计查询书112份,出具审计报告144份。

设备物资。制定《中铁二十局集团有限公司2018年设备合格供应商名册》《中铁二十局集团有限公司2019年上半年新增设备合格供应商名册》《关于执行盾构耗材框架采购的通知》。集团公司56人参加设备盾构施工技术交流会;启动设备物资业务“每月一课”学习交流活动,从规矩意识、风险意识、内控管理、策划管理、合同管理、材料会计知识6个方面进行5期交流,累计3443人次参加。国内拥有机械设备3552台(套),其中大型设备134台(套),盾构机18套,设备总功率658640.39千瓦,人均动力装备率40.5千瓦,人均技术装备率6.26万元;大型设备完好率94.23%、利用率85.05%;机械化施工程度约90%。境外项目大中型设备实力1264台(套)。2019年设备资产购置支付金额35487.46万元,占年计划37120.60万元的95.6%。集团公司、工程公司及项目设备租赁申请1157批次。中国铁建设备采购网审批大中型设备购置申请104批次,涉及设备482台(套),大中型设备集采率100%。境内项目各类原材料及能源收入1651271.86万元,消耗1652525.62万元,期末库存49592.64万元。集团物资集采1545578.78万元,市场总价1570141.73万元,节约资金24562.95万元,资金节约率1.56%;进场物资1651271.86万元,集采物资1545578.78万元,集采率93.60%。组织86个批次物资集采活动,集采总金额176457.66万元,通过集中采购降低采购成本6902.20万元,实现集采降造率3.91%。　(赵著平　徐　娜　宁艳丽)

【科技教育】　科技成果。获中国土木工程詹天佑奖2项;获省部级(协会学会)科技奖18项,股份公司科技奖4项;获省部级工法20项,获股份公司工法11项;通过陕西省知识产权贯标,获股份公司专利奖2项,授权专利133件,其中发明专利30件,申请并受理专利155件,其中发明专利50件,包含1件PCT国际专利,获软件著作权19项;出版技术专著6部、技术专刊3期,在公开出版发行技术刊物上发表科技论文385篇;股份公司重大专项立项2项,B类课题1项,参与国家研究课题2项、股份公司重大专项研究课题1项。主编行业标准1部,参编行业标准2部,在编标准9部,获4项团体标准参编立项。科技管理成果“科技知识库”获清华大学组织的创新与知识管理国际会议成果二等奖,“集团公司科技创新体系”成果获国企创新典范管理成果二等奖。通过国家企业技术中心两年一次复审，参与申报本级高新技术企业并通过，指导三公司、四公司、六公司、电气化公司、贵州公司申报高新技术企业通过。构建一整套保障研发费加计扣除政策利用管理体系，该成果获评股份公司十大管理成果。

教育培训。组织各类培训班41期，培训员工6261人次；组织员工网络视频培训13000余人次；组织测量、试验等技能人才培训428人次；办理施工现场关键岗位职业资格证书214本；组织参加股份公司处级以上领导干部培训28人次，参加股份公司项目经理、总工程师、国际项目经理、后备项目经理、技能评价质量督导员、盾构操作、外语等外送培训1119人次。

（仲维玲　郭志宏）

【党群工作】 党的工作。基层党组织461个，党员8446人。组织中心组学习18次，集中研讨9次，249名党员领导班子成员在国内国外、机关基层及所在党支部讲党课265次。组织党委常委（扩大）会议，研究企业党建工作、生产经营等重大问题229项（含前置研究150项），规范现代企业制度运行，有效发挥领导班子整体功能，集团公司本级及17家所属单位全部完成“三重一大”系统建设。在2018年度中国铁建党建工作责任制考评中被评为“优秀”，获2018年度中国铁建“四好领导班子”称号。派出5个巡回指导组对39家单位主题教育重点任务等进行200多次现场指导。经党委书记碰头会专题研究，党委常委会审定，选拔干部57人、调整交流35人、改任调研员3人、聘用职业经理1人。举办2期党支部书记培训班、1期发展党员培训班和参加中国铁建党支部书记、组织干部培训，对509名党组织书记、205名发展对象进行集中培训；以“三会一课”、主题党日、组织生活会加强党员日常教育管理；建立“30项清单”程序，规范发展党员203人。走访慰问老党员、老干部、烈士遗属，送上新中国成立70周年纪念勋章，表彰一批先进，使党员时刻牢记自己的“第一身份”，争先发挥模范带头作用，从严推进作风建设。着力数据共建共享、优化OA审批流程，精简文件、会议频次等方式让基层干部轻松上阵。两级纪委深化标本兼治，党政纪处分152人次，运用监督执纪“四种形态”处理336人次，对9个历史亏损项目追责47人，赔偿经济损失117.26万元，企业风清气正的发展环境持续向好。新上场95个项目落实“四同步”“双向进入、交叉任职”要求“全覆盖”。成立阿尔及利亚BLIDA5000套租售房建项目党工委、乌兹别克斯坦水渠项目党支部、陕西黄蒲高速公路有限公司党支部、马鞍山郑蒲港铁路有限公司党支部、蒙古指挥部党支部。发展党员203人，其中，中国铁建指导性计划183人，陕西省国资委指导性计划20人。2019年6—12月，按照党中央和中国铁建党委统一部署，中铁二十局各级党组织分两批开展“不忘初心、牢记使命”主题教育，全体党员干部紧紧围绕“守初心、担使命，找差距、抓落实”总要求，聚焦发展战略、深化改革、作风改进、加强党建等方面，查问题、抓整改、着力做好八项重点工作，实现主题教育和生产经营的双促进、双提升。结合集团公司实际，修订印发《中铁二十局党组织理论学习中心组学习规则》；组织党委理论学习中心组集中学习18次，其中集中学习研讨9次。做好“品质铁建”宣传，选派1人参加股份公司宣讲，组织集团机关和所属单位、兄弟单位约200人现场聆听西安站宣讲；指导所属三公司成立“品质铁建”宣讲团，在8个片区、20个项目进行宣讲，受众超过1500人次；编写《守正、深改、奋进》年主题活动读本，向全集团发放；利用内部报纸、网站、微信号等平台开展形势任务教育，学习股份公司年度工作会议精神和年中会议精神、陈奋健董事长在二十局调研讲话精神、集团公司“五会”精神；对各级党组织“学习强国”平台应用进行培训，并督促各级党组织做好党员学习动员和管理工作，集团公司党员学习参与度100%。党风廉政建设。修订和增补党委巡察工作文件17项（新增14项，修订3项），废止5项。17份文件包括基础管理性制度6项、调整组织领导机构制度1项、业务规范类制度10项。中国铁建党委专项巡视组对集团公司党委开展违规经商办企业专项整治工作专项巡视。9月16日，反馈指出两个方面9个问题，同时移交10件违纪问题线索。9月26日，集团公司召开党委常委会安排部署，制定整改措施26条。完成整改问题8个，1个问题正在按整改方案落实。了结违纪问题线索7件，立案2件，暂存1件，给予提醒谈话1人次、行政警告1人次、行政记过1人次。党委派出两个巡察组巡察11个党工委，对10个区域指挥部和海外事业部党工委开展巡察，巡察反馈问题256条，移交机关部门督办3条。党委巡察办公室协调两个巡察组巡察6个党组织情况整改，向党委巡察工作领导小组和党委常委会汇报2018年巡察情况。会后反馈问题269条，6个被巡察单位完成整改267条，跟踪整改2条，完善制度35项。移交集团纪委违纪问题线索11件。初核11件，其中了结8件，立案2件、并案1件，给予政纪处分3人次、提醒或诫勉谈话10人次，退回费用25.90万元。11个子公司党委对所属79个党组织开展巡察，巡察反馈意见1033条并逐步落实整改；移交本级纪委违纪问题线索24件，完成初核15件，了结11件，立案4件，给予党政纪处分9人、提醒谈话2人、诫勉谈话2人，正在办理9件。下发提醒通知5份，向副处级以上干部发送廉洁过节短信2650条，各单位成立检查组32个，集体谈话

31次，廉洁教育396场次，督查基层单位85个。两级纪委共受理各类问题线索221件，同比下降15.32%；立案57件，同比下降17.54%。给予党政纪处分138人，经济赔偿89.13万元，挽回经济损失575.42万元。在陕西省宁陕县广货街镇五台村“两联一包”定点扶贫和渭南市合力团助力脱贫攻坚产业扶贫工作注资近820万元，扎实做好脱贫攻坚帮扶工作。消费扶贫累计金额82239元。筹措资金15万元，资助五台村修建白杨组便民桥、兴隆便民桥及五台村兴隆文化广场，并配置相应的健身器材。落实中国铁建对口扶贫工作要求，全年累计购买扶贫地生产产品1005988.94元，组织8446名党员为中国铁建定点扶贫河北省张家口市万全区尚义县，青海省果洛州甘德县，捐款842196.5元。

工会工作。工会组织1044个，会员16930人。各级工会在抓基层、强基础、建机制、管长远上狠下功夫。督促指导贵州瓮马铁路南北延伸线有限公司等4个单位依规成立工会工作委员会；对华北指挥部等6个工会工作委员会的主任和委员进行调整；对新上场的项目成立41个工会组织，集团公司工会规范召开常委会4次、主席办公会5次。筹集资金145万元（含股份公司工会拨付专项资金30万元）对12个艰苦项目、3个重难点工程项目及10个区域工程指挥部进行建家建线重点帮扶。对16个模范职工之家、25个模范职工小家、25个优秀项目经理部（工程队）工会、17名优秀工会主席、25名优秀工会干部、48名优秀工会积极分子进行了表彰奖励。1个单位工会被授予“中国铁建模范职工之家”称号、5个单位工会被授予“中国铁建模范职工小家”称号、6人被授予“中国铁建优秀工会工作者”称号、4人获评“中国铁建优秀工会积极分子”、1人获评“中国铁建优秀工会之友”。在中国铁建职工e家发表与工会相关报道24篇，在集团公司网站发布新闻稿件670余篇，在《开路先锋报》发表稿件17篇，《中国铁道建筑报》《陕西工人报》及其他省级以上媒体发表稿件51篇。筹集资金37万元，用于职工图书购置。安哥拉国际公司获3万元中华全国总工会职工书屋配送书籍。开展2018年度劳动竞赛考评，评选表彰劳动竞赛优胜单位7个、专项杯13个、劳动竞赛组织中的优秀工会干部18人、经济技术创新优胜单位9个，发放奖金578万元。

共青团工作。下设15个基层团委，3个团工委，205个团支部；团员2255人。召开青年代表座谈会，选派4名优秀青年团干部参加陕西省国资委和中国铁建基层团干部培训。9人次参加所在区域重庆市、昆明市和渭南市团干部培训班。指导长安重工、瓮马铁路公司等单位及时成立团组织。召开共青团中铁二十局集团有限公司委员会代表会议，出席会议代表35人，选举产生参加股份公司第三次团代会6名代表。1人获中国铁建“十大杰出青年”称号。1个团支部获陕西省“五四红旗团支部”称号。1个项目获陕西省“青年安全生产示范岗”。1个项目获陕西省“青年文明号”。3个单位获中国铁建“青年文明号”。2个机关团支部获2018—2019年中央在渝企业“五四红旗团支部”称号。2个单位获中国铁建“五四红旗团委”称号、2个单位获中国铁建“五四红旗团支部”称号。

（苏　燕　吴志强　雷振东）

【铁路运输】

第一铁路运输分公司　驻陕西省榆林市神木县店塔镇下石拉沟。经理、书记王炎鑫。职工110人。2019年，完成总产值5963万元。

第二铁路运输分公司　驻陕西省渭南市蒲城市洛滨镇。经理彭晓忠，书记张文正。职工110人。2019年，完成总产值5830万元。

铁路电力运输分公司　驻陕西省榆林市神木市店塔镇下石拉沟村。经理许青平，书记吴培力。职工125人。2019年，完成总产值7284万元。

瓮马铁路运营分公司　成立于2019年3月，主要承担瓮马铁路的运营维管筹备工作。经理郭竟剑，书记龚飞。职工26人。　（郭　振　蹇树林　黄天龙）

【第一工程有限公司】　具有公路工程、市政公用工程（限城市道路与桥梁工程）、建筑工程施工总承包一级，铁路工程施工总承包二级，桥梁工程、隧道工程、公路路面工程、公路路基工程、地基基础工程专业承包一级，建筑装修装饰专业承包二级，航道工程、钢结构专业承包三级，预拌商品混凝土专业承包资质。主要承担铁路、公路、城市地铁及轻轨高架、航道、水电、机场、码头、市政与工业民用建筑、装饰、设备安装等项目的综合施工。驻江苏省苏州市大同路10号。董事长、党委书记高永吉，总经理、党委副书记李战荣。原系中国人民解放军铁道兵第十师第四十六团；1984年并入铁道部，整编为铁道部第二十工程局第一工程处；2000年12月划归国家大型工业企业委员会；2002年7月完成公司制度改革，现称为中铁二十局集团第一工程有限公司。职工2399人。资产总额497530万元。其中，固定资产原值65215万元、净值13799万元，流动资产433051万元。机械设备270台（套），原值22144.49万元、净值5357.74万元；总功率40394千瓦，技术装备率2.34万元/人，动力装备率17.52千瓦/人，设备成新率24.2%、完好率92%、利用率82%。年施工能力100亿元以上。

2019年，新签合同额112.74亿元，承揽工程16

项。产值79.94亿元,其中施工产值79.68亿元,附营产值0.26亿元,利润10235.27万元。全员劳动生产率188.54万元/人年,职工年人均工资83780.06元。国有资产保值增值率103.69%,资产负债率91.96%,产值利润率0.21%,净资产收益率2.85%,应上缴款完成率105.8%,单位工程合格率100%。 （王 婷）

【第二工程有限公司】 具有公路工程施工总承包特级,铁路工程、市政公用工程、矿山工程施工总承包一级,建筑工程施工总承包二级,水利水电工程施工总承包三级,隧道工程、桥梁工程、公路路基工程、公路路面工程、地基基础工程专业承包一级,环保工程专业承包二级,工程设计公路行业甲级,境外铁路、公路综合土木工程建筑施工总承包资质。工程项目覆盖海外安哥拉、莫桑比克、巴基斯坦、秘鲁、泰国等国家和国内铁路、公路、市政、水利、城市管廊、机场场道等施工领域。前身系中国人民解放军铁道兵第十师四十七团,始建于1954年8月;1984年1月,集体转业并入铁道部,改为铁道部第二十工程局第二工程处;1999年12月与铁道部脱钩,改称中铁第二十工程局第二工程处;2002年,企业改制,改称为中铁二十局集团第二工程有限公司。驻北京市海淀区西四环北路158号慧科大厦东区12层。注册资本金10.1亿元。党委书记、董事长陈耀华,党委副书记、副总经理(主持经理层工作)钟选良。职工2231人。资产总额50.63亿元。自有机械车辆659台(套),原值45220.42万元、净值20512.16万元,成新率57.4%,总功率103891千瓦,技术装备率9.54万元/人,动力装备率39.45千瓦/人。年综合施工能力80亿元以上。

2019年,新签合同额130.27亿元。全员劳动生产率181.43万元/人年,国有资产保值增值率100.39%,资产负债率88.31%,产值利润率0.67%,净资产收益率4.80%,单位工程合格率100%。

（马宏远）

【第三工程有限公司】 具有市政公用工程施工总承包一级,增项资质为公路工程施工总承包二级,桥梁工程、隧道工程专业承包二级,建筑工程施工总承包三级,古建筑工程、地基与基础工程专业承包三级资质。公司主要经营公路、铁路、市政、水利水电、工业与民用建筑、城市轻轨、地铁、预拌商品混凝土及构件预制、设备安装等工程施工。驻重庆市南岸区黄桷垭镇崇文路28号附7号。2006年2月成立;2007年5月,中铁二十局集团川渝分公司并入,同时房地产开发公司划归集团公司管理。党委书记、董事长任霄(12月免)、吴青华(12月任),总经理吴青华。职工1374人。资产总额272165万元。其中,固定资产原值42314万元、净值18508万元,流动资产222114万元。机械运输设备370台(套),原值36411.50万元、净值16190.06万元;总功率47524.80千瓦,技术装备率11.73万元/人,动力装备率34.44千瓦/人,设备成新率44.46%、完好率95%、利用率90%。

2019年,公司经营承揽连续三年突破100亿元,新签合同额153.85亿元,占集团公司下达指标95亿元的161.95%。完成产值65.06亿元,实现利润总额6419.77万元。职工年人均工资8.8万元。国有资产保值增值率116.75%,资产负债率88.50%,产值利润率0.91%,净资产收益率16.52%。

（廖志刚 吕 娜）

【第四工程有限公司】 具有铁路、公路施工总承包一级,建筑、矿业、市政施工总承包二级,桥梁、隧道、公路路基、铁路铺轨架梁、建筑装修装饰、环保、建筑幕墙、钢结构等13项资质及独立对外承包工程经营资格。企业经营范围涉及工程施工、工程检测、铁路运输、铁路铺轨架梁、城市驻车、资本运作、装配式建筑及海外业务等多个领域。前身为中国人民解放军铁道兵第十师四十九团;1984年1月1日整建制改编并入铁道部,更名为铁道部第二十工程局第四工程处;2002年6月建立现代企业制度,更名为中铁二十局集团第四工程有限公司。驻山东省青岛市崂山区东海东路89号。党委书记秦浩贤(7月免)、吕传峰(7月任),董事长秦浩贤(12月免)、李瑛(12月任),总经理张林。职工3248人。资产总额46.16亿元。其中,固定资产原值12.97亿元、净值2.1亿元,流动资产40.12亿元。设备资产610台(套),原值49960.78万元、净值9650.44万元,总功率233354千瓦。设备资产成新率19.32%,技术装备率2.70万元/人、动力装备率65.18千瓦/人。

2019年,承揽工程50项,合同总额122.9亿元。产值83.1亿元,其中施工产值81.2亿元,附营产值1.9亿元。职工年人均工资7.3万元。国有资产保值增值率130.26%,资产负债率83.61%,产值利润率2.2%,净资产收益率26.24%,应上缴款完成率100%。 （董迎娟）

【第五工程有限公司】 具有市政公用工程施工总承包一级,建筑工程施工总承包三级,公路路基工程专业承包一级,桥梁工程、隧道工程专业承包二级资质。具有独立法人资质,是以城市轨道交通为发展主业,房建、市政、铁路、公路、水利水电、酒店等板块为辅的中型综合工程施工企业。2007年10月,第五工程有限公司与电务公司合并成立电气化公司,保留第五工程有限公司牌子,实行“一个单位,两块牌子”;2007 年 11 月,组建新的中铁二十局集团第二工程有限公司;2008 年 7 月,更名为中铁二十局集团第五工程有限公司,沿用原第五工程公司工商注册登记;2009 年 1 月,电气化公司承建的土建工程项目、人员、设备、资产(第五工程有限公司管辖)等整体划归第五工程有限公司。驻云南省昆明市官渡区关上国贸路星河明居 A 幢。董事长、党委书记张云飞,总经理加武荣(9 月任)。职工 1391 人。资产总额 352302.8 万元。其中,固定资产原值 78770.7 万元、净值 26683.5 万元,流动资产 296115.8 万元。机械运输设备 170 台(套),原值 5059.6 万元、净值 1560.27 万元,总功率 22674.7 千瓦;技术装备率 22.58 万元/人,动力装备率 52.37 千瓦/人,设备成新率 39.92%、完好率 95.65%、利用率 91.30%,年施工能力 40 亿元以上。

2019 年,承揽工程 18 项,合同总额 102 亿元。产值 76.35 亿元,其中施工产值 74.74 亿元、附营产值 1.61亿元(非工程板块)。职工年人均收入 7.81 万元。国有资产保值增值率 142.16%,资产负债率 86.62%,产值利润率 2.83%,净资产收益率35.17%。(杨晓娜)

【第六工程有限公司】 具有建筑工程施工总承包特级,工程设计建筑行业甲级,市政公用工程施工总承包一级,铁路工程施工总承包二级,装修装饰、桥梁、隧道、钢结构、建筑幕墙、古建筑、环保、城市及道路照明工程专业承包一级资质。以房建、市政为发展主业,公路、铁路、水利水电等板块为辅。前身为中国人民解放军铁道兵第十师司令部新线管理科;1984 年 1 月集体转业,先后改称铁道部第二十工程局新建铁路运输处、建筑公司、建筑工程处;2001 年 1 月改称中铁第二十工程局第六工程处;2002 年 7 月企业改制改称中铁二十局集团第六工程有限公司。驻陕西省西安市未央区广安路 3619 号。注册资本金 10.1 亿元。党委书记李瑛(12 月免)、刘德兵(12 月任),董事长刘德兵,总经理刘德兵(12 月免)、副总经理吴红兵(12 月任,主持经理层工作)。职工 2326 人。资产总额 44.42 亿元。其中,固定资产原值 5.71 亿元、净值 1.36 亿元,流动资产 42.49 亿元。机械运输设备 559 台(套),原值 2.79亿元,净值 0.65 亿元;动力设备总功率 7026 千瓦,技术装备率 2.8 万元/人,动力装备率 30.24 千瓦/人,综合成新率 23.25%、完好率 90%、利用率 85%。年施工能力 60 亿元以上。

2019 年,新签合同额 138.24 亿元,产值 72.48 亿元,利润 3833.34 万元。人均创利1.65万元,全员劳动生产率 316.36 万元/人年,职工年人均收入 66568 元。国有资产保值增值率 102.92%,净资产收益率 6.35%,产值利润率 0.53%,资产负债率 88.63%,应上缴款完成率 103.72%。(白延辉)

【市政工程有限公司】 具有水利水电工程、市政公用工程、建筑工程施工总承包一级,地基基础工程、防水防腐保温工程、建筑装修装饰工程专业承包二级,钢结构工程、建筑幕墙工程专业承包二级,公路工程施工、石油化工工程总承包三级,公路路面工程、公路路基工程、桥梁工程、隧道工程、建筑机电安装工程、环保工程专业承包三级资质,特种工程专业承包(不分等级)资质,取得质量管理体系、环境管理体系、职业健康安全管理体系认证证书。前身为铁道兵第十师兰州工作组;2012 年 12 月,由兰州商贸有限公司和原路桥工程分公司合并组建成立中铁二十局集团第七工程有限公司;2015 年 10 月,更名为中铁二十局集团市政工程有限公司。驻甘肃省兰州市城关区北龙口永新化工园区。公司党委书记、董事长万雪琳,总经理任东平(9 月任)。职工 640 人。资产总额 32.20 亿元。其中,固定资产原值 2.29 亿元、净值 0.89 亿元,流动资产 30.76亿元,其他资产 2.45 亿元。拥有大、中型机械运输设备 133 台(套),原值 8066.25 万元、净值 3662.38 万元,总功率 28420 千瓦,动力装备率 28.58 千瓦/人,技术装备率 5.74 万元/人,设备成新率 45.4%、完好率91.5%、利用率 86%。年施工能力 40 亿元以上。

2019 年,承揽工程 33 项,新签合同额 72.59 亿元,产值 34.73 亿元,利润 1.27 亿元,人均创利 19.84 万元。全员劳动生产率 543 万元/人年,职工年人均收入 139118 元。国有资产保值增值率 103.72%,资产负债率 78.82%,净资产收益率18.24%,产值利润率 4%,应上缴款完成率 100%。(薛晓霞)

【中铁贵州工程有限公司】 具有市政公用工程施工总承包一级,水利水电、建筑工程、公路工程、水利水电工程施工总承包二级,建筑装修装饰、地基基础、环保工程专业承包一级,隧道、钢结构、公路路面、桥梁、公路路基、公路交通工程(公路安全设施分项)、河湖整治工程专业承包二级资质。2015 年 10 月注册成立,2015 年 11 月正式挂牌运行。注册资本金 20 亿元。驻贵州省贵安新区黔中大道沙坝路口。公司董事长、党委书记彭丁辉,总经理韩晓勇。职工 393 人。企业资产总额 169372 万元。其中,固定资产原值 14917 万元、净值12409万元,流动资产152225万元。机械设备105台(套),原值2820.11万元、净值1451.39万元;总功率13449.80千瓦,技术装备率3.69万元/人,动力装备率34.22千瓦/人,设备成新率51.47%、完好率95%、利用率90%。

2019年,中标项目9个,新签合同额74.27亿元。产值8.14亿元,其中施工产值8.14亿元。利润161万元。全员劳动生产率207.12万元/人年,职工人均年收入9.13万元。国有资产保值增值率85.62%,净资产收益率0.96%。上缴税金1176.82万元。

(邓永琳)

【电气化工程有限公司】 具有机电工程施工总承包一级,铁路电务工程、铁路电气化工程、输变电工程、电子与智能化工程、建筑机电安装工程专业承包一级,通信工程施工总承包二级,电力设施许可证承装(修)一级和承试二级资质。前身系警备五旅司令部侦通科及下辖通信队;1984年1月,通信科改为铁二十局通信处,通信连改通信队,工程通信连改通信工程队;2002年6月,改制为中铁二十局集团电务工程有限公司;2006年2月,电务工程有限公司和路桥工程公司重组合并,成立中铁二十局集团第五工程有限公司;2007年10月,第五工程有限公司和电务工程有限公司重组整合,成立中铁二十局集团电气化工程有限公司。驻陕西省西安市高新区新型工业园企业壹号公园6号。董事长、总经理王志义,党委书记李鲁杰(2月免)、徐志(9月任)。职工570人。资产总额111301万元。其中,固定资产原值5724万元、净值2036万元,流动资产105709万元。机械运输设备71台(套),设备原值2901.21万元、净值482.25万元。自有设备总装机功率8743.60千瓦,技术装备率0.84万元/人,动力装备率15.31千瓦/人,设备成新率16.62%、完好率100%、利用率100%。年施工能力10亿元以上。

2019年,新签合同额213909万元,产值81860万元,企业收入89938万元,其中国内收入86445万元,利润5556万元。职工年人均收入100031元,全员劳动生产率143.36万元/人年。国有资产保值增值率108.82%,资产负债率50.44%,产值利润率5.59%,净资产收益率8.7%。 (王宏星 田 华)

【房地产开发有限公司】 具有房地产开发一级资质。经营房地产开发、物业管理、商业运营。2002年1月注册成立;2006年2月,房地产公司、北京工程公司、西安工程公司合并成立中铁二十局集团第三工程有限公司;2007年5月,房地产公司从第三工程有限公司划出,由中铁二十局集团直接管理。驻重庆市南岸区同景路8号22幢7-1。党委书记、执行董事、法定代表人简军,总经理董增强。职工650人。资产总额68.1亿元。其中,固定资产原值2220万元、净值1340万元,流动资产67.83亿元。

2019年,职工年人均收入74723.8元。国有资本保值增值率146.14%,资产负债率89.19%,产值利润率18.81%,净资产收益率32.58%。

(高建华 赵兰茨)

【中铁长安重工有限公司】 拥有ISO9001质量认证证书,桥式、门式起重机制造B级许可(含安装、修理、改造),机械式停车设备制造许可(含安装、修理、改造),陕西省建筑起重设备产品推荐证书,预应力混凝土枕(有砟轨道用混凝土枕)生产许可证,钢结构专业承包一级资质、石油化工工程施工总承包三级资质。2017年12月由中铁二十局集团西安工程机械有限公司与中铁二十局集团陕西物资有限公司合并重组,2018年3月正式挂牌成立。注册资本金3亿元。驻陕西省西安市未央区广安路3619号。董事长、党委书记郑宗君,总经理田殿军。职工657人。资产总额15.66亿元。其中,固定资产原值38620.87万元、净值30435.86万元,流动资产114918万元。拥有大型设备60台(套),原值3565.1万元、净值2015万元,设备利用率80%、完好率94%,设备总功率7526.43千瓦,动力装备率11.15千瓦/人,技术装备率5.28万元/人。年营业能力13亿元。

2019年,新签合同额70.07亿元。其中,物贸板块新签合同额66.25亿元,工业制造板块新签合同额3.82亿元。应上缴款完成率100%。 (张玉梅)

【中铁建科检测有限公司】 具有铁路计量认证资质认定证书,测量测绘乙级资质,爆破工程一级资质,交通运输部公路工程综合乙级,建设部土建原材见证取样资质,市政原材见证取样资质,地基基础专项检测资质,主体结构专项检测资质,陕西省计量认证资质,通过ISO9000体系认证。前身为集团公司计测中心;2008年,成立陕西中铁建设工程质量检测有限责任公司;2017年7月,更名为中铁建科检测有限公司。驻陕西省西安市太华北路89号。副总经理谷炼平(主持工作)。职工43人。资产总额5443万元。其中,固定资产原值2284万元、净值704万元,流动资产3802万元。主要试验检测仪器设备1200余台(套)、测量仪器50余台(套)。

2019年,经营承揽7160万元,产值4468.05万元,利润276.28万元。国有资产保值率120.63%,净资产收益率19.28%,产值利润率6.18%,投资回报率19.28%,资产负债率73.33%,应上缴款完成率164.22%。 (徐喜平 杨 芸)

【物业管理有限公司】 具有物业服务三级资质。2014年8月注册成立,注册资本金5000万元。经营范围为物业管理,房屋租赁及信息咨询服务,园林绿化工程施工,车辆租赁服务,酒店管理咨询服务,楼宇清洁、家政服务,日用百货、建筑材料、农副产品的销售,停车收费管理、票务代理。驻陕西省西安市未央区太华北路89号集团公司办公大楼11层。行政负责人、法定代表人王汉军,党工委书记何学义。

(王艳敏 唐华蕊)

【安哥拉国际有限公司】 拥有安哥拉国家公共工程承包许可十级、公共工程设计十级两项最高级资质,具备安哥拉工程总承包、物流贸易、农业园林、地产开发、铁路维护、设备供应、石油工程建筑施工等建设投资与配套服务。2013年1月注册成立。驻安哥拉共和国首都罗安达。董事长、党委书记朱启辉,总经理韩书臣。固定资产原值3328.38万元、净值475.27万元。机械运输设备134台(套),总功率11250.7千瓦,技术装备率8.33万元/人。

2019年,新签合同额1.2亿元,产值8.02亿元,其中工程板块产值6.32亿元,非工板块产值1.7亿元,人均产值1100万元;变更索赔额10549万元;利润1.35亿元,净利润9350.72万元;人均创利27.89万元,全员劳动生产率80.89万元/人年,职工年人均收入27.89万元;国有资产保值率135.71%,净资产收益率43.47%,产值利润率15.33%,资产负债率87.31%,应上缴款完成率100%。 (刘小国)

【莫桑比克有限公司】 拥有莫桑比克建筑行业最高等级七级资质。经营范围主要包括铁路、机场、市政等公共工程;工业与民用建筑工程的施工;机场、市政工程的装修装饰;土建、公共工程的技术咨询;进出口重型机械及配件、机油、润滑油等;机械设备的设计、制造和安装。2013年9月注册成立。驻莫桑比克首都马普托市。注册资本金1000万梅蒂卡尔。董事长、总经理郭炜,党工委书记杨米柱。职工2852人。资产总额4110万美元。机械设备343台(套),年施工能力5亿元以上。

2019年,中标项目11个,新签合同额1491.9万美元。营业收入18715万元,净利润1665万元,其中项目净利润1076万元,机关费用1973万元,项目副本设备折旧-2562万元,利润率8.90%。 (李京华)

【巴基斯坦有限公司】 拥有巴基斯坦建筑行业最高级无限级工程承包专业资质13项。经营范围主要包括铁路、公路、市政、环保、房建、水利水电、城市轨道交通、机场、工业与民用建筑等工程的勘察、设计及施工。2018年9月注册成立。注册资本金100万美元。公司董事长、党工委书记张俊波,总经理李洁勇。职工21人。机械运输设备645台(套),原值34523万元、净值1289万元,总功率94600千瓦,设备完好率95.97%。年综合施工生产能力16亿元以上。

(冯时松 高 博)

【中铁建安工程设计院有限公司】 具有建筑行业(建筑工程)甲级资质,市政行业(桥梁工程)甲级资质,岩土工程勘察甲级资质,建筑、市政咨询丙级资质。拥有集团公司铁道甲Ⅱ级资质,市政行业甲级资质,公路行业甲级资质,岩土工程勘察测量乙级资质。前身为石家庄铁道学院建筑设计院;2013年1月,与石家庄铁道大学联合重组;2015年7月,更名为中铁建安工程设计院有限公司。驻河北省石家庄市北二环东路17号。公司董事长、党支部书记张永鸿,总经理李小军。专业技术人员87人。

2019年,承揽项目162个,收入5266万元,新签合同额1.51亿元。 (张军昭)

【阿达驻车投资建设管理有限公司】 主营范围包括投资管理,停车场规划设计,城市智能化停车系统的新建、扩建、改造开发,停车管理服务,物业管理,代办车务手续,汽车用品的批发零售,广告策划、制作、代理发布,机械式停车设备的销售与安装,商业运营管理,汽车充电设施及新能源汽车的租赁,拖车服务,汽车充电站的经营,房屋租赁代理,技术开发、技术咨询、技术服务。2014年10月成立;2019年12月,由中铁二十局全资子公司变更为中铁二十局集团与中铁建发展集团合资公司。注册资本金1.3934亿元。驻天津自贸试验区(空港经济区)东三道瑞航广场21号楼5层。董事长、法定代表人邓建涛,党委书记庞博。职工73人。资产总额22203.2万元。其中,流动资产9998.9万元，非流动资产12204.3万元。

2019年，营业收入1495.83万元。收集项目信息31个，立项跟踪项目19个，泊位数5.4万个，投资总额50亿元。（孙智慧）

【技工学校】 前身系中国人民解放军铁道兵第十师教导队；1984年1月，集体转业成为铁道部第二十工程局技工学校；1988年正式招生；2002年更名为中铁二十局集团有限公司技工学校。校长王宏伟（3月任），党工委书记赵小健（6月免）、王宏伟（9月任）。主校区驻陕西省渭南市向阳北街245号，主要职能为技工教育、退役士兵培训、函授学历教育、技能鉴定、工程测量咨询与服务；分校区驻陕西省宝鸡市眉县汤峪太白山旅游区，主要职能为职工岗位培训、安全生产应急救援演练培训、旅游接待。在校学生831人。资产总额9808万元，固定资产原值7906万元、净值3723万元。

2019届毕业生449人，安置448人，提前安置2020届毕业生335人。2019年，承办各类培训37期，其中系统内30期，外部业务7期，全年接待8163人次，营业收入821万元。（鱼　娜　孔来德）

【重要记载】

▲1月15日　中铁二十局承建的蒙古国首座互通立交桥——乌兰巴托雅尔玛格立交桥、蒙古国最大在建互通立交桥——交警局附近上跨立交桥入选蒙古国家通讯社评出的“2018年蒙古国十大新闻”。

▲1月16日　中铁二十局被陕西省国际经济合作促进会授予“陕西省对外投资合作优秀企业”称号。

▲3月12日　在中国铁路总公司组织的2018年下半年铁路建设项目施工企业信用评价中，中铁二十局以284.444分列10家A类企业第四位，在中国铁建系统中居第一位。

▲5月21日　中铁二十局获评“2018年度公路建设市场从业单位信用评价A级”。

▲8月5—6日　中国企业联合会、中国企业家协会主办的全国企业文化年会（2019）在北京召开，中铁二十局企业文化案例《用主题活动凝心聚智，助推企业发展》获2018—2019年度全国企业文化优秀成果二等奖。

▲8月28日　中铁二十局领导班子被中国铁建党委、中国铁建评为2018年度“四好”领导班子。

▲9月5日　中铁二十局获评“2019年度对外承包行业A级企业”。

▲9月29日　中铁二十局获西安市支持企业“走出去”发展奖。

▲10月3日　中铁二十局承建的安哥拉本格拉铁路正式移交安哥拉政府，安哥拉交通部授予中铁二十局“优秀建筑企业”和“合规信誉企业”称号。

▲10月30日　中铁二十局承建的黄（陵）韩（城）侯（马）铁路纵目沟特大桥获2017—2018年度铁路优质工程一等奖。

▲11月4日　中铁二十局参建的广东省潮州至惠州高速公路、南京长江第四大桥工程、成都经济区环线高速公路简阳至蒲江段、菏泽市丹阳路上跨铁路立交桥、新建大同至西安客运专线“四电”集成工程等5项工程获全国2018—2019年第二批国家优质工程奖。其中，广东省潮州至惠州高速公路和南京长江第四大桥工程获国家优质工程金奖。

▲11月22日　中铁二十局获中国铁建巴西市场“经营主导权”。

▲11月26日　中铁太白山520职业教育培训中心建立的国家安全生产应急救援培训演练基地通过审查验收，正式落户集团公司。

▲12月4日　中铁二十局参建的十（堰）天（水）高速联络线（G7011）陕西境汉中至略阳（陕甘界）公路项目获“李春奖”。

▲12月14—15日　2019中国经济高峰论坛暨第十七届中国经济人物年会在北京召开。中铁二十局党委书记、董事长邓勇被授予“2019中国经济年度人物”称号。

▲12月25日　中铁二十局获陕西省2019年“一带一路”沿线国家建设奖。

▲12月30日　中铁二十局建局70周年成就展暨《2020》新书发布会在西安举行。

▲12月31日　中铁二十局被陕西省国资委授予“央企突出贡献奖”。（麻　炜　王　丽）

中铁二十一局集团有限公司

【简况】 具有铁路工程、建筑工程、公路工程、市政公用工程施工总承包特级和铁道、建筑、公路、市政设计行业甲级资质，同时具有水利水电、矿山施工总承包一级资质，桥梁、隧道、公路路基、公路路面、铁路铺轨架梁、建筑机电安装、建筑装修装饰等7项专业承包一级资质，并取得自然资源部地质灾害防治施工甲级资质和对外援助成套项目总承包企业资格认定。总部驻甘肃省兰州市安宁区北滨河西路921号。2004年3月，由兰州铁路局建设集团有限公司、乌鲁木齐铁路工程(集团)有限责任公司、中铁二十局集团第三工程有限公司三个单位整合重组而成。下辖第一至六工程有限公司、电务电化工程有限公司、路桥工程有限公司、德盛和置业有限公司、国际工程有限公司、轨道交通工程有限公司、甘肃铁鹰建筑质量检测有限公司、西部铁建材料科技有限公司、铁路运营管理有限公司及勘察设计院、市政工程分公司，铁建中原工程有限公司，9个经营性区域指挥部。职工12565人。固定资产原值46.78亿元、净值17.37亿元，其他固定资产原值16.33亿元、净值2.82亿元。机械动力设备5294台(套)，原值186635万元、净值74898万元，设备成新率40.13%，设备总功率314621千瓦，技术装备率6.03万元/人，动力装备率25.32千瓦/人。

2019年，新签合同额491.39亿元。产值282.62亿元，施工产值256.99亿元。利润2.64亿元，净利润0.77亿元，人均创利0.61万元。全员劳动生产率28.17万元/人年，职工年平均工资109392元。国有资产保值增值率23.77%，净资产收益率1.78%，产值利润率1.29%，投资回报率0.84%，资产负债率84.80%，应上缴款完成率100%。实物工程量：路基土石方5578万立方米，桥梁72101延长米，涵洞22919横延米，隧道62634延长米，房屋折合面积156万平方米，无砟道床43千米，正线铺轨30千米，站线铺轨14千米，架梁2844孔，通信线路25千米，接触网12条千米，联锁道岔96组，自动闭塞8千米，电力线路36千米。2019年，新建拉萨至日喀则铁路获第十七届中国土木工程詹天佑奖，贵阳龙洞堡机场综合交通枢纽工程获中国建设工程鲁班奖，拉日铁路雅江三号桥、成都经济区换线高速公路简阳至蒲江段工程获国家优质工程奖，9项工程获得省部级优质工程。（李　栋）

【领导人员】

董事会

董事长	庄纪栋
董事	赵彦旭
	凌洪涛
	赵春锋
	朱　建
	马建军
职工董事	田爱平

监事会

监事会主席	李金生
监事	董文德
职工监事	石永仕

经理层

总经理	赵彦旭
副总经理	高玉峰
	张天舒
	凌洪涛
	赵春峰
	朱　建
	马建军
	冯建军
	石龙海
总会计师	朱　建(兼)
总工程师	冯建军(兼)

党群领导

党委书记	庄纪栋
党委副书记	赵彦旭
	田爱平
纪委书记	李金生
工会主席	田爱平

（王　鹏）

【职工队伍】 职工12565人；干部7535人。行政干部7188人、政工干部347人、具有各类专业职务干部7441人、女干部1519人、少数民族干部248人、党员干部2965人。35岁及以下4737人、36～40岁1054人、41～45岁559人、46～50岁618人、50岁及以上567人。本科学历及以上6165人、大专学历1170人、中专学历139人、高中及以下学历61人。

工人5030人。女性1063人。大专及以上学历567人、中专学历755人、高中及以下学历2708人。取得国家职业资格证书的技术工人4247人。其中，高级技师123人、技师813人、高级工2546人、中级工646人、初级工119人。（王　鹏　闫国峰）

【工程项目指挥机构】

黔张常铁路项目经理部　驻湖南省常德市。项目经理黄秦。

昌赣铁路项目经理部　驻江西省赣州市。项目经理杨红亮。

蒙华铁路项目经理部　驻陕西省延安市。项目经理李福成。

潍莱铁路WLTLSG－1标段项目部　驻山东省潍坊市。项目经理姜保明。

商合杭铁路项目部　驻安徽省亳州市。项目经理孔德荣。

玉磨铁路项目部　驻云南省宁洱市。项目经理李光军。

峨米铁路项目部　驻四川省凉山彝族自治州。项目经理李旦合。

丽香铁路项目部　驻云南省丽江市。项目经理杨广运。

银西铁路项目部　驻甘肃省庆阳市。项目经理张志强。

银吴铁路项目部　驻宁夏回族自治区银川市。项目经理姚璐。

兴泉铁路 XQXN－1 标段项目经理部　驻江西省赣州市。项目经理赵侃。

兴泉铁路 XQXN－4 标段项目经理部　驻江西省赣州市。项目经理刘宇旭。

塞尔维亚匈塞铁路项目经理部　驻塞尔维亚首都贝尔格莱德。项目经理杨少林。

鲁南高铁 LQTJ－2 标段项目经理部　驻山东省临沂市。项目经理陈小科。

贵南铁路 GNZQ－8 标段项目经理部　驻广西壮族自治区南宁市。项目经理池平平。

川藏铁路拉林段拉萨地区代建工程指挥部　驻西藏自治区拉萨市。项目经理芦巍。

阿富准富蕴至准东段站前 S3 标段项目经理部　驻新疆维吾尔自治区阿勒泰市。项目经理袁宪灿。

和若铁路项目部　驻新疆维吾尔自治区且末县。项目经理杨红亮。

酒额铁路项目部　驻甘肃省酒泉市。项目经理刘斌。

京雄铁路四电项目部　驻河北省雄安新区。项目经理王俊行。

兰州轨道交通管片项目经理部　驻甘肃省兰州市。项日经理薄志军。

成都地铁 6 号线土建 7 标段项目经理部　驻四川省成都市。项目经理苏志刚。

重庆轨道交通 10 号线二期项目部　驻重庆市。项目经理申国顺。

郑州市东四环项目部　驻河南省郑州市。项目经理周万平。

狼城岗黄河滩区居民迁建项目部　驻河南省郑州市。项目经理刘红国。

东乡县沿洮河经济带项目部　驻甘肃省临夏州。项目经理陈兵章。　（闫国峰）

【铁路工程施工】　新建南昌至赣州铁路客运专线站前工程　全长 43.032 千米。2015 年 8 月 1 日开工，计划 2019 年 12 月 31 日竣工。主要工程量：路基区间土石方 257.96 万立方米，站场土石方 435.31 万立方米；路基 16.34 千米；隧道 16 座 6148.85 延长米；桥梁 58 座 37842.21 延长米，其中梨园特大桥 3561.265 延长米；涵洞 39 座 1745.37 横延米；站场 2 座；制梁 936 孔/片，架梁 936 孔/片，现浇单线箱梁 36 孔；正线无砟道床 88.76 千米，站线无砟道床 2.13 千米。2019 年 12 月 26 日正式开通运营。

新建黔江至张家界至常德铁路站前工程 QZCZQ－9 标段　全长 45.599 千米。2015 年 3 月 15 日开工，计划 2019 年 11 月 25 日竣工。主要工程量：路基土石方 548.31 万立方米；路基 20.16 千米；隧道 7 座 14589.96 延长米；桥梁 46 座 10848.31 延长米，涵洞 76 座 2327.58 横延米；站场 2 处；轨道工程无砟道床 21.669 千米；大于 5 千米隧道 1 座，吴家隧道 5968.4 延长米。2019 年 12 月 26 日正式开通运营。

蒙西至华中地区铁路煤运通道 MHTJ－8 标段工程　全长 39.243 千米。2015 年 9 月 15 日开工，计划 2020 年 2 月 29 日竣工。主要工程量：区间路基土石方 350 万立方米，站场路基土石方 72.6 万立方米；路基 15.2 千米；隧道 3 座 17704.2 延长米；桥梁 16 座 6342.3 延长米，框架中桥 1 座 739.07 顶平方米，涵洞 52 座 1948.75 横延米；站场 1 处；现浇箱梁 13 孔/片；铺设无砟道床 36.014 千米，安装弹性支承块 11.7 万块，铺道砟 15.7 万立方米；小南塬隧道 7067.2 延长米。2019 年 9 月 28 日正式开通运营。

新建商丘至合肥至杭州铁路（安徽、浙江段）站前工程施工总价承包 SHZQ－2 标段　全长 22.111 千米。2016 年 1 月 1 日开工，计划 2020 年 10 月 30 日竣工。主要工程量：区间路基土石方 1.6 万立方米，路基 0.134 千米；站场 1 处，土石方 36.5 万立方米；特大桥 2 座 20303.06 延长米，小桥 1 座 14.4 延长米；涵洞 5 座 173.18 横延米；制梁 599 孔箱梁，架梁 599 孔箱梁；无砟道床 43.787 千米；电力线路 10.4 千米；临时通信线路 22.111 千米；箱梁制（存）梁场、材料厂、混凝土预制及钢构件厂各 1 座。2019 年 12 月 1 日正式开通运营。

新建银西铁路银川至吴忠客专 YWZQ－4 标段工程　2016 年 11 月 20 日开工，计划 2019 年 6 月 30 日竣工。主要工程量：区间路基 470048.37 断面立方米，站场路基 4282211 断面立方米；特大桥 1500.8 延长米；箱形桥 4844.8 顶平方米；新建框架涵 2214.04 横延米；改建框架涵洞 705 横延米；梁体预制架设 92 孔；铺轨正线 164.59 千米，改建线 7.2 千米，站线 46.58 千米，站线改建 14.14 千米；房屋工程动车组运用所基础及地基处理 23281.1 平方米。2019 年 12 月 29 日正式开通运营。

新建鲁南高速铁路临沂至曲阜段 LQTJ－2 标段工程　位于山东省临沂市，全长 23.923 千米。2017 年 1 月 1 日开工，计划 2020 年 12 月 18 日竣工。主要工程量:桥梁 12 座 14880 延长米;区间路基土石方 127.9 万立方米;车站 1 座,站场土石方 51.86 万立方米;红山明洞 1 座 50 延长米;框架桥涵 14 座,旅客地道 1 座;Ⅲ型板式无砟道床 43.58 千米,站线有砟道床 4.02 千米,道岔区无砟道床 8 组;制、运、架梁 10 座特大桥、5 座大桥及 2 座中桥,含 3 标段 6 座桥 159 孔梁。2019 年 11 月 26 日正式开通运营。

新建阿勒泰至富蕴至准东铁路富蕴至准东段站前工程施工总价承包(S3 标段)　全长 264.308 千米。2017 年 5 月 20 日开工,计划 2019 年 12 月 31 日竣工。主要工程量:路基(含站场)247.682 千米;区间路基 235.03 千米;特大、大、中桥 49 座 17282.67 延长米,钢构中桥 1 座、箱型中桥 2 座、梁式小桥 17 座、箱式小桥 5 座、圆涵 17 座、盖板涵 13 座、框架箱型涵 502 座。已完工,货运 2019 年 12 月 31 日开通运营,客运计划 2020 年 6 月开通。

新建银川至西安铁路甘宁段站前工程 YX－SG－ZQ5 标段　位于甘肃省庆阳市,全长 43.049 千米。2016 年 10 月 5 日开工,计划 2019 年 7 月 30 日竣工。主要工程量:路基 26 段 21764.19 米,区间路基土石方 342.37 万立方米、站场土石方 126.15 万立方米;桥梁 32 座 20961.75 延长米;制架预应力混凝土简支箱梁 590 孔,制架预应力混凝土简支 T 梁 6 孔,施作预应力混凝土连续梁 7 联,钢构连续梁 2 联;箱型涵 86 座;站场 2 处。开工累计完成产值 237599 万元。

新建玉溪至磨憨铁路站前工程 YMZQ－10 标段　位于云南省墨江县与宁洱县之间,全长 22.405 千米。2016 年 7 月 30 日开工,计划 2020 年 10 月 2 日竣工。主要工程量:土石方 31.93 万立方米;路基、站场 0.8145 千米;隧道 3.41 座 20747 延长米;桥梁 4 座 902.46 延长米,涵洞 3 座 124 横延米,倒虹吸 1 座 41 米;站场 1 处;轨道工程无砟道床 30.65 千米。开工累计完成产值 148328 万元。

成昆铁路峨眉至米易段扩能工程站前工程 EMZQ－10 标段　位于四川省凉山彝族自治州,全长 25.642 千米,设计时速 160 千米。2016 年 7 月 15 日开工,计划 2021 年 8 月 31 日竣工。主要工程量:路基土石方 256.85 万立方米;路基 2.7 千米;隧道 4 座 13082 延长米;桥梁 12 座 9855.44 延长米,跨铁路、公路连续梁 9 处,涵洞 10 座 282.69 横延米;站场 2 处;无砟道床 18.03千米,电力线路迁改 316 处,通信线路迁改 156 处,管道迁改 3000 米。开工累计完成产值 105043 万元。

新建丽江至香格里拉铁路工程站前 1 标段(LXZQ－1 标段)　全长 21.52 千米。2014 年 12 月 25 日开工,计划 2020 年 5 月 1 日竣工。主要工程量:路基土石方 140.187 万立方米;路基 8.012 千米;隧道 6 座 12116 延长米;桥梁 12 座 1449.92 延长米;涵洞 39 座 812.58 横延米;站场 1 处;制梁 307 孔/片,架梁 310 孔/片;轨道工程无砟道床 84 千米,有砟道床 53.6 千米;正线铺轨 137.6 铺轨千米,站线铺轨 25.3 铺轨千米;道岔 82 组。开工累计完成产值 99267 万元。

新建武汉新港江北铁路林四房至黄州段站前工程 XGSG－2 标段　位于湖北省武汉市,全长 40.065 千米。2014 年 11 月 18 日开工,计划 2020 年 12 月 31 日竣工。主要工程量:路基土石方 270.9845 万立方米;路基 21.045 千米;特大桥 4 座 20951.3 延长米,大桥 2 座 645.35 延长米,中桥 2 座 107.45 延长米,小桥 7 座 1692.8 顶平方米,跨线桥 6 座 582.6 延长米,涵洞 101 座 2540.206 横延米;站场 3 处;制梁 647 孔/片(T 梁),架梁 647 孔/片(T 梁)等。开工累计完成产值 89315 万元。

新建兴国至泉州铁路兴国至宁化段站前工程 XQXN－1 标段　位于江西省赣州市。2017 年 9 月 1 日开工,计划 2021 年 12 月 31 日竣工。主要工程量:既有兴国车站改造及过渡工程 32.834 千米,兴国疏解线 3.295 千米,铺架基地 163.767 正线千米,站线铺轨 35.31 千米;车站 4 座;线路所 1 个;隧道 5 座 6670 延长米;桥梁 48 座 14396 延长米;路基正线 14.068 千米,路基土石方 434.62 万立方米;制架梁 1669 孔;涵洞 50 座。开工累计完成产值 119362 万元。

新建铁路兴国至泉州线兴国至宁化段站前工程 XQXN－4 标段　位于江西省赣州市。全长 59.3 千米。2017 年 9 月 1 日开工,计划 2021 年 12 月 31 日竣工。主要工程量:路基土石方 654.77 万立方米,混凝土方 93.3 万立方米,浆砌圬工 21.48 万立方米;区间路基 52 段 15.717 千米;站场 4 处 4.985 千米;桥梁 53 座 19252 延长米;涵洞 87 座 1953.32 横延米;隧道 14 座 19306 延长米。开工累计完成产值 139557 万元。

新建潍坊至莱西铁路站前工程 WLTLZQSG－1 标段　位于山东省胶东半岛腹地。全长 7 千米。2018 年 1 月 1 日开工,计划 2020 年 12 月 31 日竣工。主要工程量:特大桥 5 座 10552.91 延长米;预制架设预应力混凝土箱梁 313 孔;正线无砟道床铺设 4.7945 千米,正线铺粒料道床 6893 立方米,改建正线拆除线路 0.652 千米,重铺 0.2 千米,清筛道砟 1437 立方米,新建站线铺新轨 16.0215 千米,铺道岔 60 组,铺粒料道床 50796.7 立方米,改建线路拆除 0.723 千米,拆除道岔 2 组,清筛道砟 1070.14 立方米。开工累计完成产值 49632 万元。

新建贵阳至南宁铁路广西段站前工程 GNZQ－8 标段　位于广西壮族自治区南宁市,全长 28.743 千米。2018 年 5 月 15 日开工,计划 2023 年 12 月 19 日竣工。主要工程量:特大桥 7 座 17308.64 延长米,大桥 3 座 788.812 延长米,梁体预制架设 513 孔,框架桥 3 座 1058.6 顶平方米;涵洞 9 座 232.341 横延米;隧道 3 座 6843 延长米;马山车站;区间路基土石方 628116 立方米;混凝土 76.216 万立方米,钢材 8.125 万吨。开工累计完成产值 77673 万元。

匈牙利—塞尔维亚铁路　位于塞尔维亚,全长 34.5 千米。2018 年 9 月 17 日开工,计划 2021 年 6 月 5 日竣工。主要工程量:6 站 6 区间及 3 处乘降所;正线铺轨 76.82 千米,站线铺轨 34.63 千米,新建联络线铺轨 29.70 千米;路基开挖 33.6 万立方米、过渡层填筑15.95万立方米、保护层填筑 13.92 万立方米、路堤填筑 30.36 万立方米;空间刚架(铁—铁立交)1 座 717 平方米;涵洞 12 座 285.72 横延米;公路下穿框架桥 1 座 12 延长米;上跨铁路公路桥 3 座 839 延长米;改扩建车站 6 座、停靠点 3 个。开工累计完成产值 16355 万元。

新建川藏铁路拉萨至林芝段拉萨地区相关代建工程 LLDJSGZQ 标段　2018 年 5 月 4 日开工,计划 2020 年 12 月 15 日竣工。主要工程量:站场土石方 2886049 立方米,接长框架涵 30.9 横延米,新建生产及办公房屋 56874 平方米,地基处理碎石桩 96471 米,车辆整备基地整体道床 3655 米,运营维修段整体道床 1013 米,铺轨 9.013 千米,铺新岔 33 组。开工累计完成产值 49642 万元。

新建和田至若羌铁路 S5 标段工程　位于新疆维吾尔自治区巴音郭楞蒙古自治州,全长 136.928 千米。2019 年 5 月 1 日开工,计划 2022 年 6 月 19 日竣工。主要工程量:区间土石方 819.78 万立方米,站场土石方 263.44 万立方米;特大桥 3 座 8977.69 延长米;涵洞 138 座 2359.31 横延米;混凝土 4.11 万立方米。开工累计完成产值 62695 万元。

酒泉至额济纳铁路酒泉至东风段升级改造工程 DHGS－JEZQ1 标段　位于甘肃省和内蒙古自治区西部,全长 243.731 千米。2019 年 10 月 1 日开工,计划 2021 年 7 月 31 日竣工。主要工程量:区间路基土石方 1008.43 万立方米,站场路基土石方 118.26 万立方米;特大桥 6 座 8096.09 延长米,大桥 4 座 1416.14 延长米,中桥 3 座 348.22 延长米,箱形桥 31 座 4052.85 顶平方米,涵洞 365 座 6848.11 横延米;站场 4 处。开工累计完成产值 10511 万元。

新建北京至雄安城际铁路四电系统集成及房屋、防灾安全监控工程　全长 92.785 千米。2019 年 3 月 21 日开工,计划 2020 年 11 月 30 日竣工。主要工程量:车站 3 座,通信线路 53.91 千米,自动闭塞 53.91 千米,联锁道岔 86 组。开工累计完成产值 8343 万元。

（王　鹤）

【铁路外工程施工】　兰州至海口国家高速公路(G75)渭源至武都建设项目路基、桥涵及隧道工程 WW07 标段　位于甘肃省漳县、岷县,全长 6.07 千米。2016 年 3 月 1 日开工,计划 2020 年 11 月 19 日竣工。主要工程量:路基 0.575 千米;路基土石方 43.325 万立方米;隧道 1 座 5527 延长米,3 号斜井 1265 米;桥梁 2 座 778.8 延长米;涵洞 3 座 65.9 横延米;制梁、架梁 152 片。开工累计完成产值 86433 万元。

陕西省合阳至铜川高速公路 TJ－3 标段工程　位于陕西省渭南市,全长 12.4 千米。2018 年 2 月 1 日开工,计划 2020 年 3 月 30 日竣工。主要工程量:桥梁 7 座 3270 延长米,互通 1 处,服务区 1 处,主线收费站 1 处,连接线 1 条 11.03 千米。开工累计完成产值 57006 万元。

兰州市城市轨道交通 1 号线一期工程土建 2 标段施工总承包 TJⅡ－10 工区　2 站 2 区间,全长 2.28 千米。2014 年 3 月 25 日开工,计划 2019 年 9 月 30 日竣工。主要工程量:西关什字站,基坑土方 238200 立方米,结构混凝土 45685.14 立方米,施工缝防水 20890.22米,填方 20448.32 立方米;西关什字站至省政府站区间,盾构掘进 1598 米,预制钢筋混凝土管片 10275.6 立方米,管片设置密封条 1332 环,高压喷射注浆桩 20854 米;省政府站,基坑土方 140440 立方米,结构混凝土 28137 立方米。开工累计完成产值 66481 万元。2019 年 6 月 28 日正式通车。

成都地铁 6 号线一期、二期工程土建施工 07 合同段　3 站 2 区间。2017 年 1 月 5 日开工,计划 2020 年 6 月 30 日竣工。开工累计完成产值 68099 万元。

重庆市轨道交通 10 号线二期兰花路站及区间隧道工程　全长 1.486 千米。2018 年 1 月 9 日开工,计划 2021 年 5 月 31 日竣工。主要工程量:明挖车站 1 座,建筑面积 24774 平方米;暗挖隧道 3531.113 延长米。开工累计完成产值 23269 万元。

郑州市四环线及大河路快速化工程 PPP 项目东四环标段　位于河南省郑州市。全长 11.248 千米。2018 年 1 月 12 日开工,计划 2020 年 12 月 31 日竣工。开工累计完成产值 157424 万元。

中牟县狼城岗镇 2017 年黄河滩区居民迁建项目工程　位于河南省郑州市中牟县。建筑占地面积 35 万平方米。2017 年 9 月 28 日开工,计划 2020 年 4 月 30 日竣工。主要工程量:总建筑面积 73 万平方米;挖土方 62.86 万立方米,钢筋 50000 吨,混凝土 400000 立方米。开工累计完成产值 232088 万元。

兰州中央商务区基础工程　位于甘肃省兰州市。2018 年 4 月 25 日开工，计划 2020 年 3 月 31 日竣工。开工累计完成产值 23717 万元。

东乡县沿洮河经济带开发建设项目 EPC 总承包　位于甘肃省临夏州，总建筑面积 1020493.03 平方米。2019 年 6 月 30 日开工，计划 2022 年 9 月 30 日竣工。开工累计完成产值 75972 万元。

兰州高新区榆中园区棚户区改造（经适房）1 号安置区二期项目　建筑单体 21 栋、总建筑面积 559187.14平方米。2018 年 12 月 20 日开工，计划 2022 年 6 月 17 日竣工。开工累计完成产值 42930 万元。

（王　鹤）

【境外工程】　2019 年，集团公司新增海外项目合同额 14451.27 万美元。新签海外项目 8 个，包括几内亚达圣铁路运营维管和“三电”项目，合同额 8848.9 万美元；蒙古扎门乌德建设区域物流中心新增 4.35 千米公路，扎门乌德建设区域物流中心新增 1.184 千米铁路，合同额总计 218.36 万美元；菲律宾巴洛格水利枢纽灌溉引水发电洞及溢洪道结构建设工程、良安水电站主体土建工程，两个项目合同额 3212.14 万美元；巴基斯坦白沙瓦快速公交通道一包（3 标段）项目，新增合同额 2163.43 万美元。集团公司在建海外项目 18 个，完成年产值 12448.92 万美元。（姜毅杰）

【企业管理】　编制印发《中铁二十一局集团有限公司 2019—2021 年滚动发展规划》，保障集团公司“十三五”规划工作任务和发展目标顺利完成。编制印发集团公司《关于加快发展房地产板块指导意见》，明确 2020—2024 年全局房地产发展方向、重点领域、发展区域、发展模式及发展目标。集团公司本级 2018 年内控工作被股份公司评定工程承包板块 A 类第三名。组织所属 24 家单位实施 2018 年度内部控制评价，对 21 家单位进行内控考核，16 家单位被评定为一级单位，5 家单位被评定为二级单位。全面开展 2018 年度内控缺陷整改，股份公司内控独立评价认定的 6 项一般缺陷整改率 100%。开展风险管理调查问卷活动，确定集团公司 2019 年度重大、重要风险 7 项，制定重大重要风险应对策略和管控方案，明确责任部门。三公司取得公路工程施工总承包特级和公路养护资质，两电公司取得“四电”有关军工涉密条件备案资格，四公司取得 8 项施工总承包和专业承包资质，资质类别和等级全面提升。按期完成集团公司对外援助成套项目总承包企业资格认定延续工作。印发集团公司《加快培育和发展新兴产业实施意见》。对接承办赣州发展投资控股集团与集团公司战略合作协议签字仪式，在地产、工业园区、融资等方面实现互利共赢；对嘉兴市交通投资集团进行调研，拟以参股组建合资公司的方式开拓浙江嘉兴建设市场；多次与兰铁局就合资组建工程公司事宜深入对接；与四川铁路产业投资集团按股权比例组建合资公司进行协商；牵头与德盛和公司一并完成总部企业迁入济南市合作协议书，争取享受更多优惠政策。集团公司获得中国建筑业协会 2019 年度全国 AAA 级信用评价，成为股份公司系统内两家新上榜企业之一，取得中国施工企业管理协会 AAA 企业信用等级。集团公司本级注册资本金由 18.8亿元增加至 20.38 亿元。

（张万曌　李惠霞　李树虎）

【经营管理】　经营承揽。2019 年，新签合同额 491.39 亿元，完成股份公司计划 440 亿元的 103.71%，比上年同期增长 4.76%。其中工程承包板块 452.43 亿元、房地产 28.01 亿元、勘察设计 0.32 亿元、工业制造 2.43 亿元、物资贸易 2.51 亿元、运营代维 4.52 亿元、其他 1.17 亿元。工程承包板块中，房建工程 201.68 亿元，占 44.58%；公路工程 86.14 亿元，占 19.04%；铁路工程 77.05 亿元，占 17.03%；市政工程 42.19 亿元，占 9.33%；城市轨道交通工程 22.91 亿元，占 5.06%；水利工程 13.52 亿元，占 2.99%；电力工程 7.4 亿元，占 1.64%；矿山工程 1.53 亿元，占 0.34%。其中海外市场 10.06 亿元，占工程承包的 2.22%。

安全质量。杜绝较大及以上生产安全事故，无铁路营业线一般 D 类以上交通事故和火灾、机械设备等其他事故发生，无一般生产亡人事故发生，安全生产形势保持稳定。工程质量总体可控，无政府及行业部门、建设单位认定的工程质量责任事故发生，消除大量铁路工程质量安全红线问题。1 项工程获中国建设工程鲁班奖，2 项工程获国家级优质工程，多项工程获得省部级优质工程。1 个工地获评国家级标准化工地，6 个工地获评省级安全质量标准化示范工地，4 个工地获评股份公司安全质量标准化工地。

财务管理。884 个独立核算单位均纳入年度财务决算审计范围，外审会计师事务所抽取全集团 96% 以上的工程项目，进行现场审计，核实资产质量、工程进度、内控管理等情况，对未抽审的项目、单位，大量查阅相关核算和管理资料。全面预算管控逐步深入，实行“三上三下”预算编制流程，逐级进行会审批复。逐级核减批复集团非生产性开支预算，管理费用管控得力。利用信息化手段加强预算执行的刚性约束，建立费用预算的过程控制分析和纠偏问责机制，对于预算执行不理想的单位，采取约谈的方式纠偏问责。全年缴纳各类税款 8.21 亿元。对完工 90% 以上 82 家一般计税项目的税负进行分析。税收筹划节约税费 8482.5 万元,节约资金 9578.79 万元。4 月 1 日起,试行增值税期末留抵税额退税制度。各单位向税务机关申请退税 7655 万元。新增授信 38 亿元,授信总额 472 亿元;在资产公司办理 18.17 亿元应收账款资产证券化业务;办理应收账款保理融资 9.54 亿元,解决济南房地产、东乡项目资金问题;从进出口银行办理基准下浮 22% 的政策性贷款 9500 万元;完成债转股、类永续债 10 亿元权益融资,有效降低资产负债率。提升资金集中管控水平,集团公司整体资金集中度 78.42%,日均归集资金 31.43 亿元。财务公司上存款 28.15 亿元,上存度 58.66%;新建招行"资金池",加挂账户 9 个,归集资金 2872 万元;启用财务公司区域"资金池",加挂账户 1 个,归集资金 2072 万元;现金使用单位从 2018 年的 107 户降低到 51 户。完成清欠 227 亿元,完成股份公司下达指标的 87.34%。收回五年以上债权 1.23 亿元,实现债务清付折扣 1562 万元。纳入共享中心核算单位 1154 家,上线率 100%。处理单据 52.26 万个,审核通过单据 46.2 万个,驳回不合规单据 6.06 万个,完成支付业务 28.66 万笔,提交管理建议书 11 份,发送预警风险通报 1468 条。

资本运营。存量项目 29 个,其中以联合体成员资格参与股份公司或投资集团牵头项目 15 个,集团公司与北京首创、北控水务、兰州市政、中铁十四局等单位组建联合体中标项目 14 个。增量项目严格把控核心风险,中标 5 个 PPP 项目,和甘肃公航旅等单位组建联合体中标 2 个 PPP 项目,集团公司资本运营项目新增承揽额逾 90 亿元。

经济管理。围绕"改革创新年"活动主题及年度工作计划,以注重运行质量、努力提升企业经济实力为宗旨,强抓确权清收及亏损项目治理,通过二次经营创效推动企业经济质量不断向好。修订《中铁二十一局集团有限公司确权清收考核管理办法》。实现变更索赔额 355480 万元,变更索赔率 13.83%。其中,铁路工程 216936 万元、公路工程 45624 万元、工民建工程 37453 万元、地铁及轻轨 24297 万元、市政工程 20373 万元、水利工程 9870 万元、其他 927 万元。

成本管理。3 月,成立成本处。结合集团公司及项目实际情况,先后出台《工程项目绩效考核管理办法(试行)》《工程项目绩效考核实施细则(试行)》《竣工项目后评价管理办法》《工程项目责任成本预算编制实施细则》《项目成本管理十条红线》等制度;修订《工程项目责任成本管理操作规范》《验工计价管理办法》。全面推行"劳务分包为主,专业分包为辅"的分包管理新机制。根据住建部及铁路总公司对项目施工分包管理的新要求,完善分包管理办法,修订出台集团公司《施工分包商管理办法》,发布集团公司年度外部分包商名册。10—11 月,由总会计师带队对银西铁路、阿富准铁路、准东开发区、昌吉开发区四个项目及一公司、路桥公司、运营公司三个公司的经济运行、项目盈亏、公司全面预算进行调研,对各单位存在的问题及对策做法进行讨论。9 月及 12 月,对股份公司责任成本考评的贵南铁路、西安地铁项目进行现场业务督导。11 月 25—26 日,在兰州召开成本管理现场推进会。

审计监督。持续推进和落实股份公司审计工作"13455 +"总体规划和"七个精准发力""七个持续提升"要求,积极履行审计监督、服务、增值职责,坚持"全面审计、聚焦重点、服务发展、提升价值、注重时效"审计原则,着力在"四个持续"上发力,在促进企业转型升级高质量发展、依法合规经营、风险防范管控等方面提供有力保障。完成各类审计项目 160 项,出具审计报告 159 份,提出审计建议 702 条,702 条被采纳,采纳率 100%。发现问题金额 25637.9 万元。其中,违纪违规金额 11324.71 万元、损失浪费金额 14280.26 万元、不良资产金额 32.93 万元,纠正违纪违规金额 6297.93 万元,挽回或避免损失 2940.43 万元,促进增收节支金额 1946.65 万元。

(陈丽杰　赵江英　刘荣良)

【科技成果】 新建拉萨至日喀则铁路获第十七届中国土木工程詹天佑奖;三公司、五公司、轨道公司通过高新技术企业认定;获省部级科技进步奖 4 项、中国施工企业协会科学技术奖 6 项、甘肃省职工优秀技术创新成果奖 2 项;获省部级工法 10 项;获取专利授权 41 件,其中 5 件为发明专利;现场科技攻关进展顺利,科技成果评审(鉴定)12 项,在大曲率转体梁桥施工、大跨度空间刚架桥、高墩柱现浇道岔梁桥、富水卵石层盾构施工、大型预制梁场 BIM 技术开发应用等领域取得突破。

(裴有陆)

【党群工作】 党的工作。基层组织 324 个,党员 6459 人,发展党员 126 人。一是进一步增强"两个维护"的思想自觉和行动自觉。各级党组织把深入学习贯彻习近平新时代中国特色社会主义思想和党的十九大、十九届四中全会精神以及全国国有企业党的建设工作会议精神作为企业党建工作的一项重要任务来抓,全面落实从严治党,加强党的组织建设各项要求。二是持续完善党委发挥领导作用的体制机制。进一步落实党委研究讨论作为企业决策重大事项前置程序,抓好各单位党建工作进企业章程,检查督促所属单位修订完善党委议事规则和"三重一大"集体决策制度,进一步细化党委前置研究讨论和"三重一大"决策事项清单,明确党组织和其他治理主体的权责边界，从运行机制上保障党组织意图在重大决策中得到充分体现。三是进一步完善党建工作考核评价体系。进一步完善集团公司党建工作考评体系，突出考核重点，优化考核指标，改进考核方式，把考核结果与所属单位“四好”领导班子评比、年度绩效兑现和领导人员任免挂钩。加强对所属单位党建工作督促检查和指导，结合党建工作责任制考核评价、“不忘初心、牢记使命”主题教育领导班子成员联系点工作，推动党建工作落实落地。继续推进党委书记向股份公司党委作党建工作述职、基层党组织书记抓党建述职评议考核制度，不断压实压紧管党治党政治责任。四是围绕中心工作，扎实开展“不忘初心、牢记使命”主题教育。集团公司党委根据中央和股份公司党委统一部署，以全局各级领导班子和处级以上干部为重点，以学习贯彻习近平新时代中国特色社会主义思想为主要内容，围绕企业发展的中心任务，开展覆盖全体党员的“不忘初心、牢记使命”主题教育。集团公司各级党组织坚持上下联动抓整改、项目化推进抓整改、典型引路抓整改，坚持边学边查边改，坚持两手抓、两促进、两不误，加强督促检查、严肃问责追究，切实在破解突出难题上探索路径、在增强工作实效上走在前列，确保主题教育取得实效。五是深化“三基建设”，推进企业党建工作高质量发展。继续抓好基层组织覆盖，确保党的组织设置始终和企业发展改革相适应、和生产经营活动相适应。各级党组织抓好基层党组织书记、党务工作人员、党员“三支队伍”建设。集团公司举办1期组工干部培训班，各级党组织也都举办党支部书记培训示范班，机关党支部书记培训示范班。编制下发党组织建设规范化手册，完善党内表彰规定、境外单位党建工作指导意见等制度，进一步提升党支部建设标准化和规范化党建工作质量。认真落实党中央、股份公司党委有关统战工作精神和部署，推动统战工作领导体制和工作机构建设。

宣传工作。修订《中铁二十一局集团有限公司党委理论学习中心组学习规则》，加大集中学习和专题研讨力度，中心组成员开展集中学习21次，集中研讨9次，撰写的理论文章在《铁建政工》《中国铁道建筑报》发表。3篇科研成果获中国铁建政研会优秀成果二等奖，策划“重走长征路　永葆革命性”会宁红色体验活动，制作应知应会宣传展板438块，完成主题教育暨党的十九届四中全会精神答卷4500份，制作发出党的理论知识口袋书3000册。修订印发《中铁二十一局集团有限公司党委落实意识形态工作责任制实施办法》。起草“改革创新年”主题教育宣传提纲。利用集团公司新媒体公众号、内部报刊新里程、企业门户网站等，对各单位在开展“改革创新年”活动中取得的阶段性成果进行宣传。举办集团公司首届“大国工匠、央企脊梁”主题评选活动，选出全局“十大楷模”“十佳道德模范”“十大杰出青年”。开展道德讲堂专题讲座，举办职工书法、绘画、摄影及文学作品展、征文和“与共和国同行经典诵读会”等活动。丽香铁路、兴泉铁路4标段工程在中央电视台《新闻联播》播出，麦积山游客服务中心项目建设在甘肃卫视午间新闻全程直播，凤凰卫视进行连线采访。组织“记者走基层、央企展风采”活动5次。发布新闻3460条，推送中国铁建微信23条，刊发18条，推送学习强国平台13条，推送微博256条，制作推送官抖43条。在中央级媒体，省部级报、刊(网)发表稿件3251篇，在《中国铁道建筑报》发稿件72篇。编发《新里程》31期，刊用稿件1300篇。制作2019版企业宣传片和画册，召开专题文化建设会议，提炼总结具有二十一局特色的企业文化。

纪检监察工作。以落实“两个责任”为主线，压实管党治党政治责任，融入企业生产经营中心工作，强化教育，整饬“五风”，严明纪律规矩，严肃执纪问责，持续深化“三转”，提升履职能力，扎实开展党风廉政建设和反腐败各项工作，召开集团公司2019年纪检工作专题会议。开展“守初心、担使命、倡廉洁、铸企魂”党风廉政建设知识竞赛，举办廉洁讲座130场次，发布廉洁警句1650条，推送主题微信196期，观看教育片、微视频206场次，参观教育基地37次，开展预防职务犯罪讲座15场次。受理各类线索103件次，立案查处各类案件34件，处理违纪违规人员60人次。运用监督执纪“四种形态”处理107人次。配合股份公司党委专项巡视以及股份公司党委第三巡视组对集团公司党委开展常规巡视，下沉巡视10家所属单位。针对巡视指出问题和移交的线索，督促协助集团公司党委完善制度41项，制定整改措施140项，组织处理24家单位，纪律审查和组织处理39人次，退回违规发放奖金、津补贴、过节费等139.67万元。对2018年下半年巡察2家单位发现的问题，督办落实整改199项，组织处理94人次，纪律处分5人次，挽回各类经济损失68万元，修订完善各类制度48项。督导所属单位对15个基层党组织开展巡察，发现问题线索270项，修订完善内部巡察制度37项。建立纪委书记后备人才库，2019年新配备纪委书记1名，调整纪委书记、副书记4名，召开纪委书记述职会，以提醒、约谈、调研等多种方式，督促各单位纪委书记履职尽责。举办专题培训班，提高纪检监察干部业务水平。举办项目廉洁风险防范现场会，建立项目廉洁风险防范工作长效机制，做好顶层设计。

工会工作。工会委员会16个，工作委员会216个，小组372个，会员12375人。各级工会组织重点抓好《集体合同》《工资专项协议》《女职工专项集体合同》的签订、履约和管理工作，签订率100%。坚持和完善职代会制度建设，职代会召开率100%。依法建立职工董事、职工监事制度，覆盖面保持在85%以上。筹集“三不让”专项资金1345.82万元，帮助特、重困及一般困难职工家庭564人次，支出困难补助资金130.6万元；资助困难职工子女32人次，支出助学金14.07万元；救助患大病及一般患病职工902人次，支出医疗救助金159.35万元。筹措送“两节送温暖”资金425.6万元、困难职工帮扶救助资金320万元、“送温暖”资金900万元、“金秋助学”27.7万元，慰问困难职工511户，慰问劳模、离退休人员、一线职工和农民工5021人，金秋助学135人次。加强服务一线女职工，引导女职工提高自身素质，参加“巾帼建功”活动。各级女工组织积极开展“培育好家风 共筑铁建梦”、“书香三八”、评选“幸福家庭”系列活动。开展“双优”杯七比四创劳动竞赛，结合“项目管理创新增效”和“百日大干”竞赛活动。以发挥劳模先进示范引领作用为重点，搭建劳模创新平台。先后举办工会专职工会干部、工会财务经审业务、工会办公系统平台等三期政治理论和业务培训。加强对基层工会经费收管检查和财务会计管理规范化建设工作。对各单位工会经费收、管、用和财务规范化建设执行情况进行检查，加强对离任工会主席的审计工作。开展经常性、群众性的健身活动和体育比赛，开展读书系列活动，推动各单位形成“读书好，好读书，读好书”的浓厚学习氛围。投入资金建设一线项目职工活动场所，配置健身娱乐设施。继续开展职工书屋建设和补强工作。1人获评“中央企业劳模”，1人获甘肃省“五一劳动奖章”，1个单位获甘肃省“工人先锋号”，1个单位获云南省“工人先锋号”，2个单位获中国铁建“工人先锋号”，2人获中国铁建“工人先锋号奖章”。

共青团工作。下设15个基层团委（团工委）、团支部161个，专兼职团干部265人，团员2735人。各级团组织通过网络媒体、报纸专栏、组织青年座谈会、专题培训等方式，动员广大团员青年围绕大局创新创优、以改革创新精神加强团的建设。组织开展“青年突击队”授旗活动和“铁建杯”青年足球邀请赛。各级团组织紧贴集团发展需求，深化团组织建设，进一步增强团组织凝聚力。21个先进青年集体和15名先进青年荣获共青团中央、团甘肃省委、团青海省委和股份公司团委“五四红旗团委”“五四红旗团支部”“青年文明号”“优秀共青团干部”“优秀共青团员”“青年岗位能手”等称号。　（华国栋　张兰忠　柴　林）

【第一工程有限公司】　具有铁路工程、建筑工程施工总承包一级，铁路电务工程、通信工程、公路工程、市政公用工程施工总承包二级，建筑装修装饰工程专业承包一级，建筑幕墙工程专业承包二级，水利水电工程施工总承包三级，铁路电气化工程、钢结构工程专业承包三级等资质。前身为乌鲁木齐铁路工程（集团）有限责任公司，2004年3月16日划归中铁二十一局集团有限公司，重组更名为中铁二十一局集团第一工程有限公司。驻新疆维吾尔自治区乌鲁木齐经济技术开发区河南西路275号。董事长李启成，总经理杨红亮。职工1300人。资产总额371582.73万元。其中，固定资产原值34280.71万元、净值9231.14万元。自有设备台数350台（套），原值12089.54万元、净值4064.11万元，总功率18177.15千瓦，技术装备率3.12万元/人，动力装备率13.97千瓦/人。

2019年，新签合同额9.2272亿元，产值33.3108亿元。　（王　娟）

【第二工程有限公司】　具有房屋建筑、市政公用、机电安装施工总承包一级，铁路、水利水电施工总承包二级资质，钢结构、建筑装修装饰、地基与基础、消防设施专业承包一级，建筑幕墙、输变电专业承包二级，环保工程专业承包三级，建筑施工企业试验甲级，施工测量丙级资质，同时还具备锅炉安装工程、压力管道安装工程等综合施工能力。前身是兰铁工程处第一工程段；2001年12月更名为兰州铁路建设集团第一工程公司；2004年3月由原兰州铁路建设集团所属第一工程公司、混凝土搅拌站、兰州金轮建材有限责任公司、实业有限公司整合重组为中铁二十一局集团第二工程有限公司。注册资本金13.7072亿元。驻甘肃省兰州市城关区和平路63号。董事长、党委书记张发祥，总经理、党委副书记陈兵章。职工1890人。资产总额58.66亿元。大型施工机械、检测等设备900余台（套）。年施工生产能力60亿元以上。

2019年，新签合同总额110.99亿元。产值35.36亿元，营业收入34.13亿元，净利润6245.07万元，上缴指标完成率100%，四金清缴率100%。　（马晓琴）

【第三工程有限公司】　具有公路工程施工总承包特级，市政公用工程施工总承包一级，铁路工程施工总承包二级，建筑工程施工总承包三级，公路路基工程、公路路面工程、桥梁工程、隧道工程专业承包一级，公路交通工程（公路安全设施分项）、公路交通工程（公路机电工程分项）专业承包二级，公路养护工程施工一类、二类（甲级）、三类（甲级），营业性爆破作业四级，工程设计公路行业甲级资质。前身是中国人民解放军铁道兵第十师四十八团；1984年1月并入铁道部，更名为铁道部第二十工程局第三工程处；1999年12月划归中央企业工委，更名为中铁第二十工程局第三工程处，2002年3月改制为中铁二十局集团第三工程有限公司，2004年3月整合重组为中铁二十一局集团第三工程有限公司。注册资本金150100万元。驻陕西省咸阳市迎宾大道。董事长庄乾理，总经理李光军。职工2285人。资产总额65.67亿元。其中，固定资产原值11.07亿元、净值3.43亿元，流动资产58.07亿元，其他资产4.17亿元。自有设备1391台（套），原值38153.82万元、净值13996.44万元；设备完好率80%、利用率92.5%、成新率36.68%；设备总功率150880千瓦，技术装备率6.05万元/人，动力装备率65.26千瓦/人。年施工能力51.06亿元。

2019年，新签合同额75.7亿元，施工产值51.06亿元。毛利润14967.70万元、净利润688.91万元、人均创利0.32万元。全员劳动生产率182.148万元/人年，职工年人均收入78156元。国有资产保值增值率101.20%、净资产收益率1.38%、产值利润率0.16%、资产负债率92.33%、应上缴款完成率100%。

（贾晓宇　王春燕）

【第四工程有限公司】 具有建筑工程、市政公用工程施工总承包一级，铁路工程、公路工程、机电工程施工总承包二级，环保工程、城市及道路照明工程、防水防腐保温工程、电子与智能化工程、建筑机电安装工程、建筑装修装饰工程、消防设施工程专业承包一级，钢结构工程、桥梁工程、公路路面工程、公路路基工程、隧道工程、起重设备安装工程、公路交通工程（公路安全设施分项）专业承包二级，古建筑工程专业承包三级，建筑施工企业实验室一级等资质。前身系兰州铁路第二、第四工程公司；2002年4月改制更名为兰州铁路建设集团第二、第四工程有限责任公司；2004年3月整合重组为中铁二十一局集团第四工程有限公司。驻陕西省西安市高新区唐延路中段37号洛克大厦7、8、9楼。董事长朱昌岳，总经理朱建军。职工1465人。资产总额274678.70万元。其中，固定资产原值24002.81万元、净值7325.92万元，流动资产225404.06万元，非流动资产49274.64万元；无形资产1320.88万元。自有设备612台（套），设备原值7379.61万元、净值3080.93万元。

2019年，新签合同额20.631亿元，产值220719万元，利润总额639.26万元，净利润533.37万元。人均创利0.032万元，全员劳动生产率0.99万元/人年，职工年人均收入94740元。资产负债率92.44%、净资产收益率2.8%、产值利润率2.90%、应上缴款完成率83.91%。

（时　维）

【第五工程有限公司】 具有铁路工程、市政公用工程施工总承包一级，桥梁工程、隧道工程专业承包一级，公路工程、水利水电工程、矿山工程、机电工程施工总承包二级，地基基础工程、电子与智能化工程、消防设施工程、钢结构工程、建筑装修装饰工程、建筑机电安装工程、建筑幕墙工程、古建筑工程、公路路面工程、公路路基工程、公路交通工程（公路安全设施分项）、环保工程专业承包二级，特种工程（结构补强）专业承包不分等级，爆破四级作业单位，实验检测建筑甲级、试验检测地基基础乙级，重庆市公路养护总承包甲级、路基路面甲级、桥梁甲级和隧道资质。前身为兰州铁路局第三工程段；1985年，兰州铁路局第五工程段并入；1992年，更名为兰州铁路第三工程公司；2001年，兰州铁路机械运输工程公司并入；2001年11月企业改制为兰州铁路建设集团有限责任公司下属分公司，更名为兰州铁路建设集团第三工程公司；2004年3月，与兰州铁路建设集团工程材料厂整合重组为中铁二十一局集团第五工程有限公司；2010年5月，中铁二十一局集团第五工程有限公司分支机构物资公司划转至中铁物资集团。注册资本金10.01亿元。驻重庆市永川区文昌路877号。公司董事长、党委书记卢长德，总经理王富武。职工1591人。资产总额36.31亿元。其中，流动资产33.38亿元，固定资产4.83亿元、在建工程0.53亿元、无形资产0.14亿元。机械设备保有量536台（套），原值10653.8万元、净值4038.8万元；成新率40.59%，总功率23646.82千瓦，动力装备率12.53千瓦/人，技术装备率1.89万元/人。企业年施工能力31亿元以上。

2019年，新签合同额51.91亿元。产值31.11亿元，年人均收入10.38万元。国有资产保值增值率99.97%、净资产收益率-0.13%、产值利润率0.03%、资产负债率104.57%、应上缴款完成率100%。

（王　英）

【第六工程有限公司】 具有房屋建筑工程、市政公用工程施工总承包一级，桥梁工程、隧道工程专业承包一级，钢结构工程、建筑装饰工程专业承包二级，机电设备安装工程、环保工程专业承包三级资质。是2011年9月在北京分公司基础上成立的独立子公司。驻北京市经济技术开发区科创十四街99号33幢A座6层至8层。董事长杨君财，总经理柴生虎。职工683人。资产总额23.93亿元。设备（不含测量实验）277台（套），原值6401.21万元、净值2957.19万元，总功率6243.82千瓦，动力装备率9.68千瓦/人，技术装备率4.58万元/人，设备完好率73.4%、利用率71.2%。

2019年，新签合同额26.441亿元，产值27.6万元，营业收入25.12亿元，净利润677.89万元。

（沈　洋）

【电务电化工程有限公司】　具有通信工程、电力工程施工、机电工程总承包一级，铁路电务、铁路电气化工程、建筑机电安装工程、电子与智能化工程专业承包一级，建筑工程施工总承包二级，铁路工程施工总承包三级，公路交通工程专业、输变电工程专业承包二级，甘肃省安全技术防范工程设计施工三级资质和承装（修、试）电力施工一级许可证。2004年，由原兰州铁路局兰铁建设集团有限公司所属的兰铁电务工程公司和兰铁电气化工程公司重组整合为中铁二十一局电务电化工程公司；2008年，改制为中铁二十一局集团电务电化工程有限公司。注册资本金5亿元。驻甘肃省兰州市城关区红山根西村148号。董事长、党委书记张才，总经理吴刚。职工1112人。固定资产原值7209.81万元、净值1281.05万元。机械动力运输设备248台（套），原值54096550.14元、净值9223162.35元，总功率11692千瓦，技术装备率0.82万元/人，动力装备率10.37千瓦/人，设备成新率17.05%。

2019年，签订合同21项，合同额10.4821亿元。产值12.0226亿元，毛利润10804.66万元，利润总额2997.90万元，净利润3368.72万元。全员劳动生产率157410.59元/人年，国有资本保值增值率126.73%，净资产收益率7%，资产负债率57.84%，应上缴款完成率100%。

（孔德晋）

【路桥工程有限公司】　具有市政公用工程施工总承包一级，桥梁工程专业承包一级，铁路铺轨架梁工程专业承包二级，机电工程、公路工程施工总承包二级，铁路工程、建筑工程施工总承包三级，钢结构工程、环保工程、起重设备安装工程专业承包三级，预拌混凝土专业承包不分等级资质。前身为中铁二十一局集团晋江制梁场；2009年8月整合重组，成立中铁二十一局集团铺架工程公司；2011年8月在西安注册成为子公司，更名为中铁二十一局集团路桥工程有限公司。注册资本金100000万元。驻陕西省西安市高新区唐延路1855号洛克大厦。董事长尹建勋，总经理王朝阳。职工826人。资产总额25.17亿元。其中，流动资产23.18亿元，非流动资产1.99亿元；固定资产原值5.93亿元、净值0.89亿元。各类机械设备860台，设备总功率51228.5千瓦，成新率15.7%，技术装备9.35万元/人，动力装备率61.57千瓦/人。

2019年，承揽额56.1354亿元，产值18.18亿元。

（张欣怡）

【德盛和置业有限公司】　具有房地产开发一级资质。集房地产开发、销售，土地开发、物业管理，房屋租赁、场地租赁等于一体。2008年成立，注册资本金3亿元。驻陕西省西安市曲江新区曲江池北路梧桐苑17号楼。董事长李让平，总经理张绍荣。职工115人。资产总额87.33亿元。固定资产511台（套），原值46654.92万元、净值39881.34万元，成新率85.48%。

2019年，新签合同额27.93亿元，营业收入18亿元，净利润1.4亿元，上缴款完成1.26亿元。

（张秀玲）

【国际工程有限公司】　具有建筑、市政公用工程施工总承包三级，钢结构工程、环保工程专业承包三级资质。2013年4月成立。驻北京市海淀区万丰路18号院5号楼。董事长、总经理王显春。职工144人。资产总额2.36亿元。设备178台（套），原值3178.27万元、净值904.01万元。

2019年，新签合同额3.6844亿元，产值60176万元。

（贺家婧）

【轨道交通工程有限公司】　具有市政公用工程施工总承包三级资质。2013年11月成立。注册资本金14600万元。驻山东省济南市槐荫区顺安路与烟台路交叉口西元大厦东楼18~21层。董事长公绪论，总经理薄志军。职工711人。资产总额13.91亿元。其中，固定资产原值2.39亿元、净值1.23亿元，流动资产9.27亿元，其他资产3.41亿元。自有设备462台（套），原值43115.52万元、净值34010.53万元。设备完好率80%、利用率92.5%、成新率78.88%。设备总功率19692千瓦，技术装备率44.69万元/人，动力装备率25.87千瓦/人。企业年施工能力35亿元。

2019年，新签合同额25.4亿元，产值18.25亿元。毛利润7126.61万元、净利润531.24万元，职工年人均收入78316元。国有资产保值增值率100.32%，净资产收益率3.26%，净利润率0.37%，资产负债率88.36%，应上缴款完成率32.22%。

（张亚清）

【勘察设计院】　具有铁道行业甲（Ⅱ）级、建筑行业甲级、公路行业甲级和市政行业甲级设计资质，测绘乙级资质，咨询丙级资质，地质灾害治理工程勘查和设计丙级资质。2013年成立，职工2285人。

2019年，自主经营承揽15116万元，营业收入5627万元。

（沈晶晶）

【甘肃铁鹰建筑质量检测有限公司】　又名中铁二十一局集团检测中心。具有国家认证认可监督管理委员会颁发的检验检测机构资质认定证书,甘肃省住房和城乡建设厅颁发的建筑工程检测甲级、市政工程检测甲级、岩土工程检测甲级、地基基础和主体结构检测甲级及钢结构工程检测、建筑工程室内环境质量检测乙级资质,甘肃省交通工程质量安全监督管理局颁发的公路工程综合乙级资质,甘肃省质量技术监督局颁发的计量标准考核证书。2006 年成立。主场所位于甘肃省兰州市城关区牟家庄 497 号。总经理张杰,党委书记张猛。正式编制职工 14 人。资产总额 1852.11 万元。检测设备 704 余台(套),年检测能力 1800 万元以上。

2019 年,新签合同额 1836.32 万元,营业收入 1291.78 万元,利润总额 67.58 万元,净利润 71.69 万元。接收委托 14923 份。（王　路）

【西部铁建工程材料科技有限公司】 具有“全国工业产品生产许可证”、减水剂和防水板 CRCC 认证、产品注册商标等各类资质认证,是中国建筑材料联合会混凝土外加剂分会的会员单位。2016 年 2 月成立,注册资本金 1 亿元。驻甘肃省兰州市兰州新区秦川园区。正式职工 31 人。资产总额 21603.85 万元。其中,流动资产 5709.42 万元、固定资产净值 14189.84 万元,无形资产 1700.92 万元。

2019 年,签订各类销售合同 59 份,新签合同额 37832.11 万元,营业收入 32446.65 万元。（陈海宁）

【铁路运营管理有限公司】 经营范围包括铁路运营及设施管理与养护;铁路机车车辆临修、辅修;物资存储;货运站场服务;轨道交通运营及设施的管理与维护;铁路施工总承包工程、专业承包工程;建筑工程施工;市政公用工程;公路工程;通信信息、电力线路、变电站工程及各类机电设备的安装工程;铁路通信、信号、电力、电气化工程及铁路综合性工程、各类建筑智能化工程;租赁、商务服务业和经济信息咨询服务;仓储服务;普通货物运输;物业管理;劳务管理;建筑材料、石材加工、铁道用接触网钢柱、横梁、金具、投光灯塔、通信信号复合槽、铁路公路防护网栅、电力变电、初级金具的加工、销售和售后服务;商业物流;公路设施的管理与养护;市政设施的管理及养护;物流服务;劳务承包。2016 年 11 月成立,注册资本金 5000 万元。董事长、党委书记赵永宏,总经理赵清贵(外聘)。驻新疆维吾尔自治区乌鲁木齐市头屯河区站前街 303 号。职工 125 人。

2019 年,新签合同额 47962.81 万元,产值4640.69 万元。（李林静　寇亚妮　张　枫）

【市政工程分公司】 经营范围包括铁路综合性工程,房屋建筑、公路、市政、隧道、桥梁等工程施工;通信、电力线路及设备的安装;水利水电、火电、港口、矿山综合性工程,城市轨道、机场、大型土石方、建筑装修工程,信号、电气化工程,房地产业等。2016 年 7 月成立,2019 年,公司注册地变更至武汉市。总经理门发忠。职工 29 人。

2019 年,新签合同额 4.86 亿元。

（何晓鹏　王冰龙　朱　晖）

【铁建中原工程有限公司】 具有建筑工程、公路工程、市政公用工程施工总承包一级,建筑装修装饰工程专业承包二级,钢结构工程专业承包三级资质。2017 年 1 月成立,注册资本金 10 亿元。驻河南省郑州市二七区陇海中路。董事长徐亚伟,总经理马威。职工 95 人。资产总额 71618.35 万元。其中,固定资产原值 1179.33 万元、净值 465.89 万元,流动资产66323.64万元,长期股权投资 4399.98 万元,其他资产 428.84 万元。

2019 年,产值 238087 万元,营业收入 180568.79 万元,净利润 1077.95 万元。资产负债率 90.03%、净资产收益率 15.65%。（石　豆）

【重要记载】

▲1 月 23 日　中铁二十一局党委三届二次全委(扩大)会议、党风建设和反腐倡廉会议、二届三次职工代表大会暨 2019 年工作会议在兰州召开。

▲1 月 24 日　中铁二十一局表彰 2018 年获得“詹天佑奖”“国家优质工程奖”和集团公司“四好领导班子”“经营标杆团队”以及“双优杯”劳动竞赛的先进单位和先进个人。

▲7 月 11 日　中铁二十一局与中民国控养老产业集团战略合作签约发布会在北京举行。

▲7 月 11 日　全国构建和谐劳动关系先进表彰暨经验交流会在北京举行,中铁二十一局被授予“全国模范劳动关系和谐企业”称号。

▲8 月 29 日　第五次全国企业年鉴培训研讨会在中铁二十一局兰州总部举行,中国版协年鉴工作委员会常务副主任鲍海春、中国铁建办公厅副主任李冰、中国铁建档案馆馆长杨启燕参加会议。

▲12 月 9 日　中铁二十一局与农银金融资产投资有限公司、中国农业银行甘肃省分行首笔“债转股”业务协议签订,中铁二十一局首笔市场化“债转股”业务成功落地。（李　栋）

中铁二十二局集团有限公司

【简况】 具有铁路工程施工总承包特级、建筑工程施工总承包特级、市政公用工程总承包特级、公路工程施工总承包特级资质;铁道行业甲(Ⅱ)级设计资质、建筑行业甲级设计资质、市政行业甲级设计资质、公路行业甲级设计资质;水利水电施工总承包一级,矿山工程施工总承包三级,机电工程施工总承包三级,公路路基、桥梁、隧道工程专业承包一级,铁路铺轨架梁、建筑幕墙、消防设施工程专业承包二级,房地产开发二级,军工涉密业务咨询资质,地质灾害治理施工甲级资质,企业公路水运工程综合乙级,检验检测机构资质认定证书;拥有对外工程和境内国际招标工程的经营资质,具有对外派遣实施境外工程所需的劳务人员特许经营权。总部驻北京市石景山区石景山路35号。下辖第一至六工程有限公司、轨道工程有限公司、电气化工程有限公司、天瑞机械设备有限公司、房地产开发有限公司、雄安建设有限公司、市政工程有限公司及检测公司13个子公司、1个分公司、10个区域经营指挥部。职工11160人。资产总额341.19亿元。其中,固定资产原值36.87亿元、净值16.13亿元,流动资产276.64亿元,其他资产64.54亿元。设备资产9638台(套),设备原值22.04亿元、净值8.46亿元,设备成新率38.37%,总功率60.46万千瓦,动力装备率49.11千瓦/人、技术装备率6.87万元/人。

2019年,新签合同额479.97亿元。其中,工程承包板块合同金额457.68亿元、房地产板块合同金额19.90亿元、物资及其他合同金额2.05亿元、勘察设计合同金额0.34亿元。实现营业收入232.96亿元,利润总额3.45亿元,资产负债率83.64%,国有资产保值增值率110.92%,净资产收益率5.41%,应上缴款完成率92.37%。完成主要实物工程量:桥梁工程44300延长米,隧道28500延长米,地铁盾构区间9.8千米,房屋建筑面积218.7万平方米,铁路制梁881.5孔,公路制梁1689片,铁路架梁737孔,公路架梁1839片,铺轨96.2千米,无砟轨道34千米,通信线路85千米。获国家优质工程银质奖2项,获省部级优质工程奖3项,获得中国铁建杯优质工程奖5项,获得1个国家级和23个省部级优秀QC成果。获省部级工法9项,省部级科技奖7项;申报专利43件,其中发明专利13件,实用新型30件;获授权专利41件,其中发明专利6件,实用新型36件;集团公司主编、参编各类标准5项。 (罗小慧)

【领导人员】

董事会

董事长	孟广顺(12月免)
	赵红鹰(12月任)
董事	王广建
	王参军
	秦培文
	赵世友

监事会

监事会主席	安志军
监事	蔡晓斌
职工监事	太贞爱

经理层

总经理	王广建
副总经理	王在仁
	渠巨华
	秦培文
	王爱国
	徐冬青
	孙锡寿
	赵世友
总工程师	王爱国(兼)
总会计师	赵世友(兼)

党群领导

党委书记	孟广顺(4月免)
	赵红鹰(12月任)
党委副书记	孟广顺(4月任,12月免)
	王广建
	王参军
纪委书记	安志军

(贾建国)

【职工队伍】 职工11160人。其中,干部9015人、工人2145人。本科及以上学历6521人、专科学历2661人;高级职称及以上1102人、中级职称2665人;30岁以下4252人、30~39岁3997人、40~49岁1735人、50~60岁1176人。 (贾建国)

【工程项目指挥机构】 新建玉溪至磨憨铁路18标段工程项目部 驻云南省西双版纳傣族自治州景洪市。项目经理王冠英。

新建牡丹江至佳木斯客运专线MJZQSG-9标段工程项目部 驻黑龙江省佳木斯市。项目经理林屹。

新建中卫至兰州铁路（甘肃段）ZLKZ－ZQSG6 标段工程项目部　驻甘肃省兰州市永登县。项目经理邬梦宇。

新建中卫至兰州铁路（甘肃段）引入兰州枢纽配套工程 ZLKZ－SNSG 标段工程项目部　驻甘肃省兰州市。项目经理胡明磊。

新建南宁至崇左铁路项目 NCZQ1 标段工程项目部　驻广西壮族自治区南宁市。项目经理孙俭峰。

京安线新建城际铁路联络线一期工程站前工程 CJLLXZQ－3 标段工程项目部　驻北京市大兴区。项目经理冯建州。

新建珠三角城际轨道交通新塘经白云机场至广州北站 XBZH－1 标段工程项目部　驻广东省广州市。项目经理范存斌。

昆明（岷山）至楚雄（广通）高速公路扩建工程土建 TJ－5 标段工程项目部　驻云南省楚雄彝族自治州禄丰县。项目经理杨希富。

黄埔区有轨电车 1 号线（长岭居—萝岗）标段工程项目部　驻广东省广州市。项目经理胡文涛。

广州市轨道交通 18 号线和 22 号线项目三分部工程项目部　驻广东省广州市。项目经理马杰。

深圳市城市轨道交通 16 号线工程施工总承包六工区项目部　驻广东省深圳市。项目经理杨成宁。

成都地铁 6 号线一期、二期工程土建施工 13 标段工程项目部　驻四川省成都市双流区。项目经理姚义。

南京地铁 7 号线工程施工总承包 D7－TA03 标段工程项目部　驻江苏省南京市。项目经理张震。

厦门市轨道交通 2 号线一期工程土建 2 标段体育中心站工程项目部　驻福建省厦门市。项目经理杨进城。

青岛地铁 4 号线土建 9 工区项目部　驻山东省青岛市崂山区。项目经理胡东岳。　（李　坛）

【工程施工】　新建玉溪至磨憨铁路 18 标段工程　位于云南省西双版纳傣族自治州景洪市。合同投资 152497.71 万元。合同工期 2016 年 4 月 28 日至 2020 年 7 月 21 日。主要工程量：路基土石方 153.65 万立方米；路基 5.267 千米；隧道 9 座 27822 延长米；桥梁 7 座 5791.26 延长米，涵洞 23 座 615.2 横延米；站场 3 处；制梁 336 孔（T 梁），架梁 336 孔（T 梁），无砟道床 10.623 千米。开工累计完成产值 136320 万元。

新建牡丹江至佳木斯客运专线 MJZQSG－9 标段工程　位于黑龙江省佳木斯市前进区。合同投资 160691 万元。合同工期 2017 年 10 月 1 日至 2021 年 11 月 30 日。主要工程量：路基土石方 437.03 万立方米，挖方 72.44 万立方米，填方 364.60 万立方米；桥梁 11 座 13400 延长米，其中双线箱梁特大桥 7 座 12337 延长米，双线箱梁大桥 3 座 932 延长米，双线箱梁中桥 1 座 103 延长米，双线转体连续梁 1 联（40＋64＋40 米），单线连续梁 2 联（40＋56＋40 米），双线箱梁 401 孔，单线箱梁 63 孔，框构桥 10 座 1903.4 顶平方米，涵洞 31 座 785.67 横延米，公跨铁立交桥 3 座 20494 顶平方米。开工累计完成产值 155489 万元。

新建中卫至兰州铁路（甘肃段）ZLKZ－ZQSG6 标段工程　位于甘肃省兰州市西固区。合同投资 187812 万元。合同工期 2018 年 9 月 1 日至 2022 年 8 月 31 日。主要工程量：路基工程土石方 1073 万立方米，其中挖方 925 万立方米、填方 148 万立方米，地基处理水泥挤密桩 282 万延长米；桥梁 19 座 10889 横延米、节段预制梁 17－64 米、简支拱 1－128 米、悬灌连续梁 8 联、支架连续梁 4 联，涵洞 33 座 1433.39 延长米，隧道 3 座 4538.75 延长米，无砟道床 2769 米，站场 1 处，全长 1.25 千米；混凝土圬工方 106 万立方米，钢材 4.7 万吨。开工累计完成产值 109070 万元。

新建中卫至兰州铁路（甘肃段）引入兰州枢纽配套 ZLKZ－SNSG 标段工程　位于甘肃省兰州市西固区。合同投资 176964 万元。合同工期 2018 年 9 月 15 日至 2022 年 9 月 15 日。主要工程量：区间土石方 184734 断面立方米，站场土石方 2712173 断面立方米；特大桥 1 座 795.76 延长米，大桥 10 座 2511.94 延长米，中桥 9 座 622.29 延长米，小桥 5 座 51 延长米，框架涵 23 座 532.48 延长米，L≤1 千米的隧道 2 座 1195.71 延长米，预制、架设 T 梁 125 孔；正线铺轨 30.97千米，站线铺轨 30.08 千米，通信线路 107.94 千米；地区及站场光电缆 57.29 条千米，信号闭塞设备 12.38 千米，高压干线 19 千米，高压站线 18.32 千米；生产及办公类房屋 28543.94 平方米，居住及公共房屋 15786.68 平方米。开工累计完成产值 18656 万元。

新建南宁至崇左铁路项目 NCZQ1 标段工程　位于广西壮族自治区南宁市江南区。合同投资 108252 万元。合同工期 2018 年 10 月 8 日至 2021 年 9 月 30 日。主要工程量：正线路基土石方 81.36 万断面立方米，桥梁 10 座 9940 延长米，其中特大桥 5 座 9098.9 延长米、大桥 2 座 658.245 延长米、中桥 1 座 109.602 延长米、框架桥 2 座 74.4 延长米；涵洞 10 座 242.11 横延米；箱梁制架 264 孔，现浇箱梁 8 孔；特殊梁 4 联；隧道 4 座 3123 延长米；箱梁制存梁场 1 处，填料集中拌合站 1 处，混凝土拌合站 3 处，混凝土构配件预制场 1 处；通信线路交叉迁改 247 处，平移迁改 17.4 条/千米，电力线路交叉迁改 53 处，电力线路平移迁改 19.5 千米，给排水管道迁改 8.5 千米，燃气管道迁改 3 处。开工累计完成产值 58668 万元。

京安线新建城际铁路联络线一期工程站前工程CJLLXZQ－3标段工程　位于北京市大兴区。合同投资147287万元。合同工期2019年1月1日至2022年12月31日。主要工程量：榆安1号隧道1.48千米、榆安2号隧道1.95千米；新航城站地下结构1.1千米，空港新区动车所站场路基填筑及段落内框架中桥3座、框架涵4座；标段无砟道床铺设及轨道精调；新航城站道岔铺设4组。开工累计完成产值41269万元。

新建珠三角城际轨道交通新塘经白云机场至广州北站XBZH－1标段工程　位于广东省广州市白云区。合同投资127465万元。合同工期2015年12月26日至2020年9月30日。主要工程量：路基土石方46万立方米；路基1.2千米；隧道1座1861延长米；桥梁8座14250.5延长米，涵洞2座65.28横延米；站场2处；无砟道床35.24千米。开工累计完成产值122673万元。

昆明（岷山）至楚雄（广通）高速公路扩建工程土建TJ－5标段工程　位于云南省楚雄彝族自治州禄丰县。合同投资122162万元。合同工期2019年5月1日至2021年5月1日。主要工程量：预应力T梁桥12座，其中大桥11座、中桥1座；预制及架设T梁190孔1330片，桩基518根11502米；涵洞4座225.15横延米；路基3635米，其中挖方115.2万立方米、填方21万立方米；隧道2座8870延长米。开工累计完成产值59936万元。

黄埔区有轨电车1号线（长岭居—萝岗）标段工程　位于广东省广州市萝岗区。合同投资165900万元。合同工期2017年12月5日至2020年11月30日。主要工程量：线路长14.3千米，其中路基段12.05千米，桥梁段1.51千米，框架及U型槽位0.78千米；车站20座，近期设站19座，远期预留地面站1座；车辆段1座、停车场1处、整体道床及铺轨28.64千米、市政道路改造11.75千米，沿线机电工程、管线迁改。开工累计完成产值98794万元。

广州市轨道交通18号线和22号线项目三分部工程　位于广东省广州市南沙区。合同投资233590万元。合同工期2017年10月28日至2020年6月30日。主要工程量：三轴搅拌桩加固65536米，地连墙94043立方米，明挖土石方693600立方米，土方回填235168立方米，钢筋量57295吨，混凝土量291891立方米，防水111127平方米，隧道盾构掘进15172.8米，联络通道13座。开工累计完成产值135571万元。

深圳市城市轨道交通16号线工程施工总承包六工区工程　位于广东省深圳市龙岗区。合同投资227650万元。合同工期2017年12月30日至2023年7月28日。主要工程量：坪山围站地连墙356幅，主体基坑土方39.66万立方米，主体结构钢筋7015吨；坪山中学站地连墙126幅，主体基坑土方8.6万立方米，主体结构钢筋3720吨；江岭站地连墙283幅，主体基坑土方23.79万立方米，主体结构钢筋8737吨；坪山围站至坪山中学站盾构区间599.62米，土石方3.6万立方米；坪山中学站至江岭站盾构区间719.37米，土石方4.34万立方米；江岭站至东纵站盾构区间456.38米，土石方2.75万立方米。开工累计完成产值55365万元。

成都地铁6号线一期、二期工程土建施工13标段工程　位于四川省成都市双流区。合同投资86000万元。合同工期2016年9月30日至2020年12月31日。主要工程量：土石方85万立方米，混凝土9.5万立方米，钢筋2.03万吨，盾构单线9598米。开工累计完成产值80212万元。

南京地铁7号线工程施工总承包D7－TA03标段工程　位于江苏省南京市栖霞区。合同投资37400万元。合同工期2017年10月1日至2021年6月30日。主要工程量：车站主体围护桩基759根，附属围护桩基685根，车站开挖土方24.2万立方米，盾构区间左右线3113米。开工累计完成产值26774万元。

厦门市轨道交通2号线一期工程土建2标段体育中心站工程　位于福建省厦门市思明区。合同投资36704万元。合同工期2015年7月7日至2020年10月30日。主要工程量：钻孔桩474根7588.01米，地连墙266幅38487.66立方米，基坑开挖305278立方米，主体结构混凝土29706.13立方米，柔性防水层35577.5平方米。开工累计完成产值33459万元。

青岛地铁4号线土建9工区　位于山东省青岛市崂山区。合同投资45048.9万元。合同工期2016年11月18日至2020年12月18日。主要工程量：张村站518.5米，标准段宽21.9米，钻孔灌注桩640根，抗拔桩1207根，旋喷桩1489根，钢管桩1085根，主体结构土石方290073立方米；李宅路站195.4米，标准段宽19.9米，钻孔灌注桩319根，旋喷桩768根，主体结构土石方90955立方米。开工累计完成产值29837万元。

（李　坛　张　琦）

【经营管理】　新签合同项目204项，合同总额479.97亿元。其中，铁路工程18项88.61亿元，占18.46%；公路工程9项40.17亿元，占8.37%；房建工程35项137.34亿元，占28.61%；市政工程40项130.19亿元，占27.12%；城轨工程10项49.83亿元，占10.38%；水利水电工程7项4.75亿元，占0.99%；其他工程12项6.79亿元，占1.41%；房地产开发11项

19.90亿元，占4.15%；物资及其他58项2.05亿元，占0.43%，勘察设计4项0.34亿元，占0.07%。2019年，总产值259.85亿元，其中施工产值247.82亿元。

资本经营管理。纳入资本经营管理项目18个，项目投资规模325亿元。房地产板块投资额16.43亿元，销售金额19.9亿元，销售回款22.13亿元，营业收入8.14亿元，净利润8866万元。资本运营板块投资额23.4亿元，拉动施工产值15.6亿元，基本完成年度计划目标。

财务管理。建立集团公司共享中心，实现大数据融合。共享中心上线时将之前开发的资金管控系统与久其系统有机结合，有效实现业财融合。把合同管理作为独立模块，按经济类别对合同进行分类，建立标准合同台账，把合同管理信息纳入标准化管理，使合同执行与债权债务关联，债权债务数据与资金预算、资金支付申请关联。降杠杆、减负债，夯实企业资产。印发《中铁二十二局集团有限公司2019年度"两金"压控工作要求》，针对"两金"情况展开督导，集团公司成立7个督导组，由集团公司领导带队，对11家单位进行督导。对各单位清收清欠、"两金"压控工作落实情况，大额逾期应收款项、低效无效存货处置情况，收尾项目并账进展情况进行现场督导。在企业所得税汇算清缴完成后，实现所得税现金退税1347万元。规范账户开、销户审批，凡股份公司规定的9家联网外银行的开户严格审批流程，并报股份公司审批后开户，通过各项基础工作进一步扩大资金池业务覆盖范围，提高上线账户比例，进一步提高资金集中度和上存度。在不增加有息负债的前提下，充分利用资金池的沉淀资金对内部借款进行调剂。

审计工作。完成审计任务15项，参与股份公司对中国铁建云贵川区域重点工程项目专项审计，完成对松陶、昆玉、哈齐、哈牡、赣龙、茂湛项目的竣工审计，对电气化、检测、天瑞、轨道、一公司、四公司的经济责任审计，对文昌、广州黄埔、牡佳的过程及专项审计，对所属3个房地产项目、1个投资项目进行专项检查并出具工作报告。下发《违规经营投资责任追究实施办法(试行)》等制度办法，进一步规范审计行为。

安全质量。获国家优质工程银质奖2项，省部级优质工程奖3项，股份公司安全质量标准工地4项，中国铁建杯优质工程奖5项，国家级QC成果1个和省部级优秀QC成果23个。组织安全教育培训活动5期1600人，其中安全管理干部培训1200余人次，三类人员证书取证延期教育300余人次。集团公司委派安全总监14人，A类安全人员(企业负责人)65人，B类安全人员(项目负责人)271人，C类安全人员(专职安全管理人员)680人，注册安全工程师147人，专职质检员512人。　(唐艳丽　许赛雪　陈祥杰)

【企业管理】　编制2019—2021年三年滚动规划，成立北京铁建天瑞物业管理有限公司铜陵分公司、天津中冠置业有限公司、天津中宝冠城置业发展有限公司、中铁二十二局集团第三工程有限公司海南分公司、中铁二十二局集团长春市政建设有限公司、中铁二十二局集团匈牙利有限公司；收购中铁建广州花都投资有限公司，并更名为中铁二十二局集团市政工程有限公司；成立中铁二十二局集团有限公司北京分公司。按计划完成8家公司压减任务。启动哈尔滨铁路局厂办大集体改革工作。取得工程建设企业信用AAA证书；取得消防设施工程专业承包二级、建筑幕墙工程专业承包二级资质。　(金　鑫)

【科技成果】　获省部级工法9项。其中，铁道工法(部级)3项，黑龙江省级工法2项、福建省级工法4项。获省部级科技奖7项。其中，铁道学会科技奖三等奖1项、中国施工企业管理协会科技奖二等奖4项、黑龙江省科技奖一等奖1项、建筑业协会BIM大赛三等奖1项。通过国家级企业技术中心年度审核，通过国家高新技术企业重新认定工作；集团公司一公司与哈工大联合在黑龙江立项"寒区高速铁路轨下基础设施建造先进技术"课题；中兰枢纽动车所高边坡作为示范工程参与国家重点研发计划项目"特大滑坡应急处置快速治理关键技术集成与工程示范"。申报专利43件，其中发明专利13件，实用新型30件；获授权专利41件，其中发明专利6件，实用新型36件。

(叶昌尧)

【党群工作】　党的工作。下辖基层党委16个、党工委15个、党总支4个、党支部296个，党员4458人。扎实开展"不忘初心、牢记使命"主题教育，把学习教育、调查研究、检视问题、整改落实贯穿主题教育全过程。全面建成"三重一大"决策和运行监管系统，全年召开党委(扩大)会议44次，研究议题332项。修订《人事管理规定》等3项办法和规定，制定《大学生引进工作实施指导意见》等3项办法和规定。全年招收高校毕业生629人，对处级干部进行考察和调整156人次，考察提拔49人。下发《党支部规范管理指导手册》，全年新发展党员89人，开展二级单位党(工)委书记抓基层党建工作述职评议考核暨签订党建工作责任书会议，举办"青年党员大学习"培训班和"不忘初心、牢记使命"主题教育基层党支部书记专题培训班。拨付17.8万元慰问金，对74名困难党员和6名新中国成立前入党的老党员进行走访慰问。对5个先进基层党(工)委、11 个先进基层党支部、52 名优秀共产党员、20 名优秀党务工作者进行表彰。

纪委工作。推动"两个责任"落实落细,召开 2019 年度全面从严治党"两个责任"促进会,持续落实"一岗双责"写实制度,严肃党内政治生活,压实管党治党责任,签订《党风廉政建设责任书》40 份,约谈处级干部 31 人次,做到约谈所属单位党委书记、纪委书记全覆盖。"正反"结合,积极推动警示教育工作。在茅台酱香酒指挥部开展廉洁工程示范点创建推进观摩会,开展"以案明纪——警示教育在基层"活动 101 场,直接受教人数 2470 人。受理问题线索 127 件。转立案 42 件,给予党纪政务处分 102 人次,组织处理 22 件,其中诫勉谈话 24 人,通报批评 8 人,提醒谈话 25 人,下发《监察建议书》3 份,退赔金额 241.61 万元,给予经济处罚 1.7 万元。受理来信来访 52 件,处置问题线索 23 件,转二级单位办理 13 件,线索处置率 100%。针对股份公司党委巡视反馈的问题和整改意见和建议,制定整改措施 136 项,完善规章制度 33 项,挽回经济损失 402.16 万元,追责问责 42 人次。结合王晓林案件反映的问题,派出两个专项巡察组,对 8 个子公司、10 个区域经营指挥部开展专项巡察。

宣传工作。全年对外刊发稿件 2000 余篇,其中中央主流媒体刊发 800 余篇。修订《新媒体管理办法》和《考核评比办法》,集团官微累计关注人数突破 2 万人,完成消息推送 453 篇。集团官方抖音粉丝数 1.7 万人,视频点赞量 1.3 万次,播放量 60 万次以上。修订《落实意识形态工作责任制实施办法》和《党委意识形态阵地整改工作方案》,梳理整改意识形态阵地 1110 个。制定企业文化建设考核评比办法,实行新上项目标准化量化评分机制。举办集团公司首届"十大标兵"、"十大榜样"和"二十二局工匠"先进事迹报告会,选树"北京榜样"耿爱民为优秀典型。

工会工作。编制《中铁二十二局集团有限公司工会工作制度汇编》,评选出模范职工之家 9 个,模范职工小家 10 个。其中,5 个基层工会组织获股份公司工会"模范职工之家""模范职工小家"称号。发放送温暖、送清凉资金 226.74 万元。对 35 名困难职工子女开展助学活动,筹得活动资金 82800 元。开展"品牌信誉建设杯"劳动竞赛,"时代楷模、央企脊梁"先进事迹报告会,困难女职工"微心愿","水长城之恋,二十二小时约会"青年联谊,"唱响新时代,筑梦新征程"主题歌咏比赛,"风采杯"第五届乒乓球、羽毛球比赛暨职工运动会,年度财务工作竞赛评比等活动。

共青团工作。开展主题团日活动 57 场,参加人数 6000 余人。深入开展形式多样的青年突击队竞赛活动。获"首都学雷锋志愿服务站""中央企业五四红旗团委"称号,轨道公司北京地铁昌平线南延项目获得"北京市青年安全示范岗"称号。修订导师带徒制度,确保新员工 100% 有师傅传帮带。

(王　艺　李晓晖)

【第一工程有限公司】 具有建筑、铁路、市政公用工程施工总承包一级,桥梁、钢结构、建筑装修装饰工程专业承包一级,铁路铺轨架梁、建筑机电安装工程专业承包二级,公路工程施工总承包二级,预拌混凝土专业承包、水利水电、电力工程施工总承包三级资质。前身系 1950 年组建于凤凰城的应抗美援朝需要而建立的中长铁路大修工程队;1953 年,改称哈尔滨铁路局工程总队;2002 年,改制为哈尔滨铁路建设集团有限责任公司;2004 年 3 月,与原六公司、电务哈分公司分离分立,改制注册为中铁二十二局哈尔滨铁路建设集团有限责任公司;2018 年 9 月,更名为中铁二十二局集团第一工程有限公司。驻黑龙江省哈尔滨市南岗区西大直街 113 号。董事长、党委书记熊钦武,总经理李贵山。职工 2287 人。资产总额 368099 万元。其中,固定资产原值 41413 万元、净值 15971 万元,流动资产 344176 万元。设备资产 1984 台,原值 22329.72 万元、净值 7239.26 万元,总功率 64332 千瓦,动力装备率 25.69 千瓦/人,技术装备率 2.85 万元/人,设备成新率 35%、完好率 80%、利用率 75%。

2019 年,自主承揽 18 项,承揽金额 30.42 亿元,协同承揽 6 项,承揽金额 53.9187 亿元,净利润1032万元,施工产值 28.03 亿元。职工年人均收入9.75万元,国有资产保值增值率 100.18%,净资产收益率 3.53%,产值利润率0.26%,资产负债率92.04%。

(齐　锐)

【第二工程有限公司】 具有铁路铺轨架梁工程专业承包一级资质。2004 年 3 月,由中铁工程集团有限公司线路工程处、中铁十八局集团第四工程有限公司铺架分公司整合重组而成。驻北京市石景山区实兴大街 30 号院 6 号楼 11、12 层。董事长、总经理杜以军,党委书记吴延江。职工 1057 人。资产总额 212607.8 万元。其中,固定资产原值 46188 万元、净值 17773.1 万元,流动资产 177027.4 万元,非流动资产 35580.3 万元。机械运输设备 761 台(套),原值 38906.81 万元、净值 11168.06 万元,总功率 73520.90 千瓦,动力装备率 69.56 千瓦/人,技术装备率 10.57 万元/人,设备完好率 84%、利用率 95%,机械化施工程度 94%。年施工生产能力 30 亿元以上。

2019 年,新签合同额 50.9 亿元,施工产值 50.5 亿元,利润 803 万元,人均创利 0.76 万元,全员劳动生产率13.96万元/人年,职工年人均收入7.3万元,国有资产保值增值率95.56%,净资产收益率4.56%,产值利润率0.42%,资产负债率91.92%,应上缴款完成率100%。(王祥坤)

【第三工程有限公司】 具有市政公用工程、房屋建筑施工总承包一级;公路工程、铁路工程、水利水电工程施工总承包二级;钢结构工程、桥梁工程、隧道工程、地基与基础工程、建筑机电安装工程、电子与智能化工程、消防设施工程、古建筑工程、城市及道路照明工程、环保工程、建筑装修装饰工程专业承包一级,福建省测绘乙级,房地产开发资质与房建代建资质。前身系1992年11月成立的中国铁道建筑总公司厦门办事处;2004年4月,并入中铁二十二局集团;2005年7月,由厦门中铁建设公司变更为厦门中铁建设有限公司;2008年7月,由厦门中铁建设有限公司变更为中铁二十二局集团第三工程有限公司;2015年10月23日,股份公司与中铁二十二局集团共同出资成立中铁海峡建设集团有限公司,中铁二十二局集团第三工程有限公司与中铁海峡建设集团有限公司实行"一套人马,两块牌子";2017年3月中铁二十二局集团第三工程有限公司与中铁海峡建设集团资产剥离,仍划归中铁二十二局集团有限公司管理。注册资本金10亿元,驻福建省厦门市集美区同集南路301号中铁海新大厦。董事长、党委书记邹德松,总经理吴建华。职工1442人。资产总额483605.63万元。其中,固定资产原值41208.45万元、净值27443.21万元,流动资产411373.07万元,其他资产44789.34万元。机械设备910台(套),原值18606.59万元、净值8532.65万元,设备总功率56528千瓦,动力装备率39.2千瓦/人,技术装备率5.9万元/人,设备成新率45%。年施工生产能力60亿元。

2019年,新签合同额102.68亿元,产值55.4亿元,利润2183.58万元。年人均创利1.28万元,全员劳动生产率16.13万元/人年,职工年人均收入9.57万元,国有资产保值增值率105%,净资产收益率4.93%,产值利润率0.46%,资产负债率92.26%,应上缴款完成率100%。(王静敏)

【第四工程有限公司】 具有公路工程施工、房屋建筑工程施工、水利水电工程施工、市政公用工程施工总承包一级,隧道工程、公路路基工程、桥梁工程、铁路铺轨架梁工程专业承包一级,铁路工程总承包二级,以及爆破作业专项资质。前身系组建于1958年的中国人民解放军铁道兵第三十九团;1984年1月,集体转业并入铁道部,更名为铁道部第十八工程局第四工程处;1999年11月,与铁道部脱钩改名为中铁第十八工程局第四工程处;2001年4月,改制后更名为中铁十八局集团第四工程有限公司;2004年3月,整合重组更名为中铁二十二局集团第四工程有限公司。驻天津市武清区创业总部基地B16。董事长、党委书记陈延军(4月免)、曾伟峰(4月任),总经理孙鹤凌。职工2658人。资产总额534700万元。其中,固定资产原值73000万元、净值19900万元,流动资产426300万元,其他资产108300万元。设备3358台(套),原值51617.87万元、净值13261.19万元,总功率194315.49千瓦,动力装备率67.54千瓦/人,技术装备率4.51万元/人,设备完好率75.86%、利用率87.76%。年施工生产能力50亿元。

2019年,新签合同额431151.1万元。产值437557万元,利润3440.8万元,净利润2563.7万元,负债493300万元,所有者权益41400万元。职工年人均收入7.73万元。国有资产保值增值率104.32%,净资产收益率6.2%,收入利润率1.36%,资产负债率92.26%。(李　玲)

【第五工程有限公司】 具有市政工程总承包一级,公路、房屋建筑工程总承包二级,隧道工程专业承包一级,公路路基、公路路面、地基与基础工程专业承包三级,水利水电、机电工程总承包三级,桥梁工程专业承包三级资质。2006年3月,由中铁二十二局集团重庆分公司和中铁二十二局集团第四工程有限公司第三分公司重组而成。驻重庆市北碚区文长路2号。董事长、党委书记汪新立,总经理孙俭峰。职工850人。资产总额220083万元。其中,固定资产原值33087万元、净值14257万元,流动资产169140万元,其他资产36686万元。机械运输设备380台(套),原值9621.28万元、净值3981.31万元,总功率43128.23千瓦,动力装备率49.46千瓦/人,技术装备率4.57万元/人,设备完好率80.69%、利用率85.72%。年施工生产能力26亿元。

2019年,新增任务额540730万元,产值210539万元,利润31万元,净利润53万元。年人均创利0.06万元,全员劳动生产率15.5万元/人年,职工年人均收入10.9万元。资产保值增值率100.31%,净资产收益率0.33%,产值利润率0.05%,资产负债率93.08%,应上缴款完成率115.73%。(陈灵玲)

【第六工程有限公司】 具有建筑、市政公用、公路、水利水电、机电、电力工程施工总承包二级,隧道、桥梁、公路路基、地基基础、古建筑、环保、钢结构、建筑幕墙、防水防腐保温、建筑装修装饰、建筑机电安装、起重设备安装、输变电工程专业承包二级资质。通过 ISO 系列管理体系认证。2018 年 8 月注册成立，注册资本金 3 亿元。驻陕西省西咸新区沣东新城沣长路与金融二路西北角创新大厦 22 层 2206 号。董事长、党委书记于加顺，总经理陈福涛。职工 117 人。资产总额 13016 万元。其中，固定资产原值 396.95 万元、净值 372.30 万元。机械运输设备 18 套，原值 390.63 万元、净值 366.61 万元，总功率 2378 千瓦，动力装备率 19.33 千瓦/人，技术准备率 3.03 万元/人，设备完好率 100%、利用率 100%。年施工能力 20 亿元。

2019 年，产值 40252.1 万元，利润 362 万元，职工年人均收入 10.93 万元，人均创利 3.69 万元。全员劳动生产率 21.6 万元/人年，产值利润率 0.9%，国有资产保值增值率 490.29%，净资产收益率 62.9%，资产负债率 89.53%。（马艳莉）

【轨道工程有限公司】 具有市政公用工程施工总承包一级，隧道、桥梁工程专业承包一级，房屋建筑、矿山、铁路工程施工总承包三级资质。2004 年，集团公司重组成立集团公司第一分公司；2006 年 9 月，注册改制为全资子公司，独立法人单位，中铁二十二局集团第一工程有限公司；2018 年 8 月 27 日，更名为中铁二十二局集团轨道工程有限公司。驻北京市石景山区鲁谷路 86 号。董事长、党委书记田作华，总经理王天武。职工 1291 人。资产总额 343157 万元。其中，固定资产原值 57366 万元、净值 20556 万元，流动资产 302735 万元。机械运输设备 1217 台(套)，原值 77774 万元、净值 52033 万元，总功率 105970 千瓦，动力装备率 81 千瓦/人，技术装备率 40 万元/人，设备完好率 88%、利用率 85%，机械化施工程度 89%。年施工能力 50 亿元。

2019 年，产值 432372 万元，利润 322 万元，人均创利 0.25 万元。全员劳动生产率 7.24 万元/人年，职工年人均收入 9.16 万元，产值利润率0.1%，国有资产保值增值率 90.71%，净资产收益率1.54%，资产负债率 94.19%。（杜　莉）

【电气化工程有限公司】 具有铁路电务、铁路电气化、电子与智能化、建筑机电安装工程专业承包一级，通信工程施工总承包三级，输变电工程专业承包三级，国家能源局承装(修、试)电力设施许可证二级承装、四级承修、三级承试类，电气试验国家级检验检测资质，以及第二类增值电信业务许可。主要承建铁路“四电”和公路机电安装、电信、建筑智能化、送变电、风力发电等专业工程施工。前身为中铁工程集团有限公司电务工程处；2001 年 6 月，经工商注册为北京中铁电通电气化工程安装有限公司；2004 年 4 月，与哈尔滨铁路局电务工程段合并整合重组为中铁二十二局集团北京电气化工程有限公司；2005 年 11 月，更改为现名。注册资本金 10000 万元。驻北京市门头沟区永定镇龙兴南二路中国铁建梧桐汇 S13 号楼 14～18 层。董事长、党委书记闫鞲，总经理张乐彬。职工 647 人。资产总额 79797.43 万元。其中，固定资产净值7647.27万元，流动资产 64566.56 万元，其他非流动资产 7583.61 万元。机械运输设备 213 台(套)，原值 3428.64 万元、净值 590.40 万元，总功率 10419.8 千瓦，动力装备率 16.13 千瓦/人，技术装备率 0.91 万元/人，设备完好率 83.64%、利用率 88.75%。

2019 年，新签合同额 7286.04 万元，产值46319.91 万元，净利润 182.02 万元，人均创利 0.22 万元，全员劳动生产率 19.89 万元/人年，职工人均年收入 9.48 万元，国有资产保值增值率 101.15%，净资产收益率 1.72%，产值利润率 0.33%，投资回报率 0.33%，资产负债率 87.24%，应上缴款完成率 100%。（韩　宇）

【北京中铁天瑞机械设备有限公司】 经营范围包括销售机械设备、建筑材料；电子产品、计算机、软件及辅助设备等；经济贸易咨询；企业管理咨询；基础软件服务、应用软件服务；技术咨询、技术开发、技术服务、技术转让；维修机械设备；租赁建筑工程机械；货物进出口、技术进出口、代理进出口；仓储服务；出租商业用房；生产混凝土(限在外埠从事生产活动)；委托加工机械设备；会议服务；承办展览展示；市场调查；货运代理；铁路运输；数据处理(数据处理中的银行卡中心、PUE 值在 1.4 以上的云计算数据中心除外)；信息技术咨询、技术服务；体育项目组织服务；建设工程项目管理；批发、零售食品；普通货物道路货物运输(仅限使用清洁能源、新能源车辆)；国际道路运输；第二类增值电信业务中的信息服务业务(仅限互联网信息服务)、互联网信息服务不含新闻、出版、教育、医疗保健、药品和医疗器械、电子公告服务(电信与信息服务业务经营许可证有效期至 2021 年 1 月 11 日)。前身系北京英格索兰、北京力寰(1996 年 7 月成立，“一个机构，两块牌子”)、西安维尔特机械产品服务部(1999 年 3 月成立)和北京沃尔沃建筑设备产品服务部(1999 年 7 月成立)4 个服务部；1999 年 11 月 12 日，统一变更为中铁工程有限公司进口机械服务中心；2003 年，在此基础上又增加成立北京中铁天瑞机械设备有限公司；2004 年 3 月 31 日，更名为北京中铁天瑞机械设备有限公司。驻北京市石景山区银河大街 6 号院 1 号楼 A2 座 203 室。董事长、党委书记王广友，总经理高鑫。职工115人。

2019年，新签合同额2.98亿元，营业收入2.94亿元，利润422万元，设备集中招标112次，采购设备724台（套），合同金额11.35亿元，节约资金9000余万元。职工年人均收入9.14万元。物资招标总金额19.87亿元，节约资金6345.36万元，应上缴款完成率100%。（姜　艳）

【房地产开发有限公司】　具有房地产开发二级资质，AAA信用评级，下属物业公司拥有物业管理二级资质。专业从事房地产开发及相关业务。主要经营范围包括房地产开发，物业管理，专业承包，技术服务、技术开发，销售机械设备、建筑材料，房地产信息咨询，企业营销策划，投资咨询，投资管理。2011年2月22日成立，注册资本金106100万元。驻北京市石景山区实兴大街30号院6号楼11层。董事长、党委书记熊乾，总经理李抒桥（9月任）。职工380人。资产总额591973万元。其中，固定资产1633万元、流动资产588885万元。

2019年，投资145110万元，营业收入89611万元，利润13743万元，职工人均年收入15.16万元，国有资产保值增值率110.88%，净资产收益率8.52%，产值利润率42.03%，投资回报率7.20%，资产负债率74.26%，应上缴款完成率100%。（赵美然）

【中铁京诚工程检测有限公司】　具有计量认证资质及公路工程试验综合乙级资质。试验检测范围覆盖铁路、公路、房建、地铁、港口、城市轻轨等工程检测项目。2015年11月成立。驻北京市房山区长阳镇天瑞嘉园2号楼北侧。董事长、党委书记马世雄，总经理艾军。职工55人。资产总额2593.6万元。其中，固定资产原值1393.2万元、净值592万元，流动资产2001.5万元。

2019年，新签合同额10507.73万元，营业收入3273万元，净利润157.77万元。人均创利2.87万元，职工年人均收入8.2万元，国有资产保值增值率108.12%，净资产收益率7.81%，产值利润率4.82%，投资回报率7.89%，资产负债率19.03%，应上缴款完成率133.76%。（芦　珊）

【中铁雄安建设有限公司】　由原哈齐高铁项目、哈建集团牡丹江站房项目、牡丹江房建项目整合组成；2017年6月，在河北雄县揭牌成立建筑工程分公司；2018年5月，改制改称为中铁雄安建设有限公司。驻河北省雄安新区雄县高速引线东侧雄州路695－5号。董事长、党委书记张春秋，总经理倪振利。职工289人。资产总额67173.93万元。其中，固定资产原值2269.13万元、净值1283.61万元，流动资产65890.32万元。机械运输设备54台（套），原值1045.79万元、净值942.30万元，总功率3880.3千瓦，动力装备率13.33千瓦/人，技术装备率3.24万元/人，设备完好率90.1%、利用率100%。年施工能力20亿元。

2019年，新签合同额12.79亿元。产值128960万元，利润5861万元，人均创利20.28万元，全员劳动生产率12.9万元/人年，职工年人均收入14.82万元。国有资本保值增值率105.49%，净资产收益率5.35%，产值利润率0.13%，资产负债率91.14%，应上缴款完成率50%。（王　丹）

【市政工程有限公司】　具有钢结构专业承包一级，建筑、市政公用工程施工总承包三级，环保、隧道、桥梁工程专业承包三级资质。2019年2月18日由花都投资发展有限公司更名成立，并将原中铁二十二局集团有限公司市政工程公司资产和经营业务划转至市政公司。驻广东省广州市花都区新华镇。董事长、党委书记程勇军，总经理张金龙。职工358人。资产总额11.56亿元，其中流动资产10.43亿元。

2019年，新签合同额10.51亿元，产值11.6亿元，施工产值11.6亿元，净利润436.84万元。人均创利1.22万元，人均产值373万元，职工年人均收入13.9万元。产值利润率0.64%，资产负债率81.89%，完成上缴款1630万元。（郭海凤）

【国际工程分公司】　2018年6月22日成立。驻北京市丰台区卢沟桥郭庄子甲一号。党委书记、总经理魏延坤。职工55人。资产总额8921.02万元。其中，固定资产原值69.85万元、净值49.04万元，流动资产7951.42万元，其他资产920.56万元。

2019年，营业收入14578.42万元，利润84.91万元，净利润84.85万元，人均创利1.54万元，全员劳动生产率2.11万元/人年，职工年人均收入12.09万元，产值利润率0.58%，应上缴款完成率100%。

（何邦宁）

【重要记载】

▲1月21日　中铁二十二局党委三届七次全委（扩大）会议、党风廉政建设和反腐败工作会议、三届五次职代会暨2019年工作会议在北京召开。

▲4月16日　在北京举行的2019首都国企新媒体峰会上，中铁二十二局微信公众号“中铁二十二局”获“首都国企新媒体影响力排行榜2018双管企业

TOP10”奖。

▲4月26日　中铁二十二局获得商务部认定的对外援助成套项目总承包企业资格，成为中铁二十二局获得对外援助项目投标的“准入证”。

▲4月　中铁二十二局通过华夏认证中心对《工程建设施工企业质量管理规范》GB/T 50430：2017标准转换升级的监督审核，成为中国铁建系统内首家取得新版“三标一体”证书的单位。

▲6月14日　中铁二十二局以党委常委（扩大）会的形式召开“不忘初心、牢记使命”主题教育工作会议，认真学习传达习近平总书记在“不忘初心、牢记使命”主题教育工作会议上的重要讲话精神及上级党委部署要求。

▲9月26日　中铁二十二局财务共享中心系统全面上线。

▲12月9日　2018—2019年度国家优质工程奖颁奖仪式在国家会议中心举行。中铁二十二局获国家优质工程奖4项。（罗小慧）

中铁二十三局集团有限公司

【简况】　具有工程设计铁道行业甲（Ⅱ）级、工程设计公路行业甲级、铁路工程施工总承包特级、公路工程施工总承包特级、建筑工程施工总承包一级、水利水电工程施工总承包一级、矿山工程施工总承包一级、市政公用工程施工总承包一级、机电工程施工总承包一级、桥梁工程专业承包一级、隧道工程专业承包一级、公路路面工程专业承包一级、公路路基工程专业承包一级资质；拥有对外经营权。2004年3月，由原中铁路桥集团有限公司、齐齐哈尔铁路建设集团有限公司、中铁十四局集团第一工程有限公司、中铁十五局集团第三工程有限公司整合重组而成。集团公司党委书记、董事长孙圣杰，总经理肖红武。集团公司注册地为：中国（四川）自由贸易试验区成都高新区天府大道中段530号1栋5楼508号。下辖14家二级法人单位。职工10602人。资产总额282.24亿元。其中，固定资产原值29.48亿元、净值9.27亿元，流动资产226.59亿元，非流动资产55.65亿元。机械运输设备10563套，设备原值164926万元、净值50270万元，总功率360759千瓦，动力装备率32.2千瓦/人，技术装备率4.5万元/人，大型设备完好率85.42%、利用率53.84%。年施工能力300亿元以上。

2019年，经营承揽492.95亿元。其中，自主承揽额275.52亿元、投融资项目7.18亿元、海外项目8.24亿元。营业收入234.07亿元，净利润26888.93万元，资产负债率80.40%，产值216.79亿元。主要实物工程量：土石方4437.38万立方米，隧道33907.44延长米，桥梁56744.299延长米，涵洞12138.52横延米，公路102.07千米，公路路面1028.7068万平方米，房屋建筑折合面积24.5421万平方米。获国家优质工程4项，其中潮惠高速公路获国优工程金奖，滨绥线牡丹江至绥芬河段扩能改造工程双丰隧道、苏州市轨道交通2号线及延伸工程、简蒲高速公路项目获国家优质工程奖；省部级优质工程5项；铁建杯优质工程4项；国家级优秀QC成果4项，省部级优秀QC成果14项，股份公司优秀成果5项；2个班组获评全国工程建设质量信得过班组。29项重难点工程进度整体可控。一公司青岛地铁4号线、二公司延崇高速、三公司银百高速、四公司合铜高速、轨道公司苏州河2标段水利工程、六公司北京地铁等项目均在全线信誉评价排名中领先，业主来函表扬38件次。（邓东林）

【领导人员】

董事会

董事长	孙圣杰
董事	肖红武
	田宝华
	柴振泽

监事会

监事会主席	李　强
监事	王爱敏
职工监事	熊　伟

经理层

总经理	肖红武
副总经理	田宝华
	孙秀安
	王　武
	王明波
	喻丕金
	柴振泽
	曹鹏程
	王义春
	陈向鸿
	王政松（4月任）
总工程师	田宝华（兼）
总会计师	柴振泽（兼）

党群领导

党委书记　　孙圣杰
党委副书记　　肖红武
纪委书记　　李　强

（徐哲博）

【职工队伍】 职工10602人。其中，干部7245人，工人3357人。平均年龄37.4岁。硕士研究生及以上学历83人、本科及以上学历4915人、专科学历2724人、高中及以下学历2880人；高级职称903人、中级职称2189人、初级职称4038人。（徐哲博）

【工程项目指挥机构】 华南区域指挥部　驻广东省广州市。指挥长孙秀安。

华东区域指挥部　驻浙江省杭州市。指挥长王明波（3月免）、王农为（3月任）。

西南区域指挥部　驻四川省成都市。指挥长喻丕金。

西北区域指挥部　驻陕西省西安市。指挥长曹鹏程。

东北区域指挥部　驻辽宁省沈阳市。指挥长王武。

华中区域指挥部　驻安徽省合肥市。指挥长袁勇。

华北区域指挥部　驻北京市丰台区。指挥长陈向鸿。

中原区域指挥部　驻山东省济南市。指挥长王明波（3月任）。

贵广铁路工程指挥部　驻广西壮族自治区桂林市。常务副指挥长袁勇。

南广铁路项目经理部　驻广东省德兴市。项目经理潘小文。

沪昆铁路客运专线指挥部　驻贵州省贵阳市。指挥长赵永明。

哈齐铁路客运专线指挥部　驻黑龙江省齐齐哈尔市。指挥长周才华（4月免）。

兰渝铁路工程指挥部　驻重庆市北培新区。指挥长王忠勋。

哈佳铁路工程指挥部　驻黑龙江省佳木斯市。指挥长袁正国。

深茂铁路JMZQ－7标段工程指挥部　驻广东省阳江市。指挥长孙国臣。

涪秀二线铁路工程项目经理部　驻重庆市秀山土家族苗族自治县。项目经理刘顾集。

格鲁吉亚现代化铁路项目经理部　驻格鲁吉亚。项目经理羊有彬。

成绵苍巴高速公路项目经理部　驻四川省绵阳市。项目经理孙圣杰（9月任）。（徐哲博）

【铁路工程施工】 渝怀铁路涪陵至梅江段（成都局管内）增建2线站前工程7标段　位于重庆市酉阳县、秀山县。全长67.918千米。合同投资138000万元。合同工期2015年11月至2020年10月。主要工程量：站前工程路基土石方158万立方米，路基67.9千米，隧道14座15529延长米，桥梁21座5346.31延长米，涵洞256座2789.69横延米，站场5处；轨道工程无砟道床10.423千米，有砟道床57.5千米；电力线路73.33千米，通信线路67千米。2019年，完成投资22525万元；开工累计完成投资132052万元。

大瑞铁路大保段第2标段工程　位于云南省永平县。全长31.984千米。合同投资112359万元。合同工期2008年3月31日至2021年6月30日。主要工程量：区间路基土石方39.2万立方米，站场土石方117.4万立方米；桥梁12座2889.3延长米，其中特大桥1座627.57延长米、大桥8座1929.6延长米、中桥3座230.5延长米。2019年，完成投资10553万元；开工累计完成投资91716万元。

成昆铁路米易至攀枝花段扩能改造工程站前工程MPZQ－3标段　位于四川省攀枝花市。全长30.25千米。合同投资181960万元。合同工期2013年12月至2019年6月。主要工程量：路基土石方158.76万立方米，桥梁1346.95延长米，隧道27652延长米。2019年，完成投资14043万元；开工累计完成投资180292万元。（朱建臣）

【铁路外工程施工】 莆炎高速公路（三明市境）A1标段工程　位于福建省三明市。全长4.028千米。合同投资51635万元。合同工期2017年5月3日至2019年5月3日。主要工程量：珠峰隧道862延长米，后亭溪大桥右线867延长米，山头顶隧道1885延长米，路基土石方71.9万立方米。2019年，完成投资7633万元；开工累计完成投资51635万元。

山东枣菏高速公路第三合同段（Ⅰ段）工程　位于山东省枣庄市、菏泽市。全长21.46千米。合同投资117805万元。合同工期2017年4月1日至2020年2月29日。主要工程量：桥梁30座7571.05延长米，其中特大桥2座3228.25延长米、大桥6座2862延长米、中桥14座889.52延长米、分离式立交桥8座522.28延长米；桥式通道32座760.7延长米，互通匝道桥12座3085.192延长米；箱通4道、涵洞31道共1250.74横延米，互通式立交2处。年内完成投资44718万元，开工累计完成投资111518万元，占总投资的95%。

厦蓉高速龙岩东联络线A2合同段工程　位于福建省龙岩市。全长6.79千米。合同投资113279万元。合同工期2018年3月1日至2020年3月1日。主要工程量：涵洞5座，特大、大桥6座2342.4延长米，长、中隧道2座2446延长米。2019年，完成投资18781万元，开工累计完成投资39666万元。

陕西省延长至黄龙高速公路TJ－8合同段工程　位于陕西省黄龙县。全长14.18千米。合同投资74859万元。合同工期2018年3月1日至2019年12月31日。2019年，完成投资28377万元，开工累计完成投资37812万元。

高唐至东阿高速公路项目GDLQ－3标段工程　位于山东省聊城市。全长30.054千米。合同投资92358万元。合同工期2018年8月31日至2020年6月21日。主要工程量：路基土石方565.4万立方米，主线大桥2座310延长米、中桥4座206延长米、小桥38座951延长米，互通主线桥15座1082延长米、互通匝道桥18座2182.88延长米，分离式立交7座422延长米，通道19道，箱涵47道，圆管涵8道，盖板涵1道。2019年，完成投资49530万元，开工累计完成投资61930万元。

漳武线永定至南靖高速公路南靖段A2合同段工程　位于福建省漳州市。全长12.544千米。合同投资98258万元。合同工期2019年4月1日至2021年3月31日。双向四车道高速公路标准，设计时速100千米，路基宽度26米。主要工程量：桥梁20座6359.5延长米，其中主线桥梁16座5635延长米，匝道桥4座724.5延长米，桥梁桩基988根，预制T梁1684片，悬臂梁(60米＋110米＋60米)2座2联，现浇箱梁3座7联。主线路基6.909千米，全线挖方500.8万立方米、填方429.5万立方米。2019年，完成投资7267万元；开工累计完成投资15646万元。

深圳外环高速公路深圳段工程第8合同段　位于广东省深圳市。全长5.927千米。合同投资74605万元。合同工期2016年10月至2019年3月。主要工程量：路基挖方269万立方米，填方99万立方米；路基3.029千米；隧道1座998横延米；桥梁16座3639.32延长米，涵洞19座658.15延长米；制、架梁702片箱梁；现浇梁2173.136米。2019年，完成投资25507万元；开工累计完成投资69405万元。

延崇高速公路河北段ZT3合同段工程　位于河北省张家口市。全长5.55千米。合同投资61722万元。主要工程量：杏林堡特长隧道左幅3492延长米、右幅3478米，井1051.57延长米；头炮隧道左幅384延长米、右幅372延长米；头炮1号大桥左幅307延长米、右幅247延长米，头炮2号大桥左幅277延长米、右幅277延长米；路基挖土石方8.9万立方米，填方65.3万立方米；涵洞5处及附属工程。2019年，完成投资27730万元；开工累计完成投资60727万元。

甘肃甜永高速公路庆和段第13标段工程　位于甘肃省庆阳市。全长8.79千米。合同投资70317万元。合同工期2017年9月30日至2020年3月31日。主要工程量：挖方611.8万立方米，填方89.4万立方米；大桥3座1255延长米，中桥1座86延长米，天桥6座630延长米，互通1处(高楼互通)1140延长米，A匝道桥86延长米，A匝道通道桥23.72延长米，涵洞834.9横延米；高楼塬隧道1座1216.5延长米。2019年，完成投资32582万元；开工累计完成投资52219万元。

成都经济区环线高速公路蒲江至都江堰段TJ－5标段工程　位于四川省成都市。全长12.35千米。合同投资69745万元。合同工期2017年1月至2019年6月。主要工程量：桥梁8座2844.16延长米；预制20米箱梁465片，预制40米T梁637片；隧道1座365延长米；路基土石方填方230万立方米，挖方314万立方米；互通1座，涵洞、通道34道及附属工程。2019年，完成投资17674万元；开工累计完成投资65207万元。

广西乐百公路17合同段工程　位于广西壮族自治区百色市。全长11.37千米。合同投资96124万元。合同工期2017年7月1日至2020年6月30日。公路等级为高速公路，设计时速80千米，沥青混凝土路面。主要工程量：立交3处，大中桥5座1706.5延长米，隧道2座2468.1延长米，其他构造物工程。2019年，完成投资21533万元；开工累计完成投资86581万元。

吉林集双高速公路东双段DSL04标段工程　位于吉林省东丰县、双辽市。全长20.585千米。合同投资69161万元。合同工期2017年8月18日至2019年8月18日。全线采用双向四车道高速公路标准建设。主要工程内容：路基、路面、桥涵、隧道、交叉、排水、防护、绿化工程等。2019年，完成投资7926万元；开工累计完成投资61300万元。

云南墨临高速公路TJ2标段工程　位于云南省普洱市。合同投资185956万元。主要工程量：桥梁22座7800延长米，隧道4座9488延长米。2019年，完成投资75476万元；开工累计完成投资141464万元。

长益高速公路第四合同段工程　位于湖南省长沙市、益阳市。全长11.485千米。合同投资54540万元。合同工期2017年6月10日至2019年6月10日。主要工程量：土石方141.3万立方米，特大桥1座3028延长米，大桥5座1830延长米，中桥2座172延长米，行车天桥3座276延长米,预制25米小箱梁1941片,通道20座904.6延长米,涵洞30道1261.5横延米,互通式立体交叉1处,服务区1处,收费站1处。2019年,完成投资24147万元;开工累计完成投资59371万元。

陕西合阳至铜川高速公路土建HTTJ-01标段工程　位于陕西省渭南市合阳县。全长18.28千米。合同投资75000万元。设计时速100千米,双线4车道,路基宽度26米。主要工程量:路基挖土方642万立方米、路基填方120万立方米;桥梁13座;涵洞26座、通道20座、天桥13座、分离式立交5座;互通2处,主线收费站1处,匝道收费站1处。2019年,完成投资26562万元;开工累计完成投资52463万元。

重庆合川至安岳高速公路土建工程3标段　位于重庆市合川区至四川省资阳市安岳县。全长13.41千米。合同投资80000万元。主要工程量:桥梁8座2536延长米 ,互通3座,车行天桥6座,人行天桥1座,涵洞44道,路基挖方367.3万立方米、路基填方352.6万立方米。2019年,完成投资27691万元;开工累计完成投资46755万元。

湖南安慈高速公路工程　位于湖南省张家界市慈利县。全长12.372千米。合同投资56065万元。合同工期2018年6月17日至2020年6月1日。主要工程量:路基挖土石方275.9万立方米,路基填土石方254.7万立方米;桥梁23座3077.88延长米;涵洞83座2693.6横延米。2019年,完成投资34489万元;开工累计完成投资42335万元。

重庆渝黔高速公路扩能工程第三合同段　位于重庆市黔江区。全长22.682千米。合同投资383850万元。合同工期2017年10月15日至2021年12月1日。按双向6车道高速公路标准建设,设计时速100千米,整体式路基宽33.5米,分离式路基宽2×16.75米;桥涵一般均与路基同宽,沥青砼路面。桥涵汽车荷载标准采用公路Ⅰ级。2019年,完成投资136950万元;开工累计完成投资231365万元,占总投资的60%。

连霍高速(G30)新疆境内第八合同段工程　位于新疆维吾尔自治区乌鲁木齐市。全长15.7千米。合同投资60096万元。合同工期2017年3月至2020年8月。主要工程量:路基土石方245万立方米,路面52.4万平方米;特大桥2座2324延长米,大桥1座636.5延长米,小桥3座、天桥2座、通道桥4座、涵洞39座;互通式立体交叉1处。2019年,完成投资7206万元;开工累计完成投资43626万元。

新疆216线KW-1标段工程　位于新疆维吾尔自治区阿尔泰地区富蕴县。全长27.3千米。合同投资44278万元。合同工期2017年3月至2019年10月。主要工程量:分离式立交3处,通道3道,U形转弯1处,大桥9座、中桥7座、小桥6座,涵洞51道。2019年,完成投资4502万元;开工累计完成投资44658万元。

青岛市地铁4号线工程　位于山东省青岛市崂山区。合同投资29773万元。合同工期2016年11月18日至2020年12月18日。主要工程内容:基坑围护支撑、土石方开挖、车站结构现浇、覆土回填等。2019年,完成投资9006万元;开工累计完成投资22576万元。

广东清远磁浮旅游专线工程　位于广东省清远市。是全国第三条、广东首条中低速磁浮交通工程。合同投资7496万元。制梁场于2018年3月18日开工建设。主要工程量:一期工程银盏站至长隆公园站全长8.01千米,设银盏温泉站、莲湖站、长岗站、长隆主题公园站、银盏停车场,以及磁浮轨道梁预制场,预制、运输和架设施工轨道梁316片。2019年,完成投资853万元;开工累计完成投资7374万元。

广州市轨道18号和22号线管片生产工程　位于广东省广州市。合同投资260000万元。合同工期2018年7月1日至2019年11月1日。2019年,完成投资34170万元;开工累计完成投资72491万元。

重庆轨道交通9号线二期2标段工程　位于重庆市渝北区。全长3897.761米。合同投资74750万元。2站3区间。2019年,完成投资28164万元;开工累计完成投资33254万元。

北京地铁19号线一期工程土建施工07合同段　位于北京市。全长1217米。合同投资79446万元。合同工期2017年4月至2020年12月。主要工程量:钻孔灌注桩33658.4米,土方开挖907381.5立方米,浇筑混凝土227644立方米。2019年,完成投资44921万元;开工累计完成投资93981万元。

吉林中部城市引松供水工程6标段　位于吉林省长春市、四平市。全长18.73千米。合同投资58886万元。合同工期2015年10月至2019年5月。主要工程量:隧洞工程17666延长米。2019年,完成投资11922万元;开工累计完成投资54500万元。

(朱建臣)

【境外工程施工】　格鲁吉亚现代化铁路项目　位于格鲁吉亚。合同投资175632.6万元。全线设计时速为旅客列车120千米、货运列车80千米,轨距1520毫米。预计2021年完工。主要工程量:全长56.56千米,其中现代化铁路改造段18.26千米、新建铁路段38.30千米;路基土石方501万立方米;桥涵26座

3855延长米;隧道10座15145延长米;新建车站、变电站、房建。

E60公路萨姆特雷迪亚至格里格勒提段第4标段 位于格里格勒提。双向4车道高速公路,全长9.57千米。合同投资29433.86万元。2015年5月24日开工。主要工程量:路基、涵洞、高架桥和路面;立交桥2处;涵洞41座1719横延米。

格鲁吉亚南北公路Kvesheti – Kobi段 位于格鲁吉亚北部Gudauri附近。该项目于2019年8月签署施工协议,合同投资8.12亿元。主要工程量:隧道4座2456延长米,桥梁5座1554.92延长米;路基土石方挖方172.5万立方米、填方242.5万立方米,挡墙1120米;涵洞5个113.63横延米;路基边坡防护、道路照明、路标路牌、安全警示牌、道路排水、隧道机电安装、电气房等。 (祝 虎)

【经营管理】 经营承揽492.95亿元。其中,自主承揽额275.52亿元、投融资项目7.18亿元、海外项目8.24亿元。集团公司不断巩固经营工作"龙头"地位,既要做大经营规模,更要提升经营品质。一是持续推进区域经营建设,根据股份公司的九大区域经营布局,迅速调整集团公司区域布局,除西南指挥部对应股份公司西南指挥部、重庆指挥部外,其他7个区域指挥部均一一对应。二是全力以赴重返铁路市场。坚持把铁路作为主业之一,倍加珍惜来之不易的铁路市场解禁机会,但由于历史原因,大型铁路项目没有收获。三是路外市场占据主力。公路、房建和市政工程新签合同额139亿元,占总额的81.7%,支撑经营市场份额。四是新兴市场实现突破。军民融合领域、运维管理领域、机电安装领域均实现在新兴市场的突破。五是创新经营模式。采用融资代建模式中标成都市温江区民生服务和重大产业领域项目社会运营方采购(第二次)项目。六是城市经营、属地经营、滚动经营成效显著。城市经营涵盖成都市、重庆市、达州市、阳江市、海口市、建德市、攀枝花市、衡阳市、上海市、辽源市等17个城市,新签合同额60.03亿元。

项目管理。全面贯彻股份公司相关会议及集团公司年初"四会"精神,全面启动"项目管理创效年"活动,认真落实股份公司贵南高铁项目现场管理推进会会议要求,深入贯彻股份公司"1234+"项目管理思路,理顺体制机制,积极优化施组方案,狠抓施工过程控制,工程项目总体平稳有序推进,全面提升项目管理水平,提高企业整体发展质量。为打造"品质铁建",建设"品质二十三局",积极与兄弟单位沟通协调,联合申报国家优质工程,提高创优成功率,取得丰硕成果。获国家优质工程奖4项,其中参建的潮惠高速公路获国家优质工程金奖,参建的滨绥线牡丹江至绥芬河段扩能改造工程双丰隧道、苏州市轨道交通2号线及延伸工程、简蒲高速公路项目获国家优质工程奖;省部级优质工程5项,其中龙江杯2项、天府杯1项、三峡杯优质结构工程1项、李春奖1项;铁建杯优质工程4项。梳理2018年开工项目情况,对满足创优条件的项目进行备案。数量和质量上均取得历史较好成绩,充分展现企业形象,提升企业信誉。

财务成本管理。紧紧围绕股份公司年度财务工作会议、集团公司年初职代会精神,配合集团公司2019年各项重点任务,主要完成以下工作:一是梳理业务流程、推进财务信息化。适时修订制度,管理有章可循。加强资金内控管理,结合实际对相关制度进行全面梳理和修订,下发新的包括资金调剂管理、担保及授信额度使用管理等在内的6个资金业务管理办法。二是持续推进"业财一体化"。根据"业财一体化"推进部署,在年初实现PM办公系统和久其系统单证对接基础上,按照"业财一体化"单证对接转化为结构化数据推送的构想。三是多措并举,全力降杠杆、减负债。进一步开展风险资产排查。四是加强资金管控,提高资金使用效率。进一步规范内部资金管理。通过集团资金计划信息管理模块的全面上线,实现对所属单位收付的逐笔逐项控制,达到各级法人对在建项目资金流精细管理的目的。五是强化执行,发挥预算考核作用。强化引领和执行,深化细化预算指标管理。坚持业财融合,以业务预算为起点,提高全面预算编制水平,做好预算安排。并组织做好季度全面预算执行分析和定期通报工作。六是严控财务风险,加强基础工作。全面开展集团公司年度财务大检查工作。七是加强前期策划和过程监控,提升税务管控水平。积极应对税制改革,合理税收筹划。八是规范产权管理,川水治僵取得新进展。深入推进产权管理工作。配合股份公司完成国务院国资委产权管理工作的自查与督导工作,对督导中发现的问题进行整改完成,其中产权登记工作5项、协议划转工作1项、企业增资工作2项。九是财会队伍建设步伐加快。持续推进财会队伍建设三年规划落实。

审计监事。内部审计工作通过完善体制机制,强化流程再造,拓展审计内容,全面履职尽责,各项工作取得一定进展:一是较好完成年度审计计划。全年完成审计项目83项,为计划69项的120.29%;提出审计建议346条,发现问题金额15436.87万元,纠正违规金额76.72万元,促进增收节支54万元。二是有效开展审计质量提升年各项活动。组织人员参加西安赛区审计主题演讲比赛并获得第六名;通过股份公司审计网站发表审计相关诗歌、书法、漫画等展现集团内审人员才艺风貌。三是精心组织专项审计调查。按照股份公司统一部署，认真对待云贵川重点工程项目（大瑞）专项审计和海外项目（格鲁吉亚）专项审计工作，摸清情况、揭示风险的目标得到实现。四是抓整改促规范，落实审计成果。结合股份公司对审计整改的"三表一单"的要求，更加注重审计成果的利用、审计发现问题整改落实，建立审计整改通报制度。五是积极协助国家审计机构工作。抽调多人次配合成都特派办开展审计工作，展示企业内部审计的良好业务能力，工作态度及成果得到成都特派办的好评。六是内审人员的综合素质逐步提升。各级审计机构内部审计人员年度后续教育及培训覆盖面100%；注重内审工作的理论总结，形成多篇审计论文报送内审协会；参加国家审计署组织的各项答题竞赛活动，进一步调动认真学习贯彻内部审计规定的积极性。

安全质量管理。安全生产形势总体稳定，未发生安全等级事故。获中国铁建股份有限公司2019年度"安全生产先进单位"称号，获得单位奖励100万元。组织开展4次全局性的隐患排查活动，成立专门的督导检查组，检查63个项目，下达整改通知单或活动记录93份，提出整改要求336项，建议410项；检查覆盖面占集团公司正常施工项目数量142个项目的44.36%。不断落实安全考核奖惩，增强安全制度刚性，及时对各单位安全质量包保责任进行考核。兑现2018年安全质量包保责任状，对11个下属单位奖励265.9万元，对各单位主管领导奖励28.46万元。有序开展继续教育，增加开展片区培训，继续做好"三类人员"等安全管理人员继续教育的规定动作。完成交安、建安、水安"三类人员"继续教育1013人次。完成集团本级8名注册安全工程师、7名爆破工程师的继续教育培训以及2批36人的爆破作业人员的继续教育培训。（娄　华　朱建臣　唐　佳）

【科技成果】 继续完善和充实以集团公司现有国家企业技术中心为核心的创新平台建设，形成涵盖国家级、省级、市级的三级科研平台体系。新增省级科研平台2个、市级科研平台3个，获评国家知识产权示范企业，四川企业技术创新发展能力百强，四川省博士后创新实践基地。国家级创新平台再添1个，是铁建系统内工程局第一家通过认定的国家知识产权示范企业；成功申报四川省"博士后创新实践基地"；在2019年度四川省企业技术创新发展能力百强企业审核评定中，取得创新发展能力百强企业第5名、发明专利拥有量第5名；雅安至泸沽高速公路、成都地铁2号线获中国土木工程詹天佑奖；主编标准3项；新立重点重大科研项目4项；获得授权发明专利7件、实用新型专利11件。（霍　莉）

【董事会工作】 坚持新发展理念，坚持稳中求进工作总基调，坚持"三步走"发展战略，压茬推进"高质量发展三年行动计划"，深入开展"项目管理创效年"活动，推进"品质二十三局"建设，全局上下众志成城、破题开路、真抓实干，全年总体目标圆满实现，品质发展的步伐稳健、坚实，董事会运作进一步规范。一是进一步完善公司治理制度体系建设。根据股份公司新修订的《二级公司董事会规范运作指导意见》《二级公司董事会规范运作考核评价暂行办法》，及时修订集团公司《董事会议事规则》《总经理工作细则》，进一步完善法人治理议事制度，切实发挥董事会在企业战略引领、风险防控等方面的作用。二是切实理顺决策程序。坚持董事会行使职权与发挥党组织领导作用相结合，把党委研究作为董事会决策重大事项的前置程序，修订下发《关于规范集团公司党委常委会、董事会、总经理办公会议决定事项的通知》，进一步理顺党委会、董事会、总经理办公会在重大问题把关、研究、决策执行的程序和责任，提高决策与执行、决策与监督、监督与执行的协调性和有效性，切实推进依法决策、依法治企。召开董事会12次，对162项议案依法合规地进行决策，未出现漏议、迟议或程序违规事项。三是及时完善董事会工作机构。按照《公司法》及公司章程，董事会办公室与行政办公室分设，董秘兼董办主任，同时配备1名专职人员，负责组织实施董事会日常事务，进一步增强董事会工作机构力量。四是强化董事会基础工作和日常规范管理。建立董事会决策事项反馈制度，每季度对集团公司董事会决策的事项分部门进行督导，确保决议有效落实。建立董事会工作月报，内容涵盖董事会建设、每月工作动态、决议落实反馈、股份公司领导重要讲话、行业发展动态等，为各位董事规范履职、科学决策提供支持。（秦　峰）

【党群工作】 党的工作。集团公司党委不断落实基本工作制度。一是制定新制度。下发《党委领导班子民主生活会暂行规定》《中铁二十三局集团有限公司示范党支部创建实施办法（暂行）》，确保党建工作讲程序、有标准。二是落实基本制度。按照新时代党的建设总要求加强组织工作，坚持教育、管理、监督、服务相结合，认真落实党建工作联系点、"三会一课"、民主生活会、组织生活会、民主评议党员、党务公开、重大事项请示报告、关怀帮扶等制度，促进党要管党、全面从严治党落到实处。三是严格党员发展。严格落实新"十六字"方针，发展新党员106人，其中

35岁及以下62人,具有高级专业技术职务4人、中级专业技术职务49人、初级专业技术职务44人,党员队伍结构进一步优化。扎实开展“不忘初心、牢记使命”主题教育;局处两级召开中心组学习会214次,参学3551人次;21个党(工)委、3103名党员纳入“学习强国”平台管理。审计纪检守正护法。内鼓士气、外扬名气成效显著。对外刊稿3617篇次,其中国家级媒体287篇次。

纪检监察工作。集团公司纪委紧紧围绕“三步走”战略部署和中心工作,聚焦主责主业,突出定位向前、监督靠前、挺纪在前的“三前”工作思路;突出教育预防、制度预防、监督预防的“三位一体”体系预防;减存量、扼增量,正风肃纪、追责立威,立规明矩、衡权律己,涤心正魂、正本清源;结合“不忘初心、牢记使命”主题教育,积极开展纪检监督工作并取得新成效。一是深入开展反腐倡廉宣传教育,廉洁教育预防取得新成效。集团公司纪委从宣传教育入手,抓早抓小、防微杜渐、防患于未然。以领导班子成员这一关键少数为重点,延伸到管理层骨干,多层次构建廉洁从业教育“防火墙”。二是突出政治建设,政治监督预防取得新成效。强化政治责任,持续推进党风政风监督。考核兑现2018年度党风廉政建设责任,与所属单位签订新年度党风廉政建设责任书17份,层层传递压力,责任落实到人,紧盯领导人员履行主体责任,落实“一岗双责”要求。三是准确运用“四种形态”,制度预防取得新成效 。两级纪委准确运用监督执纪“四种形态”,分类处置。四是加大监察力度,重点预防取得新成效。认真清理纪律处分执行情况。积极构建党委、纪委、组织人事部门、被处分人所在单位“四位一体”的纪律处分执行联动机制。五是强化执纪实效,以惩促防取得新成效。多部门凝聚监督合力。建立案件线索移交制度,形成监督合力。六是夯实预防动能,基础工作得到新提升。工作机制进一步完善。落实纪委书记履职考核、报告工作及纪检监察干部横向、双向交流和纵向挂职制度。

工会工作。集团公司工会在上级工会组织的细心关怀下,党政的大力支持下,以促进企业和谐发展为己任,运用工会组织自身的优势,坚持融入中心不偏离,服务大局不移位,切实履行职责,积极发挥作用,进一步团结和凝聚职工队伍力量,为推进企业高质量发展做出积极贡献。一是积极服务生产经营,团结带领广大职工干事创业。广泛开展劳动竞赛和技能比武。全年围绕中心,持续开展“五比四创夺五杯”及争创“工人先锋号”等劳动竞赛活动。各单位围绕实际、结合工程项目自身要求和业主要求,因地制宜积极开展富有特色的劳动竞赛。二是不断深化企业民主管理,加强基层组织建设,切实维护职工权益。落实民主管理机制。切实维护职工民主权利,认真履行职代会程序,年初圆满组织召开集团公司三届五次职代会,起草职代会相关报告。三是进一步改善职工工作生活条件,努力实现让职工体面工作、尊严生活的新要求。持续推进建家建线工作。不断深入开展建家建线活动,对表现突出的集体和个人进行评选表彰,评选出模范职工之家2个、模范职工小家12个、优秀工会工作者30名,优秀工会积极分子22名。四是努力加强自身建设,提升履职能力。工会干部队伍培养和建设不断加强。举办中铁二十三局工会学习贯彻中国工会十七大和妇女十二大精神暨工会宣教工作培训班,68名工会干部参加培训。选派13名工会干部参加四川省总工会和铁路总工会等上级工会组织的业务培训。五是坚持以人为本,认真开展老年体协工作。在上海召开老年体协理事会二届三次会议,集团公司领导及各子公司老年体协工作者43人参加会议。

共青团工作。在上级团委和集团公司党委的正确领导和大力支持下,集团公司团委以党的十九大及历届全会精神、习近平新时代中国特色社会主义思想为指引,带领全局广大团员青年深入学习领会习近平总书记在纪念“五四”运动100周年大会上的重要讲话精神以及股份公司团代会会议精神,认真贯彻落实集团公司年初“四会”精神,全面落实“三基”建设等要求,紧紧围绕企业中心工作,强化青年思想政治引领,服务青年成长成才,加强团组织自身建设,充分发挥党的后备军作用和施工生产主力军作用。一是持续强化思想引领,坚定团青理想信念。引导团员青年凝聚共识,广泛开展青年大学习、大讨论活动。二是围绕企业中心任务,引导青年积极贡献。深入开展“青”字号品牌创建活动,充分发挥生力军和主力军作用。三是发挥桥梁纽带作用,服务青年成长成才。持续深化“导师带徒”活动,提高青年员工素质。为帮助新员工尽快融入企业、融入岗位,各级团组织联合人力资源部扎实开展“导师带徒”活动。四是加强团组织自身建设,推进全面从严治团。定期召开团青工作会议,全面掌握各单位团青工作情况。年初积极组织召开团委三届二次全委(扩大)会,全面总结2018年工作,交流研讨团组织2019年工作重点。五是履行企业社会责任,提升团组织影响力。积极响应团省委号召,助力在校大学生就业创业。根据团四川省委部署,积极参加“逐梦计划”活动,联合人力资源部为四川籍大学生提供实习岗位60个,助力四川省在校大学生就业创业。

(包小蓉　陈　颖　白传晓)

【第一工程有限公司】 具有公路、市政工程施工总承包一级，铁路、水利水电、房屋建筑施工总承包二级，桥梁、隧道、机场场道、公路路基及路面专业承包一级资质。通过质量、职业健康安全、环境三标一体化认证。前身系中国人民解放军铁道兵第四师第十六团；1984年1月1日，奉中央军委、国务院命令集体转业并入铁道部，更名为铁道部第十四工程局第一工程处；2001年11月，改为中铁十四局集团第一工程有限公司；2004年3月，重组为中铁二十三局集团第一工程有限公司。注册资本金6亿元。驻山东省日照市东港区黄海二路65号。执行董事、总经理安茂平，党委书记董煊。职工1783人。资产总额445666.71万元。其中，流动资产400160.46万元，非流动资产45506.25万元。各类设备1867台(套)，原值30861.5259万元、净值9044.6899万元，设备总功率105387千瓦，技术装备率5.71万元/人，动力装备率66.49千瓦/人，设备成新率29.31%。

2019年，新签合同额41.96亿元，营业收入48.05亿元，净利润8895.06万元，上缴款5946.5万元，国有资产保值增值率105.37%。 (杨 媛)

【第二工程有限公司】 具有铁路工程、建筑工程施工总承包一级，钢结构工程、桥梁工程、铁路铺轨架梁工程专业承包一级，铁路电务工程、建筑装修装饰工程专业承包二级资质；具有军工涉密业务咨询服务备案资质。能生产各类预应力钢筋混凝土桥梁、轨枕、无砟轨道板、大型钢筋混凝土构件及其他混凝土制品，具有承包境外工程项目和境内国际招标工程的资格。前身系始建于1952年的齐齐哈尔铁路工程总公司、齐齐哈尔铁路建设集团有限责任公司，隶属于哈尔滨铁路局管辖；2004年3月，整合重组由哈尔滨铁路局划归中国铁道建筑总公司中铁二十三局集团公司。驻黑龙江省齐齐哈尔市铁锋区站前大街270号。董事、党委书记王利民，总经理、党委副书记刘德。职工2422人。资产总额3527114059.21元。其中，固定资产原值358341148.70元、净值98032641.27元，流动资产3085769313.47元，其他资产343312104.47元。各类设备1014台(套)，原值22091.55万元、净值4026.58万元；设备总功率54121.23千瓦，技术装备率1.88万元/人，动力装备率15.22千瓦/人，设备成新率18.22%。年综合施工能力40亿元。

2019年，经营承揽57.25亿元，中标48项。产值29.15亿元，利润303.78万元，净资产收益率0.92%、产值利润率-0.86%、资产负债率84.25%、应上缴款完成率100%、国有资产保值增值率443.23%。

(孔祥龙)

【第三工程有限公司】 具有水利水电工程施工总承包一级，铁路工程施工总承包二级，桥梁工程、隧道工程、公路路面工程专业承包一级，公路工程、市政公用工程施工总承包二级，公路路基工程专业承包二级，建筑总承包三级，房地产开发二级，测绘乙级资质。前身为铁道兵第五师第二十三团；1984年1月，集体转业并入铁道部，改编为铁道部第十五工程局第三工程处；2001年5月，改制为有限公司；2004年2月，整合重组为中铁二十三局集团第三工程有限公司。驻四川省成都市温江区天府街中段336号。执行董事、党委书记尹智勇，总经理陈文萍。职工1818人。资产总额61.65亿元。其中，固定资产原值4.38亿元、净值0.97亿元，流动资产55.01亿元，其他资产5.67亿元。机械设备812台(套)，原值17609.21万元、净值5881.56万元，总功率69350.05千瓦，动力装备率37.98千瓦/人，设备完好率16.7%、利用率60%。

2019年，承揽任务116.34亿元，产值43.57亿元，净利润7037万元，人均创利0.68万元，全员劳动生产率17.58万元/人年，职工年均收入76437万元，净资产收益率0.19%、产值利润率0.31%、资产负债率85.51%、应上缴款完成率100%、国有资产保值增值率111.13%。 (曹 禹)

【第四工程有限公司】 具有建筑工程、公路工程、水利水电工程、市政公用工程施工总承包一级，桥梁工程、隧道工程、钢结构工程、公路路基工程、地基基础工程、建筑装修装饰工程专业承包一级等资质。成立于2014年11月，由中铁二十三局原四、八公司整合重组而成。原四公司的前身系中铁路桥集团建设工程有限公司；2004年3月，改制重组为中铁二十三局集团第四工程有限公司。原八公司的前身系创建于1969年的中国人民解放军第六六二O工厂；1984年，随铁道兵部队一起并入铁道部，改称铁道部工程指挥部养马河桥梁厂；2004年3月，整合重组为中铁二十三局集团养马河工程有限公司；2009年10月，移址成都，更名为中铁二十三局集团第八工程有限公司。驻四川省成都市青羊区广富路218号8栋。执行董事、总经理、党委副书记王连华，党委书记刘志军。职工1631人。资产总额54.40亿元。其中，固定资产原值5.19亿元、净值1.03亿元，流动资产46.32亿元，其他资产7.05亿元。设备1273台(套)，原值31298.93万元、净值6302.54万元，总功率43350.1千瓦，设备成新率20.14%，动力装备率28.73千瓦/人，技术装备率5.99万元/人，大型设备完好率71.43%、利用率40.39%。

2019年，承揽任务108.80亿元，产值43.05亿元，收入 42.79 亿元，净利润 1234.36 万元，人均创利 67544.95 元，全员劳动生产率210121.90元/人年，职工年人均收入 9.34 万元，净资产收益率 24.70%、产值利润率 2.54%、投资回报率 17.75%、资产负债率 89.27%、应上缴款完成率 120.07%、国有资产保值增值率 106.21%。（何　剑）

【轨道交通工程公司】 具有市政公用工程施工、房屋建筑工程施工总承包一级，建筑装修装饰工程、钢结构工程、环保工程、桥梁工程专业承包一级资质。前身系中铁路桥集团上海分公司；2004 年 3 月，整合重组为中铁二十三局集团第五工程有限公司；2010 年 9 月，更名为中铁二十三局集团轨道交通工程有限公司。驻上海市浦东新区惠南镇城南路 335 号。执行董事、党委书记张长春，总经理胡志勇。职工 754 人。固定资产原值 67179.88 万元、净值 26774.13 万元，流动资产 266154.36 万元，其他资产 84001.94 万元。设备 531 台（套），原值 31590.6 万元、净值 8590.46 万元，设备成新率 27.14 %，设备总功率 27235.39 千瓦，技术装备率 11.93 万元/人，动力装备率 38.14 千瓦/人，大型设备完好率 100%、利用率 31.15%。

2019 年，承揽工程 26 项，合同金额 70.9329 亿元。施工产值 300203 万元，利润 12823.78 万元，净资产收益率 21.64%、产值利润率 5.08%、投资回报率 38.85%、资产负债率 85.67%、应上缴款完成率 102.04%、国有资产保值增值率 100%。（李星德）

【第六工程有限公司】 具有市政公用工程、建筑工程施工总承包一级，桥梁工程、隧道工程、土石方工程、建筑装饰装修专业承包一级，混凝土预制构件专业承包二级，公路工程施工总承包二级，公路养护工程施工总承包二类甲级，环境污染治理甲级资质，以及建筑材料及建筑工程质量检验检测资格。经营业务涉及销售金属材料、建筑材料、化工产品、普通机电产品、电子产品、通信产品，工程信息和技术咨询服务等。2004 年 7 月 19 日在重庆市注册成立；2009 年 7 月 17 日，与中铁二十三局集团原轨道技术分公司战略重组；2014 年 11 月 23 日，与原中铁二十三局集团七公司战略重组。注册资本金 6 亿元，驻重庆市渝北区金开大道 70 号协信星光天地。执行董事、党委书记王峰，总经理肖毅。职工 933 人。各类设备固定资产 778 台（套），原值 12961.45万元、净值 1930.54 万元，其他固定资产 148 台（套），原值 256.05 万元、净值 48.17 万元。设备总功率 21650.73 千瓦，动力装备率 22.98 千瓦/人，技术装备率 2.05 万元/人，设备完好率 91.43%、利用率 89.96%。

2019 年，经营承揽 64 亿元，中标 11 项，合同额 64.05 亿元。完成施工产值 352383 万元，净资产收益率 3.03%、总资产报酬率 0.63%、主营业务利润率 2.06%、资产负债率 82.54%、流动比率 1.2、速动比率 1.19、应上缴款完成率 120.17%。（左程荣）

【电务工程有限公司】 具有机电安装工程施工总承包一级，铁路电务、电气化工程、消防设施工程、电子与智能化工程专业承包一级，建筑工程施工总承包二级，公路交通工程（公路机电工程分项）专业承包二级，输变电工程专业承包三级资质以及施工劳务资质。前身系齐齐哈尔铁路管理局电务工程队；1983 年，齐齐哈尔铁路局和哈尔滨铁路局两局合并，改称为哈尔滨铁路局齐齐哈尔工程处电务工程队；1995 年，改称为齐齐哈尔铁路电务工程分公司；2002 年，更名为齐齐哈尔铁路建设集团有限责任公司电务工程分公司；2004 年 3 月 29 日，组建成中铁二十三局集团电务工程有限公司。驻天津市南开区密云一支路燕宇小区 45 号楼。执行董事、党委书记魏新兴，总经理许生伟。职工 480 人。资产总额 3.91 亿元。其中，固定资产原值 3346 万元、净值 963 万元，流动资产 3.57 亿元，其他资产 2413 万元。机械运输设备 287 台，原值 1909 万元、净值 280 万元，设备总功率 6100 千瓦，动力装备率 12.60 千瓦/人，技术装备率 0.58 万元/人，设备成新率 14.69%、利用率 74.48%。

2019 年，新签合同额 5.8 亿元，产值 33380 万元，二次经营额 4470 万元。（施嘉宁）

【建筑设计研究院有限公司】 具有建筑行业（建筑工程）甲级、人防工程乙级、施工劳务，工程勘察专业类（岩土工程）甲级、工程测量乙级、劳务类（工程钻探）、劳务类（凿井），市政行业（给水工程、道路工程、排水工程、桥梁工程）专业乙级，风景园林设计专业乙级，环境工程（水污染防治工程、固体废物及处理工程、大气污染防治工程）专项乙级，城乡规划编制乙级，公路行业（公路）专业丙级，水利行业（河道整治、城市防洪、水土保持）专业丙级，造价咨询乙级资质。前身为始建于 1979 年的达州市建筑设计研究院；2000 年，由达州市四家国有企业、事业单位整合为达州市建筑设计研究院；2013 年底，完成改制后由中铁二十三局集团有限公司全资收购，更名为中铁二十三局集团建筑设计研究院有限公司。驻四川省达州市通川区张家湾路 2 号。院长、党委书记魏运鸿，总经理王涛。职工 193 人。固定资产原值 1923.49 万元、净值 542.34 万元，流动资产 5392.31 万元，其他资产 992.74 万元。机械运输设备 3 台，原值 99.76 万元、净值 10.04

万元。

2019年，经营业务10535.26万元，营业收入7001.48万元，净利润326.68万元，人均创利2.31万元，职工年人均收入15.08万元，国有资产保值增值率114.63%、净资产收益率11.5%、产值利润率5.76%、资产负债率52.5%、应上缴款完成率100%。

（孙翠英）

【重要记载】

▲1月26日　中铁二十三局三届五次职工代表大会暨2019年工作会议在成都市召开。

▲3月1日　中铁二十三局申报的“高速铁路CRTSⅢ型先张无砟轨道板”项目首次获四川省科技厅重大创新产品立项。

▲4月17日　中国铁建和农业银行的西部融资对接会在成都举行。中铁二十三局总经理、总会计师柴振泽代表中铁二十三局签署战略合作协议。

▲6月15日　中铁二十三局召开“不忘初心、牢记使命”主题教育专题会，部署开展主题教育工作，研究讨论主题教育实施方案。

▲6月17日　在四川省安全生产委员会召开的全省安全生产综合监管暨清单制管理工作动员部署视频会议上，中铁二十三局获“四川省安全生产工作先进单位”称号。

▲7月12日　雅安至泸沽高速公路工程获得四川土木建筑学会授予的2019年首批“四川土木工程李冰奖”。

▲8月29日　根据《四川省住房和城乡建设厅关于公布2018年度四川省工程建设省级工法的通告》（第100号）文件通知，中铁二十三局获2018年度四川省省级工法9项。

▲9月4日　中铁二十三局与昆明城投汽车产业投资有限公司、诺远资产管理有限公司上海分公司在昆明签署战略合作框架协议。

▲11月13日　中铁二十三局参建的滨绥线牡丹江至绥芬河段扩能改造工程双丰隧道获2018—2019年度国家优质工程奖。

▲12月6日　中铁二十三局成功上线人民普惠平台，首笔供应链业务正式落地。真正实现从资产上传、线上确权、融资申请到在线放款以及贷后风险监控的全流程电子化。

▲12月8日　国家优质工程奖总结表彰大会在北京国家会议中心召开。中铁二十三局参建的长沙磁悬浮项目、苏州轨道交通2号线及延伸线项目、广东省潮州至惠州高速公路项目、成都经济区环线高速公路简阳至蒲江段项目、济南至徐州公路济宁至鱼台（鲁苏界）段工程获国家优质工程奖。

▲12月13日　中铁二十三局被确定为“2019年度国家知识产权示范企业”。

▲12月30日　2019年度四川省企业技术创新发展能力100强审核评定工作完成，中铁二十三局分别获得创新发展能力100强企业第5名和发明专利拥有量第5名。

▲12月30日　四川省重点工程劳动竞赛暨成都轨道交通“三线”开通总结表彰大会在成都隆重召开。中铁二十三局成都10号线二期项目部获得“四川省工人先锋号”称号。

（邓东林）

中铁二十四局集团有限公司

【简况】　具有铁路、建筑、市政公用、公路工程施工总承包特级，机电工程施工总承包一级，电力、矿山工程施工总承包二级，水利水电、通信工程施工总承包三级，桥梁、公路路基、隧道、铁路铺轨架梁工程专业承包一级，防水防腐保温、建筑装修装饰、公路交通专业承包二级，公路路面工程专业承包三级资质。拥有军工涉密业务咨询服务安全保密条件备案证书，机电设备维护与保养工程建筑机电维保Ⅰ级、智能化维保Ⅰ级，对外援助成套项目总承包企业资格，测绘乙级资质。2004年3月，由原上海铁路局上海铁路建设（集团）有限公司、福建铁路建设（集团）有限公司和原南昌铁路局南昌铁路工程集团有限责任公司整合重组而成。下辖安徽工程有限公司、江苏工程有限公司、上海铁建工程有限公司、浙江工程有限公司、福建铁路建设有限公司、南昌铁路工程有限公司、新余工程有限公司、上海电务电化有限公司、桥梁建设有限公司、上海房地产开发有限公司、路桥分公司、轨道交通分公司、北京公司；设立华东、华北、西北、西南、中南、华北、东北、东南指挥部；设立海外事业部；设立北京办事处（2019年8月31日撤销）。驻上海市会文路2号，2019年12月16日迁至上海市杨浦区邯郸路8号。职工9607人。资产总额230.65亿元。其中，固定资产原值28.72亿元、净值9.91亿元，流动资产182.96亿元。机械运输设备5210台（套），总功率20.06万千瓦，动力装备率20.35千瓦/人，技术装备率3.96万元/人。年内更新各类设备401台，价值6754万元。

2019年，新签合同额531.70亿元，产值313.61亿元，利润5.80亿元。全员劳动生产率317万元/人年，职工年人均收入12.27万元。主要实物工程量：路基土石方5330万立方米，隧道40956延长米，桥梁227961延长米，铁路正线铺轨164.9千米，铁路站线铺轨35.4千米，架梁4488孔（片），房屋建筑竣工面积656168平方米，敷设通信线路62千米，计算机联锁1站，供电线路49千米，接触网52千米。工程质量合格率100%。获省部级科学技术奖3项，中铁建科学技术奖一等奖1项、二等奖2项；9项工法被评为省部级工法。受理专利84件，授权专利58件，其中发明专利15件，实用新型专利43件。（孙华东）

【领导人员】

董事会

董事长	朱　赤
董事	周光民
	韩文忠
	王建民（12月任）
	叶建国

监事会

监事会主席	刘守峰
监事	俞正云
	陈江涛

经理层

总经理	周光民
副总经理	韩文忠
	许伟书
	王建民
	李金亭
	吴为爱
	林志勇
	王肖文
	尹书军
	王勤荣
总工程师	许伟书
总会计师	尹书军

党群领导

党委书记	朱　赤
党委副书记	周光民
	叶建国
纪委书记	刘守峰
工会主席	叶建国

（顾金妍）

【职工队伍】 职工9607人。干部6094人，其中女干部868人、少数民族干部136人、专业技术干部5998人。专业技术干部中，高级职称1072人、中级职称2005人、初级及以下职称2921人。本科及以上学历5057人、大专学历835人、中专学历141人、高中及以下学历61人。35岁及以下3982人、36～45岁940人、46岁及以上1172人。工程系列4656人、经济系列496人、会计系列646人、政工系列190人、统计系列4人、其他系列6人。

工人3765人。初级工98人、中级工830人、高级工638人、技师154人、高级技师107人。大专以上学历504人、中专学历213人、高中及以下学历3048人。35岁及以下376人、36～40岁119人、41～45岁551人、46～50岁1384人、51～54岁768人、55岁及以上567人。（顾金妍）

【工程项目指挥机构】 渝黔引入贵阳枢纽指挥部　驻贵州省贵阳市南明区南厂路165号长城小区C座。指挥长肖方锦。

皖赣铁路1标段项目部　驻安徽省芜湖市芜湖县世纪广场蓝领公寓。项目经理吕旭民。

杭黄铁路站前3标段项目部　驻浙江省杭州市萧山区闻堰镇三江路100号。项目经理陈爱民。

蒙西华中铁路32标段项目部　驻江西省新余市仰天岗西大道800号。项目经理席国富。

连镇铁路8标段项目部　驻江苏省镇江市新区美林湾四和苑23幢。项目经理汪天龙。

商合杭铁路17标段项目部　驻安徽省广德县清吉路2号。项目经理李益军。

通辽至新民北客专TLSG－3标段项目部　驻内蒙古自治区通辽市科左后旗甘旗卡镇工业园区内。项目经理张春德。

合安铁路HAZQ－7标段项目部　驻安徽省合肥市庐阳区大杨产业园兴杨路1号。项目常务副经理许世旺。

连徐铁路站前3标段工程项目经理部　驻江苏省邳州市运平路运平小区北门对面。项目经理焦国建。

京唐铁路5标段项目经理部　驻天津市宝坻区口东工业园区广阔道2号。项目经理王谦。

九景衢铁路浙江段站前1标段工程项目部　驻浙江省衢州市柯城区信安街道书院西路大畈村10号。项目经理陶建国。

九景衢铁路JQJXZQ－1标段项目部　驻江西省九江市湖口县三里大道144－1号意诚轩酒店。项目经理刘广。

福宜高速项目部　驻云南省昆明市呈贡区前卫营社区缤纷世界5楼。项目经理何卫东。

南沿江城际铁路2标段项目部　驻江苏省镇江市

茅山镇春城镇春城工业园(春城路与304县道交叉口)。项目经理储著友。

常益长CYCZQ-5标段铁路项目部　驻湖南省宁乡市车站中路与民安路口交汇处。项目常务副经理肖方锦。

龙龙铁路龙岩至武平段项目部　驻福建省上杭县临城镇将军路1号福鑫大厦三楼。项目经理王平。

上海轨道交通市域线机场联络线工程(西段)JCXSG-1标段项目部　驻上海市中春路7335号。项目经理赵喜科。

贵州房建与市政工程总承包部　驻贵州省贵阳市南明区小碧乡碧龙花园a区8栋3楼3室。经理张年胜。

宿州市中铁建项目建设管理有限公司　驻安徽省宿州市埇桥区汇源大道与北三环交口。董事长王澍。

简阳铁建和兴公路投资有限公司　驻四川省简阳市石盘镇。董事、总经理王澍。

中铁建北水(莆田)水务有限公司　驻福建省莆田市荔城区黄石镇万好街1089号艺境天下大师城30号楼601-616。董事长黄玉仁。

泉州市福铁建设投资有限公司　驻福建省泉州市台商投资区东园镇玉坂村新村57—1号。董事长黄玉仁。

福州火车北站南广场综合改造PPP项目公司　驻福建省福州市仓山区连江南路136号建总大厦7楼。董事长黄玉仁。

莆田市涵江福铁基础设施建设管理有限公司　驻福建省莆田市涵江区高林街1869号。董事长黄玉仁。

(顾金妍)

【铁路工程施工】　皖赣铁路芜湖至宣城段扩能改造站前及相关工程WGZQ-1标段　位于安徽省芜湖市。合同投资179049万元,合同工期2014年1月至2020年6月。主要工程量:无砟道床14.74千米、青弋江左绕特大桥2658延长米、青弋江右绕特大桥7797延长米、青弋江特大桥23659延长米、路基3.36千米。开工累计完成投资177458万元。

新建铁路合肥(含)至安庆(含)线站前工程7标段(HAZQ-7)　位于安徽省合肥市,全长45.35千米。合同投资143510万元,合同工期2016年12月至2020年12月。主要工程量:路基土石方8.6万立方米、桥梁30552延长米、涵洞2446横延米、路基18.27千米。开工累计完成投资140895万元,占合同投资的98.18%。

新建连云港至镇江铁路站前工程8标段(LZZQ-8)　位于江苏省镇江市,全长33.99千米。合同投资322311万元,合同工期2015年9月至2020年11月。主要工程量:路基土石方85万立方米、桥梁38600延长米、路基21.1千米。开工累计完成投资305495万元。

新建连云港至徐州铁路站前工程3标段(LXZQ-3)　位于江苏省徐州市,全长41.93千米。合同投资286855万元,合同工期2016年7月至2020年12月。主要工程量:路基土石方90.23万立方米、桥梁38138延长米、无砟轨道41.93千米。开工累计完成投资241268万元。

新建北京至唐山铁路宝坻至唐山段站前工程JTZQ-5标段　位于天津市宝坻区,全长26.91千米。合同投资187969万元,合同工期2017年9月至2021年12月。主要工程量:桥梁26910延长米、桩基7974根、墩(台)身795座、预制梁695孔、箱梁架设695孔、无砟轨道26.91千米。开工累计完成投资135560万元。

新建常德经益阳至长沙铁路站前工程5标段(CYCZQ-5)　位于湖南省宁乡市、益阳市,全长34.34千米。合同投资143351万元,合同工期2019年6月至2023年6月(提前至2021年12月)。主要工程量:桥梁10431延长米、制架梁799孔、无砟轨道板铺设34.34千米。开工累计完成投资19117万元。

新建南昌至赣州铁路客运专线站前工程施工总承包CGZQ-1标段　位于江西省南昌市、丰城市及新建区。合同投资172653万元,合同工期2015年9月至2019年12月。主要工程量:路基土石方1016.6万立方米、桥梁17491延长米、路基18.94千米、有砟轨道76.33千米、房建3606平方米。开工累计完成投资167975万元。

新建铁路大理(含)至临沧(含)线站前工程6标段(DLZQ-6)　位于云南省临沧市,全长33.99千米。合同投资172316万元,合同工期2015年12月至2020年8月。主要工程量:隧道28012延长米、桥梁2382延长米、路基3.62千米、无砟轨道7214米。开工累计完成投资164133万元。

新建兴国至泉州铁路宁化至泉州段站前工程XQNQ-9标段　位于福建省泉州市、南安市。合同投资23.6亿元,合同工期2017年4月至2021年9月。主要工程量:路基土石方1010.43万立方米、隧道15641延长米、桥梁13625延长米、路基6.16千米、轨道205.54千米、制架梁1030孔。开工累计完成投资135993万元。

新建重庆铁路枢纽东环线机场支线站前工程9标段(DHZQ-9)　位于重庆市江北区和渝北区,全长28.47千米。合同投资173806万元,合同工期2017年

4 月至 2021 年 4 月。主要工程量:隧道 13644 延长米、桥梁 8.064 延长米、涵洞 554 横延米、路基 6.59 千米、无砟轨道 17.08 千米。开工累计完成投资 137590 万元。

新建敦化至白河铁路工程 DBSG - 3 标段　位于吉林省延边朝鲜族自治州,全长 25.06 千米。合同投资 189891 万元,合同工期 2017 年 8 月至 2021 年 8 月。主要工程量:隧道 11070 延长米、桥梁 7271 延长米、路基 24 千米、无砟轨道 17.37 千米。开工累计完成投资 147568 万元。

新建铁路盐城至南通站前工程 7 标段(YTZQ - 7)　位于江苏省南通市,全长 25.74 千米。合同投资 132310 万元,合同工期 2018 年 4 月至 2020 年 8 月。主要工程量:桥梁 15805 延长米、箱梁 350 孔、T 梁 81 孔、涵洞 663 横延米、路基 9.93 千米。开工累计完成投资 106521 万元。

新建盐城至南通铁路南通西至张家港段站前工程 1 标段(TZZQ - 1)　位于江苏省南通市,全长 6.97 千米。合同投资 81604 万元,合同工期 2018 年 10 月至 2020 年 10 月。主要工程量:桥梁 7893 延长米、轨道铺砟 52150 立方米、铺轨 5.54 千米。开工累计完成投资 56142 万元。

新建商丘至合肥至杭州铁路站前工程 17 标段　位于安徽省广德县和浙江省安吉县,全长 44.59 千米。合同投资 256033 万元,合同工期 2015 年 11 月至 2020 年 6 月。主要工程量:路基土石方 448.33 万立方米、路基 18.64 千米、桥梁 26376 延长米、框架涵 527 横延米。开工累计完成投资 255638 万元。

新建和田至若羌铁路 S2 标段　位于新疆维吾尔自治区和田地区,全长 172.29 千米。合同投资 182553 万元,合同工期 2019 年 7 月至 2022 年 6 月。主要工程量:路基土石方 1597.7 万立方米、桥梁 19590 延长米、涵洞 9350 横延米。开工累计完成投资 56485 万元。

新建江苏南沿江城际铁路工程站前工程 2 标段(NYJZQ - 2)　位于江苏省镇江市,全长 34.26 千米。合同投资 261900 万元,合同工期 2019 年 4 月至 2023 年 3 月。主要工程量:隧道 850 延长米、桥梁 28926 延长米、路基 4.49 千米、无砟道床 71.07 千米。开工累计完成投资 36946 万元。　(杨宗海)

【铁路外工程施工】　成都天府国际机场南线工程　位于四川省成都市,全长 22 千米。合同投资 367634 万元,合同工期 2017 年 1 月至 2020 年 12 月。主要实物工程量:道路土石方 932.8 万立方米、碎石垫层 17.7 万立方米、水稳基层 38.7 万立方米、沥青面层 229 万平方米、涵洞 9475 横延米、桥梁 575 延长米。开工累计完成投资 122999 万元。

渝黔高速公路扩能工程　位于重庆市綦江区,全长 6.8 千米。合同投资 71233 万元,合同工期 2017 年 12 月至待定。主要工程量:隧道 6258 延长米、桥梁 946 延长米、涵洞 748 横延米、路基 2.73 千米。开工累计完成投资 54904 万元。

云南省墨江至临沧公路 9 标段工程　位于云南省普洱市,线路长 9.76 千米,断链长 25.84 千米。合同投资 75900 万元,合同工期 2018 年 9 月至 2020 年 8 月。主要工程量:路基土石方 234.3 万立方米、隧道 3390 延长米、桥梁 7660 延长米、路基 8.46 千米。开工累计完成投资 53800 万元。

G85 彭阳(甘宁界)至平凉至大桥村(甘陕界)段(控制性工程 PDSY9 合同段)工程　全长 4.2 千米。合同投资 42771 万元,合同工期 2017 年 1 月至 2020 年 1 月。主要工程量:隧道 7938 延长米、涵洞 52 横延米、路基 230 米。开工累计完成投资 40403 万元。

永兴河北路道路及综合管廊工程 1 标段　位于北京市大兴区,全长 1.62 千米。合同投资 61138 万元,合同工期 2017 年 9 月至 2019 年 10 月。主要工程量:综合管廊 1619 延长米、道路 1.62 千米、明渠 2808 横延米、管线 1787 米。开工累计完成投资 52086 万元。

泉州泉东大道(杏秀路—南北大道)、滨湖东路(滨湖南路—杏秀路)、海城大道(海山大道—张纬四路)工程　位于福建省泉州市。合同投资 151179 万元,合同工期 2019 年 3 月至 2021 年 6 月。主要工程量:隧道 3916 延长米、桥梁 1279 延长米、路基 8.7 千米、水泥混凝土路面 385395 平方米、沥青混凝土路面 41850 平方米。开工累计完成投资 46391 万元。

莆炎高速公路尤溪中仙至三元莘口段路基土建施工 YA12 合同段　位于福建省三明市,全长 8.1 千米。合同投资 81230 万元,合同工期 2018 年 3 月至 2020 年 3 月。主要工程量:隧道 11624 延长米、桥梁 1316 延长米、路基 0.82 千米。开工累计完成投资 47600 万元。

镇雄至赫章高速公路 2 标段　位于云南省昭通市,全长 5.54 千米。合同投资 74147 万元,合同工期 2019 年 4 月至 2020 年 10 月。主要工程量:路基土石方 641.5 万立方米、隧道 3935 延长米、桥梁 2137 延长米、路基 2.49 千米。开工累计完成投资 51782 万元。

简阳市 2018 年道路提升工程项目　位于四川省简阳市。合同投资 200000 万元,合同工期 2018 年 12 月至 2020 年 3 月。主要工程量:路基土石方 527 万立方米、桥梁 1276 延长米、涵洞 28219 横延米、道路 659.92千米。开工累计完成投资 164270 万元。

福州北站南广场综合交通枢纽工程西楼项目　位于福建省福州市。合同投资65375万元，合同工期2016年9月至2020年5月。主要工程量：建筑面积82608平方米。开工累计完成投资52330万元。

成都地铁6号线一期、二期工程土建14标段　位于四川省成都市，单边线路长2.8千米。合同投资50000万元，合同工期2016年10月至2020年9月。主要工程量：盾构单边线路2.15千米、陆肖站352米、观东站298米。开工累计完成投资44108万元。

广州市轨道交通7号线一期工程西延顺德段土建工程（第01合同段）　位于广东省佛山市，全长1.7千米。合同投资102136万元，合同工期2018年8月至2020年10月。主要工程量：暗挖749.48延长米、路基1.7千米。开工累计完成投资50442万元。（杨宗海）

【经营管理】　新签项目269项，合同总额531.7亿元，为年初股份公司下达经营指标440亿元的120.8%，为集团公司内控指标600亿元的88.6%，较2018年增长13.6%。其中路内143.5亿元，占新签合同总额的27.0%；路外388.2亿元，占新签合同总额的73.0%。

企业管理。获军工涉密业务咨询服务单位安全保密条件备案资格，获上海市机电设备维护保养工程企业（安装）能力建筑机电维保Ⅰ级、智能化维保Ⅰ级。完成集团公司及所属子公司非法人单位清理工作，注销14家非法人单位。完成中铁二十四局集团桥梁厂有限公司与中铁二十四局集团设备安装工程有限公司整合重组及迁址报批工作。组织开展《集团公司“十三五”发展战略与规划》中期评估工作，形成《集团公司“十三五”发展战略与规划中期评估报告》。组织开展集团公司制度评估工作，发布集团公司制度废止清单及修订、新增计划表，完善集团公司制度台账。印发《2019年集团公司风险内控工作计划》，提高风险管控意识。印发《集团公司2019年重大、重要风险管控落实方案》，持续管控重大、重要风险。开展风险内控体系建设和独立评价。获中国建筑业协会“2018年度AAA企业信用企业”“上海市政公路行业领军企业”“2019上海企业100强”（第47名）。

安全质量。深入开展安全质量大检查、“安全生产月”、“质量月”活动，牢固树立安全发展理念，狠抓责任落实和基础管理。开展专项检查，加强现场管理。针对现场质量工作薄弱环节，及时对现场技术管理、施工班组人员重新进行交底。把铁路红线管理贯穿于质量月活动，开展形式多样的质量教育培训，学习质量管理文件、质量管理办法和规章制度、新验标等法律法规。获中国建设工程鲁班奖2项、国家优质工程奖3项、中国土木工程詹天佑奖1项、铁路优质工程奖1项、省部级优质工程奖3项、中国铁建杯优质工程奖4项。

财务管理。强化资金基础管理，优化资金配置。严格银行账户管理，深入开展资金集中管理专项工作。强化资金集约管理，持续提升资金集中和调配能力。优化资金支付方式，有效降低财务成本。加强与财务公司合作，享受基准下浮15%的优惠利率，年节约利息支出约640万元；与建行持续沟通，取得基准利率下浮10%的长期借款，年节约利息支出约93万元。用足用好财务公司电票，节约票据保证金约2900万元。“三供一业”分离移交维修改造工作有序推进，完成国资委27个合同审核并进入实质改造阶段。

经济管理。对二次经营进行督导，有效解决项目的实际困难。对大临、敦白、连徐、京唐、兴泉、通张等6个在建重大铁路项目进行变更索赔督导帮扶工作，帮助项目部梳理变更事项，提出变更意见及建议。修订直管项目（指挥）部负责人绩效考核实施办法，健全项目管理制度，完善考核评价体系。对所有劳务分包队伍进行信用评价，评出合格队伍970支，不合格队伍5支，发布《合格分包商名录和不合格分包商名录》。

审计监督。集团两级审计机构全年实施和完成审计项目98项，占年度计划的110.11%，形成书面审计报告98份。针对被审单位在内控制度的建立和执行、项目管理、财务管理、资金管理、物资设备管理、工资薪酬管理、配合外部审计检查等方面存在的问题，提出审计建议481条，被采纳481条，采纳率100%。发现违纪违规及损失浪费、不良资产金额33455万元，纠正违纪违规问题金额30630万元。

（魏　磊　邓珊珊　张　奇）

【科技教育】　科技开发。立科研课题22项，资助科研经费486万元。获省部级科学技术奖3项，中铁建科学技术奖一等奖1项、二等奖2项；9项工法被评为省部级工法。受理专利84件，授权专利58件，其中发明专利15件，实用新型专利43件。

教育培训。制定《集团公司2019年教育培训计划》。组织举办新员工网络学院培训班、工程师职称评审参评人员培训班、一级建造师考前辅导班、注册安全工程师考前辅导班、华东交大项目副总工及工程部长培训班、井冈山干部学院处级干部政治与形势教育培训班、上海交大年轻干部培训班等。选派员工参加股份公司处级干部培训班、海外项目经理培训班、项目总工程师培训班、工程测量员培训班、建筑材料试验工培训班等培训。自办培训班累计培训员工5016人次。

（王剑明　顾金妍）

【党群工作】　党的工作。下辖基层党委17个，党支部388个,党员5152人。全面加强党的政治建设:一是组织党委理论学习中心组学习12次,开展专题辅导、学习研讨5次;二是分两批开展"不忘初心、牢记使命"主题教育,覆盖全局336个党支部、3563名党员;三是开展意识形态工作培训6场次,培训人员400余人次。提升党的引领力:一是坚持重大问题党委前置研究,完善"三重一大"事项清单,全年召开党委常委会14次,研究议题189项,其中前置研究92项;二是完善领导干部党建联系点制度,及时调整领导班子成员联系点,推动班子成员履行"一岗双责";三是成立5个直属机构党工委,指导新设党支部13个,督促28个一线党支部按期做好换届选举工作;四是深化党建联建工作,与建行上海市分行党委、金山区张堰镇桑园村党组织签约结对,指导所属项目大力开展联建工作,凝聚各方合力推动生产经营有序展开。优化干部人才队伍:一是采用实地考察、延伸考察、专项调查等方式,提拔、交流、选任集团公司机关和所属二级单位领导干部47人次,对13家工程公司和3家直属机构领导班子进行调整充实;二是对11家公司纪委书记、总会计师岗位进行异地交流任职,畅通机关、所属单位干部交流渠道;三是注重年轻干部培养,首次对12家工程公司优秀年轻干部情况进行调研,举办年轻干部领导力提升培训班,通过信息化手段建立年轻干部成长档案,对年轻干部业绩进行跟踪考核,全年提拔副处级以上人员中"80后"占比近1/2。提升宣传文化活力:一是开展"聚力奋进"建局十五周年系列活动,组织同步举行"升旗仪式"及"国旗下的讲话"100余场;二是开展"品质发展、担当有我"主题巡回宣讲22场,组织2600多名干部职工参与股份公司"四会"、集团公司"四会"精神学习网络测试;三是集中宣传报道,全年刊发新闻稿2698条,北横通道、连镇转体桥、福平铺轨等一批重难点工程登上央视等中央媒体65次,登上省级主流媒体120次,在中国铁路、人民铁道等行业媒体发声60余次;四是大力弘扬铁道兵精神,积极践行股份公司"五以五为"企业文化,"每次出发,都是回家"的家文化品牌创建,获全国企业文化优秀成果二等奖、全国铁道企业文化优秀成果特等奖等荣誉。深化党风廉政建设:一是开展以案说纪"接龙"活动,累计推送54件典型案例,组织在职党员参加党纪企规网络知识测试,增强党员干部纪律观念和规矩意识;二是强化监督检查,集团公司纪委书记与同级领导班子成员逐一进行廉洁从业恳谈,组织对集团公司领导班子成员2018年下半年和2019年上半年履职待遇及业务支出情况核查;三是推进纪检监察体制改革,每季听取纪律审查情况报告,全力支持纪委开展执纪问责,全年处置问题线索97件,立案34件,给予党纪处分13人、政务处分64人,其中双重处分12人。

工会工作。工会组织324个,会员10017人。如期换届并召开集团公司三届四次职工代表大会,审议通过《中铁二十四局集团公司企业年金实施方案(修订)》、评议领导班子成员,签订2019年《集体合同》。全面实施"三不让"帮扶,坚持开展"送温暖"工程,对重困职工进行帮扶,2019年两级工会组织共筹集两节送温暖帮扶资金360万元,对10026人和1562户困难家庭进行帮扶和慰问,为123名困难家庭大学生送上助学金。全年通过工地大学举办短期培训895场次,近2万名职工(劳务工)得到有针对性的培训。组织举办第十届"东方铁建杯"安全质量和经济核算技术比武。首次建立9家以桥梁施工技术创新为课题的彩虹创新工作室,柳明佳"提质增效"创新工作室获"中国长三角地区劳模工匠创新工作室"称号。全面推进偏远艰苦项目建家建线帮扶活动,累计投入专项帮扶资金116万元。

共青团工作。基层团(工)委23个,团支部197个,团员青年2304人。充实群团工作力量,建好群团活动阵地,落实群团活动经费。深化"红铁连"品牌文化元素,新组建"红铁连青年突击队"56支,广泛开展青年突击队立功竞赛活动。在连徐、京唐、南沿江铁路等多个重难点项目开展红铁连青年突击队"六比两创"竞赛活动;持续深化导师带徒活动,实施新员工成长"雏鹰计划";组织青年参加集团公司"缘定东方铁建　起航幸福人生"集体婚礼和青年联谊活动。集团公司北横通道青年突击队获上海市"五四青年奖章"集体奖。　　(华彩红　王祥标　胡慧航)

【安徽工程有限公司】　具有市政公用工程施工总承包特级,建筑、铁路工程施工总承包一级,公路、机电安装、水利水电、矿山工程施工总承包二级,桥梁、钢结构、隧道、地基基础、建筑装修装饰、建筑机电安装、建筑幕墙、环保工程专业承包一级,公路路面、公路路基工程专业承包二级,市政行业设计甲级资质。前身是上海铁路局工程总公司第一工程公司;2002年改制改称上海铁路建设集团安徽第一工程有限公司;2005更名中铁二十四局集团安徽工程有限公司。驻安徽省合肥市瑶海工业园区新海大道15号。执行董事、总经理阚宏明(11月免),党委书记房明州(11月免);执行董事、党委书记侯卫超(11月任),总经理李士军(11月任)。职工1077人。资产总额300542万元。其中,固定资产原值30871万元、净值16058万元,流动资产259206万元,其他资产41336万元。机械运输设备722台(套),总功率19756千瓦,动力装备率18.34千瓦/人,技术装备率4.38万元/人。

2019年,新签合同额516678万元,产值386900万元,利润2229万元,职工年人均收入11.68万元。

(葛　珊)

【江苏工程有限公司】 具有市政公用、铁路工程施工总承包一级,公路工程施工总承包二级,房屋建筑工程施工总承包三级,桥梁工程专业承包一级,钢结构工程专业承包二级,港口与海岸工程专业承包三级资质。前身是上海铁路局工程总公司第二工程公司;2003年8月,改制改称上海铁路建设集团江苏工程有限公司;2005年1月,更名中铁二十四局集团江苏工程有限公司。驻江苏省南京市栖霞区幕府东路339号。执行董事、党委书记王飞球,总经理金顺利。职工602人。资产总额178482万元。其中,固定资产原值9414万元、净值3809万元,流动资产170874万元,其他资产7608万元。机械设备284台(套),原值4017万元、净值1665万元,总功率7424千瓦,动力装备率12.33千瓦/人,技术装备率2.77万元/人。

2019年,新签合同额621801万元,产值229453万元,其中施工产值228723万元,利润2798万元。国有资产保值增值率116.57%,净资产收益率16.41%,毛利率6.40%,资产负债率92.80%。全员劳动生产率381.14万元/人年,职工年人均收入10.50万元。

(孙　磊)

【上海铁建工程有限公司】 具有市政公用、建筑工程施工总承包一级,铁路、公路、机电工程施工总承包二级,水利水电工程施工总承包三级,桥梁工程专业承包一级,铁路铺轨架梁、地基基础、建筑装修装饰、建筑幕墙工程专业承包二级,钢结构、公路路面、公路路基工程专业承包三级资质。前身是上海铁路局工程总公司第三工程公司;2005年1月,更名中铁二十四局集团上海铁建工程有限公司。驻上海市静安区共和新路911号。党委书记、执行董事刘建东,总经理王海峰。职工595人。资产总额148892万元。其中,固定资产原值26513万元、净值6157万元,流动资产139898万元,其他资产8994万元。机械设备总功率21295千瓦、动力装备率35.79千瓦/人、技术装备率6.55万元/人。

2019年,新签合同额267151万元,产值300425万元,其中施工产值252925万元,附营产值47500万元,利润3074万元。全员劳动生产率23万元/人年,职工年人均收入8.65万元。国有资产保值增值率110.69%,净资产收益率14.11%,产值利润率1.13%,资产负债率90.30%,投资收益上缴率100%,应上缴款完成率100%。　(刘　林　冀丽星　蒋晓峰)

【浙江工程有限公司】 具有市政公用、建筑工程施工总承包一级,铁路工程施工总承包二级,公路工程施工总承包三级,桥梁工程专业承包一级,隧道、建筑装修装饰、钢结构工程专业承包二级资质。前身是上海铁路局工程总公司第四工程公司;2003年7月,企业改制改称上海铁路建设集团浙江工程有限公司;2005年1月,更名中铁二十四局集团浙江工程有限公司。驻浙江省杭州市上城区江城路692号。执行董事、党委书记钱建忠,总经理柳明佳。职工724人。资产总额105626万元。其中,固定资产原值6725万元、净值1891万元,流动资产95013万元。机械运输设备总功率12190千瓦,动力装备率16.80千瓦/人,技术装备率2.01万元/人。

2019年,新签合同额232900万元,产值190300万元,利润2022万元。全员劳动生产率257万元/人年,职工年人均收入12.28万元。　(郑以华　杨雪迎)

【福建铁路建设有限公司】 具有市政公用、建筑、公路、铁路工程施工总承包一级,桥梁、隧道、地基基础、建筑装修装饰工程专业承包一级,铁路铺轨架梁工程专业承包二级资质。驻福建省福州市晋安区沁园路77号。前身是福州铁路局基建处;2001年1月,改制组建福建铁路建设(集团)有限公司;2005年更名中铁二十四局集团福州铁路建设有限公司。执行董事、党委书记黄玉仁(3月免)、温裕洪(3月任),总经理郑军锋。职工1769人。资产总额28.79亿元。其中,固定资产原值40602万元、净值10455万元,流动资产252409万元。机械运输设备总功率19512千瓦,动力装备率11.14千瓦/人,技术装备率1.92万元/人,完好率90.42%、利用率27.31%。

2019年,新签合同额101.6亿元,施工产值622832万元,利润7807万元。全员劳动生产率26万元/人年,职工年人均收入9.62万元。

(郑耕心　谢聿兴　金　毅)

【南昌铁路工程有限公司】 具有市政公用、铁路、公路工程施工总承包一级,水利水电、建筑工程施工总承包三级,桥梁、隧道工程专业承包一级,铁路铺轨架梁专业承包二级,公路路基、路面工程专业承包三级,模板脚手架专业承包(不分等级)资质。前身系南昌铁路工程总公司;2002年1月改制改称南昌铁路工程集团有限责任公司;2005年4月更名为中铁二十四局集团南昌铁路工程有限公司。驻江西省南昌市二七南路109号。执行董事、总经理李开明,党委书记吴明华。职工 1545 人。资产总额 336688 万元。其中,固定资产原值 29426 万元、净值 8389 万元,流动资产 309203 万元。机械运输设备总功率 16130 千瓦,动力装备率 10.44 千瓦/人,技术装备率 1.27 万元/人。

2019 年,新签合同额 49.67 亿元,产值53.5亿元,利润 3778 万元。全员劳动生产率 289 万元/人年,职工年人均收入 84225 元。 (邬健茹)

【新余工程有限公司】 具有市政公用、建筑工程施工总承包一级,铁路、公路工程施工总承包二级,水利水电工程施工总承包三级,桥梁、隧道、建筑装修装饰工程专业承包一级,地基基础、钢结构工程专业承包三级,预拌混凝土专业承包不分等级资质。前身是南昌铁路局南昌工程处第三工程段;2005 年 2 月,与第一公司合并重组更名南昌铁路新余工程有限责任公司;2007 年 1 月,更名中铁二十四局集团新余工程有限公司。驻四川省成都市成华区华盛路 58 号 8 幢 1 号。执行董事、党委书记钟栋材,总经理喻文杰。职工 1281 人。资产总额 30.7 亿元。其中,固定资产原值 2.53 亿元、净值 0.82 亿元,流动资产 28.36 亿元。设备固定资产 492 台(套),设备成新率 44.5%,设备总功率 2.72 万千瓦,技术装备率 2.89 万元/人,动力装备率 21.24 千瓦/人。

2019 年,新签合同额 42.06 亿元,产值 43.5 亿元,利润 3959 万元。全员劳动生产率 340 万元/人年,职工年人均收入 104358 元。 (王灵航)

【上海电务电化有限公司】 具有铁路电务、电气化工程专业、电子与智能化承包一级,消防设施工程专业承包二级,通信、输变电、建筑机电安装工程专业承包三级资质,承装(修、试)电力设施许可证承装类、承修类、承试类四级。2004 年 12 月整合重组成立。驻上海市静安区王家宅路 40 号。执行董事、总经理黄仲戒,党委书记王炎。职工 694 人。资产总额 97084 万元。其中,固定资产原值 2130 万元、净值 366 万元,流动资产 80941 万元。设备 152 台(套),设备成新率 17.19%,设备总功率 6602 千瓦,技术装备率 0.53 万元/人,动力装备率 9.51 千瓦/人。

2019 年,新签合同额 13.44 亿元,产值 7.5 亿元,利润 1189 万元。全员劳动生产率 108 万元/人年,职工年人均收入 88825 元。 (沈 宇)

【桥梁建设有限公司】 具有市政公用、机电安装工程施工总承包一级,钢结构工程、机电设备安装工程专业承包一级,起重设备安装工程专业承包二级,桥梁工程专业承包三级,施工劳务资质。2019 年 4 月,由中铁二十四局集团贵溪桥梁厂有限公司和中铁二十四局集团鹰潭设备安装工程有限公司重组合并而成。驻江西省鹰潭市月湖区环城东路 105 号。执行董事、党委副书记龚志辉,总经理文永兵,党委书记胡浩。职工 648 人。资产总额 121742 万元。其中,固定资产原值 67105 万元、净值 11308 万元。机械运输设备总功率 45941 千瓦、动力装备率 70.90 千瓦/人、技术装备率 14.53 万元/人。

2019 年,新签合同额 8.72 亿元,产值 14.9 亿元,其中施工产值 14.9 亿元,利润 2012 万元。全员劳动生产率 30 万元/人年,职工年人均收入 108600 元;国有资产保值增值率 107.83%,净资产收益率 8.23%,资产负债率 84.92%,应上缴款完成率 100%。

(郑 超)

【上海房地产开发有限公司】 具有房地产开发三级,物业管理三级资质。前身是上海铁路局房地产开发经营公司,2004 年 7 月整合重组成立。驻上海市静安区民德路 20 号。执行董事、党委书记、总经理白圻业。职工 42 人。资产总额 52247 万元。其中,固定资产原值 492 万元、净值 305 万元,流动资产 51932 万元。

2019 年,营业收入 4442 万元,利润 40 万元,职工年人均收入 211455 元。 (朱莲萍)

【路桥分公司】 驻上海市静安区秣陵路 80 号。总经理谢钦方,党委书记徐国栋。职工 145 人。资产总额 84307 万元。其中,固定资产原值 1931 万元、净值 930 万元,流动资产 79872 万元。

2019 年,新签合同额 317361 万元,施工产值 163063 万元。全员劳动生产率 1125 万元/人年,职工年人均收入 20 万元。 (李 杰)

【轨道交通分公司】 驻上海市静安区天目中路 585 号新梅大厦 17F-18F。公司总经理刘长春,党委书记朱亮来。职工 324 人。资产总额 119914 万元。其中,固定资产原值 10995 万元、净值 7703 万元、流动资产 106512 万元。机械运输设备 49 台(套),总功率 3617 千瓦。

2019 年,新签合同额 25.63 亿元,施工产值 22.46 亿元。全员劳动生产率 693 万元/人年,职工年人均收入 15.7 万元。上缴管理费 613 万元。 (刘燕玲)

【北京公司】 驻北京市大兴区金服大街 11 号。执行董事万建华,党委书记龚宜浩,总经理康军利。职工 64 人。资产总额 28324 万元。其中,固定资产原值 1754 万元、净值 1268 万元,流动资产 27050 万元。

2019 年,新签合同额 11.7 亿元,施工产值7.02亿

元。全员劳动生产率820万元/人年,职工年人均收入15.8万元。 (陈　军　邵同铭)

【重要记载】

▲1月4日　中铁二十四局与中铁建金融租赁有限公司签订全面战略合作协议,与都江堰文旅投公司、中铁建金融租赁有限公司签订项目合作协议。

▲1月8日　中铁二十四局参与的"地下工程穿越高速铁路的精细化控制技术及应用"科技成果荣获国家技术发明奖二等奖。

▲3月22日　中铁二十四局与中国建设银行上海市分行签订《党建共建协议》和《全面合作协议》。

▲3月　中铁二十四局获评2018年度全国建筑业AAA级信用企业。

▲6月　中铁二十四局获"上海市和谐劳动关系达标企业"称号。

▲8月　中铁二十四局通过质量、环境和职业健康安全管理体系2019年度再认证审核。

▲8月　中铁二十四局获评2019上海企业100强第47名。

▲11月　中铁二十四局入选上海市首批职业技能等级认定试点企业。

▲11月　中铁二十四局参建的苏州市轨道交通2号线及延伸线、成都经济区环线高速公路简阳至蒲江段项目和新建九江至南昌城际铁路工程南昌站改造工程获评2018—2019年度国家优质工程奖。

▲12月16日　中铁二十四局总部正式入驻坐落于上海市邯郸路8号的新办公大楼。 (张欢欢)

中铁二十五局集团有限公司

【简况】　具有铁路工程、建筑工程、公路工程施工总承包特级资质,铁道、建筑、公路行业工程设计甲级资质,市政公用工程施工总承包一级资质,桥梁、隧道、公路路基、铁路铺轨架梁工程专业承包一级资质,水利水电工程总承包二级资质,矿山工程施工总承包三级资质,对外承包工程资质,军工涉密业务资质,援外成套项目施工A级资质,地质灾害治理工程丙级资质。总部驻广东省广州市越秀区中山一路55号。下辖一至五工程有限公司、电务工程有限公司、房地产开发有限公司、南方实业开发有限公司、中铁建大湾区建设有限公司、广州铁诚工程质量检测有限公司、设计研究院和西北分公司。职工8842人。资产总额189.65亿元。其中,流动资产157.92亿元,固定资产原值20.62亿元、净值6.31亿,负债总额161.35亿元,资产负债率85.08%。机械设备8105台(套),原值14.63亿元、净值5.80亿元,总功率22.16万千瓦,技术装备率6.78万元/人,动力装备率25.85千瓦/人,设备成新率39.7%,资产增长率12.65%;拥有大型施工设备76台(套),原值6.70亿元,其中700～900吨运架设备4套,100～200吨运架设备6套,500米长轨焊机2台,大型养路机械4台,盾构机8台。年综合施工能力250亿元以上。

2019年,承揽项目228个,承揽总额361.47亿元,营业收入185.43亿元。产值230.1亿元。其中,工程板块完成产值210.87亿元,非工程板块完成产值19.23亿元。利润2.03亿元,净利润1.79亿元。人均创利2.29万元、全员劳动生产率21.25万元/人年、职工年人均收入10.98万元,国有资产保值增值率99.82%、净资产收益率6.51%、产值利润率0.8%。 (林　林　刘东栋　叶青青)

【领导人员】

董事会

董事长	张建国(9月免)
	张　成(9月任)
董事	苏建斌(12月免)
	李茂松(9月任)
	王小青
	王国堂
职工董事	林春梅

监事会

监事会主席	张超民
监事	田晓南
职工监事	凌勋伟

经理层

总经理	苏建斌(9月免)
	李茂松(9月任)
执行总经理	苏建斌(9月任,12月免)
副总经理	王小青
	孙传福
	李志锋
	李少先
	王胜祖
	王国堂
	张建慈
	李红旗

武明静

总工程师　　王小青

总会计师　　王国堂

党群领导

党委书记　　张建国(9月免)

张　成(9月任)

党委副书记　　苏建斌(9月免)

李茂松(9月任)

林春梅

纪委书记　　张超民

工会主席　　林春梅

(张观成)

【职工队伍】 职工8842人。其中,干部6421人、工人2421人。专业技术干部6308人,其中工程技术人员4779人、经济人员444人、会计人员770人、政工人员305人;高级职称696人、中级职称1741人、初级职称2812人。工人中技术工人1401人,其中高级技师23人、技师90人、高级工917人、中级工178人、初级工193人。30岁及以下3289人、31~40岁2200人、41~50岁2132人、50岁以上1221人。研究生及以上学历88人、本科学历5210人、大专学历1351人、中专及以下学历2193人。(刘东栋)

【工程项目指挥机构】 新建赣州至深圳铁路赣粤省界至塘厦段站前工程GSSG-4标段工程指挥部　驻广东省河源市龙川县老隆镇龙川大道。指挥长武明静。

渝怀铁路梅江至怀化段增建第二线引入怀化枢纽站前工程GTYHZQ-VIII标段工程指挥部　驻湖南省怀化市鹤城区鸿业大酒店。指挥长贺志鹏。

改建铁路阳安线增建第二线YAZQ-6标段工程指挥部　驻陕西省汉中市西乡县茶镇。指挥长李新献。

新建广州南沙港铁路NSGZQ-2标段工程指部　驻广东省江门市鹤山市雅瑶镇昆东村委小江村。指挥长李映宣。

成兰铁路13标段指挥部　驻四川省阿坝藏族羌族自治州松潘县委党。指挥长庞尔林。

新建南昌经景德镇至黄山铁路江西段(不含先期开工段)站前工程CJHZQJX-5标段工程指挥部　驻江西省上饶市余干县城西工业园区。指挥长张永恒。

(朱必礼)

【铁路工程施工】 新建广州南沙港铁路NSGZQ-2标段工程　全长87.8千米。合同投资170446万元。2016年9月30日开工,计划2019年9月30日竣工。主要工程量:单线桥梁4座2280延长米;双线桥梁6座10850延长米;框架式立交中桥1座;涵洞单侧接长4处,新建涵洞5座;站场左、右单线路基2.2千米,区间双线路基0.82千米;路基土石方66万立方米;连续梁7处、钢桁梁1处、系杆拱1处;制梁5304片,架设简支T梁2652单线孔,正线铺轨157.6千米,站线铺轨37.1千米,铺岔83组。开工累计完成投资107999万元。

改建铁路阳安线增建第二线YAZQ-6标段工程　全长29.5千米。合同投资93878万元。2015年6月1日开工,计划2019年5月31日竣工。主要工程量:路基土石方17万立方米,路基2.7千米,隧道11座28111.8延长米,桥梁12座1882.4延长米,涵洞6座69.1横延米;无砟道床24.9千米,站线铺轨3.4千米,道岔15组;车站1座1752平方米。开工累计完成投资94377万元。

新建玉溪至磨憨铁路站前工程YMZQ-21标段　全长508.5千米。合同投资105086万元。2016年4月15日开工,计划2020年6月23日竣工。主要工程量:隧道5790延长米,特大桥4座。开工累计完成投资98296万元。

新建成都至兰州铁路CLZQ-13标段工程　全长22.926千米。合同投资159685万元。2013年5月1日开工,计划2018年12月31日竣工。主要工程量:区间路基土石方19.03万立方米,站场工程路基土石方261.81万立方米,附属工程12.38万立方米,特大桥2座4118.91延长米,大桥9座2186.7延长米,中桥2座83.31延长米,小桥3座64.61延长米,涵洞9座678.15横延米;隧道2座11217延长米;双块式轨枕预制、铺设单线102.515千米。开工累计完成投资151227万元。

渝怀铁路梅江至怀化段增建第二线引入怀化枢纽站前工程GTYHZQ-Ⅷ标段　合同投资140292万元。2017年8月1日开工,计划2020年5月31日竣工。主要工程量:特大桥和大桥12座8378延长米,7座框架桥462.77延长米,涵洞12座1344.76横延米;预制梁992片,正线铺轨59.15千米,站线铺轨109.66千米;区间挖土方15.8万立方米、挖石方21.9立方米,利用土填方0.16立方米,利用石填方3.1立方米;站场挖土方305.3立方米,挖石方61.7立方米,利用土填方401.5立方米,石填方194.4立方米。开工累计完成投资109263万元。

新建赣州至深圳铁路赣粤省界至塘厦段站前工程GSSG-4标段　位于广东省河源市。全长37.505千米。合同投资284825万元。2017年10月30日开工,计划2021年9月30日竣工。主要实物工程量：路基39处6.71千米，桥梁44座17572延长米，涵洞7座203.75横延米，隧道11座14065延长米，车站2座；制架箱梁565孔；正线铺轨73.21千米、站线铺轨3.55千米。开工累计完成投资162948万元。

新建南昌经景德镇至黄山铁路江西段站前工程CJHJX－5标段　全长34.1千米。合同投资234033万元，合同工期2019年9月10日至2023年4月30日，实际开工日期2019年11月25日。主要实物工程量：路基2.22千米；桥梁3座318770延长米，涵洞1座70横延米；站场1处；制梁1100孔/片，架梁1100孔/片；无砟道床67.198千米。开工累计完成投资3550万元。

（朱必礼）

【铁路外工程施工】　广州市轨道交通18号和22号线及同步实施场站综合体设计施工总承包项目　全长7661.058米。合同投资148477万元。2017年10月31日开工，计划2019年10月31日竣工。主要工程数量：2井3区间；HP3中间风井，围护结构1.5万平方米，土石方13.7万立方米，结构及防水3.1万立方米；HP4盾构井，围护结构0.5万平方米，土石方2.7万立方米，结构及防水0.3万立方米；盾构区间，14954.13单延米；联络通道120.98延长米；监测7.696千米。开工累计完成投资94777万元。

湖北省鄂北地区水资源配置工程2015年度第一批项目纪洪隧洞工程设计施工总承包项目　位于湖北省老河口市。全长10.35千米。合同投资49623万元。2015年10月28日开工，计划2019年6月30日竣工。开工累计完成投资50779万元。

万开周家坝—浦里快速通道工程1标段工程　合同投资74656万元。2015年12月29日开工，计划2020年12月21日竣工。主要工程量：主线隧道9663延长米、1号斜井2230延长米，桥梁2座300延长米；路基土石方挖填方14万立方米。开工累计完成投资72788万元。

重庆合川至四川安岳（重庆段）高速公路工程HATJ02合同段　位于重庆市合川区。全长96千米。合同投资85645万元。2018年6月11日开工，计划2020年7月31日竣工。主要工程量：桥梁13座2500延长米，路基20.14千米，涵洞通道83座。开工累计完成投资69080万元。

深圳市城市轨道交通16号线工程一工区　合同投资95291万元。2017年12月30日开工，计划2023年7月28日竣工。主要工程量：2站2区间；大运北站车站建筑面积19130.48平方米；龙城西站车站建筑面积15749.85平方米；大运北站—龙城西站区间左线772.9米、右线763.3米；大运站—大运北站区间，左线1023.4米、右线1028.9米。开工累计完成投资26002万元。

重庆轨道交通9号线二期春华大道站、兰桂大道站及区间土建工程　合同投资82989万元。2018年7月17日开工，计划2020年10月13日竣工。主要工程量：2站2区间，起点—春华大道站区间1564.3米；春华大道站—兰桂大道站区间781.2米；兰桂大道站208米；春华大道站224.3米。开工累计完成投资37549万元。

（朱必礼）

【境外工程施工】　援斯里兰卡国家医院门诊楼项目　位于斯里兰卡首都科伦坡市，总建筑面积49150平方米。合同投资48916.77万元。2017年8月10日开工，计划2020年11月10日完成全部施工任务，2020年12月10日完成对外移交。开工累计完成产值30700万元。

科特迪瓦电网发展和改造项目第3标段土建工程　位于科特迪瓦共和国东北部、北部、西部和西北部。合同投资8956万元。线路土建工程合同工期22个月，变电站土建工程合同工期21个月。主要工程量：90千瓦输电线路332千米、新建90/30千伏变电站3个、现有变电站4个。项目线路工程全部完工，完成临时验收工作；变电站工程主体工程全部完工，进行附属工程，等待临时验收。开工累计完成产值10292万元。

援白俄罗斯中白工业园宿舍楼项目　位于白俄罗斯明斯克州斯莫列维奇区中白巨石工业园。合同投资10386.87万元，合同工期2018年11月12日至2019年6月27日。建筑面积18393平方米。2019年8月27日完工移交。开工累计完成产值10387万元。

巨石中白工业园园区一期M1（A－08－01）地块标准厂房二期建设项目　位于白俄罗斯明斯克州斯莫列维奇区中白巨石工业园。合同投资7897.35万元，合同工期5.7个月。除室外绿化工作和三层沥青路面受天气影响无法完成，其余工作全部完成，根据业主提出的消缺单进行消缺完善。开工累计完成产值7750万元。

驻白俄罗斯使馆新建馆舍工程　位于明斯克市胜利者大街—奥尔洛夫斯卡亚路，建筑面积15870平方米。合同投资20325.89万元，合同工期31个月。项目临建（临电、临水、便道、围挡）基本完成。累计完成产值300万元。

斯里兰卡AMBATALE水厂提效改造项目　位于斯里兰卡首都科伦坡市郊区。合同投资2828.68万元，合同工期12个月。开工累计完成产值351万元。

（孟春佳）

【企业管理】 公路资质升特工作取得成功,集团公司进入“三特三甲”时代。集团公司及各子公司积极申报并取得军工涉密资质。在广州市南沙区设立中铁二十五局集团有限公司设计研究院。优化完善“十三五”规划,发挥战略引领作用。聘请第三方咨询机构查找解决阻碍企业发展顽症,挖掘企业经济发展亮点,适度调整企业发展方向及目标,完成对集团公司的战略规划的优化,确保企业健康可持续发展。加强内控风险管理,提高风险抵御能力。开展年度风险评估工作,识别重大重要风险,制定重大重要风险管控措施,重大风险过程管控有效,年内集团公司无重大风险事件发生。开展年度缺陷整改工作,梳理内控审计和内控评价中的缺陷,制定缺陷整改措施,落实整改责任,以缺陷整改促进管理提升。开展年度内控自我评价工作,编制有特色的内控底稿和内控评价实施方案,接受股份公司内控监督检查,通过内控评价检验内控工作效果,查找内控管理薄弱环节,促进企业高质量发展。加强风险内控日常宣传贯彻,培育全员参与的风险管理文化。加强协会管理工作。获“2018年度广东省优秀企业”称号,获评2018年度全国3A信用等级企业。做好业绩考核工作。修改完善绩效考核办法,加大对考核单位的奖罚力度,提高经营考核风险抵押金金额;根据各类板块的单位对集团公司整体发展贡献度及企业经营难易程度,设置综合调节系数;把各类单项考核归口纳入绩效考核;加大企业职工生活保障方面的考核力度。

坚持党管干部、党管人才的原则,坚持正确的选人用人导向,加大从基层一线培养选拔领导干部的力度,大力发现储备年轻干部,加强年轻干部的培养使用,加强所属单位领导班子成员的结构性交流,全年召开党委常委会研究干部问题9次,研究提拔中层干部41名,其中提拔“80后”中层干部14名,平级调整交流81人次,先后组织开展集团公司发展规划部副部长、经济管理部副部长、大湾区公司领导班子成员公开招聘,选拔领导人员9人,选人用人透明度和公信度不断提高。集团公司接收大学毕业生838人。先后举办新员工入职岗前培训、项目经理培训、一级建造师考前培训、BIM技术考核培训、安全生产“三类人员”考核培训等培训班,参培人数16000余人次。其中集团公司开班51期,培训5000余人次;组织近2000人次参加由股份公司、政府部门或相关行业协会举办的各类培训班;各基层单位自行组织培训9000余人次。344人通过评审取得高一级专业职务任职资格。集团公司职业技能等级评价中心在湖南省人社厅顺利完成备案。

（林　林　张观成）

【经营管理】 工程承揽。自行承揽合同额361.47亿元。其中,工程板块承揽335.74亿元、物资贸易板块承揽21.43亿元、房地产板块承揽3.91亿元。

经营开发。出台《经营承揽考核实施办法》《关于加强标前评审和标前测算及规范投标行为的通知》《标前评审及特殊情况审批实施细则》《工程项目标前成本测算暂行管理办法》。对各区域指挥部开展基础工作检查与经营调研。召开经营工作会议。重点加强跟踪项目的监控、加强投标策划能力的培养、加强编投标能力的建设。一是把任务开发申请、标前评审、标前成本测算、合同评审等经营过程管理全部纳入集团办公网上办理。二是建立经营信息周、月报制,定期收集汇编经营信息,并根据经营信息,制定经营重点领域、重点项目的时间表及工作图。三是投标项目执行“一标一策”的工作思路。四是采取“拟施工单位标前介入的方法”,投标前期将拟施工单位与集团经营、工程、经济管理人员组成投标小组,共同编制项目施组与报价。全年累计参与482个项目投标工作;提交42个合同评审;撰写30多篇统计分析及信息类资料;收集、整理集团业绩、资信、财务报表、审计报告、财务状况等资料,更新完善企业经营资源数据库及大专业平台资质和业绩入库。

经济管理。项目综合收益7.1%,同比提高0.05个百分点,其中责任预算节超率2.05%。二次经营完成26.82亿元,完成年度计划的106.97%,亏损项目个数减少6个,完成股份公司目标值的150%,亏损项目减亏1.17亿元,完成股份公司下达的年度指标的120%。成本管理。制定《工程项目标前成本测算暂行管理办法》。深化项目绩效管理,助力“项目管理年”活动。完善补充各项制度办法6项。发布铁路、公路、城市轨道、市政、房建5个专业劳务分包指导单价,采取区间形式,反映当前市场的实际情况。强化责任预算管控,明确项目经济目标,签订责任目标合同,进行年度绩效考核。规范劳务队伍管理,制定分包商资格准入、信用评价、招议标管理办法;更新分包商名录,根据评价结果将分包商分优选、良好、合格、试用、不合格五个等级;按季度收集整理引入外部优秀分包商信息。助推专家团队建设,2019年增选专家3人,年度内对集团公司在建的13个重难点项目开展二次经营策划指导。完成二次经营年度考核兑现,落实指挥部“一事一奖”考核制度。布置铁路项目概算清理工作。

更新《亏损项目治理工作考评奖惩办法》，与各子分公司签订治亏工作责任状，完成年度考核兑现。年度内分三次召开亏损项目整治梳理会，为各单位治亏工作逐一会诊，并提出针对性建议。在衡阳党校召开经济管理业务培训班，与会人员128人，邀请内外部专家17人进行授课。

清收清欠管理工作。清收清欠目标完成值187.83亿元，完成股份公司下达年度目标214.95亿元的87.38%。年末“两金”增幅6.27%，较当年营业收入增幅10.84%低4.57个百分点，占资产总额比重70.12%，较年初比重下降1.86个百分点，“两金”规模的增长得到有效遏制。2019年召开四次清收清欠工作会，制定下发年度考核目标、督导分工方案、“两金”压控方案等文件及通知，对清收清欠工作进行全面部署，并通过通报、电话、约谈等方式，强力跟踪推进清收清欠工作。严抓考核管理，通过层层签订考核及督导包保责任状，层层压实管理责任，并结合“一事一奖”奖励机制，提高考核激励作用。对原集团公司清收清欠《管理实施细则》《考核办法》《风险防控体系》等制度文件进行全面修订。组织开展为期两个多月的清收清欠基础数据核查及专项检查工作。强抓督导帮扶，设立重点关注圈，对集团公司重点考核项目，以及应收账款、合同资产大额项目，深入现场开展督导帮扶，重点对二次经营、变更索赔、概算清理、大额应收账款回收等工作进行帮扶指导，对深茂、皖赣、焦柳等项目开展检查督导20次以上。积极开展范围外保证金清理、广铁集团安全押金清退、广铁集团债权债务统一清理等专项清理工作，回收集团外部保证金7.03亿元，回收广铁集团安全风险抵押金2078万元。创新工作方式，积极尝试三方抵账、保函置换等各种清收清欠创新手段，采用三方抵账方式清理债权7087万元，采用打折付款及劳务成本核减方式减少债务3136万元，以保函置换方式回收保证金2.32亿元，以保函替代方式缴纳保证金6.02亿元。

安全质量管理。安全生产形势保持整体稳定，在建项目未发生等级以上安全质量责任事故，实现单位工程竣工一次交验合格率100%。中白商贸物流园项目摘得白俄罗斯建筑业最高荣誉最佳项目奖；柳州柳盛路管廊工程获评“全国建设工程项目施工安全标准化工地”；长株潭湘潭特大桥获国家优质工程奖；新建铁路云桂线（云南段）站前工程获得第十七届中国土木工程詹天佑奖。集团连续第4年被交通运输部评为公路施工信用评价A级企业，并首次在广东省获得最高AA级评价，铁路信用评价也保持在B级。

投资管理。整理出台《股份公司资本运营制度及集团公司投融资管理制度主要文件汇编》《土地政策汇编》等文件。与柳州市、济宁市、江门市、肇庆市、河池市各级政府领导频繁进行高层互访，积极与各级政府重要部门保持日常性对接，签订3份战略合作协议。紧跟国家政策和形势，积极投身于粤港澳大湾区重点领域和属地市场，以社会资本方的身份与政府开展紧密合作。投融资项目中标7项111.48亿元。

财务管理。财务队伍本科以上学历599人，占比83%，中、高级会计人员120人，占比17%。集团公司、五公司、西北分公司合作撰写的1篇论文获中国施工企业协会财税优秀论文一等奖，三公司的1个课题获中国铁道财会学会非运输类三等奖。修订《差旅费管理办法》《发票管理办法》《保险资源集中管理办法》，印发《财务收据管理办法》《经营费用支出管理办法》《费用收取管理暂行办法》，制定《土地房屋资产管理办法》。年度资金集中度80.59%，资金上存度完成39.95%，“资金池”创效明显。银行借款中基准利率下浮15%的融资额24亿元，占比40%，基准下浮5%～10%的34.48亿元，占比57%，银行授信额度340亿元，合作金融机构增至21家。办理各类电票及供应链金融产品47.8亿元。办理各类函证422份60亿元，保函置换现金保证金1.5亿元。完善预算指标体系设置。分板块批复全面预算指标；严格按照费用预算进行日常资金支付；细化审批流程、压控预算标准，突出重点工作方针，及时掌握公司实际动态。持续税务策划及管控，规范各板块涉税业务，全面铺开税收规划工作，依法合规创造价值并防范企业的税务风险。妥善应对增值税税率调整政策，确保政策红利及创效。持续关注新开海外项目，及时出台税务策划方案。精心谋划，稳步推进自有土地开发，积极对接政府相关部门，收集自有土地相关信息，编制自有土地初步研判说明，根据自有土地可开发条件进行优劣排序，研究并制定科学可行的盘活开发计划。加大资产盘活力度，维护企业利益。积极协调跟进各地方政府征收土地房屋资产补偿事宜，最大限度维护公司资产权益。积极发挥股份公司内部资产整合协调作用，提升资产的使用效能。

审计监事。完成审计项目90个，完成年度审计项目计划79个的113.92%。其中，经济责任审计17个、工程项目审计62个、财务收支审计3个、经济效益审计3个、绩效考核复核审计3个、专项审计调查2个。提出审计报告90份，挽回经济损失22354.76万元，对30人次给予经济处罚。完善《中铁二十五局集团有限公司监事会工作细则》，开展6项专题调研工作，形成8篇调研报告。通过组织职工就企业发展相关问题开展合理化建议活动，收集职工提交合理化议案65条，研究实施7条，对其中4条优秀提案和4个优秀处理提案部门给予表彰。（贺海燕　吴　婧　江敏玲）

【科技成果】 全面实施“科技兴企”和“人才强企”战略，加大科技投入，围绕年初制定的工作目标及施工生产的技术难题，结合工程实际，以进一步提高科技创新能力为中心，以机制与管理创新为动力，加强科技创新管理，加强人才培养和创新队伍建设。获“广东省工程建设质量管理小组活动优秀企业”称号，获国家级优秀 QC 小组 3 项、省部级优秀 QC 小组 36 项、股份公司优秀 QC 小组 5 项；获中国铁道学会科学技术奖 1 项；获国家知识产权局授权专利 50 件，其中发明专利 8 件；软件著作权登记 15 项；获省部级工法 9 项；评选集团公司企业级工法 16 项。 （韦露明）

【党群工作】 党的工作。深入学习贯彻落实习近平新时代中国特色社会主义思想和党的十九大、十九届四中全会精神，认真落实全面从严治党主体责任，扎实推进“不忘初心、牢记使命”主题教育，新文化理念催人奋进，企业发展取得新成绩，“三转”理念、“四者”定位、“五化”建设贯彻有力，为集团公司实现品质发展提供坚强保证。围绕企业生产经营中心开展工作，全年召开党委常委（扩大）会议 16 次，研究“三重一大”议题 184 项，发挥党委在企业改革发展、生产经营各项工作中把方向、管大局、保落实的重要作用。

组织工作。着力推进党建工作与生产经营的深度融合，以“不忘初心、牢记使命”主题教育为抓手，充分发挥领导作用，以党建统领推动集团公司高品质发展。下辖 11 个基层党委、16 个直属机构党工委、10 个党总支、233 个基层党支部，在册党员人数 5437 人，其中在职党员 3254 人。新发展党员 113 人，表彰先进党委 2 个，先进基层党支部 16 个，优秀共产党员 31 人，优秀党务工作者 20 人。按照“四同步”原则，加强基层党组织建设，全年新开项目同步组建党组织 47 个，实现国内和国外项目党组织建设全覆盖。各单位始终坚持把“不忘初心、牢记使命”主题教育当作一项重要的政治任务来抓，环环推进。切实加强组织领导，通过开展“查找我身边的问题”“七个是否”问题检视以及“8 + 5 + 7”专项整治等活动，拿出破解难题的实招、硬招，推动股份公司党委和集团公司党委决策部署落实落地。承办股份公司第二批主题教育广州片区现场推进会，巡回指导组和党支部交流经验。在委管中央企业第二批主题教育广西片区座谈会上的汇报交流获得好评。主题教育总体测评优良率 99.7%。集团党委始终注重把党建工作与生产经营紧密融合，在所属 211 个在职党支部开展“创岗建区争示范”活动，在广州地铁 18/22 号线项目召开集团公司首次项目党建工作现场推进会，表彰 4 个示范党支部和 4 个品牌创建先进单位，形成创先争优的浓厚氛围，促进企业生产经营。开展党支部书记集中轮训，推广“三微”指尖教育。通过组织党建考核、两级党组织书记述职，强化“三基建设”、抓好海外党建工作等推动全集团品质党建向纵深发展。

宣传工作。全年集中学习 10 次、专题研讨 4 次，两次召开意识形态专题会议，确保意识形态领域绝对安全。深化形势任务教育，汇聚企业发展原动力。全年 22 次登上央视，在中央媒体刊稿 844 篇，省部级以上 1600 余篇，数量质量连年提升。国资委信息发稿系统排名第 6 位，铁建网站刊稿排名第 2 位，获《中国铁道建筑报》宣传报道“先进单位”。强力宣传贯彻“品质铁建”“五以五为”文化，打造二十五局“个性”文化，推出“包容、简约、实干、争先”理念，举办“我和我的企业”先进事迹报告会，巡回宣讲6 场次。积极践行核心价值观，切实推进文明创建。修订舆情处置管理办法，印发海外宣传工作指导意见，健全海外项目所在国舆情监测预警机制，全年未发生一起境内外舆情事故。承办股份公司党建政研会立项课题前期研讨会。举办宣传干部培训班，增强宣传骨干“造血”功能。

纪检监察工作。制定《中铁二十五局集团有限公司纪检组织对职能部门履行监督管理职责进行再监督的实施办法》《纪检监察综合检查考核办法》《纪律处分决定执行清单化管理实施办法》等。对 3 家驻京穗非法人机构开展点对点、全覆盖检查，发现问题立行立改；加强对开展主题教育的监督，出台指导协调方案，派员参加所属单位主题教育巡回督导；坚持把“三重一大”决策和选人用人作为监督重点事项，参与重要人事初始酝酿，对拟提拔人选的选任进行监督，出具廉洁评价意见；持之以恒贯彻落实中央八项规定精神，重点针对企业存在的突出问题开展专项整治和专项治理。扎实开展违规经商办企业二次清理活动，对企业存在的收送红包、文风会风以及项目物资、设备、备用金管理等方面的突出问题开展专项治理。准确运用监督执纪“四种形态”96 人次，第一、第二种形态占比 89.6%，把抓在日常、严在平常要求和惩前毖后、治病救人方针寓于日常监督之中。扎实做好执纪审查“后半篇”文章，开展纪律处分执行情况自查自纠，推行“一案一建议”“一季一建议”等制度，针对执纪审查发现问题，建立完善制度办法 92 项。针对股份公司党委新一轮常规巡视反馈意见，制定整改措施 135 条，建立完善制度 35 项。完成对 3 家所属单位开展新一轮常规巡察，发现各类问题 139 个，移交问题线索 51 条，巡视巡察发现问题、形成震慑的利剑作用充分显现。常态化开展“廉语随行”活动，打造“反腐倡廉宣传教育月”品牌，借助新媒介，推送廉洁专题微信、拍摄廉洁主题抖音短视频、设计编排廉洁广播，形式新颖、效果突出、反响强烈。拍摄制作的警示教育片《巨额亏损的背后》在中国铁建系统40余家单位和全集团全覆盖展播；在集团报纸开设“以案明纪”专栏，刊发12期典型案例剖析材料。

工会工作。实现工会组织覆盖率、工会干部配备率、两级工会会员大会召开率100%。集体合同、企务公开等制度得到基本落实，各单位集体合同签订率100%。深入开展“解决小诉求，凝聚大力量”活动，两级工会主席上岗接待来访员工215次，回访185次，为员工解决困难185件，帮助困难员工151人次；集团工会被广东省工业工会授予“解决小诉求，凝聚大力量”活动“示范单位”称号。加大对困难职工的帮扶服务力度，“两节”期间，筹集送温暖资金138.5万元，慰问困难职工、一线员工2185人次；发放助学金18.3万元，资助91名困难职工子女和9名困难农民工子女；资助41名患大病职工171.8万元。牵头在全集团65个项目开展各类主题的劳动竞赛，4500多名职工群众参与竞赛活动，全年受到上级表彰的集体9个、个人15人，3人被授予省级五一劳动奖章，123人被授予工人先锋奖章。开展“创新创造行动”，新挂牌创新工作室15个，其中7个工作室获省、市及股份公司挂牌。举办广东省设备物资职工技能大赛，5名选手获评广东省技术能手。制定并实施《集团公司项目部建家建线基本规范》，引导建家建线工作，全年投入建家建线资金350多万元。

共青团工作。下辖10个子分公司团委，133个团支部，专兼职团干部339人，团员2480人。以开展“不忘初心、牢记使命”主题教育为契机，落实“青年大学习”行动，广泛开展“青年微讲堂、职工夜校”等活动。以技能竞赛、青年“五小”成果竞赛、QC小组攻关、BIM技术成果大赛、青年创新工作室等为载体，开展“号、手、岗、队”青字号品牌活动，激发团员青年创新热情和创造活力。把脉青年需求服务青年，广泛推行并优化双导师带徒制度，开展“团组织就在我身边”“爱心资助、梦圆大学”等关爱活动，持续举办“缘来有你”“青春有约·缘聚铁建”等单身青年联谊活动。以志愿服务为抓手，常态化开展关爱留守儿童、为老服务、助力高考、文化宣传、义务植树、爱心捐赠、赛会服务、海外公益等志愿服务项目。

（赵　洁　张　婷　付晶晶）

【西北分公司】 2010年8月成立，驻陕西省西安市未央区文景路15号。党委书记谌勍，总经理李新献。职工460人。资产总额106777万元。其中，固定资产原值12927万元、净值4829万元，流动资产96693万元，其他资产5255万元。设备350台，原值6223.86万元、净值3817.29万元，设备总功率1.97万千瓦，动力装备率39.44千瓦/人，技术装备率6.88万元/人，设备完好率85%、利用率100%、机械化施工程度89%。

2019年，承揽工程任务10.5亿元，施工产值12.1亿元，其中国内营业收入8.42亿元，海外营业收入3.06亿元，净利润2504万元，职工年人均收入9.8万元。

（李雅萱）

【第一工程有限公司】 具有铁路工程施工总承包、桥梁工程专业承包、隧道工程专业承包一级，建筑工程施工总承包、公路工程施工总承包、地基基础工程专业承包、公路路基工程专业承包三级资质。从事铁路大型综合工程、高层房屋建筑、公路、市政、长大隧道和桥梁工程、大型土石方、铺轨架梁、城市轨道交通工程施工。原为中铁二十五局集团广州铁路工程有限公司，2012年3月更名。驻广东省广州市越秀区桂花岗东2号。党委书记陈宗国（9月免）、张建平（9月任），执行董事陈宗国，总经理王海杰（4月免）、范文远（4月任、12月免）、陈宗国（12月任）。职工1329人。资产总额278984.1万元。其中，固定资产原值36362.7万元、净值5326万元，流动资产260380万元，其他资产18604.1万元。机械动力设备1505台（套），设备原值38732万元、净值10825万元，总功率30050千瓦，设备完好率96%、利用率90%，动力装备率24.21千瓦/人，技术装备率8.72万元/人。

2019年，承揽工程任务58.89亿元，产值35.09亿元，净利润314.4万元，职工年人均收入9.33万元。

（曾馨平）

【第二工程有限公司】 具有市政公用工程施工总承包一级，铁路工程施工总承包二级，建筑工程、公路工程施工总承包三级，桥梁工程专业承包一级，隧道工程专业承包二级，公路路基工程、输变电工程专业承包三级资质。前身为成立于1952年的广州铁路集团第二工程公司；2004年5月，并归中国铁道建筑总公司，成为中铁二十五局集团有限公司的全资子公司。驻江苏省南京市栖霞区仙林街道齐民路6号5幢3～4楼。执行董事兼党委书记纪青春，副总经理王发明（主持经理层工作）。职工1091人。资产总额166850.93万元。其中，固定资产原值14582.35万元、净值4338.53万元，流动资产129124.31万元。机械动力设备783台（套），设备原值8811.94万元、净值2804.76万元，总功率22384千瓦，动力装备率20.52千瓦/人，技术装备率2.57万元/人，设备完好率71.83%、利用率69.16%。年施工能力20亿元以上。

2019年，承揽工程任务15.95亿元，完成企业总

产值2.69亿元,净利润1004.68万元,职工年人均收入7.54万元。 (钟艳萍)

【第三工程有限公司】 具有铁路工程、市政公用工程施工总承包一级,公路工程、建筑工程施工总承包三级,桥梁工程专业承包一级和隧道工程专业承包一级资质。成立于1952年,前身为广州铁路局第三工程公司;2004年企业改制改成现名。驻湖南省长沙市雨花区雨花路裕华名苑4栋大鸿杰座。执行董事、党委书记王革新,副总经理(主持经理层工作)、党委副书记付德伟。职工1383人。资产总额210553.85万元。其中,固定资产原值27517.35万元、净值7225.77万元,货币资金22266.16万元,流动资产194876.26万元。机械动力设备总量1382台(套),设备原值21201.7万元、净值8264.48万元,总功率30980千瓦,动力装备率22.93千瓦/人、技术装备率6.12万元/人,设备完好率38.98%。年施工能力50亿元。

2019年,承揽任务26亿元,产值33.24亿元,利润2819.78万元,职工年人均收入122424元。(李检妹)

【第四工程有限公司】 具有铁路、公路、市政公用、建筑工程施工总承包一级,桥梁、隧道工程、地基基础、起重设备安装、电子与智能化、消防设施、防水防腐保温、建筑装修装饰、建筑机电安装、古建筑、城市及道路照明、环保工程专业承包一级,营业性爆破作业单位许可证二级,铁路电务工程专业承包三级资质以及军工涉密业务咨询服务安全保密条件备案。前身为1953年1月成立的柳州铁路局基本建设施工总队;2002年1月,改制改称柳州铁路工程(集团)有限责任公司;2003年11月,划归中国铁道建筑总公司管辖;2004年5月,更名为中铁二十五局集团柳州铁路工程有限公司;2011年12月,更名为中铁二十五局集团第四工程有限公司。驻广西壮族自治区柳州市和平路138号。执行董事、党委书记张恩桥,总经理、党委副书记来荣国。职工1725人。资产总额210553.85万元。其中,固定资产原值28030万元、净值6614万元,流动资产455121万元,其他资产34302万元。机械运输设备250台(套),设备原值7310万元、净值2235万元,总功率21650.1千瓦,动力装备率19.84千瓦/人、技术装备率2.15万元/人,设备完好率35.28%、利用率91.03%,机械化施工程度91.65%以上。年施工生产能力40亿元以上。

2019年,承揽任务121.51亿元,产值40.13亿元,利润3038万元,职工年人均收入99390元。

(王若仙)

【第五工程有限公司】 具有市政公用工程施工总承包一级,桥梁工程、隧道工程专业承包一级,建筑工程施工总承包二级,地基基础工程专业承包三级资质以及军工涉密业务咨询服务安全保密条件备案。前身为中铁二十五局集团有限公司北方分公司,2011年11月注册成立;2014年9月,五公司与轨道公司合并重组。驻山东省青岛市崂山区科苑纬三路25号青岛铁建大厦。执行董事、总经理、党委副书记张旭海,党委书记马国松。职工1056人。资产总额195312万元。其中,固定资产原值61500万元、净值23681万元,流动资产115305万元。设备250台(套),设备原值35590.87万元、净值17560.87万元,总功率48600千瓦,动力装备率50.36千瓦/人、技术装备率18.50万元/人,设备完好率80.22%、利用率60.03%。

2019年,承揽任务60.10亿元,产值36.62亿元,利润2458万元,职工年人均收入83404元。

(蔡 璨)

【电务工程有限公司】 具有铁路电务工程、铁路电气化工程专业承包一级,机电工程施工总承包二级,电子与智能化工程、输变电工程专业承包二级,通信工程、铁路工程、电力工程、建筑工程施工总承包三级,建筑机电安装工程专业承包三级,承装(修、试)电力设施业务承装类四级,承修类四级许可资质。2004年8月由原广州铁路集团广州电务分公司和长沙电务分公司重组而成。驻广东省广州市黄埔区观虹路8号。执行董事、总经理、党委副书记张海军,党委书记王树峰。职工419人。资产总额13.04亿元。其中,固定资产原值306.34万元,流动资产125396.38万元。设备112台(套),设备原值906.5万元、净值242.9万元,总功率4209.4千瓦,动力装备率8.49千瓦/人、技术装备率0.49万元/人,设备完好率91%、利用率96%,机械化施工程度69%,年施工生产能力8亿元。

2019年,承揽任务10.64亿元,产值8亿元,利润2041.44万元,职工年人均收入132081元。(李建红)

【房地产开发有限公司】 驻天津市东丽区先锋路61号汇城科技大厦。董事长王国堂(9月免),总经孙继民(6月免),执行董事、总经理张志刚(6月任、12月免),执行董事、总经理朱心站(12月任),党委书记韩黎明(9月免)、周宏亮(9月任)。职工144人。资产总额223696万元。其中,非流动资产42635万元,流动资产181061万元。

2019年,营业收入31242万元,净利润2766万元。

(刘 峰)

【南方实业开发有限公司】 经营范围主要为房地产开发经营;建材、装饰材料批发;钢材批发;房地产中介服务;房屋租赁;场地租赁;物流代理服务;铁路专用设备及器材、配件制造等。2007年8月成立,在原中铁二十五局南方物业有限公司基础上,通过吸收原长沙南方置业有限公司、柳州南方贸易物业有限公司以及集团公司多元发展中心合并而成;2011年3月,成立中铁二十五局集团广州物业管理有限公司,与实业公司以"一套人马,两块牌子"经营广州地区部分物业租赁和物业管理业务。驻广东省广州市越秀区共和西路8号。执行董事、总经理刘建国,党委书记彭广华。职工332人。资产总额115700万元。其中,固定资产原值8485万元,流动资产94055万元,其他资产21645万元。

2019年,经营收入15.2亿元,利润2548万元。

(左馨茹)

【广州铁诚工程质量检测有限公司】 主要承接铁路、公路、市政、工业与民用建筑等领域的施工、设计、科研部门及质量监督部门委托的建筑材料、混凝土与构件、土工试验、化学分析、地基基础原位测试、混凝土和钢结构无损检测、环境检测、路基路面桥梁隧道结构的检测和监测等业务。通过国家认证认可监督管理委员会CMA计量认证,具有交通运输公路工程综合乙级试验检测机构资质,具有广东省住房和城乡建设厅建设工程质量检测机构资质;通过广东省高新技术企业、广州市企业研发机构认证。1954年1月成立。驻广东省广州市越秀区共和西路8号首层。执行董事兼总经理李杰,党工委书记陈外联。职工75人。

2019年,营业收入2894.76万元,净利润607万元。

(伍振基)

【中铁建大湾区建设有限公司】 具有建筑工程总承包一级资质,消防设施、建筑装修装饰、建筑机电安装、起重设备安装、防水防腐保温、古建筑、城市及道路照明、环保、电子与智能化、地基基础专业承包一级资质。2018年10月成立。驻广东省广州市南沙区进港大道南1号中国铁建·环球中心。执行董事、党委书记高旭超,总经理谢碧辉。职工238人。资产总额253.42万元。其中,固定资产原值3.44万元、净值3.44万元,流动资产249.98万元,其他资产3.44万元。

2019年,承揽工程任务77488.64万元,总产值6.2亿元,利润4.13万元,职工年人均收入42725元。

(杨 锦)

【重要记载】

▲1月6日 中铁二十五局与Global Project Capital有限公司、金源证券有限公司签署战略合作协议。

▲1月16日 中铁二十五局通过"国家企业技术中心"认定。

▲1月23—25日 中铁二十五局党委二届四次全委(扩大)会议、二届五次职代会暨2019年工作会议、2019年党风廉政建设和反腐败工作会议在广州召开。

▲1月31日 中铁二十五局与广东省东源县人民政府签署战略合作框架协议。

▲3月28日 中铁二十五局与天津市津南区人民政府签署战略合作协议。

▲4月29日 中铁二十五局与浙江三建建设集团签订战略合作协议。

▲5月4日 中铁二十五局承建的中白商贸物流园首发区项目成功摘得白俄罗斯建筑业最高荣誉2018年"最佳项目"奖,成为首家获此殊荣的中国企业。

▲5月7日 中铁二十五局通过国家级高新技术企业认定。

▲5月9日 中铁二十五局获评广东省公路信用评价最高等级。

▲5月16日 中铁二十五局首个"四电"专业创新工作室在湘桂铁路挂牌成立。

▲5月17日 中白工业园开发股份有限公司授予中铁二十五局"中白工业园巨石奖牌"及荣誉证书,西北分公司承建的中白商贸物流园首发区项目获"明星工程"奖。

▲5月29日 中铁二十五局获"广东省企业家活动日暨企业诚信建设大会"3项荣誉。

▲5月 中铁二十五局获广东省公路信用评价最高等级。

▲7月16日 中铁二十五局获白俄罗斯建筑业最高级别资质"建筑施工总承包一级"和"建筑施工一级",成为中国铁建系统内首家获得白俄罗斯"双一级"资质的单位。

▲8月27日 中铁二十五局首个桥梁路基专业劳模创新工作室挂牌成立。

▲11月4日 中铁二十五局承建的中白商贸物流园首发区ZBSG-1标段项目和参建的成都经济区环线高速公路简阳至蒲江段项目(简蒲高速公路)获国家优质工程奖。

(李 婷)

中铁建设集团有限公司

【简况】 是建筑工程施工总承包特级和市政公用工程施工总承包特级“双特级”企业，具有机电工程施工总承包一级，铁路工程施工总承包一级，水利水电工程施工总承包三级，机场场道工程专业承包一级，钢结构工程专业承包一级，建筑机电安装工程专业承包一级，地基基础工程专业承包一级，建筑装修装饰工程专业承包一级，电子与智能化工程专业承包一级，公路交通工程（公路安全设施）专业承包二级，公路交通工程（公路机电工程）专业承包二级，消防设施工程专业承包二级资质，预拌混凝土专业承包不分等级，工程设计市政行业甲级，工程设计建筑行业（建筑工程）甲级资质。前身为中国人民解放军铁道兵独立建筑团89134部队；1984年1月集体转业，先后称铁道部工程指挥部建筑工程处、中国铁道建筑总公司北京工程公司、北京中铁建筑工程公司；2001年8月，改制为北京中铁建设有限公司；2003年12月，更名为现名。注册资本金30亿元。总部驻北京市石景山区石景山路20号中铁建设大厦。下辖8个区域公司、5个事业部、7个专业分子公司，以及10个国内指挥部、5个国别（地区）指挥部（公司）。职工9759人。资产总额613.46亿元，其中流动资产509.74亿元。机械设备1852台，原值28295万元、净值8223万元，设备总功率6.3万千瓦，技术装备率0.8万元/人，动力装备率6.3千瓦/人，综合新度系数29%。年施工生产能力超过5000万平方米。

2019年，新签合同额1081.27亿元，完成营业收入518.48亿元，实现利润10.36亿元。国有资本保值增值率129.63%，净资产收益率7.74%，资产负债率83.5%。获各类工程质量奖项146项，其中国家级28项、省部级51项。获各等级优秀QC小组成果172项，其中国家级21项、省部级117项。获各类文明安全施工荣誉87项。获中国施工企业管理协会科学技术奖科技创新成果5项，中国铁建科学技术奖7项；获授权专利143件，其中发明专利6件。集团公司获全面质量管理推进40周年杰出推进单位、中华人民共和国成立70周年“功勋企业”、全国安全生产文化建设示范企业、北京市安全生产先进单位等称号，企业资信等级AAA级。 （张晓莉）

【领导人员】

董事会

董事长 赵　伟

副董事长（正职待遇）王　涛

董事 梅洪亮

郭剑平（12月免）

陈有忠

于久龙

王宏斌（3月任）

周　蕾（12月任）

监事会

监事会主席 张军柱（7月免）

束纯剑（12月任）

监事 李宏伟（1月任）

刘悦昕（2月任）

经理层

总经理 梅洪亮

副总经理 郭剑平（11月免）

陈有忠

于久龙

吴永红

沈天丽

贾学斌（5月免）

赵向东

孙洪军

李　擘

钱增志

蔺文虎

总工程师 钱增志（兼）

总会计师 蔺文虎（兼）

党群领导

党委书记 赵　伟

党委副书记 梅洪亮

王宏斌

纪委书记 张军柱（7月免）

束纯剑（11月任）

工会主席 陈有忠

（申彦涛）

【职工队伍】 职工9759人，其中女职工1687人。博士研究生学历10人、硕士研究生学历359人、本科学历6105人、大专学历2001人。各类专业技术职务人员4893人。正高级职称66人、高级职称434人、中级职称1661人、初级职称2343人、员级职称367人、高级技师19人、技师25人。项目经理284人。接收应届毕业生531人，社会招聘1633人。 （朱　川）

【工程施工】 京张铁路站房ZFSG2标段项目 位于河北省张家口市，建筑面积39074.41平方米。合同投资 81168 万元,合同工期 2018 年 5 月 1 日至 2019 年 12 月 8 日。2019 年,完成施工产值 19653.42 万元。

成都地铁 6 号线工程　位于四川省成都市,建筑面积 29.58 万平方米。合同投资 120000 万元,合同工期 2017 年 1 月 1 日至 2020 年 9 月 30 日。2019 年,完成施工产值 75703 万元。

新建郑州至万州铁路河南段站房及相关工程 2 标段　位于河南省南阳市,建筑面积 68666 平方米。合同投资 81168 万元,合同工期 2018 年 3 月 16 日至 2019 年 11 月 30 日。2019 年,完成施工产值 50895 万元。

乌鲁木齐宝能城项目　商业办公楼。位于新疆维吾尔自治区乌鲁木齐市头屯河经济技术开发区,建筑面积 106.47 万平方米。合同投资 22.11 亿元,合同工期 2016 年 4 月 1 日至 2021 年 2 月 15 日。2019 年,完成施工产值 24888 万元。

北京新机场南航基地第 4 标段工程　位于北京大兴区,建筑面积 202622 平方米。合同投资 120333 万元,合同工期 2018 年 3 月 1 日至 2019 年 10 月 17 日。2019 年,完成施工产值 83608 万元。

北京新机场东航基地项目一阶段工程第 4 标段(航空食品及地面服务区)　位于北京市大兴区,建筑面积 61660 平方米。合同投资 39805 万元,合同工期 2017 年 12 月 8 日至 2019 年 6 月 30 日。2019 年,完成施工产值 15348 万元。

中国医学院肿瘤医院工程　位于北京市朝阳区,建筑面积 68760 平方米。合同投资 43946 万元,合同工期 2017 年 9 月 15 日至 2020 年 3 月 2 日。2019 年,完成施工产值 34687 万元。

北京环球影城主题公园项目 4 标段工程　位于北京市通州区,建筑面积 16378 平方米。合同投资 120131.77 万元,合同工期 2018 年 8 月 23 日至 2020 年 10 月 31 日。2019 年,完成施工产值 35311 万元。

北京环球影城主题公园配套建设(一期)项目(诺金度假酒店等 2 项)　位于北京市通州区,建筑面积 53444 平方米。合同投资 39036.42 万元,合同工期 2019 年 2 月 15 日至 2020 年 10 月 15 日。2019 年,完成施工产值 20618 万元。

新建北京至沈阳铁路客运专线北京段顺义西站、怀柔南站、密云站等 3 站房工程　位于北京市顺义区、怀柔区、密云区,建筑面积 31462.41 平方米。合同投资 53696.75 万元,合同工期 2019 年 4 月 1 日至 2020 年 9 月 30 日。2019 年,完成施工产值 9012 万元。

葛沽镇定向安置房 2018－03、04 项目　位于天津市津南区,建筑面积 332786 万平方米。合同投资 76874.57 万元,合同工期 2019 年 1 月 15 日至 2021 年 8 月 30 日。2019 年,完成施工产值 53330 万元。

珠海铁建广场工程　位于广东省珠海市横琴新区,建筑面积 298075 平方米。合同投资 213111 万元,合同工期 2018 年 1 月 20 日至 2021 年 6 月 7 日。2019 年,完成施工产值 16599 万元。

澳门名胜世界工程　位于澳门特别行政区,建筑面积 82353 平方米。合同投资 331440 万澳门元,合同工期 2019 年 4 月 22 日至 2020 年 6 月 30 日。2019 年,完成施工产值 14928 万元。

珠海铁建梧桐苑项目　位于广东省珠海市,建筑面积 230077 平方米。合同投资 115890 万元,合同工期 2018 年 9 月 7 日至 2020 年 10 月 30 日。2019 年,完成施工产值 25571 万元。

武汉恒大珺睿主体及配套建设工程　位于湖北省武汉市,建筑面积 182427.86 平方米,建筑高度 258.35 米。合同投资 34900 万元,合同工期 2019 年 4 月 30 日至 2021 年 9 月 1 日。2019 年,完成施工产值 9500 万元。

北京环球主题公园及度假区项目　位于北京市通州区。合同投资 34209.86 万元,合同工期 2018 年 3 月 5 日至 2020 年 12 月 30 日。2019 年,完成施工产值 24579.23 万元。

新建京沈客专北京星火站房及相关工程　位于北京市朝阳区,建筑面积 182627 平方米。合同投资 281161 万元,合同工期 2018 年 9 月 1 日至 2020 年 12 月 31 日。2019 年,完成施工产值 90719.74 万元。

新建川藏铁路拉萨至林芝段站房及相关工程施工总价承包 LLZF1 标段　位于西藏自治区山南市,建筑面积 73580.49 平方米。合同投资 56981 万元,合同工期 2019 年 7 月 1 日至 2021 年 7 月 31 日。2019 年,完成施工产值 3563 万元。

佛山苏宁广场项目一期总部办公楼,二期购物中心,A、B 栋公寓,三期步行商业街及 C、D 栋公寓,四期地标塔楼及酒店主体及配套建设工程　位于广东省佛山市,建筑面积 303217 平方米。合同投资 79000 万元,合同工期 2019 年 5 月 10 日至 2023 年 4 月 19 日。2019 年,完成施工产值 8178 万元。　(张晓莉)

【海外工程施工】　援柬埔寨特本克蒙省医院项目　位于柬埔寨特本克蒙省新区,建筑面积 24300 平方米。合同投资 27318.85 万元,合同工期 2019 年 2 月 28 日至 2021 年 10 月 27 日。2019 年,完成施工产值 8806.11万元。

新山加冕广场 5 号楼塔办公楼房建项目　位于马来西亚新山市,建筑面积 89288 平方米。合同投资 32944.10 万元,合同工期 2019 年 2 月 18 日至 2021 年

2月25日。2019年,完成施工产值3849.09万元。

新爱尔兰省议会大厦项目 位于巴布亚新几内亚新爱尔兰省,建筑面积1646平方米。合同投资2322.10万元,合同工期2019年7月3日至2020年12月31日。2019年,完成施工产值883.08万元。

巴新莱城面粉厂项目 位于巴布亚新几内亚莫罗贝莱城市,建筑面积25530平方米。合同投资15259万元,合同工期2019年10月9日至2020年11月28日。2019年,完成施工产值523.79万元。 (吴经纬)

【经营管理】 经营承揽。按照"品质铁建"战略指引,围绕"高质量再发展"战略目标,树立"三热一重"(热点区域、热点行业、热点系统、重点客户)经营策略,持续加强经营体系建设和转型升级,完善和优化区域指挥部职能部门建设。全面加强经营基础管理工作,完成8个区域指挥部和相关事业部的经营工作调研、督导和制度宣传贯彻。深化专项经营管理,铁路工程中标10个标段24座站房,中标金额37.54亿元,金额占比由14.27%上升到15.29%;军民融合工程参与69项招标,中标9批次,中标金额30.98亿元。压实经营责任,优化绩效考核,全面开展提质增效工作,业务结构和客户质量得到显著提升。加大经营依法合规治理,强化经营风险管控,经营体系建设和运行管控得到跨越式提升和发展。承揽规模稳定发展,经营质量持续上升,全年新签合同额1081.27亿元,获评股份公司经营工作先进单位。

投资管理。有序推进体系建设,持续加强对PPP、房地产、金融等政策、新规研究,提高分析研判能力。资本运营项目7个,总投资额108.68亿元。中标5个资本运营项目,带动集团公司施工主业109.18亿元。

工程管理。在施总承包工程289个;在施面积5195万平方米。新进场工程157个,竣工工程93个,竣工面积1231万平方米。着力推进基础管理提升、重点工程管理、施工分包资源管理、施工现场标准化工作,强化对二级单位和项目部运行监控和管理提升,保证施工生产工作有序、可控的大面积开展;狠抓项目策划成本、"一张表"动态核算管理、过程计价及竣工结算确权管理、变更索赔管理、亏损项目治理和经济管理信息系统优化等重点工作,全年完成结算项目108项,结算利润8.12亿元;推出"物资123系统"、实施战略采购、完善资产管理等系列管理新举措,定期发布过程管控通报,确保各项措施落地。推行161项实体质量标准化工艺的应用,逐步提升工程标准化程度,引入第三方评测机构,开展工程质量飞行检查,分等级开展工程竣工预验收工作,逐步提高客户满意度,整体工程质量受控、形势稳定,未发生五级及以上质量事故,无较大及以上负面社会影响事件;进一步健全安全生产责任体系,完善安全风险分级管控及隐患排查治理体系,强化突发事件应急处置能力、分包单位安全管理力度及企业安全文化建设,全年安全生产形势稳定,无一般及以上生产安全事故发生。被中国安全生产协会评为"全国安全文化建设示范企业"、被中国铁建评为"2019年度安全生产先进单位"。

房地产开发。完成土地储备12.74亿元。跟踪有效土地信息143宗,形成正式可研报告30份。调整设立包头、北京、大连、莱州、南京、天津、温州、信阳8个土地经营筹备组。重点推进项目13个,竞得项目4个。

物流贸易。盯紧热点区域、热点行业、热点系统和重点客户市场。中标北京地铁17号线新宫站、天津会展中心项目、中国土木南方总部基地等40余项重点工程。做优资源渠道,钢筋在册供应商438家,其中钢厂及生产厂家159家,占比36.3%。国际贸易销售钢筋1万吨,完成产值4334万元。物流板块进一步发展,大兴库年吞吐量235万吨,同比增长77.23%,产值2133万元,同比增长79.26%,利润298万元。车队运输钢材20万吨,完成产值623万元,实现利润109万元。

财务管理。坚持以资金管理和运用为核心,预算管理为引领,以清收清欠、税务筹划、审计过程管理、财务共享中心、信息化建设为抓手,优化财务指标、完善财务制度、发挥财务绩效考评导向作用,着力提高财会队伍素质,提升财务管理能力,增强财务人员实力。内部调剂(含内部委托贷款)资金160.47亿元。有息负债总额55.75亿元,获23家国内银行超过470亿元的综合授信,发行资产支持证券(ABS)、应收账款无追索权保理及私募债权融资计划。充分利用国家政策,采取保函置换、监管账户直接发放农民工工资等形式回收现金保证金。获"AAA级金融信用单位""AA+级市场金融主体资格""纳税信用A级单位"及股份公司2018年度和2016—2018年度任期绩效考核"A级企业"称号。

审计管理。设立南方和北方审计中心,完善总部审计部、审计中心和二级单位审计部各项职能。逐步开展专项审计调查和管理审计,并以优化审计资源配置、实现审计全覆盖、突出审计服务和增值功能为目标,把工作重点放在深化制度和机构改革、加强审计队伍建设、转变审计职能、提升审计质量等方面,全面提升审计管理水平。全年完成审计项目87项,包括年度绩效审计23项、离任经济责任审计5项、任中经济责任审计6项、竣工工程审计10项、重点项目审计4项、专项业务审计19项、跟踪审计14项、基建竣工审计1项、专项审计调查5项,完成年度审计计划的311%。

投入审计3762天，出具审计报告92份。　（张晓莉）

【企业管理】 战略管理。发布《中铁建设集团2019—2021年三年滚动发展规划》，围绕打造“品质铁建”的中心思想以及实现集团公司“高质量、再发展”的目标，对2019—2021年三年的主要经济指标和重点管理目标进行调整，明确滚动规划期内的调整重点和实施计划。

组织架构调整。设立北方审计中心、南方审计中心，审计中心为审计部下辖机构。物资设备部名称调整为物资设备部（集采中心），增加集中采购职能，负责集团公司大宗物资的战略采购。办公室增加援建扶贫管理职能，经营计划部更名为经营计划部（军民融合办公室），投资管理部增加股权投资管理职能，安全环保部更名为安全监督部，党委工作部增加统战管理职能、VI管理职能，监事会办公室设在审计部，党风政风监督室（党委巡察办）更名为党委巡察办，纪检监察室更名为执纪审查室。设立退休职工管理办公室，为工会工作部下设机构。设立海外部，撤销超高层事业部、国际事业部，成立俄罗斯、巴布亚新几内亚、中国澳门、马来西亚、柬埔寨等5个国别（地区）指挥部（公司）。设立中铁建设集团建筑发展有限公司，与混凝土分公司为“一套人马，两块牌子”合署运营。中铁建设集团湖北建设有限公司更名为中铁建设集团中南建设有限公司。推进子公司化运行模式，明确北京公司、华东公司、中南公司以子公司名义为主开展业务。注销中铁建钢结构有限公司。

综合管理。健全法治体制机制，稳步扎实开展合规工作，完善合规体系、充实合规人员，全年诉讼仲裁收款83867万元，通过诉讼仲裁累计确权90744万元。公文处理、用印管理、档案管理、督查督办继续实行网上办理，年鉴编写、保密管理有序进行。重点搭建集团公司“156”智慧平台、手机工作平台，并逐步在全集团范围内进行推广应用，加强各项信息化基础管理，增强网络安全保护意识，强化软件资产保护意识。信息化建设成果获中建协“第五届全国建筑业企业信息化建设特优案例”、中国施工企业管理协会“第十五届工程建设行业信息化高峰论坛典型案例”。　（张晓莉）

【科技教育】 科技创新。新立研发课题10余项，在研产学研项目40余项。主编并发布中建协标准《建设工程项目施工管理规程》，“混凝土剪力墙结构装配式IRF体系”完成葛沽镇示范工程建造，并在2019年住博会亮相。“建筑工程智能机器人技术”完成小型桌面和智能引导服务两个序列V1.0样机研发。获中国施工企业管理协会科学技术奖科技创新成果7项，其他省部级科学技术奖2项。获省部级工法21项，获中国铁建股份有限公司优秀工法7项，获发明、实用新型专利及软件著作权154项。

教育培训。围绕“一张表管到底”的核心主题，以“理论＋实操”的互动式培训形式打造职业化项目经理队伍，形成7项团队成果、47项个人成果以及降本增效解决方案清单。抓好新员工培养工作，组织705名新入职高校毕业生进行半军事化集中入职培训。举办两期复合型经营人才培训班，从职业化素养、宏观环境、运作实务、典型案例及经营工作复盘5个模块进行培训，120人参加培训。构建党支部书记履职能力模型，分4期开展党支部书记履职能力建设集中轮训，271名学员参加培训。集团总部各业务部门举办各类业务培训116次，培训人员24658人次，培训范围涵盖绿色施工技术、营改增、质量、造价、法规、项目经理能力提升等。下属分子公司组织培训1252项，培训40569人次。　（李　蒨　申彦涛）

【党群工作】 党的工作。基层党组织303个，其中党委21个，党支部281个，党员3753人。以深入学习贯彻习近平新时代中国特色社会主义思想和党的十九大、十九届历次全会精神为主线，高质量开展“不忘初心、牢记使命”主题教育。坚持从严管党治党，严肃党内政治生活，不断加强基层党建工作“三基”建设，围绕企业生产经营中心任务开展宣传工作，弘扬正能量，为企业高质量再发展提供坚强思想政治保证。撤销超高层事业部、国际事业部2家二级单位党委。集团公司、所属二级单位两级领导班子带着问题深入基层调研，拿出破解制约企业发展难题的实招、硬招，形成调研报告150余篇，召开座谈会交流研讨，提出促进企业管理能力提升的对策思路和意见建议，推动党中央和上级党委决策部署落实落地。建立检视问题清单、专项整治问题清单、调研问题清单、专题民主生活会问题清单，通过狠抓问题整改，切实让职工群众感受到主题教育带来的变化。高质量召开2018年度党员领导干部民主生活会和主题教育专题民主生活会，以提升组织力为重点民主评议党员工作。

纪检监察工作。组织二级单位党政主管签订《党风廉政建设责任书》，所属各单位共对下签订党风廉政建设责任书1123份。以查问题、抓整改为主要抓手，落实四个“上下贯通”。自上而下分两批开展“不忘初心、牢记使命”主题教育。大力开展廉洁教育，邀请地方监委专家为400余名领导干部进行廉政教育专题授课，开展知识竞赛89场，参观教育基地57次，实现教育人员全覆盖。编制完成集团公司廉洁风险防控手册，共梳理系统风险69项，制定防控措施231条，排查148个岗位风险，制定防控措施700余条。集中整治形式主义、官僚主义，精简文件幅度55%，减少检查考核数量41次，节俭费用120余万元。立案24件，结案24件，结案率100%。给予党纪政务处分53人，经济处罚及退赔52万元，其中给予开除（解除劳动合同）重处分3人，移送司法1人。

工会工作。基层工会组织361个。召开集团公司四届四次职工代表大会，签订《集体合同》《工资专项集体合同》《劳动安全卫生专项集体合同》《女职工权益保护专项集体合同》。审议并通过《财务收支及经济运行情况报告》《提案工作报告》等报告及16项规章制度。通过合理化建议活动、满意度调查、企务公开栏、职工座谈会、内部网络、监督电话等多种形式，充分征集职工的管理意见和建议，做好企业民主管理和民主监督。开展丰富多彩、形式多样的文体减压活动，适时适度地组织各级、各层面的文体比赛活动。围绕打造“品质铁建”中心任务，紧扣高质量再发展要求，广泛开展劳动竞赛和技能竞赛大比武活动。以维护女职工权益为重点，展开与企业发展规划相关联的女职工系列活动，评选表彰24名集团“三八红旗手”，承办全国城乡妇女岗位建功先进典型事迹分享会，400名女职工参加此次分享会，超过640万人通过网络直播平台同步在线观看。做好“送温暖”“三不让帮扶”、职工互助合作保险、“金秋助学”、关爱退休职工、艰苦项目建家建线重点帮扶等工作，累计帮扶救助555万元。获中国铁建“模范职工之家”称号、财务工作竞赛一等奖。

共青团工作。贯彻落实党的十九大和十九届四中全会、团的十八大和纪念五四运动100周年重要讲话精神，深入学习股份公司团代会会议精神座谈会，紧紧围绕集团党委年度工作部署，坚持党建带团建，全面推进从严治团。加强基层团组织建设，切实提升共青团组织引领凝聚、组织动员、联系服务青年能力。巩固“道德讲堂”思想文化品牌，进一步加强青年思想引导，着力夯实团结奋斗的思想基础。深入开展青年创新创效、“青春心向党　建功新时代”主题活动，切实服务企业改革发展。选优配齐团干部，明确团组织负责人职责、政治经济待遇，有效解决基层团组织建设问题。坚持以青年为本，广泛开展“导师带徒”、青年联谊、团组织关爱等活动，切实服务青年成长成才。

（李冠良　王　征　赵春雨）

【区域经营机构】 为有效推行区域经营管理体制，集团公司于2014年11月成立区域经营指挥部，专职负责本区域、各类工程承揽和市场维护。2019年7月，调整区域经营指挥部职能为从事土地、工程承包、资本运营三方面经营工作和项目履约监管。

2019年，新签合同额：北京指挥部90.66亿元、华北指挥部90.20亿元、华中指挥部149.57亿元、西北指挥部83.70亿元、中南指挥部77.60亿元、华东指挥部80.60亿元、华南指挥部161.75亿元、西南指挥部91.93亿元、铁路指挥部36.16亿元、雄安指挥部2.16亿元。

（张晓莉）

【中铁建设集团北京工程有限公司】 具有建筑工程施工总承包一级、市政公用工程施工总承包三级、机电工程施工总承包三级、钢结构工程专业承包三级、装饰装修工程专业承包二级、起重设备安装工程一级资质。2013年3月成立。驻北京市丰台区张仪村路16号，注册资本金6亿元。职工1311人。资产总额88.93亿元。其中，流动资产78.63亿元、固定资产净值5.04亿元。

2019年，营业收入55.68亿元，利润1.3亿元。

（宋昀霖）

【中铁建设集团有限公司华北分公司】 2016年4月由原天津分公司、山西分公司整合而成。驻天津市空港经济区中环西路62号。职工974人。资产总额50.26亿元。其中，流动资产47.94亿元、固定资产净值3190.91万元。

2019年，营业收入44.27亿元，利润3600万元。

（李　双）

【中铁建设集团有限公司华中分公司】 2016年4月由原济南分公司、郑州分公司整合而成。驻河南省郑州市郑东新区七里河南路75号。职工1190人。资产总额69.65亿元。其中，流动资产67.92亿元、固定资产净值2615万元。

2019年，营业收入65.12亿元，利润1.34亿元。

（夏美雷）

【中铁建设集团有限公司西北分公司】 2016年4月由原西安分公司、新疆分公司整合而成。驻陕西省西安市莲湖区杏园路太奥国际13号楼16层。职工772人。资产总额41.84亿元。其中，流动资产36.84亿元、固定资产净值7961.11万元。

2019年，营业收入30.5亿元，利润8067万元。

（王珍珍）

【中铁建设集团中南建设有限公司】 具有房屋建筑工程施工总承包一级、市政公用工程施工总承包三级、建筑装修装饰工程专业承包二级、环保工程专业承包三级、地基基础工程专业承包三级、机电工程施工总承包三级资质。2009 年 7 月成立,原名中铁建设集团湖北建设有限公司;2019 年 10 月更名为现名。注册资本金 11500 万元。驻湖北省武汉市青山区友谊大道 999 号武汉钢铁集团办公大楼 B 座 29 层。职工 914 人。资产总额 56.16 亿元。其中,流动资产 53.62 亿元、固定资产净值 6203 万元。

2019 年,营业收入 42.5 亿元,利润 9108 万元。

(殷　文)

【中铁建设集团有限公司西南分公司】 2016 年 4 月由原昆明分公司、四川分公司整合而成。驻四川省成都市成华区东华一路 47 号 1 号楼六层。职工 721 人。资产总额 35.43 亿元。其中,流动资产 32.77 亿元、固定资产净值 2893 万元。

2019 年,营业收入 32.40 亿元,净利润 6017 万元。

(翟玉玺)

【中铁建设集团南方工程有限公司】 具有建筑工程施工总承包一级、市政公用工程施工总承包三级资质。2016 年 8 月成立。驻广东省广州市南沙区(国家级自贸新区),注册资本金 60000 万元。职工 1118 人。资产总额 74.06 亿元。其中,流动资产 69 亿元、固定资产净值 0.42 亿元。

2019 年,营业收入 47.69 亿元,利润 7800 万元。

(刘书君)

【中铁建设集团房地产有限公司】 具有房地产开发二级资质。2010 年 2 月成立。注册资本金 5 亿元。驻北京市石景山区石景山路 20 号。职工 178 人。资产总额 90.44 亿元。其中,流动资产 76.09 亿元,固定资产净值 0.02 亿元,其他资产 14.33 亿元。

2019 年,获取项目 4 个,土地储备 12.74 亿元。销售 54.86 亿元,营业收入 25.57 亿元,利润 4.75 亿元。

(彭艳芬)

【北京中铁建工物资有限公司】 主营钢材现货贸易、钢材工程服务贸易、工程物资系统集成。1993 年 12 月成立。注册资本金 3 亿元。驻北京市石景山区苹果园路中铁创业大厦 17 层。职工 277 人。资产总额 33.30亿元。其中,流动资产 33.06 亿元。

2019 年,营业收入 140.36 亿元,利润 1.45 亿元。

(王向杰)

【中铁建设集团有限公司基础设施事业部】 2016 年 4 月由原铁总指、市政分公司整合而成。驻北京市石景山区苹果园南路 28 号中铁创业大厦 A 座 20 层。职工 998 人。资产总额 63.99 亿元。其中,流动资产 53.26亿元、固定资产净值 3942.25 万元。

2019 年,新签合同额 37.64 亿元,营业收入 68.53 亿元,利润 10993.39 万元。

(陈　逸)

【中铁建设集团设备安装有限公司】 具有机电工程施工总承包一级,石油化工工程、建筑工程施工总承包三级,建筑机电安装工程专业承包一级,电子与智能化工程、消防设施工程专业承包二级,环保工程、铁路电气化工程专业承包三级资质。是国家级高新技术企业。2012 年 3 月成立。驻北京市石景山区苹果园路 28 号。职工 550 人。资产总额 19.42 亿元。其中,流动资产 17.63 亿元、固定资产净值 525 万元。

2019 年,新签合同额 30.48 亿元,营业收入 21.67 亿元,利润 8021 万元。

(闫　芬)

【北京中铁装饰工程有限公司】 具有建筑装修装饰工程、建筑幕墙工程专业承包一级,建筑幕墙工程、建筑装饰工程设计专项甲级,钢结构工程专业承包三级,特种专业工程专业承包、建筑工程施工总承包三级资质。是高新技术企业,1999 年 9 月组建。驻北京市石景山区苹果园路 28 号。注册资本金 10500 万元。职工 600 人。资产总额 13.75 亿元。其中,流动资产 12.7 亿元、固定资产净值 494 万元。

2019 年,新签合同额 25.68 亿元,营业收入 16.68 亿元,利润 6054 万元。

(陈　盼)

【中铁建设集团物业管理有限公司】 具有物业管理服务二级资质。主营物业服务、物业项目前期咨询、大型会议接待等。是北京市石景山区房地产建筑物业行业协会副会长单位。2009 年 1 月成立。驻北京市石景山区石景山路 20 号。注册资本金 300 万元。职工 157 人。资产总额 12497.28 万元。其中,流动资产 12458.48 万元、固定资产净值 38.8 万元。

2019 年,产值 9200 万元,物业租赁收入和利润 3610 万元。

(马蜀英)

【重要记载】

▲1 月 24—25 日　中铁建设召开 2019 年党的建设和反腐倡廉工作会、四届四次职工代表大会暨 2019 年工作会议。

▲4 月 25 日　中铁建设与中交房地产集团有限公司签订战略集采合作协议。

▲4 月 25 日　中铁建设与太原理工大学建筑设计研究院签订战略合作协议。

▲5 月 18 日　中铁建设与文昌市人民政府、中国恩菲工程技术有限公司签订战略合作协议。

▲5 月 23 日　中铁建设与济南市钢城区人民政府签订战略合作协议。

▲5 月 24 日　中铁建设与王府井中南置业有限公司签订战略合作框架协议。

▲6 月 10 日　中铁建设与宁津县人民政府签订战略合作协议。

▲6 月 21 日　中铁建设与济钢集团有限公司签订战略合作框架协议。

▲6 月 26 日　中铁建设与湖北大学签订战略合作框架协议。

▲7 月 18 日　中铁建设与暨南大学签订战略合作协议。

▲8 月 21 日　中铁建设获评中国质量协会“全面质量管理推进 40 周年杰出推进单位”。

▲10 月 6 日　中铁建设智慧建造 156 项目管理信息平台入选中国建筑业协会“第五届全国建筑业企业信息化建设特优案例”。

▲10 月 28 日　中铁建设与南昌铜锣湾广场投资有限公司签订战略合作框架协议。

▲10 月 29 日　中铁建设与天鹅通航军民融合航空保障救援(青岛)有限公司签订战略合作协议。

▲10 月 31 日　中铁建设与金华金开产业发展集团有限公司签订战略合作框架协议。

▲10 月　中铁建设获评中国施工企业管理协会中华人民共和国成立 70 周年“功勋企业”。

▲11 月 13 日　中铁建设承建的张家港保税区滨江大厦、新建九江至南昌城际铁路工程南昌站改造工程、世和·天玺国际中心工程、武汉 1818 中心二期工程以及参建的滨绥铁路牡丹江至绥芬河段扩能改造工程双丰隧道获 2018—2019 年度国家优质工程奖。

▲11 月 16—18 日　中铁建设“传承铁道兵文化 筑梦新时代”获中国企业文化研究会“新中国成立 70 周年企业文化建设典范案例”。

▲11 月 21 日　中铁建设智慧建造 156 项目管理信息平台被中国施工企业管理协会评为“2019 年度工程建设行业信息化典型案例”。

▲11 月 21 日　“广州市第二中学附属南沙学校 BIM 技术应用”“广大附中(南沙)实验学校 BIM 技术综合应用”分获第八届龙图杯全国 BIM 大赛施工组二等奖、综合组三等奖。

▲12 月 1 日　中铁建设与天润置地集团有限公司签订战略合作框架协议。

▲12 月 4 日　中铁建设承建的 1 号办公、商业楼(长城金融工程项目)、马来西亚四季酒店工程获 2018—2019 年度中国建设工程鲁班奖(国家优质工程)。

▲12 月 5 日　中铁建设与济南信泰置业有限公司签订战略合作协议。

▲12 月 9 日　“广州市第二中学附属南沙学校 BIM 技术应用”和“广大附中(南沙)实验学校 BIM 技术综合应用”获第五届国际 BIM 大赛最佳学校项目 BIM 应用奖。

▲12 月 17 日　中铁建设被中国安全生产协会命名为“全国安全文化建设示范企业”。

▲12 月 22 日　中铁建设与国信国际投资有限责任公司签订战略合作框架协议。　(张晓莉)

中国铁建电气化局集团有限公司

【简况】　具有建筑、通信、机电工程施工总承包一级,公路交通(公路机电)、铁路电务、铁路电气化、输变电、建筑机电安装工程专业承包一级,铁路、电力工程施工总承包三级,承装(修、试)类一级资质,是中国高速铁路四电系统集成总承包企业。总部驻北京市石景山区石景山路 29 号。2005 年 7 月,由中铁十五局集团电务工程有限公司、中铁十七局集团电务工程有限公司、中铁十八局集团电务工程有限公司、中铁二十五局集团电务工程有限公司电气化分公司和柳州铁路工程有限公司电务分公司重组成立中铁建电气化局有限公司;2005 年 12 月,更名为中铁建电气化局集团有限公司;2009 年 8 月,中铁十一局集团电务工程有限公司和中铁十二局集团电气化工程有限公司主体划转并入;2011 年 6 月,更名为中国铁建电气化局集团有限公司。主营铁路电气化、通信、信号、电力和城市轨道交通、公路交通、机电设备安装、地方电信、送变电工程施工和高速铁路四电集成及高速铁路专用超细晶强化型铜镁合金承导线、城市地铁钢铝复合导电轨、磁悬浮 C 型钢铝复合导电轨、接触网支柱、H 型钢柱、接触线承力索、接触网零部件及钢结构的生产、研发、销售、工程设计及酒店管理、铁路新线四电运营维护管理等。下辖 16 个控股子分公司。职工 41387 人。资产总额 302.67 亿元。其中,固定资产原值 22.48 亿元、净值 11.95 亿元,流动资产 274.99 亿元,其他资产 15.73 亿元。机械运输设备 1299 台(套),设备原值 6.26 亿元、净值 1.21 亿元,总功率 114330.5 千瓦,动力装备率

13.01 千瓦/人，技术装备率 1.37 万元/人，设备完好率 93.43%、利用率 73.57%。

2019 年，新签合同额 278.38 亿元，完成股份公司年度计划的 101.23%。实现营业收入 207.74 亿元，利润总额 15.94 亿元。国有资产保值增值率 115.77%，净资产收益率 15.96%，产值利润率 7.67%，投资回报率 224.55%，资产负债率 69.89%，应上缴款完成率 100%。获省部级科学技术奖 3 项，中铁建科学技术奖 4 项。获省级工法 9 项，中国铁建优秀工法 9 项。获 2019 年度国家铁路局重大科技创新成果入库成果铁路专利 2 项、论文 1 篇，股份公司优秀实用新型专利奖 1 项。授权知识产权 131 件，其中发明专利 3 件、实用新型专利 104 件、外观设计专利 1 件。软件著作权 23 项。获中国建设工程鲁班奖 3 项、国家优质工程奖 6 项、省部级优质工程奖 5 项、铁建杯优质工程奖 6 项。获全国级优秀 QC 成果 4 项、省部级 24 项、股份公司级 4 项。获股份公司安全质量标准工地 4 个。集团公司 1 人获全国五一劳动奖章，1 人获国资委、国家人力资源和社会保障部联合评选的中央企业劳动模范，4 个单位获省级“工人先锋号”，3 个集体被授予火车头奖杯，3 人获火车头奖章，10 人获集团公司“十大电化工匠”荣誉。（李　立　陈圣喜　陈思江）

【领导人员】

董事会

董事长　冯学彬（1 月任，9 月免）
　　万传军（9 月任）
董事　万传军（9 月免）
　　程庆海（9 月任）
　　寇宗乾（3 月任）
　　杨现庆
职工董事　燕正安

监事会

监事会主席　宋旭东（9 月免）
　　王泽泉（9 月任）
监事　谷明科
职工代表监事　何明海

经理层

总经理　万传军（9 月免）
　　程庆海（9 月任）
副总经理　姜晋南
　　郭志光
　　寇宗乾
　　孟宪浩
　　宋景奇
　　罗世昌
　　程庆海（9 月免）
　　杨现庆
　　陈宝军
　　万　靖（9 月任）
总工程师　寇宗乾
总会计师　杨现庆

党群领导

党委书记　冯学彬（9 月免）
　　万传军（9 月任）
党委副书记　万传军（9 月免）
　　程庆海（9 月任）
　　燕正安
纪委书记　宋旭东（9 月免）
　　王泽泉（9 月任）
工会主席　燕正安

（李　立）

【职工队伍】 职工 10510 人。干部 5118 人。其中，女干部 1153 人，占在岗干部总数的 23.2%；少数民族干部 152 人，占干部总数的 3.1%；专业技术干部 4907 人，占干部总数的 98.5%。高级职称 807 人、中级职称 1270 人、初级职称 2326 人。

工人 5392 人。其中，女性 1115 人，占工人总数的 20.68%；少数民族工人 72 人，占工人总数的 1.34%；技术工人 3508 人，占工人总数的 65.1%，其中初级工 508 人、中级工 891 人、高级工 1667 人、技师 306 人、高级技师 136 人。（孙　平　王雅莉）

【工程项目指挥机构】 郑万高铁湖北段 ZWQD 系统集成项目经理部　驻湖北省襄阳市樊城区。项目经理姜成师，书记史维森。

新建北京至雄安城际铁路四电系统集成及房屋、防灾安全监控等施工总价承包工程第 JXSD－1 标段项目经理部　驻河北省保定市雄县。项目负责人西穷，党工委书记左三良。

新建铁路商丘至合肥至杭州铁路（肥东至湖州段）四电集成及相关工程 SHSD－1 标段项目经理部　驻安徽省合肥市。项目经理李爱忠，党工委书记董维锋。

新建成都至贵阳铁路乐山至贵阳段四电系统集成及相关工程 CGSD－1 标段项目经理部　驻四川省成都市郫都区。项目经理刘兴晨，党工委书记王杰。

新建蒙西至华中地区铁路煤运通道 MHSD－2 标段项目经理部　驻湖北省襄阳市。项目经理宋景奇，党工委书记廖小平。

新建格尔木至库尔勒铁路新疆段站后强电弱电集

成及相关工程（不含库尔勒站站房及相关工程）强电QDS标项目经理部　驻新疆维吾尔自治区库尔勒市开发区。项目经理侯绪永，党工委书记张海军。

符夹铁路符离集至新河扩能工程FJZH标段、新河至夹河寨段扩能站后工程FJJS－ZH标段项目经理部　驻安徽省淮北市杜集区。项目经理宋高云，党工委书记雷成胜。

新建靖边至神木集运铁路RD－1标段项目经理部　驻陕西省榆林市榆阳区。项目经理李晓梁，党工委书记王振中。

新建北京至沈阳铁路客运专线京冀段四电系统集成、防灾安全监控、信息及相关工程JSJJSD－1－3标段项目经理部　驻北京市朝阳区。项目经理王付安。

新建成兰铁路引入成都枢纽站后工程项目部　驻四川省成都市青白江区。项目经理李汉和。

新建铁路格尔木至库尔勒线（青海段）格尔木地区枢纽及全线站后工程GKQHZHH2标段工程指挥部　驻青海省海西蒙古族藏族自治州德令哈市。项目经理田振武，书记刘先贵。

新建郑州至周口至阜阳铁路安徽段四电集成ZFSD－1标段项目经理部　驻安徽省阜阳市颍泉区。项目经理孙永武。

新建吴忠至中卫城际铁路工程第十项目经理部　驻宁夏回族自治区吴忠市利通区。项目经理周炳学，书记李海东。

新建武汉至十堰铁路孝感至十堰段站后四电系统集成及相关工程HSSDSG－1标段项目经理部　驻湖北省孝感市云梦县，项目经理张学哲，书记郭红民。

新建银西铁路银川至吴忠客专工程YWZH－2标段项目部　驻宁夏回族自治区银川市。项目经理喻守军。

新建银川至西安铁路段（陕西段）四电系统集成工程YXSDJC－1标段项目部　驻陕西省西安市未央区。项目经理付波，党工委书记白雄雄。

阳平关至安康铁路增建第二线YAZH－1标段站后工程指挥部　驻陕西省汉中市汉台区。项目经理王建东，党工委书记国金龙。

川黔铁路遵义城区段线路外迁工程站后四电集成及相关配套工程CQZYWQSD－1标项目经理部　驻贵州省遵义市播州区。项目经理何建效，党工委书记兰晓东。

朝阳杨树湾47.5MW风电场EPC总承包项目部　驻辽宁省朝阳市。项目经理李伟，党工委书记陈俊明。

苏州市轨道交通3号线工程供电系统（SRT3－11－15标段）安装施工项目部　驻江苏省苏州市吴中区。项目经理李宗新，党工委书记周家祥。

西安市地铁1号线二期工程（森林公园—后卫寨）车站设备安装及装修工程施工项目部　驻陕西省咸阳市秦都区。项目经理温宇，党工委书记徐罡。

沈阳地铁9号线风水电安装工程项目部　驻辽宁省沈阳市于洪区于洪新城阳光100小区2期D5－2201。项目经理张哲，党工委书记贺国林。

深圳市城市轨道交通5号线二期系统设备安装工程项目经理部　驻广东省深圳市南山区。项目经理刘实，书记张云川。

成都地铁5号线一期、二期工程供电系统工程1标段项目部　驻四川省成都市武侯区。项目经理罗李，党工委书记李祥。

成都地铁5号线一期、二期工程通信系统集成工程1标段项目部　驻四川省成都市武侯区。项目经理卢云，党工委书记李祥。

有轨电车蓉2号线及市政改造工程供电系统施工01合同段项目部　驻四川省成都市高新西区。项目经理刘成刚，党工委书记孙炳双。

成都轨道交通10号线二期工程供电工程系统3标段项目部　驻四川省成都市双流区。项目经理李占宇，党工委书记张敬华。

成都轨道交通10号线二期通信工程系统2标段项目部　驻四川省成都市双流区。项目经理、党工委书记张敬华。

成都轨道交通10号线二期综合监控系统1标段项目部　驻四川省成都市双流区。项目经理刘春军，党工委书记张敬华。

成都轨道交通10号线二期信号系统信号标段项目部　驻四川省成都市双流区。项目经理李建军，党工委书记张敬华。

南宁市轨道交通3号线一期工程（科园大道—平乐大道）施工总承包01标段项目部　驻广西壮族自治区南宁市西乡塘区。项目经理周业宽，党工委书记韦青辉。

温州市域铁路S1线一期工程电力系统设备采购及安装工程项目部　驻浙江省温州市。项目经理金靖升，书记吕德强。

兰州轨道交通1号线一期工程供电系统工程1标段项目部　驻甘肃省兰州市。项目经理石西全，书记王立荣。

南京地铁2号线西延工程弱电施工集成（D2W－ST01标段）项目经理部　驻江苏省南京市。项目经理谢育国，书记陈翔。（雷海英）

【境内工程施工】　在建项目146个，分布在27个省、市、自治区，实际投资总额669.04亿元，开工累计完成投资480.23亿元，剩余188.81亿元。海外工程3个。铁路项目73个；铁路外工程73个，包括城市轨道交通工程56个、公路工程1个、市政工程3个、房建工程1个、电力（含风电）工程8个、电信工程4个。2019年，新上场、开工项目48个，投资额128.52亿元，其中铁路工程15个，铁路外工程33个。2019年，完竣工项目45个，合同投资148.84亿元。

郑万高铁湖北段ZWQD系统集成项目　正线287.187千米。合同投资10.65亿元。合同工期2018年8月30日至2022年12月31日。施工内容包含管段内全部的电力、牵引变电、接触网和四电房屋及相关附属工程。2019年12月1日郑万高铁湖北段先开段正式开通营运。开工累计完成投资3.49亿元。

新建北京至雄安城际铁路四电系统集成及房屋、防灾安全监控等施工总价承包工程JXSD－1标段　位于北京市与河北省省界至雄安新区，施工正线长92.785千米。合同投资88056万元。合同工期2018年9月15日至2020年11月30日。京雄铁路李营站至大兴机场站正线33.97千米，2019年9月26日正式开通运营。开工累计完成投资35695.3万元。

新建铁路商丘至合肥至杭州铁路（肥东至湖州段）四电集成及相关工程SHSD－1标段　正线长239千米。合同投资额225021万元。合同工期2016年12月30日至2020年12月30日。开工累计完成投资239131万元。

新建成都至贵阳铁路乐山至贵阳段CGSD－1标段四电系统集成及相关工程　项目跨越川滇黔三省，正线长515.02千米。合同投资261385.5878万元。合同工期2017年10月11日至2019年12月31日。乐山至宜宾西（含）段2019年6月15日开通运营；云贵段2019年10月8日开始联调联试工作，2019年12月16日开通运营。开工累计完成投资253902万元。

新建蒙西至华中地区铁路煤运通道MHSD－2标段项目　全长735.76千米。合同投资64.73亿元。2018年8月8日开工，2019年9月28日建成通车。

新建格尔木至库尔勒铁路新疆段站后强电弱电集成及相关工程（不含库尔勒站站房及相关工程）强电QDS标段　位于新疆维吾尔自治区，正线长708.182千米。合同投资132945万元。合同工期2018年3月1日至2020年12月31日。开工累计完成投资119088万元。

符夹铁路符离集至新河扩能工程FJZH标段、新河至夹河寨段扩能站后工程FJJS－ZH标段　位于京沪线符离集站至新河站，上行正线77.99千米，下行正线81.19千米。合同投资42049万元。合同工期2016年4月1日至2018年11月30日。2019年1月22日全线顺利开通，剩余房建附属工程的收尾施工。开工累计完成投资41922万元

靖边至神木集运铁路RD－1标段工程　位于陕西省榆林市榆阳区，正线长6工243.958千米。合同投资22564万元。合同工期2018年10月1日至2019年9月30日。2019年9月27日完成15站17区间通信、信号、房建专业工程，正线开通运营12站。开工累计完成投资19744万元。

新建北京至沈阳铁路客运专线京冀段四电系统集成、防灾安全监控、信息及相关工程JSJJSD－1－3标段　合同投资57334万元。合同工期2017年3月10日至2019年12月31日。施工内容包括星火站枢纽工程、引入北京铁路枢纽配套工程到达疏解线、东北环线改建、既有东北环线施工便线、动车所及动车走行线、动车走行线右线绕行线。开工累计完成投资14721万元。

新建成兰铁路引入成都枢纽站后工程　位于四川省成都市青白江区和新都区。合同投资12736万元。合同工期2015年4月25日至2016年9月30日。2019年6月14日开通成都北新建机务折返段；2019年12月24号开通成都北改建机务段信号工程。开工累计完成投资10880万元。

新建铁路格尔木至库尔勒线（青海段）格尔木地区枢纽及全线站后工程GKQHZHH2标段　全长254.8千米。合同投资72520万元。合同工期2016年3月30日至2018年12月31日。施工内容包括通信、信号、电气化、电力供电、信息（防灾）系统、四电房屋及配套房屋（含附属工程）、通所亭道路等工程。开工累计完成投资67611万元。

新建郑州至周口至阜阳铁路安徽段四电集成ZFSD－1标段　全长65.674千米。合同投资38003万元。合同工期2018年3月28日至2019年12月31日。施工内容包括通信、信号、灾害监测、电力、电气化、牵引变电、四电独立用房、岗亭、警务区工程。2019年12月1日正式开通。开工累计完成投资35503万元。

新建吴忠至中卫城际铁路四电集成项目　全长136千米。合同投资40977万元。合同工期2017年3月15日至2018年8月31日。2019年12月29日正式开通。开工累计完成投资40519万元。

新建武汉至十堰铁路孝感至十堰段站后四电系统集成及相关工程HSSDSG－1标段　全长222.77千米。合同投资63749万元。合同工期2018年4月1日至2019年11月30日。施工内容包括孝感（含）至襄阳（不含）段范围内的孝感东、朋兴（预留）、云梦东、

安陆西、随州南车站的通信、信号、电力、接触网、牵引变电、房建等四电集成相关工程及四电房屋和灾害监测工程。2019 年 11 月 19 日正式开通。开工累计完成投资 62512 万元。

新建银西铁路银川至吴忠客专工程 YWZH－2 标段　全长 75.957 千米。合同投资 72862 万元。合同工期 2017 年 7 月 10 日至 2018 年 5 月 10 日。施工内容包括吴忠站（含）至银川站（不含）四电工程及相关配套房屋、隧道照明、银川动车运用所（电力工程）及河东机场站变电所等工程。2019 年 12 月 29 日正式开通。开工累计完成投资 70714 万元。

新建银川至西安铁路段（陕西段）四电系统集成工程 YXSDJC－1 标段　位于陕西省、甘肃省及宁夏回族自治区，施工线路长 165.21 千米。合同投资 113474 万元。合同工期 2018 年 3 月 30 日至 2020 年 12 月 30 日。

阳平关至安康铁路增建第二线 YAZH－1 标段站后工程　正线长 91.323 千米。合同投资 39470 万元。合同工期 2016 年 1 月 1 日至 2018 年 12 月 31 日。2019 年 12 月 19 日全线开通。开工累计完成投资 39448 万元。

川黔铁路遵义城区段线路外迁工程站后四电集成及相关配套工程 CQZYWQSD－1 标段　位于遵义市中心城区。全长 37.404 千米。合同投资 58239.6661 万元。合同工期 2016 年 1 月 1 日至 2018 年 2 月 28 日。2019 年 11 月 25 日全线开通。开工累计完成投资 52856 万元。

朝阳杨树湾 47.5MW 风电场 EPC 总承包工程　位于辽宁省朝阳市朝阳县杨树湾乡。合同投资 25167 万元。合同工期 2018 年 4 月 1 日至 2019 年 3 月 31 日。2019 年 6 月 26 日 19 台风机全部并网发电。开工累计完成投资 26728 万元。

苏州市轨道交通 3 号线工程供电系统（SRT3－11－15 标段）安装施工项目　位于苏州轨道交通 3 号线横山路站（不含）至星港街站（不含），全长 13.71 千米。合同投资 14474 万元。合同工期 2017 年 10 月 30 日至 2019 年 7 月 31 日。2019 年 8 月 25 日全线开通。开工累计完成投资 14474 万元。

西安市地铁 1 号线二期工程（森林公园—后卫寨）车站设备安装及装修工程　全长 6.223 千米。合同投资 14203.72 万元。合同工期 2018 年 6 月 20 日至 2019 年 12 月 31 日。施工内容包括 3 站 3 区间设备安装装修工程及场段扩建范围内的火灾自动报警系统 FAS、环境与设备监控系统 BAS、门禁系统 ACS 及综合支吊架等机电设备安装工程。2019 年 9 月 16 日全线开通。

沈阳地铁 9 号线风水电安装工程项目　施工内容包括 5 站 6 区间的风、水、电安装工程，区间长度 8327.361米。2019 年 5 月开通运营。

深圳市城市轨道交通 5 号线二期系统设备安装工程　全长 7.6 千米。合同投资 19716.77 万元。合同工期 2018 年 5 月 26 日至 2019 年 12 月 28 日。施工范围包括 7 站 7 区间的 35 千伏牵引变配电（牵引供电系统工程）、接触网、通信、信号、综合监控、安全防范、火灾报警及消防联动系统设备安装工程以及既有 2 号线后海主所至登良站至赤湾站环网电缆工程、竹子林车辆段控制中心迁改工程。2019 年 9 月 28 日开通。开工累计完成投资 17553.1 万元。

成都地铁 5 号线一期、二期工程供电系统工程 1 标段　位于四川省成都市，正线长 49.078 千米。合同投资 93177 万元。合同工期 2017 年 5 月 1 日至 2019 年 10 月 31 日。2019 年 12 月 27 日全线开通。开工累计完成投资 93177 万元。

成都地铁 5 号线一期、二期工程通信系统集成工程 1 标段　位于四川省成都市，施工正线长 49.078 千米。合同投资 45120 万元。合同工期 2017 年 5 月 1 日至 2019 年 10 月 31 日。2019 年 12 月 27 日全线开通。开工累计完成投资 45120 万元。

有轨电车蓉 2 号线及市政改造工程供电系统施工 01 合同段　位于四川省成都市，正线长 39.04 千米。合同投资 54064 万元。合同工期 2016 年 6 月 1 日至 2018 年 6 月 30 日。2019 年 12 月 27 日非首开段开通。开工累计完成投资 54064 万元。

成都轨道交通 10 号线二期工程供电工程系统 3 标段　位于四川省成都市，正线长 27.04 千米。合同投资 32373 万元。合同工期 2017 年 5 月 20 日至 2019 年 12 月 31 日。2019 年 12 月 27 日全线开通。开工累计完成投资 32373 万元。

成都轨道交通 10 号线二期通信工程系统 2 标段　位于四川省成都市，正线长 27.04 千米。合同投资 7915 万元。合同工期 2018 年 6 月 1 日至 2019 年 12 月 31 日。2019 年 12 月 27 日全线开通。开工累计完成投资 7915 万元。

成都轨道交通 10 号线二期综合监控系统 1 标段　位于四川省成都市，正线长 27.04 千米。合同投资 3413 万元。合同工期 2018 年 4 月 1 日至 2019 年 12 月 30 日。2019 年 12 月 27 日全线开通。开工累计完成投资 3413 万元。

成都轨道交通 10 号线二期信号系统信号标段　位于四川省成都市，正线长 27.04 千米。合同投资 1833 万元。合同工期 2018 年 4 月 1 日至 2019 年 12 月 30 日。2019 年 12 月 27 日全线开通。开工累计完成投资 1833 万元。

南宁市轨道交通 3 号线一期工程(科园大道—平乐大道)施工总承包 01 标段　位于广西壮族自治区南宁市,正线 17 千米。合同投资 21447 万元。合同工期 2017 年 5 月 20 日至 2020 年 12 月 31 日。2019 年 6 月 6 日全线开通。开工累计完成投资 21447 万元。

温州市域铁路 S1 线一期工程电力系统设备采购及安装工程　全长 53.507 千米。合同投资 17960 万元。合同工期 2016 年 12 月 1 日至 2018 年 12 月 31 日。2019 年 9 月 28 日正式开通。开工累计完成投资 16198 万元。

兰州轨道交通 1 号线一期工程供电系统工程 1 标段　全长 15 千米。合同投资 12553 万元。合同工期 2016 年 3 月 9 日至 2016 年 10 月 31 日。施工内容包括陈官营—文化宫(不含)段工程正线、陈官营停车场供电系统,以及正线陈官营—文化宫(不含)段及停车场出入场线地下段接触网。开工累计完成投资 12553 万元。2019 年 6 月 23 日正式开通。

南京地铁 2 号线西延工程弱电施工集成工程(D2W-ST01 标段)　全长 5.4 千米,设车站 4 座,全部为地下站。在线路西端,秦新路南侧,秦淮新河北岸设 1 处鱼嘴停车场,扩建马群车辆段运用库库后预留的 20 列位。　(雷海英)

【境外工程施工】　援吉布提城市安全监控系统项目　2018 年 3 月 12 日签约,合同投资 1.65 亿元,合同工期 2018 年 7 月至 2019 年 12 月。

坦桑尼亚农村能源局第三期工程　2018 年 10 月 2 日签约,合同投资 1.2 亿元,合同工期 2018 年 11 月至 2020 年 11 月。

塞尔维亚境内贝尔格莱德中心—旧帕佐瓦区段电气化工程　2018 年 11 月 12 日签约,合同投资 1.83 亿元,合同工期 2018 年 6 月至 2021 年 6 月。　(马吉鹏)

【企业管理】　研究编制 2019—2021 年三年滚动发展规划;编制《品质铁建实施纲要》,明确 8 个方面高品质目标;编制《深入落实股份公司党委书记、董事长陈奋健调研讲话精神实施方案》;出台集团公司《执业注册人员管理(暂行)规定》,修订完善集团公司《资质管理规定》;为增加企业核心竞争力,企业注册资本金由原来的 7.1 亿元增加至 38 亿元;全年成功申报建筑业企业资质 26 项,总承包一级资质 1 项,总承包二级资质 4 项,专业承包一级资质 7 项;组建设立运营管理有限公司,完善集团产业链;成功授让江苏铭隆轨道交通设备有限公司持有轨道器材公司 30% 的股权,指导并配合科技公司持有的衡水中铁建橡胶有限公司股权转让;积极推进相关企业分拆上市;与西南交通大学签署深化战略合作框架协议;积极组织并申报股份公司第四届中国铁建企业管理现代化创新成果,轨道交通器材有限公司申报的《制造型企业工艺管理标准化体系的搭建与实施》获中国铁建第四届企业管理创新成果二等奖;加入中国地方铁路协会和中国公路建设行业协会。

安全质量。以安全质量为核心,强化红线意识,纵深推进标准化和信息化管理,实现无较大及以上等级责任事故,在建工程质量检验合格率 100%。获国家铁路集团有限公司 2019 年下半年铁路建设项目施工企业信用评价 A 级。获 2019 年股份公司第一类安全包保单位安全包保考核良好。

财务管理。实现营业收入 207.74 亿元,为年度目标的 100.30%,同比增长 8.47%;实现净利润 13.73 亿元,为年度目标的 100.01%,同比下降 5.81%;资产负债率 69.89%,较年初下降 1.52 个百分点;净货币资金 182.01 亿元,较年初增长 7.77%;经营性现金净流量 18.95 亿元。

资本运营。认真贯彻股份公司和集团公司工作会议精神,加强经营承揽、加快转型升级,做好实物资产管理,夯实业务管理基础,收集、跟踪资本运营项目信息 40 余条,确定重点跟踪资本运营项目 10 余个,中标丽江城市综合轨道交通一期(1 号线)、重庆轨道交通 5A 线(富华路—跳蹬南)、渝湘复线(主城至酉阳段)、武隆至道真(重庆段)高速公路、新建铁路杭州经绍兴至台州线温岭至玉环段等投融资项目,出资 2473 万元,实现施工任务承揽 42.57 亿元。

经济管理。工程承包板块完成产值 199.2038 亿元,实现变更索赔额 23.9795 亿元,变更索赔率 12.04%。其中,铁路工程完成产值 145.3160 亿元,变更索赔额 21.8171 亿元,变更索赔率 15.01%;公路工程完成产值 1.9435 亿元,变更索赔额 0.3810 亿元,变更索赔率 19.60%;地铁及轻轨工程完成产值 41.7291 亿元,变更索赔额 1.4978 亿元,变更索赔率 3.59%;水利水电工程完成产值 5.0090 亿元,变更索赔额 0.1478 亿元,变更索赔率 2.95%;其他工程完成产值 4.2721 亿元,变更索赔额 0.1358 亿元,变更索赔率 3.18%。

审计监督。完成审计项目 6 个,涉及资产总额 28 亿元,发现问题数量 31 个,提交审计报告 6 份,提出审计建议 31 条,审计建议被采纳 30 条。同时协助股份公司审计监事部举办"助力品质铁建、彰显审计价值"演讲比赛活动,配合股份公司审计监事部完成对集团公司原董事长郑斌的离任经济审计,配合股份公司审计监事部完成海外业务专项审计和固定资产建设专项审计。

合规管理。召开合规管理启动大会并设立合规委员会、首席合规官、归口管理部门和合规专员；组织全员参加股份公司合规制度发布暨合规培训会，并印制“1+9”合规管理制度纸质书籍和《诚信合规手册》在会议上予以发放，大力推进“1+9”合规管理制度与现有管理制度相融合的“大合规”管理体系建设，不断促进企业管理制度体系和治理能力的提升；为有效防范海外业务法律风险，电气化局排查境外法律风险，下发《对外承包工程项目合同法律审核指引》，向重要子公司分发29个国家的《“一带一路”沿线国家法律风险防范指引》和《企业境外法律风险防范国别指引》；举办2019年度法治合规工作会议、总法律顾问述职会议、法律合规培训暨合规管理制度落实推进会议；严格执行五项法律审核制度，扎实做到“应审尽审”，确保“一没五不”机制落到实处；持续推动企业主要负责人履行推进法治建设第一责任人职责贯彻落实工作。

教育培训。培训职工14062人次，其中管理人员5699人次、技能人员8363人次。有效地提高职工队伍的整体素质。（桂　磊　姜成师　张文峰）

【经营管理】 新签合同额278.38亿元，完成股份公司下达经营指标的101.23%。其中铁路工程126.41亿元，占比45.41%；城市轨道工程85.04亿元，占比30.55%；其他路外42.75亿元，占比15.36%；工业制造20.92亿元，占比7.52%；设计咨询0.7亿元，占比0.25%；物资贸易及其他2.56亿元，占比0.92%。海外新签合同额27.8亿元。（陈思江　何燕霞）

【科技成果】 科技研发立项383项。其中新立项目220项，续研项目163项。主持股份公司B类科研课题计划2项，C类科研课题计划2项，参与股份公司重大专项1项，参与股份公司B类课题计划1项，共获股份公司资助200万元。参与编制国家标准《城市轨道交通再生制动能量吸收逆变装置》（GB/T37426—2019），2019年5月10日发布，2019年12月1日正式实施。参与编制住房和城乡建设部行业标准《城市轨道交通架空接触网技术规范》（CJJ/T288—2018），2018年12月27日发布，2019年5月1日正式实施。参与编制河南省地方标准《悬挂式单轨交通技术标准》（DBJ41/217—2019），2019年4月4日发布，2019年6月1日正式实施。获省部级科学技术奖3项，中铁建科学技术奖4项。获省级工法9项，中国铁建优秀工法9项。获2019年度国家铁路局重大科技创新成果入库成果铁路专利2件、论文1篇，股份公司优秀实用新型专利奖1项。授权知识产权131件，其中发明专利3件，实用新型专利104件，外观设计专利1件。软件著作权23项。尼日利亚铁路现代化项目阿布贾至卡杜纳段工程获2018—2019年度国家优质工程金奖。尼日利亚阿布贾城铁项目一期工程获得2018—2019年度中国建设工程鲁班奖。（陈　洁　马吉鹏）

【党群工作】 党的工作。党员3467人，基层党组织188个，其中党委28个，党总支1个，党支部159个。按照股份公司党委的统一部署，迅速成立主题教育领导小组和工作机构；坚持两级统筹，编制“不忘初心、牢记使命”主题教育实施方案，下发学习书籍4200余册。深入联系点开展工作，开展调研175次，讲党课137次。集团公司党委严格规范选人用人，全年提拔调整处级领导干部22人。召开党委常委会22次，对涉及“三重一大”的107余项重要议题，进行前置研究。印发《关于开展创建“四好”领导班子活动实施细则》。逐级签订《党建工作目标责任书》。在五公司成都地铁6号线项目部召开集团公司基层党建现场观摩会。成立境外组织党支部。选送33名政工干部参加5期股份公司组工干部、党支部书记培训。举办1期基层党支部书记示范培训班，全集团98名基层党支部书记参加，全年发展党员103人。集团公司本级及所属各单位购买张家口地区生产的各类农副产品合计金额72万元，服装1万余套。组织“助脱贫、献爱心”活动，捐款43万余元。

宣传工作。主题教育期间党委中心组集中学习6天，撰写心得体会12篇；领导班子成员深入基层讲党课12场次；组织4次中心组学习对陈奋建在电气化局的调研讲话精神进行研讨，并起草实施方案逐一落实。召开意识形态专题会议，传达国务院国资委会议精神；对集团网站、官微清查；召开书记办公会5次。组织各类学习培训；推进学习强国平台运用，党员学习全覆盖；子、分公司开展道德讲堂30余场次。选树蔡俊福、李学斌、张平等先进人物，在多家中央主流媒体报道，蔡俊福获中国铁建第三届“永远的铁道兵杯”十大楷模；组织港珠澳大桥先进事迹巡回宣讲7场次。“献爱心、助贫困”活动筹集资金50余万元。6篇政研成果获股份公司奖项。对上场项目进行企业文化策划布置和设计指导；开展劳动竞赛、导师带徒、技术比武、轨道车演练等活动。组织新媒体培训；以京雄、格库、浩吉、商合杭等重点报道。内部宣传围绕庆祝新中国成立70周年和主题教育等活动，以及对基层党建联建、主题实践等报道。处理舆情事件2起。新媒体全系统计分保持20名前后，官微推文161篇，推送《祖国那么大，我们带你去看看》，并入选国务院国资委优秀视频，被多家中央媒体转发。一公司参与洛阳住建系统红歌比赛，获三等奖；参与洛阳“元洲杯”摄影书画大赛，获多项荣誉。

纪检监察工作。集团公司两级党委、纪委层层签订《党风廉政建设责任书》，集团公司签订责任书22份，各二级单位逐级签订责任书234份。集团公司两级纪委，先后对提拔任用的222名科级、22名处级人员出具廉洁意见。集团公司纪委对本级和所属单位驻京驻外办事机构进行全面监督检查，公司本级及所属单位9个驻京和1个驻外办事机构办全部关停，1个驻外非法人机构的接待功能整改完毕。派出5个巡察组，抽调28人次对五公司、南方公司、北方公司、科技公司、城轨公司5家单位党组织进行为期4个多月的常规巡察。提出问题197个，整改意见建议20条。在全集团范围内召开全面从严治党“两个责任”促进会和巡察工作情况通报视频会，集团公司党委书记、纪委书记对6个单位的党委书记、纪委书记进行约谈或者诫勉谈话。集团公司本级纪委完成纪检监察机构改革工作。纪委内设2个部门，纪委办公室、执纪审查室，定编10人；党委巡视办公室更名为党委巡察办公室，并单设为党委工作部门，定员5人；成立党风廉政建设和反腐败工作协调小组。分别给予11人诫勉谈话、15人提醒谈话。全集团共受理来信来访26件（扣除重复举报8件），处置问题线索20件，初核20件，立案12件，结案12件，给予党政纪处分21人，刑事处理1人。

工会工作。下辖处级工会15个，基层工会106个，工会会员10777人，专兼职工会干部123人。大力弘扬劳模精神、劳动精神、工匠精神，主动融入中心、服务大局、开拓创新，结合实际深入开展以“五比创五杯”为主要载体、形式多样的劳动竞赛40余次。新增省部级劳模创新工作室3个、集团公司级创新工作室6个，命名2个集团公司金牌创新工作室，累计创建创新工作室33个，评选创优成果12项。1人获全国五一劳动奖章，1人获国资委、国家人力资源和社会保障部联合评选的中央企业劳动模范，4个单位获省级“工人先锋号”，3个集体被授予火车头奖杯，3人获火车头奖章，10人获集团公司“十大电化工匠”荣誉。建家建线工作扎实推进，拨付建家建线资金352.64万元，对4个偏远艰苦项目和3个单位给予帮扶，为17个项目3700余名职工统一配发床上用品。支出慰问资金312.25万元，对362个困难家庭进行帮扶救助，开展“夏送清凉”活动，发放505.17万元慰问品，惠及职工4563人次，全局常态慰问普惠职工14000余人次。职工活动广泛开展，成功举办第八届“铁建电化杯”职工乒乓球比赛。职代会召开质量不断提升，集体合同协商签订履约更加规范，2019年集团公司、15个子（分）公司全部召开职代会，民主测评领导班子成员100%，集体合同协商签订100%。为适应新时代新任务下工会工作新要求，集团公司在武汉举办为期5天的工会干部培训班，102名专兼职工会干部参加培训。重视“智慧工会”建设。2019年集团公司工会持续加大网络工会工作平台建设力度，“铁建电化工社”企业微信宣传平台正式上线运行，各板块内容不断完善。所属各单位宣传工作开展得有声有色，全年刊稿151篇，1人获2019年信息化管理先进个人，1人获股份公司优秀编辑。女职工活动成果丰硕，集团公司工会女工委组织开展庆祝新中国成立70周年暨书香电化女职工读书活动，多篇作品在全国、全路、股份公司获奖。设计院获全国“书香三八”表演阅读作品优秀奖，四公司张倩倩获“书香铁路”摄影作品优秀奖，南方公司杨帆获“书香铁路”书画作品优秀奖。获股份公司书香铁建征文、家书一等奖2个，二等奖2个，三等奖2个。

共青团工作。下辖基层团委25个、团支部132个，专兼职团干部226人，其中专职团干部25人，注册团员2228人，35岁以下青年职工6017人。在青年队伍比较集中的重点工程项目中，创建青年突击队48支，青年安全示范岗45个。全局继续深化“导师带徒活动”，签约师徒408对。深入开展“推优入党”工作，推荐9名入党积极分子成为预备党员。关爱困难团员，发放股份公司春节关爱行动爱心金9000元。组织开展以“青春心向党　建功新时代”为主题的纪念五四运动100周年暨五四青年月活动，百余名青年代表赴陶然亭公园高君宇烈士墓进行祭扫活动。召开2018—2019年度青工“五小”成果评审会，从申报的186项成果中评定出优秀“五小”成果89项。运用多媒体方式广泛开展“我和我的祖国”系列主题教育活动，上报股份公司官方抖音作品10个，团聚铁建微信稿7篇，团青动态月览新闻16条。各级团组织开展各类主题教育活动60余场，参与学习团员青年4000余人。获股份公司2017—2018年度五四红旗团委1个、五四红旗团支部1个、青年文明号2个；优秀共青团员2人、优秀共青团干部2人、青年岗位能手3人；集团公司团委推送的科技公司质量检验部副部长黄倩获中国铁建第九届“十佳青年技术能手”称号。

（张狄箫　朱潭溪　喻　静）

【第一工程有限公司】　具有铁路电务、铁路电气化、输变电工程、建筑机电安装、消防设施工程专业承包、城市及道路照明工程专业承包一级，通信工程施工总承包二级，电子与智能化、公路交通工程（公路机电工程分项）专业承包二级，电力工程、机电工程、建筑工程施工总承包三级资质。驻河南省洛阳市白马寺镇18号。注册资本金11000万元。党委书记、董事长施亚辉,党委副书记、总经理董建林。职工1133人。资产总额209432万元。其中,固定资产原值13326万元、净值3208万元,流动资产194430万元。"四电"专业成套机械618台(套),总功率19969千瓦,机械运输设备130辆(台),检试验设备79台,仪器仪表217台,技术装备率2.6万元/人,动力装备率18.01千瓦/人,具有承担时速350千米以上电气化铁路的"四电"集成系统施工和运营维护能力。

2019年,承揽任务322214万元,总投资211770万元,施工产值211770万元,净利润10530万元,人均创利9.5万元,全员劳动生产率191万元/人年,职工年人均收入13.43万元。国有资产保值增值率149.34%,净资产收益率44.01%,产值利润率5.25%,资产负债率87.32%,应上缴款完成率100%。

(刘　颖)

【第二工程有限公司】 具有铁路电务、铁路电气化、输变电、建筑机电安装、消防设施、电子与智能化、建筑装修装饰、建筑幕墙、防水防腐保温工程专业承包一级,机电、电力、通信、市政公用、建筑工程、钢结构工程、公路交通(公路机电工程分项)、城市及道路照明工程专业承包二级以及劳务资质;电力设施许可证(承装类二级、承修类三级、承试类四级)。驻山西省太原市尖草坪区昌盛西街18号。董事长、党委书记钟勇,总经理、党委副书记李利军。职工1420人。资产总额189801万元。其中,固定资产原值13084万元、净值3215万元,流动资产180983万元。施工机械设备95台,原值9471.4万元、净值1372.7万元,总功率15724千瓦,动力装备率11.27千瓦/人,技术装备率0.98万元/人,设备完好率98%、利用率65%、现场主要机械设备故障率1%。

2019年,承揽任务29.09亿元,自揽任务23.59亿元。产值22.39亿元,利润9639万元,国有资产保值增值率142.84%,净资产收益率41.97%,产值利润率4.31%,人均创利7.67万元,全员劳动生产率15.35万元/人年,总资产报酬率5.71%,资产负债率87.22%,职工年人均收入96278元,应上缴款完成率101.03%。

(程　鹏)

【第三工程有限公司】 具有铁路电务、铁路电气化、输变电工程专业承包一级,通信工程施工总承包三级,消防设施工程专业承包二级,承装(修、试)电力设施许可证二级资质。驻河北省高碑店市兴华北路57号。党委书记、董事长陈宪祖,总经理焦国栋。职工1309人。资产总额213290万元。其中,固定资产原值11160万元、净值1950万元,流动资产202190万元,非流动资产11100万元。机械运输设备239台(套),设备原值10078万元、净值1684万元,总功率18474千瓦,动力装备率14.4千瓦/人,技术装备率1.31万元/人,设备完好率95%、利用率55%,机械化施工程度75%。年施工生产能力50亿元以上。

2019年,承揽任务185216.69万元,营业总收入251915.39万元,施工收入250923.44万元,利润总额7453万元,净利润6934万元。年人均创利5.72万元。全员劳动生产率27.6万元/人年,职工年人均收入9.74万元,国有资产保值增率130.54%,净资产收益率29.89%,产值利润率4.96%,投资回报率124.22%,资产负债率88.92%,应上缴款完成率100%。

(王　鹏)

【第四工程有限公司】 具有铁路电务、铁路电气化、电子与智能化、建筑机电工程专业承包一级,消防设施、公路交通工程(公路安全设施分项)专业承包二级,输变电、环保工程专业承包三级,电力设施承装、承修类三级及承试类四级资质。驻湖南省长沙市雨花区中意一路728号。董事长、党委书记谢文艺,总经理李道新。职工935人。资产总额180220万元。其中,流动资产171384万元,固定资产2342万元,其他资产6494万元。机械设备184台(套),设备原值7076.41万元、净值2040.92万元,总功率15180千瓦,动力装备率16.2千瓦/人,技术装备率2.18万元/人,设备完好率95%、利用率97%。年施工能力30亿元以上。

2019年,承揽工程任务242190.5万元,产值144268万元,施工产值249396万元。利润7156.82万元,人均创利7.65万元。全员劳动生产率154.3万元/人年,职工年人均收入14.2万元。国有资产保值增值率137.8%,净资产收益率39.34%,产值利润率5.65%,投资回报率39.34%,资产负债率90.15%,应上缴款完成率100%。

(贾　飞)

【第五工程有限公司】 具有铁路电务工程专业承包一级,铁路电气化、通信工程输变电工程、电子与智能化、公路交通(公路机电)工程专业承包二级,机电工程、建筑工程施工总承包三级,建筑机电安装工程专业承包三级,承装(修、试)电力设施许可证四级,施工劳务资质。驻四川省成都市青羊区成飞大道一号青羊工业园N区12栋。董事长、党委书记卫明博,总经理吕彦伟。职工1071人。资产总额220341.65万元。其中,固定资产原值17922.88万元、净值8509.86万元,流动资产209679.15万元,其他资产2152.64万元。

机械运输设备132台(套),仪器仪表和实验设备154台,设备原值7574.88万元、现值1775.10万元,设备总功率13549.5千瓦,动力装备率12.45千瓦/人,技术装备率1.63万元/人,设备完好率100%、利用率100%。具有承担时速350千米电气化铁路"四电"建设的能力。年综合施工能力30亿元以上。

2019年,承揽任务121367万元,自揽121367万元,产值261496万元,施工建筑业产值261496万元,利润10050.70万元。人均创利9.20万元,全员劳动生产率27.79万元/人年,职工年人均收入12.41万元,国有资产保值增值率152.86%,净资产收益率52.07%,产值利润率4.39%,投资回报率167.51%,资产负债率91.34%,投资收益上缴率100%,应上缴款完成率100%。 (刘 颖)

【南方工程有限公司】 具有通信工程施工总承包一级,铁路电务工程、电气化工程专业承包一级,机电工程施工总承包二级,建筑工程、电力工程施工总承包三级,电子与智能化工程专业承包一级,建筑机电安装工程、城市及道路照明工程专业承包二级,输变电工程专业承包三级,承装(修、试)电力设施施工许可证四级资质。驻武汉市东湖开发区佳园路17号。董事长、党委书记万靖(10月免),总经理、党委副书记王培雄。职工1488人。资产总额336108.5万元。其中,固定资产原值18894.6万元、净值7438.7万元,流动资产316651.6万元,其他资产12018.2万元。机械运输设备128辆(台),原值8893万元、净值1034万元。各种运输设备92辆,机械设备36台,智能设备3台(套),原值1039万元、净值1039万元,总功率15713千瓦,动力装备率11.22千瓦/人,技术装备率0.74万元/人,设备完好率98%、利用率98%。

2019年,承揽任务421357.55万元,产值303500万元,施工产值293257万元。利润14912万元。职工年人均收入11.50万元,在岗职工年人均收入11.76万元,职工人均创利10.02万元,全员劳动生产率38.32万元/人年。国有资产保值增值率139.48%,净资产收益率39.34%,产值利润率5.13%,资产负债率89.92%,应上缴款完成率100%。(刘 喆 朱雪珍)

【北方工程有限公司】 具有铁路电气化工程、铁路电务工程、输变电工程、建筑机电安装工程、电子与智能化工程、消防设施工程专业承包一级,通信工程、电力工程施工总承包二级,城市及道路照明工程专业承包二级,建筑工程、机电工程施工总承包三级,承装(修、试)电力设施承装类、承试类二级和承修类三级资质。驻山西省太原市万柏林区迎泽西大街369号。董事长、党委书记马功民,总经理徐元成。职工1470人。资产总额239011.59万元。其中,固定资产原值21343.75万元、净值10698.97万元,流动资产227153.77万元,其他资产11857.82万元。机械运输设备143台(套),原值10033万元、净值3126万元,总功率16850千瓦,动力装备率11.4千瓦/人,技术装备率3.89万元/人,设备完好率95.5%、利用率70.6%。机械化施工程度80%以上,年施工生产能力60亿元以上。

2019年,承揽任务29.35亿元,营业收入29.05亿元,利润10970.46亿元,人均创利润7.76万元,全员劳动生产率37.62万元/人年,职工年人均收入13.59万元。国有资产保值增值率130.13%,净资产收益率29.88%,资产负债率85.96%,应上缴款完成率100%。 (史桓宇)

【北京中铁建电气化设计研究院有限公司】 具有铁道行业乙级和铁道通信信号、电气化专业甲级设计资质。驻北京市石景山区石景山路29号京燕饭店3层。董事长、党委书记阚绍忠,院长黄国胜。职工149人。资产总额14873.37万元。其中,固定资产原值345.53万元、净值57.84万元,流动资产14383.2万元,无形资产11.8万元,长期待摊费用64.77万元。

2019年,新签合同额7078.34万元。产值7986.61万元,利润325.93万元,全员劳动生产率53.24万元/人年。净资产收益率4.75%,产值利润率4.08%,投资回报率5.43%,资产负债率53.86%。 (刘芳兵)

【科技有限公司】 具有房屋建筑工程施工总承包三级、钢结构专业承包三级、装饰装修工程专业承包二级资质,拥有CRCC以及质量、环境、职业健康安全管理体系认证证书,是中国招投标协会会员单位,中国招投标协会首批招标代理机构信用评价AAA级单位,钢铝复合导电轨国家行业技术标准起草和制定单位之一。驻河北省高碑店市西大街建国胡同9号。董事长、党委书记孙维星,总经理、党委副书记白利军。职工209人。资产总额31046万元。其中,固定资产净值1773万元,流动资产24506万元,无形资产净值592万元。设备211台,设备原值1762.45万元、净值725.73万元,总功率4961.56千瓦,动力装备率24.32千瓦/人,技术装备率3.56万元/人,设备完好率96.75%、利用率92%。

2019年,承揽任务30178万元,营业收入28321万元,净利润1403万元。资产保值率118.28%,净资产收益率18.49%,产值利润率4.7%,资产负债率75.5%,应上缴款完成率100%。 (黄婷婷)

【西安电气化制品有限公司】 拥有铁路专用线2股道2.1千米,混凝土产品生产线7条,钢结构制品厂房10000平方米。可年产电气化铁路横腹杆式预应力混凝土支柱70000根、接触网环形混凝土电杆50000根、接触网环形等径预应力混凝土支柱50000根,其他水泥制品150000件,电气化铁路格构式钢柱12000根,H型钢柱24000根,硬横跨900组,可同时满足多条大型铁路施工物资需求。驻陕西省西安市未央区文景路。党委书记、董事长戴丽军。职工252人。资产总额41316万元。其中,负债总额33667万元,所有者权益7649万元。机械生产设备790台(套),原值3003.47万元、净值803万元;实验设备53台(套),原值59万元、净值9万元。总功率9000千瓦,动力装备率37.5千瓦/人,设备完好率100%、利用率85%。

2019年,新签合同额3.64亿元,营业收入3.53亿元,净利润1053万元,全员劳动生产率144.45万元/人年,年人均创利4.18万元。职工年人均收入8.3万元。净资产收益率6.92%,总资产报酬率1.28%,营业利润率1.62%,营业收入增长率0.1%,营业利润增长率0.34%,净资产增长率-2.73%,应上缴款完成率100%。 (王 锋)

【康远新材料有限公司】 是铁路运输设备生产企业,生产和销售16种铜及铜合金接触线、18种铜及铜合金绞线;是欧洲CE认证企业,产品可在欧盟市场销售。驻江苏省靖江市人民南路88号江阴—靖江工业园区。董事长、党委书记赵德胜,总经理杨玉军。职工183人。资产总额58554万元。其中,固定资产净值6421万元,流动资产51179万元,其他资产954万元。机械运输设备原值6205万元,净值1573万元。机械运输总功率7400千瓦,其中机器设备7000千瓦,动力装备率40.4千瓦/人,技术装备率33.9万元/人。年生产能力1.5万吨,具备电气化铁路5000正线千米供货能力。

2019年,承揽任务7.26亿元,产值78475万元,利润1846.2万元,全员劳动生产率428.8万元/人年,职工年人均收入9.6万元,资产负债率74.85%,国有资产保值增值率112.63%,净资产收益率12.29%,产值利润率2.35%。 (张 可)

【轨道交通器材有限公司】 主营电气化铁路、城市轨道交通接触网器材、零部件的设计、制造和服务;铁路电气化零部件、城市轨道交通器材设备的质量检测检验。通过三大管理体系认证,具备对外开展试验检测业务的能力。2008年成立,注册资本金7000万元,总投资3亿元。驻江苏省常州市武进区高速铁路电气化产业园。党委书记、董事长冯晓河,总经理张静波。职工406人。资产总额69933万元。其中,固定资产原值19340万元、净值8952万元,流动资产59141万元,其他资产1840万元。

2019年,新签合同额70012万元,其中铁路市场53986万元、城市轨道交通市场15219万元、海外市场807万元。所有者权益年初余额3267万元、年末余额4621万元,国有资产保值增值率141.44%,净资产收益率44.52%,产值利润率3.1%,资产负债率93.39%,应上缴款完成率100%。 (汤 洪)

【北京京燕饭店有限公司】 三星级涉外酒店,占地面积1.17万平方米,建筑面积3.6万平方米,拥有各类客房300余套,大小会议室8间,设有首层会议餐厅、商务餐厅和顶层阳光餐厅。驻北京市石景山区石景山路29号。总经理孙建洁。职工157人。资产总额21338万元。其中,固定资产原值19790万元、净值8922万元,流动资产5235万元。

2019年,营业收入5057.57万元,净利润63.99万元,上缴货币资金1100.96万元,职工年人均创利0.34万元,全员劳动生产率15.22万元/人年。国有资产保值增率100.39%,净资产收益率0.39%,产值利润率1.27%,资产负债率40.86%。 (刘博宇)

【北京城市轨道工程公司】 驻北京市石景山区石景山路29号京燕大厦东配楼4、5两层。总经理王俊杰,党委书记郭帆。职工87人。资产总额32330万元。其中,固定资产原值498万元、净值242万元,流动资产28483万元,其他资产3605万元。机械运输设备16台(套),设备原值352.82万元,设备利用率100%。

2019年,承揽任务22282.6万元。产值9539万元,净利润408万元,职工年人均创利2.09万元,全员劳动生产率48.92万元/人年,产值利润率4.28%,资产负债率100%,应上缴款完成率100%。 (赵 霞)

【运营管理公司】 驻湖北省襄阳市。2019年初,从新疆转场至湖北襄阳。党委书记王春林(4月免)、张华峰(5月任),总经理张华峰。职工398人。资产总额3304.49万元。其中,固定资产原值329.22万元、净值61.66万元,流动资产2981.28万元,非流动资产61.66万元。机械运输设备6台,设备原值285.32万元、净值31.20万元,设备完好率100%、利用率100%。

2019年,承揽任务4264.55万元,产值5136.85万元,利润50.88万元,职工年人均创利2251.12元,全员劳动生产率22.73万元/人年,职工年人均收入8.2万元,国有资产保值增值率44%,产值利润率1.21%,

资产负债率99%。（郑朝阳）

【重要记载】

▲1月22—24日　中铁建电气化局党委（扩大）会、三届三次职代会暨2019年工作会、党风廉政建设和反腐败工作会在京燕饭店召开。

▲3月29日　中国铁建电气化局集团贝尔格莱德分公司在塞尔维亚注册成功。

▲3月　中铁建电气化局获北京市科委、财政局、税务局颁发的北京市"高新技术企业证书"和"纳税信用评价'3连A'证书"。

▲3月　中铁建电气化局获国家铁路集团有限公司2019年下半年铁路建设项目施工企业信用评价A级。

▲4月　中铁建电气化局获批2017—2018年度铁路工程建设部级工法9项。

▲10月23日　中铁建电气化局对区域经营指挥部进行调整，在国内设立八大区域经营指挥部，分别是东北区域经营指挥部、华北区域经营指挥部、华东区域经营指挥部、中南区域经营指挥部、华南区域经营指挥部、西南区域经营指挥部、西北区域经营指挥部、京津冀区域经营指挥部。

▲11月13日　中铁建电气化局承建的贵阳龙洞堡机场综合交通枢纽工程、尼日利亚阿布贾城铁项目一期工程、兰渝铁路西秦岭隧道获中国建设工程鲁班奖，苏州市轨道交通2号线及延伸线工程、滨绥铁路牡丹江至绥芬河段扩能改造工程双丰隧道、新建铁路大同至西安客运专线原平西至西安北段"四电"系统集成及相关工程（SDJC）标段、西成客专跨西宝客专特大桥、成都经济区环线高速公路简阳至蒲江段项目、新建九江至南昌城际铁路工程南昌站改造工程获国家优质工程奖。

▲11月28日　中铁建电气化局注册资本金由7.1亿元增加至38亿元。

▲11月　中铁建电气化局获批山西省级工法9项。

▲11月　中铁建电气化局承办铁路BIM联盟第二届第二次会员代表大会和首届"联盟杯"BIM大赛，会议在国家会议中心举行。

▲12月　中铁建电气化局获中国铁道学会科学技术奖3项。其中，二等奖1项："基于电气特性分析的道岔控制电路智能测试系列装置的研究"；三等奖2项："张力可控式弹性吊索紧线器的研制与应用""250km/h接触网有砟轨道弹性链型悬挂计算调整技术"。（曹丽莎）

中国铁建港航局集团有限公司

【简况】　具有港口与航道工程、公路工程施工总承包特级，建筑工程、市政公用工程施工总承包一级，铁路工程、机电工程、水利水电工程施工总承包二级，电力工程施工总承包三级，桥梁工程、隧道工程、钢结构工程、公路路基工程、地基基础工程专业承包一级，公路路面工程、建筑装修装饰工程、公路交通工程（限公路安全设施分项）、公路交通工程（限公路机电工程分项）专业承包二级，环保工程专业承包三级，特种工程（限结构补强）专业承包不分等级19项施工资质。2011年成立。总部驻广东省珠海市前山翠峰街189号。注册资本金25亿元。下辖中铁建港航局集团长江工程有限公司、中铁建港航局集团路桥工程有限公司、中铁建港航局集团置业有限公司、中铁建港航局集团勘察设计院有限公司、中铁建港航局集团第三工程有限公司、中铁建港航局集团工程检测有限公司、中铁建港航局集团黄冈基础设施投资有限公司、中铁建港航局集团江门基础设施投资有限公司、中铁建港航局集团达州基础设施投资有限公司、南宁市中铁建邕宁水利枢纽投资建设有限公司、中铁建港航局集团山东海洋建设有限公司、中国铁建港航局集团有限公司第一工程分公司、中国铁建港航局集团有限公司第二工程分公司、中国铁建港航局集团有限公司第三工程分公司、中国铁建港航局集团有限公司第四工程分公司、中国铁建港航局集团有限公司总承包分公司、中国铁建港航局集团有限公司船舶工程分公司、中国铁建港航局集团有限公司海外分公司。职工2913人。资产总额126.66亿元。其中，流动资产54.61亿元，固定资产净值6.43亿元，其他资产65.62亿元。固定资产设备2313台（套），设备原值14.62亿元、净值11.8亿元，总功率91360.247千瓦，动力装备率35.74千瓦/人，技术装备率26.12万元/人，设备完好率90.5%、利用率89.3%，机械化施工率100%。

2019年，新签承揽额295.49亿元，为股份公司任务指标150亿元的196.99%。其中国内传统市场完成新签合同额230.78亿元，首次突破200亿元大关，再创历史新高。完成股份公司下达指标120亿元的192.32%。获国家科学技术进步奖一等奖1项，获评"交通运输建筑施工企业安全生产标准化一级企业"，风电安装船经营租赁项目获中国海事金融领域最具影响力的"牵星奖","铁建绞03"船舶获评2018年度全国水运系统"安全优秀船舶",1个项目获连云港市建设局及建筑协会"玉女峰杯"。青岛港全自动化码头堆场工程、青岛世界博览城一揽子配套工程PPP项目和青岛奥帆中心浮码头工程入选庆祝新中国成立70周年青岛成就展。 (陈志逸 萧子锋 张惠萍)

【领导人员】

董事会

董事长	许四发
董事	许四发
	金国亮
	王永东
	谭世霖
	刘齐辉

监事会

监事会主席	杨复林
监事	杨复林
	吴航宇
	梁根林

经理层

总经理	金国亮
副总经理	王永东
	刘齐辉
	谭世霖
	蹇 宏
	李法胜
	杨 勇
总会计师	杨 勇
总工程师	刘齐辉

党群领导

党委书记	许四发
党委副书记	金国亮
	李世春
纪委书记	杨复林
工会主席	李世春

(杨少波)

【职工队伍】 职工2913人。其中干部2764人,工人149人。专业技术干部2434人,占干部总数的88.1%;女干部403人,占干部总数的14.6%。专业技术干部中,高级技术职务403人,占职工总数的13.8%;中级专业技术职务718人,占职工总数的24.6%;初级专业技术职务1148人,占职工总数的39.4%。大学本科及以上学历2472人,占职工总数的84.9%;专科学历271人,占职工总数的9.3%;大专以下学历170人,占总人数的5.8%。35岁及以下1887人、36~45岁589人、46~55岁406人、56岁以上31人。149名工人中,高级技师25人、技师26人。 (杨少波)

【工程项目指挥机构】 横琴保税洪湾一体化项目指挥部 驻广东省珠海市香洲区洪湾商贸物流中心香工路。指挥长仲维华,党工委书记卢初升。

小清河复航工程4标段项目部 驻山东省东营市广饶县大码头镇。项目总部经理吴兵,党工委副书记甄军。 (顾世韧)

【工程施工】 在建项目215项,其中2019年新承接施工项目77项,续建施工项目128项,勘察设计项目10项(类)。在建项目中水工项目75项、公路项目62项、市政项目36项、房建项目22项、风电项目6项、其他工程4项、勘察设计项目10项(类),项目类型以水工项目和公路项目为主。

珠海市鹤洲至高栏港高速公路一期工程HGTJ3标段 全长4.247千米。主线双向6车道,设计时速100千米;匝道设计时速40千米。主要工程量:主线桥1座2487.948延长米,互通式立交1处。2019年,完成投资27628万元。

佛(山)江(门)高速公路和顺至陈村工程FJ-S03合同段 位于广东省佛山市,全长8.056千米。主要工程量:路基挖土方17.03万立方米,路基填筑利用土方1.1万立方米,借土填方22.47万立方米;主线拼宽桥4座2140.21延长米,新建辅道桥大桥2座1122延长米,辅道中小桥1座30.87延长米,匝道特大桥1座1047延长米,匝道大桥5座2528.171延长米,匝道中小桥4座84延长米;涵洞及通道20道。2019年,完成投资37529万元。

珠海市鹤洲至高栏港高速公路二期工程HGTJ7标段 全长5.08千米。主要工程量:路基挖土1301立方米,借土填方35.43万立方米,沉降土方17.4万立方米;混凝土管桩11.5万米,塑料排水板318.5万米;混凝土16万立方米,钢筋17707吨,桩基610根,系梁209个,墩柱516个,盖梁261片,现浇梁9联19跨。2019年,完成投资12492万元。

广州新白云国际机场第二高速公路北段工程项目第二批土建工程施工SG08标段 位于广东省广州市白云区,全长3.437千米。2019年,完成投资34639万元。

东营港东营港区进港航道及导堤工程SG-2合同段 航道两侧建设南、北防波挡沙堤。2019年,完成投资56185万元。

大唐东营 2×1000 兆瓦新建工程海水取排水工程　主要包括海域明渠、穿堤暗沟、陆域明渠、近厂区段。2019 年,完成投资 18455 万元。

重庆长寿长江二桥工程　全长 3833 米。配套建设道路、排水、照明、交通标识、绿化等附属工程。大桥桥型采用悬索桥,主桥宽 34 米,南北引桥宽 31 米。双向 6 车道,设计时速 60 千米。桥梁设计荷载城 - A 级。2019 年,完成投资 31138 万元。

双湖路跨鸡啼门特大桥工程　全长 1210 米。双向 6 车道。工程建设内容包含桥梁工程、管线工程、照明工程、绿化景观工程、交通设施、安监设施等。2019 年,完成投资 5003 万元。（顾世韧）

【境外工程施工】　孟加拉国艾萨拉姆永久码头工程 B 合同段项目　位于孟加拉国东南部的吉大港地区的 Banshkhali。合同投资 431231.28 万塔卡。2020 年 2 月 18 日开工,合同建设工期 17 个月。主要工程内容:2190 米斜坡式的防波堤建设以及 111587 立方米扭王字块的预制。开工累计完成产值 7491.9 万塔卡。

孟加拉米尔莎莱工业园吹填整治 2A 项目　位于孟加拉国吉大港米尔莎莱工业园。合同投资 3269349368.73 塔卡。2018 年 1 月 27 日开工。主要工程内容:陆域吹填 3.56 平方千米、路堤施工 5.32 千米、路堤防护和相应环保工程。开工累计完成产值 3025606238.59 塔卡。项目进入收尾阶段。

阿米果孟加拉公司工厂及附属配套工程　位于孟加拉国首都达卡市贾吉普区。合同投资 7446.70 万美元。2018 年 1 月 10 日进场。主要工程内容:服装厂房及附属配套设施建设,厂房用地面积 21 万平方米,建筑面积 122156.72 平方米。全部完工进入缺陷责任期。

贡布深水港 15000 吨码头港池与航道疏浚设计施工项目　合同投资 2750 万美元,合同工期 22 个月。主要工程内容:设计柬埔寨贡布港 15000 吨码头配套港池与航道;贡布港港池与航道疏浚作业,疏浚 1000 万立方米。

柬埔寨贡布港码头后方堆场软基处理工程　合同投资 600 万美元,合同工期 6 个月。2019 年 12 月 26 日开工。主要工程内容:柬埔寨贡布港码头后方堆场软基处理,处理区域 100 万平方米。

粤泰金边港城市综合体项目二期 1 标段施工总承包工程　合同投资 1.5 亿美元,合同工期 36 个月。建筑面积 350231 平方米。主要工程量:灌注桩 1405 根、土方开挖 39.9 万立方米、混凝土 22 万立方米、钢筋 28538 吨、钢结构 10072 吨。

贡布深水港 30000DWT 集装箱码头、堆场及配套工程 EPC 项目　合同投资 1.06 亿美元,合同工期 24 个月。主要工程量:1 个 30000DWT 集装箱泊位码头以及建设后方陆域堆场、港池、进港航道及港区等配套工程。码头设计年通过能力为集装箱 30 万 TEU。

台北港南码头区 S09 码头暨后线围堤造地工程之浚挖及填筑工程　位于中国台湾省新北市八里区台北港区。合同投资 5600 万元。2018 年 12 月 23 日开工,合同工期 7 个月。主要工程量:S09 操船水域疏浚面积 32 万平方米,疏浚方量 220 万立方米;S9 - 1 新生地填筑区面积 13 万平方米,填筑方量 115 万立方米。开工累计完成产值 5460 万元。

援加纳渔港综合设施项目　位于加纳共和国首都阿克拉市南部的 Jamestown 渔港。合同投资 2.88 亿元。主要工程内容:疏浚工程 100485 立方米,包括水工结构基础开挖、港池疏浚;水工结构 1251 米,包括码头泊位、护岸、防波堤(含新建和修复);管理、生产和配套建筑,包括办公楼、幼儿园以及交易市场、加工区、商业区等有关生产和配套设施。（周　游）

【海上风电项目】　中船重工大连市庄河海域海上风电场址 2(300MW)项目风机基础施工 1 标段(非嵌岩单桩)　位于辽宁省大连市。合同投资 37282.41 万元,合同工期 348 天。主要工程内容:30 根单桩制作、运输、施打。

华能汕头海门(场址二、场址三)海上风电场项目风机基础施工及风机安装工程 1 标段　位于广东省汕头市。合同投资 137960.89 万元,合同工期 22 个月。主要工程内容:39 根单桩制作、运输、施打,39 台 7 兆瓦风机安装,1 座导管架结构升压站基础施工。

江苏启东海上风电 H3 项目风机基础施工及风机安装施工工程　位于江苏省南通市。合同投资 96509.72 万元,合同工期 578 天。主要工程内容:48 台 6.25 兆瓦风机基础(单桩制作、运输、施打)施工及风机安装,航标设置,卫星通信等。

大唐南澳勒门 1 海上风电场工程 2 标段风机基础施工、塔筒制造、风电机组安装　位于广东省汕头市。合同投资 102456.47 万元,合同工期 548 天。主要工程内容:23 台 7 兆瓦风机基础施工、塔筒制造与运输、风电机组安装施工所涉及的全部工作。（杨　越）

【船舶制造运营】　工程船舶 17 艘,包括首批打造的铁建绞 01($5000m^3/h$ 绞吸式挖泥船)、铁建桩 01(108m 打桩船)、铁建潜 01(10000t 举力半潜甲板驳)、铁建拖 01(4000HP 全回转拖轮)、铁建砼 01($200m^3/h$ 砼搅拌船)、铁建铺 01(43m 铺排船)和铁建插 01(多功能插板船)7艘船舶,旧船5艘,新购4艘工程船舶。为了深入开拓海上风电建设市场,集团公司投资打造,中船工业集团第708所整体设计,启东中远海运海工负责生产设计及总体建造的1300吨自升自航式风电安装船“铁建风电01”,于12月在江苏启东中远海运海工船厂成功交付。完成营业收入9405.00万元。“铁建绞01”在富山工业园项目累计完成产值及方量创造该船单项目完成纪录;“铁建桩01”安全高效地完成宁波舟山港主通道公路工程项目的全部329根桩基施工任务,一次性完成阳江测风塔项目的四根桩基施打及导管架的吊装;“铁建砼01”多次“临危受命”,妥善解决海上混凝土浇筑遇到的各类难题,累计完成混凝土浇筑38866立方米;“铁建潜01”,总航程2578海里,圆满完成2艘挖泥船的江海联运任务;“铁建拖01”全年完成长途拖带6个航次,安全航行5848海里,实现安全“零事故”目标;孟加拉船队克服人员少、设备物资匮乏、当地大选时局不稳定等不利因素,全面投入施工生产。　(钟碧云)

【经营管理】　企业管理。立足水工、相关多元,坚持“大土木、大市场、大科研”发展理念,提升全方位服务能力,发展成为国内领先、具有国际竞争力的现代企业集团。“十三五”时期,确保实现新签合同额800亿元、完成营业收入400亿元、实现净利润8亿元。力争实现新签合同额1000亿元、完成营业收入500亿元、实现净利润10亿元,比“十二五”翻一番。同时,发展成为具有现代化企业管理模式与较成熟的国际化经营机制,商业模式多样化、高端业务占比明显提升、风险控制有效的国际化大型建筑企业。积极推进合规风控向管理风控转型,年度内控评价工作采取集团公司前期统筹指导、所属单位过程自我评价、集团公司抽查监督的方式开展,鼓励各单位自主创新,为企业管理提供助力,实现风险内控工作与各项经营管理工作的深度融合。完成GSP7.0项目建设,配合经法、市场、人力等部门完成验收与测试;完成人力资源管理系统二期推广应用,实现人力管理与财务管理完全线上对接;完成HCM系统的验收工作。完成OA、EMIS系统和档案3个系统的等保定级与备案工作;完成Oracle正版化软件采购与配置;完成企业标准化管理成果培训与宣传贯彻。

经营承揽。新签承揽额295.49亿元,为股份公司下达任务指标150亿元的196.99%。国内新签合同的省份15个,占比前五名分别为广东省33.97%、山西省21.34%、四川省14.66%、湖北省10.10%和江苏省5.23%。军民融合市场取得新突破。积极参与股份公司协同,中标即墨项目、北部方向工程二期29标等项目。武汉公司中标咸宁建养一体化公路项目,为“建养模式”项目经营积累成功的经验。集团设计、施工一体化服务能力有所提升,全年EPC类项目新签合同额133.34亿元,占比57.78%。全年实现海上风电经营承揽29.16亿元。增强影响力,凸显“做海上风电项目优质服务商”的企业愿景。采取交流研讨、问答调查的方式,形成《关于强化市场开拓的指导意见》。全面梳理集团公司的经营要素情况,编写《集团公司经营要素现状调查报告》,把经营要素完善目标逐项进行分解,并取得成效。

财务管理。资金集中度77.31%,资金上存度51.74%。依托企业信用,运用供应链金融平台累计开出各类票据及金融信息服务工具18.51亿元,延长付款期限,改善经营性现金流,缓解项目资金紧张的情况。获得各家银行及财务公司综合授信额146.4亿元,信贷资源充足,为生产经营提供有力保障。新签合同额295.49亿元,完成股份公司批复预算150亿元的196.99%,同比增长92.89%;实现营业收入77.93亿元,完成股份公司批复预算75.36亿元的103.41%,同比增长13.55%;年度预算控制在预算范围之内;完成股份公司2019年下达的“两金”增幅不超过营业收入增幅的整体管控目标。业绩考核评价初步评价得分261.29分,各项指标完成良好。根据股份公司的相关要求,对集团公司2016年以来,产权登记、资产评估和国有资产交易等工作情况进行全面梳理和检查,检查发现的问题于年度决算日前整改完毕。切实落实产权管理制度。坚持依法合规操作,完善国有资产交易方式,规范国有资产交易行为。针对集团公司主营建筑工程服务税率调整进行逐项目、逐合同梳理。积极做好税率调整的应对工作,确保充分享受税率调整的政策福利。持续推进集团科研项目研究开发费加计扣除工作,年度汇算清缴时33个科研项目获得享受税前加计扣除的税收优惠,直接减免企业所得税1048.25万元,扣除额同比增长18.01%,持续提升税务管理创效能力。制定并下发5项管理办法及规范,修订3项相关文件制度等。通过制度的约束,提高核算的合法合规性、标准统一性。积极推进EMIS系统的应用,持续完善财务共享系统建设,大力推进业财一体化。

经济管理。制定、修订相关制度4项,根据最新制度完善集团公司经济管理业务工作标准,优化系统审批流程。连同分子公司对重点项目进行现场督导,帮助项目部梳理成本管理存在弱项,提出改进管理的措施,抓住分包管理、成本管理两项重点工作。完成产值89.25亿元,实现变更索赔11.18亿元,比上年同期增加0.05个百分点,实现4年连续增长。应办理完工结算项目 120 个,完成结算项目 36 个,未结算项目个数下降 30%;应结算金额下降 48.99%,实现双降 20% 的年度目标。在建项目应签订经济责任书 95 份,签订完成率 97.89%。已签订经济责任书的项目应缴纳风险抵押金 1690.51 万元,缴纳比例 86.38%。

审计管理。完成“613”的审计计划目标:实现 6 个 100%,即离任经济责任审计、重大亏损项目审计、竣工项目审计、基建项目竣工决算审计、境外企业年报审计、三年以上未经审计的企业(项目)覆盖面 100%;实现 1 个 50%,即后续审计覆盖面 50% 以上;实现 3 个 30%,即任中经济责任审计、绩效复核审计、在建项目审计覆盖面 30% 以上。开展“审计质量年活动”,做到审计发现问题全面整改;提升审计信息化水平,审计项目全面纳入审计信息系统管理。紧抓提质增效主线,及时发现和堵塞管理漏洞,努力控制经营风险,及时提出合理化建议,积极关注“两金”压控工作质量和经营性现金流净额水平,促使提升资产质量,实现审计增值。

物资设备管理。牵头组织 11 批次物资集中招标采购,累计招标物资 88 个包件,集中采购金额 5.52 亿元,市场采购预算金额 5.95 亿元,节约采购资金 4300 万元,节资率 7.23%。新签合同额 8072.8 万元,实现营业收入 6017.79 万元,实现净利润 154.46 万元。

(陈志逸　邱镇华　萧子锋)

【科技教育】 获股份公司 B、C 类立项各 1 项,获资助资金 100 万元。获国家科学技术进步奖特等奖 1 项,中国航海学会科学技术奖三等奖 1 项,中国施工企业管理协会科学技术奖二等奖 2 项、三等奖 1 项,中国铁建科学技术奖特等奖 1 项、一等奖 1 项、二等奖 1 项;获省部级工法 5 项,中国铁建工法一等奖 2 项、二等奖 7 项;获水运交通优秀设计三等奖 2 项,广东省优秀工程勘察设计奖三等奖 1 项,水运工程优秀咨询成果二等奖 1 项,中国铁建优秀工程咨询成果二等奖 1 项;获中国专利奖优秀奖 1 项,中国铁建专利奖优秀发明专利奖 1 项、优秀实用新型奖 2 项,获 1 件发明专利、31 件实用新型专利。获国家优质工程奖 2 项,中国铁建杯优质工程奖 5 项,连云港市“玉女峰杯”优质工程奖 1 项;获中国施工企业管理协会、中国建筑业协会优秀 QC 小组成果奖 3 项,集团公司获得北京中建协认证中心“质量管理优秀企业”。组织各类培训 236 班次,参培员工 4183 人次,参培率 143.5%。

(李　毅　杨少波)

【党群工作】 党的工作。把方向、管大局、保落实,党委书记主持召开党群部门负责人会议,研究落实股份公司党建重点任务。组织开展“不忘初心、牢记使命”主题教育。通过学习研讨、调查研究、领导干部讲党课等方式,强化对广大党员的“初心”“使命”教育;把主题教育与企业中心工作有机融合、一体推进,坚持围绕问题深入调研,注重提升主题教育实效。管好党内组织生活,准备 2018 年和 2019 年领导班子民主生活会,收集到对领导班子意见和建议 50 条,对班子成员的意见和建议 24 条,抓好民主生活会整改工作的过程监督。按要求上线中央企业“三重一大”决策和运行监管系统,梳理企业“三重一大”事项清单 69 项,党委与其他治理主体权责边界明晰,党委前置研究讨论事项范围明晰。贯彻民主集中制原则,严格执行“三重一大”集体决策制度和党委会前置研究程序,全年召开党委会 28 次,党委作出重大研究决策 188 项,其中前置研究生产经营、改革发展等重大问题 67 项。保质保量完成股份公司“精准扶贫,精准脱贫”工作目标,组织捐款筹集 171040.41 元,平均完成任务率 121.78%,超额完成股份公司设定的目标任务。全面落实股份公司《党建工作责任书》重点工作,港航局党委细化任务清单和落实举措,企业党员领导班子成员全面履行“一岗双责”,实现对下业务指导和党建工作指导。强抓“三基建设”(基本组织、基本队伍、基本制度),为实现高质量快速发展提供坚强有力的保障。严格落实“四同步、四对接”原则,全年批复成立基层党组织 11 个,并做好对项目党支部书记(副书记)人选的资料审核。党的基层组织 89 个,其中党委 10 个,党支部 79 个,党员 1193 人,年内发展党员 37 人。做好困难党员的摸底及慰问工作,对 23 名困难党员发放慰问金 46000 元。

宣传工作。组织召开党委理论中心组学习会议 11 次,所属单位党委理论集中学习均 7 次以上,参学率均达到 90%。建立完善意识形态工作组织机构,把好各类阵地“准入关”,通过考核倒逼抓牢抓实意识形态工作。围绕新中国成立 70 周年,以短视频、摄影大赛、征文比赛等形式聚焦 70 年成就贡献,统筹谋划和推进主题宣传、形势宣传、政策宣传、成就宣传和典型宣传“五项宣传”,编写下发形势任务教育宣传提纲 4 期。利用“两微一刊一网”等平台推送基层一线典型人物、优秀班组 20 余个,在全集团营造崇尚美德、学习先进、争当道德模范及身边好人的浓厚氛围。持续推进股份公司《企业视觉识别系统规范手册》和集团公司《项目文化建设手册》标准化建设落地生根,加强文化品牌塑造,2019 年集团公司先后获得中国企业文化峰会“企业文化建设先进单位”“珠海市文明企业”称号。组织举办 2019 年新闻宣传工作培训班,加强宣传队伍建设。策划推出“不忘初心　追梦前行”“粤港澳大湾区工程建设巡礼”等系列报道，组织策划的“国内首艘13000吨自升自航式风电安装船交付使用”新闻被30多家中央主流媒体和省市级媒体报道。在中央级及地方媒体网站发稿60余篇，在《中国铁道建筑报》发稿80余篇，股份公司网站发稿230余篇。在中国铁建微信平台参与或专题推送文章22次，抖音微博平台推送6次，在集团公司微信平台编辑推送微信217篇，阅读量27.2万人次，官微粉丝量超1万个。2019年集团公司获股份公司立项课题3个，集团本级课题35个，对2017—2018年度立项的课题进行评审和表彰。

党风廉政建设和反腐败工作。聚焦“两个维护”，政治监督持续加强。出台“不忘初心、牢记使命”主题教育指导协调方案，到所属单位开展检查调研督导。驻京非法人机构接待功能全部整改完毕。紧盯落实民主集中制和“三重一大”决策制度、对民主生活会进行监督。对17人次的提拔任用、期满考察进行监督，客观公正出具廉洁回复意见。开展分类分层警示教育。举办廉洁讲座57场次，推送主题微信22期，观看教育片70次，参观教育基地30场次，开展廉洁从业谈话18场次，对廉洁家书和摄影进行评奖。纪委领导日常约谈提醒所属单位领导39人次，对14名新任职领导人员开展廉洁谈话。协助党委成立党风廉政建设和反腐败工作协调小组，召开党风廉政建设和反腐败工作暨职能部门监管工作推进会，向14个部门抄送巡察发现问题。单设党委巡察办，对两个分子公司党委进行常规巡察，发现问题58个，向被巡察单位提出意见建议10条，移交问题线索9条。认真整改销号2018年股份公司专项巡视反馈问题，积极开展上轮巡视反馈问题整改“回头看”，积极完成股份公司本轮巡视整改工作。保持高压态势，正风肃纪反腐力度持续加大。围绕六大节日及时下发通知；组织开展“四风”问题监督检查6次，通报3次。组织清理整治领导干部利用名贵特产类特殊资源牟取私利问题，对关键部门开展专项约谈。组织开展领导人员亲属和其他特定关系人所办企业与本企业业务往来专项整治，587名相关领导人员提交登记表及承诺书。深入推进整治形式主义、官僚主义，持续改进会风、文风、作风，对反映突出的10个问题进行集中整改。收到信访举报43件次，处置问题线索47件次。初步核查38件，立案7件次；给予党纪政纪处分6人次、对8人诫勉谈话、对15人提醒谈话、对6人通报批评。推进体制改革，纪检队伍建设不断加强。两级纪检监察体制改革基本完成，在局总部新成立机关纪委。组织纪检干部深入开展“不忘初心、牢记使命”主题教育；交流分子公司纪委书记5人、局纪委部室负责人2人；组织系统培训纪检干部35人，以干代训。明确规定两级纪委今后不再派人参与“三项招标”现场监督。公开通报一分公司林世晓、勘察设计院周作付严重违规违纪违法等典型案件，编印下发《前事之鉴》1700本；完成总部廉洁风险防控手册编印工作；牵头起草《集团公司亏损项目责任追究办法(试行)》，先后多次征求意见，提交相关会议审议。

工会工作。召开第二届二次职工代表大会，对集团公司领导班子成员进行民主测评；通过行政工作报告等6项决议；审议通过并签订《工资专项协议》。7家分子公司先后召开职代会，履行民主监督职责。许四发、卢先鹤、卢海丰分别获广东省、成都市及青岛市五一劳动奖章；集团公司工会获得广东省“模范职工之家”称号；集团公司获评全国安康杯竞赛安全文化宣传先进单位；集团公司柬埔寨贡布港项目部相继获中国铁建和青岛市总工会“工人先锋号”。集团公司检测中心获中华全国铁路总工会颁发的“全国铁路先进女职工集体”称号。下拨建家建线专项资金59万元；修订下发《项目建家建线标准手册》第二版，做好建家建线考核及评比工作。开展“五比四创夺五杯”主题劳动竞赛，承办省海员工会重点项目劳动竞赛推进会，不断创新劳动竞赛内容和形式。积极在全局广泛开展合理化建议评审工作，收到合理化建议24条并整理评选，其中4项获股份公司三等奖。指导创建2个基层项目劳模(先进)创新工作室。两节期间，筹集资金124.6万元，慰问困难职工家庭101户、项目部14个、一线职工2720余人；筹集资金91.08万元开展送清凉活动，走访项目70个3290人次；对符合条件的42名学子发放助学资金6.2万元。协助财务部优选承保单位，为1800余名职工购买综合保险；用“互联网+思维”做实年节福利品发放工作；深入实施“关爱劳模”行动，连续3年组织劳模参加疗养。基本做到组织全覆盖，各级工会完善了会员名册及相关资料；实施会员评价工作，对基层工会主席、工委主任履职情况和满意度进行测评；将工会考核工作纳入党建考核中。

共青团工作。12月，共青团中国铁建港航局集团有限公司第二次代表大会在珠海召开，选举产生第二届委员会。团委(含本级)8个、团支部54个、专兼职团干部142人。组织开展“不忘初心、牢记使命”专题团课和“纪念五四运动100周年”“庆祝新中国成立70周年”系列活动，同步加强宣传报道、营造文化氛围，组织广大团员青年深入学习贯彻习近平总书记“7·2”讲话和在纪念五四运动100周年大会上的重要讲话精神，落实党的十九大、十九届四中全会和团的十八大精神，强化对青年的政治思想引领，坚定理想信念；开展“青春心向党、建功新时代”“当好主力军·建功港航局”等主题活动，依托“青”字号品牌活动，激励广大团员青年争创文明号、争当岗位能手，在企业改革发展中建功成才；开展“导师带徒”、“我与企业共奋进、企业发展我成长”主题座谈、“团组织就在我身边”关爱行动、青年联谊和文体活动等，帮助青年解决实际困难，提升企业凝聚力；举办基层团干部培训，加强“智慧团建”平台建设，落实“三会两制一课”，夯实团建基础，深入推进全面从严治团。获评中国铁建“青年文明号”2个、“青年岗位能手”2个、“五四红旗团委”1个、“五四红旗团支部”1个、“优秀共青团员”2人、“优秀共青团干部”2人。

（武　斌　杨艾芹　王修平）

【第一工程分公司】 驻广东省广州市番禺区兴南大道118号。总经理冯忠，党委书记蒙大改（12月任）、符冠鹏（12月免）。职工771人。资产总额40.96亿元。其中，流动资产23.05亿元，非流动资产17.91亿元，其中固定资产原值19487万元、净值6002万元。

2019年，新签合同额19.22亿元。营业收入28.2亿元，利润8578万元，产值利润率0.48%；净资产收益率5.55%，资产负债率94.44%。（潘丽媛）

【第二工程分公司】 驻浙江省宁波市鄞州区泰康中路459号雷孟德旅游大厦29楼。总经理熊卫根，党委书记于强。在编员工272人。

2019年，经营承揽16.55亿元，施工产值15.5亿元，营业收入101490万元，利润2060万元；总资产报酬率0.53%，净资产收益率44.05%，营业利润率6.12%，资产负债率86.71%。（刘欣欣）

【第三工程分公司】 驻山东省青岛市李沧区广水路771号。总经理陈立，党委书记董鹏。职工380人。

2019年，新签合同额76.69亿元，施工产值13.12亿元，利润5353万元，人均创利14.87万元，全员劳动生产率364.52万元/人年，职工年均收入10.37万元，国有资产保值增值率142.86%，净资产收益率35.29%，产值利润率4.08%。（董　倩）

【第四工程分公司】 驻重庆市江北区港安二路28号冠陆两江汇谷D栋10楼和11楼。总经理、党委副书记唐大文（9月免），副总经理（主持工作）、党委副书记雷明深（9月任），党委书记、副总经理刘鹏。职工409人。

2019年，新签合同额44.12亿元，施工产值10.86亿元，营业收入9.58亿元，利润3106万元；人均创利5.35万元，全员劳动生产率19.14万元/人年，职工年人均收入13.4万元、国有资产保值增值率125.65%，净资产收益率71.3%，产值利润率2.86%，资产负债率91.05%。（胡晓岚）

【总承包分公司】 驻广东省珠海市香洲区梅华西路2372号26栋3层和4层。公司总经理仲维华，党委书记程旭东（7月免）、张长征（7月任）。职工282人。资产总额152823.69万元。其中，流动资产123266.66万元，固定资产净值7631.04万元。

2019年，新签合同额64.98亿元，产值15.04亿元，利润6047万元，人均创利21.44万元，全员劳动生产率46.57万元/人年，职工年人均收入16.05万元，国有资产保值增值率138.94%，净资产收益率32.34%，产值利润率4.02%，资产负债率81.06%，应上缴款完成率100%。（魏素芳）

【船舶工程分公司】 驻广东省珠海市香洲区梅华西路2372号26栋2层。总经理、党委书记程旭东（12月任）。职工219人。船舶17艘。资产总额18385.83万元。其中，流动资产13232.11万元，固定资产126.21万元。

2019年，承揽任务9405万元，产值9405万元，利润283万元，人均创收2.57万元，全员劳动生产率85.50万元/人年，职工年人均收入12.38万元，国有资产保值增值率141%，净资产收益率－12.93%，产值利润率2.99%，资产负债率111.08%。（钟碧云）

【武汉分公司】 驻湖北省武汉市江岸区金桥大道特115号新长江传媒大厦14楼。党委书记夏凯峰，总经理赵程鹏。职工159人。

2019年，新签合同额23.3亿元，施工产值5.3亿元，营业收入4.21亿元，利润2820.56万元，人均创利17.73万元，全员劳动生产率387.60万/人年，职工人均年收入12.68万元，净资产收益率49.87%，产值利润率13.11%，资产负债率81.61%，国有资产保值增值率153.77%。（李　杨）

【勘察设计院】 具有工程咨询资信甲级（水运工程）、工程设计水运行业甲级、工程勘察专业类（岩土工程、工程测量）甲级、建筑行业（建筑工程）乙级、测绘（工程测量、海洋测绘、不动产测绘）甲级、测绘（测绘航空摄影、摄影测量与遥感）乙级等11项行业资质；具备CMA认证、高新技术企业证书等6项认证类资格证书。驻广东省广州市番禺区南村兴南大道118号2号楼5～8楼。前身为创建于1984年的广东省航道勘测科研所;2014 年 10 月,成为中国铁建港航局集团的全资子公司。执行董事、党委书记、院长董琴亮。资产总额 12230.85 万元。其中,固定资产原值 1427.49 万元、净值 354.93 万元,流动资产 10953.04 万元。

2019 年,新签合同额 32037.45 万元,产值 13419.1 万元,利润 513.12 万元。人均创利 3.38 万元,全员劳动生产率 33.63 万元/人年,国有资产保值增值率 110.87%,净资产收益率 10.31%,产值利润率 3.82%,投资回报率 10.31%,资产负债率57.20%,应上缴款完成率 111.83%。 (谢沐珍)

【重要记载】

▲1 月 8 日 中国铁建港航局参与完成的“复合地基理论、关键技术及工程应用”获国家科学技术进步奖一等奖。

▲1 月 28 日 中国铁建港航局二届十七次党委(扩大)会暨 2019 年党风廉政建设和反腐败工作会在珠海市召开。

▲1 月 29 日 中国铁建港航局二届二次职工代表大会暨 2019 年工作会议在珠海市召开。

▲2 月 22 日 中国铁建港航局与珠海拓普智能电气股份有限公司签订战略合作框架协议。

▲4 月 10 日 中国铁建港航局二届 12 次董事会会议决定,与福建省交通科技发展集团有限责任公司合资成立“中铁建(福建)交通工程建设有限公司”,注册资本金 1000 万元。

▲4 月 20 日 中国铁建港航局与福建省交通科技发展集团有限责任公司签订合资公司组建协议。

▲5 月 21 日 中国铁建港航局与中铁建金融租赁有限公司合作的风电安装船经营租赁项目获中国海事金融领域最具影响力的“牵星奖”。

▲10 月 9 日 中国铁建港航局获交通运输建筑施工企业安全生产标准化一级企业证书。

▲10 月 青岛港全自动化码头堆场工程、青岛世界博览城一揽子配套工程 PPP 项目和青岛奥帆中心浮码头工程入选庆祝新中国成立 70 周年青岛成就展。

▲11 月 中国铁建港航局、设计院与国家海洋局烟台海洋环境监测中心站在烟台签订战略合作框架协议。

▲11 月 中国铁建港航局获评交通运输建筑施工企业安全生产标准化一级企业。

▲11 月 中国铁建港航局取得军工涉密咨询服务单位安全保密条件备案证书。

▲12 月 16 日 中国铁建港航局投资打造的国内首艘 1300 吨自升自航式风电安装船“铁建风电 01”在江苏启东交付使用,该船是我国首艘自主设计、建造,拥有完全自主知识产权的重型自升自航式风电安装船。 (李育华)

中国铁建房地产集团有限公司

【简况】 专业从事房地产投资与开发业务,具有房地产开发企业一级、物业管理一级资质,主要经营房地产开发建设、商品房销售、物业管理,兼营房地产项目策划、信息咨询、技术开发以及相关建筑材料、机械电器设备等业务。2007 年 4 月 20 日,由中国铁建股份公司、中铁十二局集团有限公司、中铁建设集团有限公司和中铁第四勘察设计院集团有限公司共同出资组建中铁房地产开发有限公司,同年 11 月 28 日变更为中铁房地产集团有限公司;2008 年 7 月,股份公司出资受让中铁十二局集团有限公司、中铁建设集团有限公司、中铁第四勘察设计院集团有限公司所持 60% 的股权,将中铁房地产集团有限公司变为股份公司的全资子公司;2008 年 8 月 18 日、2011 年 8 月 18 日股份公司两次以自有资金向地产集团增资,将注册资本金由 5 亿元增至 70 亿元;2012 年 1 月 6 日正式更名为中国铁建房地产集团有限公司。驻北京市海淀区复兴路 40 号中国铁建大厦 B 座。

2019 年,所辖全资、控股和参股公司 144 家,分公司 84 家。其中 2019 年当年新增全资、控股及参股子公司 23 家,新设分公司 30 家。在北京、上海、广州、天津、成都、杭州、合肥、南宁、武汉、长沙、贵阳、南京、长春、大连、宁波、徐州、佛山、太原、西安、重庆、嘉兴、苏州、福州、昆明、湖州、常州、唐山、毕节、绍兴、张家口、珠海、济南、达州、石家庄、遵义和三亚 36 个城市、2 个国家级新区(广州南沙新区、贵安新区)和海外(莫斯科)布局 163 个项目。总建筑面积约 5400 万平方米,已开发面积 4300 万平方米。新签合同额首次突破千亿元,达到 1109.79 亿元,其中销售金额 1003.28 亿元,同比增长 46.17%,是股份公司下达计划 766 亿元的 144.88%。产值 381.38 亿元(含表外权益 106.07 亿元),是股份公司下达计划 340 亿元的 112.17%,其中表内营业收入同比增长 0.80%。

(张 苹 曹薇薇 吴小月)

【领导人员】

董事会

董事长	吴仕岩
外部董事	张　杰
	陈方正
	严晓建
	楼　翔
董事	李兴龙
职工董事	吴宏晋(5月任)

监事会

监事会主席	石献友
监事	洪　梅

经理层

总经理	李兴龙(4月任)
副总经理	陈国芳
	叶政语
	马建军
	代春利
	楼英瑞
	李育红
总会计师	李育红

党群领导

党委书记	吴仕岩
党委副书记	李兴龙
	吴宏晋(7月任)
纪委书记	石献友
工会主席	吴宏晋(7月任)

(郑　恒)

【职工队伍】 职工5230人,其中含物业公司1792人。女职工2129人,占员工总数的40.71%。房地产开发公司本科及以上学历3114人、占比90.58%;物业公司本科及以上学历412人、占比22.99%。(孙广宏)

【董事会工作】 由7名董事组成,其中职工董事1人、外部董事4人。职工董事由职工代表会议民主选举产生。除职工董事外,其他董事由股东委派。董事每届任期不超过3年,任期届满,经委派或选举可以连任,其中外部董事连任不得超过两届。设董事长1人,可视需要设副董事长1人。董事长、副董事长由股东从公司董事会成员中指定。集团公司董事会下设战略与投资管理委员会、审计与风险管理委员会、提名委员会、薪酬与考核委员会4个专门委员会。集团公司董事会的构成及各专门委员会的设置按照国务院国资委和股份公司关于董事会规范运作试点的文件要求组建而成,董事会成员涵盖行业专家、财经专家和集团的高级管理人员,为集团公司董事会的规范运作奠定坚实的基础。5月26日,集团公司董事会变更为第四届董事会,完成换届工作。

2019年,集团召开董事会23次,其中正式会议3次,临时会议20次(其中4次通信表决)。审议250个议案,形成决议250项,其中245项决议审议通过,5项决议审议未通过。全年形成的250项董事会决议中,土地经营方面142项、审议报告12项、人选聘任11项、机构设置54项、融资担保4项、制度流程方面21项、绩效考核及奖金方面1项、项目投资预算调整和其他(捐赠)5项。(沈晓敏)

【经营管理】 企业管理。为落实"强两端、放中间"整体管控思路,支撑千亿元目标的实现,围绕计划运营、营销管理、经济管理、报表体系4个方面,企业改革与发展管理中心组织开展管理提升工作,同生产管理中心、经济管理与集中采购中心、信息化管理中心、华南公司及广佛事业部、番禺花语岭南试点项目及睿信咨询项目组一起完成前期调研诊断、管理提升优化方案及具体行动计划,并按照行动计划持续推进成果落地。管理提升"以计划运营为入口,以信息化为出口",通过明确各条线管理规范,梳理配套的组织权责,优化制度流程、完善报表体系,形成适合集团推广的标准化模板文件和配置要求,并在2019年底前实现管理提升相关新信息系统的试运行。

2019年,集团公司及所属单位拥有房地产开发资质112个,其中,一级资质3个、二级10个、三级22个、四级16个、暂定47个、暂定二级7个、暂定三级6个;集团公司所属全资子公司中铁房地产集团设计咨询有限公司拥有工程设计甲级资质。

经济管理。2019年,经济运行分析工作常态化开展,项目公司每月开展经济运行分析工作,子公司和集团公司每季度开展经济运行分析工作。集团公司从集团管理体系的角度出发,以资金为导向,以"开盘时间"为依据,将集团147个开发项目分为4个阶段,每个阶段在进度、销售、回款、成本和效益等方面各有侧重,发现重点项目重点问题,问诊把脉、揭示风险,最终形成集团季度经济运行报告和优化建议,供领导决策参考。同时,根据项目经营风险情况,启动项目风险分级预警。2019年度完成电梯、木地板、入户门3个品类的战略采购工作,3项集采品类战略采购价格较近两年历史采购合同单价降幅分别为电梯约20%、木地板约10.62%、入户门约15.91%,降本成效显著。

产品营销。持续加强科技研发,推动标准落地应用。为解决集团科技课题和研发项目管理界限模糊、立项流程复杂等问题，进一步释放创新研发活力，激发各二级单位科技研究热情，产品研发模块修订完成集团公司《科技研究开发计划管理办法》，为集团产品研发工作夯实制度基础。产品研发模块充分吸收各二级单位的新品户型和产品线应用过程中的反馈意见，同时结合国家颁布的各类设计管理标准，持续补充完善产品线户型库。年度完成5个区域公司109个户型的审核和58个户型优化入库工作。同时，落实集团产品主张的“大国工匠”内容，开展人性化、精细化专题研究，编制完成《室内功能空间精细化设计》及《室外功能活动区域人性化设计》专篇内容。销售中心和销售体系的标准化工作推进，产品研发模块通过对开发项目的优秀销售中心案例进行梳理总结和创新研究，形成《营销中心标准化手册（设计）》，内容涵盖集团西派、语、国际等多个住宅产品系列，包含建筑、景观、精装及成本等多项专业内容。该标准化成果可在加快项目首开销售、节约设计时间、提升品牌形象和控制建造成本等方面发挥积极作用。

财务管理。财务管控，坚持制度先行，健全财务管理制度体系。夯实基础工作，不断提高会计信息质量，加强业务指导和职业道德教育，针对《财务基础表》等5套报表任务，分别制定下发《填报及审核注意事项》，对报表编审中的难点、易错点进行重点强调，大大提高填报准确率；完善内控机制，确保企业经济安全运行，开展财务大检查、持续加强产权管理和税负监控；强化人才培养，提升团队职业素养，不断完善管理机制，下发《财务人员委培暂行管理办法》，多方式培养人才，促进财务人员之间深入交流学习；强力去化清收，“两金”规模总体可控，通过健全责任体系和聚焦压降重点，采用多种创新措施，并在过程中加强督导，实现“两金余额”不高于上年末的管控目标。税务筹划。集团财务部总结应用税务管理成果，编写《税务管理手册》；加强税收政策培训，组织四次培训，丰富各级财务人员税务知识；鼓励税务筹划创效，事前科学筹划，事后及时清算，退税效果显著，19个项目共实现退税6090万元。资金管理。强化计划管控，不断提高资金计划精准度，强化财务审核，严格资金拨付，以考核促管理；持续解禁监管资金，提高资金使用效率，实现部分项目以银行分离式保函替代监管资金；高度重视销售回款，增强自身造血能力；强化合作项目资金管理，加快资金回流速度，制定《销售回款奖励办法》；全力提高资金集中度，发挥资金统筹效用，下发《资金集中管理办法》。预算管理。完善预算指标体系，优化预算管理方向感，针对集团公司合作项目占比逐年提升的实际情况，修改制定一套更为精细的预算指标体系，将表外项目视同表内管理；定期督导指标进展，强化预算过程管控，建立月度通报制度和指导帮扶机制；夯实财务决算成果，压实企业资产质量，提高决算编审质量；深入开展财务分析，挖掘数据应用价值。

审计工作。认真贯彻股份公司审计工作思路，全面落实集团公司年度工作会议精神，坚持以生产经营为主题，以内部控制为主线，以风险防控为导向，稳步推进“大监督”体系建设，加强审计人才队伍培养，完善审计体制机制建设，按计划完成各项审计任务，扎实履行审计监督、服务、增值职责。2019年完成审计项目51项，包括经济责任审计29项、绩效复核审计21项、财务收支审计1项。提交审计报告51份，发现审计问题563个，提出审计建议200条，被采纳200条。离任经济责任审计。完成集团公司所属部分单位法定代表人离任经济责任审计29个，提交审计报告29份，发现审计问题549个，提出审计建议194条，被采纳194条。通过审计，全面评价离任领导任职期间在任职单位经济活动中经济责任的履行情况和经营业绩，为集团公司正确评价和任用干部提供参考依据；通过问题的揭示，规范领导干部行为，促进廉政建设；核实企业家底，揭示出企业存在问题和风险，界定前后任领导人的经营业绩和经济责任。财务收支审计。完成物业公司宁波分公司、象山分公司财务收支审计，提交报告1份，发现审计问题14个，提出审计建议6条，被采纳6条。通过财务收支相关事项的审计及对个别经济事项的延伸审计，核实被审计单位经营管理过程中存在的相关问题，揭示被审计单位在资金管理、合作方选择、工程管理、合同管理、结算管理、人力资源管理等方面存在的问题，并提出相应的改进建议，提升被审计单位物业管理水平和风险管控能力。绩效复核审计。完成集团公司所属部分单位绩效复核审计21个，提交复核审计报告21份。通过绩效复核审计，核实各被审计单位各项经营指标完成情况的真实性、准确性，为集团公司开展绩效考核、奖惩提供有效依据。

法律事务。法治工作紧紧围绕“防范风险、保障安全”中心任务，坚持“促进经营、服务生产”的法务价值目标，切实采取有效措施，不断加大法治建设的推动力度。报请审议的重大事项并出具法律审核意见书291余份；通过会前预审、线上提案、电子邮件等方式灵活开展法律审核，确保集团公司本级决策事项的审核率；通过线上评审流程审核经济合同300余份、授权委托书20份；参与重大项目研讨，各类招标、比选、监督活动累计30余次；此外，通过会前预审、线上提案、电子邮件等方式对各类生产经营事项开展法律审核，确保审核率100%。（张　苹　李雨明　李立伟）

【土地储备】 太原市万柏林区晋祠路原警校旧址SP-1896地块 2019年1月11日，华中公司筹备组以总价24.7亿元竞得该宗地。项目位于山西省太原市万柏林区长风西板块。建设用地面积9.68万平方米，用地性质为商住兼容托幼用地及配套，计容建筑面积32.97万平方米。

成都市双流区怡心湖156亩住宅用地 2019年1月15日，西南公司、中天程锦、新希望、万科按股权比例21%:26%:27%:26%签订合作协议。项目位于四川省成都市双流区怡心湖板块。建设用地面积10.42万平方米，用地性质为居住用地，计容建筑面积26.04万平方米。

杭州市西湖区翠苑单元XH0901-01地块 2019年1月29日，华东公司与滨江地产联合体以总价20.61亿元竞得该宗地。项目位于浙江省杭州市西湖区翠苑单元。建设用地面积2.11万平方米，用地性质为住宅(设配套公建)用地，计容建筑面积5.71万平方米。

杭州市江干区彭埠单元R21-15地块 2019年1月29日，华东公司与浙交投联合体以总价18.67亿元竞得该宗地。项目位于浙江省杭州市江干区城东新城。建设用地面积3.44万平方米，用地性质为住宅(设配套公建)兼容城市轨道交通用地，计容建筑面积6.2万平方米。

西安市西咸新区沣西新城同仁路XXFX-2017-26、XXFX-2017-15地块 2019年1月29日，华中公司筹备组以股权对价5.68亿元受让西咸新区兴城人居置业有限公司50%股权并合作开发XXFX-2017-26、XXFX-2017-15两宗地块。项目位于陕西省西安市西咸新区沣西新城核心板块。建设用地面积合计10.87万平方米，用地性质均为住宅用地，计容建筑面积25.91万平方米。

重庆沙坪坝成都铁路局51.5亩地块 2019年3月15日，铁诚公司与成铁置业联合体以总价5.8亿元竞得该宗地。项目位于重庆市沙坪坝区。建设用地面积3.43万平方米，用地性质为住宅兼交通枢纽用地，计容建筑面积8.58万平方米。

天津国印二期、三期地块 2019年3月27日，北方公司以总价11.6亿元及配建安置房4000平方米竞得国印二期地块，以总价7.85亿元竞得国印三期地块。项目位于天津市河北区中山路板块。国印二期地块建设用地面积2.91万平方米，用地性质为住宅、商服、交通服务场站及机关团体用地，计容建筑面积6.72万平方米。国印三期地块建设用地面积1.19万平方米，用地性质为住宅、商服用地，计容建筑面积3.78万平方米。

重庆大渡口区大渡口组团F11商住用地 2019年5月5日，西南公司以总价28.6亿元竞得该宗地。项目位于重庆市大渡口区。建设用地面积17.55万平方米，用地性质为住宅兼商业用地，计容建筑面积30.75万平方米。

张家口万全区赐儿山隧道以西83亩住宅用地 2019年5月27日，文旅公司以总价5845万元竞得该宗地。项目位于湖南省张家口市万全区西部。建设用地面积5.57万平方米，用地性质为住宅用地，计容建筑面积6.68万平方米。

济南市历城区曹家馆地块 2019年6月6日，北方公司以总价8.40亿元竞得该宗地。项目位于山东省济南市历城区郭店板块。建设用地面积8.06万平方米，用地性质为居住用地，计容建筑面积15.26万平方米。

广州市白云区钟落潭镇五龙岗村居住用地 2019年6月27日，保利地产以总价41.16亿元竞得广州市白云区钟落潭镇五龙岗村居住用地。经集团公司2019年第12次总经理办公会研究、第四届董事会年度第一次临时会议审议、股份公司房地产领导小组年度第13次会议批准同意参与竞买。经集团公司2019年第12、第13次总经理办公会研究，第四届董事会2019年度第一次、第二次临时会议审议，股份公司房地产领导小组年度第13、第20次会议批准，同意华南公司与保利、招商、金茂合作开发该项目。项目位于广东省广州市白云区钟落潭镇五龙岗村。建设用地面积11.41万平方米，用地性质为居住用地，计容建筑面积31.29万平方米。

达州市火车站站前广场地块 2019年8月2日，西南公司与中铁二十三局及其下属设计院联合体，以总价2.43亿元竞得该宗地。项目位于四川省达州市西外片区。建设用地面积5.95万平方米，用地性质为住宅兼商业用地，计容建筑面积13.06万平方米。

遵义市红花岗忠庄项目 2018年11月21日，黔贵地产获取遵义市南部新区红花岗忠庄土地，并注册成立项目公司遵义黔贵房地产开发有限公司负责开发建设。2019年7月24日，黔贵地产在贵州阳光产权交易所发布项目公司增资公告，公开征集合作方。经集团公司2019年第15次总经理办公会研究，第四届董事会年度第二次会议审议，股份公司房地产领导小组年度第18次会议、股份公司年度第14次总裁办公会批准，同意参与投标。2019年9月23日，贵州公司以认缴注册资本金1200万元获取项目公司60%的股权，合作开发该项目。项目位于贵州省遵义市南部新区。建设用地面积9.88万平方米，用地性质为居住兼容商务用地，计容建筑面积23.77万平方米。

贵阳市南明区兰草坝2号商住用地　2019年9月29日，贵州公司以总价17.45亿元竞得该宗地。项目位于贵州省贵阳市南明区兰草坝。建设用地面积10.6万平方米，用地性质为居住兼容商业用地，计容建筑面积31.8万平方米。

石家庄正定新区〔2019〕013、〔2019〕014、〔2019〕015、〔2019〕016号地块　2019年10月8日，北方公司以楼面地价6002元/平方米（合总价5.6亿元）竞得〔2019〕013号地块，以楼面地价6009元/平方米（合总价6.57亿元）竞得〔2019〕014号地块；10月14日，北方公司以楼面地价6008元/平方米（合总价4.85亿元）竞得〔2019〕015号地块，以楼面地价6003元/平方米（合总价7.73亿元）竞得〔2019〕016号地块。项目位于河北省石家庄正定新区，建设用地面积20.60万平方米，用地性质为住宅用地，计容建筑面积41.20万平方米。

遵义红花岗区政府西侧AB商住用地　2019年10月1日，贵州公司与遵义市红花岗城市建设投资经营有限公司联合体以总价5.18亿元竞得该宗地。项目位于贵州省遵义市红花岗区区政府西侧。建设用地面积11.95万平方米，用地性质为居住兼容商业用地，计容建筑面积31.35万平方米。

天津国印四期地块　2019年10月23日，北方公司以总价7.25亿元竞得该宗地。项目位于天津市河北区中山路板块。建设用地面积2.7万平方米，用地性质为住宅、商服、公园绿地，计容建筑面积4.57万平方米。

长沙市梅溪湖098号地块　2019年11月19日，中南公司以总价10.04亿元竞得该宗地。项目位于湖南省长沙市梅溪湖板块。建设用地面积3.4万平方米，用地性质为商住用地，计容建筑面积13.95万平方米。

三亚市东岸单元腊尾路东侧人才公寓地块　按照股权比例海南发展60%、华南公司40%合作开发该项目。2019年12月3日，海南发展以总价4.97亿元竞得该宗地。项目位于海南省三亚市吉阳区。东、南、西、北侧均为在建规划道路。建设用地面积1.9万平方米，用地性质为服务型公寓用地，计容建筑面积6.66万平方米。

成都市青羊区苏坡街道137亩住宅用地　2019年12月31日，西南公司以总价60.6亿元竞得该宗地。项目位于四川省成都市青羊区苏坡街道。建设用地面积9.16万平方米，用地性质为居住用地，计容建筑面积36.29万平方米。

南京市江北新区2019G15号地块　2019年12月31日，华东公司以总价32.3亿元竞得该宗地。项目位于江苏省南京市江北新区核心区。建设用地面积7.83万平方米，用地性质为居住用地，计容建筑面积15.67万平方米。　（郝　轩　郭珍洁　魏　爽）

【项目建设】　北京·国际公馆　北京昊远置业有限公司开发，位于北京经济技术开发区河西区。项目总建设用地面积44933.4平方米，规划总建筑面积175599平方米。产品形式为商品住宅，北京“限房价、竞地价”政策的限竞房。该项目为同期开发建设，分别引入两家总包单位分为两个标段进行施工，1标段和2标段于2019年7月19日取得施工许可证，2019年11月3日首次开盘，计划于2022年6月30日竣工备案验收，2022年9月30日上房交付。

济南·曹家馆　北方公司下属济南公司开发，地块名称济南市历城区曹家馆住宅用地，规划总建筑面积（含地上、地下、车位、底商不含代建）214869.29平方米，产品形式为商品住宅。项目计划分两期开发。处在项目主体结构施工阶段。计划一期2021年9月1日竣工，2021年10月15日交付；计划二期2022年9月1日竣工，2022年10月15日交付。

唐山·唐颂国际　北方公司下属唐山启创房地产开发有限公司开发，位于河北省唐山市高新区，规划建筑面积150023.45平方米，产品形式为商品住宅。处于主体结构及二次结构施工阶段。2019年2月2日取得施工许可证；2019年5月17日首次开盘；预计2020年11月30日A－01地块竣工备案。

湖州德清·莫干山语　德清京盛房地产开发有限公司开发，位于浙江省湖州市德清县。宗地面积70588平方米，总建筑面积14.71万平方米，可售面积7.25万平方米。产品形式为住宅及配套物业用房。2019年4月开工，计划2022年6月交付。

苏州·拙政园北项目　苏州京园房地产开发有限公司开发，位于江苏省苏州市姑苏区。宗地面积37909平方米，总建筑面积7.05万平方米，可售面积5.90万平方米。产品形式为住宅、配套社区用房。项目于2019年7月开工，截至2019年底地基与基础完成40%，地下结构完成28%。计划2021年10月交付。

杭州·古翠蓝庭　杭州京江房地产开发有限公司开发，位于浙江省杭州市西湖区。宗地面积21142平方米，总建筑面积9.58万平方米，可售面积5.06万平方米。产品形式为住宅及配套物业用房。2019年7月开工，计划2022年7月交付。

宁波·花语江湾　宁波京湾房地产开发有限公司开发，位于浙江省宁波市江北区。宗地面积55447平方米，总建筑面积22.17万平方米，可售面积10.26万平方米。产品形式为住宅、商业和公建。2019 年 6 月开工,计划 2022 年上半年交付。

杭州·花语天境　杭州京宏房地产开发有限公司开发,位于浙江省杭州市江干区。宗地面积 34442 平方米,总建筑面积 10.23 万平方米,可售面积 5.48 万平方米。产品形式为住宅。2019 年 8 月开工,计划 2022 年 7 月完成交付。

绍兴·花语江南　绍兴京越房地产开发有限公司开发,位于浙江省绍兴市越城区。宗地面积 107895 平方米,总建筑面积 37.11 万平方米,可售面积 26.78 万平方米。产品形式为住宅、配套商业和幼儿园。2019 年 8 月开工,计划 2022 年 6 月交付。

广州·国际公馆　广州市增城区顺轩房地产有限公司开发,项目位于广东省广州市增城区,规划总建筑面积 16.41 万平方米,产品形式为商品住宅。2019 年 9 月 10 日取得施工许可证。

番禺·花语岭南　广州市番禺区顺诚房地产有限公司开发,项目位于广东省广州市番禺区兴学路西侧,规划总建筑面积 11.0798 万平方米,产品形式为商品住宅、公共配建。2019 年 11 月 1 日取得施工许可证。

福州·三江花语　福州新宸置业有限公司开发,项目位于福建省福州市仓山区,规划总建筑面积 5.9 万平方米,产品形式为商品住宅。分北区、南区两个地块开发。北区地块 2019 年 7 月 20 日取得施工许可证,南区地块 2019 年 8 月 15 日取得施工许可证。

成都·西派城　项目位于四川省成都市武侯区。净用地面积 11.02 万平方米,总建筑面积 44.79 万平方米,容积率 2.70。项目业态涵盖住宅、商业,由 33 栋别墅级洋房、1 栋独立商业及部分社区底商组成。C、D 地块已交付,E 地块 2019 年 7 月开工。

成都·西派国樾　项目位于四川省成都市天府新区。净用地面积 19.85 万平方米,总建筑面积 87.24 万平方米,容积率 3.00。项目业态涵盖住宅、商业,由 21 栋高层、11 栋合院、2 栋独立商业及部分底商组成。一期已交付,二期已达交付条件,三期 2019 年 7 月开工。

成都·青秀未遮山　项目位于四川省成都市成华区。净用地面积 18.85 万平方米,总建筑面积 75.85 万平方米,容积率 2.63。项目业态涵盖住宅、商业,由 16 栋高层、7 栋独立商业及部分社区底商组成。一期、二期已交付,三期 2019 年 7 月开工。

成都·怡心湖　项目由中天程锦(26%)、成都万科(26%)、成都新希望置业(27%)、西南公司(21%)四家单位合作开发。分为东西两个地块,其中,中天程锦和成都万科负责操盘西地块,已开盘;成都新希望置业和西南公司操盘东地块,在建中,暂未开盘。西地块 2019 年 4 月开工,东地块 2019 年 11 月开工。

重庆·茶园 A81 项目　项目位于重庆市。净用地面积 4.50 万平方米,总建筑面积 4.50 万平方米,容积率 0.6。2019 年 9 月开工。

重庆·北碚山语城项目　项目位于重庆市。净用地面积 5.19 万平方米,总建筑面积 3.49 万平方米,容积率 0.5。2019 年 6 月开工。

昆明·西派国樾　项目位于云南省昆明市。净用地面积 9.34 万平方米,总建筑面积 60.83 万平方米,容积率 5.0。项目分 A/B/C/D/E 五个地块,A 地块产品类型为高层 + LOFT/soho 公寓 + 商业 + 办公楼,其余地块涵盖住宅、商墅、商业和公寓等不同业态的产品,其中 C 地块配套有一个建筑面积近 2000 平方米的幼儿园。项目二期 2019 年 8 月开工,三期 2019 年 10 月开工。

昆明·山语桃源　项目位于云南省昆明市。净用地面积 83.89 万平方米,总建筑面积 156.7 万平方米,容积率 1.34。产品业态丰富,其中高层 23.15 万平方米、洋房 57.04 万平方米、叠拼 19.65 万平方米、合院 2.82 万平方米、商业 1.20 万平方米、商墅 0.92 万平方米、SOHO5.59 万平方米、公共服务配套 1.22 万平方米、幼儿园 1.10 万平方米。2019 年 7 月开工。

贵阳·青秀楠庭　项目位于贵州省贵阳南明区。净用地面积 1.67 万平方米,总建筑面积 18.19 万平方米,容积率 6.0。产品业态包含 3 栋超高层、1 栋高层,1 栋派出所、1 栋商业及部分社区底商,产品打造以刚需为主。2019 年 1 月开工。

贵阳·青秀 2046　项目位于贵州省贵阳市。建设用地面积 10.42 万平方米,总建筑面积 40.3 万平方米,容积率 3.0。产品定位采用刚需加大面积舒适性产品的搭配方式,再配以社区型商业和主题式集中商业,以各业态商业形象呈现于业主,提升小区整体配套和区域内的商业品质。2019 年 7 月开工。

西安·西派时代　西咸新区兴城人居置业有限公司开发,位于陕西省西安西咸新区。总建筑面积 21.24 万平方米。产品形式为商品住宅。2019 年 7 月 16 日取得施工许可证,2019 年 10 月 29 日开盘。计划 2022 年 11 月 30 日交付使用。

太原·中国铁建·花语堂　中铁房地产集团华中有限公司开发,中铁第一勘察设计院集团有限公司、中铁十七局房地产开发有限公司、中铁城建集团有限公司合资成立太原中铁嘉晟房地产开发有限公司为主体进行开发;项目主要由中铁房地产操盘,产品形式为商品住宅,建设用地 96782.81 平方米,总建筑面积 413789.24 平方米。2019 年 12 月开工,预计 2023 年 6 月 30 日交付使用。

武汉·中国铁建知语城·B地块　中铁房地产集团武汉有限公司、中铁四院集团房地产开发有限公司两家联合拿地,并合资成立中铁房地产武汉蔡甸有限公司为主体进行开发建设。项目产品形式为商品住宅,建设用地面积86464平方米,规划总建筑面积419701平方米。项目为武汉市蔡甸区老一中旧改项目,有3栋楼为产权调换房。地上住宅可售面积87656.174平方米。引入两家总包单位分为两个标段进行施工,1标段和2标段均在2019年9月20日取得施工许可证,2019年12月27日首次开盘,计划于2021年6月30日竣工备案验收,2021年12月31日交付。

武汉·中国铁建·江语城　武汉京铁房地产开发有限公司开发建设。项目产品形式为商品住宅,建设用地面积55481.30平方米,规划总建筑面积218062.21平方米,地上住宅可售面积151439.56平方米。按照两个标段分期开发建设,首期开发建设的1标段2019年7月11日取得施工许可证,2019年12月20日首次开盘,计划于2021年9月30日完成竣工备案验收,2021年10月30日交付。

合肥·清溪国际·清樾园　中铁房地产集团合肥蜀山置业有限公司开发建设。项目产品形式为商住,建设用地总面积36229.53平方米,规划总建筑面积119129.02平方米。地上住宅可售面积28192.65平方米。项目为商业和住宅分期开发建设,住宅开发建设2019年7月18日取得施工许可证,2019年11月2日首次开盘,计划于2021年12月10日竣工备案验收,2021年12月30日交付。

北京·梧桐浅山　北京润谷置业有限公司开发,位于北京市平谷区夏各庄镇。总建筑面积17.79万平方米。产品形式为共有产权房。2019年7月10日开工,2019年12月8日开盘。计划2021年10月31日交付使用。

天津·花语津郡　中铁房地产兴泰(天津)置业有限公司开发,位于天津市河北区。宗地面积37031.8平方米,总建筑面积12.16万平方米,可售面积11.09万平方米。产品形式为高层普通住宅。2019年3月15日开工,2019年7月31日开盘。计划2021年9月30日交付使用。

遵义·西派府　贵州公司下属遵义黔贵房地产有限公司开发,地块名称是遵义市红花岗区西派府项目,规划用地面积94538平方米,总建筑面积321127平方米,产品形式为商品住宅。项目分两期开发,一期处于主体施工阶段,二期处于土方开挖阶段。2019年12月6日开工。一期计划2021年10月30日竣工,2021年12月10日交付;二期计划备案2022年4月21日竣工,2022年8月15日交付。

毕节·西派澜岸　贵州公司下属毕节博腾房地产有限责任公司开发,地块名称是毕节市七星关区西派澜岸项目,规划用地面积96209.16平方米,总建筑面积331643.84平方米,产品形式为商品住宅。项目总共分两期开发,2019年6月19日开工。一期处于主体施工阶段,二期处于基础施工阶段。一期计划2021年5月3日竣工,2021年6月3日交付;二期计划2021年11月18日竣工,2021年12月18日交付。

(张　斌)

【境外投资】　2019年11月8日,米丘林地铁上盖项目股权收购合同正式签约,合同约定以中国铁建俄罗斯公司为主体,以不超过1.2亿卢布(人民币约1333万元)的价格,收购莫斯科米丘林大街交通换乘枢纽有限责任公司40%股权,地产集团负责该项目操盘。至此,地产集团真正实现海外业务"零"的突破,地产集团未来发展开启全新篇章。经股份公司牵头,中国铁建内部三家单位,国投集团、国际集团、地产集团签订内部合作协议,明确共同投资开发米丘林地铁上盖项目的意愿。国投集团主要负责项目融资工作、国际集团主要负责商务谈判等工作,地产集团主责项目全盘开发计划的制定和实现。在股份公司"海外优先"大战略的引导下,依托与外经平台的有力协同,房地产板块海外拓展有坚实的基础和可靠的伙伴。中国铁建内部由国投集团、国际集团、地产集团三方按照4:3:3的比例参与米丘林项目开发,外部由中国铁建俄罗斯公司、莫斯科工程院、AFI开发公司按照4:5:1的比例共同开发米丘林地铁上盖项目。科穆纳尔卡新城项目确认9个地块,其中住宅用地6块、商务办公用地3块,占地面积9.91万平方米,规划总建筑面积56.72万平方米。地产集团与国投集团以30:70的比例,共同参与科穆纳尔卡新城项目合作开发。11月6日地产集团完成科穆纳尔卡新城项目内部项目推进决策。莫斯科第一高楼项目位于莫斯科CBD地区,为超高层住宅项目,设计高度403.9米,地上104层,地下4层,用地面积8016平方米,建筑面积27.79万平方米,预估投资额约10亿美元。由国投集团与地产集团合作,国际集团配合。海外事业部调集地产集团专业商业团队,对项目业态进行研究和优化,启动莫斯科第一高楼项目投资研究报告编纂。2019年7月,海外事业部于莫斯科实地踏勘7个其他地铁上盖地块,初步选择4个地铁上盖,分别为将军站、航空发动机站、电力厂站、谢列宾卡站,作为获取新的楼盘的主要方向,做到成熟一个开发一个。通过向莫斯科工程院等政府公共渠道解项目的同时,海外事业部积极拓展俄罗斯当地市场资源,2019年全年先后筛选和跟踪库都佐夫大街 16 号、普列斯尼亚 27 号、CBD20 号地块、万科陆军学院等地产开发项目,亚麻种植产业园、印迪加深海港口、垃圾处理厂等投资类项目。其他项目的筛选和研判,为房地产板块海外业务的后续深耕提供有效的经验和资源积累。（尹志远）

【党群工作】 党的工作。扎实推进“不忘初心、牢记使命”主题教育。一是不断增强守初心、担使命的思想自觉。部门编制《应知应会图解手册》,全面系统学习习近平新时代中国特色社会主义思想等内容。组织 15 名党群专员分别领学《习近平新时代中国特色社会主义思想学习纲要》。开展“传唱革命歌曲、慰问老党员、党建知识竞赛、党员志愿服务”等特色党日活动,推动主题教育入脑入心。二是不断增强高质量发展的行动自觉。部门牵头梳理地产集团党委班子成员的检视问题,分别就改革发展、生产经营、党建工作和涉及群众切身利益等方面的 12 个专题进行调研分析。为解决制约转型升级、冲刺千亿中的瓶颈问题,部门牵头组织召开领导干部“找差距、抓落实”政治思想工作及政策研讨闭门会,从思想源头入手分析不足,深挖制约发展的八方面突出问题,制定可行的改进措施。三是不断增强自我革命的担当自觉。部门梳理出集团公司层级整改工作 32 项,2019 年底整改完成。所属二级单位共梳理整改问题 261 条,制定整改措施 492 条;确定 236 条专项整治问题,制定 486 条整改措施,完成整改 162 条,补充制度 28 项,上下联动整改 104 条。四是不断提升为民解忧的服务自觉。部门围绕“为民服务解难题”的宗旨,通过虚心听取基层意见,优化薪酬体系改革,进一步完善业主关切问题跟踪机制等工作的开展,不断紧密党群关系和干群关系。开展中心组学习 15 次,集中研讨 4 次,形成务虚研讨成果 2 篇。广泛开展爱国主义教育强根铸魂,增强职工对企业的归属感和深厚爱国情怀。落实意识形态工作责任制扎实有力,始终把握意识形态工作的领导权和主动权,严防死守、不留漏洞,全年未发生意识形态领域工作问题。围绕中心工作释放新闻宣传“生产力”。全年在省市级及以上媒体平台累计刊发超过 150 篇报道,多篇报道占据主流媒体的重要版面。此外,集团公司新媒体平台持续健康发展,累计粉丝总量近 10 万人,平均头条阅读量超万次,全年累计发稿超 240 篇,在国务院国资委组织的央企新媒体指数二级榜单百强中排名第 51 位,在上榜铁建系统二级单位中居第 1 位。弘扬新时代铁建文化,引导新员工端正价值观,自觉抵制各种不良文化侵蚀,主动成为新时代铁建文化的践行者。

纪检监察工作。以强化责任落实为切入点,促进“两个责任”落到实处。立足集团公司 2019 年全面从严治党的新目标、新任务,对党风廉政建设责任书进行修订和完善,细化所属二级单位的 21 项党风廉政建设责任和 12 项追责情形,使责任内容和具体措施更加贴近工作实际,为履职尽责奠定基础;组织逐级签订《党风廉政建设责任书》,明确各层级的党风廉政建设责任,签订责任书 83 份,切实将压力传导到基层、任务落实到个人,推进全面从严治党“主体责任”和“监督责任”落地生根;印发《2019 年党风廉政建设和反腐败工作要点》,对 2019 年的党风廉政建设和反腐败工作进行统筹部署,明确 4 个方面 42 项重点内容,逐项细化任务措施、责任领导、责任部门和责任人员,为全年纪检工作提供行动指南;在党建工作责任制现场考核中,对各单位纪检工作的开展情况进行监督考核,倒逼责任落实;组织对所属二级单位纪委书记进行履职专项考核,采取日常考核、书面述职、现场述职相结合的方式,督促和引导纪委书记勇于担当、主动作为,切实发挥专项考核“指挥棒”作用;组织开展纪律处分决定执行情况专项检查,对党的十八大以来集团公司和所属单位办结案件的纪律处分决定执行情况逐一核查,确保每一个处分决定都执行到位,切实维护执纪问责的严肃性和权威性;制定《关于查办腐败案件向集团公司纪委报告的实施办法(试行)》,修订《集团公司所属二级单位纪委报告工作办法》,引导强化所属二级单位纪委围绕主责主业,履职尽责。2019 年,集团公司纪委以强化执纪审查为着力点,发挥警示震慑作用。确保举报电话、邮箱、地址等举报渠道的畅通,接受群众监督。制定《集团公司纪委线索处置工作细则(试行)》,进一步加强对线索处置工作的管理。全年累计接收问题线索 121 件,包括转行政信访线索 35 件、各级纪检组织受理 86 件。按照股份公司《关于整治信访举报处理工作中形式主义、官僚主义问题的指导意见》,围绕信访举报受理办理、处置管理、督查督办等工作,以提高群众满意度为目标,深入开展自查自纠,扎实开展整治工作,提升信访举报受理工作能力;持续加大线索处置力度,严格办案工作程序,有举必查、有案必纠、有腐必惩,以“零容忍”态度惩治腐败。执纪审查中,坚持宽严相济和“三个区分开来”,深化运用监督执纪“四种形态”,特别是注重用好“第一种形态”。处置完成的 52 件问题线索中,重处分 1 人次、轻处分 2 人次、诫勉谈话 2 人次、责令检查 3 人次、批评教育 2 人次、提醒谈话 6 人次,“四种形态”中的第一、第二种形态占绝大多数,体现对党员干部的严格要求和关心爱护,确保“无病先防、小病早治”。

工会工作。二级工会组织 18 个,其中 13 家工会履行完民主选举程序。组建的各级工会组织中,符合条件的 10 家工会已完成社团法人的注册。集团公司工会对所有会员关系坚持动态管理,会员入会率100%,并结合党建责任制考核的评价要点,建立工会工作评价机制,并通过联学培训等方式对工会干部进行培训,提高履职能力和服务水平,努力逐步实现“组织完善、制度健全、作用发挥到位”的良好工作局面。在集团公司党委和股份公司工会的正确领导下,在行政大力支持下,以“维护职工合法权益、竭诚服务职工群众”为工作目标,以党政所需、职工所盼、工会所能为着力点和切入点,按照“强两端、放中间”的管控思路,找准结合点,在服务全局中增强自身建设,在助推集团公司发展中提升工作水平,在全体员工的共同努力下,集团公司提前登上千亿级企业平台,并获国务院国资委和人社部联合颁发的“中央企业先进集体”称号。

共青团工作。强化青年思想引导、服务企业改革发展、助力青年成长成才,不断提高团组织吸引力、凝聚力和战斗力。深入开展“青年大学习”行动和“青春心向党·建功新时代”教育实践活动,以新中国成立70周年和“五四”运动100周年为契机,开展青年辩论赛和“我和我的祖国”系列活动。以“稳增长、高质量、铁建青年献力量”主题活动为载体,引导团员青年在践行“品质铁建”和实现“千亿目标”的进程中展现作为、创造价值。（方　研　张兴辉　范昕宇）

【中铁房地产集团北方有限公司】 具有房地产开发企业二级资质。2016年4月27日,北方公司由中铁房地产集团北京正达置业有限公司更名成立。驻北京市房山区良乡长虹西路翠柳东街1号-3406。执行董事、党委书记代春利,总经理王晓飞。职工303人。资产总额2731877.5万元。其中,流动资产2691554.5万元,固定资产原值1904.57万元,固定资产净值386.45万元。

2019年,收入48050.3万元,利润25041.8万元,销售回款438579万元。人均创利109.38万元。全员劳动生产率139.54万元/人年,职工年人均收入35万元。国有资产保值增值率108.7%,净资产收益率8.7%,产值利润率17.03%,投资回报率2.01%,资产负债率90.6%。（温　婕　谢铁军　姜树人）

【中铁房地产集团华东有限公司】 具有房地产开发企业三级开发资质、AA级企业信用等级。是中国房地产协会理事单位、上海市质量协会会员单位、上海市宝山区房产学会会员。2016年4月,华东公司由中铁房地产集团上海置业有限公司更名成立。驻浙江省杭州市拱墅区石祥路255号国际城19号楼。注册资本金20亿元,主要经营房地产开发业务。执行董事、党委书记马建军,总经理王娟。职工477人。资产总额258.18亿元。其中,流动资产215.74亿元,固定资产原值0.27亿元,固定资产净值0.07亿元。

2019年,流量销售金额228.21亿元,营业收入78.14亿元,净利润17.38亿元。国有资产保值增值率159.10%,净资产收益率48.09%,资产负债率78.18%,应上缴款完成率100%。

（宋子歆　史　欣　王昕宇）

【中铁房地产集团华南有限公司】 2016年8月1日成立,注册资本金20亿元。驻广东省广州市。资产总额157.93亿元。

2019年,土地投资权益地价46.13亿元,资产负债率81.14%(剔除合同负债),销售金额126.1亿元,营业收入31.59亿元,销售回款41.82亿元,净利润2.66亿元。（陈柳媛）

【中铁房地产集团西南有限公司】 具有房地产一级开发资质。主要面向中国西南地区经营房地产开发建设、商品房销售、物业管理、技术开发、项目策划等业务。2016年4月5日,西南公司由中铁房地产集团四川有限公司正式更名成立。驻四川省成都市成华区成华大道二段298号1幢2层201号。执行董事、党委书记阮兴,总经理崔跃峰。职工552人。资产总额260.8亿元。其中,固定资产原值783.6万元、净值152.2万元,流动资产248.4亿元,非流动资产12.4亿元。

2019年,新签合同额176.11亿元,销售额218亿元,营业收入97.28亿元,净利润7.13亿元,人均创利196.98万元,全员劳动生产率497.43万元/人年,职工年人均收入26.86万元。国有资产保值增值率123.35%,净资产收益率22.28%,产值利润率9.58%,净利润率7.33%,资产负债率88.06%,应上缴款完成率100%。（蒋玲葛　马　舸　郑琳薇）

【中铁房地产集团商业地产开发管理有限公司】 具有房地产开发企业二级资质。2010年组建,原名中铁房地产集团(天津)置业有限公司。党委书记、执行董事任望东,总经理许嘉。职工185人。资产总额65.9亿元,负债总额52.6亿元,资产负债率79.82%。

（雷　明　郝导荣　李爱雪）

【中铁建公寓管理有限公司】 具有房地产开发三级资质。为中国智慧家庭生态联盟的理事单位及创始成员,中国老龄产业协会战略合作伙伴,取得中房协3A级企业最高信用等级评价。主营长租公寓和医养结合业务。2019年成立,前身为中铁房地产集团海外地产发展有限公司,9月26日更名为公寓公司。注册资本金10亿元,职工171人。

2019年,销售额81577万元,销售回款57246万元,营业收入68944万元,净利润206万元。

(樊佳砥　孙令宣　王　艳)

【中铁建物业管理有限公司】 具有物业管理一级资质。2012年5月23日成立。注册资本金1亿元。驻北京市门头沟区。党委书记、执行董事林、总经理赵如。职工2406人。

2019年,营业收入79809万元,利润3170万元,年度物业费收缴率94%,第三方满意度76.1分,开发公司满意率88%,客户投诉处理及时率100%,客户投诉处理完成率100%,年内无重大安全生产事故,职工收入在物业公司整体薪酬套改后实现稳步增长8%。

(杨晓慧　侯怡帆　周零凌)

【中铁房地产集团设计咨询有限公司】 2016年6月3日注册成立,注册资本金5000万元。驻北京市海淀区复兴路40号铁建大厦B座14层。董事长胡陆平,总经理王刚。职工147人。资产总额15531.36万元。其中,固定资产原值328.59万元、净值221.32万元,流动资产13052.01万元。

2019年,利润1770.85万元,净利润1357.58万元,人均创利1.88万元,人均营业收入33.37万元,职工年人均收入14.81万元。净资产回报率21.3%,资产负债率58.93%。(谷芳芳　李晶莹　马玮丽)

【中铁房地产集团创新产业投资有限公司】 具有房地产开发三级资质。2011年10月20日成立,原名中铁房地产集团北京顺捷金海置业有限公司;2016年5月,更名为中铁房地产集团创新产业投资有限公司。驻北京市门头沟区龙石经济开发区永安路20号3号楼A-7657室。执行董事、党委书记高继红,总经理闫冲。职工104人。资产总额30.81亿元。

2019年,营业收入7982万元,净利润13万元,销售金额7.0028亿元,销售回款2.1043亿元。

(廖　珊)

【中铁房地产集团北京投资管理有限公司】 经营范围包括项目投资、股权投资、投资管理、投资咨询。2016年8月29日成立,注册资本金5亿元。驻北京市海淀区复兴路40号中国铁建大厦B座。公司法定代表人、执行董事、党工委书记钟昌华,总经理龚臻条。职工12人。资产总额398602.32万元。

2019年,外部融资总额47.86亿元。其中落地信托融资24.57亿元,通过保理融资引入资金12.9亿元。外部融资10.39亿元,净利润1475.07万元。

(许诗原　洪鸣佐)

【中铁建南沙投资发展有限公司】 具有房地产暂定资质。2015年10月30日成立,驻广东省广州市南沙区海滨路171号金融大厦16层。执行董事、党委书记彭长城,总经理李宏杰。职工151人。资产总额875594.79万元。其中,流动资产837843.20万元,非流动资产37751.59万元。

2019年,营业收入157559.62万元,净利润28264.23万元,销售额614461.00万元,销售回款416230.00万元,职工年人均工资20.38万元。国有资产保值增值率121.30%,净资产收益率19.97%,产值利润率22.29%,资产负债率82.83%。

(夏柳颖　江苑琴　黎紫阳)

【中铁房地产集团(贵州)有限公司】 具有房地产开发二级资质,AAA级信用。2010年4月19日成立,注册资本金10亿元。执行董事、党委书记侯思军,总经理、党委副书记李留安。职工156人。资产总额1158670万元。其中,固定资产原值644万元、净值99万元,流动资产992762万元,其他资产165908万元。

2019年,销售金额560300.57万元,营业收入43318万元,净利润7489万元,国有资产保值增值率104.00%、净资产收益率5.92%、资产负债率89.08%。

(穆蓉蓉　蔡春福　王雪巧)

【中铁房地产集团济南第六大洲有限公司】 具有房地产暂定资质。2017年1月11日在广东省济南市历城区注册成立,注册资本金10亿元。驻山东省济南市历下区奥体西路2666号铁建大厦A座7楼。董事长、党委书记孙驿杰,总经理、党委副书记王强周。职工9人。

2019年,收回土地熟化金本金30亿元。

(郭　静　宋　玉)

【中铁房地产集团文旅发展有限公司】 业务涵盖游览景区管理服务、休闲观光读物、住宿服务等,主打主题乐园、田园综合体、景区、特色小镇等开发与运营。2019年7月成立,注册资本金10亿元。执行董事、党委书记、总经理李宝红。职工41人。

(柳　青　王　静　王　妍)

【中铁房地产集团华中区域公司】 管辖范围包括陕西省、河南省、山西省、甘肃省、青海省及宁夏回族自治区。2019年12月成立。驻陕西省西安市高新区唐延路11号国寿金融中心A座28楼。筹备组组长、党工委书记姚健。职工256人。

2019年，权益销售回款26.36亿元，表内营业收入13.29亿元，净利润1.82亿元。

（侯　琪　屈艳婷　王亚琪）

【武汉京铁房地产开发有限公司】　具有房地产三级开发资质，是中国房地产协会理事单位。驻湖北省武汉市江岸区建设大道737号广发银行大厦38楼。法定代表人、执行董事、党委书记徐昌旭，总经理、党委副书记孙宏伟。职工246人。资产总额81.15亿元。其中，固定资产原值3169.11万元、净值166.77万元，流动资产76.62亿元，非流动资产4.53亿元。

2019年，营业收入27.03亿元，净利润2.58亿元，人均创利155.09万元，全员劳动生产率380.45万元/人年、职工年人均收入29.36万元，国有资产保值增值率113.2%、净资产收益率32.91%、资产负债率80.67%、应上缴款完成率100%。

（谭　琪　纪昌亮　陈俊婷）

【大连京信置业有限公司】　具有房地产暂定资质。2019年8月28日，撤销东北公司筹备组，大连京信置业有限公司作为东北公司的法人主体。驻辽宁省大连市沙河口区联合路6A号国资创新大厦33层。职工112人。资产总额53.79亿元。其中，固定资产原值3169.11万元、净值166.77万元，流动资产51.26亿元，非流动资产2.53亿元。

2019年，销售额32.20亿元，顽固性库存去化3.49万平方米，营业收入27.1亿元，净利润2.47亿元，销售回款19.41亿元。国有资产保值增值率109.97%、净资产收益率82.58%、资产负债率89.87%。

（房金池　陆　楠　王　帅）

【重要记载】

▲1月10—12日　中铁地产三届二次职工代表大会在北京召开。

▲2月26日　设立武汉京铁房地产开发有限公司。

▲2月27日　中铁地产董事会通过审议，申请“美好家”“铁建美好家”“CRCC SWEET HOME”中英文标识商标注册。

▲4月9日　贵安花语墅获评2018年度中国铁建房地产板块十大明星楼盘。

▲4月11日　注册成立北京物业管理中心。

▲4月29日　中铁地产牵手贵州省广电传媒集团，共同打造国家级CCDI大数据产业园项目。

▲4月30日　国投集团、中铁地产和铁建国际三方内部合作协议完成签字盖章，确定米丘林项目内部股权比例，成立米丘林项目协调领导小组和工作组。

▲6月5日　中铁地产与莫斯科工程院和AFI公司签署米丘林项目投资合作框架协议。

▲6月24日　设立中铁房地产集团济南置业有限公司。

▲7月15日　文旅公司在河北省张家口市注册成功，顺利取得营业执照。

▲7月28日　中铁地产与ABN公司签订《米丘林项目尽职调查合作协议》。

▲8月22日　中铁地产与重庆市大渡口区人民政府签署战略框架合作协议。

▲8月28日　东北公司筹备组撤销，大连京信置业有限公司作为东北区域公司的法人主体，承担东北区域公司的管理职能。

▲9月27日　成立中国铁建房地产集团有限公司合规委员会。

▲11月27日　设立中铁房地产集团（贵阳）有限公司。

▲12月20日　中国铁建地产西派时代获得新浪微博颁发的人居环境贡献奖。

▲12月31日　中铁地产2019年度销售额突破1000亿元，正式迈入“千亿俱乐部”，提前一年实现公司“十三五”发展规划的战略目标。　（吴小月）

中铁第一勘察设计院集团有限公司

【简况】　是国家大型综合性勘察设计单位，具有工程设计综合甲级、工程勘察综合甲级资质及工程咨询综合甲级资信，是全国3万余家勘察设计企业中5家拥有“三综甲”资质的企业之一，另持有国家颁发的建设监理、造价咨询，地质灾害评估、灾害防治、勘查、设计、施工、环境影响评价和测绘等10多项甲级资质证书，涵盖工程建设全过程。拥有国家批准的对外经济技术经营合作权。主要经营铁路、轨道交通、公路、市政、建筑、水利、港航、机场等行业中的工程勘察、工程设计、工程监理、工程项目管理与评估咨询、工程总承包、岩土工程治理、环境影响评价、环境生态治理和对外经济技术合作等业务。前身为成立于1953年1月1日的铁道部设计局西北设计分局；1956年1月，扩建改称铁道部设计总局第一设计院；1958 年，更名为铁道部第一设计院；2001 年，由事业单位改为科技型企业，并改称铁道第一勘察设计院；2003 年，由铁道部划归中国铁道建筑总公司管理；2007 年 7 月企业改制，名称变更为中铁第一勘察设计院集团有限公司；2008 年 9 月，组建成立中铁第一勘察设计院集团。总部驻陕西省西安市西影路 2 号。下辖 11 个行政管理职能部门、14 个专业设计处（院、部）、1 个科研生产单位、11 个子公司、14 个参（控）股公司、13 个驻外经营分支机构。资产总额 155.69 亿元。其中，流动资产 130.15 亿元，固定资产 6.06 亿元，其他资产 19.48 亿元。拥有各类仪器、设备 9359 台（件）。

2019 年，新签合同额 190.3 亿元，营业收入 107.9 亿元，利润 13.6 亿元，净利润 11.6 亿元；国有资产保值增值率 121.92%，净资产收益率 24.11%，主营业务利润率 19.79%，总资产报酬率 9.81%，资产负债率 66.05%，应上缴款完成率 100%。获国家、省（自治区）、部、中国铁建等各类先进集体和个人奖 28 项。其中，线运处线二所党支部获评“中央企业先进基层党组织”；桥隧处党委获评“中国铁建先进基层党委”；院党委书记、董事长刘为民获评“中央企业劳动模范”；川藏铁路项目主管院副总工程师净文常获评“西藏自治区劳动模范”；兰新甘青指挥部常务副指挥长刘争平获评陕西省“时代领跑者——新中国成立以来陕西最具影响的劳动模范”；王杰、赵会云获“陕西省五一劳动奖章”；康炜获中华铁路总工会“火车头奖章”；川藏铁路地质科研队获中华铁路总工会“火车头奖杯”；李国良获评中国铁建第三届“永远的铁道兵杯”十大楷模；李凌志获评中国铁建第六届“十佳道德模范”；刘争平劳模创新工作室获评“中华全国铁路总工会劳模和工匠人才创新工作室”；电化处王玉环创新工作室、陕勘院陈泽远创新工作室获评“中国铁建第二批劳模和工匠人才创新工作室”；桥隧处李凌志创新工作室获评“陕西省劳模和工匠人才创新工作室”。

（张孟桥）

【领导人员】

董事会

董事长	刘为民
董事	董　勇
	李金城
	朱力争
职工董事	余　洁
董事会秘书	刘　岩

监事会

监事会主席	黄锦波
监事	陈孝勇
职工监事	王鲁林（3 月免）
	谈德瑞（3 月任）

行政系统

院长	董　勇
副院长	朱力争
	李金城
	彭文盛
	张学伏
	黄　超（12 月免）
	谭新建
	白继科
	陈　虎（12 月任）
	冯　威（12 月任）
总工程师	张学伏
总会计师	白继科
总法律顾问	刘　岩（兼）

党群领导

党委书记	刘为民
党委副书记	董　勇
	余　洁
纪委书记	黄锦波
工会主席	余　洁

（张孟桥）

【职工队伍】 职工 4038 人。其中，院（股份）2574 人、各公司 1464 人；干部 3434 人、技能人员 604 人；正高级职称（含教授级高工）377 人、高级职称 1566 人、中级职称 1019 人；高级技师 13 人、技师 233 人、高级工 220 人、中级工 85 人、初级工 33 人；硕士研究生以上学历 1159 人（含硕士学位 139 人）、大学本科学历 2041 人、大学专科学历 334 人、中专及以下学历 504 人；30 岁及以下 625 人、31 ~ 40 岁 1192 人、41 ~ 50 岁 1307 人、51 岁及以上 914 人，职工平均年龄 42 岁。

中国工程院院士 1 人、全国工程勘察设计大师 5 人、享受国务院政府特殊津贴专家 20 人、FIDIC 百年杰出咨询工程师 1 人、全国杰出工程师奖 2 人（含鼓励奖 1 人）、“百千万人才工程”国家级人选 2 人、国家有突出贡献中青年专家 2 人；陕西省“三秦学者”1 人、陕西省有突出贡献专家 2 人、陕西省工程勘察设计大师 4 人、甘肃省工程勘察设计大师 1 人、陕西省优秀勘察设计师 9 人、陕西省“新世纪三五人才”第二层次人选 2 人、陕西省“特支计划”青年拔尖人才 1 人、陕西省测绘地理信息科技领军人才 1 人、陕西省测绘地理信息青年学术和技术带头人 2 人、甘肃省优秀专家 1 人；原铁道部有突出贡献专家 3 人、原铁道部专业技术带头人2人、交通运输部交通运输青年科技英才1人;茅以升铁道工程师奖7人、詹天佑铁道科学技术奖24人、铁道环保奖4人;中国铁建杰出科技创新带头人1人、中国铁建首席专家1人、中国铁建专家2人、中国铁建创效功臣3人、中国铁建创效标兵1人;铁一院专业技术带头人82人、铁一院优秀青年工程师116人。

2019年，1034人次取得国家注册(执业)资格,其中一级注册建筑师14人、一级注册结构工程师50人、注册岩土工程师59人、注册电气工程师40人、注册公用设备工程师36人、注册造价工程师74人、注册监理工程师223人、注册咨询工程师217人、一级建造师119人、注册城市规划师20人、环境影响评价工程师18人、注册安全工程师24人、环保工程师5人、水保工程师3人、测绘工程师29人、招标师13人、道路工程师5人、其他类别注册人员85人。另外,255人次取得行业资格。 (张孟桥)

【勘察设计】 勘察工作。重点组织川藏铁路(昌林段)、滇藏铁路(波密至然乌段)、北沿江高铁、伊宁至阿克苏铁路、延榆鄂高铁(榆林至鄂尔多斯段)等5项初测及钻探工作;西宁至成都(西宁至尖扎段)、兰合、宝中二线(平凉至固原段)、西延高铁(富平段)等4项补充初测;川藏铁路、乌将增建二线、南玉铁路、西宁至成都(西宁至尖扎段)、引汉济渭二期工程等5项定测;西延、西康、西十、西韩、阎机、神瓦、兰张三四线、乌将增建二线、唐呼铁路葫芦站、包银(惠农至省界及银巴支线)、酒额、南玉等13项补充定测。完成勘察长度约2600千米、安排外业队伍38队次、完成钻探总量90万米以上。设计工作。铁路及城际铁路项目方面,重点组织完成预可研18项(含方案研究);川藏、滇藏铁路(波密至然乌段)、兰合、宝中二线、北沿江(安徽段)、平庆、济滨、将军庙至淖毛湖、几内亚达桑图至唯嘉角港专用铁路等40项可研(含修改);南玉、西十、延榆、格拉电化、西宁至成都、乌将二线、包银(惠农至省界及银巴支线)、陕西城际铁路、几内亚达比隆港—圣图矿区专用铁路等25项初步设计;西延、西康、兰张三四线、酒额、格拉电化、乌将二线、包银(惠农至省界及银巴支线)等10余项初设鉴修;西延、西康(先期开工点)、南玉、酒额、包银(宁夏段)、乌将二线、兰张三四线、神瓦、陕西城际铁路、几内亚达比隆港—圣图矿区等多条铁路和城际铁路施工图设计。城市轨道交通项目方面,重点开展西安、兰州、广州、成都、重庆、南京、合肥、南宁、厦门、青岛、太原、杭州、上海、济南、烟台、呼和浩特、包头、乌鲁木齐、天津、常州、沈阳、贵阳等22个城市的15项总体总包以及工点、系统标的设计工作。新兴业务方面,旅游轨道项目重点推进长治太行山大峡谷可研等相关前期工作和张家界七星山项目初步设计工作;水环境生产项目重点与联合体单位积极推进黄河(兰州段)生态文明建设规划工作;水利工程完成引汉济渭二期工程定测及初步设计工作。

(任碧江)

【市场经营】 国铁及城际铁路市场方面。实现中标南玉铁路、榆林至鄂尔多斯铁路等勘察设计项目;通过以干促揽,成功承揽滇藏铁路(波密至然乌段)预可、可研和滇藏铁路(波密至香格里拉段)预可研以及兰渝高铁预可行性研究等前期项目;积极推动兰合、西成铁路的现场调研,稳定主要技术标准,为项目实质性推进奠定基础。积极参与国铁集团新时代西部大开发战略铁路规划研究和新时代中长期铁路网规划(2035年)重点通道专项研究的工作,负责西北地区、西藏自治区2021—2050年铁路网暨"十四五"规划和陕西、甘肃、宁夏、西藏等省区铁路网及中长期发展规划,以及关中城际铁路网规划修编、环兰州城际铁路网规划等工作。轨道交通市场方面。相继中标西安地铁保护区外部建设项目对地铁结构及运营、包头市城市轨道交通沿线土地控制规划研究等多项专项研究工作和东莞市轨道交通站场TOD综合开发规划、广佛环线北滘检修基地上盖开发设计深化研究等综合开发类专题研究,为获取后期项目奠定基础。中标上海市轨道交通崇明线工程设计8标段、9标段。积极组织西安地铁14号线工程(北客站—贺韶村)、2号线二期工程(常宁—韦曲南、北客站—草滩北)、8号线等初步设计评审会和16号线一期工程(沣东小镇—能源三路)可行性研究报告专家评估会,为持续扩大西安区域市场提供支撑。积极组织完成成都市轨道交通13号线一期工程的可研、初设评审会,提前完成13号线二期工程预可阶段支撑性专题,为下阶段13号线二期工程的推进奠定基础。受国家发改委和地方发改委委托,完成天津、南京、柳州、济南、无锡、福州等城市建设规划、可研等项目的咨询评估,为开拓市场提供支撑。新兴业务市场方面。水利工程市场通过"以干促揽"中标引汉济渭二期工程勘察设计1标段。生态环保市场投入开发取得回报,获取西宁火烧沟生态治理EPC项目。旅游轨道交通市场初步获取成效,成功组织召开长治太行山大峡谷旅游轨道项目可行性研究预评审会。综合开发项目中标山西省运城市9.45平方千米土地一级开发整理及7平方千米森林公园、3.62平方千米霞飞湖开挖工程(EPC)等项目。支持院属二级单位自揽外委业务方面。协助西安监理公司中标重庆市轨道交通4号线二期工程施工监理;协助咨询院中标福州港口后方铁路通道(杜坞至樟林至透堡段)可行性研究及初步设计

(含勘察)咨询、新建巢湖至马鞍山铁路先行工程初步设计咨询及施工图审核、滁州至南京城际铁路滁州段(一期工程)施工图审查等项目;协助城建院中标厦门市轨道交通6号线漳州延伸段7座车站交通一体化专题研究等。累计实现项目合同额约2亿元。

(任碧江)

【企业管理】 规章制度建设:梳理出台《中铁第一勘察设计院集团有限公司规章制度清单(2019年版)》。为贯彻落实中国铁建有关风险内控和合规管理要求,持续推进规章制度建设,组织全院各部门,审阅、梳理公布现行有效、废止规章制度清单,经各部门补充、清理和汇总,确认现行有效规章制度388件,废止规章制度59件,完善规章制度体系,理顺管理流程,提高管理效率。发展规划:组织制定铁一院三年滚动规划(2019—2021年),对铁一院“十三五”规划实施以来的各项工作进行阶段性总结,特别是对重点战略转型目标具体实施计划的落实情况进行对标总结。启动铁一院“十四五”发展规划编制的前期准备工作。下发《关于印发中铁第一勘察设计院集团有限公司“十四五”发展规划编制工作方案的通知》,启动前期的总结评估及调研准备工作,为“十四五”规划编制工作的有序推进奠定基础。风险内控:印发《中铁第一勘察设计院集团有限公司2019年重大、重要风险管控措施落实方案》,推进落实本年度的风险管控工作,明确重大、重要风险管理及内控体系建设管理责任,增强相关工作实效,提高风险防范和管理水平,保证院安全、持续、健康、稳定发展。组织开展内控审计、独立评价工作,先后安排和组织有关部门配合审计、评价机构开展前期审阅、访谈和审计,为发现和判释院在内控及全面风险管理工作中存在的问题和缺陷开展必要的工作,对于审计、评价中发现的问题,依照从严管理的要求,对相关单位、部门提出整改意见,督促和检查整改落实情况,吸取教训,防患于未然。财务管理:一是会计基础工作规范化。积极组织业务培训,促进会计核算规范化、标准化、流程化,进一步提升会计信息质量。加强财务管控,按照中国铁建进一步严格内控执行严肃财经纪律的通知,严肃院各级单位的财经纪律,有效防范和遏制违规违纪问题的发生。适应管理需要,适时修订制度。下发《关于调整部分差旅费标准的通知》《亏损治理工作考评办法》,提升制度的适用性、指导性。二是提升预算信息化管理水平。借助OM系统上线之际,将会议费、各类预算调整及指挥部经费审批流程线上化,提高审批效率。对各单位年度经营指标进行年中调整,下发《关于下达2019年度T1指标的通知》,提升经营预算的契合度,确保院年度各项指标顺利完成。把预算执行情况表植入财务共享系统,实现对勘查现场、投标项目部、管理部门包干经费,机关部门业务经费以及科研项目按部门和按项目预算执行的实时监控,提升院各项预算执行情况数据的及时性。三是持续完善绩效考核体系,发挥导向作用。对现行绩效考核体系进行梳理总结,为下一步建立全覆盖的绩效考核体系奠定基础。对现行生产单位负责人年度绩效考核兑现办法考核指标及计分规则进行调整,制定《关于调整院生产单位负责人2019年度考核兑现办法的通知》,加大考核奖惩力度。制定《中铁第一勘察设计院集团有限公司关于调整2019年度进款指标考核办法及加强大额资金支付管控力度的通知》,加大对进款指标完成情况考核力度。四是认真贯彻中国铁建和院责任成本管理要求,结合提质增效、降本节支工作的开展,全面推进责任成本管理工作高效开展,确保完成全年下达的各项成本指标。严格责任成本预算编制,层层分解,落实到人;按季度反馈成本完成情况,加强预警工作。对执行出现偏差的单位进行重点督导,年终结算时,对各单位实际完成情况,进行考核和绩效兑现。审计工作:一是制定发布《中铁第一勘察设计院集团有限公司内部审计管理规定》,从制度上明确内部审计的目标、组织机构、职责权限、工作程序、结果运用和考核问责。二是财务收支审计。完成对环通检测公司、通号处、兰州资金中心等财务收支审计工作3项。三是领导干部离任经济责任审计。完成甘勘院、新疆院领导干部任中和离任经济责任审计各1项。四是工程与小型基建维修项目审计。借助外部专业造价事务所开展EPC工程项目专项审计和小型基建维修项目工程造价审计,在复核工程量的基础上,对建筑工程变更签证、定额套用、项目取费等进行审计,规范工程造价审核流程。完成珠海绿化EPC项目部和新疆G7高速公路EPC项目部的专项审计,梳理工程总承包部项目风险,促进被审单位健全与完善内部控制机制,提高管理水平,降低和防范风险。审签院维修项目竣工决算11项,维修项目报审决算1225万元,经审计核减工程造价134.32万元,核减率10.96%。

(任碧江)

【技术管理与科技创新】 梳理、完善技术管理体系,修、制订和完善技术管理制度,推进技术管理标准化。修订发布《有关新增设计工作内容专业分工的暂行规定》《铁路建设项目设计文件审查、质量评定考核管理规定(暂行)》《建设项目设计原则及有关规定编制规定》;结合院质量管理体系改版工作,完成《建设项目工程勘测过程控制程序》《建设项目工程设计过程控制程序》《建设项目勘测任务书编制规定》《建设项目勘测设计互提资料技术管理规定》；为规范和加强院管海外项目、军民融合项目技术管理工作，完成《海外工程项目技术管理规定》《军民融合项目技术管理规定（暂行）》；为指导BIM设计工作，组织编制并印发《新建铁路西安至十堰线BIM设计应用指南》《新建铁路西安至十堰线BIM设计成果交付标准》；下发《关于进一步加强川藏铁路勘察设计技术质量管理工作的通知》，组织编制《新建铁路川藏线昌都至林芝段精密工程控制测量技术设计书》，以指导项目勘察设计工作。采取措施，继续加强建设项目勘察设计的过程控制和技术管理，针对建设项目勘察设计过程中遇到的问题，研究对策，不断强化技术创新；针对国家铁路局、国铁集团对铁路建设项目勘察设计工作提出的新要求，及时组织技术讲座和专题研讨。申报国家及省部级课题57项。其中国家课题1项，陕西省科研课题16项（其中创新团队项目3项），西藏自治区科研课题2项，国家铁路局科研课题23项；中国工程院课题1项，中国科学院课题4项，国家自然基金委课题1项，中国铁建课题9项。获批参研国铁集团科研课题16项，国家铁路局课题2项，中国科学院课题3项。主持中国铁建课题7项，承担中国铁建重大专项“川藏铁路隧道修建关键技术”的研究工作。创优工作取得一定成绩。获优秀勘察设计、咨询、测绘、工程项目97项。其中，FIDIC全球杰出工程奖1项；全国优秀咨询奖3项；中国勘察设计协会优秀工程行业奖5项；国家铁路局优秀勘察设计奖32项；青海省优秀勘察设计1项；新疆维吾尔自治区优秀勘察设计4项；中国铁建2019年度优秀勘察、设计奖21项，优秀咨询成果6项；甘肃省优秀工程咨询成果奖9项；全国优秀测绘工程奖2项、省级测绘工程奖2项；2019年度国家优质工程奖4项；全国勘察设计行业庆祝新中国成立70周年优秀勘察设计项目奖7项。获得各类科技奖33项，其中国家科技进步二等奖1项、省部级4项、行业9项、中国铁建18项、中国产学研合作促进会二等奖1项。获铁道行业、省、自治区、中国铁建优秀QC小组38个。全年专利申请量和授权量保持较高的水平，新增专利申请183件，其中发明专利申请78件；取得专利授权113件，其中发明专利9件。新增软件著作权9项。

（任碧江）

【人才培养及引进】 积极实施人才培养战略，拓宽申报渠道，先后完成百千万人才工程国家级人选、国家创新人才推进计划、陕西省“特支计划”及“三秦学者”创新团队计划、陕西青年科技奖、中国铁建创效功臣等各类专家人才项目167人次的推荐选拔和申报工作。根据《中国铁建技术专家管理办法》文件精神，严格按照选拔条件及程序组织申报，李国良当选中国铁建首席专家，孟祥连、刘赪当选中国铁建专家，成为中国铁建系统中获评技术专家人数最多的单位。李国良获得詹天佑铁道科学技术成就奖，冯威、李团社获得詹天佑中国铁建专项成就奖，王飞获得詹天佑中国铁建专项青年奖，张海、黄凯获得詹天佑中国铁建专项人才（管理）奖；车晓明当选中国铁建“创效功臣”，陈刚当选中国铁建“创效标兵”。依据《院技术专家管理办法（暂行）》开展院首批技术专家推荐选拔工作，经个人申报、单位推荐、资格审核、专家评审等相关程序，陈旭、李晋、李响、任晓春、罗运良5人为院特级专家，毕焕军、陈元元、刘彦明、王会琴4人为院专家，进一步畅通专业技术人才发展通道。积极开展第九批专业技术带头人和第七批优秀青年工程师推荐选拔工作，经院专家评审委员会评审，由院人力资源领导小组审定、批准，评选出10名院专业技术带头人、20名院优秀青年工程师。继续完善人力资源招聘系统与招聘方法，进一步更新院在线人力资源招聘系统，提高招聘与甄选工作效率，顺利完成2019年应届毕业生引进工作。重点引进同济大学、南京大学、武汉大学、华中科技大学、中国人民大学、天津大学、西安交通大学、哈尔滨工业大学、吉林大学、四川大学、中南大学、北京交通大学、西南交通大学、韩国汉阳大学、澳大利亚悉尼大学等全国著名“双一流”院校及海外名校应届大学毕业生127人，其中博士5人，硕士109人，本科生13人，硕士研究生及以上学历人员占总人数的89.8%。招聘范围由传统铁路院校向国内外一流名校扩展，招聘毕业生质量显著提升，985高校毕业生数量与往年相比实现翻倍，圆满完成年度招聘计划，为院转型发展提供人力资源保障。根据在新型轨道交通、港口航道、TOD、机场场道等新兴业务板块的发展需求，积极拓宽招聘及引进思路，在官网及微信公众号上发布铁一院《2019年社会招聘启事》及《TOD业务人才专项招聘启事》，最终录取民用、军用机场工程、港口、海岸及近海工程、水生态综合治理、生态环保、城市综合物业开发、军民融合、海外及具有相关重点注册资质等各类成熟人才55人。经中国铁建评转认定正高级工程师141人，评审通过正高级工程师39人，高级会计师2人；经院评审通过高级职称95人，中级职称135人，年内全院新增注册执业资格87人次。完成各类培训15525余人次，其中自办培训班543期，培训14967人次；委外培训班185期，培训558人次；学历学位教育10人次。培训人次和培训班数量均超过年度计划目标。

（张孟桥）

【党群工作】 下设基层党委14个、党工委18个。其中基层党总支3个，党支部166个；党员3845人。纪委下设基层纪委(工委)32个，纪委在职人员7人。工会下设基层工会43个，其中财务独立单位14个，会员4058人。团委下设基层团(工)委19个、团支部48个、共青团员220人、专兼职团干147人。

党的工作。面对复杂多变的外部形势和艰巨繁重的发展任务，全院各级党组织以习近平新时代中国特色社会主义思想为指引，扎实开展“不忘初心、牢记使命”主题教育，政治引领优势有效发挥，党建基础工作不断夯实，全面从严治党深入践行，实现党建工作与企业发展的同频共振、同向聚合，企业综合实力持续攀升，职工获得感、幸福感进一步增强，为顺利推进一流强院建设提供坚强政治保证。坚持党建引领，企业发展取得新成就。院党委团结带领广大党员干部职工，围绕“十三五”发展规划与全面建设一流强院战略部署，凝心聚力、攻坚克难，完成股份公司下达的主要经济指标。坚持把学习贯彻习近平新时代中国特色社会主义思想作为首要政治任务，狠抓落实、引向深入。认真贯彻习近平总书记关于科学扎实规划建设川藏铁路的系列指示批示精神，高峰时期现场投入近3000人，参战将士爬冰卧雪、战天斗地，以实际行动增强“四个意识”、坚定“四个自信”、做到“两个维护”，确保高起点、高标准、高质量推进川藏铁路勘察设计工作。结合“不忘初心、牢记使命”主题教育、学习宣传贯彻党的十九届四中全会精神与交通强国建设纲要等，全年开展13次党委中心组学习。年初组织领导干部赴旬邑马栏开展集中学习，凝聚党员干部拼搏奋斗的精气神；结合主题教育组织开展6期专题研讨，为推进企业高质量发展提供精神指引。各基层党组织广泛开展迎“七一”主题党日、重温入党誓词、观看爱国教育影片等形式多样、特色鲜明的学习宣贯活动，实现思想政治教育的常抓常新。扎实推进主题教育，实现与企业发展的融合促进。准确把握“不忘初心、牢记使命”主题教育的总要求、根本任务和工作目标，扎实有序开展各项工作，得到股份公司党委高度评价。全集团作为第一批单位同时开展，第一时间成立工作机构，结合实际制定工作方案，强化督导工作力度，注重舆论宣传引导，组织领导有力保障。配发学习书籍近千册，院处两级完成学习总课时208天，组织西安八路军办事处实地参观和井冈山革命传统教育基地集中培训，学习教育取得实效。两级领导深入基层开展调研173人次，撰写报告158份，召开调研成果交流会32场，提出一系列助推企业高质量发展的工作举措。两级领导班子、各党支部书记按照“四个讲清楚”要求，深入讲授专题党课282场，带学促学作用有效发挥。强化检视问题力度，院处两级查找问题468条；重视专项整治效果，认真梳理问题清单，制定检视问题整改和专项整治工作推进计划表，整改工作扎实推进，院处两级完成具体整改事项390项。各级专题民主生活会、组织生活会高质量召开，广大党员干部职工切实做到检身改过、日进日新。坚持由群众评价、由实践检验，在股份公司督导组组织的6个测评项目中，“好”和“较好”占98.7%。成立2个整改督导组，持续做好整改落实“回头看”工作，有效固化主题教育成果。充分发挥党委领导作用。坚持将党的领导贯彻到企业治理的各个环节，积极部署推动“三重一大”系统建设，把关定向作用充分发挥。积极落实党建工作责任制。做好股份公司党建责任制考核评价和整改工作，高质量开展31个党委、党工委的年度党建工作量化考核，11家单位的书记抓基层党建工作现场述职评议，党建责任不断压紧压实。持续强化党建基础工作。制定印发《党建工作责任制考核评价暂行办法》和《党内表彰实施办法(试行)》，党建工作考评机制不断完善。制定印发《关于进一步规范发展党员工作的通知》，进一步明确党员发展步骤，有效指导与规范基层单位发展党员程序。举办支部书记培训班，党务带头人素质能力有效提升。党员活动室标准化、规范化水平不断提升，“智慧党建”平台日趋完善，阵地建设取得新成效。

强化监督执纪问责，全面从严治党深入践行。开展新一轮内部巡察。组织开展党的十九大后第一轮巡察工作，高质量完成对院属6家单位的现场巡察和反馈，探索巡察与审计同步开展，有效发挥监督合力，利剑震慑作用充分彰显。完善体制机制。成立党风廉政建设和反腐败工作领导小组与协调小组，修订完善《党风廉政建设责任书》和纪委、纪工委书记述职考核办法，“两个责任”持续压实。强化监督考核。持续推进权力清单动态管理，深入6家单位检查实施情况，督促完善相应制度并规范权力运用，大监督体系不断完善。持之以恒贯彻落实中央八项规定精神，开展形式主义、官僚主义集中整治与机关服务提升专项活动。突出教育引导。开展反腐倡廉宣传教育月，编发《反腐倡廉教育每月一课》、组织网络答题、举办专题讲座、参观教育基地等，有效强化日常廉洁教育。加大重大节假日前提醒力度，有效防范“四风”反弹回潮。坚持执纪从严。坚持对违规违纪问题无禁区、全覆盖、零容忍，收到信访举报14件，立案2件、结案2件，给予党纪政务处分2人次。准确运用监督执纪“四种形态”，加大对质量、安全事故的问责力度，开展纪律处分执行情况“回头看”，为高质量发展保驾护航。

优化干部人才队伍，干事创业活力进一步迸发。深化“四好”领导班子创建，院班子获股份公司2018年度“四好”领导班子称号，地路处、线运处、桥隧处、陕勘院等8家单位被授予2019年度"四好"领导班子称号,有效激励各级领导干部争创一流的工作热情。坚持党管干部原则,全年新选拔任用领导干部25人,加大年轻干部培养选拔力度,全院近30%领导班子配备40岁以下年轻干部,班子结构进一步优化,整体履职能力有效提升。人才队伍建设成效显著。多渠道申报全国工程勘察设计大师等各级各类专家167人次,6人通过股份公司詹天佑铁道科学技术奖评审,新增院专业技术带头人10人、优秀青年工程师20人、注册执业资格87人次,员工技术水平和综合素质显著提升。庆祝新中国成立70周年系列活动圆满举行。组织完成升国旗仪式、主题朗诵会、座谈会、职工摄影展等系列庆祝活动,广大职工爱国、爱院、爱家的向心力和凝聚力有效增强。思想文化工作持续加强。召开意识形态专题会,邀请专家学者开展专题辅导,意识形态教育有效强化。把增强全员责任意识和质量意识贯穿于思想文化工作始终,坚持开展精神文明建设,开展4期道德讲堂,两个文明和谐共促。文化载体建设不断完善,新版宣传片和画册投入使用,院史展览馆高质量完成接待70余次,文化引领功效充分发挥。舆论宣传成效显著。聚焦新中国成立70周年、川藏铁路等重大时点和重点项目,多媒体平台协同发力,企业品牌形象和美誉度进一步提升。全方位、多角度挖掘一线感人事迹和鲜活实例,现场勘测人员雪中前行短视频、《川藏画路人》专题片受到上级领导的高度赞扬,充分激发员工的情感共鸣和奋斗激情。

工会工作。第十八次先代会成功召开,5个先进单位、25个先进集体、49名先进生产者受到表彰。评先树模连创佳绩,荣获各级先进集体和个人奖项60余项,其中3人分别荣获"中央企业劳动模范""新中国成立以来陕西最具影响的劳动模范"和"西藏自治区劳动模范"。积极兑现幸福承诺,完成办公区绿化美化和卫生间设施更新改造。先后两批组织22名劳模赴杭州、黄山等地疗养。深化指挥部、项目部建家建线,30余家指挥部、项目部完成企业文化标识梳理制作、绿植配备和文体设施更新补充。积极开展劳动竞赛,加大一线慰问和扶贫帮困送温暖力度,举办职工文艺汇演等多样文体活动,职工文化生活进一步丰富。

共青团工作。召开纪念五四运动100周年暨青年工作会,青年思想政治有效加强,工作机制不断完善。创建7个青年创新工作室,5个集体、10名个人受到省部级以上表彰,积极开展"青春心向党、建功新时代""百年五四·一院青年说""青年悦读会"等主题活动,有效激发青年员工建功立业的动力活力。统战工作不断强化。摸底统计在职民主党派人士和留学人员,积极团结发挥统战人士在企业发展中的重要作用。积极履行社会责任。完成陇县油桃二期滴灌和冷库建设项目,助推油桃销售超过600万元;商洛合力团成功实现投资项目落地,院荣获陕西省助力脱贫攻坚优秀企业称号。为甘肃岷县增派2名驻村干部,帮扶力度进一步加大,新疆地区对口扶贫工作稳步推进。完成"献爱心、助脱贫"捐款及各类扶贫采购近100万元,充分彰显央企责任担当。保密维稳有序可控。顺利通过军工涉密业务安全保密条件备案,开展保密宣传月和保密检查系列活动,有效控制失泄密风险;依法依规做好信访维稳工作,维护和谐稳定的大好局面。（马建飞）

【新疆铁道勘察设计院有限公司】 驻新疆维吾尔自治区乌鲁木齐市北京南路703号。董事长、党委书记庄新玉,院长彭晓川。职工535人。拥有全站仪、水准仪、GPS卫星定位仪、绘图仪、台式计算机、笔记本电脑、钻机、汽车钻、载重汽车、激光测距仪、线缆测高仪、手持GPS、静力触探车、地震仪、电磁勘探仪、测井仪等仪器设备1004台(套)。

2019年,营业收入9.4亿元,利润0.37亿元,进款7.85亿元,新签合同额10.35亿元。（马建飞）

【青海铁道工程勘察有限公司】 驻青海省西宁市共和南路23号。执行董事、党工委书记、总经理赵卫东。职工59人。拥有全站仪、水准仪、台式计算机、笔记本、钻机、手持GPS、汽车、复印机、RTK等仪器设备90台(套)。

2019年,营业收入2776万元,成本支出2525万元,利润201万元。（马建飞）

【甘肃铁道综合工程勘察院有限公司】 驻甘肃省兰州市和政路131号。董事长、党委书记贺光华,院长陆勇翔。职工155人。拥有测绘设备、电算设备、电子设备、勘探设备、生产设备、施工机械设备、实验检测设备、文整办公设备、运输设备等493台(套)。

2019年,签订外委合同123项,新签合同额39689万元,营业收入50154.7万元,利润7354万元,外委进款额15821万元。（马建飞）

【陕西铁道工程勘察有限公司】 驻陕西省西安市雁塔区公园南路60号中铁一院科技园。董事长、党委书记侯全德,总经理、党委副书记冯海明。职工241人。拥有泥浆泵、钻机、其他施工机械、汽车、发电机、柴油机、其他生产设备、无人机、三维激光扫描仪、地震仪、V8多功能电法仪、全站仪、隧道预报系统、综合测井设备、其他测量及实验设备、台式电脑、笔记本、打印机、卫星电话、高清数字球机、其他固定资产等仪器设备665台(套)。

2019年,营业收入4.89亿元。 (马建飞)

【重要记载】

▲1月1日 铁一院主编的中华人民共和国行业标准《铁路建设项目预可行性研究、可行性研究和设计文件编制办法》正式施行。

▲1月8日 铁一院参与设计完成的"严寒季冻区高速铁路毫米级变形标准下路基平稳性控制技术及应用"获得国家科技进步二等奖,"地下工程穿越高速铁路的精细化控制技术及应用"获得国家技术发明二等奖。

▲1月10日 依托铁一院建设的"陕西省铁道及地下交通工程重点实验室"被陕西省科技厅评估为"优秀"并给予50万元补助奖励。

▲1月16日 铁一院获陕西省"对外投资合作优秀企业"称号。

▲2月12日 铁一院与兰州市轨道交通有限公司联合申报的"兰州地铁隧道下穿黄河强透水卵漂石地层关键技术研究"获2018年度中国城市轨道交通协会科技进步二等奖。

▲2月26日 铁一院城建院副总工程师、高级工程师戴志仁获得2018年度"茅以升铁道工程师奖"。

▲3月15日 铁一院选派的代表队获2018年"陕西省职业技能大赛优胜团体金奖"。

▲3月26日 铁一院副总工程师李国良获第十四届詹天佑铁道科学技术成就奖,铁一院副总工程师冯威、李团社获詹天佑铁建专项成就奖,桥隧处王飞获詹天佑铁建专项青年奖,城建院张海、测研院黄凯获詹天佑铁建专项人才(管理)奖。

▲4月9日 铁一院连续第十年被评为陕西省行业企业养老保险经办先进单位。

▲4月12日 铁一院参与设计的大同至西安客运专线工程获得中国土木工程詹天佑奖。

▲4月12日 铁一院与保利科技有限公司签署战略合作协议。

▲5月24日 铁一院获中国铁建"海外优先、青年先行"知识竞赛冠军。

▲5月30日 铁一院主持研发的"大西高铁晋陕黄河特大桥梁桁组合结构关键技术研究"获2018年陕西省科学技术二等奖。

▲7月4日 铁一院副总工程师李国良当选中国铁建首席专家,副总工程师孟祥连、刘赫当选中国铁建专家,勘院高级技师张斌当选中国铁建特级技师。

▲7月10日 铁一院与北京思源地产服务集团股份有限公司签署战略合作协议。

▲7月19日 铁一院"TOD设计研发中心""新型轨道交通研发中心(旅游轨道设计研究院)""生态环境设计研究院"正式授牌成立。

▲8月28日 铁一院在中国勘察设计协会评选中名列中国勘察设计企业2019年境外工程项目管理营业额全国第一位。

▲8月28日 铁一院设计建成的拉萨至日喀则铁路获得第十七届中国土木工程詹天佑奖。

▲9月7日 铁一院桥隧处代表院参加2019年陕西省青年职业技能大赛——建筑信息模型(BIM)设计师决赛并获冠、亚军。

▲9月10日 铁一院设计建成的西安至成都高铁获菲迪克2019年度"全球杰出工程奖"。

▲9月21日 铁一院党委书记、董事长刘为民获评中央企业劳动模范,受邀参加在人民大会堂举行的颁奖仪式。

▲11月7日 铁一院获评中国对外承包工程商会和中国出口信用保险公司评选的"企业信用评价AAA级信用企业"。

▲11月11日 铁一院副总工程师李国良获得中国铁建"十大楷模"称号,引汉济渭项目总设计师李凌志获得中国铁建"十佳道德模范"称号。

▲11月20日 铁一院川藏铁路地质科研队获得"火车头奖杯",桥隧处副总工程师康炜获得"火车头奖章"。

▲12月30日 铁一院获陕西省"优秀扶贫单位"称号。 (张孟桥)

中铁第四勘察设计院集团有限公司

【简况】 是国家委托铁路、城市轨道交通投资咨询评估单位、国际工程咨询工程师联合会(FIDIC)和国际电工委员会(IEC标准)团体成员,中国城市轨道交通协会常务理事单位,中国工程咨询协会副会长单位。具有国家住建部颁发的工程设计综合甲级资质证书和工程勘察综合一级资质证书,国家测绘局颁发的甲级测绘资格证书,国土资源部颁发的地质灾害防治工程勘查、设计、监理三项甲级资质以及地质灾害危险性评估甲级资质,国家环境保护总局颁发的环境影响评价甲级资质证书,国家发改委颁发的工程咨询甲级资质,以及工程承包、工程监理、工程造价等20余项甲级及专项资质；主持过数十项国家、行业规范、标准编写；具有独立对外经营权；设有博士后工作站。具有配套完善的ISO9001、ISO14001环境和GB/T28001管理体系，持有相应认证证书。拥有线路、站场、桥梁、隧道、地质路基、电力电气化、通信信号、房屋建筑等40余个专业。能承揽多个行业的工程勘察、工程设计、工程咨询、工程监理、工程总承包业务。是从事交通基础设施建设勘察设计的高科技大型综合性企业。综合实力位居全国勘察设计实力百强前列，被认定为国家企业技术中心。成立于1953年2月4日；1956年1月扩编为铁道部第四设计院；2003年11月由铁道部划转中国铁道建筑总公司；2007年11月，改制为中铁第四勘察设计院集团有限公司。资产总额238.71亿元。其中，固定资产净值16.13亿元，流动资产184.29亿元，其他资产38.29亿元。设备21846台(套)，其中全站仪、光电测距仪、GPS定位系统、RC30航空摄影仪、物理勘探、原位测试等先进设备1061台(套)；计算机11922台，局域网上网节点6980个，大中型计算机工作站877个。机械运输设备647台，净值4428万元，总功率93698千瓦，动力装备率18.26千瓦/人、技术装备率8628元/人，设备完好率99%、利用率99%。

2019年，新签合同额259.6亿元，营业收入151.1亿元，利润22.8亿元，净利润19.5亿元，人均创利34.8万元。其中，国内勘察设计板块新签合同额25.23亿元。国有资产保值增值率126.59%、净资产收益率24.57%、国有资本回报率24.64%、资产负债率64.26%、应上缴款完成率100%。 （邓云文）

【领导人员】

董事会

董事长　蒋再秋
副董事长　雷佳民(4月任)
董事　蒋兴锟
　徐昌富
职工董事　田要成

监事会

监事会主席　刘家美
监事　胡丙齐
职工监事　方　东

行政系统

院长　蒋再秋(4月免)
　蒋兴锟(4月任)
副院长　田要成
　王玉泽
　付　裕(9月任)
　莫小玲(3月免)
　蒋兴锟
　徐昌富
　韩向阳
　张　浩(7月任)
总工程师　朱　丹
总会计师　付　裕(9月任)

党群领导

党委书记　雷佳民(4月免)
　蒋再秋(4月任)
党委副书记　蒋再秋
　蒋兴锟(4月任)
　雷佳民(4月任)
纪委书记　刘家美
工会主席　刘家美

（方　进）

【职工队伍】　职工5132人。博士研究生学历69人、硕士研究生学历2298人、大学本科学历2133人、大学专科及以下学历632人。高级职称2721人、中级职称1344人、初级职称668人。高级技师116人、技师112人、高级工及以下90人。40岁及以下3055人、41～50岁1154人、51岁及以上923人。

全国工程勘察设计大师3人，中国工程监理大师1人，百千万人才工程国家级人选3人，国家有突出贡献中青年专家2人，享受国务院政府特殊津贴专家26人；湖北省有突出贡献中青年专家12人，享受湖北省政府专项津贴专家12人；原铁道部专业技术带头人2人、青年科技拔尖人才12人；詹天佑铁道科学技术奖14人，詹天佑中国铁建专项奖21人；茅以升铁道工程师奖9人；全国优秀科技工作者3人；湖北省新世纪高层次人才工程人选8人；湖北省青年科技奖2人；铁四院专业技术带头人101人，青年科技拔尖人才231人。各类注册职业资格1410人次。 （方　进）

【勘察设计】　开展铁路勘察设计项目146项，站房勘察设计项目90余项，完成勘察设计1989线路折算千米，地质钻探211万延长米。完成占全国铁路勘察设计23%的任务工作量。上海机场连接线、宜昌至郑万铁路联络线、沿江城际铁路常州至太仓段等320千米项目如期开工建设，实现昌赣客专、商合杭铁路、郑万高铁、汉十铁路等项目开通运营。同期在28个城市开展79项轨道交通总体总包、308项工点及系统设计任务，全国首条智轨线路按期开通运营。扎实推进600余千米高速公路、21项大跨度桥梁、23项水下隧道建设，保证常德市沅江隧道工程等项目投入使用。

精心组织开展长三角经济带、粤港澳大湾区等10余项区域规划、20余项铁路枢纽总图研究；深入做好冷链物流、铁水联运等重点规划顶层设计；超前策划开展温福、昌福(厦)，呼南豫西通道等9个铁路项目，南昌、成都、深圳等10余条地铁项目前期研究，夯实后期工作基础。

不断提升全过程服务质量。开展“质量提升年”活动，修订完善各类制度办法40余项，建立系统化质量管控体系。完善实施勘察设计质量评价考核、质量问题调查处理制度，加大责任主体的考核问责力度，有效降低质量风险。强化现场服务，认真兑现承诺，配合施工4.6万工天，收到各类表扬信、感谢信133封，技术服务得到广泛认可。（邓云文）

【经济发展】 紧跟市场变化，持续稳固勘察设计主业领先地位。铁路市场，中标武汉至荆门、深圳枢纽西丽站至光明城站、武汉至合肥等5项国铁集团招标的铁路项目；承揽甬舟铁路、穗莞深城际南沿线、巢马城际等24项地方主导铁路项目；承担交通强国“铁路篇”、铁路“十四五”发展规划等国家级规划任务；中标杭州西、福州南、厦门北、合肥西等10座站房设计，铁路站房设计进入4.0时代。轨道交通市场，中标合肥、厦门、武汉等地7个总体总包项目，承揽10余项工点和系统设计任务；承揽沪杭金、广深等磁浮项目，成都、威海有轨电车，宜宾、保山智轨，恩施、平顶山旅游观光铁路等新型轨道交通项目。公路市政市场，承揽贵州、广西、山东等地高速公路项目；中标东津黄河大桥、金塘海底隧道等桥梁、水下隧道工程，以及一批水工港口、综合管廊、景观园林设计项目；承揽10余项军民融合项目，市场开拓成效显著。

协同发展多元业务。资本运营业务，承揽杭衢铁路建衢段PPP项目，在浙江、广东等地中标多项投资类项目，累计拉动实体合同额约140亿元。积极探索多元化合作模式，确保秦望通道工程等“特许经营”“投融资+EPC”类短平快项目落地。加强昆明5号线等项目建设管理，推动苏州拙政园等项目股权投资滚动良性发展，实现珠海土地一级开发地块出让，投资收益能力日益加强。工程总承包和工程维养业务，承揽张家港站、仙桃站房综合体等项目；充分挖掘各专业经营潜力，中标多个市政道路、铁路专用线等其他类别EPC项目，新签工程总承包合同额284.3亿元，同比增长34.6%。顺利推动襄阳东、十堰东站等工程投入使用。打造工程维养品牌，实现西北片区“零”的突破，首次进入城市轨道交通市场，有力推动工程维养业务向高端化、规模化方向发展。新签工程维养合同额3亿元，连续两年年均增长1亿元。监理咨询业务，中标监理项目18项，咨询项目66项，开拓山地轨道交通新领域；累计收图3.2万册，开展78个项目审核，上半年铁路施工图审核名列第一。承担川藏铁路地勘监理和设计咨询任务，积极助力国家重点工程建设。海外业务，成功在7个国家签订海外合同13项，合同总额23.8亿元，海外发展取得历史性突破；加强与系统内外单位合作，中标泰国连接三机场高铁PPP项目，签订印尼运煤铁路EPC项目框架合同；先后开展海外项目生产103项，完成任务量同比增长39%，生产效能日益提升。房地产业务，成功竞得武汉光谷花山住宅地块。“荷塘星城”住宅产品清盘售罄，“杨春湖畔”年内销售面积8.6万平方米，实现销售合同额约14.8亿元，推动业务实现滚动发展。高端制造业务，强化制度管理，提升专利产品研发、专利实施许可等成果转化工作，市域铁路轨枕等自主专利产品相继投放市场；先后签订合同178项，合同总额2.5亿元，收款1.3亿元，创效能力再攀新高。（邓云文）

【科技创新】 中标并首次主持承担2项国家重点研发计划项目。获各类科技奖70余项。水下隧道技术国家地方联合工程研究中心、湖北省轨道交通智能设计及装备工程、轨道交通智慧桥梁等研究中心分别通过国家及省级认定。完成“铁四院企业BIM数据标准”编制，开展高速磁浮、智能勘察等成套技术攻关，深化装配式建筑等新兴技术研究；成立铁路、城市轨道交通TOD设计研究中心和综合交通规划研究中心。5家子公司新评国家高新技术企业；10余人荣获省部级奖项，获得专利授权413项，有效专利数量继续保持行业第一。大力推进“361”人才工程建设。优化专业技术带头人、青年科技拔尖人才选拔条件并组织评选，持续打造技术专家品牌；研究制定联系服务省部级及以上技术专家重点工作分工，构筑多层次、立体式、全方位的技术专家联系服务体系；研究构建青年技术人才发展模型，夯实稳固青年员工成长与企业发展融合深度；发布《关于强化人才队伍建设支持海外业务发展的若干意见》，助力铁四院海外业务快速发展；大幅提高企业年金单位缴费比例，持续健全人才长效激励机制。全年10余人获国家、省部级专家荣誉，其中李秋义入选国家百千万人才工程，被授予“国家有突出贡献中青年专家”；水下隧道工程技术创新团队入选中央企业优秀科技创新团队支持计划，新型无砟轨道系统技术研发团队成功申报湖北省双创战略团队。（邓云文）

【加强管理】 成立隧道院、统战部、军民融合办公室、西北分院等机构，调整海南分公司定位，升级湖北分院、浙江分院，撤销新疆分院，进一步完善企业组织架构。统筹强化机关合力，实行职能部门联席会议制度，构建公文、会务管理沟通联动机制。推进大型会议管理信息化，探索建立“聚变”式信息管理体系。统筹部署“高铁排查”和“铁路三查”工作，发现并整改问题和隐患3300余项；开展“质量提升年”系列活动500余项；严抓质量红线管理，实现铁路项目红线检查全覆盖；修订完善各类制度办法40余项，建立系统化质量管控体系。强化外业勘察策划，加快智能勘察、BIM设计等技术应用，研究发布铁路技术管理办法10余项，技术管理进一步规范。落实“降本增效”重点任务，完善财务内控和运行体系；强化资金管理主线，资金集中度保持在95%以上。参与股份公司“审计工作质量提升”活动，有序开展内部审计工作。召开铁四院合规管理启动大会，成立合规办公室，推进合规管理体系建设；突出投资项目、境外项目等重点领域风险管控，针对岩土工程等业务特点，细化安全风险监管措施，防范安全质量风险；初步构建铁四院网络安全管理体系。召开铁四院信息化工作研讨会等，有序推进信息化建设；开发地质勘探AI系统、统一运维管理平台等系统，并投入试运行，推进远程审图系统Ⅱ期应用，为提升生产和管理效率提供良好载体。（邓云文）

【党群工作】 坚持以政治建设为统领，扎实开展“不忘初心、牢记使命”主题教育，铁四院两级党委分别集中学习6天以上，开展集中研讨348次、读书班56场、革命传统教育96次、专题党课261场，完成130个调研课题并召开调研成果交流会，扎实推动396项检视问题和294项专项整治问题的整改落实。135个在职党支部开展主题党日。

严格执行“三重一大”事项决策制度，落实前置程序，全年召开党委常委会议14次，研究重大事项117项，高质量完成本级党委及7家子公司党委“三重一大”决策和运行监管系统建设，全面规范各级党委议事程序。优化基层组织设置，加强对党员人数超过50人的党支部工作指导，党支部工作更加规范。认真落实“四同步”“四对接”要求，新成立基层党组织13个，调整设置党支部6个。70个任期届满党支部按期换届，及时增补党支部委员、书记27人。深化“三级同述同评同考”，实现会议述职党委书记“三年全覆盖”、党支部书记“两年全覆盖”。各级班子成员按照“一岗双责”抓好分管领域党建工作，建立党建联系点173个。开展党建工作和文明创建展示平台清理工作，进一步规范办公区域内的横幅等展示平台。针对基层党组织和党员分布地域广的特点，开展以区域互联、专业互联、机关基层互联、院内院外互联为代表的“联学联建”，有效发挥党建工作的促进作用。围绕生产经营重难点，持续建设“新设备·星党员”“T4建筑”“红旗责任区”等党建工作品牌，所属3个党委被湖北省国资委党委命名为第二批“国有企业示范基层党组织”。坚持党管干部，落实干部激励约束和教育培训措施，组织开展2016—2018年铁四院中层及以上管理人员三年期考核，表彰27人，提醒谈话3人，诫勉谈话7人，免职2人。加强年轻干部队伍建设，全年调整交流干部80余人次，其中提拔80后中层干部12人，干部队伍年龄结构不断优化。通过APM在线素质测评系统，从能力、个性、动力三方面深入剖析，助力干部队伍年轻化建设。

认真落实党委理论学习中心组学习制度，全年集中学习23次，其中举办集中学习研讨交流会4次；结合工作难点，撰写调研报告、体会文章150余篇，向上推荐5篇，在上级刊物发表5篇；编印《基本理论概念百答》，提升领导干部政治理论素养。对所属党委中心组学习情况全面督促检查，将学习情况纳入单位整体考核、年度绩效考核、文明单位评选必选内容。围绕企业改革发展和生产经营加强新闻宣传，全年在中央电视台、《人民日报》等主流媒体开展宣传3000余次；开展“品牌强企，质量强院”巡礼宣传，四院品牌影响力持续强化；以职工身边典型人物、典型工程为依托，讲好四院故事，“喝彩四院”公众号全年推送信息350余条，关注量突破16000人，内外网更新新闻3000余条，获得“中国好人”“‘永远的铁道兵杯’十大楷模”等荣誉。充分利用铁四院官网、新闻网、企业报、电子显示屏、“喝彩四院”微信公众号、宣传展板、招贴画等多种形式和载体，开展形势任务教育，制作展板12套30余块，发布招贴画6套44幅，更新电子屏70余次，制作各类教育短片10余部。健全舆情监测分析处置机制，妥善开展舆论引导，强化基层意识形态宣讲，开展集中辅导9次；抓好意识形态责任落实，开展意识形态工作调研检查2次，编印《理论学习探索》4期，交流职工思想政治工作经验。突出正面宣传和扬正抑负，及时向领导和有关部门发送舆情月报12期、《舆情专报》2期；针对二级单位出现的员工突发事件，提前介入，做好舆情应对。

认真履行党风廉政建设主体责任、支持纪检监察机构监督执纪问责，党委7次听取并研究党风廉政建设工作。召开片区生产经营暨党建工作推进会等，压实基层一线责任。采取“请上来、走下去”的方式，党委书记、纪委书记与所属党组织负责人就主体责任落实等进行工作谈话122次。制定《铁四院关于推进纪检监察体制改革的实施方案》，调整纪检监察审计等机构设置。从严执纪问责，全年受理核实信访举报7件，处置问题线索17件，立案4件，结案4件，给予党政纪处分9人。对受处分人员进行回访教育,鼓励其放下思想包袱,变“有错”为“有为”。整治少数党员干部不担当、不作为等问题,进行提醒谈话3人,诫勉谈话1人。扎实开展内部巡察,修订巡察工作手册,组建2个巡察组,分3轮对所属6家党委开展常规巡察,向被巡察党委及有关职能部门反馈问题及建议193项,及时移交6件问题线索。建立健全制度办法60余项,有力推动全面从严治党、依法依规治企各项工作。

领导和支持工会组织推进民主管理。规范有序召开职代会。举办城市轨道交通(市域铁路)项目部工会工作现场交流培训会,利用线上线下各种平台,促进交流学习,铁四院工会被授予湖北省总工会“创先争优优秀单位”,连续第9年获中国铁建工会财务工作特等奖。突出关爱驻外职工,制作《川藏铁路参建职工健康安全知识手册》,深入川藏等36个项目工地开展走访慰问。规范开展职工疗休养工作,77.3%的职工参加了两年一轮的疗休养。坚持“六必访”,仅两节期间慰问职工家庭763户,室、所(班组)75个,一线职工818人。发挥女职工组织作用,铁四院在全路“三线”建设现场交流会上做经验发言,铁四院职工子女课后托管班获评“湖北省示范爱心托管班”称号。积极开展“当好主人翁,建功新时代”主题劳动竞赛和各类技能比武、交流活动160余项,13个集体,29名个人荣获省市级以上劳动竞赛先进。15人获全国、省部级五一劳动奖章、火车头奖章等荣誉。召开纪念五四运动100周年青年座谈会,举办设计成果汇报、质量主题演讲、规范知识竞赛,成功承办中国铁建首届“青创杯”BIM成果大赛,青年成长舞台更加广阔,奋斗热情持续激发。

(邓云文)

【建成开通工程】 5月20日,铁四院总体设计的郑州地铁5号线开通运营,这是国内开通运营的第五条地铁环线,是郑州地铁网络中最为关键的“环廊”,是全国首条涵盖3家电信运营商的5G网络地铁线路,运营全网实现无卡扫码进出站。全长40.43千米,设车站32座,其中换乘站18座。

9月21日,铁四院代建管理的海南省文昌至琼海高速公路建成通车。文琼高速起点顺接海文高速公路,终点接环岛东线高速公路,全长65.7千米,采用时速100千米双向4车道高速公路标准设计,是连接文昌航天中心和博鳌论坛会议中心的快速公路通道、海南省建设规划的重点交通项目。

9月28日,铁四院参与设计的世界上一次性建成并开通运营里程最长的重载铁路——浩勒报吉至吉安铁路开通运营。全长1813.5千米,北起内蒙古鄂尔多斯市浩勒报吉南站,途经内蒙古、陕西、山西、河南、湖北、湖南、江西7省区,终到京九铁路吉安站。线路设计时速120千米,全线设车站77座,规划年运输能力2亿吨以上。一次能牵引万吨列车,开通后实现一列车荷载108辆车厢的牵引动力。

9月28日,铁四院设计的温州轨道交通S1线建成开通。全长53.5千米,是全国首条时速超过120千米(交流电制式)、公交化运营的市域铁路。S1线串联温州南站、瓯海中心区、中心城区、龙湾中心区、永强机场和灵昆半岛等重要城市节点,成为构建未来温州大都市核心区两大中心的快速联系通道。

10月11日,铁四院勘察设计的梅州至潮汕铁路开通运营。结束梅州不通高铁的历史,标志着粤东北地区接入全国高铁网。全长122.4千米,设计时速250千米。线路北起梅州市梅州西站,途经梅州、揭阳、潮州三市,在潮州市潮汕站与杭深铁路接轨,全线设梅州西、畲江北、建桥、丰顺东、揭阳、揭阳机场、潮汕站7个车站。全线64座桥、33座隧道,桥隧占比77.8%,是典型的山区铁路。

10月16日,铁四院勘察设计的千里沅江第一条跨江隧道——湖南常德沅江隧道通车。全长2.24千米,采用“明挖+盾构法”施工,其中江中盾构段长1680米,明挖段长560米。工程采用双管单层的建设方案,隧道外径11.3米,双向4车道,设计时速60千米。

11月29日,铁四院设计的武汉至十堰高速铁路建成开通运营。是湖北省主导建设的第一条特大铁路项目。全长399千米,设计时速350千米,设大中桥233座,隧道46座,桥隧总长274千米,桥隧比68.65%。其中,襄阳崔家营汉江特大桥,是世界上最大跨度连续刚构拱桥、国内跨度最大的混凝土高铁桥梁。汉十高铁穿越武汉黄鹤楼、随州炎帝神农故里、襄阳隆中国家风景名胜区、十堰丹江口水库、武当山等风景名胜。结束鄂西北地区多个县无高铁的历史,直接惠及沿线3000万人出行。

12月1日,铁四院设计的商合杭高铁商丘至合肥段开通运营。是京港(台)高铁重要组成部分,也是率先通车的一段。全长378千米,设计时速350千米。全线正线新建桥梁119座,桥梁比82.6%。跨越长江、裕溪河、淮河、颍河分别采用588米、324米、228米、220米跨度。其中商丘至阜阳段正线长268千米,除车站地段落地布置外,其他地段全部设计为桥梁,桥梁比92.4%,其中的淮河特大桥是当前世界上跨度最大、设计速度最快的无砟轨道高速铁路连续刚构桥。

12月5日,铁四院设计的四川宜宾市智轨T1线开通运营。是中国首条投入商业化运营的智轨线路,全长18.9千米,设计时速70千米,最大载客人数307人。选用中国中车具有完全自主知识产权的智能轨道快运系统车辆,采用电池方式供电,每次充电时间10分钟,正常运营续航里程可达25千米。宜宾智轨T1线通过长江大桥串联宜宾长江两岸,是国内首条跨江智轨。

12月15日,铁四院设计的穗莞深城际铁路开通运营。全长76千米,桥隧比98%,设车站15座,包括高架站10座和地下站5座。设计时速140千米 。项目从既有广深Ⅲ、Ⅳ线新塘站附近引出,先后经广州新塘、东莞水乡片区、厚街、虎门、长安进入深圳境内,经宝安区松岗、沙井、福永至深圳机场。该线创造了多个第一,其中东莞西站是全国最大的两线十字交叉换乘站;新塘南站是全国最大的国铁场站综合体、首个铁路TOD(公共交通导向性发展模式,是从全局规划的土地利用模式);东江南特大桥主桥为(144.5+264+144.5)米加劲连续钢桁梁,是世界上最大跨度的上加劲连续钢桁梁桥,该桥型首次在国内城际铁路上应用。

12月17日,当前世界上贯通的最大直径水下铁路盾构隧道——佛莞城际铁路狮子洋隧道顺利贯通。全长6150米,其中盾构段长4900米,外径13.1米,内径12米,采用单洞双线设计,时速目标200千米。隧道最大埋深64米,为世界第二大埋深隧道。

12月26日,铁四院设计的京港高铁南昌至赣州段(以下简称昌赣高铁)开通运营。全长416千米,设计时速350千米,是通往赣南革命老区的第一条高铁。3跨赣江,3并京九铁路,6跨京九铁路。全长2.15千米的赣州赣江特大桥是国内首座设计时速350千米大跨度高速铁路斜拉桥;万安隧道全长13.928千米,是江西最长的隧道。昌赣高铁从南昌出发,经过吉安、兴国、万安等革命老区,将"将军县"接入全国高铁网。

(邓云文)

【中铁四院集团广州设计院有限公司】 具有铁道行业甲(Ⅱ)级设计资质、建筑工程甲级设计资质、工程勘察专业类岩土工程甲级勘察资质,市政行业(桥梁工程、道路工程)专业乙级设计资质,工程测量乙级资质;铁路、城市轨道交通、水文地质、工程测量、岩土工程工程咨询单位甲级资信证书;已通过质量、环境和职业健康安全管理体系认证及广东省高新技术企业认定;获得广东省勘察设计行业"科技创新典范企业"荣誉称号。代管"广东至艺工程建设监理有限公司",具有房屋建筑工程监理、铁路工程监理甲级资质及市政公用工程监理乙级资质。职工175人。资产总额12586万元。其中,流动资产12168万元,固定资产893万元,固定资产净值307万元。

2019年,签订合同额115935万元,开展勘察设计项目411项,产值30140万元,5项实用新型专利获得授权。

(郑四安)

【中铁四院集团南宁勘察设计院有限公司】 具有铁路综合工程、建筑工程、岩土工程、工程测量、市政工程(道路)、工程咨询、房屋建筑工程监理、铁路工程监理、市政公用工程监理等甲级资质证书,以及一类施工图[房屋建筑工程(含超限)、市政基础设施(道路、桥梁、隧道、轨道交通)工程]设计文件审查许可证,城乡规划编制乙级资质等。拥有境外工程勘察设计、咨询经营资格证书。驻广西壮族自治区南宁市西乡塘区高新区科兴路3号。执行董事、党委书记熊国华,总经理、党委副书记叶国东。职工217人。资产总额38606万元。其中,固定资产原值5753万元、净值3110万元,流动资产33895万元,其他资产1601万元。各类汽车37台、钻机10台、GPS测绘仪器6台、全站仪6台、大型绘图仪4台等。

2019年,新签合同额46600万元,产值44527万元,盈利1900万元,人均创利8.9万元。国有资产保值增值率125%、净资产收益率15%、产值利润率5%、资产负债率53%、投资收益上缴率100%、应上缴款完成率100%。

(黎建国)

【重要记载】

▲1月22—24日 铁四院召开党委二届五次全委(扩大)会议、四届三次职工代表大会暨2019年工作会议、党风廉政建设和反腐败工作会议、安全生产会议。

▲3月22日 铁四院与工商银行湖北省分行在武汉举行全面战略合作协议签字仪式。

▲5月31日 铁四院铁路、城市轨道交通TOD设计研究中心在武汉成立。

▲6月26日 铁四院与宜宾市城市和交通投资集团签订战略合作框架协议,继续扩大双方在交通基础设施建设领域的合作。

▲9月9日 国务院国资委"与共和国共成长 新媒体走进新国企——高铁是怎样炼成的"系列活动走进铁四院 。中国国际广播电台、《科技日报》、《工人日报》、中国科协官网、环球网等10家主流媒体和新媒体走进高铁的策源地一探究竟。

▲9月10日 铁四院设计建成的武汉地铁徐家棚站综合交通枢纽获得菲迪克2019年工程项目特别优秀奖。

▲10月24日 在泰国总理巴育的见证下,铁四院参与的泰国东部经济走廊(EEC)连接三机场高铁项目在泰国总理府和平友谊楼举行协议签约仪式。

▲11月1日 铁四院通过中国船级社质量环境职业健康安全管理体系监督审核。

▲11月 铁四院举行综合交通规划研究中心揭

牌仪式。

▲12 月 8 日　铁四院勘察设计并代表中国铁建实施总承包管理的长沙磁浮快线工程获国家优质工程金奖。　（邓云文）

中铁第五勘察设计院集团有限公司

【简况】　具有工程设计综合甲级、工程勘察综合甲级、工程咨询甲级、工程监理甲级、地质灾害危险性评估甲级等各类甲级资质20余项，持有商务部对外承包工程经营资格证和北京市科技研究开发机构等证书，通过了质量、环境、职业健康与安全管理三体系认证。具有为国家综合交通和城镇化建设提供全产业链服务及投融资的能力，业务领域涵盖铁路、公路、城市轨道交通、市政、建筑、航务工程等各行业。是集工程设计、勘察、咨询、监理、检测及科技研发、设备制造、工程总承包于一体的综合大型勘察设计企业。是全国勘察设计百强企业、国家认定企业技术中心，全国文明单位和北京市首批高新技术企业。总部驻北京市大兴区康庄路9号。前身系始建于1958年10月的中国人民解放军铁道兵科学研究处（院）；1984年1月，集体转业并入铁道部，为铁道部工程指挥部科学技术研究所；1990年10月，更名为铁道建筑研究设计院；2004年，原哈尔滨铁路局齐齐哈尔、哈尔滨勘测设计院划到本院；2005年7月，更名为铁道第五勘察设计院；2008年1月，改制为中铁第五勘察设计院集团有限公司。下辖线路运输设计处、站场设备设计处、地质路基勘察设计处、桥梁设计处、电化通号设计处、工程经济设计处、环境工程设计处、测绘与地理信息研究处、建筑设计处、城市轨道交通设计处、公路与市政工程设计处、水利水运工程设计处、机场勘察设计院、工程咨询处、技术研究处（试验中心、战备办公室）15个专业咨询设计处以及东北分院、郑州分院、天津分院、新疆分院、广西分院、苏州分院、常州分院、上海星通分院和合肥分院；知识产权部、轨道交通认证中心、资本运营处、海外事业部、工程管理处、基建办公室、信息化管理处、图文中心8个直属单位；北京铁城建设监理有限责任公司、北京铁研建设监理有限责任公司、北京中铁建北方路桥工程有限公司、北京铁五院工程机械有限公司、北京铁五院工程试验检测有限公司、北京铁建院物业管理有限公司、北京铁资造价咨询有限公司、北京铁五院工程设计咨询有限公司、苏州众通规划设计有限公司、广州京穗勘察设计有限公司、北京中铁生态环境设计院有限公司、北京中港路通工程管理有限公司、北京铁城信诺工程检测有限公司、衢州市交通设计有限公司、中铁加拿大有限责任公司15个全资或控股子公司及《铁道建筑技术》杂志社。在沈阳、兰州、西安、太原、内蒙古、上海、南京、南昌、杭州、济南、合肥、广州、成都、贵阳、昆明、长沙设立16个驻外经营机构。资产总额56.21亿元。其中，固定资产原值5.48亿元、净值3.12亿元，流动资产46.5亿元，其他资产6.59亿元。

2019年，新签合同额73.254亿元，比上年同期增长21.53%。获铁道学会科技奖二等奖2项，中国钢结构协会科学技术创新奖1项，中国交通运输协会科学技术奖一等奖1项、二等奖2项，浙江省公路学会科学技术奖三等奖1项，江苏省综合交通运输学会科学技术奖三等奖1项，中铁建科学技术奖一等奖3项、二等奖2项。获股份公司级、省部级及以上“四优”、咨询成果奖56项。　（李晓雪）

【领导人员】

董事会

董事长	汤友富
董事	仇　湘（12月免）
	黄　超（12月任）
	庞建文
	杜寅堂

监事会

监事会主席	徐度斌

行政系统

院长	仇　湘（12月免）
	黄　超（12月任）
副院长	庞建文
	杜寅堂
	杨岳勤
	刘宇栋
	沙文杰
	姚汉文
	谌启发
总工程师	杨岳勤
总会计师	刘宇栋

党群领导

党委书记	汤友富
党委副书记	仇　湘（12月免）
	黄　超（12月任）
纪委书记	徐度斌

（靖　良）

【职工队伍】 职工2495人。其中,正高级职称134人、高级职称1032人、中级职称653人、初级职称321人;博士研究生学历21人、硕士研究生学历778人、大学本科学历1536人、专科及以下学历160人;平均年龄36岁。

全国勘察设计大师2人,全国工程监理大师1人,享受国务院特殊津贴的高级技术专家18人;詹天佑奖获得者16人,大兴区青年技术人才7人,茅以升科学技术奖6人,中国铁道学会铁道环保奖1人,"新创工程·亦麒麟"领军人才1人。 (刘 堃 王晋飞)

【企业管理】 企业改革。根据国资委、股份公司有关"双百行动"的政策文件要求,按照上报的综合改革方案和任务台账有序推进各项工作,任务台账9项工作中成立改革机构、移交三供一业、完成大集体改革、选定咨询机构、加强党的领导5项工作已完成,引进战投和员工持股2项工作按时间进度有序推进并取得显著进展,健全法人治理结构、完善市场化经营机制2项已启动,混改后实施,在"五突破、一加强"六个方面均有明显进展。"双百行动"综合改革方案经党委常委会前置研究讨论并经五院四届四次职代会第三次联席会议审议通过。审议通过混合所有制改革方案和员工持股管理办法等。积极推进对外合作,以补短板、固优势为目的,加大对重点区域市场的经营布局,通过兼并重组、控股、参股合作等方式,搭建合作平台。与十八局合资设立苏州中铁融城地产开发有限公司,与投资集团等合资设立北京中铁互联智慧城市投资有限公司,加速资源整合,实现强强联合,优势互补。与衢州市交通投资集团有限公司共同并购衢州市交通设计有限公司,加快完善区域市场布局,盘活企业资源,发挥资源整合的效用,增强企业的综合竞争能力。同步与财务处、东北分院沟通对接。如数发放补偿资金,全面完成改革资金的发放工作。

资质管理。通过军工涉密业务咨询服务安全保密条件备案现场审查。取得国家国防科技工业局颁布的《军工涉密业务咨询服务安全保密条件合格证书》,成为股份公司系统第一个取得该资质的设计院。取得摄影测量与遥感:摄影测量与遥感外业、摄影测量与遥感内业;地理信息系统工程:地理信息数据采集、地理信息数据处理;工程测量:矿山测量、工程测量监理;不动产测绘:地籍测绘甲级资质。以北京铁城信诺工程检测有限公司的名义获得陆地交通认证机构资质。

法律事务。按照股份公司法制工作的要求,确保各项法律事务工作平稳有序推进,切实推进法治建设第一责任人职责,继续推动规模以上子公司、京外单位建立起包括总法律顾问、法律部门、外聘律师在内的总法律顾问体系。严格执行"四项法律审核"工作,开展规章制度评估工作,聚焦业务热点与风险点,开展年度法律培训,编制《五院法治期刊》,加强依法合规意识教育。积极有效处理各类案件纠纷,参与依法清欠,维护企业合法权益。合规管理。成立合规委员会,下设合规办公室,集团本级及下属单位设置66名首席合规官和合规官,并组织开展集团公司合规培训及合规工作会议。 (王 月 林昊峰 史俊历)

【市场经营】 重点经营区域进一步强化高层对接。区域经营执行"区域主导、责权对等、令行禁止、局部服从全局、下级平台服从上级平台"的工作原则,构建"五位一体"的经营体系。"区域经营"战略理念确保工作有序开展,市场规模持续扩大。按照股份公司新兴产业发展战略,在集团公司"四会"精神指引下,结合实际,超前布局,积极谋划,拓展新兴业务,坚持"立足主业、相关多元、适度超前、务求实效"的原则发展新兴产业。大力推进军民融合、民航业务、生态环保、流域治理等相关新业务、新业态,厚植差异化发展优势。先后与火箭军工程设计研究院合资成立的人防工程设计院、与中铁建重庆投资集团合资成立的生态环保公司、率先布局民航工程设计业务成立的机场勘察设计院,走在全系统乃至铁路行业设计院的前列。新兴产业领域承揽合同额12.3亿元,占全年新签合同额的16.8%。计划经营处组织集团管项目投标69项,中标40项,中标率58%,中标合同额7.96亿元。

(牛欣欣 雷 雨)

【生产管理】 完成天津至承德铁路宝坻至蓟州段预可研等8个重点项目阶段的审查。利用既有陇海线连云港至连云段开行市郊列车、汉巴南铁路南充至巴中段等项目开工建设。徐盐铁路、连镇铁路项目圆满完成静态验收、联调联试等工作,于2019年12月16日正式开通运营。根据《委外管理办法》和《关于规范集团公司各类项目委外工作的通知》,在委外管理监督核查中,重点加强委外申请、招标、委外合同评审、付款过程中的核查,严格执行相关规章制度,严肃委外工作的标准和审批流程。下发《关于明确项目计表调期申请流程的通知》,对计表调期申请流程和相关事项进行进一步明确。精简周例会汇报材料内容,提升汇报质量,突出重点项目、重要事项,及时解决重难点问题,加强执行力,确保会议纪要中的要求得到及时有效贯彻落实,并就落实情况在材料中予以明确回复。在国铁集团红线管理专项督查中,专门负责红线管理的督查组牵头组织、提前部署,对承担的铁路勘察设计项目进行自查和准备,建立"设计质量安全排查设计问题清单”，制定整改措施及工作计划并逐项落实，顺利通过红线督查，进一步提升五院铁路设计质量安全红线管理水平。制定《配合施工现场督察工作制度》，拟定各项目现场督察、设计回访计划，按计划组织开展中兰、安九、和邢、金台、盐通铁路通张段等项目的巡查、督察、设计回访工作，积极响应建设单位要求，主动与参建各方沟通，快速处理变更设计及现场配施问题。加强军民融合管理，摸索适宜的生产组织管理方式。

（唐　浩）

【科技创新】　创新平台建设。顺利通过国家级企业技术中心、北京市企业技术中心的复审；成功参与筹建股份公司工程实验室“中国铁建股份有限公司铺架技术及装备研发中心”；继续完成北京市科技研发机构、北京市设计创新中心、北京市高新技术企业等创新平台的维护工作。成果评审。7 项科技成果通过评审，其中 1 项成果达到国际领先水平、4 项成果达到国际先进水平、2 项成果达到国内领先水平。科学技术奖。获铁道学会科技奖二等奖 2 项，中国钢结构协会科学技术奖技术创新奖 1 项，中铁建科学技术奖一等奖 1 项、二等奖 2 项，浙江省公路学会科学技术奖三等奖 1 项，江苏省综合交通运输学会科学技术奖三等奖 1 项，中铁建科学技术奖一等奖 3 项、二等奖 2 项。开展各级科研计划项目 151 项，其中新立科研 43 项：参与中国工程院“大规模海水淡化与西输工程战略研究—绿水西输工程方案关键技术研究”等科研项目 2 项，主持国家铁路局“铁路助推新一轮东北振兴发展战略”等科研项目 2 项，参与国铁集团“CRTSⅢ型板式无砟轨道智能铺装技术及成套装备研究”科研项目 1 项，主持大兴区“基于智能化的 CRTS 双块式无砟轨道施工技术及设备研究”科研项目 1 项，参与股份公司重大专项 2 项，新立本级科研项目 35 项。通过结题验收 35 项。成果转化。依托股份公司“高速铁路 40 米预应力简支箱梁运架成套设备研制”重大专项，完成运架一体机和分体机两条技术路线，并且在福厦铁路、南沿江铁路以及昌景黄铁路均已签订合同，累计合同额超过 1 亿元。在双块式无砟轨道智能建造方面，结合郑万铁路继续对全套智能化双块式无砟轨道施工装备优化升级，全年实现销售额 1500 万元；依托 2019 年国家铁路集团重大系统性项目的子课题“CRTSⅢ型无砟轨道板智能化铺设关键技术研究及装备研制”，成功研制Ⅲ型板智能化精调机，产品在潍莱高铁得到成功试用，并与安九十一局签署供货合同。围绕桥梁转体施工，优化转体系统结构设计、创新转体支座、球铰加工工艺，依托 BIM + IOT 模型搭建连续梁转体智能化施工平台，提供转体桥梁球铰设计、加工、安装、桥梁称重、转体施工、转体信息化展示等全产业链服务，开创集团公司特桥施工技术服务的新模式。设计安装有西安秦汉大道公路桥、安九铁路长江特大桥北引桥等转体桥 7 座，成果转化超过 1000 万元，实现其他非标装备产值 300 万元。盾尾密封油脂和盾构泡沫剂销售额 800 余万元，与华南建设合作所生产产品的销售额超 6000 万元。专利成果转化方面，完成签订《轨道用扣件》（合同额 20 万元）和《路基监测装置》专利实施许可合同。标准管理。发布《中铁第五勘察设计院集团有限公司技术标准管理办法》，原《中铁第五勘察设计院集团有限公司业务建设项目管理办法（修订）》废止；主持或参与国家标准 4 项、行业标准 1 项、企业标准 11 项，中国铁建中低速磁浮工程建设系列标准正式发布；成功申报外部技术标准 10 项，其中行业标准 4 项、团体标准 3 项、企业标准 3 项；完成 2018 年业务建设项目验收，最终 43 个项目被列为企业标准，23 个项目被列为二级单位内部标准化文件；经审定，2019 年度集团公司企业技术标准申报，60 个项目获批立项。BIM 研究。徐宿淮盐试点项目于 2019 年 10 月通过工管中心验收。为巩固成果，在安九项目上选取典型段落实现了站前站后 14 个专业的 BIM 协同设计。“安九铁路设计 BIM 应用”获中国铁建“青创杯”BIM 应用大赛三等奖 1 项；中国铁路 BIM 联盟首届“联盟杯”BIM 应用大赛中“基于 IFC 标准的 BIM + GIS 中低速磁浮交通工程大数据平台”获一等奖，“徐宿淮盐铁路四电工程 BIM 应用”获三等奖。工法。“铁路节段预制胶接拼装连续梁施工工法”及“框架群下穿运营高速铁路桥梁桥墩变形控制工法”获中国铁建优秀工法一等奖。创优报奖活动。获股份公司级、省部级及以上“四优”、咨询成果奖 56 项。

（樊　莉　于伟伟　陈虹文）

【党群工作】　党委工作。下辖基层党委 15 个，党支部 95 个，党员 1570 人。坚持以习近平新时代中国特色社会主义思想为指导，深入学习贯彻党的十九大和十九届二中、三中、四中全会精神，认真贯彻落实“中央企业基层党建推进年”部署要求，以党的政治建设为统领，以坚定理想信念为根本，创新党建，压实责任，始终把坚持党的领导、加强党的建设贯穿企业改革发展全过程。全面履行重大决策把关定向职能，积极发挥领导作用，进一步明确党委前置研究讨论和决策事项的具体内容，厘清各决策主体的权责边界，按时完成本级和子公司“三重一大”决策和运行监管系统数据上线。深入开展“不忘初心、牢记使命”主题教育，通过“一书一册一平台”，采取中心组、读书会、“三会一课”、主题党日、现场体验学习等方式，确保党员接受教育全覆盖,领导干部深学细悟有收获,守初心、担使命的意识不断增强。全面加强“三基建设”,压紧压实基层党建责任,进一步夯实基层党建基础。坚持把党委理论学习中心组作为党员干部增强理论武装和党性修养的“第一课堂”。坚持“党管干部、党管人才”重要原则,规范选任流程,注重引培并举,持续优化提升,进一步提升干部人才队伍质量;坚决执行从严管党治党这一政治要求,认真落实党风廉政建设主体责任,深化廉洁教育,增强遵规守纪意识,加强巡视巡察,始终保持惩治腐败高压态势;坚持思想建党这一优良传统,坚决落实意识形态工作责任制,持续加强意识形态工作的制度保障。加强宣传引导,深入做好重要新闻线索策划,进一步提升思想政治工作质量;坚持党建带群建,支持工团组织发挥各自优势当好桥梁纽带,着力激发员工干事创业的精气神,进一步推动和谐企业建设;积极参与扶贫攻坚,认真履行社会责任,助力打赢脱贫攻坚战;积极做好保密工作,完善保密制度建设,申报并顺利通过军工涉密业务咨询服务单位安全保密条件备案,为军民融合业务发展提供有力支撑。

纪委工作。以习近平新时代中国特色社会主义思想为指导,深入学习贯彻党的十九大、十九届历次全会和十九届中央纪委三次全会精神,以“不忘初心、牢记使命”主题教育为契机,不断压实管党治党政治责任,深化反腐倡廉宣传教育,不断强化政治监督,夯实日常监督工作,持续完善党风廉政建设制度机制,深化纪检监察体制机制改革,推动集团公司党风廉政建设和反腐败工作取得新成效。通过年初党风廉政建设和反腐败工作会议部署总体工作、年中全面从严治党“两个责任”促进会压实专项工作。同所属 32 家单位签订《党风廉政建设责任书》,推动考核结果与绩效挂钩。下发《党风廉政建设和反腐败工作要点》,明确 7 个方面 22 项重点工作。

宣传工作。修订《铁五院新闻宣传管理办法》,制定《铁五院新媒体运维管理考评暂行办法》,成立新媒体工作室,有效加强宣传队伍力量。开展斯里兰卡南部铁路一期工程运营通车宣传,突出“百年首条”“中国方案”的新闻点,新闻消息和通讯先后被数十家中央主流媒体、境外媒体及国资委、国铁集团、股份公司网站、新媒体刊发、引用,引起强烈的社会反响。撰写的《中国轨道交通产业“走出去”迈过“最后一公里”》一稿,先后被 10 余家中央主流媒体、新媒体以及 4 个国家海外华文报纸广泛报道。配合股份公司宣传部开展地铁新机场线开通系列报道,在提供新闻素材的基础上,精细加工、撰写稿件,先后被中新社列为 70 年成就展专题通讯对外刊发,《人民日报》客户端、央广网原文刊载,邀请新华社、中新社、北京电视台等媒体现场采访拍摄京雄城际北京大兴站和地铁新机场线,先后被中新网首页精品图片、国务院官网、新华网、人民网等国内主流网站及《人民日报》客户端、学习强国等平台刊载。在中央主流媒体、海外媒体、省部级媒体、主流门户网站共刊发稿件近 50 篇,各类门户网站、新媒体平台、学习强国等刊稿累计逾百篇。协助股份公司录制《起风了》MV;青年员工于鑫作为中国铁建的代表,与 13 位央企工程师一同录制《藏龙卧虎》MV,亮相第三届网络青晚直播,全网收看量达到 1.4 亿次,得到上级部门和员工的好评;推送原创微信 163 期,公众号关注人数超过 7300 人,较年初增长近 2000 人,品牌影响力不断增强,单条推送点击量超过 6000 次的有 5 次,破万 3 次。连续第 7 年开展“责任与奋斗”主题道德讲堂活动;结合新中国成立 70 周年开展短视频大赛、摄影比赛、征文比赛等系列主题活动,继续做好《身边的故事》等企业文化丛书的编辑出版工作。

工会工作。获“中央企业先进集体”称号;线路运输设计处线路一所获股份公司“中国铁建工人先锋号”、公路与市政工程设计处姚学瑞获“中国铁建工人先锋号标兵”称号;环工设计处环保所获股份公司“模范职工小家”,财务处唐楠获股份公司“优秀工会积极分子”,集团副总会计师兼铁城监理党委书记、董事长石跃伟获股份公司“优秀工会之友”。投入 10 万元建立股份公司命名的“王德乾创新工作室”,大力弘扬劳模精神,加大创新工作室的示范和带动作用。开展“当好主人翁,建功新时代”主题劳动竞赛活动,汉中至巴中至南充铁路南充至巴中段工程、建筑处新建北京至雄安新区城际铁路北京大兴站站房工程、线运处利用陇海线连云港至连云段开行市郊列车、桥梁处廊坊市交通中心工程、技术研究处北斗铁路行业综合应用示范工程、公路处北京新机场军航西侧路道路及市政工程(含支线)、海外事业部越南老街至河内至海防标准轨铁路线路规划项目、北京铁城建设监理有限责任公司郑万高铁湖北段 ZWJL-3 标段、地路处西宁市城西区火烧沟生态环境治理及修复工程、城轨处绍兴地铁项目获得表彰奖励。

共青团工作。基层团组织 21 个,其中,团总支 6 个,团支部 15 个,共青团员 281 人。专兼职团干部 80 人。召开共青团中铁第五勘察设计院集团有限公司第二次代表大会,大会选举产生共青团中铁第五勘察设计院集团有限公司第二届委员会和出席中国铁道建筑集团有限公司第一次(中国铁建股份有限公司第三次)代表大会代表。举办 4 期“铁五院青年大讲堂”宣讲会,承办团中央“青年讲师团”走进中国铁建宣讲活动,组织行业专家、青年典型等与近 800 名青年员工进行面对面的宣讲互动交流;组织团员青年踊跃参与由五院党委主办的庆祝新中国成立70周年快闪活动，唱响礼赞新中国、奋进新时代的青年旋律；组织开展“海外优先·青年先行”知识竞赛；组织青年团员200余人参加以“弘扬工匠精神　建设品质五院”为主题的“质量月”主题论坛。结合企业特点，研究制定《中铁第五勘察设计院集团有限公司青年员工技术提升工程三年行动计划（2019—2021年）》，为基层团组织结合实际有针对性地进行青年培养指明方向。深入开展导师带徒活动，接收的74名应届毕业生均签订“导师带徒”合同，通过“以老带新”“以点带面”“师徒共创”等传、帮、带形式，促进新员工加快融入企业，快速成长成才。持续推进“两红两优”和“青”字号工程，组织开展第二届“十大杰出青年”评选活动，进一步激发青年职工干事创业激情和热情，为推动企业发展提供强有力支撑。积极参与开展各类志愿服务活动。围绕“学雷锋月”“植树节”等，组织团员青年参加北京市志愿者协会组织的“铁骨柔情，爱满京城”无偿献血活动，参加北京市大兴区团委组织的“共植青年林、共建新国门”植树等活动。（李健男　刘　皓　靳淑敏）

【北京铁城建设监理有限责任公司】　具有铁路工程、公路工程、市政公用工程、房屋建筑工程、人防工程、地质灾害防治工程、设备监理甲级资质和电力工程、机电安装工程监理乙级资质及工程咨询丙级，被原铁道部确定为首批做强做大试点监理企业。为中国建设监理协会会员单位、中国铁道工程建设协会建设监理专业委员会会员单位、中国设备监理协会常务理事单位、北京市建设监理协会会员单位、中国土木工程学会成员单位、中国地质灾害治理工程协会成员单位、北京市民防协会理事单位。前身是成立于1996年1月的中国铁道建筑总公司建设监理分公司；1998年11月完成股份制改革；2015年7月整体划转铁五院。

2019年，承揽87项铁路、公路、城市轨道交通、房屋建筑及其他工程，新签合同额4.48亿元，营业收入5.31亿元，净利润2576.27万元。

（龚成术　范丽平　张文君）

【北京铁研建设监理有限责任公司】　具有建设部铁路工程、公路工程、市政公用工程、房屋建筑工程等甲级监理资质和电力工程，化工石油乙级资质，具有国家商务部对外承包工程资质，已通过质量、环境、职业健康安全三体系认证。1988年成立，是铁路系统最早从事工程监理的单位之一；1994年，经国家建设部核定为甲级监理单位。职工1700余人。

2019年，中标监理项目53个、全过程咨询项目1个。（魏　昕）

【北京铁五院工程试验检测有限公司】　具有中国国家认证认可监督管理委员会资质认定计量认证证书，建设部桩基检测资质证书。通过ISO9001:2000标准认证。连续多年获准进入铁路工程质量监督检测机构名录。主要为土木工程提供从现场检测到安全评估、环境影响分析、监测与评价，再到加固设计与探测技术应用研究服务。业务涵盖工程试验、工程质量检测（监测）与评估、安全监测与评估、病害检测与加固（加强）设计、监控量测、超前地质预报、工程物探、探测技术应用研究和施工技术咨询。拥有各类工程检测和监测设备200余台（套），资产总额3700余万元。

2019年，在建项目和新建项目50多项，产值5060万元，营业收入4689万元，人均产值138万元。跟踪项目59项，签订项目合同21个，合同额5060万元。

（吴文辉　金惠生）

【北京中铁建北方路桥工程有限公司】　具有桥梁工程专业承包一级、地基与基础工程专业承包二级、市政公用工程施工总承包三级、环保工程专业承包三级资质。是国内唯一一家专门从事铁路节段拼装梁技术研究、拼装装备及附属产品开发、专项施工的具有独特专利技术的科技型专业化公司，已通过北京市2017年第三批高新技术企业认定。前身为成立于1994年11月的中国铁道建筑总公司造桥工程分公司。生产性固定资产1亿元。具有完全自主知识产权、自行研制开发、国内领先水平的单线专用移动支架式造桥机4套，客运专线双线节段拼装造桥机4套，最新自主研发的造桥机——TPZ80/2500型双线连续梁造桥机1套；大型龙门吊起重机8台，各类大中型桥梁施工机械设备400余台（套）。主要设备完好率95%，综合机械化施工水平95%，年施工能力5亿元以上。

2019年，新签合同额2.18亿元，经营收入1.118亿元。铁路施工项目10个，环保项目1个，市政项目1个，合同履约率100%，工程质量优良率100%。

（刘　军　肖　静）

【北京铁五院工程机械有限公司】　通过ISO9001质量体系认证和北京市高新技术企业认证。是集产品研发设计、加工制造、销售售后于一体的现代机械制造企业。固定资产2019.24万元，土地4万平方米、大型机械40台（套）、各种精密仪器13台、加工设备117台（套）、汽车8辆、微机83台。

2019年,新签合同55个,合同总额8341.08万元,产值7129.13万元,利润1133.28万元。

(郑雪冰　刘　巍)

【《铁道建筑技术》杂志社有限公司】　业务范围包括出版《铁道建筑技术》期刊;信息咨询服务(中介除外);承办展览展示;技术交流;铁道建筑技术培训;计算机图文及设计;销售行业软件、建筑材料、机械设备、设计印刷品广告。为中国铁道建筑集团有限公司主管主办的刊物,刊号:ISSN 1009-4539;CN 11-3368/TU,刊物为月刊。2007年,在工商登记注册成立《铁道建筑技术》杂志社;2017年,公司制改制,变更单位名称为北京《铁道建筑技术》杂志社有限公司。法定代表人汤友富,注册资本金125万元。

2019年,出版《铁道建筑技术》14期(含2期增刊),刊发论文524篇,发行刊物4.4万余册。产值307万元。2019年订刊价格实际调整为20元/册。

(杨　超)

【重要记载】

▲1月23—25日　铁五院党委二届四次全委(扩大)会议、四届四次职代会暨2019年工作会议、2019年党风廉政建设和反腐败会议在北京召开。

▲3月15日　中国铁建首家专注生态环保产业规划的设计企业——由中铁第五勘察设计院集团有限公司和中铁建重庆投资集团有限公司合资成立的北京中铁生态环境设计院有限公司正式挂牌。

▲4月10日　铁五院设立沈阳分院。

▲6月14日　铁五院与中铁二十局签订战略合作协议。

▲6月27日　铁五院与衢州交投并购重组衢州市交通设计有限公司签订合作协议。

▲6月　铁五院顺利取得国家国防科技工业局颁布的《军工涉密业务咨询服务安全保密条件合格证书》。

▲8月8日　铁五院与中煤国地控股有限公司签订战略合作协议。

▲8月21日　铁五院与物资集团签订战略合作协议。

▲9月　铁五院获评中央企业先进集体。

▲10月30日　铁五院与北京市建筑设计研究院签订战略合作协议。

▲11月1日　铁五院华东科研基地在常州揭牌。

(李晓雪)

中铁上海设计院集团有限公司

【简况】　具有工程设计综合资质甲级、工程勘察综合类甲级、工程测绘甲级、工程咨询甲级、工程项目管理甲级、工程监理甲级等6项综合甲级资质及其他类多项甲级资质,涵盖工程勘察、设计、咨询、监理、总承包、项目管理等工程建设全过程。主要从事城市轨道交通、铁路、市政、房建、公路等领域的工程勘察设计以及工程总承包、工程监理、技术咨询等业务。是国有大型综合甲级勘察设计企业,是上海市高新技术企业、科技创新型企业、科技小巨人企业和上海市文明单位、诚信创建单位、平安示范单位。下辖8个行政管理职能部门、9个专业生产(院)处、2个事业部,设南昌院、杭州院、合肥院、南京院、徐州院、长沙院、天津分院、广州分院、海门公司、启东公司、监理公司、预制构件公司等二级单位,在北京、内蒙古、河南、广东、广西、浙江、江西、福建、山东、四川设10个经营分院。设有经济调查、行车、线路、路基、站场、桥梁、隧道、建筑、通信、信号、电气化、环境评价、工程经济等30余个专业。职工1656人。资产总额171891.9万元。其中,流动资产124923万元,非流动资产46968.9万元。

2019年,新签合同额632629万元,营业收入203017.7万元,净利润24005.7万元。国有资产保值增值率129.07%,净资产收益率25.65%,资产负债率39.54%,总资产周转率1.40次。

(赵艳军)

【领导人员】

董事会

董事长	李永利(4月免)
	凌汉东(4月任)
副董事长	李永利(4月任)
董事	薛新功
	刘建红
	马汉栋(4月免)
职工董事	王　勋

行政系统

院长	薛新功(4月免)
	刘建红(4月任)
副院长	马汉栋
	张国峰
	钟国钢

　　　　赵君瑞
总工程师　　薛新功
总会计师　　赵君瑞(兼)

党群领导

党委书记　　李永利(4月免)
　　　　凌汉东(4月任)
党委副书记　　薛新功(4月免)
　　　　刘建红(4月任)
　　　　王　勋
纪委书记　　古春生(7月任)
工会主席　　王　勋(兼)

(赵艳军)

【职工队伍】 职工1656人。其中,专业技术人员1612人,技能人才44人。高级职称662人、中级职称514人。全国工程勘察设计大师1人,上海市科学技术委员会副主任及委员9人,享受国务院政府特殊津贴人员3人,获詹天佑奖4人,获茅以升工程师奖1人。(陈英才)

【企业管理】 职能转变。发布《集团公司职能部门管理优化方案》,改革优化集团公司本级管理职能,科学合理确定机关定岗定编,进一步明晰集团机关的管理职责及界限,并围绕"改革创新、卓越运营",突出战略执行、生产经营、利润创造、风险管控、安全质量和品牌建设等职能发挥。合作及组织架构新模式。从经营项目向经营政府转变,与全国百强县的海门市、启东市等政府投资平台合资成立中铁上海设计院集团海门有限公司和中铁上海设计院集团启东发展有限公司;整合外部资源,成立广州分院;优化经营和生产组织模式,整合设立市政与环境工程设计院;打造差异化核心竞争力,设立施工图设计文件审核公司构件公司增资扩股,引入投资方拓展供应链业务;完成海外事业部、工程总承包分公司的改制设立。法律风险防控:修订合同示范文本,制定印发《法律风险防控指引》《尽职调查工作指引》。推动案件降控取得预期效果,全年案件总数下降37.5%,案件金额下降67.7%。内控与法律合规融合。启动合规体系与内部控制体系融合工作,完成240多项制度的合规梳理,45项业务流程的梳理,形成合规风险清单。(杨　丽)

【境外工程】 印度尼西亚巴彦集团专用铁路、码头工程可行性研究　位于印度尼西亚东加里曼丹省中东部,经由TENGGARONG、SANGATA两县,为煤运专用铁路,全长180千米。

科特迪瓦Port Bouet新城项目　占地500万平方米,包括社会型、经济型、中档和高端共计8种户型的5万套城市住房和配套的场区交通与市政设施的规划设计、采购及施工。

尼日利亚中线铁路项目　是尼日利亚"三纵五横"现代化铁路网的重要组成部分,包含新建时速150千米单线标准轨距铁路302千米(含支线、联络线),以及南段既有铁路适应性扩能改造工程,工程投资30亿美元。

中国交建马来西亚东海岸铁路项目工程造价咨询服务　位于马来西亚东部,正线从哥达巴鲁新建桥式站引出,至莪唛新建车站结束,正线长524千米。

孟加拉铁路阿考拉至锡莱特米轨转换为混合轨改造项目预可行性研究　位于孟加拉国东北部,邻近印度,南起阿考拉,北至锡莱特,全长176.6千米,设有车站22座。既有铁路为单线窄轨铁路,本次改造按米轨和宽轨混合三轨设计。(马如箭)

【勘察设计】 新建连云港至镇江铁路　自在建连云港至盐城铁路连云港董集站引出,经淮安、扬州,跨越长江后至沪宁城际铁路镇江丹徒站,正线长305.2千米,设车站11座。线路跨越长江采用五峰山桥位方案,大桥采用双线铁路+八车道公路合建方案,主跨采用1036米的钢桁梁悬索桥方案。

阜阳北站扩能工程　阜阳北站衔接京九、青阜、漯阜、阜淮、阜六5条铁路,现状为单向纵列式三级四场站型。工程包括新建上行系统(设到达场、调车场、出发兼直通场、漯阜兼地区车场),改造既有上行到发场(Ⅱ场)为交换场,最终形成双向三级八场站型。

池州至黄山铁路　位于安徽省南部,呈东西走向,起点接轨宁安城际池州站、经合安九客专沟通武汉方向,终点接轨黄山北站与杭黄客专贯通至杭州方向,是一条以承担跨线中长途客流为主、旅游观光客流为辅、兼顾城际客流的客运专线路。全长126.1千米,设车站5座,桥隧比83.1%,其中隧道比66.7%,最长隧道为宏村隧道9.95千米。

盐泰锡常宜铁路　北起苏北盐城市,在兴化进入苏中泰州市,向东南经泰兴后于靖江跨越长江天堑,进入苏南无锡境内,经江阴、惠山,过常州东南部后止于无锡下辖的宜兴市。是以中长途客流为主,兼顾省内短途城际客流的高速铁路。全长322.4千米,设计时速350千米,合同投资879.7亿元。

温州至武夷山至吉安铁路　经由温州、丽水、南平、抚州和吉安5市及相关属县,全长620千米,其中浙江省境内长200千米、福建省境内长200千米、江西省境内长220千米。拟采用时速200千米客货共线方案。(汪文峰)

【经营管理】 2019年，新签合同额63.26万元，同比增长96%。铁路板块。通过技术和经营的紧密联动、集团和二级单位的协同配合、经营战略和战术上的灵活运用，中标温武吉铁路勘察设计项目。前期规划持续推进，在铁路货场布局及专支线获得江苏省5个地级市的规划。市域铁路继续巩固，先后获得嘉闵线北延、临港线、南部地区、嘉青松金线、机场快线、21号线等项目的前期研究项目；主编的《上海市域铁路设计规范（试行）》发布，主办召开"中国国际铁路与城市轨道交通大会——市域（郊）铁路发展大会"。货场物流持续突破，在巩固更新改造、专用线、货场等传统铁路市场的同时，突破现代物流、港口支线、国铁接轨等新市场。轨道交通板块。争夺有限的投标机会，先后参与上海、无锡、成都、洛阳、绍兴、潍坊、南京、苏州、徐州、沈阳等地轨道交通项目的投标，中标徐州市城市轨道交通3号线二期工程系统工点设计、徐州市城市轨道交通6号线一期工程勘察、徐州市轨道交通1号线一期工程沿线综合配套建设项目、上海市轨道交通崇明线工程设计4标段和5标段、洛阳市城市轨道交通2号线一期工程刘富村车辆基地预留工程设计总承包等项目。市政房建板块。承揽的项目呈现出类型广、体量大、技术难度高的特点，杭州西站枢纽疏解通道工程、黄山市中心城区路口优化改造项目、广西高速公路涉铁项目等多个项目在市政工程领域开创集团公司经营先例。海外业务。践行"海外优先"战略，持续加强与外经单位的业务对接；强化风险控制能力，结合所在国政治环境、外交关系、公共关系等因素对项目策划、项目风险评估、项目成本控制等逐一分析，制定应对措施。总承包板块。改革总承包业务经营管理模式，组建总承包事业部，在启东成立总承包分公司和中铁上海设计院集团启东发展有限公司，承揽启东市长江口田园综合体建设项目勘察设计施工总承包合同、启东市长江口田园综合体建设项目（田园社区）勘察设计施工总承包合同、启东市长江口田园综合体建设项目（生态康养社区康养公寓）勘察设计施工总承包合同等重大项目。投融资业务。承揽湘潭市竹埠港新区综合开发项目一期项目。新兴业务。预制构件业务在铁路、轨道交通、公路市政，工业民建进展明显，全年新签合同额4.3亿元，同比增长124.6%；军民融合业务取得《军工涉密业务咨询服务安全保密条件备案证书》，成立军民融合办公室，承揽多项军民融合业务。经营要素建设。整合环境工程处与市政院，成立市政与环境工程院；调整成立海外事业部；成立工程总承包事业部；成立广州分院；成立咨询公司；与海门市、启东市成立合资公司；对原有驻外办事处、指挥部进行整合，正式组建13个省域经营分院；修订《区域经营管理办法》。 （汪文峰）

【科技成果】 深化打造"品质上铁院"，以"十三五"规划和科技分规划为指引，全年获得省部级科学技术一等奖1项；建华工程二等奖1项；施工企协国家优质工程奖2项；全国优秀工程勘察设计行业奖一等奖1项、二等奖2项、三等奖1项；省部级"四优"一等奖4项、二等奖3项、三等奖1项；中施企协科技二等奖3项；中国铁建股份公司科学技术二等奖1项，"四优"一等奖3项、二等奖8项；获得国家授权专利42件，其中发明专利3件；获得软件著作权3项。主编并发布团体标准《上海市域铁路设计规范》被列入上海市地方标准编制计划。全年主编或参编标准30项，其中国标3项、行标5项。股份公司立项的18项课题和集团公司立项的5项课题全部通过股份公司组织的结题验收；7项课题成果通过股份公司组织的评审，其中，3项科技研发成果达到国际先进水平，4项达到国内领先水平。通过上海市企业技术中心复评认定，地下空间研发中心获得股份公司首批工程实验室（研发中心）筹建认定。 （孙蔚芝）

【党群工作】 党的工作。深入开展"不忘初心、牢记使命"主题教育，推动学习贯彻习近平新时代中国特色社会主义思想走深走实。真学真行唤初心。采取重温经典系统学、专题讲座辅导学、"学习强国"线上学、交流研讨相互学、红色基地体验学等多种学习方式，组织党员干部深入学经典、学理论、学先进，普通党员每日学习不少于1学时，领导班子开展集中学习7天，所属17家单位累计开展集中学习103天。一线调研察实情。聚焦企业实际，领导干部走基层、察实情，征集115个问题、形成77份调研报告，两级班子成员、全集团61个支部书记围绕"四个讲清楚"讲授专题党课。深查细照找症结。围绕"四个对照""四个找一找"开展检视，两级班子查摆问题152个；对照党章党规深入检视，两级班子成员紧扣3方面18个"是否"对号入座、反思不足；召开专题民主生活会深化检视，进一步"咬耳扯袖、红脸出汗"。动真碰硬改问题。聚焦检视查找的问题、调研发现的问题、职工反映的问题，集团党委提出专项整改措施39项，所属各单位列出专项整治问题121个，做到立整立改。党旗指引前进方向。结合主题教育，一体推进"品质上铁院"大讨论，全面总结十年发展成就，客观分析自身问题不足，准确定位品质内涵要求，积极谋划未来前进方向，集团及所属各单位累计查找问题111项、提出举措250条，绘就未来三年发展蓝图。党的领导充分凸显。严格落实党委会讨论前置程序，全年召开党委常委（扩大）会16次，全面研究改革、发展、党建重大事宜;坚持完善月度管理例会制度,发展讲得深、党建议得实,经营生产和管党治党有机融合;不断提升科学决策水平,落实上级党委要求,梳理编制“三重一大”决策事项清单及制度清单,在集团本级和子公司推行“三重一大”决策和运行监管系统。党的机构改革深化。着眼实际,面向未来,党委工作处调整为党委办公室(党委统战处、团委)、党委组织处、党委宣传处(企业文化处)、党委巡察办公室、工会工作处,纪检监察处调整为纪委办公室、执纪审查室,机构职能更加优化。基本组织建设更周详。严格落实“四同步”,成立市政与环境院党总支、海外事业部党总支、工程总承包事业部党总支等基层组织,确保业务开展到哪、党旗飘扬到哪;扎实开展换届工作,全年20个党组织完成新老班子交替,为组织建设注入新的活力;着力推进规范化建设,开展示范党支部推进会和现场观摩会,推动党支部全面进步、全面过硬。基本队伍建设更规范。严格标准建队伍,全年发展党员15人,全面完成既定计划;多措并举抓教育,综合运用主题党日、专题党课、警示教育等形式加强党员教育培训;内培外训强能力,组织90余名党组织书记及党务干部进行集中轮训,互鉴互学共提高,选派人员20余人次参加上级培训,对标学习拓视野。基本制度落实更彻底。严抓党建责任,全面签订党建工作责任书,持续开展党建责任制考核,完成党组织书记现场述职三年全覆盖;严肃政治生活,领导班子开展中心组集体学习12次、深入联系点调研17次,召开两级民主生活会、专题民主生活会各18场次,所属各单位开展支部组织生活会和民主评议党员、800余名党员全覆盖;严格党费管理,所属各单位党组织全部开设党费专户,及时足额缴纳,严格管理支出。党管干部不动摇。坚持党管干部原则,精准识人、科学用人,全年选拔任用及调整副处级及以上干部59人次,其中提拔任用27人、兼任职务10人、交流岗位17人、免职2人、改任非领导职务1人、调入1人、撤职1人。结构优化不停滞。扎实推进队伍年轻化,积极选拔、精心培养、大胆任用年轻干部,新任用处级干部中“80后”12人,占比近50%;选拔任用调整科级干部51人,“80后”占比近85%;生产(院)处提拔所级管理人员26人,“85后”占比近80%。管理监督不放松。把好入口关,干部档案“凡提必审”,纪检监察部门意见“凡提必听”,反映违纪违规问题线索具体、有可查性的信访举报“凡提必查”,任前谈话、廉政谈话“应谈必谈”,坚决杜绝“带病提拔”;抓好日常关,综合运用教育培训、年度考核、纪检监察、审计、巡察等各方面情况,织密监督之网、筑牢履职根基。政治监督摆在首位。支持纪委在开展主题教育、推进“品质上铁院”大讨论、开展驻京办检查、规范选人用人等方面加强监督,确保中央、上级及企业重大部署落实到位。日常监督做细做实。强化纪律教育,以开展“四微四廉”宣传教育月为代表,受众近2900人次;紧盯“关键少数”,与所属各单位签订党风廉政建设责任书,为83名处级干部建立廉洁档案,开展约谈19人次、批评教育907人次、谈心谈话746人次、提醒35人次、诫勉5人次;强化职能监管,首次召开反腐倡廉工作联席会,初步建立纪检监察、财务审计、组织人事、内控法务和专项监督“五位一体”大监督工作机制;严肃执纪问责,全年处置问题线索4件,函询了结1件、初核了结1件、立案结案2件,纪律处分2人。作风建设驰而不息。持续落实中央八项规定,紧盯重要节点、关键环节监督检查,印发通知44份、编发提醒微信30条、明察暗访9个单位;开展领导人员亲属办企业专项整治,核查信息280人次。巡视巡察利剑高悬。巡察全面覆盖,完成最后8家单位巡察,实现三年全覆盖;严抓整改落实,严格落实上级巡视反馈意见,积极运用企业巡察成果,建立健全长效机制。思想认识更加统一。首次召开宣传工作务虚会,宣传也是生产力成为共识;全年开展宣传培训2次,宣传队伍战斗力不断增强。意识形态紧抓不放。加强正面引导,高扬爱国奋斗主旋律,开展主题征文、照片和短视频征集等活动,奏响歌唱祖国、歌唱时代华美乐章;注重底线约束,制作反邪教宣传手册,编制《出国(境)人员思想政治和信息安全教育要点》,印发《突发事件新闻处置应急预案》;强化阵地管理,出台《内网信息发布管理办法》,开发内网审核平台,清查集团官网、官微和各类信息报道2500余篇,登记各类阵地110余个,杜绝敏感、有害信息。新闻宣传展现作为。全年发布外宣110篇、内宣650篇、官微105期。下好外宣先手棋,坚持媒体记者“请进来”和品牌故事“说出去”相结合,在《中国铁道建筑报》发声频率显著提升,在新华社、《人民铁道》等主流及行业媒体多次展示形象;打好内宣主动仗,“城建成长记”、桥隧处“我们都是追梦人”等一批主动策划、系列报道彰显品质;抓好新媒体建设持久战,建立轮值制度,深化常态化发布机制。文化建设持续深化。连续第六次荣获上海市文明单位,深入开展“学雷锋”志愿服务、“道德讲堂”等品牌活动,开展新时代铁建文化宣贯和企业精神提炼。

工会工作。两级工会以红歌合唱、评先树模为主要手段,激发干部职工爱国热情、创造活力;以职代会为主要载体,深化院务公开和民主管理;以友爱基金为主要渠道,帮扶员工260余人次、救助金额67.8万元;以一线走访为主要途径,慰问员工近1000人次;以“两会一节”、协会建设为主要框架,开展各类文体活动

200余次、覆盖2000余人次。

共青团工作。各级团组织以“青春心向党·建功新时代”主题教育实践、“我与祖国共奋进”特别主题团日为载体，凝聚青年奋进力量；以导师带徒、评先推优为途径，服务青年成长成才；以婚恋交友为重点，关心青年生活实际；以标准化团支部创建、智慧团建为渠道，推进从严治团。（王昊巍　余　毅）

【南昌铁路勘测设计院有限责任公司】 拥有国家发改委颁发的工程咨询甲级资质证书，与集团公司共享工程设计综合甲级、工程勘察综合类甲级，工程测绘甲级等合计八大类甲级资质证书。可承担铁路、轨道交通、市政（道路、桥梁）和建筑工程及其配套的给水排水、电力、通信、信号工程的勘测设计和相应的项目总承包、技术咨询、软件开发等业务。由南昌铁路勘测设计院改制而成。驻江西省南昌市工人新村二路27号。院长彭跃辉，党委书记胡庆安。职工341人。资产总额16982万元。其中，固定资产原值2577万元、净值841万元，无形资产（土地使用权）1326万元，流动资产14565万元，其他资产250万元。

2019年，营业收入17023万元，新签合同额82813万元，利润1016万元，国有资产保值增值率111.96%，净资产收益率11.33%（不含少数股东权益）。

（王安昌）

【杭州铁路设计院有限责任公司】 拥有铁道行业工程设计乙级、建筑工程设计乙级、工程咨询单位乙级资信资质等资质证书，通过质量、环境、职业健康安全管理体系认证。主要从事铁路、轨道交通、市政、房建领域的工程设计，以及工程总承包、技术咨询等业务。原为杭州铁路设计院，2007年7月实施改制，更名为杭州铁路设计院有限责任公司。驻浙江省杭州市江干区三里亭路27－35号。院长、党委书记林平。职工120人。资产总额9895万元。其中，固定资产原值2248万元、净值1976万元，流动资产7730万元。

2019年，产值1.34亿元，新签合同额2.06亿元，净利润1630万元，国有资产保值增值率126.13%，净资产收益率24.19%。（韩晶晶）

【中铁上海设计院集团合肥有限公司】 通过质量、环境、职业健康安全管理体系认证。主要从事铁路、桥梁、工业与民用建筑、通信信号、给排水、电力、市政道路、轨道交通等工程勘察设计以及工程总承包、技术咨询等业务。驻安徽省合肥市瑶海工业园区新海大道15号（中国铁建安徽大厦）。院长、党委书记王可群。职工88人。资产总额6360万元。其中，固定资产1670万元，流动资产4502万元。

2019年，新签合同额26037万元，营业收入5401万元，净利润1207万元。净资产收益率33.89%，国有资产保值增值率140.58%，总资产周转率0.93次。

（钟　涛）

【上海先行建设监理有限公司】 拥有铁路工程监理甲级、市政公用工程监理甲级、房屋建筑工程监理甲级、公路工程监理乙级、机电安装监理乙级、人防监理丙级资质。通过质量、环境、职业健康安全管理体系认证。经营范围包括铁路、公路、市政公用工程，工业与民用建筑工程，暖通、给排水工程，通信、信号及电力工程，室内外装饰工程，园林绿化工程，设备安装工程，环保及消防工程监理；工程检测；工程技术咨询服务。1993年8月成立，驻上海市天目中路291号。总经理、党委书记康新平。职工800人。（贾凤丽）

【中铁上海设计院集团有限公司天津分院】 主要从事城市轨道交通、铁路、市政、工业与民用建筑等工程的勘察设计业务。驻天津市南开区卫津路18号中恺国际广场新都大厦A座15层。院长、党委书记张洪威。职工93人。资产总额3292万元。其中，固定资产原值1816万元、净值1191万元，流动资产2064万元。

2019年，总收入3701万元，新签合同额1045万元，利润总额146万元，净利润123万元，净资产收益率4.36%。（赵晓丽）

【中铁上海设计院集团有限公司南京设计院】 主要从事铁路、建筑、市政领域的工程勘察设计、总承包、技术咨询等业务，设有道路、桥梁、建筑、结构、给排水、电力、暖通、线路、通信、信号、工经等专业。由原上海铁路局南京铁路勘测设计所划入，于2009年3月挂牌成立。驻江苏省南京市鼓楼区中山北路223号建达大厦。院长、党总支书记潘必胜。职工95人。资产总额6501万元，净资产3309万元。

2019年，新签合同额16690万元，营业收入12875万元，净利润2545万元，净资产收益率87%。

（严　云）

【中铁上海设计院集团有限公司徐州设计院】 主要从事铁道工程、桥梁、城市轨道交通、市政、工业与民用建筑等工程的勘察设计以及工程总承包业务，设有线路、路基、站场、轨道、桥梁、建筑、结构、通信、信号、给排水、暖通、电力、电气化等专业。原上海铁路局徐州铁路设计研究院，2013年1月组建成立。驻江苏省徐州市新城区镜泊西路吉田商务广场C栋4层。党总支书记、院长韩其胜。职工58人。资产总额4638万元。其中,固定资产原值1622万元、净值1253万元,无形资产139万元,流动资产3242万元。

2019年,新签合同额1.26亿元,其中勘察设计费合同8100万元,营业收入8118万元,利润1605万元。（朱　萍）

【中铁上海设计院集团有限公司长沙设计院】 以湖南为主阵地,辐射周边省份,主要开展房建、市政、公路、铁路、地铁、工程咨询、总承包、投融资片区开发等业务的经营生产服务。驻湖南省长沙市雨花区香樟路819号万坤图·财富广场1栋10楼。院长、党总支书记杨敏捷。职工88人。资产总额4330万元。其中,固定资产原值1983万元、净值1794万元,流动资产2518万元。

2019年,总收入4175万元,新签合同额32474万元,利润总额1192万元,净利润1011万元,净资产收益率42.65%。（乐　沙）

【中铁建预制构件研发咨询(上海)有限公司】 主要从事混凝土预制构件产品研发、销售及技术咨询综合服务,包括混凝土预制构件的设计咨询及技术服务,供应链管理,货物及技术的进出口业务,自有机械设备租赁。由中铁上海设计院集团有限公司控股51%、建华建材(中国)有限公司控股49%合资成立,2017年10月揭牌成立。驻上海市天目中路291号15楼;江苏省镇江市润州区冠城路8号工人大厦17楼。董事长陈鹏,总经理许俊。职工14人。资产总额6981万元,净资产2274万元。

2019年,新签合同额45153万元,营业收入17629万元,净利润226万元。（杨志君）

【中铁上海设计院集团有限公司广州分院】 定位以华南地区为主阵地。主要开展该区域内的铁路、城市轨道交通、市政、建筑、风景园林、工程咨询、总承包等业务的经营生产管理工作,支撑区域经营。2019年11月成立。驻广东省广州市天河区高唐路242号301房。负责人杨晓明。（叶贵妃）

【中铁上海设计院集团海门有限公司】 主要从事工程设计、工程勘察、工程管理服务(投资咨询除外)、工程监理服务、市政公用工程。设有道路、桥梁、建筑、结构、电力、暖通、给排水等专业。由中铁上海设计院集团控股51%、海门市交通产业集团有限公司控股49%合资,2019年11揭牌成立。驻江苏省海门市金库3号楼3楼。董事长范军琳,院长黎锋。职工26人。（陈　帅）

【重要记载】

▲1月4日　上海院与中国核建集团和建国际工程有限公司签署战略合作协议。

▲1月8日　上海院获上海市勘察设计行业“标杆企业提名奖”。

▲1月17日　上海院与中国电建集团国际工程有限公司签署战略合作协议。

▲1月23—24日　上海院召开一届四次党委全委(扩大)会议、三届五次职代会暨2019年工作会议、2019年党风建设和反腐倡廉工作会议。

▲1月28日　上海院举行《上海市域铁路设计规范(试行)》发布仪式。

▲2月28日　上海院获中国铁路上海局集团公司2018年度“标杆设计单位”称号。

▲2月28日　上海院获评静安区2018年度经济贡献200强企业。

▲5月5日　上海院获评2018年度纳税信用A级纳税人。

▲5月7日　上海院获评2018年度江西省交通建设市场A级信用单位。

▲6月19日　上海院与蓝绿双城科技集团有限公司签署战略合作协议。

▲9月18日　上海院与广州品实房地产开发有限公司签署战略合作协议。

▲10月30日　上海院与海门市交通产业集团签署合作经营协议,共同组建中铁上海设计院集团海门有限公司。

▲11月1日　上海院获安哥拉交通部“本格拉铁路杰出设计分包商”称号,上海院龚炼获安哥拉交通部“本格拉铁路大修工程杰出个人”称号。

▲11月29日　上海院通过2019年度质量、环境和职业健康安全管理体系监督审核。

▲12月16日　上海院与《上海城市规划》期刊签订理事单位合作协议。（赵艳军）

中铁物资集团有限公司

【简况】 拥有铁路建设用钢轨招标与采购供应代理、成品油内部批发经营、工程招标代理、民爆器材经营、国铁集团部管物资招标代理、中央投资项目招标、国家道路运输经营许可证和北京市道路运输等重要经营资质，以及危化品经营许可、成品油批发经营、无船承运、海关进出口等多项资质。是国铁集团铁路建设项目部管物资代理公司、铁路用钢轨招标代理服务商，国家发改委批准的成品油专项供应单位；是中国物流与采购联合会评选的5A级物流企业、企业信用评价3A级信用企业、中国建筑业协会评选的全国建筑业3A级信用企业、中国质量协会评选的全国实施用户满意工程先进单位及用户满意企业；是中国物流采购联合副会长单位、中国建筑业协会建筑供应链与劳务管理分会副会长单位、中国砂石协会副会长单位。主营物流贸易、加工制造、国际业务、集采代理和电子商务。前身系中国人民解放军铁道兵后勤部物资处；1984年1月，集体转业并入铁道部，改编为铁道部工程指挥部物资处；1990年3月，组建中国铁道建筑总公司物资局；1999年，改称中铁建物贸公司；2000年12月，更名为中铁建物资集团有限公司；2003年，企业改制改称现名。总部驻北京市海淀区西四环中路19号。注册资本金30亿元。下辖10个全资子公司、5个控股子公司和5个钢厂办事处，在4家公司参股，并在重庆、大同、无锡等地设有多个分公司和办事机构。与鞍钢、包钢、攀钢、武钢、河北钢铁、首钢、中石油、中石化、中建材、中远洋、中外运、山桥、宝桥、南岭民爆等大型企业建立长期稳定的战略合作伙伴关系，实现国内首次销售企业与民爆骨干企业共同组建专营公司的合作；成为国内首家成功进军时速350千米百米钢轨市场的企业。先后承担成昆、大秦、京九、南昆、内昆、青藏铁路，京沪高速铁路，郑西、武广铁路客运专线等国家重点工程的物资供应任务，直接或间接参与建设的新建铁路总里程累计50000余千米，占全国铁路的50%。先后参与京沪、京珠、沪宁等高速公路，北京、上海、广州、深圳、南京等城市地铁，首都机场扩建项目、南京环城铁路、南水北调工程以及诸多港口、码头、水利水电、民用建筑等工程的物资供应；积极为北京2008年奥运会、上海2010年世博会、广州2010年亚洲运动会的配套工程提供物资保障；与欧洲、中东、南亚、东南亚、东亚等地建立良好的业务关系。资产总额210.04亿元。其中，固定资产原值1.22亿元、净额7246.25万元；流动资产198.12亿元。

2019年，产值299.75亿元，利润5.09亿元；人均收入17.73万元，全员劳动生产率69.00万元/人年，人均创利31.94万元。国有资产保值增值率117.52%，净资产收益率16.83%，产值利润率2.12%，资产负债率84.56%。应上缴款完成率100%。先后获“全国诚信文明示范单位”“中央企业先进集体”“工人先锋号”“北京市和谐劳动关系单位”“全国守合同重信用企业”“中国诚信经营示范企业”“全国用户满意企业”“国家AAAA级综合服务型物流企业”“北京市国地税A级纳税企业”“银行资信等级AAA级信用企业”“全国首批物流AAA级信用企业”等称号以及火车头奖杯；为中国物流与采购联合会、中国铁道物资流通协会、中国建筑材料流通协会和中国建筑业协会材料分会的副会长级单位。（王　蕾）

【领导人员】

董事会

董事长	赵红鹰（12月免）
	王　辉（12月任）
董　事	唐建勇
	王跃飞（3月任）
职工董事	于俊海

监事会

监事会主席	孙　义
监　事	李景光（5月免）
	阚　巍（5月任）
职工监事	夏俊杰

经理层

总经理	王　辉
副总经理	熊卫东
	王跃飞
	唐建勇
	吴福存
	李　芳
	魏广铭
总经济师	李　芳

党群领导

党委书记	赵红鹰（12月免）
	王　辉（12月任）
党委副书记	于俊海
纪委书记	孙　义
工会主席	于俊海

（王　蕾）

【职工队伍】 职工1949人。干部1747人，其中技术干部1110人、技术工人239人。正高级职称4人、高级职称121人、中级职称275人、初级职称714人。（高　艳）

【企业经营】 基础业务。基建钢轨合同额7.75亿元，路外及其他新签合同额1.42亿元；实现产值11.69亿元，实现净利润总额1964万元。全年新增基建代理项目18个，钢轨需求3489.4铺轨千米。参与供应的基建项目主要包括浩吉铁路、梅潮铁路、连镇铁路、银西铁路、郑阜铁路等铁路项目，其中梅潮客专、崇礼铁路、郑州南站、浩吉铁路等，均已在年内建成顺利投产。集采业务。集团12家经营单位采购钢材469.54万吨，采购金额196.09亿元，其中通过钢厂及销售公司采购钢材392.19万吨，贸易商采购钢材50.86万吨，直采比例86.75%。完成采购水泥1069.38万吨，采购金额46.42亿元，其中通过水泥厂及销售公司采购水泥975.50万吨，直采比例93.53 %。海外业务。新签合同额15836万美元，营业收入13516万美元。完成项目包括印度尼西亚二期3000千米物资供应，匈塞铁路项目、尼日利亚拉伊项目。股份公司区域集采工作。各区域中心收集各集团公司项目信息2909个，采购计划信息3912条，涉及钢材及制品1690万吨、水泥4320.10万吨。组织采购1064次，采购钢材及制品1337.75万吨、水泥2811.54万吨、钢轨94017吨、道岔597组、柴油60.40万吨、沥青31.04万吨；采购总金额784.52亿元。2019年，各区域中心组织采购签约总价332.79亿元，招标节约资金16.04亿元，节资率4.60%；实际结算总价74.92亿元，实际节约资金3.12亿元，实际节资率4%。启动应用中国铁建物资采购网，截至2019年底，系统内部用户16103人，平均在线100人；上网工程项目信息4481个，上网采购计划9367条，钢材采购需求量1500万吨，水泥采购需求量6387万吨，采购金额1000亿元；注册供应商5547家，评标专家1761人；发布区域集采信息1508条，各集团公司自采信息3372条，实现对区域物资集采工作的有力支撑。筹建中国铁建物资采购信息管理平台。开展业务培训，完成区域中心2018年度考评。　（王　蕾）

【企业管理】　企业管理与改革。7月，供应链管理集成管理系统全面启用；9月，下发新的《集团客商管理办法》。集团公司通过以上措施加强对全集团集中采购供应商进行统一管理，原客商管理系统在8月底停用。

机构变更。成立成都中铁建混凝土有限公司青岛分公司、邯钢办事处、冯红铁路物资服务标项目经理部、中铁物资集团重庆铁建贸易有限公司、罗八高速项目部；工业公司唐山分公司、北京中铁钢结构有限责任公司（工业公司子公司）徐州淮海分公司、北京公司青岛分公司、中铁物资集团华中有限公司、北京中铁钢结构有限责任公司、上海铁城实业有限公司注销完成；成立党委工作部（人力资源部）、经营计划部（军民融合办公室）、运营管理部、中国铁建物资集采中心办公室、产业开发事业部、铁路与代理服务事业部；撤销人力资源部、党委工作部（党委干部部、党委统战部）、营销管理部、集中采购中心、经济管理办公室和贯标办、清欠办公室、铁路事业部、代理服务事业部和客户服务中心；资产管理部更名为投资开发部，财务部更名为财务资金部，工会办公室更名为工会工作部，能源与物流事业部更名为新产品事业部（与产业开发事业部一并被定位为产品、产业孵化器）；各部门职能进行相应调整。

财务管理。发文加强管理财务规范化、银行账户、融资及差旅费。提高对全面预算管理的重视，优化资源配置，发挥约束指导作用；带息融资规模同比下降4.27%，资产负债率首次下降至85%以下，经营性现金净流量高于利润总额；三金增幅低于收入增幅，“三费”增幅分别低于营收和新签合同占比增幅，三项税负政策红利应享尽享，实现国有资产保值、增值目标。日均活期存款余额压降至9.98亿元，同比下降23.58%，避免存贷双高，减少资金闲置降成本；内部各类票据置换总额累计14.3亿元，内部调剂降成本3201万元；拓展筹融资渠道，银行授信担保总额达到306.08亿元，同比增长13.65%。资金集中度96.96%，平均上存度87.45%，资金链安全稳定。绩效考核与发展战略协同，督导各单位完善考核办法，实现子公司、经营部门、职能部门、人员绩效考核全覆盖；每月分析各单位主要指标完成情况，及时沟通，使其直观了解各项数据，为完成绩效目标提供依据。坚持业财对接，提高工作标准化和运营效率。财务共享中心7月全面上线，10月完成法定账套切换工作，逐步上线各业务模块，实现业务核算的标准化和规范化；完成10家单位的财务共享系统与高达供应链系统的对接工作；全面推进财企直连覆盖，已有13个核算单元的财企直联对接。加强财务队伍建设。通过多种方式充实人员，组织各类相关培训，持续加强学术理论学习研究，组织参与相关知识竞赛。中高级职称持证人员占比33.51%，队伍稳定。

审计监督。首次设立总审计师并建立总审计师制度；参与中国铁建审计质量提升活动，审计档案和审计整改工作被评为优秀；组织首次内审人员审计培训；配合股份公司开展海外业务和物资贸易专项审计调查，配合审计署企业审计八局延伸调研关于拖欠民营企业逾期欠款工作；全年开展审计项目28个。

信息化管理。完善基础管理。对现有信息化制度和技术标准进行修订和完善；和在用互联网专线服务商谈判，在新引入中国移动接入资源、互联网带宽扩大一倍的情况下，整体费用支出仍低于往年水平，并把谈判成果应用到工业公司，为其节省支出近14万元/年；在全集团范围，组建由各子公司专职岗位和本级各部门兼职岗位组成的 IT 团队，为日常工作开展提供支撑；完善考核体系；配合股份公司做好统一邮件系统建设相关工作，配合完成集团财务 IT 审计、集团内控审计、集团管理体系审核等信息化部分相关工作；拓展新空间，扩大内外部协作，保持集团公司重点信息化建设工作与股份公司整体步调一致。信息化建设与运维。完成集团本级主楼整体网络改造及弱电施工，更换 IT 设备 58 台，对集团公司整体网络无线信号进行全方位覆盖，无线及有线网络升级到千兆速率，架构新的网络拓扑环境，改变无线认证方式；弱电施工修复近 100 个损坏的网口，通过梳理将每个房间的网口与交换设备做到精确对应；承担中国铁建物资采购网云平台迁移和技术验收，平台整体信息安全保障，日常运维质量、需求开发跟踪工作；推动大宗物资网功能定位调整，并在后续平台的业务对标和功能开发方面予以支持和指导。有效解决子公司业务开展过程中出现的各种问题；积极参与集团公司承担的股份电商平台建设前期工作；完成成都数据中心建设方案和“两地三中心”企业数字架构设计；按照“三同步”原则开展相关信息系统的等级保护备案、评测和整改工作，顺利通过所有新建系统和既有系统的等保测评（复评）；及时发现安全漏洞等问题并进行安全加固；做好“软件资产管理系统”的数据维护登记工作；积极参与股份公司软件集采工作；通过各类场景持续在集团公司各层级推广和宣传国产软件，降低采购成本，WPS 的使用量得到提升；全年未发生因使用非授权软件引发的诉讼案件；采用云计算、虚拟化等新技术对各项基础设施进行高效管理，提高软硬件基础设施国产化率。

法治合规工作。完善各项法律制度，总法律顾问履职到位，队伍建设有条不紊，法律事务机构设置完善，法律人员能力逐步加强；风险防控措施实现规范化、制度化、流程化，做到“4 + 1”审核无死角，做到事前、事中、事后的法律风险防范全覆盖；企业聚焦主业回归正轨，再无新增融资性贸易；案件方面实施集中管控，物资集团案件处置能力和效果大幅度提升。全年为企业大宗风险业务挽回损失 36452.43 万元，其中现金回款 25899.33 万元，避免或有损失 4724.29 万元，调账抵消 4880.46 万元，以物抵债 948.34 万元，工程物流等正常案件回款 20852.18 万元。合规建设，迅速落地“1 + 9”合规制度信息化实施方案，合规建设体系化进程正式开启；共任命首席合规官 28 人，合规官 109 人，10 家所属单位成立合规委员会；把合规管理要求嵌入供应链管理系统中的全部合同评审流程之中，实现合规管理在全部合同评审流程中的无死角、全覆盖，以信息化手段实现合规送审率 100%；完善客商管理系统，对第三方进行有效合规审查；总法律顾问和首席合规官、法律合规部（合规办公室）负责人和合规官实行一岗双责制度，在不增加审批流程节点的情况下，实现法律和合规审核的同时审批；12 月，在北京召开 2019 年法律合规工作部署会暨总法律顾问述职会，会上传达中国铁建 2019 年总法律顾问述职会议精神，并对合规管理制度进行全面培训；在股份公司召开的合规官高级课程培训暨合规制度落实推进会上，物资集团作为系统内先进典型代表分享合规管理工作亮点。

安全质量。开展全集团安全大检查并督促被查单位对查出的安全问题进行整改；全年无重大安全事故发生；按照股份公司部署开展“质量月”活动，全集团采取各种方式宣传质量月，组织集团全体员工参加“2019 年全面质量管理知识竞赛”答题活动，增强全集团的质量意识。印章管理。对全集团进行印章清理工作，实际应用印章 551 枚。（王　蕾）

【党群工作】 党的工作。党委中心组学习研讨 22 次，重点内容为党中央、国务院及上级党委的各项指示精神。购买发放《习近平新时代中国特色社会主义思想三十讲》等 20 类书籍，组织党员干部开展学习。推进“党建进章程”，坚持“双向进入、交叉任职”领导机制，落实党委议事规则和“三重一大”集体决策制度，明晰党组织研究讨论作为企业决策重大事项前置程序。建立“三重一大”信息系统，制定集团公司“三重一大”决策事项清单，梳理涉及决策事项 102 条。深入开展“不忘初心、牢记使命”主题教育。一是突出顶层设计，强化组织领导。成立集团公司主题教育领导机构，派出 2 个巡回指导组对所属 12 家单位主题教育活动进行巡视指导，强化各级班子成员走出办公室，集中到会议室采取个人自学与集中研讨交替进行。开展专题辅导讲座，邀请权威专家深入解读党史国史和企业发展形势，讲座以视频会议形式覆盖到全体党员。对标行业先进企业，组织领导班子、集团本级部门与外部企业交流研讨大宗商品供应链集成服务的传统模式与新模式以及企业管理体系等方面经验，组织全体党员赴红色教育基地开展主题教育体验式学习。各级班子成员下沉基层一线围绕党的建设和企业发展等各重点领域开展主题调研，着力了解并解决基层困难，分别在集团本级和联系点单位讲授主题教育专题党课，严格做到“四个讲清楚”，带学促学。从严从实抓好问题检视和整改，对检视的问题进行系统梳理、逐一对照、拿出实招，明确整改措施、时限和责任，实行“对账销号”，确保逐条兑现。进一步建立健全党的组织体系。撤销 10 个区域（专业）指挥部党工委和新疆公司党工委，成立新疆公司党支部、湖南公司党支部，并把其划归西北公司党委管理；成立西南公司——冯红铁路物资服务标项目经理部联合党支部，并把其划归西南公司党委管理；成立集团公司直属机关—北京中铁福斯罗技术有限公司联合党支部，由集团公司直属机关党委管理；成立中铁物资集团华东有限公司—中铁物资集团钢之家电子商务公司联合党支部，由华东公司党委管理；成立中铁物资集团港澳有限公司—中铁物资集团香港有限公司联合党支部，由港澳公司党委管理。与所属14家单位党委书记签订党建工作责任书，并对所属单位党委书记进行“抓党建”述职评议考核。承办中国铁建北京片区第一期党员发展对象培训班。召开西北区域党建工作会，研讨停止经营单位和合资企业党建工作的难题。与鞍山钢铁集团党委、包钢集团党委开展系列“党建联盟”活动，携手鞍山钢铁集团中标深中通道甲控钢板供应项目，钢板包件17.5万吨。抓好基本队伍建设。严肃和规范党内政治生活，落实“三会一课”、组织生活会等制度。开展集中整顿软弱涣散基层党组织工作，集中整治基层党支部班子配备不齐、组织生活不规范、组织活动与生产经营“两张皮”等问题。选派党支部书记参加中国铁建支部书记培训示范班，组织开展物资集团基层党支部书记集中培训班、组工干部培训班，持续加强党支部建设。抓好基本制度建设。认真贯彻执行《关于新形势下党内政治生活的若干准则》，组织召开物资集团党员领导干部“不忘初心、牢记使命”专题民主生活会，并派出巡回组对各单位专题民主生活会进行全覆盖督促检查和指导。坚持工作联系点制度，根据集团公司领导人员调整变动情况，及时调整联系点单位，班子成员带头以普通党员身份参加所在党支部专题组织生活会。集团公司所属基层党支部已全部完成专题组织生活会、开展民主评议党员工作。开展党内关怀帮扶工作，拨付15.6万元党费对80名生活困难党员进行走访慰问。严格按照党费收缴、使用和管理相关规定，做好党费收缴、使用和管理工作。坚持正确选人用人导向，努力打造高素质专业化干部队伍。按照“20字”国有企业好干部标准从严、公正选拔调整领导干部，进一步规范选拔任用干部的动议提名、组织考察、会议决定、任前谈话等工作程序，把党管干部原则和民主集中制贯穿于选人用人的全过程。选拔领导干部42人次，任免调整领导干部135人次。拓宽选人用人视野，大力选用优秀年轻干部。选拔一批“80后”甚至“85后”的年轻领导干部：2019年选拔任用的领导干部中“80后”占比71.4%，“85后”占比23.8%。通过社会招聘引进6名涉及财务、海外、机电和砂石骨料等领导人员，首次通过公开竞聘推选出财务领导干部1人。印发《中铁物资集团所属单位领导人员选拔任用有关工作指导意见》，为所属单位干部管理相关工作提供翔实的操作依据。坚持党管干部原则，强化任前审核，做到“凡提四必”，杜绝带“病”提拔现象的发生，强化因私出国（境）管控，进一步加强对领导人员的监督管理。党风廉政建设。撤销监察部，调整纪委职能部门职责，强化人员配备，党委巡察办划入党委序列，支持纪委进一步加强子公司纪检部门设置并增加人员配备，基层单位监督执纪力量增强。强化各级党委的主体责任和纪委的监督责任，持续把“全面从严治党”推向纵深。深化作风建设。党委班子带头执行中央八项规定及其实施细则精神，紧盯形式主义、官僚主义新动向、新表现，对享乐主义、奢靡之风等歪风陋习露头就打，注重日常检查和集中督查相结合，正风肃纪，重要时间节点开展监督检查15次，约谈关键岗位人员30人次。针对涉及违反中央八项规定精神问题线索，一律开展初核，严格禁止“打擦边球”行为，释放越往后执纪越严的强烈信号。严格监督执纪问责。支持纪委加大监督执纪问责力度，持续大力抓好大宗物资贸易风险业务追责工作。坚持惩防并举，标本兼治，“三不”体制机制持续推进。扎实推进巡视巡察，对5家单位党组织开展巡察“回头看”，针对发现的问题开展追责问责，并在总结巡察经验的基础上制定完善“1+6”巡视巡察管理制度。继续集中整治形式主义、官僚主义，并完成中国铁建党委专项巡视的整改。扎实开展企业领导人员亲属和其他特定关系人所办企业与本企业业务往来专项整治，同时对2017年企业领导人员及其亲属经商办企业专项治理整改情况进行监督检查和自查自纠，配合中国铁建党委专项巡视，完成整改并开展追责问责。维稳与信访工作。加强对意识形态阵地的建设和管理，落实意识形态工作责任制，做到“七个纳入”，确保意识形态领域安全。持续完善安全生产责任网络，畅通信访渠道。积极配合做好中国铁建大院征迁工作，逐步化解各类历史遗留问题。深入推进“处僵治困”工作，稳妥分流安置相关人员，未发生安全生产事故和群体性上访事件，维护企业和谐稳定发展大局。宣传思想工作。在新中国成立70周年、“不忘初心、牢记使命”主题教育等重要宣传节点，推出“走进企业看发展”“文艺星空”“微党课”等系列报道。组织拉歌联唱、才艺展示、走访慰问、网上知识竞赛等主题宣传教育活动。参与中国铁建“与祖国同行”主题短视频大赛、“视觉新铁建”主题摄影大赛等活动，原创短视频《镜头里流动的沈阳》登上“学习强国”学习平台，摄影作品《我和主席握手》获“视觉新铁建”主题摄影大赛二等奖。开展“走进企业看发展”系列报道，全面展示集团公司近年来在生产经营、集采事业、党的建设、党风廉政建设等各方面所取得的成绩，真实、客观、生动反映企业的发展变化，向新中国70华诞献礼。注重各类道德模范、身边好人选树工作，大力宣传入选“中国好人榜”的李北冰见义勇为、助人为乐的先进事迹，进一步弘扬正能量，并把其作为“不忘初心、牢记使命”主题教育的鲜活教材，在全集团形成“人人学习先进、争当先进”的良好氛围。坚持“聚焦主业　提振信心　内强管理　外塑形象”的发展理念，宣传贯彻上级重要会议精神，加快推进身份认同、企业认同和价值观认同。企业文化建设工作。广泛参与“品质铁建”宣讲活动，1 人入选“品质铁建”宣讲团，组织员工现场观看“品质铁建”宣讲报告会，并多次邀请宣讲团到物资集团进行宣讲，引导广大干部职工进一步领会“品质铁建”的深刻内涵。开展丰富多彩的文化活动，增强员工的荣誉感、归属感。选送的漫画作品《自古清廉无遗祸，从来贪争有后殃》获第三十三届中国产经新闻奖二等奖，组织设计的“中国铁建职工 e 家”公众号 Logo 被评为优秀奖。

工会工作。工会自身建设。加强政治理论学习，在全系统广泛宣传工会十七大和中国妇女十二大会议精神。加强工会干部培训，提高工会干部工作水平。制定《中铁物资集团有限公司工会财务管理办法》，加强工会工作制度建设。对中南公司、港澳公司、招标公司、云南公司和民爆公司的工会换届选举和工会主席增替补进行指导和监督。维权工作。工会主席作为法人代表集团全体职工与企业法人签订《集体合同》。元旦、春节期间，集团工会在全系统内开展“送温暖”活动，慰问困难职工 72 人，慰问金额 18 万元；慰问内退人员 81 人，慰问金额 4.05 万元。为迎接新中国成立 70 周年华诞，集团公司向全系统 79 名内退人员和 39 名机关退休员工、3 名困难职工进行慰问，发放慰问金6.8万元。为 124 名患重大疾病、伤残和死亡的职工办理经济补偿 67.5 万元。职代会作用。集团及所属 10 家子公司均召开职代会（职工大会），并依法对领导干部进行民主测评。集团公司党委书记赵红鹰向中国铁建二届四次职代会提出的《关于加大涉诉案件的法律支援和清欠帮扶力度的提案》被股份公司评为优秀提案。持续进行“六比六评”劳动竞赛，并向四家单位授予“2018 年度劳动竞赛优胜单位”称号，开展 2019 年度专项劳动竞赛活动。建家建线工作。拨付建家建线资金 35.8 万元。党委副书记、工会主席于俊海，女工委主任一行到西南公司拉萨分公司开展偏远艰苦项目建家建线重点帮扶暨慰问活动。各公司工会经常前往驻外分公司进行走访慰问，为驻外分公司安装必要的生活设施。在全系统开展主题为“与共和国同行　打造品质铁建”的系列读书活动，13 人因成绩突出受到股份公司的表彰，中南公司代表集团在股份公司长沙区域赛上获第二名。举办“与共和国同行　打造品质铁建”主题朗诵比赛活动、“中国梦　铁路情　劳动美”主题才艺比赛、“品质铁建”爱国教育及户外拓展活动，录制《共和国之恋》和《我和我的祖国》歌唱视频，组织职工前往李大钊烈士陵园开展“缅怀革命先烈、弘扬爱国精神”祭奠革命先烈活动，召开“我看新中国成立 70 周年新成就”座谈会，组织员工赴 2019 年中国北京世界园艺博览会开展迎国庆园艺博览活动。女职工工作。“三八”节前夕，女工委对 21 名先进女职工，12 名先进女职工工作者和 10 个先进女职工集体进行表彰。在系统内开展书香女职工读书征文、家书征文、表演阅读、书画阅读、摄影评比以及征集家规家训故事等系列活动，优秀作品被推荐到股份公司参加评比，获一等奖 3 个、二等奖 4 个、三等奖 11 个。传达并贯彻股份公司女工委一届六次会议精神。开展慰问帮扶困难女职工活动，解决女职工实际困难。“六一”儿童节期间，组织各公司女工委开展慰问、走访、亲子等关爱活动，加大对少年儿童特别是留守儿童和困境儿童的关怀力度。工会财务工作。制定《中铁物资集团有限公司工会财务管理办法》。完成 2018 年应上解股份经费尾款的补缴和 2019 年应上解股份经费的预缴工作。召开二届二次全委会，组织开展工会财务培训。加强工会经费审查工作，要求各公司工会对照全总巡视及经费审计中发现的问题以及需重点关注的违规开支、其他不规范事项进行自查并整改。并根据工会财务规范，对云南、招标、中南三家公司进行工会主席离任审计，对新疆公司工会进行财务检查。

共青团工作。以“不忘初心、牢记使命”主题教育为契机，坚持党建带团建，深入开展“青年大学习”，组织青年参加集团公司党委举办的一系列主题教育专题辅导讲座；组织在京单位青年参加由团中央“青年之声”学习者服务联盟主办的“不忘初心　青春报国”读书会，现场聆听“两弹一星”科学家魏世杰、两弹创业功臣孙维昌等同志叙述其在青海爱国主义教育基地的亲身经历。持续开展“导师带徒”活动，2019 年，新入职员工 52 人，按照精选原则，通过“定徒弟”“选导师”“签协议”“学业务”“严考核”5 个步骤，组成 52 对师徒，并签署师徒协议，签约率 100%。深入践行“海外优先”战略，组织团员青年学习海外业务知识，选拔优秀人员参加股份公司“海外优先，青年先行”知识竞赛。以中华人民共和国成立 70 周年和五四运动 100 周年为契机，激发基层团组织活力。组织全体团员青年观看纪念五四运动 100 周年大会直播、观看股份公司“品质铁建”宣讲报告会、参加中宣部组织的“我和我的祖国”宣讲活动；组织开展“我和我的祖国·青春心向党·建功新时代”为主题的合唱大赛，开展新中国成立 70 周年系列活动、“我和国旗合个影”等活动。

组织团员青年学习光盘,严格落实“三会两制一课”制度。集团公司所属单位开展团员青年喜闻乐见、参与度高的团内活动。深化“青”字号品牌创建,积极引导广大青年爱岗敬业,获股份公司命名表彰“青年文明号”集体2个,“青年岗位能手”2人。集团本级命名表彰“青年文明号”集体10个、“青年岗位能手”10人;组织开展评先评优,本级表彰“五四红旗团委”1个、“五四红旗团支部”2个、“优秀共青团员”5人、“优秀共青团干”5人,推荐并获评股份公司“五四红旗团委”1个、“五四红旗团支部”1个、“优秀共青团员”1人、“优秀共青团干”1人。积极参与社会公益活动。开展“文明出行——物资青年在行动”活动,组织在京单位团员青年前往田村路辖区重点路口开展“文明出行”宣传,协助疏导交通。召开团委三届四次全委(扩大)会议及青年员工座谈会。真情助困,从团委爱心金中划拨慰问金1000元帮助家庭遭受重大困难的优秀青年。服务青年婚恋社交,组织在京单位单身青年参加航天九院13所、社区、相亲平台举办的交友联谊活动。加强基层团组织和团干部建设。以“智慧团建”为抓手,推进基层团组织“应建必建”“应换必换”,督促指导东北公司团委、中南公司团委、西南公司团委按期完成换届选举。结合党建工作责任制考核对团委工作进行考核评价,重点督促落实兼职团干津补贴,确保基层团组织人员和经费保障。顺利完成共青团中国铁道建筑集团有限公司第一次(中国铁建股份有限公司第三次)代表大会代表选举工作。着力加强团干部能力素质建设,对基层团干部进行教育培训。承办股份公司东北区域“青春心向党 建功新时代”祭奠英烈主题团日活动。积极履行社会责任,不断加大对口帮扶力度,购买帮扶产品110余万元,超额完成上级要求指标。

(王　蕾)

【中铁物资集团东北有限公司】 主营铁路建设所需的钢轨、道岔及配件、金属材料、油料、煤炭、矿粉、火工品等,大型基建项目所需钢材、水泥等相关物资及工程物流、仓储物流服务等综合物流配送业务。前身为中国人民解放军铁道兵后勤部东北办事处;1984年铁道兵集体改工并入铁道部,改编为铁道部工程指挥部东北办事处;1989年更名为中国铁道建筑总公司东北办事处;2003年4月改制改称现名。驻辽宁省沈阳市大东区东北大马路337号。董事长、党委书记季利平,总经理王成伟(4月免)、曹庆成(8月任)。职工466人。资产总额33.02亿元。其中,固定资产原值1.61亿元、净值1.17亿元,流动资产31.22亿元,其他资产6327.92万元。

2019年,承揽任务82.57亿元,产值43.94亿元,利润9796.47万元。人均创利22.78万元,全员劳动生产率52.74万元/人年,职工年人均收入11.10万元。国有资产保值增值率232.67%,净资产收益率79.65%,产值利润率2.23%,资产负债率95.60%,应上缴款完成率100%。

(杨　扬)

【中铁物资集团华东有限公司】 主营铁路线上料、现货贸易、工程物流、能源矿产及国际贸易业务。前身为中国人民解放军铁道兵后勤部华东办事处;1984年1月集体转业并入铁道部,改编为铁道部工程指挥部华东办事处;1989年3月更名为中国铁道建筑总公司华东办事处;2003年4月企业改制改称现名。驻上海市杨浦区逸仙路25号19层。党委书记、董事长张泓(4月任),总经理单单。职工167人。资产总额19.89亿元。其中,流动资产18.62亿元,固定资产原值1.3亿元、净值1.03亿元,无形资产906万元。

2019年,承揽任务总量56.54亿元,产值38.46亿元,净利润2,351万元,人均创利14.25万元,职工年人均收入18.16万元。国有资产保值增值率106.53%,净资产收益率10.57%,产值利润率0.78%,资产负债率88.24%,应上缴款完成率100%。

(杨　亮)

【中铁物资集团中南有限公司】 主营业务为金属材料、建筑材料贸易,机械设备租赁,房屋租赁,金属矿、非金属矿的销售,水泥、钢材、铁路设备器材销售、仓储服务及货物、技术、代理进出口业务。2005年7月7日成立,2007年成为集团公司独资子公司。驻湖北省武汉市武昌区丁字桥路25号。法定代表人李景光(4月免)、王成伟(4月任),总经理李学锋。职工147人。资产总额23.44亿元。其中,固定资产原值3454.98万元、净值2351.90万元,流动资产23.12亿元,其他资产3214.21万元。

2019年,新签合同额76.97亿元,剔除关联交易后65.66亿元;产值34.36亿元,剔除关联交易后28.43亿元;利润总额6920.9万元。人均创利32.36万元,全员劳动生产率2147万元/人年。国有资产保值增值率123.19%,净资产收益率21.76%,产值利润率2.01%,资产负债率89.22%,应上缴款完成率100%。

(胡文瀚)

【中铁物资集团西南有限公司】 主营批发、零售钢材、水泥等建材;普通货物代办仓储运输;煤炭批发经营;自有房屋租赁;货物进出口贸易;销售矿产品、沥青。前身为铁道兵西南办事处;1984年1月集体转业并入铁道部,改称为铁道部工程指挥部西南办事处;1989年更名为中国铁道建筑总公司西南办事处;2001

年企业改制改称成都中铁建西南物资有限公司；2004年划归中铁物资集团有限公司，改称现名。驻四川省成都市一环路北三段1号SOHO－C座。党委书记、董事长刘家云，总经理林斌。职工272人。资产总额32.34亿元。其中，固定资产原值2.55亿元、净值1.99亿元，流动资产29.99亿元，其他资产0.36亿元。

2019年，承揽任务总量105.02亿元，产值69.03亿元，净利润1.20亿元。人均创利44.16万元，全员劳动生产率107万元/人年，职工年人均收入21.06万元。国有资产保值增值率116.02%，净资产收益率26.48%，产值利润率2.04%，资产负债率84.93%，应上缴款完成率100%。（李　政）

【中铁物资集团华南有限公司】 主营工程物流和现货自营业务。2004年1月注册成立，注册资本金2.5亿元。驻广东省广州市越秀区东风东路745号东山紫园商务大厦17层。董事长、党委书记、法定代表人王勇（4月免）、胡永强（4月任），总经理高南林（8月免）。职工121人。

2019年，承揽任务43.5亿元，产值255723.27万元，净利润2485.55万元。职工年人均收入17.19万元。净资产收益率8.11%。（何素贞）

【中铁物资集团港澳有限公司】 主要经营城市轨道交通物资供应及铁路物资的国际贸易，机电设备的供应、安装及调试。2010年7月28日成立。注册资本金1亿元，驻广东省珠海市九州大道西3026号11栋。法人代表、董事长、总经理杨奎，党委书记温锦鹏（1月免）、刘虹云（1月任）。职工145人。资产总额10.73亿元。其中，固定资产1548万元，流动资产10.57亿元。

2019年，承揽任务18.70亿元，产值13.27亿元，净利润6481万元。人均创利44.70万元，全员劳动生产率915万元/人年，职工年人均收入23.90万元。国有资产保值增值率120.41%，净资产收益率31.46%，产值利润率5.96%，资产负债率79.03%，应上缴款完成率100%。（朱明明）

【北京中铁工业有限公司】 主要从事铁路物资、工程物流、大宗商品贸易、矿产资源、驻厂监造、混凝土及制品加工制造和物业管理。前身为中国铁道建筑总公司工厂局；2001年11月，工厂局机关撤销；2001年12月，工厂局机关（含局机关服务中心）与其下属北京海石丰工业科技开发公司重组，称北京海石丰工业科技开发公司，划归北京铁建工贸集团公司管理；2006年11月，划归中铁物资集团有限公司管理；2010年1月，北京海石丰工业科技开发公司注销，改称现名；2014年2月，与中铁物资集团北京有限公司（下辖北京五棵松饭店有限公司）、芜湖中铁科吉富轨道销售有限公司、中铁物资集团混凝土管理有限公司合并重组；2014年9月，芜湖中铁科吉富轨道销售有限公司划出；2016年8月，与北京中铁物资贸易有限公司合并重组，沿用现名；2016年9月，北京五棵松饭店有限公司（含五棵松航服）划出。驻北京市石景山区玉泉路65号。董事长、党委书记、法定代表人姚宁（10月免），副总经理（主持经理层工作）汤祥（5月任）。职工273人。资产总额24.28亿元，其中固定资产原值0.73亿元、净值0.49亿元，流动资产23.74亿元，其他资产0.05亿元。

2019年，新签合同额55.66亿元，产值29.90亿元，利润0.32亿元。人均创利15.60万元，全员劳动生产率47.18万元/人年，职工年人均收入15.13万元。国有资产保值增值率68.03%，净资产收益率－48.97%，产值利润率1.08%，资产负债率102.72%，应上缴款完成率100%。（杨　盼）

【北京中铁国际招标有限公司】 拥有中央投资项目招标代理甲级资质证书和政府采购甲级资质。聚焦国家和地方铁路建设、城市轨道交通、市政基础设施建设、高速公路、机场水利、港口码头、政府采购、军队和国防现代化建设等国家重要行业及重大建设项目，以各级政府部门、国铁集团、中央企业、地方大型国有企业作为主要客户群，为客户提供物代服务及工程招标、服务招标、物资设备招标及前期咨询、造价咨询等全过程工程咨询服务。2012年4月成立，前身为物资集团部管物资事业部。驻北京市海淀区西四环中路19号。执行董事、党工委书记马达，总经理李琦磊。职工71人。资产总额3.03亿元。

2019年，新签合同额4035万元，营业收入5601.13万元，净利润1539.28万元。人均创利57.71万元，全员劳动生产率66.33万元/人年，职工年人均收入28.84万元。应上缴款完成率100%。（孙　悦）

【北京五棵松饭店有限公司】 主营业务包括餐饮、租赁、客房，是文化和旅游部涉外三星级酒店。前身为1977年1月成立的铁道兵司令部第一招待所；1996年12月，更名为北京中铁五棵松饭店；2002年8月，更名为北京五棵松饭店；2007年12月，更为现名；2013年1月，变更为中铁物资集团北京有限公司子公司；2016年9月，调整为集团公司的全资子公司。驻北京市海淀区西四环中路19号。法人代表、董事长、党工委书记韩元军。职工143人。资产总额4578万元。其中，固定资产净值59万元，流动资产4497万元。

2019年，产值5222万元，净利润640万元。净资产收益率35.59%，产值利润率16.35%，资产负债率56.67%，应上缴款完成率100%。（田　雪）

【中铁物资集团云南有限公司】 主要从事货物及技术进出口（国家限制项目除外）；主营焦炭、煤炭、非金属矿产品、金属矿石（粉）、金属材料、建筑材料、电子商务，以工程物流项目为主，涉及各类大宗物资贸易。2013年7月1日成立，注册资本金1亿元。驻云南省昆明市官渡区广福路樱花语幸福广场A1－E栋8楼。执行董事胡永强（4月免）、吴越（4月任），总经理吴越（8月免）、马庆明（8月任）。职工58人。资产总额15.76亿元。

2019年，新签合同额60.37亿元，产值26.44亿元，净利润6281万元。人均创利150.22万元，全员劳动生产率206.75万元/人年，职工年人均收入27.60万元。国有资产保值增值率136.23%，净资产收益率32.99%，产值利润率3.22%，资产负债率86.83%，应上缴款完成率100%。（段匕鹂）

【中铁物资集团铁建民爆器材专营有限公司】 主营炸药、雷管、导爆索等民用爆炸物品和钢材，具有北京市民爆物品销售许可证。2006年10月成立，由中铁物资集团有限公司与湖南南岭民爆器材股份有限公司共同出资组建，原名中铁物资集团铁建民爆器材专营有限公司；2015年11月改称现名。驻北京市海淀区西四环中路19号。党工委委员、董事、常务副总经理方玉国（主持工作）。职工35人。资产总额12912万元。其中，固定资产原值241.43万元、净值14.18万元，流动资产12894万元。

2019年，新签合同额2.28亿元，产值1.76亿元，利润388万元。国有资产保值增值率102.53%，净资产收益率2.50%，产值净利润率1.61%，资产负债率10.99%，应上缴款完成率100%。（林　郁）

【北京中铁福斯罗技术有限公司】 主要从事研究开发扣件系统技术、技术转让和技术咨询，批发城铁打磨设备及其配件，并提供上述产品的相关服务。由中铁物资集团有限公司与德国福斯罗公司出资组建，2009年3月17日成立。公司注册地北京市海淀区西四环中路19号218房间。法定代表人、董事长熊卫东，总经理刘建国。职工14人。资产总额2805万元。其中，固定资产净值7万元，流动资产2775万元，无形资产净值22万元。

2019年，产值1583万元，利润1049万元，人均创利75万元，国有资产保值增值率138.19%，净资产收益率45.28%，产值利润率88.34%，投资回报率279.94%，资产负债率17.43%。（肖　锋）

【中铁物资集团钢之家电子商务有限公司】 主要从事电子商务、软件开发等业务。2012年4月由中铁物资集团有限公司与上海钢之家信息科技有限公司共同出资500万元组建成立；2014年4月股东双方按原股比增资至1000万元。驻上海市浦东新区东方路818号众城大厦10楼D座。董事长、法人代表张泓，总经理吴文章。职工51人。资产总额2440.29万元。其中，固定资产净值4.67万元；流动资产2422.67元。

2019年，产值3.05亿元，利润2.64万元，净利润2.41万元。人均创利0.05万元，职工年人均收入7.68万元。国有资产保值增值率100.23%，净资产收益率0.23%，产值利润率0.01%，投资回报率0.23%，资产负债率57.70%。（于嘉钰）

【重要记载】

▲1月23—25日　中铁物资2019年党的建设工作会、二届一次职工代表大会暨2019年工作会议、党风廉政建设和反腐败工作会议在北京召开。

▲4月19日　中铁物资与西藏高争建材集团在拉萨举行战略合作签约仪式。

▲5月　中国铁建物资采购网上线一周年，取得“开通内部用户11500人、全面覆盖中国铁建28个单位、吸引供应商3500家、发布采购物资需求700亿元”等成绩。

▲6月26日　中铁物资与宝钢八一钢铁在北京签署战略合作协议。

▲7月8日　中铁物资与上海钢联电子商务股份有限公司在北京签署战略合作协议。

▲7月31日　中铁物资与凌源钢铁股份有限公司在北京签署战略合作协议。

▲8月12日　中铁物资与中铁山桥集团有限公司在山海关举行战略合作协议签约仪式。

▲8月12日　中铁物资与中国保利久联控股集团在保利集团总部新保利大厦签署战略合作协议。

▲8月21日　中铁物资与中铁第五勘察设计院在北京签署战略合作协议。

▲8月　中铁物资获“鞍钢股份煤炭重点供应商”称号。

▲9月1日　中铁物资与科顺防水科技股份有限公司在广东佛山签订战略合作协议。

▲10月10日　“助力匈塞铁路物资运输”发船仪式在青岛举办。

▲10月25日　中铁物资、中铁建重庆投资集团与重庆市荣昌区政府签订荣昌区机场货运物流园三方合作协议。

▲10月25日　中铁物资与首钢水钢集团在贵阳签署战略合作协议。

▲11月19日　中铁物资获2019全国公共采购年度评选“优秀集中采购机构”和“先进电子平台”两项荣誉。

▲12月30日　在四川省重点工程劳动竞赛暨成都轨道交通“三线”开通总结表彰大会上，中铁物资揽获多项殊荣。

▲12月　中铁物资发文进行本级机构、职能调整。

（王　蕾）

中国铁建重工集团股份有限公司

【简况】 是集隧道施工智能装备、高端轨道设备装备的研究、设计、制造、服务于一体的专业化大型企业。成立于2007年。是国家认定的重点高新技术企业、国家级两化深度融合示范企业。始终瞄准“世界一流、国内领先”的目标，坚持“科技创新时空”的理念，充分利用中国铁建长期积累的施工技术与经验，通过“原始创新、集成创新、协同创新、持续创新”的自主创新模式，构筑以施工技术为先导，基础研究、产品研发、工艺开发、应用研究、工程实验相配套的特色研发体系。专注于非标、特种、个性化、定制化的高端装备制造与服务，从零起步打造轨道系统、掘进机、隧道装备三大成熟产业板块，积极布局新型交通装备、高端农机、绿色建材装备、煤矿装备、新型工程材料等多个新兴产业板块。TBM和大直径盾构机被广泛应用于国内30多个省市的地铁、铁路、煤矿和水利等重点工程；轨道系统位列国际先进水平，产品远销美国、加拿大、非洲、西亚等30多个国家和地区；自主研制的全电脑凿岩台车、混凝土喷射台车助推中国隧道智能建造。设立董事会、监事会、经理层和党委会，19个总部职能部门，研发系统、战部系统、生产服务保障系统、道岔分公司等直管单位，中铁建特种装备工程有限公司、中铁隆昌铁路器材有限公司、株洲中铁电气物资有限公司等全资子公司。总部驻湖南省长沙市经济技术开发区东七路88号。职工9075人。资产总额151.56亿元。其中，流动资产96.85亿元，固定资产净值32.21亿元。生产设备6063台，总功率12.78万千瓦，技术装备率9.21万元/人，动力装备率18.21千瓦/人。

2019年，承揽新签合同额151.73亿元，工业产值105.24亿元。先后获评“国家重大技术装备首台（套）示范单位”“国家863计划成果产业化基地”“制造业向服务型制造业成功转型的典型企业”，连续摘获“中国专利奖”。荣登“中国轨道交通创新力TOP50企业”“中国工程机械制造商5强企业”“全球工程机械制造商50强企业”榜单。先后获“全国企业文化建设先进单位”“中央企业思想政治工作先进单位”等称号。

（田如本　邓日红　胡蓓蓓）

【领导人员】

董事会

董事长	刘飞香
董事	雷升祥
	程永亮
	赵　晖
	白云飞
	贺勇军
独立董事	苏子孟
	夏毅敏
	万良勇

监事会

监事会主席	王　彪
监事	陈培荣
	朱小刚
职工监事	王　彪

经理层

总经理	程永亮
执行总经理	赵　晖
副总经理	胡　斌
	刘海华
	李　健
	刘　丹
	刘在政
总工程师	胡　斌（兼）
总会计师	李　健（兼）

党群领导

党委书记	刘飞香
党委副书记	程永亮

赵 晖
贺勇军
纪委书记 王 彪
工会主席 贺勇军

（刘 婷）

【职工队伍】 员工9075人。其中，企业自管员工6382人，劳务派遣制人员2693人。研发人员1598人、营销人员369人、管理人员1003人、售后人员878人、技能人员4412人、其他人员815人。博士研究生学历28人、硕士研究生学历788人、本科学历2779人、大专及以下学历5480人。员工平均年龄33岁。 （肖 文）

【经营管理】 承揽新签合同额151.73亿元，实现营业收入94.07亿元，实现净利润15.82亿元，完成工业产值105.24亿元。其中，铁建装备产值19.72亿元，产量61台；掘进机产品完成产值46.36亿元，产量82台（套）；轨道系统产品完成产值12.64亿元，产量1853组；特种装备产品完成产值13.87亿元，产量402套；交通装备产品完成产值1.26亿元，产量10组15千米；弹条扣件与闸瓦产品完成产值10.34亿元，产量14572万件；电气制品完成产值0.95亿元，产量6762根5433吨；管片产品完成产值0.1亿元，产量1818环。 （胡蓓蓓）

【风险内控】 对组织架构与职能定位进行针对性局部调整，形成定位清晰、权责对等、运转协调、制衡有效的法人治理结构，实现集中控制和统一指挥，进一步明晰董事会、经理层、业务部门及公司各级法人之间在风险内控决策、执行、监督等方面的职责权限，完善"三重一大"的决策监督机制，形成科学有效的职责分工和制衡机制。按照"全面覆盖、财务统领、审计监察、事前预控、关口前移"的原则，对铁建重工的业务流程进行梳理和再造。继续深化"法治铁建"建设，强化事前源头预控，加强事中过程协调监控，巩固事后风险分析。充分落实股份公司"1+9"合规制度，全面打造全员合规的合规文化。开展"普法教育"，普及以宪法为代表的法律知识，增强全员法律意识，强化企业法治理念。 （赵勤砚）

【市场经营】 根据市场和行业特点，铁建重工优化组织架构和业务流程，海外经营、行业经营、区域经营、高端经营、协同经营全面铺开，市场开拓稳中向上。海外13个区域常驻机构布点建设基本完成，辐射周边国家市场，初步实现属地化经营构架。针对各区域市场特点采取差异化经营策略，实现斯里兰卡、印度、卡塔尔、秘鲁等8个国家的国别突破，国产大直径盾构机首次进入欧洲市场，完成印度最大直径盾构机的出口、格鲁吉亚三臂凿岩车销售、中老铁路轨道系统产品中标，为海外市场实现全系列产品销售和多产品组合销售积累经验。紧跟重点线路，持续推动高铁隧道建设机械化发展，在成自高铁12米大直径盾构进入设计联络阶段，在宜兴高铁积极推动智能化建造V1.0；实现15米超大直径盾构机批量销售和首台完全自主知识产权矩形顶管机的销售。完成7台套掘锚一体机交付工作；实现世界首台高抽巷可回退小直径TBM签约，成功承揽13千米凤凰磁浮轨排项目。道岔分公司新设计的单开、组合等各类道岔产品顺利进入上海局、广州局等大修项目；隆昌公司抢滩普速与城市轨道交通市场，相继中标青岛、广州、福州、长沙、郑州地铁，荆州管廊，南京扬子江快速通道等项目，扣件、摩擦、特种零部件产品销售规模再上新台阶；电气物资公司新建成3000吨新型复合材料生产线，攻克复合材料锚杆、螺纹筋等7种产品制备的技术难点并实现试生产。

（郭智军 胡祎萌）

【财务管理】 搭建"一纵三横"财经组织架构，推进财务职能向"服务型+管控型"转变。聚焦全面预算的七项关键要素，将"无形"与"有形"的预算归纳划重点，大力强化全面预算的编制质量与执行力度，真正发挥全面预算的引领作用；加强资金使用计划性，对于直管单位控制好收支两端；加强资金风险管理，统一账户管理、统一资金使用、统一资金分析、统一支付流程；创新融资方式，加大带息融资管控力度；加强税收政策法规的学习，及时跟进国家"高新技术企业""西部大开发"等各项税收优惠降费政策，适时调整财政方案，用好税收优惠政策，充分享受政策红利。 （胡蓓蓓）

【人力资源管理】 采用寻聘、猎聘、内部员工推荐、国内知名院校合作以及网络招聘等多种引才方式，提升人才招聘质量。打通人才内部循环的隔离墙，促进人才跨序列流动发展，激活内部人力资源市场。持续深化优胜劣汰机制，全面实现员工"能出"、工资"能降"新常态。绩效考核进一步划小考核单元，建立以主要经营指标、关键管控指标、市场占有率和客户满意度等绩效考核指标为主体的精细化考核体系，绩效考核效果更加精准，指标牵引导向更加明确。加强工时定额管理顶层设计，进一步优化工时提升效率。人才培训围绕企业内部培训与外部客户培训两大主轴，构建企业培训新体系。对内采用线上微课、内训面授等多种授课形式，完善企业培训课程体系，全年员工人均学时113.31小时，同比增加6.3%。对外通过定制

个性化的技能培训与水平认证方案,为客户提供优质培训服务。（张　浩　沈怡歆）

【信息化建设】 稳步推进信息化、数字化建设,实现核心业务的数字化全覆盖。主要实施智慧企业协同管理平台(EBPM)建设,梳理246个业务领域,推动业务活动标准化、规范化;启动物料主数据管理平台(MDM)建设,研发设计数字化二期建设,提升物料流转的准确性与及时性,规范研发流程,提升研发效率,支撑“五化”落地;探索企业大数据平台建设,完成财务应付账款预测、OA审批流程相关度分析等应用;持续深化MRP应用,运行结果准确率平均提升60%;推进客户关系管理(CRM)系统,建立统一的客户信息库,全面支撑以“客户”“产品”为中心的标准化营销、服务信息化体系,实现从客户获取到销售结算回款的客户价值链的端到端管理;推进(SRM)供应链系统建设,建立供应商信息数据库,提高供应链系统集成和敏捷反应能力;打通ERP与CRM/SRM/MES系统集成,实现经营、商务采购、生产数据无缝对接;完成信息安全总体规划与一期项目建设,进一步强化信息化基础运维与信息安全体系。（沈建龙）

【审计工作】 多次修订内部审计相关制度、流程,进一步细化考核标准,提升审计体系建设质量,形成铁建重工内部审计制度体系。按照《流程抽查与追责管理细则》规定,每月不定期开展对运行结束归档的流程抽查复核,2019年累计抽查近2万条,发现不符合规定进行追责的流程200条。使用审计信息系统辅助审计项目管理,提升审计工作信息化程度,提高工作效率。按计划开展内部审计项目,强化内部审计监督,提出审计建议26条、采纳审计建议26条,并积极跟踪整改。（徐　辛）

【安全质量】 建立安全生产风险分级管控和隐患排查双重预防机制,通过签订安全包保责任书,进一步明确各单位的安全主体责任。通过持续开展反“三违”专项行动,从源头上遏制安全事故的发生。安全事故数量和工伤负伤率持续下降,为历史新低。产品质量持续提升,发布评价和考核类质量KPI激励方案,各类指标达成率80.0%,同比改善19.04%。坚持制造过程生产点检控制和专检监查机制,严格把控产品生产过程质量关。持续强化供应商质量管理,供应商责任索赔完成率从2018年的79.2%提升到2019年的83.4%。获得“湖南省质量信用AAA级企业”称号,获湖南省优秀QC成果二等奖2项,湖南省优秀质量管理小组11个。（颜　晨　陈新德）

【科技创新】 新产品、新技术不断推出,项目成果获得多项省部级奖励,关键技术应用行业持续领先,科技创新平台跻身国家序列,行业话语权进一步扩大。成功研制国产首台新型千米级水平取芯钻机、小直径煤巷TBM、超微型TBM、矩形顶管机、快速铺顶机、DGZ150多功能钻机、ZY122A半智能二臂凿岩台车、ZYS122A全电脑二臂凿岩台车、国内首台大断面快速掘锚成套装备、新型轨道交通试验平台、磁浮智能巡检车、跨座式单轨轨检仪等重大新产品60余项;完成适应围岩大变形、破碎带、强岩爆、高低温、大涌水等极端工况下的TBM方案设计;开展软弱围岩辅助出渣清渣技术、软弱围岩辅助推进系统、岩爆预防等核心技术攻关;突破围岩超前地质预报、多模式联合破岩等关键技术;储备自主围岩智能判识技术、机器人在线标定技术等系列基础技术。新增获批国家级创新平台2个、省级创新平台1个、股份公司创新平台1个。行业首家成功获批“国家级工业设计中心”,跻身工业设计国家队。联合打造“水下隧道技术国家地方联合工程研究中心”,获批筹建“超级地下工程装备湖南省级重点实验室”和“中国铁建地下工程装备工程实验室”。牵头承担国家重点研发计划、揭榜项目、补短板项目等国家级项目3项,主持国家重点研发计划课题3项,股份公司项目5项,“超级地下工程智能成套装备关键技术研究与应用”成功获批湖南省重大专项,创历史新高。获得省部级及行业科技奖特等奖1项,一等奖5项,获中国“好设计”金奖2项,“装备中国”银奖1项;“敞开式全断面岩石隧道掘进装备(TBM)研制及产业化”获湖南省科技进步一等奖;参与的“中低速磁浮道岔关键技术研究及工程应用”获湖北省技术发明一等奖。申请国内专利691件,其中发明专利377件,海外专利12件。获中国专利银奖1项,中国专利优秀奖2项。新增发布3项国家标准,新增参编2项国家标准、4项团体标准,完成产品、设计、检验、工艺等企业技术标准84项;组织对机械、液压、电气、原材料进行清理与统型,其中,长沙园区58类物料规格型号由3.1万种下降到1.7万种,整合率45%。推广基于Y模型的模块化设计,完成8米级土压盾构、WED－400蓄电池电动工程车等整机产品的模块化设计。（胡小勇）

【党群工作】 党的工作。以开展“不忘初心、牢记使命”主题教育为重点,以完善“基于深度融合的党建工作体系”为抓手,全面提升“党建＋”的动能转化能力。梳理归纳党建工作的经验做法,形成“基于深度融合的党建工作体系”,修订《“党建＋”标准化体系工作手册》,形成一套逻辑严密、自成体系的党建工作模式。

获中国铁建2018年度“四好”领导班子荣誉，在中国铁建2018年度党建工作责任制考核评价中被评为“优秀”等级。深入开展“不忘初心、牢记使命”主题教育，坚持把学习教育、调查研究、检视问题、整改落实贯穿始终，高质量做好“八项重点工作”，主题教育的成效在企业党建、深化改革、转变作风、服务职工等方面显现，全面助推企业改革创新，提升发展质量。进一步修订《党委议事规则》等法人治理和领导决策制度，确保党委的领导机制与企业的决策机制有机融合、有序对接。落实党委研究讨论前置程序，全年召开21次党委常委会，集体研究180项涉及企业党建和生产经营管理的重大事项。建立覆盖全集团各级法人单位的“三重一大”决策和运行监管系统，有效强化国资监管。全年投入扶贫帮扶资金233.7万元，引进扶贫帮扶资金515.7万元，实现对口扶贫点——湖南麻阳县玳瑁坡村173户671人稳定脱贫，高质量地完成脱贫攻坚任务。助力中国铁建对口帮扶县区脱贫，采购当地企业约64.53万元的消费扶贫产品；组织开展“献爱心·助脱贫”活动，募集并捐献40.55万元爱心款给中国铁建对口帮扶县区。

组织工作。落实“四个同步”“四个对接”要求，在组织架构变革中，同步对所属各级党组织进行调整。党委13个、党总支5个、党支部86个，党员2479人，新发展党员50人。修订完善《党支部规范化建设实用手册》《党支部工作台账》等指导手册，开展党支部工作台账评比，推进基层党建工作标准化，提升支部组织力。制定《党建工作责任制考核评价暂行办法》，开展党建工作责任制考核和党委书记述职评议考核，将考核结果与领导干部绩效年薪挂钩。持续开展“创岗建区”等创先争优活动，引导党员干部在生产经营中发挥先锋模范作用。着力加强基层党务干部队伍建设，在湖南省委党校举办党支部书记集中培训班暨党务干部综合素质提升培训班，提升党支部书记和党务干部的履职能力。举办发展对象和入党积极分子培训班，保证新发展党员的质量。组织开展七一表彰评选工作，表彰先进基层党委2个、先进基层党支部11个、优秀共产党员27人、优秀党务工作者9人。获2019年中国铁建先进基层党委等8项中国铁建及以上荣誉。

宣传思想建设。被中央媒体报道170次，其中央视报道34次，财经频道王牌栏目《对话》访谈2次，在《超级装备》《中国建设者》《创新进行时》等央视大型纪录片中展示高端品牌形象。加大海外媒体推广，组织参加德国慕尼黑国际工程机械博览会等6个重要国际展会，海外品牌影响力显著提升。新媒体运用效果明显，微信公众号总计阅读量首次突破100万次。在《中国铁建重工》报纸上开设“党员风采”“逐梦·我们的故事”和优秀女职工栏目，广泛宣传先进典型，汇聚改革发展正能量。加强精神文明建设，组织7场“道德讲堂”活动；开展庆祝新中国成立70周年系列活动，展示新时代砥砺奋进风采，弘扬爱国主义精神。

纪检监察工作。完成纪检机构改革，聚焦主责主业，强化力量配备，提升监督执纪能力。严肃执纪问责，给予党政纪处分52人，提醒谈话、诫勉谈话132人，问责17人次。开展经商办企业专项整治，要求全员申报，督促34人在规定期限内整改，进一步净化企业风气。把监督精准嵌入生产经营关键环节，开展《职工违纪违规处分规定》执行情况、车间班组工资二次分配情况等专项监督检查。严格执行流程复查追责制度，全年抽查流程4000余条，考核追责50余人次。加强廉洁风险防控，结合组织架构变革，再次全面排查廉洁风险点，完善廉洁风险防控体系。完善中层岗位人员廉洁档案，全年更新廉洁档案150余人次，巩固党员领导干部廉洁监督的有效载体。加强作风建设，集中整治形式主义、官僚主义，铁建重工全年未发生违反中央八项规定精神问题。加强反腐倡廉教育，组织中层干部和关键岗位人员集中观看警示教育片，签订《廉洁从业承诺书》，开展主题为“清正廉洁、担当有为”的反腐倡廉宣传教育月活动。

工会工作。认真履行“维护职工合法权益、竭诚服务职工群众”两大基本职责，进一步提升工会凝心聚力的能力，加强工会工作与企业核心价值观的深度融合，为集团发展作出积极贡献。成功召开一届五次职代会，圆满完成各项议程。通过职代会广泛听取职工意见，收集职工代表提案53条，立案17件，均得到有效落实和解决。严格落实集体协商制度，并把协商的集团合同内容交职代会审议通过后，签订《2019年集团公司集体合同》《工资专项集体合同》《女职工权益保护专项集体合同》，完成属地备案。在长沙园区组织走访慰问困难职工、困难家庭、老干部并拨付各子分公司送温暖慰问费；为长沙园区职工会员发放年节物资、生日及送清凉等物资。各级工会均根据自身生产经营实际，开展各类劳动竞赛。积极推进劳模（工匠人才）工作室建设，发挥劳模、工匠人才示范带头作用。“刘伟劳模创新工作室”联合7家劳模工作室组建四川省第一个劳模工匠创新工作室联盟，刘伟获得“四川工匠”称号；“陈建军劳模创新工作室”充分发挥导师带徒效用，为技能制员工开展关键岗位高技能培训。铁建重工获评中央企业先进集体。党委书记、董事长刘飞香获评湖南省首届“最美科技工作者”。特种装备研究设计院张廷寿获评长沙市劳动模范。不断创新文体活动机制，以“70年，我和我的祖国”为主题开展系列宣传教育活动，组织广大职工群众拍摄音乐MV《我和我的祖国》，承办湖南省直跑协"铁建重工杯"松雅湖马拉松团体跑活动。组织"再一次出发——铁建重工2019迎春团拜会"，组织开展"中国梦·劳动美"大型职工文化主题活动，举办"铁建重工杯"职工气排球比赛，组织职工积极参与长沙区域联动活动，出版职工书籍《时光记忆》。铁建重工工会女工委以全面提升女职工综合素质为目标，组织女职工学习中国铁建女工会议精神、女职工法律法规知识学习等，举办"风雅诵重工·逐梦新时代"女职工文化品鉴会，开展庆祝新中国成立70周年暨第七届书香铁建女职工读书活动。

共青团工作。新组织成立研发系统团委、战部系统团委、生产服务保障系统团委。对青年团员数量重新进行摸底统计。基层团支部全面覆盖，团委8个、团支部38个。组织召开中国铁建重工集团股份有限公司第一次团代会，进行换届选举。组织召开"五四"表彰大会。表彰"青年文明号"5个、"五四红旗支部"8个。2人获评长沙市青年岗位能手。积极发动广大青年，开展形式多样、内容丰富的志愿服务活动。助力铁建重工对口扶贫点湖南省麻阳县玳瑁坡村脱贫攻坚工作，团委组织开展爱心捐书活动。开展"青春心向党建功新时代"主题演讲比赛。

（刘志河　陈海燕　程　琳）

【中国铁建高新装备股份有限公司】 主要生产道床养护、道床清洁、钢轨维护、线路大修、综合检测及工程应用集成等60多种产品。产品覆盖普通铁路、高速铁路及城市轨道交通铁路养护领域，并定制化开发包括窄轨、标准轨、宽轨等多种轨距的系列产品，逐步迈入国际市场。公司经营业务涵盖机械制造及销售、零部件销售及服务、产品大修服务和铁路线路养护服务。始建于1954年，2015年由昆明中铁大型养路机械集团有限公司整体改制成立，并在香港联交所上市。铁路大型养路机械年生产能力300标准台套，年大修能力100标准台套。驻云南省昆明市官渡区金马镇羊方旺384号。董事长刘飞香，党委书记赵晖。职工2528人。

2019年，新签合同额32.39亿元，营业收入21.25亿元。（高一平　雁云柏安　向盈盈）

【战部系统】 是市场进攻、业务策划、产品谋划、经营开拓、技术服务、项目管理的责任主体，是向客户提供创新的、差异化的、领先的整体解决方案的责任主体，是提升核心竞争能力和客户满意度的责任主体。主要负责市场策划、牵头编制客户整体解决方案、项目承揽与货款回笼、项目技术服务与项目管控、提出各项计划、考核内部支持单位、行业技术交流等。2019年5月成立。由10个国内战部（铁路战部、城建战部、军工战部、水利战部、煤炭战部、路港战部、矿山战部、新型交通战部、农机战部和再制造与配件战部）、海外战部（若干海外分支机构）和战部公共事务中心组成。职工417人。驻湖南省长沙市经济技术开发区东七路88号。党委书记李珊。

2019年，新签合同额85.83亿元。（傅春香）

【研发系统】 是产品研发设计、科技创新管理机构，负责产品研发、配合市场开拓以及前沿技术、基础科学研究以及液压、电气、工艺新技术、新产品的研究，负责铁建重工科技平台建设、科技成果管理、科研立项实施、知识产权及标准化管理工作。2019年5月成立。下设掘进机研究设计院、特种装备研究设计院、矿山装备研究设计院、交通装备研究设计院、煤矿装备研究设计院、高端农机研究设计院、智能技术研究设计院、前沿与基础研究设计院、液压研究设计院、电气研究设计院、工艺研究设计院、工程材料研究设计院、智慧企业研究院及北欧隧道技术与装备研究设计院、西欧轨道交通技术与装备研究设计院、实验中心和科技发展部。驻湖南省长沙市经济技术开发区东七路88号。职工1183人。党委书记麻成标。

2019年，成功研制国产首台新型千米级水平取芯钻机、国内首台大断面快速掘锚成套装备等重大新产品60余项；新增获批承担国家重点研发计划等国家级项目3项；新增获批国家级创新平台2项，省级创新平台1项；完成3项科技成果评价，成果达到国际领先水平；申请国内专利691件，其中发明专利377件，海外专利12件；新增参编2项国家标准、4项团体标准。

（胡小勇）

【生产服务保障系统】 以"及时满足战部需求和产品、服务满意度"为宗旨，建立超前计划管控体系，依托敏捷供应链管理，打造精益制造能力，严控质量标准，提供全方位服务保障，快速响应战部作战。2019年5月成立。由3个中心（总调度中心、招标采购中心、质量管理中心）和3个总厂（掘进机总厂、特种装备总厂、制造总厂）组成。党委书记、总调度长孙章龙。职工2950人。

2019年，产值61.30亿元。（刘　清）

【中铁建特种装备工程有限公司】 经营范围包括建筑工程用机械、矿山机械的制造；城市轨道桥梁工程服务、交通设施工程服务；铁路、道路、隧道和桥梁工程建筑；市政公用工程施工；城市地铁隧道工程服务；装卸搬运；工程机械管理服务；工程机械维修服务；工程机械检测技术服务；机械设备租赁；建材、装饰材料零售。2012 年 11 月成立，注册资本金 4000 万元。驻湖南省长沙市经济技术开发区东七路 88 号。总经理王淑川。

2019 年，营业收入 6.70 亿元。（陈　瑞）

【道岔分公司】 是原称中国铁路总公司认证的铁路道岔产品专业制造企业。2006 年成立。驻湖南省株洲市。党委书记梁智坚，总经理贾延春。在岗员工 798 人。固定资产原值 51158.32 万元 、净值 19320.72 万元。主要生产设备 400 余台（套），装机总功率 16545 千瓦，技术装备率 12.65 万元/人，动力装备率 20.53 千瓦/人，关键设备可动率 97.3% 。

2019 年，新签合同额 17.89 亿元，营业收入 12.99 亿元。（张新颖）

【中铁隆昌铁路器材有限公司】 主要生产经营产业包括扣件系统、摩擦材料和特种零部件三大板块。原系始建于 1967 年的铁道部隆昌工务器材厂；2008 年 5 月，整体划转到中国铁道建筑总公司；2009 年，改制为中铁隆昌铁路器材有限公司。注册资本金 1.8 亿元。驻四川省隆昌市。党委书记、执行董事杨兵，总经理李宇才。职工 576 人。

2019 年，新签合同额 14.25 亿元，营业收入 10.30 亿元。（徐林玲）

【株洲中铁电气物资有限公司】 主要有电气化制品、新型工程材料和物流仓储三大专业产品产业板块。组建于 1958 年 8 月，前身是中国人民解放军铁道兵后勤部第一基地；1984 年，更改为中国铁道建筑总公司株洲战备材料总厂；2000 年，划归中铁十七局集团公司管辖；2007 年，由中铁十七局划归铁建重工集团公司管理，更名为株洲中铁轨道物资有限公司；2008 年，株洲中铁轨道物资有限公司与中铁轨道系统集团电气化制品有限公司合并为株洲中铁电气物资有限公司。驻湖南省株洲市石峰区北站路 199 号。公司执行董事、党委书记施展。职工 163 人。固定资产 3381 万元，生产设备 175 台，设备原值 862.97 万元、净值 281.71 万元，装机总功率 2019 千瓦，技术装备率 1.75 万元/人，动力装备率 12.54 千瓦/人。年物资吞吐能力 12 万吨。

2019 年，新签合同额 1.36 亿元，营业收入1.21亿元。（王秀娥）

【重要记载】

▲1 月 6 日　中国产学研合作促进会主办的第十二届中国产学研合作创新大会在北京举行。铁建重工的敞开式岩石隧道掘进机（TBM）关键技术研究及产业化项目、预切槽隧道施工成套设备关键技术研究项目分别获得 2018 年中国产学研合作创新与促进奖创新成果奖二等奖和优秀奖，铁建重工获评 2018 年中国产学研合作创新与促进奖创新奖单位。

▲2 月 1 日　中国首台出口斯里兰卡的自主品牌盾构机在长沙通过验收，春节后运往斯里兰卡首都科伦坡。

▲3 月　铁建重工自主研发设计的全球首条智能化磁浮轨排生产线实现量产。

▲4 月 3 日　国内首台中低速磁浮智能巡检车在铁建重工长沙第二产业园下线。

▲4 月 23 日　铁建重工自主研发的国内首台隧道多工序作业平台车 DZP131 发往广西桂林。

▲7 月 1 日　国产首台出口韩国服务于光阳丽水电缆隧道项目小直径泥水盾构机（DZ631）在完成组装调试，并获得项目业主、总包方斗山、分包商江陵建设验收合格后，开始在 90 米深的海底竖井内分体始发。

▲7 月 4 日　铁建重工和中铁十四局联合研制的国产首台常压换刀大直径泥水平衡盾构机“沅安号”完成沅江隧道掘进，标志着中国水下盾构隧道掘进机械制造、复杂地质条件下盾构隧道建造技术均达到世界先进水平。

▲7 月 26 日　铁建重工自主研发制造的国产首台新型千米级水平取芯钻机成功下线，该设备具有完全自主知识产权，填补国内千米级水平取芯钻探领域的空白。

▲9 月 21 日　中央企业先进集体和劳动模范表彰大会在北京人民大会堂举行。铁建重工获评中央企业先进集体。

▲10 月 18 日　由铁建重工自主研制的国产首台永磁驱动矩形顶管机在长沙成功下线。该设备具有完全自主知识产权，填补了集团在大尺寸顶管机方面的空白。

▲10 月 19 日　在铁建重工长沙第二产业园，涵盖中低速磁悬浮、跨座式单轨、悬挂式单轨、齿轨于一体的试验基地建成投用，多款新型交通维保检测产品同时问世，成为全球首个集跨座式单轨、悬挂式单轨、磁悬浮、齿轨等新型轨道交通装备研制试验于一体的综合型产业基地。

▲10 月 24 日　2019 年度湖南省科技重大专项发布，铁建重工“超级地下工程智能成套装备关键技术研究与应用”获批立项。

▲11月　铁建重工自主研制的三台出口印度的盾构机在湖南长沙通过工厂验收、顺利下线。其中一台超大直径泥水平衡盾构机是当前印度最大直径盾构机,打破发达国家对海外大直径盾构市场的垄断。

▲11月　工业和信息化部发布通告,经推荐、评审、公示等程序,铁建重工工业设计中心正式获批为"国家级工业设计中心"。

▲12月9日　铁建重工"ZYS113 全智能三臂凿岩台车"和"六行智能采棉机"2个项目获2019中国创新好设计金奖。

▲12月18日　一台刀盘涂装成向日葵状的敞开式岩石隧道掘进机在铁建重工长沙第二产业园成功下线。这台设备用于秘鲁圣加旺水电站隧洞工程施工,是中国首台出口南美洲的敞开式岩石隧道掘进机。

▲12月　铁建重工申报的"超级地下工程装备湖南省重点实验室"正式获批组建。　(陈海燕)

中国铁建国际集团有限公司

【简况】　为海外大型、特大型基础工程建设承包商,交通建设及城市综合建设运营商,能源、资源、投融资高端运作的发展商,技术开发、装备出口、物流贸易的服务商。2012年4月11日组建,9月20日完成工商注册。总部驻北京市海淀区复兴路40号。下设中国铁建国际集团有限公司北非区域公司、中国铁建国际集团有限公司西非区域公司、中国铁建国际集团有限公司港澳区域公司、中国铁建国际集团有限公司亚太区域公司、中国铁建国际集团有限公司美洲区域公司、中国铁建国际集团有限公司欧亚区域公司、中国铁建国际集团有限公司中东区域公司、中国铁建国际集团有限公司东南亚区域公司8个区域公司,以及1个境内公司、1个直管境外公司、1个直管事业部。有中国铁建(香港)有限公司、中国铁建(加勒比)有限公司、中国铁建美国有限公司、中国铁建马来西亚有限公司、中国铁建墨西哥有限公司、中国铁建俄罗斯有限公司、中铁建(北京)国际贸易公司、中国铁建西非有限公司、中国铁建(东南亚)有限公司、中国铁建巴西有限公司、中国铁建阿尔及利亚有限公司、中国铁建(国际)尼日利亚有限公司、中国铁建国际集团美洲区域总部、中国铁建股份有限公司沙特分公司、中国铁建股份有限公司安哥拉分公司、中国铁建股份有限公司卡塔尔分公司、中国铁建股份有限公司阿根廷分公司、中国铁建国际集团有限公司孟加拉分公司、中国铁建国际集团有限公司玻利维亚分公司、中国铁建国际集团有限公司中美洲分公司、中国铁建国际集团有限公司摩洛哥分公司、中国铁建国际集团有限公司秘鲁分公司、中国铁建股份有限公司伊朗代表处、中国铁建股份有限公司刚果(布)代表处、中国铁建股份有限公司莫桑比克代表处、中国铁建股份有限公司巴基斯坦代表处、中国铁建国际集团有限公司东非代表处、中国铁建国际集团有限公司印度尼西亚代表处、中国铁建国际集团有限公司巴基斯坦代表处、中国铁建国际集团有限公司柬埔寨代表处、中国铁建国际集团有限公司突尼斯代表处、中铁建物业投资(香港)有限公司、中铁国际贸易(香港)有限公司、中国铁建—中国中铁—中国交建联合体有限公司、红日国际经贸有限公司35个正式注册的境内外法人公司和办事机构。职工566人。资产总额92.65亿元。其中,固定资产原值4.39亿元、净值1.15亿元,流动资产83.10亿元。机械运输设备1642台(套),设备原值3.75亿元、净值0.96亿元。

2019年,新签项目47个,新签合同投资894.35亿元。营业收入78.27亿元,利润1.64亿元。职工年人均收入32万元。企业净资产收益率4.58%,净利润率2.10%,资产负债率60.42%。获2018—2019年度全国企业文化优秀成果一等奖,马来西亚吉隆坡四季酒店项目获中国建设工程鲁班奖(国家优质工程),2022年世界杯主体育场项目智能建造关键技术应用获施工组一等奖。　(熊丛文)

【领导人员】

董事会

董事长	卓　磊
董事	孙　勇(3月免)
	郝桂林(1月免)
	莫文贺(3月任)
	魏万征
	薛立智
职工董事	冯来刚(6月任)

监事会

监事会主席	李德玮
监事	曲　勇
职工监事	李　红(6月任)

经理层

总经理	孙　勇(3月免)
	莫文贺(3月任)
执行总经理	仇　湘(12月任)

副总经理	郝桂林(1月免)
	胡　凡(1月免)
	魏万征
	薛立智
	于洪忠
	李重阳
	杨晋军
	徐华祥(9月任)
总会计师	薛立智(兼)
总法律顾问	于洪忠(兼)

党群领导

党委书记	卓　磊
党委副书记	孙　勇(3月免)
	莫文贺(3月任)
	冯来刚
纪委书记	李德玮
工会主席	冯来刚

(王玉强　王　帅)

【职工队伍】 职工566人。硕士研究生及以上学历255人、本科学历290人、大专及以下学历21人。专业技术人员542人,其中正高级专业技术人员12人、高级专业技术人员195人、中级专业技术人员166人、初级专业技术人员169人。35岁及以下281人、36~40岁118人、41~45岁69人、46~50岁60人、51~54岁23人、55~59岁15人。(王玉强　乔方源)

【境外工程】 阿尔及利亚200床公寓楼结构装修工程　总建筑面积6376平方米。主要工程内容:200个床位的宿舍楼及附属工程。合同投资2467万元,合同工期16个月。2016年6月30日开工,2018年8月26日完成临时验收,2019年12月19日完成最终验收。

特多东方格调商场工程　位于特立尼达岛Trincity商业区,总建筑面积5900平方米。主要工程内容:新建二层商业楼1栋。合同投资2562万元,合同工期12个月。2017年5月18日开工,2019年4月8日业主接收并出具接收证书。

特多圣詹姆斯医疗中心医用直线加速器工程　位于西班牙港西部既有圣詹姆斯医院院内西侧停车场,建筑面积627平方米。主要工程内容:设计并新建1层医疗建筑和外部工程,采购和安装配套的医疗设备(主要为电子直线加速器)、医疗家具和办公家具,并提供设备的试运营、培训和维修质保服务。合同投资7914万元,合同工期12个月。2018年2月8日开工,2019年9月30日移交业主。

特多弗里波特新管涵工程　位于特立尼达霍奇爵士高速的弗里波特区域。主要工程内容:1个中央隔离沉井的施工、运输及安装,顶管施工和道路两侧的排水修缮。合同投资254万元,合同工期72天。2019年5月4日开工,2019年6月12日完工并移交业主。

特多西班牙港总医院重症监护室搬迁改造工程　位于西班牙港总医院北侧大楼原眼科诊所,为升级改造项目。主要工程内容:原眼科诊所内部拆迁、装修升级改造、空调加入新风系统、室外新建设备房及配电室、原ICU内医疗设备及设备带搬迁、发电机及UPS、ATS搬迁。合同投资188万元。2018年12月8日开工,2019年3月15日完工。

巴拿马亚历杭德罗河能源园区燃气电站土方平衡工程　位于巴拿马科隆东北6千米。主要工程量:清理表土61000立方米,各类开挖77000立方米,填方173750立方米,护坡6650平方米。合同投资1577万元。2018年9月18日开工,2019年1月30日完工。

巴拿马液化天然气站6号地块临时设施区域砍树与场平工程　位于巴拿马科隆东北6千米。主要工程量:各类开挖62785立方米,填方64471立方米,护坡2785平方米。合同投资935万元,合同工期4.5个月。2019年2月9日开工,2019年3月20日完工。

沙特麦加轻轨铁路2019年运营维保项目　合同投资70868万元。主要工程内容:麦加轻轨服务期系统维保管理(包括朝觐期间),车辆、站台膜结构和轨道的局部修复。朝觐运营2019年8月8日开始,8月14日结束,持续运营156小时。其间根据A、B、C、D、E五种模式依次运营,运送来自世界各地的朝觐者,开行列车2214列,累计发送朝觐者240万人次,朝觐运行过程安全、平稳、有序,所有乘客按照朝觐仪式规定时间到达目的地,顺利完成朝觐活动。2019年10月10日完成全部合同内容。

阿尔及利亚贝佳亚连接线工程　全长100千米。主要工程内容:道路、桥梁及隧道工程设计与施工。合同投资958330万元,合同工期80个月。开工累计完成产值741107万元。

阿尔及利亚特莱姆森连接线工程　全长50千米。连接线一期工程11.6千米,设计时速80~110千米,双向6车道,执行欧洲技术标准。合同投资116919万元,合同工期51个月。2014年12月30日开工,2019年3月完成全部主体工程,具备通车条件。开工累计完成产值116725万元。

阿尔及利亚贝佳亚2000套保障房设计与施工工程　总使用面积13.4万平方米,65栋楼。合同投资41500万元。2014年2月18日开工,合同工期24个月。项目所有主体结构完工,开工累计完成产值40647万元。

阿尔及利亚布里达省 5000 套租售房工程　总使用面积 38.75 万平方米，185 栋楼。合同投资 123842 万元,2014 年 8 月 28 日开工,合同工期 32 个月。项目基本完工，3850 套住房交付。开工累计完成产值 122348 万元。

阿尔及利亚布里达省 2000 套租售房设计施工工程　总使用面积 15.5 万平方米，65 栋楼。合同投资 49496 万元,2014 年 8 月 28 日开工,合同工期 28 个月。主体结构完工,开工累计完成产值 44368 万元。

阿尔及利亚比斯克拉温泉疗养中心设计与施工工程　总建筑面积 2.03 万平方米。主要工程内容:宾馆、温泉疗养区、餐厅及室外设施。合同投资 34949 万元,合同工期 24 个月。项目已完成主要区域装修,进入收尾阶段。开工累计完成产值 16055 万元。

阿尔及利亚艾因迪夫拉温泉疗养中心设计与施工工程　总建筑面积 2.03 万平方米。主要工程内容:宾馆、温泉疗养区、餐厅及室外设施。合同投资 11520 万元,合同工期 18 个月。项目已完成滑坡体处理,启动基础施工。开工累计完成产值 8611 万元。

阿尔及利亚布哈尼菲亚温泉疗养院工程　总建筑面积 2.03 万平方米。主要工程内容:宾馆、温泉疗养区、餐厅及室外设施等。合同投资 12319 万元,合同工期 18 个月。项目已完成临建搭设。

阿尔及利亚达尔夫省家庭度假村工程　总建筑面积 3.8 万平方米。主要工程内容:宾馆、温泉疗养区、餐厅及室外设施。合同投资 15280 万元,合同工期 24 个月。项目已启动临建搭设。

摩洛哥拉巴特塔工程　建筑总高度 250 米,建成后成为摩洛哥国家最高建筑,总建筑面积 86000 平方米。主要工程内容:地下 1 层,地上 55 层,集办公、住宅、酒店于一体;地基为桩基,主体结构形式核心筒混凝土、外边钢结构类型,外装为玻璃幕墙,室内精装修。合同投资 219258 万元,合同工期 44 个月。开工累计完成产值 10116 万元。

沙特达兰住宅社区扩建 240 套住宅别墅(4 号包)工程　位于沙特达兰市,总建筑面积 99486 平方米。主要工程内容:新建 240 套类型和大小不一的别墅,以及场区中低压配电系统、通信系统、消防及报警系统、给水及灌溉系统、雨水系统、污水系统、室外绿化、场区道路及照明、停车场等配套设施。合同投资 122921 万元,合同工期至 2018 年 6 月 30 日。已经完成全部 240 套别墅的移交工作,进入维保期。

沙特达曼至利雅得 2 号线铁路整修工程　分为 78.4 千米段和 91 千米段。78.4 千米段 2014 年 10 月开工,合同投资 20482 万元, 2017 年底完工;91 千米段 2015 年 5 月开工,合同投资 26917 万元,处于缺陷整改阶段,开工累计完成产值 27313 万元。

沙特达曼里维埃拉别墅工程　总占地面积 5.85 万平方米,总建筑面积 4.6 万平方米。主要工程内容:别墅 121 栋,其他综合建筑物 4 栋。合同投资 36600 万元。2014 年 6 月 29 日开工,合同工期至 2019 年 12 月 31 日。项目已完成全部合同内容,根据业主新的要求进行整修。

沙特内政部第五期军营工程　总建筑面积 155 万平方米。主要工程内容:单体建筑 1707 个,含结构、装饰装修、家具、家电、机电系统安装、室外配套、绿化等工程。合同投资 1627987 万元。合同工期 1440 天,不同建筑群工期 720 ~ 1080 天不等。开工累计完成产值 170379 万元。

卡塔尔卢赛尔体育场工程　作为 2022 年世界杯主体育场,体育场可容纳观众 92500 人,总建筑面积 18 万平方米。主要工程内容:结构、顶棚、比赛场地、球队房间、进场区、退场区、卫生间、观众席、记者区、记分板以及其他所有附属设施。合同投资 522151 万元, 2016 年 11 月 21 日开工,合同工期 1197 天。开工累计完成产值 348086 万元。

沙特萨勒曼国王能源城南部基础设施和管线工程　项目位于沙特阿拉伯东部省布盖格地区。占地面积 12.8 平方千米。主要工程内容:市政道路、管线、电缆、交通信号等 16 个系统的安装和实施,其中实施道路 54 千米、管线铺设 305.1 千米、中压与低压电缆铺设 502.4 千米、通信电缆铺设 951.4 千米、涵洞 2 个、蓄水蒸发池 14 个。合同投资 179061 万元,2019 年 5 月 22 日开工,合同工期 740 天。开工累计完成产值 52000 万元。

马来西亚槟城梦想之城工程　位于槟城乔治城邻海处。主要工程内容:2 栋 39 层的高档舒适海景套房和车库,高 148.4 米,总建筑面积 15 万平方米,公寓套房 572 户。合同投资 37132 万元,合同工期 24 个月。2018 年 1 月 18 日开工,2019 年 12 月 10 日主楼结构封顶。开工累计完成产值 33317 万元。

马来西亚金新铁路工程　位于马来西亚金马士与新山之间。该正线全长 191.14 千米。主要工程内容:车站 11 座,车辆段 1 个,路基和高架桥。合同工期 59 个月,合同投资 547693 万元。开工累计完成产值 255182 万元。

马来西亚吉隆坡轻轨 3 号线工程　主要工程内容:2 站 3 区间,3.9 千米长高架区段的土建部分。合同工期 58 个月,合同投资 131449 万元。开工累计完成产值 12331 万元。

泰国曼谷暹罗素坤逸路 48 巷公寓工程　位于泰国曼谷市素坤威路 48 巷。总建筑面积 2.6 万平方米。

主要工程内容:2 栋高档公寓的土建装修工程和机电工程。业主为暹罗地产有限公司。2017 年 6 月 15 日签订合同,合同投资 16557 万元,合同工期 30 个月。开工累计完成产值 10585 万元。

泰国曼谷暹罗素坤逸路 42 巷高端公寓工程　位于泰国曼谷市素坤逸路 42 巷。总建筑面积 3.09 万平方米。主要工程内容:1 栋高档公寓主楼和 1 栋自动停车场附楼的结构、装饰、室外工程。合同投资 13551 万元,合同工期 27 个月。开工累计完成产值 7340 万元。

泰国 POSH 12 工程　位于泰国春武里 TIWANON 5 巷。总建筑面积 7.5 万平方米。主要工程内容:2 栋高档公寓的土建装修工程和机电工程。合同投资 36848 万元,合同工期 28 个月。开工累计完成产值 29372 万元。

泰国曼谷上城公寓工程　位于泰国曼谷市辉煌区,总建筑面积 12.8 万平方米。主要工程内容:4 栋高档公寓的土建结构二次结构及外立面装饰工程。合同投资 14456 万元,合同工期 16 个月。已完成全部工作内容,进入验收阶段。

泰国 115 节车厢采购工程　合同投资 106372 万元。2019 年 12 月 25 日完成整车三年质保,大部件五年质保于 2021 年 12 月结束。

泰国巴蜀至春蓬复线铁路巴蜀至邦萨潘诺伊段工程　位于泰国巴蜀府,全长 167 千米。主要工程内容:88 千米线路范围内的路基、桥梁、车站、轨道工程施工。合同投资 129063 万元,合同工期 33 个月。2018 年 2 月 1 日开工。开工累计完成产值 30990 万元。

泰国 23 号国道改扩建工程 M 标段工程　位于泰国东北部的黎逸府,全长 25.9 千米。主要工程内容:既有道路路面改造及在距旧路 20 米右侧修建一条 2 车道新路。合同投资 11923 万元。合同工期 870 天。2018 年 10 月 1 日开工。开工累计完成产值 2944 万元。

孟加拉阿米果厂房及辅助建筑建设工程　位于孟加拉国达卡市贾吉普区。厂区占地面积 20.2 万平方米,总建筑面积 13.2 万平方米。主要工程内容:1 号楼、2 号楼、办公楼、宿舍楼等 12 个单体建筑的主体结构、装修、水电、给排水、消防、防雷等施工任务,以及厂区整体道路、围墙、排水系统、回用水系统、排污系统、消防系统、供水供电系统等附属工程,一期厂房及附属建筑工程项目合同投资 32114 万元,合同工期 34 个月,2017 年 1 月 15 日开工;二期厂房建筑工程合同投资 16329 万元,合同工期 28 个月,2017 年 1 月 25 日开工;洗水房工程合同投资 2210 万元,合同工期 16 个月,2018 年 6 月 12 日开工;污水厂工程合同投资 2141 万元,合同工期 16 个月,2018 年 6 月 12 日开工。项目已完成全部工作内容,进入质保期阶段。

孟加拉巴山查岛堤岸防护工程 01&01A 合同段工程　位于孟加拉国南部孟加拉湾的巴山查岛。主要工程内容:加工、安装钢管桩、钢浮箱,修建监测站,水闸式排水管,碎石及土工袋海岸防护等。合同投资 8988 万元。2018 年 3 月 11 日开工,合同工期 15 个月。项目已完成全部工作内容,进入质保期阶段。

特多阿利玛医院设计、施工、设备供应和试运行工程　位于特立尼达岛阿利玛市。占地面积 14051 平方米,建筑面积 26000 平方米。主要工程内容:拆除旧建筑,建设 150 个床位新医院大楼,采购并安装医疗设备,对各专业系统设备进行测试、试运行及维护、人员培训。合同投资 124002 万元,合同工期 60 个月。2015 年 6 月 15 日开工,2017 年 9 月 20 日完成主体结构封顶。开工累计完成产值 115663 万元。

特多丘吉尔罗斯福高速公路与南部干道交叉口立交桥及其附属工程设计与施工工程　主要工程内容:深化设计及施工,新建桥面宽 13.6 米、桥长 76 米的立交桥 1 座,高速中央隔离带新建道路,高速道路两边加宽,南部主干道改建,6 条匝道和附属道路 3 条以及其他附属工程的设计与施工。合同投资 21363 万元,2018 年 1 月 24 日开工,合同工期 18 个月,缺陷责任期 2 年。开工累计完成产值 12852 万元。

特多西班牙港总医院外科病房及手术室搬迁改造工程　位于特多西班牙港圣詹姆斯医疗中心。主要工程内容:医用电梯 2 部、室内平面建筑结构及建筑装修、空调水电的设计与施工,家具、医疗设备的采购、安装与调试等。2019 年 3 月 27 日开工,合同工期 12 个月,合同投资 3256 万元。开工累计完成产值 2700 万元。

多巴哥罗克斯伯勒消防站工程　位于多巴哥岛东部罗克斯伯勒地区。占地 3355 平方米,总建筑面积 1633 平方米。合同工期 15 个月。合同投资 3065 万元。开工累计完成产值 1160 万元。

玻利维亚鲁雷纳瓦克至里韦拉尔塔公路工程　位于玻利维亚贝尼省,总长 508.07 千米,设计时度 100 千米。第 1、4 标段合同工期至 2020 年 10 月;第 2、3 标段合同工期至 2021 年 7 月。合同投资 362131 万元。开工累计完成产值 244718 万元。

安哥拉卡宾达新建供水工程　主要工程内容:专项设计及施工方案的优化,包括主蓄水池、办公楼、各区域发电机房提升泵站等附属配套房的土建施工;卡宾达市区主输水管道铺设、兰达纳市区输水配水(含入户)施工。合同投资 58903 万元,合同工期 23 个月。开工累计完成产值 29284 万元。

安哥拉120国道修复工程　位于安哥拉南宽扎省。全长52千米。主要工程内容:清表、土石方、路基、路面、桥涵、防护工程、沿线设施、雨水和通信管道。合同工期14个月,合同投资29039.4万元。2017年4月1日开工,2019年7月3日完成临时验收,进入为期三年的质保期。

俄罗斯莫斯科地铁第3换乘环线西南段工程　位于莫斯科市西南部,区间线路总长5.3千米。主要工程内容:3站4区间,车站、区间和附属结构的土建施工以及铺轨工程。设计合同投资3157万元,合同工期8个月;施工合同投资273177万元,合同工期至2020年12月31日。2019年3月21日,施工补充协议签订,将维尔纳站至1号场地设计起点区间延长至创新大街站,金额投资10026万元。2019年12月26日,项目9条隧道全部贯通。开工累计完成产值183085万元。

俄罗斯莫斯科地铁西南线工程　全长6489米,3站3区间。合同投资305410万元。合同工期至2021年12月31日。开工累计完成产值29766万元。

俄罗斯莫斯科地铁第3换乘线东段大盾构工程　位于莫斯科市东南部地区。总长2.95千米。主要工程内容:盾构开挖直径10.86米成型隧道,单洞双线区间。合同投资564150万元,合同工期至2021年2月3日。中国铁建为项目自行研制、具有完全自主知识产权的10.88米大直径盾构机"胜利号"2019年11月21日运抵莫斯科。项目基本完成施工准备工作。

俄罗斯别雷拉斯特物流园工程　主要工程内容:道路工程6.3万平方米以及地磅基础、平台支撑板、龙门吊轨道梁。合同投资3914万元,合同工期至2020年5月1日。开工累计完成产值1189万元。

广深港高铁香港段轨旁信号设施维护工程　主要工程内容:广深港高铁香港段轨旁信号设备以及信号系统半年试运行期和3年正式营运期的故障维保和定期维保。合同投资13010万元。合同工期78个月。开工累计完成产值3511万元。

香港南港岛线东段黄竹坑地铁站下行人行通道工程　主要工程内容:人行通道上盖125米;机电和屋宇设备安装;小巴站牌和路政署交通指示牌和地基迁移;临时交通管理方案。合同投资941万元,合同工期18个月。开工累计完成产值537万元。　（李田田）

【工程经营】　新签项目47个,新签合同额894.35亿元。奋力开拓海外市场,经营承揽破历史纪录,市场经营再上台阶。重大项目取得突破。签署的泰国EEC高铁PPP项目,总投资额524.16亿元,国际集团占比10%,该项目是中国企业首个海外高铁类投资项目,也是中日泰三国政府共同推进的重大项目;科特迪瓦新城项目,合同投资281.15亿元,是中国铁建海外最大房建项目,也是科特迪瓦首个装配式住房项目;尼日利亚中线铁路和瓦里港口项目,合同投资276亿元,是以先行EPC合同签约推动PPP协议签署的投建营一体化项目,开创中国铁建"港铁联动"新模式;格林纳达国家旅游度假区项目,合同投资144.27亿元,是在美洲区域签署的规模最大的旅游综合体开发项目。业务结构不断优化。在不断巩固传统业务优势的同时,成功拓展新业务,有效提升综合发展能力。沙特萨勒曼国王能源城基础设施和管线项目,建成后将实现工业、采矿、能源和物流四大领域运营能力;俄罗斯别雷拉斯特物流中心项目,是中俄合建的俄罗斯最大物流中心,是中欧班列经停的重要一站;俄罗斯米丘林大街地铁上盖地产开发项目设计工作,是国际集团以莫斯科地铁第三换乘段项目设计为引领,探索出的从基础设施建设带动上盖物业开发新路子;科特迪瓦国防统一通信二期工程项目,是国际集团与华为公司首次实质性合作,双方优势互补,共同推进科特迪瓦国防现代化的有益实践。通过涉及能源、物流园、通信等领域,形成公司新的业务增长极。高端对接赋能经营。积极响应国家"一带一路"倡议和践行股份公司"海外优先"战略,国际集团前后联动,不断加强与各部委联系和互动,主动参与涉外机构主办的会议、多渠道争取项目参与机会,通过了解国家顶层战略、政策导向、重点支持领域和国别项目库清单,努力搭建高端经营平台;深度挖掘其他重大政府间合作项目信息,积累并探索第三方市场合作的新亮点和新范式,大力推动国际产能合作典型项目的申请。深度参与第二届"一带一路"国际合作高峰论坛、第一届中非经贸博览会、第二届中国国际进口博览会、中俄总理定期会晤委员会运输合作分委会第二十三次会议以及中巴经济走廊联委会第九次会议,利用与政要和高级别对话会晤机会宣传提升中国铁建品牌效应,策应海外市场开发。　（马小京）

【企业管理】　进行适应性组织机构改革。为提升管理效率,优化总部部门设置,总部由原有的22个部门调整到12个部门。调整后,总部设置12个部门,分别为办公室(董事会/总经理)、发展规划部、人力资源部(党委干部部)、财务部、商务法律部(合规办公室)、科技部、市场开发部、工程管理部(安全监督部)、投资事业部、审计监事部、党群工作部(企业文化部、统战工作部、工会工作部、团委)、纪律检查部。同时,按照发展责任、管控责任、授权和资源配置前移的总体原则,在原有国别公司和区域指挥部基础上,组建北非、西非、港澳、亚太、美洲、欧亚、中东和东南亚8个区域公司,设置1个直管国别机构,即中国铁建(国际)尼日利亚有限公司。同时新设装配式住房事业部,撤销国内工程事业部。

根据业务需求持续推动机构注册工作。2019年,铁建国际根据业务发展需求,境外注册3个机构,即中国铁建国际集团美洲区域总部、中国铁建国际集团有限公司秘鲁分公司、泰国东部连接三大机场高铁有限公司(股份公司参股10%);协助注册中铁建国际投资有限公司(铁建国际参股20%)。(王　建　文家珍)

【党群工作】 党的工作。下辖二级党组织11个,党员402人。扎实开展"不忘初心、牢记使命"主题教育,把开展好主题教育作为首要政治任务,奋力推动主题教育有序开展,并取得阶段性成果。以党委中心组学习为龙头,深入学习领会习近平新时代中国特色社会主义思想,全年开展8次集体学习。认真召开2018年度党员领导干部民主生活会及"不忘初心、牢记使命"专题民主生活会,班子成员全面自查、深入剖析、深刻批评和自我批评,狠抓问题整改。抓好党务干部培训,集中开展党群工作培训,创新采用远程集中培训,覆盖境内外单位副处级以上及党群干部200余人。先后委派8名党务工作人员或党组织书记参加股份公司举办的党务培训。全面落实党组织重大问题决策前置要求,进一步明确"三重一大"决策事项,召开党委会28次,研究议题100项,其中党委前置重大决策57项,切实发挥把关定向作用。此外,完成"三重一大"决策和运行应用系统建设及数据上报,推进各项决策规范化、数据化、标准化。配合集团机构改革要求,严格按照干部选拔任用程序,对集团干部队伍进行大调整,经书记碰头会、党委会研究干部任免158人次。扎实开展党建工作责任制考评工作,建立各单位自评、总部相关部门联审、党委会决定的动态考评机制,并把考核结果作为评选先进基层党组织、党风廉政建设先进单位的有力依据,推动海外党建工作责任的强化落实。对10个单位进行党建责任制量化考核,最终评定出优秀、良好、一般、较差单位,考核结果与各单位班子成员绩效年薪挂钩,并进行薪酬增减,形成落实党建工作责任的有效约束。先后对8个单位进行现场检查,对存在问题签订《党建问题移交单》,开列问题移交清单150余项。对党建量化考核指标和要求进行现场逐条指导和讲解。新建或修订《中国铁建国际集团有限公司党内表彰实施办法(试行)》《中国铁建国际集团有限公司党委理论学习中心组学习规则》等10项党内制度办法。切实做好统战工作,认真落实股份公司党委关于统战工作的要求,成立统战工作领导小组和办公室,收集并统计统战成员信息,重点掌握民主党派和港籍员工参政议政情况,及时更新海外各单位统战工作人员信息,做到动态化管理。

宣传和企业文化工作。认真落实国务院国资委党委、中国铁建党委外宣工作要求,制定《中国铁建国际集团有限公司突发事件新闻处置应急预案》,不断完善网络舆情监测、应对工作;加强外宣队伍建设,强化配备专兼职宣传员,在14个国别公司建立境外社交媒体网评员队伍;整合核心传播资源,与央媒及驻海外分支机构、行业媒体、属地媒体实现全方位对接;各境外公司积极与所在国智库、公关公司对接,为海外项目生产经营提供舆论助力;开通铁建国际抖音号,复刊《铁建国际》杂志,启动推特、脸书、英格等海外社交媒体运营工作,在卡塔尔、泰国等开通社交媒体账号。强化企业对外宣传。在"一带一路"高峰论坛、中俄交通大会、栗战书委员长视察莫斯科地铁项目、麦加轻轨朝觐运营、俄罗斯莫斯科地铁项目盾构机发运等节点,在新华社、《人民日报》、中央电视台等10多家主流媒体集中宣传,累计发表稿件/图片3000余篇/幅。开展系列精神文明教育活动,北非区域公司"西行者"志愿服务队开展系列志愿服务活动由中央文明办作为2019年宣传推选学雷锋志愿服务"四个100"先进典型活动事迹进行展示。加强政研课题研究,"海外家文化建设助力企业更好更快'走出去'"课题获2018—2019年度全国企业文化优秀成果一等奖,"加强国有企业海外党建工作的实践与思考"课题获股份公司党建政研课题一等奖。铁建国际获评中国铁建2019年宣传报道先进单位。

纪检监察。突出政治监督,保障重大决策部署贯彻执行。压实管党治党责任。签订《党风廉政建设责任书》,对所属单位年度党风廉政建设落实情况出具20条考核意见,督促抓好整改。发放领导人员《"一岗双责"工作日志》,强化"一岗双责"意识。督导主题教育深入开展。制定《所属单位纪检组织主题教育协调指导实施方案》和"主题教育主要问题排查表",通过调研、访谈、查阅资料等方式检查各党组织主题教育开展进度和质量,保障实现主题教育具体目标。紧跟形势落实工作要求。组织学习各级党风廉政建设和反腐败相关工作精神,研究制定年度纪检工作要点,细化为21项任务举措推进落实,完成领导人员亲属和其他特定关系人所办企业与本企业业务往来专项整治、开展领导干部利用名贵特产类特殊资源牟取私利问题的清理整治、驻京办事机构清理工作监督检查等,严明政治纪律和政治规矩。做实日常监督,促进监督效能转化。启动《廉洁风险防控手册》编制。选取北非、中东、港澳区域公司和国际贸易公司4家单位试点,结合各试点单位自身业务特点及管理实际,坚持与企业改革发展进程相适应，与企业监管制度相衔接，推动制定廉洁风险防控手册，加强日常监督制度建设。聚合监督力量加强联防联控。印发《党风廉政建设和反腐败工作联席会议制度》，成立党风廉政建设和反腐败工作协调小组，建立沟通会商机制，及时通报日常监督检查中发现的问题，研究分析党风廉政建设相关事宜，增强监督工作协同性和有效性。持之以恒加强作风建设。紧盯重要时点，开展4次节假日反“四风”工作，发送落实中央八项规定精神的提醒微信、通知，畅通举报渠道；联合办公室、财务等职能部门对公车使用、业务招待费开支等关键领域进行检查，防止“四风”反弹回潮。结合主题教育专项整改，深化形式主义、官僚主义集中整治，采取有效整合综合类会议、合并出访团组、推行“1+N”检查方式等措施，落实“基层减负年”要求。协助抓好巡视整改，有序推进内部巡察。标本兼治抓好两轮巡视整改。协助党委制定《关于落实中国铁建党委专项巡视国际集团阿尔及利亚公司党委反馈意见的整改方案》和《关于落实中国铁建党委专项巡视集中整治形式主义官僚主义暨深入剖析王晓琳案件自查自纠情况反馈意见的整改方案》，采取措施118项，组织总部相关部门、所属单位协同落实巡视整改，对巡视阿尔及利亚移交的8件问题线索进行逐项检查，督促将整改成果融入经费管理、业务招待等管理制度，形成长效机制。有的放矢推进内部巡察。协助党委制定2019年度巡察工作方案，采取“1+N”联合检查方式完成对俄罗斯公司党总支常规巡察，完成一届任期巡察全覆盖的目标。加强所属单位巡察整改监督，组织开展“三重一大”决策制度建立与执行情况专项检查，推进制度治理。坚持挺纪在前，坚决正风肃纪反腐。依规处置问题线索。查办5件问题线索，严肃执纪问责，对国际贸易公司原2名党政主管和1名班子成员作出党政处分决定并责令经济赔偿，推进案件线索分类移送；对香港公司2名人员进行阶段性组织处理，保持高压态势，遏制管理乱象，强化不敢腐的震慑。规范纪律处分执行。开展2次纪律处分决定执行情况专项自查工作，对集团成立以来10份处分决定执行情况进行自查整改，抓好执纪审查“最后一公里”。深化廉洁教育，巩固筑牢拒腐防变阵线。坚持开展反腐倡廉宣传教育月活动。以“强化纪律规矩意识，落实海外优先战略，助力打造品质铁建”为主题，采取“自己做、请进来、走出去”等方式，组织参观中国人民检察博物馆，发放廉洁家风等学习资料，征集104件作品评优举办廉洁作品展，观看《叩问初心》《巨额亏损的背后》等警示片，实现党员职工廉洁教育100%覆盖。积极参加对外交流。集团纪委负责人赴沙特阿拉伯参加中央纪委副书记、国家监委副主任李书磊一行海外廉洁丝绸之路建设调研；主题教育期间，围绕“加强深度融合，促进效能转化，保障企业持续健康高品质发展”主题开展境外党风廉政建设调研，交流借鉴廉洁风险防范经验。推进纪检监察体制改革，加强纪检组织建设。按照股份公司党委关于《深入推进二级单位纪检监察体制改革的指导意见》的文件精神，经向股份公司党委两轮请示，结合铁建国际机构整体改革方案，理顺职责分工，独立设置纪律检查部，分设纪委综合分部和执纪审查分部，实现审查与审理分离，定编6人，到位4人；下发《关于规范所属各公司纪检组织建设的通知》，分类施策，两级纪检组织力量不断充实。重视学习型组织建设，制定纪检工作权限指引，加强工作学习研讨和交流培养，抽调2名人员参加上级单位重要工作，不断提高纪检干部队伍的思想觉悟和工作能力。

工会工作。提升组织能力。2019年，铁建国际工代会、职代会同时换届，第二届工代会严格程序选举产生新一届委员，对今后五年工会工作进行全面部署；二届一次职代会规范执行换届程序，调整完善5个专门委员会，严格民主评议工作，选举职工董事、职工监事。结合集团机构调整，沟通完善各级工会组织建设，开展工会更名或组建工作，成立东南亚区域公司工会组织。升级“家文化”品牌。修订境外员工亲情服务体系暂行办法，创新举办亲属座谈会，40多位新员工家属共同见证“小将”出征时刻；拓展开展海外员工及党员、亲属、女职工、国际宝贝七彩生日会，规范举办退休欢送会，凝聚企业关怀和家庭温暖。红娘牵线成果显著，12月在泰国曼谷为集团7个区域的9对新人举办“缘定新丝路，最美中国红”海外集体婚礼，600余家媒体争相报道，活动短视频在新华社客户端突破100万次阅读量，在国内外引起强烈反响。开展劳动竞赛。各级工会广泛动员组织开展境外劳动竞赛。卡塔尔卢赛尔体育场、阿尔及利亚贝佳亚连接线等项目先后开展竞赛10余次；沙特麦加轻轨项目运营期间，统筹电气化局、京铁外经公司等系统内外专业团队开展主题竞赛，获评股份公司十大特色劳动竞赛优胜单位。铁建国际工会获中国铁建年度劳动竞赛优秀组织单位，3人获股份公司“劳动竞赛优秀组织者”称号。推进劳模创新。在评选铁建国际首届十大劳动模范基础上，深入开展海外劳模创新工作室建设。出台铁建国际《劳模（先进职工）创新工作室管理办法》，打造“1+1群”创新团队，欧亚区域公司周济民劳模创新工作室和中东区域公司李白、康清明创新工作室先后挂牌成立，并命名集团公司级创新工作室。抓好建家建线。聚焦重点项目，关注支持境外职工之家建设。以特色鲜明、创新高效的工作得到铁路总工会支持，并奖励

100 万元用于集团工会职工之家建设；累计拨付 140 万元用于境外建家建线。马来西亚槟城梦想之城项目部等 3 个单位分别获得股份公司 10 万元的经费支持。亚太区域公司、西非区域公司广泛征求职工意见，通过“建家建线满意度测评表”了解职工所需，积极改进软硬件设施，开展境内外员工家属慰问，营造海外员工温馨温暖家园。深化教育分享。持续推进员工讲堂，全面开展读书分享，推进读书分享，先后在 28 个国家和地区开展“与共和国同行・打造品质铁建”系列读书活动 80 场次，参与人数 2000 余人次，2 人获首都“学习之星”称号，13 人获“铁建悦读者”称号，10 人在铁建征文活动中获奖，海外女职工读书征文作品获全国“书香三八”读书活动征文作品一等奖。职工书屋建设方面，全国总工会、铁路总工会先后两批为铁建国际职工书屋赠送图书 1000 余册，东南亚区域公司职工书屋获评全国总工会首批“一带一路”项目职工书屋。强化权益维护。关注并推动员工工资支付及福利保障升级，全年职工工资无拖欠，推动《企业年金》实施细则优化调整，企业缴纳比例由 5% 上调至 8%，补充医疗保险、意外险保障人数及金额逐年提高，为员工缴纳各类保险保障 6000 余万元。创新开展职工结婚生子慰问，定制“国际新人”“国际宝贝”纪念品。全年服务海内外 203 名员工完成弹性健康体检。持续开展节日慰问、送温暖、困难帮扶、生病关怀、生日祝福等，累计慰问 700 余人次，慰问金额 80 余万元。结合海外实际，创新开展境外亲情慰问万里行活动，打造“海外慰问自助清单”，涵盖医护、劳保、文体、电子、电器、饮品六大类 300 多个品种，通过必选 + 自选服务形式，用心服务海外职工。赴俄罗斯、玻利维亚、特多、卡塔尔等 8 个国家和地区开展慰问，慰问里程跨越四大洲 5 万多千米，海外职工纷纷点赞。组建铁建国际艺术团并创作《铁建协力进行曲》，该节目在股份公司海外协同发展大会上广受好评。集团员工积极参与铁总、海淀妇联及属地歌咏、征文等展示活动，获得一等奖 2 项、二等奖 3 项、优秀参与奖近 10 项，铁兵故事、铁建声音唱响海外。新增中国铁建职工之家 1 个、职工小家 2 个；30 余人获评首都“学习之星”、中国铁建优秀工会工作者、劳动竞赛优秀组织者、工会之友、工会积极分子等股份公司以上专项荣誉。

共青团工作。各级团组织积极打造群团联建特色品牌，积极推动与国家部委、驻外使领馆等单位的互动交流活动，畅通商务交流渠道；广泛开展“导师带徒”活动，为新入职的 18 名大学生指定导师，签订导师协议；以“海外青年突击队”为抓手，在麦加轻轨运营、阿尔及利亚贝佳亚连接线项目等关键环节中发挥生力军作用。各单位以“公益行动”为出发点，组织海内外青年履行国际社会责任，在救助自然灾害、兴建基础设施、扶危济贫救困、援助医疗卫生等方面积极行动；开展“正青春・聚你我”青年系列活动，通过歌舞联欢、主题展览以及文化沙龙等活动，进一步搭建青年沟通交流平台。以“提质增效・青年担当”主题活动为契机，沙特公司、马来西亚公司、东南亚公司、香港公司主动参与优化设计，不断助推海外施工生产；阿尔及利亚、加勒比公司通过参加“汉语桥”、龙舟赛等活动，疏通青年文化融入的有效渠道。

（王秉良　王黎旭　李伟山）

【中国铁建国际集团有限公司北非区域公司】 2019 年 8 月在中国铁建阿尔及利亚有限公司的基础上组建成立。驻阿尔及利亚首都阿尔及尔市。总经理尤丁剑，党委书记王京连。资产总额 22.56 亿元。其中，固定资产原值 4931 万元、净值 693 万元，流动资产 22.24 亿元。

2019 年，新签合同额 15.6298 亿元，产值13.50亿元，营业收入 9.02 亿元，利润 6349.90 万元。全员劳动生产率 27.58 万元/人年。（肖　杰）

【中国铁建国际集团有限公司西非区域公司】 2019 年 8 月在中国铁建西非有限公司的基础上组建成立。驻科特迪瓦首都阿比让。总经理杨勇，党总支书记郭永平。员工 62 人。资产总额 7.4 亿元。其中，固定资产原值 193 万元、净值 27 万元，流动资产 7.3 亿元。

2019 年，新签合同额 43.4383 亿元，产值2.45亿元，营业收入 0.73 亿元。（张大学）

【中国铁建国际集团有限公司港澳区域公司】 经营范围涵盖承包或分项承包铁路、公路、桥梁、隧道、水利、港口、城市轨道交通、房建等工程项目的设计、技术咨询、施工或安装；国内资源的调配及资源管理，包括与项目有关的设备、技术及物资采购和进出口贸易；重点从事香港特别行政区的铁路、城市轨道交通、公路、房建和其他土建工程的投标及中标工程的实施与管理；其他项目的研究开发与运营。1999 年 3 月，设立中国铁道建筑（香港）有限公司；2007 年 5 月，更名为中国铁道建设（香港）有限公司；2012 年 4 月，并入中国铁建国际集团有限公司；2019 年 8 月，以香港公司为基础设立港澳区域公司。驻香港九龙观塘海滨道 133 号万兆丰中心 10 楼 A 室。员工 26 人。资产总额 11955 万元。

2019 年，新签合同投资 4182 万元，产值 4761 万元。（张　锋）

【中国铁建国际集团有限公司亚太区域公司】 2012年10月,中国铁建马来西亚有限公司在马来西亚吉隆坡注册成立;2019年9月,以中国铁建马来西亚有限公司为基础,整合中国铁建国际集团有限公司印度尼西亚代表处和中国铁建国际集团有限公司菲律宾代表处(筹),组建中国铁建国际集团有限公司亚太区域公司。公司经营区域主要辐射马来西亚、印度尼西亚、菲律宾、新加坡、澳大利亚、日本及南太平洋诸岛等国家和地区。党总支书记袁晓春,总经理高树申。员工94人。

2019年,新签合同投资1.70亿元,营业收入14.56亿元,净利润1438.26万元。（韩晓宇）

【中国铁建国际集团有限公司美洲区域公司】 2019年8月,在原中国铁建国际集团有限公司美洲区域指挥部基础上,整合中国铁建(加勒比)有限公司及中国铁建国际集团有限公司玻利维亚分公司资源组建成立。驻巴拿马。党委书记、总经理颜猛。员工472人。资产总额146794万元。其中,固定资产原值21679万元、净值4971万元,流动资产126332万元。自有设备479台(套),原值19405万元,设备完好率100%。

2019年,新签合同额154.64亿元,产值116444万元,营业收入118995.7万元,净利润17380.4万元。（闫泽峰）

【中国铁建国际集团有限公司欧亚区域公司】 具有俄罗斯除涉密工程外的最高等级设计和施工资质。经营范围包括工程总承包、专业承包;地铁工程、房建工程、铁路工程、公路工程;工程勘察设计;机械设备租赁;销售机械设备、建筑材料等诸多领域。业务范围涉及吉尔吉斯斯坦、乌兹别克斯坦、乌克兰、土耳其等国家。2016年9月,中国铁建俄罗斯有限公司在莫斯科注册成立;2019年8月,在此基础上组建中国铁建国际集团有限公司欧亚区域公司,驻莫斯科。总经理蒙涛,党总支书记孔建峰。员工88人。（石　磊）

【中国铁建国际集团有限公司中东区域公司】 2009年2月,沙特麦加轻轨铁路项目公司成立;2013年7月,在沙特麦加轻轨铁路项目公司的基础上组建成立中国铁建股份有限公司沙特分公司;2019年8月,在中国铁建股份有限公司沙特分公司基础上组建中国铁建国际集团中东区域公司。党委书记、总经理杨伟。中方正式员工92人。资产总额19.71亿元。其中,固定资产原值12336.45万元、净值3546.88万元,流动资产176248.99万元。机械运输设备417台(套),原值10724.36万元,总功率57836.7千瓦,动力装备率263千瓦/人,技术装备率2.9万元/人,设备完好率95%、利用率84.17%。

2019年,营业收入234038.97万元,净利润23347.97万元。（曾　涛）

【中国铁建国际集团有限公司东南亚区域公司】 2019年8月正式组建。代表铁建国际在泰国、孟加拉国、柬埔寨、越南、缅甸、老挝、斯里兰卡、印度、尼泊尔开展经营生产工作。中方员工50人。

2019年,新签工程施工总承包项目5个,新签合同额65.8亿元,营业收入3.44亿元,净利润1907万元。（李院生）

【中铁建(北京)国际贸易公司】 2012年11月注册,主营工程物资供应、工程租赁、海外项目综合服务。驻北京市海淀区复兴路40号中国铁建大厦B座2层。法定代表人徐政志。（何　艳）

【中国铁建(国际)尼日利亚有限公司】 2016年8月16日完成工商注册,注册资本金1000万奈拉。驻尼日利亚首都阿布贾。总经理窦义锁。职工23人。（盛建慧）

【重要记载】

▲1月28日　铁建国际在阿尔及尔参加阿尔及利亚第五届国际交通物流基础设施展。

▲3月25—28日　铁建国际工会第二次代表大会、二届一次职代会、2019年工作会、党委全体(扩大会)、党风廉政建设和反腐败工作会、2018年党组织书记抓基层多功能间述职评议会、意识形态安全与保密工作培训会在北京召开。

▲4月24日　铁建国际与沙特铁路公司签署2019年运营维保合同和减轻性工作合同,同时签署后五年的合作谅解备忘录。

▲6月28日　铁建国际与中国移动国际有限公司在香港签署战略合作协议。

▲8月24日　国际集团进行机构改革,把总部定位为战略规划中心、资源配置中心、价值服务中心、投融资管控中心、风险管控中心、监督与评价中心,设置部门12个。在原有国别公司和区域指挥部基础上组建8个区域公司,新设立装配式住房事业部,撤销原亚太、美洲、西非和欧亚区域指挥部,撤销国内工程事业部,撤销几内亚铝土矿项目指挥部。

▲11月20日　铁建国际在阿尔及尔SAFEX会展中心参加阿尔及利亚2019年度公共工程展。

（熊丛文　贺妮娟）

中铁城建集团有限公司

【简况】 具有房屋建筑工程施工总承包特级、市政工程和铁路工程施工总承包一级，地基基础、钢结构、建筑机电安装工程、建筑装修装饰专业承包一级资质。2013 年 11 月由原中铁十二局集团建筑安装工程有限公司主体、原中铁十六局集团北京工程有限公司、原中铁二十二局集团第六工程有限公司、原中铁二十四局集团南昌建设有限公司、原中铁二十五局集团建筑安装工程有限公司整体重组成立。驻湖南省长沙市岳麓区洋湖路 695 号。董事长、党委书记罗海滨，总经理贾洪。下辖第一、第二、第三、北京工程有限公司、南昌建设有限公司、房地产开发有限公司、物资有限公司、物业管理有限公司等 8 家子公司，总承包分公司，华南、华东、西南、华中、华北、东北、西北区域指挥部和海外经营部等 8 个区域经营机构，财务共享服务中心和投资事业部 2 家分支机构。职工 5643 人。资产总额 204.12 亿元。其中，固定资产净值 5.70 亿元，流动资产 137.43 亿元，货币资金 43.10 亿元。设备 1296 台(套)，原值 12555.86 万元、净值 3264.31 万元，总功率 53678 千瓦，动力装备率 9.78 千瓦/人，技术装备率 0.59万元/人。综合机械化施工程度 90% 以上，年施工生产能力 300 亿元以上。

2019 年，承揽任务 449.81 亿元，其中自揽 372.45 亿元，系统内分包 77.36 亿元，完成股份公司下达年度自揽计划 280 亿元的 133.02%；产值 167.04 亿元，完成年度计划的 102.48%。主要实物工程量：房屋建筑折合面积 482 万平方米，土石方 646.8 万立方米。获中国建设工程鲁班奖 1 项，国家优质工程奖 1 项，“中国钢结构金奖”2 项，中国安装工程优质奖 1 项；获省部级优质工程 15 项；获国家“建设工程项目施工安全生产标准化工地”4 项；获省部级安全文明工地 17 项。

（李　卓）

【领导人员】

董事会

董事长	罗海滨
董事	贾　洪
	邱　卫
	周晓兵
	王忠良

监事会

监事会主席	龚道君

经理层

总经理	贾　洪
副总经理	周晓兵
	张宇川
	申景涛
	王忠良
	张晓峰
	余　跃
	郑　军
总工程师	王忠良(兼)
总会计师	余　跃(兼)

党群领导

党委书记	罗海滨
党委副书记	贾　洪
	邱　卫
纪委书记	龚道君
工会主席	邱　卫

（赵　平）

【职工队伍】 职工 5643 人。其中，正式员工 5147 人，集体所有制员工 496 人。在正式员工中，男员工 4322 人、女员工 825 人；干部 4187 人、工人 960 人。在干部中，硕士研究生学历 85 人、本科学历 3569 人、专科学历 420 人、中专 56 人、高中及以下 57 人。各类专业技术干部 4111 人。其中，正高级职称 11 人、高级职称 496 人、中级职称 976 人、初级职称 2628 人。35 岁及以下 3098 人、35～39 岁 489 人、40～44 岁 360 人、45～49 岁 522 人、50～54 岁 345 人、55 岁及以上 333 人。

工人 960 人。其中，本科学历 35 人，大专和高职学历 112 人，中专、技校和职业高中学历 69 人，高中学历 194 人，初中及以下学历 550 人；初级工 12 人、中级工 58 人、高级工 170 人、技师 38 人、高级技师 15 人。

（赵　平）

【工程施工】 成都地铁 6 号线土建 15 标段工程　建筑面积 191028.9 平方米。合同工期 2017 年 8 月 14 日至 2020 年 9 月 30 日。合同投资 157457 万元。主要工程内容：按工艺及建筑使用功能区分各区域有停车列检库、临检月修库、综合办公楼及公寓、工程车库、污水处理站、混合变电所等。2019 年，完成产值 73072 万元，开工累计完成产值 129489 万元。

成都地铁 6 号线一期、二期机电 8 标段项目　建筑面积 192204.05 平方米。合同工期 2019 年 5 月 1 日至 2020 年 12 月 31 日。合同投资 26400 万元。主要工程内容：张家寺站及相邻区间风、水、电及装修工程，龙灯山停车场及龙灯山出入线的风、水、电安装及装修工程。2019年，完成产值9073万元，开工累计完成产值9073万元。

成都地铁6号线15A标段张家寺站项目　总长404米，车站为12米岛式车站。工程合同工期2016年12月26日至2020年12月31日。合同投资19661万元。2019年，完成产值4347万元，开工累计完成产值18425万元。

成都地铁6号线机电7标段项目　合同工期2019年6月1日至2020年12月31日。合同投资30400万元。主要工程内容：琉三路站、金石路站、三色路站（艺术站）、中和站、陆肖路站、观东路站及上述车站相邻区间风水电及装修工程。2019年，完成产值5242万元，开工累计完成产值5242万元。

新建黔江至张家界至常德铁路站房、生产生活房屋及相关配套工程QZCFJ－1标段项目　建筑面积105932平方米。合同工期2018年5月1日至2019年9月30日。合同投资54206万元。主要工程内容：3个车站站房、雨棚和6个车站生产、生活房屋及相关配套工程。2019年，完成产值37518万元，开工累计完成产值49678万元。（向明前）

【海外工程施工】　科特迪瓦2021年非洲杯基础设施设计和施工项目第3标段——圣佩德罗体育场及附属设施　建筑面积20348.6平方米。合同工期2019年4月17日至2022年4月17日。合同投资27068万元。主要工程内容：1个比赛用场馆，以及相应的场馆内装饰、音响、灯光照明等设施。2019年，完成产值4628万元，开工累计完成产值4628万元。

柬埔寨国防部办公楼项目　建筑面积29709平方米。合同工期2018年7月1日至2020年8月31日。合同投资16375万元。主要工程内容：1栋办公楼及大院内的绿化等配套工程。2019年，完成产值6054万元，开工累计完成产值8306万元。（向明前）

【项目建设】　投融资项目建设。投资落地衡山科学城启动区一期PPP项目、博罗县人民医院新院建设PPP项目；参股投资江苏省江阴市高铁站综合交通枢纽PPP项目、广州南沙区庆盛枢纽区块综合开发项目；参与中铁建黄河投资建设有限公司牵头增资入股济南市赢昊置业有限公司，牵头张家港高铁新城（西北片区）基础设施及公共建设配套项目。房地产项目建设。开发落地江苏省淮安市淮州花园安置小区地块；与中铁地产集团合作开发项目3个，代建开发项目1个。（张　凯）

【经营管理】　工程任务承揽。承揽任务110项，新签合同额449.81亿元，其中自揽372.45亿元，系统内分包77.36亿元，完成股份公司下达年度自揽计划280亿元的133.02%。单项规模提升，平均单项规模超4亿元，其中衡阳总部基地项目、庆盛枢纽区块综合开发项目、七台河市江河融合绿色智能产业园区项目、张家港高铁新城项目新签合同额超30亿元。践行股份公司“海外优先”战略，先后中标科特迪瓦西部地区公路改造项目、塞内加尔信息部附属大楼项目、柬埔寨金边THE PEAK香格里拉酒店项目、加纳两万套社会保障房项目，加快“走出去”步伐，扩大海外市场份额。加大军民融合项目经营力度，成功申报保密资质，中标军民融合工程项目2项。承揽模式多样化，杭州钱江新城常青安置房、衡阳总部基地、范县政务服务中心、宿迁市运河雅苑工程、盐城希望大道以东、南环路以南地块标准厂房等项目均采用设计采购施工总承包（EPC）模式，丰富企业的业务板块，推动企业商业模式转型升级。

项目管理。在建工程204个，工程类别主要涉及房建、铁路、市政，其中房建141个、铁路12个、市政51个；工程分布在北京、天津、山西、黑龙江、广东、内蒙古、山东、江苏、贵州、湖南、四川等26个省（自治区、直辖市）。竣工验收项目55个。成都地铁6号线、黔张常铁路站房项目被列为股份公司重点工程项目。

安全管理。与所属各单位签订《年度安全包保责任书》175份，逐级落实安全包保责任。每季度下达绿色安全文明施工创优目标文件，阶段性印发创优推进情况通报，年底进行目标考核兑现。加大隐患排查治理力度，对在建项目开展安全环保飞行检查115次，下达安全环保问题整改通知书115份，查处各类安全隐患1809项、查处环境污染隐患和能源资源浪费问题143项。加强季节性和节假日期间安全管理，开展节前安全隐患大排查、冬季施工安全检查、“迎国庆　保安全”专项巡查，并结合安全飞行检查对落实情况予以抽查和通报。组织举办“安全在行动”知识竞赛、“安全生产月”等专项活动，进一步强化现场标准化管理。落实业务人员履职情况监督，为安管人员统一配发《履职日志》，组织“心系安‘微’”微信工作群，通过加强监督、考核，提升人员履职成效，确保安全管理工作受控。

质量管理。修订质量管理奖惩规定，明确和细化国家级奖项的奖惩办法，激励管理人员的创优积极性。督促各子、分公司严格落实制度条款，减少因管理经验不足等隐患，提高管理效率。审批、核查施组方案800余篇，专家论证54篇，确保工程施工方案先行。组织召开国家级优质工程创建经验交流会。

设备物资管理。原材料、能源采购金额694661.65万元，其中集中采购额673632.46万元，集采率

96.97%，节资率2.89%，节余资金20074.37万元；全年新购5000元以上设备163台，金额922.32万元，其中10万元以上7台，金额204.77万元，集采率100%，节资率4.3%，节余资金8.8万元。全年报送“五类”集采物资采购计划158条，提报率100%，各区域中心组织实施113项，成功52项，签约15.83亿元。严格执行单品种10万元以上物资招标采购制度。组织10万元以上设备物资招标采购1095次，综合节资率5.1%。

财务管理。推进资金集中和上存，开展债转股、长期借款、ABS、保理、票据等多品种融资，企业融资结构更加合理，为企业发展提供资金支持。力促清收清欠，层层压实责任，完成全年任务。绩效考核体系更加健全，充分发挥考核的导向作用。持续规范涉税业务，着力提高税务筹划能力，集团本级及所属五家工程公司均被评为高新技术企业，切实降低企业税负。开展财务大检查和各项审计检查工作，落实整改责任，以共享中心建设为抓手，有效控制业务风险，确保经济业务依法合规运行，实现管理提升。持续开展业务培训、职业道德教育、组织职称考试培训。

经济管理。完成竣工未结算项目结算79个，占年度结算计划的105.33%；完成结算金额1556434万元，占年度结算计划总额的98.56%。部分项目扭亏成效明显，宜华城C地块第三期项目原过程亏损500余万元，通过项目成本压减和变更签认工作，基本实现扭亏为盈。

投融资管理。开展投融资项目过程监管和风险防控工作，建立动态管理台账每月更新，按季度编制项目投资风险监控报告，定期对项目进展情况进行分析和总结。组织内蒙古、玉赤河PPP项目运营方案的审查工作，规范审批备案管理。组织开展投融资项目中期评价工作。

房地产项目管理。引进计划管理ERP系统，房地产项目运营效率整体提升。长沙中铁城建洋湖房地产开发有限公司被长沙市住房和城乡建设局评定为长沙市2017—2018年度“房地产开发诚信金牌企业”。洋湖苑三期项目公司充分利用优惠政策，取得免缴项目资本金850万元，减少利息支出127.5万元，项目增加可售面积2000平方米。长沙洋湖苑二期、三期项目分别获第八届“龙图杯”全国BIM大赛综合组优秀奖、“金石奖——2019年度中国优质宜居金奖楼盘”及搜狐焦点“年度人气口碑楼盘”等称号。

审计工作。完成审计任务80项，出具审计报告79份，完成年度计划的101.26%。深入开展重点工程项目专项审计，防范项目管理风险。依规开展经济责任审计，对负责人任期内重大经营决策合规性、各项经济指标的完成情况进行核实，厘清经济责任。开展工程项目审计，揭示问题、规范管理、提高效益。加大亏损项目审计力度，深入剖析项目亏损原因，提出亏损治理的措施、建议。积极督促审计发现问题整改，确保审计成果的运用。完善审计制度体系，提升规范化管理水平。有力推进审计信息化建设，充分发挥审计信息系统的作用。

法律事务。构建企业法律合规体系，订立“1+9”合规制度，全面控制法律合规风险。推进重大法律纠纷案件办理，企业合法权利得以维护。加强四项法律审核，审核制度151项，审核合同6968份，审核授权委托书351份，针对集团公司重大决策出具法律意见书20份。申报守合同、重信用企业，连续五年取得长沙市和湖南省“守合同、重信用企业”称号。丰富普法形式，提高普法效果。助力清收清欠，维护企业经济利益。

企业管理。编制完成集团2019—2021年三年滚动规划，企业战略规划体系进一步优化，逐步形成以规划为抓手统筹全面工作的理念。制定《2019年重大、重要风险管控措施落实方案》，明确重大风险主责部门，围绕风险管控总体策略，制定具有可操作性的专项风险管控实施方案，加强过程监测和落实。全年未发生重大、重要风险事故。

信息化建设。推进股份公司一体化平台在集团系统中的应用。建设超融合虚拟化系统，实现虚拟化系统总体容量扩展和服务器数据自动化备份。

人力资源管理。任免处级干部44人次。其中，提拔处级以上干部16人，调整处级干部28人次。印发《后备干部管理办法》《领导人员公开招聘、竞争上岗办法》，引进68名管理和专业技术人才。招收大学毕业生480人。组织工程、经济、会计、政工系列职称评审工作，评审通过75名高级工程师、204名工程师、10名政工师。认定14名会计师、8名经济师。向股份公司推荐5名正高级工程师、2名高级会计师、3名高级经济师、5名高级政工师。依照《劳动用工管理暂行办法》《外聘人员管理办法》，根据生产经营和现有人力资源状况，组织编制2019年外聘人员用工计划，统筹规划，合理调度，控制外聘人员总量。开展2019年优秀合同工转为劳动合同制员工工作，激发外聘员工的积极性与创造性。治欠保支，全面推行实名登记、工资代发、工资保证金、专用账户管理、信用评价、情况沟通、内部调解和普法宣传等八项制度，通过加强组织领导、建立协调机制、配备劳资专管员等措施实现管理关口前置，全面落实行动计划，实现农民工工资零拖欠。举办培训555期，培训员工14743人次，干部培训11976人次。五险一金及统筹外费用缴纳，缴纳基本养老保险费11529.57万元，基本医疗保险费4800.4万元，失业保险费260.76万元，工伤保险406.8万元，生育保险费313.13万元，住房公积金9809.75万元，补充医疗保险1034.24万元。审核拨付离退休人员统筹外费用165.38万元。3949名员工加入集团公司年金计划，当年完成缴费2914.88万元，期末基金净值10508.94万元。2019年度实现投资收益607.34万元，年度收益率7.09%；累计收益886.73万元，累计收益率13.63%。

行政管理。落实“为基层减负”要求，全面压降文件、会议、检查考核数量。制发文件318件，同比下降11.7%，召开全集团范围内会议15次，同比下降16.7%，组织全集团范围内检查考核22次，同比下降15.4%。（方瑞健　李　勇　朱　峰）

【科技工作】 科技研发计划项目128项，科研经费计划7.2亿元。参与住建部课题《建筑垃圾资源化再生利用研究》1项，主持湖南省住建厅课题《绿色多功能透水混凝土制备技术研究》等3项，主持股份公司C类课题《基于BIM技术的企业级信息管理系统应用研究》1项，参与股份公司B类课题《城市更新与未来社区规划设计与智慧建造关键技术研究》1项。通过省级企业技术中心复评2项。获股份公司科技进步奖1项，获科技成果评价6项。参与编写地方标准3项。获省级新技术应用示范工程7项，获省部级工法35项，获股份公司工法一等奖1项。授权专利24件。获国家级BIM应用成果奖7项，省级BIM应用成果奖5项。（王晓杰）

【党群工作】 党的工作。基层组织196个，其中党委14个、党总支6个、党支部176个，党员2501人。认真落实上级党委决策部署，扎实推进“不忘初心、牢记使命”主题教育和“作风建设年”主题活动，着力提升执行力、战斗力，团结带领广大干部职工紧盯目标、努力拼搏，实现“素质有新提升、作风有新气象、工作有新成绩”。召开“加强作风建设、推进创新发展”高层座谈会，围绕党的建设、作风建设、发展战略、经营工作、工程公司建设、“三项制度”改革等主题进行交流研讨，进一步厘清思路、明确方向、统一思想、达成共识。坚持民主集中制原则，严格落实“三重一大”决策程序，全年召开党委常委（扩大）会19次，研究“三重一大”事项208件，保证中央大政方针、上级重大部署的贯彻落实；积极推进“三重一大”决策和运行监管系统建设，集团公司本级和所属9家子分公司完成会议资料录入工作，录入会议279次、“三重一大”事项1581项。开展领导人员亲属和其他特定关系人所办企业与本企业业务往来专项整治工作，科级及以上人员共835人进行自查自纠，自查自纠参与率100%。根据内部巡察工作需要，制定巡察工作实施办法、巡察工作规划等重要制度文件9项，从巡察工作实施流程、被巡察党组织配合规定，加强巡察工作指导等方面明确巡察工作标准，规范巡察程序。对5个工程公司、物资公司开展设备物资专项巡察，提出问题96项；对5个区域指挥部开展常规巡察，提出问题62项，除需要长期整改的问题外，全部完成整改。组织开展巡视巡察整改“回头看”工作，梳理问题476项，制定整改措施766项，整改完成393项，完善制度150项，持续巩固巡察整改实效。

组织工作。在股份公司2018年度党建责任制考核中被评为“良好”。持续抓好“四好”领导班子创建，授予一公司、南昌公司领导班子2019年度“四好”领导班子称号。以主题教育为契机，两级领导班子带头学习研讨、带头开展调研、带头检视问题、带头整改落实。不断健全考核体系，年初组织所属单位党组织书记签订《党建工作目标管理责任书》，不断强化抓党建工作的责任意识和担当意识。对13个二级单位的党建工作情况进行现场考核，抽取6个项目党支部延伸检查，检查情况在全集团通报，考核得分计入领导班子年度绩效考核。召开党组织书记抓基层党建述职评议考核会，5家二级单位党组织书记现场述职，10家二级单位党组织书记书面述职，传导履职压力。稳步推进基础工作，认真落实“四同步”“四对接”要求，指导3个二级单位规范组织设置、2个二级单位选举支委班子。从严从实开展软弱涣散党组织整顿，对12个研判为“薄弱”的党支部实行挂号整改。持续加强党支部规范化、标准化建设，推行模块化、清单制，印发《党支部工作手册》等指导书籍。抓好党支部书记业务培训和能力提升，累计培训支部书记297人次。开展“七一”评优评先，38名优秀个人和16个党组织受到表彰。制作“党员发展对象考察表”，进一步细化规范党员发展流程，选送46名发展对象参加湖南省直工委组织的集中培训，把好党员入口关。大力开展“创岗建区树标杆”活动，督促各单位抓好示范党支部建设，发挥党员先锋模范作用和支部战斗堡垒作用。推行“互联网+党建”模式，通过“党建e家”微信公众号加强党员的教育管理和党务干部的业务培训。

宣传工作及企业文化建设。修订《落实意识形态工作责任制实施办法》，严格做到“七个纳入”。开展意识形态阵地自查自纠专项行动，规范企业网站、微信公众号、各类工作群组等阵地的管理。全年进行集中学习13次，其中集体学习研讨7次，中心组成员参学率95%以上。拓展丰富学习方式，把“学习强国”“中国铁建电子书屋”作为重要学习平台，突出学习成果转化，积极发挥党委中心组提高思想认识、凝聚发展共识、引导主流舆论、提升治企能力的功能。各级领导干部积极撰写调研论文、学习心得或理论文章，其中1篇在《国资报告》刊登，1篇获中国铁建党建政研会二等奖。健全督查考核机制，采取普查、抽查等方式，结合基层调研、党建考核对各单位学习情况进行督查考核。加大新闻宣传报道力度，围绕庆祝新中国成立70周年、集团落户长沙5周年、“作风建设年”等主题，在中央主流媒体、各省市级媒体、行业媒体以及中国铁建系统媒体等刊发一大批有影响力的稿件和署名文章。在中央主流媒体、各省市级媒体、行业媒体以及中国铁建系统媒体等刊发稿件2366篇（幅）。持续创新新媒体建设，开设“不忘初心、牢记使命”“品质”“作风建设在路上”“寻找城建工匠”等专题专栏，突出动漫、歌曲、微视频、图解等表现形式。加强集团公司与子分公司两级的官方网站群管理，严格执行网站信息发布审核制度。组织开展“3·18”文化艺术节、庆祝新中国成立70周年主题征文、“企业文化大家谈”等活动，加速推进企业文化融合，深入开展“品质发展、文化先行”主题活动，以送文化到基层、文艺节目巡演、主题巡回宣讲、座谈交流等方式，相继在湖南、河南、北京、山东等地深入宣讲中国铁建“品质铁建”内涵、集团公司遵义高层座谈研讨会精神、集团公司“作风建设年”主题年实施方案、中铁城建五种文化理念等内容，覆盖附近片区的区域指挥部、子分公司、工程项目部的全体干部职工。

纪律检查工作。受理信访举报16件，处置问题线索20件，其中拟立案2件，初步核实19件，谈话函询1件；立案2件，结案1件，处分1人（党纪政纪双重），组织处理3人，诫勉谈话1人、提醒谈话3人。开展领导人员亲属和其他特定关系人违规经商办企业专项治理工作。对全集团科级及以上835人开展自查自纠，其中属于股份公司管理及备案管理人员22人、处级112人、处级以下701人，自查自纠参与率100%。根据股份公司党委反馈的领导人员及其亲属违规经商办企业专项巡视反馈意见，集团公司分解细化为8个问题，制定9条具体措施，通报、约谈6人次，修订完善规章制度9项。开展物资设备专项巡察，反馈各类问题96项，督促整改完成87项。开展5个区域指挥部常规巡察，反馈各类问题62项，督促整改完成53项。

统战工作。把统一战线工作纳入党委的重要议事日程，成立党委统战部，加强党对统战工作的领导，促进企业改革发展稳定。对统战机构设置及人员配备情况、统战成员数量及分布情况、统战代表人士情况等信息进行更新。

扶贫工作。对口扶贫湖南省怀化市麻阳县石羊哨乡岩落寨村投入130万元，以白鹅养殖产业园建设、基础设施修缮、结对帮扶等为具体抓手，全力推进脱贫攻坚。在湖南省委组织部组织的考核验收中，岩落寨村顺利通过脱贫验收。集团对口扶贫工作连续两年在湖南省派驻村办的检查考核中被评定为“优秀”等次。

工会工作。扎实推进群众生产，重点开展区域和“大干150天 确保实现年度目标”主题劳动竞赛，实现“集团公司—区域指挥部—工程公司—项目部”多级联动。李靖滨获评中央企业劳模。命名的“李鹏举创新工作室”获得2019年度全国“科创杯”BIM大赛一等奖。开展“安全在行动”岗位技能大赛，工会安监员网络知识竞赛，发挥工会劳动保护监督在施工生产中的作用。深化企业民主管理，集团两级工会按期召开第二次工代会。对5家工程公司及所属重点项目开展职工代表巡视。构建和谐职工之家，印发《项目建家建线指导手册》，全面推进建家建线工作。加大对新建重难点项目、艰苦偏远项目建家建线帮扶力度，全年对11个项目拨付专项资金134万元。开展2019年度“项目好食堂”评比，通过试行向劳务队派遣工会指导员，把劳务队纳入管理。丰富职工文化生活，举办“3·18”职工艺术节文艺汇演、“与共和国同行　打造品质铁建”系列读书活动、2019年“先锋杯”职工篮球赛。承办股份公司工会长沙区域联动，健康大讲堂、音乐大课堂、读书活动知识竞赛等活动架起企业与职工群众的“连心桥”。下沉河南、湖北、天津、北京等重点工程区域项目开展“品质发展　文化先行”区域联动，劳动竞赛、厨艺大赛、“送文化进项目”。落实维护服务工作，开展基层工会工作调研，发放职工调查问卷300余份，督促各级行政按时发放工资、缴纳社保，进一步了解职工诉求。建立“七必谈”制度，力争职工矛盾有人调、职工困惑有人释、职工意见有人听、职工困难有人帮。突出精准帮扶，全年发放帮扶慰问资金108.75万元，对52名困难职工发放子女助学金8.64万元。施行反探亲制度，写入集体合同。关注海外职工及家庭。

共青团工作。基层团委8个，团支部172个，35岁以下团员青年3320人，28岁以下2354人。贯彻党的十九大精神和习近平总书记对共青团组织的战略定位和重大要求，落实中央、集团重大决策部署和关于深化国有企业党的建设及国资国企改革工作有关要求，集团公司团委以“作风建设年”为主题，坚持问题导向，坚持重心下移，打造“中铁城建工程版”特色团青工作体系。召开集团公司团委一届二次全委（扩大）会、五四表彰暨纪念五四运动100周年大会、第四届团干部培训班，深入基层团组织讲团课，开展青年工作调研,重点项目青年突击队授旗仪式等重点工作稳步推进,共青团工作从思想建设、制度建设、组织建设和人才队伍等方面得到质的提升。

(石　犇　周　瑾　王　晶)

【第一工程有限公司】 具有建筑工程施工总承包特级,工程设计建筑行业甲级,钢结构工程专业承包一级,机电工程施工总承包二级,地基基础工程、建筑机电安装工程专业承包一级,市政公用工程施工总承包二级,建筑装饰装修工程设计与施工一级,建筑幕墙工程设计与施工二级资质。驻山西省太原市迎泽西大街169号。执行董事、党委书记郑军,总经理林其涛。职工1521人。资产总额80.99亿元。其中,固定资产净值7073.75万元,流动资产64.45亿元。机械设备599台,原值3696.21万元、净值936.50万元,总功率18745.90千瓦,设备完好率88.33%、利用率89.5%,技术装备率0.58万元/人,动力装备率12.37千瓦/人。年施工生产能力60亿元以上。

2019年,承揽任务90.13亿元,施工产值59.01亿元,利润3.45亿元。国有资产保值增值率230.26%,净资产收益率14.93%,产值利润率6.3%,资产负债率73.32%,应上缴款完成率100%。(马会会)

【第二工程有限公司】 具有房屋建筑工程施工总承包一级,市政工程施工总承包二级,铁路工程施工总承包三级和消防设施工程、环保工程、机电设备安装工程专业承包一级资质。由中铁二十五局建筑安装工程有限公司整体划转成立。驻广东省广州市。注册资本金2亿元。执行董事、党委书记王金海,总经理黄伟强。职工824人。资产总额22.27亿元。其中,固定资产净值0.64亿元,流动资产20.02亿元,无形资产0.03亿元,递延所得税资产0.02亿元。机械运输设备177台(套),设备原值1000.93万元、净值247.01万元,资产增长率10.73%,技术装备率0.35万元/人,动力装备率16.67千瓦/人,综合机械化施工程度80%以上。年施工生产能力30亿元以上。

2019年,承揽任务80.79亿元,主营收入23.52亿元,施工产值25.03亿元,利润7271万元,净利润6954万元。全年经济增加值8407万元,年人均创利9.08万元,职工年人均收入11.92万元。资产负债率86.06%,国有资产保值增值率111.98%,净资产收益率19.21%,产值利润率2.81%,应上缴款完成率100%。

(张小芳)

【第三工程有限公司】 具有建筑工程、市政公用工程施工总承包一级,建筑装修装饰工程、消防设施工程、机电设备安装工程专业承包一级资质。由中铁二十二局集团第六工程有限公司整体划转成立。驻天津市滨海新区海洋高新区桂海路21号。执行董事、党委书记王忠良,总经理杨刚。职工1578人。资产总额322664.82万元。其中,固定资产原值11439.7万元、净值6077.4万元,流动资产283068.1万元,货币资金68116.5万元。机械运输设备199台(套),设备原值1510.91万元、净值504.89万元,总功率6768.45千瓦,动力装备率6.15千瓦/人,技术装备率0.46万元/人,设备完好率60%、利用率71%。

2019年,承揽任务71项72.1亿元,营业收入22.51亿元,净利润6331万元。(董悦迎)

【北京工程有限公司】 具有建筑工程、机电工程施工总承包一级,钢结构工程、建筑装修装饰工程专业承包一级,机场场道工程专业承包二级和桥梁工程二级专业承包资质。2013年由中铁十六局集团北京工程有限公司整体划转成立。注册资本金2亿元。驻北京市朝阳区五里桥一街1号院21号楼。执行董事李宏强,总经理杨亚增。职工760人。资产总额36.1亿元。其中,固定资产原值1.46亿元、净值0.87亿元,流动资产27.27亿元,其他资产7.96亿元。机械运输设备145台(套),原值2464.78万元、净值365.97万元,总功率8590.44千瓦,动力装备率11.63千瓦/人,技术装备率0.48万元/人,设备完好率90.28%、利用率92.85%。年施工生产能力280636万元。

2019年,承揽任务15项53.76亿元。产值28.69亿元,利润4110.82万元,人均创利5.41万元,全员劳动生产率369.26万元/人年,职工年人均收入11.76万元,国有资产保值增值率89.05%,净资产收益率16.10%,产值利润率5.69%,资产负债率92.93%,应上缴款完成率100%。(潘庆宇)

【南昌建设有限公司】 具有房屋建筑工程、市政公用工程施工总承包一级,铁路工程、机电安装工程、公路工程施工总承包二级,钢结构工程、建筑装修装饰工程、隧道工程、桥梁工程专业承包一级资质。由中铁二十四局集团南昌建设有限公司整体划转成立。驻江西省南昌市二七南路116号。执行董事、党委书记贺旭,总经理张海林。职工670人。资产总额142457.67万元。其中,固定资产原值3088.32万元、净值684.14万元,流动资产97519.24万元。机械设备105台(套),原值2519.8097万元、净值503.3624万元,技术装备率0.75万元/人,动力装备率9.68千瓦/人。

2019年,承揽任务19项73.69亿元,施工产值

16.03 亿元。 （费义巍）

【房地产开发有限公司】 营业范围包括房地产开发、销售，物业管理。2014 年 9 月 2 日成立，注册资本金 20000 万元。驻湖南省长沙市岳麓区洋湖路 695 号。执行董事苏建宇，总经理邓胜兵。职工 51 人。

2019 年，开发建设“中国铁建 · 洋湖壹品”“中国铁建 · 淮州花苑”项目。 （颜 灿）

【物资有限公司】 2016 年 5 月 10 日成立，注册资本金 1 亿元。驻广东省广州市南沙区黄阁镇蕉门村蕉门路 8 号。执行董事李世平。职工 13 人。资产总额 21915 万元。其中，流动资产 20515 万元，固定资产原值 16 万元、净值 7.2 万元。

2019 年，新签物资供应合同 77492 万元，供应内外部客户 26 个。营业收入 20093 万元，净利润 41.27 万元。 （刘炳松）

【物业管理有限公司】 具有物业管理二级资质。营业范围为物业管理。2016 年 7 月成立，注册资本金 2000 万元。驻湖南省长沙市岳麓区洋湖路 695 号。副总经理刘云峰。职工 55 人。

2019 年，营业收入 1123 万元，净利润 43 万元；资产负债率 27.6%，资金集中度 99.29%，资金上存度 97.9%。 （孔宏云）

【总承包分公司】 2017 年 5 月成立。驻湖南省长沙市岳麓区洋湖路 695 号。总经理、党委书记尹玉平。职工 229 人。资产总额 97148 万元。其中，固定资产净值 858 万元，无形资产 66 万元，流动资产 80740 万元。机械设备 28 台，原值 181.99 万元、净值 131.34 万元，技术装备率 0.48 万元/人，动力装备率 4.97 千瓦/人。

2019 年，经营承揽 20.2 亿元，产值 10.3 亿元，净利润 5313 万元；产值利润率 5.15%，资产负债率 89.39%，应上缴款完成率 100%。 （赵炜诚）

【重要记载】

▲1 月 22 日 中铁城建一届四次党委全委（扩大）会议、一届五次职工代表大会、2019 年工作会议、党风廉政建设和反腐败工作会议在长沙召开。

▲7 月 15 日 中铁城建在长沙举办第三届 BIM 技术应用大赛。

▲7 月 在 2019 年上半年铁路建设项目施工企业信用评价中，中铁城建获 A 类名次。

▲11 月 4 日 中铁城建工会承办的中国铁建工会长沙区域联动活动在长沙举办。

▲12 月 4 日 中铁城建获评中国施工企业管理协会 AAA 级信用企业。

▲12 月 10 日 中铁城建一公司施工的长沙高端地下装备制造基地获 2018—2019 年度中国建设工程鲁班奖。 （李 卓）

中国铁建投资集团有限公司

【简况】 2011 年 5 月在北京成立，注册资本金 100 亿元。2014 年 2 月，注册地由北京市迁至广东省珠海市横琴新区；2015 年 6 月，更名为中国铁建投资集团有限公司；2018 年 4 月，现金增资至 120 亿元。北京总部位于北京市海淀区复兴路 40 号铁建大厦科研楼 9、10 层；珠海总部位于广东省珠海市香洲区吉大海滨南路财富大厦 17、18 层。职工 1349 人。内设 16 个部门 1 个事业部，下辖控股公司 32 个、工程指挥部 34 个。资产总额 1192 亿元；负债总额 917 亿元，其中有息负债（含永续债）总额 737 亿元；所有者权益 275 亿元；资产负债率 76.96%。投资项目累计 89 个（其中股份公司划转项目 8 个），所有项目总投资额 5842.75 亿元。其中，基础设施投资板块 3219.31 亿元，占比 55.10%；土地开发投资板块 2578.22 亿元，占44.13%；股权投资板块 45.22 亿元，占 0.77%。

2019 年，新签合同额 1294.21 亿元。总投资 417.62 亿元，占年度计划 523 亿元的 79.85%；其中建安投资 282.47 亿元，占年度计划 294.12 亿元的 96.04%。营业收入 265.47 亿元，净利润18.86亿元，收到回购款 70.24 亿元。职工年人均收入 16.29 万元。简蒲高速公路获国家优质工程奖。编制的《防控安全风险、消除事故隐患，扎实构建合铜项目双重预防机制管控体系》中的经验和做法，得到陕西省应急管理厅的认可，并在全省推广应用。

（韩烈慧楼 闫发桥 朱川青）

【领导人员】

董事会

董事长	张沛然（12 月免）
	高治双（12 月任）

董事　　张沛然(12 月免)
杨哲峰(4 月免)
高治双(9 月任)
李卫华(12 月任)
职工董事　　亓　超
外部董事　　侯希承(7 月免)

监事会

监事　　王泽泉(9 月免)
宋旭东(9 月任)

经理层

总经理　　杨哲峰(4 月免)
高治双(9 月任,12 月免)
李卫华(12 月任)
副总经理　　刘青林
周京波
戴保民
唐　刚(3 月免)
许玉和
杨晓华
李寿福(12 月任)
高志明(12 月任)
总会计师　　周京波
总工程师　　杨晓华

党群领导

党委书记　　张沛然(12 月免)
高治双(12 月任)
党委副书记　　高治双(9 月任,12 月免)
李卫华(12 月任)
亓　超
纪委书记　　王泽泉(9 月免)
宋旭东(9 月任)
工会主席　　亓　超

(林　毅)

【职工队伍】 职工 1349 人。其中,博士研究生学历 13 人、硕士研究生学历 308 人、本科学历 877 人、大专及以下学历 151 人; 31 ~ 40 岁 957 人、41 ~ 50 岁 315 人、50 岁以上 77 人;正高级职称 38 人、高级职称 429 人、中级职称 310 人、初级及以下 195 人。 (朱川青)

【项目指挥机构】 中铁建投资集团有限公司重庆分公司(西南指挥部) 驻重庆市江北区北滨路鼎升国际 6 号楼。执行董事、总经理王成。

中铁建南方投资有限公司 驻广东省珠海市香洲区海滨南路 88 号财富商务大厦 16 楼。执行董事、党委书记杨晓华。

中铁建华东投资有限公司 驻江苏省南京市鼓楼区广州路 5 号君临国际 2 栋 21 号。执行董事、总经理黄锋昌。

中国铁建投资集团有限公司山东分公司 驻山东省济南市市中区舜耕路 17 号 87 号办公楼 302 ~ 305。执行董事、总经理牛之印。

中国铁建投资集团有限公司北京分公司(华北指挥部) 驻北京市丰台区阅园一区 6 号楼 801 室。执行董事、总经理冯鹏。

中国铁建投资集团有限公司西北指挥部 驻陕西省西安市兴庆路学府首座 6 栋 1 单元 102 室。指挥长梁月胜。

中国铁建投资集团有限公司华中指挥部 驻江苏省南京市鼓楼区广州路 5 号君临国际 2 栋 21 楼。指挥长王亚伟。

中国铁建投资集团有限公司中原指挥部 驻河南省郑州市管城区凯利国际中心 A 座 1117 室。指挥长赵守仁。

中国铁建投资集团有限公司东北指挥部 驻辽宁省沈阳市浑南新区营盘北街七星公馆 1703 室。指挥长范军。

中国铁建投资集团有限公司华东指挥部 驻浙江省杭州市钱江新城江秀街 9 号越秀维多利亚中心 7F。指挥长周延武。

中国铁建投资集团有限公司华南指挥部 驻广东省珠海市海滨南路 88 号财富商务大厦 16 层。指挥长张其浪。

中铁建湛江开发有限公司 驻广东省湛江市人民大道中 46 号中国建设银行 10 楼。董事长、总经理郝文洲。

中铁建桂林投资有限公司 驻广西壮族自治区桂林市万福路 88 号广州军区桂林疗养院宝贤楼。董事长、总经理李恩辉,党委书记达文斌。

中铁建贵州安紫高速公路有限公司 驻贵州省安顺市西秀区新大十字建行 13 楼。执行董事、党委书记、总经理马涛。

中铁建四川简蒲高速公路有限公司 驻四川省眉山市东坡区二环东路 273 号。董事长、总经理范军,党委书记郑刚。

中铁建珠海西部开发投资有限公司　驻广东省珠海市金湾区红旗镇双湖北路华信荣楼东区。党工委书记、董事长、总经理王辉。

北京兴延高速公路有限公司　驻北京市昌平区超前路37号。董事长谭振武，党委书记耿杰。

中铁建四川德都高速公路有限公司　驻四川省德阳市鞍山路39号高新大厦16楼。董事长、党委书记罗玉刚，总经理童鹏。

中铁建四川德简高速公路有限公司　驻四川省德阳市鞍山路39号高新大厦15楼。董事长、党委书记罗玉刚，总经理童鹏。

中铁建兰州地铁投资有限公司　驻甘肃省兰州市七里河区恒大名都商业二期三幢。执行董事、总经理高志明。

中铁建甘肃投资建设有限公司　驻甘肃省兰州市七里河区恒大名都商业二期三幢。董事长、总经理高志明，党委书记隆星。

青岛蓝色硅谷轨道交通有限公司　驻山东省青岛市崂山区苗岭路29号山东高速公路大厦7楼。执行董事、总经理刘生秀，党工委书记赵广正。

中铁建南京新市镇开发有限公司　驻江苏省南京市江宁区胜太路99号1号楼8楼。董事长张淼，总经理张志潼。

中铁建万方张家口房地产开发有限公司　驻河北省张家口市桥西区长青路一号尚峰新城A座29层。董事长、党委书记范彬。

中铁建珠海投资开发有限公司　驻广东省珠海市金湾区红旗镇双湖北路华信荣楼东区。执行董事、党工委书记、总经理常铁良。

中铁建湖南高速公路有限公司　驻湖南省常德市武陵区龙岗路448号鼎沣财富广场10楼。董事长耿杰，党委书记车明吉。

中铁建重庆轨道环线建设有限公司　驻重庆市渝北区财富中心财富1号B幢6楼。执行董事、总经理李新民，党工委书记钱耀峰。

珠海铁建大厦置业有限公司　驻广东省珠海市横琴新区宝中路6号105～277室。董事长魏佳中，总经理刘龙。

中铁建青岛投资有限公司　驻山东省青岛市市北区瑞昌路168号汇通大厦707室。执行董事、总经理穆青峰。

中铁建桂林旅游开发有限公司　驻广西壮族自治区桂林市资源县城北新区资源农村商业银行股份有限公司11楼。副总经理杜东升。

珠海铁建梧桐苑置业有限公司　驻广东省珠海市香洲区九州大道西2021号富华里中心写字楼B座15层。执行董事魏佳中，总经理、党委书记刘龙。

温州铁建城置业有限公司　驻浙江省温州市鹿城区洛河路10号。董事长王华。

张家口铁建城房地产开发有限公司　驻河北省张家口市桥西区至善街1号尚峰国际一号楼A座29层。董事长范彬。

珠海西部铁建城开发有限公司　驻广东省珠海市金湾区航空新城规划展览馆三楼313－26房。执行董事高俭坤。

中铁建河南兰原高速公路有限公司　驻河南省新乡市红旗区新东大道（南）299号10号标准厂房3A088号。董事长郝文洲。

中铁建河南上罗高速公路有限公司　驻河南省汝南县古城大道35号。董事长穆青峰。

中铁建投（青岛）城市开发建设有限公司　驻山东省青岛市市北区瑞昌路168号17楼1705室。执行董事林振华。

中铁香港发展有限公司　驻香港九龙尖沙咀广东道30号新港中心一座4楼409室。董事长周京波。

中铁建湖南韶山投资有限公司　驻湖南省湘潭市韶山市竹鸡塅中铁建湖南韶山投资有限公司（老国土所）。董事长周延武。

中铁建苏州设计研究院有限公司　驻江苏省苏州市吴中大道1368号东太湖科技金融城。董事长魏佳北。

中铁建置地有限公司　驻北京市丰台区张仪村路215号。董事长刘思维。

中铁建科江门人才岛投资有限公司　驻广东省江门市蓬江区祥和路138号。董事长李寿福。

中铁建投珠海城市开发有限公司　驻广东省珠海市斗门区城南白藤三路西二号3楼。董事长高俭坤。

中铁建公路运营有限公司　驻广东省珠海市海滨南路88号财富商务大厦16层。董事长许玉和。

中铁建湛江东海岛工程建设指挥部　驻广东省湛江市人民大道中46号中国建设银行10楼。指挥长郝文洲。

中国铁建投资有限公司联合体云南麻昭高速公路

B标段项目办公室　驻云南省昭通市昭阳区环城东路122号。副经理王建华。

中国铁建长春地铁二号线工程指挥部　驻吉林省长春市南关区亚泰大街5211号五环国际大厦2608室。指挥长冯涛。

中国铁建股份有限公司乌鲁木齐轨道交通2号线一期工程指挥部　驻新疆维吾尔自治区乌鲁木齐新市区上海路122号。指挥长隆星。

中国铁建股份有限公司青岛地铁4号线工程总承包部　驻山东省青岛市崂山区海尔路17号多悦酒店216室。总承包部指挥长、总经理任士林。

中铁建陕西合铜吴华高速公路工程总承包部　驻陕西省渭南市蒲城县高阳镇高原红酒店4层。指挥长蒋向阳。

中铁建新疆G7高速公路工程施工总承包部　驻新疆维吾尔自治区哈密市巴里坤县团结南路11号。指挥长张永利。

中铁建山东高东高速公路工程总承包部　驻山东省聊城市高新区财金大厦7楼。指挥长刘汝俊。

中国铁建投资集团有限公司珠海B片区工程总承包部　驻广东省珠海市金湾区红旗镇双湖路北段华信荣楼东区。指挥长常铁良。

中铁建湖南安慈高速公路工程总承包部　驻湖南省常德市武陵区龙岗路448号鼎沣财富广场10楼。指挥长车明吉。

中国铁建投资集团有限公司四川德都高速公路工程总承包部　驻四川省德阳市旌阳区鞍山路39号凯德高新大厦16楼。指挥长林金耐。

中国铁建投资集团有限公司四川德简高速公路工程总承包部Ⅰ部　驻四川省德阳市旌阳区鞍山路39号凯德高新大厦15楼。指挥长顾垒。

中国铁建投资集团有限公司四川德简高速公路工程总承包部Ⅱ部　驻四川省德阳市旌阳区鞍山路39号凯德高新大厦15楼。指挥长顾垒。

中国铁建投资集团有限公司G309线金崖至河口(张家台)段公路工程设计施工总承包项目经理部　驻甘肃省兰州市榆中县和平镇薇乐如意园8号楼2层。党工委书记、总经理代波涛。

中国铁建投资集团有限公司安徽岳黄高速公路工程总承包部　驻安徽省黄山市徽州区环城西路8号。指挥长李恩辉。

中国铁建投资集团有限公司扬州湾头玉器特色小镇工程总承包部　驻江苏省扬州市广陵区湾头镇茱萸湾路778号。指挥长钟儒华。

中国铁建投资集团有限公司大横琴隧道工程EPC总承包部　驻广东省珠海市香洲区横琴金融产业基地12栋。指挥长黄君。

中国铁建投资集团有限公司甘肃张扁高速公路工程总承包部　驻甘肃省张掖市甘州区新墩镇南华村八社小区办公楼。指挥长蒋向阳。

中国铁建投资集团有限公司湖南韶山项目工程总承包部　驻湖南省湘潭市韶山市竹鸡塅。指挥长周延武。

中国铁建投资集团有限公司青岛蓝谷项目工程总承包部　驻山东青岛市即墨区鳌山卫街道办事处滨海公路169号青岛蓝色中心南楼11层。指挥长谢红山。

中国铁建投资集团有限公司江门人才岛工程总承包1部　驻广东省江门市蓬江区祥和路138号。指挥长宋永杰。

中国铁建投资集团有限公司南京新市镇工程总承包部　驻江苏省南京市江宁区江宁街道瑜桥街96号。指挥长李强。

中国铁建投资集团有限公司滁宁城际铁路工程总承包部　驻安徽省滁州市中都大道世贸大厦A座26楼。指挥长张启迪。

中国铁建投资集团有限公司河南兰原高速公路工程联合体总承包部　驻河南省新乡市红旗区新东大道(南)299号10号标准厂房3A088号。指挥长郝文洲。

中国铁建股份有限公司青岛海洋大学停车场项目经理部　驻山东省青岛市崂山区海口路260号。指挥长梁国伟。

中国铁建投资集团有限公司黑白面将军山隧道工程EPC总承包部　驻广东省珠海市香洲区横琴金融产业基地12栋,指挥长黄君。

中国铁建投资集团有限公司天津大邱庄安置房项目工程总承包部　驻天津市静海区大邱庄镇恒泰路一号316。指挥长郭培义。　　（韩烈慧楼　王　璐）

【资本运营项目】　新签合同额1294.21亿元。其中,基础设施板块429亿元,占新签合同额的33.15%;城市开发板块865.22亿元,占新签合同额的66.85%。完成全年总投资的417.62亿元,占年度计划523亿元的79.85%。其中,完成建安投资282.47亿元,占年度计划294.12亿元的96.04%。　　（闫发桥）

【经营管理】 基础设施投资经营。全年新签合同额512.32亿元。中标小清河复航工程PPP项目,G3511菏宝线临猗黄河大桥及引线工程、运三高速三门峡公铁黄河大桥连接线工程项目政府和社会资本合作(PPP)项目,国道320桐乡凤鸣至大麻段改扩建工程PPP项目,黑白面将军山隧道工程勘察设计施工总承包(第二次),泰安至东平高速公路项目,横琴杧洲隧道工程勘察设计(施工图设计、详细勘察)施工总承包项目,银川至昆明公路宁夏境太阳山开发区至彭阳(宁甘界)段PPP项目,廉江市生活污水处理设施整市捆绑PPP项目,新建铁路杭州经绍兴至台州线温岭至玉环段PPP项目。

城市开发投资经营。经营承揽中标项目10个,项目投资总额805.71亿元,按股比投资集团实际投资合同额284.01亿元。其中,许昌市忠武路区域开发建设项目投资157亿元,持股比例30%;昆明昆钢本部搬迁转型项目土地开发项目投资133.6亿元,持股比例95%;肇庆高新区产业园开发项目投资126亿元,持股比例24%;黄冈临空经济起步区开发建设项目投资103.53亿元,持股比例26.3%;兰州市西固区棚户区改造项目投资67.49亿元,持股比例11.5%;廊坊临空经济区起步区棚户区改造项目投资62.25亿元,持股比例13.5%;唐山市丰润区棚户区改造项目投资59.89亿元,持股比例18.5%;天津市静海区大邱庄镇安置房PPP项目投资40.89亿元,持股比例25%;中国北方鞋都(高邑)特色小镇PPP项目投资38.02亿元,持股比例17.5%;重庆市江津区高牙片区土地开发项目投资17.04亿元,持股比例49%。

股权投资经营。完成投资恒大深圳建设集团大院项目,与恒大地产(深圳)公司合作开发该项目,合作方式为通过股权收购方式收购项目公司49%的股权,股权投资金额23.13亿元。京广客专河南公司实现营业收入117.84亿元,净利润18.65亿元,总资产593.63亿元,净资产444.05亿元,净资产收益率4.20%。川铁泸州实现营业收入2.09亿元,净利润-0.68亿元,总资产24.30亿元,净资产2.63亿元。铁道大厦实现营业收入9610.54万元,净利润38.83万元,总资产2.02亿元,净资产1.8亿元,净资产收益率0.22%。投资集团完成投资的股权项目7个,中国铁建高新装备股份有限公司实现营业收入21.30亿元,净利润1.22亿元,总资产73.97亿元,净资产54.69亿元,净资产收益率2.23%。新疆银行实现营业收入7.88亿元,净利润2.22亿元,总资产342.37亿元,净资产53.51亿元,净资产收益率4.15%。黄河财险实现营业收入2.32亿元,净利润-0.78亿元,总资产35.26亿元,净资产23.28亿元。铜陵有色实现营业收入929.51亿元,净利润10.42亿元,总资产479.70亿元,净资产200.66亿元,净资产收益率5.19%。国任财险实现营业收入49.86亿元,净利润0.15亿元,总资产88.09亿元,净资产22.92亿元。泰升集团现营业收入24.46亿港元,净利润-6.87亿港元,总资产43.89亿港元,净资产20.80亿港元。国信双创实现营业收入1600.98万元,净利润73.54万元,总资产1881.76万元,净资产1871.91万元,净资产收益率3.93%。

企业管理。面对压力和困难,集团上下勠力同心,迎难而上,打好"主动仗",打赢"攻坚战",新签合同额连续三年突破1000亿元,连续三年保持系统内二级单位第一名。成立公路运营和城市开发专业管理公司,明确管理职责,理清管理流程,内部管理日趋规范,集约化、专业化的管理优势不断释放。设置首席合规官、总审计师;撤销海外投资部,完成厄瓜多尔铜矿项目移交;按照股份公司统一部署,巡察职能从纪委办公室分离,单设党委巡察办公室,机构设置更加适应企业改革发展需要。从制度设计、工作流程、机构设置上进行相应调整,优化项目可研论证、项目评审、合同谈判等关键环节的业务流程,制定《项目评审专家管理办法(试行)》,为提高项目论证科学性提供有力支撑。修订《区域经营机构绩效考核办法》,印发《总部员工年度绩效考核暂行办法》,加入绩效合约书内容,增加定量考核比重,考核的导向作用得到有效发挥。

财务管理。资产总额1192亿元;负债总额917亿元,其中有息负债(含永续债)总额737亿元;所有者权益275亿元;资产负债率76.96%;实现营业收入265.47亿元,实现净利润18.86亿元,收到回购款70.24亿元。投资集团有限公司连续6年保持中诚信国际信用评级AAA级,综合授信额度2010亿元。成立4个融资小组参与融资方案设计、条件谈判、融资提款的全过程,各项目融资进展有序:短期内筹措资金50亿元,解决恒大项目的资金来源;江门人才岛成功取得农发行PSL低息贷款24亿元批复。根据金融市场环境的变化,部分项目融资模式由"银团"调整为"拼盘"方式,增强议价能力,降低融资成本。成功发行"3+2"小公募公司债券12亿元,票面利率3.98%。

坚持推进云信业务，累计上线27家，年内新增7家，累计开立云信475笔，金额68亿元，保理融资1274笔，金额20.4亿元，经测算，累计为集团公司节约融资成本1.67亿元。

监察审计。进一步建立健全内部审计体制机制建设，一是按照股份公司总审计师试点工作推进计划，积极推进总审计师试点工作，设置总审计师岗位，任命总审计师；二是在公路运营公司和南方公司增设审计部。全年完成经济责任审计8项：陕西合铜吴华高速公路工程总承包部原指挥长离任审计；珠海B片区工程总承包部指挥长离任审计；南方公司原党委书记、执行董事离任审计；华东公司原执行董事、总经理离任审计；中铁建珠海投资开发有限公司执行董事、总经理任中审计；青岛蓝硅公司执行董事、总经理任中审计；长春地铁二号线工程指挥部指挥长任中审计；桂林旅游开发有限公司执行董事、总经理任中审计。积极参加股份公司"审计质量提升年"各项活动，承办股份公司审计档案、报告质量评比，参加审计演讲比赛、知识竞赛、人员教育培训、质量考核评比活动等，成为全系统5家审计工作先进经验交流单位之一。

法律事务。在"法治铁建"战略部署下，结合年初印发的2019年法治工作要点计划，依据部门职责，分别从法治工作体系、法律风险管控、法律纠纷降控管理、规章制度管理、合同管理、合规管理等全方面、针对性地开展工作。组织全集团1112名员工以视频方式参加股份公司合规制度发布暨合规培训会。组织专职法律人员、项目单位总法律顾问、合规官、法律联络员等24人参加股份公司2019年法律合规培训活动2次；开发建立规章制度管理系统，实现全集团的规章制度、公司章程的评审、审批、发布、查询的信息化操作并按照股份公司要求，在本级及所属3家专业公司成立合规委员会，设置合规办公室，任命首席合规官、合规官，所属区域经营机构和项目单位均任命兼职合规官，设立专(兼)职合规官90余名。

安全质量管理。安全监管人员新取得安全考核合格证41人次，新增注册安全工程师9人，累计安全持证上岗人员155人，注册安全工程师24人。全集团所属单位均按要求设立安全管理专(兼)职机构，配备安全生产专(兼)职管理人员。对所属38家单位安全生产工作进行考核评价，其中7家单位安全工作被评为优秀，30家被评为良好，1家被评为合格。7月和12月开展半年安全质量大检查、9月开展迎国庆安全专项检查及日常不定期安全质量检查，累计发现各类安全质量问题及隐患3366个(处)，下发安全质量整改书面通知书98份，遏制"三违"惯性行为，全面提升隐患整治效率与效果。2019年6月、9月，组织集团所属各单位分别开展"安全生产月""质量月"活动，组织全集团员工分别参加"应急管理普法知识竞赛"及"全面质量管理知识竞赛"，55个单位1200余人参加竞赛答题，其中"应急管理普法知识竞赛"以总分319130分位居股份公司系统第10名，获得股份公司"竞赛优秀组织奖"。 (荆　凯　任珊珊　赵玉坤)

【党群工作】 领导班子建设。提高政治站位，扛起主体责任。坚持把党的建设内嵌到公司治理结构之中，落实党组织讨论前置程序。召开党委会和常委(扩大)会17次，研究决策事项85个，集团公司决策决定改革发展稳定、重大经营管理事项和涉及职工切身利益等重大议案，集团公司党委先行研究讨论，提出意见建议。加强政治修养，提高政治素质。认真学习贯彻习近平新时代中国特色社会主义思想和党的十九大及系列会议精神，树牢"四个意识"、坚定"四个自信"、做到"两个维护"，领导班子成员深入各自党建联系点讲党课、搞调研、送书送学，做到学以致用，理论联系实际，真正把学习成果转化为推动企业发展的思路、措施，历练成担当和责任，提振为搞好企业的信心和决心。注重民主决策，搞好团结协作。修订党委议事规则，严格党委讨论决定的事项、党委前置研究的事项、党委讨论审定的事项，进一步规范议事形式和程序，确保企业各项决策更加科学、民主、合规、高效。

党组织建设。层层压实责任，全面加强企业党建。集团公司党委实行党建目标责任管理，通过签订党建工作责任书、年度党建工作考核，督促各单位继续抓紧抓实党建工作；全面推行党组织书记述职评议考核管理，连续4年举行党组织书记抓党建工作述职评议考核，5家单位的党组织书记进行现场述职，切实增强基层党组织书记的主体责任意识和工作能力。扎实开展主题教育，凝聚思想攻坚合力。集团公司党委6—8月在全集团41个党(工)委、82个党支部、695名党员中深入开展"不忘初心、牢记使命"主题教育，紧紧围绕"守初心、担使命，找差距、抓落实"的总要求，坚持把学习教育、调查研究、检视反思、整改落实四项重点措施贯穿始终。加强"三基"建设，发挥战斗堡垒作用。

按照“四个同步”的要求，新成立单位及时成立党组织，做到基层党组织“应建尽建”，指导各级党组织结合自身实际开展党建共建、主题党日等特色党建活动，完善党员发展和党费缴纳、党组织换届等基础工作程序。着力强基固本，促进党建质量提升。全面推行支部主题党日、“三会一课”纪实管理、“学习强国”组织管理、组织生活会、民主评议党员等制度，扎实推进“两学一做”学习教育常态化制度化。坚持贯彻中央“控制总量、优化结构、提高质量、发挥作用”的总体要求，做好党员发展工作，严把培训、考察、发展、转正四道关口，做到成熟一个发展一个。2019 年 16 个党员发展名额中的 13 个名额向工作条件艰苦、工作任务重的一线项目倾斜。累计下拨党费 12.9 万元，用于基层党支部活动经费、慰问生活困难党员和老党员等。强化业务培训，增强党建工作效能。派出 18 名基层组工干部和党支部书记参加股份公司党委组织的组工干部培训和基层党支部书记轮训。组织开展 2019 年度组宣干部和党支部书记培训班，对 68 名组宣干部和 80 名党支部书记进行集中培训，进一步加强基层党务工作者的队伍建设，充分发挥基层党支部的战斗堡垒作用和基层党支部书记的骨干带头作用，更加科学系统地推进党员队伍的建设。开展特色活动，持续深化创先争优。各级党组织在主题教育期间，结合当地红色教育资源，组织踏寻红色足迹，体悟革命初心，通过红色教育传承红色基因。组织全体党员参与主题教育应知应会理论知识测试和学习党章党规党纪及规章制度知识竞赛活动，推动全体党员干部努力做到真学、真信、真懂、真用。

宣传文化工作。强化政治理论学习。认真落实党委理论学习中心组学习制度，切实发挥好党委理论中心组学习的思想引领作用，确保理论学习有收获。严把意识形态管控。把意识形态工作纳入重要议事日程，先后 3 次召开党委专题会研究意识形态工作，把意识形态工作融入重大项目前期评估、投融资、运营管理全过程，加强对网站、微信公众号、微博、QQ 群、微信群等意识形态阵地的管理，彻底清除官网、官微、官媒上的四类有害信息，净化意识形态阵地环境。提升宣传舆论格局。主动与媒体对接，加大企业的内宣和外宣力度，为企业持续健康发展提供良好舆论环境。全年，在中央级媒体刊稿 25 篇、省部级媒体刊稿 48 篇、《中国铁道建筑报》刊稿 85 篇，其中头版头条 15 篇；在“学习强国”平台的中国铁建强国号发稿 8 篇；在中国铁建官方抖音推送 4 条内容，点赞量近 1.5 万次；集团网站发稿 346 篇、微信公众号推送文章 308 篇，集团公司在中国铁建 2019 年度新媒体排名中位居非工程类单位第 2 名。加强对集团及所属单位网站、微信、办公群等舆情管控阵地的监管，全年无舆情发生。加强文化体系建设，提升企业文化品质。完善企业文化载体，更新集团公司宣传画册，新制作完成企业宣传片。着力打造特色文化，全面打造铁建运营特色文化，连续三年摘取“最美中国路姐”称号，展示铁建高速品牌。庆祝新中国成立 70 周年视频《向上的光》在央视网、腾讯视频推送，展现铁建投资的良好形象。

党风廉政建设。落实“两个责任”，完善工作机制。切实履行好党风廉政建设主体责任和监督责任，与所属 45 家单位签订《党风廉政建设责任书》，强化过程监督，推进党风廉政建设责任有效落地。严格落实约谈函询、述责述廉等制度，全面推行实施“一岗双责”纪实制度。加强廉洁教育，筑牢思想防线。扎实开展“抓作风提品质”活动，集团上下大力营造“作风促廉洁、作风提效率、作风创品质、作风树形象”的良好局面。深入开展“反腐倡廉宣传教育月活动”和“学规矩守底线、遵制度重流程”为主题的党规党纪、规章制度和业务流程知识竞赛，增强廉洁底线意识。健全监督体系，规范管理行为。推进纪检监察体制改革，集团公司纪委内设纪委办公室、执纪审查室 2 个部门，单设党委巡察办公室。同时，要求所属公路运营公司、南方公司等专业化平台公司单设纪检部门，不断健全组织机构，完善管控体系。

纪检监察。队伍建设。根据股份公司统一部署，集团公司纪委内设纪委办公室、执纪审查室 2 个部门，定编 6 人，巡察职能从纪委办公室分离，单设党委巡察办公室，集团公司本级职责分工更加明晰、监督职能更加聚焦。同时，公路运营公司、南方公司等专业化平台公司单设纪检部门，所属 18 家单位新设纪检组织，调整任命 13 名纪(工)委书记，不断健全组织机构，增强纪检队伍力量，完善管控体系。制度建设。制定《贯彻中国共产党巡视工作条例实施办法》等 6 项加强和规范内部巡察工作指导性文件制度，从顶层设计和具体操作层面，为推进巡察工作提供正确指引，确保巡察监督的常态化、规范化。廉洁教育。各级纪委始终以永远在路上的韧劲和执着，坚持“常”“长”结合，坚定不移地纠“四风”、树新风。一是锲而不舍落实中央八项规定精神。坚持抓节点预防和日常廉洁教育相结合，在抓实日常教育的同时，紧盯重要时间节点和关键少数，年内各级纪委累计下发廉洁过节通知文件300余份、编发各类提醒信息1000余条，全覆盖约谈各单位党政主管和纪委书记，早通知勤提醒，做到提示提醒及时到位。同时紧盯违规发放津补贴、公款吃喝、公车私用等行为，对12家单位开展廉洁过节情况突击检查。二是深入开展“反腐倡廉宣传教育月活动”。各级纪委累计举办廉洁讲座、讲授廉政党课、参观廉政基地、观看警示视频、开展知识竞赛等活动近300场次，发布廉洁警句、征集廉政标语等1000余条，推送廉政主题微信180余期，签订《勤廉从业承诺书》2154份。强化干部监管，更新完善236名中层干部廉政档案，做到一人一档、动态更新。内部巡察年内集团公司党委坚持问题导向，突出政治站位，先后成立4个巡察组，对8家单位党组织开展常规巡察。纪律审查保持高压震慑，集团公司纪委坚持重遏制、强高压、长震慑，始终保持执纪审查高压态势，做到件件有回音、件件有落实。全年处置问题线索13件，处置率100%。充分运用监督执纪“四种形态”，全年立案2件，结案2件，给予1人撤销党内职务和行政撤职处分，给予1人党内严重警告、行政记大过处分；给予5人诫勉谈话、1人提醒谈话。集团公司纪委坚持关口前移、抓早抓小，突出挺纪在前，始终把“三个区分开来”贯穿纪律审查全过程，做到区别对待。

工会工作。组织召开集团公司一届三次职代会，增替补部分职工代表，调整集团公司专门委员会委员名单，民主评议集团公司领导干部。所属的32家工会组织相继召开职工（代表）大会，并按照要求分别对本单位领导干部进行民主评议。关心关爱困难职工及海外员工生活，共帮助帮扶困难职工13人，并安排人员春节期间到海外员工家中进行慰问；开展“夏送清凉、冬送温暖”活动，慰问职工1350人次；指导公路运营公司组织举办中国铁建投资集团第二届“铁建杯”高速公路收费业务技能竞赛暨劳动竞赛活动；组织2181名职工参与股份公司工会组织的“与共和国同行　打造品质铁建”读书竞赛活动，平均分1790分，位列股份公司系统第3名，65名员工被股份公司工会评为“铁建悦读者”。围绕庆祝新中国成立70周年，集团公司工会组织开展“守初心、学经典、作贡献”职工知识竞赛、城市开发板块“与共和国同行　创品质铁建”70千米接力跑、2019年乒乓球比赛等系列活动，加强单位之间、人员之间的交流，展示投资集团广大员工蓬勃向上、团结奋进的精神风貌，进一步提升企业的凝聚力和向心力。2019年，1人获中国公路学会“最美中国路姐”称号，1个班组获“最美中国路姐团队”称号，1个单位获中国铁建“工人先锋号”，1人获“工人先锋奖章”，1人获得中国铁建“先进女职工”称号。

共青团工作。深入学习宣传贯彻党的十九大和团的十八大精神，广泛开展“青春心向党·建功新时代”主题教育实践活动、“我与祖国共奋进——国旗下的演讲”特别主题团日活动，与集团公司工会联合举办“不忘初心，牢记使命”主题演讲报告会，不断引领广大团员青年切实增强“四个意识”、坚定“四个自信”、做到“两个维护”。开展“传承雷锋精神，弘扬时代新风”学雷锋志愿服务活动，以“奉献、友爱、互助、进步”传递社会正能量为目标，开展关爱留守儿童、为老服务、文化宣传、义务植树等志愿服务项目，展现青春担当；为庆祝新中国成立70周年，开展“我和我的祖国”系列活动，通过“我和国旗合个影”“与共和国同行接力跑”等形式激励团员青年努力书写奋斗青春；组织参加股份公司“海外优先·青年先行”知识竞赛。东铁营棚户区改造和环境整治项目部获中央企业团工委颁发“青年文明号”称号、珠海公司崔智皓获中央企业团工委颁发的“青年岗位能手”称号。

（张晓新　张晓霆　张　晶）

【中国铁建投资集团有限公司华中指挥部】 2017年3月，原武汉指挥部改名为中国铁建投资集团有限公司华中指挥部；2018年12月，华中指挥部经营范围调整为江苏、安徽、湖南和湖北四省。

2019年，中标湖北省首个投资项目——黄冈临空经济起步区开发建设项目，项目投资103.53亿元。

（李丽品）

【中国铁建投资集团有限公司西北指挥部】 2017年3月成立。

2019年，中标银川至昆明公路（G85）太阳山开发区至彭阳（宁甘界）段PPP项目和兰州市西固区棚户区改造项目。（李婧怡）

【中国铁建投资集团有限公司东北指挥部】 主要负责黑龙江、吉林、辽宁、内蒙古三省一区经营工作。

2018 年 5 月成立。驻辽宁省沈阳市浑南区营盘北街 3 号七星公馆 1703 室。

2019 年,经营承揽任务 50 亿元。（徐晓阳）

【中国铁建投资集团有限公司华北指挥部】 2018 年 12 月成立。原北方指挥部更名为华北指挥部。经营范围为北京市、天津市、河北省。

2019 年,承揽项目 6 个,经营业绩 217.25 亿元。

（高 苏）

【中国铁建投资集团有限公司华南指挥部】 2018 年 12 月成立。主要负责广东省、广西壮族自治区及海南省区域市场经营工作。资产总额 0.25 亿元。其中,固定资产原值 0.13 亿元、净值 23 万元,流动资产 77.46 万元。

2019 年,中标项目 7 个,合同投资 205.53 亿元。

（杨 晋）

【中国铁建投资集团有限公司西南指挥部】 2018 年 12 月成立。经营范围为重庆市、四川省、贵州省、云南省、西藏自治区。

2019 年,落地投资项目 7 个,投资总额 730.5 亿元。（崔锦美）

【中国铁建投资集团有限公司中原指挥部】 2018 年 12 月成立。整合原华中指挥部、河南省和山西省,同时将山东分公司并入,负责山东省、河南省、山西省的区域经营工作。

2019 年,承揽项目 6 个,经营业绩 472.35 亿元。

（薄慧勇）

【中国铁建投资集团有限公司华东指挥部】 经营范围为浙江省、江西省、福建省和上海市。

2019 年,中标项目 2 个,合同投资 108.83 亿元。

（杨金鸣）

【中铁建山东京沪高速公路济乐有限公司】 2009 年 11 月成立。资产总额 71.3 亿元。其中,固定资产原值 0.21 亿元、净值 0.04 亿元,流动资产 1.83 亿元。经营京沪高速公路济南至乐陵段建设运营。

2019 年,通行费收款 5.44 亿元,拆分后收入 3.74 亿元,拆分比例 68.72%,节假日期间减免运营收入 0.28亿元。查补增收 0.01 亿元。（杨庆广　霍晓娟）

【中铁建桂林投资有限公司】 2013 年 3 月成立。注册资本金 1 亿元。资产总额 81.12 亿元。其中,固定资产原值 0.03 亿元、净值 135.69 万元,流动资产 5.42 亿元。累计融资 68.61 亿元,资产负债率 86.85%。项目采取 BOT + EPC 模式,路线全长 82.656 千米。

2019 年,计划通行费收入 0.73 亿元。入口车流量 1182567 辆,出口车流量 1144262 辆,节假日期间减免通行费约 0.06 亿元。（李维英）

【青岛蓝色硅谷城际轨道交通有限公司】 2013 年 5 月成立。注册资本金 10 亿元。资产总额 146 万元,累计折旧 115 万元,固定资产净值 31 万元;流动资产总额 10.12 亿元,其中货币资金 1.72 亿元、预付账款 158 万元。

2019 年,蓝色硅谷项目投资 4.07 亿元,全年投资 137.81 亿元。（赵映玲）

【中国铁建长春地铁 2 号线工程指挥部】 2013 年 4 月成立。资产总额 17.39 亿元。其中,固定资产原值 68.59 万元、净值 11.37 万元,流动资产 13.31 亿元。项目模式为施工总承包管理模式。线路全长 22.5 千米。

截至 2019 年底,开工累计完成建安产值 81 亿元。

（侯占军　李德明　罗贞发）

【中铁建山东济徐高速公路济鱼有限公司】 2013 年 6 月成立。注册资本金 1 亿元。资产总额 48.68 亿元。其中,固定资产 833.21 万元,固定资产净额 371.53 万元,流动资产 0.77 亿元。2016 年 12 月 28 日通车。

2019 年,主营业务收入 2.78 亿元。入口车流量 359.51 万辆,出口车流量 337.73 万辆。节假日减免运营收入 0.23 亿元。非主营业务收入 0.41 亿元。

（张诗语）

【中铁建(山东)德商高速公路有限公司】 2013 年 6 月成立。注册资本金 1 亿元。项目资本金 8.45 亿元。项目全长 62.128 千米。2013 年 11 月开工建设,2016 年 7 月 28 日建成通车。

2019 年,通行费 2.01 亿元。日均断面交通量 23424 辆,出口日均车流量 4103 辆,入口日均车流量 3391 辆。（赵 锋）

【中铁建四川简蒲高速公路有限公司】 2013年11月成立。资产总额145.77亿元。其中,固定资产原值0.09亿元、净值0.05亿元,流动资产0.6亿元。项目路线全长126.3千米,概算总投资155.1亿元。2014年11月开工建设,2017年12月全线通车试运营,项目工期约3年。2018年10月28日眉山收费站开通,2018年11月11日盘鳌收费站开通。

2019年,建设期开工累计投资149.27亿元。2019年10月8日正式收费,运营通行费收入0.51亿元。

(李林杰)

【中铁建重庆轨道环线建设有限公司】 2014年3月成立,负责重庆轨道环线二期工程项目(上浩—重庆西)的投融资、建设管理和资本回购工作。资产总额35.19亿元。其中,固定资产原值246万元、净值23万元,流动资产16.65亿元。重庆轨道环线二期工程项目全长18.33千米。鹅公岩轨道专用桥全长1120延长米。2014年4月开工建设,2019年全面实现环线二期西南半环(九龙坡区5站5区间和鹅公岩轨道大桥)开通。

2019年,开工累计投资77.02亿元,开工累计建安产值63.86亿元。(徐　超)

【中铁建贵州安紫高速公路有限公司】 2014年5月成立。资产总额50.31亿元。其中,固定资产原值257万元、净值99万元,流动资产6.18亿元。建设期3年,运营期30年,2015年8月15开工建设,2017年12月27日交工验收,2018年1月1日实现主线及旧州站通车试运营,2018年1月30日全线通车运营。收费期限为2018年1月30日至2048年1月29日。

2019年,车辆通行费0.66亿元。节假日免费车辆11.46万辆,免费额0.03亿元;绿通车4624辆,免费额22万元。(薛　超)

【中铁建四川德都高速公路有限公司】 2015年11月成立。注册资本金1亿元。资产总额98.22亿元。其中,固定资产原值0.1亿元、净值0.09亿元,流动资产2.63亿元。G0511德阳至都江堰段高速公路全长109.086千米,批复概算155.39亿元,批复预算153.46亿元。2018年4月28日开工建设,计划2021年4月27日开通运营,建设期3年,运营期29年11个月10天。

2019年,投资52亿元。其中,建安投资45.41亿元,征地费用5亿元,管理费用0.15亿元。(胡建国)

【中铁建四川德简高速公路有限公司】 2015年11月成立,注册资本金1亿元。资产总额112.28亿元,负债总额83.623亿元,所有者权益28.65亿元。项目全长105.56千米,全线采用双向6车道高速公路标准建设,设计时速120千米。2017年3月28日开工建设,计划2020年9月底建成通车。为BOT建设模式,采用"项目公司+总承包部"管理模式。

2019年,投资116.28亿元。(李正东)

【北京兴延高速公路有限公司】 北京市政府与中国铁建股份有限公司、中铁十二局、中铁十四局联合体以PPP模式共同出资建设。公司注册资本金66.82亿元,注册资本金占投资总额130.96亿元的51%。其中,中国铁建联合体出资34.08亿元,占项目公司51%的股权;北京市首都公路发展集团有限公司出资32.74亿元,占项目公司49%的股权。项目建设期39个月,运营期25年。

2019年,投资106.02亿元。(何　森)

【中国铁建乌鲁木齐轨道交通2号线工程指挥部】 2016年7月成立。项目概算总投资162亿元,线路全长19.35千米,采取PPP合作模式,建设期5年,运营期30年,开工日期2016年10月18日,计划竣工及开通试营日期2020年12月28日,特许经营期终止时间2050年12月27日。

2019年,建安投资4.31亿元,利润0.1亿元。

(张亚军)

【中国铁建股份有限公司青岛地铁4号线工程总承包部】 工程总承包部和工程总承包管理部分别成立于2016年12月和2017年2月。资产总额4.03亿元。其中,固定资产原值128万元、净值50万元,流动资产4.02亿元。项目线路全长30.9千米,采用PPP模式,总投资238亿元,施工总承包合同价118.19亿元,总投资中35%部分采用资本金,65%部分采用银团贷款。合同工期2016年11月18日至2022年12月31日。

2019年,投资4.03亿元。(霍秀丽)

【中铁建湖南高速公路有限公司】 2017年4月成立。注册资本金1亿元,以EPC+BOT模式负责湖南省安慈高速公路项目的投融资、建设管理。固定资产原值216.3万元、净值57.8万元,流动资产6783.4万元。安慈高速线路全长121.311千米,项目批复概算106.3亿元,其中建安投资74.6亿元。建设总工期36个月,运营期29年9个月。2019年1月25日开工,计划2021年底建成通车。其中石门至慈利段要求在2020年底建成通车。

2019年,开工累计投资53.2亿元。 (杨 凯)

【中铁建陕西高速公路有限公司】 2017年7月成立。注册资本金6亿元,负责陕西合阳至铜川、吴起至华池高速公路项目的投资建设和运营管理。资产总额97.82亿元。其中,流动资产3.19亿元,固定资产原值0.05亿元、净值211.63万元。项目建设工期3年4个月,运营期29年。

2019年,批复概算总投资197.26亿元,其中合铜项目144.32亿元、吴华项目52.93亿元。开工累计投资93.55亿元。 (景若慧)

【中铁建(山东)高东高速公路有限公司】 2017年7月成立,项目主线全长76.754千米,采用BOT模式,初步设计概算69.09亿元。建设周期36个月,运营期29年9个月。

2019年,投资25.21亿元,开工累计投资46.27亿元。 (薛 飞)

【中铁建新疆京新高速公路有限公司】 2017年8月成立。注册资本金15亿元,采取"项目公司+EPC项目部+标段项目部"管理模式。主线长度514.3千米,概算总投资176.5亿元。2017年7月1日开工建设,梧桐大泉至下马崖至伊吾段、伊吾至巴里坤段计划2020年12月31日开通运营,巴里坤至木垒段计划2021年6月30日开通运营。

2019年,投资43.37亿元,开工累计投资84.87亿元。 (郝敬伟)

【中铁建湖南韶山投资有限公司】 2018年2月成立。资产总额6.97亿元。其中,固定资产原值68.85万元、净值44.73万元,流动资产0.2亿元。韶山市旅游主干道两厢提质改造PPP工程全长16千米,开工日期2018年2月11日,计划竣工日期2020年5月15日。

2019年,投资36743万元,建安投资14894万元,开工累计建安投资36372万元。 (向雅丽)

【中铁建甘肃张扁高速公路有限公司】 2018年5月成立。固定资产原值0.03亿元、净值164.26万元,流动资产164.26万元。项目采用政府和社会资本合作模式实施,具体操作模式为BOT+EPC+政府特殊股份。项目路线设计全长88.865千米。

2019年,开工累计投资15.66亿元,建安投资13.27亿元,投入建设资金15.24亿元,清收12.06亿元,清欠18.61亿元,利润3.05亿元,上缴款2.77亿元。 (赵 森)

【中铁建河南兰原高速公路有限公司】 2019年5月成立。流动资产0.28亿元,主要包括货币资金0.22亿元,预付账款及其他流动资产489万元;固定资产原值76万元。项目采用PPP投资模式运作,项目合作期43年,其中建设期3年,运营期40年。估算总投资55.41亿元,项目资本金占总投资的20%,约11.08亿元。路线全长67.46千米。2020年3月9日开工,预计竣工时间2023年3月8日。

2019年,投资3.33亿元,其中建安投资3.07亿元。 (孙 洋)

【中国铁建投资集团滁宁城际铁路工程总承包部】 2019年4月成立。固定资产原值213.70万元、净值200.64万元。滁宁城际铁路(滁州段)一期工程全长33.15千米,项目概算总投资92.37亿元,其中工程建安费60.4亿元,采用PPP模式运作,由中国铁建和中国中铁分别成立总承包部进行总承包管理。开工日期2019年1月18日,计划交工日期2022年6月28日。

2019年,施工产值5.53亿元。 (李涛军)

【中国铁建投资集团大横琴隧道工程EPC总承包部】 2018年6月成立。资产总额4.56亿元。其中,固定资产原值74万元、净值55万元,流动资产1.21亿元。项目采用勘察设计施工一体化模式(EPC)。由投资集团、中铁十六局、铁一院组成联合体中标实施本项目。

合同投资20.56亿元,其中,建安费20.09亿元,勘察设计费4700万元。

2019年,投资10.16亿元,营业收入9.26亿元,净利润0.45亿元。（孙　甜）

【中铁建湛江开发有限公司】 2011年10月成立,注册资本金5亿元。资产总额5.88亿元。其中,固定资产原值55.26万元、净值0万元,流动资产5.87亿元。建设模式为土地一级开发。湛江市东海岛石化产业园区围堰工程(A4－2区和B区)位于湛江市东海岛的东北部海域,工程总概算22.9亿元。开工日期2011年11月18日,交工验收日期2015年6月18日,2015年9月23日完成档案专项验收,2015年12月10日完成安全验收评价报告备案。

2019年,累计回购款22.48亿元。（周　鹏）

【中铁建甘肃投资有限公司】 2012年11月成立。资产总额9.03亿元。其中,固定资产原值0.08亿元、净值0.06亿元,流动资产3.44亿元。负责兰州市崔家大滩土地一级开发项目,项目占地面积2.67平方千米,总投资额100亿元,开发周期计划3～5年。

2019年,累计投资23.01亿元,建安投资1.07亿元,利润总额2.65亿元,累计上缴款1.69亿元。

（段兴娜）

【中铁建珠海投资开发有限公司】 2013年5月成立。资产总额28.69亿元。其中,固定资产原值0.02亿元、净值22.86万元,流动资产17.66亿元。项目位于珠海市金湾区珠海大道与机场北路交汇处东侧。开发面积6.19平方千米,投资总额98.48亿元。

2019年,累计总投资7.32亿元,建安投资5.01亿元。B片区出让2宗用地,总价58.45亿元。

（周雪漫）

【中铁建置业有限公司】 2013年11月成立,注册资本金2.35亿元。东铁营棚户区改造项目位于北京市南三环刘家窑桥南侧,土地面积56.5万平方米,分23个地块,涉及拆迁农(居)民5136户,企业50多家,总投资200.4亿元。

2019年,累计投资111.13亿元。2019年5月20日,项目安置房07号地块实现全部主体结构封顶。

（曹正军）

【珠海铁建大厦置业有限公司】 2014年1月成立。资产总额35.14亿元。其中,固定资产原值397万元、净值159万元,无形资产60万元,流动资产25.78亿元。铁建大厦项目占地面积17274.64平方米,总建筑面积164130平方米,由珠海铁建大厦置业有限公司全资开发,投资总额31亿元。铁建广场项目占地面积34542.9平方米,计容建筑面积20万平方米,由珠海铁建大厦置业有限公司全资开发,投资总额51.43亿元。

2019年,投资5.09亿元。（康　旭）

【中铁建青岛投资有限公司】 2014年6月成立。占地面积53.2万平方米。固定资产总额104万元,累计折旧74万元,固定资产净值30万元,流动资产总额5.06亿元。

2019年,总部大道项目投资1.41亿元,累计投资8.69亿元。（孙　爽）

【中铁建珠海西部投资开发有限公司】 2014年10月成立。注册资本金1亿元。主要负责珠海市西部中心城区首期开发区域(A片区)基础设施工程合作开发项目投资开发建设工作。项目开发面积4.02平方千米,总投资额76.54亿元。开发时间120个月,建设期96个月。

2019年,出让土地685088.44平方米。投资6.59亿元,开工累计投资34.9亿元。（陈茂盛）

【中铁建桂林旅游开发有限公司】 2016年3月成立,注册资金5000万元。固定资产原值176.9万元、净值30.49万元,流动资产0.18亿元。项目首期计划投资7.02亿元,建设期3年,建成后运营40年。2017年7月正式接管景区。

2019年,投资1.16亿元,游客量70959人,门票收入140.66万元。（唐承旺）

【中铁建南京新市镇开发有限公司】 2017年4月成立。资产总额19.26亿元。其中,固定资产原值104.79万元、净值47.03万元,其他流动资产141.35万元。江宁区新市镇建设PPP项目位于南京市江宁区江宁街道。项目采用"设计—建设—运营—移交"(DBOT)模式运作。建设期5年,运营期5年。

2019 年，投资 4.64 亿元，累计投资18.09亿元。营业收入 1.1 亿元，利润总额 0.29 亿元，净利润 0.24 亿元。 （高迎春）

【扬州湾头玉器特色小镇有限公司】 2017 年 10 月成立。资产总额4.21 亿万元。其中，固定资产原值0.01 亿元，流动资产 3.23 亿元。项目主要分为特色产业和基础设施两部分。总投资额 57.73 亿元，其中建设投资53.68 亿元，建设期利息 4.05 亿元。合作期限33 年。

2019 年，累计投资 12.21 亿元，其中建安投资1.96 亿元，征地拆迁 9.68 亿元。营业收入 0.06 亿元，利润总额 0.06 亿元。 （柳亚云）

【珠海铁建梧桐苑置业】 2017 年 1 月成立。资产资产总额 25.47 亿元。其中，固定资产原值 110 万元、净值 54 万元，流动资产 25.17 亿元。主要负责中国铁建梧桐苑项目开发建设。项目位于珠海市中心城区南湾片区洪湾板块，用地面积53718.64 平方米，建设工期3年，计划 2021 年 1 月交房。

2019 年，开工累计投资 16.06 亿元。 （吴　帆）

【中铁建万方张家口房地产开发有限公司】 2017 年11 月成立。资产总额 5.55 亿万元。其中，固定资产原值 51.61 万元、净值 27.13 万元，流动资产 0.74 亿元。项目占地面积 215.11 万平方米，拆迁户数 7121 户，拆迁面积 48.14 万平方米，项目总投资 75.06 亿元，开发周期 3 年。

2019 年，项目投资 8.18 亿元，开工累计投资 13.3 亿元。营业收入 0.73 亿元，利润 0.72 亿元。

（胡月敏）

【中铁建置地有限公司】 2018 年 7 月成立。资产总额 0.14 亿元。其中，固定资产原值 37 万元、净值 35 万元，流动资产 396 万元。在满足政府相关条件后，预计项目取得授权时间为 2020 年 8 月。项目安置房预计开工时间 2022 年 5 月，2025 年 3 月竣工验收；土地出让开始时间 2022 年 3 月，全部地块出让工作计划 2025 年 1 月完成。

2019 年，开工累计投资 0.25 亿元。 （康冬羽）

【中铁建科江门人才岛投资有限公司】 2018 年 8 月成立。固定资产原值 131 万元、净值 101 万元，流动资产 0.95 亿元。

2019 年，开工在建项目 38 个，完工项目 8 个，累计投资 30.18 亿元，其中建安投资 20.71 亿元。

（张家麒）

【中国铁建投资集团有限公司青岛蓝谷项目工程总承包部】 2018 年 11 月成立，项目总征拆面积 133.07 万平方米，户数 2546 户，房屋 4091 处。安置房建设用地面积 86.2 万平方米，建筑面积约 180 万平方米。项目一期资金平衡配比用地 217.33 万平方米。

（李　响　施　宇）

【中铁建蓝谷（青岛）投资有限公司】 2018 年 12 月成立。注册资本金 1 亿元。固定资产总额 26.88 万元，累计折旧 2.83 万元；流动资产总额 0.99 亿元，其中货币资金 0.49 亿元，其他应收款 0.5 亿元。项目总投资额 186 亿元，采取滚动开发模式，分二期实施，一期实施温泉街道的东温泉村、东四舍村、西四舍村、南黄埠村，二期实施温泉街道的山里村和鳌山卫街道的四个村，总开发周期 5 年。 （李　响　施　宇）

【珠海西部铁建城开发有限公司】 2019 年 3 月成立。资产总额 15.8 亿元。其中，固定资产原值 101.5 万元、净值 94.58 万元，流动资产 15.74 亿元。项目位于珠海市西部中心城区金湾区，用地面积 92919.97 平方米，综合容积率 1.96，计容建筑面积 144340.08 平方米，规划土地用途为二类居住，公司出资比例 100%。2019 年 4 月开工，计划 2021 年 8 月全部竣工。

2019 年，开工累计投资 15.27 亿元。 （吴　帆）

【中铁建公路运营有限公司】 2018 年 12 月成立。注册资本金 1 亿元。资产总额 0.31 亿元。其中，固定资产原值 103.93 万元、净值 80.55 亿元，流动资产 0.3 亿元。运营里程 709 千米，资产规模 628 亿元。

2019 年，出口车流量 1645 万辆，日均 4.51 万辆，主营业务收入 13.81 亿元、非主营业务收入 1.16 亿元，利润 -7.07 亿元，节假日期间减免通行费 1.14 亿元。

（高　倩）

【中铁建南方投资有限公司】 2019年3月成立，对中铁建南方投资有限公司进行公司职能及组织机构调整。管辖城市开发板块项目39个，其中土地一级开发项目27个、二级开发项目12个。投资规模超过2472.5亿元，其中建安投资1014.92亿元。开发规模52.078平方千米，可出让土地21.47平方千米，其中已出让土地0.83平方千米，土地储备20.65平方千米。 （刘再展）

【重要记载】

▲1月23—25日 铁建投资一届五次党委全委（扩大）会暨2019年党风廉政建设和反腐败工作会议、一届三次职工代表大会暨2019年工作会议在珠海召开。

▲4月15日 铁建投资获评中国铁建2018年资本运营工作先进单位，珠海铁建大厦项目获评中国铁建2018年度房地产板块十大明星楼盘。

▲5月18日 铁建投资与廊坊市临空经济区开发建设有限公司签署投资合作备忘录。

▲6月10日 铁建投资与戴德梁行有限公司在北京签署战略合作协议。

▲7月4日 在共建"一带一路"500强企业高峰论坛暨兰州市重点项目签约仪式上，铁建投资与兰州市西固区人民政府签订西固区全域棚改项目战略合作框架协议。

▲7月30日 铁建投资与许昌市人民政府在北京签署郑许一体化战略合作协议，同时与许昌市建设投资有限责任公司、中铁十九局集团共同签署项目开发意向合作协议。

▲10月12日 铁建投资与湖北省黄冈市政府签署投资合作框架协议。

▲10月21日 铁建投资与陕西省交通投资集团在北京签署战略合作框架协议。

▲11月13日 铁建投资投资建设的四川简蒲高速公路项目获中国施工企业管理协会颁发的2018—2019年度国家优质工程奖。

▲12月8日 铁建投资投资建设的山东济（宁）鱼（台）高速公路项目获中国施工企业管理协会颁发的2018—2019年度国家优质工程奖。 （王 璐）

中国铁建财务有限公司

【简况】 是经中国银保监会批准，具有独立法人资格的非银行金融机构，2012年4月18日正式运营。是中国铁道建筑集团有限公司重组中国长城财务公司后，引入其下属核心子公司中国铁建股份有限公司共同出资成立的。公司注册资本金90亿元，其中，股份公司出资846000万元，占比94%；总部集团出资54000万元，占比6%。驻北京市海淀区复兴路40号中国铁建大厦10层东。职工81人。法定代表人王秀明。作为非银行金融机构，在中国铁建发展战略指引下，在产业结构调整的大背景下，公司始终坚持"加强总部集团、股份公司及成员单位资金集中管理，提高资金使用效率，为总部集团、股份公司及成员单位提供专业的资金管理、投融资等金融服务"的经营宗旨和"依法合规、审慎稳健、依托集团、服务企业、开拓进取、创誉争效"的经营方针，实现自身规范健康发展。

（杨泽伟）

【领导人员】

股东代表	王秀明
	乔国英
董事会	
董事长	王秀明
董事	冀 涛（9月免）
	周仲华
	乔国英
	郭洪伟 （9月免）
监事会	
监事长	吴婧萍
监事	靳 霞
职工监事	郭冬梅
经理层	
总经理	冀 涛（9月免）
	周仲华（10月任）
副总经理	王道平
	王 丽
	张国智
总会计师	张国智（兼）
总法律顾问	张国智（兼）
党群领导	
党委书记	周仲华
党委副书记	冀 涛（9月免）

（杨泽伟）

【职工队伍】 在编员工81人(不含董事长),其中女员工36人,占员工总数的44%。全部员工均为大学及以上学历,其中研究生学历28人。高级职称23人、中级职称24人。40岁以下63人。 (袁 旸)

【人力资源管理】 立足储备、培养金融、信息化人才,进一步规范实施员工招聘、培训、晋级、调动、绩效考核、职称评聘等工作。一是加强制度建设。根据公司"十三五"规划和工作需要,对公司制度进行深化、细化,修订《人力资源管理办法》《员工薪酬管理办法》,出台《后备干部管理办法》,进一步增强制度的系统性。二是加强干部队伍建设。配合股份公司完成领导班子调整,原总经理、党委副书记、董事调离,原党委书记、董事改任党委书记、总经理、董事,1名副巡视员退休,完成董事会换届;完成中层领导干部调整,提拔总经理助理级干部1名、部门正职干部4名、副职级干部3名,总经理助理级干部退休1名;做好后备干部培养,选拔任用部长助理3名。三是做好领导干部的监督检查和申报工作。认真做好领导干部个人事项和即时事项的申报工作;做好领导干部薪酬核算、审批和发放工作。四是配合业务发展,做好员工调整,做好人才队伍的储备和培养。员工晋级7名,招聘员工1名,完成员工日常培训和业务培训、新员工入职和定岗定级工作。五是做好员工年度绩效考核和评优工作以及员工专业技术职务的评审和聘任,聘任高级专业技术职务3人,初级、中级专业技术职务8人。六是完成2018—2019年度的工资总额预算、决算和清算工作,积极和股份公司人力资源部沟通,做好公司工资总额增长原因的解释说明。七是做好干部员工福利保障。完善企业年金和补充医疗保险方案,做好社保、公积金、企业年金等的增减员、转移接续、核算、扣缴和划转,按照政策要求完成企业年金补缴工作;向海淀区社保中心申请稳岗补贴基金9.06万元,并将基金抵扣员工社保缴费落实到人。 (袁 旸)

【企业管理】 组织召开公司第十四次、第十五次股东会会议,公司三届一次、二次、三次董事会会议;按照股份公司要求完成2018年度董事会规范运作考核工作;完成周仲华书记任公司总经理报银保监局任职资格审批工作;完成公司董事会换届,选举王秀明为公司第三届董事会董事长;根据股份公司要求、公司董事会换届及董事人数变更等内容,对《公司章程》进行修改,并先后获得股份公司、北京银保监局批复;修订《董事会议事规则》《总经理工作细则》;做好公司证照和重要文件借用审批、领用、登记工作,及时完成营业执照的工商变更及按时报送相关报告;努力提升公司产权管理质量,严格执行公司申报登记流程,认真核对申报材料,促使产权登记的及时性、准确性、全面性大幅提升。 (杨泽伟)

【经营管理】 年末吸收存款余额1234.05亿元,同比增加21.11%,全年日均吸收存款812.34亿元,同比增加18.32%;年末发放各项贷款余额669.09亿元,同比增加27.44%,全年日均发放贷款598.08亿元,同比增加12.25%;全年代理结算业务770万笔,同比增长超过30%,全口径结算资金流量近14万亿元;实现营业收入30.12亿元,完成年度预算105.68%,净利润10.87亿元,完成年度预算112.88%。优惠政策保持不变,贷款利率下浮、手续费减免减少账面营业收入4.32亿元,存款利率上浮增加成本费用1.43亿元,扣除上述因素影响,公司实际营业收入34.44亿元,同比增长7.02%;实际净利润13.77亿元,同比增长15.72%。公司资产总额1353.25亿元。 (李雪梅)

【外汇业务】 充分利用集团外汇资金集中运营管理主办企业资质,代理成员单位开展经常项目下集中收付汇业务、境内外外汇资金集中管理、外债和对外放款额度集中调配。利用即期结售汇和银行间外汇市场交易会员的资格,代理成员单位在银行间市场内进行即期结售汇,为成员单位获取更高的收益。连接的全球银行金融电信协会(SWIFT系统)正式启用生产用银行代码(代码:CRFPCNBJ),与主办行连接可接受与发送MT940、MT101的报文接口正式上线。试点成员单位成功接收到境外账户的MT940报文,全球账户可视化集中管理稳步推进。获得外币拆借业务资格,在银行间外币拆借市场办理拆借业务,不断丰富头寸管理手段。在具备经常项目跨境人民币收付业务办理资格的基础上,申请跨境人民币双向资金池业务主办企业资格,致力于为成员单位提供种类更丰富的结算服务。 (聂天奇)

【资金集中】 人民币、外币吸收存款余额1234.05亿元,日均812.34亿元。其中,人民币吸收存款余额1221.14亿元,较上年末增加216.33亿元,增幅21.53%;日均存款804.38亿元,较上年同期增加129.11亿元,增幅19.12%。外币吸收存款余额折合人民币约12.92亿元,日均折合人民币约7.95亿元。

以营销服务纵深发展为手段,以资金集中持续提升为目标,靠前营销,品质服务。本着"财企联动、合作共赢"的服务宗旨,坚定"一企一策,服务至上"的营销服务理念,坚持以客户需求为导向,以提升质量为抓手,以合作共赢为目标,有序推进各项工作。一是加大营销力度，多形式推介公司产品；二是紧抓问题导向，精准服务成员单位；三是提高服务效率，提升服务水平；四是加大开户力度，促进结算转移；五是推进异地开户，黏合银企关系。（刘萌军）

【业务创新】 投研服务。不断加强对金融政策和市场动态的研究，跟踪分析资金、债券、外汇、股票、PPP、“一带一路”等经济数据，每月及时发布金融政策研究期刊供集团内部单位参考使用。全年累计发布内部研究期刊12期，总字数突破30万字，金融研究水平不断提升。对同业存单、应收账款盘活、PPP项目融资、ETF股权换购、科创板股票转融通、创新存款品种、发债统借统还、有息负债管控等金融业务进行专项研究，为集团及成员单位投融资管理和资本运作提供个性化、深领域的投研金融服务，为服务实体经济和集团高质量发展贡献“智库”力量。（郑帅奇）

【服务实体】 金融资源精准投向资本运营板块、科技产业、新兴产业等集团重点支持的产业单位，为物流产业园、装配式建筑和盾构产业提供专项授信，为网信科技公司核定综合授信，全力提供打造“品质铁建”所需金融产品。基础信贷业务和产业链金融业务稳步增长，在原有信贷产品的基础上，适当增加超短贷和中长期贷款投放比例，合理搭配金融资源配置。按照股份公司的统筹安排，年末集中发放超短期贷款160亿元，助力成员单位降债，缓解成员单位资金短缺的压力。实现首笔外币贷款业务落地，助力中国铁建“海外优先”战略实施。投行业务再添新服务，紧跟金融市场动态，定期发布金融政策研究期刊供成员单位参考使用，致力于打造中国铁建金融智库，为“品质铁建”贡献金融力量。（田　帅）

【信贷业务】 坚守自身定位，严格落实集团战略，稳健发展创新业务，把金融资源精准投向资本运营板块、科技产业、新兴产业等集团重点支持的产业单位，重点为物流产业园、装配式建筑和盾构产业提供专项授信15亿元，为信息科技公司核定综合授信5000万元，为集团其他主业板块的成员单位增加综合授信144.5亿元。全年累计发放贷款809.71亿元，年末各项贷款余额669.09亿元，通过优惠贷款利率政策为集团节约利息支出约3.47亿元。公司实现首笔外币贷款业务的落地，进一步助力中国铁建“海外优先”战略实施。加强对接集团PPP项目融资安排力度，联合成员单位与商业银行议价谈判发挥财务顾问职能，全力提供打造“品质铁建”所需金融产品和服务。

2019年末，铁建财务非融资性保函业务余额145.75亿元，业务品种范围扩大到海关关税保函、农民工工资保函、安全文明施工保函等，业务品种更为丰富，服务能力进一步增加；委托贷款余额120.35亿元，有效满足成员单位资金需求和资金往来的规范管理；保理业务余额0.63亿元，有效撬动成员单位资金需求3.2亿元，为集团开拓“出表降债”新渠道。（田　帅）

【产业链金融】 积极发挥核心成员单位优势，借助延伸产业链金融服务的业务资质推进产业链条良好稳定的合作关系，构筑铁建良好供应生态圈。累计办理“一头在外”票据贴现29.61亿元，举办两次召开外部供应商业务推介会，与集团物资集采中心深度对接，为全国多地分中心供应商进行业务宣讲，借助财务公司平台推动成员单位和参会供应商共谋供应链发展合作事宜，实现产融协同发展。在中国金融出版社举办的第二届年度品牌案例大赛中获“中融普惠”年度案例特别奖。（田　帅）

【资金业务】 面对新的市场形势，相应调整资金管理策略，加大对成员单位信贷支持力度，充分挖掘资金管理潜力。一是全力为信贷业务做好资金支持保障工作，在监管和头寸允许的情况下，全力满足成员单位各类信贷融资需求，除开展传统的流动资金贷款外，项目贷款、新兴产业贷款、票据贴现、产业链金融、外币信贷、联合保理等业务蓬勃开展，全年日均信贷同比增长12.25%，在增量的同时，继续保持内部各项优惠政策，对成员单位流动资金贷款利率平均下浮14%。二是立足流动性均衡管理的总原则，公司本年继续稳固开展货币基金申赎、信用债买卖业务，收益率在行业内排名靠前，远超公司同业收益率，以有限资金创造更多价值，获取金融市场超额收益。三是继续提升资金头寸管理水平。规范成员单位头寸报备机制，引导成员单位及时准确预测收支，为公司资金头寸管理提供依据；细排资金计划，建立预警调拨机制，科学安排各区域资金头寸，盘活沉淀资金，提高资金使用效率；积极同各商业银行保持密切沟通，通过积极磋商、业务合作等方式，延迟下调、及时上调同业利率，提高资金头寸收益。（李雪梅）

【投资业务】 严格按照监管要求和股份公司审批的投资范围稳健开展有价证券投资业务，开展货币基金申赎、国债买卖、信用债买卖、融资及财务顾问、国债正回购、国债逆回购等金融业务。面对金融市场利率下行、投资监管政策趋严等新的市场形势，主动筹划，积极应对，适时优化调整有价证券投资范围、原则和策略，投资风控体系不断完善，投资业务得到合规、稳健开展。有价证券投资日均规模 31.5 亿元，累计综合收益 1 亿元，税后综合投资年化收益率 3.10%，比同规模银行活期存款最高利率水平全年累计多获净利润逾 3000 万元；货币基金组合收益率稳定在市场排名前 5%，税后年化收益率 2.96%，超过货币基金市场均值逾 50BP。（郑帅奇）

【票据业务】 继续推进铁建电票的应用范围和市场影响力，帮助成员单位降低财务成本，优化融资结构。全年累计办理票据承兑 2.02 万笔，金额 209.04 亿元，覆盖内外部客户 6062 家；累计办理票据贴现 1926 笔，金额 57.17 亿元。铁建电票为 255 家中国铁建成员企业和 35000 余家产业链客户提供支付结算和融资支持，得到 800 余家金融机构认可（含分支机构）。（田　帅）

【风险管理和内部控制】 坚持合规经营、依法办事，构建预算管控、风险防控、审计稽核和纪委监督多位一体的内控监督管理体系。建立组织架构健全、职责边界清晰的风险治理架构，明确董事会、监事会、高级管理层、业务部门、风险管理部门和内审部门在风险管理中的职责分工，根据业务需求搭建多层次、相互衔接、有效制衡的风险管理制度体系和运行机制，内容覆盖账户管理和结算业务操作、信贷审查与业务操作、投资业务管理、会计制度、资金和预算管理、网络信息安全、人力资源管理、资产管理以及内部控制、风险评估等各个方面，把内部控制贯穿于公司各项业务日常监控与管理的全过程，内控评价连续三年获评 A 级。积极发挥全面预算导向作用，各项管控措施积极有效，依法合规控制金融风险，各项监管、监测指标持续合规，顺利取得银保监局最高监管评级一级，促进公司风险监控体系持续完善。（辛雄飞）

【信息化建设】 2019 年是财务公司“信息化建设年”，公司坚持“固稳图新、稳中求进”工作目标，在保障老核心安全平稳运行的同时，大力开展新核心业务系统建设，持续加强基础设施技术应用，构建“两地三中心”容灾架构体系，完成数据中心 IPv6 改造；稳步推进核心业务系统 2.0 项目实施，组织独立第三方机构开展软件测评，按计划有序推动新系统建设；逐步完善信息科技运营管理体系，部署实施 IT 综合资源监控系统，多角度、多维度提升信息系统运维服务水平；不断夯实网络安全基础，加强信息安全技术防护，完成新核心业务系统三级等保测评和公安部门备案；加快推动信息科技创新，积极尝试人工智能技术应用，人脸识别将应用于新系统，智能客服系统完成招标，微信银行、移动 App 应用等初具轮廓；全年无宕机事故、无安全事故、无敏感信息泄密事故，信息科技管理水平持续提升，应用系统稳健高效运行，有力地支持公司各项业务的快速发展。（葛　斌）

【党群工作】 坚持以习近平新时代中国特色社会主义思想为指导，认真贯彻落实中央和上级党委工作部署，以党的政治建设为统领，以构建“价值创造型、智慧服务型、特色实践型”大党建工作体系为抓手，以融入中心服务企业高质量发展为出发点和落脚点，为建设“国内优秀、行业领先、铁建最佳”的财务公司提供坚强保证。公司党建工作在股份公司党委 2018 年度党建责任制考核评价中由“一般”实现“良好”的重要突破。坚持以政治建设为统领，进一步巩固政治引领力。加强班子理论武装；落实党委前置研究程序，印发“三重一大”事项清单（2019 年版）；落实《党建工作责任制实施办法》，抓好党建工作“一岗双责”；抓好“不忘初心、牢记使命”主题教育；深化“三基建设”，推进“一支部一特色”建设；出台《党内表彰规定》。全面深化企业文明和思想文化建设，进一步提高文化号召力。抓牢意识形态工作主动权，全年未发生负面舆情事件；深入开展形势任务教育；以庆祝新中国成立 70 周年为契机大力加强企业精神文明创建；代表中国铁建参加国资委“我和我的祖国”中央企业经典爱国主义歌曲歌咏展演。深入开展“铁建金钥匙”品牌宣传，进一步强化正面引导力。构建正面宣传主阵地，企业官微阅读总量、关注人数大幅提升；加大外宣力度传递企业价值，营造良好舆论氛围；加强先进典型人物事迹宣介，激发榜样正能量；创新组织开展新闻宣传培训，深化“大宣传”体系建设。深入推进全面从严治党，进一步增强廉洁“免疫力”。签订《党风廉政建设责任书》；创新开展廉洁风险等级评估工作；组织开展领导人员亲属和其他特定关系人所办企业与本企业业务往来等专项整治工作；开展“五个一”反腐倡廉教育。引领推动党建带工建团建，进一步提升团队聚合力。签订集体合同等，落实保障职工合法权益；通过精准帮扶等途径，关心关爱广大职工群众；出台“合建技改”制度等激发广大职工劳动热情；开展“庆周年”健步走等一系列活动；以五四运动 100 周年为契机，举办“五四”主题团日活动；公司团委获中国铁建“五四红旗团委”称号。（李阳雪）

【重要记载】

▲1 月 27 日　铁建财务举行“金融先锋”表彰大会，客户服务部、结算部、信贷部分别获金融先锋奖、金融先锋·创誉奖、金融先锋·创新奖和金融先锋·创

效奖。

▲1月31日　铁建财务完成新一批境外账户的MT940报文授权，成功接收并解析中铁十四局在阿尔及利亚地区部分账户的对账单信息，并实现在公司核心系统对其余额及明细的查询，首次将金融服务拓展到非洲大陆。

▲2月1日　铁建财务首次通过中国票据交易系统成功办理一批电子商业汇票再贴现业务，票据金额4121.26万元，利率2.25%，回购期限112天。

▲3月22日　铁建财务召开第十四次股东会议，三届一次、二次董事会会议。

▲4月1日　铁建财务与中国铁建大桥局一公司、中铁十七局建筑公司、中铁十八局五公司的资金结算业务由网银系统手工办理成功切换至财企直联付款渠道。

▲4月26日　财政部指导批准、新理财杂志社主办的第十四届中国CFO大会暨2018中国CFO年度人物颁奖典礼在北京举办。铁建财务获"2018中国年度优秀财务公司"称号。

▲5月16日　铁建财务与中铁建电气化局在长沙共同举办2019年度资金管理暨产融结合研讨会。

▲7月　国家税务总局北京市海淀区税务局组织实施的2018年度纳税信用等级评定结果出炉，铁建财务获评A级纳税信用企业，这是自2014年以来连续第五年获评A级。

▲11月6日　铁建财务申报的《产业链金融"普惠"思维案例》获评中国金融品牌年会"中融普惠"年度品牌案例特别奖。

▲11月29日　铁建财务为中铁十六局发放首笔金额5亿元、期限48天的特惠短期贷款，价格为公司史上最低，办理速度为公司史上最快。

▲12月12日　铁建财务首次向中铁二十局发放美元外币贷款。

▲12月12日　铁建财务信贷投放余额首次突破700亿元。　（杨泽伟）

诚合保险经纪有限公司

【简况】　2009年11月成立，注册资本金1.1亿元。总部驻北京市。从风险咨询、保险建议、保险安排到索赔及公估等后续服务，构成诚合保险经纪完整的业务链条。遍布全国主要区域的10余家子分公司，形成强大的客户服务体系。从铁路、公路、房建、通信信号、城市轨道交通、物流物贸、农业、环保乃至社会各行各业，从国内到海外，诚合保险经纪倾心数载培育市场，成为客户信赖的风险顾问。历经10年发展，诚合保险经纪有限公司已经成长为全国领先的风险顾问，形成"保险+咨询"的双翼发展战略，风险管理为核心竞争力，致力于为客户量身打造科学的风险解决方案。

（樊美麟）

【领导人员】

股东代表	庄尚标
董事会	
董事长	张建国
董　事	高继红
	刘　兵
职工董事	张德清
监事会	
监事会主席	钱生校
监事	宋荣信
职工监事	解　丽
经理层	
总经理	张建国
副总经理	郎玉华
	钱生校
	文金朝
	蔡梅群
党群领导	
党委书记	张建国

（樊美麟）

【职工队伍】　职工222人。其中，领导班子成员5人、聘用人员48人。部门正职19人、部门副职20人；男职工147人、女职工75人；硕士研究生（含硕士学位）39人、本科学历161人、专科及以下学历22人；30岁以下43人、30～39岁94人、40～49岁57人、50岁及以上28人、平均年龄43岁；高级职称70人、中级职称48人、初级职称54人。　（姜妮娜）

【经营管理】　2019年，是新中国成立70周年，是公司成立10周年。一年来，公司党委以习近平新时代中国特色社会主义思想为指导，贯彻新发展理念，全面深化改革，坚持服务主业、产融结合、以融促产原则，积极践行股份公司"四者"定位、"三转"部署和"海外优先"战略，"保险+咨询"双驱互促的经营格局进一步成熟，保险集中、降本增效作用进一步发挥，索赔能力进一步增强，风险培训力度进一步加大，企业管理体系进一步健全。

经营业绩取得新突破。新签合同额31050.63万元,完成年度股份公司下达指标31000万元的100.16%;全年实现营业收入21459.65万元,实现净利润4651万元,完成股份公司下达计划5000万元的93%,较上年同期4394万元增长257万元,净利润率21.9%。

经营展业频现亮点。直保、再保、公估、工程风险咨询、运营培训咨询等专业板块协同发展,股东业务、市场业务、创新业务全面展开,形成专业、地域、业务性质多元化的经营特色。与铁路自保公司高层对接,形成月度沟通协商会制度,双方就合作方向、合作模式达成高度共识,并合力推进昌景黄铁路、龙龙铁路、汕汕铁路、张掖三四线等铁路线保险展业事宜。各经营单位发挥自身优势,主动作为,实现良好发展。经营部全年完成铁三院EPC项目专属经纪人、张扁、新疆G7高速等大型项目的经营展业工作,在手和后续项目稳步推进。与北京市住建委保持良好沟通,下一步安责险前景良好。湖北分公司积极作为,超额完成新签任务,全年成果显著。北京分公司积极开展农民工工资履约保证保险、住宅工程质量缺陷责任保险、诉讼财产保全责任保险,项目银行贷款的工程保险等创新险种,农民工工资履约保证保险累计为施工单位释放保证金1640万元。四川分公司注重经营效果,积极与业主沟通,力争项目的保费、经纪费一次性缴清,实现落袋为安。山东分公司紧盯重点工程不放松,精心筛选,分类储备,责任到人,及时捕捉掌握工程动态,经营形势进步明显。广东分公司人意险、工程险占新签主要地位,但其他险种日益多元化,海南地区的安全生产责任险实现了突破,同时通过与平安财险的深度合作,完成广州地铁10号线安全生产责任险投保工作。上海、宁波分公司积极拓展市场业务,成功拿下宁波科元控股唯一保险经纪人、浙江中博家居公司经纪人,并与杭交投建立良好关系。云南分公司投标保证金保险业务取得新突破,与四川省达州市公共资源交易中心和中国人保、锦泰保险、阳光保险等公司网络平台搭建完成,并实现首单落地。

保险集中持续深化。保险集中管理持续深化。全系统通过诚合保险集采平台交易的各类保险项目1100个,经纪保费流入流出9.77亿元,通过集中招标采购,为全系统成员单位节约保费成本支出约1.98亿元。一是着力宣贯股份公司74号文件精神,推动系统内各单位签署《保险资源集中管理服务协议》,协助各单位起草下发集中管理文件,持续推进保险资源集中管理工作,以合理保费支出获得最优保障,践行服务主业初心。二是协助各单位制定详细规范的保险办理流程,将投保和支付“两个权限”全面上收,杜绝项目部自行投保、不审批投保、不审批支付的情况,做到统一采购、统一运作的规范操作,标杆单位有中铁十一局、中铁二十五局等。三是持续升级保险资源集中管理对接人制度,自上而下全面精准对接,进一步明确各经营单位负责人为第一责任人,切实解决客户需求。四是进一步强化集中管理,发放保险服务手册,进行保险服务满意度调查,不断提升服务质量,赢得客户好评。

客服体系不断加强。总、分两级客服机构共开展风险培训服务280场次,受众近6200人次。全年结赔案2346笔,结案金额31307.4万元。一是客服案例总结分析宣传意识增强。客服中心广泛开展系统内保险集中管理宣传,完成9批次集团公司一级培训和保险集中管理宣讲。按照暴雨、洪水、暴雪、隧道塌方、火灾等风险类型,按照路基、桥梁、隧道、临时工程等损失部位等多个维度编制案例总结。二是积压案件“春季清理活动”成为标配。客服中心利用冬春季自然灾害较少的“出险空档期”,连续四年统筹开展春季“重难点积压案件定点清除活动”,解决中铁十二局渝怀铁路945万元洪水案、中铁十九局扎阿高速430万元第三者案等一批重难点案件,销号2016年以前出险的所有未决案件。三是积极处理重大案件和危机事件,提升诚合品牌美誉度。中铁十五局江北高速诉讼,中铁十一局南沙港铁路银保监投诉,中铁十八局成昆铁路隧道涌水第三者案仲裁撤案等一系列客服难题迎刃而解。中国铁建港航局天津南港工业区5300万元围堰滑移案经历六年“长跑”成功结案,成为公司有史以来单笔最大的赔案,主动、超前、专业的客户服务受到股份公司领导、港航局的高度赞扬。

咨询板块蓬勃发展。一是高端研讨擦亮品牌。年初,举办咨询管理创新与发展研讨会,中国铁建党委书记、董事长陈奋健出席会议并致辞,卢春房、何华武、王安等院士出席会议并发表主题演讲,在业界产生极大反响。二是创新拓展咨询模式。中标石家庄钢铁公司铁路专用线全过程管理项目,成功实现“投资决策咨询+工程建设管理咨询”业务落地。三是融入发展效果明显。公司不断加大对广州中咨的支持力度,正式接收广州中咨党支部。广州中咨成功中标呼和浩特市地铁员工培训服务项目,并获得乌鲁木齐、宁波和洛阳等地高端咨询项目。圆满完成兰州和南昌轨道交通线路综合联调工作,被南昌轨道集团评为先进参建单位。四是科技引领推动革新。安全风险管控平台和专家在线问诊平台的建设开始启动,智慧工地业务取得进展,信息化研发工作有效支持主业,与公司各项业务的发展相辅相成,助力工程建设及咨询服务由传统向智能发展。

协同发展再获提升。海外板块认真落实股份公司

“海外优先”战略，立足板块协同发展，提升海外业务水平。一是优化海外人员人身安全保险方案。2019年，全系统出国人意险及雇主责任险投保18160人次。公司进一步优化海外人身安全综合保障体系，承保条件突破意外、猝死、突发急性病等传统限制，出国人意险全球保单，境外高风险国家地区全覆盖，中国籍、属地外籍员工全覆盖，法定传染病死亡伤残医疗全覆盖。二是创新业务品种，为中国铁建海外全产业链全业务流程提供服务。针对股份公司海外发展产品供给由单一工程建设向产业金融、工程产品、运营管理等综合服务的升级的转变，提供配套的服务内容和品种。加大海外项目险种的创新及推广力度，重点投标保险保函、履约保险保函、营业中断保险、信用保险、职业责任险（PI）、工程质量潜在缺陷保险（IDI）、商业综合责任保险（CGL），为海外项目排除风险，提供工程质量和财产安全保障。三是努力提高海外理赔案件赔付能力和效率。对海外理赔案件高度重视、安排专人办理，不断提高海外理赔案件赔付能力，优先响应、优先处理、优先赔付。全年，出国人意险部分结案264起，赔款金额65万元，海外工程险理赔结案8起，理赔金额1594万元。再保险发挥协同优势，与重庆分公司、经营部就巫镇高速公路项目相互支持合作，充分利用承保市场的承保能力，以最合理的承保条件和费率赢得了客户的满意，并且为后续风险防控和理赔服务打下坚实的基础。公估板块新签和营业收入双双完成任务指标，定损金额和实际挽回损失再创历史最高水平，充分发挥案件理赔稳定器作用。互联网保险业务取得阶段性突破。首次开展“重大疾病保障”营销推广活动，“诚e诚合”公众号关注度迅速提升，为铁建员工家庭带去1930万元保额的保障，实现经纪费10.22万元。核心业务管理系统建设成功上线，标志着公司业务管理进入信息化阶段，为提升工作效率、实现大数据管理奠定坚实基础。

积极配合监管，持续加强对外合作。公司高度重视对中国银保监会、各银保监局、保险中介行业协会等单位对接，认真传达、学习新的监管政策，维护专业系统数据，加强业务培训，力求展业规范、合规。公司积极参与保险行业内部交流，被260家会员单位推选为“北京市保险中介行业协会副会长单位”。加强与保险公司、经纪公司的互动交流，与中国人保、中国太平、阳光财险、中银保险、建信财险、黄河财险、国任财险、英大长安经纪等公司实现高端对接，就开展直保经纪、保险公估、再保经纪、风险管理的“四位一体”业务模式达成共识，合作空间广阔。加强与铁路自保公司、新疆额河建管局、中国通号、河钢集团石钢公司等重点单位的联系，实现深度合作和滚动发展。（樊美麟）

【党群工作】 认真贯彻习近平新时代中国特色社会主义思想，围绕中心工作，提升党建标准化水平，认真做好思想政治、宣传报道、统战保密、国家安全、精准扶贫和群团工作，支撑公司改革发展大局。一是认真开展“不忘初心、牢记使命”主题教育。公司党委高度重视，多次专题研究，制定主题教育方案，严格做好“规定动作”，创新“自选动作”，做到落实责任、强化保障、分类指导、取得实效。不折不扣完成动员部署、学习研讨、调查研究、专题党课、检视问题、专项整治、专题民主生活会、评估总结等工作任务。领导班子成员通过自学、集中学、研讨交流学、现场体验学等方式，系统学习习近平新时代中国特色社会主义思想、党章党规、党史等内容，达到理论学习有收获的预定目标。公司党委把问题整改、专项整治作为主题教育的重点内容来抓，对职工群众关注和公司“两重”工作，列出问题清单，明确具体的整改措施、责任部门、责任人，立行立改，常抓不懈，七大类50个问题落实26件，剩余问题属于持续改进性质，纳入整改长效机制中。二是不断提升党建工作水平。严格党内各项制度，梳理完善党委议事规则、干部选拔任用规范、党建工作责任制考核办法等规章制度，规范流程、确立标准。按照股份公司党委部署，建立公司“三重一大”决策和运行监管系统，提升党建信息化水平。坚持“三会一课”制度，推进标准化党支部建设。落实社会责任，制定消费扶贫的具体计划，助力股份公司定点贫困县早日脱贫。三是继续深化干部队伍建设。为补充空缺和新增岗位的需求，全年招聘员工41人，接收高校毕业生5人，其中研究生3人。创新职工培训手段，加大培训力度，全年参加由股份公司组织的各级各类培训班34次，受训人员累计50人次。自办新入职员工培训、领导干部培训，组织保险展业人员、专业人员、风险管理人员参加“比杰士”相关培训，员工整体素质有所提升。四是加强思想政治建设。开展党委中心组学习8次，自主设计编印学习材料《党委中心组学习手册》。组织开展使用“学习强国”学习平台，并对各支部学习情况进行督导，营造比学赶超的学习氛围。推进意识形态工作向纵深发展，做好重要时间节点的意识形态工作和反邪教维稳工作。五是大力推进文化文明建设。围绕新中国成立70周年、“品质铁建”、公司成立10周年主题，组织开展摄影大赛、征文比赛、抖音短视频大赛、“学习身边榜样、誓做大国顶梁柱”等活动。六是着力营造良好舆论氛围。先后在《铁道建筑报》头版头条和中国铁建官网刊发《中国铁建在京举办咨询管理创新与发展研讨会》等文章。公司官微发文172篇，同比提升20.28%，提升用户关注度36.57%。

不断加强纪检监察和巡察工作。公司党委严格落实党风廉政建设"两个责任",签订《党风廉政建设责任书》,实现压力逐层传递。成立党委巡察办、纪委办公室(执纪审查室),建立公司党委巡察工作体系,明确工作规范及工作要求,为公司党委巡察工作规范化运作打下坚实基础。配合股份公司巡视组开展巡视,对巡视组反馈的巡视意见,按要求督促整改。强化对中央"八项规定"和反"四风"问题的执纪监督,加大履职待遇和业务支出方面整改力度,推进作风转变。在重大节假日前进行廉洁提醒,增强党员领导干部自律意识和拒腐防变能力。 (郝卫静)

中铁建商务管理有限公司

【简况】 前身系铁道兵司令部管理处、铁道部工程指挥部管理处、中国铁道建筑总公司机关事务管理部、总公司机关服务中心、北京铁建工贸集团;2008 年 1 月,改制成立为中铁建(北京)商务管理有限公司;2015 年 7 月改现名。主营业务范围涵盖物业管理、医疗服务、餐饮服务、物资贸易、机票商旅服务、车辆保障服务等。下辖北京铁建物业管理有限公司、北京铁建医院、北京铁建餐饮有限公司、中铁国际航空服务有限公司、大厦服务中心等 5 家所属单位。

2019 年,完成营业收入 29143 万元,实现净利润 269 万元,期末资产总额 36046.92 万元,国有资本保值增值率 104.19%。 (韩　明)

【领导人员】

董事会

董事长　　吕　岗

董事　　贾晖东

　　孙　胜

监事会

监事会主席　　孙利民(12 月任)

经理层

总经理　　吕　岗(12 月免)

　　贾晖东(12 月任)

副总经理　　孙　胜

　　王　青

总会计师　　王　青(兼)

党群领导

党委书记　　贾晖东(12 月免)

　　吕　岗(12 月任)

党委副书记　　吕　岗(12 月免)

　　贾晖东(12 月任)

纪委书记　　孙利民(12 月任)

工会主席　　孙　胜

(孙　乾)

【职工队伍】 职工 623 人。干部 116 人。其中高级职称 14 人、中级职称 29 人、初级职称 26 人。技术干部占在岗干部总数的 50.86%。工人 507 人。其中高级技师 3 人、技师 6 人、高级技术工人 7 人、中级技术工人 2 人。技术工人占在岗工人总数的 3.55%。

(孙　乾)

【服务经营】 树立创建一流服务、竭诚服务总部理念,以提升服务满意度为目标,做优做精服务、做实做细管理,统筹抓好服务经营、安全保卫、深化改革、提质增效、党建群团工作各方面工作,增强股份公司总部院区的获得感、幸福感、安全感。

服务保障。聚焦总部满意目标,把竭诚服务保障总部高效运转作为重中之重,以一流服务打造总部对外重要形象窗口。完成股份公司系列重要会议、重要接待、重要活动 260 余次,出色地保障"一带一路"国际合作高峰论坛期间连续 9 天 16 场的密集重要外事接待服务。按照最高规格、最高品质、最高标准接待"一带一路"沿线国家元首访问中国铁建总部重大服务保障任务两次。为更好地聚焦股份公司建设一流总部,服务总部高效运转,始终将贯穿标准化管理的理念贯彻全年,对服务接待实行分级管理,提升服务质量。

经营管理。物业公司对标先进单位经验,在服务展示、费用公示、业主宣传、拉近业主关系方面干在实处,总部院区物业服务满意率 98%。配合完成"三供一业"移交后大量工作。铁建医院邀请内分泌、心内、中医知名专家出诊,开展家庭医生式服务,多次组织开展爱眼日、爱牙日等医疗公益活动。餐饮公司全年供应工作餐 33 万人次,保障总部会议餐 166 个,服务接待外宾 31 次。其中高规格完成瓦努阿图总理一行重大餐饮保障服务。总部汽车队派车 2.6 万台次,行驶 84 万千米。中铁航服集采覆盖到中国铁建全系统 36 家二级单位、368 家三级及以下分支机构。2019 年集采机票 22.7 万张,火车票 7000 余张,采购金额 3.1 亿元,同比增长 15%,被国航评为 A 类服务商,被东航股评为央企首家商旅管理服务商。

专项工作。做好消费扶贫工作,坚定扛起助力中国铁建对口扶贫区县脱贫攻坚政治责任。2019 年,按照股份公司的要求,中铁商务主动承担中国铁建全系统消费扶贫集采任务,为扶贫区县与中国铁建各单位间铺路架桥,把贫困地区产品源源不断销往系统内各个单位。一年来组织全系统采购扶贫产品4700余万元。在张家口对口扶贫村农产品收获期间，主动联系村民到股份公司总部院区销售蔬菜、瓜果和禽蛋肉类，实现了对口扶贫地区产品从田野到食堂、到餐桌。张家口万全区政府领导和多家扶贫企业为中铁商务赠送锦旗2面。（韩　明）

【社会事务】 认真履行中国铁建总部赋予的交通安全、消防安全、爱国卫生、绿化美化、集体户口管理、避雷检测等社会事务职能工作。各项社会事务工作进展顺利，与地方各部门沟通对接顺畅，关系融洽。中国铁建总部连续24年保持“北京市爱国卫生红旗单位”荣誉，院区连续25年保持“首都绿化美化花园式单位”荣誉，对外树立良好形象。（郭　琪）

【党群工作】 以习近平新时代中国特色社会主义思想为指导，深化落实全面从严治党要求，党的领导不断强化，队伍素质显著增强，党建质量明显提升，为促进企业平稳健康可持续发展提供坚强保障。旗帜鲜明讲政治、守初心。开展“不忘初心、牢记使命”主题教育，结合专题调研、意见征集、检视问题中发现的8个方面20项整治问题，真改实改、应改尽改，受到基层干部群众的好评。完善党委会、董事会、经理层、监事会的议事规则，党组织的把关定向作用和融入中心工作效果日益凸显。持之以恒抓基层、打基础。重点对12个届满和重组合并的基层党支部及时督促提醒、按期换届。组织召开党支部建设工作现场推进会、基层党组织书记轮训和3期党支部骨干培训，推动基层党支部规范化建设。开展党员先锋岗创建、主题党日活动85场。通过党建工作责任制考核、党建工作约谈等方式，推动管党治党主体责任层层压紧压实。从严从实管干部、带队伍。树立正确选人用人导向，完善激励约束机制，激励干部谋事干事、担当作为。开展“老带新”“师带徒”活动，营造拴心留人良好环境。服务大局抓宣传、促落实。通过专家授课、专题讲座等形式，强化党员领导干部的初心使命意识。围绕后勤服务主业开展宣传，公司网站刊登稿件65篇，官方微信公众号登载消息157篇，营造浓郁氛围。聚焦主业强监督、严执纪。聚焦职责使命，强化政治监督，推动主题教育检视问题、巡视巡察反馈问题整改。完善廉政档案，逐级签订党风廉政建设责任书和廉洁从业承诺书。对制度建设、物资采购等监督检查。加强“小事小节”和关键节点的检查。开展廉洁警句征集，廉政书画、知识答题、参观廉政基地等活动，警示教育氛围浓厚。出台完善纪检监察制度20多项。制定《推进纪检监察体制改革实施方案》。党建领航带工建、促团建。召开工会一届一次全委（扩大）会议、二届三次职代会。举办“展风采、树形象、促服务”第三届职工技能竞赛。开展朗读会、歌唱祖国、社区文艺汇演、志愿服务、为祖国点赞手工制作等活动。开展“与共和国同行，打造品质铁建”“书香铁建”读书活动，9人获一等奖，1人获全国总工会优秀奖。开展帮扶慰问、“夏送清凉”、“金秋助学”等活动，使一线职工体会到企业大家庭温暖，增强凝聚力。（孙友霞）

【北京铁建物业管理有限公司】 主要负责中国铁建总部家属区的物业管理。在管中国铁建总部院区、昌平青秀尚城、海淀环保嘉苑以及朝阳分公司国际城、乐想汇及中国铁建广场等项目。驻北京市海淀区复兴路40号。党委书记、执行董事、总经理赵军。职工297人。资产总额7911万元。

2019年，营业收入9390万元。所属各项目整体服务满意度92%以上。（刘慧慧）

【中国铁道建筑总公司北京铁建医院】 为一级综合医院、海淀区万寿路街道中铁建社区卫生服务站、事业法人单位、北京市基本医疗保险定点医院、海淀区西南部医联体成员单位。主要承担总部职工、家属及社区居民的基本医疗、基本公共卫生服务和健康管理工作。前身是铁道兵司令部门诊部。驻北京市海淀区复兴路40号75号楼。党委书记、院长顾庆久。职工99人。资产总额5395万元。

2019年，营业收入11359万元。门诊量15.68万人次，体检8318人次。（丁潇楚）

【北京铁建餐饮有限公司】 为中国铁建股份公司总部餐厅，负责股份公司总部提供工作餐及会议接待等服务保障工作。驻北京市海淀区复兴路40号。党委书记、执行董事、总经理聂桂荣。职工107人。资产总额2163万元。

2019年，营业收入2547万元。（姜　庶）

【中铁国际航空服务有限公司】 具备客运代理一级（国际客运）、二级（国内客运）资质。主要负责中国铁建系统因公机票集中采购及差旅管理服务等业务。驻北京市海淀区复兴路40号铁建大厦B座一层东区。2010年7月成立，注册资本金5000万元。执行董事、总经理、党支部书记孙友霞。职工39人。

2019年，营业收入1011万元，销售额3.11亿元。

（焦振华）

【中铁建商务管理有限公司大厦服务中心】 主要负

责股份公司总部及系统内部部分企业的物业服务工作及重要接待(会议)等特约服务保障工作。驻北京市海淀区复兴路40号。总经理、党支部书记刘芳。职工113人。

2019年,营业收入3609万元。 (张丽荣)

中铁建金融租赁有限公司

【简况】 经营范围包括融资租赁业务,转让和受让融资租赁资产,接受承租人的租赁保证金,吸收非银行股东3个月(含)以上定期存款,同业拆借,向金融机构借款,境外借款等。2016年6月经中国银行业监督管理委员会批准设立,是国内首家由建筑央企发起设立的金融租赁企业,注册资本金34亿元,注册地天津自贸试验区(东疆保税港区)。中铁金租始终把服务实体经济作为出发点和落脚点,全面提升服务效率和水平,在优化资源配置、促进结构调整、助力产融结合和融融协同等方面发挥重要作用。成立以来,围绕"工业制造、建筑施工、能源环保、煤炭化工、文旅健康、公用事业"六大领域开展融资租赁业务,坚守"服务主业、服务实体、以融促产、产融结合"定位,秉持"安全第一、适度规模、依法合规、行稳致远"发展理念,围绕中国铁建产业链,构建"以租促销、以租促揽、以租促收、以租带建、以租代购"的"三促两带(代)"服务模式,不断提升差异化、专业化、特色化金融服务能力。资产规模近500亿元,主要经济指标位居行业前列,是国内最大的盾构机租赁企业;蝉联联合资信主体长期信用AAA评级;获全球租赁业竞争力论坛"最佳产融结合创新企业"和"项目租赁领军企业"称号,第五届中国海事金融(东疆)国际论坛"贡献奖",2019IDC"中国数字化运营模式转型领军者"称号等。 (李艳平)

【领导人员】

董事会

董事长	王秀明
副董事长	张国俊
董事	李　彤
	姚　浩
	王　欢
职工董事	吴　烨

监事会

监事会主席	张介鹏
监事	李　健
	杨红梅
职工监事	秦　伟

经理层

总经理	冀　涛(9月任)
执行总经理	尹金丹
总会计师	李　彤

党群领导

党委书记	张国俊
党委副书记	冀　涛(9月任)
	戴建国(9月免)
纪委书记	张介鹏

(李艳平)

【职工队伍】 职工145人。其中,男性91人、女性54人;专科及以下学历7人、本科学历94人、硕士研究生及以上学历44人。2019年,公开招聘33人。

(李艳平)

【经营管理】 坚守"服务主业、服务实体、以融促产、产融结合"定位,依托中国铁建产业背景和全产业链优势,持续推动产融项目落地,为系统内单位扩大经营规模、提升盈利能力、加速资金周转、降低资产负债率和融资成本,实现高质量发展提供动力。围绕"六大领域",深耕"三重业务",拓展市场领域,推动滚动经营,市场经营能力明显提升,自主开发业务占比日渐提高,业务结构逐步优化,业务模式优势不断巩固;围绕国家产业政策,狠抓经营投放,服务经济实体,全年落地219个项目,实现投放283.96亿元;落实普惠金融政策,扶持小微企业,累计服务小微企业及自然人客户超过3541个,投放32.6亿元。新签合同48.16亿元,实现营业收入46.58亿元,净利润6.65亿元,较上年同比分别增长13.42%、25.79%、47.69%,超额完成年度各项考核指标任务。资产余额393.77亿元,经营性租赁资产余额71.70亿元,租赁资产465.48亿元,贷款损失准备10.35亿元;资本净额48.43亿元,总资产规模484.27亿元。 (李艳平)

【金融营运】 坚持深化银租合作,广开融资渠道,构建多元化、多渠道、多品种的融资体系,获得稳定、充足、低成本的授信资源,提供强大的筹资保障能力,提升金融品质、行业品牌和市场影响力。金融机构授信总额949.4亿元,中长期融资余额占比由2019年初的2.7%提高至20.4%。新增监管项目75个,监管账户54个,监管资金新增353.2亿元。探索金融产品、创新融资模式。落地北京银行总行基础设施项目5年期保理融资5亿元;落地国开行4年期贷款2.9亿元,为国开行天津分行对公司发放的首单中长期项目贷款；落地浙商银行应收款链融资3.1亿元和区块链分期通业务1.3亿元，为浙商银行北京分行为金租公司开展的首单区块链融资业务；发行2019年第一期创新服务中小微企业租赁资产财产权信托10.1亿元，创银登中心工程机械中小微客户租赁资产财产权信托首单；获批中国农业发展银行5年期授信20亿元，为农发行天津分行首单金租公司贷款；与德意志银行办理盾构机租赁资产2.7亿元3年期贷款，为首单与外资银行合作的再融资业务。助力公司第三年再获AAA主体评级。获得天津银保监局同意公司发行不超过30亿元金融债券的批复。 （李艳平）

【信息化管理】 持续完善信息科技治理，不断优化信息化职能，加强人才队伍建设和信息化系统规划与建设，制定综合信息平台升级建设方案，启动核心业务系统升级建设，通过系统升级，加强租赁投放风控审批、租后信息化建设、中小微业务应用、经营租赁业务应用等。租赁业务系统2019年9月成功上线使用，并同步启动银企直连系统建设和征信系统接入项目建设。持续加强网络安全建设，开展网络安全自查工作，向中国铁建、监管机构报告网络安全运行情况，加强网络安全技术措施，开通网络安全攻击预警服务，加强容灾备份能力，开通云主机、云数据库实时备份，辅助数据库备份策略和人工离线备份，提升信息系统意外灾害和中断后应急恢复能力。在客户风险管理、租赁资产实时监管、网银对账等方面，基于大数据、物联网、区块链、5G等技术应用开展探索研究，提前谋划租赁业务智能化监管，为公司提供科技支持。 （李艳平）

【风险管理】 紧紧围绕“安全第一、适度规模、依法合规、行稳致远”的发展思路，全面做好风险管理工作。建立“六阶段、十环节”工作流程。即“信息阶段（市场开发、立项讨论）—评审论证阶段（评估论证）—审查评审阶段（前置审查、评审会）—决策审批阶段（决策审批）—签约投放阶段（合同签订、投放起租）—租后管理阶段（租后管理、合同终止）”六阶段、十环节的租赁业务工作流程，理顺业务全流程。构建“三维度”评审运行机制。把“租赁物质量、承租人履约能力、增信措施强度”三个维度嵌入租赁项目评审中。筑牢“五保障”全方位风险管控手段。即以风险评级决定主体准入和业务定价筑牢风控保障，以资金用途穿透审查筑牢项目合法合规保障，以项目自偿资金分析筑牢第一还款来源保障，以创新手段筑牢增信保障，以资源配置筑牢操作保障，以“五保障”为基础构筑符合自身特色的专业化风险管理体系。稳步推进法治合规建设。对规章制度、经济合同进行全面法律合规审核，充分运用法律手段，以诉促谈化解重点项目风险。成立合规委员会，并在法审风控部设立合规委员会办公室，同时设立首席合规官（待银保监核准或备案）及合规官。组织各类法治合规培训10余次，积极营造合规文化氛围。持续加强审监联动，不断健全审计制度体系，提升自查自纠能力。结合业务特点和实际情况，开展部门及以上领导的经济责任审计、关联交易专项审计、项目档案资料专项审计、高级管理人员的离任审计等审计工作。 （李艳平）

【内控管理】 按照完善的法人治理结构要求，规范股东会、董事会、监事会、党委会、经理层运作，严肃“三重一大”事项决策，明确决策程序，规范决策过程，促进科学决策，防范经营风险。加强规章制度评审和废改立工作，落实总法律顾问审核机制，成立合规委员会。健全风险内控管理体系，“四会一层”按权限和相应议事规则审议风控事项。制定完善内部控制和全面风险管理相关制度和办法。梳理现行有效制度11类146项，其中2019年新下发或重新修订制度8类25项。定期开展年度风险排查工作，根据中国铁建年度风险调查问卷的统计结果及金融机构监管制度规定确定重大、重要风险，做好管控分工、控制目标和实施方案。通过手工控制与自动控制、预防性控制与发现性控制相结合的方法，基本建立与经营活动相适应的控制措施，有效衔接年度经营计划、全面预算、经营分析、绩效考评，确保战略目标的实现。运用不相容职务分离控制、授权审批控制、信息化系统控制、财产保护控制、预算控制、运营分析控制、绩效考评控制等控制措施，对各项业务和管理事项进行内控管理与自评检查。接受中国铁建财务和业务大检查以及天津银保监局的现场检查，认真、及时反馈被检查事项的相关信息，按照中国铁建、监管部门提出的意见，积极强化公司治理、加强内控建设、谨慎开展金租业务，严防业务风险。 （李艳平）

【党群工作】 以习近平新时代中国特色社会主义思想为指导，全面贯彻落实党的十九大、十九届四中全会精神和中国铁建党委的指示精神，紧紧围绕发展目标，深入开展“不忘初心、牢记使命”主题教育，坚持以党的政治建设为统领，加强党的组织建设为重点，切实发挥党组织的领导作用，为高质量发展提供坚强保证。突出政治引领，强化党建融和。积极落实新时代党的建设总要求，把党的政治建设融入公司治理全过程，做到党的政治建设与各项业务工作紧密结合、相互促进。强化党的领导，落实党建责任。严格落实党建工作责任制,按照中国铁建党建工作责任制考核评价意见,修订《党委议事规则》和《"三重一大"决策制度》,严格把党委研究讨论作为企业决策重大事项前置程序。加强廉政建设,严明纪律规矩。严格落实中央八项规定精神,对关键岗位和重要节点开展监督检查;开展廉洁警示教育,深刻剖析反面典型;认真执行党纪处分条例,把握运用监督执纪"四种形态",以严明的纪律推进全面从严治党。加强思想文化工作,增强企业软实力。把党的决策意图通过制度建设和决策程序上升为企业意志,牢牢掌握意识形态的领导权;紧扣国家政策、上级要求和公司实际抓实理论学习,通过集体学习和研讨交流,进一步提升领导班子政治理论水平和领导决策水平;强化舆论引导,加强文化建设,多渠道宣传企业发展新动态、发展新成果,承担起举旗帜、聚民心、育新人、兴文化、展形象的使命任务,为打造品质铁建提供精神动力。发挥群团作用,增强企业合力。深入推进民主管理,构建和谐劳动关系,履行社会责任,先后组织举办新春趣味运动会、"巾帼绽芳华"健步走活动、"五四"水长城户外拓展、"国旗下的演讲"等活动,进一步营造积极向上、团结和谐的工作氛围,不断增强企业的向心力和凝聚力,提升员工获得感、幸福感。 (李艳平)

【重要记载】

▲1 月 29 日　中铁金租党委扩大会、一届二次职代会暨 2019 年工作会、党风廉政建设和反腐败工作会在北京召开。

▲3 月 15 日　中铁金租获人民银行 2018 年四季度综合五级评级。

▲3 月 21 日　中铁金租与曹妃甸国控投资集团有限公司在曹妃甸签署业务合作框架协议。

▲6 月 19 日　中铁金租与中陕核集团签订战略合作协议。

▲7 月 24 日　中铁金租获评 2018 年度"纳税信用 A 级企业"。

▲9 月 26 日　中铁金租获批中国农业发展银行 20 亿元 5 年期授信,并成功落地中长期贷款 19.97 亿元。中长期借款金额由年初的 10.23 亿元增加到 60.38亿元、占比由 2.77% 提高至 14.94% 。

▲10 月 18 日　2019IDC 中国数字化转型年度盛典暨第四届中国数字化转型领军用户颁奖典礼在北京举办。中铁金租报送的"数字化转型项目基于云计算的设备租赁平台"获运营模式转型领军者奖。

▲11 月 7 日　中铁金租获 2019(第六届)全球租赁业竞争力论坛峰会"项目租赁领军企业"奖。

(李艳平)

中铁磁浮交通投资建设有限公司

【简况】　主要从事磁浮交通、单轨交通及其他新型交通项目的投融资、研发、规划、设计、建设、运营组织管理、咨询、培训及技术服务等。2016 年 10 月注册成立,注册资本金 20 亿元。驻湖北省武汉市武昌区张之洞路 169 号金星大厦。承担世界最长、中国首条中低速磁浮商业运营线——长沙磁浮快线设计、施工、综合联调、运营维护的一站式总承包服务商,也是国内首条磁浮旅游线——清远磁浮旅游交通的一站式总承包服务商。公司定位于城市新型轨道交通产业资本运作、核心技术研发合作、专业集成平台,具备投资经营能力、关键技术研发能力、规划设计组织能力、资源整合集成利用能力、运营组织管理能力等全产业链能力;公司以投融资为引领,创新合作模式,创新国内外城市轨道交通运营方式,以更加安全、节能、环保、经济、高效的交通方式,解决城市交通问题,领军现代新型轨道交通产业发展,为国内外新型交通发展做出贡献。设职能部门 9 个,下辖清远磁浮交通有限公司、中铁磁浮交通投资建设有限公司清远磁浮工程总承包项目部。

2019 年,营业收入 30653 万元,净利润 1625 万元,人均创利 19.80 万元,全员劳动生产率 61.44 万元/人年,职工年人均收入 26.91 万元;净资产收益率 1.55%,国有资产保值增值率 101.51%,资产负债率 31.03%,资金上存度 80% 以上。 (项何丰)

【领导人员】

董事会

董事长	张海亮
董事	谢海林
	付　裕(9 月免)

监事会

监事会主席	吴兰青(1 月任)
监事	周　飞
职工监事	冯　亮

经理层

总经理	谢海林
副总经理	付　裕(9 月免)
	鄢巨平
	李寒生

总会计师　　　　付　裕(9月免)
总工程师　　　　鄢巨平
党群领导
党委书记　　　　张海亮
纪委书记　　　　吴兰青
工会主席　　　　吴兰青(1月任)

(洪　伟　杨军军)

【职工队伍】 职工78人。其中,干部75人。硕士研究生及以上学历19人;专业技术干部75人。其中,正高级职称8人、高级职称43人、中级职称13人、初级职称8人、未聘专业技术职务3人。工人3人。其中,高级工1人、技师2人。(陆　蒂)

【工程项目指挥机构】 清远磁浮工程总承包项目部(股份公司托管)　驻广东省清远市。项目经理、党工委书记谢海林。(陆　蒂)

【项目建设】 清远市磁浮旅游专线工程是国内首条中低速磁浮旅游专线　全长8.014千米,2017年12月29日开工建设。以服务长隆主题公园旅游景区为主要功能,初期实现广清城际银盏温泉站与长隆主题公园站的联通。开工累计完成投资11.5784亿元。

(项何丰　任煦晨)

【企业管理】 按照股份公司要求,根据党的十九大后修订的《中国共产党章程》组织修订《中铁磁浮交通投资建设有限公司章程》,及时编写和报送2018年度企业报告,按照有关规定公开企业经营基础信息。与外部咨询公司合作,启动对清远磁浮公司、清远磁浮总承包项目部的业务、部门设置调研和优化工作,并形成调研报告和建议优化方案。(周　宇)

【经营管理】 经营承揽。设置区域指挥部8个,成立经营点14个。签订战略合作协议5个,追踪项目50多个,与几十个城市就修建磁浮或其他新型轨道交通进行充分探讨,并与政府建立比较畅通的沟通渠道,20余个地市领导和相关单位赴长沙、清远考察交流,形成"现场调研—项目汇报—座谈交流—考察报告编制"标准化迎检程序。财务管理工作。制定下发《机关经费管理暂行办法》,持续优化公司报销单据模板,规范公司经费开支。向清远磁浮交通有限公司拨付调剂款2.4亿元,推进工程项目进度;获得金融机构授信32亿元,其中建行授信12亿元,财务公司授信20亿元,为清远项目办理承兑汇票2210万元,票据到期承兑1.12亿元;同9家金融机构沟通交流,推进项目融资工作,积极开展政府专项债上报工作。会同技术研发中心完成高新技术企业申报;通过研发费用加计扣除,节省企业所得税221万元,收到各类政府补助资金54.35万元。对股东分配利润8018万元,其中2019年支付1640万元。技术研发工作情况。承担或配合经营投资部完成工程项目规划研究27项2197.02千米。其中竞标项目2项276千米;预可行性研究项目2项102.8千米;规划研究项目16项1402.34千米,新型轨道交通项目7项415.88千米。配合完成清远磁浮旅游专线在建项目的技术咨询与服务工作,符合相关规范规定以及其他部门要求。建设管理工作。完成恩施旅游观光铁路项目小磁浮预可研估算编制和评审、资源平衡方案报告及现场土地调查;完成连云港市线网规划项目的预估算编制和线网规划的资金平衡方案;完成横店磁浮旅游观光交通、永川至重庆主城市域磁浮、新疆磁浮旅游线乌鲁木齐至南山、乌鲁木齐至昌吉及乌鲁木齐至天池等项目的估算编制;完成黄山市旅游快速交通、济南至曲阜高速磁浮、桂林市轨道交通线、怀化市域S1线、武汉轨道交通新港线(磁浮)、茅台集团轨道交通绿色通勤线等项目工程经济审查。优化生产调度、安全质量、物资设备及工程经济等管理工作流程,使各项工作制度化、标准化和表单化。组织完成清远磁浮旅游专线项目外电源、CPⅢ和AFC系统招标及合同签订;监督、指导清远磁浮总承包项目部贯彻落实"1234+"工程项目管理思路、加强现场各项管理工作。完成长沙磁浮项目收尾工作,完成资产移交。运营管理工作。清远磁浮旅游专线运营筹备工作有序推进。完成运营中心组织机构与定岗定编优化:完成运营中心的组织机构减员增效的优化调整方案;对订单班完成考核、验收和协议签订,与79名考核合格学员签订三方就业协议,运营管理引进10名成熟人才。配合公司业务开拓经营,先后配合完成恩施旅游观光铁路、上饶旅游交通、茅台酒厂绿色交通磁浮通勤线等十余个项目的运营维护方案编制、运营维护成本测算以及运营方案汇报、配合接待等工作。法律合规。贯彻执行"主要负责人履行推进法治建设第一责任人职责"。审核重要法律文件126份,包含经济合同74份,重大决策文件6份,规章制度37份,授权委托书58份。成立以主管领导为主任,副总经理为副主任,各部门负责人为成员的合规委员会,设立合规办公室,并按要求设置首席合规官和合规官(项目公司设置了兼职合规官),并开展相应工作。综合管理工作。撰写各类会议讲话稿和各项工作的阶段性汇报材料、工作总结18篇,撰写各类会议纪要39份。收文1500余份,均做到及时流转。印制各类制度、通知、文件及函件等110余份。筹备领导检查指导、客户来访等不定期重大会议 30 余次，董事会、总经理办公会及生产调度会等常规会议 45 次。机关车辆、食堂及档案管理工作得到优化提升。（平　原　陈传威　别碧勇）

【科技成果】　股份公司 2018 年科技重大专项 A 类课题——“中低速磁浮轨道交通系统成套技术工程化应用研究”研究内容涉及桥梁、轨道、路基、隧道等 33 项子课题，中铁磁浮承担的 19 项子课题完成 9 项联合科研合同，桥梁、路基、轨排等部分研究成果陆续应用到清远磁浮旅游专线。牵头编制的《中低速磁浮交通设计规范》（中国铁建企业标准）由人民交通出版社出版发行；参编的《磁浮铁路技术标准》（试行）（TB10630－2019）2019 年 8 月 22 日发布。累计申报专利 83 项，已获得授权 26 项。新申请专利 41 项，其中双申请 17 项，主要集中于中低速磁浮、高速磁浮等领域。（韦随庆）

【党群工作】　党的工作。下辖 9 个党组织，其中 3 个党（工）委、6 个党支部，党员 72 人。围绕党章党纪党规和习近平新时代中国特色社会主义思想开展党委中心组专题学习 9 次、专题讲座 3 次，聚焦交通强国、创新发展等开展研讨 7 次、班子成员讲党课 7 次，开展专题调研 10 次。检视问题 21 项、专项整治问题 13 项，25 项问题中 19 项基本整改，剩余 6 项问题按要求落实。发挥党委领导作用。把加强党的领导和完善公司治理相统一，完善董事会决策、监事会监督、经理层执行、党委发挥领导作用的决策执行监督机制。先后召开党委会议 20 次、前置讨论重大事项 41 项、研究决定党群重大事项 83 项。党组织建设。新组建 4 个党（纪）组织；首次闭环对下 2018 年度党建工作责任制考核；下发中铁磁浮 2019 年度党群各类分项要点；公司党群职能部门编制设 7 人，选配 6 人；党建经费按职工薪酬 1% 的比例纳入年度预算。领导班子建设。召开中国共产党中铁磁浮交通投资建设有限公司党员大会，选举公司党委委员、纪委委员。召开中铁磁浮纪委一次会议选举纪委书记；召开中铁磁浮党委一次会议选举公司党委书记、党委副书记。召开 2018 年度党员领导干部民主生活会。针对查摆出的 3 个方面 7 个问题，研究制定整改方案、督促推进整改落实。党风廉政建设。监督党委召开会议 20 次、决策重大事项 160 余项；监督党委中心组学习、研讨交流、干部读书班 19 次，督促整改整治问题 25 项；一体推进“三不”机制，强化“不敢腐”“不能腐”“不想腐”机制进一步健全；以规范“三重一大”事项决策为重点，督促健全党群制度 35 项、配套制度 26 项；以“磁浮清风”为主题开展廉洁宣传教育活动 10 余次。召开首次党风廉政建设和反腐败工作会议、签订党风廉政建设责任书，召开全面从严治党“两个责任”促进会，全年与公司党员领导干部应谈必谈覆盖率 100%。宣传思想和文化建设。紧紧围绕庆祝新中国成立 70 周年和企业中心工作，以“不忘初心、牢记使命”主题教育为契机，学习贯彻习近平新时代中国特色社会主义思想，先后组织党委中心组学习 14 次、安排贯彻党的十九大精神培训班 1 期。印发《关于印发 2019 年党委理论学习中心组专题学习重点内容安排的通知》。在原有官方网站、微信公众号的基础上，先后开通官方抖音、新浪微博平台，先后推送微信公众平台信息 173 条，发布官网信息 164 条，推送抖音视频 12 条；印发《关于加强企业文化建设的实施意见》，修订《企业视觉识别系统》。制定《中铁磁浮交通投资建设有限公司新媒体平台运行管理办法（暂行）》，全年未发生负面舆情。纪检监察工作。建立纪工委 3 个，主导选配纪（工）委书记 3 人，设置纪检有关职能部门 2 个；推动完成股份公司党委专项巡视反馈的 10 项问题整改；开展领导人员违规经商办企业专项整治，梳理区域名贵特产类特殊资源种类清单；立足于企业治理能力提升，协调和督促识别廉洁风险点 275 项、建立防控措施 308 项，构建覆盖全产业链的廉洁风险防控考核体系。

工会工作。正式加入湖北省总工会中央在鄂和省属企业工会工作委员会。完成在湖北省的法人注册和财务账户注册工作，相继出台《职工（代表）大会实施办法》《工会委员会议事规则》等近 30 个制度文件。获评湖北省“安康杯”竞赛优胜单位，鄢巨平创新工作室被命名为湖北省省级劳模创新工作室，公司技术研发中心被评为湖北省“工人先锋号”，1 人获湖北省“五一劳动奖章”，1 人获评湖北省第三届“荆楚工匠”。1 名职工被评为中国铁建优秀工会积极分子，1 个家庭被评为中国铁建幸福家庭，清远磁浮公司工会被评为中国铁建模范职工之家。

共青团工作。广泛开展导师带徒活动、青年志愿者活动、青年知识竞赛等活动。中铁磁浮车辆与轨道研究所获“中国铁建青年文明号”称号，1 人获评“中国铁建优秀共青团干部”。

（田　鹏　王　璐　杨　戈）

【清远磁浮交通有限公司】　中铁建投资基金管理有限公司、中国铁建股份有限公司、清远市广清城际轨道有限公司共同出资成立的有限责任公司，中铁磁浮受托代为管理。注册资本金 6.00823 亿元。专营清远市磁浮轨道交通项目的投资、建设、经营、运营管理。职工 137 人。

2019 年，投资 7.8426 亿元。（姚侪桦）

【重要记载】

▲1 月 14 日　中铁磁浮召开党员大会，选举党委委员、纪委委员；召开党委一次会议、纪委一次会议。

▲1 月 29 日　中铁磁浮召开一届二次职工大会暨 2019 年工作会。

▲3 月 21 日　中铁磁浮与杭州市临安区人民政府签署临安区基础设施建设合作框架协议。

▲4 月 10 日　中铁磁浮与青岛轨道交通产业示范区管理委员会签署战略合作框架协议。

▲4 月 12 日　长沙磁浮快线工程获第十六届中国土木工程詹天佑奖，中铁磁浮为获奖单位之一。

▲4 月 16 日　中铁磁浮与恩施州政府签署战略合作协议，双方在恩施旅游观光铁路综合体项目建设和沿线资源开发上进行广泛合作。

▲5 月 23 日　中铁磁浮与杭州市临安区新锦投资集团签订合作协议，共同推进临安基础设施建设项目落地。

▲11 月 18 日　中铁磁浮牵头编制的《中低速磁浮交通术语标准》（中国铁建企业标准）由人民交通出版社出版发行，2020 年 5 月 1 日起实施。

▲12 月 8 日　长沙磁浮工程获“2018—2019 年国家优质工程金奖”，中铁磁浮为获奖单位之一。（项何丰）

中铁建资产管理有限公司

【简况】　2011 年 3 月注册成立，2017 年 8 月正式运营，注册资本金 30 亿元。紧密围绕“服务主业、服务实体、产融结合、以融促产”的核心定位，全力打造“中国铁建产业链金融和创新金融综合服务平台”。有铁建银信、铁建资管、铁建商城和金融科技平台四大板块业务，经营范围涉及互联网金融、商业保理、资产管理、投资与并购、新兴产业投资、商旅出行以及电子商务等领域。参控股企业 7 家。其中，全资和控股二级、三级子公司 4 家，参股公司 3 家。

2019 年，获年度中国核心企业电商科技进步奖。获上交所 2019 年度债券市场优秀参与机构奖，连续两年被深交所授予优秀固收产品发行人荣誉，年内接待政府、国家级金融机构、央企同业和地方投融资龙头企业来访 50 多场次。（李亚静）

【领导人员】

董事会

董事长	王秀明
董事	易善健
	王　闯

监事会

监事会主席	彭长林

经理层

总经理	王　闯
副总经理	黄健民
总法律顾问	黄健民（兼）

党群领导

党委书记	易善健
党委副书记	王　闯
纪委书记	彭长林
工会主席	彭长林（兼）

（董化龙）

【职工队伍】　职工 149 人。其中，硕士及以上学历超过 30%，本科 68%。高级职称人员占比 20%，中级职称占比 30%，海归人员超过 20%，金融与互联网专业人才超过 50%。员工平均年龄 35 岁。（李亚静）

【企业管理】　深入贯彻新发展理念，践行“品质铁建”目标要求，紧密围绕“服务主业、以融促产”核心定位，全面融入股份公司战略布局，产业链金融及创新金融服务平台协同发展，通过“铁建银信、铁建基金、铁建资管、铁建商城和金融科技”五大板块业务，重点解决资本金融资、表外融资难题，增强资金流动性，多领域、全方位为中国铁建的主业发展提供强有力的金融支持。以铁建银信丰富内部支付方式，缓解成员单位支付压力；以铁建基金促进投资项目落地，为内部成员单位提供资本金支持；以资产证券化等手段压减“两金”，降低铁建整体资产负债率；以铁建商城推动内部小件集采，降低采购成本；以金融科技平台推动理念创新、模式创新、业务创新、技术创新，不断孵化创新型金融产品，构建金融生态，打造互联网金融创新引擎。

（王昊萌）

【经营管理】　新签、产值（营业收入）双跨 20 亿元台阶。新签合同额 25.93 亿元，完成股份公司下达年度计划的 216%；完成营业收入 23.08 亿元，完成股份公司下达年度计划的 204%。

铁建银信业务。有效提升成员单位营运资金周转天数。覆盖系统内 38 家二级单位和 31 个省（区市），累计注册用户近 3.7 万个；平台累计开票突破 500 亿元。运营两年来，成为同业内供应商注册数量最多、存量资产最大、增长最快的供应链金融服务平台之一，有效引导低成本资金灌溉实体经济，积极践行国家普惠金融的指导方针。铁建银信已成为央企保理行业的排头兵。保理公司在广州的收入排行列第一位，占广州南沙区保理行业（505家）收入总和的90%以上；在央企排名中除国资委保理平台（国新保理）外列第一位，在全国名列前茅。在2019年度中国集采供应链企业高峰论坛上，铁建银信荣获“中国核心企业金融科技创新奖”。2019年银信平台陆续接待中国电建、中国中铁、中交、中国兵器等几十家企业交流来访，已成为铁建金融创新的一张新名片。

铁建基金业务。面对严峻监管形势，铁建资产积极研究政策，与保险资金、全国社保基金、中国政企基金、政府平台基金等长期资金来源机构沟通，着力推动与建筑类央企合作，探索股权收益权、PRE－ABS等形式，多管齐下解决投资项目资本金需求。与中国政企基金设立系统内首只契约型基金——铁建政企天府私募投资基金［投资成都天府新区核心区综合管廊及市政道路工程（一期）PPP项目］，解决系统内单位投标政府方要求联合体必须为法人单位问题。与全国社保基金理事会等共同设立出表基金——铁建基础设施投资基金一期，全面投资股份公司系统内棚改、城市综合开发、基础设施建设等项目。积极与险资对接，推动基金融资多元化。首期设立基金规模200亿元，主要投资股份公司系统内轨道交通、铁路、高速公路、水环境治理等项目。铁建资产着力打造“铁建基金”产业基金品牌，重点在基础设施、新兴产业、海外、股权投资4个领域进行布局，努力将铁建基金打造成国内一流的产业基金管理平台。设立和管理产业基金28只，基金规模436亿元，基金投放存量规模153亿元，联合系统内19家单位中标51个项目，项目总投资超4000亿元。

铁建资管业务。资产证券化业务以铁建系统内产业链上的优良资产为依托，通过集中统一管控、实现业务系统化和线上化、全方位打造多元产品三大举措有效降低融资成本，最终把资产证券化打造成为优于信贷产品的融资工具。存续资产管理规模超330亿元，成功打造应收账款ABS、供应链ABS及非标债权融资计划3个创新产品。铁建资产证券化产品发行规模列发行商前十位，央企、国企首位。“平安证券——中铁建资产一期应收账款资产支持专项计划”获最佳风控应收账款资产证券化产品2017—2018年度资产证券化“介甫奖”。中铁建商业保理有限公司获评上交所资产证券化业务优质原始权益人。作为交易所优质发行商、银行间交易商协会优秀案例入选单位、北金所首单应收账款债融计划发行商，铁建资管市场影响力初显锋芒，发行产品的发行价格、中介机构报价始终低于市场同类企业。铁建资产获深圳证券交易所“2018年度优秀固收产品发行人”称号。

铁建商城业务。铁建内部17个集团公司进驻，近3991个项目部展开网采业务，累计开通采购账号7860个。供应商申请注册34129家，审核通过入驻18193家，每月活跃账户1091余人次。平台撮合交易询价单总规模约51亿元，询价单6万次，撮合交易额约32亿元，平均采购成本节约率20%，采购成本降低约6.4亿元。铁建商城在2019年度中国集采供应链企业高峰论坛上获中国核心企业电商科技进步奖。平台下的“铁建商旅”为中国铁建30余万名员工提供商务出行、住宿、餐饮一体化的全面服务，包含订单管理、账户结算、平台对接、发票报销等多功能，全线上一站式服务于铁建员工商旅出行，提升员工商旅出行体验感，降低铁建差旅费用。“铁建商旅”在十八局、中铁建设等单位展开试点，获得较好口碑。

金融科技平台。完成“核心引流＋产品工厂＋开发平台”的基础设施建设，积极研发并上线“伙伴融”等创新产品。“伙伴融”旨在通过搭建风控、数据、服务一体化平台，同银行与供应商客户相连，利用量化风控和数据分析结果，实现银行对接供应商的直接融资服务，大大降低供应商融资成本，“伙伴融”由供应商直接还款，是铁建金融科技发展的最新成果，在系统内展开试点。

风险管控。作为金融企业，公司把依法合规作为经营管理的底线和生命线，高度重视内控建设，有效防范运营风险。建立健全风控体系。组织体系上，设立审计稽核、风险管理专职部门，配备法律专职人员；制度体系上，结合业务开展情况，制定合同管理、法律事务以及各事业部的风险管理办法等制度，初步建立较为完善的制度体系。不断强化全员参与。本着“预防为主”的原则，从决策层到业务层，全员重视、全员参与，严格遵守内控制度要求，对风险实施动态监测。业务部门、风险管理部门、审计稽核部门较好履行三道防线职能，对风险的事前防范、事中控制、事后监督做到动态管理。加强管控重要事项。强化合同管理，对合同谈判、签订、履行到变更、终止等全流程进行监控，做到无死角、无盲点。加强重大事项管理和授权委托管理，对于重大投资事项、重大规章制度出台和使用授权委托书，在提交会议决策或用印前先由法律部门审核并出具书面意见，实行一票否决。（王　琦）

【党群工作】 党的工作。党委2个，党支部7个，党员79人。“七一”表彰“五好党支部”2个，“六好共产党员”6人，优秀党务工作者4人，“最拼资产人”6人。全年召开党委会16次，审议和专题研究议题57项，始终坚持把方向、管大局、保落实，实现党委在重大决策中前置把关常态化。加强思想理论建设，推动“学习强国”平台全覆盖使用，对照初心使命，扎实开展主题教育，引导广大党员干部职工牢记服务主业、服务实体职责使命，不断完善中心组学习制度，全年集中组织学习研讨、专题辅导 18 场次。深入基层单位调研，召开征求意见座谈会 5 次，推动各项决策部署落地落实。不断推动党建工作与经营发展深度融合，主要经济指标实现翻番增长，大幅度超额完成股份公司下达计划，发展速度领跑铁建二级单位。持续加强“三基建设”，为公司高质量发展提供坚强保障，批复成立金服公司党委，健全党支部委员会，指导完成选举工作，出台《党支部工作台账范本》《基层党建工作考评细则》，推动基层党建工作规范化、标准化。强化素质提升，选派 10 人次参加党建业务培训，实现支部书记和党务骨干轮训全覆盖。落实“三会一课”，健全党的组织生活，严格党员教育管理。深化“双培养一输送”，年内吸收发展党员 3 人，培养入党积极分子 13 人。开展主题党日活动，参观红色教育基地，追寻前辈红色足迹，进一步锤炼党性，涵养政治品格。深入贯彻落实党中央、国资委和股份公司关于金融业务发展的各项要求，把风险防控工作当作生命线管理，完善“三道防线”，强化“红线意识”，实现“四项审核”全覆盖。大力推进合规管理体系建设，成立工作机构，设置 7 名专兼职合规官，明确职责任务，落实合规管理要求。聘任各部门的兼职纪检委员，印发职工廉洁从业规范，制定《党风廉政建设责任制实施办法》《领导人员廉政档案管理办法》等法规制度文件，不断加大廉洁从业行为的监督力度，积极营造依法合规、风清气正的发展环境。铸造担当实干队伍，在急难险重的工作赛场发现、锤炼、选用干部，年内 8 名中层干部试用期满考核全部合格，新提拔交流 7 名中层干部，选配 11 名事业部内设机构负责人，为公司高质量发展做好人才支撑，注入强大动力。重视宣传工作，精心策划庆祝新中国成立 70 周年系列活动，出台《宣传报道工作管理暂行办法》，新闻宣传报道富有成效，在新华社及其客户端发表 6 篇，中宣部“学习强国”平台上线 2 篇，《经济参考消息》等行业媒体刊登 3 篇，《中国铁道建筑报》刊登 14 篇，其中头版报道 9 篇，专版 1 篇，中国铁建官网采用 15 篇，公司官网发稿 75 篇，微信公众号推送 136 篇次。

工会工作。2019 年 1 月公司工会正式成立，建立健全组织机构。坚持以习近平新时代中国特色社会主义思想、党的十九大和中国工会十七大精神为指导，以需求为导向，以党政所需、职工所盼、工会所能为着力点，认真履行工会职能，维护职工合法权益。深入推进企业民主管理，认真做好职工提案工作，积极构建和谐劳动关系。全面建立企业年金，为职工购买补充医疗保险，安排职工体检，深入创建“职工之家”，积极开展群众性文体联谊活动，把企业发展成果更加合理合规地惠及广大职工。表彰先进、倡导读书，举办诗词诵读、摄影比赛等活动，引领企业文化建设，提升员工素质。

共青团工作。2019 年 5 月召开共青团中铁建资产管理有限公司第一次团员大会，选举产生团委会。聚焦团员青年发展需求，持续开展“导师带徒”、主题团日、主题联谊活动，强化“传帮带”，为青年员工搭建成长“快车道”。（董化龙）

【中铁建金服科技（天津）有限公司】 主要负责开发、建设、维护、运营“铁建商城”建筑业综合电商服务平台，为建筑施工企业提供二类、三类物资集中采购、金融服务、电子招投标等综合服务。2018 年 6 月 27 日注册，2018 年 8 月 6 日成立。注册地天津东疆保税港区。注册资本金 10000 万元，中铁建资产管理有限公司出资 8000 万元，持股 80%；中国铁建国际集团有限公司出资 2000 万元，持股 20%。执行董事、总经理柯治国，党委书记邓长斌。职工 92 人，资产总额 7.78 亿元。商城累计供应商注册用户 46783 家，入驻 19 个局级单位，处级单位 245 个，累计平台开通采购账号 9639 个，撮合交易 43.06 亿元。2019 年 7 月，铁建商城 2.0 系统正式上线。2019 年 9 月，铁建商城西南展示店开业。2019 年 10 月，跨境电商业务正式展开。（邓　艳）

【中铁建商业保理有限公司】 主要负责铁建银信平台运营及维护工作，负责围绕中国铁建应收应付等进行产品研发，切实践行产融结合、以融促产的产业金融职能。经营范围包括商业保理、互联网金融信息服务、金融业务流程外包服务、金融知识流程外包服务、金融信息技术外包服务。2017 年 6 月在广东省广州市南沙区注册成立，注册资本金 15 亿元。法定代表人、执行董事、总经理罗雄艳。公司利用互联网、云计算等技术搭建了中国铁建供应链金融服务平台（简称铁建银信平台），致力于提供标准化供应链金融服务，着力解决产业链生态圈融资难、融资贵、融资慢等问题，注册客户数突破 4.3 万家，开具规模 636 亿元，为 3 万多家供应商提供保理融资突破 450 亿元。

2019 年，新签合同额 11.2 亿元，营业收入 10.36 亿元。（孙晟轩）

【中铁建投资基金管理有限公司】 具备股权创投及其他类基金管理人资格，是中国基金业协会的观察会员。2017 年 6 月成立，注册资本金 2 亿元。董事长王闯，党支部书记、总经理李治富。职工近 30 人。

2019 年，新中标项目总投资额 2086 亿元，新签合同收入5.1亿元,营业收入4500万元,基金新增投放规模29.7亿元;落实项目资本金181亿元,为19个总投资1490亿元的项目解决资本金。（刘雯婷）

【重要记载】

▲6月14日　铁建资产获评AAA主体信用评级。

▲6月18日　铁建资产与中铁十八局签署战略合作协议。

▲6月21日　铁建资产铁建银信获中国核心企业金融科技创新奖。

▲6月21日　铁建资产铁建商城获中国核心企业电商进步奖。

▲8月20日　铁建资产获评中国科技产业促进会金融科技专业委员会联席会长单位。

▲10月15日　铁建资产资产证券化产品获2018—2019年度介甫奖——资产证券化优秀风险管理产品奖。

▲12月1日　铁建资产资产证券化累计存续规模排名央企第一位。（李亚静）

中铁建华南建设有限公司

【简况】　具有市政公用工程施工总承包和建筑施工总承包一级资质。2017年1月在广州南沙自贸区注册成立,注册资本金10亿元。响应股份公司"品质铁建"要求,坚持走"集约化、差异化、专业化、区域化"发展道路,向产业链上游发展,打造"集约型、管理型、创新型、区域型"企业,立足广州,辐射周边,代表中国铁建开展广州及周边建筑市场的经营承揽、在建项目监管督导、基础设施建设项目投资开发及建设管理、地铁盾构施工专用化工材料及碴土改良等化学产品的研发和生产等业务。下设广州市轨道交通18号和22号线工程总承包部、广州市轨道交通10号线工程总承包部、南沙科技产业园管理处。职工89人。

2019年,新签合同额15.4亿元,实现营业收入95.42亿元。（罗贵业）

【领导人员】

董事会

董事长	张　成
董事	李茂松(9月免)
	张夕和
	徐加兵
职工董事	邵汉军

监事会

监事会主席	葛　斌
监事	李文辉
职工监事	王丽娟

经理层

总经理	李茂松(9月免)
副总经理	张夕和
	徐加兵
	邵汉军
总会计师	张夕和(兼)
总工程师	徐加兵(兼)

党群领导

党委书记	张　成
党委副书记	李茂松(9月免)
	葛　斌
纪委书记	葛　斌(兼)
工会主席	葛　斌(兼)

（刘海波）

【职工队伍】　职工89人。其中,干部87人、工人2人。专业技术干部87人,占干部总数的100%。干部中,高级职称54人、中级职称20人、初级职称13人;大专以上学历87人,占干部总数的100%;女干部8人,占干部总数的9.2%。（刘海波）

【工程项目指挥机构】　广州市轨道交通18号和22号线工程总承包部　驻广东省广州市番禺区。总经理张成,党工委书记、常务副总经理徐加兵。

广州市轨道交通10号线工程总承包部　驻广东省广州市荔湾区。总经理徐波,党工委书记骆展鹏(6月免)、刘西文(6月任)。（李慧娟）

【工程施工】　广州市轨道交通18号和22号线工程总承包项目　全长93.1千米,设计时速160千米。合同投资436.29亿元,2017年11月开工,合同工期1464天。主要工程量:18号线全长61.3千米,车站9座、停车场1个、车辆段1个;22号线全长31.8千米,车站8座、停车场1个。2019年,完成产值110.46亿元;开工累计完成产值168.67亿元。

广州市轨道交通10号线工程总承包部项目　设计时速80千米,合同投资112.48亿元,合同工期2018年12月至2023年12月。主要工程量:车站19座,其中换乘站11座;既有段线6千米,车站5座;新建段线19.2千米,车站14座,其中换乘站9座;车辆段1座。

广州市城市轨道交通18号线陇枕停车场枢纽综合体一级同步实施工程设计施工总承包项目　合同投资5.53亿元。合同工期2019年3月1日至2021年11月30日。主要工程量:新增上盖面积8.42万平方米,盖板高度9.5米;土石方工程203651立方米,灌注桩54817立方米,叠合梁板11827立方米,混凝土123329立方米,钢管柱(钢支撑)13402吨,钢梁2741吨。

2019—2020年广州市南沙区农村生活污水查漏补缺治理工程(榄核镇、珠江街、龙穴街等)勘察设计施工运维(EPC-O)总承包项目　位于广东省广州市南沙区。合同投资8.4亿元。合同工期2019年至2020年。主要工程量:新建污水处理站11座、污水主管145.47千米、污水支管161.28千米、污水提升井28座和其他雨污水管道修复项目。

(王雪扬　肖秀珠　鲁德利)

【经营管理】　经营承揽。中标广州市城市轨道交通18号线陇枕停车场枢纽综合体一级同步实施工程设计施工总承包项目,合同额5.49亿元;中标2019—2020年广州市南沙区农村生活污水查漏补缺治理工程(榄核镇、珠江街、龙穴街等)勘察设计施工运维(EPC-O)总承包项目,合同额8.40亿元;工业制造1.55亿元。新签合同总额15.44亿元。

企业管理。开展公司现行制度清理工作,对不适应公司管理要求和与股份公司规章制度不符的文件制度进行清理、修订,发布公司现行制度清单,规范公司管理行为;完成公司营业范围变更工作;按股份公司要求,修订完善公司章程并按程序报批后在工商登记部门进行备案;完成年鉴资料编写及社会责任报告编写工作。

安全质量。进一步建立健全安全质量管理各项规章制度,新制定《中铁建华南建设有限公司地铁工程安全红线管理暂行规定》和《中铁建华南建设有限公司总承包项目生产安全事故管理规定》。开展以"防风险、除隐患、遏事故"为主题的安全生产月活动、以"回归质量本源,聚焦质量提升,推进高质量发展"为主题的质量月活动,提高全员安全生产知识水平,培养良好的安全行为习惯,强化质量意识,树立品牌观念。建立健全安全应急救援体系,编制相应的应急救援预案和现场处置方案,组织综合应急演练、专项应急演练和现场处置方案等各类应急救援演练活动112次,累计4500余人次观摩演练,提升各单位妥善处置突发事件的能力,真正达到"检验预案、完善设备、锻炼队伍、磨合机制、科普宣教"的目的。通过"三标一体化"管理体系认证,提高企业质量管理、环境管理、安全管理水平,提升企业的核心竞争力。与广州番禺职业技术学院共建的"铁建培训中心"近一年来,通过"请进来"和"走出去"的方式,开展各类人员培训10余次,培训产业工人2200余人次。

设备物资。完善《中铁建华南建设有限公司物资设备管理检查考核办法》;服务现场,做好盾构机适应性评审及始发验收工作,重点协调电瓶车组和龙门吊合同履约事宜,协调65吨级电瓶车与70吨龙门吊配套使用问题,积极与中铁十二局共同进行渣土综合处理课题研究,组织推进土压平衡盾构渣土处理设备应用的试验选点工作;建立完善的盾构售后保障体系,联合铁建重工建立盾构机配件中心,针对70吨龙门吊和65吨级电瓶车建立售后服务点并派驻技术人员,定期对铁建内部厂家进行履约服务评价;通过加强大宗物资采购,做好钢筋集中加工配送、盾构耗材集中研发供应等方式,实现集采集供,促集约创效;采取定期检查、专项检查和不定期抽查方式,对施工和生产现场物资管理、内业资料标准化管理进行检查;对物资代理服务商和供应商采取季度评价方式进行考核,以保证物资供应及产品质量;积极做好设备物资培训服务工作,举办四次盾构施工重要岗位人员技术培训,受训人员132人次,会同铁建重工共同举办两次盾构施工关键工种(4个岗位人员)专业技术培训,受训人员122人次,组织物资管理培训,受训人员143人次。

财务管理。营业收入95.42亿元,完成年度预算的100.36%。利润1.39亿元,净利润1.03亿元,完成年度预算指标的57.22%。资产总额44.53亿元,同期增长85.64%,负债总额32.51亿元,资产负债率73.01%。

经济管理。完善合同管理制度,修订合同管理办法,明确合同流程及审批权限;及时填报劳务工价,保障人工差价能得到业主的及时调整;及时填报南沙区统计报表,保障产值入统工作的顺利实施;以检查督导为手段,以公示、重点分析、函告、考评为方法,充分依托各分部所属单位的成本管理优势,到位而不越位,推进"二三"次经营工作的顺利开展;重点围绕盾构渣土的利用、砼预制件的生产、盾构油脂生产线自动化改造等项目,积极做好可行性研究,有效管控经济风险。

(罗贵业　张　科　叶兆兵)

【科技工作】　确立科技研发课题16项,由所属总包部自主研发和与参建单位分部联合研发;主持股份公司科技重大专项B类课题1项。递交并被国家知识产权局受理的专利33件,其中发明专利申请10件,实用新型专利23件;获得国家知识产权局授权的实用新型专利7件;发表科技论文13篇,形成企业级工法各3项;编写并发布中铁建华南建设有限公司企业技术标准《盾尾密封油脂》《盾构泡沫剂》《胶凝型盾构注浆配套干混砂浆》3项;参编广州市住房和城乡建设局主持的《广州市机制砂混凝土应用技术指引》(施工部分),已发布实施。“BIM 技术在广州市轨道交通 18 号线 HP3 风井及盾构区间全生命周期应用”获中国建筑协会第四届建设 BIM 大赛二等奖;“城市轨道交通工程 BIM 智慧建造”获广东省城市建筑学会 2019“智慧中国”国际 BIM 大赛一等奖。（鲁德利）

【工业制造】 南沙科技产业园盾尾密封油脂全年产量 4842.9 吨,盾构泡沫剂全年产量 5589 吨,干拌砂浆全年产量 462456.24 吨。2019 年 9 月 13 日,油脂生产线 B 线正式投入使用,产能由 24 吨/天增加到 48 吨/天;11 月,盾尾密封油脂的月产量达到年度最高峰 761.25 吨,满足 18 号线和 22 号线及外部市场的需求。11 月 18 日,泡沫剂生产线首次下线分散性泡沫剂。干拌砂浆生产供应通过烘干系统工艺改造,结合信息化集控平台的进一步开发利用,更加节能降耗,综合产能进一步提高。华南建设南沙科技产业园项目获“中国铁建 2019 年度安全标准化工地(车间)先进单位”称号。（陈贵川）

【党群工作】 党的工作。党委 1 个,党工委 3 个,党支部 5 个,党员 108 人。党的政治建设。党委理论学习中心组全年学习 13 次,扎实开展覆盖全体党员的“不忘初心、牢记使命”主题教育,坚持读原著学原文悟原理,注重结合工作实际开展学习研讨;根据企业特点确定调研课题,广泛开展调查研究;结合思想和工作实际,领导班子分别到联系点讲专题党课;组织全体党员赴井冈山接受革命理想信念教育;严格落实党委会前置程序和“三重一大”决策议事制度,全年共民主决策公司重大事项 46 项;深入推进“两学一做”学习教育常态化制度化,逐级签订《党建工作责任书》。党建基础工作。按照“四同步”要求,成立两个基层党组织,配齐党务工作人员;完成 12 名党员组织关系转接及信息入库;认真落实“三会一课”等党内组织生活制度;结合总承包项目管理实际,下发《关于加强总承包项目党建工作的指导意见》。党的干部人才。坚持党管干部原则,对公司中层以上干部岗位进行 17 次调整。对处级及以上领导干部依规展开选拔考察和经常性谈心谈话 33 人次;落实人才强企战略,通过集中培训、重大课题研讨、重大项目锤炼等综合培养手段,提升员工素质能力,组织各类人员培训 160 人次,申报南沙区骨干人才奖励 86 人;积极开展 2018 年度相关绩效考核、2019 年职称评审及档案完善等基础性工作。宣传思想文化。全年组织党委理论学习中心组集中学习研讨 11 次、参观学习 1 次、专家讲座 1 次,形成调研报告 6 篇;获邀参加“创新融合 · 拥抱湾区”2019 中国(广州)城市轨道交通产业创新发展大会;结合新中国成立 70 周年和建党 98 周年等重大事件节点,开展“迎国庆、强管理”安全管理知识竞赛、“学习强国,奋斗强企”知识竞赛、“实干展风采、建功新时代”主题演讲比赛、“风采杯”书法美术摄影展和“青春心向党,建功新时代”主题团日等活动;对 11 名“先进工作者”和 8 名“优秀科技工作者”进行表彰;60 名志愿者在“党员志愿学雷锋　服务社会树新风”2019 年广州机关党员志愿服务活动和“护航高考”中累计服务近 400 小时;全年在学习强国、人民网、新华网、中工网、《广州日报》、广州电视台、搜狐网、腾讯网等国内重要媒体刊播稿件 30 多篇;公司微信坚持企业“发布厅”“日志本”“活动场”三者定位,全年刊发微信专题 89 期 94 篇,“涨粉”799 人,关注率 28.16%,位列 19 家非工程类二级单位第 5 名。

纪检监察。召开党风廉政建设和反腐败工作会,层层签订《党风廉政建设责任书》并考核兑现。制定《关于推进纪检监察体制改革的实施方案》,完成纪检监察体制改革。公司编印《廉洁风险防控手册》,所属单位建立廉洁风险防控制度。开展反腐倡廉宣传教育活动。纪委通过专项检查和受理来信来访,对 4 人进行约谈提醒;为落实党风廉政建设责任制,约谈机关部门负责人 7 人,任前廉政谈话 22 人。完成股份公司党委专项巡视反馈问题的整改落实,对公司领导人员个人经商办企业情况,领导人员个人及其亲属、特定关系人所办企业与本企业业务往来情况开展专项巡察。

工会工作。大力开展粤港澳大湾区建设工程“十赛”劳动竞赛并在竞赛推进会上代表中国铁建作经验交流;选送的作品获广东省工业工会组织的竞赛书画摄影大赛绘画类一等奖 1 项、书法类三等奖 2 项和“最佳风采奖”1 项;在股份公司“品质铁建”宣讲中把产业工人代表纳入宣讲范畴;徐加兵、徐波、廖剑平、王强 4 个“劳模和工匠人才创新工作室”被广东省工业工会命名授牌;2 个基层单位获广东省工业工会“职工服务示范点”称号;4 名工会干部分别获广东省总工会“优秀工会工作者”、广东省工业工会“先进工会工作者”“先进女职工”和股份公司工会“优秀工会积极分子”称号。

共青团工作。11 月 8 日召开公司第一次团员大会;公司团委在南沙区团区委纪念五四运动 100 周年主题座谈会上获邀发言;获中国铁建首届“青创杯”BIM 技术成果邀请大赛三等奖、“海外优先　青年先行”知识竞赛优秀奖;所属各单位从广州地铁集团团委“五四”表彰中捧回 7 项大奖;与广州地铁集团团委探索成立“共青团广州地铁建设联合委员会”;参加广州地铁集团建设业务创新大赛,《大规模线网建设下青年组织管理模式优化》获铜奖和最佳风采奖。

（王丽娟　刘石顺　刘海波）

【重要记载】

▲1月8日　华南建设所属南沙科技产业园揭牌仪式暨产品推介会举行,园区正式"开门迎客"。

▲12月10日　华南建设获得国家知识产权局7件实用新型专利授权,拥有首批专利。

▲12月13日　广州市建筑业联合会第八届会员大会在广州珠江宾馆会议中心一楼礼堂举行。作为第七届理事会副会长单位,华南建设在会上继续当选为广州市建筑业联合会第八届理事会副会长单位并获广州市建筑业"优秀企业"称号;华南建设董事长、党委书记张成获广州市建筑业"优秀企业家"称号。

（李慧娟）

中铁建网络信息科技有限公司

【简况】　2018年5月9日成立,7月26日正式完成工商营业执照变更。驻北京市石景山区银河大街6号院1号楼南塔204,注册资本金1亿元,是中国铁建股份有限公司旗下集咨询规划设计、信息应用系统开发、信息系统(平台)运维和信息安全运维及信息技术产品应用推广、信息技术业务培训支持等为一体的信息技术企业,是中国铁建系统内唯一一家专业化的信息业务解决方案服务商,主要以中国铁建为服务主体,同时面向建筑施工产业伙伴提供信息化综合服务。设董事会、党委会和领导层。下设市场客服部、业务应用事业部、管理应用事业部、平台研发中心、网络数据运维中心、财务部、运营管理部、综合管理部、党群工作部。职工106人。企业资产总额13044万元,负债总额2937万元,资产负债率22.52%,固定资产净值90万元,流动资产13892万元。

（王星晨）

【领导人员】

董事会

董事长	曾宗根
董事	窦宏冰
	吕良和
	陈绮语

经理层

总经理	陈绮语
副总经理	李　斌

党群领导

党委书记	吕良和

（王星晨）

【职工队伍】　职工106人。技术人员91人,占86%;管理人员15人,占14%。硕士研究生学历11人,占10%;本科学历88人,占83%;大专学历7人,占7%。高级职称4人、中级职称10人、初级职称12人。

（王星晨）

【经营管理】　新签合同额10368.28万元,营业收入6530.04万元。其中,主营业务收入6530.04万元,全年实现毛利1917.10万元。

合规经营。积极推进制度标准化体系建设,系统梳理公司经营管理、绩效考核等方面工作,针对工作中出现的新情况、新问题,着力完善相应制度,全年新增货币资金管理、采购管理、固定资产管理、车辆管理等制度10余项,并结合工作实际,持续修订已有制度,进一步突出制度的导向作用,推动了相关工作有序运转,为规范公司管理提供有力保证。

考核管理。按照中国铁建全员考核要求,结合公司2019年度预算目标和各部门职能职责,制定目标明确、定量和定性指标相结合的绩效考核方案,在坚持季度考核为主、年度考核为辅的基础上,切实加强考核效能过程管控,根据业务变化和岗位职责调整,动态调整考核指标和评分方法,持续优化考核制度体系,增强考核穿透力。

人力资源管理。面对大量的项目建设及交付压力情况,综合运用市场化招聘、校园招聘、内部推荐、外协供应和暑期精英实习等手段,完成社会招聘43人,校园招聘11人,外协供应48人,引入校园实习生8人,有效缓解人力资源压力。

（王星晨）

【能力建设】　系统研发能力方面。云研发平台不断完善,微服务架构体系和技术研发能力持续深化。重点研究基于实际项目业务场景下的微服务构建划分,提炼前后端通用组件、业务组件,使研发平台更加标准化、更易于快速开发。健全研发管理体系,制定一整套符合公司业务实际情况的项目管理制度和研发技术规范,提升系统开发效率和质量。安全运营能力方面。依托安全咨询服务公司,全面开展公司安全体系建设,旨在建立一套可落地、易执行的安全规范、制度、流程和未来的安全发展规划,有效提升公司信息安全管理能力。组建安全运营团队,具备漏洞扫描、日志分析能力,健全渗透测试、安全架构设计、应急响应、安全加固等方面的技术能力。咨询设计能力方面。组建专职咨询设计团队，准确理解中国铁建“十三五”信息化总体规划，聚焦咨询服务重心，初步搭建企业信息化规划、信息化价值评估、各板块子规划、数据资产化管理、产业大数据应用和技术类咨询等6个方面的咨询服务目录及方法论。陆续开展中铁建设人机界面及数据交互设计、股份公司信息化业务管理系统咨询等工作，积累宝贵的咨询设计经验。运维服务能力方面。以中国铁建“十三五”信息化总体规划及运维指导书为指导，进一步优化运维服务流程，完善运维体系，不断提升运维服务水平，保障各项系统稳定运行。（王星晨）

【党群工作】下设党支部2个，党员20人。认真落实党的十九大精神学习宣贯工作要求，及时制定出台党委中心组学习规则以及中心组学习计划，召开11次党委中心组扩大学习会；坚决贯彻落实党中央和股份公司党委决策部署，以“不忘初心、牢记使命”主题教育为契机，坚持把学习教育、调查研究、检视问题、整改落实四个方面贯穿始终，高质量抓好股份公司党委部署的八项重点工作，促使全体党员干部真正把“四个意识”“四个自信”“两个维护”内化于心、外化于行；认真贯彻股份公司党风廉政建设和反腐败工作会议精神，组织公司部门负责人和党支部书记10余名管理人员同步签署《党风廉政建设责任书》《廉洁从业承诺书》，夯实廉政责任体系；集中开展以“六个一，促廉洁，助发展”为主题的反腐倡廉宣传教育月活动，进一步筑牢党员干部的思想道德防线。（王星晨）

【重要记载】

▲6月27日　中国铁建“三重一大”决策和运行监管系统正式上线运行。

▲10月15日　网信科技通过北京市高新技术企业认证。

▲11月　网信科技取得ISO20000IT服务管理体系认证证书，取得CMMI－DEV（1.3版）软件开发能力成熟度模型（3级）证书。

▲12月　网信科技取得ITSS咨询设计能力通用标准认证证书。（王星晨）

中铁建国际投资有限公司

【简况】　中铁建国际投资有限公司是在践行国家“一带一路”倡议，中国铁建实施“海外优先”战略的背景下成立的大型专业国际投资公司。为形成内外联动的资金通道，2019年4月2日在中国香港挂牌成立中国铁建国际投资集团有限公司，注册资本金50亿港元；2019年8月29日在广州市南沙区成立中铁建国际投资有限公司，注册资本金30亿元。持有厄瓜多尔科里安特矿产公司、尼日利亚莱基自贸区以及西班牙阿尔德萨集团公司部分股权。秉承“诚信创新永恒，精品人品同在”的企业价值观，以投资引领国际业务发展、为建设美好世界筑基为使命，以人为本，海纳百川，愿景是成为中国央企海外投资领导者，发展成为世界一流的综合产业投资运营商。聚焦东南亚、拉美、欧亚、中西非、东南非以及粤港澳大湾区6个区域市场，经营范围主要包括境外基础设施投资、建设及运营；境外城市综合开发与运营；境外矿产与资源投资、建设及运营；境外新产业工业园区、产业园区投资、建设及运营；境外并购等业务。投资业务板块主要包括基础设施、城市综合开发、矿产与资源、新产业与园区以及收并购。在东南亚、拉美、欧亚、中西非、东南非以及粤港澳大湾区设有区域总部，在北京设有代表处。下辖二级子公司2家，分别是中非莱基投资有限公司、中铁建铜冠投资有限公司。（葛　涛　冯海瑶　赵九如）

【领导人员】

董事会

董事长	李　宁
董事	孙　勇（9月免）
	范永芳（9月任）
	董付堂
	赵佃龙
	莫文贺
	监事会
监事	高　斌

经理层

总经理	孙　勇（9月免）
	范永芳（代，9月任）
执行总经理	董付堂
副总经理	唐　刚
	李建辉
	王玉龙
总会计师	董付堂（兼）
首席运营官	易路平

党群领导

党委书记	孙　勇（9月免）
党委副书记	范永芳（9月任）
工会筹委会主任	董付堂

（高　斌　赵九如）

【职工队伍】 职工48人。研究生及以上学历28人、本科学历20人。 （赵九如）

【企业管理】 严格遵循现代企业制度要求，依据公司章程，制定董事会、总办会议事规则和贯彻落实“三重一大”决策制度实施办法，并切实履行股东会、董事会、经理层和监事的职责。逐渐形成四个层次的规章制度体系：第一层是公司治理制度，包括董事会、党委会、总办会议事规则和贯彻落实“三重一大”决策制度实施办法等4项。第二层是基本管理制度，包括战略规划、融资、投资及风险管理办法等7项。第三层是专项业务制度，包括投资业务指引和会计基础工作规范。第四层是综合保障制度，包括月度工作计划、工作例会、经营工作推进会制度等9项。同时，公司推动制定各个行业板块的投资业务指引，从制度上规范公司的投资活动，提高投资工作质量，避免发生低级错误。在此基础上，继续规划整体制度体系，按照轻重缓急组织推动制度落地。全年召开股东会2次，审议通过议案4项；召开董事会6次，审议通过议案23项；召开总办会12次，审议通过议案82项。经营中的全部重大问题，都经过充分讨论、民主决策。在此架构下，在参考战略咨询成果的基础上，设立总部部门和部分区域总部，明确部门职责、岗位设置和人员编制。此外，委托北大纵横咨询公司，协助明确公司领导和中层以上人员的岗位职责，建立分级授权制度，优化上下级的沟通路径。

公司成立伊始就明确严控风险、依法合规的经营理念，以“横向到边、纵向到底、不留死角”为风险防控目标，确立风险防控与项目投资“双线并行”的工作机制，努力打造项目投资在区域板块、投资团队、风控团队进行“多角度评审”的风控体系。制定风险管理规章制度，风控法务及合规人员在项目初评、立项、可研、投决等各重点环节积极介入。坚持经济合同、规章制度和重大决策的法律审核，落实国务院国资委和股份公司依法治企工作任务。成立合规委员会，设立合规办公室，任命首席合规官及合规官，以领导先行带动全员执行，开展违规经营风险排查。集合风险、法律、合规、内控、审计等职能的大风控平台初具雏形，未发现违规问题线索，未发生风险损失事件，未发现需要整改的重大问题，未发现违规经营投资责任事件。

（赵　淳　薛　奎　赵九如）

【经营管理】 落地两个项目，分别为莫斯科米丘林地铁上盖物业项目和西班牙Aldesa公司并购项目。此外，跟踪推进一批优质项目，包括巴西萨尔瓦多跨海大桥项目、尼日利亚莱基港连接路项目、莫斯科科穆纳尔卡新城开发项目、尼日利亚拉各斯铁路大院开发项目等。市场布局初见成效。在工作中不断总结经验，制定符合公司发展特点的项目初评价制度和项目立项专题讨论会制度，编制立项报告模板和投资可行性研究报告模板，评估论证能力稳步提升。与西班牙Aldesa公司签订投资协议。公司第一期注册资本金10亿元顺利完成注资。公司成立以来，积极对接国内及香港市场的各大主流银行、各大国内外基金等机构，与中国银行、中国工商银行、汇丰银行、渣打银行等境内外7家银行合作额度560亿元，包括410亿元战略合作框架，银行综合授信110亿元，贷款承诺额度70亿元。同时，与中银香港、工银亚洲、中国工商银行广州分行签署战略合作协议，进一步加强与重点金融机构海外业务合作的深度和广度。此外，与丝路基金、中非基金、中非产能合作基金、中拉基金、中葡基金、欧亚基金、东盟基金等基金建立工作联系，与各方在项目融投资方面进行深入合作。

根据股份公司战略安排，中非莱基投资有限公司57.29%股权、中铁建铜冠投资有限公司30%股权及中铁建资产管理香港公司100%股权划转给铁建国投。公司一方面积极推进资产划转各项手续，做到财务审计账务税务依法合规，妥善处理划转资产历史遗留问题，积极维护公司权益；另一方面积极支持划转资产挖掘潜力，转型升级。保留铜冠股东借款4.03亿元，积极协调中拉基金新融资方案审批，为项目顺利推进注入资金活力；加强莱基产业导入研究，形成研究成果等待落地实施。

2015年12月21日，厄瓜多尔米拉多铜矿项目开工建设，2019年7月18日试生产。截至2019年底，累计采选矿石305万吨，生产铜精矿72664吨，折合铜金属量18841吨，产值9609万美元，各项指标均超额完成计划。股东批准项目建设概算18.92亿美元，实际投入可控制在18亿美元以内。项目由中国设计，中资企业施工，采用中国标准，中国设备，由中国人管理，已成为南美标杆型矿业项目。此外，项目极大地带动中国铁建主业“走出去”，中铁十四局海外公司承揽基础设施工程2.03亿美元，中铁十九局矿业公司完成基建剥离1.08亿美元，承包采矿剥离前十年合同金额8.7亿美元。预测全周期采矿剥离40亿美元。莱基自贸区经过13年的不懈努力，2019年实现盈利。园区累计完成投资2.324亿美元，入园企业总投资1.975亿美元。截至2019年底，83家企业签订投资协议，开工建设和运营企业32家，其中租赁标准厂房企业14家。

（刘新英　刘效沛）

【境外项目】 铁建国投收购西班牙Aldesa集团75%股权项目　Aldesa公司1969年成立于西班牙，总部位于西班牙马德里。员工2695人。业务主要包括工程施工、与建筑安装相关的工业技术和特许经营类为主的投资业务。2017年、2018年以及2019年上半年的营业收入分别约为9.2亿欧元、9.76亿欧元和4.01亿欧元。2019年，铁建国投与西班牙Aldesa公司签订投资协议。本次交易完成后，铁建国投将持有Aldesa公司75%的股份。最终出资额以审计确认的数据为准。

俄罗斯米丘林地铁上盖开发项目　米丘林大街站是中国铁建参建的莫斯科地铁大环线的地铁换乘站，项目为该站点上盖物业开发。地处莫斯科市三环与大环之间。项目总占地1.5万平方米，规划地上建筑面积约7万平方米(计容面积)。分两期开发，一期地块占地0.9万平方米，计容面积4.86万平方米，总建筑面积5.98万平方米。项目土地获取方式为股权收购，一期总投资约52亿卢布。2019年11月21日签署收购协议，中国铁建俄罗斯公司和当地开发商AFI公司已完成项目公司股权收购，项目公司股权比例为莫斯科工程院占比50%、中国铁建占比40%、AFI公司占比10%。中国铁建内部联合体由铁建国投、铁建国际和中铁地产三方构成，三方股比为40%∶30%∶30%。

巴西萨尔瓦多—伊塔帕里卡岛跨海大桥项目　位于巴西东北部巴伊亚州首府萨尔瓦多市，拟建造从萨尔瓦多市连接至伊塔帕里卡岛的跨海大桥以及岛上公路系统，线路总长46.8千米，同时配套修复、拓宽与大桥相连接的其他公路，设计时速80千米，单向3车道+1应急车道，沥青路面。其中萨尔瓦多市道路引线系统，总长4.2千米，主要由4座引道桥和2座市政隧道组成，桥梁1980延长米，隧道分别159.6延长米和220.7延长米。跨海大桥12364延长米。主桥收费站1处。项目特许经营期35年，其中预估建设期6.5年，运营期28.5年。总投资23.46亿美元，中国铁建和中交集团组成联合体于2020年1月23日中标。中国铁建50%的股比中，铁建国投持28.57%的股份。

（胡晓悦　王晓文　苏　园）

【党群工作】　党的工作。成立主要领导为组长的主题教育领导小组，形成主要领导负总责、分管领导负全责、部门具体抓的责任体系。组建领导小组办公室，结合实际研究制定《主题教育实施方案》，明确目标任务、基本原则、需要解决的问题和学习教育的主要内容，并制定“工作推进表”，确保主题教育活动稳步推进。组织中心组学习8次，用时50个学时，跟进学习近平总书记最新讲话精神，把理论学习贯穿主题教育全过程，切实学懂弄通习近平新时代中国特色社会主义思想。召开务虚会1次。推动基层党支部持续开展“不忘初心、牢记使命”主题教育，并结合“不忘初心、牢记使命”主题教育要求，召开领导干部民主生活会，所属各党组织认真落实“三会一课”、组织生活会等党内制度，党内政治生活规范性不断提高。组织党员外出活动，参观铁道兵纪念馆体验学习。组织建设。建立总部党支部2个，规范基层党支部建设，健全组织生活。做到党组织同工作机构同步设置、党组织负责人与党务工作人员同步配备、党建工作同步开展，党务干部与行政领导同步配备，同考核，同待遇。抓紧筹备、组建工会组织和团组织，已上报股份公司，待批准后即可组织开展相关工作。

制度建设。把加强班子自身建设作为“一号工程”，先后制定印发《党委会议事规则》《贯彻落实“三重一大”决策制度实施办法》等，为党委民主决策、科学决策提供较为完善的制度约束和规范的运行保障。召开党委会5次，研究议题30项，其中前置议题18项，党委会严格按照前置程序审议涉及公司“三重一大”有关问题，把贯彻执行民主集中制原则作为班子最基本的规矩和最根本的制度，很好地发挥党委“把方向、管大局、保落实”的作用。

党员发展与人才队伍建设。讨论干部人事议题4次，集体讨论研究18名部门副职以上人员岗位聘任事宜。坚持党管干部原则和发挥市场机制结合起来，拓宽人才引进渠道，通过社会招聘、系统引进、境外招聘等多渠道引进人员48人，其中境内招聘28人，铁建引进16人，境外招聘4人。为公司可持续发展注入新鲜血液。组织干部职工积极参加股份公司组织的各类培训，培训各类干部员工数十人次，覆盖到各个领域。

（高　斌　王晓燕　赵九如）

【中非莱基投资有限公司】　主要与国内各政府部门、股东单位等沟通协调，积极发挥“管理、监督、参谋、招商、服务”五项工作职能，密切配合莱基自贸区项目的规划建设、招商宣传、政策研究和融资业务等工作。由中国铁建股份有限公司(持股57.29%)、中国土木工程集团有限公司(持股17.18%)、中非发展基金有限公司和南京江宁经济技术开发总公司共同合资组建。2006年3月在北京注册成立，注册资本金11.43亿元。资产总额11.70亿元。驻北京市海淀区复兴路40号中国铁建大厦A座6层。总经理池长贵。职工9人。资产总额117018.72万元。其中，固定资产原值150.16万元、净值8.47万元，流动资产23755.14万元，其他资产93263.57万元。

2019年，净利润479.38万元。莱基自贸区累计投资16.30亿元，其中基础设施投资11.94亿元。新签入驻企业19家，累计84家企业入区兴建或投产，协议投资总额48.86亿元。　（高　巍　孙明宇）

【中铁建铜冠投资有限公司】 经营范围包括矿业投资、矿山开发技术服务、普通货物配载等。是由铜陵有色金属集团控股有限公司和中铁建国际投资有限公司共同出资成立的合资公司;注册地安徽省铜陵市,注册资本金33.4亿元,双方出资比例70%∶30%。法定代表人杨军。境外厄瓜多尔项目公司职工902人。资产总额1670419.93万元。其中,境内资产总额230549.06万元,境外资产总额1439870.87万元。大型设备50余台(套),主要设备完好率96%、设备利用率40%、设备可开动率96%。

2019年,境外项目建设投资27691.39万美元,所有者权益542578.90万元,利润总额-9393.20万元,净利润-9393.20万元。 (盖仕锋 朱 刚)

【重要记载】

▲1月 股份公司决策成立铁建国投。

▲4月2日 中国铁建国际投资集团有限公司在中国香港特别行政区正式揭牌。

▲8月29日 南沙国投完成注册。

▲12月25日 铁建国投与西班牙Aldesa公司签署投资协议。铁建国投拟通过收购老股加增资扩股的方式获得Aldesa公司部分股权。

▲12月30日 铁建国投完成俄罗斯米丘林大街地铁上盖项目股权收购款支付,项目公司收购完成。

(葛 涛 赵九如)

中铁建锦鲤资产管理有限公司

【简况】 2017年12月11日由锦鲤资产管理中心改制后成立。注册地北京市海淀区复兴路40号东院,注册资本金5亿元。下辖西安天创房地产有限公司、北京通达京承高速公路有限公司、达喜有限公司、中铁十九局集团职工中心医院、北京锦成宏资产管理咨询有限公司、中铁二十二局四公司职工医院、锦鲤资产管理中心第一至第二十六分中心。职工21人。资产总额21.95亿元,负债总额9.97亿元,所有者权益11.98亿元。 (张红彦)

【领导人员】

董事会

执行董事 李学福

监事会

监事 刘正昶(兼)

经理层

副总经理 孙永利

虞 塘

总会计师 虞 塘(兼)

党群领导

党委书记 李学福

(张红彦)

【职工队伍】 职工472人,干部81人。专业技术干部64人,占干部总数的79.02%;女干部31人,占干部总数的38.28%;专业技术干部中高级技术职务37人,占职工总数的7.84%;大学本科及以上毕业86人,占职工总数的18.22%;30岁及以下229人、31~40岁170人、41~50岁54人、51岁及以上19人。

(刘一达)

【企业管理】 坚持"发展成为专业经营不动产类资产的管理型公司"的战略定位,围绕"成为央企同类公司排头兵"的发展目标,理清管理思路、完善管理制度、明晰管理架构、强化管理措施,最大程度实现中国铁建非上市资产的保值增值。出台《资产管理工作实施细则(试行)》《资产盘活开发办(试行)》等制度,实现工作的制度化、规范化和创效化。下发《银行账户管理暂行办法》《关于清理外部银行账户及在财务公司开户的通知》,清理原锦鲤资产管理中心在外部银行账户85个,在财务公司设立账户71个,归集资金余额3.39亿元,资金集中管控取得一定成效。按照总部集团由分散低效向集约高效转变的工作部署,改变各分中心直接向总部集团报批的做法,由锦鲤公司统一归口向总部集团报批,锦鲤公司及所辖26个分中心运转顺畅。持续监管好西安天创房地产公司,实现营业收入同比增长39.9%、营业利润同比增长34.6%。受托接管总部集团所持有京承公司70%的股权后,及时与投资集团和京承公司进行对接,稳妥完成划转移交工作,实现平稳过渡。 (孙振宇)

【经营管理】 实现营业收入2.58亿元、利润总额9604万元、净利润8881万元。明确确权标准,精准资产管理。新确权非上市资产9项,涉及金额约3132万元;新确认台账外资产47项,涉及土地2489平方米、房屋建筑物及构筑物15675平方米,约合3007万元;处置锦鲤资产11项,涉及金额1158万元,入账116.37万元。建立资产台账,统一管理标准。依据总部集团2018年"非上市资产土地、房屋资产核查表",建立锦鲤资产台账，为资产盘点和实物资产信息化提供数据依据。实地考察盘点，全面核查资产。盘点区域覆盖17个省市近40个地点，盘点土地492宗、961万平方米，地上建筑物及构筑物1821项、117万平方米。理清盘活思路，探索开发路径。先后对中铁十六局皮村职工宿舍项目等9个项目进行现场踏勘调研，重点对中铁十六局皮村职工宿舍项目提出盘活开发建议，总部集团已批复同意开发，为进一步做好相关资产的开发经营工作积累经验。执行国家政策，配合做好“三供一业”资产移交工作。按照总部集团的要求，配合各分中心做好“三供一业”资产移交工作。截至2019年底，3家分中心移交土地20宗、房屋建筑物33万平方米。（孙振宇）

【党群工作】 党的工作。制度先行，加强党建。完善各项制度，包括《党委议事规则》《贯彻落实“三重一大”决策制度实施办法》《“三会一课”制度》《党建工作考核制度》《党建工作责任制实施办法》《关于进一步规范企业领导干部亲属经商办企业行为的规定（试行）》《绩效考核管理办法》《公司党费收缴、管理和使用暂行规定》《关于开展创建“五好”党支部和争当“六好”共产党员活动实施细则》等。下设党支部2个，党员19人。第一支部选举产生支部委员会和支部书记，第二支部选举产生书记、副书记各1名。坚持以习近平新时代中国特色社会主义思想为指导，持续深入学习党的十九大精神，组织中心组学习11次，坚持发挥党委前置引领和监督责任，审议通过议案53项。加强党务工作人员培训，积极参加上级党委组织各项培训，规范党组织关系接转做好发展党员和党费收缴、使用管理工作。

纪检监察工作。与所属两个党支部签订《党风廉政建设责任书》。组织本级及所属单位西安天创房地产有限公司部门副职以上领导、党群干部及重要岗位人员学习廉洁从业要求，并签订《廉洁从业承诺书》。充分利用QQ、微信等网络平台宣传全面从严治党形势和党纪国法企规，组织学习《中国共产党纪律处分条例》、中央纪委公开曝光违反中央八项规定精神典型问题，观看《巨额亏损的背后》《巡视利剑》，发放《警示录》等书籍，通过自主知识测验、召开座谈会、开展反腐倡廉宣传教育月活动等形式，强化党员干部的纪律观念，做到学深悟透，警钟长鸣。在重要节日、节点提前进行警示教育，发布《廉洁过节提醒》《节日期间紧盯“四风”问题》等通知，严格落实“八项规定”，严防“四风”反弹回潮，关注形式主义、官僚主义等“四风”隐形变异、改头换面等新动向，推动日常监督经常化、常态化。

工会工作。2019年2月22日成立工会筹备委员会，组织开展“与共和国同行　打造品质铁建”系列读书活动，组织职工健康体检，组织开展职工生日福利、节日慰问等系列活动。（申利霞　刘一达　侯艳玲）

中国铁建股份有限公司北京培训中心（中国铁建股份有限公司党校）

【简况】 前身是1983年12月组建的中国人民解放军铁道兵指挥部干部学校；1984年1月集体转业，改编为铁道部工程指挥部干部学校；1990年10月，改称中国铁道建筑总公司干部学校；1991年1月1日，定名为中国铁道建筑总公司党校、干部学校；2002年3月，总公司批准成立中国铁道建筑总公司北京培训中心，实行一套班子，兼有党校、干校、北京培训中心3种职能；2005年5月，总公司决定干部学校更名为管理学院；2008年1月，随着中国铁建股份有限公司整体上市，更名为中国铁建股份有限公司北京培训中心；2009年1月，总公司党委决定中国铁道建筑总公司党校更名为中国铁建股份有限公司党校，实行培训中心（党校）党委领导下的主任（校长）负责制。总部驻北京市大兴区龙河路16号。下辖办公室（党委办公室）、教育培训处、教研开发处、财务处、后勤服务处、资产管理处6个部门。2002年被列入中央党校原中央企业工委分校（现中央党校国资委分校）教学管理体系，同年被列为中央国家机关会计人员继续教育培训单位。2006年被定为中央党校在职研究生教学点。2011年4月，国家事业单位登记管理局批准中国铁建股份有限公司北京培训中心（党校）培训业务范围变更为政治思想教育、领导素质教育、建筑工程项目管理、工商管理和财务管理专业培训，具备同时接待280多名学员的办学规模。

2019年，举办各类培训班52期，培训学员12500人次，毕业研究生62人。（张慧峰　孟慧婷）

【领导人员】

党委副书记　　朱　霖

（张慧峰　孟慧婷）

【职工队伍】 职工25人。本科及以上学历23人、专

科学历2人；高级职称12人、中级职称7人、初级职称6人。（张慧峰　孟慧婷）

【教学培训】　在“品质铁建”战略引领下，按照股份公司年度培训计划和要求，根据各类班次的性质、内容和特点，重点从提高培训层次、拓宽培训范围、扩大培训规模入手，把握培训需求，改进培训方式，精心组织、合理安排，全年举办各类培训班52期，培训学员12500人次；创新方式方法，提升培训品质，根据每期培训内容要求和参训对象特点，在原有培训模式基础上，进一步创新方式方法，探索开展模拟式、体验式、访谈式、研讨式等培训形式。在进修班分别以“传承红色基因和铁道兵精神”及“中国共产党为什么行”策划举办两期“大兴读书会”活动，特邀名师面对面与学员进行交流解读及著作分享，增强课程的参与感、互动性；丰富教学方式，探索“课堂＋基地”实训模式，围绕“致敬铁兵精神，共创品质铁建”主线，开辟“成昆铁路现场教学基地”，现场教学内容涵括四川省委党校、建川博物馆、铁道兵博物馆、成昆线铁道兵烈士陵园以及中铁十七局新成昆线项目5个现场教学点，填补党校在现场教学基地方面的空白；建立健全培训管理制度，加强对学员的沟通联系和服务管理，对《班主任工作标准》和《学员管理规定》重新进行完善修订，严格执行考勤制度，班主任全天候跟班管理。改进教育培训情况考核、登记、跟踪管理和质量评估制度，充分利用手机App做好课程反馈工作，及时从课程设计、师资配备、培训模式、教学组织、综合服务等方面得到准确的学员反馈信息，并根据反馈结果及时修正和改进，进一步提高培训和服务质量。在《铁建党校》设立“品质铁建大家谈”专题，刊发“品质铁建”“海外优先”专题文章40余篇。（谢　谅）

【行政工作】　坚持合规管理，规范运行机制。修订完善《员工履职待遇、业务支出管理办法》《贯彻落实“三重一大”决策制度实施细则》《干部管理办法》《党校会议议事规则》《外聘员工管理办法》等13项管理制度；深化党校改革，增强办学活力，对党校内设机构进行改革，新设教务处和网络学院，优化部门职能和岗位职责；不断优化硬件环境，按照“统一规划、分步实施”的原则，制定党校整体改造方案。（谢　谅）

【党群工作】　扎实开展“不忘初心、牢记使命”主题教育，突出“早”“严”“实”，科学统筹、认真谋划，确保主题教育方向正确、任务落地。针对收集征求的意见和查摆出的问题，列出问题清单，逐项制定整定措施，明确目标、措施、时限和责任人。开展“送教到基层”活动，累计送教33天，送教二级单位15家，系统内以面授及视频形式培训人员5500人次；坚持守正创新，增强意识形态引领力，坚持“党校姓党”原则，坚持管好培训课堂阵地，宣传好党和国家主流意识形态“红色内容”，确保党校讲台无“杂音”；加强党支部日常工作监督考核，按照年初工作目标，对支部落实基层党建工作目标责任情况、完成年度工作目标任务情况进行定性考核，及时完善相关文件、制度和台账。

纪检工作。认真落实全面从严治党要求，认真落实“一岗双责”，党风廉政建设和业务工作一起抓，着力构建“大监督”工作格局；深化标本兼治、推动源头治理，针对关键环节和重要岗位开展廉洁风险防控工作，在全体党员干部中开展“三不准”排查活动；防微杜渐、注重抓早抓小，加强对“关键岗位”人员党纪企规教育，先后组织开展节日廉洁提醒，签订廉洁履约承诺书、重申严明“十五条禁令”，通报中央纪委国家监委网站曝光的“五一”、端午“四风”问题典型案例，组织职工收看《巨额亏损的背后》警示教育宣传片和《动漫说规矩》等影片，营造敬畏纪律、严守规矩的良好氛围。

工会工作。关心关爱员工，组织全体教职员工进行体检，为员工健康“护航”。开展送温暖活动，为退休职工购买退休纪念品。广泛开展各项文体活动，开展“三八节”女职工羽毛球赛、参观游览世园会和爬长城等活动，活跃职工文化生活。

共青团工作。开展“青春心向党·建功新时代”主题教育实践活动，参观北京城市副中心规划展厅和“运河清风”廉政主题园，开展“我与祖国共奋进——国旗下的演讲”特别主题团日活动，拍摄以“我和我的祖国”为主题的抖音短视频，组织青年积极参加“青年大学习”行动，激发团员青年的责任感、使命感。

（谢　谅　闫　寒）

【重要记载】

▲2月25日　中国铁建2018年第一期会计专业技术人员继续教育培训班在党校开班。

▲3月18日　中国铁建2019年第一期处级领导干部培训班在党校开班。

▲4月9日　中国铁建2019年中层管理人员（项目经理）法律合规培训班在党校开班。

▲4月23日　中国铁建企业技术标准体系建设和标准编制培训班在党校开班。

▲4月26日　党校召开2019年第一次职工大会暨工作会议、党风廉政建设和反腐败工作会议。

▲5月6日　中国铁建2019年责任成本管理高级培训班在党校开班。

▲5月14日　中国铁建2019年第一期法律合规工作人员培训班在党校开班。

▲5月22日　中国铁建2019年能源节约与生态环境保护管理培训班在党校开班。

▲6月18日　股份公司党委副书记、执行董事陈大洋出席中国铁建2019年新闻发言人暨外宣工作培训班开班式并为学员授课。

▲6月25日　股份公司党委副书记、执行董事陈大洋出席中国铁建2019年基层团干部培训班开班式并为学员授课。

▲8月5日　中国铁建2019年第一期财务骨干培训班在党校开班。

▲9月2日　中国铁建2019年第一期会计人员继续教育培训班在党校开班。

▲9月22日　中国铁建2019年安全生产管理"三类人员"继续教育培训班在党校开班。

▲10月8日　股份公司党委副书记、执行董事陈大洋出席中国铁建2019年第一期基层党支部书记培训示范班开班式并为学员授课。

▲10月10日　中国铁建2019年第一期组工干部培训班在党校开班。

▲10月14日　中央党校国资委分校2019年秋季学期中国铁建处级干部进修班在党校开班。

▲11月4日　中国铁建2019年税务骨干培训班在党校开班。

▲11月21日　股份公司党委副书记、执行董事陈大洋出席中国铁建2019年宣传思想文化工作会暨宣传干部培训班开班式并为学员授课。

▲11月29日　股份公司党委常委、副总裁汪文忠出席中国铁建首届境外投融资项目培训班开班式并为学员授课。

▲12月3日　股份公司党委常委、副总裁李宁出席中国铁建2019年投资业务培训班开班式并为学员授课。

▲12月9日　股份公司副总裁王立新出席中国铁建2019年第一期项目经理培训班开班式并为学员授课。

▲12月12日　中国铁建2019年党内统计暨党费工作培训班在党校开班。

▲12月19日　党校召开职工大会，主要议题是机构改革。党校新的机构包括办公室（党委办公室）、教务处、培训处、网络学院、财务处、后勤服务处；另设机关党总支。（姜忠杰　张慧峰）

2019 年 2 月 28 日，中国铁建总裁、党委副书记庄尚标（右）在中国铁建大厦接见“全国五一巾帼奖状”获奖代表崔欣（左）。
（刘清裕　摄）

人　物

附录 | 文献辑要 | 统计资料 | 人物 | 所属单位 | 区域总部 | 工会工作 | 党的工作 | 科技创新 | 综合管理 | 经营管理 | 海外业务 | 工程施工 | 董事会工作 | 概况 | 大事记 | 特载

新闻人物

【崔欣 · 2019 年"最美铁路人"】　崔欣，中铁十一局集团桥梁有限公司拉林铁路质检女工班班长。1989 年 6 月出生，天津市蓟州区人，本科学历，助理工程师。太原工业学院无机非金属材料工程专业毕业，2012 年参加工作。先后参与武汉机场线 BT 项目、汉十高速铁路、拉林铁路建设。2017 年，中铁十一局集团桥梁有限公司拉林铁路项目正式开工。拉林铁路全线平均海拔 3300 米以上，年平均含氧量不到平原的 70%。在高原缺氧造成施工队伍长期缺员的情况下，崔欣与其他 3 位女工主动报名，组建质检女工班，带领班组负责拉林铁路新建正线 403 千米近 45 万根轨枕的质量检验工作。为保证 3150 万个检测点质量，她背诵各项规范、熟悉质量标准，虚心请教、潜心钻研，坚持严格出车复检，保证自 2018 年 6 月首根轨枕生产下线以来，所有出场轨枕合格率 100%。她所带领的质检女工班先后获评全国五一巾帼奖状、全国五一巾帼标兵岗、新时代特色品牌班组；崔欣本人获得中国好人、江西好人、中国铁建"十大楷模"、中国铁建"青年岗位能手"、2019 年"最美铁路人"等荣誉。2019 年 3 月 9 日，《中国铁道建筑报》第 3502 期以《守护高原轨枕的四姐妹》为题报道崔欣事迹。

（郭　琳）

科技人物

【孟祥连 · 全国工程勘察设计大师】　孟祥连，中铁第一勘察设计院集团有限公司副总工程师、中国铁建首批技术专家，正高级工程师。1965 年 10 月出生，山东省曹县人。1987 年 7 月西南交通大学本科毕业。从事铁路、公路和市政领域工程地质勘察设计科研工作 32 年以来，孟祥连先后主持完成青藏铁路、西康铁路、哈大高铁、兰新高铁、西成高铁、郑西高铁等多条铁路长大干线，以及秦岭终南山特长公路隧道、西安地铁等多项国内外重大公路和市政工程项目的勘察设计和科技攻关工作，在铁路穿越多年冻土区、复杂山区、断裂构造带、大风区以及 TBM 围岩等级标准划分、路基防冻胀等特殊复杂条件下的工程地质勘察领域具有丰富经验。先后获得国家科技进步一等奖 1 项，全国优秀工程勘察金奖 2 项，全国优秀工程勘察行业一等奖 3 项，省部级优秀工程勘察设计一等奖 9 项、科学技术二等奖 2 项，主持编写行业建设标准 6 项，学术专著 2 部，发表学术论文 16 篇。是享受国务院政府特殊津贴专家、陕西省工程勘察设计大师、陕西省有突出贡献专家、铁道部青年科技拔尖人才、黄汲清青年地质科学技术奖获得者。2019 年，获评第九批全国工程勘察设计大师。

（吕　默）

【汤友富 · 全国工程勘察设计大师】　汤友富，中铁第五勘察设计院集团有限公司党委书记、董事长，教授级高级工程师。1962 年 11 月出生，江苏省常州市人。1985 年 8 月参加工作，历任铁四院院长助理、铁四院副院长、铁五院院长，铁五院董事长、党委书记、技术中心主任、《铁道建筑技术》杂志社社长。汤友富一直从事铁路勘察设计和管理工作，先后任商丘枢纽副总体，徐州、蚌埠、石家庄等枢纽总体设计负责人，全面组织领导和参与京九铁路、宜万铁路、蒙华铁路、武广高铁、郑西高铁、京沪高铁昆山试验段等国家重点项目勘察设计与相关科研工作。作为项目指挥长，组织领导、主持完成以汉口站、武昌站、苏州站等为代表的高架候车、双面开口的中国第二代铁路客站，以武汉站、广州南站、南京南站等为代表的桥建合一、立体叠合的中国第一代高速铁路客站。先后主持完成"高速铁路软土路基关键技术问题综合研究""计算机辅助站场设计系统""川藏铁路雅安至林芝段建设贯彻国防要求及重点目标保障技术措施研究""高速铁路 40 米预应力混凝土简支箱梁运架成套施工设备研制"等科研课题研究，发表《长江经济带沿江高速铁路通道规划布局研究》《都市圈区域轨道交通客流预测研究》《高速铁路软土路基关键技术试验的项目管理》

等学术专著、论文。是享受国务院政府特殊津贴专家、湖北省五一劳动奖章获得者、中华全国铁路总工会“火车头奖章”获得者、国家工程建设质量奖审定委员会“国家优质工程奖先进个人”、茅以升铁道科技奖获得者、茅以升铁道工程师奖获得者。2019 年，获评第九批全国工程勘察设计大师。（李晓雪）

【薛新功·全国工程勘察设计大师】 薛新功，中铁上海设计院集团有限公司总工程师。1963 年 1 月出生，陕西省大荔县人。中共党员。上海铁道学院铁道工程专业毕业，工程硕士学位，正高级工程师，享受国务院政府特殊津贴专家，上海领军人才、市政协委员。薛新功从事铁路勘察设计 36 年，主持完成青藏铁路格尔木至拉萨段勘察设计并参与科研攻关，主要负责技术标准、重大选线及工程设置方案的决策，所在项目获全国优秀工程设计金奖，青藏铁路入选 FIDIC 百年庆典“全球百年经典工程”奖。他主持完成世界上第一条修建于湿陷性黄土地域的高速铁路——郑西高速铁路陕西省境内段勘察设计技术决策和科研工作，主持的“湿陷性黄土地区高速铁路修建关键技术”获国家科学技术进步二等奖。在参与西安至安康铁路线路设计中，他首创在复杂险峻山区单线或预留二线铁路，越岭克服高差巨大时越岭隧道所在区间可一次建成双线等技术，项目获全国优秀工程设计银奖；主持完成“公路第一隧”包茂高速公路秦岭终南山特长隧道工程的勘察设计工作，项目获全国优秀工程设计银奖。秦岭铁路特长隧道和秦岭终南山公路隧道作为“秦岭隧道群”的重要组成部分，入选 FIDIC 百年庆典“全球百年经典工程”奖。他主持的西成铁路客运专线可研报告获国家优秀咨询成果一等奖；主持 21 世纪中国在海外一次性修建的最长铁路——安哥拉本格拉铁路修复改造工程的勘察设计技术决策和科研工作，上海院获安哥拉交通部“本格拉铁路杰出设计分包商”称号。先后获国家、省部级科技进步奖及优秀设计奖多项，其中国家科技进步二等奖 1 项，国家优秀设计金奖 1 项、银奖 2 项。2019 年，获评第九批全国工程勘察设计大师。（赵艳军）

模范人物

【邵高波·全国五一劳动奖章获得者】 邵高波，中铁十二局集团第四工程有限公司盾构分公司总工程师，高级工程师，中共党员。1983 年 8 月出生，山西省运城市人。2007 年参加工作，历任项目技术员、副部长、项目总工、高级工程师。2016 年 7 月任中铁十二局集团第四工程有限公司盾构分公司总工程师。邵高波先后参加深圳地铁、长沙地铁、南宁地铁、天津地铁、徐州地铁、成都地铁、广州地铁等轨道工程的建设，在工作中弘扬工匠精神，深入分析研究总结施工技术要点，带领广大技术人员积极开展科研创新活动，安全、优质、快速完成多个地铁项目的建设任务，参建的深圳地铁 2 号线工程获第 14 届中国土木工程詹天佑奖。以他名字命名的“邵高波职工创新工作室”成立以来，针对地铁项目施工中出现的技术难题，广泛开展技术创新、优化活动，4 项工法获评山西省省级工法，2 项成果通过山西省科技厅鉴定，获中国铁建科学技术二等奖 1 项，1 项成果获国家实用新型专利，研发成果转化创造经济效益 9000 余万元。2017 年，获山西省五一劳动奖章。2019 年，获全国五一劳动奖章。（唐晓明）

【陈泽建·全国五一劳动奖章获得者】 陈泽建，中铁第四勘察设计院集团有限公司副总工程师。1964 年 11 月出生，湖南省益阳市人。毕业于长沙铁道学院，本科学历，教授级高级工程师。湖北省政协第九届、第十届、第十一届政协委员、常委，享受国务院政府特殊津贴专家。陈泽建长期致力于中国铁路网规划以及铁路选线、高速铁路设计研究工作，主持规划设计完成京沪高速铁路、武广高速铁路、沪宁高速铁路、东南沿海铁路大通道等重大铁路项目。任沪宁高速铁路、沪杭高速铁路等项目总体，主持制定多项高速铁路科研项目及设计规范编制、线路设计参数等设计标准和设计规范。主持完成多项中南华东地区铁路网规划、主要铁路通道规划以及中国城市群综合交通规划，为全国铁路“十五”至“十二五”铁路网规划以及《中长期铁路网规划》的出台作出贡献。主管铁四院铁路设计投标和方案竞选技术工作，形成铁四院较为完善的设计投标和方案竞选工作模式。先后获湖北省五一劳动奖章、火车头奖章、茅以升科学技术奖——铁道工程师奖、詹天佑铁道科学技术奖、湖北省有突出贡献的中青年专家等荣誉。2019 年，获全国五一劳动奖章。

（邓云文）

【金跃良 · 全国五一劳动奖章获得者】 金跃良，中国铁建西南区域总部党委书记、总经理，中国铁建昆仑投资集团有限公司党委书记、董事长，四川省第十二届政协委员、提案委员会副主任。1959 年 11 月出生，江苏省江阴市人。中共党员，管理学博士学历，教授级高级工程师。2016 年任中国铁建昆仑投资集团有限公司党委书记、董事长，2019 年任中国铁建股份有限公司西南区域总部党委书记、总经理。金跃良带领昆仑集团从零起步，在西南区域市场牵头成功运作一大批国家及省市重点投融资项目，创新采用以投资带动全产业链联动、城市综合开发等投融资模式，受到业内高度关注和广泛借鉴。通过政协提案等方式优化社会资本引入条件，广泛参与地方行业标准制定，向政府提供“铁建方案”，抢占市场先机，成为深度参与西南地区经济社会建设的重要力量，“铁建品质”影响力持续增强。在抓企业发展的同时潜心管理和技术研究，先后出版《建筑企业管理学》《土建工程国际招标与投标》2 本专著及科研论文多篇，1 项科研成果获“国家科技进步二等奖”。他注重党建与企业管理融合发展，结合企业党建工作撰写的专题理论文章在《瞭望》发表，依托企业党建和文化建设创造性地提炼出以“创业昆仑、红色昆仑、品质昆仑、平安昆仑、幸福昆仑”为核心的“五个昆仑”文化理念，用党建引领发展、以文化凝聚共识，推动企业向高质量发展稳步迈进。先后获得“全国铁路优秀知识分子”“全国优秀项目经理”“全国物流行业劳动模范”“推进物流现代化杰出企业家”“2013 年中国物流年度十大人物”等荣誉。2019 年，获全国五一劳动奖章。

（黎 坪 赵 航）

【魏成波 · 全国五一劳动奖章获得者】 魏成波，中铁十九局集团第七工程有限公司琼乐高速公路项目部工班长。1970 年 7 月出生，福建省福清市人。1987 年参加工作，先后参与京藏高速、广惠高速、沪蓉高速、襄荆高速的修建工作。2015 年进入中铁十九局集团有限公司工作，担任路基队伍工班长，参与完成海南省琼乐高速修建工作，现任海南山海高速公路 6 标段路基队伍工班长。魏成波半生奔波，一生追求，从不止步于脚下，从京藏高速到广惠高速，从沪蓉高速到襄荆高速，从施工一线的普通农民工、技术学习者，到施工队伍工班班长、技术创新者，他始终不忘初心，坚守自己的追求，32 年的修路旅程见证坚守与责任。2017 年，他带领的队伍获得由海南省交建局颁发的“最美班组”称号；2018 年，他本人获得由海南省总工会颁发的海南省“最美农民工”称号。2019 年，获全国五一劳动奖章。

（耿雯雯）

【李保国 · 全国模范退役军人】 李保国，中铁十二局集团电气化工程有限公司党委书记、董事长。1963 年 2 月出生，山东省禹城市人。中共党员。1978 年 11 月入伍，历任中铁十二局集团电气化工程有限公司项目经理、人力资源部部长、总经理助理、纪委书记、党委书记等。2014 年 5 月任中铁十二局集团电气化工程有限公司党委书记、董事长。李保国退役后不忘初心，永葆军人本色，继续发扬人民军队优良传统，爱岗敬业，真抓实干，带领中铁十二局集团电气化工程有限公司取得优异成绩。担任电气化公司党委书记、董事长以来，企业承揽任务突破 220 亿元，完成营业收入 174.5 亿元，实现净利润 14.3 亿元；公司先后获国家优质工程奖 12 项、中国建设工程鲁班奖 6 项、中国土木工程詹天佑奖 1 项、中国安装工程优质奖 3 项。2016 年，他本人获天津市五一劳动奖章；2019 年，被中国安装协会授予“2017—2018 年度中国安装工程优质奖（中国安装之星）工程企业领导人”称号，同年，获“全国模范退役军人”称号。

（唐晓明）

2019 年 8 月 28 日,中国铁建在安徽省芜湖市召开新兴产业、新兴业务发展座谈会。 （高　晶摄）

统计资料

附录	文献辑要	统计资料	人物	所属单位	区域总部	工会工作	党的工作	科技创新	综合管理	经营管理	海外业务	工程施工	董事会工作	概况	大事记	特载

中国铁建系统企业总产值完成情况排名

（2019 年度）

排名	单位名称	年度计划（万元）	企业总产值（万元）	完成年度计划（%）
1	中铁十二局集团有限公司	5500000	8077473	146.86
2	中铁十一局集团有限公司	5500000	7057678	128.32
3	中铁十四局集团有限公司	5050000	5738274	113.63
4	中铁二十局集团有限公司	5500000	5710391	103.83
5	中铁建设集团有限公司	5800000	5708086	98.42
6	中铁十八局集团有限公司	5500000	5632359	102.41
7	中铁十六局集团有限公司	5200000	5580146	107.31
8	中铁十七局集团有限公司	4800000	5092346	106.09
9	中铁十九局集团有限公司	5000000	4601053	92.02
10	中国铁建大桥工程局集团有限公司	5050000	3976101	78.73
11	中国铁建房地产集团有限公司	3400000	3813801	112.17
12	中铁二十四局集团有限公司	2700000	3200332	118.53
13	中铁物资集团有限公司	2800000	2961839	105.78
14	中铁二十一局集团有限公司	2750000	2826151	102.77
15	中铁二十二局集团有限公司	2300000	2598460	112.98
16	中铁十五局集团有限公司	2300000	2585926	112.43
17	中铁二十五局集团有限公司	2300000	2301023	100.04
18	中国铁建电化局集团有限公司	2000000	2198081	109.90
19	中铁二十三局集团有限公司	2000000	2167865	108.39
20	中国土木工程集团有限公司	2150000	1955000	90.93
21	中铁城建集团有限公司	1630000	1670433	102.48
22	中国铁建投资集团有限公司	1400000	1642582	117.33
23	中铁第四勘察设计院集团有限公司	1300000	1447551	111.35
24	中国铁建国际集团有限公司	1030000	1098330	106.63
25	中国铁建重工集团股份有限公司	1100000	1052400	95.67
26	中铁第一勘察设计院集团有限公司	880000	906052	102.96
27	中国铁建港航局集团有限公司	860000	903087	105.01
28	中铁建金融租赁有限公司	374000	456134	121.96
29	中铁第五勘察设计院集团有限公司	350000	359043	102.58
30	中国铁建财务有限公司	290000	297000	102.41
31	中铁建资产管理有限公司	102000	230082	225.57
32	中铁上海设计院集团有限公司	180000	208457	115.81
33	中铁建华南建设有限公司	90000	122892	136.55
34	中铁建商务管理有限公司	24000	29943	124.76
35	诚合保险经纪有限公司	24000	22569	94.04
36	中铁磁浮交通投资建设有限公司	20000	6855	34.27
37	中国铁建股份有限公司北京培训中心（党校）	3000	2206	73.53

（制表：马佶卿）

中国铁建系统新签合同额完成情况排名

（2019 年度）

排名	单位名称	年度计划（万元）	新签合同额（万元）		完成年度计划（%）
			完成	其中自揽完成	
1	中国铁建投资集团有限公司	7217500	12942149	12942149	179.32
2	中铁十二局集团有限公司	7500000	11508049	10082027	134.43
3	中铁十四局集团有限公司	6400000	11324456	10128298	158.25
4	中国铁建房地产集团有限公司	7660000	11097938	11097938	144.88
5	中铁二十局集团有限公司	8000000	11017366	10356887	129.46
6	中铁建设集团有限公司	8000000	10807152	10181072	127.26
7	中铁十一局集团有限公司	7500000	10769210	9530101	127.07
8	中国土木工程集团有限公司	6500000	10665316	10504765	161.61
9	中铁十八局集团有限公司	7500000	10558548	9802512	130.70
10	中铁十六局集团有限公司	7500000	9465984	7597783	101.30
11	中国铁建国际集团有限公司	5820000	8882060	8882060	152.61
12	中铁十七局集团有限公司	6400000	8181314	7416138	115.88
13	中铁十五局集团有限公司	3300000	8084103	6954176	210.73
14	中铁十九局集团有限公司	6000000	6388115	4809694	80.16
15	中国铁建大桥工程局集团有限公司	4900000	5918179	4388404	89.56
16	中铁物资集团有限公司	5200000	5614139	5614139	107.96
17	中铁二十四局集团有限公司	4400000	5317236	4808237	109.28
18	中铁二十一局集团有限公司	4400000	4929923	4563417	103.71
19	中铁二十三局集团有限公司	3000000	4929460	2755191	91.84
20	中铁二十二局集团有限公司	3800000	4799716	4484006	118.00
21	中铁城建集团有限公司	2800000	4498075	3724531	133.02
22	中铁二十五局集团有限公司	3600000	4272685	3614733	100.41
23	中国铁建港航局集团有限公司	1500000	2954940	2442366	162.82
24	中国铁建电气化局集团有限公司	2750000	2783793	2421674	88.06
25	中铁第四勘察设计院集团有限公司	2100000	2638624	2596015	123.62
26	中铁第一勘察设计院集团有限公司	1400000	1902548	1851197	132.23
27	中国铁建重工集团股份有限公司	1728000	1517278	1517278	87.81
28	中铁第五勘察设计院集团有限公司	450000	732540	719636	159.92
29	中铁上海设计院集团有限公司	319000	632620	612767	192.09
30	中铁建金融租赁有限公司	430000	481631	481631	112.01
31	中国铁建财务有限公司	253000	270364	270364	106.86
32	中铁建资产管理有限公司	120000	259319	259319	216.10
33	中铁建华南建设有限公司	486000	154376	154376	31.76
34	诚合保险经纪有限公司	31000	31051	31051	100.16
35	中铁磁浮交通投资建设有限公司	1000000			

（制表：杨利华）

中国铁建系统新签合同额按板块完成情况统计

（2019 年度）

单位名称	年度计划（万元）	完成（万元）	其中							海外（万元）	自揽完成（万元）	完成年度计划（%）	上年同期完成（万元）	同比增长（%）
			工程承包（万元）	勘察设计咨询（万元）	工业制造（万元）	物资物流（万元）	房地产开发（万元）	金融保险（万元）	其他（万元）					
中国铁建股份公司	166000000	200685442	173065317	1492844	2579700	9566812	12541807	952236	486726	26924292	200685442	120.9	158447221	26.7
中国土木工程集团有限公司	6500000	10665316	10654290	4172			1189		5666	10300375	10504765	161.6	6813403	56.5
中铁十一局集团有限公司	7500000	10769210	10225911	10398	112676	304916	107339		7970	611670	9530101	127.1	8506913	26.6
中铁十二局集团有限公司	7500000	11508049	11205759	3496	78925	170928			48941	16435	10082027	134.4	7000088	64.4
中国铁建大桥工程局集团有限公司	4900000	5918179	5878991	8785	15467		14936			421574	4388404	89.6	6209992	-4.7
中铁十四局集团有限公司	6400000	11324456	11019866		193629	428	81416		29118	1027081	10128298	158.3	7263408	55.9
中铁十五局集团有限公司	3300000	8084103	7765862	2777	50555	226134	38775			206770	6954176	210.7	4105331	96.9
中铁十六局集团有限公司	7500000	9465984	8661988	357	30287	597803	111539		64009	1392012	7597783	101.3	8617954	9.8
中铁十七局集团有限公司	6400000	8181314	7813137	3393		309102	55683			1088750	7416138	115.9	5898864	38.7
中铁十八局集团有限公司	7500000	10558548	10088826	11780	28973	118138	310831			763546	9802512	130.7	8136842	29.8
中铁十九局集团有限公司	6000000	6388115	6222726		1229	103115	61044			1547485	4809694	80.2	6558162	-2.6
中铁二十局集团有限公司	8000000	11017366	9889794	13392	42169	692795	353917		25298	648275	10356887	129.5	11000564	0.2
中铁二十一局集团有限公司	4400000	4929923	4585315	3167	24816	24568	280129		11927	100605	4563417	103.7	4690737	5.1
中铁二十二局集团有限公司	3800000	4799716	4576750	3381		20544	199041				4484006	118.0	4338560	10.6
中铁二十三局集团有限公司	3000000	4929460	4591377	8886	164151		56569		108478	82426	2755191	91.8	3782879	30.3
中铁二十四局集团有限公司	4400000	5317236	5207683		87553		22000			208459	4808237	109.3	4682592	13.6
中铁二十五局集团有限公司	3600000	4272685	4015332			214274	39079		4001	105253	3614733	100.4	4209298	1.5
中铁建设集团有限公司	8000000	10807152	9345769	5326		966756	428647		60652	325587	10181072	127.3	10765621	0.4
中国铁建电气化局集团有限公司	2750000	2783793	2541948	6974	209243	14119			11510	278434	2421674	88.1	2801879	-0.6

续表

单位名称	年度计划（万元）	完成（万元）	其中							海外（万元）	自揽完成（万元）	完成年度计划（%）	上年同期完成（万元）	同比增长（%）
			工程承包（万元）	勘察设计咨询（万元）	工业制造（万元）	物资物流（万元）	房地产开发（万元）	金融保险（万元）	其他（万元）					
中国铁建港航局集团有限公司	1500000	2954940	2938051	16888						208837	2442366	162.8	1531918	92.9
中铁城建集团有限公司	2800000	4498075	4493365	56			4654			516015	3724531	133.0	2914270	54.3
中国铁建国际集团有限公司	5820000	8882060	8812872	2368		66820				8815240	8882060	152.6	2319210	283.0
中铁第一勘察设计院集团有限公司	1400000	1902548	1124454	720692			57403			15719	1851197	132.2	1657155	14.8
中铁第四勘察设计院集团有限公司	2100000	2638624	2218428	258840			161356			238635	2596015	123.6	2066465	27.7
中铁第五勘察设计院集团有限公司	450000	732540	501607	192927	7533		30394		80	11751	719636	159.9	592105	23.7
中铁上海设计院集团有限公司	319000	632620	374337	214788		43495				23376	612767	192.1	322772	96.0
中铁物资集团有限公司	5200000	5614139				5602697			11442	110647	5614139	108.0	5150552	9.0
中国铁建重工集团股份有限公司	1728000	1517278			1516938				340	160408	1517278	87.8	1502252	1.0
中国铁建房地产集团有限公司	7660000	11097938	967783				10032810		97345		11097938	144.9	7592556	46.2
中国铁建财务有限公司	253000	270364						270364			270364	106.9	242073	11.7
诚合保险经纪有限公司	31000	31051						31051		1415	31051	100.2	30112	3.1
中铁建金融租赁有限公司	430000	481631						481631			481631	112.0	423649	13.7
中铁建资产管理有限公司	120000	259319				90128		169191			259319	216.1	112513	130.5
中国铁建投资集团有限公司	7217500	12942149	12885649				56500				12942149	179.3	11240734	15.1
中铁磁浮交通投资建设有限公司	1000000												9373	
中铁建华南建设有限公司	486000	154376	138819		15557						154376	31.8	903425	−82.9

（制表：杨利华）

中国铁建系统工程承包板块承揽合同额按类别分完成情况统计

（2019 年度）

单位：万元

单位名称	工程承包	其中							
		铁路	公路	房建	城市轨道	市政	水利、电力	机场、港口及航道	其他工程
合计	173065317	26132180	32481942	54232073	17870478	30857059	2807729	3764190	4919666
中国土木工程集团有限公司	10654290	2311593	1879135	4716608	22112	864661	86331	635558	138291
中铁十一局集团有限公司	10225911	1988732	1939243	1962129	2276306	1341312	255513	14458	448217
中铁十二局集团有限公司	11205759	1913465	1997611	2919700	1614211	2539888	167259	53624	
中国铁建大桥工程局集团有限公司	5878991	731163	2065509	806284	968546	870483	181116	253666	2225
中铁十四局集团有限公司	11019866	1472963	1729699	3497448	1291664	2558319	168088	287995	13692
中铁十五局集团有限公司	7765862	377697	3321493	1622295	703956	1610858	77439	22396	29727
中铁十六局集团有限公司	8661988	935315	1632541	1741557	1873066	2135502	188267	71777	83962
中铁十七局集团有限公司	7813137	888070	2769759	2012185	623398	999617	272416	64630	183063
中铁十八局集团有限公司	10088826	550218	1421015	4167082	691710	2815493	367789	2762	72758
中铁十九局集团有限公司	6222726	125531	1314491	984622	637157	1279555	10909	2808	1867653
中铁二十局集团有限公司	9889794	629201	1148379	5325656	710528	1427270	265745	287105	95910
中铁二十一局集团有限公司	4585315	815493	877388	2016763	229148	421942	209235		15346
中铁二十二局集团有限公司	4576750	823694	401747	1373384	560633	1301865	47531		67895
中铁二十三局集团有限公司	4591377	37114	2475966	822860	92370	1007749	53654		101663
中铁二十四局集团有限公司	5207683	1437697	834082	833335	504744	1489668	13370	19000	75788
中铁二十五局集团有限公司	4015332	505361	785898	1374903	105083	1048056	22401	164947	8682
中铁建设集团有限公司	9345769	369116	81230	8133201	215690	398650		142366	5515
中国铁建电化局集团有限公司	2541948	1264089	110569		850352	22286	189806		104846
中国铁建港航局集团有限公司	2938051	100	454053	251840		1172851		1044306	14901
中铁城建集团有限公司	4493365	133819	97713	3054107	238629	969097			
中国铁建国际集团有限公司	8812872	3284961	325457	4181995	422966	2217	497	316341	278439
中铁第一勘察设计院集团有限公司	1124454	203409	142340	44380		733424			900
中铁第四勘察设计院集团有限公司	2218428	1906241	7584	2401	8583	293620			
中铁第五勘察设计院集团有限公司	501607	89926	46797	99314	16537	240667		8365	
中铁上海设计院集团有限公司	374337	64032	6353	123572		174435	5945		
中国铁建房地产集团有限公司	967783					967783			
中国铁建投资集团有限公司	12885649		2692317	2676791		6186341		1330199	
中铁建华南建设有限公司	138819					54857			83962

（制表：杨利华）

中国铁建系统企业总产值完成情况统计

（2019 年度）

单位名称	计划（万元）	完成（万元）	其中								海外（万元）	完成年度计划（%）	上年同期完成（万元）	同比增长（%）
			施工产值（万元）	勘察设计咨询（万元）	工业产值（万元）	物资物流（万元）	房地产收入（万元）	金融保险收入（万元）	运营维管收入（万元）	其他营业收入（万元）				
合　计	88000000	92715743	75303247	1439941	1929678	5358770	4978303	954723	254342	2496738	4875824	105.4	83765554	10.7
中国土木工程集团有限公司	2150000	2135000	2121379	5116			1575			6930	1964783	99.3	2094598	1.9
中铁十一局集团有限公司	5500000	7057678	6772404	8281	82115	172443	19534		2901		86664	128.3	6326109	11.6
中铁十二局集团有限公司	5500000	8077473	7886250	5319	31726	93529	3462	35000		22187	105841	146.9	7337093	10.1
中国铁建大桥工程局集团有限公司	5050000	3976101	3875504	6788	30426	15767	39315			8301	33073	78.7	3602921	10.4
中铁十四局集团有限公司	5050000	5738274	5362414		281703		88686			5472	192132	113.6	4847920	18.4
中铁十五局集团有限公司	2300000	2585926	2353126	2201	26397	127088	30046		33277	13792	27946	112.4	2432839	6.3
中铁十六局集团有限公司	5200000	5580146	5209651	104	32821	281168	12543		40136	3724	124716	107.3	5302732	5.2
中铁十七局集团有限公司	4800000	5092346	4856863	3923		195227	4312			32021	198384	106.1	4854340	4.9
中铁十八局集团有限公司	5500000	5632359	5416298	8700	10287	68360	124890		1132	2692	224933	102.4	5461711	3.1
中铁十九局集团有限公司	5000000	4601053	4460091		19863	100238	18000			2861	139388	92.0	4408258	4.4
中铁二十局集团有限公司	5500000	5710391	5310064	5266	69302	126262	165010		19075	15412	237211	103.8	4304315	32.7
中铁二十一局集团有限公司	2750000	2826151	2569903	5627	18503	19896	193972		2311	15939	86512	102.8	2683272	5.3
中铁二十二局集团有限公司	2300000	2598460	2478169	3329		16041	87413			13509		113.0	2202157	18.0
中铁二十三局集团有限公司	2000000	2167865	2139084	7001	20993					787	26706	108.4	1781530	21.7
中铁二十四局集团有限公司	2700000	3200332	3129439		23713	38101	7000			2079	58462	118.5	2660762	20.3
中铁二十五局集团有限公司	2300000	2301023	2108759			143084	26344			22836	48250	100.0	1917461	20.0
中铁建设集团有限公司	5800000	5708086	4511174	1648		853523	281705			60037	31634	98.4	4203098	35.8
中国铁建电气化局集团有限公司	2000000	2198081	1983852	6595	198802	359			2998	5475	73873	109.9	1909310	15.1
中国铁建港航局集团有限公司	860000	903087	892492	10595							40019	105.0	784428	15.1
中铁城建集团有限公司	1630000	1670433	1657704			10417	1662			650	15138	102.5	1539842	8.5
中国铁建国际集团有限公司	1030000	1098330	1042370			53889			2071		1045493	106.6	928571	18.3
中铁第一勘察设计院集团有限公司	880000	906052	433154	428569			44329				19288	103.0	813580	11.4
中铁第四勘察设计院集团有限公司	1300000	1447551	778051	576341			93159				5255	111.4	1202155	20.4
中铁第五勘察设计院集团有限公司	350000	359043	146802	205316	6924						4296	102.6	330577	8.6

续表

单位名称	计划（万元）	完成（万元）	其中								海外（万元）	完成年度计划（%）	上年同期完成（万元）	同比增长（%）
			施工产值（万元）	勘察设计咨询（万元）	工业产值（万元）	物资物流（万元）	房地产收入（万元）	金融保险收入（万元）	运营维管收入（万元）	其他营业收入（万元）				
中铁上海设计院集团有限公司	180000	208457	40277	149223		18957					1082	115.8	164003	27.1
中铁物资集团有限公司	2800000	2961839				2938360				23478	84745	105.8	2708926	9.3
中国铁建重工集团股份有限公司	1100000	1052400			1052400							95.7	1009265	4.3
中国铁建房地产集团有限公司	3400000	3813801	2339				3714117		73000	24345		112.2	2731357	39.6
中国铁建财务有限公司	290000	297000						297000				102.4	278200	6.8
诚合保险经纪有限公司	24000	22569						22569				94.0	22260	1.4
中铁建金融租赁有限公司	374000	456134						456134				122.0	372701	22.4
中铁建资产管理有限公司	102000	230082				86062		144020				225.6	100218	129.6
中国铁建投资集团有限公司	1400000	1642582								1642582		117.3	1460339	12.5
中铁磁浮交通投资建设有限公司	20000	6855								6855		34.3	12052	-43.1
中铁建华南建设有限公司	90000	122892			23703					99189		136.5	35000	251.1
中铁建商务管理有限公司	24000	29943							13004	16939		124.8	28084	6.6
中国铁建股份有限公司北京培训中心（党校）	3000	2206								2206		73.5	3015	-26.8
中国铁建股份有限公司东北区域总部														
中国铁建股份有限公司华北区域总部	33000	33755								33755		102.3	21089	60.1
中国铁建股份有限公司中原区域总部														
中国铁建股份有限公司华中区域总部		9206								9206				
中国铁建股份有限公司华东区域总部	10000	12146								12146		121.5	11124	9.2
中国铁建股份有限公司华南区域总部	20000	42903								42903		214.5	24692	73.8
中国铁建股份有限公司重庆区域总部	500000	299986	91239				21229		64437	123081		60.0	641078	-53.2
中国铁建股份有限公司西南区域总部	180000	225350								225350		125.2	212573	6.0
中国铁建股份有限公司西北区域总部														

（制表：马佶卿）

中国铁建系统施工单位工程总产值按类别分完成情况统计

（2019 年度）

单位：万元

单位名称	工程产值	其中								
		铁路	公路	房建	城市轨道	市政	水利、电力	矿山	机场、港口及航道	其他工程
合计	75303247	19868006	16162482	14851692	11075419	9240030	1856786	640379	708062	900391
中国土木工程集团有限公司	2121379	794080	250356	261462	169063	227284	95651	808	235453	87222
中铁十一局集团有限公司	6772404	2335907	1552574	688312	1544394	469641	67482			114094
中铁十二局集团有限公司	7886250	2821031	1820133	1383621	986013	539449	181858		75807	78338
中国铁建大桥工程局集团有限公司	3875504	956873	1276860	271074	762432	431154	138158		22227	16726
中铁十四局集团有限公司	5362414	925543	1429862	698301	1206205	818114	146692	5190	1590	130917
中铁十五局集团有限公司	2353126	336948	1193619	164043	320164	305535	31869		528	420
中铁十六局集团有限公司	5209651	1122913	1190873	597397	1282020	887780	64101		21991	42576
中铁十七局集团有限公司	4856863	1204221	1495277	605287	429761	853867	167684	22065	14981	63720
中铁十八局集团有限公司	5416298	1157098	1308091	950270	707640	885993	322376		27478	57352
中铁十九局集团有限公司	4460091	1393128	1037859	262108	967760	119956	73499	553588	13847	38346
中铁二十局集团有限公司	5310064	696860	1160465	1690420	449238	1030095	242306		10058	30622
中铁二十一局集团有限公司	2569903	884342	547011	524197	178058	349200	62820	20355		3920
中铁二十二局集团有限公司	2478169	624518	291239	760057	409078	307779	33827			51671
中铁二十三局集团有限公司	2139084	215010	1048295	274549	266466	188004	90479	38373	-456	18364
中铁二十四局集团有限公司	3129439	1191971	707145	283511	275376	637947	8534		1112	23843
中铁二十五局集团有限公司	2108759	661375	347655	388361	261583	411818	36739			1228
中铁建设集团有限公司	4511174	534661		3540647	210435	215483			9948	
中国铁建电气化局集团有限公司	1983852	1489249	20160	6966	383459	12740	51702			19576
中国铁建港航局集团有限公司	892492	5482	358252	20321	11544	207001	15906		273545	441
中铁城建集团有限公司	1657704	179171		1149548	180799	136141				12045
中国铁建国际集团有限公司	1042370	177651	179581	403668	221433		4135			55902
中铁第一勘察设计院集团有限公司	433154	95497	317378	928		19222	129			
中铁第四勘察设计院集团有限公司	778051	158721	135633		217300	230381				36016
中铁第五勘察设计院集团有限公司	146802	89411		1714	7326	48351				
中铁上海设计院集团有限公司	40277	9478		200		28911	1688			
中国铁建房地产集团有限公司	2339					2339				
中铁建重庆投资集团有限公司	91239					37882	36305			17052

（制表：马信卿）

中国铁建系统施工单位主要实物工程量完成情况统计

（2019 年度）

单位名称	土石方（万立方米）	隧道（折合千米）	桥梁（折合千米）	正线铺轨（千米）	站线铺轨（千米）	公路（千米）	通信线路（条千米）	供电线路（千米）	轻轨（千米）	地铁（千米）	房屋施工面积（万平方米）	房屋竣工面积（万平方米）
2018 年完成合计	127905	1340	1530	3539	544	2259	7303	5361	28	547	20092	1962
2019 年完成合计	137001	1380	1423	4489	885	2916	4710	7564	45	408	23799	2286
中国土木工程集团有限公司	122	1				9					107	1
中铁十一局集团有限公司	9263	194	157	1712	430	197	380	348		63	1413	122
中铁十二局集团有限公司	8140	184	190	346	29	743	252	486		20	2921	305
中国铁建大桥工程局集团有限公司	7791	112	134	21	8	447				56	676	43
中铁十四局集团有限公司	7860	95	96	684	50	104	166	177	40	95	801	120
中铁十五局集团有限公司	6040	40	49	268	23	189	94	11		6	156	17
中铁十六局集团有限公司	6374	115	147	4	2	308				46	821	21
中铁十七局集团有限公司	9129	148	132	615	65	139	34		2	9	832	32
中铁十八局集团有限公司	6354	184	95		1	199	1	2	1	20	2126	52
中铁十九局集团有限公司	41235	122	121	633	126	248	73	56	1	49	755	33
中铁二十局集团有限公司	2850	19	27	68	2	17	4			11	303	2
中铁二十一局集团有限公司	13005	47	72	37	18	76	299	228		12	744	61
中铁二十二局集团有限公司	3649	21	34	43	35	4	59	24		3	346	
中铁二十三局集团有限公司	4437	34	57		4	102	125	3		2	284	30
中铁二十四局集团有限公司	4019	33	42	44	33	23	81	3		2	328	28
中铁二十五局集团有限公司	3229	32	46	13	59	77	354	247	1	15	540	134
中铁建设集团有限公司											7816	853
中国铁建电气化局集团有限公司	1						2788	5979			53	3
中国铁建港航局集团有限公司	2262	2	24			35					74	14
中铁城建集团有限公司	647										2578	415
中国铁建国际集团有限公司	56										123	
中铁建重庆投资集团有限公司	538											

（制表：马信卿）

中国铁道建筑集团有限公司从业人员及劳动报酬统计(一)

(2019 年度)

行业类别	从业人员											
	在编在岗职工				其他在岗职工				其他从业人员 纳入财务报表职工统计口径的其他从业人员			
	期末人数(人)	平均人数(人)	工资总额(万元)	平均工资(元)	期末人数(人)	平均人数(人)	工资总额(万元)	平均工资(元)	期末人数(人)	平均人数(人)	工资总额(万元)	平均工资(元)
总　计	255420	261906	3574022.86	136462.05	53390	56620	431235.33	76163.07	9344	10506	61415.48	58457.53
工程承包	215357	221844	2810332.91	126680.59	40788	43581	307337.91	70521.08	7051	8050	42958.75	53364.91
勘察设计承包	12851	12692	370847.98	292190.34	4495	4576	62570.16	136735.49	169	201	1130.95	56266.17
工业制造	9531	9293	111885.89	120398.03	1317	1494	9761.68	65339.22	443	414	6779.86	163764.73
物资物流	5073	5161	69798.13	135241.48	633	711	4539.18	63842.19	68	93	357.81	38474.19
房地产开发	6050	6259	114016.45	182164.00	680	709	3588.34	50611.28	580	551	3162.22	57390.56
金融保险	441	394	14256.36	361836.55	35	33	519.18	157327.27		2	21.60	108000.00
其 他	6117	6263	82885.14	132340.95	5442	5516	42918.88	77807.98	1033	1195	7004.29	58613.31

(制表:岳向文)

中国铁道建筑集团有限公司从业人员及劳动报酬统计(二)

(2019 年度)

行业类别	从业人员								在编不在岗职工			
	其他从业人员				劳务派遣人员							
	未纳入财务报表职工统计口径的其他从业人员											
	期末人数(人)	平均人数(人)	劳动报酬总额(万元)	平均报酬(元)	期末人数(人)	平均人数(人)	劳动报酬总额(万元)	平均报酬(元)	期末人数(人)	平均人数(人)	劳动报酬总额(万元)	平均生活费(元)
总　计	1918	2150	21183.12	98526.14	35787	33725	269377.24	79874.64	22636	23136	61145.46	26428.71
工程承包	1887	2117	20908.37	98764.15	24366	22993	186018.04	80902.03	20149	20800	55286.62	26580.11
勘察设计承包					1962	1939	25915.16	133652.19	184	227	206.47	9095.59
工业制造					3116	3119	20968.43	67228.05	1245	1010	1977.30	19577.23
物资物流	5	5	67.76	135520.00	2210	2099	12096.35	57629.11	382	380	924.41	24326.58
房地产开发	7	7	87.71	125300.00	720	694	3785.17	54541.35	79	80	45.79	5723.75
金融保险					5	4	38.20	95500.00				
其他	19	21	119.28	56800.00	3408	2877	20555.89	71449.04	597	639	2704.87	42329.73

(制表:岳向文)

中国铁道建筑集团有限公司从业人员统计

（2019 年度）

单位：人

指标名称	人数	指标名称	人数
一、2018 年末从业人员人数	387326	三、2019 年减少从业人员人数	98234
1. 在编在岗职工	257642	1. 减少在编在岗职工	39377
2. 其他在岗职工	54834	（1）解除劳动合同	14169
3. 其他从业人员	49273	（2）终止劳动合同	9083
其中：纳入财务报表职工统计口径的其他从业人员	14188	其中：离休退休	6567
未纳入财务报表职工统计口径的其他从业人员	35085	（3）减少不在岗职工	3888
4. 劳务派遣人员	25577	（4）调出	12237
二、2019 年增加从业人员人数	65185	其中：调往集团公司外	2352
1. 增加在编在岗职工	36244	调往股份公司系统外	542
（1）政策性安置	1336	整建制划出	415
（2）录用毕业生	14430	其中：需支付经济补偿人数（指减少的在编在岗职工中）	83
（3）在编不在岗职工回归	2784	2. 减少其他在岗职工	12624
（4）调入	10029	3. 减少其他从业人员	41007
其中：集团公司外调入	1544	其中：纳入财务报表职工统计口径的其他从业人员	7180
股份公司系统外调入	543	未纳入财务报表职工统计口径的其他从业人员	33827
整建制划入	554	4. 减少劳务派遣人员	5226
（5）其他方式	7665	四、2019 年末从业人员人数	354277
2. 其他在岗职工	10508	1. 在编在岗职工	254509
3. 其他从业人员	2989	2. 其他在岗职工	52718
其中：纳入财务报表职工统计口径的其他从业人员	2432	3. 其他从业人员	11255
未纳入财务报表职工统计口径的其他从业人员	557	其中：纳入财务报表职工统计口径的其他从业人员	9440
4. 劳务派遣人员	15444	未纳入财务报表职工统计口径的其他从业人员	1815
		4. 劳务派遣人员	35795

（制表：岳向文）

中国铁道建筑集团有限公司从业人员专项指标统计(一)

(2019 年度)

单位:人

类别	合计(人)	其中:女性	按年龄划分															
			24 岁以下	其中:女性	25 ~ 29 岁	其中:女性	30 ~ 34 岁	其中:女性	35 ~ 39 岁	其中:女性	40 ~ 44 岁	其中:女性	45 ~ 49 岁	其中:女性	50 ~ 54 岁	其中:女性	55 岁以上	其中:女性
总　计	377680	72379	39017	6077	74267	13645	86282	18289	56396	12420	38502	9030	37612	8783	18834	3288	26770	847
在编在岗职工	255004	50605	23436	4023	51056	9647	62529	13373	39558	9135	26855	6454	23012	5941	12630	1846	15928	186
其他在岗职工	52931	7128	6063	803	10838	1852	11239	1912	7301	1036	4968	587	8905	527	2111	283	1506	128
其他从业人员	11255	1530	767	120	2079	219	2068	287	2781	242	1593	209	797	169	495	128	675	156
劳务派遣人员	35883	6074	8154	1092	9339	1525	8533	1589	3908	707	2339	383	1637	407	967	219	1006	152
在编不在岗职工	22607	7042	597	39	955	402	1913	1128	2848	1300	2747	1397	3261	1739	2631	812	7655	225

(制表:岳向文)

中国铁道建筑集团有限公司从业人员专项指标统计(二)

(2019 年度)

单位:人

类别	按人才结构划分					按文化程度划分				
	管理人员	专业技术人员	其中:管理岗位	技能人员	其他人员	高中以下	中专	大专	大本	研究生
总计	377450	166299	45558	99481	65465	70103	39934	88467	167216	11811
在编在岗职工	254791	142058	41911	51486	21638	30187	18957	46635	147952	11323
其他在岗职工	52909	12173	2326	18890	18524	16248	7571	18914	9774	237
其他从业人员	11260	1444	207	4023	5516	5276	2564	2245	1107	70
劳务派遣人员	35761	5929	617	16884	11646	7351	7214	15748	5291	139
在编不在岗职工	22729	4695	497	8198	8141	11041	3628	4925	3092	42

(制表:岳向文)

中国铁建系统在岗干部(管理和专业技术人员)基本情况统计

(2019 年度)

单位:人

单位名称	总数			各类干部											学历					政治情况				年龄							
															高等院校														55岁至59岁		
	干部总数	女	少数民族	正局级	副局级	局级非领导职务	正处级	副处级	处级非领导职务	正科级	副科级	科级非领导职务	科员、办事员	专职从事专业技术工作	研究生	大学本科	专科	中专	高中及以下	共产党员	共青团员	民主党派	无党派	35岁以下	36岁至40岁	41岁至45岁	46岁至50岁	51岁至54岁	小计	女	60岁以上
合　计	213468	44247	9085	139	397	72	2874	5267	1158	16250	18904	3309	39300	125798	12085	149919	40208	4887	6369	78017	48868	170	24492	133939	30384	19007	15241	6460	8429	22	8
中国铁建股份有限公司总部	285	60	19	40	41	10	61	25	4					104	72	205	5	1	2	259				31	49	39	74	43	48		1
中国土木工程集团有限公司	3022	447	124	3	13		96	99	6	323	129	1	1582	770	494	2035	306	30	157	1225	492	8		1780	523	232	262	113	112		
中铁十一局集团有限公司	13965	2136	605	2	10	2	88	217	15	2063	2781	71	1628	7088	350	11014	2031	151	419	5312	4148	1	4504	9980	1642	1005	667	221	450		
中铁十二局集团有限公司	13562	2470	473	2	10	3	137	290	83	900	1571	21	984	9561	234	9927	2492	391	518	3886	4367	2		9491	1523	972	884	307	385		
中国铁建大桥工程局集团有限公司	9348	1459	65	2	10	4	95	184	55	652	845	69	2804	4628	165	7320	1465	177	221	2870	2626	8		6263	1065	891	664	234	231		
中铁十四局集团有限公司	11204	2737	213	2	9	5	105	237	41	1131	612	47	729	8286	322	8327	2094	322	139	4491	2563			6744	1572	1483	826	286	293		
中铁十五局集团有限公司	9446	2808	253	2	11	1	122	204	44	801	919	73	1731	5538	150	5827	2747	378	344	3549	1916	3	3800	5834	1420	929	604	248	411		
中铁十六局集团有限公司	15373	4138	736	2	9	2	141	258	69	890	729	244	855	12174	374	10504	3710	367	418	5071	4669	1		10738	2001	1025	628	286	695		
中铁十七局集团有限公司	10918	2567	214	2	10	1	101	207	216	1088	1287	398	2003	5605	306	7811	1947	362	492	4914	1834	4	1221	6524	1799	957	720	312	606	1	
中铁十八局集团有限公司	16097	3230	840	2	11	3	167	378	73	1070	1570	365	3815	8643	195	11035	3446	390	1031	5199	3618			9944	2503	1598	1107	293	652		
中铁十九局集团有限公司	10598	2455	1338	1	10	3	94	204	63	838	1126	253	1915	6091	90	7419	2548	271	270	3452	3256	4		6949	1238	982	956	198	275		
中铁二十局集团有限公司	9842	2545	270	2	11	1	114	202	75	1000	857	4	1103	6473	171	6914	2001	258	498	4130	631	1		5875	1498	997	708	257	507	2	
中铁二十一局集团有限公司	7523	1504	248	2	10		100	176	60	594	846	23	400	5312	125	6023	1175	139	61	2965	2114	18	2426	4742	1054	559	618	267	283		
中铁二十二局集团有限公司	8865	2044	422	2	9	3	87	161	86	493	781	96	772	6375	180	6237	2080	151	217	2805	2018	4	1083	6178	1094	621	536	180	256		
中铁二十三局集团有限公司	6561	1533	225	2	11	2	76	142	6	473	774	76	1308	3691	87	4401	1619	297	157	2458	1653	4	2446	4062	972	715	512	183	115		2
中铁二十四局集团有限公司	6094	868	136	2	11	3	87	151	29	523	613	54	310	4311	107	4950	835	141	61	2658	1702	12	1722	3982	576	364	512	268	392	1	
中铁二十五局集团有限公司	6345	1276	497	2	11	1	76	144	23	507	577	37	1793	3174	85	5105	994	136	25	2451	2192	2	1700	4536	569	443	432	177	188		
中铁建设集团有限公司	8666	1358	364	3	11	3	70	195	9			1298	3266	3811	329	5981	1883	160	313	2508	1786	2		5396	1730	763	418	192	167		
中国铁建电气化局集团有限公司	4980	1153	152	2	11	2	87	152	19	466	501	38	366	3336	177	3682	825	143	153	1927	1317	2	1734	3207	665	439	354	136	179		
中国铁建港航局集团有限公司	2764	403	85	2	8		44	88	11	219	443	16	776	1157	121	2435	174	31	3	936	908	3		1717	389	259	241	120	38		
中国铁建房地产集团有限公司	4169	1570	255	2	8	2	49	174	6	282	331		2343	972	619	2761	593	55	141	1310	547	3	25	2620	880	364	205	67	33		
中铁第一勘察设计院集团有限公司	3434	559	115	2	10		96	137	28	83	46		79	2953	1020	2143	216	45	10	2031	496	25		1145	630	387	550	336	385		1
中铁第四勘察设计院集团有限公司	6081	946	168	3	10	1	98	202		106	186		398	5077	2372	2532	1033	71	73	3128	637	21	86	2776	1044	506	556	520	679		
中铁第五勘察设计院集团有限公司	8320	1263	143	2	9	2	84	140	4	419	226	16	4973	2445	1133	4249	2371	251	316	1390	771	14		3559	1641	1075	889	639	517		

续表

单位名称	总数			各类干部											学历					政治情况				年龄							
															高等院校														55岁至59岁		
	干部总数	女	少数民族	正局级	副局级	局级非领导职务	正处级	副处级	处级非领导职务	正科级	副科级	科级非领导职务	科员、办事员	专职从事专业技术工作	研究生	大学本科	专科	中专	高中及以下	共产党员	共青团员	民主党派	无党派	35岁以下	36岁至40岁	41岁至45岁	46岁至50岁	51岁至54岁	小计	女	60岁以上
中铁上海设计院集团有限公司	1532	408	38	2	8	2	37	75	7	137	87		111	1066	613	861	57	1		819	179	13	2	867	292	104	115	67	87	18	
中铁物资集团有限公司	1747	97	483	2	7	1	67	104	25	186	149	26	813	367	192	1225	249	18	63	756	283			1056	272	132	113	78	96		
中国铁建重工集团股份有限公司	3756	620	249	3	11		83	171		36	24		287	3141	811	2509	347	58	31	1324			2432	2640	463	238	229	102	84		
中国铁建国际集团有限公司	1019	174	73	3	8	2	46	58	57	69	31	57	114	574	288	437	123	4	167	392	91	2	534	506	191	114	108	55	44		1
中铁城建集团有限公司	4039	526	127	2	9		46	65	17	274	451	15	615	2545	78	3306	571	64	20	1404	1712	2	302	3045	353	221	243	93	84		
中国铁建投资集团有限公司	1197	233	44	2	9	2	84	133		243	140		584		321	816	56	2	2	705	109	3	380	582	225	181	133	47	29		
中国铁建财务有限公司	81	36	2	1	4		9	4					1	62	28	53				52	9	3	17	52	11	10	6	1	1		
诚合保险经纪有限公司	214	73	8	1	4	1	18	17	5					168	33	161	18		2	109				100	43	26	29	8	8		
中铁建商务管理有限公司	120	57	2	2	3	1	9	3	3	13	22		32	32	13	52	29	8	18	98	15			23	4	14	26	21	32		
中铁建金融租赁有限公司	129	44	8	2	3	1	9	15		28	45		26		40	88	1			74	19			76	24	17	3	6	3		
中铁磁浮交通投资建设有限公司	75	9	2	2	3		3	20		18	2		12	15	19	55	1			55	8	2	1	24	19	11	13	6	2		
中铁建资产管理有限公司	149	54	10	2	2		10	13	1				121		45	98	6			80	19		50	93	24	15	14	2			1
中铁建华南建设有限公司	86	8	5	1	4		10	15	4	10	2		5	35	9	73	3	1		71	2			25	12	19	19	9	2		
中铁建网络信息科技有限公司	54	3					2	1		4	5			42	9	44	1			18				37	9	3	4	1			
中铁建国际投资有限公司	48	13	6	2	4		7	8						27	26	22				35				23	10	4	6	1	4		
中铁建锦鲤资产管理有限公司	77	40	1		2	1	9	14	4		1		43	3	4	58	12		3	57	5		2	29	16	12	13	4	3		
中国铁建股份有限公司北京培训中心（中国铁建股份有限公司党校）	25	11	4		1		5	2		3			14		5	18	2			20	3			8	1	2	6	4	4		
中国铁建股份有限公司东北区域总部	5		1	2	3										2	2	1			5					1		1	2	1		
中国铁建股份有限公司华北区域总部	137	19	8	2	4	1	15	13	2	24	9		67		25	90	20		2	88	15	1		68	20	22	18	6	3		
中国铁建股份有限公司中原区域总部	21	1		2	4	1	9	3		2					9	12				21				3	1	3	8	2	4		
中国铁建股份有限公司华中区域总部	39	1		1	4		8	8		9	3		6		4	35				33	1		5	7	10	7	11	2	2		
中国铁建股份有限公司华东区域总部	58	8	1	3	4		8	15		12	7		9		11	42	4	1		51				14	9	14	14	3	4		
中国铁建股份有限公司华南区域总部	138	20	2	3	5	1	25	34	1	28	8		33		19	114	5			107	10	1	20	42	25	27	26	13	5		
中国铁建股份有限公司重庆区域总部	525	175	20	1	5		29	31	7	87	68		297		31	382	82	11	19	230	71	1		247	92	89	59	23	15		
中国铁建股份有限公司西南区域总部	648	72	30	3	6	4	37	66		146	100		162	124	145	472	27	1	3	466	56			273	162	107	81	13	10		2
中国铁建股份有限公司西北区域总部	59	13	1	5	3		13	12				11	15		24	32	3							18	11	5	15	6	4		
审计中心及直管指挥部	28	3		2	3		1							22	3	25				22				8	7	5	5	2	1		

（制表：王　谐　徐沛江）

中国铁建系统技术干部情况统计

（2019 年度）

单位：人

单位名称	总数：技术干部总数	总数：其中：正高级	总数：其中：高级	总数：其中：中级	总数：其中：初级及以下	工程技术人员：小计	工程技术人员：正高级工程师	工程技术人员：教授级高工	工程技术人员：高级工程师	工程技术人员：工程师	工程技术人员：助工、技术员及未聘职务	卫生技术人员：小计	卫生技术人员：正副主任医师	卫生技术人员：主治医师	卫生技术人员：医、护师及未聘职务	教师：小计	教师：教授、高师	教师：讲师	教师：助教、助讲、教员及未聘职务	经济人员：小计	经济人员：正高级经济师	经济人员：高级经济师	经济人员：经济师	经济人员：助经、经济员及未聘职务	统计人员：小计	统计人员：高级统计师	统计人员：统计师	统计人员：助统、统计员及未聘职务	政工人员：小计	政工人员：教授级高级政工师	政工人员：高级政工师	政工人员：政工师	政工人员：助政、政工员	会计人员：小计	会计人员：正高级会计师	会计人员：高级会计师	会计人员：会计师	会计人员：助会、会计员及未聘职务	文案人员	翻译人员	新闻人员	文艺人员	农艺研究体育律师
合 计	198355	2494	31262	56391	105537	151515	1153	1290	25613	46140	77319	1561	178	475	908	244	67	102	75	15031	39	1689	2786	10517	151	7	43	101	9554	5	1767	3120	4660	19809	54	1915	3545	14295	117	318	15	2	38
中国铁建股份有限公司总部	283	56	187	31	9	121	42		70	8	1									50	8	36	4	2					55		41		14	47	3	33	5	6	1	1	7	1	
中国土木工程集团有限公司	1827	36	617	642	532	1309	16	15	493	463	322	1			1	1			1	112		21	53	38	2		1	1	26		7	12	7	195	2	38	60	95	2	169	1		9
中铁十一局集团有限公司	13965	84	1737	3955	8189	10824	33	46	1434	3291	6020	117	13	28	76	18	2	12	4	840	1	84	89	666	2		1	1	830		114	245	471	1331	4	89	289	949					3
中铁十二局集团有限公司	13394	48	1605	3323	8418	10204	43	50	1228	2712	6171	262	30	62	170	16		8	8	1039		96	144	799	3			3	428	1	82	120	225	1435	2	115	238	1080	1	2	1		3
中国铁建大桥工程局集团有限公司	9238	129	1426	2474	5209	6554	56	64	1069	1922	3443	49	3	18	28	42	15	20	7	985	1	130	176	678					561		119	180	262	1035	1	94	154	786	11	1			
中铁十四局集团有限公司	11111	118	1963	3415	5615	8649	47	64	1617	2898	4023	26		9	17	15	2	2	11	497	3	130	101	263	2			2	695		150	243	302	1216	3	161	157	895	9	2			
中铁十五局集团有限公司	9150	61	1019	2619	4674	6969	26	34	726	2006	4177	53	3	12	38	6	3	3		542	1	93	149	299	3		2	1	581		112	220	249	982		80	225	677	3	6	1		4
中铁十六局集团有限公司	15189	55	1784	4095	9255	11400	49	42	1391	3298	6620	110		46	64	3		2	1	1309	3	90	221	995	23		1	22	828		126	268	434	1505	3	135	258	1109	11				
中铁十七局集团有限公司	9710	71	1404	2857	5378	5855	19	26	1039	1996	2775	429	94	147	188	8		1	7	1302	1	90	200	1011	17		6	11	859	1	119	278	461	1222	1	85	227	909	4	13			1
中铁十八局集团有限公司	14200	97	2080	3184	8839	11042	50	40	1707	2745	6500	79	6	20	53	39	15	11	13	823	2	78	75	668	3			3	757		121	191	445	1416	3	145	137	1131	19	22			
中铁十九局集团有限公司	10340	83	1263	2986	6008	7856	36	38	909	2546	4327	193	18	70	105	3	2	1		704	1	155	98	450	2		2		321		88	99	134	1254	2	96	169	987	4	3			

续表

单位名称	技术干部总数	总数其中：正高级	高级	中级	初级及以下	工程技术人员：小计	正高级工程师	教授级高工	高级工程师	工程师	助工、技术员及未聘职务	卫生技术人员：小计	正副主任医师	主治医师	医、护师及未聘职务	教师：小计	教授、高师	讲师	助教、助讲、教员及未聘职务	经济人员：小计	正高级经济师	高级经济师	经济师	助经、经济员及未聘职务	统计人员：小计	高级统计师	统计师	助统、统计员及未聘职务	政工人员：小计	教授级高级政工师	高级政工师	政工师	助政、政工员	会计人员：小计	正高级会计师	高级会计师	会计师	助会、会计员及未聘职务	文案人员	翻译人员	新闻人员	文艺人员	农艺研究体育律师
中铁二十局集团有限公司	9751	69	1205	2961	5516	6942	17	50	961	2196	3718	38	1	8	29	40	15	16	9	921	1	66	266	588	5		4	1	691		88	185	418	1084	1	74	285	724	1	29			
中铁二十一局集团有限公司	7424	58	1214	2408	3744	5795	25	31	1048	2081	2610	33	1	15	17	4		2	2	316		24	59	233	2		1	1	332		90	106	136	938	1	50	143	744	3				1
中铁二十二局集团有限公司	8566	55	994	2674	4836	6714	23	31	817	2331	3512	95	4	11	80	7	1	3	3	450	1	41	61	347	1		1		494		79	163	252	802	2	47	95	658	3				
中铁二十三局集团有限公司	6265	23	760	1944	3538	4801	14	8	591	1624	2564	14		6	8	2	1		1	386		59	87	240	3			3	364		56	110	196	676	1	52	112	511	8	10			1
中铁二十四局集团有限公司	5998	38	1034	2005	2921	4656	20	17	832	1719	2068	3	1	1	1	2	1	1		496	1	73	80	342	4	1		3	190		52	98	40	646		74	105	467			1		
中铁二十五局集团有限公司	6308	26	670	1741	3871	4779	10	14	540	1451	2764	4		1	3	1		1		444	1	46	103	294	2			2	305		44	79	182	770	1	40	103	626	3				
中铁建设集团有限公司	6053	55	367	1291	2631	4309	42	10	245	847	3165	1			1					1012	1	60	206	745	26		8	18	193		23	94	76	506	2	39	130	335	1	3			2
中国铁建电气化局集团有限公司	4907	25	782	1270	2830	3860	21	31	591	1056	2161	11	1	3	7	3	2		1	269	1	41	30	197	1		1		230		61	99	70	533	3	55	81	394					
中国铁建港航局集团有限公司	2434	24	397	697	1183	1932	11	13	344	508	1056					1	1			166	1	30	70	65	1			1	128		25	62	41	205		20	57	128		1			
中国铁建房地产集团有限公司	2134	9	232	627	1266	1361	4	4	189	404	760					2		2		364		9	96	259	16		3	13	59		5	20	34	317	1	28	99	189		2	1		12
中铁第一勘察设计院集团有限公司	3434	377	1568	1023	466	3232	182	193	1523	933	401	11	1	5	5	6	1	4	1	32	1	9	13	9	4	2	1	1	26		7	17	2	115	1	23	47	44	5	3			
中铁第四勘察设计院集团有限公司	6005	481	2277	1814	1433	5725	208	271	2188	1722	1336	1		1		10		7	3	52		17	18	17	15	4	8	3	50	1	14	17	18	132	2	50	37	43	15	3	1	1	
中铁第五勘察设计院集团有限公司	6614	176	1701	2821	2095	6426	57	69	1735	2778	1787	1			1	4	1	3		60		13	23	24	2			2	18		7	7	4	95	1	22	26	46	5	3			
中铁上海设计院集团有限公司	1532	55	621	550	306	1447	24	30	607	514	272	1	1							28		2	7	19	1		1		5		1	2	2	47	1	10	27	9	2				1

续表

单位名称	总数					工程技术人员						卫生技术人员				教师				经济人员					统计人员				政工人员					会计人员					文案人员	翻译人员	新闻人员	文艺人员	农艺研究体育律师
	技术干部总数	其中																																									
		正高级	高级	中级	初级及以下	小计	正高级工程师	教授级高工	高级工程师	工程师	助工、技术员及未聘职务	小计	正副主任医师	主治医师	医、护师及未聘职务	小计	教授、高师	讲师	助教、助讲、教员及未聘职务	小计	正高级经济师	高级经济师	经济师	助经、经济员及未聘职务	小计	高级统计师	统计师	助统、统计员及未聘职务	小计	教授级高级政工师	高级政工师	政工师	助政、政工员	小计	正高级会计师	高级会计师	会计师	助会、会计员及未聘职务					
中铁物资集团有限公司	1110	4	117	275	714	186	1		43	76	66									655	2	35	121	497					82		16	40	26	187	1	23	38	125					
中国铁建重工集团有限公司	3251	19	280	666	2286	2879		19	237	575	2048	6			6					216		13	38	165	3			3	37		1	20	16	105		19	27	59	1	4			
中国铁建国际集团股份有限公司	566	13	182	166	205	342	4	8	139	106	85					1	1			107		16	31	60					18	2	7	7	2	60	1	12	13	34	2	35	1		
中铁城建集团有限公司	3999	11	496	909	2364	3174	6	3	422	780	1963	1	1			2		2		303	1	19	34	249					118		26	35	57	400	1	27	48	324	1				
中国铁建投资集团有限公司	1197	38	429	310	420	884	8	27	337	194	318									108	2	37	36	33	8		2	6	60		17	29	14	137	1	38	49	49					
中国铁建财务有限公司	79		19	33	29	8			1	2	5									25		3	13	9					6		3	3		39		12	14	13					1
诚合保险经纪有限公司	177	4	61	50	62	81		3	39	21	18	1		1						45		8	9	28					18		4	9	5	29	1	9	10	9	2	1			
中铁建商务管理有限公司	120	3	14	30	73	7	1		3	2	1	21		11	10	3			3	55	1	4	4	46					14		6	7	1	20	1	1	6	12					
中铁建金融租赁有限公司	129		18	24	87	16			3	10	3									81		2	8	71					2		1	1		29		12	5	12			1		
中铁磁浮交通投资建设有限公司	75	8	43	13	11	56	4	4	35	7	6									5		2	1	2					8		3	3	2	6		3	2	1					
中铁建资产管理有限公司	82	1	29	31	21	15			6	8	1									24		3	11	10					6		3	3		36	1	17	9	9		1			
中铁建华南建设有限公司	86	4	49	22	11	63	3		35	17	8					1	1			7		5	2						7		5	2		8	1	3	1	3					
中铁建网络信息科技有限公司	54		4	10	40	48			3	8	37									3			2	1										3		1		2					
中铁建国际投资有限公司	32	2	14	11	5	14		1	9	4										8		2	2	4										6	1	1	4			4			

续表

单位名称	总数					工程技术人员						卫生技术人员				教师				经济人员					统计人员				政工人员					会计人员					文案人员	翻译人员	新闻人员	文艺人员	农艺研究体育律师
	技术干部总数	其中：正高级	其中：高级	其中：中级	其中：初级及以下	小计	正高级工程师	教授级高工	高级工程师	工程师	助工、技术员及未聘职务	小计	正副主任医师	主治医师	医、护师及未聘职务	小计	教授、高师	讲师	助教、助讲、教员及未聘职务	小计	正高级经济师	高级经济师	经济师	助经、经济员及未聘职务	小计	高级统计师	统计师	助统、统计员及未聘职务	小计	教授级高级政工师	高级政工师	政工师	助政、政工员	小计	正高级会计师	高级会计师	会计师	助会、会计员及未聘职务					
中铁建锦鲤资产管理有限公司	64	1	25	10	26	31	1		12	5	13									5		2	1	2					11		3	2	6	17		8	2	7					
中国铁建股份有限公司北京培训中心（中国铁建股份有限公司党校）	25		12	7	6	5			1	2	2					4	3	1		1		1							11		5	3	3	4		2	1	1					
中国铁建股份有限公司东北区域总部	5	1	4			3		1	2											1		1												1		1							
中国铁建股份有限公司华北区域总部	137	10	38	32	57	89	3	6	27	21	32									15	1	2	4	8					13		4	4	5	20		5	3	12					
中国铁建股份有限公司中原区域总部	21	7	12	2		14	6		7	1										3		3							1		1			3	1	1	1						
中国铁建股份有限公司华中区域总部	37	2	29	7	1	28		2	21	5										1		1							3		1	2		5		4		1					
中国铁建股份有限公司华东区域总部	55	1	32	17	5	34		8	15	8	3									5	1	3		1					10		3	6	1	6		3	3						
中国铁建股份有限公司华南区域总部	109	14	56	21	18	85	14	6	39	17	9									8		4		4					5		3	1	1	11		4	3	4					
中国铁建股份有限公司重庆区域总部	437	13	109	131	184	243	12		75	91	65									81		11	16	54					50		6	13	31	63	1	17	11	34					
中国铁建股份有限公司西南区域总部	589	23	238	184	144	418	11	11	193	123	80									52	1	11	19	21					37		13	14	10	82	1	20	28	33					
中国铁建股份有限公司西北区域总部	59	3	30	14	5	25	1		15	7	2									16	1	6	5	4					11		5	1	5	7	1	4	1	1					
审计中心及直管指挥部	28	3	15	9	1	5	3			1	1									2		2												21		13		8					

（制表：王　谐　徐沛江）

中国铁建系统政工干部情况统计

（2019 年度）

单位：人

单位名称	总数								部门情况					学历					年龄						
	合计	其中																							
		女	少数民族	共产党员	民主党派	已取得专业职务	局级	处级	党委政治部门	纪委	工会	共青团	其他	研究生	本科	专科	中专	高中及以下	35 岁及以下	36 岁至 40 岁	41 岁至 45 岁	46 岁至 50 岁	51 岁至 54 岁	55 岁至 59 岁	60 岁及以上
合　计	9547	3076	436	7105	4	6977	101	1104	2804	919	826	360	4638	617	6485	1792	275	402	3847	1447	1342	1271	602	1051	2
中国铁建股份有限公司总部	55	10	5	53					14	9	5	2	25	18	37				8	7	6	9	9	16	
中国土木工程集团有限公司	65	21	3	59		37	1	17	36	14	9	3	3	12	45	6		2	22	17	7	6	5	8	
中铁十一局集团有限公司	328	63	7	288		312	2	47	186	66	59	17		19	256	41	1	11	121	59	52	41	21	34	
中铁十二局集团有限公司	476	89	13	389	1	323	1	44	215	41	44	12	164	23	285	104	32	32	173	77	54	57	36	79	
中国铁建大桥工程局集团有限公司	591	212	46	371	3	435	3	48	70	40	29	10	442	21	467	86	5	12	310	57	70	74	32	47	1
中铁十四局集团有限公司	651	87	6	578		586	3	59	491	78	61	21		28	441	112	41	29	145	100	158	146	36	66	
中铁十五局集团有限公司	530	171	17	424		403	1	65	74	41	46	13	356	16	333	130	20	31	167	66	83	70	35	109	
中铁十六局集团有限公司	828	484	51	436		764	2	39	116	57	62	26	567	53	581	161	14	19	515	103	53	35	39	83	
中铁十七局集团有限公司	859	357	12	509		807	2	68	193	41	39	17	569	37	590	177	27	28	452	141	103	65	26	72	
中铁十八局集团有限公司	887	213	46	670		488	3	98	197	72	86	33	499	32	584	165	22	84	282	174	150	134	51	96	
中铁十九局集团有限公司	321	120	42	254		140	2	19	86	23	32	14	166	9	208	82	3	19	94	42	56	62	18	49	
中铁二十局集团有限公司	678	277	17	361		576	2	39	42	12	12	2	610	25	380	151	76	46	359	84	75	59	33	68	
中铁二十一局集团有限公司	347	57	5	313		284	2	38	154	35	33	14	111	5	243	89	3	7	99	56	59	61	35	37	
中铁二十二局集团有限公司	352	119	15	315		290	3	38	142	38	34	9	129	31	244	66	1	10	122	72	53	61	14	30	
中铁二十三局集团有限公司	380	103	11	277		243	1	40	109	27	29	30	185	13	273	85	3	6	158	60	62	51	25	24	
中铁二十四局集团有限公司	333	76	3	315		318	3	61	74	31	42	14	172	13	222	84	5	9	107	37	25	65	37	62	
中铁二十五局集团有限公司	292	74	26	279		182	1	48	67	35	26	9	155	14	214	51	9	4	82	42	53	55	29	31	
中铁建设集团有限公司	290	60	10	206			2	64	86	70	8	2	124	35	153	74	4	24	101	43	43	44	31	28	
中国铁建电气化局集团有限公司	296	152	7	202		171	3	39	57	39	43	34	123	28	204	54	2	8	117	34	55	42	24	24	
中国铁建港航局集团有限公司	124	27	6	100		124	2	20	49	19	15	15	26	10	112	1	1		53	28	17	13	10	3	
中国铁建房地产集团有限公司	129	64	12	88		59		6	55	22	27	25		33	89	6		1	87	28	6	5	3		
中铁第一勘察设计院集团有限公司	26	2	1	24		26	2	11	11	6	4	2	3	2	15	8		1	3	1	2	3	4	13	
中铁第四勘察设计院集团有限公司	56	3	2	55		9	2	9	11	8	3	1	33	22	31	3			19	10	7	7	4	9	
中铁第五勘察设计院集团有限公司	18	10		16		18		2	1	1		1	15	3	13	2			4	5	1	5		3	
中铁上海设计院集团有限公司	16	6		15		5	2	5	9	6	1			3	12	1			7	1	3	1	1	3	
中铁物资集团有限公司	82	38	5	73		82		20	28	15	10	10	19	10	65	7			31	12	9	9	9	12	

续表

单位名称	总数								部门情况					学历					年龄						
	合计	其中																							
		女	少数民族	共产党员	民主党派	已取得专业职务	局级	处级	党委政治部门	纪委	工会	共青团	其他	研究生	本科	专科	中专	高中及以下	35岁及以下	36岁至40岁	41岁至45岁	46岁至50岁	51岁至54岁	55岁至59岁	60岁及以上
中国铁建重工集团股份有限公司	79	27	3	67			4	22	35	9	18	2	15	10	62	6	1		25	17	8	14	4	11	
中国铁建国际集团有限公司	37	11	1	34		32	2	22	5	5	9	3	15	15	22				12	4	8	8	3	2	
中铁城建集团有限公司	173	57	10	143		95	1	10	63	22	21	7	60	6	130	28	4	5	80	20	22	24	8	19	
中国铁建投资集团有限公司	22	2	45			1	35	45	1	4			17	33				13	5	10	14	2	6		
中国铁建财务有限公司	6	5		6		5	1	1	3	2	1			2	4				3	1		2			
诚合保险经纪有限公司	18	10	1	12			1	3	5	1			12		16	2			6	6	1	3	1	1	
中铁建商务管理有限公司	14	9	1	14		14	1	4	7	2	3	2		3	8	2	1		2		1	4	4	3	
中铁建金融租赁有限公司	4	2		4		4	1	3	1	1	1	1			4					1	2		1		
中铁磁浮交通投资建设有限公司	7			7		7	1	2	7						7				2	2	1	2			
中铁建资产管理有限公司	6	2		5		6	2	2	3	1	1	1		3	3				1		2	2			1
中铁建华南建设有限公司	9	2	1	9		9	1	5	7	1		1			9				1	1	3	2	1	1	
中铁建网络信息科技有限公司	2			2		2			2						2				2						
中铁建国际投资有限公司	4	2	1	4		2		3	4					2	2				2			2			
中铁建锦鲤资产管理有限公司	17	10		14		22		10	10	3	2	2		1	15	1			6	1	4	4	1	1	
中国铁建股份有限公司北京培训中心(中国铁建股份有限公司党校)	11	6	1	8		11		1					11	3	8				6			4		1	
中国铁建股份有限公司华北区域总部	6	1	2	6		6	1	4	3	1	1		1	4	2				2	2	1		1		
中国铁建股份有限公司中原区域总部	1								1						1							1			
中国铁建股份有限公司华中区域总部	3			3		3		1	2	1					3				1	1		1			
中国铁建股份有限公司华东区域总部	10	2		10		10	1	4	7	1			2	1	7	2			2	2	1	4		1	
中国铁建股份有限公司华南区域总部	10	3		9		8	1	3	4	1	1		4	1	9				5	1	1	1	2		
中国铁建股份有限公司重庆区域总部	34	15		26		21	1	5	14	6	6	3	5	2	29	3			14	9	4	3	2	2	
中国铁建股份有限公司西南区域总部	49	11	2	40		26	1	7	35	10	2	2		9	39			1	24	10	7	6	1	1	
中国铁建股份有限公司西北区域总部	15	4		12		11	1	3	12	2	1			7	6	2			8	3		2		2	

（制表：王　谐　徐沛江）

中国铁建系统机械动力设备资产综合情况统计

（2019 年度）

类别 / 数量 / 单位	职工人数（人）	企业年度利润总额（元）	期末实有			新购		报废		大修		设备资产利润率（%）	资产增长率（%）	成新率（%）	设备总功率（千瓦）	技术装备率（万元/人）	动力装备率（千瓦/人）
			总台数（台）	原值（元）	净值（元）	台数（台）	原值（元）	台数（台）	原值（元）	台数（台）	费用（元）						
2018 年汇总	263619	13944882729.87	129221	71010061480.02	27208924283.72	12372	6973370084.88	7186	1909634893.30	1441	378967205.71	20.95	12.53	42.02	12497180.86	10.32	47.41
2019 年汇总	260708	34491299705.75	134159	71223776084.13	28772200493.06	10934	4360140450.42	8624	2098132458.13	1497	324637319.24	48.50	0.30	42.02	13258011.32	11.04	50.85
中国土木工程集团有限公司	5388	1396133498.50	12829	4576598199.65	673404890.85	1096	393880900.00	584	245377400.00	509	18521620.77	30.51	8.54	14.71	1468663.54	12.50	272.58
中铁十一局集团有限公司	18521	2553386145.79	9048	5421104914.88	1843260102.46	739	662943595.11	595	157886707.30	146	62727575.10	12.11	5.87	34.00	967327.55	9.95	52.23
中铁十二局集团有限公司	18244	1170720000.00	9570	6015790659.33	2422355778.48	1043	287633155.11	832	199480543.98	171	68352698.42	19.40	−0.20	40.27	1215124.65	13.28	66.60
中国铁建大桥工程局集团有限公司	14701	347380000.00	4114	4776573773.17	2452297773.23	190	101441209.23	886	154332438.05	22	10725879.00	8.24	30.75	51.34	627563.19	16.68	42.69
中铁十四局集团有限公司	14555	1399978085.64	6442	7733992481.58	4620331530.94	653	710679559.89	424	170729858.31	151	42294988.72	18.82	20.47	59.74	764136.51	31.74	52.50
中铁十五局集团有限公司	15895	240100000.00	5465	4263100404.46	1618380659.78	589	320299210.45	192	57434143.52	63	28613435.70	5.79	5.82	37.96	900393.73	10.18	56.65
中铁十六局集团有限公司	20326	248810000.00	6363	7220216150.20	3229413655.33	441	251830381.75	165	74746924.21	50	2696127.15	3.56	6.57	44.73	1158146.16	15.89	56.98
中铁十七局集团有限公司	17483	166681076.00	7156	3365278722.81	1051249924.02	779	217178331.09	330	44829329.48	45	8811551.06	4.95	1.99	31.24	767713.41	6.01	43.91
中铁十八局集团有限公司	15961	931940000.00	9105	6177108669.06	2703589189.32	1038	422072538.28	537	368526812.91	72	20260879.00	14.90	−2.47	43.77	1219378.04	16.94	76.40
中铁十九局集团有限公司	16464	150000000.00	9127	6517639174.82	2505852075.60	902	243362246.53	382	149934928.41	72	10935812.00	2.40	9.25	38.45	1320242.97	15.22	80.19
中铁二十局集团有限公司	16262	698380000.00	3552	2933708466.52	1018213690.00	184	144849943.35	235	136967669.76	43	8129930.00	23.80	−0.02	34.71	658640.39	6.26	40.50
中铁二十一局集团有限公司	12427	129821746.72	5294	1866350607.92	748988568.17	318	49854132.22	273	93420715.88	9	1050109.00			40.13	314621.48	6.03	25.32
中铁二十二局集团有限公司	12312	310240000.00	9638	2204240244.56	845756185.00	690	97112470.70	455	50035978.05	26	3606851.15	14.75	10.15	38.37	604643.00	6.87	49.11
中铁二十三局集团有限公司	11180	226950552.17	10563	1649267750.97	502702380.82	518	58464866.82	1079	94652175.95	25	14831984.29	13.87	1.54	30.48	360759.34	4.50	32.27
中铁二十四局集团有限公司	9859	577820000.00	5210	1470806970.30	390495591.51	401	67544373.10	259	39630366.55	3	755000.00	39.56	1.41	26.55	200623.46	3.96	20.35
中铁二十五局集团有限公司	8572	180000000.00	8105	1463015032.11	580766348.68	717	172223954.00	824	22855431.87	43	3827645.51	13.10	12.65	39.70	221603.84	6.78	25.85
中铁建设集团有限公司	8700	750000000.00	1884	324357068.00	97560499.00		0.00	59	13394525.00		0.00	626.86	0.00	30.08	101219.00	1.12	11.63
中国铁建电气化局集团有限公司	8791	20784310000	1299	626370661.92	120575757.35	75	24007190.98	22	3656243.00	39	17560974.10	94.30	3.83	19.25	114330.50	1.37	13.01
中国铁建港航局集团有限公司	2556	42218560.93	2036	904466227.72	667644858.29	63	5909281.25	68	2209079.30	1	17120.00	0.05	0.73	73.82	91360.24	26.12	35.74
中国铁建重工集团股份有限公司	7020	1863800000.00	6063	1588231279.00	646717920.48	335	119629897.69	163	9086674.06	5	816637.40	117.35	8.15	40.72	127841.41	9.21	18.21
中铁城建集团有限公司	5491	322630040.00	1296	125558625.15	32643113.75	163	9223212.87	260	8944512.54	2	100500.87	28.56	81.64	26.00	53678.91	0.59	9.78

（制表：张宏成）

中国铁建系统大型施工设备综合情况统计

（2019 年度）

单位名称	期末实有					新购				报废			大修		闲置			成新率（%）	闲置率（%）	完好率（%）	利用率（%）
	台数（台）	其中进口台数（台）	原值（元）	其中进口原值（元）	净值（元）	台数（台）	其中进口台数（台）	原值（元）	其中进口原值（元）	台数（台）	原值（元）	净值（元）	台数（台）	费用（元）	台数（台）	原值（元）	净值（元）				
2018 年汇总	3444	767	38092823731.14	8054217908.03	16116315418.49	205	6	2947770865.64	26257652.48	99	502149491.11	46067562.19	192	301008663.35	810	9424309302.87	2832641673.57	42.31	24.74	88.73	75.38
2019 年汇总	3342	741	36966134378.00	7848012223.54	15889865263.91	208	7	2954317969.29	35377152.48	98	500149491.11	46067562.19	194	301416512.31	825	9446309302.87	2836341673.57	43.57			
中国土木工程集团有限公司	299	210	900458810.73	262675928.30	181577503.53	14	1	64256505.33	9119500.00	2	4892008.13	0.00	2	407848.96	75	237133910.40	13812764.68	20.16	26.33	45.32	73.67
中铁十一局集团有限公司	233	45	2842361275.62	1038630564.69	1035578431.96	10		66257709.19	0.00		0.00	0.00	59	145564928.00	77	994945672.15	317344845.23	36.43			
中铁十二局集团有限公司	261	34	3088961635.20	422236565.02	1660816978.95	32		214004192.04	0.00	3	8963550.67	448177.53	5	6275857.00	61	518557287.12	129860983.90	53.77		92.80	75.30
中国铁建大桥工程局集团有限公司	161	37	2250242602.67	634195392.76	449223257.94	7		66538314.30	0.00	4	9556233.89	477811.69	3	4210149.00	46	840600084.90	203634892.24	19.96			
中铁十四局集团有限公司	237	40	5679996825.73	947154126.96	3577691214.77	21	1	1234962860.72	5000000.00	1	4600000.00	230000.00	19	61834031.67	42	172761497.79	51775005.49	62.99	12.94	84.00	78.90
中铁十五局集团有限公司	172	42	2563854953.73	1465078339.35	1017899849.09	2		5370940.18	0.00	18	93412785.24	11564825.95	13	33540605.00	77	1509466237.32	477968306.30	39.70	58.87	90.00	60.00
中铁十六局集团有限公司	264	37	4630826979.99	661517483.28	1955171817.21	15	1	133057446.00	6500000.00	4	3286846.00	428342.00	5	5252385.40	55	1745894688.11	671216307.58	42.22	37.70	98.10	62.30
中铁十七局集团有限公司	172	27	1614864375.51	402446183.71	481809387.36	4		13375033.77	0.00	26	194659750.56	14764893.67	10	9434553.52	45	439288191.12	97817014.25	29.84	24.79	90.00	73.14
中铁十八局集团有限公司	261	49	3884541503.14	510200644.41	1646269757.13	28		134107661.65	0.00	1	2750500.00	137525.00	3	1210000.00	68	1258159447.07	491323467.67	42.38	32.38	96.65	84.55
中铁十九局集团有限公司	391	131	3533797081.17	807268830.75	1431071397.98	32	3	603618116.29	12692307.69	17	90687500.00	13058527.57	14	4512704.77	39	378420464.84	38063781.96	40.50	11.84	88.58	76.83
中铁二十局集团有限公司	150	10	1607296489.97	66790149.06	722763349.78	5		84982500.00	0.00	3	11626800.00	581340.00	5	2721954.00	23	204646479.98	47514727.96	44.97	14.67	95.14	87.22
中铁二十一局集团有限公司	76	3	772693447.19	32222109.62	337899633.85			0.00	0.00	2	36886309.62	2000482.37	12	8545245.00	13	118048988.60	21616670.95	43.73			
中铁二十二局集团有限公司	84	15	790293366.21	113398512.69	356732834.38	1		2564051.72	0.00		0.00	0.00	8	4152830.00	22	194044724.53	41146918.10	45.14	24.55	94.00	93.00
中铁二十三局集团有限公司	76	19	611985733.15	231840997.24	154224176.85	1	1	2065344.79	2065344.79	1	3650000.00	182500.00	4	1626560.00	31	286058218.64	83910848.02	25.20			
中铁二十四局集团有限公司	99	13	737674007.46	98319008.24	160314878.62	2		17261461.54	0.00	2	10898800.00	1062633.76	3	1219000.00	36	177655257.49	24982258.24	21.73	24.08	94.95	55.25
中铁二十五局集团有限公司	58	9	530805359.94	77351573.26	202914288.27	6		16168620.87	0.00	2	9050000.00	452500.00	6	1063417.49	16	224822715.23	98037958.32	38.23	27.59	80.67	76.21
中铁建设集团有限公司	8	1	44265089.00	8500000.00	14126009.00			0.00	0.00		0.00	0.00		0.00		0.00	0.00	31.91	0.00	100.00	100.00
中国铁建电气化局集团有限公司	320	19	378228747.51	68185814.20	51436416.28	24		14539974.36	0.00	10	9329041.00	383034.35	22	9789442.50	95	133632418.83	23754021.73	16.24			
中国铁建港航局集团有限公司	17		496095094.08	0.00	440047280.96	4		281187236.54	0.00		0.00	0.00	1	55000.00	2	8063018.75	403150.95	88.70	0.10	0.97	0.90
中国铁建重工集团股份有限公司																					
中铁城建集团有限公司	3		6891000.00	0.00	2296800.00			0.00	0.00	2	5899366.00	294968.30		0.00	2	4110000.00	2157750.00	33.33			

（制表：张宏成）

中国铁建系统设备专业人员综合情况统计

（2019 年度）

单位名称	设备管理人员（人）						设备操作技工（人）						主要工种人数（人）			全年专业培训	
	总人数	其中					总人数	其中					机械司机	汽车驾驶员	修理工	期数（期）	人数（人）
		高级工程师	工程师	助理工程师	技术员	其他管理人员		高级技师	技师	高级工	中级工	初级工					
2018 年汇总	12626	698	2284	3504	1689	4451	22633	845	2713	6230	6349	6496	10468	9748	2915	1085	20911
2019 年汇总	12320	681	2224	3474	1659	4282	19815	764	2568	5365	5378	5740	10194	9589	2680	1099	19635
中国土木工程集团有限公司	247	21	65	40	34	87	719	2	34	176	284	223	377	412	212	153	2295
中铁十一局集团有限公司	934	22	137	250	64	461	1813	44	108	741	401	519	1098	765	329	384	6028
中铁十二局集团有限公司	933	53	156	205	102	417	1546	92	201	445	312	496	760	720	114	80	1188
中国铁建大桥工程局集团有限公司	663	43	109	262	66	183	640	32	122	153	203	130	156	309	83	17	311
中铁十四局集团有限公司	835	60	173	208	115	279	537	29	68	117	101	222	729	644	141	39	1112
中铁十五局集团有限公司	655	36	137	203	95	184	1577	36	189	299	599	454	672	628	212	15	365
中铁十六局集团有限公司	1255	94	311	366	289	195	1927	44	245	454	596	588	1319	748	335	26	798
中铁十七局集团有限公司	946	35	153	257	146	355	2449	55	386	841	644	523	1136	1009	321	34	537
中铁十八局集团有限公司	1105	94	152	215	92	552	2068	79	159	367	404	1059	684	769	221	59	838
中铁十九局集团有限公司	570	35	138	172	81	144	1749	95	377	555	378	344	826	676	157	19	367
中铁二十局集团有限公司	920	27	122	236	105	430	686	21	173	170	233	89	336	334	50	50	1178
中铁二十一局集团有限公司	573	31	106	143	54	239	637	44	92	173	132	196	409	482	54	42	753
中铁二十二局集团有限公司	727	43	159	239	108	178	798	27	122	225	230	194	433	338	125	20	844
中铁二十三局集团有限公司	307	10	52	106	60	79	575	38	129	147	127	134	334	374	47	26	279
中铁二十四局集团有限公司	369	22	69	97	73	108	558	32	49	185	240	52	187	223	119	41	338
中铁二十五局集团有限公司	549	13	81	226	88	141	375	71	20	117	88	79	116	281	91	34	1303
中铁建设集团有限公司	86	2	13	19	16	36	388	2	14	38	220	114	210	301	28	1	60
中国铁建电气化局集团有限公司	150	9	17	16	20	88	551	9	66	140	170	166	333	330	5	12	269
中国铁建港航局集团有限公司	234	14	38	75	34	73	153	1	1	12	4	135	65	122	30	12	107
中铁城建集团有限公司	262	17	36	139	17	53	69	11	13	10	12	23	14	124	6	35	665

（制表：张宏成）

2019年5月8—9日，中国铁建总裁、党委副书记庄尚标(左二)，党委副书记、执行董事陈大洋(右三)到中国铁建定点扶贫对口区县河北省张家口市万全区、尚义县调研对口帮扶工作成效。图为调研南槽碾村光伏项目。

(彭春辉 提供)

文献辑要

特载 | 大事记 | 概况 | 董事会工作 | 工程施工 | 海外业务 | 经营管理 | 综合管理 | 科技创新 | 党的工作 | 工会工作 | 区域总部 | 所属单位 | 人物 | 统计资料 | 文献辑要 | 附录

中国铁建股份有限公司安全生产监督管理办法

（中国铁建安监〔2019〕153号）

第一章　总　则

第一条　为全面落实企业安全生产主体责任，规范和加强安全生产工作，有效防范生产安全事故，降低灾害损失，保障企业员工、其他从业人员和人民群众的生命财产安全，促进企业安全健康发展，根据《中共中央 国务院关于推进安全生产领域改革发展的意见》《中华人民共和国安全生产法》等，结合实际，制定本办法。

第二条　本办法适用于中国铁建股份有限公司（以下简称股份公司）本级、区域总部、所属各级企业、生产单位等（以下统称各单位）。

第三条　各单位要牢固树立安全发展理念，弘扬“生命至上、安全第一”的思想，坚守“发展决不能以牺牲人的生命为代价”的红线，坚持“安全第一，预防为主，综合治理”的方针，落实“党政同责、一岗双责、齐抓共管、失职追责”的要求，按照“管行业必须管安全、管业务必须管安全、管生产经营必须管安全”的原则，建立全员安全生产责任制，健全安全生产监督管理体系，确保安全生产投入，采用先进的安全生产技术和管理方法，实行全员、全过程、全方位的安全管理，推进安全生产文化建设，不断提升企业本质安全水平。

第四条　股份公司对所属二级单位安全生产实行分类监督管理，主要依据安全生产管控难度分为Ⅰ、Ⅱ、Ⅲ类，并实行动态管理。

第二章　安全生产目标

第五条　股份公司安全生产目标：建立健全与全球一流建筑企业相适应的，科学、完善、有效的安全生产监督管理体系；杜绝较大及以上生产安全事故，减少一般事故。

第六条　各单位应当对下属单位安全生产实行目标管理。

第三章　安全生产责任体系

第七条　各单位应当落实安全生产主体责任，建立健全全员安全生产责任制，制定岗位安全生产责任清单，形成以党政主要负责人统一领导，党政工团齐抓共管，业务部门各负其责，员工各尽其职，安全监督部门实施监督的安全生产责任体系。

第八条　各单位党政主要负责人，是本单位安全生产第一责任人，对本单位安全生产工作全面负责。分管安全生产工作的领导、领导班子其他成员、协管领导对分管、协管范围内安全生产工作承担相应的领导责任。各职能部门应当按照部门职责分工，将安全生产管理职责具体分解到相应岗位，部门负责人对本部门履行安全生产责任负总责。

第九条　各岗位员工应当树立“安全生产、人人有责”的责任意识，执行安全生产相关法律法规及企业规章制度、标准规范、操作规程等，对自身履行岗位安全生产责任负责。

第十条　各单位对其独资及控股子企业的安全生产履行监督管理责任。对参股并负责管理的企业，应当按照有关法律法规的规定，与各参股企业签订安全生产管理协议书，明确安全生产管理责任。对参股但不负责管理的企业，应当与管理方商定管理模式，按照有关法律法规要求，通过经营合同、公司章程、协议书等，明确各自安全生产责任和安全管理目标、要求。

第十一条　各区域总部承担以中国铁建名义、自身名义或以联合体的方式牵头承揽的项目安全主体责任，对集团公司以中国铁建资质承揽并组织实施的项目承担安全监管责任，通过合理划分项目投资、建设、勘察、设计、施工、监理、运营等参与主体的安全管理界面，明确并落实各方安全生产责任。

第四章　安全生产监督组织机构

第十二条　各单位应当成立由党政主要负责人为主任的安全生产委员会，统一领导本企业安全生产工作。

第十三条　各单位应当按照国家、地方、行业规定及上级要求，根据企业资质、产值规模、风险程度等，设置安全总监、安全生产监督机构，足额配备专（兼）职安全人员，并确保在职在岗。工程建设、施工、运营等单位，必须按规定配备安全总监，设置独立行使安全生产监督职能的部门。

第十四条　安全总监、安全监督部门负责人、安全专职人员任职资格应当符合国家、行业和企业有关规定。鼓励专（兼）职安全人员考取注册安全工程师资格。

第五章　安全生产工作基本要求

第十五条　各单位应当建立健全安全生产工作体系，主要包括组织机构、制度标准、目标责任、教育培训、安全文化、风险控制、隐患治理、应急管理和考核评价等方面。加强体系运行控制，强化岗位培训、过程监管、总结反馈、持续改进等管理过程，确保体系有效运行。

第十六条 各单位应当结合实际，建立安全生产风险分级管控机制，科学辨识评估、有效管控风险。应对重大危险源实行动态监控、分析和管控，综合运用现场巡查、技术监测、信息分析等手段，实现风险预测和预警。

第十七条 各单位应当建立安全生产隐患排查治理制度，采用智能化、信息化等手段，全面排查治理生产安全隐患，实现排查、统计、分析、治理闭环管理。

第十八条 各单位应当加强安全生产标准化建设，推进安全管理、安全防护、操作行为、设备设施、作业环境和应急管理的标准化，实现岗位达标、专业达标和企业达标。

第十九条 各单位应当强化安全科技支撑作用，开展"机械化换人、自动化减人"等科技兴安行动，提高生产组织和生产过程的机械化、自动化、信息化、智能化水平。

第二十条 各单位应当弘扬"以国为荣、以法为循、以德为先、以企为家、以人为本"的企业文化，推进安全生产文化建设。采用多种形式、手段，将安全理念、意识、法规、知识和行为准则等传导给全体员工，不断提高全员的安全素质和能力。

第二十一条 各单位应当建立健全安全生产教育和培训制度。组织开展企业负责人、项目负责人、安全管理人员、特种作业人员和全员安全培训考核工作。各生产单位应当组织开展岗前培训、班组工前安全教育。

第二十二条 各单位应当按照国家、行业及股份公司有关规定，及时、足额提取安全生产费用，专门用于完善和改进企业或者项目安全生产条件。鼓励基层生产单位订单式、协作式购买运用社会化安全生产管理和技术服务。

安全生产费用应当专项核算，明确费用投入的项目内容、额度、完成期限、责任部门和责任人等，确保安全生产费用投入的落实，并将落实情况报送上级单位。

第二十三条 各单位必须依法参加工伤保险，为从业人员缴纳保险费。在建筑施工、交通运输、矿山、民用爆炸物品等高危行业领域从事生产经营的单位，应当投保安全生产责任保险。

第二十四条 各单位应结合实际，确定本单位安全监督工作的重点，加强管理和督促检查。

股份公司安全监督工作重点包括：安全生产Ⅰ类单位生产安全；使用股份公司资质承揽项目的建设、施工及运营安全；重点轨道交通、铁路、公路工程及海外重点项目生产安全等。

第二十五条 各单位应当积极开展工程项目安全生产管理策划工作。危大工程必须按规定编制专项施工方案，履行报批、评审程序，采取科学、合理的安全技术措施。项目施工过程中，通过安全技术交底、安全条件验收、监督检查等手段，确保专项施工方案落实。

第二十六条 各单位应当加强营区与办公等人员密集场所的安全管理，从营区选址、临时设施、安全通道、消防、用电、地质灾害、防洪防汛和卫生条件等方面综合考虑，制定管理制度，确定责任人，划分责任区域，定期监督检查，排查治理隐患。

第二十七条 各单位应当建立分包商安全管理制度，将分包商纳入本单位安全生产管理体系，依法合规签订分包合同，明确分包商安全生产责任，严格落实分包商安全生产条件检查验收，加强对分包商安全生产的日常监督检查。

各单位不得将生产经营项目、场所、设备发包或出租给不具备安全生产条件或不具备相应资质的单位和个人。

第二十八条 各单位应当制定安全监督检查制度和标准，组织开展安全生产监督检查。做好开工与停复工、定期与不定期、日常与季节性、专项与专业等安全生产监督检查工作。

各单位应当自觉接受政府有关部门监督管理，主动与属地安全监督部门加强沟通联系，依法报告相关情况。

第六章　应急管理

第二十九条 各单位应当加强生产安全事故和灾害的应急管理工作，建立健全应急管理工作制度。各单位主要负责人对本单位的应急管理工作全面负责。

第三十条 各单位应当加强应急救援力量建设，制定相应管理制度，配备必要的应急处置器材、设备和物资，定期进行维护、保养，保证正常运转。安全生产风险高的生产单位应根据可能发生的事故和灾害的特点、危害，建立专(兼)职应急救援队伍，配备相应的应急救援装备和物资。

第三十一条 各单位应当针对可能发生的生产安全事故和灾害的特点、危害，进行风险辨识和评估，制定相应的应急预案。应急预案应当符合有关法律、法规、规章和标准的规定，具有科学性、针对性和可操作性，并按规定组织开展应急预案演练、评估、修订和备案工作。

第三十二条 各单位应当采取多种形式开展应急预案、应急知识、自救互救、避险逃生的教育培训，提高从业人员的安全意识和应急处置技能。

第三十三条 发生生产安全事故或灾害后,相关单位应立即启动应急预案,迅速采取应急救援措施,组织抢救遇险人员,并按有关规定及时报告事故或灾害情况。

第七章 生产安全事故管理

第三十四条 各单位应当建立生产安全事故管理制度,对事故信息报告、内部调查、责任追究、整改落实、与绩效考核挂钩等做出具体规定。

第三十五条 生产安全事故发生后,事故单位应按照规定报告地方政府及有关部门,并逐级上报股份公司。严禁瞒报、谎报、漏报、迟报。

第三十六条 事故单位应按照“四不放过”的原则,组织开展内部事故分析,查找管理短板,分析自身原因,吸取事故教训,制定整改措施。

对发生较大及以上生产安全事故、社会影响大的一般事故、本级项目事故等,股份公司组织开展内部调查。

第三十七条 事故单位应当实事求是、积极配合政府部门和上级单位对事故的调查工作。政府部门和上级单位对事故的调查报告批复下达后,事故单位的上级管理单位依据事故调查批复和内部调查情况,对事故单位按规定给予经济处罚,追究相关责任人的责任,并及时向上级报告相关情况。

第八章 安全生产工作报告

第三十八条 股份公司所属各二级单位应当于每年1月10日前,将上一年度安全生产工作总结和本年度的工作安排报送股份公司。

第三十九条 股份公司所属各二级单位应当按月度、年度对本企业所发生的生产安全事故进行统计分析并填制报表,于次月5日前和次年度1月5日前报股份公司。事故统计报表实行零报告制度。

第四十条 股份公司所属各二级单位安全生产工作领导机构及安全生产监督管理机构、人员变动,应急预案修订等情况,应当及时报股份公司备案。

第九章 安全生产考核

第四十一条 各单位对所属单位安全生产目标完成及安全生产情况进行考核评价,相关结果作为被考核单位业绩考核的组成部分,与被考核单位领导和员工任职提职、奖金分配、评先评优等挂钩。

第四十二条 股份公司对认真贯彻执行本办法,年度安全生产考核评价居系统前列,在安全管理体系建设、管理创新、应急救援等方面做出突出成绩,或获得国家级安全生产奖项等荣誉的单位和个人,予以表彰奖励。

第十章 附 则

第四十三条 外经单位、驻外机构、境外项目应当结合本办法和驻在国家、地区有关法律法规,制定安全生产相关办法。

第四十四条 本办法由股份公司安全生产委员会办公室负责解释。

第四十五条 本办法自发布之日起施行。《中国铁建股份有限公司安全生产监督管理办法》(中国铁建安质〔2009〕161号)同时废止。

中国铁建股份有限公司安全生产责任制规定

(中国铁建安监〔2019〕153号)

第一章 总 则

第一条 为进一步健全安全生产责任体系,强化全员安全生产责任落实,依据《中共中央 国务院关于推进安全生产领域改革发展的意见》《地方党政领导干部安全生产责任制规定》《中华人民共和国安全生产法》《国务院安委会办公室关于全面加强企业全员安全生产责任制工作的通知》等,制定本规定。

第二条 本规定适用于中国铁建股份有限公司(以下简称股份公司)本级、区域总部、所属各级企业、生产单位等(以下统称各单位)。

第三条 实行全员安全生产责任制,必须牢固树立发展决不能以牺牲安全为代价的红线意识,坚持“党政同责、一岗双责、齐抓共管、失职追责”、“管行业必须管安全、管业务必须管安全、管生产经营必须管安全”的原则。

第四条 各单位党委书记/董事长(执行董事)、总裁(总经理、项目经理、指挥长)为本单位安全生产第一责任人,对本单位安全生产工作全面负责。领导班子其他成员对分管业务范围内的安全生产工作负领导责任。

第五条 各单位安全生产监督部门是本单位安全

生产工作综合部门，负责监督、指导、协调各职能部门、所属各单位开展安全生产相关工作。

第六条 各单位应当结合实际，制定覆盖所有层级、全部岗位的安全生产责任制。根据岗位性质、特点和具体工作内容，明确各岗位安全生产责任范围和考核标准等，通过加强教育培训、强化管理考核和严格奖惩等方式，构建“层层负责、人人有责、各负其责”的安全生产责任体系。

第二章 单位负责人安全生产责任

第七条 党委书记/董事长（执行董事）

1. 贯彻落实党中央、国务院关于安全生产的方针政策、法律法规和上级党委、部门的决策部署；

2. 主持召开党组织会议、董事会、安委会，听取安全生产工作汇报，及时研究解决安全生产重大问题，组织安全生产专题学习；

3. 将安全生产工作纳入党委常委会及其成员职责分工，督促落实安全生产“一岗双责”制度；

4. 按照要求设立安全生产监督管理机构、配备安全生产监督管理人员；

5. 落实干部选拔任用及评先评优过程中安全生产“一票否决”制度；

6. 监督企业其他负责人履行安全生产责任情况；

7. 督促、检查本单位的安全生产工作。

第八条 总裁（总经理、项目经理）

1. 领导本单位安全生产委员会工作，主持或参加安委会会议，组织安全生产专题学习，听取安全生产工作汇报，研究部署、统筹协调本单位安全生产工作，审定安全生产方面奖惩决定；

2. 建立健全并督促落实安全生产责任制；

3. 组织制定并督促落实安全生产规章制度和操作规程；

4. 组织制定并实施本单位安全生产教育和培训计划；

5. 保证本单位安全生产投入满足安全生产需要，并有效实施；

6. 推动构建安全风险分级管控和隐患排查治理双重预防工作机制；督促、检查本单位的安全生产工作；

7. 组织制定并实施本单位生产安全事故应急救援预案；

8. 及时、如实报告生产安全事故，并在政府部门领导下，组织或协助开展事故救援、事故调查等工作；

9. 每年向职工代表大会报告安全生产工作情况。

第九条 分管安全生产的负责人

1. 协助单位主要负责人履行安全生产职责，对本单位安全生产工作负直接领导责任；

2. 及时传达政府部门安全生产会议和有关领导批示、要求精神，并结合本单位实际抓好贯彻落实；

3. 组织实施安全风险分级管控和隐患排查治理双重预防工作机制建设，组织开展安全生产风险防控和隐患排查治理工作；

4. 监督检查安全生产责任制落实和奖惩兑现情况；

5. 加强安全生产应急救援体系建设，组织或者参与生产安全事故抢险救援和调查处理等相关工作；

6. 加强对安全生产的综合管理，根据需要组织召开安全生产相关会议，总结、推广先进经验，组织事故典型案例分析；

7. 督促、检查本单位的安全生产工作。

第十条 分管其他业务的负责人

1. 组织分管领域、部门贯彻执行上级及本级关于安全生产工作的决策部署；

2. 组织分管领域、部门完善和落实全员安全生产责任制，将安全生产工作与业务工作同时安排部署、同时组织实施、同时监督检查；

3. 推进分管领域、部门安全生产工作，及时研究解决相关安全生产问题，支持有关部门履行安全生产工作职责；

4. 落实“管业务必须管安全”的职责要求，督促、检查分管业务范围内的安全生产工作。

第十一条 总工程师（技术负责人）

1. 对本单位安全生产技术工作负总责；

2. 领导或组织关键、重点安全科学技术的攻关活动；

3. 负责本单位危险性较大工程专项施工方案的审批；

4. 负责生产安全事故应急处置中技术支持工作，提出技术防范措施；

5. 督促、检查本单位的安全生产工作。

第十二条 安全总监

1. 协助单位主要负责人建立健全安全生产责任制和安全生产管理制度，并监督落实。对安全生产责任制和安全生产管理制度落实不到位的，责令改正；

2. 协助单位主要负责人建立完善全企业安全生产考核和奖惩机制，并监督落实；安全总监应当对现场安全行为实施奖惩；

3. 参与生产经营决策研究，提出保障安全生产有关意见和建议，对违反安全生产法律法规的行为，有否决的权力；

4. 参与本单位人事任命、收入增加、绩效奖励等事宜的研究，提出有关意见和建议，对违反安全生产法律法规的行为，实行一票否决；

5. 监督指导本单位、下属单位按照规定配备专职安全生产管理人员，监督检查专职安全生产管理人员履职情况；

6. 监督单位年度安全生产工作计划，安全风险分级防控、隐患排查治理、安全生产标准化和安全生产投入保障等工作的落实情况；

7. 组织或参与本单位生产安全事故应急处置，主持或参与事故的内部调查处理。

第十三条 单位其他协管领导协助分管领导督促、检查业务范围的安全生产工作。

第三章 股份公司职能部门安全生产责任

第十四条 各职能部门负责人

1. 各职能部门负责人是本部门安全生产第一责任人，应当牢固树立安全生产“红线”意识，将“以人为本，生命至上”的安全生产理念融入业务管理之中，担负起本部门职责范围内的安全生产工作责任；

2. 确定本部门各岗位安全生产责任，督促检查本部门人员履行部门、岗位安全生产职责情况；

3. 研究制定与本部门业务相关安全工作标准、操作规程等，并对下级单位执行情况进行检查和跟踪，持续改进。

第十五条 董事会秘书局

1. 督促落实董事会安全生产有关决议；

2. 收集、整理安全生产重大事项内部报告及相关信息，按规定向董事会报告或者履行信息披露程序；

3. 组织分析安全生产重大事项对股份公司在资本市场的影响，并向董事会报告。

第十六条 办公厅(保卫部)

1. 传达并督促落实上级、总裁办公会议、股份公司领导有关安全方面的要求、决议、指示批示等；

2. 负责收集、整理安全生产相关信息，参与生产安全事故的应急处置工作；

3. 负责安全生产重大突发事件的应急统筹工作；

4. 参与组织公司安全生产重要会议、活动，负责相关综合协调工作；

5. 负责股份公司机关安全保卫、消防安全、交通安全管理工作，并制定火灾等突发事件的应急救援预案，按规定督导开展消防应急演练；

6. 负责机关房屋、基础设施建设及更新改造等的安全管理，检查督促相关单位落实安全生产责任；

7. 负责机关范围内消防、安全防护等设施的维护。

第十七条 发展规划部

1. 负责将企业安全生产发展相关内容纳入股份公司发展战略、规划；

2. 根据法律法规等要求，设置安全生产组织机构，确定编制员额；

3. 组织评估并制定措施，有效规避并购、改制、重组中存在的安全生产风险；

4. 完善职业健康安全管理体系，并持续改进。

第十八条 科技部(技术中心办公室)

1. 组织重、难点工程技术攻关，为生产安全提供技术保障；

2. 负责安全科技攻关，支持开展安全生产科研工作；

3. 负责组织制订、推广安全技术标准、操作规程；

4. 按规定组织对股份公司本级项目危险性较大工程专项施工方案的评审；

5. 组织推广安全生产新工艺、新技术；

6. 参与较大以上生产安全事故的内部调查，分析技术原因，提出整改技术措施。

第十九条 经营部(军民融合办公室)

1. 在股份公司本级投标或组织协调重大工程项目投标时，评估项目的安全生产风险，并确保报价中包含合理的安全生产费用；

2. 督导各区域总部、军民融合指挥部的安全生产相关工作。

第二十条 运营部(总部集团战备局)

1. 负责股份公司重点工程及本级项目的工程管理和跟踪检查，统筹采取制度、技术和规范等措施，促进安全生产；

2. 负责股份公司重点工程及本级项目施工组织设计、专项施工方案的管理，管控安全风险；

3. 组织制定股份公司特种设备安全管理规章制度，大型专用设备安全操作规程等；

4. 组织制定分包商、分供商安全管理制度措施，督促检查分包商、分供商安全生产条件；

5. 在本级工程总承包项目分包合同中，明确总包单位与分包单位的安全责任；

6. 在铁路战备基础设施抢险、抢修中，加强安全管理，避免次生灾害；

7. 参与生产安全事故的内部调查，针对事故原因提出防范措施。

第二十一条 安全监督部

1. 监督落实国家安全生产方针政策及有关法律法规、标准等；

2. 制定或修订安全生产规章制度、安全防护标准等；

3. 落实对职能部门、下属单位的安全生产考核；

4. 组织或者参与本级安全生产教育培训工作，监督、指导下属单位开展安全生产教育培训活动；

5. 组织开展对重点项目等的安全生产监督检查，

督促落实安全风险管控、隐患排查治理双重预防机制和安全生产整改措施等；

6. 建立健全安全生产应急管理体系，完善本级生产安全事故及灾害应急预案，组织开展应急演练；

7. 对国家级和系统各级应急救援队、救援培训基地建设进行业务指导；

8. 如实报告生产安全事故，开展事故统计和分析；

9. 组织或参与生产安全事故应急处置及内部调查处理，落实事故责任；

10. 配合政府部门对股份公司开展的安全生产条件核查，办理安全生产许可证变更、延期等工作；

11. 负责股份公司安全生产委员会日常工作。

第二十二条 投资部

1. 在对股份公司境内外经营性固定资产投资项目进行审核时，对安全生产风险、安全生产费用投入、安全责任划分等进行把关；

2. 在组织股份公司对外经营性投资项目立项审核、评估论证、投资批复和投资管理时，负责对安全生产设施的合理性和有效性进行同步审查；

3. 负责本级项目建成后的运营安全管理，制定规章制度，并检查督促落实。

第二十三条 财务部

1. 参与制定企业安全生产费用的提取使用管理办法；

2. 审核股份公司安全生产费用专项预算，监督所属单位做好安全生产费用专项预算的编制和执行工作，确保专款专用、专项核算，做好过程管控；

3. 监督检查中央国有资本经营预算安全生产保障能力建设专项资金的使用情况；

4. 协助办理安全奖罚兑现，按规定拨付安全奖励经费，配合清缴对事故责任单位或人员的经济处罚。

第二十四条 审计监事局

1. 负责审计安全生产费用使用情况；

2. 负责审计生产安全事故报告及责任追究情况。

第二十五条 法律合规部

1. 负责股份公司安全生产法律事务工作，提供安全生产法律咨询，协调处理安全生产法律纠纷案件及内部法律纠纷；

2. 负责涉及对企业安全生产的规章制度、经济合同、重要决策、授权委托书的法律合规审核；

3. 负责涉及企业安全生产法律纠纷和诉讼事项的管理和协调；

4. 为企业安全生产提供法律咨询服务；

5. 根据需要，参与股份公司本级项目生产安全事故调查处理。

第二十六条 信息化管理部

1. 为安全生产信息化建设、并与其他信息系统集成融合提供技术支持；

2. 建立完善网络信息化基础设施建设、管理和维护过程中的安全生产制度，确保股份公司信息网络设施等的安全。

第二十七条 海外部（总部集团外事办公室）

1. 负责组织制定海外安全生产相关规章制度，并检查督促落实；

2. 统筹全系统海外业务的安全生产监督管理，防控安全风险；

3. 建立健全海外安全生产责任体系，强化安全责任落实；

4. 依据国际公约、国际惯例、相关法律法规和股份公司有关规定，协同相关单位、部门及时妥善处理海外安全事故，协助组织开展应急救援、现场处置和调查处理。

第二十八条 党委办公室（党委统战部、团委）

1. 贯彻落实党和国家安全生产方针政策和法律法规，对安全生产工作提出意见建议；

2. 协助相关部门处理生产安全事故；

3. 会同工会等组织开展群众性安全生产竞赛活动；

4. 组织团员青年进行安全知识教育和安全技能训练活动。

第二十九条 党委组织部（人力资源部）

1. 负责全系统安全专业人才队伍建设；

2. 负责为本级安全生产监督管理机构调配适合岗位要求的领导和员工；

3. 负责考核所属单位党委及领导班子安全生产绩效考核结果，与履职评定、职务晋升、奖励惩处挂钩；

4. 与从业人员签订合同时，明确从业人员的安全权利与义务；

5. 根据需要参加事故应急救援、善后工作，参与对事故责任人的责任追究工作；

6. 制定或组织评先评优时，设定安全生产方面的业绩要求。

第三十条 党委宣传部（企业文化部）

1. 宣传党和国家有关安全生产路线、方针、政策，倡导股份公司安全文化，营造安全生产氛围；

2. 负责安全生产典型事例和成功经验的对外宣传；

3. 负责对生产安全事故进行舆情管理。

第三十一条 党委巡视办公室

在巡视监督检查中，了解安全生产有关问题线索，根据规定办理移交。

第三十二条 纪委办公室

对相关职能部门履行安全生产责任、发挥职能监管作用进行再监督。

第三十三条 纪委信访审理室

对安全生产监督部门移交的生产安全事故调查报告、涉及安全生产事故的信访举报或问题线索,根据有关规定提出分办意见,按程序移送承办部门。

第三十四条 纪委执纪审查室

对信访审理部门移交的涉及安全生产事故调查报告、涉及安全生产事故的信访举报或问题线索,根据有关规定对有关责任单位和人员进行执纪审查。

第三十五条 工会工作部

1. 组织职工参加对安全生产工作的民主管理和民主监督,维护职工在安全生产方面的合法权益;

2. 参与有关安全生产规章制度的制定修订;

3. 督促开展对从业人员安全生产、遵章守纪教育,组织开展群众性安全生产竞赛等活动;

4. 参加伤亡事故内部调查,提出事故处理及责任追究意见,协同做好善后工作;

5. 对安全生产投入情况进行监督,督促单位参加职工工伤保险;

6. 参与组织机关"安全生产月"宣传活动,对机关交通安全、职工工伤保险参保情况进行监督。

第三十六条 股份公司区域总部

1. 对区域总部以中国铁建名义、自身名义或以联合体的方式牵头承揽的项目承担安全生产主体责任,对集团公司以中国铁建资质承揽并组织实施的项目承担安全生产监管责任;

2. 合理划分项目参与主体,包括投资、建设、勘察、设计、施工、监理、运营等相关单位的安全管理界面,落实各方安全生产责任;

3. 负责本区域内安全生产对外协调,参与生产安全事故应急处置;

4. 组织安全生产监督检查,督促开展安全风险管控、隐患排查治理和安全生产整改等工作;

第三十七条 股份公司本级项目部(项目公司)

1. 对项目安全生产承担主体责任;

2. 贯彻执行安全生产有关法律法规和上级规定,完善安全生产管理制度,加强安全风险分级管控和隐患排查治理,确保安全生产经费投入,落实专项施工方案,开展安全生产监督检查和安全生产标准化建设;

3. 设置安全总监和安全生产监督管理机构,足额配备合格的安全生产管理人员,并确保在职在岗和人员相对稳定;

4. 建立健全全员安全生产责任制,制定岗位安全责任清单,明确各部门、各岗位安全生产责任及考核标准;

5. 依法与参建单位、分包单位签订有效的分包合同,明确各自的安全管理组织、人员、职责、安全生产责任等,及时将参建单位、分包单位向政府应急管部门和负有安全生产监督管理职责的部门备案;

6. 制定本单位生产安全事故应急救援预案,并按规定组织演练。按规定向地方政府和股份公司报告生产安全事故或因生产安全事故引起突发事件情况,并按照生产安全事故应急救援预案,组织抢险救援。

第四章 各岗位员工安全生产责任

第三十八条 各岗位员工的安全生产责任

1. 贯彻执行国家有关安全生产法律法规和企业规章制度,牢固树立"安全生产、人人有责"的意识,切实履行安全生产义务,对自身职责范围内的安全生产工作负责;

2. 自觉接受安全生产相关法律法规、规章制度和安全生产技能培训,掌握本职工作所需的安全知识,提高安全生产技能、自我保护意识及事故预防和应急能力;

3. 认真履行岗位职责,遵章守纪,服从管理,不违章指挥、不违章操作、不违反劳动纪律,特种作业人员持证上岗;

4. 认真参加安全技术交底、班前安全教育活动,了解作业场所和工作岗位存在的危险因素、防范及应急措施,积极对本单位的安全生产工作提出建议;

5. 进入施工场地或作业场所,正确佩戴和使用个人劳动防护用品、用具;

6. 发现安全生产隐患,立即报告,在确保自身安全的前提下,采取有效措施,消除隐患;

7. 发生生产安全事故后,立即报告,在确保自身安全的前提下,积极抢救人员和财产,减少事故损失;

8. 拒绝违章指挥和强令冒险作业,紧急情况时,停止作业或在采取可能的应急措施后撤离作业场所。

第五章 附 则

第三十九条 本规定由中国铁建股份有限公司安全生产委员会办公室负责解释。

第四十条 本规定自印发之日起施行。

中国铁建股份有限公司所属单位安全生产监督管理机构设置和人员配备办法

（中国铁建安监〔2019〕153号）

第一条 为落实企业安全生产主体责任，完善安全生产管理体制，规范各层级安全生产管理机构设置和人员配备，根据《建筑施工企业安全生产管理机构设置及专职安全生产管理人员配备办法》《建筑施工企业主要负责人、项目负责人和专职安全生产管理人员安全生产管理规定》《中国铁建股份有限公司安全生产监督管理办法》等，制定本办法。

第二条 本办法适用于中国铁建股份有限公司所属各级企业和生产单位。

第三条 取得建筑业企业资质的单位，应当设置负责安全生产监督管理工作的独立职能部门。

第四条 未取得建筑业企业资质，但作为主体承担PPP、EPC等项目的投资、运营单位，应当设置负责安全生产监督管理工作的独立职能部门。

第五条 从事装备制造、物资物流等业务的单位，根据实际需要、行业规定等，设置负责安全生产监督管理工作的职能部门。

第六条 其他企业和生产单位根据实际和相关法律法规规定，设置相应的安全生产管理机构，配备专兼职安全生产管理人员。

第七条 取得施工总承包特级资质的集团公司，专职安全生产监督管理人员不少于6人。每增加一个特级资质，增加1人，年总产值超过300亿元，每超出100亿元，另增加1人。

第八条 取得施工总承包特级资质的工程公司，专职安全生产监督管理人员不少于6人；年总产值30亿元以下的不少于4人，30亿元（含）到50亿元的不少于6人，50亿元（含）以上每超出20亿元，增加1人。

第九条 未取得建筑业企业资质，但作为主体承担PPP、EPC等项目的投资、运营单位，专职安全生产监督管理人员不少于4人。

第十条 从事装备制造、物资物流等业务的单位，专职安全生产监督管理人员不少于2人。

第十一条 专职安全生产管理人员应当具备以下条件：具有相关专业大学专科及以上学历，具有相关行业领域安全生产管理工作经验，取得行业主管部门颁发的安全生产考核合格证书。

第十二条 本办法由中国铁建股份有限公司安全生产委员会办公室负责解释。

第十三条 本办法自印发之日起施行。

中国铁建股份有限公司所属单位安全总监岗位设置和人员配备办法

（中国铁建安监〔2019〕153号）

第一章 总 则

第一条 为加强安全监管队伍建设，提升安全监管工作能力，根据国务院国资委和建筑行业部门要求，依据《中国铁建股份有限公司安全生产监督管理办法》《中国铁建股份有限公司安全生产责任制规定》，制定本办法。

第二条 本办法适用于工程承包类、投资运营类集团公司、工程公司（以下简称企业）和生产单位（包括分公司、总承包部、施工项目部和工区项目部）。

第二章 企业安全总监

第三条 企业单独设置安全总监岗位，配备专职人员，不得兼任。集团公司安全总监在分管负责人领导下履行安全总监职责，工程公司安全总监进入企业领导班子序列。

第四条 工作职责

1. 协助企业负责人建立健全安全生产责任制和安

全生产管理制度,并监督落实;

2. 协助企业负责人建立完善全企业安全生产考核和奖惩机制,并监督落实;

3. 协助企业负责人定期向本单位安委会汇报安全生产工作,提请研究解决重大安全生产问题;

4. 参与生产经营决策研究,提出保障安全生产有关意见和建议;

5. 参与本单位人事任命、收入增加、绩效奖励等事宜的研究,提出有关意见和建议;

6. 监督指导本单位、下属单位按照规定配备专职安全生产管理人员;

7. 组织或参与制订单位年度安全生产工作计划,推动安全生产工作的落实;

8. 组织或参与生产安全事故应急处置和事故内部调查处理。

第五条 任职条件

1. 具有10年以上工程管理经验;

2. 具有工程类高级及以上专业技术职称,取得注册安全工程师或者注册一级建造师执业资格;

3. 熟悉安全生产法律、法规、标准、规范和企业安全生产管理制度;

4. 坚持原则,依法依规办事,具有良好的职业道德、工作态度和沟通协调能力;

5. 安全生产工作业绩突出的优秀人才,可以破格使用。

第六条 安全总监的配备由用人单位提出需求,按组织程序经上级考核合格后任用。安全总监要在岗在位,专司其职。安全总监岗位不得因人员调换等而空缺。

第三章 生产单位安全总监

第七条 生产单位单独设置安全总监岗位,进入领导班子序列,专岗专配,不得兼任。

第八条 工作职责

1. 协助第一负责人建立健全安全生产责任制和安全生产管理制度,组织安全生产工作总体策划和部署,并监督落实;

2. 负责综合协调和监督各部门落实安全生产职责,推进"全员履责"安全生产责任体系的有效运行;

3. 监督落实安全生产教育培训制度,组织推进安全生产标准化、信息化等工作;

4. 组织开展风险分级管控和隐患排查治理工作;

5. 组织开展安全生产条件核查,对安全生产条件不合格项提出整改要求,必要时有采取停工停产措施的权力;

6. 组织制定生产安全事故应急处置预案,并开展培训、演练;

7. 参与生产安全事故应急处置、报告事故情况、事故善后处理等工作;

8. 履行安全生产法律法规和企业规定的其他职责。

第九条 任职条件

1. 具有5年以上工程管理经验;

2. 具有工程类中级及以上专业技术职称,或者取得注册安全工程师执业资格;

3. 熟悉企业安全生产管理体系、安全生产责任制和安全生产管理制度;

4. 熟悉安全生产有关法律、法规、标准、规范和文件要求;

5. 坚持原则,依法依规办事,具有良好的职业道德、工作态度和沟通协调能力。

第十条 任用管理

项目安全总监的任用,须经项目派出单位的安全监督管理部门审核同意后,按干部管理程序办理任职及下发任命文件。

项目实施期间,安全总监岗位不得空缺。

第四章 附 则

第十一条 本办法由中国铁建股份有限公司安全生产委员会办公室负责解释。

第十二条 本办法自印发之日起施行。

中国铁建股份有限公司特级、一级项目经理管理办法

(中国铁建人〔2019〕192号)

第一章 总 则

第一条 为进一步加强中国铁建股份有限公司(以下简称股份公司)项目经理队伍建设,加快项目经理专业化、职业化、市场化发展步伐,畅通项目经理职业发展通道,促进项目经理人才资源的合理开发和有

效利用,充分发挥项目经理在企业生产经营中的作用,根据“十三五”人力资源规划项目经理队伍建设目标,制定本办法。

第二条 本办法所称项目经理,是指由股份公司或所属单位设立岗位,经考核聘任,专职从事具体项目全面管理工作的主要人员。

第二章 等级及任职条件

第三条 股份公司设立特级项目经理和一级项目经理,特级项目经理的薪酬和履职待遇比照股份公司所属单位一级咨询管理,一级项目经理的薪酬和履职待遇比照股份公司所属单位二级咨询管理。

第四条 股份公司特级、一级项目经理应具备的基本条件:

(一)具有本科及以上学历,取得国家注册一级建造师执业资格,具有相应资格要求的专业技术职称、理论知识和实践经验。

(二)具有较强的决策能力、组织能力、协调能力和创新能力。

(三)具有良好的项目管理业绩。在项目管理工作中个人业绩突出,综合考核结果为称职以上。

(四)具有良好的职业道德品质,群众公认度高,廉洁从业。

(五)具有履行岗位职责所要求的身体和心理素质。

(六)没有发生因违规经营导致的重大被诉法律纠纷案件。

(七)没有因责任缺失、管理不善、失职渎职等个人原因导致项目亏损。

(八)在遵章守纪方面没有违法违纪违规等行为。

第五条 特级、一级项目经理应具有以下资历:

(一)特级项目经理

特级项目经理从股份公司一级项目经理中选拔,同时应具备以下条件:

1. 具有20年以上工程项目管理经历。

2. 管理经验丰富,所承担的项目为股份公司项目、或股份公司二级单位管理的特大型重难点项目。主持过4个以上工程项目管理工作,至少有1个合同额比较大的项目,其中铁路土建项目30亿元以上,其他交通土建、水利水电及同类项目20亿元以上、四电集成专业项目15亿元以上、房建及城市建设项目15亿元以上、港口航道工程项目10亿元以上,投资项目40亿元以上,勘察设计项目2亿元以上,海外项目折合人民币25亿元以上。

3. 履约记录良好,施工任务按期完成,在业主组织的综合检查评比中排名靠前。

4. 工程质量优良,获得过国家级优质工程奖励。

5. 安全管理到位,未发生安全责任事故。

6. 综合经济效益良好,完成了成本测算规定的经济指标,超过目标责任预算收益率2个百分点及以上。

7. 按时足额发放员工(包括农民工)工资,按时足额缴纳各项社会保险费。

(二)一级项目经理

股份公司一级项目经理应具备以下条件:

1. 具有15年以上工程项目管理经历。

2. 管理经验丰富,所承担的项目为股份公司项目或股份公司二级单位管理的重难点项目。主持过4个以上工程项目管理工作,至少有1个合同额比较大的项目,其中铁路土建项目20亿元以上,其他交通土建、水利水电及同类项目15亿元以上,四电集成专业项目10亿元以上、房建及城市建设项目10亿元以上、港口与航道工程项目7亿元以上,投资项目30亿元以上,勘察设计项目1.5亿元以上,海外项目折合人民币15亿元以上。

3. 履约记录良好,施工任务按期完成,在业主组织的综合检查评比中排名靠前。

4. 工程质量优良,获得过省部级优质工程奖。

5. 安全管理到位,未发生安全责任事故。

6. 综合经济效益良好,完成了成本测算规定的经济指标,超过目标责任预算收益率1个百分点及以上。

7. 按时足额发放员工(包括农民工)工资,按时足额缴纳各项社会保险费。

第三章 选聘晋升

第六条 特级、一级项目经理的选聘须由所在单位推荐,填报《(特级/一级)级项目经理等级申请表》。资格和级别认定坚持德才兼备、公开公平的原则,根据项目经理所负责项目的规模及个人工作业绩,逐级认定。特级、一级项目经理每3年选拔一次。

第七条 选聘程序

(一)推荐。项目经理人选由各二级单位根据相关条件和资历推荐。

(二)评审。股份公司党委组织部(人力资源部)负责组织评审委员会对参评人选进行综合评审,择优确定拟聘人选。评审委员会评委由股份公司领导及总部相关部门领导、优秀项目管理者等担任,必要时也可以请系统外相关专业领域知名专家参加评审。

(三)考察。股份公司对拟聘人选的德、能、勤、绩、廉等情况进行考察。主要考察其思想政治素质、组织领导能力、工作业绩和群众公认程度,重点考察工作业绩。

(四)公示。在股份公司和人选所在单位进行5

个工作日的公示。

（五）聘任。公示无异议，提交股份公司党委常委会研究决定后聘任。

第八条 层级晋升

由一级项目经理晋升为特级项目经理必须按以下程序进行推荐评审。

（一）推荐。由所在单位根据一级项目经理年度考核情况决定推荐。

（二）评审。股份公司组织召开评审委员会对参评人选进行评审，择优确定拟晋升建议人选。

（三）考察。股份公司对拟晋升建议人选进行德、能、勤、绩、廉等方面的考察。

（四）公示。对拟晋升建议人选在有关单位进行5个工作日的公示。

（五）聘任。公示无异议的，提交股份公司党委常委会议研究决定后聘任。

第四章 管 理

第九条 股份公司和所在单位共同对特级、一级项目经理进行管理。特级、一级项目经理的日常管理由所在单位负责。

第十条 股份公司特级、一级项目经理的考核分为年度考核、项目终期考核。年度考核由股份公司党委组织部（人力资源部）结合二级单位领导班子年度考核进行；年度考核方案、内容及指标由所在单位配合股份公司党委组织部（人力资源部）共同制定并实施。终期考核在所承担项目竣工交付后进行，考核指标和内容按有关规定执行。

第十一条 年度考核程序

（一）核查年度绩效合约的实施情况。项目经理的年度绩效合约根据所承担项目的进度安排由项目经理所在单位与项目经理协商讨论共同制定。

（二）个人自评。项目经理对年度工作进行总结，并进行自我评价。

（三）民主评议。股份公司党委组织部（人力资源部）组织对项目经理进行民主评议。

（四）结果确定。由股份公司党委组织部（人力资源部）综合研究确定考核结果。

第十二条 考核结果分为优秀、称职、基本称职、不称职4个等级。

第十三条 考核结果运用。考核结果是对特级、一级项目经理进行奖惩和项目经理层级资格调整的依据。

年度考核结果为不称职的，取消项目经理层级资格。

连续两次年度考核结果为基本称职的，特级项目经理降级为一级项目经理；一级项目经理资格取消。

一级项目经理年度考核结果均为称职以上或终期考核结果为称职以上且仍在从事具体项目管理工作的，方可作为晋升特级项目经理的推荐人选。

终期考核结果为称职的，继续保留原有层级资格；终期考核结果为基本称职、不称职的，降低项目经理层级直至取消项目经理层级资格。

第十四条 待遇

特级、一级项目经理的薪酬由基本薪酬、绩效薪酬组成。

特级、一级项目经理担任项目经理期间的薪酬按有关规定执行。工程项目结束后，不担任项目经理的继续保留相应的资格，薪酬按以下标准执行：

特级项目经理的基本薪酬按所在单位主要负责人标准确定；一级项目经理的基本薪酬按所在单位副职负责人标准确定。

特级项目经理的绩效薪酬在不超过所在单位主要负责人绩效薪酬的90%的范围内，由所在单位提出；

一级项目经理的绩效薪酬在不超过所在单位副职负责人绩效薪酬平均数的90%的范围内，由所在单位提出。

除规定的基本薪酬、绩效薪酬和股份公司批准的其他收入外，不得领取任何其他收入。

特级、一级项目经理的业绩考核办法及薪酬分配方案由项目经理所在单位制定并报股份公司备案。

因履行工作职责发生的国内外差旅补助、住宿、乘坐交通工具费用支出，特级项目经理按照所在单位一级咨询标准执行；一级项目经理按照所在单位二级咨询标准执行；其他履职待遇、业务支出按照有关文件和所在单位标准执行。

第十五条 特级、一级项目经理经组织考察担任领导职务或评选为技术专家后，项目经理层级资格和享受的待遇自动取消。

第十六条 建立实施项目经理处罚制度。特级、一级项目经理如有违反股份公司及所在单位相关规定，由所在单位提出处罚建议，股份公司研究后，按规定程序视情节轻重，给予降低项目经理层级或取消项目经理层级资格、岗位禁入等处理。

第五章 附 则

第十七条 股份公司在全系统建立涵盖“股份公司—二级单位—工程公司”管理层级的项目经理职业发展通道。各单位可参照本办法制定本单位的项目经理管理办法。

第十八条 本办法自印发之日起施行，由股份公司党委组织部（人力资源部）负责解释。

2019 年中国铁道建筑集团有限公司文件目录

文 件 号	文 件 标 题
中铁建董〔2019〕1 号	中国铁道建筑有限公司关于中国太平保险集团就投资中国铁建债转股项目要求董事席位的请示
中铁建财〔2019〕2 号	关于印发《中国铁道建筑有限公司暨中国铁建股份有限公司绩效考核管理办法》的通知
中铁建财〔2019〕3 号	中国铁道建筑集团有限公司关于 2018 年度国有资产评估管理工作总结的报告
中铁建审监〔2019〕4 号	中国铁道建筑集团有限公司关于《2018 年度违规经营投资责任追究定期报告》的报告
中铁建董〔2019〕5 号	关于印发《中国铁道建筑集团有限公司章程》的通知
中铁建人〔2019〕6 号	关于修订《中国铁道建筑有限公司暨中国铁建股份有限公司负责人履职待遇、业务支出管理办法》的通知
中铁建人〔2019〕7 号	中国铁道建筑集团有限公司关于 2019 年中央企业离休干部医疗药费国有资本经营预算的报告
中铁建人〔2019〕8 号	关于修订《中国铁道建筑有限公司暨中国铁建股份有限公司总部员工履职待遇、业务支出管理办法》的通知
中铁建经计〔2019〕9 号	中国铁道建筑集团有限公司关于东坝红松园职工住宅项目审批有效期延期的请示
中铁建经计〔2019〕10 号	中国铁道建筑集团有限公司关于青年路 10 号院旧房改造项目审批有效期延期的请示
中铁建安质〔2019〕11 号	中国铁道建筑集团有限公司关于安全生产预防及应急专项资金绩效工作的报告
中铁建发展〔2019〕12 号	中国铁道建筑集团有限公司关于《2019 年度全面风险管理报告》的报告
中铁建房管〔2019〕13 号	关于成立铁建机关大院建设领导小组的通知
中铁建外事〔2019〕14 号	中国铁道建筑集团有限公司关于承继原中国铁道建筑有限公司出访来访外事审批权的请示
中铁建审监〔2019〕15 号	中国铁道建筑集团有限公司关于专项审计调查发现有关问题整改情况的报告
中铁建人〔2019〕16 号	中国铁道建筑集团有限公司关于调整企业年金方案的报告
中铁建资本〔2019〕17 号	中国铁道建筑集团有限公司关于 2019 年中央企业职工家属区“三供一业”分离移交国有资本经营预算申报的报告
中铁建发展〔2019〕18 号	中国铁道建筑集团有限公司关于内部控制管理工作情况的报告
中铁建发展〔2019〕19 号	中国铁道建筑集团有限公司关于变更《铁道建筑技术》期刊主管、主办单位名称的请示
中铁建资本〔2019〕20 号	中国铁道建筑集团有限公司关于确定 2019 年非主业投资控制比例的请示
中铁建安质〔2019〕21 号	中国铁道建筑集团有限公司关于 2018 年安全生产工作总结及 2019 年工作计划的报告
中铁建房管〔2019〕22 号	中国铁道建筑集团有限公司关于海淀区复兴路 40 号职工住宅项目立项函延期的请示
中铁建发展〔2019〕23 号	中国铁道建筑集团有限公司关于变更《中国铁道建筑报》出版单位名称的请示

续表

文 件 号	文 件 标 题
中铁建外事〔2019〕24 号	中国铁道建筑集团有限公司关于变更邀请外国人来华“免于被核实主体”备案单位名称的请示
中铁建财〔2019〕25 号	中国铁道建筑集团有限公司关于 2019 年度预算报告的请示
中铁建外事〔2019〕26 号	关于表彰 2018 年度外事管理先进单位和先进个人的通报
中铁建发展〔2019〕27 号	中国铁道建筑集团有限公司关于变更《中国铁道建筑报》主管、主办单位名称的请示
中铁建海外〔2019〕28 号	中国铁道建筑集团有限公司关于邀请索马里邦特兰州总统访华的请示
中铁建办〔2019〕29 号	关于印发《中国铁道建筑集团有限公司档案工作综合统计年报填报制度》的通知
中铁建财〔2019〕31 号	中国铁道建筑集团有限公司关于变更预算单位名称的请示
中铁建发展〔2019〕32 号	中国铁道建筑集团有限公司关于上报培训疗养机构改革实施方案的请示
中铁建办〔2019〕33 号	关于加强机关各部门对口联系国家部委和有关单位的通知
中铁建财〔2019〕34 号	中国铁道建筑集团有限公司关于内保外贷业务情况的报告
中铁建安质〔2019〕35 号	中国铁道建筑集团有限公司关于 2018 年安全生产预防及应急专项资金国家级安全生产应急救援基地建设项目申报材料的报告
中铁建发展〔2019〕36 号	关于《中国铁道建筑集团有限公司 2019—2021 年滚动规划》的报告
中铁建审监〔2019〕37 号	关于印发《中国铁道建筑集团有限公司暨中国铁建股份有限公司内部审计工作考核评比实施办法》的通知
中铁建审监〔2019〕38 号	关于印发《中国铁道建筑集团有限公司暨中国铁建股份有限公司内部审计人员职业道德与职业纪律规范》的通知
中铁建审监〔2019〕39 号	关于印发《中国铁道建筑集团有限公司暨中国铁建股份有限公司财务收支审计工作规范》的通知
中铁建财〔2019〕40 号	中国铁道建筑集团有限公司关于 2018 年度国有资本保值增值有关情况的报告
中铁建审监〔2019〕41 号	中国铁道建筑集团有限公司关于报送 2018 年度《企业年度工作报告》的函
中铁建审监〔2019〕42 号	关于印发《中国铁道建筑集团有限公司暨中国铁建股份有限公司内部审计人员后续教育管理办法》的通知
中铁建审监〔2019〕43 号	关于印发《中国铁道建筑集团有限公司暨中国铁建股份有限公司内部审计质量控制办法》的通知
中铁建人〔2019〕44 号	中国铁道建筑集团有限公司关于实施企业年金制度后发放统筹外费用有关事项的报告
中铁建人〔2019〕45 号	中国铁道建筑集团有限公司关于 2019 年度工资总额预算方案的报告
中铁建发展〔2019〕46 号	中国铁道建筑集团有限公司关于“双百企业”综合改革进展情况评估的报告
中铁建发展〔2019〕47 号	中国铁道建筑集团有限公司关于 2018 年度内部控制评价情况的报告
中铁建审监〔2019〕48 号	中国铁道建筑集团有限公司关于违规经营投资责任追究工作体系建设方案的报告
中铁建海外〔2019〕49 号	中国铁道建筑集团有限公司关于中国铁建股份有限公司与世界银行和解相关事宜的报告
中铁建人〔2019〕50 号	中国铁道建筑集团有限公司关于 2018 年度工资总额预算执行情况的报告

续表

文　件　号	文　件　标　题
中铁建审监〔2019〕51 号	关于印发《中国铁道建筑集团有限公司暨中国铁建股份有限公司审计档案管理办法》的通知
中铁建人〔2019〕52 号	关于印发《中国铁道建筑集团有限公司暨中国铁建股份有限公司职业技能等级认定试点工作实施办法(试行)》的通知
中铁建财〔2019〕53 号	中国铁道建筑集团有限公司关于 2018 年度国有资本收益情况的报告
中铁建人〔2019〕54 号	关于举办 2019 年中国技能大赛——中国铁道建筑集团有限公司职业技能竞赛的通知
中铁建外事〔2019〕55 号	关于对所属有关单位外事管理工作检查情况的通报
中铁建财〔2019〕56 号	中国铁道建筑集团有限公司关于中国铁建重工集团股份有限公司(筹)国有股东证券账户标识的请示
中铁建外事〔2019〕59 号	中国铁道建筑集团有限公司关于索马里邦特兰州总统一行到访中国有关情况的报告
中铁建财〔2019〕61 号	中国铁道建筑集团有限公司关于所控股上市公司首次合理持股比例申报备案的请示
中铁建发展〔2019〕63 号	中国铁道建筑集团有限公司关于产业基础能力和产业链水平相关情况的报告
中铁建资本〔2019〕64 号	中国铁道建筑集团有限公司关于确定 2019 年非主业投资控制比例的请示
中铁建资本〔2019〕65 号	中国铁道建筑集团有限公司关于调整 2019 年投资计划的报告
中铁建审监〔2019〕66 号	关于印发《中国铁道建筑集团有限公司暨中国铁建股份有限公司子公司负责人绩效考核结果复核审计暂行办法》的通知
中铁建发展〔2019〕67 号	关于将北京通达京承高速公路有限公司股权管理关系划转至中铁建锦鲤资产管理有限公司的通知
中铁建法〔2019〕68 号	关于印发《中国铁建规章制度清单(2019 年版)》的通知
中铁建法〔2019〕69 号	关于印发《中国铁建废止规章制度清单(2019 年版)》的通知
中铁建海外〔2019〕70 号	中国铁道建筑集团有限公司关于亚吉铁路全面风险排查情况的报告
中铁建投资〔2019〕71 号	中国铁道建筑集团有限公司关于产权登记自查工作情况的报告
中铁建财〔2019〕72 号	中国铁道建筑集团有限公司关于 2020 年国有资本经营预算预申报的报告
中铁建发展〔2019〕73 号	中国铁道建筑集团有限公司关于增加注册资本金的请示
中铁建发展〔2019〕75 号	中国铁道建筑集团有限公司关于报送《处置“僵尸企业”国有资本经营预算补助资金清算申报报告》的报告
中铁建海外〔2019〕76 号	中国铁道建筑集团有限公司关于 2018 年度国际化经营自评情况的报告
中铁建发展〔2019〕77 号	关于成立中国铁道建筑集团有限公司机关建设指挥部的通知
中铁建发展〔2019〕79 号	中国铁道建筑集团有限公司关于中央企业驻京办清查情况的报告
中铁建投资〔2019〕80 号	中国铁道建筑集团有限公司关于资产评估自查工作情况的报告
中铁建发展〔2019〕81 号	中国铁道建筑集团有限公司关于驻京办事机构专项清理实施方案的报告
中铁建财〔2019〕82 号	中国铁道建筑集团有限公司关于减税降费政策实施情况的报告
中铁建外事〔2019〕83 号	中国铁道建筑集团有限公司关于邀请马来西亚柔佛州苏丹访华的请示

续表

文件号	文件标题
中铁建海外〔2019〕84 号	中国铁道建筑集团有限公司关于在 2019 央企支持澳门中葡平台建设高峰会上签约事宜的报告
中铁建发展〔2019〕85 号	中国铁道建筑集团有限公司关于驻京办事机构专项清理工作情况
中铁建外事〔2019〕86 号	中国铁道建筑集团有限公司关于邀请俄罗斯莫斯科市副市长访华的请示
中铁建发展〔2019〕88 号	关于中国铁道建筑集团有限公司职业技能鉴定指导中心更名的通知
中铁建人〔2019〕89 号	中国铁道建筑集团有限公司关于所属单位调整企业年金方案实施细则备案的报告
中铁建房管〔2019〕90 号	中国铁道建筑集团有限公司关于皮村北巷 2 号棚户区改造项目周转住房立项的请示
中铁建人〔2019〕91 号	中国铁道建筑集团有限公司关于 2018 年度和 2016—2018 年任期企业负责人薪酬兑现情况的报告
中铁建发展〔2019〕92 号	中国铁道建筑集团有限公司关于“总部机关化”有关问题整改情况的报告
中铁建发展〔2019〕94 号	关于规范总部集团及所属单位企业简称的通知
中铁建海外〔2019〕95 号	中国铁道建筑集团有限公司关于拜会科特迪瓦总理的请示
中铁建发展〔2019〕96 号	中国铁道建筑集团有限公司关于“总部机关化”问题专项整改实施方案的报告
中铁建海外〔2019〕98 号	中国铁道建筑集团有限公司关于境外重点经营投资项目风险排查工作情况的报告
中铁建海外〔2019〕99 号	中国铁道建筑集团有限公司关于拜会安巴总理的请示
中铁建房管〔2019〕100 号	中国铁道建筑集团有限公司关于中铁第五勘察设计院集团有限公司位于大兴区黄村镇康庄路 9 号职工住宅项目立项的请示
中铁建外事〔2019〕101 号	关于印发《中国铁道建筑集团有限公司外事工作管理办法》的通知
中铁建外事〔2019〕102 号	关于印发《中国铁道建筑集团有限公司外事工作管理实施细则》的通知
中铁建人〔2019〕103 号	中国铁道建筑集团有限公司关于 2019 年度工资总额预算调整的请示
中铁建投开〔2019〕104 号	中国铁道建筑集团有限公司关于 2019 年度产权管理工作的报告
中铁建财资〔2019〕105 号	中国铁道建筑集团有限公司关于 2019 年度财务决算管理备案的报告
中铁建外事〔2019〕106 号	中国铁道建筑集团有限公司关于俄罗斯莫斯科市副市长一行到访中国有关情况的报告
中铁建发展〔2019〕107 号	中国铁道建筑集团有限公司关于“总部机关化”问题专项整改工作阶段性总结的报告

2019 年中国铁建股份有限公司文件目录

文　件　号	文　件　标　题
中国铁建经计〔2019〕1 号	关于下达 2019 年生产经营计划的通知
中国铁建经计〔2019〕2 号	关于印发《2019 年股份公司企业投资计划》的通知
中国铁建财〔2019〕3 号	关于印发《中国铁建股份有限公司会计核算办法》的通知
中国铁建发展〔2019〕4 号	关于调整中国铁建股份有限公司区域经营机构的通知
中国铁建发展〔2019〕5 号	关于调整中国铁建股份有限公司军民融合领导小组成员及职责的通知
中国铁建科设〔2019〕6 号	关于命名第二批中国铁建劳模和工匠人才创新工作室的决定
中国铁建财〔2019〕7 号	关于印发《中国铁建股份有限公司个人所得税专项附加扣除管理暂行办法》的通知
中国铁建发展〔2019〕8 号	关于组织推荐和申报第四届中国铁建企业管理现代化创新成果的通知
中国铁建科设〔2019〕9 号	关于公布 2018 年度优秀工程勘察设计奖和优秀工程咨询成果奖获奖项目的通知
中国铁建资本〔2019〕10 号	关于表彰 2018 年度资本运营工作先进单位和先进个人的通报
中国铁建工管〔2019〕11 号	关于表彰 2018 年度节能环保工作先进个人的通报
中国铁建安质〔2019〕12 号	关于兑现 2018 年度安全包保责任书的通报
中国铁建经计〔2019〕13 号	关于印发《中国铁建区域总部管理办法(试行)》的通知
中国铁建发展〔2019〕14 号	股份公司　股份公司党委关于成立中铁建东北、中原、华东三个区域投资平台公司的通知
中国铁建经管〔2019〕15 号	中国铁建股份有限公司关于解决福平铁路平潭海峡公铁两用大桥施工相关费用问题的请示
中国铁建科设〔2019〕16 号	关于颁发 2018 年度中铁建科学技术奖的通知
中国铁建科设〔2019〕17 号	关于表彰 2018 年度获得国家科学技术奖励单位的通报
中国铁建安质〔2019〕18 号	关于公布 2018 年度安全质量标准工地(车间)名单的通知
中国铁建发展〔2019〕19 号	关于成立重庆大内高速公路有限公司(项目公司)的通知
中国铁建发展〔2019〕20 号	股份公司　股份公司党委关于重组成立中国铁建国际投资集团有限公司的通知
中国铁建人〔2019〕21 号	关于修订《中国铁建股份有限公司子公司负责人履职待遇、业务支出管理办法》的通知
中国铁建法〔2019〕22 号	关于表彰 2018 年度法治工作先进单位、先进个人、优秀项目法律联络员的通报
中国铁建发展〔2019〕23 号	关于调整海外部内设机构和编制定员的通知
中国铁建发展〔2019〕24 号	关于增加中国铁建股份有限公司川藏铁路工程建设领导小组成员的通知
中国铁建科设〔2019〕25 号	关于印发《中国铁建知识产权中心建设方案》的通知
中国铁建经管〔2019〕26 号	关于表彰 2018 年度变更索赔工作先进单位和先进个人的通报
中国铁建财〔2019〕27 号	关于进一步加强融资业务管理　严防隐性债务风险的通知
中国铁建发展〔2019〕28 号	关于印发《2019 年发展规划工作要点》的通知
中国铁建办〔2019〕29 号	关于表彰 2018 年度政务信息工作与网站信息工作先进单位和先进个人的通报
中国铁建人〔2019〕30 号	关于印发《股份公司 2019 年员工培训计划》的通知
中国铁建发展〔2019〕31 号	关于成立中国铁建股份有限公司珠三角城际琶洲支线 PZH－2 标段项目经理部的通知
中国铁建法〔2019〕32 号	关于发布 2018 年版中国铁建合作方警示名录的通知
中国铁建经计〔2019〕33 号	关于印发《股份公司承揽及投资项目任务分配管理办法(试行)》的通知

续表

文　件　号	文　　件　　标　　题
中国铁建发展〔2019〕34 号	关于表彰 2018 年度新取得特级资质单位的通报
中国铁建工管〔2019〕35 号	关于做好川藏铁路建设前期有关工作的通知
中国铁建经管〔2019〕36 号	关于调整《中国铁建股份有限公司项目经济运行监控及预警管理暂行办法》部分预警指标的通知
中国铁建信管〔2019〕37 号	关于印发《中国铁建股份有限公司软件集中采购目录(第三版)》的通知
中国铁建办〔2019〕38 号	股份公司　股份公司党委关于印发 2019 年督查检查考核工作计划的通知
中国铁建发展〔2019〕39 号	关于成立中国铁建股份有限公司天津地铁 6 号线工程(梅林路站—咸水沽西站)指挥部的通知
中国铁建经计〔2019〕40 号	关于表彰 2018 年度经营工作先进单位和先进个人的通报
中国铁建发展〔2019〕41 号	关于成立中国铁建股份有限公司西藏指挥部的通知
中国铁建法〔2019〕42 号	关于印发《中国铁建股份有限公司 2019 年法治工作要点》的通知
中国铁建董〔2019〕43 号	关于印发《中国铁建董事会 2019 年工作要点》的通知
中国铁建设物〔2019〕44 号	关于建设中国铁建物资采购平台的通知
中国铁建办〔2019〕45 号	关于印发《中国铁建大厦 A 座院区车辆出入及停放管理规定》的通知
中国铁建人〔2019〕46 号	关于印发 2019 年度表彰奖励计划的通知
中国铁建海外〔2019〕47 号	关于印发《中国铁建股份有限公司非外经单位负责人年度海外经营管理绩效考核办法(试行)》的通知
中国铁建海外〔2019〕48 号	关于印发《中国铁建股份有限公司外经单位负责人年度海外经营管理绩效考核办法(试行)》的通知
中国铁建科设〔2019〕49 号	关于表彰第二十届中国专利奖获奖单位的通报
中国铁建信管〔2019〕50 号	关于表彰 2018 年度信息化工作先进个人的通报
中国铁建办〔2019〕51 号	股份公司、股份公司党委关于印发 2019 年会议计划的通知
中国铁建房产〔2019〕52 号	关于印发《中国铁建股份有限公司房地产项目施工总承包内部比选管理办法》的通知
中国铁建房产〔2019〕53 号	关于表彰 2018 年度中国铁建房地产板块十大“明星楼盘”的通知
中国铁建海外〔2019〕54 号	关于表彰 2018 年度海外经营先进单位和先进个人的通报
中国铁建海外〔2019〕55 号	关于印发《中国铁建股份有限公司工程承包单位海外业务规范管理暂行办法》的通知
中国铁建办〔2019〕56 号	关于切实加强印章风险管控的通知
中国铁建房产〔2019〕57 号	印发《中国铁建股份有限公司关于进一步加强房地产业务协同经营的指导意见》的通知
中国铁建发展〔2019〕58 号	关于将重庆渝蓉高速公路有限公司股权转让给中铁建重庆投资集团有限公司的通知
中国铁建海外〔2019〕59 号	关于印发《中国铁建股份有限公司对外承包工程国别市场准入管理暂行办法》的通知
中国铁建安质〔2019〕60 号	关于公布 2019 年度中国铁建股份有限公司优秀质量管理小组活动成果的通报
中国铁建人〔2019〕61 号	关于印发《中国铁建股份有限公司高级管理人员薪酬管理办法》的通知
中国铁建审监〔2019〕62 号	关于开展总审计师试点工作的通知
中国铁建海外〔2019〕64 号	关于印发《中国铁建股份有限公司海外工程项目监督管理暂行办法》的通知
中国铁建人〔2019〕65 号	关于做好 2019 年专业技术职务任职资格评审工作的通知
中国铁建设物〔2019〕66 号	中国铁建股份有限公司关于设立铁路机车车辆驾驶人员资格考试考试站和理论考试点的请示

续表

文　件　号	文　件　标　题
中国铁建经管〔2019〕67 号	关于成立中国铁建川藏铁路经济管理专家组的通知
中国铁建董〔2019〕68 号	关于成立中国铁建股份有限公司市值管理工作领导小组的通知
中国铁建信管〔2019〕69 号	关于印发《配合公安机关开展 2019 年网络安全执法检查工作方案》的通知
中国铁建人〔2019〕70 号	关于成立中国铁建股份有限公司股权和分红激励工作领导小组的通知
中国铁建经计〔2019〕71 号	关于印发《中国铁建股份公司经营工作先进单位和个人评选管理办法》的通知
中国铁建经计〔2019〕72 号	关于印发《中国铁建股份公司区域总部经营工作绩效考核管理办法(试行)》的通知
中国铁建发展〔2019〕73 号	关于成立中国铁建股份有限公司北京分公司的通知
中国铁建财〔2019〕74 号	关于印发《中国铁建股份有限公司保险资源集中管理办法》的通知
中国铁建审监〔2019〕75 号	关于印发《中国铁建审计作业与管理系统内部门户网站管理暂行办法》的通知
中国铁建安质〔2019〕76 号	关于公布 2018 年度中国铁建杯优质工程奖的通知
中国铁建工管〔2019〕77 号	关于表彰中国铁建股份有限公司 2018 年度优秀项目经理的通报
中国铁建海外〔2019〕78 号	关于表彰中国铁建“海外拓荒牛”奖的通报
中国铁建科设〔2019〕80 号	关于表彰 2017—2018 年通过国家级创新平台认定单位的通报
中国铁建办〔2019〕81 号	关于开展“转变工作作风为基层减负”工作的通知
中国铁建海外〔2019〕82 号	关于印发《海外工程项目海外部投标评审规则》的通知
中国铁建科设〔2019〕83 号	关于印发《中国铁建专利信息管理系统应用管理办法》的通知
中国铁建发展〔2019〕84 号	关于 2018 年度“工程公司营业收入 20 强”“工程公司经济效益 20 强”的通报
中国铁建发展〔2019〕85 号	关于中铁建北部湾建设投资有限公司与中国铁建大桥工程局集团第二工程有限公司资质重组平移的通知
中国铁建发展〔2019〕86 号	关于成立中国铁建股份有限公司北部方向指挥部的通知
中国铁建董〔2019〕87 号	关于修订《中国铁建股份有限公司章程》的通知
中国铁建人〔2019〕88 号	关于印发《中国铁建股份有限公司直管项目部薪酬管理办法》的通知
中国铁建人〔2019〕89 号	关于印发《中国铁建股份有限公司董事监事薪酬(报酬、工作补贴)管理办法》的通知
中国铁建发展〔2019〕90 号	关于成立中国铁建股份有限公司合规委员会的通知
中国铁建发展〔2019〕91 号	关于成立中国铁建股份有限公司军民融合指挥部的通知
中国铁建发展〔2019〕92 号	股份公司　股份公司党委关于成立中铁建国际投资有限公司的通知
中国铁建信管〔2019〕93 号	关于印发《中国铁建股份有限公司信息化项目内部采购实施细则》的通知
中国铁建发展〔2019〕94 号	关于成立中国铁建股份有限公司南沙新区庆盛工程总承包项目部的通知
中国铁建发展〔2019〕95 号	股份公司　股份公司党委关于调整总部机关机构编制及职能的通知
中国铁建发展〔2019〕96 号	关于调整审计分局机构设置及编制定员的通知
中国铁建经管〔2019〕97 号	关于发布《中国铁建 2019 年分包商名录》的通知
中国铁建人〔2019〕98 号	关于公布 2018 年度股份公司特级技师任职资格人员名单的通知
中国铁建经计〔2019〕99 号	关于印发《中国铁建股份有限公司北京分公司注册执业资格人员管理办法》的通知
中国铁建经计〔2019〕100 号	关于进一步加强以股份公司名义承揽工程总承包项目管控的通知
中国铁建办〔2019〕101 号	关于中国铁建股份有限公司经理层分工调整的通知
中国铁建财〔2019〕102 号	关于印发《中国铁道建筑集团有限公司暨中国铁建股份有限公司子公司负责人绩效考核办法》的通知

续表

文 件 号	文 件 标 题
中国铁建财〔2019〕103 号	关于印发《中国铁道建筑集团有限公司暨中国铁建股份有限公司子公司负责人 2019—2021 年任期绩效考核实施方案》的通知
中国铁建财〔2019〕104 号	关于印发《中国铁道建筑集团有限公司暨中国铁建股份有限公司子公司负责人 2019 年度绩效考核实施方案》的通知
中国铁建发展〔2019〕105 号	关于明确中国铁建股份有限公司区域总部和投资平台公司对应关系的通知
中国铁建人〔2019〕106 号	关于印发《中国铁建股份有限公司职业病防治管理办法》的通知
中国铁建办〔2019〕108 号	关于修订《机关发文字号表》的通知
中国铁建财〔2019〕109 号	关于 2019 年度优秀财会论文评选结果的通报
中国铁建发展〔2019〕110 号	关于调整中国铁建股份有限公司区域总部领导职数的通知
中国铁建财〔2019〕111 号	关于成立中国铁建银行账户管理信息系统项目建设管理组织的通知
中国铁建经营〔2019〕112 号	关于下达中国铁建股份有限公司军民融合指挥部 2019 年度经营计划的通知
中国铁建财〔2019〕113 号	关于印发《中国铁建股份有限公司 2019 年"两金"压控及清理工作方案》的通知
中国铁建办〔2019〕114 号	关于调整中国铁建股份有限公司援疆援藏及扶贫开发工作领导小组的通知
中国铁建发展〔2019〕115 号	关于成立中铁建中原投资建设有限公司的通知
中国铁建人〔2019〕116 号	关于印发调整后的《中国铁建股份有限公司企业年金方案》的通知
中国铁建人〔2019〕117 号	关于印发调整后的《中国铁建股份有限公司企业年金方案实施细则》的通知
中国铁建经营〔2019〕118 号	关于印发《中国铁建股份有限公司重点项目经营管理暂行办法》的通知
中国铁建发展〔2019〕119 号	关于印发《中国铁建股份有限公司总部机关部门和处室职责汇编》的通知
中国铁建发展〔2019〕120 号	关于成立中国铁建股份有限公司昆明飞虎大道项目工程总承包指挥部的通知
中国铁建发展〔2019〕121 号	关于成立中国铁建股份有限公司深圳市城市轨道交通 5 号线工程施工总承包项目经理部的通知
中国铁建发展〔2019〕122 号	关于成立四川成绵苍巴高速公路有限责任公司(项目公司)的通知
中国铁建财〔2019〕124 号	关于进一步严格内控执行严肃财经纪律的通知
中国铁建发展〔2019〕126 号	关于成立中国铁建股份有限公司境内并购工作领导小组的通知
中国铁建科技〔2019〕127 号	关于下达 2019 年中国铁建企业技术标准编制计划的通知
中国铁建发展〔2019〕128 号	股份公司　股份公司党委关于成立中铁建发展有限公司的通知
中国铁建人〔2019〕129 号	关于成立中国铁建股份有限公司职业病防治领导小组的通知
中国铁建发展〔2019〕130 号	关于成立中国铁建股份有限公司重庆轨道十八号线项目总承包指挥部的通知
中国铁建科技〔2019〕131 号	关于印发《中国铁建股份有限公司工程实验室(研发中心)管理办法(试行)》的通知
中国铁建法〔2019〕132 号	关于调整中国铁建股份有限公司法治铁建建设领导小组的通知
中国铁建发展〔2019〕133 号	关于印发《中国铁建股份有限公司重点亏损子企业专项治理工作方案》的通知
中国铁建经营〔2019〕134 号	关于印发《中国铁建股份有限公司经营内幕信息保密制度》的通知
中国铁建发展〔2019〕135 号	关于印发《驻京办事机构专项清理实施方案》的通知
中国铁建发展〔2019〕136 号	关于成立中国铁建股份有限公司迪拜分公司的通知
中国铁建科技〔2019〕137 号	关于 2018 年度合理化建议和技术改进项目评审结果的通报
中国铁建人〔2019〕138 号	关于进一步加强二级单位负责人薪酬管理有关事项的通知
中国铁建法〔2019〕140 号	关于印发《中国铁建全面深化合规管理工作方案》的通知
中国铁建发展〔2019〕141 号	关于印发《中国铁建股份有限公司风险内控体系优化提升工作方案》的通知

续表

文件号	文件标题
中国铁建投资〔2019〕142号	关于成立武汉长江新城工作推进领导小组的通知
中国铁建办〔2019〕143号	股份公司　股份公司党委关于印发《中国铁建总部机关员工行为礼仪规范》的通知
中国铁建发展〔2019〕144号	关于配合做好2019年度内控审计工作的通知
中国铁建发展〔2019〕145号	关于表彰中国铁建2009—2018年工程公司建设先进单位的决定
中国铁建经营〔2019〕146号	关于印发《中国铁建区域总部经营业务指南》的通知
中国铁建财〔2019〕147号	关于印发《中国铁建股份有限公司以股份公司为签约主体的工程承包项目财务管理关系暂行规定》的通知
中国铁建人〔2019〕148号	关于表彰2019年中国技能大赛——中国铁建职业技能竞赛获奖单位和个人的通报
中国铁建发展〔2019〕149号	关于成立中国铁建股份有限公司职业技能等级认定指导中心的通知
中国铁建发展〔2019〕150号	关于成立中铁建长江投资建设有限公司的通知
中国铁建发展〔2019〕151号	关于成立中铁建海南建设发展有限公司的通知
中国铁建法〔2019〕152号	关于印发《合规管理工作总则》等10项管理制度的通知
中国铁建安监〔2019〕153号	关于印发《中国铁建股份有限公司安全生产监督管理办法》等4项制度的通知
中国铁建运营〔2019〕154号	关于表彰2019年中国铁建“创效功臣”的通报
中国铁建财〔2019〕155号	印发《中国铁建股份有限公司关于进一步明确内部经济关系促进各单位协调发展的指导意见》的通知
中国铁建发展〔2019〕156号	关于成立中国铁建股份有限公司青岛海洋大学停车场项目经理部的通知
中国铁建发展〔2019〕157号	股份公司　股份公司党委关于调整总部机构名称和职务称谓的通知
中国铁建发展〔2019〕158号	关于成立中国铁建股份有限公司工程公司建设领导小组的通知
中国铁建发展〔2019〕159号	关于成立中国铁建股份有限公司“总部机关化”问题专项整改工作领导小组的通知
中国铁建发展〔2019〕160号	关于调整审计分局机构名称和职务称谓的通知
中国铁建科技〔2019〕161号	关于印发《钢管混凝土枕式无砟道床施工技术规程》等3项中国铁建企业技术标准技术审查会专家意见的通知
中国铁建人〔2019〕162号	关于保障职工工资支付有关问题的通知
中国铁建发展〔2019〕163号	关于成立中国铁建股份有限公司深汕合作区科教大道（望鹏大道至南山路）工程施工总承包项目经理部的通知
中国铁建发展〔2019〕164号	关于印发《中国铁建股份有限公司2019年度内部控制评价及考核工作实施方案》的通知
中国铁建科技〔2019〕165号	关于发布《中低速磁浮交通术语标准》等15项中国铁建企业技术标准的通知
中国铁建科技〔2019〕167号	关于印发《中国铁建股份有限公司专家委员会管理办法》的通知
中国铁建发展〔2019〕168号	关于成立中国铁建股份有限公司拉斯海马分公司的通知
中国铁建发展〔2019〕169号	关于成立中国铁建股份有限公司沙迦分公司的通知
中国铁建发展〔2019〕170号	关于成立中国铁建股份有限公司富吉拉分公司的通知
中国铁建安监〔2019〕171号	关于调整中国铁建股份有限公司安全生产委员会组成人员的通知
中国铁建人〔2019〕172号	关于进一步加强履职待遇、业务支出管理有关事项的通知
中国铁建信管〔2019〕173号	关于调整股份公司网络安全和信息化委员会的通知
中国铁建安监〔2019〕174号	关于印发《中国铁建股份有限公司安全生产集中整治实施方案》的通知
中国铁建科创〔2019〕175号	关于公布2019年度优秀工程勘察设计奖和优秀工程咨询成果奖获奖项目的通知

续表

文 件 号	文 件 标 题
中国铁建发展〔2019〕176 号	关于进一步调整总部有关机构名称的通知
中国铁建发展〔2019〕177 号	关于印发《中国铁建股份有限公司加强工程公司建设指导意见》的通知
中国铁建运管〔2019〕178 号	关于表彰劳动竞赛获奖单位和先进个人的通报
中国铁建发展〔2019〕179 号	关于成立中国铁建股份有限公司西安地铁五号线一期站后工程施工总承包项目经理部的通知
中国铁建发展〔2019〕180 号	关于印发《中国铁建股份有限公司总部部门岗位说明书》的通知
中国铁建发展〔2019〕181 号	关于成立中铁建城市开发运营有限公司的通知
中国铁建发展〔2019〕182 号	关于成立中铁建康养投资有限公司的通知
中国铁建科创〔2019〕183 号	关于公布 2018 年度发布技术标准研制资助和奖励项目的通知
中国铁建信管〔2019〕184 号	关于印发《中国铁建股份有限公司软件集中采购目录(第四版)》的通知
中国铁建科创〔2019〕185 号	关于公布 2019 年度中铁建科学技术奖获奖项目的通知
中国铁建人〔2019〕186 号	关于调整中国铁建股份有限公司企业年金管理委员会成员的通知
中国铁建发展〔2019〕187 号	关于成立中国铁建股份有限公司东部方向指挥部的通知
中国铁建发展〔2019〕188 号	股份公司　股份公司党委关于成立中铁建资本控股集团有限公司的通知
中国铁建董办〔2019〕189 号	关于修订《中国铁建股份有限公司章程》的通知
中国铁建科创〔2019〕190 号	关于公布 2019 年度股份公司专利奖获奖项目的通知
中国铁建海外〔2019〕191 号	关于印发《中国铁建股份有限公司海外工程承包项目内控及责任成本管理指导意见》的通知
中国铁建人〔2019〕192 号	股份公司　股份公司党委关于印发《中国铁建股份有限公司特级、一级项目经理管理办法》的通知
中国铁建行办〔2019〕193 号	股份公司　股份公司党委关于印发总部 2020 年文件、会议、督查检查考核管理工作计划的通知
中国铁建安监〔2019〕194 号	关于表彰 2019 年应急管理普法知识竞赛先进单位和先进个人的通报

2019 年 6 月 3 日，中铁二十二局集团三公司承建的厦门市轨道交通 4 号线涉铁段正式进入盾构掘进施工阶段，这也是厦门地铁首次实现盾构机洞内始发。图为项目员工共祝始发成功。（张新瑞 提供）

附　录

美国《财富》2020 年度 “世界企业 500 强”前 30 名企业名单

2020 年排　名	2019 年排　名	企　业　名　称	营业收入（百万美元）	利　润（百万美元）	国　家
1	1	沃尔玛	523964	14881	美国
2	2	中国石油化工集团公司	407008.8	6793.2	中国
3	5	国家电网公司	383906	7970	中国
4	4	中国石油天然气集团公司	379130.2	4443.2	中国
5	3	荷兰皇家壳牌石油公司	352106	15842	荷兰
6	6	沙特阿美公司	329784.4	88210.9	沙特阿拉伯
7	9	大众公司	282760.2	15542	德国
8	7	英国石油公司	282616	4026	英国
9	13	亚马逊	280522	11588	美国
10	10	丰田汽车公司	275288.3	19096.2	日本
11	8	埃克森美孚	264938	14340	美国
12	11	苹果公司	260174	55256	美国
13	19	CVS Health 公司	256776	6634	美国
14	12	伯克希尔—哈撒韦公司	254616	81417	美国
15	14	联合健康集团	242155	13839	美国
16	17	麦克森公司	231051	900	美国
17	16	嘉能可	215111	-404	瑞士
18	21	中国建筑集团有限公司	205839.4	3333	中国
19	15	三星电子	197704.6	18453.3	韩国
20	18	戴姆勒股份公司	193346.1	2660.5	德国
21	29	中国平安保险（集团）股份有限公司	184280.3	21626.7	中国
22	25	美国电话电报公司	181193	13903	美国
23	27	美源伯根公司	179589.1	855.4	美国
24	26	中国工商银行	177068.8	45194.5	中国
25	20	道达尔公司	176249	11267	法国
26	23	鸿海精密工业股份有限公司	172868.5	3730.9	中国
27	22	托克集团	171474.1	871.7	新加坡
28	24	EXOR 集团	162753.5	3417.1	荷兰
29	＊＊	Alphabet 公司	161857	34343	美国
30	＊＊	中国建设银行	158884.3	38609.7	中国

注：表中 2019 年排名名次标＊＊的为 2020 年首次入选或 2019 年未入选企业。

美国《财富》2020年度“世界企业500强”中国企业名单

序号	2020年排名	2019年排名	企业名称	营业收入（百万美元）	总部所在城市
1	2	2	中国石油化工集团公司	407009.0	北京
2	3	5	国家电网公司	383906.0	北京
3	4	4	中国石油天然气集团公司	379130.0	北京
4	18	21	中国建筑集团有限公司	205839.4	北京
5	21	29	中国平安保险(集团)股份有限公司	184280.0	深圳
6	24	26	中国工商银行	177068.8	北京
7	26	23	鸿海精密工业股份有限公司	172868.5	新北
8	30	31	中国建设银行	158884.3	北京
9	35	36	中国农业银行	147313.1	北京
10	43	44	中国银行	135091.4	北京
11	45	51	中国人寿保险(集团)公司	131243.7	北京
12	49	61	华为投资控股有限公司	124316.3	深圳
13	50	55	中国铁路工程集团有限公司	123324.0	北京
14	52	39	上海汽车集团股份有限公司	122071.4	上海
15	54	59	中国铁道建筑集团有限公司	120302.2	北京
16	64	63	中国海洋石油总公司	108686.8	北京
17	65	56	中国移动通信集团公司	108527.3	北京
18	75	97	太平洋建设集团	97536.4	乌鲁木齐
19	78	93	中国交通建设集团有限公司	95096.2	北京
20	79	80	中国华润有限公司	94757.8	香港
21	89	87	中国第一汽车集团公司	89417.1	长春
22	90	101	中国邮政集团公司	89346.8	北京
23	91	119	正威国际集团	88862.1	深圳
24	92	112	中国五矿集团有限公司	88357.4	北京
25	100	82	东风汽车公司	84048.5	武汉
26	102	139	京东集团	83504.8	北京
27	105	111	中国南方电网有限责任公司	81978.1	广州
28	107	181	恒力集团	80588.3	苏州
29	108	107	国家能源投资集团	80498.0	北京
30	109	88	中国中化集团公司	80376.2	北京
31	111	149	中国宝武钢铁集团	79932.0	上海
32	112	121	中国人民保险集团股份有限公司	79788.1	北京
33	126	137	中国中信集团有限公司	75115.4	北京
34	132	182	阿里巴巴集团	73165.9	杭州
35	134	129	北京汽车集团	72553.6	北京
36	136	134	中粮集团有限公司	72148.8	北京
37	145	169	中国医药集团	70689.5	北京
38	147	177	碧桂园控股有限公司	70335.3	佛山
39	152	138	中国恒大集团	69127.1	深圳
40	154	140	中国兵器工业集团公司	68714.4	北京
41	157	161	中国电力建设集团有限公司	67371.2	北京
42	158	141	中国电信集团公司	67365.3	北京
43	162	150	交通银行	66564.4	上海
44	163	151	中国航空工业集团公司	65909.0	北京

续表

序号	2020年排名	2019年排名	企业名称	营业收入（百万美元）	总部所在城市
45	164	144	中国化工集团公司	65766.7	北京
46	176	202	绿地控股集团有限公司	61965.1	上海
47	187	203	中国建材集团	57625.6	北京
48	189	188	招商银行	57252.1	深圳
49	191	242	中国保利集团	57147.4	北京
50	193	199	中国太平洋保险（集团）公司	55799.6	上海
51	197	237	腾讯控股有限公司	54612.7	深圳
52	206	189	广州汽车工业集团	53662.1	广州
53	208	254	万科企业股份有限公司	53252.7	深圳
54	210	249	物产中大集团	51954.1	杭州
55	212	211	山东能源集团有限公司	51892.5	济南
56	217	251	中国铝业公司	51649.4	北京
57	218	214	河钢集团	51345.1	石家庄
58	220	216	上海浦东发展银行	51313.4	上海
59	222	213	兴业银行	50945.1	福州
60	224	212	联想集团	50716.3	香港
61	234	277	厦门建发集团有限公司	49170.2	厦门
62	235	244	招商局集团	49126.0	香港
63	239	232	中国民生银行	48528.3	北京
64	243	220	浙江吉利控股集团	47885.9	杭州
65	250	388	友邦保险集团	47242.0	香港
66	253	289	中国光大集团	46957.0	北京
67	264	279	中国远洋海运集团有限公司	44655.1	上海
68	265	263	陕西延长石油（集团）公司	44564.4	西安
69	266	286	中国华能集团公司	44501.9	北京
70	269	259	和硕	44206.7	台北
71	273	281	陕西煤业化工集团	43797.8	西安
72	281	250	中国机械工业集团有限公司	43122.2	北京
73	284	291	厦门国贸控股集团有限公司	42790.1	厦门
74	290	262	中国联合网络通信股份有限公司	42052.1	北京
75	295	318	兖矿集团	41323.4	邹城
76	296	301	雪松控股集团	41276.7	广州
77	298	338	象屿集团	41135.4	厦门
78	301	280	怡和集团	40922.0	香港
79	305	283	中国航空油料集团公司	40487.2	北京
80	307	312	美的集团股份有限公司	40440.4	佛山
81	308	273	山东魏桥创业集团	40426.0	滨州
82	316	362	国家电力投资集团公司	39406.8	北京
83	324	333	苏宁易购集团	38971.0	南京
84	328	352	长江和记实业有限公司	38165.5	香港
85	329	361	青山控股集团	38011.7	温州
86	332	322	中国航天科工集团公司	37604.3	北京
87	343	358	江西铜业集团公司	36979.7	贵溪
88	351	340	江苏沙钢集团	36488.3	张家港
89	352	323	中国航天科技集团公司	36208.6	北京
90	353	364	中国能源建设集团	36110.5	北京
91	354	368	阳光龙净集团有限公司	35909.4	福州
92	361	359	中国中车集团	34704.2	北京

续表

序号	2020 年排　名	2019 年排　名	企　业　名　称	营业收入（百万美元）	总部所在城市
93	362	363	台积公司	34619.7	新竹
94	367	441	安徽海螺集团	33916.4	芜湖
95	369	369	金川集团	33824.4	金昌
96	370	386	中国华电集团公司	33808.4	北京
97	374	455	国泰金融控股股份有限公司	33510.9	台北
98	377	365	广达电脑公司	33313.4	桃园
99	381	370	中国电子科技集团公司	32948.4	北京
100	386	375	中国电子信息产业集团有限公司	32447.1	北京
101	392	451	中国太平保险集团有限责任公司	31912.0	香港
102	396	390	仁宝电脑	31722.5	台北
103	401	385	鞍钢集团公司	31468.7	鞍山
104	403	471	富邦金融控股股份有限公司	31012.6	台北
105	406	347	冀中能源集团	30666.1	邢台
106	409	394	台湾中油股份有限公司	30545.9	高雄
107	422	468	小米集团	29795.2	北京
108	423	* *	上海建工集团股份有限公司	29745.7	上海
109	424	498	泰康保险集团	29502.1	北京
110	429	402	首钢集团	29273.6	北京
111	434	367	中国兵器装备集团公司	29063.0	北京
112	435	448	海尔智家股份有限公司	29060.4	青岛
113	436	414	珠海格力电器股份有限公司	29023.6	珠海
114	442	* *	深圳市投资控股有限公司	28854.5	深圳
115	443	439	新疆广汇实业投资（集团）有限责任公司	28710.9	乌鲁木齐
116	449	442	华夏保险公司	28494.2	北京
117	452	424	纬创集团	28416.2	台北
118	455	* *	盛虹控股集团有限公司	27869.6	苏州
119	456	461	铜陵有色金属集团	27819.4	铜陵
120	459	* *	山东钢铁集团有限公司	27754.7	济南
121	463	464	大同煤矿集团有限责任公司	27556.6	大同
122	465	438	中国大唐集团公司	27464.0	北京
123	468	473	海亮集团有限公司	27209.1	杭州
124	473	* *	上海医药集团股份有限公司	27005.4	上海
125	477	485	中国通用技术（集团）控股有限责任公司	26558.8	北京
126	485	465	山西焦煤集团有限责任公司	26178.9	太原
127	486	484	河南能源化工集团	26162.5	郑州
128	489	462	潞安集团	26077.6	长治
129	490	* *	广西投资集团有限公司	26059.8	南宁
130	493	* *	中国核工业集团有限公司	25974.9	北京
131	496	* *	中国中煤能源集团有限公司	25846.4	北京
132	499	469	山西阳泉煤业（集团）有限责任公司	25490.8	阳泉
133	500	482	山西晋城无烟煤矿业集团	25385.6	晋城

注：表中 2019 年排名名次标* *的为 2020 年首次入选或 2019 年未入选企业。

2020 年全球最大 250 家承包商中国企业排名

序号	2020 年排名	2019 年排名	企业名称	营业收入（百万美元）
1	1	1	中国建筑集团有限公司	180354.6
2	2	2	中国中铁股份有限公司	154905.3
3	3	3	中国铁建股份有限公司	123427.0
4	4	4	中国交通建设集团有限公司	89506.1
5	5	5	中国电力建设集团有限公司	57009.3
6	8	8	中国冶金科工集团有限公司	43558.9
7	9	9	上海建工集团股份有限公司	40200.3
8	12	12	中国能源建设集团有限公司	27000.9
9	13	30	北京城建集团	21196.0
10	17	* *	陕西建工集团	17076.2
11	18	27	中国化学工程集团有限公司	16735.3
12	26	22	江苏南通三建集团	14975.9
13	27	45	北京建工集团	14477.0
14	28	* *	湖南建工集团	14270.1
15	30	28	浙建集团	13904.4
16	32	36	山西建设投资集团	13125.9
17	33	38	江苏中南建设集团	12457.5
18	36	37	安徽建工集团	10396.0
19	40	39	青建集团	9444.2
20	42	46	中国石油集团工程股份有限公司	8898.3
21	44	* *	江苏南通四建集团	8517.5
22	46	* *	江西建工集团	8391.1
23	47	48	上海城建	8319.6
24	51	50	中石化炼化工程(集团)股份有限公司	7575.7
25	52	49	中国机械工业集团有限公司	7501.1
26	53	64	江苏省建集团	7435.0
27	59	* *	河北建设集团	6714.9
28	65	101	四川公路桥梁建设集团有限公司	6038.8
29	76	73	特变电工股份有限公司	5425.9
30	83	77	中国东方电气集团有限公司	4935.9

续表

序号	2020年排名	2019年排名	企业名称	营业收入（百万美元）
31	88	74	中铝国际工程股份有限公司	4539.7
32	94	86	中国通用技术(集团)控股有限责任公司	3978.8
33	97	83	新疆生产建设兵团建设工程(集团)有限责任公司	3832.0
34	98	97	龙信建设集团	3820.9
35	102	100	浙江交工集团股份有限公司	3552.6
36	109	110	中国武夷实业股份有限公司	3278.4
37	118	109	中国中材国际工程股份有限公司	2981.4
38	125	127	湖南路桥建设集团公司	2438.1
39	129	172	中国铁路设计集团有限公司	2354.1
40	130	123	中信建设有限责任公司	2342.8
41	131	126	烟建集团有限公司	2323.1
42	140	135	南通建工集团	2112.6
43	147	* *	龙建路桥股份有限公司	1974.9
44	153	140	中国江苏国际经济技术合作集团有限公司	1884.3
45	154	* *	山东高速集团	1870.3
46	160	161	中石化中原石油工程有限公司	1801.8
47	163	163	凯盛集团	1744.3
48	165	170	中钢设备有限公司	1733.0
49	169	155	山东淄建集团	1673.3
50	173	152	北方国际合作股份有限公司	1603.3
51	174	191	中国中原对外工程有限公司	1525.5
52	178	203	山东德建集团有限公司	1430.7
53	205	219	浙江省东阳第三建筑工程有限公司	1147.2
54	206	237	中机国能电力工程有限公司	1146.4
55	209	* *	上海电气集团股份有限公司	1136.8
56	217	227	中地国际	1095.9
57	218	234	中国江西国际经济技术合作有限公司	1095.2
58	241	* *	江西中煤建设集团有限公司	987.8

注：表中* *表示未进入2019年度250强排行榜。

2020年国际承包商250家中国企业入选名单

序号	排名		企业名称	国际营业收入（百万美元）
	2020年	2019年		
1	4	3	中国交通建设集团有限公司	23303.8
2	7	7	中国电力建设集团有限公司	14715.9
3	8	9	中国建筑集团有限公司	14143.3
4	12	14	中国铁建股份有限公司	8205.0
5	13	18	中国中铁股份有限公司	6571.7
6	15	23	中国能源建设集团有限公司	5325.2
7	22	29	中国化学工程集团有限公司	4478.3
8	25	19	中国机械工业集团公司	4313.5
9	34	43	中国石油工程建设(集团)公司	3337.1
10	41	44	中国冶金科工集团有限公司	2851.2
11	54	51	中国中材国际工程股份有限公司	1903.2
12	58	56	青建集团股份公司	1745.2
13	62	54	中信建设有限责任公司	1552.8
14	63	75	中国中原对外工程有限公司	1525.5
15	70	65	中国石化工程建设有限公司	1407.5
16	73	74	中国通用技术(集团)控股有限责任公司	1246.8
17	81	93	中国江西国际经济技术合作公司	1016.1
18	82	89	浙江省建设投资集团有限公司	999.8
19	85	99	江西中煤建设集团有限公司	987.8
20	90	97	北方国际合作股份有限公司	887.0
21	93	80	特变电工股份有限公司	803.2
22	95	81	哈尔滨电气国际工程有限公司	750.4
23	96	108	中国地质工程集团公司	738.1
24	97	78	中国水利电力对外公司	737.0
25	99	122	江苏省建筑工程集团有限公司	676.7
26	101	111	上海建工集团	663.6
27	105	154	北京城建集团	607.6
28	106	121	云南建工集团有限公司	600.6
29	107	116	中国河南国际合作集团有限公司	593.3
30	110	117	中原石油工程有限公司	573.5
31	111	101	中国电力技术装备有限公司	572.3
32	117	120	北京建工集团有限责任公司	530.7
33	120	130	中国江苏国际经济技术合作公司	523.9
34	122	133	江苏南通三建集团股份有限公司	517.7
35	123	83	东方电气股份有限公司	513.0
36	126	166	安徽省外经建设(集团)有限公司	499.0
37	127	100	中国航空技术国际工程有限公司	498.2
38	133	86	中国有色金属建设股份有限公司	473.2

续表

序号	排名		企 业 名 称	国际营业收入（百万美元）
	2020 年	2019 年		
39	136	115	中地海外集团有限公司	456.7
40	138	132	中国武夷实业股份有限公司	423.0
41	139	* *	山东高速集团有限公司	420.1
42	140	143	中国凯盛国际工程有限公司	405.6
43	143	158	江西水利水电建设有限公司	385.8
44	144	144	中鼎国际工程有限责任公司	385.2
45	145	107	中钢设备有限公司	379.6
46	146	138	烟建集团有限公司	377.3
47	148	145	中国成套设备进出口(集团)总公司	375.4
48	150	* *	龙建路桥股份有限公司	364.9
49	154	153	沈阳远大铝业工程有限公司	336.0
50	160	* *	上海电气集团股份有限公司	304.6
51	167	* *	天元建设集团有限公司	273.1
52	168	109	新疆兵团建设工程(集团)有限责任公司	272.7
53	177	198	江联重工集团股份有限公司	214.1
54	178	180	安徽建工集团有限公司	212.5
55	185	155	上海城建(集团)公司	201.4
56	186	214	山西建设投资集团有限公司	196.8
57	187	200	山东淄建集团有限公司	195.0
58	188	185	山东德建集团有限公司	190.5
59	191	* *	湖南建工集团有限公司	185.6
60	194	202	龙信建设集团有限公司	183.7
61	198	194	浙江省东阳第三建筑工程有限公司	171.5
62	201	204	浙江省交通工程建设集团有限公司	164.7
63	202	207	山东科瑞石油装备有限公司	159.0
64	204	213	中国甘肃国际经济技术合作总公司	154.6
65	205	199	南通建工集团股份有限公司	154.4
66	207	196	重庆对外建设(集团)有限公司	152.8
67	208	* *	江西省建工集团有限责任公司	151.6
68	210	246	四川公路桥梁建设集团有限公司	149.3
69	215	226	中机国能电力工程有限公司	143.6
70	221	232	湖南路桥建设集团有限责任公司	129.4
71	232	* *	南通四建集团有限公司	95.4
72	233	209	中铝国际工程股份有限公司	93.1
73	240	212	江苏中南建筑产业集团有限责任公司	79.2
74	241	* *	河北建工集团有限责任公司	79.0

注:表中 2019 年排名名次标* *的为 2020 年首次入选或 2019 年未入选企业。

2020 年中国企业 500 强名单

续表

名次	企业名称	营业收入（亿元）	名次	企业名称	营业收入（亿元）
1	中国石油化工集团有限公司	28118.00	32	中国宝武钢铁集团有限公司	5522.06
2	国家电网有限公司	26521.96	33	中国中信集团有限公司	5189.31
3	中国石油天然气集团有限公司	26192.02	34	阿里巴巴集团控股有限公司	5097.11
4	中国建筑股份有限公司	14198.37	35	北京汽车集团有限公司	5012.30
5	中国工商银行股份有限公司	13024.33	36	中粮集团有限公司	4984.36
6	中国平安保险（集团）股份有限公司	11688.67	37	中国医药集团有限公司	4883.55
7	中国建设银行股份有限公司	10687.98	38	碧桂园控股有限公司	4859.08
8	中国农业银行股份有限公司	10177.05	39	恒大集团有限公司	4775.61
9	中国银行股份有限公司	9324.44	40	中国兵器工业集团有限公司	4747.10
10	中国人寿保险（集团）公司	9066.91	41	中国电力建设集团有限公司	4654.30
11	华为投资控股有限公司	8588.33	42	中国电信集团有限公司	4653.90
12	中国铁路工程集团有限公司	8519.78	43	交通银行股份有限公司	4598.86
13	上海汽车集团股份有限公司	8433.24	44	中国航空工业集团有限公司	4553.30
14	中国铁道建筑集团有限公司	8311.01	45	中国化工集团有限公司	4543.47
15	中国海洋石油集团有限公司	7508.57	46	绿地控股集团股份有限公司	4278.23
16	中国移动通信集团有限公司	7497.55	47	中国建材集团有限公司	3981.04
17	太平洋建设集团有限公司	6738.25	48	招商银行股份有限公司	3971.61
18	苏宁控股集团	6652.59	49	中国保利集团公司	3948.00
19	中国交通建设集团有限公司	6569.67	50	联想控股股份有限公司	3892.18
20	中国华润有限公司	6546.29	51	中国太平洋保险（集团）股份有限公司	3854.89
21	中国第一汽车集团有限公司	6177.34	52	腾讯控股有限公司	3772.89
22	中国邮政集团有限公司	6172.48	53	国美控股集团有限公司	3717.01
23	正威国际集团有限公司	6138.99	54	广州汽车工业集团有限公司	3707.22
24	中国五矿集团有限公司	6104.13	55	万科企业股份有限公司	3678.94
25	东风汽车集团有限公司	5806.45	56	物产中大集团股份有限公司	3589.22
26	北京京东世纪贸易有限公司	5768.88	57	山东能源集团有限公司	3584.97
27	中国南方电网有限责任公司	5663.42	58	中国铝业集团有限公司	3568.17
28	恒力集团有限公司	5567.40	59	河钢集团有限公司	3547.15
29	国家能源投资集团有限责任公司	5561.16	60	上海浦东发展银行股份有限公司	3546.81
30	中国人民保险集团股份有限公司	5555.15	61	兴业银行股份有限公司	3519.52
31	中国中化集团有限公司	5552.75	62	厦门建发集团有限公司	3396.90

续表

名次	企业名称	营业收入（亿元）
63	招商局集团有限公司	3393.84
64	民生银行股份有限公司	3379.51
65	浙江吉利控股集团有限公司	3308.18
66	中国光大集团有限公司	3244.00
67	中国远洋海运集团有限公司	3084.97
68	陕西延长石油（集团）有限责任公司	3076.74
69	中国华能集团有限公司	3061.91
70	陕西煤业化工集团有限责任公司	3025.75
71	中国机械工业集团有限公司	2979.07
72	厦门国贸控股集团有限公司	2956.13
73	中国联合网络通信集团有限公司	2919.64
74	海尔集团公司	2900.16
75	兖矿集团有限公司	2854.80
76	雪松控股集团有限公司	2851.58
77	厦门象屿集团有限公司	2841.82
78	中南控股集团有限公司	2821.40
79	中国航空油料集团有限公司	2797.04
80	美的集团股份有限公司	2793.81
81	山东魏桥创业集团有限公司	2792.81
82	国家电力投资集团有限公司	2722.40
83	潍柴控股集团有限公司	2645.97
84	青山控股集团有限公司	2626.02
85	中国航天科工集团有限公司	2597.88
86	江西铜业集团有限公司	2554.72
87	江苏沙钢集团有限公司	2520.78
88	中国航天科技集团有限公司	2501.45
89	中国能源建设集团有限公司	2494.68
90	阳光龙净集团有限公司	2480.78
91	中国中车集团有限公司	2397.52
92	安徽海螺集团有限责任公司	2343.10
93	金川集团股份有限公司	2336.75
94	中国华电集团有限公司	2335.63
95	中国电子科技集团公司	2276.23

续表

名次	企业名称	营业收入（亿元）
96	中国电子信息产业集团有限公司	2241.59
97	中国太平保险控股有限公司	2204.62
98	鞍钢集团有限公司	2174.00
99	浙江恒逸集团有限公司	2151.64
100	冀中能源集团有限责任公司	2118.55
101	小米集团	2058.39
102	浙江荣盛控股集团有限公司	2056.37
103	上海建工集团股份有限公司	2054.97
104	泰康保险集团股份有限公司	2038.14
105	首钢集团有限公司	2022.35
106	中国兵器装备集团有限公司	2007.80
107	珠海格力电器股份有限公司	2005.08
108	深圳市投资控股有限公司	1993.40
109	新疆广汇实业投资（集团）有限责任公司	1983.47
110	华夏人寿保险股份有限公司	1968.51
111	盛虹控股集团有限公司	1925.36
112	铜陵有色金属集团控股有限公司	1921.89
113	山东钢铁集团有限公司	1917.42
114	重庆市金科投资控股（集团）有限责任公司	1906.66
115	大同煤矿集团有限责任公司	1903.73
116	中国大唐集团有限公司	1897.33
117	海亮集团有限公司	1879.73
118	上海医药集团股份有限公司	1865.66
119	中国通用技术（集团）控股有限责任公司	1834.80
120	华晨汽车集团控股有限公司	1811.30
121	山西焦煤集团有限责任公司	1808.55
122	河南能源化工集团有限公司	1807.43
123	山西潞安矿业（集团）有限责任公司	1801.56
124	广西投资集团有限公司	1800.33
125	中国核工业集团有限公司	1794.46
126	中国中煤能源集团有限公司	1785.59

续表

名次	企业名称	营业收入（亿元）
127	阳泉煤业(集团)有限责任公司	1761.02
128	山西晋城无烟煤矿业集团有限责任公司	1753.75
129	东浩兰生(集团)有限公司	1749.23
130	新华人寿保险股份有限公司	1745.66
131	融创中国控股有限公司	1693.20
132	万洲国际有限公司	1660.09
133	中国平煤神马能源化工集团有限责任公司	1643.41
134	新希望集团有限公司	1618.87
135	光明食品(集团)有限公司	1555.19
136	中国南方航空集团有限公司	1550.02
137	北京建龙重工集团有限公司	1520.17
138	龙湖集团控股有限公司	1510.26
139	浙江省交通投资集团有限公司	1504.72
140	南通三建控股有限公司	1497.96
141	华夏银行股份有限公司	1486.10
142	复星国际有限公司	1429.82
143	北京首农食品集团有限公司	1422.03
144	国家开发投资集团有限公司	1419.46
145	上海电气(集团)总公司	1417.27
146	中国国际航空股份有限公司	1402.40
147	天能控股集团有限公司	1401.32
148	南京钢铁集团有限公司	1373.17
149	陕西有色金属控股集团有限责任公司	1371.32
150	四川长虹电子控股集团有限公司	1366.35
151	紫金矿业集团股份有限公司	1360.98
152	杭州市实业投资集团有限公司	1334.33
153	中国东方航空集团有限公司	1334.07
154	湖南华菱钢铁集团有限责任公司	1330.93
155	广州医药集团有限公司	1330.51
156	云南省建设投资控股集团有限公司	1328.04
157	中国有色矿业集团有限公司	1315.20

续表

名次	企业名称	营业收入（亿元）
158	华侨城集团有限公司	1309.82
159	万向集团公司	1305.08
160	冀南钢铁集团有限公司	1301.43
161	中天钢铁集团有限公司	1300.15
162	北京电子控股有限责任公司	1290.65
163	中国供销集团有限公司	1289.02
164	云南省投资控股集团有限公司	1283.32
165	比亚迪股份有限公司	1277.39
166	敬业集团有限公司	1274.02
167	TCL 集团股份有限公司	1273.28
168	海信集团有限公司	1268.63
169	东岭集团股份有限公司	1260.28
170	北京银行股份有限公司	1256.49
171	超威电源集团有限公司	1249.07
172	甘肃省公路航空旅游投资集团有限公司	1237.48
173	黑龙江北大荒农垦集团总公司	1233.56
174	海澜集团有限公司	1232.25
175	中国国际技术智力合作集团有限公司	1229.43
176	上海钢联电子商务股份有限公司	1225.72
177	北京城建集团有限责任公司	1210.04
178	无锡产业发展集团有限公司	1192.28
179	浙江省兴合集团有限责任公司	1191.38
180	北京金隅集团股份有限公司	1182.22
181	陕西建工控股集团有限公司	1177.92
182	河北津西钢铁集团股份有限公司	1177.74
183	中国重型汽车集团有限公司	1158.54
184	四川省铁路产业投资集团有限责任公司	1152.69
185	广西建工集团有限责任公司	1130.18
186	山东东明石化集团有限公司	1126.60
187	中国华融资产管理股份有限公司	1126.57
188	浪潮集团有限公司	1123.45

续表

名次	企业名称	营业收入（亿元）
189	云南省能源投资集团有限公司	1123.13
190	顺丰控股股份有限公司	1121.93
191	西安迈科金属国际集团有限公司	1121.89
192	浙江省能源集团有限公司	1118.05
193	雅戈尔集团股份有限公司	1116.14
194	南山集团有限公司	1111.70
195	中国化学工程集团有限公司	1104.53
196	中国广核集团有限公司	1098.51
197	中国黄金集团有限公司	1096.51
198	江阴澄星实业集团有限公司	1085.23
199	四川省宜宾五粮液集团有限公司	1080.26
200	亨通集团有限公司	1079.13
201	杭州钢铁集团有限公司	1067.02
202	上海均和集团有限公司	1060.48
203	中天控股集团有限公司	1060.37
204	晋能集团有限公司	1058.05
205	新华联集团有限公司	1055.95
206	华夏幸福基业股份有限公司	1052.10
207	广州市建筑集团有限公司	1050.99
208	广东鼎龙实业集团有限公司	1040.84
209	酒泉钢铁(集团)有限责任公司	1035.80
210	东方国际(集团)有限公司	1032.05
211	湖南建工集团有限公司	1024.80
212	阳光保险集团股份有限公司	1016.20
213	协鑫集团有限公司	1013.71
214	广西柳州钢铁集团有限公司	1013.62
215	北京外企服务集团有限责任公司	1008.09
216	北京控股集团有限公司	1007.10
217	辽宁方大集团实业有限公司	1002.68
218	九州通医药集团股份有限公司	994.97
219	日照钢铁控股集团有限公司	984.08
220	上海银行股份有限公司	980.91
221	河北新华联合冶金控股集团有限公司	976.05

续表

名次	企业名称	营业收入（亿元）
222	美团点评	975.29
223	卓尔控股有限公司	968.39
224	长城汽车股份有限公司	962.11
225	中国信达资产管理股份有限公司	961.47
226	弘阳集团有限公司	958.61
227	北京建工集团有限责任公司	956.68
228	万达控股集团有限公司	953.26
229	江铃汽车集团有限公司	952.18
230	前海人寿保险股份有限公司	941.38
231	新奥控股投资股份有限公司	928.14
232	传化集团有限公司	926.81
233	宁波金田投资控股有限公司	925.57
234	江苏悦达集团有限公司	915.62
235	利华益集团股份有限公司	910.15
236	中兴通讯股份有限公司	907.37
237	扬子江药业集团	901.85
238	内蒙古伊利实业集团股份有限公司	900.09
239	贵州茅台酒股份有限公司	888.54
240	正邦集团有限公司	880.47
241	徐州工程机械集团有限公司	878.14
242	包头钢铁(集团)有限责任公司	877.27
243	三一集团有限公司	875.77
244	神州数码集团股份有限公司	868.03
245	唯品会(中国)有限公司	867.53
246	晨鸣控股有限公司	862.76
247	中国国际海运集装箱(集团)股份有限公司	858.15
248	永辉超市股份有限公司	848.77
249	山东高速集团有限公司	847.93
250	荣盛控股股份有限公司	839.30
251	开滦(集团)有限责任公司	829.39
252	杭州锦江集团有限公司	828.48
253	内蒙古电力(集团)有限责任公司	827.30
254	通威集团有限公司	812.22

续表

名次	企业名称	营业收入（亿元）
255	龙光交通集团有限公司	806.64
256	正泰集团股份有限公司	805.46
257	太原钢铁（集团）有限公司	797.15
258	天津荣程祥泰投资控股集团有限公司	793.31
259	珠海华发集团有限公司	792.69
260	桐昆控股集团有限公司	791.89
261	重庆市迪马实业股份有限公司	789.04
262	河北普阳钢铁有限公司	786.24
263	百度网络技术有限公司	780.93
264	重庆华宇集团有限公司	777.66
265	富德生命人寿保险股份有限公司	775.82
266	广厦控股集团有限公司	773.99
267	北京首都旅游集团有限责任公司	773.58
268	陕西投资集团有限公司	773.53
269	山东黄金集团有限公司	768.13
270	上海永达控股（集团）有限公司	763.87
271	云南锡业集团（控股）有限责任公司	760.72
272	奇瑞控股集团有限公司	759.31
273	浙江省建设投资集团有限公司	756.49
274	南通四建集团有限公司	750.70
275	华泰集团有限公司	749.81
276	陕西汽车控股集团有限公司	740.20
277	金鼎钢铁集团有限公司	739.03
278	奥克斯集团有限公司	735.31
279	温氏食品集团股份有限公司	731.20
280	三房巷集团有限公司	730.04
281	江苏南通二建集团有限公司	721.51
282	红豆集团有限公司	720.55
283	中基宁波集团股份有限公司	714.90
284	广西北部湾国际港务集团有限公司	706.88
285	盘锦北方沥青燃料有限公司	693.44
286	云天化集团有限责任公司	692.90

续表

名次	企业名称	营业收入（亿元）
287	永锋集团有限公司	691.89
288	洛阳栾川钼业集团股份有限公司	686.77
289	万华化学集团股份有限公司	680.51
290	远大物产集团有限公司	677.49
291	广州工业投资控股集团有限公司	671.91
292	广东省广新控股集团有限公司	671.82
293	双胞胎（集团）股份有限公司	666.65
294	甘肃省建设投资（控股）集团总公司	666.50
295	江苏新长江实业集团有限公司	665.25
296	山东海科控股有限公司	660.00
297	山东招金集团有限公司	657.08
298	中国铁路物资集团有限公司	651.79
299	青建集团	651.51
300	新余钢铁集团有限公司	651.31
301	四川华西集团有限公司	649.46
302	淮北矿业（集团）有限责任公司	644.92
303	百联集团有限公司	642.68
304	浙江省国际贸易集团有限公司	639.30
305	昆明钢铁控股有限公司	639.03
306	贵州磷化（集团）有限责任公司	635.30
307	北京能源集团有限责任公司	633.17
308	成都兴城投资集团有限公司	632.79
309	山西建设投资集团有限公司	631.97
310	蓝润集团有限公司	631.95
311	山东如意时尚投资控股有限公司	631.82
312	武安市裕华钢铁有限公司	626.25
313	立讯精密工业股份有限公司	625.16
314	中天科技集团有限公司	620.35
315	白银有色集团股份有限公司	617.00
316	宁波均胜电子股份有限公司	616.99
317	本钢集团有限公司	612.86
318	江苏国泰国际集团股份有限公司	612.24

续表

名次	企业名称	营业收入（亿元）
319	河北新武安钢铁集团文安钢铁有限公司	608.66
320	山东京博控股集团有限公司	608.10
321	深圳海王集团股份有限公司	607.76
322	四川省川威集团有限公司	605.20
323	旭阳控股有限公司	605.19
324	江苏省苏中建设集团股份有限公司	603.89
325	广东省广晟资产经营有限公司	603.45
326	国能领航城市建设投资有限公司	603.44
327	德力西集团有限公司	598.55
328	网易公司	592.41
329	宁夏天元锰业集团有限公司	591.13
330	河北省物流产业集团有限公司	590.23
331	内蒙古伊泰集团有限公司	588.13
332	广东省建筑工程集团有限公司	588.02
333	辽宁嘉晨控股集团有限公司	586.21
334	广州越秀集团股份有限公司	586.01
335	渤海银行股份有限公司	580.68
336	上海城建（集团）公司	580.31
337	福建大东海实业集团有限公司	573.36
338	上海中梁企业发展有限公司	569.60
339	山西煤炭进出口集团有限公司	567.82
340	四川省交通投资集团有限责任公司	567.81
341	福建省三钢（集团）有限责任公司	567.26
342	北京首都开发控股（集团）有限公司	566.66
343	晶科能源有限公司	564.70
344	重庆化医控股（集团）公司	562.61
345	深圳市爱施德股份有限公司	559.69
346	上海华谊（集团）公司	550.94
347	中国信息通信科技集团有限公司	541.99
348	稻花香集团	538.79
349	浙江前程投资股份有限公司	534.45

续表

名次	企业名称	营业收入（亿元）
350	上海新增鼎资产管理有限公司	534.40
351	重庆建工投资控股有限责任公司	527.62
352	山东太阳控股集团有限公司	524.25
353	新疆特变电工集团有限公司	521.15
354	振烨国际产业控股集团（深圳）有限公司	520.42
355	欧菲光集团股份有限公司	519.74
356	红狮控股集团有限公司	518.48
357	融信（福建）投资集团有限公司	516.47
358	安徽建工集团控股有限公司	514.28
359	唐山港陆钢铁有限公司	513.89
360	天元建设集团有限公司	513.75
361	广州智能装备产业集团有限公司	511.01
362	重庆市能源投资集团有限公司	510.94
363	四川省能源投资集团有限责任公司	510.91
364	湖南博长控股集团有限公司	510.31
365	浙江富冶集团有限公司	509.61
366	泸州老窖集团有限责任公司	507.10
367	杉杉控股有限公司	505.54
368	恒申控股集团有限公司	504.47
369	隆鑫控股有限公司	502.35
370	福建永荣控股集团有限公司	501.39
371	河北新金钢铁有限公司	499.26
372	盛京银行股份有限公司	498.71
373	广东省能源集团有限公司	496.91
374	老凤祥股份有限公司	496.29
375	威高集团有限公司	495.91
376	广东省交通集团有限公司	491.12
377	江苏南通六建建设集团有限公司	489.42
378	中华联合保险集团股份有限公司	488.74
379	福建省能源集团有限责任公司	488.15
380	申能（集团）有限公司	488.05
381	奥园集团有限公司	486.75

续表

名次	企业名称	营业收入（亿元）
382	恒信汽车集团股份有限公司	485.42
383	重庆农村商业银行股份有限公司	485.27
384	安徽江淮汽车集团控股有限公司	482.34
385	福建省福化工贸股份有限公司	481.52
386	新凤祥控股集团有限责任公司	481.41
387	武汉金融控股(集团)有限公司	481.24
388	广西交通投资集团有限公司	480.38
389	玖龙环球(中国)投资集团有限公司	476.98
390	广东海大集团股份有限公司	476.13
391	北京首都创业集团有限公司	474.59
392	安阳钢铁集团有限责任公司	470.68
393	山河控股集团有限公司	470.17
394	金澳科技(湖北)化工有限公司	469.16
395	福佳集团有限公司	466.91
396	大汉控股集团有限公司	463.22
397	天瑞集团股份有限公司	461.89
398	东华能源股份有限公司	461.88
399	广西北部湾投资集团有限公司	461.63
400	中科电力装备集团有限公司	461.51
401	江西省建工集团有限责任公司	459.37
402	华西集团有限公司	458.44
403	四川德胜集团钒钛有限公司	457.14
404	太极集团有限公司	455.17
405	人民电器集团有限公司	453.87
406	江苏扬子江船业集团	452.51
407	山东金诚石化集团有限公司	451.30
408	富通集团有限公司	450.81
409	通鼎集团有限公司	450.29
410	广州轻工工贸集团有限公司	449.09
411	天津友发钢管集团股份有限公司	447.49
412	河南豫光金铅集团有限责任公司	446.65
413	华勤橡胶工业集团有限公司	446.48

续表

名次	企业名称	营业收入（亿元）
414	重庆机电控股(集团)公司	445.95
415	淮河能源控股集团有限责任公司	444.70
416	金浦投资控股集团有限公司	439.27
417	三河汇福粮油集团有限公司	435.39
418	中国大地财产保险股份有限公司	433.20
419	中联重科股份有限公司	433.07
420	山东泰山钢铁集团有限公司	432.08
421	兴华财富集团有限公司	431.58
422	浙江中成控股集团有限公司	431.45
423	山东九羊集团有限公司	430.56
424	物美科技集团有限公司	429.77
425	山东创新金属科技有限公司	428.07
426	汇通达网络股份有限公司	427.87
427	南昌市政公用投资控股有限责任公司	426.78
428	山东中矿集团有限公司	426.29
429	深圳金雅福控股集团有限公司	426.22
430	山东渤海实业股份有限公司	426.10
431	河北建工集团有限责任公司	425.60
432	重庆中昂投资集团有限公司	425.41
433	名创优品(广州)有限责任公司	425.33
434	天津泰达投资控股有限公司	424.68
435	石横特钢集团有限公司	424.50
436	山东汇丰石化集团有限公司	424.43
437	福建省电子信息(集团)有限责任公司	421.89
438	郑州宇通企业集团	420.60
439	龙信建设集团有限公司	420.47
440	山东省商业集团有限公司	420.34
441	广东省广物控股集团有限公司	417.84
442	通州建总集团有限公司	416.51
443	步步高投资集团股份有限公司	415.26
444	山东金岭集团有限公司	415.22
445	广州国资发展控股有限公司	414.90
446	四川科伦实业集团有限公司	414.18

续表

名次	企业名称	营业收入（亿元）
447	河北建设集团股份有限公司	410.77
448	广州农村商业银行股份有限公司	409.93
449	沂州集团有限公司	409.90
450	广西玉柴机器集团有限公司	409.88
451	江苏中利控股集团有限公司	408.13
452	缘泰石油有限公司	407.51
453	重庆小康控股有限公司	405.20
454	贵州盘江煤电集团有限责任公司	403.27
455	宁波富邦控股集团有限公司	401.36
456	山东科达集团有限公司	401.03
457	山东恒源石油化工股份有限公司	399.10
458	法尔胜泓昇集团有限公司	398.07
459	陕西龙记泰信房地产开发有限公司	397.91
460	双良集团有限公司	396.02
461	森马集团有限公司	395.11
462	四川省商业投资集团有限公司	394.28
463	齐鲁交通发展集团有限公司	393.92
464	西部矿业集团有限公司	392.19
465	宜昌兴发集团有限责任公司	391.54
466	江苏华宏实业集团有限公司	389.51
467	江苏阳光集团有限公司	388.23
468	维维集团股份有限公司	386.80
469	卧龙控股集团有限公司	385.18
470	新疆天业（集团）有限公司	385.06
471	徐州矿务集团有限公司	383.26
472	上海农村商业银行股份有限公司	383.11
473	远东控股集团有限公司	382.92

续表

名次	企业名称	营业收入（亿元）
474	北京江南投资集团有限公司	382.57
475	新疆金风科技股份有限公司	382.45
476	云南省城市建设投资集团有限公司	380.38
477	舜宇集团有限公司	378.49
478	浙江龙盛控股有限公司	376.73
479	厦门路桥工程物资有限公司	375.94
480	富海集团有限公司	375.88
481	安徽省皖北煤电集团有限责任公司	373.58
482	盛屯矿业集团股份有限公司	373.14
483	浙江宝业建设集团有限公司	372.43
484	山东清源集团有限公司	372.25
485	宏旺投资集团有限公司	372.11
486	北京金融街投资（集团）有限公司	369.88
487	重庆千信集团有限公司	369.51
488	远景能源有限公司	369.35
489	澳洋集团有限公司	369.17
490	武汉商联（集团）股份有限公司	368.91
491	重庆轻纺控股（集团）公司	368.32
492	山东齐成石油化工有限公司	368.03
493	深圳市中农网有限公司	365.68
494	万基控股集团有限公司	364.99
495	石药控股集团有限公司	364.56
496	中铁集装箱运输有限责任公司	364.25
497	建业控股有限公司	362.70
498	上海国际港务（集团）股份有限公司	361.02
499	广西盛隆冶金有限公司	360.34
500	天津银行股份有限公司	359.61

中国铁建所属单位名录

单　位　名　称	地　址	电　话	邮政编码
中国土木工程集团有限公司	北京市海淀区北蜂窝4号	010－63263392	100038
北京中土大厦有限公司	北京市海淀区北蜂窝6号	010－51818888	100038
中土集团北方建设有限公司	北京市丰台区望园北路西街300号呼铁大厦	010－83063615	100038
中土集团南方建设有限公司	广东省珠海市香洲区香工路18号金地门道B2区43栋	0756－2669700	519030
中土集团福州勘察设计研究院有限公司	福建省福州市晋安区火车站沁园支路41号	0591－87051157	350013
中国土木工程集团有限公司资产分公司	北京市海淀区北蜂窝6号中土大厦21层	010－63369961	100038
中铁建轨道运营有限公司	北京市海淀区北蜂窝6号中土大厦17层	010－51916526	100038
中土埃塞俄比亚工程有限公司	埃塞俄比亚亚的斯亚贝巴市内法斯尔克—拉夫托区沃雷达03号	00251－116181806	90777
中土尼日利亚有限公司	尼日利亚阿布贾10公里机场路地籍区215号	00213－83488488	900107
中土东非有限公司	坦桑尼亚达累斯萨拉姆市	00255－22－2851129	4083
中国土木工程集团博茨瓦纳有限公司	博茨瓦纳哈博罗内市特洛昆区	00267－3925332	
中国土木工程纳米比亚有限公司	FIFTH FLOOR NORTH, ALEXANDER FORBES HOUSE BUILDING, REMAINING EXTENT OF ERF NO 276, WINDHOEK, FIDEL CASTRO STREET, WINDHOEK	00264－61254911	86094
中国土木工程集团(肯尼亚)有限公司	肯尼亚内罗毕市	00254－203860808	21617－00505
中国土木工程(赞比亚)有限公司	赞比亚卢萨卡市赞比西路609号福克斯代尔二期213－214号	00260－211293461	36186
中国土木工程集团塞拉利昂有限公司	塞拉利昂弗里敦市蓝莱莉海滩“西非阳光”小区7号B2－3&4		
中国土木工程集团有限公司几内亚分公司	几内亚科纳克里市东卡区中国大使馆旁	00224－620696969	
中国土木工程集团有限公司塞内加尔分公司	塞内加尔达喀尔市范恩住宅莱奥街7号	00221－784813063	
中国土木工程集团科特迪瓦有限公司	科特迪瓦阿比让市科科迪区滨海高尔夫区	00225－69914230	
中非莱基投资有限公司	北京市海淀区复兴路40号中国铁建大厦A座8层	010－52689888	100855
中国土木阿尔及利亚有限公司	阿尔及利亚阿尔及尔市阿舒尔区瓦迪罗玛尼公寓瓦赫拉尼70号	00213－23－300211	16000
中国土木工程集团有限公司阿联酋分公司	阿联酋阿布扎比市穆罕默德·本·扎耶德区马扎德购物中心大厦1103室	00971－02－6459417	
中国土木工程集团有限公司沙特阿拉伯分公司	沙特阿拉伯利雅得市苏莱曼尼亚区欧鲁巴路	00966－11－4608288	11625

续表

单 位 名 称	地 址	电 话	邮政编码
中国土木工程集团有限公司卡塔尔分公司	卡塔尔多哈市C环沙克商务中心126室	00974－44099844	39492
中国土木工程集团有限公司埃及分公司	埃及开罗市Rehab城29栋32号	0020－1095876920	11865
中国土木工程集团有限公司巴基斯坦分公司	巴基斯坦伊斯兰堡F－8/2区公园路28号		
中土孟加拉有限公司	孟加拉国达卡市巴里达拉区(使馆区)13号路1号	0880－17－43583628	
中国土木(新加坡)有限公司	新加坡市克罗士街上段531号芳林大厦04－42号	0065－82188868	050531
中国土木(马来西亚)有限公司	V03－13－13, DESIGNER OFFICE, LINGKARAN SV, SUNWAY VELOCITY, 55100, KUALA LUMPUR, MALAYSIA	0060－327202923	
中国土木工程集团有限公司菲律宾分公司	菲律宾马尼拉马卡蒂市卡洛斯帕兰卡街112号绿地公园广场	0063－9162388322	
中国土木工程集团有限公司缅甸分公司	缅甸仰光市Yankin区Yankin路Golden City社区3栋32－02室	0095－94－56880088	
中国铁道建筑总公司土耳其安卡拉分公司	土耳其安卡拉市奥兰区尤卡勒迪克门区629街丰达拜亚泽维尔3号	0090－312－4911130/29	06500
中国土木工程集团(波兰)有限公司	波兰华沙德拉夫斯卡大街17号	0048－22－8223062	
中国土木工程集团有限公司巴尔干分公司	Augusta Cesarca 27, Savski venac, Belgrade, Serbia	00381－11－4099518	11000
中国土木工程集团黑山有限公司	黑山波德戈里察市克诺哥尔斯科格巴塔约纳bb2号	00382－69854626	81000
中国土木工程集团罗马尼亚有限公司	罗马尼亚伊尔佛夫县沃伦达瑞市扬古尼古拉英雄大街83号	0040－31－1010076	077190
中国土木工程集团有限公司厄瓜多尔分公司	厄瓜多尔基多市葡萄牙大街阿玛巴勒大厦901室	00593－2－3959840	170150
中国土木工程集团巴拿马分公司	BICSA Financial Center, 30th Floor, Office 3003. Panama City, Panama	00507－3882888	
中国土木工程集团哥斯达黎加分公司	Apartamento 1804, Condominio Vistas de Nunciatura, Mata Redonda, San Jose	00506－88206810	10108
中国土木工程集团秘鲁分公司	Lima, Calle Enrique Palacios 420, Oficina 701, Miraflores	00511－6985423	15074
中国土木工程集团有限公司以色列分公司	以色列卡密艾尔市纳什街45号	00972－52－8706688	
中国土木工程集团(俄罗斯)有限责任公司	俄罗斯莫斯科维尔纳茨大街93－1－282室	007－9153114921	52514
中国土木工程集团有限公司塔吉克斯坦分公司	塔吉克斯坦杜尚别市鲁达基大街127号鲁达基大厦910室	00992－888088717	
中国土木工程集团有限公司哈萨克斯坦分公司	哈萨克斯坦阿拉木图市丝绸之路大街135号5B楼	007－7028910355	050004
中国土木工程集团有限公司吉尔吉斯斯坦分公司	吉尔吉斯斯坦比什凯克市伊布拉伊莫娃大街115号多哥多伊大厦601	0099－65509633388	720001

续表

单　位　名　称	地　址	电　话	邮政编码
中国土木工程集团加纳办事处	加纳阿克拉坎通门水晶花园47号	00233－0547921327	CT8503
中国土木工程集团有限公司驻伊朗办事处	伊朗德黑兰市艾拉赫耶区莫巴谢禾路5号	021－26459446	
中国土木工程集团有限公司白俄罗斯代表处	白俄罗斯明斯克市弗兰齐斯克·斯科里纳大街8号54室	00375－172782860	220114
中国土木工程集团有限公司欧洲代表处	德国法兰克福海波林大街62号	0049－69－520148	60431
中国土木工程集团印度尼西亚代表处	印度尼西亚雅加达市默加库宁岸 DEA 大厦1座 MZ层	0062－21－5760815	12950
中国土木工程集团有限公司驻乌兹别克斯坦代表处	House No. 16, 5th way, Mironshox street Mirabad district, Tashkent city	00998－909006211	100015
中国土木工程集团有限公司驻日本代表处	日本东京都江户川区东葛西6－23－5号106室	0081－3－35535065	104－0033
中铁建中非建设有限公司南非办事处	606 Sunset Towers, Short Road, Morningside, Sandton, Johannesburg, 2147, South Africa	0027－117841868	
中国土木工程集团有限公司津巴布韦办事处	20 CAMERON ROAD, BORROWDALE, HARARE, ZIMBABWE	00263－784568516	
中铁十一局集团有限公司	湖北省武汉市武昌区中山路277号	027－88710611	430061
第一工程有限公司	湖北省襄阳市襄州区航空路73号	0710－3712008	441104
第二工程有限公司	湖北省十堰市茅箭区白浪中路99号	0719－8362010	442000
第三工程有限公司	湖北省十堰市茅箭区武当路15号	0719－8763791	442012
第四工程有限公司	湖北省武汉市东湖开发区佳园路21号	027－87586438	430074
第五工程有限公司	重庆市沙坪坝区新桥新村71号	023－61536226	400037
第六工程有限公司	湖北省襄阳市高新区七里河路2号	0710－3719459	441003
汉江重工有限公司	湖北省襄阳市樊城区中航大道22号	0710－3124849	441046
电务工程有限公司	湖北省武汉市东湖新技术开发区佳园路19号	027－87570805	430074
建筑安装工程有限公司	湖北省武汉市武昌区丁字桥路47号	027－87255685	430064
桥梁有限公司	江西省鹰潭市月湖区南站路24号	0701－6463892	335003
物资贸易有限公司	江西省鹰潭市月湖区南站路24号	0701－6463892	335003
城市轨道工程有限公司	湖北省武汉市东湖开发区佳园路23号	027－87201548	430074
房地产开发有限公司	湖北省武汉市汉阳区四新北路100号太子水榭19栋会所楼3楼323室		430000
武汉物业管理有限公司	湖北省武汉市武昌区中山路347号中铁大厦1701—1702号	027－88710940	430061
中铁十二局集团有限公司	山西省太原市西矿街130号	0351－2653130	030024
第一工程有限公司	陕西省西安市灞桥区柳雪路368号	029－89512850	710038
第二工程有限公司	山西省太原市小店区人民南路19号	0351－2655010	030032
第三工程有限公司	山西省太原市万柏林区西线街39号	0351－2656010	030024
第四工程有限公司	陕西省西安市未央区徐家湾红旗东路3号	029－68571904	710021
建筑安装工程有限公司	山西省太原市西矿街130－1号	0351－2654076	030024
电气化工程有限公司	天津市空港经济区环河北路与中心大道交口空港商务园西区12号楼	022－58096806	300308

续表

单　位　名　称	地　址	电　话	邮政编码
第七工程有限公司	湖南省长沙市天心区友谊路202号	0731-85585548	410004
振海工程有限公司	海南省海口市面前坡东村1号	0898-36630208	570206
市政工程有限公司	广东省广州市南沙区海滨路169号成卓大厦	020-39002686	510000
铁路养护工程有限公司	西藏自治区拉萨市柳梧高新区火车站青藏公司工务楼	0891-6752100	850000
国际工程有限公司	天津市空港经济区中环西路86号中科天保智谷6号楼	022-89956873	300308
物资有限公司	山西省太原市万柏林区西线街27号	0351-2656551	030024
房地产开发有限公司	山西省太原市西矿街130号	0351-2653770	030024
投资管理有限公司	山西省太原市西矿街130号	0351-2654079	030024
铁道大厦	山西省太原市迎泽西大街143号	0351-2653765	030024
中心医院	山西省太原市西矿街182号	0351-2654145	030053
湘潭铁路工程学校	湖南省湘潭市广技路58号	0732-58281074	411100
兴城疗养院	辽宁省兴城市兴海北路二段103号	0429-3919478	125100
中国铁建大桥工程局集团有限公司	天津市自贸试验区(空港经济区)中环西路32号	022-88958803	300300
第一工程有限公司	辽宁省大连市沙河口区沙跃街9号	0411-62838200	116033
第二工程有限公司	广东省深圳市盐田区东海大道盐田港9号小区	0755-36884891	518083
第三工程有限公司	辽宁省沈阳市沈河区方家栏路60号	024-24202435	110043
第四工程有限公司	黑龙江省哈尔滨市南岗区先锋路459号	0451-55188599	150008
第五工程有限公司	四川省成都市新都区蜀龙大道中段1000号	028-83961551	610500
第六工程有限公司	吉林省长春市二道区岭东路2138号	0431-86161068	130033
电气化工程有限公司	天津市自贸试验区(空港经济区)中环西路32号	022-58802071	300300
中铁株洲桥梁有限公司	湖南省株洲市石峰区建设北路487号	0731-28372019	412005
西北工程有限公司	宁夏回族自治区银川市中山北街571号	0951-3837085	750000
建筑工程有限公司	天津市自贸试验区(空港经济区)中环西路32号	022-58802058	300300
南方工程有限公司	广东省广州市南沙区黄阁镇中国铁建环球中心6栋A座		511458
海外公司	天津市自贸试验区(空港经济区)中环西路32号	022-88958831	300300
中铁津桥工程检测有限公司	吉林省长春市二道区岭东路2072号	0431-86161562	130033
中铁现代勘察设计院有限公司	天津市自贸试验区(空港经济区)中环西路32号	022-88954289	300300
物资贸易有限公司	天津市自贸试验区(空港经济区)中环西路32号	022-58503593	300300
靖江桥梁科技产业园有限公司	江苏省靖江市斜桥镇康桥路2号	0523-81160656	214500
中铁十三局技师学院	吉林省长春市兴隆山镇新兴路707号	0431-86165313	130102
中铁十四局集团有限公司	山东省济南市历下区奥体西路2666号	0531-88386460	250000
第一工程发展有限公司	山东省日照市海曲东路66号	0633-2285918	276826
第二工程有限公司	山东省泰安市岱岳区东岳大街西首樱桃园西路71号	0538-8871111	271000
第三工程有限公司	山东省济南市长清区崮云湖街道西部创新园B座	0531-82516383	250300
第四工程有限公司	山东省济南市市中区英雄山路267号	0531—82516777	250002
第五工程有限公司	山东省济宁市兖州区金谷路80号	0537-3638051	272117

续表

单位名称	地址	电话	邮政编码
隧道工程有限公司	山东省济南市和平路1号	0531-88387001	250013
大盾构工程有限公司	江苏省南京市浦口区新浦路120号江浦总部经济园5F—7F	025-58171996	211800
建筑工程有限公司	山东省济南市历下区奥体西路2666号铁建大厦A座	0531-88386697	250000
房桥有限公司	北京市房山区阎村镇大件路1号	010-89349121	102400
电气化工程有限公司	山东省济南市历下区和平路1号	0531-88385366	250013
房地产开发有限公司	山东省济南市历下区奥体西路2666号铁建大厦A座	0531-88385801	250000
铁正检测科技有限公司	山东省济南市和平路1号	0531-88385493	250013
西北工程有限公司	陕西省西安市沣东新城后卫寨地铁口启航时代广场A座10层	029-89145061	710086
海外建设发展有限公司	山东省济南市奥体西路2666号铁建大厦A座	0531-88385631	250000
市政工程分公司	山东省青岛市崂山区香港东路254号碧海山庄E3号栋	0532-80622658	266061
资金管理中心	山东省济南市历下区奥体西路2666号铁建大厦A座	0531-88385318	250101
职业教育培训中心	山东省济南市二环东路12856号兴隆山庄	0531-88387263	250002
物业管理中心	山东省济南市历下区和平路1号	0531-88385175	250014
中铁十五局集团有限公司	上海市静安区共和新路666号	021-66119123	200070
第一工程有限公司	陕西省西安市凤城二路13号凯发大厦901室	029-86688611	710018
第二工程有限公司	上海市青浦区朱家角镇沈巷路246号	021-39251366	201714
第三工程有限公司	四川省成都市郫都区犀浦镇珠江东街16号	028-87847202	611731
第四工程有限公司	河南省郑州市二七区新圃东街117号	0371-67055020	450052
第五工程有限公司	天津市红桥区湘潭道1号	022-87701155	300133
路桥建设有限公司	江苏省南京市浦口区泰山街道三河280号	025-58170263	210031
城市建设工程有限公司	河南省洛阳市洛常路6号院	0379-62631065	471002
城市轨道交通工程有限公司	河南省洛阳市四通路2号院	0379-62637156	471013
电气化工程有限公司	上海市松江区九亭镇博安路46号	021-57637777	201615
物资有限公司	河南省洛阳市西工工业园区汉宫路西段	0379-60892718	471041
四川建筑勘察设计有限公司	四川省宜宾市翠屏区岳武里14号	0831-5968660	644000
东来地产投资开发有限公司	河南省郑州市二七区航海路197号索克大厦	0371-87553035	450000
济阳迎宾黄河大桥有限公司	山东省济阳市济阳县黄河大桥1号	0531-84225799	251400
铁建浙江投资开发有限公司	浙江省宁波市江北区环城北路万星汇大厦8楼		315000
华东中铁工程检测技术有限公司	河南省洛阳市四通路2号院		471013
轨道交通运营公司	河南省洛阳市四通路2号院		471013
洛阳基地	河南省洛阳市四通路2号院		471013
北京代表处	北京市丰台区西四环中路112号阅园一区6号楼	010-83897390	100070
财务共享服务中心	河南省洛阳市瀍河区邙山路4号院		471013
职工培训中心	河南省洛阳市瀍河区振兴北路2号院		471013

续表

单位名称	地址	电话	邮政编码
四通劳务公司	河南省洛阳市四通路2号院	0379－60892037	471013
海外事业总部	北京市石景山区石景山路20号中铁建设大厦	010－68547315	100040
澳门公司	澳门特别行政区冼星海大马路81－121号金龙中心	00853—28783085	
澳门代表处	澳门特别行政区冼星海大马路81－121号金龙中心19楼E—G座		
中铁十六局集团有限公司	北京市朝阳区红松园北里2号	010－51883114	100018
第一工程有限公司	北京市顺义区府前东街15号	010－89959686	101300
第二工程有限公司	天津市河东区万新村三区	022－24017036	300162
第三工程有限公司	浙江省湖州市湖东路288号	0572－2096966	313000
第四工程有限公司	北京市怀柔区迎宾中路2号	010－51045421	101400
第五工程有限公司	河北省唐山市丰润区光华道2号	0315－3082230	064000
北京轨道交通工程建设有限公司	北京市通州区新华西街15号	010－69551058	101100
地铁工程有限公司	北京市朝阳区惠河南街1008－A四惠大厦	010－87661921	100124
铁运工程有限公司	河北省高碑店市兴华北路117号	0312－5591013	074000
路桥工程有限公司	北京市密云区新北路29号	010－69080800	101500
电气化工程有限公司	北京市朝阳区金盏乡皮村北街16号院	010－51884400	100018
物资贸易有限公司	北京市朝阳区金盏乡皮村北街2号院	010－51883971	100018
置业投资有限公司	北京市朝阳区金盏乡皮村北巷2号院	010－51883368	100018
城市建设发展有限公司	北京市朝阳区红松园北里2号	010－51884805	100018
建功机械有限公司	北京市密云区新北路29号西门	010－61095318	101500
中国友发有限公司	北京市朝阳区金盏乡皮村北街2号院	010－51883155	100018
中铁十七局集团有限公司	山西省太原市平阳路84号	0351－7258460	030012
第一工程有限公司	山东省青岛市黄岛区滨海大道8899号	0532－86109987	266000
第二工程有限公司	陕西省西安市未央区浐灞二路1217号	029－89871106	710024
第三工程有限公司	河北省石家庄市中山西路	0311－83986582	050081
第四工程有限公司	重庆市北部高新区洪湖西路18号上丁企业公园24—25栋	023－67030953	401121
第五工程有限公司	山西省太原市小店区人民北路20号	0351－7771032	030032
第六工程有限公司	福建省福州市连江中路181号中铁大厦	0591－83632714	350014
建筑工程有限公司	山西省太原市平阳路南路34号	0351－7259578	030032
电气化工程有限公司	山西省太原市平阳路南路34号	0351－7259761	030032
上海轨道交通工程有限公司	上海市浦东新区张杨路1518弄10F	021－68554723	200135
中铁(贵州)市政工程有限公司	贵州省贵阳市贵安新区兴安大道汤庄安置点(兴安大道中109号)	0851－88904868	550003
铺架分公司	山西省太原市平阳路南路34号	0351－7259983	030032
物资有限公司	山西省太原市平阳路南路34号	0351－3252633	030032
山西铧兴工程检测有限公司	山西省太原市平阳路西一巷17号	0351－7258527	030032

续表

单位名称	地址	电话	邮政编码
房地产开发有限公司	山西省太原市平阳路南路34号	0351－7257842	030032
勘察设计院	山西省太原市平阳路南路34号	0351－7257427	030032
中心医院	山西省太原市小店区人民北路19号	0351－7259800	030032
中铁十八局集团有限公司	天津市河西区柳林大沽南路1519号	022－60283520	300222
第一工程有限公司	河北省涿州市冠云路	0312－3686239	072750
第二工程有限公司	河北省唐山市丰润区光华道28号	0315－7763491	064000
第三工程有限公司	河北省涿州市冠云路	0312－3686868	072750
第四工程有限公司	天津市津南区双港高科技产业园丽港园33号	022－60978292	300350
第五工程有限公司	天津市滨海高新区塘沽海洋科技园新北路3199号	022－25216502	300450
隧道工程有限公司	重庆市北碚区蔡家岗镇凤栖路6号	023－60310378	400700
市政工程有限公司	天津市河西区柳林中铁十八局集团东区	022－28349828	300222
建筑安装工程有限公司	天津市空港经济区中环西路285号	022－58098568	300300
北京工程有限公司	北京市大兴区西红门镇欣荣北大街31号	010－80256072	100162
房地产开发有限公司	天津市河西区柳林中铁十八局集团东区	022－28348001	300222
物资贸易有限公司	天津市空港经济区中环西路285号8楼	022－59060572	300308
环保科技工程有限公司	天津市蓟州区上仓镇	022－59950518	301906
中铁十九局集团有限公司	北京市经济技术开发区荣华南路19号1号楼	010－59819114	100176
第一工程有限公司	辽宁省辽阳市白塔区卫国路138号	0419－2324114	111000
第二工程有限公司	辽宁省辽阳市白塔区和平路17号	0419－2327210	111000
第三工程有限公司	辽宁省沈阳市沈北新区沈北路36号	024－67856839	100136
第五工程有限公司	辽宁省大连市金州区拥政街586号	0411－82163715	116000
第六工程有限公司	江苏省无锡市国家高新技术产业开发区香山路7－101	0510－83109698	214045
第七工程有限公司	广东省广州市南沙区黄阁镇丰泽西路中国铁建环球中心6栋B座707	020－39091907	511455
电务工程有限公司	北京市经济技术开发区荣华南路19号1号楼	010－57550018	100176
轨道交通有限公司	北京市顺义区林河大街16号2幢	010－57477798	101300
房地产开发有限公司	辽宁省辽阳市白塔区和平路17号	0419－2327005	111000
矿业投资有限公司	北京市丰台区莲怡园东路风荷曲苑3号楼	010－52730878	100161
国际建设分公司	北京市经济技术开发区路东区经海3路109号院天骥智谷科技园区19号楼	010－67817857	100176
广州工程有限公司	广东省广州市南沙区丰润路海熙大街16号1楼102房		510000
计量测试中心	辽宁省辽阳市白塔区和平路17号	0419－2327082	111000
物资有限公司	辽宁省沈阳市沈北新区沈北路36号	0419－2327498	111000
职工中心医院	辽宁省辽阳市白塔区卫国路75号	0419－2327160	111000
中铁二十局集团有限公司	陕西省西安市太华北路89号	029－82153600	710016
第一工程有限公司	江苏省苏州市新区大同路10号	0512－66160128	215151
第二工程有限公司	北京市海淀区西四环北路158号慧科大厦东区12层	010－88591336	100142
第三工程有限公司	重庆市南岸区黄桷垭镇崇文路28号附7号	023－62626940	400000
第四工程有限公司	山东省青岛市崂山区东海东路89号	0532－88017020	266061

续表

单位名称	地址	电话	邮政编码
第五工程有限公司	云南省昆明市官渡区国贸路星河明居A幢附属楼	0871－67176639	650200
第六工程有限公司	陕西省西安市未央区广安路3619号	029－82519636	710032
市政工程有限公司	甘肃省兰州市城关区大砂坪永新产业园综合楼5楼	0931－8344636	730046
中铁贵州工程有限公司	贵州省贵阳市花溪区黔中大道沙坝路口	0851－88915055	561113
电气化工程有限公司	陕西省西安市高新区新型工业园企业壹号公园6号	029－62680920	710119
房地产开发有限公司	重庆市南岸区同景路8号山水之星7楼	023－62962309	400000
中铁长安重工有限公司	陕西省西安市未央区广安路3619号	029－82551916	710032
中铁建科检测有限公司	陕西省西安市太华北路89号	029－81033669	710016
物业管理有限公司	陕西省西安市未央区太华北路89号	029－82152509	710016
安哥拉国际有限公司	安哥拉共和国罗安达市维也纳给古西CR20	00244－941431388	
莫桑比克有限公司	莫桑比克国楠普拉省NACALA市Maiaia区		
塞拉利昂有限公司	塞拉利昂共和国弗里敦市阿伯丁区		
蒙古国有限公司	蒙古国乌兰巴托市青格勒泰区第4分区昂个日音街19/2号	00976－95243728	
巴基斯坦有限公司	巴基斯坦伊斯兰堡市F8/4人马座A座1507室	00923123876630	
中铁建安工程设计院有限公司(合资)	河北省石家庄市长安区北二环东路17号	0311－87939537	050043
阿达驻车投资建设管理有限公司(合资)	天津市自贸试验区(空港经济区)东三道瑞航广场21号楼5层	022－84958586	300308
市政勘察设计院(分公司)	河北省石家庄市长安区北二环东路17号	0311－87939537	050043
投资管理分公司	陕西省西安市未央区浐灞生态区欧亚大道十字西北700米西安铁建大厦9层		710021
技工学校	陕西省渭南市向阳北街245号	0913－2167628	714000
咸阳基地管理处	陕西省咸阳市渭城区新兴北路北端东侧	029－32875467	712000
贵州瓮马铁路有限责任公司	贵州省黔南州福泉市洒金南路福泉工业园7号	0854－8980012	550500
中铁二十一局集团有限公司	甘肃省兰州市安宁区北滨河西路921号	0931－4539986	730070
第一工程有限公司	新疆维吾尔自治区乌鲁木齐市经济开发区河南西路275号	0991－7924237	830011
第二工程有限公司	甘肃省兰州市城关区和平路63号	0931－8783160	730030
第三工程有限公司	陕西省咸阳市迎宾大道	029－33761739	712000
第四工程有限公司	陕西省西安市高新区唐延路中段37号洛克大厦7—9楼	029－68593506	710065
第五工程有限公司	重庆市永川区文昌路877号	023－88730777转8014	402100
第六工程有限公司	北京市经济技术开发区科创十四街99号33幢A座	010－56532206	101111
电务电化工程有限公司	甘肃省兰州市城关区红山根西村148号	0931－4924656	730030
路桥工程有限公司	陕西省西安市高新区唐延路37乙号洛克大厦	029－68593621转515/609	710065
德盛和置业有限公司	陕西省西安市雁塔区曲江新区新开门南路梧桐苑	029－85567281	710061
国际工程有限公司	北京市海淀区万丰路18号院5号楼3层	010－59811999	100161
勘察设计院	甘肃省兰州市城关区和平路63号	0931－4930615	730030

续表

单 位 名 称	地 址	电 话	邮政编码
轨道交通工程有限公司	山东省济南市槐荫区烟台路与顺安路交叉口西元大厦东楼18—21楼	0531－55620918	250000
西部铁建工程材料科技有限公司	甘肃省兰州市永登县秦川镇经十三路纬五十四路交叉口以南900米	0931－7847611	730300
铁路运营管理有限公司	新疆维吾尔自治区乌鲁木齐市头屯河区站前街303号	0991－7959189	830000
市政工程分公司	湖北省武汉市青山区和平大道1276号锐创中心项目28层7号		430081
铁建中原工程有限公司	河南省郑州市二七区嵩山路街道陇海中路70号河南省交通规划设计研究院6楼	0371－56100700	450000
甘肃铁鹰建筑质量检测有限公司	甘肃省兰州市城关区牟家庄497号	0931－4923837	730030
中铁二十二局集团有限公司	北京市石景山区石景山路35号	010－51889066	100043
第一工程有限公司	黑龙江省哈尔滨市南岗区西大直街113号	0451－86423657	150006
第二工程有限公司	北京市石景山区实兴大街西山汇30号院6号楼	010－57551530	100041
第三工程有限公司	福建省厦门市集美区同集南路301号中铁海新大厦B栋2层	0592－5550126	361021
第四工程有限公司	天津市武清开发区创业总部基地B16	022－59903589	301700
第五工程有限公司	重庆市北碚区城南新区文长路2号	023－61389907	400700
第六工程有限公司	陕西省西咸新区沣东新城西咸大道中段国润城西咸人才大厦A3栋10层	029－33186798	712000
轨道工程有限公司	北京市石景山区鲁谷路86号	010－51888357	100040
电气化工程有限公司	北京市门头沟区永定镇龙兴南二路中国铁建梧桐汇S13号楼14—18层	010－63379259	102300
北京中铁天瑞机械设备有限公司	北京市石景山区银河大街6号院1号楼2层南塔203	010－68636570	100043
房地产开发有限公司	北京市石景山区实兴大街30号院6号楼11层	010－57551383	100041
中铁京诚工程检测有限公司	北京市房山区长阳镇夏场村天瑞嘉园2号楼	010－60355283	102444
中铁雄安建设有限公司	河北省保定市雄县高速引线东侧	0312－6155800	071800
市政工程有限公司	广东省广州市花都区新化镇交通东路21号	020－36966025	510800
国际分公司	北京市丰台区卢沟桥郭庄子村甲1号	010－63709997	100166
中铁二十三局集团有限公司	四川省成都市二环路西二段10－1号	028－68311286	610072
第一工程有限公司	山东省日照市黄海二路65号	0633－31638029	276826
第二工程有限公司	黑龙江省齐齐哈尔市铁锋区站前大街256号	0452－2924257	161000
第三工程有限公司	四川省成都市温江区天府街中段336号	028－67230000	611130
第四工程有限公司	四川省成都市青羊工业总部基地G区8栋A/B座	028－68618103	610091
轨道交通工程有限公司	上海市浦东新区惠南镇城南路335号	021－68037915	201300
第六工程有限公司	重庆市北部新区金开大道68号协信星光天地2幢22—27楼	023－63035822	401121
电务工程有限公司	天津市南开区密云一支路燕宇小区45号	022－27531522	300100
建筑设计研究院	四川省达州市通川区张家湾路2号	0818－2373110	635000

续表

单　位　名　称	地　址	电　话	邮政编码
中铁二十四局集团有限公司	上海市杨浦区邯郸路 8 号	021－55930627	200433
安徽工程有限公司	安徽省合肥市瑶海工业园区新海大道 15 号	0551－62124910	230011
江苏工程有限公司	江苏省南京市栖霞区幕府东路 339 号	025－68029912	210038
上海铁建工程有限公司	上海市静安区共和新路 911 号	021－51231157	200070
浙江工程有限公司	浙江省杭州市上城区江城路 692 号	0571－87806165	310009
福建铁路建设有限公司	福建省福州市晋安区沁园路 77 号	0591－87577551	350013
南昌铁路工程有限公司	江西省南昌市西湖区二七南路 109 号	0791－87022857	330002
新余工程有限公司	四川省成都市成华区华盛路 58 号 8 幢 1 号	028－62611137	610052
上海电务电化有限公司	上海市静安区王家宅路 40 号	021－51226558	200071
桥梁建设有限公司	江西省鹰潭市月湖区环城东路 105 号	0701－6447216	335000
上海房地产开发有限公司	上海市静安区民德路 20 号	021－51223735	200071
路桥分公司	上海市静安区秣陵路 80 号华象大楼 15F	021－51236006	200070
轨道交通分公司	上海市静安区天目中路 585 号新梅大厦 18 楼	021－51223097	200071
北京公司	北京市大兴区金服大街 11 号	010－81287423	102600
中铁二十五局集团有限公司	广东省广州市越秀区中山一路 55 号	020－61322147	510600
第一工程有限公司	广东省广州市越秀区桂花岗东 2 号	020－61353016	510405
第二工程有限公司	江苏省南京市栖霞区仙林街道仙林智谷 5 号楼	025－87750201	210046
第三工程有限公司	湖南省长沙市雨花区雨花路 88 号大鸿杰座	0731－85099577	410007
第四工程有限公司	广西壮族自治区柳州市柳南区和平路 138 号	0772－3924417	545007
第五工程有限公司	山东省青岛市崂山区科苑纬三路 25 号	0532－58702750	261000
电务工程有限公司	广东省广州市黄埔区观虹路 8 号	020－32624521	510700
房地产开发有限公司	天津市东丽区先锋路汇城科技大厦 23 楼	022－24936999	300300
南方实业开发有限公司	广东省广州市越秀区共和西路 8 号	020－61323737	516000
广州铁诚工程质量检测有限公司	广东省广州市越秀区共和西路 8 号	020－62161108	516000
中铁建大湾区建设有限公司	广东省广州市南沙区进港大道南 1 号中国铁建环球中心 2 号楼 5 楼	020－31005581	511455
西北分公司	陕西省西安市未央区文景路 15 号	029－86330936	710048
中铁建设集团有限公司	北京市石景山区石景山路 20 号	010－51885010	100040
北京工程有限公司	北京市丰台区张仪村路 16 号	010－51885002	100040
华北分公司	天津市空港经济区中环西路 62 号	022－58503588	300308
华中分公司	河南省郑州市自贸试验区郑州片区(郑东)七里河南路 75 号意中大厦 13 层 1305 室	0371－55352987	450018
西北分公司	陕西省西安市莲湖区杏园路太奥国际 13 号楼 16 层	029－88323250	710014
中南建设有限公司	湖北省武汉市青山区友谊大道 999 号武钢集团办公大楼 B 座 29 层	027－83592841	430080
华东工程有限公司	江苏省昆山市花桥经济开发区光明路 88 号	0512－81863267	215332
南方工程有限公司	广东省广州市南沙区丰泽东路 106 号	020－39092192	511458
西南分公司	四川省成都市成华区东华一路 47 号铁建广场大厦 6 层	028－64654965	610000
基础设施事业部(铁总指)	北京市石景山区苹果园路 28 号中铁创业大厦 A 座	010－51885657	100041
设备安装有限公司	北京市石景山区苹果园路 28 号	010－51885164	100043

续表

单位名称	地址	电话	邮政编码
北京中铁装饰工程有限公司	北京市石景山区苹果园路28号中铁创业大厦A座16层	010－51885423	100043
房地产有限公司	北京市石景山区石景山路20号	010－51812905	100040
建筑设计院	北京市石景山区石景山路20号中铁建设大厦南配楼	010－51885084	100040
北京中铁建工物资有限公司	北京市石景山区苹果园路28号院2号楼17层1701—1707	010－51885211	100040
建筑发展有限公司	北京市丰台区张仪村路16号	010－51885172	100040
北京中铁建建筑科技有限公司	北京市丰台区张仪村路16号	010－51885508	100040
北京中铁电梯工程有限公司	北京市丰台区张仪村路16号	010－51885201	100040
物业管理有限公司	北京市石景山区石景山路20号中铁建设大厦2层	010－51812845	100040
中国铁建电气化局集团有限公司	北京市石景山区石景山路29号	010－88779872	100043
第一工程有限公司	河南省洛阳市洛龙区白马寺18号	0379－62630033	471013
第二工程有限公司	山西省太原市尖草坪区柴村镇昌盛西街18号	0351－3258099	030023
第三工程有限公司	河北省高碑店市兴华北路57号	0312－2826802	074000
第四工程有限公司	湖南省长沙市雨花区中意一路728号	0731－85627020	410114
第五工程有限公司	四川省成都市青羊区成飞大道一号青羊工业园N区12栋	028－81726007	610031
南方工程有限公司	湖北省武汉市东湖开发区佳园路17号	027－50108776	430074
北方工程有限公司	山西省太原市万柏林区迎泽西大街369号	0351－6867526	030053
北京中铁建电气化设计研究院有限公司	北京市石景山区石景山路29号	010－68145100	100043
科技有限公司	河北省高碑店市西大街建国胡同9号	0312－7938598	74000
西安电气化制品有限公司	陕西省西安市未央区文景路首创富北高银26号楼5层	029－86682700	710000
康远新材料有限公司	江苏省无锡市锡山区浙大网新3栋	0523－88535792	214000
轨道交通器材有限公司	江苏省常州市武进区雪堰镇潘家工业集中区旷达路27号	0519－86547055	213179
北京京燕饭店有限公司	北京市石景山区石景山路29号	010－68876666转9732	100043
北京城市轨道工程公司	北京市石景山区石景山路29号	010－88779952	100043
运营管理有限公司	湖北省襄阳市襄州区航空路75号	0710－3781700	441100
中国铁建港航局集团有限公司	广东省珠海市香洲区前山翠峰街189号	0756－6250000	519000
第一工程分公司	广东省广州市番禺区兴南大道118号1号楼	020－84567068	510000
第二工程分公司	浙江省宁波市鄞州区泰康中路459号雷孟德旅游大厦28楼、29楼	0574－89069058	315100
第三工程分公司	山东省青岛市李沧区广水路771号	0532－55719696	266041
第四工程分公司	重庆市江北区港安二路28号冠陆两江汇谷D栋10—11楼	023－67071033	400025
总承包分公司	广东省珠海市香洲区梅华西路2372号26栋3—4层	0756－6333515	519000
船舶工程分公司	广东省珠海市香洲区梅华西路2372号26栋	0756－6333500	519000
武汉分公司(长江工程有限公司)	湖北省武汉市江岸区金桥大道特115号长江传媒大厦14层	027－85690062	430012

续表

单位名称	地址	电话	邮政编码
勘察设计院有限公司	广东省广州市番禺南村兴南大道118号2号楼5—8楼	020－83300830	511400
海外分公司	广东省珠海市香洲区前山翠峰街189号3楼	0756－6250000	519000
中国铁建房地产集团有限公司	北京市海淀区复兴路40号中国铁建大厦B座	010－52689999	100039
中铁房地产集团北方有限公司	北京市丰台区小屯路美域家园南区1号楼	010－68635667－800	100166
中铁房地产集团华东有限公司	浙江省杭州市拱墅区石祥路255号19幢	0571－86056050	310000
中铁房地产集团华南有限公司	广东省广州市天河区珠江西路15号珠江城大厦31楼	020－81237200	510000
中铁房地产集团西南有限公司	四川省成都市成华区东华一路47号中国铁建广场1号写字楼27层	028－61682255	610000
中铁房地产集团商业地产开发管理有限公司	北京市朝阳区建国路27号紫檀大厦2层	010－52596086	100123
中铁建公寓管理有限公司	北京市朝阳区来广营乡清河营东路2号院乐想汇3号楼	010－84912801	100012
中铁建物业管理有限公司	北京市门头沟区永定镇龙兴南二路梧桐苑5号院2号楼	010－56965918	102308
中铁房地产集团设计咨询有限公司	北京市海淀区复兴路40号铁建大厦B座14层	010－53856888	100043
中铁房地产集团创新产业投资有限公司	北京市石景山区长安街金融中心54号院6号楼侨梦苑大厦9层	010－56533299	102300
中铁房地产集团北京投资管理有限公司	北京市石景山区玉泉路59号院3号楼中煤资源大厦8层806	010－68668862	100043
广州南沙中铁实业发展有限公司	广东省广州市南沙区黄阁镇永兴中街2号	020－39030050	511458
中铁房地产集团（贵州）有限公司	贵州省贵阳市南明区太慈桥车水路11号	0851－85505188	550003
中铁房地产集团济南第六大洲有限公司	山东省济南市历城区荷花路街道宁华路3号	0531－82516172	250000
中铁房地产集团文旅发展有限公司	北京市石景山区鲁谷路74号瑞达大厦		100040
中铁房地产集团华中区域公司	陕西省西安市高新区唐延路11号国寿金融中心A座28楼	029－88456760	710000
武汉京铁房地产开发有限公司	湖北省武汉市江岸区建设大道737号广发银行大厦38楼	027－85508812	430012
大连京信置业有限公司	辽宁省大连市沙河口区联合路6A号国资创新大厦33层	0411－39676377	116000
中铁第一勘察设计院集团有限公司	陕西省西安市西影路2号	029－82365023	710043
线路运输设计处	陕西省西安市西影路2号	029－82365210	710043
地质路基设计处	陕西省西安市西影路2号	029－82365308	710043

续表

单位名称	地址	电话	邮政编码
桥梁隧道设计处	陕西省西安市西影路2号	029－82365382	710043
工程经济设计处	陕西省西安市西影路2号	029－82365260	710043
电气化设计处	陕西省西安市西影路2号	029－82365712	710043
通信信号设计处	陕西省西安市西影路2号	029－82365686	710043
环境与设备设计处	陕西省西安市西影路2号	029－82365880	710043
交通与市政工程设计研究院	陕西省西安市雁塔区公园南路60号	029－82365395	710043
城市轨道与建筑设计研究院	陕西省西安市雁塔区公园南路60号	029－82365520	710043
测绘地理信息工程技术研究院	陕西省西安市西影路2号	029－82365978	710043
工程咨询院	陕西省西安市雁塔区公园南路60号	029－82349701	710043
信息网络处	陕西省西安市西影路2号	029－82349001	710043
轨道交通工程信息化国家重点实验室	陕西省西安市西影路2号	029－82349800	710043
海外事业部	陕西省西安市西影路2号	029－82365176	710043
资本运营事业部(工程总承包事业部)	陕西省西安市西影路2号	029－82349776	710043
兰州铁道设计院有限公司	甘肃省兰州市和政路131号	0931－4934519	730000
陕西逸博置业有限公司	陕西省西安市雁塔区公园南路60号	029－82349629	710043
新疆铁道勘察设计院有限公司	新疆维吾尔自治区乌鲁木齐市北京南路703号	0991－3838877	830011
青海铁道工程勘察有限公司	青海省西宁市共和南路23号	0971－6103780	810007
甘肃铁道综合工程勘察院有限公司	甘肃省兰州市和政路131号	0931－4934733	730000
陕西铁道工程勘察有限公司	陕西省西安市雁塔区公园南路60号	029－82366416	710043
甘肃综合铁道工程承包有限公司	甘肃省兰州市和政路127号	0931－4934597	730000
中铁一院南方工程咨询监理有限责任公司	广东省珠海市香洲区香工路18号金地门道B2区34栋	0756－8919895	519000
西安铁一院工程咨询监理有限责任公司	陕西省西安市高新区丈八一路1号汇鑫ABC大厦D座	029－81770772	710065
陕西格瑞环境治理有限责任公司	陕西省西安市雁塔区公园南路60号	029－82349064	710043
甘肃环通工程试验检测有限公司	甘肃省兰州市和政路131号	0931－4933093	730000
广东南海国际建筑设计有限公司	广东省佛山市夏西国际商务区城市动力联盟大厦	0757－86281409	528251
山东建筑设计院有限公司	山东省青岛市高新区火炬路100号盘谷创客空间	0532－66026739	266000
甘肃宏图文印有限公司	陕西省西安市西影路2号	029－82349710	710043
西安百和物业管理有限公司	陕西省西安市西影路2号	029－82349833	710043
兰州鑫铁物业管理有限公司	甘肃省兰州市和政路131号	0931－4934021	730000

续表

单　位　名　称	地　址	电　话	邮政编码
中铁第四勘察设计院集团有限公司	湖北省武汉市武昌杨园和平大道745号	027-86812844	430063
桥梁设计研究院	湖北省武汉市武昌区和平大道745号	027-86811470	430063
线路站场设计研究处	湖北省武汉市武昌区和平大道745号	027-86816193	430063
地质路基设计研究处	湖北省武汉市武昌区和平大道745号	027-51155953	430063
通信信号设计研究处	湖北省武汉市武昌区和平大道745号	027-86814195	430063
设备设计研究处	湖北省武汉市武昌区和平大道745号	027-51155236	430063
电气化设计研究处	湖北省武汉市武昌区和平大道745号	027-86814200	430063
城市轨道与地下工程设计研究院	湖北省武汉市武昌区和平大道745号	027-51155305	430063
建筑与城市规划设计研究院	湖北省武汉市武昌区和平大道745号	027-51156234	430063
工程经济设计处	湖北省武汉市武昌区和平大道745号	027-51155288	430063
道路交通设计研究院	湖北省武汉市武昌区和平大道745号	027-51184246	430063
环境工程设计研究处	湖北省武汉市武昌区和平大道745号	027-51156792	430063
工程勘察研究院	湖北省武汉市洪山区铁机村	027-51156248	430063
国际事业部	湖北省武汉市武昌区和平大道745号	027-5115594	430063
信息中心	湖北省武汉市武昌区和平大道745号	027-86811459	430063
图文印制中心	湖北省武汉市武昌区和平大道745号	027-86814198	430063
保障服务中心	湖北省武汉市武昌区和平大道745号	027-51155657	430063
接待中心	湖北省武汉市武昌区和平大道745号	027-51155080	430063
浙江分院	浙江省杭州市江干区环站南路59号铁四院杭州大厦	0571-56297205	310017
厦门分院	福建省厦门市思明区湖滨东路6号华龙大厦29楼	0592-5800708	361010
深圳分院	广东省深圳市南山区学府路荟芳园D栋5楼	0755-26530649	518052
海南分院	海南省海口市和平南路78号宁屯大厦11层	0898-65337543	570203
北京分院	北京市海淀区北小马厂华天大厦11楼	010-63323794转1616	100039
西北分院	陕西省西安市雁塔区曲江新区雁翔路3269号旺座曲江B座3005室	029-89126408	710061
山东分院	山东省济南市经十东路619号	0531-88386829	250014
河南分院	河南省郑州市金水区郑汴路英协广场B座26楼	0371-65923637	450004
徐州分院	江苏省徐州市泉山区解放南路256号	0516-83950879	221000
江苏分院	江苏省南京市鼓楼区中央路399号天正国际广场15楼	025-84585248	210037
南通分院	江苏省南通市崇川区中南百货大厦2701室、2706室	0513-81027677	226000
安徽分院	安徽省合肥市新站开发区正阳路18号	0551-62123667	230011
常州分院	江苏省常州市通江南路257号	15997478869	213000
上海分院	上海市广灵四路24号甲开隆大厦7层	021-65608347	200083
江西分院	江西省南昌市红谷滩绿茵路799号联发广场1509室	0791-88890913	330000
湖南分院	湖南省长沙市袁家岭五一大道253号湘域中央2号楼32层	0731-88152886	410011
温州分院	浙江省温州市龙湾区温州大道78号速8酒店	0577-56679699	325011

续表

单 位 名 称	地 址	电 话	邮政编码
福建分院	福建省福州市北环东路96号沁园新村3-101	0591-87595548	350013
广东分院	广东省广州市三元里大道463号矿泉游泳场		510400
佛山分院	广东省佛山市南海区桂城南海大道北5号兴业大厦A座3楼	0757-63380501	528200
珠海分院	广东省珠海市香洲区联安路99号	0756-3926838	519020
湖北分院	湖北省武汉市武昌区和平大道745号	027-51184190	430063
四川分院	四川省成都市高新区天府大道500号东方希望天祥广场3栋33楼	0288-5331262	610041
重庆分院	重庆市渝北区财富大道1号FFC3017室	023-63368125	401121
广西分院	广西壮族自治区南宁市高新五路3号	0771-2720237	53003
尼日利亚分公司	C. C. E. C. C NIG LTD. NO. 46, NNAMDI AZIKIWE DRIVE NIGERIA RAILWAY COMPOUND EBUTE—METTA, LAGOS NIGERIA		999062
中铁四院集团广州设计院有限公司	广东省广州市越秀区共和西路6号	020-61329017	510600
中铁四院集团南宁勘察设计院有限公司	广西壮族自治区南宁市高新区高新五路3号	0771-2721367	530003
铁四院(湖北)工程监理咨询有限公司	湖北省武汉市武昌区和平大道745号	027-86811518	430063
武汉铁四院工程咨询有限公司	湖北省武汉市武昌区和平大道745号	027-51156952	430063
武汉铁四院工程造价咨询有限公司	湖北省武汉市武昌区和平大道745号	027-51155305	430063
武汉铁道工程承包有限责任公司	湖北省武汉市武昌区和平大道745号	027-86715014	430063
中铁四院集团岩土工程有限责任公司	湖北省武汉市武昌区和平大道745号	027-51155953	430063
中铁四院集团投资有限公司	湖北省武汉市武昌区和平大道745号	027-51185719	430063
中铁四院集团昆明工程建设投资有限公司	云南省昆明市呈贡新城白龙潭善书院25栋	0871-63962233	650500
中铁四院集团房地产开发有限公司	湖北省武汉市武昌区和平大道745号	027-51155729	430063
武汉铁辰工程检测有限公司	湖北省武汉市武昌区和平大道745号	027-51155407	430063
中铁四院集团华东有轨电车交通设计研究有限公司	江苏省苏州市高新区马涧路2000号电车基地11楼	0512-68310027	215009
海峡(福建)交通工程设计有限公司	福建省福州市台江区交通路43号	0591-83371570	350004
中铁四院集团西南勘察设计有限公司	云南省昆明市官渡区官渡镇广福路5349号银海樱花语幸福广场F幢	0871-63512359	650214
中铁四院集团楚桂审图咨询有限公司	广西壮族自治区南宁市高新区高新五路3号	0771-2721367	530003
中铁第五勘察设计院集团有限公司	北京市大兴区康庄路9号	010-51010102	102600
线路运输设计处	北京市大兴区康庄路9号	010-51010298	102600

续表

单　位　名　称	地　址	电　话	邮政编码
站场设备处	北京市大兴区康庄路9号	010－51010303	102600
地质路基勘察设计处	北京市大兴区康庄路9号	010－51010400	102600
桥梁设计处	北京市大兴区康庄路9号	010－51010710	102600
电化通号设计处	北京市大兴区康庄路9号	010－51010519	102600
城市轨道交通设计处	北京市大兴区康庄路9号	010－51011227	102600
建筑设计处	北京市大兴区康庄路9号	010－51010566	102600
公路与市政设计处	北京市大兴区康庄路9号	010－51015112	102600
工程经济设计处	北京市大兴区康庄路9号	010－51010672	102600
环境工程设计处	北京市大兴区康庄路9号	010－51010636	102600
水利水运工程设计处	北京市大兴区康庄路9号	010－51011133	102600
测绘与地理信息研究处	北京市大兴区康庄路9号	010－51011849	102600
机场勘察设计院	北京市大兴区康庄路9号	010－51011325	102600
技术研究处	北京市大兴区康庄路9号	010－51011517	102600
工程咨询处	北京市大兴区康庄路9号	010－51011660	102600
东北分院	黑龙江省哈尔滨市南岗区西大直街119号	0451－86424957	150006
郑州分院	河南省郑州市高新区翠竹街1号总部企业基地100号楼	0371－86628312	450000
天津分院	天津市南开区黄河道大通大厦A803	022－87900005	300000
新疆分院	新疆维吾尔自治区乌鲁木齐市新市区北京南路946号金坤大厦9楼	0991－7959002	830011
广西分院	广西壮族自治区南宁市青秀区紫荆路1号	0771－8060102	530000
苏州分院	江苏省苏州市相城区南天成路8号天成大厦9—10层	0512－68838103	215100
常州分院	江苏省常州市武进区潞城街道东方东路51－1号	0519－85550583	213025
上海星通机场规划设计分院	上海市长宁区定西路1310弄6号(福安大厦)5楼	18621800919	200050
北京铁城建设监理有限责任公司	北京市海淀区复兴路40号中国铁建大厦西侧9楼	010－52689372	100855
北京铁研建设监理有限责任公司	北京市大兴区金星路12号奥宇科技英巢2号楼	010－53203313	102628
北京铁五院工程试验检测有限公司	北京市大兴区康庄路9号	010－51011217	102600
北京中铁建北方路桥工程有限公司	北京市大兴区康庄路9号	010－53271798	102600
北京铁五院工程机械有限公司	北京市大兴区康庄路9号	010－51015112	102600
资本运营处	北京市大兴区康庄路9号	010－51010827	102600
海外事业部	北京市大兴区康庄路9号	010－51011629	102600
工程管理处	北京市大兴区康庄路9号	010－51011579	102600
基建办公室	北京市大兴区康庄路9号	010－51011179	102600

续表

单 位 名 称	地 址	电 话	邮政编码
试验中心	北京市大兴区康庄路9号	010-51013957	102600
信息化管理处	北京市大兴区康庄路9号	010-51011565	102600
图文中心	北京市大兴区康庄路9号	010-51011512	102600
《铁道建筑技术》杂志社	北京市大兴区康庄路9号	010-53271773	102600
中铁上海设计院集团有限公司	上海市天目中路291号	021-63818358	200070
南昌铁路勘测设计院有限责任公司	江西省南昌市工人新村二路27号	0791-87021157	330002
杭州铁路设计院有限责任公司	浙江省杭州市江干区三里亭路27—35号	0571-56735223	310004
中铁上海设计院集团合肥有限公司	安徽省合肥市瑶海工业园区新海大道15号(中国铁建安徽大厦)	0551-62123591	230011
上海先行建设监理有限公司	上海市天目中路291号	021-63810150	200070
天津分院	天津市南开区卫津路18号中恺国际广场新都大厦A座15层	022-27776861	300073
南京设计院	江苏省南京市鼓楼区中山北路223号建达大厦7楼	025-83302580	210009
徐州设计院	江苏省徐州市新城区镜泊西路吉田商务广场C栋4层	0516-80805777	221000
长沙设计院	湖南省长沙市雨花区香樟路819号万坤图财富广场1栋10楼	0731-85350987	410000
中铁建预制构件研发咨询(上海)有限公司	上海市天目中路291号15楼	021-62362089	200070
广州分院	广东省广州市天河区高唐路242号	020-89811071	510640
中铁上海设计院集团海门有限公司	江苏省海门市金库3号楼3楼	0513-82826000	226100
中铁物资集团有限公司	北京市海淀区西四环中路19号	010-51881098	100143
东北有限公司	辽宁省沈阳市东北大马路337号	024-88204333	110044
华东有限公司	上海市杨浦区逸仙路25号同济晶度大厦18-19楼	021-62172358	200437
中南有限公司	湖北省武汉市武昌区丁字桥路25号	027-87129851	430070
西北有限公司	陕西省西安市碑林区互助路66号西部电力国际商务中心1405	029-82258212	710048
西南有限公司	四川省成都市一环路北三段1号SOHO-C座	028-87666612	610081
华南有限公司	广东省广州市越秀区东风东路745号东山紫园商务大厦17层	020-28079988	510080
港澳有限公司	广东省珠海市香洲区九洲大道西3026号11栋	0756-3800255	519000
北京中铁工业有限公司	北京市石景山区玉泉路65号	010-51888618	100040
新疆有限公司	新疆维吾尔自治区乌鲁木齐市经济技术开发区中亚南路81号	0991-3776903	830026
北京中铁国际招标公司	北京市海淀区西四环中路19号	010-51881640	100143
北京五棵松饭店有限公司	北京市海淀区西四环中路19号	010-51881187/88/89	100143
湖南有限公司	湖南省长沙县星沙镇经济技术开发区开元大道17号湘商世纪鑫城3901室	0731-88289215	410100

续表

单 位 名 称	地 址	电 话	邮政编码
云南有限公司	云南省昆明市官渡区广福路樱花语幸福广场 A1 – E 栋 8 楼	0871 – 63575127	650200
中铁煤焦销售有限公司	北京市石景山区玉泉路 65 号院	010 – 51886233	100040
中铁民爆物资有限公司	北京市海淀区西四环中路 19 号 26 号楼 5 层	010 – 51886649	100143
北京中铁福斯罗技术有限公司	北京市海淀区西四环中路 19 号 218 房间	010 – 51881080	100143
钢之家电子商务公司	上海市浦东新区东方路 818 号众城大厦 10 楼 D 座	021 – 50582191	200122
中国铁建重工集团股份有限公司	湖南省长沙市经济技术开发区东七路 88 号	0731 – 84071801	410100
中国铁建高新装备股份有限公司	云南省昆明市官渡区金马镇羊方旺 384 号	0871 – 63831815	650000
战部系统	湖南省长沙市经济技术开发区东七路 88 号	0731 – 84071779	410100
研发系统	湖南省长沙市经济技术开发区东七路 88 号	0731 – 84071770	410100
生产服务保障系统	湖南省长沙市经济技术开发区东七路 88 号	18570496604	410100
中铁建特种装备工程有限公司	湖南省长沙市经济技术开发区东七路 88 号	0731 – 84071826	410100
道岔分公司	湖南省株洲市建设北路	0731 – 28300006	412005
中铁隆昌铁路器材有限公司	四川省隆昌市金鹅街道重庆路 598 号	0832 – 3998026	642150
株洲中铁电气物资有限公司	湖南省株洲市田心北站路 81 号	0731 – 22681288	412001
中国铁建国际集团有限公司	北京市海淀区复兴路 40 号中国铁建大厦 B 座 1—4 层、7 层	010 – 52689100	100855
中国铁建国际集团有限公司北非区域公司	143, Route d'Amara, Chéraga, Alger, Algérie	00213 – 23305032	16002
中国铁建国际集团有限公司西非区域公司	Zone 4, Lot 591 lot3, Abidjan, Côte d'Ivoire	00225 – 87650755	
中国铁建国际集团有限公司港澳区域公司	香港九龙观塘海滨道 133 号万兆丰中心 10 楼 A 室	00852 – 27749886	
中国铁建国际集团有限公司亚太区域公司	Suite 20 – 02, 20th floor, Menara Tan&Tan, 207, Jalan Tun Razak, 50400 Kuala Lumur, Malaysia	0060 – 321628228	50400
中国铁建国际集团有限公司美洲区域公司	Piso 42 – D, Torre 2000, Oceania Business Plaza, Punta Pacifica, San Francisco, Ciudad de Panama, Panama	00507 – 3825068	07196
中国铁建国际集团有限公司欧亚区域公司	Berezhkovskaya Embankment, 16Ac3, 121059 (этаж 2), Moscow, Russia	007 – 9104712286	
中国铁建国际集团有限公司中东区域公司	Office No. 16, Building No. 4450, Anas Ibn Malik Street, Al Malqa District, Riyadh, KSA	0966 – 114873114	12616
中国铁建国际集团有限公司东南亚区域公司	B3801 – 3802, CW tower, Ratchadaphisek Road, Huaykwang District, Bankok, Thailand	0066 – 21683060	10310
中铁建(北京)国际贸易有限公司	北京市海淀区复兴路 40 号中国铁建大厦 B 座 2 层	010 – 52687500	100855
中国铁建(国际)尼日利亚有限公司	Block C Plot No. 561 Zangon Daura Estate, Kado Abuja, Nigeria	00234 – 08108051495	99062

续表

单位名称	地址	电话	邮政编码
中铁城建集团有限公司	湖南省长沙市岳麓区洋湖路695号	0731-88605600	410208
第一工程有限公司	山西省太原市万柏林区迎泽西大街169号	0351-2654912	030024
第二工程有限公司	广东省广州市南沙区丰泽西路华飞街2号6号楼	020-31005990	511458
第三工程有限公司	天津市滨海高新区塘沽海洋科技园桂海路21号	022-60615958	300457
北京工程有限公司	北京市朝阳区常营北路五里桥一街1号院21号楼	010-85717577	100024
南昌建设有限公司	江西省南昌市西湖区二七南路116号	0791-87023247	330002
房地产开发有限公司	湖南省长沙市岳麓区洋湖路695号	0731-89590657	410208
物资有限公司	广东省广州市南沙区黄阁镇蕉门村蕉门路8号		511455
物业管理有限公司	湖南省长沙市学士街道含浦中路785号4栋	0731-89590603	410006
总承包分公司	湖南省长沙市岳麓区洋湖路695号	0731-89590891	410001
中国铁建投资集团有限公司	北京市海淀区复兴路40号铁建大厦B座	010-52689500	100855
北京通达京承高速公路有限公司	北京市密云区巨各庄镇前焦家坞村左提路171号	010-61074038	101500
中铁建山东京沪高速公路济乐有限公司	山东省济南市济阳区太平镇济乐高速管理中心	15628987039	250000
中铁建桂林投资有限公司	广西壮族自治区桂林市资源县铲子坪资兴高速管理中心	0773-2202022	541400
青岛蓝色硅谷城际轨道交通有限公司	山东省青岛市崂山区苗岭路36号国际发展中心28楼	18794882883	266000
中铁建山东济徐高速公路济鱼有限公司	山东省济宁市任城区济安桥北路永基城写字楼A座	13792355522	272000
中铁建(山东)德商高速公路有限公司	山东省聊城市东昌府区斗虎屯镇聊城北收费站驻地	15345454966	252000
中铁建四川简蒲高速公路有限公司	四川省眉山市东坡区太和镇	028-38566369	620010
中铁建重庆轨道环线建设有限公司	重庆市渝北区财富中心财富园1号B栋6楼	13933563885	401120
中铁建贵州安紫高速公路有限公司	贵州省安顺市西秀区七眼桥镇云峰本寨	0851-33322410	561000
中铁建四川德都高速公路有限公司	四川省德阳市旌阳区鞍山路39号凯信高新大厦16楼	0838-2530320	618000
中铁建四川德简高速公路有限公司	四川省德阳市旌阳区鞍山路39号高新大厦15层	0838-2909720	618000
北京兴延高速公路有限公司	北京市昌平区流村镇流村环岛(兴延公司)	010-69788110	102204
中铁建湖南高速公路有限公司	湖南省常德市武陵区龙岗路448号鼎沣财富广场10楼	0736-7778765	415000
中铁建陕西高速公路有限公司	陕西省西安市经开区文景路220号中港国际B座15楼	029-89820191	710000
中国铁建投资集团有限公司山东分公司	山东省济南市市中区历阳大街6号银丰大厦8433	0531-82988569	250000

续表

单 位 名 称	地 址	电 话	邮政编码
中铁建(山东)高东高速公路有限公司	山东省聊城市高新区财金大厦8楼	0635－8512708	252000
中铁建投山东泰东高速公路有限公司	山东省泰安市东平县经济开发区创业创新公共平台4号楼5层	15905310966	271500
中铁建新疆京新高速公路有限公司	新疆维吾尔自治区乌鲁木齐市水磨沟区红光山路绿城广场2A座22层	13331380428	830017
中铁建湖南韶山投资有限公司	湖南省湘潭市韶山市竹鸡塅	13727066962	411300
中铁建甘肃张扁高速公路有限公司	甘肃省张掖市甘州区滨河新区养老示范基地东侧	19993620800	734000
中铁建河南兰原高速公路有限公司	河南省新乡市红旗区海马路2号	13811696669	453000
皖通城际铁路有限责任公司	安徽省滁州市南谯区世贸大厦A座26楼	18822388008	239000
中铁建投(桐乡)建设管理有限公司	浙江省嘉兴市桐乡市梧桐街道振兴西路888号富力大厦6楼	0573－88210959	314503
中铁建山东小清河开发有限公司	山东省济南市历城区唐冶街道围子山路1号	0531－55583086	250109
中铁建山西高速公路有限公司	山西省运城市河东东街3969号日报社西楼11层	0359－6359100	044000
中铁建湛江开发有限公司	广东省湛江市人民大道中46号中国建设银行	1382823992	524002
中铁建甘肃投资有限公司	甘肃省兰州市七里河区秀川街道恒大名都雅苑二期3栋204室、205室	17361683192	730050
中铁建珠海投资开发有限公司	广东省珠海市金湾区红旗镇金荷路467号泰然汇市场西西里5层	18578204321	519090
中铁建置业有限公司	北京市丰台区东铁匠营街道南窑39号	18210779097	100079
珠海铁建大厦置业有限公司	广东省珠海市香洲区吉大情侣中路51号1单元4楼	13539581787	519000
中铁建青岛投资有限公司	山东省青岛市市北区傍海中路13号	13001679010	266000
中铁建珠海西部投资开发有限公司	广东省珠海市金湾区红旗镇双湖北路华信荣大厦东区	13926906112	519090
中铁建桂林旅游开发有限公司	广西壮族自治区桂林市临桂区西城南路1号花样年华城5栋B单元6层	15908373628	541100
中铁建南京新市镇开发有限公司	江苏省南京市江宁区秣陵街道胜太路99号1号楼	025－86108978	211100
扬州湾头玉器特色小镇有限公司	江苏省扬州市广陵区湾头镇长安路479号	0514－82228383	222500
珠海铁建梧桐苑置业有限公司	广东省珠海市香洲区明珠南路2021号金嘉创意谷1栋3楼	0756－8606841	519000
中铁建万方张家口房地产开发有限公司	河北省张家口市桥西区清水河中路18号丽城大厦A座6层	0313－5985150	075061
中铁建置地有限公司	北京市丰台区张仪村路215号	15155726306	100166
中铁建投悦居有限公司	北京市丰台区张仪村路215号	18810294879	100166

续表

单位名称	地址	电话	邮政编码
中铁建江门人才岛投资有限公司	广东省江门市蓬江区祥和路138号	0750－3991579	529000
中铁建蓝谷(青岛)投资有限公司	山东省青岛市即墨区港中旅海泉湾有限公司行政办公楼2楼	0532－80993280	266071
珠海西部铁建城开发有限公司	广东省珠海市香洲区明珠南路2021号金嘉创意谷1栋3楼	0756－8606841	519000
中铁建苏州设计研究院有限公司	江苏省苏州市姑苏区三香路1338号恒业铂金大厦9F—10F	0512－65333172	215007
中铁建投(肇庆)开发建设有限公司	广东省肇庆市四会市高新区建设路40号	13059285225	526200
中铁建投河南许昌城市开发有限公司	河南省许昌市魏都区景鸿东湖翡翠售楼部	15117179964	461000
温州铁建城置业有限公司	浙江省温州市鹿城区财富中心	1813164770	325000
中铁建投(廉江)开发建设有限公司	广东省湛江市廉江市塘山路29号	13928280720	524000
中铁建公路运营有限公司	广东省珠海市香洲区海滨南路47号光大国际贸易中心5层	18721965113	519000
中铁建南方投资有限公司	广东省珠海市香洲区九洲大道东1195号中航大厦6楼	18811575368	519000
中国铁建财务有限公司	北京市海淀区复兴路40号中国铁建大厦A座10层	010－52689068	100855
诚合保险经纪有限公司	北京市海淀区复兴路40号中国铁建大厦A座	010－52689665	100855
湖北分公司	湖北省武汉市武昌区中山路277号中铁大厦	027－88716616	430060
云南分公司	云南省昆明市官渡区民航路398号顺新时代写字楼606室	0871－68258522	650299
重庆分公司	重庆市渝北区西湖支路2号精信中心A塔10－5		401120
甘肃分公司	甘肃省兰州市七里河区南滨河中路1500号三维商城电子商务产业孵化大厦10层03号		730050
陕西分公司	陕西省西安市经开区凤城九路北侧海博广场B座1401		710000
上海分公司	上海市静安区共和新路666号22层		200000
河北分公司	河北省石家庄市桥西区平安南大街190号河北省盐业总公司1－302		050000
广东分公司	广东省广州市越秀区中山一路57号11层	020－37589400	510000
辽宁分公司	辽宁省沈阳市沈北新区沈北路36号501室		110000
新疆分公司	新疆维吾尔自治区乌鲁木齐市新市区上海路浦东街3号创新空间4010		830000
山东分公司	山东省济南市历下区奥体西路2666号中国铁建大厦A座	0531－55651678	250000
四川分公司	四川省成都市武侯区益州大道北段1639号环球中心W18楼22号		610000
天津分公司	天津市河西区友谊路与黑牛城道交口西北侧友谊大厦5－901	022－28219871	300000

续表

单　位　名　称	地　　址	电　　话	邮政编码
北京分公司	北京市海淀区复兴路40号中国铁建大厦A座	010－52689650	100855
宁波分公司	浙江省宁波市鄞州区宁波研发园B区5栋1101		315100
山西中铁十二局集团保险代理公司	山西省太原市万柏林区西矿街130号	0351－2654515	030024
北京佳实德保险公估有限责任公司	北京市海淀区复兴路40号中国铁建大厦A座	010－52689651	100855
中铁建商务管理有限公司	北京市海淀区复兴路40号	010－51889291	100855
北京铁建物业管理有限公司	北京市海淀区复兴路40号	010－51889371	100855
北京铁建医院	北京市海淀区复兴路40号	010－51888417	100855
北京铁建餐饮有限公司	北京市海淀区复兴路40号	010－51888692	100855
中铁国际航空服务有限公司	北京市海淀区复兴路40号	010－51887251	100855
大厦服务中心	北京市海淀区复兴路40号	010－52689702－8005	100855
中铁建金融租赁有限公司	北京市石景山区石景山路45号星座大厦	010－68093191	100043
中铁磁浮交通投资建设有限公司	湖北省武汉市武昌区张之洞路169号金星大厦	027－88068796	430060
清远磁浮交通有限公司	广东省清远市清城区广清大道96号凤城明珠花园凤迎阁(5栋)商铺首层39层	0763－3216566	511500
中铁建资产管理有限公司	北京市石景山区石景山路45号	010－68448210	100043
中铁建金服科技(天津)有限公司	北京市石景山区鲁谷路74号中国瑞达大厦8层F802室	010－68657866	100040
中铁建商业保理有限公司	广东省广州市南沙区南府路1号中铁建环球中心1号楼405室	020－84680826	511458
中铁建投资基金管理有限公司	北京市石景山区石景山路45号	010－68448283	100043
中铁建华南建设有限公司	广东省广州市海珠区新港东路1222号万胜广场B塔16楼	020－89557607	510220
中铁建华南建设(广州)高科技产业有限公司	广东省广州市南沙区万顷沙镇万环西路新安村	020－39011460	511462
中铁建华南建设(广州)建材有限公司	广东省广州市番禺区南村镇江南村金山二路	15131575772	511400
中铁建网络信息科技有限公司	北京市石景山区石景山路万达广场A座	010－68612510	100040
中铁建国际投资有限公司	广东省广州市南沙区	15591869536	511400
中铁建发展集团有限公司	北京市石景山区玉泉路59号燕保大厦12层	010－68705810	100040
北京培训中心(党校)	北京市大兴区龙河路16号	010－60282716	102600
中国铁道建筑报社	北京市海淀区复兴路40号	010－52689219	100855
中铁建锦鲤资产管理有限公司	北京市海淀区复兴路40号中国铁建大厦A座6层	010－52681191	100855
中国铁建东北区域总部	辽宁省沈阳市沈北新区沈北路36号6楼	024－67856893	110000
中国铁建华北区域总部	河北省石家庄市裕华区槐北路27号	0311－87051505	050011
中国铁建中原区域总部	山东省济南市槐荫区西城大厦7楼	0531－69988900	250000
中国铁建华中区域总部	江苏省南京市建邺区白龙江东街8号	025－89660883	210000

续表

单 位 名 称	地 址	电 话	邮政编码
中国铁建华东区域总部	浙江省杭州市拱墅区石祥路255号中国铁建国际城19幢	0571－87780671	310000
中国铁建华南区域总部	广东省广州市番禺区汉溪大道时代E－PARK A1栋13楼	020－39981515	511400
中国铁建重庆区域总部	重庆市两江新区财富东路6号涉外商务区B3栋19层、20层	023－68289131	401121
中国铁建西南区域总部	四川省成都市高新区益州大道中段1999号银泰城4栋	028－86051723	610094
中国铁建西北区域总部	陕西省西安市雁塔区曲江新区万众国际A座19层	029－81208988	710061
中国铁建军民融合指挥部	北京市海淀区复兴路40号中国铁建大厦A座4层	010－52689809	100855
中国铁建西藏指挥部	西藏自治区拉萨市堆龙德庆区拉萨火车站东青藏铁路招待所	18309211467	850012
中国铁建北部方向指挥部	山东省济南市市中区卧龙路128号山东建设节能示范大厦11楼	0531－85066577	250002
中国铁建东部方向指挥部	江苏省南京市浦口区沿江街道泰冯路59号	18567655633	210032

索　引

使用说明

一、本索引采用内容分析索引法编制，除大事记外，年鉴中有实质检索意义的内容均予以标引，以便检索使用。

二、本索引基本上按汉语拼音音序排列，具体排列方法如下：以数字开头的索引词，排在最前面；以英文字母开头的索引词，列于其次；汉字索引词则按首字的音序、音调依次排列，首字相同时则以第二个字排序，依此类推。

三、索引词后的数字，表示检索内容所在的正文页码；数字后面的英文字母 a、b，表示正文栏别，合在一起即指该页码及所在的版面区域。年鉴中用表格、图片反映的内容，则在索引词后面用括号注明（表）（图）字，以区别于文字索引词。

四、为反映索引词间的隶属关系，对于二级索引词，采取在上一级索引词下面缩二格的形式编排，之下再按汉语拼音音序、音调排列。

0～9

A ~ B

C

D

E～F

G

H

J

K

L ~ N

O～Q

R ~ S

T

W

X

Y

Z

（王彦祥　刘子涵　伍昕阳　范小玉　编制）